MANDADO DE SEGURANÇA E AÇÕES CONSTITUCIONAIS

HELY LOPES MEIRELLES
ARNOLDO WALD
GILMAR FERREIRA MENDES

MANDADO DE SEGURANÇA E AÇÕES CONSTITUCIONAIS

40ª edição
Revista, atualizada
e ampliada

EDITORA *Jus*PODIVM | MALHEIROS EDITORES
www.editorajuspodivm.com.br

1ª ed.: 1967; 2ª ed.: 1969; 3ª ed.: 1975; 4ª ed.: 1976; 5ª ed.: 1978; 6ª ed.: 1979; 7ª ed.: 1980; 8ª ed.: 1981; 9ª ed.: 1983; 10ª ed., 1985; 11ª ed.: 1987; 12ª ed.: 1989; 13ª ed., 1ª tir.: 1989; 2ª tir.: 1991; 14ª ed.: 1992; 15ª ed.: 1994; 16ª ed.: 1995; 17ª ed.: 1996; 18ª ed.: 1997; 19ª ed.: 1998; 20ª ed.: 1998; 21ª ed., 1ª tir.: 1999; 2ª tir.: 2000; 22ª ed.: 2000; 23ª ed.: 2001; 24ª ed.: 2002; 25ª ed.: 2003; 26ª ed., 1ª tir.: 2003; 2ª tir.: 2004; 27ª ed.: 2004; 28ª ed.: 2005; 29ª ed.: 2006; 30ª ed.: 2007; 31ª ed.: 2008; 32ª ed.: 2009; 33ª ed.: 2010; 34ª ed.: 2012; 35ª ed.: 2013; 36ª ed.: 2014; 37ª ed.: 2016; 38ª ed.: 2019; 39ª ed.: 2022.

EDITORA *Jus*PODIVM | MALHEIROS EDITORES

www.editorajuspodivm.com.br

Rua Canuto Saraiva, 131 – Mooca – CEP: 03113-010 – São Paulo – São Paulo
Tel: (11) 3582.5757

Contatos: https://www. editorajuspodivm.com.br/central-de-relacionamento
malheiroseditores@terra.com.br

Diagramação: PC Editorial Ltda. (*pceditorial@gmail.com*)

Capa: Ana Caquetti

M514m Meirelles, Hely Lopes
Mandado de Segurança e Ações Constitucionais / Hely Lopes Meirelles, Gilmar Ferreira Mendes e Arnoldo Wald – 40. ed., rev., atual. e ampl. – São Paulo: Editora JusPodivm, 2025.

976 p.

ISBN: 978-85-442-6180-4

1. Direito Constitucional. 2. Liminar 3. Mandado de Segurança I. Meirelles, Hely Lopes. II. Mendes, Gilmar Ferreira. III. Wald, Arnoldo. IV. Título.

CDD 341.2

Bibliotecária responsável

Ana Carolina Ribeiro Mois – CRB7 – RJ 007348/0

HOMENAGEM

Ao meu pai, a quem prometi editar seus livros sempre atualizados. Primeiro, porque acredito que isso contribuirá para o Direito Público Brasileiro; segundo, porque essa é a forma de senti-lo vivo e ainda presente.

Meu pai, eterno professor.

Meu pai, amigo dos amigos, da família, dos empregados, dos vizinhos e até dos inimigos...

Meu pai, homem de caráter, homem de convicções, homem sem preço.

Meu pai, poeta na juventude, inteligente, vivo e espirituoso.

Meu pai, silencioso na dor, humilde nas homenagens.

Meu pai, apoio nos acertos e nos desacertos.

Meu pai, que adorava plantas e animais.

Meu pai, que acreditava no nosso País.

Meu pai, trabalhador até a morte.

A este homem, que sempre teve fé na vida, amor pelas pessoas, pelo trabalho e pelo Brasil,

Ao ser humano que muito lutou contra os seus defeitos e evoluiu,

A ele, que deixou um vazio enorme aos que o conheceram,

A ele, que tinha tanta luz e um sorriso tão doce...

O meu amor eterno.

São Paulo, agosto de 1990

VERALICE CELIDONIO MEIRELLES

Apresentação

Conheci a 2ª edição do "Mandado de Segurança", de Hely Lopes Meirelles, quando prestei concurso para a Procuradoria Geral do Estado de São Paulo. Foi um dos compêndios que li como preparação para a prova em 1969. Depois, conheci pessoalmente Hely, em momentos nos quais era honroso conhecer o autor de obra que me sensibilizara.

Dele, tive a convicção de que se tratava de pessoa com características descritas por sua filha na homenagem escrita para a edição de agosto de 1990. Além da obra, passei a admirar o autor. Até porque já lera e estudara no seu compêndio de Direito Administrativo. Foram trabalhos fundamentais para a minha formação jurídica já que me dedicava, então, à área do Direito Público.

Foi tão expressiva a sua influência que, ao tomar posse como Procurador do Estado, a minha resposta ao Procurador Geral que indagava para qual setor da Procuradoria desejava ir, não titubeei: Procuradoria Administrativa, área de Mandado de Segurança. Vê-se, desde logo, que a minha escolha foi determinada pela leitura da obra de Hely Lopes Meirelles. E nunca me arrependi. Ao contrário, ali cruzei com os mais variados e intrincados problemas jurídicos. Nas dificuldades interpretativas, recorria a Hely e ao seu "Mandado de Segurança". Anoto o destino: hoje, Gilmar Mendes convida-me para prefaciar a 37ª edição. E aqui um relevo: livro que consegue chegar a 37 edições significa aprovação de milhares de estudiosos. Não sem razão. As lições de Hely Lopes Meirelles, escritas com singela e extraordinária didática, tornam a leitura agradável e de fácil aprendizado. Didática não significa ausência de profundidade nos temas examinados. Uma a uma são levantadas todas as relevantes questões que as cercam.

Creio que, depois, o jurista acrescentou o tratamento da ação popular. Mais uma vez, análise adequada e percuciente do tema, tanto na interpretação do dispositivo constitucional como na sua lei regente. Tal, aliás, como fizera com o mandado de segurança, ensinava a interpretação do Texto Constitucional e da lei regulamentadora.

A obra vem sendo atualizada desde 1990. Com autores que honraram a memória de Hely Lopes Meirelles e engrandeceram o seu trabalho. Tal é o caso dos Professores Arnoldo Wald e Gilmar Ferreira Mendes. A atualização tem sido constante. Primeiro, no Mandado de Segurança, com a adição dos novos textos normativos como a Lei Federal 12.016/2009 e o novo Código de Processo Civil. Segundo, com o exame, também, da legislação sobre a Ação Civil Pública. Por fim, a inclusão de temas como a ação direta de inconstitucionalidade e a ação direta de constitucionalidade. Ainda: o mandado de injunção, o controle da inconstitucionalidade por omissão, o habeas data, a arguição de descumprimento de preceito fundamental, a representação interventiva e a reclamação constitucional no STF. Tudo como noticiado no prefácio da 36ª edição, do Professor Arnoldo Wald.

Ademais disso, ressalto que a atualização foi completa. Não ficou apenas nos dizeres teóricos, mas trouxe os textos normativos sobre esses vários temas e farta jurisprudência a eles relativa.

Daí a recomendação à sua leitura por todos quantos se dedicam ao Direito. Primeiro, porque é Hely Lopes Meirelles; segundo, pelo substancioso acréscimo; terceiro, pelo fácil acompanhamento dos escritos em face da possibilidade de imediato acesso à lei e à jurisprudência relativa à temática versada.

Se, para mim, foi de extrema utilidade a sua leitura em 1969, sê-lo-á com maior proveito para aqueles que com ela cruzarem, revista e ampliada.

MICHEL TEMER

Prefácio da 40ª Edição

A presente monografia foi publicada pela primeira vez em 1967, ou seja, há mais de 50 anos, e desde então sucederam-se 40 edições, das quais 13 em vida de HELY LOPES MEIRELLES e 27 após o seu falecimento. Devem ter sido impressos mais de 200.000 exemplares, que inspiraram decisões dos tribunais e ampararam as razões de advogados e procuradores.

Em cinco décadas, mudaram o mundo, o Brasil e o Direito, mas o livro de HELY continua sendo profundamente atual, esgotando anualmente suas edições, como também tem acontecido com os demais livros de sua autoria, e, em particular, com o seu *Direito Administrativo Brasileiro* atualmente na 45ª edição.

Assim, mantemos a afirmação que fizemos há mais de vinte anos, no sentido de considerar que a história do nosso direito administrativo se divide em dois períodos: o anterior e o posterior à obra de HELY, que funciona, como um divisor de águas entre o antigo e o moderno.

A reedição e a atualização da obra de HELY LOPES MEIRELLES constituem um dever que tínhamos em relação à memória do Mestre e Amigo, que renovou o nosso Direito Administrativo e sintetizou admiravelmente as melhores lições a respeito do mandado de segurança e de outros institutos. Por outro lado, a sociedade brasileira e os meios jurídicos não podiam perder uma monografia tão rica em ensinamentos, que inspirou e continua a influenciar o legislador, a maioria dos julgados na matéria e a melhor doutrina.

Não há dúvida de que manter viva a obra de HELY LOPES MEIRELLES é a melhor homenagem que lhe poderíamos prestar, garantindo a permanência do uso dos seus livros pelos magistrados, advogados, membros do Ministério Público e estudantes de Direito do nosso

País, mediante um esforço de adaptação às novas regras jurídicas, sem a qual as obras mais importantes envelhecem e se tornam obsoletas.

Já dizia Rui Barbosa que, mais do que erigindo estátuas, é com a publicação das suas obras que cabe homenagear os grandes juristas. No caso de Hely Lopes Meirelles, as sucessivas edições de todos os seus livros, que estão sendo republicados, constituem o resultado da convergência de um esforço comum da sua família – e especialmente de sua filha Vera Meirelles –, dos vários atualizadores e da Malheiros Editores, com o interesse constante dos leitores, que mantiveram sua fidelidade ao eminente jurista.

Conservou-se, assim, o ritmo das reedições que a obra logrou durante a sua vida, assegurando-lhe uma espécie de imortalidade subjetiva, no diálogo sempre renovado que o Autor mantém com os seus leitores.

Como a 13ª edição, a última ainda revista pessoalmente por Hely Lopes Meirelles, datava de 1989, e contava 197 páginas, introduzimos, a partir da 14ª edição, novos capítulos a respeito da ação civil pública, que foi objeto de oportuna complementação legislativa em 1990.

Nos acréscimos feitos, nos mantivemos fiéis à orientação e ao pensamento de Hely Lopes Meirelles, tentando vislumbrar quais seriam suas reações diante da hipertrofia da ação civil pública e da consolidação construtiva que se realizou em torno do mandado de injunção, embora talvez nem sempre tenhamos conseguido acompanhar seu estilo, que traduz a personalidade do Autor.

A partir da 22ª edição, contamos com a colaboração do eminente constitucionalista e Ministro do Supremo Tribunal Federal, professor Gilmar Ferreira Mendes, acrescentando à obra, uma Sexta Parte, de sua autoria exclusiva, que se refere à ação direta de inconstitucionalidade (ADI), e à ação declaratória de constitucionalidade (ADC). Essas matérias enquadram-se na linha dos assuntos que Hely Lopes Meirelles pretenderia tratar, numa obra destinada a examinar os principais instrumentos de defesa dos direitos individuais, sob os ângulos do Direito Constitucional, Administrativo e Processual.

Em edições subsequentes, incluímos um capítulo a respeito da ação de improbidade, e por sua vez, o Min. Gilmar Ferreira Mendes, acrescentou ao livro as partes referentes à arguição de descumprimento de preceito fundamental (ADPF), cuja importância tem crescido nos últimos anos, o controle incidental de normas, a representação interventiva (Lei 12.562, de 23.12.2011, que regulamenta o inciso III do art. 36 da Constituição Federal) e a reclamação constitucional, que tem adquirido, recentemente, uma maior relevância como remédio para preservar a competência do STF. Também demos especial atenção à recente evolução legislativa, abrangendo o exame das medidas provisórias e da jurisprudência do STF, do STJ e dos demais tribunais do país.

A partir da 30ª edição, além das atualizações, analisamos as repercussões, nas várias ações e nos diversos recursos, da Emenda Constitucional 45 e das modificações do Código de Processo Civil nos últimos anos (Leis 11.111/2005, 11.187/2005, 11.232/2005, 11.276/2006, 11.277/2006, 11.280/2006, 11.418/2006, 11.419/2006 e 11.448/2007), tendo ocorrido mudanças no regime do recurso de agravo, a permissão da intimação eletrônica, a previsão do indeferimento de inicial repetitiva e a decretação de ofício da prescrição, entre outras modificações relevantes.

O Min. Gilmar Ferreira Mendes, além de complementar os vários capítulos de sua autoria e atualizar a jurisprudência, acrescentou ao livro o capítulo sobre ação direta de inconstitucionalidade por omissão (Lei 12.063, de 27.10.2009).

A partir da 32ª edição, demos especial atenção à nova legislação a respeito do mandado de segurança. Pensamos que a Lei 12.016, de 7 de agosto de 2009, conseguiu consolidar e modernizar a nossa legislação na matéria, dando-lhe maior harmonia e coerência, além de reunir, num único diploma, matérias que se encontravam esparsas em vários textos legislativos de épocas distintas. A lei manteve o espírito do mandado de segurança e inspirou-se na jurisprudência dos tribunais, sem alterar substancialmente as restrições existentes em relação ao seu uso e as normas referentes à suspensão das liminares, matérias que estavam excluídas da competência dos autores do anteprojeto.

Todo novo diploma legal está sujeito à interpretação construtiva da jurisprudência e da doutrina, que demanda necessariamente algum tempo para se consolidar. Assim sendo, os comentários à nova lei nem sempre podem ser considerados definitivos, mas se baseiam nos estudos feitos pela Comissão que a elaborou, e pretenderam manter a estrutura da obra, com a maior fidelidade possível ao pensamento de Hely Lopes Meirelles.

Nas últimas edições fez-se referência às obras publicadas após a promulgação do texto da nova lei do Mandado de Segurança, a Lei 12.527, de 18.11.2011, que regula o acesso a informações previsto no inciso XXXIII do art. 5º, no inciso II do § 3º do art. 37 e no § 2º do art. 216, da CF, e a algumas decisões recentes, que versam sobre as inovações legais.

A 37ª edição comemorou, simultaneamente, o centenário do autor Hely Lopes Meirelles, nascido em 5.9.1917, e meio século da publicação do *Mandado de Segurança,* cuja 1ª edição é de 1967, tendo sido, totalmente atualizada com o novo Código de Processo Civil (Lei 13.105, de 16.3.2015, e as alterações trazidas pela Lei 13.256, de 4.2.2016), seja na transposição das antigas referências para os artigos do novo regime legal do processo civil, seja na apresentação de reflexões e interpretações dos novos institutos aplicáveis aos *writs* constitucionais e às ações do controle concentrado de constitucionalidade.

A 38ª edição foi atualizada com o marco legal do mandado de injunção (Lei 13.300, de 26.6.2016), texto normativo esse construído ainda no bojo do "II Pacto Republicano de Estado por um Sistema de Justiça mais acessível, ágil e efetivo", assinado em 13.4.2009. Em virtude desse novo texto, que em parte incorpora a jurisprudência do STF e ainda inova no desenho de novas possibilidades do instituto, o capítulo dedicado ao mandado de injunção sofreu grande alteração, tendo o objetivo de explicá-lo dentro da própria evolução de sentido por que passou.

Do mesmo modo, a atual edição está atualizada com a nova Lei de Improbidade Administrativa (Lei 14.230, de 25.10.2021) e a jurisprudência, em especial a do Supremo Tribunal Federal e do Superior Tribunal de Justiça.

Se o livro passou das duzentas páginas iniciais para as atuais cerca de mil páginas, foi em virtude da criação de novos institutos e técnicas jurídicas e da evolução do mandado de segurança, da ação civil pública e do controle da constitucionalidade. Houve, assim, importantes modificações e até uma nova posição construtiva, assumida Supremo Tribunal Federal e pelo Superior Tribunal de Justiça, dando maior eficiência e rapidez ao processo judicial e garantindo a segurança jurídica, já agora consagrada como princípio constitucional.

Agradecemos as sugestões de magistrados, professores, membros do Ministério Público e advogados, que têm permitido que o livro se mantenha em dia com os acórdãos mais recentes.

Contando com a colaboração da Dra. Marina Gaensly Blattner e do Dr. Marcus Vinicius Vita Ferreira, a presente edição conserva o espírito e a visão dos institutos que caracterizam a obra desde a sua elaboração.

Arnoldo Wald
São Paulo, abril de 2025.

Ao Leitor

(Nota à 13ª edição)

Em 1967 publicamos este fascículo sobre mandado de segurança e ação popular, visando a sintetizar os conceitos relativos aos dois institutos processuais de prática cotidiana na nossa Justiça.

O opúsculo se esgotou tão rapidamente que o reeditamos em sucessivas edições até 1987, adaptando-o à Emenda Constitucional 1/69 e normas subsequentes, acrescendo o original com ampliações doutrinárias e jurisprudenciais, mas conservando sempre o sentido prático da obra.

Na 11ª edição acrescentamos um breve estudo sobre ação civil pública instituída pela Lei n. 7.347, de 24.7.85, por tratar de matéria conexa com a ação popular na defesa de interesses difusos da sociedade.

Na 12ª edição atualizamos todo o texto pela Constituição de 5 de outubro de 1988, estudando os institutos novos – mandado de segurança coletivo, mandado de injunção e "habeas data".

Nesta 13ª edição aprimoramos alguns conceitos e acrescentamos jurisprudência recente, para tornar o estudo cada vez mais claro e preciso, embora modesto e deliberadamente sintético.

São Paulo, setembro de 1989

O AUTOR

*Sumário**

* V. o Índice Alfabético-Remissivo no final desta obra.

SEGUNDA PARTE

AÇÃO POPULAR

Terceira Parte

AÇÃO CIVIL PÚBLICA

Quarta Parte

A AÇÃO DE IMPROBIDADE ADMINISTRATIVA

Quinta Parte

MANDADO DE INJUNÇÃO

Sexta Parte

"HABEAS DATA"

Sétima Parte

AÇÃO DIRETA DE INCONSTITUCIONALIDADE, AÇÃO DECLARATÓRIA DE CONSTITUCIONALIDADE E AÇÃO DIRETA DE INCONSTITUCIONALIDADE POR OMISSÃO

OITAVA PARTE

ARGUIÇÃO DE DESCUMPRIMENTO DE PRECEITO FUNDAMENTAL

NONA PARTE

O CONTROLE INCIDENTAL OU CONCRETO DE NORMAS NO DIREITO BRASILEIRO

DÉCIMA PARTE

A REPRESENTAÇÃO INTERVENTIVA

Décima Primeira Parte

A RECLAMAÇÃO CONSTITUCIONAL NO STF

Décima Segunda Parte

O CONTROLE ABSTRATO DE CONSTITUCIONALIDADE DO DIREITO ESTADUAL E DO DIREITO MUNICIPAL

PRIMEIRA PARTE
MANDADO DE SEGURANÇA

1. Conceito e legitimidade. 2. Natureza processual. 3. Ato de autoridade. 4. Direito individual e coletivo, líquido e certo. 5. Objeto. 6. Cabimento. 7. Prazo para impetração. 8. Partes. 9. Litisconsórcio, assistência e "amicus curiae". 10. Competência. 11. Petição inicial e notificação. 12. Liminar. 13. Suspensão da liminar ou da sentença. 14. Informações. 15. Sentença. 16. Execução. 17. Recursos. 18. Coisa julgada. 19. Mandado de segurança coletivo. 20. Compensação tributária. 21. Questões processuais. 22. A evolução da legislação referente ao mandado de segurança e a Lei 12.016, de 7.8.2009. 23. O Código de Processo Civil de 2015 e o mandado de segurança.

1. Conceito e legitimidade

Mandado de segurança[1] é o meio constitucional posto à disposição de toda pessoa física ou jurídica, órgão com capacidade proces-

---

1. Sobre mandado de segurança na vigência da antiga lei que o disciplinava (Lei 1.533/1951), consultem-se os seguintes autores pátrios: Castro Nunes, *Do Mandado de Segurança*, 1946; Luís Eulálio de Bueno Vidigal, *Do Mandado de Segurança*, 1953; Themístocles Brandão Cavalcanti, *Do Mandado de Segurança*, 1957; Arnoldo Wald, *Do Mandado de Segurança na Prática Judiciária*, 1968 (4ª ed., revista e atualizada com a colaboração de Ana Maria Goffi Flaquer Scartezzini, 2003); Ary Florêncio Guimarães, *O Ministério Público no Mandado de Segurança*, 1959; Othon Sidou, *Do Mandado de Segurança*, 1959; Celso Agrícola Barbi, *Do Mandado de Segurança*, 1960; Carlos Alberto Menezes Direito, *Manual do Mandado de Segurança*, 1991; Victor Nunes Leal, "Questões pertinentes ao mandado de segurança", *RDA* 11/73; Alcides de Mendonça Lima, "Efeitos do agravo de petição no despacho concessivo de medida liminar no mandado de segurança", *RT* 272/22; Alfredo Buzaid, *Do Mandado de Segurança*, São Paulo, Saraiva, 1989, e *RT* 258/35; Seabra Fagundes, *O Controle dos Atos Administrativos pelo Poder Judiciário*, 1957, pp. 293 e ss., e "A nova Constituição e o mandado de segurança", *RDA* 89/1; Caio Tácito, "O mandado de segurança e o poder normativo da Administração", *RDA* 46/246; Hamilton de Moraes e Barros, *As Liminares do Mandado de Segurança*, 1963; José Carlos Barbosa Moreira, *Mandado de Segurança – Ação Popular – Ação Direta de Declaração de Inconstitucionalidade (Indicações de Doutrina e Jurisprudência)*,

1964, e "Mandado de segurança e condenação em honorários de advogado", *RDPG* 23/50; Jorge Salomão, *Execução de Sentença em Mandado de Segurança*, 1965; Luiz Rodolfo de Araújo Jr., *Do Litisconsórcio Passivo em Mandado de Segurança*, 1965; José Manoel de Arruda Alvim Neto, "Mandado de segurança e sua aplicabilidade ao direito tributário", *RDP* 5/41; Clenício da Silva Duarte, "Execução de sentença em mandado de segurança", *RDP* 8/115; Sérgio de Andréa Ferreira, "A natureza mandamental-condenatória do mandado de segurança", *RDP* 22/49, e "O mandado de segurança e o ato legislativo", *RDPG* 24/38; Ulderico Pires dos Santos, *O Mandado de Segurança na Doutrina e na Jurisprudência*, Rio de Janeiro, Forense, 1973; Celso Ribeiro Bastos, *Do Mandado de Segurança*, São Paulo, Saraiva, 1978; Carlos Mário da Silva Velloso, "Do mandado de segurança", *RDP* 55-56/333; Kazuo Watanabe, *Controle Jurisdicional e Mandado de Segurança Contra Atos Judiciais*, São Paulo, Ed. RT, 1980; José Cretella Jr., *Comentários às Leis do Mandado de Segurança*, São Paulo, Saraiva, 1980, e *Do Mandado de Segurança*, Rio de Janeiro, Forense, 1980; Milton Flaks, *Mandado de Segurança – Pressupostos da Impetração*, Rio de Janeiro, Forense, 1980; Nilson Ramon, *Do Mandado de Segurança*, Curitiba, 1980; Celso Ribeiro Bastos, *Do Mandado de Segurança*, São Paulo, Saraiva, 1982; Associação Paulista do Ministério Público, *Curadoria de Mandados de Segurança*, ed. APM, 1984; Pinto Ferreira, *Teoria e Prática do Mandado de Segurança*, São Paulo, Saraiva, 1985; Celso Antônio Bandeira de Mello, Adilson Abreu Dallari, Sérgio Ferraz, Lúcia Valle Figueiredo e Carlos Mário da Silva Velloso, *Curso de Mandado de Segurança*, São Paulo, Ed. RT, 1986; Lúcia Valle Figueiredo, *Mandado de Segurança*, 6ª ed., São Paulo, Malheiros Editores, 2009; Sérgio Ferraz, *Mandado de Segurança*, São Paulo, Malheiros Editores, 2006; Cármen Lúcia Antunes Rocha, "Do mandado de segurança", *Revista de Informação Legislativa*, 1986, pp. 131 e ss.; J. J. Calmon de Passos, *Mandado de Segurança Coletivo, Mandado de Injunção e "Habeas Data" – Constituição e Processo*, Rio de Janeiro, Forense, 1989; Michel Temer, "Algumas notas sobre o mandado de segurança coletivo, o mandado de injunção e o *habeas data*", *RPGE/SP* 30/11; Carlos Ari Sundfeld, "Anotação sobre o mandado de segurança coletivo", *RPGE/SP* 29/163; Lúcia Valle Figueiredo, "Mandado de segurança na Constituição de 1988", *RDP* 87/81, e "Breves reflexões sobre o mandado de segurança no novo texto constitucional", *RT* 635/24; Celso Agrícola Barbi, "Mandado de segurança na Constituição de 1988", *RT* 635/19; Alfredo Buzaid, "Mandado de segurança, *injunctions* e *mandamus*", *RePro* 53/7; Vicente Greco Filho, *Tutela Constitucional das Liberdades*, 1989, e in Sálvio de Figueiredo Teixeira (coord.), *Mandados de Segurança e de Injunção – Estudos de Direito Processual Constitucional em Memória de Ronaldo Cunha Campos*, São Paulo, Saraiva, 1990.

Já, sobre a Lei 12.016, de 7.8.2009, vejam-se os comentários de: Cássio Scarpinella Bueno, *A Nova Lei do Mandado de Segurança*, 2ª ed., São Paulo, Saraiva, 2010; José Miguel Garcia Medina e Fábio Caldas Araújo, *Mandado de Segurança Individual e Coletivo: Comentários à Lei 12.016, de 7 de agosto de 2009*, São Paulo, Ed. RT, 2009; Luiz Manoel Gomes Jr., Luana Pedrosa de Figueiredo Cruz, Luís Otávio Sequeira de Cerqueira, Rogério Favreto e Sidney Palharini Jr., *Comentários à Nova Lei do Mandado de Segurança*, São Paulo, Ed. RT, 2009; André Ramos Tavares, *Manual do Mandado de Segurança – Lei 12.016/2009*, Rio de Janeiro, Forense, 2009; J. E. Carreira Alvim, *Comentários à Nova Lei do Mandado de Segurança*, Curitiba, Juruá, 2009; Aluísio Gonçalves de Castro Mendes (coord.), *Comentários à Nova Lei de Mandado de Segurança Individual e Coletivo*, Impetus, 2010; Luiz Fux, *Mandado de Segurança*, Rio de Janeiro, Forense, 2010; Vicente Greco Filho, *Novo Mandado de Segurança*,

sual ou universalidade reconhecida por lei para a proteção de direito individual ou coletivo,[2] líquido e certo, lesado ou ameaçado de lesão por ato de autoridade, não amparado por *habeas corpus* ou *habeas data*, seja de que categoria for e sejam quais forem as funções que exerça (CF, art. 5º, LXIX e LXX; art. 1º da Lei 12.016, de 7.8.2009[3]). Caso o direito ameaçado ou violado caiba a mais de uma pessoa, qualquer uma delas poderá requerer a correção judicial (art. 1º, § 3º, da Lei 12.016/2009).

Não só as pessoas *físicas* e *jurídicas* podem utilizar-se e ser passíveis de mandado de segurança, como também os *órgãos públicos despersonalizados*, mas dotados de capacidade processual, como as Chefias dos Executivos, as Presidências das Mesas dos Legislativos, os Fundos Financeiros, as Comissões Autônomas, as Agências Reguladoras, as Superintendências de Serviços e demais órgãos da Administração centralizada ou descentralizada que tenham prerrogativas ou direitos próprios ou coletivos a defender.[4]

Respondem também em mandado de segurança as autoridades judiciárias quando pratiquem atos administrativos ou profiram decisões judiciais que lesem direito individual ou coletivo, líquido e certo, do impetrante.

Na ordem privada podem impetrar segurança, além das *pessoas* e *entes personificados*, as *universalidades reconhecidas por lei*,

---

São Paulo, Saraiva, 2010; Eduardo Arruda Alvim, *Mandado de Segurança*, 2ª ed., GZ Editora, 2010; Alexandre Freitas Câmara, *Manual do Mandado de Segurança*, 2ª ed., São Paulo, Atlas, 2014; Humberto Theodoro Jr., *Lei do Mandado de Segurança – Comentada Artigo por Artigo*, 2ª ed., Rio de Janeiro, Forense, 2018; e Arnoldo Wald, *Mandado de Segurança na Prática Judiciária*, 6ª ed., Rio de Janeiro, Forense, 2021.

2. O mandado de segurança para defesa de interesses coletivos, por suas peculiaridades e para melhor sistematização da matéria, mereceu tratamento em item à parte (n. 19).

3. Art. 1º da Lei 12.016/2009: "Conceder-se-á mandado de segurança para proteger direito líquido e certo, não amparado por *habeas corpus* ou *habeas data*, sempre que, ilegalmente ou com abuso de poder, qualquer pessoa física ou jurídica sofrer violação ou houver justo receio de sofrê-la por parte de autoridade, seja de que categoria for e sejam quais forem as funções que exerça".

4. Nosso *mandado de segurança* inspirou-se no *juicio de amparo* do Direito Mexicano, que vigora desde 1841, para a defesa de direito individual, líquido e certo, contra atos de autoridade. Para um panorama atual da matéria não só no México e no Brasil, como no resto da América Latina, e das influências recíprocas das legislações e da jurisprudência dos vários Países, v.: Eduardo Ferrer MacGregor, "El amparo iberoamericano (estudio de derecho procesal constitucional comparado)", *RePro* 143/79.

como o espólio, a massa falida, o condomínio de apartamentos. Isso porque a *personalidade jurídica* é independente da *personalidade judiciária*, ou seja, da capacidade para ser parte em juízo; esta é um *minus* em relação àquela. Toda pessoa física ou jurídica tem, necessariamente, capacidade processual, mas para postular em juízo nem sempre é exigida personalidade jurídica; basta a personalidade judiciária, isto é, a possibilidade de ser parte para defesa de direitos próprios ou coletivos.[5]

O essencial para a impetração é que o impetrante – pessoa física ou jurídica, órgão público ou universalidade legal – tenha prerrogativa ou direito, próprio ou coletivo, a defender e que esse direito se apresente líquido e certo ante o ato impugnado.

Quanto aos *órgãos públicos*, despersonalizados mas com prerrogativas próprias (Mesas de Câmaras Legislativas, Presidências de Tribunais, Chefias de Executivo e de Ministério Público, Presidências de Comissões Autônomas etc.), a jurisprudência é uniforme no reconhecimento de sua legitimidade para figurar nos polos ativo e passivo do *mandado de segurança* (não de ações comuns), restrito à atuação funcional e em defesa de suas atribuições institucionais.[6]

Quanto aos *agentes políticos* que detenham prerrogativas funcionais específicas do cargo ou do mandato (governadores, prefeitos, magistrados, parlamentares, membros do Ministério Público e dos Tribunais de Contas, ministros e secretários de Estado e outros), também podem impetrar mandado de segurança contra ato de autoridade que tolher o desempenho de suas atribuições ou afrontar suas prerrogativas, sendo frequentes as impetrações de membros de corporações contra a atuação de dirigentes que venham a cercear sua atividade individual no colegiado ou, mesmo, a extinguir ou cassar seu mandato.[7]

---

5. James Goldschmidt, *Derecho Procesal Civil*, 1936, p. 162; José Alberto dos Reis, *Comentários ao Código de Processo Civil Português*, vol. I, 1944, p. 123; Lopes da Costa, *Direito Processual Brasileiro*, vol. I, 1941, p. 286; Victor Nunes Leal, "Personalidade judiciária das Câmaras Municipais", *RDA* 15/46; e STF, *RTJ* 69/475.

6. STF, *RDA* 45/319, *RTJ* 69/475; TJRS, *RDA* 15/46 e 56/269; TJPR, *RT* 301/590 e 321/529; TJRJ, *RT* 478/181; TASP, *RDA* 54/166, 72/267 e 73/287, *RT* 337/373 e 339/370; TJSP, *RDA* 98/202 e 108/308, *RT* 371/120.

7. TJMT, *RT* 517/172; TJPR, *RDA* 111/313, *RT* 442/193; TASP, *RT* 320/479; TJSP, *RDP* 28/239, *RT* 247/284.

De acordo com o art. 3º da lei ora em vigor, o *writ* também pode ser impetrado por titular de direito líquido e certo decorrente de direito de terceiro, a favor do direito originário, se o seu titular não o fizer no prazo de 30 dias, contados da sua notificação judicial.[8]

O mandado de segurança normalmente é *repressivo* de uma ilegalidade já cometida, mas pode ser *preventivo* de uma ameaça a direito líquido e certo do impetrante. Não basta a suposição de um direito ameaçado; exige-se um ato concreto que possa pôr em risco o direito do postulante.[9]

O *mandamus* preventivo tem sido muito utilizado em matéria tributária, em especial para proteção contra a cobrança de tributos inconstitucionais ou *contra legem*. Embora inadmissível o mandado de segurança contra lei em tese, a edição de nova norma dispondo sobre tributação traz em si a presunção de que a autoridade competente irá aplicá-la. Assim, admite-se que o contribuinte, encontrando-se na hipótese de incidência tributária prevista na lei, impetre o mandado de segurança preventivo, pois há uma ameaça real e um justo receio

8. Com a ressalva de que se deve respeitar, também nesse caso, o prazo decadencial previsto no art. 23, *in verbis*: "O direito de requerer mandado de segurança extinguir-se-á decorridos 120 (cento e vinte) dias, contados da ciência, pelo interessado, do ato impugnado".

9. "A segurança preventiva pressupõe a existência de efetiva ameaça a direito, ameaça que decorre de atos concretos da autoridade pública" (STF, MS 25.009-DF, rel. Min. Carlos Velloso, *RTJ* 194/594).

Na forma da Súmula 266 do STF: "Não cabe mandado de segurança contra lei em tese". No mesmo sentido, no STJ: MS 10.116-DF, rel. Min. Luiz Fux, *DJU* 18.12.2006; RMS 69.523-SP, rel. Sérgio Kukina, *DJe* 17.8.2023. Nesta linha, incabível a impetração contra quaisquer atos administrativos genéricos e abstratos (STJ, MS 15.407-DF, rel. Min. Castro Meira, *DJe* 31.5.2013; MS 16.778-DF, rel. Min. Humberto Martins, *DJe* 2.8.2013; MS 20.830-DF, rela. Min. Assusete Magalhães, *DJe* 10.3.2015; MS 20.076-DF, rel. Min. Gurgel de Faria, *DJe* 12.9.2016; AgInt no MS 25968-DF, rel. Min. Herman Benjamin, *DJe* 30.3.2021; e AgInt no MS 25.880-DF, rel. Humberto Martins, *DJe* 16.2.2023).

Não obstante, o STJ vem admitindo a impetração de mandado de segurança contra leis e demais atos normativos de efeitos concretos, desde a sua publicação, por se equipararem aos atos administrativos nos seus resultados imediatos (RMS 22.499-RJ, rel. Min. Luiz Fux, *DJe* 3.11.2008; AgR no RMS 33.646-SP, rel. Min. Benedito Gonçalves, *DJe* 10.2.2012; MS 11.236-DF, rela. Min. Alderita Ramos de Oliveira, *DJe* 1.10.2013; AgInt no RMS 68.009-MS, rel. Mauro Campbell Marques, *DJe* 5.5.2022; AgInt no AREsp 2.126.892- RS, rel. Min. Francisco Falcão, *DJe* 16.2.2023).

de que o Fisco efetue a cobrança do tributo. Nesse sentido há várias decisões do STJ.[10]

Por outro lado, muito se discutiu sobre os efeitos da eventual prática, ainda no curso do processo, do ato que o mandado de segurança preventivo visava a impedir, havendo quem defendesse que a impetração perdia seu objeto e a parte deveria ajuizar novo mandado de segurança, desta feita repressivo. A jurisprudência do STJ, porém, é no sentido de considerar que o mandado de segurança preventivo não fica prejudicado pela prática do ato, devendo ser este anulado e desconstituído na hipótese de concessão da segurança,[11] ressalvadas as hipóteses em que a desconstituição do ato é materialmente impossível.[12]

2. *Natureza processual*

O *mandado de segurança*, como a lei regulamentar o considera,[13] é ação civil de rito sumário especial destinada a afastar ofensa ou

---

10. V., por exemplo: STJ, EREsp 18.424-CE, rel. Min. Humberto Gomes de Barros, *RDR* 5/126; e REsp 847.679-RJ, rel. Min. Luiz Fux, *DJe* 15.10.2008.

Em tais hipóteses o STJ autoriza o manuseio do *mandamus* para a obtenção de tutela de natureza declaratória (Ag/AgR 1.057.300-SP, rel. Min. Luiz Fux, *DJe* 8.10.2009; Ag/ED 786.678-PB, rel. Min. Herman Benjamin, *DJe* 31.8.2009; REsp 1.933.794-AM, rela. Min. Assusete Magalhães, *DJe* 16.8.2021), também em conformidade com a Súmula 213, segundo a qual "o mandado de segurança constitui ação adequada para a declaração do direito à compensação tributária".

Entendemos que o mandado de segurança não cabe para a declaração de um direito em tese, mas pode ter feição declaratória diante de uma ameaça concreta ao direito do impetrante, claramente caracterizada com a inicial; hipótese na qual se reveste de caráter preventivo, antecipando-se à ocorrência da violação do direito e conferindo real efetividade à tutela jurisdicional. Sobre a segurança preventiva v., adiante, o item 15, "***Sentença***".

11. STJ, RMS 5.051-3-RJ, rel. Min. Ari Pargendler, *RSTJ* 75/165; RMS 6.130-RJ, rel. Min. Edson Vidigal, *RSTJ* 119/566; REsp 817.846-MG, rel. Min. Castro Meira, *DJe* 27.6.2007; MS 14.589-DF, rel. Min. Nefi Cordeiro, *DJe* 16.10.2014.

12. STJ, RMS 20.748-MG, rel. Min. Castro Meira, *DJU* 16.6.2006; AgR no RMS 33.037-SC, rel. Min. Benedito Gonçalves, *DJe* 15.4.2011; AgR nos ED no RMS 35.428-AM, rel. Min. Benedito Gonçalves, *DJe* 11.4.2016.

13. O mandado de segurança está regulamentado pela Lei Federal 12.016, de 7.8.2009, que substituiu a Lei 1.533, de 31.12.1951, e incorporou em um só diploma legal a maior parte das normas pertinentes à matéria, revogando, no ensejo, a teor de seu art. 29: a mencionada Lei 1.533/1951; a Lei 4.166, de 4.12.1962, que modificou a redação de dispositivos da Lei 1.533/1951; a Lei 4.348, de 26.6.1964, que estabelecia normas processuais para o mandado de segurança; a Lei 5.021, de 9.6.1966, que dispunha sobre o pagamento de vencimentos e vantagens concedidos a servidor

ameaça a direito subjetivo individual ou coletivo, privado ou público, através de ordem corretiva ou impeditiva da ilegalidade – ordem, esta, a ser cumprida especificamente pela autoridade coatora, em atendimento a notificação judicial. Sendo ação civil, o mandado de segurança enquadra-se no conceito de "causa", enunciado pela Constituição da República, para fins de fixação de foro e juízo competentes para seu julgamento quando for interessada a União Federal (art. 109, I e VIII), e produz todos os efeitos próprios dos feitos contenciosos. Distingue-se das demais ações apenas pela especificidade de seu objeto e pela sumariedade de seu procedimento, que lhe é próprio, aplicando-se, subsidiariamente, as regras do Código de Processo Civil. Visa, precipuamente, à invalidação de *atos de autoridade* ou à supressão de efeitos de *omissões administrativas* capazes de lesar *direito individual ou coletivo, líquido e certo.*

Quaisquer que sejam a origem ou a natureza do ato impugnado (administrativo, judicial, civil, penal, policial, militar, eleitoral, trabalhista etc.), o mandado de segurança será sempre processado e julgado como *ação civil*, no juízo competente.[14]

Por se tratar de ação de rito especial de índole constitucional, o processo do *mandamus* tem prioridade sobre todos os demais processos, à exceção do *habeas corpus* (art. 20 da Lei 12.016/2009).[15]

3. *Ato de autoridade*

Ato de autoridade é toda manifestação ou omissão do Poder Público, ou de seus delegados, no desempenho de suas funções ou a pretexto de exercê-las. Por "autoridade" entende-se a pessoa física

público em mandado de segurança; o art. 3º da Lei 6.014, de 27.12.1973, e o art. 1º da Lei 6.071, de 3.7.1974, que adaptavam ao Código de Processo Civil de 1973 a Lei do Mandado de Segurança; o art. 12 da Lei 6.978, de 19.1.1982, e o art. 2º da Lei 9.259, de 9.1.1996, que modificaram a redação do § 1º do art. 1º da Lei 1.533/1951.

14. Assim já decidiu o STF: "Mandado de segurança é ação civil, ainda quando impetrado contra ato de juiz criminal, praticado em processo penal. Aplica-se, em consequência, ao recurso extraordinário interposto da decisão que o julga o prazo estabelecido no Código de Processo Civil" (*RTJ* 83/255).

15. Segundo o art. 12 do CPC de 2015, "os juízes e os tribunais atenderão, preferencialmente, à ordem cronológica de conclusão para proferir sentença ou acórdão", e "a lista de processos aptos a julgamento deverá estar permanentemente à disposição para consulta pública em cartório e na rede mundial de computadores" (art. 12, § 1º). Estão excluídos dessa regra, porém, as preferências legais (§ 2º, VII) e os processos que exijam urgência no julgamento (inciso IX), como entendemos ser o caso dos mandados de segurança.

investida de poder de decisão dentro da esfera de competência que lhe é atribuída pela norma legal.

Deve-se distinguir *autoridade pública* do simples *agente público*. Aquela detém, na ordem hierárquica, *poder de decisão* e é competente para praticar *atos administrativos decisórios*, os quais, se ilegais ou abusivos, são suscetíveis de impugnação por mandado de segurança quando ferem direito líquido e certo; o *agente público* não pratica atos decisórios, mas simples *atos executórios*, e, por isso, não está sujeito ao mandado de segurança, pois é apenas executor de ordem superior. Exemplificando: o porteiro é um agente público, mas não é autoridade; autoridade é o seu superior hierárquico, que decide naquela repartição pública. O simples *executor* não é coator em sentido legal; coator é sempre aquele que *decide*, embora muitas vezes também execute sua própria decisão, que rende ensejo à segurança. *Atos de autoridade*, portanto, são os que trazem em si uma decisão, e não apenas execução.[16]

Para fins de mandado de segurança, contudo, consideram-se *atos de autoridade* não só os emanados das autoridades públicas propriamente ditas, como também os praticados por *representantes ou órgãos de partidos políticos*; *administradores de entidades autárquicas*; e, ainda, *dirigentes de pessoas jurídicas ou as pessoas naturais no exercício de atribuições do Poder Público* (art. 1º, § 1º, da Lei 12.016/2009).[17-18] Não cabe, todavia, a impetração contra os atos de gestão comercial praticados pelos administradores de empresas públicas, de sociedades de economia mista e de concessionárias de serviço público (art. 1º, § 2º, da Lei 12.016/2009[19]). Não se consideram,

16. O art. 6º, § 3º, da Lei 12.016/2009 tem a seguinte redação: "Considera-se autoridade coatora aquela que tenha praticado o ato impugnado ou da qual emane a ordem para a sua prática".

17. A Lei 12.016/2009 suprimiu a referência a "funções delegadas do Poder Público", aludindo ao "exercício de atribuições do Poder Público".

18. No STJ, admitindo a impetração contra ato ilegal e abusivo de dirigente de sociedade de economia mista concessionária de serviços de energia elétrica que cortou o fornecimento de energia para locais cujos pagamentos estavam em dia: REsp 174.085-GO, rel. Min. José Delgado, *DJU* 21.9.1998, p. 96.

19. O dispositivo foi objeto de arguição de inconstitucionalidade pelo Conselho Federal da OAB na ADI 4.296-DF, ajuizada em 14.9.2009, por suposta violação aos arts. 2º e 5º, XXXV, da CF, com base nos argumentos de que o legislador não poderia restringir o cabimento da ação mandamental quando a Constituição assim não o fez e

tampouco, atos de autoridade, passíveis de mandado de segurança, os praticados por pessoas ou instituições particulares cuja atividade seja apenas *autorizada* pelo Poder Público, como são as organizações hospitalares, os estabelecimentos bancários e as instituições de ensino, salvo quando desempenham atividade *delegada*, tal como nas hipóteses de chefe de gabinete e secretário de Ministérios agindo por delegação do Ministro de Estado (STF, Súmula 510).[20] Equiparam-se a *atos de autoridade* as *omissões administrativas* das quais possa resultar lesão a direito subjetivo da parte, ensejando a impetração de mandado de segurança para compelir a Administração a pronunciar-se sobre o requerido pelo impetrante, e durante a inércia da autoridade pública não corre o prazo de decadência para a impetração.[21]

Os *atos judiciais* não transitados em julgado – acórdão, sentença ou despacho – configuram *atos de autoridade* passíveis de mandado de segurança desde que ofensivos de direito líquido e certo do impe-

---

que, deste modo, estaria retirando do campo de atuação do Poder Judiciário a possibilidade de apreciar lesão ou ameaça a direito decorrentes de atos de gestão comercial. Em 09.06.2021, o STF, por maioria, declarou a constitucionalidade do dispositivo nos termos do voto do Ministro Alexandre de Moraes, que entendia que a norma seria referente a atos estritamente do direito privado.

Não merece críticas a exclusão da impetração em tais hipóteses, eis que os atos de gestão comercial não se enquadram no exercício de função pública, revelando-se inapropriada, portanto, a via mandamental, sem prejuízo de eventual questionamento de tais atos pelas vias ordinárias. Nos termos do parecer apresentado pela Advocacia-Geral da União na ação direta de inconstitucionalidade, que opinava pela improcedência do pedido, o enunciado apenas reforça a previsão constitucional e a do § 1º do art. 1º da Lei 12.016/2009, de que somente pode incorrer em ilegalidade ou abuso de autoridade, para fins de mandado de segurança, a pessoa que estiver no exercício de atribuições do Poder Público.

O STJ também já teve a oportunidade de afastar o cabimento de mandado de segurança contra ato de gerente da Caixa Econômica Federal/CEF que aplicou multa a uma empresa em razão do descumprimento de contrato de natureza privada. Argumentou o Relator, Min. Luiz Fux, que a imposição de multa decorrente de contrato não caracterizaria ato de autoridade, e sim de mera gestão comercial, não sendo atacável, portanto, pela via do *mandamus* (REsp 1.078.342-PR, rel. Min. Luiz Fux, *DJe* 15.3.2010).

20. STJ: MS/AgR 15.997-DF, rel. Min. Hamilton Carvalhido, *DJe* 9.5.2011; MS/AgR 15.774-DF, rel. Min. Luiz Fux, *DJe* 7.4.2011; MS 21.890-DF, decisão monocrática da Min. Laurita Faz, *DJe* 4.8.2015; MS 11.776-DF, rel. Min. José Delgado, *DJU* 13.11.2006; MS 9.064, rel. Min. Teori Zavascki, *DJU* 19.12.2003; AgInt no MS 25885-DF, rel. Min. Gurgel de Faria, *DJe* 22.5.2020.

21. STF, *RTJ* 74/833.

trante e, nos termos do art. 5º, II, da Lei 12.016/2009, desde que contra os mesmos não caiba recurso com efeito suspensivo.[22] Também os *atos administrativos* praticados por magistrados no desempenho de funções de administração da justiça sujeitam-se a correção por via do *mandamus*.

Os atos praticados por parlamentares na elaboração da lei, na votação de proposições ou na administração do Legislativo entram na categoria de *atos de autoridade* e se expõem a mandado de segurança desde que infrinjam a Constituição ou as normas regimentais da corporação e ofendam direitos ou prerrogativas do impetrante.[23]

No entanto, não se sujeitam a correção judicial a lei regularmente votada e promulgada bem como os atos *interna corporis* do Legislativo, que são aquelas deliberações do Plenário, das Comissões ou da Mesa que entendem direta e exclusivamente com as atribuições e prerrogativas da corporação.[24] Daí não se conclua, entretanto,

22. O rigor da Súmula 267 do STF, que não admitia mandado de segurança contra ato judicial, já fora mitigado pela própria Corte, no teor deste acórdão: "O STF tem abrandado a rigidez do entendimento jurisprudencial inscrito na Súmula n. 267 para permitir o conhecimento de ação de segurança impugnadora de decisão jurisdicional que, impugnável por meio de recurso devolutivo, seja causadora de dano irreparável ao impetrante da medida" (STF, *DJU* 8.10.1988; *RTJ* 95/339 e 103/215).

23. STF, *RTJ* 99/1.032, 139/783 e 190/552, *RDA* 45/291, 74/267, 78/224 e 133/144; TJSP, *RT* 258/251 e 357/168.

24. Sobre os atos *interna corporis* v. Hely Lopes Meirelles, *Direito Administrativo Brasileiro*, 42ª ed., São Paulo, Malheiros Editores, 2016, Capítulo XI, item 6.

No STF, sobre o descabimento de mandado de segurança contra ato *interna corporis* do Legislativo: MS 23.920-DF, rel. Min. Celso de Mello, *Informativo STF* 222/4; MS 21.754-5-RJ, rel. design. Min. Francisco Rezek, *DJU* 21.2.1997. Acórdão mais recente reputou incabível o uso do mandado de segurança com vistas à obtenção de ordem mandamental para determinar o arquivamento de projeto de lei em trâmite na Câmara dos Deputados, porque inviável a interferência do STF nas atribuições do Congresso Nacional (MS 28.901-DF, rela. Min. Ellen Gracie, *DJe* 25.8.2010). No MS 32.033-DF, o Relator, Min. Gilmar Mendes, chegou a deferir liminar para sustar a tramitação de um projeto de lei restringindo a criação de novos partidos políticos, dada a repercussão constitucional da questão; mas o Plenário, em sessão de 20.6.2013, revogou a medida e indeferiu a segurança, na linha da jurisprudência anterior da Corte (rel. para o acórdão Min. Teori Zavascki, *DJe* 18.2.2014). No mesmo sentido, reconhecendo que apenas em circunstâncias excepcionais, como a de proposta de emenda constitucional tendente a abolir as cláusulas pétreas (art. 60, § 4º, da CF), é cabível o controle preventivo de constitucionalidade pelo Poder Judiciário pela via mandamental, v. MS 34.063, rel. Min. Edson Fachin, *DJe* 18.3.2016.

que todo e qualquer ato desses órgãos constitua *interna corporis* vedado à apreciação judicial. Não é assim, pois atos e deliberações do Legislativo existem regrados pela Constituição, pela lei e pelo Regimento, e nestes casos pode – e deve – o Judiciário decidir sobre sua legitimidade.

4. *Direito individual e coletivo, líquido e certo*

Direito individual, para fins de mandado de segurança, é o que pertence a quem o invoca, e não apenas à sua categoria, corporação ou associação de classe. É direito *próprio* do impetrante.[25] Somente este direito legitima a impetração. Se o direito for de outrem, não autoriza a utilização do mandado de segurança, podendo ensejar ação popular ou ação civil pública (Leis 4.717/1965 e 7.347/1985).[26]

A Constituição de 5.10.1988 criou o *mandado de segurança coletivo*, hoje também regulamentado pela Lei 12.016/2009.

Direitos coletivos, para fins de mandado de segurança, são os propriamente coletivos (assim entendidos os transindividuais, de natureza indivisível, de que seja titular grupo de pessoas vinculadas por relação jurídica básica) e os individuais homogêneos (decorrentes de origem comum e da atividade ou situação específica do grupo),

25. O direito em disputa na ação de mandado de segurança é de cunho personalíssimo. O STF já decidiu que em caso de falecimento do impetrante o *mandamus* deve ser extinto, por ser impossível a habilitação dos herdeiros, ressalvadas a estes as vias ordinárias (RMS/AgR 26.806-DF, rel. Min. Dias Toffoli, *RT* 925/565).

26. O STF editou a Súmula 101, segundo a qual "o mandado de segurança não substitui a ação popular". O STJ mantém a mesma jurisprudência, exigindo, para o cabimento do mandado de segurança, que o direito postulado seja do próprio impetrante ou dos integrantes da entidade que requer o mandado de segurança e que sua concessão lhe traga benefício direto. A simples anulação de ato que se pretende ilegal, sem conferimento ao autor de qualquer benefício próprio, implicaria a convolação do mandado de segurança em ação popular (MS 4.452-DF, rel. Min. Demócrito Reinaldo, *ADV* 97, ementa 77.336).

Ainda sobre o problema da impetração em defesa de direito alheio, o Min. Celso de Mello, em decisão monocrática publicada em 22.10.2015, proferida nos autos do MS/MC 33.844-DF, não conheceu de mandado de segurança por entender que o impetrante não estava na defesa de seu próprio direito quando se arrogava na defesa do princípio democrático, do princípio da separação de Poderes, "das prerrogativas do Congresso Nacional e dos direitos do povo brasileiro" para requerer a suspensão de outra decisão do próprio STF que suspendia cautelarmente os efeitos da resposta à QO 105/2015 do Presidente da Câmara dos Deputados.

pertencentes a uma coletividade ou categoria representada por partido político, por organização sindical, por entidade de classe ou por associação legalmente constituída e em funcionamento há pelo menos um ano (art. 5º, LXX, "a" e "b", da CF e art. 21 da Lei 12.016/2009).

A entidade que impetrar mandado de segurança deve fazê-lo em nome próprio, mas em defesa dos seus membros que tenham um direito ou uma prerrogativa a defender judicialmente.[27]

Direito líquido e certo[28] é o que se apresenta manifesto na sua existência, delimitado na sua extensão e apto a ser exercitado no momento da impetração. Por outras palavras, o direito invocado, para ser amparável por mandado de segurança, há de vir expresso em norma legal e trazer em si todos os requisitos e condições de sua aplicação ao impetrante: se sua existência for duvidosa, se sua extensão ainda não estiver delimitada, se seu exercício depender de situações e fatos ainda indeterminados, não rende ensejo à segurança, embora possa ser defendido por outros meios judiciais.

Quando a lei alude a "direito líquido e certo", está exigindo que esse direito se apresente com todos os requisitos para seu reconhecimento e exercício no momento da impetração. Em última análise, *direito líquido e certo* é *direito comprovado de plano*. Se depender de comprovação posterior não é líquido, nem certo, para fins de segurança.[29] O conceito de "liquidez e certeza" adotado pelo legislador é impróprio – e mal expresso – alusivo à precisão e comprovação do *direito*, quando deveria aludir à precisão e comprovação dos *fatos e situações* que ensejam o exercício desse direito.

Por se exigir situações e fatos *comprovados de plano* é que não há instrução probatória no mandado de segurança.[30] Há apenas uma

---

27. Remete-se o leitor aos comentários do item 19 desta Primeira Parte, sobre "Mandado de Segurança Coletivo".

28. A atual expressão "direito líquido e certo" substituiu a da legislação criadora do mandado de segurança, "direito certo e incontestável". Nenhuma satisfaz. Ambas são impróprias e de significação equívoca, como procuraremos demonstrar no texto.

29. O Plenário do STF deixou de conhecer de recurso extraordinário voltado à análise da demonstração do direito líquido e certo, por considerar que a questão não envolve matéria constitucional e, por isso, não tem repercussão geral (STF, AI 800.074-SP, rel. Min. Gilmar Mendes, *DJe* 6.12.2010 – *Tema 318*).

30. "O direito líquido e certo a que alude o art. 5º, inciso LXIX, da CF deve ser entendido como aquele cuja existência e delimitação são passíveis de demonstração de imediato, aferível sem a necessidade de dilação probatória" (STJ, RMS 28.336-

dilação para *informações do impetrado* sobre as alegações e provas oferecidas pelo impetrante, com subsequente manifestação do Ministério Público sobre a pretensão do postulante. Fixada a lide nestes termos, advirá a sentença considerando unicamente o direito e os fatos comprovados com a *inicial* e as *informações*.

As provas tendentes a demonstrar a *liquidez e certeza* do direito podem ser de todas as modalidades admitidas em lei, desde que acompanhem a inicial,[31] salvo no caso de documento em poder do impetrado (art. 6º, § 1º, da Lei 12.016/2009[32]) ou superveniente às informações. Admite-se também, a qualquer tempo, o oferecimento de parecer jurídico pelas partes, o que não se confunde com documento. O que se exige é *prova pré-constituída* das situações e fatos que embasam o direito invocado pelo impetrante.[33]

SP, rel. Min. João Otávio de Noronha, *DJU* 6.4.2009; REsp 1.440.855-PB, rel. Min. Humberto Martins, *DJe* 14.4.2014). Na mesma linha: RMS 6.93.46-TO, rel. Francisco Falcão, *DJe* 25.8.2023.

Por essa razão, a Súmula 460 do STJ, editada em 8.9.2010, enuncia o descabimento do mandado de segurança para convalidar a compensação tributária realizada por iniciativa exclusiva do contribuinte, eis que, na hipótese, é necessária a dilação probatória, defesa na estreita via do *mandamus*.

31. Em fundamentado despacho, o Des. Sylvio do Amaral, Vice-Presidente do TJSP, mandou desentranhar prova documental apresentada depois das informações, declarando que "é indiscutivelmente descabida, em face da natureza deste processo, a pretensão do impetrante de produzir novos documentos, em complementação àqueles com que instruiu a inicial" (despacho publicado no *DJE* 16.4.1983, p. 12). No mesmo sentido: TJSP, *RT* 255/371, 264/459 e 441/65.

32. "Recusando a autoridade coatora fornecer prova oficial, em seu poder, deve o magistrado, julgador do *writ*, pressupor a existência da prova em favor da impetrante, aplicando-se as devidas sanções à autoridade coatora" (STJ, RMS 12.783-BA, rel. Min. Paulo Medina, *DJU* 25.4.2005, p. 362; AREsp 1.70.011-RJ, rela. Min. Assusete Magalhães, *DJe* 18.3.2015, decisão monocrática; AREsp 207.851-CE, Min. Napoleão Nunes Maia Filho, *DJe* 3.9.2012).

33. "Não é correta a assertiva de que, em sede de mandado de segurança, o Poder Judiciário não examina provas. Tal exame é necessário, para que se avalie a certeza do direito pleiteado. Vedada, no processo de mandado de segurança, é a coleta de outras provas, que não aquelas oferecidas com a inicial, as informações e eventuais pronunciamentos de litisconsortes. A prova há de ser pré-constituída. No entanto, por mais volumosa que seja, ela deve ser examinada" (STJ, RMS 8.844-RS, rel. Min. Humberto Gomes de Barros, *RSTJ* 121/49).

Por outro lado, sendo a hipótese de ato omissivo que a autoridade coatora deva praticar de ofício, não se exige a prova da omissão propriamente dita (prova negativa), bastando a demonstração de que a autoridade impetrada tem o poder-dever de agir (STF, RMS 22.032-DF, rel. Min. Moreira Alves, *Informativo STF* 143/3).

Quanto à complexidade dos fatos e à dificuldade da interpretação das normas legais que contêm o direito a ser reconhecido ao impetrante, não constituem óbice ao cabimento do mandado de segurança, nem impedem seu julgamento de mérito.[34] Isto porque, embora emaranhados os fatos, se existente o direito, poderá surgir *líquido e certo*, a ensejar a proteção reclamada. Da mesma forma, já decidiu o TJSP que: "As questões de direito, por mais intrincadas e difíceis, podem ser resolvidas em mandado de segurança".[35] O STJ já admitiu, por exemplo, a aplicação da teoria da desconsideração da personalidade jurídica em sede de mandado de segurança, desde que a prova pré-constituída se mostre apta a caracterizar a fraude que dá ensejo à incidência da chamada *disregard doctrine*.[36] Também o STF já conheceu de *writ* constitucional (e se concedeu a segurança) em que se discutia o marco temporal – fixado por meio do julgamento da Pet 3.388-RR – "para a verificação da existência da comunidade indígena, bem como da efetiva e formal ocupação fundiária pelos índios" quando o próprio laudo da FUNAI já reconhecia a não presença de índios na área contestada.[37] De fato, o próprio STF editou a Súmula 625, segundo a qual "controvérsia sobre matéria de direito não impede concessão de mandado de segurança".

5. *Objeto*

O *objeto do mandado de segurança* será sempre a correção de *ato ou omissão de autoridade*, desde que ilegal e ofensivo a direito individual ou coletivo, líquido e certo, do impetrante.

Este ato ou omissão poderá provir de autoridade de qualquer um dos três Poderes. Só não se admite mandado de segurança contra

34. STF, *RTJ* 111/1.280.

35. TJSP, *RT* 254/104. No mesmo sentido: TJMT, *RT* 446/213.

36. STJ, RMS 12.873-SP, rel. Min. Fernando Gonçalves, Lex/*JSTJ-TRF* 175/36.

37. STF, RMS 29.087-DF, rel. Min. Gilmar Mendes, *DJe* 14.10.2014. É de se destacar, ainda, que o próprio STF admitiu também o mandado de segurança para examinar a tese da proibição de ampliação de terra indígena já demarcada (salvaguarda institucional fixada pelo Tribunal no julgamento da Pet 3.388-RR, *DJe* 24.9.2009) quando a violação à orientação jurisprudencial se percebe de plano, inclusive pelo espaço temporal entre a demarcação e sua tentativa de ampliação (RMS 29.542-DF, rela. Min. Cármen Lúcia, *DJe* 13.11.2014).

atos meramente normativos (lei em tese), contra a coisa julgada[38] e contra os atos *interna corporis*[39] de órgãos colegiados.[40] E as razões são óbvias para essas restrições: as *leis* e os *decretos gerais*, enquanto normas abstratas, são insuscetíveis de lesar direitos, salvo quando proibitivos; a *coisa julgada* pode ser invalidada por ação rescisória (CPC de 1973, art. 485; CPC de 2015, art. 966); e os atos *interna corporis*, se realmente o forem, não se sujeitam a correção judicial.

Vê-se, portanto, que o objeto normal do mandado de segurança é o *ato administrativo específico*, mas por exceção presta-se a atacar as *leis e decretos de efeitos concretos*, as *deliberações legislativas* e as *decisões judiciais para as quais não haja recurso com efeito suspensivo, capaz de impedir a lesão ao direito subjetivo do impetrante.*

A *lei em tese*, como norma abstrata de conduta, não é atacável por mandado de segurança (STF, Súmula 266), pela óbvia razão de que não lesa, por si só, qualquer direito individual.[41] Necessária se torna a conversão da norma abstrata em ato concreto para se expor à impetração, mas nada impede que na sua execução venha a ser declarada inconstitucional pela via do *mandamus*.[42] Somente as *leis e decretos de efeitos concretos* se tornam passíveis de mandado de

---

38. A Lei 12.016/2009, art. 5º, III, previu, de modo expresso, que não será concedida segurança contra decisão transitada em julgado, nos exatos termos da Súmula 268 do STF.

39. Sobre *interna corporis*, v. Hely Lopes Meirelles, *Direito Administrativo Brasileiro*, 42ª ed., São Paulo, Malheiros Editores, 2016, Capítulo XI, item 6.

40. Deixamos de excluir do âmbito do mandado de segurança os chamados *atos políticos*, porque não passam de atos das altas autoridades praticados com imediato fundamento constitucional. Mas se desbordarem da Constituição e lesarem direito individual ou coletivo, líquido e certo, sujeitam-se ao controle de legalidade, inclusive pelo *mandamus* (cf. Hely Lopes Meirelles, *Direito Administrativo Brasileiro*, 42ª ed., São Paulo, Malheiros Editores, 2016, Capítulo XI, item 6).

41. "Descabe mandado de segurança para promover declaração de inconstitucionalidade de lei" (STJ, RMS 11.484-MG, rel. Min. Aldir Passarinho Jr., *DJU* 26.6.2006; e AgInt no RMS 64.910-BA, rel. Herman Benjamin, *DJe* 1.7.2021). É cabível invocar a inconstitucionalidade da norma como fundamento do pedido, mas não como pedido autônomo (REsp 1.119.872-RJ, rel. Min. Benedito Gonçalves, *DJe* 20.10.2010). No mesmo sentido: RMS 45.544-RN, rel. Min. Sérgio Kukina, *DJe* 12.12.2019.

42. No julgamento do MS 25.962 o Tribunal Pleno do STF declarou incidentalmente a inconstitucionalidade do art. 98 do Regimento Interno do Conselho Nacional de Justiça/CNJ, que previa ciência ficta no processo administrativo (STF, MS 25.962-1-DF, rel. Min. Marco Aurélio, *DJU* 20.3.2009).

segurança desde sua publicação, por serem equivalentes a atos administrativos nos seus resultados imediatos.[43]

Por "leis e decretos de efeitos concretos" entendem-se aqueles que trazem em si mesmos o resultado específico pretendido, tais como as leis que aprovam planos de urbanização, as que fixam limites territoriais, as que criam Municípios ou desmembram Distritos, as que concedem isenções fiscais, as que proíbem atividades ou condutas individuais; os decretos que desapropriam bens, os que fixam tarifas, os que fazem nomeações, e outros dessa espécie. Tais *leis* ou *decretos* nada têm de normativos; são *atos de efeitos concretos*, revestindo a forma imprópria de leis ou decretos por exigências administrativas. Não contêm mandamentos genéricos, nem apresentam qualquer regra abstrata de conduta; atuam concreta e imediatamente, como qualquer ato administrativo de efeitos específicos, individuais ou coletivos, razão pela qual se expõem ao ataque pelo mandado de segurança.[44]

Em geral, as leis, decretos e demais atos proibitivos são sempre de *efeitos concretos*, pois atuam direta e imediatamente sobre seus destinatários. Essa tese foi reafirmada recentemente pelo STF quando examinou agravo regimental em mandado de segurança que tinha por objeto garantir ao Estado-membro impetrante a não incidência das sanções impostas pelo Decreto 8.616/2015 quando da regulamentação da Lei Complementar 148/2014 e da Lei 9.496/1997, em matéria de repactuação da dívida dos entes federados com a União. O forte teor político-institucional da causa auxiliou os ministros do STF a caracterizarem o efeito concreto do decreto federal e, por consequência, a deferir a medida cautelar.[45]

---

43. STF, *RDA* 57/198, *RF* 194/118; AI/AgR 271.528-3-PA, rel. Min. Sepúlveda Pertence, *RT* 859/166; TJSP, *RDA* 55/174 e 61/214, *RT* 229/367, 243/114, 250/290, 271/497, 276/508, 306/308, 313/130 e 319/93. No STJ: REsp/ED 40.055-4-SP, rel. Min. Antônio de Pádua Ribeiro, *DJU* 9.6.1997, p. 25.494; RMS 22.499-RJ, rel. Min. Luiz Fux, *DJe* 3.11.2008.

44. TJMT, *RT* 235/954; TJPR, *RJ* 49/426; TJSC, *RF* 195/283; TJSP, *RT* 242/314, 289/152, 291/171, 441/66 e 455/51.

45. STF, MS/AgR 34.023-DF, rel. originário Min. Edson Fachin, e red. para o acórdão Min. Gilmar Mendes, j. 27.4.2016 (*Informativo* 820).

Por "deliberações legislativas" atacáveis por mandado de segurança entendem-se as decisões do Plenário ou da Mesa ofensivas de direito individual ou coletivo de terceiros, dos membros da corporação, das Comissões[46] ou da própria Mesa, no uso de suas atribuições e prerrogativas institucionais. As Câmaras Legislativas não estão dispensadas da observância da Constituição, da lei em geral e do Regimento Interno em especial.[47] A tramitação e a forma dos atos do Legislativo são sempre vinculadas às normas legais que os regem; a discricionariedade ou soberania dos corpos legislativos só se apresenta na escolha do conteúdo da lei, nas opções da votação e nas questões *interna corporis* de sua organização representativa.[48] Nesses *atos*, *resoluções* ou *decretos legislativos* caberá a segurança quando ofensivos de direito individual público ou privado do impetrante, como caberá também contra a aprovação de lei pela Câmara, ou sanção pelo Executivo, com infringência do processo legislativo pertinente, tendo legitimidade para a impetração tanto o lesado pela aplicação da norma ilegalmente elaborada quanto o parlamentar prejudicado no seu direito público subjetivo de votá-la regularmente.[49]

---

46. Em matéria de ato de Comissão Parlamentar de Inquérito/CPI o STF entende que fica prejudicado o mandado de segurança sempre que a CPI concluir seus trabalhos e se extinguir, seja ou não aprovado seu relatório final (Tribunal Pleno, MS 23.971-DF, rel. Min. Celso de Mello, v.u., *RTJ* 182/192).

47. STF, *RTJ* 99/1.032, *RDA* 45/291, 74/267, 78/224 e 133/144; TJSP, *RT* 258/251 e 357/168. Em julgamento de 25.4.2007 o Pleno do STF, por unanimidade, seguiu o voto do Relator, Min. Celso de Mello, e acolheu o MS 26.441-DF (*DJe* 18.12.2009), impetrado por quatro deputados federais da oposição contra deliberação do Plenário da Câmara dos Deputados que desconstituíra o ato de criação da chamada "CPI do Apagão Aéreo". O Tribunal entendeu, naquele caso, que estavam em jogo "direitos fundamentais impregnados de matéria constitucional". O ato impugnado pode também ser de caráter omissivo, como a demora na instalação da "CPI da COVID-19" por parte do Presidente do Senado, conforme reconheceu o Pleno do STF no julgamento do MS 37.760-DF, Min. Roberto Barroso, *DJe* 9.8.2021.

48. Sendo o ato do Congresso Nacional de natureza *interna corporis*, o mandado de segurança contra ele impetrado não pode ser conhecido (STF, MS 23.920-DF, rel. Min. Celso de Mello, *Informativo STF* 222/4; MS 21.754-5-RJ, rel. design. Min. Francisco Rezek, *DJU* 21.2.1997; MS 28.901-DF, rela. Min. Ellen Gracie, *DJe* 25.8.2010).

49. STF, MS 24.642-DF, rel. Min. Carlos Velloso, *RTJ* 190/552. No entanto, não cabe o mandado de segurança para o controle preventivo da constitucionalidade de projeto de lei, sob pena de quebra do sistema de divisão constitucional dos Poderes, pois no modelo brasileiro a intervenção do Judiciário na análise do conteúdo da legislação somente se dá de modo repressivo, após a edição da lei (STF, MS 24.138-DF, rel. Min. Gilmar Mendes, *RTJ* 184/608; MS 32.033-DF, Min. Gilmar Mendes,

Cabe registrar, nessa temática, importante construção jurisprudencial do STF quando, ainda em 1980, reconheceu a possibilidade de cabimento de mandado de segurança preventivo nas situações nas quais a alegação de inconstitucionalidade se dirige ao próprio processamento do projeto de lei e do projeto de emenda constitucional em tramitação no Congresso Nacional.[50] Trata-se de hipótese singular e específica na qual o *writ* constitucional pode ser utilizado para o controle do chamado "devido processo legislativo" em situações nas quais o Tribunal certificou a existência de um "direito público subjetivo" do parlamentar de não ser obrigado a participar de sessão legislativa de votação de proposição já, *prima facie*, contrária à Constituição; ou, em outras palavras, o direito subjetivo do congressista de ver observadas as regras internas de tramitação do processo legislativo.[51]

No entendimento clássico do Tribunal, "nesses casos, a inconstitucionalidade diz respeito ao próprio andamento do processo legislativo, e isso porque a Constituição não quer – em face da gravidade dessas deliberações, se consumadas – que sequer se chegue a deliberação, proibindo-a taxativamente. A inconstitucionalidade, se ocorrente, já existe antes de o projeto ou de a proposta se transformar em lei ou em emenda constitucional, porque o próprio processamento já desrespeita, frontalmente, a Constituição".[52]

DJe 18.2.2014). Em sentido contrário, admitindo tal controle preventivo em caso de projeto de lei com efeitos concretos que invadiria atribuições do Executivo: TJRJ, Órgão Especial, MS 1.198/2000, rel. Des. Paulo Sérgio Fabião, v.u., *RF* 369/319.

50. STF, MS 20.257-DF, rel. para o acórdão Min. Moreira Alves, *DJU* 27.2.1981.

51. Esse entendimento foi reafirmado em outros diversos casos, a saber: MS 20.452-DF, rel. Min. Aldir Passarinho, *DJU* 11.10.1985; MS 21.642-DF, rel. Min. Celso de Mello, *RDA* 191/200; MS 24.642-DF, rel. Min. Carlos Velloso, *DJU* 18.6.2004. Essa especial jurisprudência foi novamente arguida nos autos do MS/MC 32.033-DF (rel. para o acórdão Min. Teori Zavascki, *DJe* 18.2.2014), quando se discutia a suspensão de tramitação do Projeto de Lei 4.470/2012, que tratava da distribuição do fundo partidário e do horário de propaganda eleitoral no rádio e na televisão, excluindo-se as novas legendas. O então Relator do caso, Mini. Gilmar Mendes, suspendeu a tramitação no exame liminar, mas teve sua decisão reformada pelo Plenário em julgamento de 20.6.2013. Mais recentemente, no MS 34.722-DF (Min. Celso de Mello, *DJe* 7.10.2019), o STF voltou a reconhecer que o processo de formação das leis ou de elaboração de emendas constitucionais é suscetível de controle incidental ou difuso em sede mandamental.

52. STF, MS 20.257-DF, rel. para o acórdão Min. Moreira Alves, *DJU* 27.2.1981, trecho da ementa e do voto do Relator, p. 6 (p. 338 do *Ementário* 1.201-2).

Por essa jurisprudência ímpar, o direito público subjetivo é de titularidade apenas do parlamentar, tendo sido estendido posteriormente às chamadas "minorias" no Congresso Nacional.[53] Entretanto, não é titular desse direito o cidadão em geral, não podendo, por esse motivo, articular o mandado de segurança para ver suspensa a tramitação de determinada proposta legislativa.[54] Deve-se destacar, ainda, que a caracterização do direito público subjetivo do parlamentar não se confunde com a mera alegação de violação ao regimento interno das Casas Legislativas, situação configuradora do ato *interna corporis*, em que é defeso o exame jurisdicional.[55] Por outro lado, também em virtude dessa natureza extraordinária da impetração, o STF tem fixado que o mandado de segurança resta prejudicado se a proposição legislativa é aprovada.[56]

Na sequência, por "decisões judiciais", para fins de mandado de segurança, entendem-se os atos jurisdicionais praticados em qualquer processo civil, criminal, trabalhista, militar ou eleitoral, desde que não caiba recurso com efeito suspensivo (art. 5º, II, da Lei 12.016/2009).[57] Desde que a decisão ou a diligência não possam ser sustadas por recurso processual capaz de impedir a lesão, nem permitam a intervenção correcional eficaz do órgão disciplinar da Magistratura, contra elas cabe a segurança. Quanto aos *atos administrativos praticados por autoridades judiciárias* ou *órgãos colegiados dos tribunais*, sujeitam-se a mandado de segurança em situação idêntica à dos das autoridades executivas.[58]

---

53. STF, MS 24.849-DF, rel. Min. Celso de Mello, *DJU* 29.9.2006; MS 26.441-DF, rel. Min. Celso de Mello, *DJe* 18.12.2009; MS 24.831-DF, rel. Min. Celso de Mello, *DJU* 4.8.2006; MS 24.845-DF, rel. Min. Celso de Mello, *DJU* 29.9.2006; MS 24.846-DF, rel. Min. Celso de Mello, *DJU* 29.9.2006; MS 24.847-DF, rel. Min. Celso de Mello, *DJU* 13.10.2006; MS 24.848-DF, rel. Min. Celso de Mello, *DJU* 29.9.2006.

54. STF, MS/AgR 21.303-DF, rel. Min. Octávio Gallotti, *DJU* 2.8.1991; MS/MC 24.593-DF, rel. Min. Maurício Corrêa, *DJU* 8.8.2003.

55. STF, MS 24.356-DF, rel. Min. Carlos Velloso, *DJU* 12.9.2003.

56. STF, MS 22.487-DF, rel. Min. Celso de Mello, *DJU* 14.8.2001; MS 24.645-DF, rel. Min. Celso de Mello, decisão monocrática, *DJU* 21.11.2003; MS 33.311-DF, rel. Min. Gilmar Mendes, decisão monocrática, *DJe* 5.10.2015; MS/AgR 32.257-DF, rel. Min. Luiz Fux, decisão monocrática, *DJe* 5.5.2016; MS 30.959-DF, rel. Min. Edson Fachin, decisão monocrática, *DJe* 20.6.2016; MS 36.063-DF, rela. Min. Cármen Lúcia, *DJe* 31.10.2018.

57. STF, *RTJ* 69/544, 70/504, 81/879, 89/159 e 91/181, *RT* 521/270.

58. STJ, RMS 15.087-SP, rel. Min. Aldir Passarinho Jr., *DJU* 22.4.2008.

6. *Cabimento*

A regra é o cabimento de mandado de segurança contra *ato de qualquer autoridade*, mas a lei o excepciona contra *o que comporte recurso administrativo com efeito suspensivo, independente de caução*; contra *decisão ou despacho judicial para o qual haja recurso processual eficaz com efeito suspensivo, ou possa ser corrigido prontamente por via de correição*; e contra *a decisão judicial transitada em julgado* (art. 5º da Lei 12.016/2009, com as restrições adiante oferecidas).

Ato de que caiba recurso administrativo – Quando a lei veda que se impetre mandado de segurança contra "ato de que caiba recurso administrativo com efeito suspensivo, independente de caução" (art. 5º, I), não está obrigando o particular a exaurir a via administrativa para, após, utilizar-se da via judicial. Está apenas condicionando a impetração à operatividade ou exequibilidade do ato a ser impugnado perante o Judiciário. Se o *recurso suspensivo* for utilizado, ter-se-á que aguardar seu julgamento para atacar-se o ato final; se transcorre o prazo para o recurso, ou se a parte renuncia à sua interposição, o ato se torna operante e exequível pela Administração, ensejando desde logo a impetração. O que não se admite é a concomitância do recurso administrativo (com efeito suspensivo) com o mandado de segurança, porque, se os efeitos do ato já estão sobrestados pelo recurso hierárquico, nenhuma lesão produzirá enquanto não se tornar exequível e operante. Só então poderá o prejudicado pedir o amparo judicial contra a lesão ou a ameaça a seu direito.[59] O que se exige sempre – em qualquer caso – é a *exequibilidade* ou a *operatividade* do ato a ser atacado pela segurança: a *exequibilidade* surge no momento em que cessam as oportunidades para os recursos suspensivos; a *operatividade* começa no momento em que o ato pode ser executado pela Administração ou pelo seu beneficiário.

Atos administrativos existem que, por serem denegatórios da pretensão do particular, não são exequíveis por qualquer das partes, como, por exemplo, o indeferimento de uma licença para construir.

---

59. Se impetrado na pendência de recurso administrativo dotado de efeito suspensivo, o mandado de segurança deve ser extinto, por carência de ação. Neste sentido: STF, MS 24.511-DF, rel. Min. Marco Aurélio, *RTJ* 196/176; MS 36.949-PB, rel. Min. Ricardo Lewandowski, *DJe* 11.3.2021.

Nem por isso deixarão de ensejar mandado de segurança, a partir do momento em que se tornarem conhecidos.

O efeito normal dos recursos administrativos é o *devolutivo*; o efeito *suspensivo* depende de norma expressa a respeito. Assim sendo, de todo ato para o qual não se indique o efeito do recurso hierárquico cabe mandado de segurança. Mas a lei admite, ainda, mandado de segurança contra ato de que caiba recurso administrativo com *efeito suspensivo*, desde que se exija *caução* para seu recebimento. O termo "caução" está empregado no sentido amplo e vulgar de *garantia comum*, equivalente a depósito em dinheiro, títulos, bens asseguradores da instância administrativa ou, mesmo, fiança bancária.

No caso de omissão da autoridade o mandado pode ser impetrado independentemente de recurso hierárquico,[60] desde que no prazo de 120 dias contados do momento em que se esgota o prazo estabelecido em lei para a autoridade impetrada praticar o ato.[61]

Finalmente, é preciso destacar que o STF tem entendimento pacífico acerca do não cabimento de mandado de segurança contra ato de sua Secretaria Judiciária ou mesmo ato de ministro da Corte que determina o retorno dos autos à origem para aplicação da sistemática de repercussão geral. Trata-se de ato sem caráter decisório, que não possui qualquer potencial de lesividade a justificar a impetração.[62]

Ato judicial – Outra matéria excluída do mandado de segurança é a *decisão ou despacho judicial contra o qual caiba recurso específico apto a impedir a ilegalidade, ou admita reclamação correcional eficaz*.[63] A legislação anterior referia-se especificamente à correição,

60. No STF, o Plenário considerou omissão impugnável pela via do *mandamus* a inércia da autoridade coatora em apreciar recurso administrativo regularmente apresentado, sem justificativa razoável. Na hipótese, concedeu-se a ordem parcialmente, no sentido de que fosse fixado o prazo de 30 dias para a apreciação do recurso administrativo (MS 24.167-RJ, rel. Min. Joaquim Barbosa, *DJe* 2.2.2007). No mesmo sentido: RMS 28.172-DF, rela. Min. Cármen Lúcia, *DJe* 1.2.2017.

61. V. item 7 desta Primeira Parte, "Prazo para Impetração".

62. STF, MS/AgR 32.485-SP, rel. Min. Teori Zavascki, *DJe* 28.2.2014. Também na mesma linha: MS 28.379-GO, rel. Min. Celso de Mello, *DJe* 2.4.2012; MS/AgR 29.000-PE, rel. Min. Gilmar Mendes, *DJe* 15.10.2010; MS 33.459-AL, rel. Min. Luiz Fux, *DJe* 15.9.2016..

63. STF, Súmula 267.

Quando o ato judicial for praticado por autoridade incompetente é possível a utilização da reclamação, junto ao Tribunal *ad quem* competente, justamente para a

o que o texto atual (art. 5º, II, da Lei 12.016/2009) não faz; mas a interpretação deve continuar a ser a que prevalecia, se a reclamação for eficaz no caso. Se ao recurso ou à correição admissíveis não for possível atribuir efeito suspensivo do ato judicial impugnado, cabível a impetração, para resguardo do direito lesado ou ameaçado de lesão pelo próprio Judiciário. Só assim se há de entender a ressalva do inciso II do art. 5º da lei reguladora do *mandamus*, pois o legislador não teve a intenção de deixar ao desamparo do remédio heroico as ofensas a direito líquido e certo perpetradas, paradoxalmente, pela Justiça.

Inadmissível é o mandado de segurança como substitutivo do recurso próprio, pois por ele não se reforma a decisão impugnada, mas apenas se obtém a sustação de seus efeitos lesivos ao direito líquido e certo do impetrante, até a revisão do julgado no recurso cabível.[64] Por isso mesmo, a impetração pode – e deve – ser concomitante com o recurso próprio (apelação, agravo, correição parcial), visando unicamente a obstar à lesão efetiva ou potencial do ato judicial impugnado. Se o impetrante não interpuser, no prazo legal, o recurso adequado, tornar-se-á carecedor da segurança, por não se poder impedir indefinidamente, pelo *mandamus*, os efeitos de uma

preservação de sua competência (v., por exemplo, arts. 103, I, "l", e 105, I, "f", da CF, prevendo a reclamação para o STF e para o STJ, para a preservação da competência e da autoridade das decisões das respectivas Cortes). A existência da reclamação, porém, por si só, não deve ser motivo para o afastamento definitivo da possibilidade de impetração de mandado de segurança. Além de a reclamação não ser um recurso propriamente dito e ostentar diferenças processuais com relação à correição parcial (ou reclamação correicional), referidas no art. 5º, II, da antiga Lei 1.533/1951 e na Súmula 267 do STF, nem todos os Estados incorporaram a reclamação ao respectivo Tribunal de Justiça em suas legislações locais, e podem surgir dúvidas quanto ao seu cabimento em casos específicos. Assim, em certas situações concretas o instrumento da reclamação poderá representar remédio processual insuficiente para a pronta proteção do direito líquido e certo violado. Em tais cenários deve ser aceito o uso do mandado de segurança. Sobre o tema, v., no estudo sobre "A Reclamação Constitucional no STF" (Décima Primeira Parte deste livro), o bem fundamentado acórdão da Corte Especial do STJ no RMS 17.524-BA (rela. Min. Nancy Andrighi, *DJU* 11.9.2006) e o artigo de Flávio Henriques Unes Pereira, "Configurada a hipótese de reclamação, estaria inviabilizado, necessariamente, o manejo do mandado de segurança?", *Revista Interesse Público* 38/123-133.

64. Nesse sentido, considerou o STJ que decisão monocrática proferida pelo Ministro Vice-Presidente negando seguimento a agravo de instrumento interposto contra decisão que inadmitiu recurso extraordinário não está sujeita ao controle jurisdicional pela via do mandado de segurança, porquanto existe recurso específico cabível contra esta decisão – o agravo interno (MS 14.819-DF, rela. Min. Eliana Calmon, *DJe* 25.3.2010).

decisão preclusa ou transitada em julgado, salvo se a suposta "coisa julgada" for juridicamente inexistente ou inoperante em relação ao impetrante.[65]

Fiéis a essa orientação, os Tribunais têm decidido, reiteradamente, que é cabível mandado de segurança contra ato judicial de qualquer natureza e instância desde que ilegal e violador de direito líquido e certo do impetrante[66] e que não haja possibilidade de coibição eficaz e pronta pelos recursos comuns.[67] Realmente, não há motivo para restrição da segurança em matéria judicial, uma vez que a Constituição da República a concede amplamente "para proteger

---

65. É o caso, por exemplo, da impetração do mandado de segurança por terceiro que não foi parte na relação processual da qual emanou a decisão atacada. Em tal hipótese, inexigível a interposição do recurso, podendo ser manejado o mandado de segurança diretamente, consoante a jurisprudência consolidada na Súmula 202 do STJ. Trata-se do terceiro que não teve ciência oportuna do ato judicial contra o qual se insurge, e, portanto, não pode recorrer. A Súmula 202 do STJ é resultado direto de importante precedente do STF (do qual tivemos a honra de participar como advogado) que, conduzido por voto magistral do Min. Cunha Peixoto, restringiu a aplicação da sua Súmula 267 (RE 80.191, rel. Min. Antônio Neder, *DJU* 10.3.1978). Sobre esse caso, v. Arnoldo Wald, "O Ministro Cunha Peixoto, construtor do direito comercial", *Revista Iberoamericana de Derecho Procesal* (no prelo).

Com efeito, no RMS/AgR 41.530-DF, rel. Min. Sidnei Beneti, *DJe* 3.5.2013, decidiu-se que o terceiro precisa comprovar que não lhe foi possível ingressar com o recurso de terceiro prejudicado no processo originário. O mesmo raciocínio deve prevalecer quando o recurso de terceiro prejudicado não tiver a mesma eficácia que o mandado, conforme jurisprudência do STF (v. nota 163).

Por outro lado, o STJ acatou mandado de segurança impetrado diretamente contra a distribuição de uma ação, considerando "a distribuição dos feitos mero ato pré-processual, de disciplina interna do juízo ou Tribunal (...), prescindindo-se do recurso prévio tal como exigido nas impetrações contra ato judicial agravável" (RMS 304-MA, rel. Min. Gueiros Leite, *DJU* 28.5.1990, p. 4.730). O STJ ainda admitiu a impetração diretamente contra o deferimento de protesto judicial contra a alienação de bens, uma vez inexistente na legislação processual a previsão de qualquer recurso (RMS 16.406-SP, rel. Min. Humberto Gomes de Barros, *DJU* 1.9.2003, p. 217).

Cabe destacar que a aplicação da súmula fica afastada se o impetrante teve conhecimento da decisão que lhe impôs ônus e não manejou o recurso cabível, situação na qual não se teria a caracterização de decisão judicial teratológica ou abusiva (RMS/AgR 48.399-SP, rel. Min. Paulo de Tarso Sanseverino, *DJe* 8.9.2015; RMS/AgR 45.011-SC, rela. Min. Maria Isabel Gallotti, *DJe* 14.8.2014; RMS/AgR 42.597, rel. Min. Ricardo Villas Bôas Cueva, *DJe* 28.3.2014).

66. O STJ já decidiu que a simples decisão de recebimento de apelação intempestiva não viola o direito líquido e certo do recorrido (RMS 27.663-SP, rel. Min. Massami Uyeda, *DJe* 16.12.2009).

67. STF, *RTJ* 6/189, 70/504 e 84/1.071, *RDA* 94/122, *RT* 160/284; TJRS, *RT* 423/210; TJSP, *RT* 248/127, 393/150 e 434/63. Ainda no TJSP: MS 342.805-4/3-SP, rel. Des. Sílvio Marques Neto, j. 2.6.2004, *Boletim AASP* 2.402/3.349.

direito líquido e certo, não amparado por *habeas corpus* ou *habeas data*, quando o responsável pela ilegalidade ou abuso de poder for autoridade pública ou agente de pessoa jurídica, no exercício de atribuições do Poder Público" (art. 5º, LXIX). Provenha o ato ofensor do Executivo, do Legislativo ou do Judiciário, o *mandamus* é o remédio heroico adequado, desde que a impetração satisfaça seus pressupostos processuais. Até mesmo contra a concessão de *medida cautelar* é cabível mandado de segurança, para sustar seus efeitos lesivos a direito individual ou coletivo, líquido e certo, do impetrante.[68]

Em caso envolvendo matéria tributária o Plenário do STF rompeu com antiga e farta jurisprudência da Casa, que sempre repeliu a possibilidade de impetração de mandado de segurança contra ato jurisdicional praticado no âmbito da própria Corte,[69] e admitiu a interposição de mandado de segurança diretamente contra ato jurisdicional do Presidente da Corte (com um único voto vencido, do Min. Sepúlveda Pertence), concedendo à União liminar para deferir a suspensão de segurança obtida pela parte contrária junto ao TRF-2ª Região – suspensão, esta, que havia sido indeferida pelo Ministro-Presidente do STF.[70]

---

68. TJSP, *RT* 512/87. Neste mandado de segurança o Vice-Presidente do TJSP, Des. Adriano Marrey, concedeu a liminar para sustar os efeitos da sentença concessiva de medida cautelar inominada que, por via oblíqua, admitia a execução de sentença rescisória de contrato de concessão sobre a qual pendia apelação com efeito suspensivo. Como o recurso interposto da decisão concessiva da cautelar que visava à execução da sentença de mérito não tinha efeito suspensivo, somente através da liminar no mandado de segurança impetrado contra essa decisão ilegal puderam ser obstados seus efeitos, até a confirmação pelo acórdão supraindicado e subsequente reforma da sentença concessiva da "cautelar", no recurso próprio.

69. V., por todos, MS/AgR 24.542-DF, rel. Min. Celso de Mello, *RTJ* 193/324; RMS/AgR 25.026-DF, rel. Min. Cézar Peluso, *DJe* 12.3.2010. Também no STJ a jurisprudência firmou-se no sentido de que "as decisões proferidas pelas Turmas e Seções do STJ não podem ser atacadas via mandado de segurança, porque, ao apreciarem os casos que lhes são submetidos, no exercício da função jurisdicional, estas atuam em nome do Tribunal, e não como instância inferior dentro do próprio" (Corte Especial, MS/AgR 11.259-DF, rel. Min. José Delgado, *RT* 850/203). Mais recentemente a Corte Especial ratificou este entendimento, asseverando que, "se admitida a impetração de mandado de segurança contra acórdão de órgão fracionário perante o próprio Tribunal, anular-se-iam as vantagens da divisão do trabalho, que retornaria, todo ele, ao seu Plenário" (MS 14.666-DF, rel. Min. Nilson Naves, *DJe* 25.8.2010). No mesmo sentido: AgR no MS 19.748-DF, rel. Min. Ari Pargendler, *DJe* 29.4.2013.

70. STF, MS 24.159, rela. Min. Ellen Gracie, *RTJ* 188/145. Posteriormente, também em situação extraordinária, configurada a absoluta urgência da medida, em virtude da realização iminente de vultosa licitação, o Min. Nelson Jobim, na Presi-

Vale ressaltar que, à época, estava ainda em vigor a Súmula 506 do STF, pela qual se considerava incabível o agravo contra decisão do Presidente que indeferisse a suspensão de liminar (art. 4º da Lei 4.348/1964), revogada a mesma no julgamento da SS 1.945-AL.[71]

No âmbito do STJ foi admitida em caráter excepcional a impetração de mandado de segurança contra ato do relator que indeferiu o processamento de reclamação por considerá-la intempestiva.[72] Salientou a Corte Especial que a reclamação é procedimento *sui generis* e que o Regimento Interno do STJ prevê a irrecorribilidade da decisão do relator que indefere o processamento da mesma, razão pela qual o *writ* era o único meio hábil para resguardar o direito do impetrante, e neste passo merecia ser conhecido.

No entanto, é importante ressaltar que a mera existência de recurso processual cabível não afasta o mandado de segurança se tal recurso é insuficiente para coibir a ilegalidade do Judiciário e impedir a lesão ao direito evidente do impetrante. Os recursos processuais não constituem fins em si mesmos; são meios de defesa do direito das partes, aos quais a Constituição aditou o *mandado de segurança*, para suprir-lhes as deficiências e proteger o indivíduo contra os abusos da autoridade, abrangendo, inclusive, a autoridade judiciária. Se os recursos comuns revelam-se ineficazes na sua missão protetora do direito individual ou coletivo, líquido e certo, pode seu titular usar, excepcional e concomitantemente, o *mandamus*.[73]

---

dência do STF, deferiu liminar em mandado de segurança impetrado diretamente pelo Presidente da República contra ato jurisdicional do Min. Carlos Britto na relatoria da ADI 3.273-DF, pois não havia tempo hábil para o julgamento de agravo regimental antes da consumação do dano (MS 25.024-DF, rel. Min. Nelson Jobim, *DJU* 23.8.2004). Em outro caso excepcional o Min. Cézar Peluso deferiu medida liminar em mandado de segurança (MS 25.853-DF) impetrado diretamente contra a liminar deferida pelo Min. Marco Aurélio em *mandamus* anterior (MS 25.846-DF), sustando seus efeitos, também em virtude da falta de tempo hábil para a utilização de qualquer outro remédio processual.

71. *RTJ* 186/112.

72. STJ, MS 16.180-DF, rel. Min. Castro Meira, *DJe* 1.2.2012 e MS 20.800-DF, rel. Mauro Campbell Marques, *DJe* 5.8.2015.

73. Merece menção interessante acórdão do STF no qual se admitiu o cabimento de mandado de segurança, no âmbito do STJ, em face de acórdão em embargos de declaração em recurso especial no qual havia sido imposta multa ao embargante-impetrante. Reconheceu o STF que, em tese, caberiam novos embargos declaratórios daquele acórdão, mas a parte corria o risco de elevação da multa de 1% para 10% sobre o valor da causa; ou caberia recurso extraordinário, mas este estaria fadado ao insucesso, por não haver matéria constitucional em debate. Assim, na prática, os

Generalizou-se o uso do mandado de segurança para dar efeito suspensivo aos recursos que não o tenham, desde que interposto o recurso cabível.[74] Neste caso também é possível a concessão da liminar dando efeito suspensivo ao recurso até o julgamento do mandado de segurança. Para essa liminar devem concorrer a relevância do fundamento do pedido e a iminência de dano irreparável ou de difícil reparação ao impetrante – ou seja: o *fumus boni juris* e o *periculum in mora*.

Historicamente, a frequência na utilização do mandado de segurança com o escopo de atribuir efeito suspensivo a recurso variou de acordo com as mudanças realizadas na sistemática do agravo de instrumento, introduzidas, consecutivamente, pelas Leis 9.139/1995, 10.352/2001 e 11.187/2005.

Por meio das alterações promovidas pela Lei 9.139/1995 estabeleceu-se a interposição do agravo de instrumento diretamente no Tribunal, prevendo-se a possibilidade de concessão do efeito suspensivo ao recurso mediante requerimento nos seus próprios autos (cf. antiga redação do art. 527, II, e art. 558 do CPC de 1973; arts. 932, II, 995 e 1.019, I, do CPC de 2015). A reforma acarretou significativa redução do número de mandados de segurança impetrados junto aos Tribunais,[75] por não ser mais necessária, em princípio, a utilização do *mandamus* com a finalidade de atribuir efeito suspensivo aos agravos.[76]

---

recursos teoricamente cabíveis seriam ineficazes para a proteção do direito da parte, razão pela qual era de se admitir a impetração do mandado de segurança diretamente contra o ato judicial (STF, RMS 25.293-0-SP, rel. Min. Carlos Ayres Britto, *RF* 387/265). O caso retornou ao STJ para julgamento de mérito, e a Corte Especial denegou a segurança, admitindo em tese, porém, a possibilidade jurídica da impetração, em obediência ao aresto do STF (MS 9.575-SP, rel. Min. Teori Albino Zavascki, *DJU* 21.2.2008). No mesmo sentido, considerou-se cabível a segurança contra decisão que condicionou a apreciação de agravo regimental ao recolhimento da multa de 1% sobre o valor da causa, imposta por ocasião do julgamento de embargos de declaração (RMS 28.867-RJ, rel. Min. Massami Uyeda, *DJe* 23.11.2009).

74. STF, *RTJ* 81/879, *RT* 521/270; TFR, *RDA* 138/181; TASP, *RT* 351/415 e 591/132.

75. José Carlos Barbosa Moreira examinou os efeitos da Lei 9.139/1995 nos anos que se seguiram à sua vigência, constatando alguma diminuição no número dos *writs* ("Reformas do Código de Processo Civil em matéria de recursos", *RF* 354/93, abril/2001 – pp. 177-187).

76. Houve, porém, um acórdão do STJ no qual se admitiu que poderia continuar a haver a impetração do mandado de segurança para dar efeito suspensivo a agravo

Com relação ao recurso de apelação, embora o parágrafo único do art. 558 do CPC de 1973, introduzido pela Lei 9.139/1995 (art. 1.019, I, do CPC de 2015), tivesse dado ao relator o poder de atribuir o efeito suspensivo nos mesmos moldes do agravo de instrumento, continuava a existir, a nosso ver, a possibilidade de impetração de mandado de segurança para atribuição de efeito suspensivo às apelações que não o tivessem, como nas hipóteses dos vários incisos do art. 520 do CPC de 1973 e em outras situações previstas em lei especial, a exemplo das apelações em mandados de segurança e ações de despejo, desde que configurada a relevância dos fundamentos e presente o perigo de dano irreparável ou de difícil reparação.[77]

Isto porque havia algumas dificuldades práticas na atribuição do efeito suspensivo à apelação, que eram, então, capazes de justificar a impetração do *mandamus*. O processamento do recurso de apelação se faz inicialmente na primeira instância, e os autos demoram a chegar às mãos do relator no Tribunal, de modo que a falta do efeito suspensivo durante este período de tempo pode causar dano irreparável à parte. Nessas situações o mandado de segurança constituía meio rápido e eficaz para evitar tais danos.[78] Afinal, como visto anteriormente, é inegável ser da tradição da jurisprudência brasileira a aceitação do

---

de instrumento se o pedido feito ao relator fosse indeferido (RMS 6.685-ES, rel. Min. Humberto Gomes de Barros, *DJU* 10.3.1997, p. 5.895: "Após o advento da Lei n. 9.139/1995, o mandado de segurança para imprimir efeito suspensivo só é admissível após o recorrente formular e ver indeferido o pedido a que se refere o art. 558 do CPC" – a íntegra do acórdão está na *RSTJ* 95/56). Na mesma linha o RMS 7.246-RJ (rel. Min. Humberto Gomes de Barros, *RSTJ* 90/68). Endossando este entendimento, artigo de José Rogério Cruz e Tucci, "Sobre a atividade decisória do relator do agravo de instrumento", *RF* 338/412. Em edições anteriores destacamos que, como remédio constitucional e garantia fundamental, o mandado de segurança não deve ser rejeitado por excessivos tecnicismos processuais, devendo prevalecer sempre a efetiva proteção do direito líquido e certo da parte.

77. O efeito suspensivo está vinculado à presença da exposição do perigo de dano ou do risco ao resultado útil do processo, como se depreende da redação dos arts. 303 e 1.019, I, do CPC de 2015, que dá ao relator do agravo de instrumento o poder de suspender a decisão agravada, até o julgamento do recurso.

78. Em julgamentos posteriores à vigência da Lei 9.139/1995 o STJ aceitou o cabimento do mandado de segurança para dar efeito suspensivo à apelação que não o tinha: REsp 142.209-RO, rel. Min. Garcia Vieira, *DJU* 18.5.1998, p. 34; REsp 135.222-MG, rel. Min. Waldemar Zveiter, *DJU* 1.6.1998, p. 85. Ainda nesse sentido, porém denegando a segurança, em virtude das circunstâncias do caso concreto: STJ, RMS 5.243-PR, rel. Min. Carlos Alberto Menezes Direito, *DJU* 7.5.2001, p. 137.

mandado de segurança para atribuição de efeito suspensivo a recurso dele desprovido.[79]

No entanto, com o advento da Lei 10.352/2001, que modificou a redação do § 4º do art. 523 do CPC, autorizou-se a interposição de agravo de instrumento dirigido diretamente ao Tribunal, e não mais necessariamente retido, quando estivessem em jogo os efeitos em que a apelação é recebida.[80] Assim, consolidou-se a utilização do recurso de agravo para a busca do efeito suspensivo à apelação, em lugar do mandado de segurança.

Dessa forma, é preciso reconhecer que, a partir das alterações implementadas pelas Leis 9.139/1995 e 10.352/2001, caiu em certo desuso o emprego do mandado de segurança para atribuir efeito suspensivo a recurso.

Até mesmo porque, em razão do princípio da instrumentalidade das formas, os Tribunais passaram a aceitar, de um modo geral, o pedido de efeito suspensivo formulado através dos mais variados meios, inclusive mediante o ajuizamento de medida cautelar específica para tal fim[81] ou requerimento avulso. Vai-se até mais longe em algumas situações, com a aceitação de pedidos inominados para a antecipação de tutela recursal.

É de se observar, no entanto, que o mandado de segurança voltou a ser utilizado na busca de efeito suspensivo negado em despacho monocrático do relator de agravo de instrumento, em especial a partir da Lei 11.187/2005, que ampliou os poderes do relator para converter o recurso em retido e restringiram o cabimento do agravo interno, ou regimental, no tocante às decisões em torno do efeito suspensivo e da retenção (inciso II e parágrafo único do art. 527 do CPC de 1973). Dessa forma, encontravam-se no STJ algumas decisões nas

79. Sobre o tema, v. acórdão do STJ no RMS 353-SP, rel. Min. Luiz Vicente Cernicchiaro, *RT* 627/197.

80. O § 4º do art. 523 do CPC foi revogado pelo art. 3º da Lei 11.187, de 19.10.2005. No entanto, a regra veiculada por tal dispositivo foi incorporada na nova redação do *caput* do art. 522 do CPC de 1973, de acordo com o art. 1º da mesma Lei 11.187/2005. O CPC de 2015 disciplina a matéria nos arts. 1.015 e 1.016.

81. No STJ, defendendo o cabimento de medida cautelar para o pedido de atribuição de efeito suspensivo para apelação que normalmente não o tem: RMS 15.669-SP, rel. Min. Humberto Gomes de Barros, *DJU* 30.6.2003, p. 133. Na doutrina, v. Luiz Camargo Pinto de Carvalho, "Observações em torno do mandado de segurança e da ação cautelar para conferir suspensividade a recurso", *RDTJRJ* 27/29.

quais se considerou cabível a impetração de mandado de segurança diretamente contra certos atos irrecorríveis do relator do agravo de instrumento na sua modalidade atual.[82] Tais questões, entretanto, perderam importância diante da opção do Código de Processo Civil de 2015 de extinguir o agravo retido, tornando a regra geral a interposição do agravo de instrumento dirigido diretamente ao tribunal (art. 1.016 do CPC).

A jurisprudência tem admitido a impetração de mandado de segurança contra atos judiciais independentemente da interposição de recurso sem efeito suspensivo quando ocorre violação frontal de norma jurídica, por decisão teratológica,[83] ou nos casos em que a impetração é de terceiro, que não foi parte no feito, embora devesse dele participar, usando o remédio heroico para evitar que sobre ele

---

82. Aceitando a impetração direta contra ato do relator que converteu o agravo de instrumento em retido, com base no art. 527, II, do CPC de 1973, na redação da Lei 11.187/2005: STJ, RMS 22.847-MT, rela. Min. Nancy Andrighi, *DJU* 26.3.2007, *RePro* 149/219, *RF* 396/359 e *RDR* 38/295; RMS 24.654-PA, rela. Min. Nancy Andrighi, *DJU* 19.12.2007. Na Corte Especial do STJ, no mesmo sentido: RMS 25.934-PR, rela. Min. Nancy Andrighi, *DJe* 9.2.2009; AgR no RMS 37.445-RN, rel. Min. Herman Benjamin, *DJe* 8.5.2015; AgInt no RMS 58.211-DF, rel. Min. Benedito Gonçalves, *DJe* 21.11.2019. No TJSP: *RePro* 154/197. Hoje essa possibilidade parece se exaurir no tempo diante da extinção do agravo retido pelo Código de Processo Civil de 2015 (art. 1.016).

Todavia, a 2ª Seção do STJ entendeu que, "havendo previsão, no âmbito do Tribunal de origem, de recurso interno, como, no caso, o chamado 'agravinho', para decisões unipessoais do relator, não cabe mandado de segurança contra a decisão do relator que transforma o agravo de instrumento em agravo retido" (STJ, RMS 26.828-RJ, rel. Min. Sidnei Beneti, *DJU* 28.10.2009).

Admitindo a impetração diretamente contra a decisão que negou o efeito suspensivo pleiteado em agravo de instrumento, por ser a mesma irrecorrível no regime da Lei 11.187/2005: STJ, MC 14.561-BA, rela. Min. Nancy Andrighi, *DJe* 8.10.2008. Posteriormente, porém, o mesmo Tribunal proferiu decisão em sentido diametralmente oposto, considerando inadmissível a impetração do *writ* contra decisão que indeferiu efeito suspensivo em agravo de instrumento, por entender que tal julgado não teria caráter teratológico e representaria, na verdade, apenas a escorreita consecução do art. 527, III e parágrafo único, do CPC de 1973 (RMS 28.737-SP, rel. Min. Castro Meira, *DJe* 24.2.2010).

Na doutrina, Alexandre Freitas Câmara ("O agravo interno do direito processual civil brasileiro", *Revista do IAB* 96/32, 2008) reconhece ser hoje "juridicamente possível a impetração de mandado de segurança contra tais decisões monocráticas que, por força de lei, são tidas por irrecorríveis por agravo interno".

83. STJ, RMS 6.422-SC, rel. Min. José de Jesus, *DJU* 17.3.1997, p. 7.431; AgInt no RMS 62.845-SP, rel. Min. Ricardo Villas Boas, *DJe* 5.4.2021; RMS 59.142-SP, rela. Min. Assusete Magalhães, *DJe* 5.2.2020, decisões monocráticas.

venham a incidir os efeitos da decisão proferida, não se aplicando no caso a Súmula 267 do STF.[84]

Inadmissível é, entretanto, o mandado de segurança contra a *coisa julgada* (art. 5º, III, da Lei 12.016/2009, que adotou o entendimento já consolidado pelo STF na Súmula 268), só destrutível por ação rescisória, a menos que o julgado seja substancialmente *inexistente* ou *nulo de pleno direito*, ou *não alcance o impetrante nos seus pretendidos efeitos*, como observamos acima.[85-86]

---

84. É o entendimento sufragado pelo Excelso Pretório (RE 80.191, rel. Min. Antônio Neder, *RTJ* 87/96), com apoio na doutrina liderada por José Frederico Marques, Miguel Seabra Fagundes e Celso Neves. V. Arnoldo Wald, "Mandado de segurança contra ato judicial – Cabimento quando impetrado por terceiro (uma interpretação construtiva da Súmula 267)", *RPGE/SP* 12/575-603, junho/1978. O cabimento do mandado de segurança diretamente contra ato judicial quando impetrado por terceiro prejudicado que não foi parte no processo vem sendo seguidamente reconhecido pelo STJ. Neste sentido: RMS 683-0-PB, rel. Min. José de Jesus, *RSTJ* 50/469; RMS 6.317-SP, rel. Min. Eduardo Ribeiro, *RSTJ* 84/177; RMS 964-0, rel. Min. Antônio de Pádua Ribeiro, *DJU* 9.11.1992. A matéria acabou sendo objeto da Súmula 202 do STJ, segundo a qual "a impetração de segurança, por terceiro, contra ato judicial não se condiciona à interposição de recurso". No entanto, entendem alguns julgados que o terceiro prejudicado deve esclarecer, "por meio de argumentos plausíveis, por que razão deixara de recorrer, na ocasião própria, da decisão tida como contrária aos seus interesses" (STJ, RMS 27.594-BA, rel. Min. João Otávio de Noronha, *DJU* 4.5.2009; e RMS/AgR 23.752-RN, rel. Min. Og Fernandes, *DJU* 26.10.2009). Na mesma linha o RMS/AgR 41.530-DF, rel. Min. Sidnei Beneti, *DJe* 3.5.2013. Se, por outro lado, houve tentativa de recurso, embora indeferida pela autoridade judicial de onde foi exarada a decisão atacada, não seria o caso de incidência da súmula (RMS/AgR 45.011-SC, rela. Min. Maria Isabel Gallotti, *DJe* 14.8.2014). O STJ também já decidiu que a viabilidade do manejo excepcional do mandado de segurança por terceiro prejudicado pressupõe a demonstração da teratologia ou abusividade da decisão judicial atacada (RMS/AgR 48.399-SP, rel. Min. Paulo de Tarso Sanseverino, *DJe* 8.9.2015).

Já se decidiu, ainda, que, caso o terceiro opte por interpor o recurso judicial, estará sujeito à respectiva decisão, sendo imprestável o mandado de segurança impetrado cumulativamente (STJ, RMS 1.665-BA, rel. Min. Ari Pargendler, *DJU* 6.9.1999, p. 77; e MC/AgR 4.276-PB, rel. Min. Castro Filho, *DJU* 25.3.2002, p. 268). Em outra decisão, porém, salientou-se que, sendo a interposição do recurso posterior à impetração, não há que se falar em preclusão consumativa que prejudique a ação mandamental, não podendo ser esta afetada pela sorte do recurso (STJ, RMS 13.065-MA, rel. Min. Sálvio de Figueiredo Teixeira, *DJU* 3.6.2002, p. 208).

85. O STJ afastou o cabimento de mandado de segurança em sede de antecipação de tutela, com pedido idêntico ao formulado em ação ordinária, não somente em razão da litispendência, como também em virtude do trânsito em julgado da decisão que indeferiu o pedido antecipatório (REsp 948.580-RJ, rel. Min. Luiz Fux, *DJe* 16.10.2009).

Decisão posterior do STJ entendeu que, tratando-se de ato judicial irrecorrível – na hipótese, a conversão de agravo de instrumento em agravo retido –, o prazo para a impetração do mandado de segurança deve ser de apenas cinco dias, período que corresponde ao prazo para a eventual oposição de embargos de declaração, pois após

Tratando-se de ato praticado em processo de competência do Juizado Especial e na ausência de recurso previsto em lei, a jurisprudência admite a impetração de mandado de segurança com maior liberalidade, perante a respectiva Turma Recursal;[87] mas a Justiça Comum, em princípio, não pode se imiscuir em tais questões. Nesse sentido, em 18.3.2009 o STJ editou a Súmula 376, segundo a qual "compete à Turma Recursal processar e julgar o mandado de segurança contra ato de Juizado Especial".[88] No entanto, tratando-se de decisão do Juizado Especial acerca de sua própria competência, o STJ já admitiu o uso do mandado de segurança junto ao Tribunal de Justiça do respectivo Estado, sob pena de a matéria acabar excluída de qualquer tipo de controle da Justiça Comum.[89-90]

---

seu transcurso estaria configurada a imutabilidade da decisão, inviabilizando a ação mandamental, em razão do art. 5º, III, da Lei 12.016/2009 e da Súmula 268 do STF (RMS 43.439-MG, rela. Min. Nancy Andrighi, *DJe* 1.10.2013).

86. Já entendiam os Tribunais no sentido de que não se aplicaria a Súmula 268 do STF, atualmente consagrada no art. 5º, III, da Lei 12.016/2009, quando o mandado de segurança fosse impetrado por terceiro que não foi parte no feito em que a decisão atacada transitou em julgado (STJ, RMS 7.087-MA, rel. Min. César Asfor Rocha, *RSTJ* 97/227; RMS 14.554-PR, rel. Min. Francisco Falcão, *DJU* 15.12.2003, p. 181, e *RDR* 34/274; RMS 22.741-RJ, rel. Min. Humberto Gomes de Barros, *DJU* 18.6.2007).

87. No entanto, o STF, em exame de recurso extraordinário com reconhecimento de repercussão geral da questão constitucional (*Tema 77*), já considerou incabível mandado de segurança contra as decisões interlocutórias exaradas em processos submetidos ao rito da Lei 9.099/1995 por ter esta consagrado, de forma inarredável, a regra da irrecorribilidade dessas decisões (RE 576.847-BA, rel. Min. Eros Grau, *DJU* 7.8.2009; AI/AgR 794.005-RJ, rel. Min. Ricardo Lewandowski, *DJe* 12.11.2010).

88. STJ, RMS 4.955-GO, rel. Min. Moura Ribeiro, *DJe* 17.8.2015; RMS/AgR 44.774-SC, rel. Min. Og Fernandes, *DJe* 10.6.2015; RMS/AgR 45.388-SC, rel. Min. João Otávio de Noronha, *DJe* 14.5.2015. No STF, na mesma linha: RE 586.789-PR, rel. Min. Ricardo Lewandowski, *DJe* 27.2.2012. A questão foi julgada em processo afetado ao Plenário, com repercussão geral reconhecida, fixando, em definitivo, a competência para processar e julgar mandado de segurança contra decisão de juiz federal no exercício de jurisdição de Juizado Especial Federal (*Tema 159*).

89. V. a discussão na decisão da Corte Especial do STJ no RMS 17.524-BA, rela. Min. Nancy Andrighi, *DJU* 11.9.2006. Entendeu-se, ainda, que se "admite a impetração de mandado de segurança frente aos Tribunais de Justiça dos Estados para o exercício do controle da competência dos Juizados Especiais, ainda que a decisão a ser anulada já tenha transitado em julgado" (STJ, RMS 32.850/BA, rela. Min. Nancy Andrighi, *DJU* 9.12.2011). Na mesma linha: RMS 46.955-GO, rel. Min. Moura Ribeiro, *DJe* 17.8.2015; RMS 45.115-GO, rel. Min. João Otávio de Noronha, *DJe* 1.9.2014; RMS 37.775-ES, rel. Min. Marco Buzzi, *DJe* 2.9.2013.

90. Note-se, outrossim, que a Lei 12.153, de 22.12.2009, que dispõe sobre os Juizados Especiais da Fazenda Pública no âmbito dos Estados, do Distrito Federal,

Quanto aos *atos não judiciais*, embora praticados pelos órgãos do Poder Judiciário, são considerados *administrativos* e passíveis de segurança em igualdade com os do Executivo,[91] observadas apenas as normas de competência para o seu julgamento, segundo a autoridade judiciária que os expediu.

Ato disciplinar – A legislação vigente, ao contrário da anterior, não veda a utilização do mandado contra atos disciplinares. Já sustentamos (até a 12ª edição deste livro) o descabimento de mandado de segurança contra *ato disciplinar*, salvo naqueles casos indicados na antiga Lei 1.533/1951, art. 5º, III, "quando praticado por autoridade incompetente ou com inobservância de formalidade essencial". Entretanto, diante de irrefutáveis argumentos do culto Min. Carlos Mário Velloso,[92] apoiado em fundamentado acórdão do TFR,[93] rendemo-nos ao seu entendimento, que considera a restrição da lei incompatível com a amplitude constitucional do *mandamus*. Realmente, se a Constituição vigente concede a segurança para proteger todo direito líquido e certo não amparado por *habeas corpus*, qualquer que seja a autoridade ofensora (art. 5º, LXIX), não se legitima a exclusão dos atos disciplinares, que, embora formalmente corretos e expedidos por autoridade competente, podem ser ilegais e abusivos no mérito, a exigir pronta correção mandamental.

Não por outro motivo, a Lei 12.016/2009 excluiu os atos disciplinares das hipóteses em que não é cabível mandado de segurança (art. 5º).

Ato de dirigente de estabelecimento particular – No passado a jurisprudência hesitava em relação à admissibilidade de mandado de segurança contra ato de dirigente de estabelecimento particular, como são as escolas fiscalizadas pelo Governo como também as entidades paraestatais que realizam atividades delegadas pelo Poder Público.

---

dos Territórios e Municípios, também excluiu expressamente da competência de tais órgãos as ações de mandado de segurança (art. 1º, § 1º, I).

91. STJ, RMS 15.087-SP, rel. Min. Aldir Passarinho Jr., *DJU* 22.4.2008.

92. Carlos Mário da Silva Velloso, "Do mandado de segurança", *RDP* 55-56/333. E, na jurisprudência, v., nesse sentido: STF, *RDA* 130/186, *RTJ* 108/1.317; TJES, *RT* 394/396.

93. MS 85.850-DF.

Os §§ 1º e 2º do art. 1º da Lei 12.016/2009 esclarecem definitivamente a matéria ao preverem que se equiparam às autoridades os representantes ou órgãos de partidos políticos e os administradores de entidades autárquicas, bem como os dirigentes de pessoas jurídicas ou as pessoas naturais no exercício de atribuições do Poder Público, incluindo, portanto, os administradores de empresas públicas, de sociedades de economia mista e de concessionárias de serviço público, apenas no que disser respeito às mencionadas atribuições do Poder Público. Excluem-se expressamente dessa espécie, assim, os atos de gestão comercial por eles praticados.[94]

Dessa forma, necessário se torna distinguir os atos praticados no exercício de atribuições do Poder Público (art. 1º, § 1º, da Lei 12.016/2009[95]) dos atos realizados no interesse interno e particular do estabelecimento, da empresa ou da instituição. Aqueles podem ser atacados por mandado de segurança; estes, não. Assim, quando o diretor de escola particular nega ilegalmente uma matrícula[96] ou a empresa pública ou mista comete ilegalidade no desempenho da atribuição delegada, cabe segurança.[97] Mas quando tais entidades,

94. O STJ já considerou que a imposição de multa decorrente de descumprimento de contrato de natureza privada celebrado entre uma empresa privada e a CEF constitui ato de gestão comercial, não atacável pela via do mandado de segurança (REsp 1.078.342-PR, rel. Min. Luiz Fux, *DJe* 15.3.2010).

95. A Lei 1.533/1951 fazia referência a "funções delegadas do Poder Público". Já, a Lei 12.016/2009 alude ao "exercício de atribuições do Poder Público".

96. Aceitando a impetração em face de ato de diretor de estabelecimento particular de ensino que retivera abusivamente documentos de aluno: TJRJ, ACi 10.846/1998, rel. Des. Luiz Fux, reg. 6.8.1999; TJSP, ACi 45.937-5, rel. Des. Barreto Fonseca, *Boletim AASP* 2.156/141. No entanto, já se decidiu que matéria relativa ao regimento interno de instituição particular de ensino não enseja o cabimento de mandado de segurança, posto ausente a delegação do poder público: TJDF, REO 49.496/98, rel. Des. Valter Xavier, *RT* 771/315.

Sobre a distinção entre os atos delegados e aqueles *interna corporis* de dirigente de instituição particular de ensino: STJ, CComp 38.159-MS, rel. Min. Teori Albino Zavascki, *DJU* 4.8.2003, p. 212. V. ainda o CComp 38.767-GO, rel. Min. Humberto Gomes de Barros, *DJU* 30.6.2003, p. 124.

97. STF, *RTJ* 66/442, *RDA* 72/206, *RT* 329/840 e 479/221 e Súmula 510; STJ, REsp 100.941-CE e 101.596-CE, ambos rel. Min. Ari Pargendler, *DJU* 13.10.1997, p. 51.558 – estes sobre o cabimento de mandado de segurança contra ato praticado por funcionário do Banco do Brasil S/A no exercício de delegação federal. Nestes casos reconheceu-se, inclusive, a legitimidade da Fazenda para a interposição de recurso contra a sentença concessiva da segurança. Segundo outra decisão do STJ, "cabe mandado de segurança contra atos das sociedades de economia mista, nas licitações públicas efetuadas por elas" (REsp 202.157-PR, rel. Min. Humberto Gomes

por seus dirigentes, realizam atividade civil ou comercial estranha à delegação respondem perante a Justiça como particulares desvestidos de autoridade pública, e por isso só se sujeitam às ações comuns, excluído o *mandamus*. Tal é o caso de uma escola, de uma sociedade de economia mista ou de uma empresa pública que pratica ato ou celebra contrato sujeitando-se exclusivamente ao direito privado, no mesmo plano dos particulares e sem qualquer privilégio administrativo.

Afora as exclusões legais do campo do mandado de segurança, não se justifica qualquer outra restrição ao seu cabimento. Afastar a impetração pela complexidade da matéria, quando o direito pode ser reconhecido por esta via judicial, é comodismo do julgador que não encontra apoio na instituição do *mandamus*.

O mandado de segurança e a arbitragem[98] – A Lei 9.307/1996 (Lei da Arbitragem) deu grande impulso ao instituto da arbitragem no Brasil, atribuindo força obrigatória às cláusulas compromissórias existentes em contratos que abrangem direitos patrimoniais disponíveis. O Decreto 4.311, de 23.7.2002, por sua vez, promulgou no Brasil a Convenção de Nova York de 1958, sobre o reconhecimento e a execução de sentenças arbitrais estrangeiras, que foi ratificada pelo Decreto Legislativo 52, de 25.4.2002. Com isso, o País inseriu-se definitivamente no cenário das arbitragens internacionais.

A sentença arbitral passou a ter a força de uma sentença judicial, dispensada qualquer homologação pelo Poder Judiciário (Lei 9.307/1996, arts. 18 e 31), a não ser no caso das sentenças arbitrais proferidas no Exterior, sujeitas a homologação pelo STJ, como quaisquer outras sentenças judiciais estrangeiras (Lei 9. 307/1996, art. 35, e CF, art. 105, I, "i", com a redação da Emenda Constitucional 45/2004). Na condução da arbitragem "o árbitro é juiz de fato e de direito" – conforme determina o art. 18 da Lei 9.307/1996.

---

de Barros, *DJU* 21.2.2000, p. 94). No mesmo sentido: REsp 299.834-RJ, rel. Min. Humberto Gomes de Barros, *DJU* 25.2.2002, p. 222. A matéria acabou objeto da Súmula 333 do STJ: "Cabe mandado de segurança contra ato praticado em licitação promovida por sociedade de economia mista ou empresa pública".

98. Sobre o tema: Arnoldo Wald e Rodrigo Garcia da Fonseca, "O mandado de segurança e a arbitragem", *Revista de Arbitragem e Mediação/RAM* 13/11. V., ainda: Cândido Rangel Dinamarco, *A Arbitragem na Teoria Geral do Processo*, São Paulo, Malheiros Editores, 2013, pp. 233-235.

A importância crescente da arbitragem no Direito Brasileiro e na prática dos negócios ensejou um exame do cabimento do mandado de segurança antes da constituição do Tribunal Arbitral ou no decorrer do mencionado processo, com a finalidade de garantir o respeito aos direitos líquidos e certos das partes ou até de terceiros. Na realidade, a melhor doutrina reconhece que há na arbitragem uma verdadeira parceria entre os árbitros e o Poder Judiciário, que tem uma dupla função de apoio e de controle, antes de iniciado o processo arbitral, durante o curso do procedimento e após a sua conclusão.[99]

Efetivamente, de acordo com a lei, o juiz pode intervir para fazer com que se inicie a arbitragem seja por faltar na cláusula compromissória um elemento importante, mas não essencial, seja em virtude da oposição de um dos signatários do instrumento no qual a mesma foi incluída,[100] seja, ainda, quando uma autoridade administrativa ou judicial impede seu funcionamento. Antes de iniciada a arbitragem as medidas cautelares e provisórias podem ser concedidas pelo Poder Judiciário, que também as dará em seguida, a pedido dos árbitros.[101]

---

99. Como já tivemos a oportunidade de observar, "existem (...) situações nas quais a intervenção do juiz se faz necessária, na qualidade de autoridade de apoio, para que os atos dos árbitros possam produzir plenamente seus efeitos e para que o procedimento arbitral se desenvolva normalmente", sendo certo que "não se trata de interferência entre as jurisdições estatal e arbitral, mas, sim, de cooperação de esforços com a finalidade de distribuir a justiça, função estatal delegada, por decisão das partes, ao Tribunal Arbitral, em virtude de delegação do Estado" (Arnoldo Wald, "A recente evolução da arbitragem no Direito Brasileiro (1996-2001)", in Pedro A. Batista Martins e José Maria Rossani Garcez (coords.), *Reflexões sobre Arbitragem – "In Memoriam" do Desembargador Cláudio Vianna de Lima*, São Paulo, LTr, 2002, pp. 156-157).

100. O art. 7º da Lei 9.307/1996 prevê:

"Art. 7º. Existindo cláusula compromissória e havendo resistência quanto à instituição da arbitragem, poderá a parte interessada requerer a citação da outra parte para comparecer em juízo a fim de lavrar-se o compromisso, designando o juiz audiência especial para tal fim.

"(...).

"§ 7º. A sentença que julgar procedente o pedido valerá como compromisso arbitral."

A competência do Poder Judiciário é, no caso, subsidiária, pois o juiz só atuará se o regulamento aplicável à arbitragem não tiver previsão para resolver o caso. Assim, muitas Câmaras de Arbitragem autorizam seu presidente ou outro órgão da entidade a suprir as omissões da parte que se nega a assinar o termo (ata de missão ou *terms of reference*) ou não indica um dos árbitros.

101. O art. 22, § 4º, da lei esclarece que: "Ressalvado o disposto no § 2º, havendo necessidade de medidas coercitivas ou cautelares, os árbitros poderão solicitá-las ao órgão do Poder Judiciário que seria, originariamente, competente para julgar a causa".

Finalmente, após ter sido proferida a decisão arbitral, admite-se o recurso à Justiça para sua execução, se necessário, ou para sua anulação, nos casos e nos prazos legalmente previstos.[102]

Até agora, na maioria dos casos o mandado de segurança foi utilizado para garantir a realização da arbitragem. Tratava-se de evitar que um ato de autoridade administrativa ou judicial impedisse o funcionamento do processo arbitral. Assim, em dois mandados de segurança – impetrados o primeiro em 1998 e o segundo julgado liminarmente em 2006 e definitivamente em 2008 – entenderam, sucessivamente, os Desembargadores integrantes do Conselho Especial do TJDF e os Ministros que compõem a 1ª Seção do STJ que praticava ilegalidade a autoridade administrativa que impedia, direta ou indiretamente, a realização da arbitragem ou se substituía aos árbitros para tomar decisão de mérito que, em virtude de cláusula compromissória, era da competência dos mesmos, justificando-se, pois, a impetração do mandado de segurança. As autoridades contra as quais os *writs* foram concedidos eram, na primeira decisão, o Tribunal de Contas do Distrito Federal[103] e, no segundo caso, o Ministro da Ciência e Tecnologia,[104] sendo ambos os acórdãos muito bem fundamentados e constituindo decisões que hão de liderar nossa jurisprudência no futuro.

O que não se deve admitir, em princípio, é o uso do mandado de segurança para impedir o início da arbitragem ou interromper seu andamento. Afinal, prevalece nos procedimentos arbitrais o princípio da competência-competência (*Kompetenz-Kompetenz*), segundo o qual o Tribunal Arbitral deve ser o primeiro juiz da sua própria competência, em prioridade cronológica com relação ao Poder Judiciário, cujo controle da legalidade da decisão dos árbitros se dá apenas *a posteriori*, após a prolação da sentença arbitral.[105] Assim, não cabe

---

102. Arts. 32 e 33 da Lei 9.307/1996.

103. MS 1998.00.2.003066-9, cujo acórdão foi publicado na *Revista de Direito Bancário e do Mercado de Capitais e da Arbitragem/RDBMCA* 8/359.

104. MS/AgR 11.308-DF, cujo acórdão foi publicado no *DJU* 14.8.2006, p. 251, e na *RAM* 11/194. V., ainda, o acórdão final de concessão da segurança no MS 11.308-DF, rel. Min. Luiz Fux, *DJU* 19.5.2008, *RAM* 21/286.

105. V. os arts. 8º e 20 da Lei de Arbitragem.

O princípio da competência-competência aplicado à arbitragem vem sendo prestigiado pelo STJ, como se pode verificar, por exemplo, em virtude das decisões na MC 13.274-SP, rela. Min. Nancy Andrighi, *DJU* 20.9.2007, *RAM* 18/357; no MS

ao juiz togado proferir decisões em mandados de segurança ou em quaisquer outras ações judiciais para impedir ou criar embaraços ao início ou ao andamento da arbitragem, pois a primeira oportunidade de julgamento da competência dos árbitros deve ser reservada a eles próprios, sob o crivo de um controle judicial num segundo momento, após a prolação da sentença arbitral, mas nunca antes.

Nos casos acima mencionados o mandado de segurança tinha como objeto ato praticado por autoridade administrativa. Mas também se pode conceber sua impetração contra atos ilegais do Poder Judiciário, como quando impedem ilegalmente a realização da arbitragem ou interferem no andamento do respectivo processo, não havendo recurso eficaz de efeito imediato.[106]

Em outras hipóteses o mandado de segurança vem sendo utilizado para garantir os efeitos práticos secundários da sentença arbitral, quase que na forma de uma "execução *sui generis*". Neste sentido há uma série de precedentes do STJ em impetrações contra atos de funcionários da CEF que recusaram a liberação de valores de FGTS, não obstante a dispensa do empregado estivesse formalizada em sentença arbitral. A 1ª e a 2ª Turmas do STJ seguidamente reconheceram a validade das sentenças arbitrais homologatórias da dispensa e sua equivalência às sentenças judiciais, de modo a obrigar a instituição financeira a permitir a movimentação das contas do FGTS pelo empregado despedido.[107] É incabível, no entanto, a impetração com a finalidade de obtenção de declaração de validade da sentença

---

11.308-DF, rel. Min. Luiz Fux, *DJU* 19.5.2008, publicado na *RAM* 21/286; e na MC 14.295-SP, rela. Min. Nancy Andrighi, *DJU* 13.6.2008, *RAM* 19/167.

Na doutrina: Rodrigo Garcia da Fonseca, "O princípio competência-competência na arbitragem – Uma perspectiva brasileira", *RAM* 9/277.

106. V. nossos comentários em parte anterior deste mesmo capítulo, referente ao mandado de segurança contra "*Ato Judicial*". V., ainda, acórdão do TJSP no MS 381.782-4/2-00, rel. Des. Octávio Helene, *RAM* 11/246.

107. A título exemplificativo: STJ, REsp 778.154-BA, rel. Min. Teori Albino Zavascki, *DJU* 24.10.2005; REsp 777.906-BA, rel. Min. José Delgado, *DJU* 14.11.2005. Ambos os acórdãos citam vários outros precedentes do STJ. A legitimidade ativa para a impetração é da própria parte, e não da Câmara de Arbitragem de onde tenha emanado a sentença arbitral (STJ, REsp/AgR 1.059.988-SP, rel. Min. Herman Benjamin, *DJU* 24.9.2009; TRF-2ª Região, ApMS 2008.51.05.001550-0-RJ, rel. Des. federal Raldênio Bonifácio Costa, *DJU* 19.1.2009; ACi 2009.51.01.019547-7-RJ, rel. Des. federal Raldênio Bonifácio Costa, *DJU* 1.6.2010; TRF-1ª Região, AMS 2003.36.00.0088361-MT, rel. Des. federal Daniel Paes Ribeiro, j. 3.12.2004; TRF-3ª Região, ApMS 2003.61.00.037361-0-SP, rel. Des. federal Vesna Kolmar, j. 15.5.2007).

arbitral, pois é a própria lei que já lhe atribui a força de título executivo judicial, equivalente às sentenças proferidas no âmbito do Poder Judiciário.[108]

O que não mereceu ainda um posicionamento manso e pacífico nem da jurisprudência, nem da doutrina, é a viabilidade de utilizar o mandado de segurança contra decisão ilegal dos árbitros, que fira direito certo e líquido, nos mesmos casos em que é admitido em relação às sentenças proferidas pelos juízes. Se no passado a resposta era certamente negativa, por não ser o árbitro considerado autoridade para os fins da legislação própria, a situação mudou em virtude da equiparação, feita pelo legislador, da decisão arbitral à sentença judicial.[109]

Em consequência, cabe aplicar as Súmulas 267 do STF[110] e 202 do STJ[111] nos casos de decisões ilegais dos Tribunais Arbitrais, mas tão somente quando lesivas em relação a direitos de terceiros, que não podem pedir a anulação da sentença arbitral.

O requisito para permitir a impetração, neste caso, é a existência de direito líquido e certo de terceiro violado por ato ilegal ou abusivo dos árbitros que não possa ser corrigido por recurso com efeito suspensivo ou outra medida com consequências análogas. No caso da arbitragem, equiparam-se aos recursos a ação anulatória e os embargos do devedor, com as cautelares que podem dar-lhes efeito suspensivo. Não cabendo qualquer dos dois remédios processuais, e diante de decisão arbitral definitiva, entendemos que pode ser impetrado o mandado de segurança.[112] Assim, por exemplo, um terceiro

108. V. acórdão do TRF-2ª Região citado na nota anterior (*RAM* 15/228) e parecer de Antônio Cabral, "Sentença arbitral. Título executivo. Desnecessidade de mandado de segurança para dar eficácia à decisão arbitral. Falta de interesse de agir", *RAM* 15/191.

109. O art. 31 da Lei 9.307/1996, pondo fim a longa discussão da doutrina e da jurisprudência, esclarece que: "Art. 31. A sentença arbitral produz, entre as partes e seus sucessores, os mesmos efeitos da sentença proferida pelos órgãos do Poder Judiciário e, sendo condenatória, constitui título executivo".

110. V. nossos comentários anteriores em relação ao mandado de segurança contra "*Ato Judicial*". A Súmula 267 do STF tem a seguinte redação: "Não cabe mandado de segurança contra ato judicial passível de recurso ou correição".

111. A Súmula 202 do STJ tem o seguinte teor: "A impetração de segurança por terceiro, contra ato judicial, não se condiciona à interposição de recurso".

112. A não ser no caso da arbitragem conduzida no Exterior, hipótese na qual, mesmo sendo a parte brasileira, qualquer controle da legalidade do procedimento

que não participou de arbitragem realizada no Brasil e não assinou a convenção (cláusula compromissória ou compromisso) e que tenha direito líquido e certo lesado em virtude de sentença arbitral final pode, em nosso entender, recorrer ao mandado de segurança, como poderia fazê-lo quem não foi parte no processo judicial e sofreu lesão de direito líquido e certo em virtude da sentença proferida.[113]

Já, com relação às próprias partes na arbitragem, não nos parece que possam fazer uso do mandado de segurança contra decisões dos árbitros. Embora as sentenças arbitrais tenham hoje a mesma força das sentenças judiciais e o árbitro seja juiz de fato e de direito da causa que lhe é submetida para apreciação, consoante determina a Lei 9.307/1996, não é menos verdade que o árbitro carece de força coercitiva para impor suas decisões às partes. O poder de coerção continua reservado aos magistrados, membros do Poder Judiciário. Assim, com relação às decisões interlocutórias dos árbitros que ordenam às partes que façam ou deixem de fazer algo surgem três possibilidades: (a) a parte obedece espontaneamente; (b) a parte não obedece, e o Judiciário é acionado para fazer cumprir a decisão;[114] (c) a parte não obedece, e a arbitragem segue seu curso, sendo que a não observância da ordem dos árbitros poderá ser levada em conta pelos mesmos por ocasião da sentença.

Na primeira hipótese, se a parte não se insurgiu contra a ordem arbitral e a cumpriu espontaneamente, não há que se cogitar da impetração de mandado de segurança. A prática voluntária do ato esvazia qualquer interesse processual no ajuizamento do *writ*. Na segunda situação há uma ordem judicial que implementa a decisão do árbitro, e aí a parte poderá manejar os recursos cabíveis no âmbito do Poder

---

arbitral deve ser feito exclusivamente no local da arbitragem, só podendo a autoridade judicial brasileira conhecer das questões eventualmente suscitadas por ocasião da homologação da sentença. Antes da homologação o Judiciário brasileiro é indiferente ao que ocorre no Exterior, da mesma forma como o é em relação à ação judicial em curso em País estrangeiro. V. o *leading case* na matéria, envolvendo, de um lado, a Renault e, de outro, a CAOA: TJSP, 25ª Câmara da Seção de Direito Privado, Ap. c/ Revisão 985.413-0-1, j. 20.6.2006, rel. Des. Antônio Benedito Ribeiro Pinto, *RAM* 11/222. A citação para o processo arbitral realizada no Brasil deve, todavia, obedecer às normas brasileiras de ordem pública.

113. V. a parte final dos nossos comentários anteriores referentes ao mandado de segurança contra "*Ato Judicial*", e em particular a nota de rodapé 70 do presente capítulo.

114. V., por exemplo, o art. 22, §§ 2º e 4º, da Lei 9.307/1996.

Judiciário, tampouco se justificando qualquer impetração, na linha da já citada Súmula 267 do STF. Por fim, na terceira hipótese a desobediência à ordem do árbitro não traz qualquer consequência negativa imediata à parte. Somente se o árbitro vier a considerar a conduta de alguma forma relevante, sob um viés negativo, por ocasião da prolação da sentença arbitral, é que estará caracterizado algum tipo de prejuízo ao direito da parte. Ocorre que a Lei da Arbitragem prevê as hipóteses de nulidade da sentença arbitral e as formas de sua impugnação judicial.[115] Assim, se e quando estiver caracterizada finalmente a violação ao direito da parte esta terá meios processuais ordinários cabíveis para sua defesa. Como afirmado acima, a ação anulatória e os embargos, com as medidas cautelares que podem dar-lhes efeito suspensivo, devem ser entendidos como impeditivos processuais ao cabimento do mandado de segurança, dentro do espírito do enunciado sumular 267 da Suprema Corte.

É preciso ponderar que a submissão ao Poder Judiciário, pela via do mandado de segurança, das questões entregues pela própria vontade das partes à via arbitral subverte a lógica da arbitragem, que deve ser solucionada de modo célere e fora do âmbito judicial. A arbitragem é guiada sobretudo pela autonomia da vontade das partes, que podem escolher a lei aplicável – ou mesmo a equidade, normas internacionais e até princípios gerais do Direito, que constituem a "ordem arbitral internacional"[116] –, o procedimento e os próprios árbitros. A regra geral é no sentido de que as impugnações judiciais aos eventuais vícios do procedimento arbitral devem ser feitas *a posteriori*, tão somente por ocasião do controle da validade da sentença arbitral final, pelos meios próprios.

Assim, o mandado de segurança não pode servir de veículo à indevida "judicialização" da arbitragem. Não pode constituir uma forma de *anti-suit injunction*, que não é mais admissível em nosso Direito.[117]

Também é evidente que descabe o mandado de segurança contra as decisões proferidas pelos árbitros admitindo ou não determinada prova no curso do processo arbitral.

115. V. arts. 32 e 33 da Lei 9.307/1996.

116. Emmanuel Gaillard, *Aspects Philosophiques du Droit de l'Arbitrage International*, Leiden-Boston, Martinus Nijhoff, 2008, pp. 106-125.

117. Arnoldo Wald, "As *anti-suit injunctions* no Direito Brasileiro", *RAM* 9/29-43; e Emmanuel Gaillard, *Anti-Suit Injunctions in International Arbitration*, Nova York, Juris, Publishing Inc., 2005, p. 2.

Há, nesse sentido, precedente do TJSP, a respeito do caso "Consórcio Via Amarela *versus* Cia. do Metropolitano de São Paulo/Metrô", no qual as partes divergiram acerca da responsabilidade pelos custos adicionais decorrentes de contrato para a construção de obras.

Na arbitragem, que teve curso perante a Corte Internacional de Arbitragem da Câmara Internacional do Comércio/ICC, o Tribunal Arbitral decidiu indeferir a perícia de engenharia requerida pelo Metrô, por entendê-la desnecessária para a apuração dos valores da condenação, porquanto já realizada perícia contábil.

Contra esta decisão foi impetrado mandado de segurança pelo Metrô, concedida a liminar pleiteada, no sentido de garantir a realização da perícia, com base nos fundamentos de que o cálculo do prejuízo reclamaria a intervenção de auxiliar técnico de Engenharia e de que a relação de direito material objeto da lide envolveria interesse público.[118]

No julgamento do agravo de instrumento interposto contra a liminar, todavia, a 5ª Câmara de Direito Público do TJSP entendeu que o Tribunal Arbitral agiu com razoabilidade e em consonância com as normas e condições da Lei da Arbitragem, sem cometer qualquer irregularidade, mantendo a decisão que negara o pedido de realização da prova pericial.[119]

Como mencionado, a arbitragem não pode sofrer intervenções indevidas do Judiciário, que deve limitar-se a apreciar as decisões arbitrais finais, nos casos legalmente previstos de anulação. Não cabe ao juiz, em sede de mandado de segurança, analisar a substância e a conveniência de decisões interlocutórias proferidas no curso do processo arbitral, a exemplo daquela que defere ou indefere a produção de determinada prova.

O mandado de segurança é garantia fundamental das pessoas física e jurídica, mas não deve representar uma porta aberta ao tumulto processual, retirando as arbitragens do seu trilho natural, extrajudi-

118. A decisão da Juíza Maria Gabriela Pavlópoulos Spaolonzi, da 13ª Vara da Fazenda Pública de São Paulo, no MS 053.10.017261-2, foi publicada na íntegra, com comentários do professor Arnoldo Wald, na *RAM* 26/255. O processo transitou em julgado em 24.09.2014, após não acolhimento dos embargos de declaração em 19.02.2013. Não há modificação quanto ao entendimento referente ao cabimento do MS.

119. TJSP, AI 0284191-48.2010.8.26.0000, rel. Des. Franco Cocuzza, j. 14.3.2011.

cial. Afora a hipótese do terceiro que não anuiu à arbitragem e dela não participou – e, portanto, pode impetrar o mandado de segurança nas mesmas condições e circunstâncias em que pode fazê-lo em face de decisões judiciais –, não vemos como as próprias partes da arbitragem possam empregar o mandado de segurança contra decisões do árbitro ou do Tribunal Arbitral.[120] A defesa judicial dos interesses das partes da arbitragem deve se dar pelos meios outorgados pela própria Lei 9.307/1996, não se vislumbrando, pois, no caso, o uso do *mandamus*.

7. Prazo para impetração

O *prazo* para impetrar mandado de segurança é de *120 dias*, a contar da data em que o interessado tiver conhecimento oficial do ato a ser impugnado. Este prazo é de *decadência* do direito à impetração – e, como tal, não se suspende nem se interrompe desde que iniciado.[121] Como a CF de 1988, no art. 5º, LXIX, nada diz a respeito de prazo fatal para a impetração de mandado de segurança, questionou--se nos Tribunais se a fixação de tal prazo decadencial por legislação

---

120. O art. 6º, § 5º, da Lei 12.016/2009 prevê que o mandado de segurança deve ser denegado nas hipóteses previstas no art. 267 do CPC de 1973 (hoje, pelo CPC de 2015, art. 485). Dentre elas, no inciso VII (também do CPC), está prevista a extinção do processo em virtude da existência de convenção de arbitragem. Assim, via de regra, não deve prosperar a impetração por parte que anuiu à solução da controvérsia pela arbitragem.

121. Nesta linha, já se decidiu que a superveniência de férias forenses não suspende ou interrompe o prazo decadencial para a impetração de mandado de segurança (STJ, RMS 10.138-CE, rel. Min. Ruy Rosado de Aguiar, *DJU* 15.3.1999 *DJU* 15.3.1999 e MS 13.295, rel. Min. Humberto Martins, *DJe* 5.3.2009). Na mesma linha: RMS 16.896-MG, rel. Min. Jorge Scartezzini, *DJU* 25.4.2005, p. 349. No entanto, embora o prazo seja decadencial, há jurisprudência acatando sua prorrogação para o primeiro dia útil subsequente se o último dia cair em feriado forense (STJ, RMS 2.428-PR, rel. Min. Cid Flaquer Scartezzini, *DJU* 9.2.1998. No mesmo sentido, v. RMS 22.573-MS, rel. Min. Castro Meira, *DJe* 24.2.2010, no qual se acrescenta que, recaindo o termo final do prazo em feriado forense, não pode o *mandamus* ser impetrado no plantão judiciário, eis que não se caracteriza, nesse caso, uma situação de emergência). Em sentido contrário, não admitindo a prorrogação: STJ, RMS 13.062-MG, rel. Min. Milton Luiz Pereira, *DJU* 23.9.2002, pp. 225-226.

De acordo com o Código de Processo Civil de 2015, na contagem de prazos em dias, estabelecidos por lei ou pelo juiz, serão computados apenas os dias úteis (art. 219). Entretanto, tal alteração não se aplicará ao prazo de 120 dias para impetração de mandado de segurança, frente à ressalva constante do respectivo parágrafo único no sentido de que a norma se aplicará somente aos prazos processuais.

ordinária seria constitucional. O STF decidiu a matéria editando a Súmula 632, em que reconheceu a constitucionalidade do prazo decadencial do art. 18 da antiga Lei 1.533/1951 (cujo teor foi mantido no art. 23 da Lei 12.016/2009).[122]

A fluência do prazo só se inicia na data em que o ato a ser impugnado se torna operante ou exequível – vale dizer, capaz de produzir lesão ao direito do impetrante. Até então, se é insuscetível de causar dano ao destinatário, é inatacável por mandado de segurança, porque este visa, precipuamente, a impedir ou fazer cessar os efeitos do ato lesivo a direito individual ou coletivo. Ora, enquanto o ato não estiver apto a produzir seus efeitos, não pode ser impugnado judicialmente. Até mesmo a segurança *preventiva* só poderá ser pedida ante um ato perfeito e *exequível*, mas ainda não executado. Enquanto o ato estiver em formação, ou com efeitos suspensos, ou depender de formalidades complementares para sua operatividade, não se nos antolha passível de invalidação por mandado de segurança.

Quando a lei diz que o direito de requerer mandado de segurança extinguir-se-á *120 dias após a ciência do ato impugnado* (art. 23 da Lei 12.016/2009), está pressupondo o *ato completo*, *operante* e *exequível*.[123] Não é, pois, o conhecimento oficioso do ato que deve

---

122. Não obstante a existência da mencionada súmula, na ADI 4.296-DF, ajuizada em 14.9.2009 pelo Conselho Federal da OAB, questionara-se a constitucionalidade do prazo decadencial fixado pelo art. 23 da Lei 12.016/2009, por suposta violação ao art. 5º, XXXV e LXIX, da CF. Todavia, ação foi recentemente julgada improcedente nesse ponto, na linha do que defendemos e dos pareceres da Advocacia-Geral da União e do Procurador-Geral da República, que opinavam pela improcedência do pedido, porquanto a decadência do direito de impetrar o *mandamus* não impede a utilização das vias ordinárias, e a própria presunção de legitimidade e veracidade dos atos administrativos torna necessária, após razoável transcurso de tempo de sua prática, a existência de ampla e exauriente dilação probatória (incabível na via mandamental) para desconstituí-los.

Há, ainda, um projeto de lei em curso no Congresso Nacional (Projeto de Lei 5.947/2009) visando a extinguir o prazo decadencial de 120 dias, cuja proposta foi aprovada em 14.12.2010 pela Comissão de Constituição e Justiça e de Cidadania da Câmara/CCJ. Na doutrina encontram-se manifestações isoladas no sentido de que o prazo para impetração deveria ser o mesmo previsto na lei civil para a tutela do direito material (Bruno Garcia Redondo, Guilherme Peres de Oliveira e Ronaldo Cramer, *Mandado de Segurança: Comentários à Lei 12.016/2009*, Rio de Janeiro, Forense, 2009, p. 159).

123. Segundo o STJ, sendo o mandado de segurança preventivo, não se aplica o prazo decadencial de 120 dias (REsp 617.587-MG, rel. Min. Castro Meira, *DJU* 28.3.2008). No mesmo sentido: AREsp 954610-SP, rela. Min. Assusete Magalhães, *DJe* 12.8.2021.

marcar o início do prazo para a impetração, mas, sim, o momento em que se tornou apto a produzir seus efeitos lesivos ao impetrante. Se o ato é irrecorrível ou apenas passível de recurso *sem efeito suspensivo*, contar-se-á o prazo da publicação ou da intimação pessoal do interessado;[124] se admite recurso *com efeito suspensivo*, contar-se-á do término do prazo para o recurso (se não for interposto) ou da intimação do julgamento final do recurso (se interposto regularmente).[125] Observamos, porém, que o *pedido de reconsideração*, na via administrativa, não interrompe o prazo para a impetração da segurança, salvo se a lei lhe der efeito suspensivo.[126]

Há que distinguir, ainda, o ato que admite recurso com efeito suspensivo *independentemente de caução* do que só o admite *mediante caução*. Para aquele a Lei do Mandado de Segurança veda sua impetração, porque nenhum gravame ocorre para a parte que se utilizou do recurso administrativo enquanto pendente seu julgamento; para este (ato com recurso dependente de caução) a lei abriu exceção à regra geral da inimpugnabilidade judicial dos atos administrativos sujeitos a recurso com efeito suspensivo, porque a mera exigência de garantia (depósito em dinheiro, títulos, bens ou fiança bancária) já constitui um gravame à parte, ensejando a segurança, para a imediata invalidação do ato ilegal.

Sem que se façam essas distinções e se examine a situação particular do ato impugnado, em face dos recursos administrativos admitidos, não se pode fixar o momento em que principia a fluir o

---

124. No entanto, se houver a publicação do ato na Imprensa Oficial, a posterior intimação pessoal da parte não lhe reabre o prazo para a impetração (STF, MS 22.961-3-MT, rel. Min. Sydney Sanches, *RT* 768/135).

Decisão do STJ entendeu que, tratando-se de ato judicial irrecorrível – na hipótese, a conversão de agravo de instrumento em agravo retido –, o prazo para a impetração do mandado de segurança deve ser de apenas cinco dias, período que corresponde ao prazo para a eventual oposição de embargos de declaração, pois após seu transcurso estaria configurada a imutabilidade da decisão, inviabilizando a ação mandamental, em razão do art. 5º, III, da Lei 12.016/2009 e da Súmula 268 do STF (RMS 43.439-MG, rela. Min. Nancy Andrighi, *DJe* 1.10.2013).

125. STJ, RMS 2.073-RJ, rel. Min. Félix Fischer, *DJU* 30.3.1998, p. 95.

126. STF, Súmula 430: "O pedido de reconsideração na via administrativa não interrompe o prazo para o mandado de segurança". V. TFR, AMS 75.108-PR, *DJU* 29.9.1977, p. 6.633. No STJ, esclarecendo que o pedido de reconsideração ou a renovação de pleito administrativo anteriormente indeferido não têm o condão de repor o prazo decadencial para a impetração de mandado de segurança: RMS 11.604-MG, rela. Min. Eliana Calmon, *DJU* 29.10.2001.

prazo de decadência da impetração. Os Tribunais têm decidido aprioristicamente que a interposição de recursos administrativos, por si só, relega o início do prazo da impetração do mandado para após seu julgamento. Tal generalização não é exata, porque isto depende dos efeitos do recurso interposto e até mesmo da exigência ou dispensa de caução.

É de se lembrar que o prazo para impetração não se conta da publicação da lei ou do decreto normativo, mas do ato administrativo que, com base neles, concretiza a ofensa a direito do impetrante,[127] salvo se a lei ou o decreto forem de *efeitos concretos*, caso em que se expõem à invalidação por mandado de segurança desde o dia em que entraram em vigência.

Nos atos de trato sucessivo, como no pagamento de vencimentos ou outras prestações periódicas, o prazo renova-se a cada ato. Também não corre durante a omissão ou inércia da Administração em despachar o requerido pelo interessado.[128]

Surge, aqui, uma dúvida a ser esclarecida: se o mandado for impetrado perante juízo incompetente e remetido ao competente, contar-se-á daquele ou deste o prazo decadencial? O STF já decidiu que não ocorre a caducidade se o *mandamus* foi protocolado a tempo, ainda que no juízo incompetente[129] – e realmente é o que se inferia do disposto no § 2º do art. 113 do CPC de 1973 – norma, essa, que hoje está no art. 64, § 4º, do CPC de 2015, com redação ainda mais clara no sentido da preservação dos atos processuais.

127. STF, *RTJ* 96/376. No STJ, no caso de concurso público, contou-se o prazo decadencial para a impetração a partir do ato que eliminou o candidato pela não apresentação de determinado documento, não da anterior publicação do edital, que apenas fazia a exigência genérica (REsp/AgR 1.405.402-RN, rel. Min. Napoleão Nunes Maia Filho, *DJe* 26.6.2015; REsp/AgR 1.478.469-SC, rel. Min. Mauro Campbell, *DJe* 20.4.2015; REsp 1.230.048-PR, rel. Min. Castro Meira, *DJe* 2.6.2011). Esse entendimento permanece mesmo nas hipóteses nas quais a causa de pedir no mandado de segurança seja a discussão em torno de critério estabelecido em edital (RMS/AgR 46.761-GO, rel. Min. Og Fernandes, *DJe* 16.12.2014; EREsp 1.266.278-MS, rela. Min. Eliana Calmon, *DJe* 10.5.2013; AgInt no RMS 45.729-GO, rel. Min. Gurgel de Faria, *DJe* 27.11.2020).

128. STF, *RTJ* 74/833; RMS 24.736-7-DF, rel. Min. Joaquim Barbosa, *RT* 841/193; STJ, REsp 50.697-2-RJ, rel. Min. Demócrito Reinaldo, *DJU* 19.9.1994, p. 24.665; REsp 110.714-BA, rel. Min. Adhemar Maciel, *DJU* 6.10.1997, p. 49.932; REsp 114.631-PA, rel. Min. Fernando Gonçalves, *DJU* 19.12.1997, p. 67.552; RMS 11.866-PE, rel. Min. Edson Vidigal, *DJU* 18.12.2000, p. 219.

129. STF, *RTJ* 60/865; TJMT, *RT* 494/164.

Observe-se, finalmente, que cessa o prazo decadencial desde a data da impetração, motivo pelo qual não há caducidade intercorrente, mas pode haver prescrição da ação com a paralisação do processo por mais de cinco anos, prazo máximo e geral para todas as postulações pessoais do particular contra a Administração.

Tratando-se de impetração contra ato omissivo da Administração, o Plenário do STF já decidiu que o prazo decadencial de 120 dias começa a correr a partir do momento em que se esgotou o prazo legal estabelecido para a autoridade impetrada praticar o ato cuja omissão se ataca.[130-131] Tratando-se de ato omissivo continuado o prazo decadencial renova-se periodicamente, por envolver obrigação de trato sucessivo.[132-133]

---

130. STF, MS 23.126-DF, rel. Min. Ilmar Galvão, *RTJ* 175/128. V., ainda, na 1ª Turma, o RMS 23.987-DF, rel. Min. Moreira Alves, *RTJ* 185/588.

131. O projeto que deu origem à Lei 12.016/2009 previa, em caso de mandado de segurança por omissão, a contagem do prazo a partir da notificação judicial ou extrajudicial da autoridade, mas a regra sofreu veto presidencial quando da sanção à Lei 12.016/2009.

132. STF, RMS 24.214-4-DF, rela. Min. Ellen Gracie, *DJU* 1.7.2005, p. 88; STJ, REsp 337.151-AC, rel. Min. Vicente Leal, *DJU* 4.2.2002, p. 604; MS 7.522-DF, rel. Min. Vicente Leal, *DJU* 6.5.2002, p. 239; REsp 440.559-DF, rel. Min. Fernando Gonçalves, *DJU* 30.9.2002, p. 316; MS 11.506-DF, rela. Min. Eliana Calmon, *RT* 855/211; MS 11.893-DF, rel. Min. Nilson Naves, *RT* 859/181. "O prazo para impetração renova-se, ao passo em que subsiste a conduta omissiva" (STJ, RMS/AgR 25.763-RJ, rel. Min. Humberto Martins, *DJe* 24.9.2010. Também na mesma direção, tal como ocorre quando a ordem é no sentido de ordenar o pagamento de reparação econômica em prestação mensal: AREsp/AgR 593.738-PB, rela. Min. Assusete Magalhães, *DJe* 3.9.2015; REsp/AgR 1.328.687-PE, rela. Min. Regina Helena Costa, *DJe* 14.8.2015; MS 21.082-DF, rel. Min. Og Fernandes, *DJe* 19.6.2015).

133. Mas essa matéria, acerca do prazo decadencial, ostenta nuances muitos sutis e que levam, muitas vezes, a soluções distintas a depender das características e das consequências do ato impugnado. Em vista disso, foi submetida controvérsia jurídica ao Superior Tribunal de Justiça, para definir o marco inicial do prazo decadencial para impetração do mandado de segurança, com o objetivo de impugnar obrigação tributária que se renova periodicamente, visto que há julgados que afastam a decadência para a impetração da ação mandamental pelo reconhecimento do caráter preventivo do mandado de segurança que visa à impugnação da obrigação tributária periódica, ao passo que há pronunciamentos para declarar a decadência quando o ato normativo tenha operado efeitos concretos e, nessa hipótese, entende-se que não há relação jurídica obrigacional de trato sucessivo. Contudo, por ser um assunto que foi recentemente afetado pelo Tema Repetitivo n° 1.273, o STJ ainda não julgou o caso para uniformizar o entendimento quanto à essa matéria.

8. *Partes*

As *partes* iniciais no mandado de segurança são o *impetrante* (titular do direito) e o *impetrado* (autoridade coatora). Sem essa integração ativa e passiva não se completa a relação processual formadora da lide. Note-se que, de acordo com os arts. 6º e 7º, II, da lei vigente, a petição inicial deverá indicar também, além da autoridade coatora, a pessoa jurídica que esta integra, à qual se acha vinculada ou da qual exerce atribuições, a fim de que lhe seja dada ciência da existência da ação e para que, querendo, ingresse no feito, na condição de litisconsorte passiva necessária. O Ministério Público é *custos legis*, embora também possa ser considerado como "parte pública autônoma".[134]

Além destas *partes iniciais* no mandado de segurança, outros interessados poderão ingressar no feito, desde que tenham legitimidade para estar ao lado do impetrante ou do impetrado como *litisconsortes*, com a ressalva de que não se admite o ingresso de litisconsorte ativo após o despacho da inicial (art. 10, § 2º, da Lei 12.016/2009).

As partes ilegítimas devem ser liminarmente excluídas da causa; e, sendo essa ilegitimidade do impetrante ou do impetrado, o processo há que ser extinto, na forma do art. 267, V, do CPC de 1973 (art. 485, V, do CPC de 2015).[135]

---

134. A alusão ao Ministério Público como "parte pública autônoma" no mandado de segurança justificava-se quando defendia a União, como ocorria antes da Constituição de 1988. Embora essa dupla forma de atuação, simultaneamente como impetrante e *custos legis*, ainda subsista nas ações aforadas pelo Ministério Público, justifica-se o abandono dessa qualificação de parte pública autônoma, que remonta às origens históricas do instituto e se tornou obsoleta sob o império da legislação vigente. Em consolidação dessa tese, o STF, por meio de sua 2ª Turma, examinando, em 16.2.2016, o RMS 32.970, fixou o entendimento de que o Ministério Público Militar, quando atua como *custos legis*, não tem legitimidade ativa para recorrer em sede de mandado de segurança, uma vez que não é o titular dos direitos "à ordem democrática e à ordem jurídica". Esse entendimento foi novamente confirmado no julgamento do MS 33.736-DF (rela. Min. Cármen Lúcia, j. 21.6.2016, *Informativo* 831), também no caso de mandado de segurança contra ato do CNJ, embora com importante voto vencido proferido pelo Min. Dias Toffoli no sentido de que, por força do art. 103-B, § 6º, da CF, essa legitimidade deveria ser reconhecida para o Procurador-Geral da República e o Presidente do Conselho Federal da OAB.

135. Foi vetado pelo Presidente da República, quando da sanção à Lei 12.016/2009, o art. 6º, § 4º, do respectivo Projeto, que previa a possibilidade de o impetrante emendar a inicial em 10 dias caso a autoridade coatora suscitasse ser parte ilegítima, pelas razões a seguir transcritas: "A redação conferida ao dispositivo duran-

Impetrante – O *impetrante*, para ter legitimidade ativa, há de ser o titular do direito individual ou coletivo, líquido e certo, para o qual pede proteção pelo mandado de segurança. Tanto pode ser pessoa física como jurídica, órgão público ou universalidade patrimonial privada, embora a Lei 12.016/2009 se refira a pessoas físicas ou jurídicas (art. 1º).[136] Quando for pessoa física ou jurídica, pode ser nacional ou estrangeira, domiciliada em nosso País ou fora dele.[137] O que se exige é que o impetrante tenha o direito invocado e que este direito esteja sob a jurisdição da Justiça brasileira.

O fato de o mandado de segurança estar incluído entre os *direitos e garantias fundamentais* (CF, art. 5º, LXIX) não exclui sua utilização por pessoas jurídicas, nem por órgãos públicos despersonalizados,[138] nem por universalidades patrimoniais. Isto porque o constituinte brasileiro não restringiu seu uso à pessoa humana (como fez com o *habeas corpus*); instituiu-o como meio constitucional hábil a proteger indiscriminadamente *direitos de quaisquer titulares*, personalizados ou não, desde que tais titulares disponham de capacidade processual para defendê-los judicialmente quando lesados ou ameaçados de lesão por ato ou omissão de autoridade. O essencial é que o impetrante tenha *direito subjetivo próprio* (e não simples *interesse*) a defender em juízo.[139-140] Não há confundir "interesse" com

---

te o trâmite legislativo permite a interpretação de que devem ser efetuadas no correr do prazo decadencial de 120 dias eventuais emendas à petição inicial com vistas a corrigir a autoridade impetrada. Tal entendimento prejudica a utilização do remédio constitucional, em especial ao se considerar que a autoridade responsável pelo ato ou omissão impugnados nem sempre é evidente ao cidadão comum". Este veto, contudo, não exclui a possibilidade de emenda à inicial, com base no art. 321 do CPC de 2015.

136. Como já salientamos, tratando-se de direitos fundamentais constitucionalmente protegidos a interpretação deve ser a mais ampla possível.

137. No STF, admitindo a impetração de mandado de segurança por estrangeiro residente no Exterior: RE 215.267-6-SP, rela. Min. Ellen Gracie, *RT* 792/199 e *RTJ* 177/965. V., ainda, a liminar deferida pelo Min. Celso de Mello no HC 94.016-SP, *DJe* 10.4.2008 ("O súdito estrangeiro, mesmo o não domiciliado no Brasil, tem plena legitimidade para impetrar os remédios constitucionais, como o mandado de segurança ou, notadamente, o *habeas corpus*").

138. TJRS, *RDA* 15/46 e 56/269; TJSP, *RDA* 54/166, *RT* 304/392; TASP, *RT* 274/748.

139. A propósito, o STF já decidiu que: "Descabe mandado de segurança quando o impetrante não tem em vista a defesa de direito subjetivo, mas mero interesse reflexo de normas objetivas" (*RTJ* 120/328).

140. Tendo em vista o caráter mandamental da sentença concessiva de segurança, comumente relativa a direitos personalíssimos e intransmissíveis, o STF vem en-

"direito subjetivo" e, principalmente, com "direito subjetivo líquido e certo", que é o único protegível por mandado de segurança e ao qual não se pode negar a proteção do remédio processual.[141] É verdade que a legislação anterior era mais genérica ao se referir, no art. 1º, a "alguém", e não às pessoas físicas e jurídicas.

O direito subjetivo do impetrante pode ser privado ou público, exclusivo ou pertencente a vários titulares ou, mesmo, a toda uma categoria de pessoas. O que se exige é que o impetrante possa exercê-lo individual ou coletivamente. Daí por que as sociedades, as associações, as corporações profissionais, os sindicatos e os partidos políticos têm legitimação ativa para requerer mandado de segurança em benefício de seus associados.

Impetrado – O *impetrado é a autoridade coatora*, a quem se determina a prestação de informações no prazo da lei, e não a pessoa jurídica ou o órgão a que pertence e ao qual seu ato é imputado em razão do ofício – a qual, contudo, a partir da edição da Lei 12.016/2009, deve ser necessariamente cientificada do feito, de acordo com art. 7º, II, podendo ingressar no mandado dentro do prazo para as informações, como litisconsorte do impetrado.[142]

---

tendendo que o falecimento do impetrante acarreta a extinção do processo, descabendo a habilitação dos eventuais herdeiros, ressalvadas a estes as vias ordinárias para as reivindicações dos efeitos financeiros reflexos da impetração (MS 22.130-5-RS, rel. Min. Moreira Alves, *RT* 743/170). No STJ: REsp 32.712-PR, rel. Min. Edson Vidigal, *DJU* 19.10.1998, p. 119; RE 221.452-DF, rel. Min. Edson Fachin, *DJe* 10.8.2016.

141. STF, *RTJ* 6/400, *RDA* 43/308; TJSP, *RT* 182/251, 185/774, 218/346 e 264/199. Não é o caso do Ministério Público atuando como *custos legis* em defesa da ordem democrática e jurídica (RMS 32.970-DF, rela. Min. Cármen Lúcia, *DJe* 18.5.2016). No mesmo sentido: MS 33.736-DF, rela. Min. Cármen Lúcia, j. em 21.6.2016, *Informativo* 831.

142. Historicamente, a jurisprudência e a doutrina sempre divergiram quanto à legitimação passiva no mandado de segurança, havendo quem a atribuísse à pessoa jurídica de direito público, por ser ela a própria parte, da qual a autoridade coatora seria mero órgão (STJ, REsp 846.581-RJ, rel. Min. Castro Meira, *DJe* 11.9.2008); ou à autoridade coatora, à qual se determina a prestação de informações no prazo legal (STJ, REsp 993.272-AM, rel. Min. Jorge Mussi, *DJe* 29.6.2009). Em geral, negava-se a existência de litisconsórcio entre autoridade coatora e pessoa jurídica interessada (STJ, REsp 385.214-PR, rel. Min. Humberto Gomes de Barros, *DJU* 31.3.2003; STJ, REsp/AgR 1.105.314-MS, rel. Min. Paulo Gallotti, *DJe* 10.8.2009).

A partir do advento da Lei 12.016/2009, de acordo com o texto dos seus arts. 6º e 7º, II, pode-se considerar superada a controvérsia. A autoridade coatora é a impetrada, enquanto a pessoa jurídica de direito público cujos quadros o coator integra

Anteriormente se entendia que essa situação ocorria nas impetrações contra autoridades federais e estaduais, ainda que o impetrado fosse o chefe do Executivo, porque este não representa em juízo a entidade que governa, a qual só pode ser representada judicialmente por seus procuradores (CPC de 2015, art. 75, I). Mas quanto ao Município a situação é diferente, porque o prefeito é também seu representante em juízo (CPC de 2015, art. 75, III); e, assim sendo, quando ingressa no processo já representa a Fazenda Municipal para todos os efeitos legais.[143] Portanto, há que se distinguir a posição processual da entidade a que pertence o impetrado, pois a União, os Estados, o Distrito Federal e os Territórios só ingressarão nos autos, como litisconsortes, por seus *procuradores*,[144] ao passo que o Município já integra a lide com o ingresso do prefeito no processo. Se, porém, a autoridade impetrada e informante não for o prefeito, o Município não integrará a lide enquanto não o requerer por seu representante legal.

Essa discussão perdeu interesse, pois a Lei 12.016/2009 manda dar ciência em todos os casos ao órgão de representação judicial da pessoa jurídica representada, que, para este fim específico, passa a ter poderes para receber citação, independentemente da regulamentação administrativa da matéria (art. 7º, II).

é litisconsorte necessária, de modo que, ingressando no feito, figurará ao lado da autoridade impetrada, sem substituí-la ou excluí-la da lide.

Luiz Fux, porém, embora reconheça que a literalidade da lei sugere a adoção da tese de existência de litisconsórcio passivo necessário entre a autoridade coatora e a pessoa jurídica interessada, defende – ao lado de significativa parcela da doutrina – que o legitimado passivo no mandado de segurança seria exclusivamente a pessoa jurídica a que pertence a autoridade coatora. Segundo o atual Ministro do STF, entender-se de modo contrário "culminaria em inúmeros transtornos processuais ao impetrante, evidentemente incompatíveis com a sumariedade e a celeridade" (*Mandado de Segurança*, Rio de Janeiro, Forense, 2010, p. 26).

143. Diante da frequente confusão dos impetrantes entre Município, Prefeitura e prefeito, o STF admitiu que: "Para efeito de legitimidade *ad causam*, as expressões 'Município' e 'Prefeitura' se equivalem" (*RTJ* 96/759). Mas no rigor jurídico esses vocábulos têm sentido diverso: Município é *pessoa jurídica*; Prefeitura é *órgão*; e prefeito é *agente*.

144. No Estado do Rio de Janeiro, o art. 228 do Código de Organização e Divisão Judiciárias estabelece que a Procuradoria-Geral do Estado deve ser ouvida sempre que o mandado de segurança for impetrado contra ato de autoridade administrativa estadual. O processo é nulo se não houver a intimação da Procuradoria (TJRJ, ACi 2.041/1991, rel. Des. Sérgio Mariano, *RDTJRJ* 12/223).

Em conclusão, enquanto no passado a pessoa jurídica era simples assistente, passou a ser, na sistemática atual, litisconsorte passiva necessária.

A *autoridade coatora* será sempre *parte* na causa, e, como tal, deverá prestar e subscrever pessoalmente as informações no prazo de 10 dias, atender às requisições do juízo e cumprir o determinado com caráter mandamental na liminar ou na sentença. Estendeu-se-lhe, ainda, o direito de recorrer, nos termos do art. 14, § 2º, da Lei 12.016/2009. Quanto aos efeitos patrimoniais da decisão final, serão suportados pela Fazenda Pública atingida pelo ato do coator, esteja ou não representada no processo. Por outras palavras, a execução específica ou *in natura* do mandado cabe à *autoridade coatora* e os efeitos patrimoniais da condenação tocam à entidade a que pertence o coator. Em face dessa situação processual estabelecida pela lei, ficou dispensada a *citação* da Fazenda, bastando a *notificação* da autoridade coatora e a ciência do feito ao órgão de representação judicial da pessoa jurídica (art. 7º, II, da Lei 12.016/2009) para a instauração da lide. A dispensa da citação, conquanto constitua uma anomalia procedimental, encontra justificativa na necessidade de simplificação e celeridade do processo do mandado de segurança e na especificidade da sua natureza.[145]

De acordo com o § 3º do art. 6º da Lei 12.016/2009, "considera-se autoridade coatora aquela que tenha praticado o ato impugnado ou da qual emane a ordem para a sua prática".[146]

---

145. STJ, REsp 241.879-PB, rela. Min. Maria Thereza de Assis Moura, *DJU* 30.10.2006.

No entanto, ainda na vigência da legislação anterior o STJ decidiu que, "embora a pessoa jurídica de direito público a que está vinculada a autoridade coatora não seja parte inicial no *mandamus*, a ela caberá suportar os efeitos patrimoniais da decisão final, e, consequentemente, faz-se necessária a intimação pessoal do seu representante judicial, legitimado para recorrer da decisão concessiva da ordem" (REsp 704.713-PE, rela. Min. Laurita Vaz, *DJe* 13.10.2008). No mesmo sentido, já na vigência da lei nova, v. precedente da Corte Especial do STJ: EREsp 1.048.993, rel. Min. Fernando Gonçalves, *DJe* 19.4.2010; AgInt nos ED no REsp 1.108.022-RJ, rel. Min. Ribeiro Dantas, *DJe* 14.12.2020. Em linha semelhante, o STF entendeu ser nulo o processo de mandado de segurança a partir da falta de intimação da sentença à pessoa jurídica de direito público que suportará os respectivos efeitos, por violação ao devido processo legal (AI/AgR-AgR 431.264-4-PE, rel. Min. Cézar Peluso, *RePro* 154/170). A Lei 12.016/2009 estabeleceu essa obrigação sob a forma de notificação do feito à Procuradoria ou departamento análogo da pessoa jurídica.

146. Com base no disposto no art. 6º, § 3º, da Lei 12.016/2009, que considera autoridade coatora não apenas aquela que emite ordem para certa providência ser

Evita-se, assim, a alegação do subordinado de se ter limitado a cumprir ordens que recebeu do seu superior. Embora a lei estabeleça a alternativa "ou" quanto à caracterização do coator, pode o impetrante requerer a segurança simultaneamente contra quem praticou o ato e contra quem mandou executá-lo.

É *autoridade coatora*, para os efeitos da lei, a pessoa que ordena ou omite a prática do ato impugnado e o superior que baixa normas gerais para sua execução.[147] Não há confundir, entretanto, o simples *executor material* do ato com a *autoridade* por ele responsável.

---

implementada por outra autoridade, mas também a que executa diretamente o ato, praticando-o *in concreto*, o STJ reconheceu a legitimidade do Presidente do Tribunal de Justiça do Distrito Federal e dos Territórios para figurar no polo passivo de mandado de segurança voltado contra ato daquela autoridade que atendeu à determinação exarada pelo TCU (RMS 29.630, rel. Min. Napoleão Nunes Maia Filho, *DJe* 19.10.2009). Em sentido contrário, entendendo que constitui parte legítima somente o Tribunal de Contas Estadual – e não o Presidente do Tribunal de Justiça – em *mandamus* impetrado contra ato da Presidência que se restringe ao cumprimento de decisão do TCE: RMS 27.666, rel. Min. Og Fernandes, *DJe* 7.12.2009.

147. STF, *AJ* 50/3; TJDF, *AJ* 50/439; TJSP, *RT* 202/190, 266/208 e 271/504. No STJ, porém, há diversas decisões aplicando a chamada *teoria da encampação*, entendendo que se torna parte legítima aquele que, sem estar legitimado em princípio, acaba por encampar o ato da autoridade que lhe é subordinada (STJ, RMS 15.040-SP, rela. Min. Eliana Calmon, *RF* 370/299; RMS/ED 16.057-PE, rel. Min. Humberto Gomes de Barros, *DJU* 17.11.2003, p. 202). Para a aplicação da teoria da encampação ao mandado de segurança, segundo o STJ, devem estar presentes os seguintes requisitos: (a) existência de vínculo hierárquico entre a autoridade que prestou informações e a que ordenou a prática do ato impugnado; (b) ausência de modificação de competência estabelecida na Constituição Federal; e (c) manifestação a respeito do mérito nas informações prestadas (STJ, REsp 997.623-MT, rel. Min. Luiz Fux, *DJU* 1.7.2009; RMS 21.775-RJ, rel. Min. Luiz. Fux, *DJe* 1.12.2010. Mais recentemente: MS 15.114-DF, rel. Min. Nefi Cordeiro, *DJe* 8.9.2015; ARESP/AgR 477.852-TO, rel. Min. Napoleão Nunes Maia Filho, *DJe* 3.12.2014; REsp/AgR 1.270.307-MG, rel. Min. Benedito Gonçalves, *DJe* 7.4.2014; RMS 54.823-PB, rela. Min. Assusete Magalhães, *DJe* 5.6.2020 e AgInt no RMS 66.768-PR, rel. Min. Sérgio Kukina, *DJe* 11.5.2023).

A teoria da encampação também já foi objeto de exame no âmbito do STF, e também na Suprema Corte se defende que o acolhimento da tese da legitimidade passiva *ad causam* de autoridade que encampa ato de quem lhe é subordinado exige necessariamente a observação dos requisitos acima indicados, especialmente aquele referente à proibição de alteração da competência, seja originária ou recursal, notadamente quando fixada, *ratione personae*, pela própria Constituição (AC 3.545-DF, rel. Min. Celso de Mello, *DJe* 24.4.2014; RMS 28.128-SP, rel. Min. Celso de Mello, *DJe* 5.2.2013; RMS 30.918, rel. Min. Marco Aurélio, *DJe* 26.3.2013; RMS 32.362, rela. Min. Cármen Lúcia, *DJe* 20.9.2013; RMS 32.004, rela. Min. Cármen Lúcia, *DJe* 2.3.2016).

Coator é a *autoridade superior* que pratica ou ordena concreta e especificamente a execução ou inexecução do ato impugnado e responde pelas suas consequências administrativas; *executor* é o *agente subordinado* que cumpre a ordem por dever hierárquico, sem se responsabilizar por ela. Por exemplo, numa imposição fiscal ilegal, atacável por mandado de segurança, o coator não é nem o Ministro ou o Secretário da Fazenda que expede instruções gerais para a arrecadação de tributos, nem o funcionário subalterno que cientifica o contribuinte da exigência tributária; o coator é o chefe do serviço que arrecada o tributo e impõe as sanções fiscais respectivas, usando do seu poder de decisão.[148]

Incabível é a segurança contra autoridade que não disponha de competência *para corrigir a ilegalidade impugnada*.[149] A impetração deverá ser sempre dirigida contra a autoridade que tenha poderes e meios para praticar o ato ordenado pelo Judiciário; tratando-se, porém, de simples ordem proibitiva (não fazer), é admissível o *writ* contra o funcionário que está realizando o ato ilegal, a ser impedido pelo mandado. Um exemplo esclarecerá as duas situações: se a segurança objetiva a efetivação de um pagamento abusivamente retido, o mandado só poderá ser dirigido à autoridade competente para incluí-lo na folha respectiva; se visa à não efetivação desse mesmo pagamento, poderá ser endereçado diretamente ao pagador, porque está na sua alçada deixar de efetivá-lo diante da proibição judicial. Essa orientação funda-se na máxima *ad impossibilia nemo tenetur*, ou seja, "ninguém pode ser obrigado a fazer o impossível". Se as providências pedidas no mandado não são da alçada do impetrado, o impetrante é carecedor da segurança contra aquela autoridade, por falta de legitimação passiva para responder pelo ato impugnado.[150]

148. Nesta linha, no STJ: RMS 7.164-RJ, rel. Min. Ari Pargendler, *DJU* 9.9.1996, p. 32.343 ("A autoridade coatora no mandado de segurança não é aquela que dá instruções ou edita ordens genéricas, e sim a que faz por individualizá-las, aplicando-as em concreto"), e MS/AgR 4.467-DF, rel. Min. Anselmo Santiago, *DJU* 16.9.1996, p. 33.663 ("Considera-se autoridade coatora a pessoa que ordena ou omite a prática do ato impugnado e não o superior que o recomenda ou baixa normas para a sua execução"). No mesmo sentido: MS 25.355-DF, rel. Min. Herman Benjamin, *DJe* 26.2.2020; MS 54.823-PB, rela. Min. Assusete Magalhães, *DJe* 5.6.2020.

149. TJSP, *RT* 321/141; TJSC, *RT* 492/198.

150. "Não há falar-se em direito líquido e certo a ser amparado por mandado de segurança quando o pedido deduzido na inicial é impossível de ser atendido pela autoridade coatora" (STF, MS/AgR 24.189-DF, rel. Min. Eros Grau, *RTJ* 196/173).

A mesma carência ocorre quando o ato impugnado não foi praticado pelo apontado coator. Toma-se o exemplo, já examinado pelo STJ, de mandado de segurança no qual se atacam a elaboração, aplicação, anulação ou a correção de testes ou questões de concurso público, indicado como autoridade coatora o governador de Estado, quando, em realidade, deveria figurar no polo passivo a Banca Examinadora.[151]

Não obstante a logicidade desse entendimento, vem ocorrendo concessão de *segurança inexequível* contra autoridade que não é a coatora ou que não tem competência para praticar o ato ordenado. Tal se verifica, por exemplo, quando a ordem é dada a um secretário de Estado para nomear um funcionário, ato da competência do governador, única autoridade que poderia expedir tal decreto, mas que não fora chamada na impetração. Noutros casos, a ordem judicial determina a prática de um ato inferior contrário a um ato superior não invalidado. Em todas essas hipóteses o mandado não pode ser cumprido, devendo o impetrado esclarecer a Justiça sobre a *impossibilidade jurídica* de sua execução.[152]

Muito se tem discutido – e os Tribunais ainda hesitam – sobre se a errônea indicação da autoridade coatora conduz à carência da impetração ou admite correção para o prosseguimento do mandado contra o verdadeiro coator. Sempre sustentamos que o juiz pode – e deve – determinar a notificação da autoridade certa, como medida de economia processual, e, sendo incompetente, remeter o processo ao juízo competente (CPC de 2015, art. 64, § 4º). Isto porque a complexa estrutura dos órgãos administrativos nem sempre possibilita ao impetrante identificar com precisão o agente coator, principalmente

---

No STJ, extinguindo a impetração por ilegitimidade passiva, na linha aqui defendida por Hely Lopes Meirelles: MS 12.700-DF, rel. Min. Humberto Martins, *DJU* 29.6.2007. No caso, o mandado de segurança dirigiu-se contra o Presidente do Banco Central do Brasil/BACEN, porém objetivando afastar comandos de resolução do Conselho Monetário Nacional/CMN, "não podendo o Presidente do BACEN dar cumprimento a qualquer ordem emanada do Poder Judiciário na eventual hipótese de provimento deste *mandamus*".

151. STJ, RMS/AgR 37.924-GO, rel. Min. Mauro Campbell, *DJe* 16.4.2013; RMS 46.415-PA, decisão monocrática da Min. Regina Helena Costa, *DJe* 3.2.2015; REsp 1.378.330, decisão monocrática do Min. Humberto Martins, *DJe* 28.3.2014.

152. A propósito, o antigo TFR decidiu: "A impossibilidade jurídica do pedido não decorre apenas de sua inadmissão pelo ordenamento jurídico, mas de sua inviabilidade, evidenciada pela própria situação fática que torna induvidosa *prima facie* a sua improcedência" (AI 41.593, rel. Min. Carlos Madeira, j. 28.4.1981).

nas repartições fazendárias, que estabelecem imposições aos contribuintes por chefias e autoridades diversas.[153-154]

---

153. TJSP, *RT* 576/69.

154. O STF e o STJ, entretanto, normalmente entendem que a errônea indicação da autoridade coatora implica a extinção do processo por ilegitimidade passiva *ad causam*, não cabendo ao juiz ou Tribunal determinar, de ofício, a substituição da parte impetrada (STF, MS 22.970-2-DF, rel. Min. Moreira Alves, *DJU* 24.4.1998, p. 5; MS 29.008-DF, rel. Min. Ayres Britto, *DJe* 30.9.2010; e MS 27.788-ES, rel. Min. Celso de Mello, *DJe* 19.4.2011; STJ, MS 4.212-DF, rel. Min. Vicente Cernicchiaro, *DJU* 2.6.1997, p. 23.751; CComp 28.133-DF, rel. Min. Garcia Vieira, *DJU* 8.5.2000, p. 52; REsp/AgR 1.162.688-MG, rel. Min. Mauro Campbell Marques, *DJe* 6.8.2010). Há, todavia, diversas decisões em sentido contrário, exatamente na linha do que sustentamos, considerando que a estrutura complexa de muitos órgãos administrativos (como os fazendários) pode dar ensejo a erro escusável. Nesses casos, "a errônea indicação da autoridade coatora não implica ilegitimidade *ad causam* passiva se aquela pertence à mesma pessoa jurídica de direito público" (STJ, REsp 806.467-PR, rel. Min. Luiz Fux, *DJU* 20.9.2007. No mesmo sentido: RMS 24.217-PA, rel. Min. Napoleão Nunes Maia Filho, *DJe* 10.11.2008; AI/AgR 886.849-RJ, rel. Min. Nilson Naves, *DJe* 8.3.2010; AREsp/AgR 188.414-BA, rel. Min. Napoleão Nunes Maia Filho, *DJe* 31.3.2015; RMS 45.495-SP, rel. Min. Raul Araújo, *DJe* 20.10.2014).

Por outro lado, se a autoridade coatora indicada pelo impetrante efetivamente praticou o ato objeto do *writ*, ainda que fosse administrativamente incompetente para tanto, será parte passiva legítima para responder à impetração (STJ, RMS 6.894-PA, rel. Min. José Dantas, *RSTJ* 96/376). Outras decisões ainda atribuem legitimidade à parte que, embora não fosse, em princípio, a legitimada, acaba por encampar o ato da autoridade que lhe é subordinada (STJ, RMS 15.040-SP, rela. Min. Eliana Calmon, *RF* 370/299, e REsp 574.981-RJ, rela. Min. Eliana Calmon, *RF* 375/328). Lembre-se, apenas, que se exige, para fins da aplicação da *teoria da encampação*, "vínculo hierárquico imediato entre aquela autoridade e a que deveria, efetivamente, ter figurado no feito", como já mencionado (STJ, MS/AgR 24.116-AM, rel. Min. Félix Fischer, *DJU* 2.6.2008).

Também se exige que não haja modificação da competência prevista na Constituição para o julgamento do mandado de segurança e a discussão do mérito do pedido nas informações apresentadas pela autoridade (STJ, RMS 21.775-RJ, rel. Min. Luiz Fux, *DJe* 1.12.2010; STJ, REsp/AgInt 1.505.709-SC, rel. Min. Gurgel de Faria, *DJe* 19.8.2016; RMS 59.935-BA, rela. Min. Assusete Magalhães, *DJe* 14.6.2019). O primeiro requisito é especialmente caro ao STF (AC 3.545-DF, rel. Min. Celso de Mello, *DJe* 24.4.2014), em virtude da tentativa de se alterar a competência para o *mandamus* ao se indicar como autoridade coatora aquela estabelecida *ratione personae* pela Constituição).

Se indicada na inicial a autoridade coatora correta, porém impetrado o *mandamus* perante órgão judicial incompetente, cabe a aplicação do art. 113, § 2º, do CPC, remetendo-se os autos a quem de direito, consoante a jurisprudência mais recente do STF (AO/AgR 1.137-0-DF, rel. Min. Cézar Peluso, *RT* 842/105).

O art. 6º, § 4º, do Projeto que deu origem a Lei 12.016/2009, que previa a possibilidade de o impetrante emendar a inicial em 10 dias caso a autoridade coatora suscitasse ser parte ilegítima, foi vetado quando da sanção à referida lei.

O *coator* poderá pertencer a qualquer dos Poderes e a qualquer das entidades estatais ou às suas organizações autárquicas ou paraestatais, bem como aos serviços concedidos, permitidos ou autorizados. Considerar-se-á a autoridade federal, estadual ou municipal, para fins de mandado de segurança, quando as consequências patrimoniais do ato impugnado refletirem nas respectivas Fazendas ou entidades por elas controladas ou delas tenham recebido a concessão ou autorização (art. 2º da Lei 12.016/2009). As *atribuições delegadas*, embora pertencentes à entidade delegante, colocam como *coator* o *agente delegado* que praticar o ato impugnado (STF, Súmula 510). Assim sendo, se uma autoridade municipal aceitar delegações do Estado-membro ou da União, responderá por essas atribuições como autoridade estadual ou federal, perante os juízos privativos dessas entidades.

Nos *órgãos colegiados* considera-se coator o *presidente* que subscreve o ato impugnado e responde pela sua execução; nos *atos complexos* o coator é a *última autoridade* que neles intervém para seu aperfeiçoamento, mas a jurisprudência tem exigido a notificação de todos os que participaram do ato;[155] nos *atos compostos* o coator é a *autoridade que pratica o ato principal*; nos *procedimentos administrativos* o coator é a *autoridade que preside a sua realização*.

A autoridade superior que, dentro de sua atribuição, *avoca* o ato inferior passa a responder por suas consequências, deslocando o mandado de segurança para o juízo ou foro competente. Mas a avocação só é admissível *antes* de impetrada a segurança, mesmo porque esta só cabe contra ato operante e exequível e aquela pressupõe o ato administrativo em formação e ainda não operante ou não exequível.[156] Admitir-se a *avocação* do ato impugnado depois de instaurada

155. STF, *DJU* 4.10.63, *RDA* 53/216; TJSP, *RT* 343/189 e 477/74.

156. Como visto acima, porém, o STJ vem aplicando a chamada *teoria da encampação*. Quando o ato impugnado foi praticado pela autoridade inferior, e mesmo na ausência de avocação prévia, se a autoridade superior se opõe à impetração, defendendo o mérito do mesmo, passa a ser esta a legitimada passiva (neste sentido, exemplificativamente, *RF* 370/299 e 375/328; *RT* 843/204).

No entanto, repita-se, "além da manifestação acerca do mérito do *mandamus* por parte da autoridade apontada coatora, exige-se, para fins da aplicação da 'teoria da encampação', vínculo hierárquico imediato entre aquela autoridade e a que deveria, efetivamente, ter figurado no feito" (STJ, MS/AgR 24.116-AM, rel. Min. Félix Fischer, *DJU* 2.6.2008; REsp 1.656.756-MG, rel. Min. Herman Benjamin, *DJe*

a instância judicial seria frustrar a finalidade corretiva do mandado de segurança, com a deslocação sucessiva do feito, em razão da substituição do impetrado ao talante da Administração. O que pode ocorrer – e frequentemente ocorre – é a superação do ato impugnado, por decisão de autoridade ou Tribunal superior, quando o mandado é admitido simultaneamente com recurso hierárquico *sem efeito suspensivo* ou *com efeito suspensivo dependente de caução*. Em tais casos, se proferida a decisão administrativa antes da sentença e a nova autoridade responsável pela decisão tiver foro ou juízo diferentes da inferior, os autos do mandado de segurança deverão ser remetidos ao juiz ou Tribunal competente para proferir o julgamento.

O particular beneficiário ou partícipe do ato impugnado deve ser cientificado da impetração não para prestar informações (que são privativas da autoridade coatora), mas para apresentar a defesa de seu direito como litisconsorte.

Ministério Público – O *Ministério Público* é oficiante necessário no mandado de segurança, não como representante da autoridade coatora ou da entidade estatal a que pertence, mas como *custos legis* incumbido de velar pela correta aplicação da lei e pela regularidade do processo. Daí por que, ao oficiar nos autos, não está no dever de secundar as informações e sustentar o ato impugnado quando verifique sua ilegalidade.

O dever funcional do Ministério Público é o de manifestar-se sobre a impetração, podendo opinar pelo seu cabimento ou descabimento, pela sua carência e, no mérito, pela concessão ou denegação da segurança, bem como sobre a regularidade ou não do processo, segundo sua convicção pessoal, sem estar adstrito aos interesses da Administração Pública na manutenção de seu ato.

Quanto aos fatos, o Ministério Público não os pode negar ou confessar, porque isto é matéria das informações, privativa do impetrado; mas quanto ao direito tem ampla liberdade de manifestação, dada a autonomia de suas funções em relação a qualquer das partes. Da mesma liberdade desfruta o Ministério Público para interpor os

---

5.5.2017), e a ausência de modificação na competência prevista na Constituição para o julgamento do mandado de segurança (STJ, RMS 21.775-RJ, rel. Min. Luiz Fux, *DJe* 1.12.2010).

recursos cabíveis, com prazos duplicados, nos expressos termos do art. 180 do CPC de 2015.[157]

Segundo o art. 84 do CPC de 1973, a falta de intimação do Ministério Público acarretava a nulidade do processo, a partir do momento em que deveria oficiar no feito, se não suprida pela manifestação superior da Procuradoria-Geral. O Código de Processo Civil de 2015, entretanto, não traz previsão nessa linha, embora estabeleça expressamente os casos nos quais o Ministério Público deverá ser intimado (art. 178).[158]Antes da edição da Lei 12.016/2009 o STJ vinha decidindo que não bastava a mera intimação do órgão do Ministério Público no mandado de segurança, sendo indispensável que o *Parquet* realmente oficiasse no feito. Interpretando o art. 10 da Lei 1.533/1951,[159] o STJ julgou nulo o processo onde não houve efetivo pronunciamento do Ministério Público.[160]

O Tribunal Pleno do STF já decidiu, porém, que, se o mandado de segurança for indeferido de plano, a intervenção do Ministério Público não é obrigatória.[161]

Em virtude do disposto no art. 12 e seu parágrafo único da Lei 12.016/2009,[162] a falta de pronunciamento do Ministério Público, no

157. Importante destacar, entretanto, que o STF, por meio de sua 2ª Turma, fixou o entendimento de que o Ministério Público Militar, atuando especificamente como *custos legis*, não tem legitimidade ativa para recorrer em mandado de segurança, tendo em vista não ser o titular do direito à ordem democrática e à ordem jurídica (RMS 32.970-DF, rela. Min. Cármen Lúcia, *DJe* 18.5.2016). Também: MS 33.736-DF, rela. Min. Cármen Lúcia, j. 21.6.2016, *Informativo* 831.

158. A jurisprudência majoritária do STF e do STJ é no sentido de que a intervenção do Ministério Público no Tribunal supre a falha na primeira instância nos processos em que a lei obriga a sua participação (REsp 146.668-SP, rel. Min. Peçanha Martins, *RSTJ* 134/199). Na mesma linha: REsp 167.811-SP, rel. Min Franciulli Netto, *DJU* 24.6.2002.

159. O teor do dispositivo era o seguinte: "Art. 10. Findo o prazo a que se refere o item I do art. 7º e ouvido o representante do Ministério Público dentro em 5 (cinco) dias, os autos serão conclusos ao juiz, independente de solicitação da parte, para a decisão, a qual deverá ser proferida em 5 (cinco) dias, tenham sido ou não prestadas as informações pela autoridade coatora".

160. V., por exemplo: STJ, REsp 73.887-AM, rel. Min. Milton Luiz Pereira, *DJU* 20.5.1996.

161. STF, MS/AgR 23.514-DF, rel. Min. Maurício Corrêa, *RTJ* 173/511.

162. O art. 12 tem a seguinte redação:

"Art. 12. Findo o prazo a que se refere o inciso I do *caput* do art. 7º desta Lei, o juiz ouvirá o representante do Ministério Público, que opinará, dentro do prazo improrrogável de 10 (dez) dias.

prazo improrrogável de 10 dias, não pode mais impedir o prosseguimento do feito, com a decisão da segurança. Conclui-se que se, dada ciência, o Ministério Público não se manifestar no prazo legal, tal fato não ensejará a nulidade do processo. Por outro lado, decorridos os 10 dias, o impetrante poderá notificar o Ministério Público para que devolva o processo.

Quid juris se houver interesse da Administração ou de incapaz a ser representado ou assistido pelo Ministério Público? A nosso ver, deverá intervir no feito outro membro da Procuradoria, funcionando um como parte autônoma e outro como defensor ou curador de quem o exige.

Terceiro prejudicado – O *terceiro prejudicado* por decisão em mandado de segurança para o qual não foi citado pode recorrer do julgado no prazo de que dispõem as partes,[163] como também pode utilizar-se do *mandamus* para impedir lesão a direito seu, líquido e certo, mesmo que a sentença ou o acórdão admitam recurso ao seu alcance.[164] Tratando-se de litisconsorte *necessário* não chamado à lide, é cabível até mesmo o recurso extraordinário, em razão da nulidade do processo.[165-166]

A propósito, ensina Raul Armando Mendes, em douta monografia:

"Parágrafo único. Com ou sem o parecer do Ministério Público, os autos serão conclusos ao juiz, para a decisão, a qual deverá ser necessariamente proferida em 30 (trinta) dias."

163. STF, *RTJ* 59/596 e 100/1.316.

164. STF, *RTJ* 64/777, 82/618, 87/96, 88/890, 100/742, 103/1.074 e 104/257; *RT* 517/227; Súmula 202 do STJ. Alguns acórdãos do STJ, porém, exigem que o terceiro impetrante deva comprovar que, dadas as circunstâncias, não teve a possibilidade de recorrer no processo originário (*e.g.*: RMS/AgR 41.530-DF, rel. Min. Sidnei Beneti, *DJe* 3.5.2013 – v. nota de rodapé 65).

165. STF, *RTJ* 71/72, 80/611 e 87/479. Nesse sentido, a 1ª Turma do STJ considerou que, em mandado de segurança visando à anulação de licitação, a empresa vencedora do certame, cuja esfera jurídica pode ser afetada pela decisão, deve ser chamada para integrar a lide, na qualidade de litisconsorte passiva necessária, sob pena de nulidade do julgamento (STJ, REsp 1.159.791, rel. Min. Luiz Fux, *DJe* 24.2.2011).

166. O STF, entretanto, já julgou improcedente o pedido formulado em ação rescisória por meio do qual se pretendia desconstituir decisão proferida em mandado de segurança impetrado por candidatos habilitados na primeira fase de concurso público. Na AR 1.699-DF (rel. Min. Marco Aurélio, *DJe* 9.3.2015) alegava-se que se deveria ter citado todos os litisconsortes necessários que teriam direito subjetivo na decisão.

"O *terceiro prejudicado* pode recorrer extraordinariamente, segundo o art. 499 do CPC. O terceiro prejudicado é aquele que, embora não sendo parte na lide, sofre gravame com a decisão da instância ordinária. É figura autônoma, isto é, não vinculada ao autor, ao réu ou ao prefalado litisconsorte. Defende direito seu, pelo quê não depende de qualquer das partes no processo. Sua intervenção pode ocorrer depois da sentença, sem que se possa falar em supressão de instância, ou violação do princípio constitucional do duplo grau de jurisdição, pois o seu recurso provido devolve à instância *a quo* todo o conhecimento da matéria".[167]

9. *Litisconsórcio, assistência e "amicus curiae"*

O *litisconsórcio*[168] é admitido no mandado de segurança por expressa disposição da lei que o regulamenta.[169] Há dúvidas quan-

167. Raul Armando Mendes, *Da Interposição do Recurso Extraordinário*, São Paulo, Saraiva, 1984, p. 74.

168. Classifica-se o litisconsórcio sob diferentes critérios. Pode ser *ativo* ou *passivo*, conforme o polo da relação processual em que se forme. Em relação ao momento de sua concepção, pode ser *inicial*, quando proposto na petição vestibular e formado em seguida; ou *ulterior*, caso constituído em ocasião posterior. Quanto à indeclinabilidade de sua formação, será *necessário*, quando indispensável a integração de todos os sujeitos ao processo, seja por imposição legal ou pela natureza da relação jurídica entre os partícipes; ou *facultativo*, se permitido aos litisconsortes litigarem separadamente. Por fim, no que tange à possibilidade de a decisão final de mérito ser, ou não, diversa para os litisconsortes de um mesmo polo da relação processual, o litisconsórcio será *simples*, quando admitidos julgamentos heterogêneos; ou *unitário*, quando o provimento jurisdicional houver de ser necessariamente idêntico para todos. Tais classificações combinam-se de modo a existirem, inclusive, litisconsórcios facultativos unitários e litisconsórcios necessários simples.

169. Art. 24 da Lei 12.016/2009, com a seguinte redação: "Aplicam-se ao mandado de segurança os arts. 46 a 49 da Lei n. 5.869, de 11 de janeiro de 1973 – Código de Processo Civil". Certamente, essa disposição terá que passar a ser lida com base nos arts. 113 a 118 do CPC de 2015.

Os arts. 113 a 118 do CPC de 2015 têm a seguinte redação:

"Art. 113. Duas ou mais pessoas podem litigar, no mesmo processo, em conjunto, ativa ou passivamente, quando: I – entre elas houver comunhão de direitos ou de obrigações relativamente à lide; II – entre as causas houver conexão pelo pedido ou pela causa de pedir; III – ocorrer afinidade de questões por ponto comum de fato ou de direito.

"§ 1º. O juiz poderá limitar o litisconsórcio facultativo quanto ao número de litigantes na fase de conhecimento, na liquidação de sentença ou na execução, quando este comprometer a rápida solução do litígio ou dificultar a defesa ou o cumprimento da sentença.

to ao cabimento da assistência, embora esta tivesse sido admitida nas edições anteriores deste livro.[170] Efetivamente, o art. 24 da Lei 12.016/2009 corresponde ao art. 19 da Lei 1.533/1951, com a redação dada pela Lei 6.071/1974,[171] referindo-se tão somente às disposições do Código de Processo Civil de 1973 que tratam do litisconsórcio (arts. 46 a 49; no CPC de 2015 tais regras são os arts. 113 a 118), e não às que regulam a assistência, que, assim, não é cabível no mandado de segurança, conforme jurisprudência do STF. Caberá ao juiz verificar, preliminarmente, se ocorrem as hipóteses estabelecidas no Código de Processo Civil de 2015 (arts. 113 a 118) para determinar, permitir ou negar o ingresso de terceiros no feito. Parece-nos admissível também o litisconsórcio no mandado de segurança coletivo, desde que a pretensão desses intervenientes coincida com a dos impetrantes originários.

Observamos que nas impetrações em que há beneficiários do ato ou contrato impugnado esses beneficiários são *litisconsortes*

"§ 2º. O requerimento de limitação interrompe o prazo para manifestação ou resposta, que recomeçará da intimação da decisão que o solucionar.

"Art. 114. O litisconsórcio será necessário por disposição de lei ou quando, pela natureza da relação jurídica controvertida, a eficácia da sentença depender da citação de todos que devam ser litisconsortes.

"Art. 115. A sentença de mérito, quando proferida sem a integração do contraditório, será: I – nula, se a decisão deveria ser uniforme em relação a todos que deveriam ter integrado o processo; II – ineficaz, nos outros casos, apenas para os que não foram citados.

"Parágrafo único. Nos casos de litisconsórcio passivo necessário, o juiz determinará ao autor que requeira a citação de todos que devam ser litisconsortes, dentro do prazo que assinar, sob pena de extinção do processo.

"Art. 116. O litisconsórcio será unitário quando, pela natureza da relação jurídica, o juiz tiver de decidir o mérito de modo uniforme para todos os litisconsortes.

"Art. 117. Os litisconsortes serão considerados, em suas relações com a parte adversa, como litigantes distintos, exceto no litisconsórcio unitário, caso em que os atos e as omissões de um não prejudicarão os outros, mas os poderão beneficiar.

"Art. 118. Cada litisconsorte tem o direito de promover o andamento do processo, e todos devem ser intimados dos respectivos atos."

170. Na vigência da lei anterior houve jurisprudência e doutrina afirmando ser cabível no mandado de segurança apenas o litisconsórcio, mas não a assistência. Por exemplo: STJ, MS/AgR 5.690-DF, rel. Min. José Delgado, *DJU* 24.9.2001, p. 232. No STF, também pelo descabimento da assistência em mandado de segurança: MS 24.414-DF, rel. Min. Cézar Peluso, j. 4.9.2003, *RTJ* 188/663.

171. O art. 19 da Lei 1.533/1951, com a redação dada pela Lei 6.071/1974, dispunha o seguinte: "Aplicam-se ao mandado de segurança os artigos do Código de Processo Civil que regulam o litisconsórcio".

necessários unitários, que devem ser citados para integrar a lide, sob pena de nulidade do processo, ficando sujeitos, invariavelmente, ao mesmo provimento jurisdicional de mérito.[172-173] Pode também o terceiro prejudicado pela sentença ou a entidade a que pertence o coator ingressar no feito com o recurso cabível.

Na prática vinha sendo admitida a intervenção de *litisconsorte ativo* ulterior, isto é, depois de estabelecida a relação processual, com a prestação das informações pelo coator. Tal proceder foi devidamen-

---

172. STF, *RTJ* 64/777; TJBA, *RT* 419/366; TAMG, *RT* 438/253; TJMG, *RT* 477/220; TJSP, *RT* 391/192 e 430/53.

172. Em matéria de mandado de segurança contra ato judicial o beneficiário do ato impugnado será sempre litisconsorte passivo necessário (STJ, RMS 5.570-PA, rel. Min. Adhemar Maciel, *DJU* 14.4.1997, p. 12.702).

O TFR editou a Súmula 145 sobre a matéria, dispondo que "extingue-se o processo de mandado de segurança, se o autor não promover, no prazo assinado, a citação do litisconsorte necessário". O STJ continua a aplicar o mesmo princípio (RMS 3.049-0-RJ, rel. Min. Sálvio de Figueiredo Teixeira, *DJU* 19.9.1994; RMS 6.178-SP, rel. Min. Hélio Mosimann, *DJU* 18.12.1995, p. 44.539; REsp/ED 60.069-3-RS, rel. Min. Milton Luiz Pereira, *Boletim AASP* 1995, p. 24-e; RMS/ED 6.487, rel. Min. Sálvio de Figueiredo Teixeira, *DJU* 24.3.97, p. 9.017; RMS 6.860-RJ, rel. Min. Cid Flaquer Scartezzini, *DJU* 22.9.1997, p. 46.512 e RMS 31.819-SP, rel. Min. Og Fernandes, *DJe* 3.6.2015). A jurisprudência do STJ assinalava, inclusive, que não se aplicava à hipótese a regra do § 1º do art. 267 do CPC de 1973 (art. 485, § 1º, do CPC de 2015), entendendo, portanto, ser dispensável a intimação pessoal da parte para que se decrete a extinção do processo (RMS 6.507-RJ, rel. Min. Vicente Leal, *DJU* 12.5.1997, p. 18.844). Não obstante, se a parte requereu a citação do litisconsorte e recolheu as custas judiciais, o mandado de segurança não pode ser extinto (STJ, RMS 7.635-GO, rel. Min. Carlos Alberto Menezes Direito, *DJU* 14.4.1997, p. 12.734; e, por analogia, a Súmula 106 do STJ).

No STF, v., ainda, as Súmulas 631 ("Extingue-se o processo de mandado de segurança se o impetrante não promove, no prazo assinado, a citação do litisconsorte passivo necessário") e 701 ("No mandado de segurança impetrado pelo Ministério Público contra decisão proferida em processo penal, é obrigatória a citação do réu como litisconsorte passivo"). Em relação a essa última Súmula há ampla aplicação de seu enunciado no STJ, a saber: RHC 30.946-MG, rel. Min. Jorge Mussi, *DJe* 3.2.2014; RHC 30.945-MG, rel. Min. Marco Aurélio Bellizze, *DJe* 23.4.2013; HC 247.353, rela. Min. Laurita Vaz, *DJe* 23.11.2012.

Quanto à extensão dos efeitos da segurança concedida em recurso ordinário interposto por um dos litisconsortes, entende o STJ que "o recurso, em regra, produz efeitos tão somente para o litisconsorte que recorre. Apenas na hipótese de litisconsórcio unitário, ou seja, nas palavras de José Carlos Barbosa Moreira, 'quando o julgamento haja de ter, forçosamente, igual teor para todos os litisconsortes', mostra-se aplicável a norma de extensão da decisão, prevista no art. 509, *caput*, do CPC" (STJ, RMS 15.354-SC, rel. Min. Arnaldo Esteves Lima, *DJU* 1.7.2005).

te rechaçado pela Lei 12.016/2009, em seu art. 10, § 2º, que exige o ingresso do litisconsorte antes de despachada a inicial. De fato, como já escrevemos nas edições anteriores, essa prática se nos afigura atentatória aos princípios processuais que regem o *litisconsórcio*, pois que só é admissível *na instauração da lide ou no decêndio das informações*.[174]

Quanto ao *litisconsorte passivo no mandado de segurança*, há que se distinguir o *necessário* do *facultativo*. Aquele terá que integrar a lide, e poderá fazê-lo a qualquer tempo, espontaneamente ou por determinação do juiz; este só poderá ingressar no processo no decêndio das informações e com aquiescência de ambas as partes, não cabendo ao juiz ordenar sua participação no feito, mas tão somente admiti-la, se houver concordância do impetrante e do impetrado.

Como anteriormente exposto, entendemos que, em virtude do texto dos arts. 6º, *caput*, e 7º, II, da Lei 12.016/2009, a pessoa jurídica interessada (que o coator integra ou à qual se acha vinculado, exercendo suas atribuições) é litisconsorte necessário, não se identificando com o impetrado, mas sofrendo os efeitos da sentença que vier a ser proferida.

O não chamamento de *litisconsorte passivo necessário* nos autos acarreta a nulidade do julgamento, e essa nulidade pode ser arguida e reconhecida até mesmo em recurso extraordinário interposto pelo terceiro prejudicado, no prazo comum para as partes.[175]

Quanto ao *litisconsorte passivo facultativo*, sua ausência no processo não invalida a sentença,[176] como também não cabe seu ingresso na lide depois de 120 dias do ato impugnado, porque isto significaria prorrogação do prazo fatal de decadência estabelecido no art. 23 da Lei 12.016/2009.[177]

---

174. O STJ recusa a formação do litisconsórcio ativo em mandado de segurança após o deferimento da liminar, por implicar contrariedade ao princípio do juiz natural (REsp 87.641-RS, rel. Min. Ari Pargendler, *DJU* 6.4.1998, p. 75; REsp 89.581-PR, rel. Min. Ari Pargendler, *DJU* 29.6.1998, p. 139. No mesmo sentido: REsp 24.743-RJ, rel. Min. Edson Vidigal, *DJU* 14.9.1998, p. 94; REsp 1.221.872-RJ, rel. Min. Mauro Campbell Marques, *DJe* 23.8.2011).

175. STF, *RTJ* 31/238, 57/859 e 88/890, *RT* 517/227. V. também Súmulas 631 e 701 do STF e 145 do extinto TFR e STJ, RMS 50.635-DF, rel. Min. Herman Benjamin, *DJe* 27.4.2017.

176. STF, *RTJ* 68/442, *RT* 487/234 e 513/283.

177. STF, *RTJ* 6/630, *RDA* 56/285.

Quanto ao *assistente* – embora não o consideremos, em tese, cabível no mandado de segurança[178-179] –, pode ingressar nos autos a qualquer tempo, com aquiescência das partes, recebendo o processo no estado em que estiver e manifestando-se sempre na linha do assistido, pois não é parte na ação e não pode inovar a lide. Pode apenas reforçar a postulação da parte a que assiste. Não se confunda, portanto, o *assistente* com o *litisconsorte*, pois cada um tem situação processual diferente na demanda.

Também não deve ser confundido com assistente ou litisconsorte o *amicus curiae*, pessoa natural ou jurídica, órgão ou entidade que, dada sua especialidade e sua representatividade, pode ser intimada a se manifestar sobre matéria relevante, tema específico ou controvérsia de repercussão social.

O CPC de 2015, em seu art. 138, parece expandir os horizontes do uso da participação de terceiros com o papel de "amigo da Corte". Porém, sua incidência ao caso do mandado de segurança parece ainda inspirar cuidados, especialmente se considerada a necessidade de garantir celeridade à tramitação do *writ* e diante do tratamento sempre específico que se dá em decisão em sede de mandado de segurança.

---

178. Entendemos, todavia, que pode caber a intervenção da União ou de outras pessoas jurídicas de direito público que não sejam litisconsortes necessários no processo, com base no art. 5º e respectivo parágrafo da Lei 9.469, de 10.7.1997. É uma forma especial de assistência, com regime jurídico próprio.

179. No STF, não admitindo a figura do assistente em mandado de segurança: MS 24.414-DF, rel. Min. Cézar Peluso, *RTJ* 188/663. No STJ, igualmente afirmando ser incabível a assistência em mandado de segurança, mas citando doutrina e jurisprudência nos dois sentidos: MS/AgR 5.690-DF, rel. Min. José Delgado, *DJU* 24.9.2001, p. 232. Em acórdão posterior, porém, o STJ admitiu o ingresso de assistente em mandado de segurança a qualquer tempo e independentemente do grau de jurisdição: REsp 616.485-DF, rela. Min. Eliana Calmon, *DJU* 22.5.2006. Mais recentemente a jurisprudência do STJ firmou-se no sentido da impossibilidade da intervenção de terceiros, *ex vi* do art. 24 da nova legislação (AgInt nos ED no RMS 52.066-BA, rel. Min. Gurgel de Faria, *DJe* 7.6.2018).

Em uma posição intermediária, Guilherme Freire de Barros Teixeira sustenta que a admissibilidade da assistência no mandado de segurança deveria passar pela diferenciação entre as modalidades dessa intervenção de terceiros. Assim, deveria ser autorizada a participação do assistente litisconsorcial, dada sua íntima ligação com a matéria debatida nos autos; mas inadmitido o ingresso do assistente simples, na medida em que não integra a mesma relação jurídica dos litigantes e sua intervenção poderia causar prejuízos para a agilização da prestação jurisdicional ("A assistência e a nova Lei do Mandado de Segurança", *RePro* 183, maio/2010).

O STF, de fato, tem consolidado o entendimento da impossibilidade de *amicus curiae* no mandado de segurança fundado, especialmente, no argumento da falta de previsão legal, e por importar, de forma indireta, intervenção de terceiro no processo.[180] A 1ª Turma do STF decidiu, em 19.8.2014, examinando específica questão de ordem suscitada pelo Min. Dias Toffoli, pelo não cabimento da intervenção de *amicus curiae* em mandado de segurança, interpretando-se, para isso, o art. 24 da Lei 12.016, de 7.8.2009 (MS 29.192, rel. Min. Dias Toffoli, *DJe* 10.10.2014).

Deve-se registrar, entretanto, que o próprio STF já aceitou excepcionalmente esse tipo de participação (RMS 25.841, rel. para o acórdão Min. Marco Aurélio, *DJe* 17.5.2013), especialmente quando o mandado de segurança parece tratar de tema de grande relevância e impacto no campo político, como foi deferida a participação no âmbito do famoso MS 32.033, rel. para o acórdão Min. Teori Zavascki, *DJe* 17.2.2014. O caso, entretanto, encerrava hipótese específica da jurisprudência do STF de legitimação especial de parlamentar na articulação de um direito exercível em função apenas do mandato político e cujo deferimento da ordem levaria necessariamente à mudança do quadro de votação no processo legislativo.[181]

Diante de tal variação, o cuidado na análise jurisprudencial sugere a conclusão de que, em princípio, e em casos sem envergadura política ou social, a participação de *amicus curiae* é vedada no âmbito do mandado de segurança. Entretanto, é possível que em casos de grande repercussão, e que projetam efeitos para além da avaliação específica do processo, a participação do "amigo da Corte" seja não só permitida como recomendada, de forma a prestar auxílio ao Tribu-

180. Nesse sentido: MS/MC/AgR 2.9058 (rel. Min. Celso de Mello, *DJe* 28.5.2013), MS 30.260 (rela. Min. Cármen Lúcia, *DJe* 29.8.2011), MS/AgR/AgR 26.552 (rel. Min. Celso de Mello, *DJe* 15.10.2009) e MS 29.557 (rel. Min. Teori Zavascki, *DJe* 16.11.2015).

181. É importante destacar, entretanto, que nesse julgamento restaram vencidos nesse ponto os Mins. Teori Zavascki, Ricardo Lewandowski, Marco Aurélio e Joaquim Barbosa, que consideram a instituição do *amicus curiae* incompatível com o rito do mandado de segurança, porque este visa apenas à proteção de direito individual. A maioria, no entanto, seguiu o entendimento do Min. Gilmar Mendes no sentido de que, embora não previsto, de forma expressa e irrestrita, o cabimento de intervenção de *amicus curiae* em mandados de segurança, na hipótese examinada estava em discussão a tramitação de um projeto de lei, matéria de interesse público, que demanda discussão ampla.

nal com informações e dados relevantes para a solução da lide, sem que isso represente atraso desproporcional – e diante da urgência do caso concreto – na tramitação processual. Certamente, essa avaliação somente poderá se dar na valoração das circunstâncias de cada caso e segundo a sensibilidade do julgador.

10. Competência

A *competência* para julgar mandado de segurança define-se pela categoria da autoridade coatora e pela sua sede funcional.[182] Normalmente a Constituição da República e as leis de organização judiciária especificam essa competência, mas casos há em que a legislação é omissa, exigindo aplicação analógica e subsídios doutrinários. É o que veremos a seguir.

A competência dos Tribunais e juízos para o julgamento de mandado de segurança, mandado de injunção e *habeas data* está discriminada na Constituição da República de 1988.[183]

---

182. Segundo o STJ, para fixação de competência é irrelevante a matéria a ser discutida em mandado de segurança (CComp 17.438-MG, rel. Min. Félix Fischer, *DJU* 20.10.1997). A determinação do juízo a que deve ser submetida a causa é fixada "em razão da qualificação da autoridade apontada como coatora e de sua sede funcional" (1ª Seção, CComp 60.560-DF, rela. Min. Eliana Calmon, *DJU* 12.2.2007; 1ª Seção, CComp 48.490-DF, rel. Min. Luiz Fux, *DJe* 19.5.2008; e REsp 1.101.738-SP, rel. Min. Benedito Gonçalves, *DJU* 6.4.2009).

183. A competência dos Tribunais Superiores definida na Constituição Federal costuma ser interpretada restritivamente. Assim, por exemplo, o STF se julgou incompetente para apreciar mandado de segurança impetrado contra ato do Conselho Superior do Ministério Público Federal, apesar de ser o órgão colegiado presidido pelo Procurador-Geral da República (MS 22.284-MS, rel. para o acórdão Min. Ilmar Galvão, *RTJ* 179/616). Em outro caso decidiu-se que o STF é incompetente para apreciar mandado de segurança contra ato praticado pelo Vice-Procurador-Geral da República, ainda que no exercício de delegação outorgada pelo Procurador-Geral da República, tendo em vista a Súmula 510 da Suprema Corte (MS 24.732-DF, rel. Min. Celso de Mello, *Informativo STF* 348/3). Na mesma linha, o STJ editou a Súmula 177, segundo a qual se considera incompetente para julgar, originariamente, mandado de segurança contra ato de órgão colegiado presidido por ministro de Estado. Com relação ao Conselho da Justiça Federal, porém, que é presidido pelo Presidente do STJ e funciona junto à Corte Superior, nos termos do art. 105, parágrafo único, II, da CF, é no próprio STJ que o eventual mandado de segurança deve ser impetrado (STJ, Corte Especial, Rcl 3.495-PE, rela. Min. Nancy Andrighi, *DJe* 28.2.2013).

No que tange ao mandado de segurança impetrado contra ato de Ministro do Trabalho e Emprego versando sobre as matérias elencadas no art. 114 da CF, definiu o STJ ser sua – e não da Justiça do Trabalho – a competência para o julgamento do processo, nos termos do art. 105, I, "b", da CF.

Em que pese ao fato de o STF também já ter decidido, por diversas vezes, no sentido de que não cabe mandado de segurança contra ato jurisdicional da própria Corte (por todos, MS/AgR 25.413, rel. Min. Gilmar Mendes, *DJU* 14.6.2007), admite-se a impetração em casos excepcionais, contra atos jurisdicionais irrecorríveis e exarados monocraticamente por ministros do STF. Assim ocorreu, por exemplo, no julgamento dos pedidos liminares formulados nos MS 28.524 e 28.525, de relatoria do Ministro-Presidente, Gilmar Mendes, impetrados contra ato de ministro do STF que determinara liminarmente a suspensão da eficácia de acórdão do TRF-2ª Região do qual emanava ordem de retorno de menor ao Exterior, para convívio com seu pai biológico.

Por outro lado, o STF vem se considerando competente para julgar os mandados de segurança impetrados contra atos do Conselho Nacional de Justiça/CNJ. A competência originária do STF em matéria de mandados de segurança está elencada na alínea "d" do inciso I do art. 102 da CF, e não lista os atos do CNJ. A alínea "r" do mesmo inciso, porém, com a redação da Emenda Constitucional 45, atribui ao STF a competência para julgar "as ações contra o Conselho Nacional de Justiça e o Conselho Nacional do Ministério Público", e isto vem sendo o suficiente para o estabelecimento desta competência. Exemplificativamente, o STF concedeu a segurança contra ato proferido pelo CNJ no MS 26.700-RO (rel. Min. Ricardo Lewandowski, *DJe* 27.6.2008), no MS 27.154-DF (rel. Min. Joaquim Barbosa, *DJe* 8.2.2011) e no MS 34.490-DF (rel. Min. Marco Aurélio, *DJe* 12.4.2019). Também deferiu a liminar pleiteada em mandado de segurança impetrado por associações de magistrados questionando resolução do CNJ segundo a qual os juízes deveriam expor suas razões de foro íntimo quando se declarassem suspeitos em processo judicial (MS 28.215-DF, rel. Min. Ayres Britto, *DJe* 1.3.2010. O agravo regimental interposto teve o provimento negado em julgamento de 22.9.2015). Em outro caso houve a concessão de liminar em *mandamus* a pedido do TJSP diante de ato do CNJ que considerara ilegais certos dispositivos de um provimento do Conselho Superior da Magistratura do Estado de São Paulo a respeito da transferência de adolescentes infratores (MS 31.902-DF, rel. Min. Dias Toffoli, *DJe* 1.3.2013). O STF considerou-se incompetente, porém, para julgar mandado de segurança impetrado contra decisão proferida pelo CNJ na qual o órgão reconhecera sua própria incompetência para intervir em processos de natureza jurisdicional. Entendeu o STF, na hipótese, que não estaria configurada sua competência originária, eis que o ato coator era imputado a magistrado de jurisdição inferior (STF, MS 26.580-DF, rel. Min. Celso de Mello, *DJe* 2.6.2010). Ademais, o STF vem entendendo inadmissível a impetração de mandado de segurança contra ato do Conselho Nacional de Justiça/CNJ quando este se caracteriza como norma abstrata e genérica, dentro da competência normativa constitucionalmente atribuída ao Conselho, por aplicação da Súmula 266, que veda o mandado de segurança contra lei em tese (MS 32.077-DF, rel. Min. Luiz Fux, *DJe* 31.5.2013). Em outro caso o STF reconheceu sua própria incompetência em função de providência concreta praticada posteriormente ao ato advindo de autoridade que lhe daria a autoridade de julgamento. Na situação, o mandado de segurança que discutia o limite temporal para a incorporação de quintos/décimos havia sido impetrado contra ato do Presidente do TCU, muito embora, previamente à impetração, tivesse havido ato do Secretário-Geral da Administração do TCU dando cumprimento à decisão de pagamento das parcelas dos quintos/décimos. O Plenário julgou prejudicado o *writ* (MS 25.845-DF, rel. para o acórdão Min. Gilmar Mendes, *DJe* 3.8.2015.

Quanto aos mandados de segurança contra atos das autoridades federais não indicadas em normas especiais ou dos integrantes de entidades privadas no exercício de delegação federal, a competência é das Varas da Justiça Federal, nos limites de sua jurisdição territorial, com recurso para o TRF.[184]

O Plenário do STF também reconheceu sua competência para julgar mandado de segurança preventivo impetrado contra ato a ser praticado pelo Presidente da República referente ao preenchimento de vaga de juiz do TRT-1ª Região destinada à classe dos advogados quando o Presidente se encontre em posse ou em vias de receber a lista tríplice elaborada pela Corte Estadual, a partir de lista sêxtupla da OAB, e encaminhada ao TST (MS 27.244, rel. Min. Joaquim Barbosa, j. 13.5.2009).

184. Se o ato impugnado tiver sido praticado por entidade privada, ou mesmo estadual, mas dentro do exercício de delegação federal, a competência para o julgamento do mandado de segurança será da Justiça Federal (STJ, CComp 15.575-BA, rel. Min. Cláudio Santos, *RDR* 7/162). No mesmo sentido: CComp 38.159-MS, rel. Min. Teori Albino Zavascki, *DJU* 4.8.2003, p. 212; CComp 40.060-SP, rel. Min. Castro Meira, *DJU* 7.6.2004, p. 153; CComp/AgR 52.414-PB, rel. Min. Teori Albino Zavascki, *RT* 847/154; REsp 849.121-SC, rel. Min. Luiz Fux, *DJU* 12.5.2008.

Em matéria de demandas envolvendo entidades de ensino superior, a 1ª Seção do STJ decidiu que "a competência será federal quando a impetração voltar-se contra ato de dirigente de universidade pública federal ou de universidade particular (que age por delegação federal); ao revés, a competência será estadual quando o *mandamus* for impetrado contra dirigentes de universidades públicas estaduais e municipais componentes do sistema estadual de ensino" (CComp 108.466-RS, rel. Min. Castro Meira, *DJe* 26.2.2010).

No caso da OAB, o STJ entendeu ser competência da Justiça Federal a apreciação do mandado de segurança contra ato de presidente de uma das Seccionais, por exercerem as funções delegadas pela Lei 8.906/1994 (EREsp 235.723-SP, rel. Min. Fontes de Alencar, *DJU* 16.8.2004, p. 118; REsp/AgR 1.255.052-AP, rel. Min. Humberto Martins, *DJe* 14.11.2012).

No STF, com relação à competência da Justiça Federal para o julgamento de mandado de segurança impetrado contra ato de Junta Comercial, por ser órgão subordinado administrativamente ao Estado, mas exercendo tecnicamente autoridade federal: RE 199.793-1-RS, rel. Min. Octávio Gallotti, *RDB* 10/139 e *RTJ* 175/778. A jurisprudência do STJ vem ressalvando, porém, que a atração da competência da Justiça Federal apenas se justifica quando o ato afete o próprio funcionamento da Junta Comercial ou evidencie prejuízo direto a bens, serviços ou interesses da União (CComp 177.740, rel. Min. Paulo de Tarso Sanseverino, *DJe* 1.7.2021).

Se o *mandamus* tiver sido ajuizado erroneamente junto à Justiça Estadual, o eventual recurso deverá ser apreciado pelo respectivo Tribunal de Justiça, e não pelo TRF, consoante a Súmula 55 do STJ ("Tribunal Regional Federal não é competente para julgar recurso de decisão proferida por juiz estadual não investido de jurisdição federal").

Vale notar que o art. 2º da antiga Lei 1.533/1951 considerava federal a autoridade coatora quando as consequências de ordem patrimonial do ato objeto do *mandamus* tivessem de ser suportadas pela União "ou pelas entidades autárquicas federais". Por sua vez, o art. 2º da Lei 12.016/2009 refere-se à União e, genericamente, às "entidades por ela controladas" – alteração que parece indicar que a competência para

Observamos que a Lei Orgânica da Magistratura Nacional (Lei Complementar 35, de 14.3.1979) reafirmou a competência de todos os Tribunais para "julgar, originariamente, os mandados de segurança contra seus atos, os dos respectivos Presidentes e os de suas Câmaras, Turmas ou Seções" (art. 21, VI).[185]

---

julgamento de mandado de segurança impetrado contra ato praticado por dirigente de sociedade de economia mista teria passado à Justiça Federal.

Em princípio poder-se-ia considerar que esta interpretação esbarraria nas normas constitucionais que preveem a competência *ratione personae* da Justiça Federal (art. 109, I, da CF 1988), nas quais se alude tão somente à União, às autarquias e às empresas públicas federais. Como as sociedades de economia mista não são referidas no dispositivo constitucional, o STJ consolidou, na Súmula 42, o entendimento de que "compete à Justiça Comum Estadual processar e julgar as causas cíveis em que é parte sociedade de economia mista". Nesse sentido, aquela Corte chegou a decidir que a competência para julgamento de eventual mandado de segurança contra atos de seus dirigentes era da Justiça Comum Estadual, a não ser quando pudesse a União intervir como assistente ou opoente (STJ, CComp 56.989-MS, rel. Min. Og Fernandes, *DJU* 7.11.2008; e Súmula 517 do STF) ou quando o ato impugnado fosse realizado no exercício de função federal delegada, como já mencionado (CComp 57.797, rela. Min. Eliana Calmon, *DJU* 20.11.2006).

Contudo, assistiu-se a uma modificação na linha jurisprudencial do STJ, no sentido de declarar a competência da Justiça Federal para julgar *writ* contra ato praticado por dirigente de sociedade de economia mista federal, com base no art. 109, VIII, da CF, que confere àquela Justiça a competência para processar e julgar mandados de segurança contra ato de autoridade federal (CComp 71.843-PE, rel. Min. Teori Albino Zavascki, *DJU* 17.11.2008; CComp/AgR 97.889-PA, rel. Min. Humberto Martins, *DJe* 4.9.2009; CComp/AgR 104.730-PR, rel. Min. Arnaldo Esteves Lima, *DJe* 15.9.2010; CComp/AgR 118.872-PA, rel. Min. Humberto Martins, *DJe* 29.11.2011; CComp/AgInt na TutPrv 164.282-DF, rel. Min. Hermann Benjamin, *DJe* 22.9.2020).

O art. 2º da Lei 12.016/2009 parece inclinar-se justamente nesse sentido ao outorgar à Justiça Federal a competência para julgar os mandados de segurança impetrados contra atos cujos efeitos patrimoniais tenham de ser suportados por "entidades controladas pela União", em cujo gênero estariam incluídas as sociedades de economia mista.

No entanto, o STF, ao qual incumbe a palavra final, em razão do caráter constitucional da matéria, entendia que, não havendo interesse da União Federal no feito, competiria à Justiça Estadual julgar o *mandamus* impetrado contra ato de sociedade de economia mista (STF, RE 475.106-SP, rel. Min. Dias Toffoli, *DJe* 4.11.2010; RE 247.746-PR, rel. Min. Joaquim Barbosa, *DJe* 28.4.2010). O mesmo entendimento se aplica a concessionária de serviço público e particular (ARE 1.008.733/SP, rel. Min. Roberto Barroso, *DJe* 13.3.2017). Entretanto, posteriormente, em sede de repercussão geral, o STF fixou o entendimento de competir à Justiça Federal o julgamento do *writ* quando o impetrado for dirigentes de pessoa jurídica de direito privado investida de delegação concedida pela União (RE 726035-RG, rel. Min. Luiz Fux, *DJe* 5.5.2014).

185. V. CF, art. 93; STF, Súmula 624; STJ, Súmula 41: "O Superior Tribunal de Justiça não tem competência para processar e julgar, originariamente, mandado de segurança contra ato de outros tribunais ou dos respectivos órgãos".

Para os mandados de segurança contra atos das autoridades estaduais e municipais o juízo competente será sempre o da respectiva comarca, circunscrição ou distrito, segundo a organização judiciária de cada Estado, observados os princípios constitucionais e legais pertinentes.[186]

As normas estaduais de organização judiciária podem instituir Tribunais, Câmaras ou Varas privativos para a Fazenda Pública Estadual e Municipal, suas autarquias e entidades paraestatais, segundo a conveniência do serviço forense, como poderão dar juízo privilegiado para determinadas autoridades responderem por seus atos em mandado de segurança, desde que não desloquem a competência territorial do foro natural.[187] Assim, um delegado de polícia responderá sempre na comarca em que atua, como um secretário de Estado ou o prefeito da Capital serão chamados necessariamente no foro da Capital perante o juízo a que originariamente couber a impetração (Vara ou Tribunal, conforme a organização judiciária de cada Estado).

Como exposto, para a fixação do juízo competente em mandado de segurança não interessa a natureza do ato impugnado; o que importa é a sede da autoridade coatora e sua categoria funcional,

---

186. Em edições anteriores defendemos que a competência dos Tribunais de Justiça para o julgamento de prefeitos municipais, nos termos do art. 29, X, da CF, atraía para tais Cortes a competência originária para a apreciação dos mandados de segurança, mandados de injunção e *habeas data* impetrados por tais autoridades ou contra elas. A Súmula 702 do STF, no entanto, definiu que a competência constitucional em tela se restringe à matéria criminal, e ainda assim aos crimes de competência da Justiça Comum Estadual.

A divisão da competência entre os Tribunais de Justiça e os Tribunais de Alçada era definida pela Lei Orgânica da Magistratura Nacional (Lei Complementar 35/1979, art. 108). Com o advento da Constituição de 1988 a competência dos Tribunais passou a ser matéria definida na Constituição de cada Estado (art. 125, § 1º). As competências originárias dos Tribunais locais disciplinadas nas respectivas Constituições Estaduais devem ser entendidas *numerus clausus*. Assim, não prevista expressamente a competência originária para certo tipo de processo, há de se seguir a regra geral de sua atribuição ao juízo de primeiro grau, não podendo ser elidida por norma regimental (STF, RE 265.263-6-GO, rel. Min. Sepúlveda Pertence, *RT* 815/167). Os Tribunais de Alçada foram extintos com a Reforma do Judiciário aprovada através da Emenda Constitucional 45/2004 (art. 4º).

187. STF, *RDA* 56/296, *RT* 283/825; TFR, *RDA* 59/321; TJPR, *RT* 248/571; TJRJ, *RT* 304/796; TJSP, *RT* 277/214, 297/358; TASP, *RT* 235/386, 292/475 e 314/513; v. Súmula 206 do STJ.

reconhecida nas normas de organização judiciária pertinentes.[188-189] Excepcionalmente considerar-se-á federal a autoridade coatora se houver repercussão do ato (objeto do litígio) sobre a União ou entidade por ela controlada (art. 2º da Lei 12.016/2009[190]).

Se a impetração for dirigida a juízo incompetente ou no decorrer do processo surgir fato ou situação jurídica que altere a competência julgadora, o magistrado ou o Tribunal deverá remeter o processo ao juízo competente.[191]

A intervenção da União, do Estado ou de suas autarquias no feito desloca a competência, respectivamente, para a Justiça Federal ou para a Vara privativa Estadual. Mas para essa deslocação de competência há de ocorrer interesse direto e jurídico do interveniente, e

---

188. Em caso de impetração de mandado de segurança por autarquia federal contra ato de juiz de direito estadual de primeira instância o Plenário do STF entendeu, por maioria, que a competência para o julgamento era do TRF. A conclusão decorreu da conjugação da norma constitucional que define a competência da Justiça Federal (CF, art. 109, I) com o princípio processual da hierarquia (RE 176.881-9-RS, rel. design. Min. Ilmar Galvão, *DJU* 6.3.1998). Na mesma linha: TRF-1ª Região, MS 450.337-DF, rel. Juiz Aloísio Palmeira Lima, *DJU* 21.8.2000, p. 3; TRF-5ª Região, MS 50.934-PE, rel. Juiz Araken Mariz, *DJU* 29.8.1997, p. 6.913.

189. Em sentido oposto, a 1ª Seção do STJ decidiu que o mandado de segurança impetrado pelo INSS contra juiz estadual deveria ser julgado pelo respectivo Tribunal de Justiça Estadual apesar de, naquela hipótese, o magistrado impetrado estar no exercício de competência delegada federal e de a impetrante ser uma autarquia federal (CComp 30.018-MA, rel. Min. Milton Luiz Pereira, *DJU* 17.6.2002, p. 182). A 2ª Seção do STJ também decidiu pela competência do Tribunal de Justiça Estadual para julgar mandado de segurança impetrado pela CEF contra ato de juiz estadual (CComp 31.210-SC, rel. Min. Castro Filho, *DJU* 26.4.2004). Em julgados posteriores, porém, o STJ aplicou o precedente do STF e reconheceu a competência do TRF para julgar mandado de segurança impetrado por empresa pública federal contra ato praticado por juiz estadual (RMS 18.172-SP, rel. Min. Teori Albino Zavascki, *DJU* 4.10.2004; RMS 18.198-SP e 18.200-BA, ambos rel. Min. Francisco Falcão, *DJU* 1.7.2005; CComp 46.512-RN, rela. Min. Denise Arruda, *DJU* 5.9.2005; CComp 45.709-SP, rel. Min. Luiz Fux, *DJU* 18.9.2006).

No TRF-3ª Região, afirmando a competência do TJSP para julgar mandado de segurança impetrado contra ato de juiz estadual mesmo sendo a matéria afeta à Justiça Federal: MS 98.03.024818-9-SP, rel. Des. federal Manoel Alvarez, *RT* 817/401.

190. O art. 2º da Lei 1.533/1951 tinha disposição idêntica, mas se referia tão somente à União e às entidades autárquicas. O novo texto foi mais amplo, abrangendo também, além das autarquias, as demais entidades controladas pela União (como as empresas públicas e as sociedades de economia mista).

191. STF, Pleno, AO/AgR 1.137-0-DF, rel. Min. Cézar Peluso, *RT* 842/105.

não apenas interesse indireto, fático ou circunstancial no desfecho da demanda.

Varas privativas – Nas comarcas em que haja *Varas privativas das Fazendas Públicas* o juízo competente para mandado de segurança será sempre o dessas Varas, conforme o ato impugnado provenha de autoridade federal, estadual ou municipal ou de seus delegados, por outorga legal, concessão ou permissão administrativa. O que não se concebe é que, havendo juízos especializados, possam as Varas Cíveis comuns conhecer e decidir mandados de segurança contra atos de autoridade ou de delegados do Poder Público, visto que a competência dos juízes cíveis é unicamente para solucionar questões de direito privado entre particulares, e não de direito público, entre os administrados e a Administração.[192-193]

Nem mesmo a Súmula 556 do STF autoriza a deslocação do mandado de segurança para Varas Cíveis, da Justiça ordinária Estadual, pois que essa súmula só contempla os litígios de direito privado em que as entidades paraestatais (empresas públicas e sociedades de economia mista) discutam questões decorrentes de atos negociais, e não de atos administrativos resultantes de suas funções delegadas, assemelhadas às de concessionários de serviços públicos. E assim é porque, no primeiro caso, aquelas entidades atuam como *particulares* e, no segundo, seus dirigentes agem como *autoridades*.[194]

---

192. Nesse sentido decidiu o então Presidente do TJSP, Des. Young da Costa Manso, em fundamentado despacho de suspensão de liminar (Processo 169-0), no qual concluiu que "a inicial deveria ter sido distribuída à Justiça Federal (por se tratar de ato de delegado federal), e nunca a um dos juízos cíveis da comarca de São Paulo, que têm competência exclusiva para o exame e julgamento de causas de interesse privado" (*DJE* 3.4.1980, p. 10). Este despacho foi suscitado por petição do professor Arnoldo Wald, que demonstrou a incompetência da Vara Cível perante a qual estava sendo processado mandado de segurança contra ato de dirigente de sociedade de economia mista federal, atuando por delegação da União.

193. O STJ vem decidindo que a competência das Varas privativas, porém, dependerá da competência territorial para o julgamento. Neste sentido foi editada a Súmula 206. A existência de Vara privativa só desloca a competência no mesmo território, não tendo força para atrair processos cujas competências territoriais sejam de outras comarcas.

194. O STF, no julgamento do RE 726.035-SE (rel. Min. Luiz Fux, *DJe* 25.4.2014), fixou, no regime da repercussão geral (*Tema 722*), e acompanhando a já sólida jurisprudência do Tribunal no tema, que é competente para julgar mandado de segurança impetrado contra ato de dirigente de sociedade de economia mista federal a Justiça Federal Comum, e não a Justiça Estadual.

Observamos, finalmente, que com impropriedade se têm denominado de mandado de segurança "criminal", "eleitoral", "trabalhista", os que são impetrados perante essas Justiças. Há manifesto equívoco nessas denominações, pois todo mandado de segurança é *ação civil*, regida sempre pelas mesmas normas da Lei 12.016/2009 e do Código de Processo Civil, qualquer que seja o juízo competente para julgá-lo. Para fins de segurança não importa a origem do ato impugnado, nem a natureza das funções da autoridade coatora, visto que todos se sujeitam ao preceito nivelador do inciso LXIX do art. 5º da CF.

11. Petição inicial e notificação

A *petição inicial* de mandado de segurança deverá indicar a autoridade coatora e a pessoa jurídica que integra ou à qual está vinculada. Além de atender às exigências do art. 319 do CPC de 2015, deve ser apresentada com cópias de seu texto e de todos os documentos que a instruem, para encaminhamento ao impetrado, juntamente com o ofício de *notificação*. Essas cópias dispensam autenticação notarial, mas devem ser rubricadas pelo advogado do impetrante, que responderá pela sua exatidão. Havendo necessidade de documento em poder do impetrado ou de repartição pública que o sonegue, o impetrante poderá pedir ao juiz que o requisite no original ou por certidão, para completar a instrução do processo.[195]

Deferindo a inicial, o juiz ordenará a *notificação pessoal do impetrado*, o que é feito por ofício acompanhado das cópias da inicial e documentos, com a fixação do prazo de 10 dias para prestação das

---

195. Preceitua a Lei 12.016/2009, art. 6º:

"Art. 6º. A petição inicial, que deverá preencher os requisitos estabelecidos pela lei processual, será apresentada em duas vias com os documentos que instruírem a primeira reproduzidos na segunda e indicará, além da autoridade coatora, a pessoa jurídica que esta integra, à qual se acha vinculada ou da qual exerce atribuições.

"§ 1º. No caso em que o documento necessário à prova do alegado se ache em repartição ou estabelecimento público ou em poder de autoridade que se recuse a fornecê-lo por certidão ou de terceiro, o juiz ordenará, preliminarmente, por ofício, a exibição desse documento em original ou em cópia autêntica e marcará, para o cumprimento da ordem, o prazo de 10 (dez) dias. O escrivão extrairá cópias do documento para juntá-las à segunda via da petição.

"§ 2º. Se a autoridade que tiver procedido dessa maneira for a própria coatora, a ordem far-se-á no próprio instrumento da notificação."

informações. No mesmo despacho determinará que seja dada ciência do feito ao órgão de representação judicial da pessoa jurídica interessada e a intimação dos interessados que devam integrar a lide e se manifestará sobre a *medida liminar*, se pedida pelo impetrante. A notificação do impetrado (coator) e a ciência dada à pessoa jurídica e aos demais interessados[196] (litisconsortes passivos necessários) equivalem à citação quanto aos seus efeitos, pois delas fluirá o decêndio para as informações e ingresso na causa.[197] Em caso de deferimento da liminar as autoridades administrativas estão obrigadas, no prazo de 48 horas de sua notificação, a remeter cópia autenticada do mandado para o Ministério ou órgão a que se achem subordinadas e ao Advogado-Geral da União ou a quem tiver a representação judicial da União, Estado, Município ou entidade apresentada como coatora (art. 9º da Lei 12.016/2009). A norma reflete medida de cautela do legislador, com o fim de garantir que os prejudicados tomem ciência da decisão e possam exercer prontamente sua defesa.

A *notificação de litisconsortes passivos* deverá ser feita também por ofício, a ser entregue por oficial de justiça nos limites territoriais da comarca. Se residentes fora da comarca, o ofício deverá ser enviado por via postal com aviso de recebimento/AR, conforme determinação expressa da Lei 12.016/2009. O que não se concebe é a expedição de precatória, por incompatível com a celeridade do processo do *mandamus*. É o que se recomenda na doutrina[198] e tem sido feito na prática forense.[199]

A Lei 8.710/1993 havia alterado a sistemática do Código de Processo Civil de 1973 em matéria de citações e intimações, novo re-

---

196. Art. 7º da Lei 12.016/2009: "Ao despachar a inicial, o juiz ordenará: I – que se notifique o coator do conteúdo da petição inicial, enviando-lhe a segunda via apresentada com as cópias dos documentos, a fim de que, no prazo de 10 (dez) dias, preste as informações; II – que se dê ciência do feito ao órgão de representação judicial da pessoa jurídica interessada, enviando-lhe cópia da inicial sem documentos, para que, querendo, ingresse no feito; (...)".

197. Não se admite o aditamento à petição inicial depois de fixados os pontos controvertidos do processo, uma vez notificada a autoridade coatora e prestadas as informações (STJ, MS 4.196-DF, rel. Min. Félix Fischer, *DJU* 17.8.1998, p. 14; MS 21.989-DF, rel. Min. Humberto Martins, *DJe* 4.12.2015).).

198. Celso Agrícola Barbi, *Do Mandado de Segurança*, 3ª ed., Rio de Janeiro, Forense, p. 222.

199. Despacho do Des. Adriano Marrey, na Vice-Presidência do TJSP, nos MS 273.709-SP e 280.739-SP.

gime, esse, que se manteve com o Código de Processo Civil de 2015. De acordo com a atual redação do art. 247 do CPC de 2015, a regra geral é a da citação pelo Correio, perfeitamente aplicável ao rito célere do mandado de segurança. O parágrafo único do art. 154 do CPC de 1973, introduzido pela Lei 11.280/2006, autorizava os Tribunais, no âmbito de suas respectivas jurisdições, a disciplinar "a prática e a comunicação oficial dos atos processuais por meios eletrônicos". O Código de Processo Civil de 2015, entretanto, estabelece que caberá ao CNJ e, supletivamente, aos tribunais regulamentar a prática e a comunicação oficial de atos processuais por meio eletrônico, além de velar pela compatibilidade dos sistemas, disciplinar a incorporação progressiva de novos avanços tecnológicos e editar, para esse fim, os atos que forem necessários (art. 196). Esta utilização prática das facilidades da Informática poderá ser muito interessante e agilizar ainda mais a realização das notificações e intimações, imprimindo maior rapidez ao andamento do mandado de segurança.[200] Aliás, a Lei 12.016/2009 admitia amplamente o uso de meios eletrônicos, que deverão obedecer às regras da Infraestrutura de Chaves Públicas Brasileira/ICP. A inicial, quando requerida por *fax* ou outros meios eletrônicos, deverá ter seu texto original apresentado nos cinco dias subsequentes (art. 4º, § 2º). O juiz também poderá notificar a autoridade por meios eletrônicos, desde que assegurada a autenticidade do documento (art. 4º, § 2º).[201]

As intimações aos advogados das partes serão feitas por publicações no órgão oficial, na forma comum, mas a notificação do julgado, para ser cumprido pelo impetrado, deve ser feita direta e pessoalmente ao coator, por ofício do juiz, com ordem judicial.

Quanto ao Ministério Público, receberá os autos após o prazo para as informações, para se manifestar dentro do prazo improrrogável de 10 dias (art. 12, *caput* e parágrafo único, da Lei 12.016/2009).

---

200. Ampliando a possibilidade de utilização de meios eletrônicos no processo judicial em geral, em dezembro/2006 foi editada a Lei 11.419.

201. Note-se que, embora a Lei 11.419/2006, que regulamenta o processo eletrônico, não exija apresentação do original impresso (e, no mesmo sentido, a Resolução 350, de 29.11.2007, do STF, no art. 4º, disponha que a apresentação de petição eletrônica com certificação digital dispensa a apresentação posterior dos originais), deve prevalecer, em princípio, a legislação específica do mandado de segurança. Todavia, com a progressiva informatização dos Tribunais e o manejo de processos exclusivamente pela via digital, a previsão legal deverá cair em desuso.

Se na inicial houver pedido de requisição de documentos, e for caso de deferimento, o juiz ordenará, preliminarmente, a exibição dos originais ou o fornecimento de certidões ou de cópias autenticadas, dentro de 10 dias, e, após sua apresentação, ordenará a notificação e as intimações devidas; se os documentos estiverem em poder do próprio coator a requisição será feita com a notificação (art. 6º, §§ 1º e 2º, da Lei 12.016/2009).

Indeferindo a inicial, por não ser caso de mandado de segurança, por falha insuprível de requisitos processuais ou quando decorrido o prazo legal para impetração, os autos serão arquivados, se desse despacho não for interposta *apelação* (art. 10, § 1º, da Lei 12.016/2009). Pela sistemática do Código de Processo Civil de 1973, replicada no Código de Processo Civil de 2015, o juiz deverá, primeiro, mandar suprir as falhas da inicial, no prazo de 15 dias, e só após a omissão da parte é que proferirá o despacho indeferitório (CPC de 2015, art. 321, parágrafo único). Essa oportunidade de correção da inicial se nos antolha de inteira aplicação ao procedimento do mandado de segurança, para economia e celeridade processuais na impetração.[202]

Se o mandado de segurança for da competência originária de Tribunal e o relator indeferir a inicial monocraticamente, caberá agravo ao colegiado (art. 10, § 1º, da Lei 12.016/2009) – como, aliás, já decidiu o STJ.[203]

Anteriormente o despacho de indeferimento da inicial, por não adentrar o mérito da segurança, se confirmado em *apelação* ou proferido em *acórdão originário*, não ensejava recurso ordinário ou extraordinário. Este entendimento, todavia, foi superado com o ad-

---

202. Em consonância com o entendimento de Hely Lopes Meirelles, admitindo a determinação de emenda de inicial de mandado de segurança: STJ, REsp 38.957-RS, rel. Min. Ari Pargendler, *ADV* 1997, p. 388, ementa 78.766, e REsp 94.503, rel. Min. Ari Pargendler, *DJU* 25.5.1998, p. 79. Caso a inicial do mandado de segurança esteja endereçada a órgão judicial incompetente, cabe a remessa dos autos ao juízo competente, e não a extinção do feito (STF, Pleno, AO/AgR 1.137-0-DF, rel. Min. Cézar Peluso, *RT* 842/105; e MS 37.942-RJ, decisão monocrática do Min. Ricardo Lewandowski, *DJe* 24.8.2021).

203. STJ, RMS 1.292-RJ, rel. Min. Waldemar Zveiter, *RT* 685/183; RMS 6.740-RJ, rel. Min. Cid Flaquer Scartezzini, *DJU* 29.9.1997, p. 48.239.

vento da Constituição Federal de 1988, que não restringe os recursos extraordinários à decisão de mérito.[204]

Apenas do acórdão no agravo "regimental" é que a parte poderá eventualmente interpor o recurso ordinário para o STJ,[205] que somente é cabível contra decisão colegiada.[206] Se o mandado de segurança for de competência originária de Tribunal Superior o recurso cabível será o ordinário para o STF (CF, art. 102, II, "a").

12. Liminar

Liminar como medida garantidora do direito – A *medida liminar* é provimento de urgência admitido pela própria Lei do Mandado de Segurança "quando houver fundamento relevante e do ato impugnado puder resultar a ineficácia da medida, caso seja finalmente deferida" (art. 7º, III, da Lei 12.016/2009). Para a concessão da liminar devem concorrer os dois requisitos legais, ou seja, a relevância dos motivos em que se assenta o pedido na inicial e a possibilidade de ocorrência de lesão irreparável ao direito do impetrante se vier a ser reconhecido na decisão de mérito – *fumus boni juris* e *periculum in*

---

204. A inicial do mandado de segurança não pode ser liminarmente indeferida por razões de mérito (STJ, RMS 4.618-MS, rel. Min. Félix Fischer, *DJU* 5.5.1997, p. 17.602; RMS 12.532-DF, rel. Min. Milton Luiz Pereira, *DJU* 23.9.2002, p. 224), especialmente antes da instauração da relação processual, com a notificação da autoridade coatora e a intimação do Ministério Público (TJPR, ACi 34.768-2, rel. Des. Altair Palitucci, *ADV* 1997, p. 739, ementa 80.658).

O art. 285-A do CPC de 1973, introduzido pela Lei 11.277/2006, disciplinava que, "quando a matéria controvertida for unicamente de direito e no juízo já houver sido proferida sentença de total improcedência em outros casos idênticos, poderá ser dispensada a citação e proferida sentença, reproduzindo-se o teor da anteriormente prolatada". Criava-se, assim, hipótese de "indeferimento da inicial" de plano, com apreciação do mérito da demanda, antes inexistente no sistema processual brasileiro, aplicável também às ações repetitivas de segurança. O regime foi repetido no CPC de 2015, por meio do art. 332.

205. CF, art. 105, II, "b"; RMS 7.274-AM, rel. Min. Sálvio de Figueiredo Teixeira, *DJU* 5.5.1997, p. 17.053; RMS 7.824-RS, rel. Min. Waldemar Zveiter, *DJU* 9.6.1997, p. 25.532; RMS 6.477-RO, rel. Min. Cid Flaquer Scartezzini, *DJU* 17.11.1997, p. 59.559.

206. "Da decisão singular do relator não cabe recurso ordinário para o STJ" (RMS 15.805-SC, rel. Min. Fontes de Alencar, *DJU* 9.6.2003, p. 306).

mora.[207] A medida liminar pode ter natureza cautelar ou satisfativa, e visa a garantir a eficácia do possível direito do impetrante, justificando-se pela iminência de dano irreversível de ordem patrimonial, funcional ou moral se mantido o ato coator até a apreciação definitiva da causa. Por isso mesmo, não importa prejulgamento, não afirma direitos, nem nega poderes à Administração. Preserva, apenas, o impetrante de lesão irreparável, sustando provisoriamente os efeitos do ato impugnado.

Diante da reforma do Código de Processo Civil de 1973, que passou a admitir a figura da antecipação da tutela no procedimento ordinário (Lei 8.952/1994, dando nova redação aos arts. 273 e 461 do CPC – hoje tais temas estão disciplinados nos arts. 300 e 497 do CPC de 2015), manifestamo-nos no sentido de que caberia examinar se seria, ou não, recomendável a atualização da legislação do mandado de segurança para que passasse a contemplar, expressamente, uma medida liminar não apenas cautelar, mas em determinadas situações também antecipatória do provimento final. A Lei 12.016/2009 a admitiu, ao proibir que seja dada em determinadas hipóteses específicas.[208]

---

207. Como ocorre com todas as decisões judiciais, por exigência constitucional (CF, art. 93, IX), o deferimento da liminar deve ser fundamentado, não bastando a mera afirmação genérica de estarem presentes seus requisitos, sob pena de nulidade: STJ, RMS 25.462-RJ, rela. Min. Nancy Andrighi, *DJe* 20.10.2008.

O Código de Processo Civil de 2015, especifica, em detalhes, os requisitos para que uma decisão judicial seja considerada fundamentada:

"Art. 499 (...).

"§ 1º. Não se considera fundamentada qualquer decisão judicial, seja ela interlocutória, sentença ou acórdão, que: I – se limitar à indicação, à reprodução ou à paráfrase de ato normativo, sem explicar sua relação com a causa ou a questão decidida; II – empregar conceitos jurídicos indeterminados, sem explicar o motivo concreto de sua incidência no caso; III – invocar motivos que se prestariam a justificar qualquer outra decisão; IV – não enfrentar todos os argumentos deduzidos no processo capazes de, em tese, infirmar a conclusão adotada pelo julgador; V – se limitar a invocar precedente ou enunciado de súmula, sem identificar seus fundamentos determinantes nem demonstrar que o caso sob julgamento se ajusta àqueles fundamentos; VI – deixar de seguir enunciado de súmula, jurisprudência ou precedente invocado pela parte, sem demonstrar a existência de distinção no caso em julgamento ou a superação do entendimento.

"§ 2º. No caso de colisão entre normas, o órgão jurisdicional deve justificar o objeto e os critérios gerais da ponderação efetuada, enunciando as razões que autorizam a interferência na norma afastada e as premissas fáticas que fundamentam a conclusão."

208. Art. 7º, § 5º, da Lei 12.016/2009: "§ 5º. As vedações relacionadas com a concessão de liminares previstas neste artigo se estendem à tutela antecipada a que

A liminar não é uma liberalidade da Justiça; é medida garantidora do direito do impetrante, que não pode ser negada quando ocorrem seus pressupostos, como também não deve ser concedida quando ausentes os requisitos de sua admissibilidade.

Caução – Na vigência da Lei 1.533/1951 tornou-se comum os juízes deferirem medida liminar em mandado de segurança admitindo a prestação de caução, em que pese à inexistência de previsão legal naquele diploma. Nos últimos tempos a apresentação de caução cresceu especialmente em matéria tributária, dependendo a eficácia da liminar do depósito do valor do tributo controvertido. Como o próprio Código Tributário Nacional, ao dispor sobre a suspensão da exigibilidade do crédito tributário, trata em locais diversos do depósito do montante e da liminar em mandado de segurança (art. 151, II e IV), entendia-se que a liminar acrescida do depósito podia constituir uma dupla exigência, sem fundamento legal. Alegava-se que, ao condicionar a concessão da medida liminar à realização do depósito, o juiz estaria, na verdade, indeferindo a liminar.[209] O STJ chegou a decidir que, presentes os pressupostos, o juiz era obrigado a concedê-la, vedada a imposição de caução.[210]

A Lei 12.016/2009, em seu art. 7º, III, consignou expressamente a possibilidade de condicionamento da liminar à prestação de garantia, ao facultar ao juiz exigir do impetrante caução, fiança ou depósito com o objetivo de assegurar o ressarcimento à pessoa jurídica interessada, litisconsorte passiva necessária.

---

se referem os arts. 273 e 461 da Lei n. 5.869, de 11 de janeiro de 1973 – Código de Processo Civil".

No Código de Processo Civil de 2015 a tutela antecipada poderá ser concedida em dois casos: os de urgência, em que é necessária a demonstração de probabilidade do direito e perigo de demora; e os de evidência, que independem da demonstração de perigo da demora e se configuram quando: "I – ficar caracterizado o abuso do direito de defesa ou o manifesto propósito protelatório da parte; II – as alegações de fato puderem ser comprovadas apenas documentalmente e houver tese firmada em julgamento de casos repetitivos ou em súmula vinculante; III – se tratar de pedido reipersecutório fundado em prova documental adequada do contrato de depósito, caso em que será decretada a ordem de entrega do objeto custodiado, sob cominação de multa" (art. 311). A distinção sistemática segue a linha defendida doutrinariamente por Luiz Fux (*Tutela de Segurança e Tutela de Evidência*, São Paulo, Saraiva, 1996).

209. STJ, REsp/ED 107.450-MG, rel. Min. Ari Pargendler, *DJU* 24.3.1997, p. 9.003.

210. STJ, RMS 273-SP, rel. Min. Armando Rolemberg, *DJU* 5.11.1990; REsp 47.818-SP, rel. Min. Hélio Mosimann, *DJU* 15.6.1998, p. 99.

Embora teoricamente o reconhecimento de direito líquido e certo não deva ser condicionado a uma contragarantia por parte do impetrante, há casos nos quais tal procedimento se justifica no interesse de ambas as partes, podendo o titular do direito lesado exercê-lo de imediato e tendo a autoridade uma garantia de pleno ressarcimento no caso de modificação final da decisão proferida.[211]

---

211. Na ADI 4.296-DF, proposta pelo Conselho Federal da OAB em 14.9.2009 e recentemente julgada, suscitava-se a inconstitucionalidade da norma, por suposta afronta aos arts. 2º e 5º, XXXV e LXIX, da CF, por impor "restrições incompatíveis com a natureza, abrangência e tutela protetora da ação mandamental". Alternativamente, caso não se identificassem as violações alegadas, requer-se a interpretação do dispositivo conforme a Constituição, no sentido de impedir que os juízes condicionem a concessão da liminar à prestação de caução quando presentes os pressupostos para seu cabimento. A Advocacia-Geral da União, ao se manifestar no processo, opinou pela improcedência dos pedidos, por se tratar de medida reservada à discricionariedade do juiz, passível de ser ou não exigida, conforme as peculiaridades do caso. Acrescentou que essa é uma norma benéfica ao impetrante, na medida em que "o juiz passa a ter maior liberdade para analisar os pedidos de liminares, pois, na dúvida sobre os seus requisitos, poderá conceder a medida, exigindo a contracautela", sendo certo que, na prática, muitos julgadores deixavam de avaliar as liminares, diante do risco de prejuízo ao erário. O STF acabou reconhecendo a constitucionalidade da norma, frisando que "no exercício do poder geral de cautela, tem o juiz a faculdade de exigir contracautela para o deferimento de medida liminar, quando verificada a real necessidade da garantia em juízo, de acordo com as circunstâncias do caso concreto – Razoabilidade da medida que não obsta o juízo de cognição sumária do magistrado" (ADI 4.296-DF, rel. Min. Marco Aurélio, rel. para o acórdão Min. Alexandre de Moraes, *DJe* 11.10.2021).

Na doutrina encontra-se quem se posicione contrariamente à norma legal (Bruno Garcia Redondo e outros, *Mandado de Segurança: Comentários à Lei 12.016/2009*, Rio de Janeiro, Forense, 2009, p. 103, por ofensa ao princípio da isonomia), mas a maior parte mostrou-se favorável à medida, embora com algumas ressalvas: Eduardo Arruda Alvim (*Mandado de Segurança*, 2ª ed., GZ Editora, 2010, p. 226), que a considera justificável apenas em "situações excepcionais"; Humberto Theodoro Jr., *O Mandado de Segurança segundo a Lei 12.016, de 7 de agosto de 2009*, Rio de Janeiro, Forense, 2009, p. 25, que adverte ser necessário usar a medida "com cautela e moderação"; Cássio Scarpinella Bueno, *A Nova Lei do Mandado de Segurança*, São Paulo, Saraiva, 2009, p. 42, para quem deve haver "motivação plausível e devidamente justificada à luz do caso concreto"; José Miguel Garcia Medina e outros, *Mandado de Segurança Individual e Coletivo: Comentários à Lei 12.016, de 7 de agosto de 2009*, São Paulo, Ed. RT, 2009, p. 127, com a ressalva de que a exigência poderá ser mitigada à luz das circunstâncias concretas, em razão da natureza da prestação e da insuficiência financeira do autor (no mesmo sentido é a doutrina de Luiz Fux, Ministro do STF, in *Mandado de Segurança*, Rio de Janeiro, Forense, 2010, p. 75); e Luís Otávio Sequeira de Cerqueira, *Comentários à Nova Lei do Mandado de Segurança*, São Paulo, Ed. RT, 2009, pp. 87-88, segundo o qual a exigência não poderá ser imposta, via de regra, como requisito para concessão da liminar, em especial nos casos de hipossuficiência do impetrante. Nas lições de André Fontes, Desembargador do TRF-2ª Região, a caução, fiança ou depósito não constituiria requisito para o deferimento da liminar, mas

Neste sentido, escrevemos na atualização da 16ª edição deste livro que "o condicionamento da concessão da liminar à prestação de garantia não nos parece inconstitucional, embora no passado tenha havido decisão dos Tribunais Superiores dispensando-a. Mas é preciso que o juiz tenha um poder discricionário, ao fixar o montante e a forma da garantia, a fim de não inviabilizar a utilização do recurso".

Concebemos, pois, que se dê ao juiz, na matéria, uma faculdade que deverá exercer dentro dos critérios de razoabilidade e proporcionalidade aos quais se refere a jurisprudência do STF.

É interessante notar que quando foi baixada a Medida Provisória 375, em 23.11.1993 – que não se converteu em texto legislativo –, previa a mesma, no seu art. 5º, que a decisão concessiva de medida liminar ou cautelar devia "estabelecer, quando necessário, como condição da eficácia da concessão, a prestação de garantia acauteladora do interesse exposto a risco".

Na ocasião, embora três dos ilustres Ministros do STF tenham entendido que a referida medida provisória era integralmente inconstitucional, a maioria do Tribunal rejeitou a arguição de inconstitucionalidade em relação ao acima referido dispositivo legal.[212]

A matéria ensejou nova discussão em virtude da Medida Provisória 1.570, de 26.3.1997, que, no seu art. 2º, acrescentou ao art. 1º da Lei 8.437, de 30.6.1992, um § 4º, com a seguinte redação: "Sempre que houver possibilidade de a pessoa jurídica de direito público requerida vir a sofrer dano, em virtude da concessão da liminar, ou de qualquer medida de caráter antecipatório, o juiz ou o relator determinará a prestação de garantia real ou fidejussória".

O STF, apreciando a ADI 1.576, considerou inconstitucional o mencionado artigo, pela escassa maioria de seis votos contra cinco, vencidos os Mins. Marco Aurélio, Nelson Jobim, Octávio Gallotti, Sydney Sanches e Moreira Alves.[213]

A maioria entendeu que a mencionada disposição inviabilizaria ou, ao menos, dificultaria o amplo acesso à Justiça. Comparando os

---

condição para seu cumprimento, como forma de prevenir danos ocasionais (Aluísio Gonçalves de Castro Mendes, *Comentários à Nova Lei de Mandado de Segurança Individual e Coletivo*, Impetus, 2010, p. 55).

212. O acórdão do STF foi publicado no *DJU* 20.6.1997, p. 28.467 (ADI 975-3-DF, rel. Min. Carlos Velloso).

213. *DJU* 6.6.2003, p. 29, e *Informativo STF* 67/1.

dois textos – da Medida Provisória 375 (julgado constitucional) e da Medida Provisória 1.570 (considerado inconstitucional em medida liminar) –, verifica-se que a diferença básica consiste na retirada, pelo segundo, da liberdade de apreciação do juiz quanto à necessidade e forma da contragarantia a ser prestada, encontrando-se fórmula razoável e equitativa (proporcional) de solução do conflito de interesse, atendendo-se às peculiaridades de cada caso concreto e admitindo-se eventualmente o depósito da quantia em litígio quando for o caso, como ocorre especialmente na área fiscal.

A mesma preocupação teve o legislador na edição da vigente lei disciplinadora do *mandamus* ao estatuir a faculdade de o juiz exigir garantia do impetrado.[214]

O juiz, desembargador ou ministro que conceder a liminar poderá revogá-la a qualquer tempo, desde que verifique a desnecessidade dessa medida, como poderá restabelecê-la se fatos supervenientes indicarem sua conveniência.[215] Salvo se revogada ou cessada, seus efeitos persistirão até prolação da sentença (art. 7º, § 3º, da Lei 12.016/2009).

Se é certo que a liminar não deve ser prodigalizada pelo Judiciário, para não entravar a atividade normal da Administração, também não deve ser negada quando se verifiquem seus pressupostos legais, para não se tornar inútil o pronunciamento final a favor do impetrante. Casos há – e são frequentes – em que o tardio reconhecimento do direito do postulante enseja seu total aniquilamento. Em tais

214. É importante destacar que a discussão acerca da necessidade de caução diante do princípio do acesso à Justiça e da possibilidade de fixação de exigência desmedida para a garantia liminar do direito do impetrante se renova diante de outras legislações que, ao contrário de indicar a liberdade de apreciação do juiz, estabelecem, como pré-requisito legal, a obrigação da caução para a concessão da decisão liminar ou antecipatória (como ocorre no art. 98, § 1º, da Lei 12.529/2011). Para hipóteses legais mais controversas como essa é evidente que ainda permanece a necessidade do juízo de proporção do magistrado ao se exigir o formato de garantia e o *quantum* da caução, uma vez que ainda – e talvez com muito mais relevância – se apresentam nesses casos o princípio do amplo acesso à Justiça (art. 5º, XXXV, da CF) e a conveniência de se investigar o eventual dano público advindo da concessão da decisão liminar ou antecipatória.

215. O STJ decidiu que a liminar deferida pelo relator e confirmada pelo colegiado em julgamento de agravo regimental não pode ser depois revogada em despacho singular do relator (REsp 126.261-PR, rel. Min. José Arnaldo, *DJU* 29.9.1997, p. 48.280). Entendemos, entretanto, que deve ser ressalvada a hipótese de revogação da liminar em virtude de fato superveniente, não apreciado pelo colegiado quando do julgamento do agravo regimental – situação na qual o relator não estará se sobrepondo ao entendimento da maioria.

hipóteses a medida liminar impõe-se como providência de política judiciária, deixada à prudente discrição do juiz.

A Lei 12.016/2009 originalmente proibia a concessão de medida liminar "que tenha por objeto a compensação de créditos tributários, a entrega de mercadorias e bens provenientes do Exterior, a reclassificação ou equiparação de servidores públicos e a concessão de aumento ou a extensão de vantagens ou pagamento de qualquer natureza" (art. 7º, § 2º). Recentemente, porém, o STF declarou inconstitucional referida norma, por entender que o artigo em questão violava a garantia de pleno acesso à jurisdição.[216]

A Súmula 212 do STJ, conforme a redação alterada pela 1ª Seção do STJ em 11.5.2005, já previa que a "compensação de créditos tributários não pode ser deferida em ação cautelar ou por medida liminar cautelar ou antecipatória".[217]

A vedação à concessão de liminar que vise a obter liberação de mercadorias e bens de procedência estrangeira já existia na legislação

---

216. STF, ADI 4.296-DF, rel. Min. Marco Aurélio, rel. para o acórdão Min. Alexandre de Moraes, *DJe* 11.10.2021. Na ADI em questão, ajuizada em 14.9.2009 pelo Conselho Federal da OAB, alegou-se que o art. 7º, § 2º, ofenderia os princípios da separação dos Poderes (art. 2º da CF) e da inafastabilidade da jurisdição (art. 5º, XXXV e LXIX, da CF). Especificamente quanto à parte final do art. 7º, § 2º, que trata da "reclassificação ou equiparação de servidores públicos e a concessão de aumento ou a extensão de vantagens ou pagamento de qualquer natureza", suscita-se também a violação ao art. 5º, *caput*, por conceder tratamento diferenciado em função da qualidade do impetrante. Parte da doutrina manifestava-se no mesmo sentido (Cássio Scarpinella Bueno, *A Nova Lei do Mandado de Segurança*, São Paulo, Saraiva, 2009, p. 45; Bruno Garcia Redondo e outros, *Mandado de Segurança: Comentários à Lei 12.016/2009*, Rio de Janeiro, Forense, 2009, p. 102; Eduardo Arruda Alvim, *Mandado de Segurança*, 2ª ed., GZ Editora, 2010, p. 232-233; e José Miguel Garcia Medina e outros, *Mandado de Segurança Individual e Coletivo: Comentários à Lei 12.016, de 7 de agosto de 2009*, São Paulo, Ed. RT, 2009, pp. 90-91, por ofensa ao art. 5º, LXIX).

Como se demonstra acima, ao prever tais vedações à concessão de liminar, o legislador apenas positivou os entendimentos já consolidados nos Tribunais Superiores. As restrições afiguram-se razoáveis ante o perigo de irreversibilidade do provimento (*periculum in mora* inverso) nos casos especificados, como bem destaca o parecer apresentado pela Advocacia-Geral da União na ação direta de inconstitucionalidade, em que se conclui pela ausência de inconstitucionalidade.

217. Com a Lei Complementar 104, de 10.1.2001, introduziu-se no CTN o art. 170-A, que desautoriza a compensação antes do trânsito em julgado da decisão. Houve quem se insurgisse contra o dispositivo, alegando que seria inconstitucional, mas a norma não foi objeto de declaração de inconstitucionalidade pelo STF. O STJ, ao alterar a redação da Súmula 212, em 2005, teve a oportunidade de ratificar o entendimento de que não cabe concessão de liminar para compensação de crédito tributário.

anterior (Lei 2.770, de 4.5.1956). Tem-se entendido, entretanto, que essa vedação só se refere a produtos de contrabando, e não aos bens importados ou trazidos para o País como bagagem sobre os quais as autoridades passem a fazer exigências ilegais ou abusivas para seu desembaraço.[218]

Os preceitos referentes aos funcionários (cuja proibição já constava das Leis 4.348, de 26.6.1994, e 5.021, de 9.6.1966, ambas revogadas pelo art. 29 da Lei 12.016/2009) são extensivos aos servidores de todas as entidades estatais e suas autarquias, dada a generalidade da norma.[219-220] De acordo com o art. 14 da Lei 12.016/2009, os recursos de ofício ou voluntários, em tais casos, terão efeito suspen-

---

218. No sentido de que a vedação contida no art. 7º, § 2º, da Lei 12.016/2009 destina-se tão somente às mercadorias provenientes do Exterior apreendidas em decorrência de atividades ilícitas: TJRS, AI 70032376881, rel. Des. Carlos Eduardo Duro, *DJe* 8.2.2010; TJMG, AI 1.0000.10.002345-6/000, rela. Desa. Heloísa Combat, *DJe* 17.6.2010.

219. A Lei 8.076, de 23.8.1990, proibiu as liminares contra a maioria das leis que constituíram o "Plano Collor".

220. A Lei 8.437, de 30.6.1992, que dispõe sobre a concessão de medidas cautelares contra atos do Poder Público, determina, no seu art. 1º, § 3º: "Não será cabível medida liminar que esgote, no todo ou em parte, o objeto da ação". Como o *caput* do artigo se refere ao procedimento cautelar e às ações de natureza cautelar ou preventiva, entendemos que a regra não se aplica ao mandado de segurança, pelo fato de o legislador a ele não se referir expressamente, como o fez em vários outros artigos da mesma lei, e ainda em virtude da natureza específica que o instituto tem no Direito Brasileiro. Neste sentido há decisão da 1ª Seção do STJ: MS/AgR 8.130-DF, rel. Min. Luiz Fux, *DJU* 3.6.2002, p. 139. No atual sistema constitucional brasileiro, no qual o amplo acesso à Justiça e o devido processo legal são reconhecidos como direitos e garantias fundamentais, parte da doutrina tem entendido que a proibição de concessão de medidas liminares é de constitucionalidade no mínimo duvidosa (J. E. Carreira Alvim, "Medidas liminares e elementos conaturais do sistema de tutela jurídica", *RT* 734/66). Pensamos que cabe aplicar, no caso, o critério da razoabilidade, podendo o legislador fixar certas diretrizes para o magistrado – como, aliás, tem entendido o STF. Neste sentido, a "Exposição de Motivos" da Medida Provisória 1.570, do então Ministro da Justiça Nelson Jobim, e posteriormente integrante STF, salienta que:

"Há muito vem o Judiciário, por intermédio do STF, reconhecendo a legitimidade de limitações ou condicionamentos ao poder geral de cautela dos juízes. As Leis ns. 2.770, de 1956, 4.348, de 1964, e a Lei n. 5.021, de 1966, estabeleceram condicionamentos expressos à liberação de bens importados e à concessão de vantagens pecuniárias, à reclassificação ou à concessão de aumentos de serviços mediante decisão liminar em mandado de segurança. Tal como anotou o Min. Sepúlveda Pertence, tais precedentes não sofreram resistências quanto à sua constitucionalidade (ADI n. 233, *RTJ* 132/581 (586)). Já sob o império da Constituição de 1988, a Lei n. 7.969, de 1989, estendeu às medidas cautelares disciplinadas no Código de Processo Civil as mesmas restrições existentes para o mandado de segurança.

sivo. Poder-se-ia cogitar de eventual inconstitucionalidade dessas restrições, considerando que desigualariam os impetrantes no mandado de segurança, em detrimento do servidor público, quando a Constituição da República não faz essa distinção ao instituir o *mandamus*. A Lei 12.016/2009, todavia, tratou simplesmente de incorporar ao texto norma legal já existente, que não foi objeto de declaração de inconstitucionalidade e sempre foi aplicada pela Justiça.

A Lei 4.862, de 29.11.1965, em seu art. 51, revogou o art. 39 da Lei 4.357, de 16.7.1964, que proibia liminar em *matéria fiscal* contra a Fazenda Nacional, passando a admiti-la, pelo tempo limitado de 60 dias. Com a Lei 12.016/2009 essa proibição deixou de existir, ressalvados os casos de compensação, em relação aos quais, como visto, não é admitida a concessão da liminar.

Vigência da liminar – A Lei 12.016/2009 não fixa prazo de vigência para a medida liminar, que se manterá em vigor até a prolação da sentença, salvo se revogada ou cassada (art. 7º, § 3º). Estabelece ainda, no art. 7º, § 4º, que, deferida a liminar, o processo terá prioridade para julgamento.

Recorde-se, neste passo, que anteriormente a regra estabelecida para a subsistência da medida liminar era de 90 dias, contados da data da respectiva concessão, prorrogáveis por mais 30 dias, quando o juiz justificasse o acúmulo de serviço impeditivo do julgamento de mérito nesse prazo (art. 1º, "b", da Lei 4.348/1964, revogada pelo art. 29 da Lei 12.016/2009). De qualquer modo, entendia-se que apenas o transcurso do prazo da liminar era incapaz de acarretar automaticamente sua extinção, sendo necessário que o juiz declarasse a cessação de seus efeitos, pois poderiam ocorrer situações excepcionais que justificassem sua subsistência por mais tempo.[221]

"Tal como anotado pelo Min. Sepúlveda Pertence, 'essa última lei traduziu resposta à manifestação daquele entusiasmado e bem-intencionado abuso da cautelar inominada (...) que vinha provocando um fenômeno inusitado na prática brasileira, a fuga do mandado de segurança para a ação cautelar inominada, porque, em relação a esta, não vigoravam as vedações e limitações antecedentes do mandado de segurança, nem mesmo a suspensão de liminar ou da sentença pelo presidente do Tribunal competente para o recurso' (ADI n. 223, rel. Min. Sepúlveda Pertence, *RTJ* 132/571 (587))."

221. O Órgão Especial do TJRJ decidiu que a persistência da liminar após o decurso do prazo da Lei 4.348/1964 é matéria de discricionariedade do magistrado, em face do poder geral de cautela, recomendando-se sua manutenção se subsistentes

A revogada Lei 4.348/1964, no seu art. 2º, já estabelecia as condições para decretação da caducidade da medida liminar, as quais foram mantidas no art. 8º da Lei 12.016/2009: "Será decretada a perempção ou caducidade da medida liminar *ex officio* ou a requerimento do Ministério Público quando, concedida a medida, o impetrante criar obstáculo ao normal andamento do processo ou deixar de promover, por mais de 3 (três) dias úteis, os atos e as diligências que lhe cumprirem".

Na vigência da Lei 1.533/1951 considerava-se irrecorrível o despacho que negasse a liminar.[222] Hoje, por força do art. 7º, § 1º, da

---

os motivos que ensejaram a própria concessão da medida (MS/AgR 277/1996, rel. Des. Antônio Lindberg Montenegro, *RDTJRJ* 35/130).

222. A jurisprudência predominante era no sentido de que em mandado de segurança originário de Tribunal o despacho do relator que deferisse ou denegasse a medida liminar era ato sujeito ao prudente arbítrio do juiz. Vários Regimentos Internos de Tribunais dispunham expressamente, inclusive, sobre o descabimento de agravo regimental, sendo certo que muitos já foram adaptados à vigente Lei 12.016/2009, como o do TJRJ e os dos TRFs-1ª e 4ª Regiões, os quais preveem o cabimento do recurso.

Na vigência da legislação anterior o único recurso cabível consistia, apenas no caso de concessão, na cassação ou suspensão pelo presidente do Tribunal competente para o recurso. Nesse sentido, no STF: MS/AgR 21.684-1-RO, rel. Min. Sydney Sanches, *DJU* 24.9.1993, p. 19.575; MS/AgR 21.211-0-DF, rel. Min. Sydney Sanches, *RT* 687/212; TJSP, MS/AgR 11.975-0/6-01, rel. Des. Odyr Porto, *RT* 663/69; TJRJ, MS 776/1993, rel. Des. Paulo Sérgio Fabião, *RDR* 2/265.

Considerando ser irrecorrível o despacho denegatório da liminar em mandado de segurança, o STJ já admitira a impetração de outra ação de segurança diretamente contra a referida decisão (RMS 11.115-SP, rel. Min. Humberto Gomes de Barros, *DJU* 29.5.2000, p. 117).

Na doutrina, porém, já havia vozes discordantes, com argumentos de peso, e especialmente com exemplos nos quais a parte fica irremediavelmente prejudicada pela impossibilidade de recurso. Neste sentido, por exemplo, um curto e objetivo artigo do Min. Miguel Ferrante, "Decisão denegatória de liminar em mandado de segurança. Recorribilidade", *RF* 305/341. Admitindo a interposição de agravo regimental contra o despacho do relator que indefere a medida liminar, houve também acórdão da 1ª Seção do STJ: MS/AgR 4.646-DF, rel. Min. Adhemar Maciel, *DJU* 1.12.1997, p. 62.657.

Não obstante, o STF acabou por editar a Súmula 622, no sentido do descabimento de agravo regimental contra decisão do relator – em casos de competência originária de Tribunal, portanto – que concede ou indefere liminar em mandado de segurança. Hoje, a referida súmula está definitivamente superada, em face do disposto no art. 16, parágrafo único, da Lei 12.016/2009.

Com relação ao mandado de segurança impetrado na primeira instância encontram-se antigos precedentes do STJ admitindo a interposição de agravo de instrumento contra a decisão concessiva da liminar (REsp 213.716-RJ, rel. Min. Garcia Vieira, *RDR* 15/214 e REsp 745.270-RJ, rel. Min. Castro Meira, *DJU* 2.6.2006).

Lei 12.016/2009, cabe agravo de instrumento tanto da decisão que conceder quanto da que denegar a liminar. Já, nos casos de competência originária dos Tribunais caberá agravo ao órgão competente do Tribunal que integre contra a decisão do relator que a conceder ou a denegar (art. 16, parágrafo único). Em caso de concessão da liminar, esta poderá ser cassada a qualquer tempo pelo presidente do Tribunal competente para o recurso, desde que solicitado pela entidade interessada e ocorram seus pressupostos legais.[223] Desta *cassação* do presidente cabe *agravo regimental*, sem efeito suspensivo, a ser interposto no prazo de cinco dias, para o Tribunal por ele presidido.[224]

Muito se discutiu acerca da persistência da medida liminar após a sentença denegatória do mandado. De início os Tribunais sustentaram indiscriminadamente sua subsistência enquanto não transitasse em julgado a rejeição do *mandamus*,[225] mas a jurisprudência do STF passou a considerar cessados seus efeitos com a sentença de denegação (STF, Súmula 405).[226]

---

223. Acórdão da Corte Especial do STJ admitiu que, concedida a liminar por membro do TRF, o cabimento do pedido de suspensão da liminar ao Presidente do STJ, fundado na possibilidade de grave lesão à ordem, à saúde, à segurança e à economia públicas, não afasta, no âmbito local, o cabimento de agravo regimental para apreciação de eventuais vícios na decisão, *error in procedendo* ou *error in judicando* (Pet/AgR 1.018-PR, rel. Min. Antônio de Pádua Ribeiro, *RSTJ* 118/17). Como visto, o entendimento foi mantido na Lei 12.016/2009, que prevê ambas as possibilidades.

O STF decidiu, porém, que o pedido de suspensão de liminar deferida monocraticamente por relator em Tribunal de segundo grau não depende do esgotamento da jurisdição no Tribunal de origem, com a prévia interposição do agravo regimental no âmbito local, podendo ser encaminhado diretamente ao presidente do Tribunal Superior para o qual caiba o futuro recurso (Pet/AgR 2.455-PA, rel. para o acórdão Min. Gilmar Mendes, *Informativo STF* 300/1).

224. Lei 12.016/2009, art. 15: "Quando, a requerimento de pessoa jurídica de direito público interessada ou do Ministério Público e para evitar grave lesão à ordem, à saúde, à segurança e à economia públicas, o presidente do Tribunal ao qual couber o conhecimento do respectivo recurso suspender, em decisão fundamentada, a execução da liminar e da sentença, dessa decisão caberá agravo, sem efeito suspensivo, no prazo de 5 (cinco) dias, que será levado a julgamento na sessão seguinte à sua interposição".

225. STF, *AJ* 120/90, *RT* 236/302; TJRS, *RJ* 53/118; TJSP, *RT* 227/148. A favor dessa orientação, v.: Alcides de Mendonça Lima, "Efeitos do agravo de petição no despacho concessivo de medida liminar em mandado de segurança", *RF* 178/472; *RJ* 28/71, *RT* 272/22. Contra: Seabra Fagundes, *O Controle dos Atos Administrativos pelo Poder Judiciário*, 1957, p. 348, nota 4; Celso Agrícola Barbi, *Do Mandado de Segurança*, 1960, p. 117.

226. Súmula 405 do STF: "Denegado o mandado de segurança pela sentença, ou no julgamento do agravo, dela interposto, fica sem efeito a liminar concedida, retroagindo os efeitos da decisão contrária".

No mesmo sentido, determina o art. 7º, § 3º, que "os efeitos da medida liminar, salvo se revogada ou cassada, persistirão até a prolação da sentença". Não deve a liminar, afinal, subsistir sempre até o trânsito em julgado da sentença denegatória, sob pena de se retirar do juiz o poder de revogá-la quando verifique sua inconveniência ou desnecessidade, ou seja, tornar irrevogável uma decisão caracteristicamente precária e provisória. Daí por que a lei facultou ao juiz que preside o processo a discrição necessária para conceder ou negar, manter ou revogar a suspensão do ato, segundo as peculiaridades do caso ajuizado.[227]

Isso não quer dizer, entretanto, que a sentença, mesmo que denegatória, seja momento temporal a representar necessariamente a cassação da liminar. Há, inequivocamente, dois juízos distintos: um referente à medida cautelar e outro relativo ao mérito discutido – e, por isso, a citada Súmula 405 do STF está a exigir nova reflexão.

Estamos a tratar de três hipóteses: (i) se o juiz cassa expressamente a liminar ao denegar a segurança, não nos parece admissível seu restabelecimento pela só interposição do recurso cabível contra a decisão de mérito; (ii) se o juiz silencia na sentença sobre a cassação da liminar, é de se entender mantida até o julgamento da instância superior; (iii) se o juiz expressamente ressalvar a subsistência da liminar até a sentença passar em julgado, torna-se manifesta a persistência de seus efeitos enquanto a decisão estiver pendente de recurso.

Sendo a medida liminar uma providência cautelar, de preservação do direito invocado pelo impetrante, é concedida por funda-

---

227. Analisando as particularidades do caso concreto, o STJ já admitiu a concessão de medida cautelar para restabelecer liminar que fora cassada quando da denegação da segurança, dando efeito suspensivo a recurso ordinário (Pet/AgR 531-2-ES, rel. Min. Antônio de Pádua Ribeiro, *RSTJ* 99/106). No mesmo sentido: MC/AgR 3.485-RJ, rel. Min. Garcia Vieira, *DJU* 24.9.2001, p. 236; MC/AgR 5.557-RJ, rela. Min. Eliana Calmon, *DJU* 9.12.2002, p. 316; REsp 463.159-SP, rel. Min. Franciulli Netto, *DJU* 25.4.2005, p. 270. A possibilidade de o Tribunal *ad quem* revigorar os efeitos de liminar cassada por sentença denegatória de segurança parece-nos perfeitamente consentânea com as reformas da legislação processual civil, notadamente com a redação que havia sido dada ao art. 558 do CPC de 1973 pela Lei 9.139/1995, que dá ao relator o poder de conceder o efeito suspensivo a recursos que não o tenham. Embora não mencionasse a apelação em mandado de segurança, o antigo dispositivo legal poderia ser aplicado analogicamente. No STJ: REsp 422.587-RJ, rel. Min. Garcia Vieira, *DJU* 28.10.2002, p. 241; RMS 351-SP, rel. Min. Antônio de Pádua Ribeiro, *RSTJ* 96/175. Hoje, o CPC de 2015 disciplina a matéria por meio de seus arts. 1.019, I (para o agravo de instrumento) e 1.012, § 3º (para a apelação).

mentos diversos e independentes dos da decisão de mérito. Por isso, não basta que o juiz se manifeste sobre o mérito, denegando o mandado, para que fique automaticamente invalidada a medida liminar. É preciso que o julgador a revogue explicitamente para que cessem seus efeitos. O só fato de denegar a segurança não importa afirmar a desnecessidade da liminar, porque ela visa a preservar os danos irreversíveis para o impetrante, e esta possibilidade pode subsistir até que a sentença passe em julgado, negado o direito pleiteado. Enquanto pende recurso a sentença denegatória é reformável, e, como tal, nenhum efeito produz em relação à suspensão provisória do ato. O que sustenta ou invalida a liminar, a nosso ver, é o pronunciamento autônomo do juiz sobre sua persistência ou insubsistência.

Recentemente anotamos, em artigo específico,[228] as razões que nos parecem sustentar a conveniência de superação da Súmula 405 do STF, aprovada em 1.6.1964, que, em outras palavras, não só pressupõe a revogação da liminar com a sentença denegatória, como fixa a retroatividade dos efeitos da nova decisão. Trata-se de enunciado elaborado para enfrentar questão jurídica específica tratada pelo Tribunal na década de 1960 (a interpretação da Lei 1.037/1951), tanto assim que são raros, nesses últimos 52 anos, os precedentes do STF e do STJ que o aplicaram,[229] ao tempo em que foram elaboradas diversas exceções jurisprudenciais à sua incidência.

Modernamente, com o aprofundamento dos estudos e as conquistas jurisprudenciais em torno do princípio da segurança jurídica (art. 5º, *caput*, da CF) e seus consectários (a boa-fé do jurisdicionado, a proteção da confiança e o próprio princípio autônomo da irretroatividade das leis – art. 5º, XXXVI, da CF), tornaram-se mais claras as ameaças ao direito do impetrante e à plena prestação jurisdicional advindas da adoção da regra, independentemente da avaliação proporcional e concreta do juiz, da automática revogação da liminar com a sentença denegatória da segurança. As preocupações práticas ganham novo relevo diante da articulação do mandado de segurança em casos complexos de alteração abrupta de regime legal no direito

228. Arnoldo Wald e Rodrigo de Oliveira Kaufmann, "A Súmula 405 do STF e a segurança jurídica", *RTFR-1ª Região* 28/63-78, n. 7-8, Brasília, julho-agosto/2016.

229. No STF são, aparentemente, apenas quatro julgamentos colegiados: AI 36.768, rel. Min. Hermes Lima, *DJU* 14.12.1966; RE 60.339, rel. Min. Thompson Flores, *DJU* 23.5.1969; SS/Ag 984, rel. Min. Sepúlveda Pertence, *DJU* 23.5.1997; RE 608.482, rel. Min. Teori Zavascki, *DJe* 30.10.2014.

administrativo ou constitucional, como nos setores regulados, de infraestrutura, em concessões, no exame do reequilíbrio econômico-financeiro, nas parcerias público-privadas etc., especialmente quando os novos marcos normativos são acompanhados de importante questionamento acerca de sua legitimidade constitucional. Desde a substituição do agravo de petição pela apelação em mandado de segurança o juiz inferior já não podia modificar a sentença e alterar a situação do julgado após a decisão de mérito, gerando dificuldades para a preservação do direito a ser protegido pelo *mandamus*. Diante dessa situação, entendemos que cabe ao presidente do Tribunal e, subsequentemente, ao relator da apelação prover sobre a liminar que se fizer necessária ou inconveniente, após a prolação da sentença.[230]

Uma vez cassada a liminar ou cessada sua eficácia, voltam as coisas ao *status quo ante*. Assim sendo, o direito do Poder Público fica restabelecido *in totum* para a execução do ato e de seus consectários, desde a data da liminar. Mas se no período da suspensão liminar (ou da sentença concessiva da segurança, posteriormente reformada) forem praticados atos geradores de direito subjetivo para o impetrante ou para terceiros, ou consumadas situações definitivas, tais atos e situações deverão ser considerados válidos e subsistentes, pois se constituíram ao amparo de uma ordem judicial eficaz durante sua vigência.[231-232]

Como já dito acima, será decretada a perempção ou caducidade da liminar, *ex officio* ou a requerimento do Ministério Público, quando o impetrante, após a concessão da medida, criar obstáculo ao prosseguimento do processo ou deixar de promover, por mais de três dias úteis, as diligências e atos processuais que lhe competirem, segundo o art. 8º da Lei 12.016/2009.[233]

---

230. A opinião de Hely Lopes Meirelles é hoje ainda mais atual, tendo em vista os poderes concedidos ao relator, que pode atribuir efeito suspensivo a agravos de instrumento e apelações normalmente recebidos apenas no efeito devolutivo (CPC de 2015, art. 1.019, I, e art. 1.012, § 3º).

231. Nesse sentido, em diferentes casos, v.: STF, *RTJ* 33/280 e 501, 41/251, 593 e 857, 87/722 e 104/1.284, *RDA* 114/288, 134/217 e 119/828; TFR, Ag 39.074-RN, *DJU* 7.11.1979, p. 8.333.

232. Na bibliografia referente às medidas liminares destaca-se a obra de R. Reis Friede, Juiz Federal no Rio de Janeiro, intitulada *Aspectos Fundamentais das Medidas Liminares*, Rio de Janeiro, Forense Universitária, 1993.

233. A regra não representa novidade no ordenamento jurídico, visto que norma semelhante já constava do art. 2º da revogada Lei 4.348/1964. Embora parte

13. *Suspensão da liminar ou da sentença*

A *suspensão da liminar ou dos efeitos da sentença concessiva* é providência admitida pela Lei 12.016/2009 (art. 15) "para evitar grave lesão à ordem, à saúde, à segurança e à economia públicas".[234] Essa suspensão cabe ao presidente do Tribunal competente para conhecer do recurso respectivo, e só poderá ser requerida pela entidade ou órgão interessado e pelo Ministério Público, o qual não era expressamente autorizado pela antiga Lei 1.533/1951. O dispositivo deve ser interpretado de forma extensiva, no sentido de que não só a *entidade pública* como também o *órgão* interessado têm legitimidade para pleitear a suspensão da liminar, e ainda as *pessoas* e *órgãos de direito privado* passíveis da segurança e que suportarem seus efeitos. A lei há que ser interpretada racionalmente, para a consecução dos fins a que se destina.[235-236]

---

da doutrina critique o dispositivo, por condicionar a manutenção dos efeitos de uma medida liminar ao "bom comportamento" processual do impetrante (Cássio Scarpinella Bueno, *A Nova Lei do Mandado de Segurança*, São Paulo, Saraiva, 2009, p. 55), máxime quando já existem outras sanções aplicáveis, como a multa por litigância de má-fé (José Miguel Garcia Medina e Fábio Caldas Araújo, *Mandado de Segurança Individual e Coletivo: Comentários à Lei 12.016, de 7 de agosto de 2009*, São Paulo, Ed. RT, 2009, pp. 132-133), o rigor da penalidade justifica-se como um meio para garantir a celeridade e a eficiência do processo, cujos princípios nortearam os esforços do legislador. Nesse exato sentido, Humberto Theodoro Jr. assevera tratar-se de "provimento judicial de repressão à litigância de má-fé ou à conduta temerária adotada por quem se beneficiou de medida emergencial e não cuidou de assegurar ao processo a marcha regular e célere imposta pela lei" (*O Mandado de Segurança segundo a Lei 12.016, de 7 de agosto de 2009*, Rio de Janeiro, Forense, 2009, pp. 27-28).

234. Sobre a suspensão da liminar e da sentença já no regime da Lei 12.016/2009: Eduardo Arruda Alvim, "Suspensão de segurança", *RF* 413/119.

235. A questão tornou-se especialmente delicada após a expansão das concessões de serviços públicos a empresas privadas e as privatizações ocorridas a partir da década de 90 do século passado. As concessionárias privadas, por exercerem serviços públicos, representam muito mais que seus próprios interesses individuais, sendo delegatárias de funções de claro interesse público. Assim, na defesa dos interesses da comunidade, devem tais empresas privadas ter a possibilidade de requerer aos presidentes dos Tribunais a suspensão de liminares ou seguranças que afetem a prestação dos serviços concedidos. Esta é a interpretação racional e construtiva que merece a lei.

236. Nessa linha, reconhecendo a legitimidade de empresa pública prestadora de serviço público para pedir a suspensão de liminar que a afetava, o Tribunal Pleno do STF já decidia desde a década de 80 (v. SS 114-SP, *RTJ* 92/939; SS/AgR 202-DF, rel. Min. Rafael Mayer, *DJU* 5.2.1988, p. 1.380). Do mesmo modo, o STJ admite há longa data o pedido de suspensão formulado por empresa pública – com personalida-

A propósito, já em 1980 decidiu o então Presidente do STF, Min. Antônio Neder, que "o direito de pedir a suspensão da segurança deve ser concedido não só ao Procurador-Geral da República e à pessoa jurídica de direito público interessada, senão também às pessoas e às entidades privadas que tenham de suportar os efeitos da medida. A todos aqueles que figurarem na ação de segurança, e que forem alcançados pela sentença concessiva do *writ*, deve conferir-se o direito de pedir a suspensão da medida".[237]

---

de jurídica de direito privado – quando no exercício de delegação do Poder Público: SS/AgR 632-DF, rel. Min. Antônio de Pádua Ribeiro, *DJU* 22.6.1998, p. 1.

Entende-se também que não apenas as empresas públicas se equiparam às "entidades de direito público" para efeitos de legitimidade para requerer suspensão de segurança, mas também as sociedades de economia mista que desempenham atividade econômica de interesse público, apesar da personalidade de direito privado que ostentam – na hipótese, reconheceu-se a legitimidade do pedido de suspensão de segurança por parte de concessionárias de serviços de telefonia (REsp 50.284-SP, rel. Min. Peçanha Martins, *DJU* 12.6.2000, p. 87, *RSTJ* 136/152). No exercício da Presidência do STJ, na SS 1.031-PE (*DJU* 23.4.2002), o Min. Nilson Naves teve o ensejo de afirmar que, "para promover pedido de suspensão de segurança, é parte legítima 'a pessoa jurídica de direito público interessada' (art. 4º da Lei n. 4.348/1964) ou, conforme a jurisprudência desta Corte, as empresas públicas e sociedades de economia mista, quando patente o interesse público (*v.g.*, Pet/ AgR n. 1.489-BA, SS/ AgR n. 632-DF, REsp n. 50.284-5-SP)". Nesse sentido: AgR no AREsp 784.604-MG, rel. Min. Gurgel de Faria, *DJe* 25.6.2016; SLS 3.001-CE, rel. Min. Humberto Martins, *DJe* 30.9.2021.

Com base em interpretação ampliativa da legitimidade prevista na Lei 8.437/1992, a Corte passou a admitir suspensões de liminares requeridas até mesmo por empresas estritamente privadas, desde que concessionárias ou permissionárias de serviços públicos, e por fundos de pensão ligados a estatais. São exemplos a SL 196-RJ, pedida pela Light, a SL 221-RJ, pedida pela Varig, e as SL 128-RJ e 222-DF, requeridas por vários fundos de pensão (PREVI, PETROS, FUNCEF e outros), todas relatadas e deferidas pelo Min. Edson Vidigal (respectivamente, *DJU* 10.11.2005, *DJU* 2.2.2006, *DJU* 6.10.2005, *DJU* 2.6.2006). Nesse mesmo sentido: SLS/AgR no AgR 1.955-DF, rel. Min. Francisco Falcão, *DJe* 29.4.2015. Em qualquer caso, a propositura da suspensão deve visar interesse público primário, e não a preservação do interesse particular (v.: STJ, SL 313-CE, rel. Min. Barros Monteiro, *DJU* 21.9.2006; SLS 2.814-SP, rel. Min. Humberto Martins, *DJe* 25.6.2020).

Na mesma linha, admitindo a legitimidade processual ativa de pessoas jurídicas de direito privado para o pedido de suspensão, desde que no exercício de função delegada do Poder Público, como as concessionárias de serviço público: STF, SL 111-DF, rela. Min. Ellen Gracie, *DJU* 2.8.2006; SL 251-SP, rel. Min. Gilmar Mendes, *DJe* 4.8.2008; SL 274-PR, rel. Min. Gilmar Mendes, *DJe* 3.2.2009; STJ, SL 313-CE, rel. Min. Barros Monteiro, *DJU* 21.9.2006.

237. STF, SS 114-SP, *RTJ* 92/939.

Sendo a suspensão da liminar ou dos efeitos da sentença providência drástica e excepcional, só se justifica quando a decisão possa afetar de tal modo a ordem pública, a economia, a saúde, ou qualquer outro interesse da coletividade, que aconselhe sua sustação até o julgamento final do mandado.

Interpretando construtivamente e com largueza a "ordem pública", o então Presidente do TFR (e posteriormente Ministro do STF) José Néri da Silveira explicitou que nesse conceito se compreende a *ordem administrativa em geral*, ou seja, a normal execução do serviço público, o regular andamento das obras públicas, o devido exercício das funções da Administração pelas autoridades constituídas.[238] Realmente, assim há que ser entendido o conceito de "ordem pública" para que o presidente do Tribunal competente possa resguardar os altos interesses administrativos, cassando liminar ou suspendendo os efeitos da sentença concessiva de segurança quando tal providência se lhe afigurar conveniente e oportuna.

Presentes os pressupostos de plausibilidade do direito invocado e urgência na concessão da medida, o presidente do Tribunal poderá, inclusive, conferir ao pedido efeito suspensivo liminar, a teor do art. 15, § 4º, da Lei 12.016/2009.[239] A lei estatui, outrossim, que as liminares cujo objeto seja idêntico poderão ser suspensas em uma única decisão, podendo o presidente do Tribunal estender os efeitos da suspensão a liminares supervenientes, mediante simples aditamento

238. TFR, SS 4.405-SP, *DJU* 7.12.79, p. 9.221. Compreendem-se no conceito de "ordem pública": a preservação do controle e administração de serviço público (SLS/AgR 1.070-RJ, rel. Min. Félix Fischer, *DJe* 14.12.2010); a preservação da adequada prestação jurisdicional (STJ, Corte Especial, SS/AgR 1.784, rel. Min. Barros Monteiro, *DJU* 10.12.2007); a preservação do poder de autotutela da Administração (STJ, Corte Especial, SS/AgR 1.612, rel. Min. Barros Monteiro, *DJU* 9.10.2006); a manutenção do poder de polícia da Administração (STJ, Corte Especial, SLS/AgR 268, rel. Min. Barros Monteiro, *DJU* 11.12.2006; STJ, Corte Especial, SS/AgR 1.498, rel. Min. Edson Vidigal, *DJU* 29.8.2005); a interferência nos critérios de conveniência e oportunidade da Administração (STJ, Corte Especial, SS/AgR 1.521, rel. Min. Edson Vidigal, *DJU* 10.4.2006); a preservação das competências públicas das agências reguladoras (STJ, Corte Especial, SLS/AgR 162, rel. Min. Edson Vidigal, *DJU* 1.8.2006); risco de lesão ao meio ambiente (STJ, AgInt na SS 3.162-AP, rel. Min. João Otávio de Noronha, *DJe* 1.7.2021). Mas a lesão à ordem pública que justifica a suspensão da medida liminar é aquela grave e com efeitos multiplicadores, não a questão meramente individual (STJ, SLS/AgR 1.374-DF, rel. Min. Ari Pargendler, *DJe* 23.9.2011).

239. A norma já constava da Lei 8.437/1992, art. 4º, § 7º, com a redação dada pela Medida Provisória 2.180-35/2001.

do pedido original (art. 15, § 5º).[240] É de ressaltar que a interposição de agravo de instrumento contra decisão concessiva de liminar não tem o condão de prejudicar nem de condicionar de alguma forma o pedido de suspensão nas ações movidas contra o Poder Público e seus agentes (art. 15, § 3º).[241] Mantém-se, inclusive, a possibilidade de se requerer ao relator do agravo de instrumento a atribuição de efeito suspensivo ao recurso, conforme a regra do art. 1.019, I, do CPC de 2015.

A lei impõe ao presidente do Tribunal o dever de motivar o despacho suspensivo de modo a evidenciar as razões que justificam e legitimam o ato, mas fica ao seu alto critério a valoração da conveniência e oportunidade da suspensão.[242] Se suspensa a liminar, ou os

240. A norma já constava da citada Lei 8.437/1992, art. 4º, § 8º, com a redação dada pela Medida Provisória 2.180-35/2001.

241. A Lei 12.016/2009 incorporou, nesse ponto, o art. 4º, § 6º, da Lei 8.437/1992, com a redação dada pela Medida Provisória 2.180-35/2001.

No entanto, o STJ já se manifestou no sentido de que o julgamento do mérito do agravo de instrumento prevalece sobre a decisão proferida pelo presidente do Tribunal no pedido de suspensão de liminar (REsp 476.469-RJ, rela. Min. Eliana Calmon, *DJU* 12.5.2003).

242. Segundo o STJ, a apreciação do presidente do Tribunal limita-se aos requisitos da lei – possibilidade de lesão grave à ordem, à saúde, à segurança ou à economia públicas –, não cabendo qualquer discussão a respeito do mérito do mandado de segurança (STJ, SS/AgR 524-PE, rel. Min. Bueno de Souza, *RSTJ* 93/17; SSL 755-GO, rel. Min. Barros Monteiro, *DJU* 11.10.2007; SSL 784-RJ, rel. Min. Barros Monteiro, *DJU* 5.12.2007; Corte Especial, SS/AgR-ED 1.936, rel. Min. César Asfor Rocha, *DJU* 7.5.2009). De acordo com a jurisprudência predominante do STJ, o pedido de suspensão não se presta ao exame de *error in procedendo* ou de *error in judicando*, o que deve ser perseguido através dos recursos previstos na legislação processual (Pet/AgR 1.236-RJ, *DJU* 13.5.2002, p. 136; Pet/AgR 1.323-ES, *DJU* 26.5.2003, p. 242; AgInt na SS 2887-BA, rela. Min. Laurita Vaz, *DJe* 27.9.2017). Na visão do STJ, considerar o mérito da questão para fundamentar a suspensão da liminar ou da sentença desvirtuaria o instituto, transformando-o em substitutivo dos recursos processuais adequados (SLS 1.415-MA, rel. Min. Félix Fischer, *DJe* 1.8.2011). O STF, por outro lado, vem entendendo que cabe ao presidente do Tribunal apreciar também a plausibilidade das alegações de mérito do ente público requerente da suspensão, requisito equivalente ao do *fumus boni juris* de uma medida cautelar (SS/AgR 1.149-9-PE, rel. Min. Sepúlveda Pertence, *RT* 742/162 – apreciando também a constitucionalidade do procedimento de suspensão de segurança). O Plenário do STF, no entanto, ressaltou, em outro julgado, a possibilidade de concorrência e independência das vias, afirmando que "o pedido de suspensão de segurança não impede a formulação, pelo mesmo requerente, de pedido autônomo para a concessão de excepcional efeito suspensivo a recurso extraordinário articulado contra aquela mesma decisão, desde que observados os requisitos processuais

efeitos da sentença, cabe *agravo regimental*, sem efeito suspensivo, como já vimos precedentemente.

Caberá novo pedido de suspensão ao presidente do Tribunal competente para conhecer de eventual recurso especial ou extraordinário na hipótese de indeferimento do pedido suspensivo ou de provimento de agravo interposto contra decisão que tenha deferido a suspensão (art. 15, § 1º, da Lei 12.016/2009).[243] Caberá o pedido para o mesmo órgão julgador na hipótese de desprovimento do agravo de instrumento interposto contra decisão concessiva de liminar (art. 15, § 2º).[244]

A Lei 12.016/2009, assim como o fazia a legislação anterior do mandado de segurança, autoriza de forma expressa tão somente o reexame da liminar concedida. Não obstante, sua denegação pode ser tão prejudicial à parte quanto sua concessão. Equitativo é que o presidente do Tribunal competente tanto possa *suspender* como *conceder* ou *restabelecer* a liminar até o julgamento final do mandado;[245] e assim já decidira o TJSP em acórdão pioneiro.[246]

---

próprios a cada uma das espécies" (Pet/QO 2.676-6-MS, rel. Min. Gilmar Mendes, *DJU* 8.9.2006).

243. Mesmo antes da edição da Lei 12.016/2009 as Súmulas 506 do STF ("O agravo a que se refere o art. 4º da Lei n. 4.348, de 26.6.1964, cabe, somente, do despacho do Presidente do STF que defere a suspensão da liminar, em mandado de segurança; não do que a denega") e 217 do STJ ("Não cabe agravo de decisão que indefere o pedido de suspensão da execução da liminar, ou da sentença em mandado de segurança") já não mais vigoravam. O Plenário do STF em 2002 admitiu o agravo contra despacho do Presidente que indeferira a suspensão de segurança, superando o entendimento sumulado (SS 1.945-AL, rel. design. Min. Gilmar Mendes, *DJU* 1.8.2003). Já, a Súmula 217 do STJ foi cancelada pela Corte Especial em 23.10.2003.

244. Tais normas já constavam da Lei 8.437/1992, art. 4º, §§ 4º e 5º, conforme redação dada pela Medida Provisória 2.180-35/2001.

245. A propósito, o então Presidente do TJSP, Des. Young da Costa Manso, proferiu despacho restabelecendo liminar em mandado de segurança impetrado por Prefeito contra o Presidente da Câmara Municipal que lhe havia cassado o mandato, e, com a sentença denegatória da segurança, o Juiz revogou a liminar. Havendo pedido de restabelecimento daquela liminar, o Presidente do Tribunal o acolheu para sustar o afastamento do Prefeito até o julgamento da apelação, e justificou a decisão por se tratar de impetração de uma autoridade contra outra. Houve agravo regimental, e o Plenário do TJSP, por maioria de votos, confirmou o despacho agravado (MS/AgR 995-0, acórdão de 3.6.1981). Esse julgado se nos afigura justo e jurídico, abrindo novas perspectivas para uma interpretação racional e construtiva dos casos de reexame de liminares em mandado de segurança.

246. MS/AgR 17.526-1, j. 18.10.1981.

O Regimento Interno do STF defere competência ao seu Presidente, a requerimento do Procurador-Geral ou da pessoa jurídica de direito público interessada, para evitar grave lesão à ordem, à saúde, à segurança e à economia públicas, para suspender, em despacho fundamentado, a execução de liminar ou da decisão concessiva de mandado de segurança proferida em única ou última instância pelos Tribunais locais ou federais (cf. arts. 297 e 317).

Suspensão de liminar – Liminar em mandado de segurança concedida por juiz de primeiro grau é passível de suspensão pelo presidente do Tribunal competente,[247] nos termos do art. 15 da Lei 12.016/2009. Por sua vez, quando a liminar for concedida pelo Tribunal, a matéria em discussão no mandado de segurança influirá na definição da competência para a apreciação do pedido de suspensão. Se o fundamento jurídico da decisão a ser suspensa tiver índole constitucional, em princípio será cabível ao final um recurso extraordinário ao STF – e, portanto, a competência para a suspensão da liminar ou da sentença será do Presidente do STF. Sendo a matéria em questão de índole infraconstitucional – e, portanto, estabelecida a competência do STJ no âmbito recursal –, estende-se ao Presidente do STJ a competência para a suspensão.[248] Em ambas as hipóteses os Tribunais Superiores já assentaram que o esgotamento das instâncias inferiores, por meio da interposição de agravo perante o Tribunal de segunda instância, não constitui pressuposto para o pedido de suspensão de liminar.[249]

Inicialmente o STF entendia que se a liminar fosse concedida pelo juiz de primeira instância e o presidente do Tribunal local negasse a suspensão não seria cabível novo pedido de suspensão dirigido ao Tribunal Superior.[250]

---

247. Há acórdão do STJ no sentido de que não cabe recurso especial sobre a matéria da suspensão da liminar (AI/AgR 121.340-MG, *RSTJ* 93/179). No mesmo sentido: STJ, AI/AgR 146.215-RJ, rel. Min. Ari Pargendler, *RSTJ* 99/108; e REsp 116.832-MG, rel. Min. Peçanha Martins, *DJU* 28.2.2000, p. 73; REsp 1.893.035-MA, rela. Min. Assusete Magalhaes, *DJe* 16.4.2021.

248. Se o pedido de suspensão for ajuizado erroneamente junto ao STF abordando matéria infraconstitucional, nada impede que seja refeito perante o STJ, ou vice-versa (STF, SL/AgR 56-2-AM, rela. Min. Ellen Gracie, *RT* 855/177).

249. Nesse sentido: STF, SS 2.660-SP, rela. Min. Ellen Gracie, *DJe* 30.4.2008; e STJ, SLS/AgR 1.262-SP, *DJe* 2.9.2010.

250. *RTJ* 165/812.

No entanto, o Presidente do STJ já acatou pedido de suspensão de liminar quando a medida fora concedida em primeira instância, suspensa pelo presidente do Tribunal local e posteriormente restabelecida em sede de agravo regimental.[251] Considerou-se, naquela oportunidade, que a suspensão era relativa ao ato do TRF que restabelecera uma liminar através da decisão no agravo regimental.

O que em outra oportunidade a Corte Especial do STJ entendeu inviável, por votação majoritária, é o pedido de "suspensão da suspensão". A pedido do Estado da Bahia e de uma empresa pública estadual, o Presidente do TJBA concedera a suspensão de liminar obtida pelo Município de Barreiras, sendo que este, então, pediu à Presidência do STJ a suspensão da suspensão concedida localmente, de modo a restabelecer a liminar de primeira instância. No STJ prevaleceu o entendimento de que "os dispositivos legais de regência não autorizam o manejo de suspensão de liminar contra decisão monocrática de suspensão de liminar" e "não há previsão legal para pedido de suspensão da suspensão".[252]

Com a Medida Provisória 2.180-35, de 24.8.2001, foram acrescentados os §§ 3º e 4º ao art. 4º da Lei 8.437/1992, estabelecendo expressamente que, negada a suspensão da liminar no Tribunal de segundo grau e negado também o respectivo agravo regimental, caberá novo pedido de suspensão ao STF ou ao STJ, sendo a matéria constitucional ou legal, conforme o caso. Da mesma forma, de acordo com o § 5º, igualmente acrescentado pela Medida Provisória 2.180-35, o novo pedido de suspensão aos Tribunais Superiores também pode ser formulado depois de negado provimento, na segunda instância, ao recurso interposto contra a liminar concedida no primeiro grau. Assim, ficou ultrapassada a posição anteriormente defendida pelo STF no sentido do descabimento do novo pedido. Tais dispositivos da Medida Provisória 2.180-35 foram considerados constitucionais pelo STF no julgamento da ADI 2.251-DF, interposta contra uma edição anterior das mesmas regras, por sete votos a quatro, em 23.8.2000. No mesmo sentido dispôs a Lei 12.016/2009 (art. 15, § 1º).

251. STJ, Pet 980-SP, Min. Antônio de Pádua Ribeiro, despacho de 9.7.1998 no caso da privatização da Telebrás.

252. STJ, SL/AgR 848-BA, rel. para o acórdão Min. Fernando Gonçalves, *DJe* 22.9.2008. Na mesma linha: SLS/AgR 1.437-PR, rel. Min. Ari Pargendler, *DJe* 9.3.2012.

Mantém-se, todavia, a competência do Presidente do STF para suspender as decisões do STJ nos casos previstos pelo art. 15 da Lei 12.016/2009, já tendo sido a mesma exercida, mais recentemente, no tocante à decisão que reajustou o valor das aposentadorias em 147%.

O STF decidiu que, deferida a suspensão da execução de liminar em mandado de segurança, o eventual julgamento de mérito concessivo da segurança também deverá ficar com seus efeitos automaticamente suspensos até o respectivo trânsito em julgado.[253] A decisão fundamentou-se no § 3º do art. 297 do Regimento Interno do STF, segundo o qual "a suspensão de segurança vigorará enquanto pender o recurso, ficando sem efeito, se a decisão concessiva for mantida pelo STF ou transitar em julgado".[254] A matéria acabou sendo objeto da Súmula 626 do STF.[255]

O STJ, ao contrário, decidiu que a suspensão da liminar vigora até a prolação da sentença, dependendo a continuação da suspensão – agora, da sentença – de novo requerimento da parte interessada.[256]

A questão acabou merecendo tratamento legislativo, com a edição do § 9º do art. 4º da Lei 8.437/1992 através da Medida Provisória 2.180-35, de 24.8.2001, estabelecendo que "a suspensão deferida pelo presidente do Tribunal vigorará até o trânsito em julgado da decisão de mérito na ação principal". A lei, portanto, acabou consagrando a jurisprudência do STF.[257] A Lei 12.016/2009 deixou de tratar da matéria, mantendo, assim, o regime anteriormente vigente.

---

253. STF, Rcl 718-PA, rel. Min. Celso de Mello, j. 30.4.1998, *RTJ* 188/762.

254. No mesmo sentido: STF, SS/AgR 780-PI, rel. Min. Sepúlveda Pertence, *RTJ* 165/130; SS/AgR 2.906-1-PA, rela. Min. Ellen Gracie, *RT* 858/158.

Por outro lado, o Plenário do STF decidiu que o pedido de suspensão da liminar fica prejudicado se antes de ele ser apreciado já tiver sido proferida a sentença na ação principal. A decisão foi em matéria de ação civil pública, mas o precedente é plenamente aplicável aos mandados de segurança (Pet/AgR 2.227-1-RS, rel. Min. Marco Aurélio, *DJU* 24.5.2002, p. 54).

255. STF, Súmula 626: "A suspensão da liminar em mandado de segurança, salvo determinação em contrário da decisão que a deferir, vigorará até o trânsito em julgado da decisão definitiva de concessão da segurança ou, havendo recurso, até a sua manutenção pelo STF, desde que o objeto da liminar deferida coincida, total ou parcialmente, com a da impetração".

256. STJ, REsp 97.838-RS, rel. Min. Milton Luiz Pereira, *RSTJ* 99/74.

257. O STJ vem acatando a regra do § 9º do art. 4º da Lei 8.437/1992 (Rcl 1.141-BA, rel. Min. Nilson Naves, *DJU* 22.9.2003, p. 248; Rcl/AgR 2.809-RJ, rel.

Deferida pelo Presidente do STF a suspensão da eficácia de medida liminar em mandado de segurança, a Justiça local não pode conceder tutela antecipada em ação ordinária versando sobre o mesmo objeto.[258]

O Min. Sepúlveda Pertence, no exercício da Presidência do STF, acatou parecer do Procurador-Geral da República, Dr. Geraldo Brindeiro, e entendeu que não seria cabível a suspensão de liminar obtida pela parte, em sede de agravo de instrumento, mediante efeito suspensivo, que revigorou liminar anteriormente revogada. Enquanto contracautela excepcional, a suspensão só deveria ser admitida nos casos expressamente previstos em lei.[259]

Contrariando a jurisprudência anterior da própria Corte Suprema, o Plenário do STF admitiu a impetração de mandado de segurança diretamente contra a decisão do Presidente da Casa que indeferira a suspensão de segurança, concedendo, assim, uma liminar no novo *mandamus* para deferir a suspensão antes pleiteada e negada.[260]

Se na instância inferior for cassada, revogada ou reformada a liminar ou sentença cuja suspensão se pediu, ficará prejudicada a medida de contracautela.[261]

14. Informações

As *informações* constituem a defesa do coator e da Administração. Devem ser prestadas pela própria autoridade arguida de coatora,[262] no prazo improrrogável de *10 dias* (art. 7º, II, da Lei 12.016/2009).[263] Podem ser subscritas por advogado, mas juntamente com a autoridade responsável pelo ato *sub judice*, porque a responsabilidade administrativa é pessoal e intransferível perante a Justiça. A Administração só se faz presente em mandado de segu-

---

Min. Humberto Gomes de Barros, *DJe* 10.11.2008; AgInt no REsp 1.673.891-BA, rel. Min. Og Fernandes, *DJe* 17.11.2020).

258. STF, Rcl/AgR 655-7, *Informativo STF* 77/4.

259. STF, Pet 1.247-0-MT, *DJU* 2.6.1997, p. 23.679.

260. STF, MS 24.159, rela. Min. Ellen Gracie, *RTJ* 188/145.

261. STF, Pet/QO-AgR 1.318-DF, rel. Min. Celso de Mello, *RTJ* 194/464.

262. TFR, AMS 100.967-SP, *DJU* 1.3.1984, e AMS 101.167-SP, *DJU* 8.3.1984, sendo Relator em ambas o Min. Carlos Madeira.

263. O dispositivo manteve o teor do art. 7º, I, da Lei 1.533/1951, alterada pela Lei 4.348/1964.

rança até a prestação das informações, pela autoridade contra quem é impetrada a ordem.[264] Daí por diante o processo pode – e deve – ser acompanhado por procurador habilitado nos autos, mas as ordens de execução da segurança serão sempre dirigidas à própria *autoridade coatora* e por ela cumpridas direta e imediatamente, sob pena de incidir no crime de desobediência (art. 26 da Lei 12.016/2009 e CP, art. 330). Somente as intimações sobre a tramitação do processo e recursos é que serão feitas na pessoa do procurador habilitado nos autos.

Nas informações o impetrado deverá esclarecer minuciosamente os fatos e o direito em que se baseou o ato impugnado. Poderá oferecer prova documental e pericial já produzida. Se a prova depender de outra repartição, fora de sua jurisdição, deverá indicá-la e solicitar requisição pelo juiz. O que não se permite é o pedido de prova futura, a ser produzida em juízo.

A falta das informações pode importar confissão ficta dos fatos arguidos na inicial, se isto autorizar a prova oferecida pelo impetrante.[265] As informações merecem credibilidade, até prova em contrário, dada a *presunção de legitimidade* dos atos da Administração e da palavra de suas autoridades.[266]

Se com as informações vierem documentos, deve ser aberta vista ao impetrante para sua manifestação, e após os autos irão ao Ministério Público, para seu parecer sobre todo o processado.

Com as informações encerra-se a fase instrutória do processo de mandado de segurança e fecha-se a possibilidade do ingresso de litisconsortes passivos no feito, salvo se o juiz determinar a integração da lide por *litisconsorte necessário*. Já vimos que o ingresso do litisconsorte ativo não será admitido após o despacho da petição inicial. Não se confunda, porém, a intervenção de *assistentes* com a de *litisconsortes*: aqueles podem entrar no feito a qualquer tempo, porque não se aproveitam da sentença; estes, como são alcançados

264. TJSP, *RDP* 28/237.

265. STF, *RTJ* 6/192. É importante notar, porém, que a jurisprudência do STJ é firme em não reconhecer os efeitos da revelia em virtude da intempestividade ou falta de prestação das informações, pois cumpre ao autor instruir a inicial com a prova pré-constituída dos fatos que embasam seu alegado direito líquido e certo, sem o quê a impetração não poderá prosperar, independentemente do que constar, ou não, das informações (v., exemplificativamente: RMS 26.170, rel. Min. Francisco Falcão, *DJe* 15.12.2008).

266. TFR, AMS 84.840, rel. Min. Carlos Mário Velloso, *DJU* 28.11.1979.

pelos efeitos da decisão, devem ingressar no mandado até a prestação das informações, salvo se o juiz o determinar posteriormente. Daí por diante são inalteráveis a lide e as partes. Em tese, com a Lei 12.016/2009 não mais caberia, todavia, a assistência.

De se reiterar que a falta de citação ou de ciência dada ao litisconsorte necessário no processo enseja a nulidade do julgamento, que pode ser obtida até mesmo em recurso extraordinário, como já demonstramos precedentemente (item 9).[267]

15. Sentença

A *sentença* em mandado de segurança poderá ser de *carência* ou de *mérito*, se antes não tiver sido *indeferida* a petição inicial por não ser caso de impetração, não atender às exigências formais da lei ou quando decorrido o prazo legal para impetração (art. 10 da Lei 12.016/2009). A *carência* ocorre quando o impetrante não satisfaz os *pressupostos processuais* e as *condições do direito de agir*, tal como previsto no art. 485, VI, do CPC de 2015.[268] A *sentença de mérito* decidirá sobre o direito invocado, apreciando desde sua existência até

267. V. Súmula 631 do STF.

268. Na prática, ocorre de juízes afirmarem a carência de ação por falta de provas que demonstrem o alegado direito líquido e certo, extinguindo o processo sem julgamento do mérito. Em tais situações, no entanto, a carência de ação não é a solução mais adequada, e o Tribunal de segundo grau não está impedido de apreciar desde logo o mérito da impetração. Assim, já decidiu o STJ que: "Quando a sentença decide pela inocorrência de direito líquido e certo, entendendo controversos os fatos, ou porque certa circunstância deveria ter sido comprovada, decide *de meritis*. Destarte, se o Tribunal *ad quem* entender de modo contrário, vale dizer, entendendo incontroversos os fatos, ou que é prescindível a comprovação da circunstância que a sentença entendera de comprovação necessária, poderá completar o julgamento, praticando a operação de fazer incidir a norma de direito positivo aos fatos incontroversos, deferindo ou indeferindo a segurança, sem que isto represente violação ao duplo grau de jurisdição" (REsp 523-SP, rel. Min. Carlos Mário Velloso, *RSTJ* 6/372).

A jurisprudência ainda é controversa, contudo, quanto à possibilidade de aplicação analógica da *teoria da causa madura*, segundo a qual nos casos de extinção da ação sem julgamento do mérito o Tribunal pode julgar desde logo a lide se a causa versar sobre questão exclusivamente de direito e estiver em condições de imediato julgamento (art. 515, § 3º, do CPC de 1973 e art. 1.013, § 3º, do CPC de 2015). O STF decidiu que este dispositivo legal não se aplica em recurso ordinário constitucional referente a mandado de segurança, ficando restrito a hipóteses de competência originária de juízo, e não de Tribunal Superior (RMS/ED 24.309-DF, rel. Min. Marco Aurélio, j. 17.2.2004, *Informativo STF* 337/3; RMS 26.959-DF, rel. Min. Eros Grau, *DJU* 26.3.2009; RMS 29.914, rel. Min. Teori Zavascki, *DJe* 24.11.2015).

sua liquidez e certeza diante do ato impugnado,[269] para concluir pela concessão ou denegação de segurança.[270-271]

O mandado de segurança admite decisão *repressiva* e *preventiva* (art. 1º). É *repressiva* quando visa a corrigir ilegalidade já consumada; é *preventiva* quando se destina a impedir o cometimento de

---

No STJ encontram-se decisões da 3ª e da 5ª Turmas adotando a mesma orientação consolidada no STF (RMS 25.553-SP, rel. Min. Massami Uyeda, *DJe* 25.11.2010; RMS 28.099-DF, rel. Min. Arnaldo Esteves Lima, *DJe* 3.11.2010). Já, a 1ª, a 2ª e a 4ª Turmas do STJ vinham considerando cabível a aplicação do art. 515, § 3º, do CPC de 1973 (art. 1.013, § 3º, do CPC de 2015) ao recurso ordinário em mandado de segurança (RMS/AgR 26.219-GO, rel. Min. Luiz Fux, *DJe* 17.12.2010; RMS 22.082-GO, rel. Min. Castro Meira, *DJe* 3.12.2009; RMS 25.806-RN, rel. Min. João Otávio de Noronha, *DJe* 18.5.2010). Acórdão posterior da 4ª Turma, porém, mudou o entendimento anterior, alinhando-se com a jurisprudência do STF (RMS 37.775-ES, rel. Min. Marco Buzzi, *DJe* 2.9.2013). Atualmente o STJ entende que não é possível aplicar a teoria da causa madura (art. 515, § 3º, do CPC/1973) em sede de recurso ordinário (RMS/AgInt 45.729-GO, rel. Min. Gurgel de Faria, *DJe* 27.11.2020; RMS 49.972-PR, rela. Min. Assusete Magalhães, *DJe* 9.6.2020; RMS/AgInt 48.321-MG, rel. Min. Sérgio Kukina, *DJe* 2.4.2020. V. também item 17 do presente capítulo.

De acordo com o Código de Processo Civil de 2015, porém, o tribunal poderá, em sede tanto de apelação como de recurso ordinário, decidir desde logo o mérito quando: "I – reformar sentença terminativa; II – decretar a nulidade da sentença por não ser ela congruente com os limites do pedido ou da causa de pedir; III – constatar a omissão no exame de um dos pedidos, hipótese em que poderá julgá-lo; IV – decretar a nulidade de sentença por falta de fundamentação" (art. 1.013, § 3º).

269. Em conformidade com o art. 93, IX, da CF, a sentença do mandado de segurança, como qualquer decisão judicial, deve ser fundamentada. O Código de Processo Civil de 2015, especifica, em detalhes, no art. 489, §§ 1º e 2º, os requisitos para que uma decisão judicial seja considerada fundamentada.

270. Aplica-se ao processo de mandado de segurança o art. 493 do CPC de 2015, cabendo ao juiz apreciar os fatos supervenientes que possam ter influência no julgamento da causa (STJ, RMS 6.566-SP, rel. Min. Anselmo Santiago, *RSTJ* 94/362; RMS 11.331-SP, rel. Min. Francisco Peçanha Martins, *DJU* 28.10.2002, p. 261). O princípio aplica-se em qualquer grau de jurisdição. Nesta linha, o STF extinguiu impetração em sede de recurso ordinário por reconhecer a perda do interesse processual decorrente de fato superveniente (ato de autoridade superior à apontada como coatora, ao qual seria inoponível a eventual sentença no mandado de segurança): RMS 21.106-DF, rel. Min. Sepúlveda Pertence, *RTJ* 165/508. Em outro caso o mandado de segurança foi extinto em razão da perda superveniente da legitimidade do impetrante, que atacava matéria de processo legislativo e deixou de ser parlamentar no curso da demanda (MS 27.971-DF, rel. Min. Celso de Mello, j. 9.8.2011).

270. De acordo com a nomenclatura utilizada na Lei 12.016/2009, na esteira da jurisprudência dos Tribunais Superiores, a expressão "denegação da segurança" inclui tanto a hipótese de apreciação do mérito quanto a extinção do processo sem julgamento de mérito nos casos do art. 485 do novo CPC, em que se admite a renovação do pedido, desde que dentro do prazo decadencial (art. 6º, §§ 5º e 6º).

ilegalidade iminente. Em ambos os casos são necessárias a indicação do objeto e a comprovação da iminência da lesão a direito subjetivo do impetrante. Não basta a invocação genérica de uma remota possibilidade de ofensa a direito para autorizar a segurança *preventiva*; exige-se prova da existência de atos ou situações atuais que evidenciem a ameaça temida. Não se confunda – como frequentemente se confunde – segurança *preventiva* com segurança *normativa*. Nosso sistema judiciário admite aquela e rejeita esta.

Segurança *preventiva* é a que se concede para impedir a consumação de uma ameaça a direito individual em determinado caso; segurança *normativa* seria a que estabelecesse regra geral de conduta para casos futuros, indeterminados.[272] A Justiça Comum não dispõe do poder de fixar normas de conduta, nem lhe é permitido estender a casos futuros a decisão proferida no caso presente, ainda que ocorra a mesma razão de decidir em ambas as hipóteses. Embora se reitere a ilegalidade em casos idênticos, haverá sempre necessidade de uma decisão para cada caso, sem que os efeitos da sentença anterior se convertam em regra para as situações futuras. E assim é porque a sentença concessiva da segurança apenas invalida o ato impugnado, deixando intacta a norma tida por ilegal ou inconstitucional, até que outra norma de categoria igual ou superior a revogue ou o STF suspenda sua execução em virtude de inconstitucionalidade.

Entretanto, em casos especiais pode a concessão de uma segurança estender-se a atos futuros entre as mesmas partes, por decorrentes da mesma situação de fato e de direito, como, por exemplo, no auferimento de uma isenção ou redução de imposto a prazo certo ou para determinada quantidade de mercadoria produzida ou importada parceladamente ou, ainda, quando o ato impugnado venha a ser praticado sucessiva e parcialmente até completar o todo a que o impetrante tenha direito. Nessas hipóteses a segurança concedida no primeiro mandado é válida e operante para todos os casos iguais entre as mesmas partes, dispensando sucessivas impetrações, desde que o impetrante requeira e o juiz defira a extensão da ordem pedida na inicial.[273]

---

272. Sobre a natureza da segurança preventiva e a inviabilidade de impetração com caráter normativo: STJ, RMS 15.943-RJ, rel. Min. José Arnaldo da Fonseca, *DJU* 8.9.2003, p. 344, citando a doutrina de Hely Lopes Meirelles. Na mesma linha: STJ, REsp 341.559-SP, rel. Min. Humberto Gomes de Barros, *DJU* 15.12.2003, p. 186.

273. Neste sentido, por exemplo, a Súmula 213 do STJ, que reconhece o mandado de segurança como instrumento adequado à declaração do direito à com-

Na sentença o juiz deverá decidir sobre o pedido da inicial, condenando o vencido nas custas.[274] Segundo o art. 25 da Lei 12.016/2009, que consolidou o entendimento da jurisprudência dominante (STF, Súmula 512, e STJ, Súmula 105), não cabe condenação do vencido em honorários advocatícios.[275]

Nas edições anteriores, contudo, Hely Lopes Meirelles defendia seu cabimento, consoante o art. 20 do CPC de 1973, que firmou o princípio da sucumbência em substituição ao da culpa ou dolo processual. Desde que o mandado de segurança é uma *causa*, vale dizer, uma *ação civil*, deveria haver a condenação do vencido em honorários, não importando que o rito dessa ação seja especial, mesmo porque nas demais ações especiais o princípio da sucumbência sempre foi aplicado sem restrições.[276]

---

pensação de tributos indevidamente pagos; compensação, esta, que poderá se dar futuramente, em face de novos créditos tributários, e desde que a impetração não gere efeitos patrimoniais pretéritos – como se decidiu no RMS 24.865-MT, rel. Min. Luiz Fux, *DJe* 26.8.2010.

274. Julgado do TJPR entendeu que, concedida a segurança, as custas não devem ser pagas pela própria autoridade coatora, mas pela pessoa jurídica de direito público a que ela esteja vinculada (Remessa Necessária 50.700-0, rel. Des. Telmo Cherem, *ADV* 1997/627, ementa 80.084).

275. No entanto, embargada a execução decorrente do mandado de segurança, o STJ entende que cabe a imposição de honorários advocatícios ao vencido nos embargos (STJ, 1ª Seção, AR 4.365-DF, rel. Min. Humberto Martins, *DJe* 14.6.2012; AgInt nos EmbExeMS 9.007-DF, rel. Min. Ribeiro Dantas, *DJe* 19.5.2020).

276. Na ADI 4.296-DF, ajuizada pelo Conselho Federal da OB em 14.9.2009 alega-se que a exclusão do cabimento de honorários desmereceria o trabalho do advogado e retiraria sua remuneração, cuja natureza é alimentar, ofendendo, assim, o art. 133 da CF. Ademais, a condenação na verba sucumbencial seria consequência necessária de toda lide, por não ser razoável que o jurisdicionado tenha que contratar advogado para se defender de ato abusivo e ilegal da autoridade pública enquanto esta, caso vencida, não sofra nenhuma forma de penalização. Grande parte da doutrina manifesta-se igualmente favorável à condenação em honorários (Bruno Garcia Redondo e outros, *Mandado de Segurança: Comentários à Lei 12.016/2009*, Rio de Janeiro, Forense, 2009, pp. 165-166; José Miguel Garcia Medina e outros, *Mandado de Segurança Individual e Coletivo: Comentários à Lei 12.016, de 7 de agosto de 2009*, São Paulo, Ed. RT, 2009, p. 165; Luís Otávio Sequeira de Cerqueira, *Comentários à Nova Lei do Mandado de Segurança*, São Paulo, Ed. RT, 2009, p. 224). Em sentido oposto, todavia, Cássio Scarpinella Bueno entende que o afastamento dos honorários "afina-se com a diretriz constitucional" (*A Nova Lei do Mandado de Segurança*, São Paulo, Saraiva, 2009, p. 150). Humberto Theodoro Jr., por sua vez, pontua apenas que a lei consagrou entendimentos sumulados (*O Mandado de Segurança segundo a Lei 12.016, de 7 de agosto de 2009*, Rio de Janeiro, Forense, 2009, p. 35). A Advocacia-Geral da União, ao se manifestar na ação direta de inconstitucionalidade da OAB, pugnou pela constitucionalidade do dispositivo, porque (a) ações constitucionais não

16. *Execução*

A *execução da sentença* concessiva da segurança é imediata, *específica* ou *in natura*, isto é, mediante o cumprimento da providência determinada pelo juiz, sem a possibilidade de ser substituída pela reparação pecuniária. Se houver danos patrimoniais a compor, far-se-á por ação direta e autônoma, salvo a exceção contida na Lei 5.021/1966, concernente a vencimentos e vantagens pecuniárias de servidores públicos posteriores à impetração (art. 14, § 4º, da Lei 12.016/2009), reconhecidos na sentença concessiva, os quais se liquidam por cálculo do contador[277] e se executam nos próprios autos da segurança.[278] Isto não significa que o mandado de segurança seja

renderiam ensejo à condenação em honorários; (b) o art. 133 da CF não tutelaria o direito aos honorários, e, ainda que o fizesse, uma simples ação sem esta condenação não inviabilizaria o sustento dos advogados, cuja atuação, inclusive, é dispensada em outras hipóteses previstas na legislação infraconstitucional; e (c) a própria concessão da segurança já conteria em si caráter pedagógico, sem a necessidade de condenação em honorários, sendo certo que a autoridade coatora poderia ser financeiramente responsabilizada em sede administrativa. O STF acabou por prestigiar a jurisprudência pacífica dos Tribunais Superiores e reconhecer a constitucionalidade da norma que veda a condenação do vencido em verbas sucumbenciais (ADI 4.296-DF, rel. Min. Marco Aurélio, rel. para o acórdão Min. Alexandre de Moraes, *DJe* 11.10.2021).

277. A liquidação por cálculo do contador foi extinta a partir da Lei 8.898/1994. Se a apuração do valor da condenação depender apenas de cálculo aritmético, caberá ao Conselho Nacional de Justiça desenvolver e colocar programa de atualização financeira à disposição dos interessados. Atualmente a liquidação de sentença é regida pelos arts. 509 a 511 do CPC de 2015.

Em princípio os efeitos financeiros da sentença mandamental, quando cabíveis, se limitam a correr a partir da data da impetração, não podendo retroagir (STJ, Pet 2.604-DF, rela. Min. Eliana Calmon, *DJU* 30.8.2004). "Consoante a jurisprudência do STJ, o pagamento de verbas atrasadas em sede de mandado de segurança restringe-se às parcelas existentes entre a data da impetração e a concessão da ordem" (STJ, Rcl 2.017-RS, rela. Min. Jane Silva, *DJe* 15.10.2008). V. a Súmula 271 do STF.

No entanto, em casos excepcionais vem sendo admitida a retroatividade dos efeitos financeiros resultantes da concessão da segurança, em prestígio da efetividade da decisão judicial (STJ, MS 12.397-DF, rel. Min. Arnaldo Esteves Lima, *DJe* 16.6.2008).

278. Sobre o tema, v. Daniel Roberto Hertel, "Execução e efetivação do mandado de segurança", *Revista Ibero-Americana de Direito Público* XXI/96-106, 1º trimestre/2006.

Embora na sentença que julga o mandado de segurança não haja a imposição de honorários advocatícios ao vencido, se for embargada a execução da sentença, aí deverá haver a condenação do derrotado, nos embargos, em honorários de advogado em favor do vencedor (STJ, 1ª Seção, AR 4.365-DF, rel. Min. Humberto Martins, *DJe* 14.6.2012).

meio inidôneo para amparar lesões de natureza pecuniária. Absolutamente, não. A segurança pode prestar-se à remoção de obstáculos a pagamentos em dinheiro, desde que a retenção desses pagamentos decorra de ato ilegal da Administração – como, por exemplo, a exigência de condições estranhas à obrigação do credor para o recebimento do que lhe é devido. Neste caso, o juiz poderá ordenar o pagamento, afastando as exigências ilegais.[279] O que negamos é a

279. Assim, entendeu o STJ que o mandado de segurança é instrumento hábil para "assegurar ao impetrante o direito de preferência no recebimento dos TDAs, respeitadas as datas dos respectivos pagamentos, sem qualquer distinção entre créditos escriturais e créditos cartulares" (MS 4.506, rel. Min. Humberto Gomes de Barros, j. 9.4.1997; MS 8.317-DF, rel. Humberto Gomes de barros, *DJU* 11.11.2002, p. 141; MS 7.305-DF, rel. Min. Francisco Falcão, *DJU* 18.02.2002, p. 221). No mencionado acórdão consignou o STJ que não é lícito à União condicionar o resgate de título à sua transformação em "título escritural". Na ocasião, o Min. Peçanha Martins afastou a incidência da Súmula 269 do STF, entendendo que existe direito líquido e certo dos credores do Estado ao recebimento dos valores que lhes são devidos, cabendo ao Poder Judiciário velar para que sejam mantidos os direitos de preferência de acordo com as datas de vencimento, sem qualquer distinção descabida. Da mesma forma, o STJ afastou a incidência da Súmula 269 do STF em mandado de segurança que tratava de exclusão ilegal de parcelas de proventos do impetrante, ainda que a concessão do *writ* viesse a resultar no pagamento das referidas verbas (RMS 3.172-PR, rel. Min. Félix Fischer, *DJU* 10.6.2002, p. 222). O que estava em jogo no caso, conforme a lição de Hely Lopes Meirelles, era o afastamento de ato ilegal, e não a cobrança pura e simples.

No STF, em setembro/2004 decidiu-se que "é cabível a interposição de mandado de segurança visando ao pagamento das parcelas retroativas oriundas de promoção na carreira militar, uma vez que tal hipótese não consubstancia ação de cobrança, mas tem o escopo de sanar omissão da autoridade coatora quanto ao integral cumprimento das portarias editadas pelo Ministro de Estado da Justiça, restando incontroversas a liquidez e a certeza do direito dos impetrantes" (RMS 24.953-0-DF, rel. Min. Carlos Velloso, *RT* 833/161).

A 1ª Seção do STJ, em junho/2006, decidiu pelo cabimento de mandado de segurança contra ato omissivo do Ministro do Estado do Planejamento, Orçamento e Gestão que extrapolou o prazo para o pagamento de indenizações a anistiados políticos, não obstante a comunicação regular para pagamento feita pelo Ministro da Justiça e a previsão de dotação orçamentária (MS 11.506-DF, rela. Min. Eliana Calmon, *RT* 855/211). Em linha similar, em novembro/2006 a 3ª Seção do STJ concedeu mandado de segurança em face do Ministro da Defesa, o qual deixara de pagar verbas previstas no orçamento para reparações econômicas a anistiados políticos (MS 11.893-DF, rel. Min. Nilson Naves, *RT* 859/181). Em ambos os casos não se vislumbrou a impetração como substitutiva de ação de cobrança, mas tendo como escopo o afastamento de omissão ilegal, cuja consequência era o pagamento, que configurava direito líquido e certo dos impetrantes.

"Em se tratando de um ato administrativo decisório passível de impugnação por meio de mandado de segurança, os efeitos financeiros constituem mera consequência do ato administrativo impugnado. Não há utilização do *mandamus* como ação de

utilização da segurança para a reparação de danos patrimoniais, dado que seu objeto próprio é a invalidação de atos de autoridades ofensivos de direito individual líquido e certo.[280]

---

cobrança" (STJ, MS 12.397-DF, rel. Min. Arnaldo Esteves Lima, *DJe* 16.6.2008). No mesmo sentindo: MS 12.508-DF, rel. Ribeiro Dantas, *DJe* 14.3.2016.

Nesse mesmo sentido, o STF admitiu a impetração de mandado de segurança para se requerer o pagamento de verba indenizatória a anistiado político (RMS 27.357-DF, rela. Min. Cármen Lúcia, *DJe* 6.8.2010).

280. O STF e o STJ vêm decidindo que o mandado de segurança pode servir para a devolução de multas ou sanções pecuniárias impostas ilegalmente ao impetrante. A devolução do dinheiro é considerada um efeito secundário da sentença que anula o ato ilegal, representando a reposição das partes ao *status quo ante* (*no STF*: RMS 22.739-DF, rel. Min. Octávio Gallotti, *RTJ* 164/174; RMS 22.959-9-DF, rel. Min. Maurício Corrêa, *DJU* 9.10.1998; *no STJ*: REsp 29.950-4-SP, rel. Min. Vicente Cernicchiaro, *DJU* 1.3.1993; REsp 169.226-SC, rel. Min. Vicente Leal, *RSTJ* 109/365). Na mesma linha o acórdão da 1ª Turma do STJ no REsp 410.371-DF, rel. Min. Francisco Falcão, *DJU* 3.11.2003 e *RT* 822/208. No caso, discutia-se a devolução de multa ilegalmente cobrada pelo BACEN a uma instituição financeira. Decidiu-se, por unanimidade, na hipótese, não apenas que a devolução dos valores ilicitamente apropriados era cabível em sede de mandado de segurança, como resultado prático do desfazimento da ilegalidade e da reposição das partes ao *status quo ante*, mas também que tal devolução deveria ser feita em espécie, independentemente da expedição de precatório. O STJ também acatou a viabilidade do mandado de segurança para determinar a incidência de correção monetária sobre os depósitos em Cruzados Novos bloqueados pelo "Plano Collor" (por exemplo: STJ, REsp 90.000-SP, rel. Min. Demócrito Reinaldo, *DJU* 15.9.1997; REsp 127.083-SP, rel. Min. Humberto Gomes de Barros, *DJU* 9.12.1997; e particularmente o REsp 90.407-SP, rel. Min. Ari Pargendler, *DJU* 24.8.1998, p. 47), para corrigir o cálculo de juros ilegalmente reduzidos em precatório judicial devido em decorrência de condenação imposta à Fazenda (RMS 15.963-PR, rel. Min. Luiz Fux, *RDR* 36/241), bem como para assegurar o respeito à ordem cronológica e à devida remuneração de correção monetária e juros no pagamento de TDAs (por exemplo: MS 6.735-DF, rel. Min. José Delgado, *DJU* 8.5.2000, p. 51; MS 8.601-DF, rel. Min. Humberto Gomes de Barros, *DJU* 10.3.2003, p. 79). Em tais hipóteses a concessão da segurança garante à parte o recebimento de determinadas verbas pecuniárias como consequência lógica do reconhecimento da ilegalidade do ato praticado pela autoridade coatora, tal como no caso da devolução das multas ilicitamente arrecadadas. Especificamente com relação aos critérios de correção monetária e juros de TDAs, a 1ª Seção do STJ decidiu, por maioria, voltar atrás e modificar o entendimento já solidificado em inúmeros acórdãos anteriores, passando a aplicar a Súmula 269 do STF e concluindo pelo descabimento da via processual do mandado de segurança (MS 8.737-DF, rel. Min. Francisco Falcão, j. 23.4.2003, *Informativo STJ* 170). Com a devida vênia, acreditamos que esta posição deveria ser revista, pois é exageradamente restritiva, retirando das partes uma eficaz e célere arma processual de combate à arbitrariedade. Não há que se confundir tais situações de repressão a um ato ilegal com os pedidos de simples cobrança ou de reparação de danos, que não são cabíveis pela via do mandado de segurança.

A decisão – liminar ou definitiva – é expressa no *mandado* para que o coator cesse a ilegalidade. Esse mandado judicial é transmitido por *ofício* ao impetrado, sendo que, nos casos de urgência, poderá usar telegrama, radiograma, fax ou documento eletrônico (art. 13 e parágrafo único, com remissão ao art. 4º e seus §§ da Lei 12.016/2009). O mandado vale como *ordem legal* para o imediato cumprimento do que nele se determina e, ao mesmo tempo, marca o momento a partir do qual o impetrante, beneficiário da segurança, passa a auferir todas as vantagens decorrentes do *writ*. Se o ato ordenado judicialmente depende de tramitação e formalidades administrativas para sua perfeição, deverá iniciar-se imediatamente seu processamento regular, sob pena de se considerar desatendida a ordem, salvo nos *mandados inexequíveis*, como já vimos precedentemente (item 8), caso em que o impetrado deverá oficiar ao juiz, explicando a situação.[281]

O não atendimento do mandado judicial caracteriza o *crime de desobediência à ordem legal* (CP, art. 330, e art. 26 da Lei 12.016/2009), e por ele responde o impetrado renitente, sujeitando-se até mesmo a prisão em flagrante, dada a natureza permanente do delito, sem prejuízo das sanções administrativas e da aplicação da Lei 1.079, de 10.4.1950, que disciplina os crimes de responsabilidade, quando cabíveis.

Cumprida a ordem judicial, exaure-se o conteúdo mandamental da sentença, restando apenas seu efeito condenatório para o pagamento das custas,[282] a ser exigido nos mesmos autos, na forma processual comum.

---

281. A inexequibilidade da sentença tanto pode ser intrínseca à própria decisão (incompetência da autoridade apontada como coatora para a prática do ato) quanto pode decorrer de fato superveniente (por exemplo, se um deputado obtiver a segurança para ser reintegrado no mandato que foi cassado mas a legislatura já se tiver encerrado; em tal situação a inexequibilidade deverá ser igualmente reconhecida, ressalvando-se ao impetrante o acesso às vias ordinárias para a reparação dos eventuais danos comprovados). Em situação idêntica à do exemplo aqui apontado, o STJ decidiu que, "ante o decurso de prazo do mandato do prefeito municipal, mostra-se sem objeto o mandado de segurança para cassação de medida judicial que determinou o seu afastamento do cargo" (RMS 10.973-RN, rel. Min. Castro Meira, *DJU* 17.11.2003, p. 239). No TRF-4ª Região considerou-se ter perdido o objeto a impetração que objetivava garantir à parte a realização de provas de um concurso vestibular que já fora encerrado (*RT* 867/418). Em qualquer das hipóteses, a execução da liminar ou da sentença será juridicamente impossível.

282. Como visto, a jurisprudência consolidou-se no sentido do descabimento de condenação em honorários advocatícios em mandado de segurança, consoante as

A *execução provisória*[283] foi estendida à sentença concessiva da segurança pela Lei 6.071, de 3.7.1974. A Lei 12.016/2009, em seu art. 14, § 3º, trata da possibilidade de se executar provisoriamente a sentença que conceder a segurança, ressalvando os casos em que é vedada a concessão de liminar. Daí não se pode concluir que essa provisoriedade exija a caução e a carta de sentença referidas na legislação processual civil.[284] E assim já se decidiu,[285] pois, se a liminar normalmente é executada independentemente desses requisitos, ilógico seria exigi-los para execução da decisão do mérito, ainda que sujeita a recurso.

O mandado de segurança tem rito próprio e suas decisões são sempre de natureza mandamental, que repele o efeito suspensivo e protelatório de qualquer de seus recursos. Assim sendo, cumprem-se imediatamente tanto a liminar como a sentença ou o acórdão concessivo da segurança, diante da simples *notificação* pelo juiz prolator da decisão, independentemente de caução ou de carta de sentença, ainda que haja apelação ou recurso extraordinário pendente.[286] A provisoriedade da sentença não transitada em julgado só se manifesta nos aspectos que não tolhem a ordem contida na notificação do julgado. Sem esta presteza na execução ficaria invalidada a garantia constitucional da segurança. Além disso, é de se recordar que para a suspensão dos efeitos da sentença concessiva da segurança há recurso específico ao presidente do Tribunal (Lei 12.016/2009, art. 15) – o que está a indicar que essa suspensão não pode ser obtida por via de apelação ou de qualquer outro recurso genérico.

A decisão denegatória da segurança ou cassatória da liminar produz efeito liberatório imediato quanto ao ato impugnado, ficando o impetrado livre para praticá-lo ou prosseguir na sua efetivação desde o momento em que for proferida. As intimações ou comunicações dessas decisões não são mandamentais, servindo apenas para a

---

Súmulas 512 do STF e 105 do STJ, por isso tendo a Lei 12.016/2009 vedado expressamente a cobrança no seu art. 25.

283. Sobre execução provisória em mandado de segurança v. o excelente artigo de Cândido R. Dinamarco na *RT* 543/125.

284. A matéria de execução provisória e caução já foi regulada pelo art. 588 do CPC de 1973, posteriormente disciplinada pelo art. 475-O, introduzido pela Lei 11.232/2005, e hoje está fixada no art. 520 do CPC de 2015.

285. TFR, ACi 38.115-MG, *DJU* 11.6.1976, e ACi 84.890-SP, *DJU* 31.10.1979; TJRJ, *RT* 519/226. No TRF-5ª Região, ACi 92.731-PE, *RTJE* 173/128.

286. STF, RE 70.655-RS, *DJU* 24.9.1971, p. 5.135.

fluência de prazo para recurso, tendo em vista que não há qualquer *ordem judicial* a cumprir quando a segurança é denegada ou a liminar é cassada ou revogada.

De qualquer forma, é importante relembrar o entendimento do STF no sentido de que é obrigatório o regime de precatórios para o pagamento dos valores devidos pela Fazenda Pública entre a data da impetração do mandado de segurança e a efetiva implementação da ordem concessiva.[287]

17. Recursos

Os *recursos* cabíveis, especificamente, em mandado de segurança, com fulcro na Lei 12.016/2009, são os seguintes: *agravo de instrumento*, da decisão do juiz de primeiro grau que conceder ou negar a liminar (art. 7º, § 1º); nos casos de competência originária dos tribunais, *agravo* da decisão do relator que conceder ou denegar a liminar, ao órgão competente do Tribunal que integre (art. 16, parágrafo único); *apelação*, da decisão que apreciar o mérito, decretar a carência ou indeferir a inicial (arts. 10 e 14; CPC de 2015, art. 331);[288] *recurso de ofício ou voluntário*, da sentença que conceder

---

287. STF, RE 889.173-MS, rel. Min. Luiz Fux, *DJe* 17.8.2015 (*Tema 831* do regime da repercussão geral).

288. O CPC de 2015, por meio do art. 332, ampliou a lista de hipóteses para o julgamento liminar de improcedência do pedido (que no regime anterior estava previsto no art. 285-A do CPC de 1973). Os respetivos incisos tratam de casos de "indeferimento da inicial" de plano, com apreciação do mérito da demanda, do qual cabe apelação, na forma do § 3º do mesmo art. 332 do CPC de 2015

Por outro lado, deve ser anotado que, de acordo com o § 1º do art. 518 do CPC de 1973, "o juiz não receberá o recurso de apelação quando a sentença estiver em conformidade com súmula do Superior Tribunal de Justiça ou do Supremo Tribunal Federal".

Aperfeiçoando tal sistemática, o Código de Processo Civil de 2015 dispõe que, nas causas "que dispensem a fase instrutória, o juiz, independentemente da citação do réu, julgará liminarmente improcedente o pedido que contrariar: I – enunciado de súmula do Supremo Tribunal Federal ou do Superior Tribunal de Justiça; II – acórdão proferido pelo Supremo Tribunal Federal ou pelo Superior Tribunal de Justiça em julgamento de recursos repetitivos; III – entendimento firmado em incidente de resolução de demandas repetitivas ou de assunção de competência; IV – enunciado de súmula de Tribunal de Justiça sobre direito local" (art. 332).

O juiz também poderá julgar liminarmente improcedente o pedido se verificar, desde logo, a ocorrência de decadência ou de prescrição (art. 332, § 1º).

a segurança (art. 14, §§ 1º e 2º);[289] *agravo regimental*, do despacho do presidente do Tribunal que suspender a execução da sentença ou cassar a liminar (art. 15; Regimento Interno do STF, art. 297); *recurso especial e extraordinário*, das decisões proferidas em única instância pelos Tribunais, nos casos legalmente previstos; e *recurso ordinário* (art. 18), qualquer que seja o valor da impetração,[290] desde que o acórdão incida nos permissivos constitucionais (CF, arts. 102, II, "a", e 104, II, "b") e seja denegada a segurança.[291]

---

289. O reexame necessário é cabível mesmo quando a impetração se dirige contra ato de sociedade de economia mista (STJ, REsp 254.063-PR, rel. Min. José Arnaldo da Fonseca, *DJU* 29.4.2002, p. 274).

O CPC de 2015, em seu art. 496, § 3º (na linha do que previa o § 2º do art. 475 do CPC de 1973), afastou a remessa *ex officio*, dentre as hipóteses de valores certos e líquidos inferiores aos parâmetros indicados no artigo. O STJ, no entanto, entendia que o dispositivo então vigente não se aplicava nos mandados de segurança, prevalecendo para estes a regra específica do art. 14, § 1º, da Lei 12.016/2009, que substituiu determinação idêntica constante do art. 12, parágrafo único, da Lei 1.533/1951 (STJ, REsp 788.847-MT, rela. Min. Eliana Calmon, *DJU* 5.6.2006); ERESP 687.216, rel. Min. Castro Meira, *DJU* 4.8.2008).

Nada obstante a orientação jurisprudencial sobre o tema, parece-nos sustentável que se aplique ao caso ao menos a exceção prevista no art. 496, § 4º, IV, do CPC de 2015. De acordo com tal dispositivo, de autoria da professora Mirna Cianci, não estão sujeitas ao duplo grau de jurisdição sentenças cujo entendimento coincide com a orientação vinculante firmada no âmbito administrativo do próprio ente público, consolidada em manifestação, parecer ou súmula administrativa. Consideramos que, nesse caso, também não teria cabimento a remessa necessária de mandado de segurança, pois a própria Administração reconhece a legalidade da decisão de primeiro grau. Justifica-se a incidência do mencionado dispositivo legal em relação ao mandado de segurança tanto por aplicação analógica da lei como pelo fato de determinar a Constituição que o Estado deve ser eficiente (art. 37, *caput*), tendo sido explicitado que tal obrigação se aplica também ao Poder Judiciário, ao qual cabe assegurar "a razoável duração do processo e os meios que garantam a celeridade de sua tramitação" (art. 5º, LXXVIII, decorrente da Emenda Constitucional 45). Como salienta o professor Donaldo Armelin, com a reforma do Código de Processo Civil os processos ganharão maior efetividade, resultante da supressão de medidas sem racionalidade. Entendemos que o art. 1.046, § 2º, do CPC de 2015, que mantém em vigor "as disposições especiais dos procedimentos regulados em outras leis, aos quais se aplicará supletivamente este Código", não impede a incidência de normas gerais da nova legislação que não conflitem com a anterior, mas que a complementem. Caberá, todavia, à jurisprudência decidir a matéria, que pode estar sujeita a controvérsias.

290. STF, *RTJ* 85/972 e 88/964.

291. A jurisprudência vem entendendo que a expressão constitucional "decisão denegatória" tanto inclui as decisões de denegação da segurança por questões de mérito quanto aquelas de extinção do processo sem apreciação do mérito. Assim, sempre que a segurança deixar de ser concedida a decisão será denegatória, e o recurso cabível nos mandados de segurança de competência originária dos Tribunais será o

ordinário (no prazo de 15 dias, por aplicação analógica do art. 33 da Lei 8.038/1990), e não o especial ou extraordinário (neste sentido: STF, RMS 21.106-DF, rel. Min. Sepúlveda Pertence, *RTJ* 165/508; MS/AgR 21.112-1-PR, rel. Min. Celso de Mello, *DJU* 29.6.1990, p. 6.220; RMS 21.597-RJ, rel. Min. Celso de Mello, *RTJ* 186/217; STJ, RMS 4.965-5-SP, rel. Min. Luiz Vicente Cernicchiaro, *RSTJ* 71/163; RMS 4.883-PI, rel. Min. Fernando Gonçalves, *RSTJ* 92/378; RMS 10.275-MG, rel. Min. Humberto Gomes de Barros, *RSTJ* 123/51). Mesmo o acórdão que julga prejudicado o mandado de segurança assemelha-se àquele que o denega, para efeitos de cabimento do recurso ordinário (STJ, REsp 17.846-GO, rel. Min. Ari Pargendler, *DJU* 25.6.2001, p. 166). Em sentido contrário, não conhecendo de recurso ordinário interposto contra acórdão que dera pela extinção de mandado de segurança em razão da perda de objeto: STJ, RMS 12.278-SP, rel. Min. Milton Luiz Pereira, *DJU* 23.9.2002, p. 224. A interposição de recurso denominado como especial em lugar do recurso ordinário cabível é considerada como erro grosseiro, afastando a aplicação do princípio da fungibilidade e impedindo seu conhecimento (STJ, REsp 101.066-SP, rel. Min. João Otávio de Noronha, *RT* 835/162). O recurso ordinário tem a mesma natureza de uma apelação, devolvendo ao Tribunal Superior o conhecimento de toda a matéria em discussão (STJ, RMS 6.566-SP, rel. Min. Anselmo Santiago, *RSTJ* 94/362). O STJ vem admitindo a aplicação do princípio da fungibilidade quando a parte denomina recurso ordinário de apelação, aproveitando o ato processual e julgando o mérito do recurso (RMS 1.634, rel. Min. Humberto Gomes de Barros, *DJU* 16.3.'998, p. 35, e RMS 12.550-RJ, rela. Min. Eliana Calmon, *Informativo STJ* 88).

O STF, no entanto, como já mencionado, decidiu que o § 3º do art. 515 do CPC de 1973 não se aplicava ao recurso ordinário constitucional em mandado de segurança (RMS/ED 24.309-DF, rel. Min. Marco Aurélio, *DJU* 30.4.2004; RMS 26.959-DF, rel. Min. Eros Grau, *DJU* 26.3.2009 e RMS/AgR-ED 28.194, rel. Min. Celso de Mello, *DJe* 24.4.2014). No âmbito do STJ há decisões no mesmo sentido (RMS 25.553-SP, rel. Min. Massami Uyeda, *DJe* 25.11.2010; RMS 28.099-DF, rel. Min. Arnaldo Esteves Lima, *DJe* 3.11.2010; RMS 37.775-ES, rel. Min. Marco Buzzi, *DJe* 2.9.2013), afastando a aplicação do art. 515, § 3º, do CPC de 1973 em sede de recurso ordinário e, em sentido contrário, admitindo-a (RMS/AgR 26.219-GO, rel. Min. Luiz Fux, *DJe* 17.12.2010; RMS 22.082-GO, rel. Min. Castro Meira, *DJe* 3.12.2009; RMS 25.806-RN, rel. Min. João Otávio de Noronha, *DJe* 18.5.2010). Na mesma direção destas últimas decisões, não vemos motivos para a não aplicação da norma, que é salutar e contribui para a celeridade e a economia processuais.

Nessa linha, aliás, de acordo com o Código de Processo Civil de 2015, o tribunal poderá, em sede tanto de apelação como de recurso ordinário, decidir desde logo o mérito quando: "I – reformar sentença fundada no art. 485; II – decretar a nulidade da sentença por não ser ela congruente com os limites do pedido ou da causa de pedir; III – constatar a omissão no exame de um dos pedidos, hipótese em que poderá julgá-lo; IV – decretar a nulidade de sentença por falta de fundamentação" (art. 1.013, § 3º).

O STJ vem entendendo incabível o agravo de instrumento contra despacho do presidente do Tribunal *a quo* que inadmite recurso ordinário, por falta de previsão legal (AI/AgR 457.477-RJ, rela. Min. Eliana Calmon, *DJU* 12.8.2003). Deve ser salientado, no entanto, que, a exemplo da apelação, estando o recurso ordinário devidamente preparado e sendo tempestivo, o indeferimento do seu processamento constitui usurpação da competência do Tribunal *ad quem* – razão pela qual deve ser admitida a reclamação no Tribunal Superior, para forçar sua admissão.

Cabe ao STJ recurso ordinário, caso o Mandado de Segurança tenha sido impetrado e decidido diretamente na segunda instância, e ainda *recurso especial* contra decisão de única ou última instância dos TRFs ou dos Tribunais dos Estados, do Distrito Federal e Territórios quando "contrariar tratado ou lei federal, ou negar-lhes vigência"; "julgar válido ato de governo local contestado em face de lei federal"; "der a lei federal interpretação divergente da que lhe haja atribuído outro Tribunal" (CF, art. 105, III, "a" a "c").[292] O *recurso extraordinário* para o STF só é admissível quando a decisão "contrariar dispositivo desta Constituição"; "declarar a inconstitucionalidade de tratado ou lei federal"; "julgar válida lei ou ato de governo local contestado em face desta Constituição"; "julgar válida lei local contestada em face de lei federal" (CF, art. 102, III, "a" a "d"), e "o recorrente deverá demonstrar a repercussão geral das questões constitucionais discutidas no caso, (...)" (CF, art. 102, § 3º, com a redação da Emenda Constitucional 45/2004).[293]

Cabem, ainda, genericamente, os demais recursos contemplados pelo Código de Processo Civil de 2015 (art. 994), desde que no processamento da impetração venham a ocorrer as situações que os ensejam, a saber: *agravo de instrumento*[294] e *embargos de declaração*,[295] bem como a *apelação de terceiro prejudicado* (CPC

O Código de Processo Civil de 2015, porém, determina que após a interposição de recurso ordinário e a abertura de vista para contrarrazões os autos serão remetidos ao respectivo Tribunal Superior, "independentemente de juízo de admissibilidade" (art. 1.028, § 3º).

Não há recurso ordinário para o STJ contra acórdão proferido em mandado de segurança impetrado contra ato de Juizado Especial (STJ, AI/AgR 347.549-SP, rel. Min. Ari Pargendler, *DJU* 4.6.2001, p. 179). Tampouco se admite o recurso ordinário de mandado de segurança julgado por Turma Recursal de Juizado Especial (STJ, RMS 13.295-BA, rel. Min. Ruy Rosado de Aguiar, *DJU* 4.2.2002, p. 361 e EDcl no RMS 29.562-RJ, rel. Arnaldo Esteves Lima, *DJe* 2.8.2013).

292. Na linha da Súmula 203 do STJ, não cabe recurso especial contra decisão proferida por órgão de segundo grau dos Juizados Especiais.

293. V. a Lei 11.418, de 19.12.2006.

294. V. Lei 12.322, de 9.9.2010, que alterou dispositivos do Código de Processo Civil de 1973, transformando o agravo de instrumento interposto contra decisão que não admite recurso extraordinário ou especial em agravo nos próprios autos.

295. O Código de Processo Civil de 2015 prevê expressamente que os embargos de declaração não terão efeito suspensivo e interromperão o prazo para interposição de recurso (art. 1.026).

de 2015, art. 996) e o *recurso adesivo* (CPC de 2015, art. 997).[296] Até mesmo o antigo *incidente de uniformização de jurisprudência* (CPC de 1973, art. 476), como foi denominado prolixamente o *prejulgado*, era admissível em mandado de segurança, perante qualquer Tribunal. Na mesma linha, também não haveria incompatibilidade do rito mandamental com os novos institutos processuais do "incidente de assunção de competência" (art. 947 do CPC de 2015) e do "incidente de resolução de demandas repetitivas" (art. 976 do CPC de 2015). Não são cabíveis os embargos infringentes, por força do art. 25 da Lei 12.016/2009, nem tampouco embargos de divergência, conforme a jurisprudência do STF.[297]

Quanto ao cabimento do agravo de instrumento contra decisão interlocutória proferida no curso do processo do mandado de segurança, parece-nos que no andamento do feito podem sobrevir decisões inteiramente contrárias à lei processual e prejudiciais à parte. Ficarão sem recurso oportuno tais provimentos? Visto que a Lei 12.016/2009 especificou o cabimento de agravo de instrumento nas hipóteses que menciona, mas não excluiu a possibilidade genérica

---

Em edições anteriores Hely Lopes Meirelles sustentou o cabimento de embargos infringentes em apelações decididas por maioria, mas o STF, pela Súmula 597, declarou incabível esse recurso em mandado de segurança. A jurisprudência do STJ também se consolidou no sentido do descabimento dos embargos infringentes em apelação em mandado de segurança (Súmula 169 do STJ). A Súmula 294 do STF também já previa a inadmissibilidade dos infringentes contra decisão do STF em mandado de segurança. A Lei 12.016/2009 é expressa em negar seu cabimento (art. 25).

296. Com o Código de Processo Civil de 2015, o relator pode negar provimento a recurso que for contrário a: (a) súmula do STF, do STJ ou do próprio tribunal; (b) acórdão proferido pelo STF ou pelo STJ em julgamento de recursos repetitivos; (c) entendimento firmado em incidente de resolução de demandas repetitivas ou de assunção de competência (sobre tais novos incidentes, v. item 2 deste Capítulo). O relator também poderá, depois de facultada, quando for o caso, a apresentação de contrarrazões, dar provimento ao recurso se a decisão recorrida for contrária a tais súmulas, entendimentos e precedentes (art. 932, IV e V). Contra a decisão do relator, nessas hipóteses, caberá *agravo interno* para o respectivo órgão colegiado. Porém, caso este agravo interno seja declarado manifestamente inadmissível ou improcedente em votação unânime, o órgão colegiado, em decisão fundamentada, condenará o agravante a pagar ao agravado multa fixada entre 1% e 5% do valor da causa, atualizado. E o depósito do valor da multa condicionará a interposição de qualquer outro recurso.

297. O Plenário do STF, por maioria, entendeu incabíveis embargos de divergência opostos em face de acórdão proferido em sede de recurso ordinário em mandado de segurança (RMS/ED 22.926-DF, rel. Min. Marco Aurélio, j. 19.2.2003, *Informativo STF* 298/1).

de agravo de instrumento previsto no art. 1.015 do CPC de 2015, entendemos que este pode ser aplicável na tramitação da segurança de modo excepcional, como meio de impugnação de decisões nitidamente prejudiciais, quando não conflitar com as prescrições da sua lei especial nem contrariar a índole do *mandamus*.

O agravo de instrumento,[298] afinal, não conflita com a norma específica do mandado de segurança, nem contrariam sua índole de remédio heroico, célere na sua tramitação, pois esses recursos, não tendo efeito suspensivo, não impedem o caminhamento da impetração nem obstaculizam seu julgamento de mérito; apenas asseguram regularidade em seu processamento. Daí seu cabimento, como medida excepcional de resguardo procedimental da segurança.

O *efeito dos recursos* em mandado de segurança é somente o *devolutivo*, porque o *suspensivo* seria contrário ao caráter urgente e autoexecutório da decisão mandamental.[299] Pontue-se que a Lei 12.016/2009 não autoriza, entretanto, a execução provisória nos casos em que é vedada a concessão de liminar.[300] Manteve a lei ora vigente a sistemática trazida pela Lei 6.071, de 3.7.1974, que, ao ensejo de adaptar as normas do mandado de segurança ao novo Código de Processo Civil, submeteu a sentença concessiva a recurso de ofício e declarou que poderia ser executada provisoriamente (art. 12, parágrafo único, da revogada Lei 1.533/1951, com a redação dada pela Lei 6.071/1974). Essa "execução provisória" em mandado de segurança difere daquela referida pelo Código de Processo Civil para as outras sentenças, como já demonstramos precedentemente (item 16).[301]

298. O CPC de 2015, por meio do seu art. 1.016, extinguiu o antigo agravo retido.

299. STJ, RMS 8.320-SP, rel. Min. Peçanha Martins, *DJU* 19.12.1997, p. 67.468. Em situações excepcionais, no entanto, a jurisprudência vem admitindo o efeito suspensivo à apelação contra a sentença denegatória da segurança ou ao recurso ordinário no caso de julgamento originário em Tribunal, de modo a garantir a persistência dos efeitos da liminar até o julgamento do recurso, evitando o perecimento do direito do impetrante (v., por todos: STJ, RMS 351-SP, rel. Min. Antônio de Pádua Ribeiro, *RSTJ* 96/175; e MC 11.055-RS, rel. Min. Luiz Fux, *DJU* 8.6.2006; AgR no AREsp 809.228-SP, rela. Min. Assusete Magalhães, *DJe* 23.2.2016). V., ainda, itens 6 e 12, supra.

300. Em relação aos recursos contra decisões concessivas de reclassificação ou equiparação de servidores públicos, vencimentos e vantagens a exceção já constava da Lei 4.348/1964, que nesses casos impunha o efeito suspensivo (arts. 5º e 7º).

301. A Lei 8.076/1990, no seu art. 1º, parágrafo único, sujeitava ao duplo grau de jurisdição, determinando que somente produziriam efeitos após sua confirmação

Os *prazos para recursos* são os fixados no Código de Processo Civil de 2015, contando-se em dobro para a Fazenda Pública, para o Ministério Público (arts. 180 e 183)[302] e para litisconsortes com procuradores diferentes (art. 229).[303] Para responder ao recurso em *contrarrazões* o prazo é o singelo para todas as partes, pois o Código de 2015 não abriu exceção para o mandado de segurança, e este, por seu rito especialíssimo de remédio heroico, só admite alargamentos de prazos processuais quando a lei expressamente os determine. No caso, não se pode entender que a ampliação genérica do art. 229 importe duplicação do prazo de *contrarrazões*, privilégio, esse, não especificamente concedido à Fazenda Pública, ao Ministério Público ou às partes que tenham mais de um procurador nos autos. Essa a única interpretação que se coaduna com a natureza urgente e mandamental das decisões em mandado de segurança.

Observamos, ainda, que somente a *Fazenda Pública* – ou seja, a União, Estados, Distrito Federal, Municípios e suas autarquias – é que goza do privilégio da duplicação dos prazos para recurso, não se estendendo tal prerrogativa às entidades paraestatais (empresas públicas, sociedades de economia mista, fundações instituídas pelo Poder Público, serviços sociais autônomos), nem aos concessionários de serviços públicos que impetrarem ou responderem a mandado de segurança. Essas entidades ou empresas de personalidade privada só contarão o prazo em dobro se a lei federal lhes conceder expressamente o privilégio, equiparando-as, para esse efeito, à Fazenda Pública.

A contagem do prazo para recurso em mandado de segurança flui da intimação oficial do julgado, e não da notificação à autoridade

---

pelo respectivo Tribunal, as sentenças concessivas de mandado de segurança contra a legislação que constitui o chamado "Plano Collor".

O TRF-3ª Região proclamou a inconstitucionalidade do referido parágrafo único do art. 1º da Lei 8.076/1990 em sessão do seu Plenário realizada em 25.4.1991, no MS 90.03.375625-5, entendendo que a disposição legal impugnada limitava a competência do Poder Judiciário, constitucionalmente assegurada. Em decorrência, foram denegados vários mandados de segurança impetrados pelo BACEN contra atos de juízes de primeira instância que deixaram de aplicar a norma legal que o Tribunal considerou inconstitucional (v. MS 37.791, reg. 90.03.38434-7, do qual foi Relatora a douta Juíza Anna Maria Pimentel, *RTRF-3ª Região* 7/282, julho-setembro/1991).

302. 1º TACivSP, AI 748.149-0, rel. Juiz Correia Lima, *RT* 750/297.

303. Era controvertida a aplicação da regra do art. 191 do CPC de 1973 ao processo eletrônico. O Código de Processo Civil de 2015 parece pôr fim à discussão, dispondo expressamente que não se aplica a regra do prazo em dobro para partes com procuradores diferentes ao processo eletrônico (art. 229, § 2º).

coatora para o cumprimento da ordem (STF, Súmula 392). Corre nas férias o prazo para recurso extraordinário e agravo.[304]

A interposição dos recursos pode ser feita pelos *impetrantes*, *impetrados*,[305] *Ministério Público*, *litisconsortes* (não confundir com simples assistentes), *terceiros prejudicados*,[306] bem como pela *entidade a que pertencer o coator*,[307] sempre que concedida a segurança ou a liminar, porque sobre ela recairão os encargos da condenação ou da suspensão do ato (o art. 14, § 2º, da Lei 12.016/2009, no entanto, menciona o direito de recorrer da "autoridade coatora"). Em geral são aplicáveis nas impetrações todas as regras de tramitação dos recursos que não forem incompatíveis com as especificidades do *mandamus*.

Na pendência do recurso o recorrente pode manifestar a desistência a qualquer tempo, independentemente de anuência das demais partes,

---

304. STF, *RT* 532/268.

305. O STF decidiu, em caso isolado, que: "Em tema de mandado de segurança, o coator é notificado para prestar informações. Prestadas estas, sua intervenção cessa. Não tem ele legitimidade para recorrer da decisão deferitória do *mandamus*. A legitimação cabe ao representante da pessoa jurídica interessada" (1ª Turma, RE 97.282-9-PA, rel. Min. Soares Muñoz, v.u., *DJU* 24.9.1982).

Nas edições anteriores discordamos desse entendimento, pois o impetrado, que integrou a lide desde as informações, não pode ser alijado do processo na fase de recurso. Poderá haver apelação conjunta ou separada, sem exclusão do impetrado, como têm admitido os outros Tribunais e o próprio STF em casos anteriores.

Em posição intermediária, decidiu a Corte Especial do STJ: "Tem legitimidade para recorrer, no mandado de segurança, em princípio, o órgão público, e não o impetrado, que age como substituto processual da pessoa jurídica na primeira fase do *writ*. Ao impetrado faculta-se, não obstante, a possibilidade de recorrer como assistente litisconsorcial, ou como terceiro, apenas a fim de prevenir sua responsabilidade pessoal por eventual dano decorrente do ato coator, mas não para a defesa deste ato em grau recursal, a qual incumbe à pessoa jurídica de direito público, por seus procuradores legalmente constituídos" (REsp/EDv 180.613-SE, rela. Min. Eliana Calmon, *RF* 380/298). Citando este precedente da Corte Especial, a 6ª Turma do STJ decidiu que "a autoridade coatora apenas tem legitimidade para recorrer de sentença que concede a segurança quando tal recurso objetiva defender interesse próprio da dita autoridade". E, mais, que "o prefeito municipal, na qualidade de autoridade coatora, não possui o prazo dobrado para recurso, sobretudo porque o alcaide municipal não se confunde com a Fazenda Pública, esta o ente que suporta o ônus da decisão do mandado de segurança" (REsp 264.632-SP, rela. Min. Maria Thereza de Assis Moura, *DJU* 19.11.2007). Pacificando a controvérsia, a Lei 12.016/2009 estatui expressamente que se estende à autoridade coatora o direito de recorrer (art. 14, § 2º).

306. STF, *RTJ* 85/266, *RT* 341/509.

307. STF, *RTJ* 118/377; TJSP, *RT* 828/212.

conforme o disposto no art. 998 do CPC de 2015.[308] Mas não há desistência possível do recurso *ex officio* (art. 14, § 1º, da Lei 12.016/2009).

Transitada em julgado a sentença concessiva ou denegatória da segurança, desde que tenha apreciado o mérito, só por *ação rescisória* poderá ser desfeito o decidido, por constituir *coisa julgada* em sentido formal e material, como veremos a seguir. No entanto, se a decisão não decidir o mérito não impedirá que, por ação própria, o impetrante pleiteie seus direitos (art. 19 da Lei 12.016/2009).

Prevê o art. 17 da Lei 12.016/2009, ademais, que "nas decisões proferidas em mandado de segurança e nos respectivos recursos, quando não publicado, no prazo de 30 (trinta) dias, contado da data do julgamento, o acórdão será substituído pelas respectivas notas taquigráficas, independentemente de revisão".

Inspirando-se nos dispositivos do art. 17 da Lei 1.533/1951, o art. 20 da Lei 12.016/2009 determinou que, à exceção do *habeas corpus*, os processos de mandado de segurança e os respectivos recursos terão prioridade sobre todos os demais procedimentos judiciais.

Com a Emenda Constitucional 125/2022, até o momento não regulamentada, o recorrente também deverá demonstrar que a questão jurídica federal discutida no caso possui importância que transcende o mero interesse das partes, no que se convencionou chamar de "*filtro de relevância da questão federal*".

18. *Coisa julgada*

A *coisa julgada* pode resultar da sentença concessiva ou denegatória da segurança, desde que a decisão haja apreciado o *mérito* da pretensão do impetrante e afirmado a existência ou a inexistência do direito a ser amparado.[309] Não faz *coisa julgada*, quanto ao mérito do pedido, a decisão que apenas denega a segurança por incerto ou ilíquido o direito pleiteado, a que julga o impetrante carecedor do

308. Neste sentido: STJ, REsp 930.952-RJ, rel. Min. José Delgado, *DJU* 17.6.2009. Admitindo a desistência do recurso mesmo depois de iniciado o julgamento, pendente de finalização por um pedido de vista: STJ, RMS 20.582-GO, rel. design. Min. Luiz Fux, *DJU* 18.10.2007. No mesmo sentido, o STF admitiu desistência manifestada após o julgamento de recurso extraordinário, mas antes da publicação do acórdão (RE/AgR-AgR 231.671-DF, rela. Min. Ellen Gracie, *DJU* 22.5.2009).

309. Alfredo Buzaid, "Do mandado de segurança", *RT* 258/35; Celso Agrícola Barbi, *Do Mandado de Segurança*, 1976, p. 255; STF, *RT* 459/252.

mandado e a que indefere desde logo a inicial por não ser caso de segurança ou por falta de requisitos processuais para a impetração ou pelo decurso do prazo para impetração (art. 10 da Lei 12.016/2009).

Quando a lei diz que a decisão do mandado de segurança não impedirá que o requerente, por ação própria, pleiteie seus direitos e os respectivos efeitos patrimoniais (art. 19) e possibilita a renovação do pedido quando a sentença denegatória não lhe houver apreciado o mérito (art. 6º, § 6º), é de se entender que a Justiça poderá manifestar-se, *sempre*, sobre a matéria não decidida no mandado anterior. Daí não se pode concluir, *data venia* dos que entendem em contrário,[310] que, sendo a segurança denegada por qualquer motivo, ficará aberta a via ordinária para a reapreciação da mesma questão. Não nos parece assim, porque tal exegese conduz à negação da *coisa julgada*, pelo só fato de a decisão ser contrária à pretensão do impetrante.[311] O que a lei ressalva é a composição dos danos pelas vias ordinárias, exatamente porque essa indenização não pode ser obtida em mandado de segurança. Por outro lado, assinala o legislador que o interessado poderá renovar o pedido em outro mandado, enquanto o juiz não o denegar pelo mérito.

Nada impede, entretanto, que a mesma parte impetre sucessivos mandados de segurança com o mesmo objeto, desde que por fundamentos diversos. Já então não ocorre *renovação do mandado*, no sentido a que a lei se refere, opondo a restrição do art. 6º, § 6º. Haverá, em tal caso, impetração inteiramente nova, apenas entre as mesmas partes figurantes em mandado anterior. Nessas hipóteses não há *coisa julgada* impeditiva do novo mandado, porque não ocorre a mesma razão de pedir, embora confluam os dois outros requisitos da *res judicata*.

Para que surja a *coisa julgada*, em sentido formal e material, é indispensável a tríplice identidade de *pessoas*, *causa* e *objeto*: as partes hão de ser as mesmas, o fundamento de pedir o mesmo e o objeto

310. Seabra Fagundes, *O Controle dos Atos Administrativos pelo Poder Judiciário*, 1957, p. 337, *in fine*; Luiz Eulálio de Bueno Vidigal, *Do Mandado de Segurança*, 1953, p. 151.

311. "A decisão que extingue a ação mandamental, por força da superação do prazo decadencial de que trata o art. 18 da Lei n. 1.533/1951, não impede a renovação da controvérsia nas vias ordinárias, uma vez que a decisão denegatória do mandado de segurança somente faz coisa julgada, impedindo posterior demanda ordinária, quando for reconhecido, à luz da legislação, que não houve violação ao direito reclamado pelo impetrante" (STJ, RMS 28.509-AC, rel. Min. Napoleão Nunes Maia Filho, *DJU* 13.10.2009).

o mesmo, e não apenas *assemelhado*. Muito comum é a repetição do ato abusivo, já considerado ilegal em outro mandado entre as mesmas partes, incidente sobre objeto do mesmo gênero (mercadorias, serviços, atividades etc.). Neste caso não se verifica a *coisa julgada*, por faltar à decisão anterior um dos pressupostos de sua ocorrência, ou seja, a vinculação da sentença primitiva ao mesmo objeto (e não a objeto do mesmo gênero). Ter-se-á, aqui, apenas um precedente judicial; nunca a *coisa julgada*, em acepção jurídica própria.

Mas, desde que se forme regularmente a coisa julgada, em sentença de mandado de segurança, tem "força de lei nos limites da lide e das questões decididas" (CPC de 2015, art. 503), e, portanto, não há razão para se permitir sua desconstituição por ação ordinária, quando é certo que unicamente a *rescisória* poderá fazê-lo (CPC de 2015, art. 966). Daí por que o próprio STF, dando o exato sentido e o alcance de sua Súmula 304, consignou que quando a decisão proferida em mandado de segurança conclui que não assiste direito ao impetrante, apreciando o mérito, o único modo de atacar a *res judicata* assim formada é a ação rescisória.[312] Com efeito, a expressão contida na indigitada súmula – "não fazendo coisa julgada" – equivale a dizer-se: *quando não fizer coisa julgada* contra o impetrante não impede o uso da ação própria. Por outro lado, quando fizer coisa julgada impedirá o uso de outra ação ou, mesmo, de outro mandado de segurança. Mas isto só ocorre nas sentenças *regulares*, pois as sentenças *nulas* não fazem *coisa julgada*, sabido que o ato nulo não gera efeitos jurídicos válidos, e, por isso mesmo, a decisão nula, ainda que supere os prazos de recursos específicos, pode ser atacada e invalidada por *mandado de segurança*, porque seus efeitos e sua execução não passam de atos ilegais, produtos do abuso de poder, reprimíveis pelo *mandamus*, nos termos constitucionais.

Quanto à coisa julgada no mandado de segurança coletivo, que mereceu pela primeira vez tratamento da legislação ordinária, remete-se o leitor ao item subsequente.

19. *Mandado de segurança coletivo*[313]

A Constituição de 1988 admitiu o mandado de segurança coletivo, a ser impetrado por partido político com representação no

312. STF, *RTJ* 55/698 e 58/735.

313. Sobre o *mandado de segurança coletivo*, v.: J. J. Calmon de Passos, *Mandado de Segurança Coletivo, Mandado de Injunção e "Habeas Data" – Constituição*

Congresso Nacional, por organização sindical, por entidade de classe ou associação legalmente constituída e em funcionamento há pelo menos um ano (art. 5º, LXX).

A Lei 12.016, de 7.8.2009, ao mesmo passo em que reviu o regramento do mandado de segurança individual, pela primeira vez consagrou uma normatização específica para o mandado de segurança coletivo, basicamente consolidando os entendimentos que já vinham sendo adotados na prática.[314]

Desde sua criação, por interpretação unânime da doutrina e da jurisprudência, mesmo antes da Lei 12.016/2009, este mandado de segurança seguiu o procedimento comum do *mandamus* de proteção a direito individual, uma vez que a Constituição inovou somente na legitimidade ativa das entidades que podem impetrá-lo na defesa de direitos ou prerrogativas de seus associados ou filiados. A impetração, portanto, será sempre em nome próprio da entidade.

Observamos, todavia, que o mandado de segurança coletivo não se presta à defesa de direito individual de um ou de alguns filiados de partido político, de sindicato ou de associação, mas, sim, da categoria, ou seja, da totalidade ou de parte de seus filiados que tenham um direito ou uma prerrogativa a defender em juízo[315] (art.

---

e Processo, Rio de Janeiro, Forense, 1989; Michel Temer, "Algumas notas sobre o mandado de segurança coletivo, o mandado de injunção e o *habeas data*", *RPGE/SP* 30/11; Carlos Ari Sundfeld, "Anotação sobre o mandado de segurança coletivo", *RPGE/SP* 29/163; Lúcia Valle Figueiredo, *Perfil do Mandado de Segurança Coletivo*, São Paulo, Ed. RT, 1989; Alfredo Buzaid, *Considerações sobre o Mandado de Segurança Coletivo*, São Paulo, Saraiva, 1992; José Rogério Cruz e Tucci, *"Class Action" e Mandado de Segurança*, São Paulo, Saraiva, 1990; e Athos Gusmão Carneiro, "Anotações sobre o mandado de segurança", *Ajuris* 54/53-74. Já, sobre a Lei 12.016/2009, além da doutrina referida na nota de rodapé 1, v. Athos Gusmão Carneiro, "O mandado de segurança coletivo, nos termos da Lei 12.016/2009", *RePro* 178/9; Antônio Herman Benjamin e Gregório Assagra de Almeida, "Legitimidade ativa e objeto material no mandado de segurança coletivo", *RT* 895, maio/2010; Humberto Theodoro Jr., "O mandado de segurança coletivo em cotejo com as ações coletivas constitucionais", *RF* 413/187; Bruno Paiva Gouveia, "Mandado de segurança coletivo e a Lei 12.016/2009", *RF* 422/3, julho-dezembro/2015.

314. O Projeto de Lei 5.139/2009, que objetiva disciplinar a ação civil pública para tutela de interesses difusos, coletivos ou individuais homogêneos, dispõe, no art. 68, que suas normas serão aplicáveis ao mandado de segurança coletivo, no que não forem incompatíveis com as regras próprias que o regulam. *(O Projeto foi rejeitado na Comissão de Constituição e Justiça e de Cidadania da Câmara dos Deputados, pendendo recurso contra essa rejeição ao Plenário da Casa.*

315. A propósito, examinando a legitimidade ativa em ação direta de inconstitucionalidade, o STF decidiu que "não se caracteriza como *entidade de classe* a simples

21 da Lei 12.016/2009). Com efeito, a jurisprudência inicialmente caminhou no sentido de que não seria cabível a impetração de mandado de segurança coletivo quanto a interesse de apenas parte dos associados de uma entidade.[316] Algumas decisões, porém, ampliaram o escopo do mandado de segurança coletivo, admitindo-o quando o interesse fosse de "coletividade menor, mas coletividade, inserida na maior".[317] Uma decisão da 1ª Seção do STJ reconheceu legitimidade a um sindicato para a impetração coletiva "em favor de uma parcela da categoria profissional".[318] O STF acabou editando a Súmula 630, segundo a qual "a entidade de classe tem legitimação para o mandado de segurança, ainda quando a pretensão veiculada interesse apenas a uma parte da respectiva categoria".[319]

A jurisprudência na matéria mostrou-se inicialmente oscilante, mas alguns Tribunais têm admitido a impetração do mandado de segurança coletivo não só na defesa dos direitos líquidos e certos da to-

---

associação de empregados de determinada empresa, por não congregar uma categoria de pessoas intrinsecamente distinta das demais, mas somente agrupadas pelo interesse contingente de estarem a serviço de determinado empregador" (ADI 34-9-DF, *DJU* 28.4.1989, p. 6.293). Ademais, deve haver correlação entre o objeto da declaração de inconstitucionalidade e o específico escopo institucional associativo" (ADI 6.692-DF, rel. Min. Alexandre de Moraes, *DJe* 3.8.2021).

No mesmo sentido as decisões proferidas no MS (coletivo) 21.059-1 pelo STF, em 5.9.1990, *DJU* 19.10.1990 e *RT* 669/215, e nos MS 197-DF e 224-DF, julgados pelo STJ em 8.5.1990 e 20.2.1990 e publicados respectivamente nas *RSTJ* 12/215 e 9/219.

316. TRF-2ª Região, ApMS 92.02.12460-4-RJ, rel. Juiz Clélio Erthal, *ADV* 93, ementa 62.976; STJ, RMS 571-0-CE, rel. Min. José de Jesus Filho, *RSTJ* 69/141.

317. *RT* 657/80 e, no mesmo sentido, *RJTJRS* 154/372.

318. STJ, MS 5.187-DF, rel. Min. Humberto Gomes de Barros, *RDR* 14/120.

319. RMS 41.395-BA, rel. Min. Herman Benjamin, *DJe* 9.5.2013; REsp 1.251.159, rel. Min. Castro Meira, *DJe* 21.8.2012; RMS 36.483-RJ, rela. para o acórdão Min. Alderita Ramos de Oliveira, *DJe* 12.6.2012; REsp 1.662.362-RS, rel. Min. Benedito Gonçalves, *DJe* 29.8.2019. Por outro lado, decisão do TRF-1ª Região admitiu que a decisão proferida em mandado de segurança coletivo impetrado pelo sindicato, inicialmente, em favor de alguns filiados pode ser posteriormente estendida para toda a categoria (AI 2005.01.00.067461-4-DF, rel. Des. federal José Amílcar Machado, *RePro* 147/263). A nosso ver, tal medida só se viabiliza processualmente se houver aditamento formal da petição inicial, pois do contrário representaria o acolhimento de pleito *extra petita*.

Ainda que em tese o sindicato tenha legitimidade para representar toda a categoria no mandado de segurança coletivo, se o pedido inicial da impetração foi restrito a determinados filiados, como autorizado pela Súmula 630 do STF, não é possível que o Judiciário conceda a proteção, nos mesmos autos, a outros indivíduos não abrangidos na demanda.

talidade dos associados da entidade impetrante, mas também no caso de existência de "interesses difusos" dos mesmos, invocando o texto do art. 5º, LXX, "b", da CF. Na realidade, embora haja referência no artigo à "defesa dos interesses dos seus membros", entendemos que somente cabe o mandado de segurança coletivo quando existe direito líquido e certo da totalidade ou de parte dos associados, e no interesse dos mesmos é que a entidade, como substituto processual, poderá impetrar a segurança, não se admitindo, pois, a utilização do mandado de segurança coletivo para defesa de interesses difusos, que deverão ser protegidos pela ação civil pública.[320] Neste sentido, o parágrafo único do art. 21 da Lei 12.016/2009 estabelece, nos incisos I e II, que os direitos protegidos pelo mandado de segurança coletivo podem ser propriamente coletivos – quando indivisíveis, porém pertencentes a um grupo ou categoria de pessoas ligadas entre si ou com a parte contrária por uma relação jurídica básica – ou individuais homogêneos – da mesma forma pertencentes à totalidade ou a parte dos associados

320. O Ministério Público tem impetrado alguns mandados de segurança na qualidade de defensor de direitos difusos, de guardião da ordem jurídica em geral. Algumas decisões judiciais admitem esta modalidade de impetração (*no STJ*: RMS 5.895-DF, rel. Min. Assis Toledo, *DJU* 5.2.1996, p. 1.410, e *RDR* 4/225; RMS 9.889-MG, rel. Min. Gilson Dipp, *DJU* 15.3.1999, p. 264). Como mencionado, entendemos que, se determinado ato é atentatório a direitos difusos, e não a direitos individuais, o Ministério Público poderá intervir para reprimi-lo, mas não pela via do mandado de segurança, e sim através de ação civil pública. Do contrário se estaria consagrando um mandado de segurança coletivo anômalo, fora das hipóteses previstas expressamente na Constituição (art. 5º, LXX).

Em impetração de Estado-membro da Federação em defesa de interesses da população local contra ato do Presidente da República, o Tribunal Pleno do STF decidiu que a tutela dos interesses difusos da população do Estado estaria processualmente restrita às hipóteses previstas na Lei da Ação Civil Pública (Lei 7.347/1985) e a impetração de mandado de segurança coletivo está sujeita à enumeração taxativa do art. 5º, LXX, da CF (partidos políticos, organizações sindicais, entidades de classe e associações): MS 21.059-RJ, rel. Min. Sepúlveda Pertence, *RTJ* 133/652. Ademais, em mandado de segurança impetrado pelo Procurador-Geral da República afirmou-se que "a legitimidade *ad causam* no mandado de segurança pressupõe que o impetrante se afirme titular de um direito subjetivo próprio" (STF, Tribunal Pleno, MS 21.239-DF, rel. Min. Sepúlveda Pertence, *DJU* 23.4.1993, p. 6.920).

O correto enquadramento dos casos de cabimento do mandado de segurança e da ação civil pública é extremamente relevante, na medida em que são marcantes as diferenças em termos de legitimidade ativa e passiva, procedimento e competência para julgamento. O acatamento de mandado de segurança com características de ação civil pública nos parece implicar violação ao devido processo legal e afastamento do juiz natural – garantias constitucionais essenciais ao Estado Democrático de Direito.

ou membros do impetrante. Não se fez menção, na legislação, aos direitos difusos, o que reforça o entendimento aqui exposto.[321]

A natureza jurídica desta substituição processual no mandado de segurança coletivo foi, no passado, objeto de debate na jurisprudência. Parte dos Tribunais exigia que a associação estivesse expressamente autorizada por seus filiados para ajuizar a demanda, por cada membro individualmente ou através de assembleia.[322] Um acórdão do STJ defendeu igualmente a necessidade de anuência dos associados, pois cada qual poderia preferir ajuizar sua própria demanda, escolhendo e sustentando os argumentos jurídicos que entendesse mais relevantes.[323] Segundo essa decisão, a denegação da segurança coletiva seria oponível a todos os associados, os quais, portanto, deveriam ter a opção de opinar sobre a impetração. Outras decisões judiciais sustentaram que a exigência de autorização seria dispensável, pois a hipótese seria de legitimação extraordinária, e não se confunde com qualquer tipo de representação ou mandato.[324] A matéria acabou

---

321. Na doutrina, admitem a tutela de interesses difusos por mandado de segurança coletivo, em que pese à inexistência de menção a esta espécie na Lei 12.016/2009: Luiz Fux (*Mandado de Segurança*, Rio de Janeiro, Forense, 2010, p. 136); Aluísio Gonçalves de Castro Mendes (*Comentários à Nova Lei de Mandado de Segurança Individual e Coletivo*, Impetus, 2010, p. 143); Eduardo Arruda Alvim (*Mandado de Segurança*, 2ª ed., GZ Editora, 2010, p. 380); Cássio Scarpinella Bueno (*A Nova Lei do Mandado de Segurança*, São Paulo, Saraiva, 2009, p. 132); e Bruno Garcia Redondo e outros (*Mandado de Segurança: Comentários à Lei 12.016/2009*, Rio de Janeiro, Forense, 2009, p. 152). Já, segundo José Miguel Garcia Medina e outros, o legislador teria optado por não incluir direitos difusos, incorporando a jurisprudência dominante (*Mandado de Segurança Individual e Coletivo: Comentários à Lei 12.016, de 7 de agosto de 2009*, São Paulo, Ed. RT, 2009, p. 208). Humberto Theodoro Jr. também reconhece a exclusão dos direitos difusos do âmbito do mandado de segurança coletivo, ao argumento de que estes "contam com a tutela do Ministério Público, que os defende, com eficiência, por meio do inquérito civil e da ação civil pública", cuja tutela a lei vigente haveria reputado adequada e suficiente (*O Mandado de Segurança segundo a Lei 12.016, de 7 de agosto de 2009*, Rio de Janeiro, Forense, 2009, p. 48). No mesmo sentido, para Vicente Greco Filho os interesses difusos "não são compatíveis com o conceito de direito líquido e certo, exigência geral para o mandado de segurança" (*O Novo Mandado de Segurança*, São Paulo, Saraiva, 2010, p. 57).

322. TRF-4ª Região, ApMS 89.04.05981-0-RS, rel. Juiz Paim Falcão, *RTJE* 120/102; e TARS, ACi 190083980 rel. Juiz Osvaldo Stefanello, *RT* 668/159.

323. STJ, 6ª Turma, RMS 3.365-1-GO, rel. Min. Luiz Vicente Cernicchiaro, *RSTJ* 73/166.

324. Nesta linha, no STF: RE 141.733-1-SP, rel. Min. Ilmar Galvão, *RT* 720/310; RE 181.438-1-SP, rel. Min. Carlos Velloso, *RT* 734/229; e RMS 21.514-3-DF, rel. Min. Marco Aurélio, *ADV* 94, ementa 64.267. E, no STJ: MS 4.126-DF, rel. Min. Demócrito Reinaldo, *RT* 729/134; RMS 3.298-PR, rel. Min. José Arnaldo, *DJU*

sumulada no STF no sentido da dispensa da autorização específica.[325] Essa desnecessidade da autorização especial foi explicitada no *caput* do art. 21 da Lei 12.016/2009. Assim, não é necessária a autorização expressa em assembleia, bastando que a entidade impetrante se enquadre, por sua natureza e seus estatutos, como um dos legitimados pela alínea "b" do inciso LXX do art. 5º da CF, rol reiterado no art. 21 da Lei 12.016/2009.

Quanto à extensão da coisa julgada, objeto de preocupação no primeiro acórdão do STJ acima citado,[326] entendemos, desde a promulgação da Constituição, que se deveria aplicar o mesmo princípio já inserto na legislação pertinente à ação popular (art. 18 da Lei 4.717/1965) e à ação civil pública (art. 16 da Lei 7.347/1985), no sentido de que apenas a sentença de concessão da segurança faz sempre coisa julgada coletiva. A denegação da ordem coletiva, por outro lado, só prejudicaria o eventual mandado de segurança individual quando fundada em mérito, e não quando baseada na falta da prova pré-constituída do direito líquido e certo alegado. Afinal, em tais situações a denegação da segurança ocorre sem que os indivíduos – verdadeiros titulares do direito debatido – tenham a oportunidade de intervir no processo e produzir suas razões e seus documentos. O *caput* do art. 22 da Lei 12.016/2009 não chega a tocar neste ponto, apenas limitando subjetivamente os efeitos da sentença "aos membros do grupo ou categoria substituídos pelo impetrante".[327] Porém, não nos parece que o texto legal prejudique ou afaste a interpretação aqui defendida, podendo ser construída exegese que alinhe o regime

---

24.2.1997, p. 3.347 (íntegra do acórdão publicada na *RSTJ* 96/363); RMS 12.748-TO, rela. Min. Eliana Calmon, *DJU* 11.3.2002, p. 217; e MS 7.993-DF, rela. Min. Laurita Vaz, *DJU* 23.11.2005.

325. No STF, v. acórdãos unânimes do Tribunal Pleno: RE 193.382-8-SP, rel. Min. Carlos Velloso, *RT* 738/224; MS 22.132-RJ, rel. Min. Carlos Velloso, *RTJ* 166/166. Posteriormente foi editada pelo STF a Súmula 629: "A impetração de mandado de segurança coletivo por entidade de classe em favor dos associados independe da autorização destes". "A inexigibilidade permanece ainda que a pretensão atinja somente parte de seus associados, na forma do art. 21 da Lei 12.016/2009 (Súmula 630 do STF)" (ARE 1.321.285-SP, rel. Min. Luiz Fux, *DJe* 24.5.2021). Também no STJ essa orientação vigora: RMS/AgR 30.826-CE, rel. Min. Nefi Cordeiro, *DJe* 11.9.2015; REsp/AgR 1.537.629-RJ, rel. Min. Sérgio Kukina, *DJe* 27.9.2015; REsp 1.531.371-SC, rel. Min. Herman Benjamin, *DJe* 5.8.2015.

326. *RSTJ* 73/166.

327. STF, RE 573.232-SC, rel. para o acórdão Min. Marco Aurélio, *DJU* 19.9.2014.

da coisa julgada no mandado de segurança coletivo com aquele das demais ações coletivas.

O § 1º do art. 22, em dispositivo assemelhado ao do art. 104 do CDC, estabelece que o mandado de segurança coletivo não induz litispendência para as ações individuais, mas os efeitos da coisa julgada não beneficiarão o impetrante individual se este não requerer a desistência do seu próprio mandado de segurança em 30 dias a partir da ciência da impetração coletiva.[328] Há, por sinal, jurisprudência esclarecendo que "o ajuizamento de mandado de segurança coletivo por entidade de classe não inibe o exercício do direito subjetivo de postular, por via de *writ* individual, o resguardo de direito líquido e certo, lesado ou ameaçado de lesão por ato de autoridade, não ocorrendo, na hipótese, os efeitos da litispendência".[329] Esta aproximação das legislações para demandas coletivas, aliás, reforça o entendimento de que o regime da coisa julgada seja semelhante, limitando-se os efeitos coletivos desta às hipóteses de julgamento de mérito.

Assim, dentro do prazo decadencial de 120 dias, o indivíduo inserido no âmbito de uma possível impetração coletiva pode optar por impetrar seu próprio mandado de segurança individual; ajuizado também o mandado de segurança coletivo, ele poderá prosseguir com sua ação individual (e aí a decisão de mérito no seu processo, em relação a ele, prevalece sobre aquela do coletivo) ou pedir a desistência da sua impetração. Se não tiver impetrado a ação individual e permanecer inerte, estará aderindo ao resultado final daquela coletiva. Evita-se, desta forma, que o indivíduo seja inadvertidamente prejudicado por uma impetração coletiva juridicamente deficiente ou mal fundamentada, pois reserva-se a cada um a opção de perseguir o direito por sua própria conta e risco.

Vale ressaltar que o art. 2º-A da Lei 9.494/1997, criado através de medida provisória sucessivamente reeditada,[330] estabeleceu que "a sentença civil prolatada em ação de caráter coletivo proposta por

328. V. exaustivo acórdão do TRF-1ª Região, citando vários outros precedentes jurisprudenciais sobre a matéria: ApMS 1997.01.00.055740-2-DF, rela. Juíza Assusete Magalhães, *RT* 756/387.

329. STJ, MS 7.522-DF, rel. Min. Vicente Leal, *DJU* 6.5.2002, p. 239; MS 7.570-DF, rel. Min. Vicente Leal, *DJU* 10.6.2002, p. 140; REsp/AgR 675.992-AC, rela. Min. Laurita Vaz, *DJU* 7.4.2008; REsp 1.091.597-DF, rel. Min. Castro Meira, *DJe* 15.12.2008 e AgInt no RMS 52.086-RS, rel. Min Francisco Falcão, *DJe* 14.5.2019.

330. Medida Provisória 2.180-35, de 24.8.2001.

entidade associativa na defesa dos interesses e direitos dos seus associados abrangerá apenas os substituídos que tenham, na data da propositura da ação, domicílio no âmbito da competência territorial do órgão prolator". Por outro lado, o parágrafo único dispõe que, "nas ações coletivas propostas contra entidades da Administração direta, autárquica e fundacional da União, dos Estados do Distrito Federal e dos Municípios, a petição inicial deverá obrigatoriamente estar instruída com a ata da assembleia da entidade associativa que a autorizou, acompanhada da relação nominal dos seus associados e indicação dos respectivos endereços". O STJ vinha considerando estas regras aplicáveis aos mandados de segurança coletivos, exigindo a indicação do rol dos associados e a ata da assembleia de autorização para a impetração coletiva por associações e sindicatos.[331] No entanto, considerando-se a jurisprudência do STF citada acima, que faz uma clara distinção entre a legitimação constitucional extraordinária para a propositura de mandado de segurança coletivo[332] e aquela legitimação para a mera representação coletiva dos associados em juízo,[333] a Suprema Corte não aplicou as regras do art. 2º-A da Lei 9.494/1997 aos mandados de segurança coletivos. Com efeito, o STF acabou por reformar uma das decisões do STJ mencionadas acima – a do MS 6.318-DF –, determinando a volta dos autos para que aquela Corte julgasse o mérito da impetração, independentemente da indicação do rol dos associados da entidade impetrante ou da ata de assembleia autorizadora do ajuizamento do *writ*.[334] A jurisprudência mais recente do STJ passou a dispensar o requisito de autorização ou relação nominal dos substituídos para a impetração de mandado de segurança coletivo[335] – entendimento alinhado com o texto do art. 21 da Lei 12.016/2009. Em matéria de ações ordinárias coletivas, no entanto, e com base na norma constitucional prevista no inciso XXI do art. 5º, o STF exige a autorização expressa dos filiados para o ajuizamento da demanda.[336]

---

331. STJ, 1ª Seção, MS 6.307-DF, rel. Min. Garcia Vieira, *DJU* 25.10.1999, p. 33; e 3ª Seção, MS 6.318-DF, rel. Min. Fernando Gonçalves, *DJU* 11.9.1999, p. 40.

332. CF, art. 5º, LXX.

333. CF, art. 5º, XXI.

334. STF, RMS 23.566-DF, rel. Min. Moreira Alves, *RT* 803/141.

335. Na 3ª Seção, v. MS 7.993-DF, rela. Min. Laurita Vaz, *DJU* 23.11.2005; AgInt no AgInt no AgInt no REsp 1.890.258-SP, rel. Min. Herman Benjamin, *DJe* 31.8.2021.

336. STF, RE/AgR 225.965-DF, rel. Min. Carlos Velloso, *Informativo STF* 140/3; e AO 152-RS, rel. Min. Carlos Velloso, *Informativo STF* 162/1. V., ainda:

Os Tribunais têm entendido que o direito alegado deve ter vínculo com o objeto da entidade impetrante ou com a atividade de seus associados, mas não se exige que este direito seja peculiar e próprio daquela classe. No STF, o já citado RE 181.438-1-SP.[337] Mesmo em matéria fiscal é admissível a impetração coletiva se o direito líquido e certo for relativo ao não pagamento de imposto intimamente ligado à atividade dos associados da impetrante, como já decidiram o STF[338] e o TRF-3ª Região.[339] Segundo decisão do STJ, o mandado de segurança coletivo não é via adequada para sindicato pleitear a tutela de interesse que não seja da categoria, de grupo ou de pessoas a ele filiadas.[340]

Ademais, na apreciação do Tema 1.119, o STF decidiu que é desnecessária a autorização expressa dos associados, para cobrança de valores reconhecidos no mandado de segurança coletivo, impetrado por associação de caráter civil, visto que, nessa situação, ocorre a substituição processual prevista no art. 5°, LXX, b, da CF.[341] Contudo, ao apreciar os embargos de declaração opostos contra o acórdão que fixou a tese, o STF ressalvou, expressamente, não ter analisado se as associações genéricas poderiam ter seus associados beneficiados por decisões em mandado de segurança coletivo.[342]

Paulo Brossard, "Legitimação processual de associação para representar seus filiados em juízo ou fora dele, mediante autorização específica", *RTDP* 45/149.

337. *RT* 734/230.

338. STF, RE 157.234-5-DF, rel. Min. Marco Aurélio, *RT* 724/228.

339. TRF-3ª Região, ApMS 14.298, *RTRF-3ª Região* 15/244.

340. STJ, REsp 170.224-SP, rel. Min. Humberto Gomes de Barros, *DJU* 17.5.1999, p. 131.

341. Na apreciação do ARE 1.293.130/SP, rel. Min. Luiz Fux, *DJe* 8.1.2021, foi debatido à luz do artigo 5º, XXI, da Constituição Federal a necessidade ou não de autorização expressa dos associados, da relação nominal, bem como da comprovação de filiação prévia, para a cobrança de valores pretéritos de título judicial decorrente de mandado de segurança coletivo impetrado por entidade associativa de caráter civil.

342. Nos embargos de declaração opostos contra o acórdão que fixou a tese do Tema 1.119, o STF ressalvou, expressamente, não ter analisado se as associações genéricas poderiam ter seus associados beneficiados por decisões em mandado de segurança coletivo. Segundo exposto no voto do Min. Roberto Barroso: "Entendo, conforme consta do voto do relator, que, no caso concreto, esta Corte não analisou se associações genéricas, que não representam quaisquer categorias econômicas e profissionais específicas, como é o caso da ANCT, podem ter seus associados beneficiados por decisões em mandado de segurança coletivo. Ou seja, esse tema ainda está em aberto e pode vir a ser arguido pela União e discutido pelas instâncias ordinárias e, inclusive, em outro momento, por esta Corte".

Porém, a questão acerca das associações genéricas foi analisada posteriormente pela Segunda Turma do STF, no julgamento do ARE 1.339.496/RJ,[343] e foi decidido que a tese firmada no Tema 1.119 não se aplicava às associações genéricas, visto que não representam qualquer categoria específica, sendo insuficiente a mera regularidade registral da entidade para a sua atuação em sede de mandado de segurança coletivo, pois passível de causar prejuízo aos interesses dos beneficiários supostamente defendidos.

A OAB tem legitimidade para impetrar mandado de segurança contra ato de efeitos concretos afetando o exercício da Advocacia e suas prerrogativas,[344] mas não contra atos estranhos à profissão.[345] O mesmo raciocínio aplica-se às associações de magistrados.[346]

O partido político com representação no Congresso Nacional pode impetrar mandado de segurança coletivo para a defesa dos interesses de seus próprios filiados em questões políticas, quando autorizado pela lei e pelo estatuto, ou de interesses ligados à finalidade partidária.[347]

---

343. No julgamento do ARE 1.339.496/RJ, rel. Min. Edson Fachin, rel. para acórdão Min. Alexandre de Moraes, *Dje* 10.4.2023, a Segunda Turma do STF concluiu que a mera criação e o registro da associação não impõem ou autorizam, no aspecto da atuação processual, a automática e autêntica legitimidade ativa das associações, sendo necessário à regular substituição processual, que se determine, minimamente.

344. TJSP, MS 136.826-1, rel. Des. Jorge Almeida, *RT* 665/79.

345. TRF-2ª Região, ApMS 91.02.17184-8-RJ, rel. Juiz Celso Passos, *ADV* 92, ementa 60.603.

346. STF, MS 21.282-9-DF, rel. Min. Carlos Velloso, *RT* 729/116; e MS 21.291-8-RJ, rel. Min. Celso de Mello, *ADV* 96, ementa 73.192.

347. Anteriormente à edição da Lei 12.016/2009 os Tribunais Superiores interpretavam de forma restritiva o art. 5º, LXX, "a", da CF, entendendo que o partido político não tinha legitimidade para ir a juízo, por exemplo, "defender 50 milhões de aposentados, que não são, em sua totalidade, filiados ao partido e que não autorizaram o mesmo a impetrar mandado de segurança em nome deles" (STJ, MS 197-DF, rel. Min. Garcia Vieira, *RSTJ* 12/215); nem para pleitear direitos dos contribuintes em matéria tributária (STF, RE 196.184-AM, rela. Min. Ellen Gracie, *DJU* 18.2.2005).

Não obstante, com a expressa previsão legislativa de que o partido político pode também impetrar mandado de segurança para a defesa de interesses ligados à "finalidade partidária", e não exclusivamente de seus filiados e em questões políticas, a legitimidade dos partidos políticos tem sido compreendida em sentido mais amplo pela doutrina. Cássio Scarpinella Bueno (*A Nova Lei do Mandado de Segurança*, São Paulo, Saraiva, 2009, p. 124), Aluísio Gonçalves de Castro Mendes (*Comentários à Nova Lei de Mandado de Segurança Individual e Coletivo*, Impetus, 2010, pp. 127-

De acordo com a jurisprudência do STF, o Estado-membro da Federação não tem legitimidade ativa para impetrar o mandado de segurança coletivo, por não constar da relação dos legitimados aos quais se refere o texto constitucional.[348]

O mandado de segurança coletivo segue o mesmo procedimento do mandado de segurança individual. Originalmente, o art. 22, § 2º, da Lei 12.016/2009 dispunha que a liminar só poderia ser concedida após a audiência do representante judicial da pessoa jurídica de direito público pertinente, que deverá se pronunciar em 72 horas. Tratava-se de repetição do que já constava do art. 2º da Lei 8.437, de 30.6.1992, mas o STF recentemente considerou incompatíveis com a Constituição, por comprometerem o poder geral de cautela do magistrado, a garantia de pleno acesso à jurisdição e a

---

128), Humberto Theodoro Jr. (*O Mandado de Segurança segundo a Lei 12.016, de 7 de agosto de 2009*, Rio de Janeiro, Forense, 2009, p. 51) e Eduardo Arruda Alvim (*Mandado de Segurança*, 2ª ed., GZ Editora, 2010, pp. 400-401) sustentam, assim, que o direito a ser tutelado por meio do mandado de segurança coletivo deve coincidir com as finalidades programáticas e institucionais do partido, "amplamente consideradas". Parte dos autores chega a defender, inclusive, que a atuação dos partidos políticos voltada para a sociedade dispensaria a exigência de pertinência temática (José Miguel Garcia Medina e outros, *Mandado de Segurança Individual e Coletivo: Comentários à Lei 12.016, de 7 de agosto de 2009*, São Paulo, Ed. RT, 2009, p. 214; Luiz Manoel Gomes Jr. e outros, *Comentários à Nova Lei do Mandado de Segurança*, São Paulo, Ed. RT, 2009, p. 176; e Bruno Garcia Redondo e outros, *Mandado de Segurança: Comentários à Lei 12.016/2009*, Rio de Janeiro, Forense, 2009, p. 152). No entanto, no TJSP, já no regime da Lei 12.016/2009, entendeu-se que o partido político só poderia impetrar o mandado de segurança coletivo em defesa dos interesses de seus integrantes ou para proteção de suas finalidades partidárias específicas, não no interesse da população em geral, e sem nexo direto com os programas do partido (*RT* 913/792). Resta aguardar o posicionamento dos Tribunais Superiores a respeito da amplitude da legitimidade dos partidos políticos no que tange à defesa de interesses vinculados às suas finalidades partidárias.

348. STF, MS 21.059-1-RJ, rel. Min. Sepúlveda Pertence, *RF* 317/213 e *RT* 669/215. Na doutrina, todavia, a partir de uma interpretação extensiva da Constituição, Aluísio Gonçalves de Castro Mendes (*Comentários à Nova Lei de Mandado de Segurança Individual e Coletivo*, Impetus, 2010, p. 131) e Antônio Herman Benjamin e Gregório Assagra de Almeida ("Legitimidade ativa e objeto material no mandado de segurança coletivo", *RT* 895/39, maio/2010) entendem que devem ser tidas por legitimadas para a impetração do mandado de segurança todas as pessoas autorizadas a defender os direitos difusos, coletivos e individuais homogêneos segundo a legislação vigente, como o Ministério Público, a Defensoria Pública, a União, os Estados, os Municípios e órgãos despersonalizados.

própria defesa do direito líquido e certo protegida pela Constituição Federal.[349-350]

20. Compensação tributária

Sob o aspecto material, em matéria tributária, o mandado de segurança não pode ser utilizado como substitutivo de ação de repetição de indébito, ou seja, de ação de cobrança. Desta forma, a concessão da segurança, via de regra, não permite o reconhecimento de créditos do contribuinte relacionados a indébitos tributários pretéritos (quantificação) e também não permite a execução via precatórios ou requisições de pequeno valor (RPVs), entendimento esse consoante as Súmulas n°s 269 e 271, ambas do STF.[351]

Conforme a Súmula n. 213/STJ,[352] o mandado de segurança é meio apto para afastar os óbices formais e procedimentais ao pedido administrativo de compensação tributária. Nessas condições, ele pode, indiretamente, retroagir, pois, uma vez afastados os obstáculos

---

349. Segundo o STJ, no mandado de segurança coletivo a concessão da liminar antes de decorrido o prazo para a manifestação do Estado seria nula (REsp 88.583-SP, rel. Min. Humberto Gomes de Barros, *DJU* 18.11.19, p. 44.847).

350. Não obstante o fato de a norma já existir na legislação anterior, a constitucionalidade do dispositivo foi questionada na ADI 4.296-DF, ajuizada pelo Conselho Federal da OAB em 14.9.2009 e recentemente reconhecida pelo STF (rel. Min. Marco Aurélio, rel. para o acórdão Min. Alexandre de Moraes, *DJe* 11.10.2021), por condicionar a concessão da liminar à necessária oitiva do representante da pessoa jurídica de direito público. De acordo com parecer da Advocacia-Geral da União, no qual opinava pela improcedência do pedido, a previsão legal justificava (a) por se tratar de ações coletivas, cujas liminares são capaz de produzir efeitos de amplo espectro; e (b) por se tratar de interesse da pessoa jurídica de direito público, cuja atuação deve preservar o interesse público e a supremacia da atividade administrativa. O STF entendeu, porém, que a lei revigorava medida restritiva incompatível com a máxima eficácia da ação mandamental e com a garantia de acesso à jurídica. Nas edições anteriores já defendíamos a necessidade de uma interpretação da norma conforme à Constituição, para se entender que a regra seria a abertura de prazo ao representante do Poder Público, mas a exigência pode ser afastada excepcionalmente pelo juiz na hipótese de haver perigo de dano irreparável ou de difícil reparação.

351. Súmula 269 do STF: "o mandado de segurança não é substitutivo de ação de cobrança"; e Súmula 271 do STF: "concessão de mandado de segurança não produz efeitos patrimoniais em relação à período pretérito, os quais devem ser reclamados administrativamente ou pela via judicial própria"

352. Súmula nº 213 do STJ: "O mandado de segurança constitui ação adequada para a declaração do direito à compensação tributária."

formais a uma compensação já pleiteada administrativamente (mandado de segurança repressivo), todo o crédito não prescrito outrora formalmente obstado poderá ser objeto da compensação. Do mesmo modo, se a compensação for pleiteada futuramente (mandado de segurança preventivo), todo o crédito não prescrito no lustro anterior ao mandado de segurança poderá ser objeto da compensação. Em ambas as situações, a quantificação dos créditos (efeitos patrimoniais) ficará a cargo da Administração, e não do Poder Judiciário.

Outrossim, a Súmula n. 461/STJ[353] expressa que "o contribuinte pode optar por receber, por meio de precatório ou por compensação, o indébito tributário certificado por sentença declaratória transitada em julgado". Porém, a partir da interpretação equivocada dessa súmula, popularizou-se no meio jurídico a leitura de que ela se aplicaria ao mandado de segurança, de forma adaptada, substituindo-se o recebimento por precatório por um recebimento administrativo do indébito em espécie (dinheiro), sendo levados vários casos com esse teor ao STJ.

Por tais motivos, a sua aplicação ao mandado de segurança se dá apenas mediante adaptações: a) somente é possível a compensação administrativa; b) jamais será permitida a restituição administrativa em espécie; ou c) o pagamento via precatórios ou RPVs.[354] A restituição permitida é aquela que se opera dentro do procedimento de compensação, visto que essa limitação se soma às das Súmulas n°s 269 e 271/STF, que vedam, no mandado de segurança, a possibilidade da restituição administrativa em espécie (dinheiro) ou via precatórios.[355]

Ademais, a restrição material ao uso do mandado de segurança quanto a fazer o papel do pedido administrativo de restituição foi relativizada pelo Tema n. 118/STJ[356] e consolidada no julgamento

---

353. Súmula nº 461 do STJ: "o contribuinte pode optar por receber, por meio de precatório ou por compensação, o indébito tributário certificado por sentença declaratória transitada em julgado."

354. STJ, REsp 2.062.581/SP, rel. Min. Mauro Campbell Marques, *DJe* 9.2.2024 e REsp n. 2.135.870/SP, rel. Min. Mauro Campbell Marques, Segunda Turma, julgado em 13/8/2024, *DJe* de 20/8/2024.

355. STJ, REsp 2.135.870/SP, rel. Min. Mauro Campbell Marques, Segunda Turma, *DJe* de 20/8/2024.

356. Tema nº 118, segundo a qual "é necessária a efetiva comprovação do recolhimento feito a maior ou indevidamente para fins de declaração do direito à compensação tributária em sede de mandado de segurança". Tese firmada pela

do recurso especial repetitivo nº 1.111.164/BA, segundo o qual é necessária a efetiva comprovação do recolhimento feito a maior ou indevidamente para fins de declaração do direito à compensação tributária em sede de mandado de segurança. Porém, as instâncias ordinárias apresentaram decisões divergentes acerca desse paradigma, visto que, para alguns julgados, basta estar presente o pedido cumulativo do reconhecimento do indébito para que seja necessária a juntada da prova de todos os pagamentos efetuados com relação aos quais se pretenda ver a compensação reconhecida. Já segundo outros julgados, apenas nos casos em que se discutam efetivamente os valores envolvidos é que o tema firmado pelo STJ deveria ser aplicado.

Em razão dessa divergência de entendimentos, pelos tribunais *a quo*, foi submetida a reapreciação do Tema nº 118 ao STJ. Porém, em que pese as controvérsias na interpretação do Tema supracitado, pelas instâncias ordinárias, a questão não se apresenta de extrema complexidade, bastando que seja delimitada a extensão do pedido constante na inicial, ou seja, a ordem que se pretende alcançar para se determinar quais seriam os documentos indispensáveis à propositura da ação.

Em vista disso, essa questão foi delimitada no julgamento dos Recursos Especiais nºs 1.365.095/SP e 1.715.256/SP.[357] Em primeiro lugar, se o contribuinte estiver postulando apenas a concessão da ordem para se declarar o direito à compensação tributária, em virtude do reconhecimento judicial transitado em julgado da ilegalidade ou inconstitucionalidade da exigência da exação, é suficiente, nesse caso, a comprovação de que o impetrante ocupa a posição de credor tributário, visto que os comprovantes de recolhimento indevido serão exigidos posteriormente, na esfera administrativa, quando o procedimento de compensação for submetido à verificação pelo Fisco.

Ou seja, se a pretensão é apenas a de ver reconhecido o direito de compensar, sem abranger juízo específico dos elementos da compensação ou sem apurar o efetivo *quantum* dos recolhimentos rea-

---

Primeira Seção no julgamento do REsp n. 1.111.164/BA, acórdão publicado no *DJe* de 25.5.2009 e posteriormente delimitada no julgamento dos REsp 1.365.095/SP e 1.715.256/SP acórdãos publicados no *DJe* de 11.3.2019.

357. STJ, REsp 1.365.095/SP, rel. Min. Napoleão Nunes Maia Filho, Primeira Seção, *DJe* de 11.3.2019; e REsp nº 1.715.256/SP, rel. Min. Napoleão Nunes Maia Filho, Primeira Seção, *DJe* de 11.3.2019.

lizados indevidamente, não cabe exigir do impetrante a juntada das providências que somente será levada a termo no âmbito administrativo, quando serão assegurados à autoridade fazendária a fiscalização e o controle do procedimento compensatório.

Todavia, a prova dos recolhimentos indevidos será indispensável à impetração, quando se postular em juízo específico sobre as parcelas a serem compensadas, com a efetiva investigação da liquidez e certeza dos créditos, ou, ainda, na hipótese em que os efeitos da sentença supõem a efetiva homologação da compensação a ser realizada. Somente nessas hipóteses o crédito do contribuinte depende de quantificação, de modo que a inexistência de comprovação cabal dos valores indevidamente recolhidos representa a ausência de prova pré-constituída indispensável à propositura da ação mandamental.

Ademais, o plenário do STF, no julgamento do RE nº 1.420.691/SP, em que se analisava a possibilidade de o contribuinte obter a restituição administrativa do indébito reconhecido na via judicial por mandado de segurança, foi fixado o Tema nº 1.262:[358] "não se mostra admissível a restituição administrativa do indébito reconhecido na via judicial, sendo indispensável a observância do regime constitucional de precatórios, nos termos do art. 100 da Constituição Federal" (RE nº 1.420.691/SP, STF, Tribunal Pleno, Rel. Min. Rosa Weber, julgado em 21.08.2023). Essa controvérsia restringiu à interpretação do art. 100 da CF, que condiciona os pagamentos devidos pelas Fazendas Públicas Federais, Estaduais, Distrital e Municipais, em razão de sentença jurisdicional, ao regime de precatórios.

Porém, a jurisprudência sobre essa temática no STJ é divergente, havendo o entendimento de que nas ações mandamentais, a interpretação desse precedente deve ser alinhada à jurisprudência dos enunciados das Súmulas nºs 269 e 271, ambas do STF, que vigem há décadas, e vedam no mandado de segurança a restituição de indébito

---

358. O RE 1.420.691/SP foi o representativo da controvérsia constitucional, e ainda não transitou em julgado, além disso, o seu trâmite foi peculiar, pois na mesma sessão de julgamento foi reconhecida a repercussão geral e julgado o mérito. Ademais, nesse julgamento, o STF assentou o caráter constitucional da controvérsia e, ainda, resolveu a questão pela obrigatoriedade da submissão ao regime constitucional de precatórios do indébito reconhecido na via judicial, não fazendo distinção, na tese delimitada, quanto à via eleita – se ordinária ou mandamental.

pela via dos precatórios e RPVs, visto que implicaria a utilização do mandado de segurança como substitutivo da ação de cobrança.[359] Todavia, também há no STJ entendimentos que aplicam o Tema nº 1.262, do STF.[360]

21. *Questões processuais*

O mandado de segurança ainda apresenta questões processuais debatidas pela doutrina e pela jurisprudência, sobre as quais teceremos breves considerações nas epígrafes que se seguem.

Tramitação nas férias forenses – Em razão de seu caráter emergencial e da preferência legal sobre todas as demais causas, exceto o *habeas corpus* (Leis 12.016/2009, art. 20, e 4.410/1964, art. 1º), o mandado de segurança deve ser processado e julgado nas férias forenses coletivas – como, aliás, já decidiram alguns Tribunais Estaduais.[361] Não se justifica sua tramitação apenas para apreciação da liminar, pois que, se negada, continua em risco de perecimento o direito do impetrante, nem sempre restabelecido em toda sua plenitude com a concessão final do *mandamus*; se concedida a liminar, poderá ser prejudicada a Administração pelo tempo em que ficou inibida de atuar, até a denegação final da segurança. Em qualquer hipótese não se legitima a paralisação do feito durante as férias forenses coletivas, sob pena de se frustrar sua celeridade e desvirtuar seus objetivos constitucionais e legais de amparo pronto e eficiente de direitos individuais ou coletivos lesados ou ameaçados de lesão por ato de autoridade. No entanto, o STJ decidiu reiteradas vezes que devem ser suspensos os prazos para interposição de recursos em mandados de segurança, por aplicação da regra geral que estava no art. 179 do

---

359. STJ, AgInt no REsp 2.136.633/SP, rel. Min. Afrânio Vilela, Segunda Turma, *DJe* de 11.9.2024; AgInt no REsp 2.099.319/PR, rel. Min. Gurgel de Faria, Primeira Turma, *DJe* de 25.4/.024; AgInt no REsp nº 2.077.758/PE, rel. Min. Herman Benjamin, Segunda Turma, *DJe* de 18.12.2023. Ademais, há a presunção de que não houve a expressa superação dos enunciados sumulares 269 e 271, do STF, conforme exposto no art. 927, § 4º, do CPC/15.

360. STJ, AgInt no REsp 2.081.053/RS, rel. Min. Benedito Gonçalves, Primeira Turma, *DJe* de 14.12.2023; AgInt no AREsp 1.857.080/RS, rel. Min. Francisco Falcão, Segunda Turma, *DJe* de 24.11.2023.

361. TJPR, *RT* 522/175; TJSP, *RT* 192/274, 495/84 e 534/98.

CPC de 1973 e hoje se encontra no art. 220 do CPC de 2015 (para os "dias compreendidos entre 20 de dezembro e 20 de janeiro").[362]

É de se anotar, porém, que a Emenda Constitucional 45/2004 limitou a possibilidade de férias coletivas no âmbito do Judiciário aos Tribunais Superiores com a redação que deu ao inciso XII do art. 93 da CF ("a atividade jurisdicional será ininterrupta, sendo vedado férias coletivas nos juízos e Tribunais de segundo grau, funcionando, nos dias em que não houver expediente forense normal, juízes em plantão permanente").

Julgamento no Tribunal – Dispõe a Lei 12.016, de 7.8.2009, que na instância superior os processos de mandado de segurança e os respectivos recursos devem ser levados a julgamento na primeira sessão que se seguir à data em que forem conclusos ao relator (art. 20, § 1º) e que nos casos de competência originária dos Tribunais assegura-se a defesa oral na sessão do julgamento (art. 16).[363] Pode-se entender, tanto no julgamento dos mandados de segurança de competência originária dos Tribunais quanto no julgamento de apelações e recursos ordinários, que a norma não exclui a necessidade de publicação em pauta nem o direito das partes de produzir sustentação oral.[364]

Alteração do pedido – No curso da lide não pode o pedido em mandado de segurança ser ampliado ou alterado, nem tendo em vista

---

362. V., por exemplo: STJ, REsp 489.903-RS, rel. Min. José Delgado, *RF* 373/243, citando precedentes. Na mesma linha: AgInt no RMS 68.870-GO, rel. Min. Sérgio Kukina, *DJe* 1.9.2022 e EDcl no AgInt no RMS 34.976-SE, rel. Sérgio Kukina, *DJe* 25.10.2018.

363. Norma, esta, que foi expressamente reiterada no Código de Processo Civil de 2015.

364. Já decidiu o STJ, anteriormente, que a colocação do feito em Mesa por parte do relator sem a prévia intimação das partes é causa de nulidade, sendo aplicáveis as regras do art. 552 do CPC de 1973 (art. 934 do CPC de 2015). Nesse sentido: RMS 8.442-SC, rel. Min. Fernando Gonçalves, *RSTJ* 107/397; REsp 154.835-CE, rel. Min. Adhemar Maciel, *DJU* 2.3.1998, p. 72; RMS 5.783-RS, rel. Min. Carlos Alberto Menezes Direito, *DJU* 18.2.2002, p. 402 – este último citando, ainda, a Súmula 117 do STJ, segundo a qual "a inobservância do prazo de 48 horas, entre a publicação e o julgamento sem a presença das partes, acarreta a nulidade". A ausência de intimação da sessão de julgamento ao litisconsorte necessário também acarreta a nulidade, por cerceamento de defesa (STJ, RMS/ED 17.990-RS, rel. Min. Félix Fischer, *RT* 859/186). Anulado o julgamento por falta de intimação dos advogados, a renovação deve ser precedida de intimação regular para o novo ato, sob pena de persistência da nulidade (STJ, RMS 14.950-SP, rel. Min. Ruy Rosado de Aguiar, *DJU* 30.9.2002, p. 262).

os adminículos de novos documentos probantes, nem tendo por fundamento a informação da autoridade ou o parecer do representante do Ministério Público. Assim vêm decidindo os Tribunais,[365] com apoio analógico em disposição geral do Código de Processo Civil de 1973 (art. 264; CPC de 2015, art. 329, II) e atentos a que com a inicial e as informações fixam-se os pontos controvertidos da lide, estabiliza-se o pedido e delimita-se o campo da decisão de mérito. Mas é óbvio que se a impetração for feita com desconhecimento dos fundamentos integrais do ato impugnado, pelo não fornecimento oportuno de certidão de inteiro teor desse ato, só apresentada com as informações ou posteriormente a elas, pode o impetrante adequar o pedido aos fundamentos do ato, até então não revelados pela autoridade coatora, pois que esta não há de tirar proveito de sua própria malícia; e, feita essa adequação, lícito é ao juiz julgar a causa levando em consideração o que ficou esclarecido nos autos.

Alteração dos fundamentos – Não podem o impetrante nem o juiz alterar os fundamentos do pedido na inicial, pois que, "no mandado de segurança, a violação da norma jurídica é o próprio fato que legitima a impetração". E compreende-se facilmente essa orientação jurisprudencial, porque no *mandamus* não são os fatos que estão em litígio, mas sim a legalidade do ato da autoridade coatora perante o direito líquido e certo do impetrante. Por isso é que a lide fica vinculada aos próprios fundamentos jurídicos da impetração, não sendo admitido ao juiz apresentar outros fundamentos para conceder ou denegar a segurança.[366]

Arguições incidentes – O processo de mandado de segurança não admite arguições incidentes, como a de falsidade, embargos de terceiro, atentado, existência ou inexistência de relação jurídica etc.[367] E assim é porque o rito especial do *mandamus* se baseia fundamentalmente na prova documental exibida pelo impetrante e

365. STF, *RTJ* 60/244 e 63/784; TJSP, *RT* 546/53; STJ, MS 4.196-DF, rel. Min. Félix Fischer, *DJU* 17.8.1998, p. 14; AREsp 393.825-MS, rel. Min. Humberto Martins, *DJe* 5.12.2012.

366. STF, *RTJ* 85/314; TJSP, *RJTJSP* 95/164.

367. STF, Pleno, *RTJ* 40/227. É possível, no entanto, a declaração incidente de inconstitucionalidade de ato normativo no processo de mandado de segurança, matéria que é estritamente de direito: STJ, RMS/ED 11.603-ES, rel. Min. Humberto Gomes de Barros, *DJU* 27.8.2001, p. 224; desde que a inconstitucionalidade em questão seja colocada realmente de modo incidental e não se configure a impetração

na informação da autoridade impetrada: aquela com presunção de validade formal; esta com presunção de verdade administrativa. Se uma ou outra contrariar a realidade, já não haverá direito líquido e certo a ser decidido no feito, sendo dispensável o procedimento incidental, pois que, ao final, será proclamada a inviabilidade do *mandamus*, transferindo-se o litígio para as vias ordinárias, para melhor cognição da causa. Inadmissível é a discussão incidente, no bojo da impetração. Se, por exemplo, a falsidade é evidente, desnecessário é o incidente, porque será reconhecida mesmo sem essa formalidade; se não é evidente, só poderá ser aclarada fora do mandado de segurança.

Desistência da impetração – O mandado de segurança, visando unicamente à invalidação de ato de autoridade, admite desistência a qualquer tempo, independentemente de consentimento do impetrado.[368] Realmente, não se confundindo com as outras ações em

---

contra a lei em tese, com pedido principal centrado na declaração de sua inconstitucionalidade: STJ, RMS 11.484-MG, rel. Min. Aldir Passarinho Jr., *DJU* 26.6.2006.

368. No STF afirmou-se a possibilidade de desistência da impetração, a qualquer tempo, independentemente da anuência do impetrado e sem necessidade de oitiva do Ministério Público: RE/AgR 167.224-2, rel. Min. Néri da Silveira, *DJU* 7.4.2000, *Informativo STF* 184/2; RE/EDv-ED 167.263-3-MG, rel. Min. Sepúlveda Pertence, *RDR* 34/130; RE/AgR 258.257-3-RS, rel. Min. Sepúlveda Pertence, *DJU* 13.12.2006; RE/AgR-AgR 231.509-SP, rel. Min. Cármen Lúcia, *DJe* 12.11.2009. A desistência pode se dar até mesmo depois do julgamento do recurso extraordinário, se o acórdão ainda não tiver sido publicado: STF, AI/ED-AgR 377.361-7-DF, rela Min. Ellen Gracie, *RT* 837/142.

Uma decisão da 2ª Turma do STF, no entanto, contrariou a jurisprudência consolidada da Corte e se manifestou contrariamente à possibilidade de desistência do mandado de segurança sem o assentimento da parte contrária se já proferida sentença de mérito desfavorável ao impetrante (STF, AI/AgR 221.462-7-SP, rel. Min. Cézar Peluso, *DJU* 24.8.2007. Na mesma direção, o STJ decidiu que a desistência do mandado de segurança somente pode ser requerida antes da prolação da sentença, conforme precedente da 1ª Seção: EREsp 510.655-MG, rel. Min. Hamilton Carvalhido, *DJe* 8.10.2010.

Posteriormente a matéria foi afetada ao Plenário do STF através do reconhecimento da repercussão geral (*Tema 530*). Em julgamento de 2.5.2013, por maioria, reafirmou-se a possibilidade de desistência da impetração a qualquer tempo, na linha da maioria dos precedentes anteriores da Corte Suprema, independentemente de anuência da autoridade coatora (RE/RG 669.367-RJ, rela. para o acórdão Min. Rosa Weber, *DJe* 30.10.2014). Ficou consignado no julgamento que a eventual má-fé na desistência do mandado de segurança deve ser coibida por instrumento próprio, avaliando cada caso. Votaram vencedores, além da Min. Rosa Weber, os Mins. Dias Toffoli, Cármen Lúcia, Gilmar Mendes, Celso de Mello e Ricardo Lewandowski. Assim, acredita-se que a questão deverá voltar a ser pacífica na jurisprudência.

que há direitos das partes em confronto, o impetrante pode desistir da impetração ou porque se convenceu da legitimidade do ato impugnado, ou por qualquer conveniência pessoal, que não precisa ser indicada nem depende de aquiescência do impetrado. Portanto, não havendo símile com as outras causas, não se aplica o disposto no § 4º o art. 485 do CPC de 2015 para a extinção do processo por desistência.[369] Há, entretanto, exceção a essa regra. O STF já entendeu não ser cabível a desistência de mandado de segurança em situações nas quais já tenha sido proferida decisão de mérito e essa decisão tenha sido objeto de múltiplos recursos. O fundamento para esse julgamento foi que a desistência não se daria apenas porque o impetrante passou a concordar com o ato que atacara, mas que tudo levava a crer que a desistência teria como finalidade secundária levar a matéria em ação ordinária perante a Justiça Comum, perpetuando a controvérsia.[370]

Se a desistência for de recurso, e não da impetração em si, aplica-se o art. 998 do CPC de 2015, que autoriza a mesma a qualquer tempo, independentemente da anuência de quem quer que seja.[371] A homologação da desistência do recurso, porém, acarreta o trânsito em julgado da decisão recorrida – e, portanto, não equivale, em seus

---

Cabe sublinhar, no entanto, que o tema da necessidade da oitiva do Ministério Público voltou ao STF por meio do julgamento do RMS 32.482-DF, de relatoria do Min. Teori Zavascki. O Relator afirmou que há situações nas quais a não observância do art. 12 da Lei 12.016/2009 seria considerada superável. No entanto, em certas ocasiões (como a do caso), em que a questão jurídica envolvida seria de alta relevância constitucional e teria dimensão que extrapolaria o interesse particular do impetrante, a citada oitiva seria essencial para a lisura do procedimento do mandado de segurança. O Min. Dias Toffoli pediu vista em 24.11.2015. Em 30.8.2018, após devolução da vista do Min. Dias Toffoli, a 2ª Turma, por maioria, rejeitou a preliminar de nulidade, nos termos do voto do Min. Dias Toffoli, vencidos os Mins. Teori Zavascki e Celso de Mello. Não votou o Min. Edison Fachin. No mérito, por votação unânime, negou provimento ao recurso ordinário, reafirmando-se que "é desnecessária a remessa dos autos ao órgão ministerial quando se tratar de controvérsia iterativa acerca da qual o Plenário já tenha firmado jurisprudência" (rel. Min. Edson Fachin, *DJe* 21.2.202).

369. STF, RE/AgR 262.149-8-PR, rel. Min. Sepúlveda Pertence, *RT* 792/202; STJ, REsp 61.244-6-RJ, rel. Min. Antônio de Pádua Ribeiro, *ADV* 1997, p. 403, ementa 78.857; RMS/AgR 12.394-MG, rel. Min. Hamilton Carvalhido, *RT* 799/188; REsp 373.619-MG, rel. Min. Humberto Gomes de Barros, *DJU* 15.12.2003, p. 187.

Em sentido contrário, mandando aplicar o § 4º do art. 267 do CPC de 1973 aos mandados de segurança: STJ, RMS 11.174-MG, rela. Min. Eliana Calmon, *RSTJ* 133/167.

370. STF, MS/ED/ED/AgR 29.093-DF, rel. Min. Teori Zavascki, *DJe* 4.4.2016.

371. Remete-se o leitor aos comentários do item 17, supra.

efeitos, à desistência da própria impetração do mandado de segurança. Não é possível desistir do recurso *ex officio* (art. 14, § 1º, da Lei 12.016/2009).

Prevenção de competência e litisconsórcio unitário – A regra em mandado de segurança é a inexistência de prevenção de competência por impetração anterior entre as mesmas partes e com pedidos conexos ou consequentes. Isto porque cada impetração representa um feito processual autônomo.[372] Não se aplicam, portanto, à ação de segurança as normas dos arts. 54 a 59 e 286 do CPC de 2015, concernentes à prevenção por conexão e continência. Nem se pode considerar a impetração como feito acessório de qualquer outra causa, por mais abrangente que seja a ação precedente. Mas, se a decisão do litígio anterior afetar necessariamente a impetração posterior, ocorrerá o que a doutrina considera um "litisconsórcio unitário", que exige decisão idêntica para todos os que se encontram na mesma situação fática e processual, impondo-se, neste caso, a prevenção do juízo e a reunião das causas por conexão. Tal é o que se verifica, por exemplo, quando vários acionistas impugnam separadamente uma mesma assembleia, que não pode ser julgada válida por uma sentença e inválida por outra.[373]

O mandado de segurança com o objetivo de atribuição de efeito suspensivo a recurso é intimamente ligado ao processo que o originou, e os Tribunais consideram que ele gera prevenção para o futuro recurso a ele relacionado (ou é distribuído por dependência, se o recurso já se encontrar no Tribunal). Por outro lado, a profusão de mandados de segurança na Justiça Federal, especialmente em matéria tributária, fez com que os feitos entre as mesmas partes passassem a ser distribuídos por dependência. Embora tecnicamente incorreta, esta forma de distribuição busca evitar que a parte fraude a livre distribuição e o princípio constitucional do juiz natural, desistindo dos vários mandados de segurança até que consiga uma distribuição conveniente para sua causa.[374]

372. TJSP, *RT* 482/76 e 504/79.

373. José Carlos Barbosa Moreira, *Litisconsórcio Unitário*, Rio de Janeiro, Forense, 1972, pp. 21 e ss.

374. A Lei 11.280, de 16.2.2006, havia criado um novo inciso III e modificou a redação do inciso II do art. 253 do CPC de 1973 (art. 286 do CPC de 2015), ampliando as hipóteses de distribuição de feitos por dependência, justamente para evitar expedientes de burla ao princípio do juiz natural.

Atendimento do pedido antes da sentença – O atendimento do pedido antes da sentença tem suscitado dúvidas sobre se deve ser julgada a impetração pelo mérito ou considerado o perecimento do objeto.[375] Entendemos que a segurança há que ser julgada pelo mérito, pois a invalidação do ato impugnado não descaracteriza sua ilegalidade originária; antes, a confirma. O julgamento de mérito torna-se necessário para definição do direito postulado e de eventuais responsabilidades da Administração para com o impetrante e regresso contra o impetrado.[376] Só se pode considerar perecido o objeto quando, por ato geral, a Administração extingue a causa da impetração, como, por exemplo, ao desistir de uma obra ou ao suprimir um cargo que estivesse em licitação ou concurso, e sobre o julgamento houvesse mandado de segurança para alterar a classificação dos concorrentes. Nessas hipóteses, sim, ocorrerá perecimento do objeto da segurança.

Valor da causa – O mandado de segurança, como as demais ações civis, exige que na petição inicial se declare o valor da causa. Este valor deverá corresponder ao do ato impugnado, quando for suscetível de quantificação.[377] Nos demais casos será dado por estimativa

375. No STJ vem prevalecendo a opinião pela extinção do processo, como no MS 5.364-DF, rel. Min. Ari Pargendler, *DJU* 16.2.1998, p. 4 ("Atendida, independentemente de ordem judicial, a pretensão articulada no mandado de segurança, o respectivo processo deve ser extinto sem julgamento de mérito, por perda de objeto"). No mesmo sentido, no STJ: MS 4.168-DF, rel. Min. Luiz Vicente Cernicchiaro, *DJU* 1.6.1998, p. 27; MS 3.875-3-DF, rel. Min. Luiz Vicente Cernicchiaro, *DJU* 17.8.1998, p. 14; MS 7.220-DF, rel. Min. Milton Luiz Pereira, *DJU* 23.9.2002, p. 216; RMS 11.331-SP, rel. Min. Francisco Peçanha Martins, *DJU* 28.10.2002, p. 261.

Em sentido contrário, conforme a posição de Hely Lopes Meirelles, e afirmando a continuação do interesse da parte mesmo após o atendimento do pedido – que, na hipótese, fora a expedição de uma CND em obediência à liminar deferida no *mandamus*, certidão, esta, cujo prazo já expirara por ocasião do julgamento: STJ, REsp 294.147-RS, rel. Min. Humberto Gomes de Barros, *DJU* 18.3.2002, p. 176.

376. Em matéria de ação popular, entendendo que a revogação do ato impugnado, por si só, pode não ser suficiente para caracterizar a perda do objeto da demanda: STJ, REsp 79.860-SP, rel. Min. Ari Pargendler, *RSTJ* 95/166; AREsp 1.387.453, rel. Min. Regina Helena Costa, *DJe* 28.2.2018.

377. TFR, Ag 39.597-RJ, *DJU* 10.10.1979; TJRJ, Ag 2.665, de 17.4.1980, 4.082, de 18.8.1981, 4.087, de 18.9.1981, e 4.089, de 5.1.1982; e ACi 17.505, de 16.3.1982.

Se o direito a ser protegido pela impetração do mandado de segurança tiver expressão econômica imediata e quantificável, o valor da causa deve refletir o proveito econômico perseguido na ação (STJ, REsp 436.203-RJ, rela. Min. Nancy Andrighi, *DJU* 17.2.2003, p. 273; e REsp 745.595-SP, rel. Min. Teori Albino Zavascki, *DJU* 27.6.2005, p. 297).

do impetrante. O impetrado poderá impugnar o valor da causa, que será decidido de plano pelo juiz, ouvido previamente o impetrante.[378]

22. *A evolução da legislação referente ao mandado de segurança e a Lei 12.016, de 7.8.2009*

A Lei 12.016/2009, que disciplina o mandado de segurança individual e coletivo, marcou uma nova fase na história do instituto, que foi – e continua sendo – tão importante para a sociedade brasileira. Para melhor compreensão da legislação vigente, examinam-se a seguir, sinteticamente, a evolução do regime jurídico do mandando de segurança desde sua criação, os trabalhos preparatórios da lei em vigor e as discussões que se travaram a respeito da sua constitucionalidade.

Tendo surgido há 75 anos, com a Constituição de 1934,[379] preencheu uma lacuna decorrente das restrições ao uso do *habeas corpus*, que a partir de 1926 passou a proteger tão somente a liberdade de locomoção. Para todos os demais direitos individuais que pudessem ser evidenciados desde logo concebeu-se um novo instituto que pudesse ter efeitos imediatos e obrigar a autoridade coatora a restabelecer a situação jurídica anterior ao ato manifestamente inconstitucional ou ilegal.

A evolução constitucional – A Constituição de 1934 estabelecia que, para ser cabível o mandado de segurança, haveriam de ser manifestas a ilegalidade ou inconstitucionalidade.

Com a promulgação da Constituição de 1946 não perduraram as restrições ao uso do mandado de segurança decorrentes da legislação

---

378. TJRJ, Ag 4.082, de 18.8.1981.

379. O art. 113, 33, da Constituição de 16.7.1934 assegurava o mandado de segurança nos seguintes termos:

"Art. 113. A Constituição assegura a brasileiros e a estrangeiros residentes no País a inviolabilidade dos direitos concernentes à liberdade, à subsistência, à segurança individual e à propriedade, nos termos seguintes:

"(...).

"33) Dar-se-á mandado de segurança para defesa de direito, certo e incontestável, ameaçado ou violado por ato manifestamente inconstitucional ou ilegal de qualquer autoridade. O processo será o mesmo do *habeas corpus*, devendo ser sempre ouvida a pessoa de direito público interessada. O mandado não prejudica as ações petitórias competentes."

do Estado Novo. Na realidade, a Constituição de 1946 definiu amplamente o mandado, considerando-o cabível, por interpretação conjunta dos §§ 23 e 24 do art. 141, "sempre que alguém sofrer ou se achar ameaçado de sofrer violência ou coação" e a fim de "proteger direito líquido e certo não amparado por *habeas corpus*, seja qual for a autoridade responsável pela ilegalidade ou abuso de poder". O próprio texto constitucional assegurava, pois, a utilização do mandado de segurança preventivo sempre que houvesse justo e motivado receio de violação de direito certo e líquido. E, por outro lado, autorizava o recurso ao remédio heroico contra ato de qualquer autoridade, pouco importando sua posição na escala hierárquica, entendendo-se que tanto se referia o texto constitucional às autoridades administrativas como às legislativas, e até mesmo judiciárias, e às pessoas físicas e jurídicas de direito privado que estivessem exercendo atribuições do Poder Público.

A Constituição de 1967, com as modificações introduzidas pela Emenda Constitucional 1/1969, manteve a definição do mandado de segurança por exclusão do campo de abrangência do *habeas corpus*.

O mesmo ocorreu, aliás, com a CF de 1988, art. 5º, LXIX, que acrescentou à mesma conceituação as hipóteses de cabimento do *habeas data*, ao determinar que: "conceder-se-á mandado de segurança para proteger direito líquido e certo, não amparado por *habeas corpus* ou *habeas data*, quando o responsável pela ilegalidade ou abuso de poder for autoridade pública ou agente de pessoa jurídica no exercício de atribuições do Poder Público".

Coube também à CF de 1988, em seu art. 5º, LXX, introduzir no Direito Brasileiro o mandado de segurança coletivo, cuja impetração pode ser feita por partido político com representação no Congresso Nacional, por organização sindical e por entidade de classe ou associação legalmente constituída, desde que esteja em funcionamento há pelo menos um ano e a impetração seja para a defesa dos interesses de seus membros ou associados.

A evolução legislativa até 2009 – O primeiro diploma legislativo específico sobre a matéria foi a Lei 191, de 16.1.1936, definido o regime legal do mandado de segurança, em seguida, sucessivamente, pelo Código de Processo Civil de 1939 e pela Lei 1.533/1951, elaborada após o fim do Estado Novo. A Lei 1.533, de 31.12.1951, veio alterar as disposições do Código de Processo Civil de 1939 relativas ao mandado de segurança, procurando, assim, conciliar a legislação ordinária com o novo texto constitucional então vigente (de 1946).

Quando de sua edição a lei sofreu sérias críticas por parte de alguns autores, que alegaram a falta de sistematização, considerada confusa por alguns deles no regramento de pontos assentados, modificando para pior o que já estava certo. O tempo, todavia, desmentiu tais críticas, revelando que o texto legal era idôneo e eficaz em relação à defesa dos interesses que colimava proteger.

A Lei 1.533/1951, como as anteriores, admitiu o mandado preventivo em caso de violação de direito líquido e certo. Incluiu dentre as autoridades contra as quais cabe o mandado os representantes ou administradores das entidades autárquicas e as pessoas naturais ou jurídicas no exercício de funções delegadas pelo Poder Público, "somente no que entender com essas funções".[380]

Sempre advertimos que o mandado de segurança só se tornaria garantia eficiente quando o legislador estabelecesse prazos para a decisão de recursos administrativos ou quando os juízes concedessem mandados de segurança para obrigar as autoridades administrativas a decidir a matéria num prazo determinado. Na verdade, a exigência do esgotamento dos recursos administrativos poderia acabar retirando eficiência ao mandado de segurança, inviabilizando sua missão de defensor de direitos individuais e coletivos. Essa situação alterou-se com a edição da lei disciplinadora do processo administrativo, que estabeleceu prazos para a prática de atos, inclusive para o proferimento de decisões no âmbito administrativo. A Lei 9.784, de 29.1.1999, regulou o processo administrativo no âmbito da Administração Pública Federal.[381]

O problema atinente à concessão de liminares redundou na edição de inúmeros textos legais.[382] A Lei 5.021, de 9.6.1966, vedou a liminar para efeito de pagamento de vencimentos e obtenção, pelo

380. Redação dada pela Lei 9.259/1996.

381. A lei prevê, no art. 24, o prazo de 5 dias, prorrogáveis por mais 5, mediante comprovada justificação, para a prática de atos por parte da autoridade administrativa e pelo administrado. O art. 49 concede o prazo de 30 dias para a decisão administrativa, com prorrogação por igual período, desde que expressamente motivada.

382. A revogada Lei 4.348/1964 e a Lei 4.862/1965 previam prazos distintos para a validade da medida liminar, conforme a natureza e a hierarquia das autoridades coatoras – o que implicava odiosa discriminação.

impetrante, de vantagens pecuniárias (art. 1º, § 4º), em complemento ao art. 5º da Lei 4.348/1964, que já vedava sua concessão para reclassificação ou equiparação de servidores públicos, aumento dos seus vencimentos ou extensão de vantagens. Várias alterações importantes ocorreram, sucessivamente, pela Emenda Constitucional 16, de 26.11.1965, pela Lei 5.010, de 30.5.1966, pela Constituição de 1967 e pela Constituição de 1988 – à qual, como vimos, coube a criação do mandado de segurança coletivo.

A Lei 1.533/1951 sofreu, ainda, modificações em seu texto em virtude das Leis 6.014, de 27.12.1973, e 6.071, de 3.7.1974, que haviam adaptado seu conteúdo ao Código de Processo Civil de 1973. Destacaram-se a previsão de apelação contra a sentença que negasse ou concedesse o mandado, resguardada a possibilidade de sua execução provisória, e o cabimento da suspensão da execução da sentença que concedesse a segurança, pelo presidente do Tribunal competente para o julgamento do recurso, sendo este ato passível de agravo para o colegiado.[383]

Com a nova feição que o mandado passou a apresentar em razão das sucessivas mudanças da legislação, preocupou-se o Poder Público em restringir a concessão e o alcance das medidas liminares. A jurisprudência, no entanto, sempre se mostrou mais relutante em aceitar tais restrições ao poder geral de cautela do magistrado.[384]

A Lei 12.016/2009 – Havia, assim, no fim do século passado a necessidade imperativa de reunir todas as disposições referentes ao mandado de segurança num texto único e coerente, adaptado às novas condições decorrentes da evolução do País em mais de meio século e ao restabelecimento do Estado de Direito. Devia, também, ser uma lei equilibrada e eficiente, permitindo o julgamento rápido do litígio, garantindo os direitos individuais e respeitando o direito

383. Além disso, por força do art. 1º da Lei 6.071/1974, os dispositivos que disciplinam o litisconsórcio passaram a ser aplicáveis ao processo do mandado de segurança.

384. O art. 1º da Lei 8.076/1990 estabeleceu as hipóteses em que ficavam suspensas, até setembro/1992, as concessões de medidas liminares nos processos de mandado de segurança e nos procedimentos cautelares. A sentença nesses feitos só produziria efeitos após a confirmação pelo Tribunal competente (parágrafo único do art. 1º).

de defesa, tanto da autoridade coatora como da entidade pública que ela integra.

A Lei 12.016/2009 procurou atender a esses imperativos, inicialmente elaborado o Projeto por uma Comissão de Juristas que foi nomeada, em 1996, pelo Ministro da Justiça e da qual participaram magistrados e professores.[385]

O Projeto de Lei, que se transformou na lei vigente, foi encaminhado pelo então Advogado-Geral da União, Gilmar Mendes, e pelo Ministro da Justiça, José Gregori, ao Congresso Nacional em 7.8.2001, com uma "Exposição de Motivos" que resume as inovações da lei.

---

385. A Comissão foi nomeada pela Portaria 634, de 23.10.1996, que tem o seguinte teor:

"Considerando que a Constituição de 1988 imprimiu, em alguns aspectos, nova conformação aos institutos do mandado de segurança, da ação civil pública, da ação popular e da representação interventiva;

"Considerando a instituição do mandado de injunção e do *habeas data*;

"Considerando a nova conformação emprestada ao controle abstrato de normas (ação direta de inconstitucionalidade) e a instituição da ação declaratória de constitucionalidade e da ação direta de inconstitucionalidade por omissão, Resolve:

"1. Constituir, no âmbito do Ministério da Justiça, Comissão composta pelos seguintes Juristas: Ada Pellegrini Grinover, Álvaro Villaça Azevedo, Antônio Janyr Dall'Agnol Jr., Arnoldo Wald, Caio Tácito, Carlos Alberto Direito, Gilmar Ferreira Mendes, Luiz Roberto Barroso, Manoel André da Rocha, Roberto Rosas e Ruy Rosado de Aguiar Jr., para: a) formular proposta de reforma das leis que dispõem sobre: I – ação popular; II – ação civil pública; III – mandado de segurança; IV – representação interventiva; e b) propor projetos de lei sobre: I – mandado de injunção; II – *habeas data*; III – ação direta de inconstitucionalidade; IV – ação declaratória de inconstitucionalidade; e V – ação direta de inconstitucionalidade por omissão.

"2. A Comissão terá como Coordenador o professor Caio Tácito, o qual designará Relator.

"3. A Comissão deverá concluir seus estudos e apresentar as propostas deles decorrentes no prazo de 120 (cento e vinte) dias, a contar da sua instalação.

"4. Os trabalhos da Comissão, considerados de interesse público, serão realizados sem remuneração.

"5. O apoio necessário à consecução dos trabalhos será prestado pela Secretaria de Assuntos Legislativos.

"(...)."

No caso do Anteprojeto da Lei do Mandado de Segurança, foram respectivamente Relator e Revisor o Professor Arnoldo Wald e o Ministro Carlos Alberto Direito.

É a seguinte a Mensagem, que transcrevemos pela sua importância histórica e pela síntese que fez do novo diploma legal:

Mensagem n. 824

Srs. Membros do Congresso Nacional,

Nos termos do art. 61 da Constituição Federal, submeto à elevada deliberação de V. Exas., acompanhado da Exposição de Motivos dos Srs. Advogado-Geral da União e Ministro de Estado da Justiça, o texto do Projeto de Lei que "Disciplina o mandado de segurança individual e coletivo, e dá outras providências".

Brasília, 7 de agosto de 2001

EMI n. 00006 – AGU/MJ

Em 16 de abril de 2001

Exmo. Sr. Presidente da República,

Submetemos à consideração de V. Exa. o anexo Projeto de Lei que "Disciplina o mandado de segurança individual e coletivo, e dá outras providências", calcado em proposta da Comissão de Juristas constituída pela Portaria n. 634, de 23 de outubro de 1996, presidida pelo Professor Caio Tácito e da qual foram Relator e Revisor, respectivamente, o Professor Arnoldo Wald e o Ministro Carlos Alberto Direito.

2. Decorridos mais de 65 (sessenta e cinco) anos da introdução do instituto do mandado de segurança no direito processual pela Carta Política de 1934 e quase meio século após a edição da Lei n. 1.533, de 31 de dezembro de 1951, que o regulamentou de modo sistemático, evidenciou-se a necessidade de atualizar a legislação sobre a matéria, considerando as modificações constitucionais acerca do tema e as alterações legais que sofreu. Não bastasse isso, o mandado de segurança gerou ampla jurisprudência sobre seus mais variados aspectos, que está sedimentada em súmulas dos Tribunais.

3. Nesse contexto, o Projeto se integra no movimento de reforma legal que busca a maior coerência do sistema legislativo, para facilitar o conhecimento do Direito vigente aos profissionais da área e ao cidadão, mediante a atualização, por consolidação em diploma único, de todas as normas que regem a mesma matéria.

4. Também inspiraram a Comissão importantes conquistas jurisprudenciais, como, por exemplo, sobre impetração contra decisões disciplinares e por parte de terceiro contra decisões judiciais, bem como a adequada defesa pública, de modo a oferecer ao Poder Judiciário os elementos necessários a um julgamento imparcial, com a preservação dos interesses do Tesouro Nacional.

5. Em princípio, foram mantidas a redação e a sistemática das regras vigentes, a fim de evitar divergências de interpretação em matérias sobre as quais a jurisprudência já se consolidou.

6. Ao conceituar o mandado de segurança e definir o seu campo de atuação, o Projeto mantém, em linhas gerais, o Direito anterior, indicando como destinatário qualquer pessoa física ou jurídica, em garantia de direito líquido e certo. Equipara ao conceito de autoridade os representantes ou órgãos de partidos políticos e os administradores de entidades da Administração descentralizada e delegada, excluídos, contudo, do âmbito do instituto os atos comerciais de empresas públicas, sociedades de economia mista e concessionários de serviços públicos (art. 1º, § 2º).

7. No caso de urgência da impetração e da comunicação da decisão, a proposta admite o uso de *fax* e de outros meios eletrônicos de autenticidade comprovada, adotando o disposto na Lei n. 9.800, de 26 de maio de 1999, que “permite às partes a utilização de sistema de transmissão de dados para a prática de atos processuais” (arts. 4º e 13).

8. Na esteira da jurisprudência dos Tribunais, o mandado de segurança é cabível contra sanções disciplinares ou, independentemente de recurso hierárquico, contra omissões da autoridade, após sua notificação judicial ou extrajudicial. Igualmente calcado na doutrina e na jurisprudência, o Projeto considera autoridade coatora a que praticou o ato e aquela de quem emanou a ordem. Se suscitada pelo indicado coator a ilegitimidade passiva, admite-se a emenda da inicial no prazo de 10 (dez) dias (art. 6º).

9. Para que a pessoa jurídica de direito público interessada possa apresentar a defesa de seu ato, o Projeto determina que esta receba cópia da petição inicial, extraída dos autos pelo cartório, sem documentos, sendo-lhe facultado o ingresso no feito (art. 7º). Tal medida já é utilizada em alguns Estados e se justifica em virtude das determinações da Constituição vigente, que separaram as funções do Ministério Público e da Advocacia-Geral da União.

10. São mantidas, no Projeto, as restrições impostas em leis especiais, que, em determinados casos, vedam tanto a concessão da medida liminar como a execução da decisão antes de seu trânsito em julgado. Também está prevista a possibilidade de o juiz exigir garantia do impetrante para que possa ser concedida liminar (art. 7º, III, e § 2º).

11. Os efeitos da medida liminar, salvo se revogada ou cassada, são mantidos até a prolação da sentença, dando-se prioridade aos feitos nos quais tenha sido concedida (art. 7º, §§ 3º e 4º).

12. As vedações relacionadas com a concessão de liminares estendem-se à tutela antecipada a que se referem os arts. 273 e 461 do Código de Processo Civil (art. 7º, § 5º).

13. Na hipótese de paralisação do andamento do processo, por culpa do impetrante, ou omissão de atos ou diligências a seu cargo, o Projeto prevê que seja decretada a perempção ou caducidade da medida liminar (art. 8º).

14. A fim de assegurar a adequada defesa da Administração, a proposta determina que a autoridade coatora remeta ao Ministério ou ao órgão ao qual está subordinada e à Advocacia-Geral da União ou entidade local correspondente o mandado notificatório com as informações cabíveis (art. 9º).

15. Os casos de indeferimento da petição inicial e do recurso cabível são esclarecidos, de modo adequado, assim como o momento até o qual será admitido o litisconsórcio ativo, a fim de respeitar o princípio do juiz natural (art. 10).

16. Decorrido o prazo para que o coator preste as informações e a entidade, querendo, apresente a sua defesa, os autos serão encaminhados ao Ministério Público, se a matéria for de interesse público ou social, com o prazo improrrogável de 10 (dez) dias, para opinar. Em seguida, o processo será concluso, com ou sem parecer, para que o magistrado profira sentença, no prazo de 30 (trinta) dias (art. 12). Assim, em tese, o julgamento em primeiro grau de jurisdição deverá ocorrer em 2 (dois) meses a partir do ingresso do impetrante em juízo.

17. O Projeto assegura à autoridade coatora o direito de recorrer, matéria ainda controversa na jurisprudência (art. 14, § 2º).

18. Com base em precedentes do Supremo Tribunal Federal e do Superior Tribunal de Justiça, a proposta prevê a possibilidade de a pessoa jurídica de direito público solicitar a suspensão de medida liminar, ou sentença, ao presidente de um dos Tribunais Superiores, quando denegado pelo presidente do órgão julgador da segunda instância ou em agravo contra decisão deste (art. 15).

19. Abrigando matéria que, em grande parte, apenas consta dos Regimentos Internos, o Projeto regula o processo do mandado de segurança nos casos de competência originária dos Tribunais (art. 16).

20. Não sendo publicado o acórdão no prazo de 30 (trinta) dias contados da data do julgamento, é facultada sua substituição pelas notas taquigráficas, independentemente de revisão.

21. Regulam-se os recursos contra as decisões do mandado de segurança proferidas em única instância (art. 18).

22. O Projeto trata, ainda, do mandado de segurança coletivo, que, embora criado pela Constituição de 1988, ainda não mereceu disciplina pela legislação ordinária (arts. 21 e 22).

23. Constam, ainda, outras disposições a respeito do prazo para a impetração do mandado de segurança, da inviabilidade da interposição dos embargos infringentes e do descabimento da condenação ao pagamento dos honorários de sucumbência, sem prejuízo da aplicação de sanções no caso de litigância de má-fé (arts. 23 e 25).

24. O Projeto equipara o não cumprimento pelas autoridades administrativas das decisões proferidas em mandado de segurança ao crime de desobediência previsto no art. 330 do Código Penal, sem prejuízo da aplicação das sanções administrativas cabíveis (art. 26).

25. Com essas medidas, além de complementar a legislação ordinária em matérias nas quais é omissa, o Projeto cuida de garantir maior eficiência ao instituto, conferindo poder coercitivo específico às decisões nele proferidas e organizando mais adequadamente os serviços judiciários de modo a permitir o julgamento rápido das ações mandamentais.

26. Estas, em síntese, Sr. Presidente, as normas que ora submetemos ao elevado descortino de V. Exa., destinadas a atualizar e aprimorar o sistema judiciário vigente, em relação a instituto que tem garantido adequadamente os direitos individuais e se tornou um dos instrumentos mais importantes do Estado de Direito e do sistema democrático.

Respeitosamente:

Gilmar Ferreira Mendes – Advogado-Geral da União – *José Gregori* – Ministro de Estado da Justiça.

Em virtude da remessa da proposta de reforma da legislação do mandado de segurança apresentada pelo Executivo, teve andamento o Projeto de Lei 5.067/2001, que foi aprovado na Câmara dos Deputados com três emendas de redação apresentadas pelo Relator, deputado Antônio Carlos Biscaia. A primeira complementou o texto do § 4º do art. 6º, para mandar observar o prazo decadencial do mandado de segurança no caso de emenda da inicial. A segunda emenda explicitou, no art. 26, que o descumprimento de ordem judicial constituía crime de desobediência. A terceira propôs uma inversão na ordem entre os arts. 28 e 29. No Senado foram inicialmente apresentadas 14 emendas, posteriormente retiradas. O Projeto acabou sendo aprovado em 24.6.2009 pelo Senado, que adotou o Parecer 941/2009 (Projeto de Lei da Câmara/PLC 125/2006), do senador Tasso Jereissati, da Comissão de Constituição, Justiça e Cidadania, no qual, foi salientado que:

> No *mérito*, o PLC n. 125, de 2006, aprimora as regras do mandado de segurança, que teve o seu disciplinamento original assentado há mais de meio século. Com esse objetivo, define as hipóteses de aceitação da ação e as de sua rejeição, prevê a ordem dos procedimentos, os limites processuais, além de unificar as regras relativas ao *writ* individual e ao coletivo, atualizando-as com espeque nas mais modernas orientações jurisprudenciais e facilitando, desse modo, sobremaneira a atuação dos profissionais do Direito e o entendimento do cidadão comum, cujas garantias, a propósito, expande.
>
> É de se ressaltar que o presente Projeto de Lei, de autoria da Presidência da República, tem como origem a portaria conjunta da Advocacia-Geral da União, na época comandada pelo atual Presidente do Supremo Tribunal Federal, Ministro Gilmar Mendes, e do Ministério da Justiça, e é fruto do trabalho de uma Comissão de renomados Juristas, presidida pelo Professor Caio Tácito, em que constavam, entre outros, como Relator e Revisor, o Professor Arnoldo Wald e o então Ministro Carlos Alberto Direito.
>
> Já na justificação de motivos extrai-se o fundamento e a necessidade de atualizar a legislação sobre o mandado de segurança, hoje regida pela Lei n. 1.533, de 31 de dezembro de 1951, incorporando as alterações que sofreu, bem como a prática administrativa e a defesa da Fazenda Pública, os procedimentos nos Tribunais e a jurisprudência construída e consolidada ao longo de mais de meio século.
>
> Assim, ao mesmo tempo em que optou-se por manter a redação e a sistemática das regras vigentes, traz diversas inovações, entre as quais destacamos: (a) a possibilidade de uso de *fax* e meios eletrônicos, em consonância com a Lei n. 9.800/1999; (b) amplia-se a possibilidade de impetração do *writ* contra partidos políticos ou seus órgãos; (c) a pessoa jurídica de direito público interessada passa a receber cópia da inicial, para que possa apresentar a defesa de seu ato; (d) acolhe ainda disposições de leis especiais que tratam da concessão de liminares em sede de mandado de segurança; (e) prevê a faculdade do juiz de exigir garantia como condição para a concessão de liminar, e outras indicadas no relatório.

A principal inovação do Projeto, entretanto, reside na regulamentação do mandado de segurança coletivo, previsto na Constituição de 1988, mas ainda não disciplinado pela legislação ordinária.

Acreditamos, enfim, que a presente proposição trará enorme contribuição ao processo judicial como um todo e em especial elementos necessários a julgamento imparcial, em que se preservem os interesses dos particulares, em posição de equilíbrio com a Administração, de forma rápida, mas justa.

Em relação às emendas apresentadas, conquanto louvável a iniciativa do nobre Senador Valter Pereira, que ofereceu à matéria 14 (catorze) emendas, com o inegável desejo de aprimorá-la, não temos, desafortunadamente, como acolhê-las. Não obstante a juridicidade de todas elas, optamos, em função da oportunidade histórica que ora vivenciamos de dotar a legislação, imediatamente, de aperfeiçoamentos a tanto esperados pelos operadores do Direito, por aprovar o texto como veio da Câmara dos Deputados, firmado na convicção a respeito do elevado nível técnico do Projeto aprovado nessa Casa do Congresso Nacional. Ocorre que, diante das circunstâncias, entendemos que retornar o Projeto à Câmara dos Deputados, retardando ainda mais a vigência de medidas que se fazem já há muito tempo mais que necessárias, não seria uma boa medida. Apenas por isso, por estas razões de ordem prática, somos obrigados a rejeitar as emendas apresentadas, tendo em vista que, a nosso sentir, já é tempo de entregar à sociedade uma legislação renovada e inovadora, como a que ora se nos apresenta. Temos a convicção de que o texto já é um grande avanço no sentido de regrar aquela que, ao lado do *habeas corpus* e do *habeas data*, forma o triunvirato das ações judiciais-cidadãs, sem as quais se torna indiscutivelmente débil o exercício da cidadania, e, especialmente, a proteção contra os abusos perpetrados pelo Estado e seus agentes.

Convém ressaltar ainda que se poderia levantar a questão do prazo decadencial para a propositura do mandado de segurança, fixado neste Projeto em 120 (cento e vinte) dias, e que foi objeto de alteração pelo Projeto de Lei do Senado n. 368, de 2007, de autoria do Senador Marco Maciel. Aprovado com emenda, por acordo, na CCJ, em fins de 2008, esse Projeto alterou o prazo para 365 (trezentos e sessenta e cinco) dias. Como foi decisão terminativa e não houve recurso para apreciação em Plenário, o PLS foi remetido à Câmara dos Deputados em 11 de fevereiro de 2009. A proposta aprovada na CCJ poderá ser incorporada à futura lei, que resulte do presente Projeto, caso seja aprovado, mediante oportuna alteração, naquela Casa do Congresso Nacional, do objeto do PLS do Senador Marco Maciel, fazendo-o incidir sobre a nova lei e não sobre a Lei n. 1.531, de 1951.

O Presidente da República vetou o parágrafo único do art. 5º, que no caso do mandado de segurança contra omissões da autoridade mandava contar o prazo de 120 dias, após sua notificação judicial ou extrajudicial,[386] e o § 4º do art. 6º, que fixava prazo para a emenda da inicial no caso de ser suscitada sua ilegitimidade pela autoridade coatora.[387]

Enquanto a lei anterior tinha 21 artigos, a lei atual tem 29 artigos, sendo que grande parte do texto anterior foi mantida, com eventuais pequenas modificações de redação, para fins de atualização.

As finalidades da lei vigente foram a modernização e a simplificação do mandado de segurança, que tinha sofrido uma banalização, sendo quase transformado em ação ordinária e passando a ter a demora, no seu julgamento, análoga ou um pouco menor que os demais feitos. Era preciso devolver ao mandado a agilidade de verdadeiro comando de medida de execução imediata contra a Administração, que era historicamente assemelhado ao *habeas corpus*, sem as dificuldades práticas de andamento que caracterizam os outros processos judiciais. Simplicidade, eficiência, rapidez no julgamento, foram as

386. "Art. 5º. Não se concederá mandado de segurança quando se tratar: (...).

"Parágrafo único. *(Vetado)*." *(O texto vetado tinha a seguinte redação: "O mandado de segurança poderá ser impetrado, independentemente de recurso hierárquico, contra omissões da autoridade, no prazo de 120 (cento e vinte) dias, após sua notificação judicial ou extrajudicial").*

"*Razão do veto:* A exigência de notificação prévia como condição para a propositura do mandado de segurança pode gerar questionamentos quanto ao início da contagem do prazo de 120 (cento e vente) dias em vista da ausência de período razoável para a prática do ato pela autoridade e, em especial, pela possibilidade de a autoridade notificada não ser competente para suprir a omissão."

387. "Art. 6º. A petição inicial, que deverá preencher os requisitos estabelecidos pela lei processual, será apresentada em duas vias com os documentos que instruírem a primeira reproduzidos na segunda e indicará, além da autoridade coatora, a pessoa jurídica que esta integra, à qual se acha vinculada ou da qual exerce atribuições.

"(...).

"§ 4º. *(Vetado).*" *(O texto vetado tinha a seguinte redação: "Suscitada a ilegitimidade pela autoridade coatora, o impetrante poderá emendar a inicial no prazo de 10 (dez) dias".)*

"*Razão do veto:* A redação conferida ao dispositivo durante o trâmite legislativo permite a interpretação de que devem ser efetuadas no correr do prazo decadencial de 120 (cento e vinte) dias eventuais emendas à petição inicial com vistas a corrigir a autoridade impetrada. Tal entendimento prejudica a utilização do remédio constitucional, em especial ao se considerar que a autoridade responsável pelo ato ou omissão impugnados nem sempre é evidente ao cidadão comum."

diretrizes que a Comissão pretendeu dar à nova legislação. Não lhe cabia, por outro lado, rediscutir determinadas restrições decorrentes da legislação anterior em relação à concessão de liminar no mandado de segurança no campo tributário e no direito administrativo, especialmente em relação à classificação dos funcionários públicos, devendo tão somente consolidar as normas existentes na matéria.[388]

---

388. ***Quanto às vedações à concessão de liminar:*** o art. 7º, § 2º, da Lei 12.016/2009 proíbe a concessão de medida liminar que tenha por objeto (a) a compensação de créditos tributários; (b) a entrega de mercadorias e bens provenientes do Exterior; e (c) a reclassificação ou equiparação de servidores públicos e a concessão de aumento ou a extensão de vantagens ou pagamento de qualquer natureza.

(a) Compensação de créditos tributários: a Súmula 212 do STJ, conforme a redação alterada pela 1ª Seção do STJ em 11.5.2005, já previa que "a compensação de créditos tributários não pode ser deferida em ação cautelar ou por medida liminar cautelar ou antecipatória".

(b) Entrega de mercadorias e bens provenientes do Exterior: o art. 1º da Lei 2.770, de 4.5.1956, já previa que "nas ações e procedimentos judiciais de qualquer natureza, que visem a obter a liberação de mercadorias, bens ou coisas de qualquer espécie procedentes do Estrangeiro, não se concederá, em caso algum, medida preventiva ou liminar que, direta ou indiretamente, importe na entrega da mercadoria, bem ou coisa".

Entretanto, como escrevemos no primeiro capítulo do livro, entendia-se que essa vedação se referiria apenas a produtos de contrabando, e não aos bens importados ou trazidos para o País como bagagem sobre os quais as autoridades fizessem exigências ilegais ou abusivas para seu desembaraço.

(c) Reclassificação ou equiparação de servidores públicos e a concessão de aumento ou a extensão de vantagens ou pagamento de qualquer natureza: já constava da antiga Lei 4.348, de 26.6.1994, que "não será concedida a medida liminar de mandados de segurança impetrados visando à reclassificação ou equiparação de servidores públicos, ou a concessão de aumento ou extensão de vantagens" (art. 5º) e que "o recurso voluntário ou *ex officio* interposto de decisão concessiva de mandado de segurança, que importe outorga ou adição de vencimentos ou ainda reclassificação funcional, terá efeito suspensivo" (art. 6º).

Por sua vez, no art. 1º da antiga Lei 5.021, de 9.6.1966, previa-se que "não se concederá liminar para efeito de pagamento de vencimentos e vantagens pecuniárias" a servidor público civil.

Escrevemos no primeiro capítulo que "poder-se-ia cogitar de eventual inconstitucionalidade dessas restrições, considerando que desigualariam os impetrantes no mandado de segurança, em detrimento do servidor público, quando a Constituição da República não faz essa distinção ao instituir o *mandamus*. A Lei 12.016/2009, todavia, tratou simplesmente de incorporar ao texto norma legal já existente, que não foi objeto de declaração de inconstitucionalidade e sempre foi aplicada pela Justiça".

O mesmo ocorreu em relação aos casos de suspensão de segurança.[389]

---

389. ***Em relação à suspensão de segurança:*** as normas relativas à suspensão de segurança (art. 15 e §§) já constavam do art. 4º da Lei 8.437/1992, com redação dada pela Medida Provisória 2.180-35/2001, cujo texto é o seguinte:

"Art. 4º. Compete ao presidente do Tribunal, ao qual couber o conhecimento do respectivo recurso, suspender, em despacho fundamentado, a execução da liminar nas ações movidas contra o Poder Público ou seus agentes, a requerimento do Ministério Público ou da pessoa jurídica de direito público interessada, em caso de manifesto interesse público ou de flagrante ilegitimidade, e para evitar grave lesão à ordem, à saúde, à segurança e à economia públicas. [*Este texto, semelhante ao do art. 4º da antiga Lei 4.348/1964, foi mantido no art. 15, "caput", da Lei 12.016/2009*]

"§ 1º. Aplica-se o disposto neste artigo à sentença proferida em processo de ação cautelar inominada, no processo de ação popular e na ação civil pública, enquanto não transitada em julgado.

"§ 2º. O presidente do Tribunal poderá ouvir o autor e o Ministério Público, em 72 (setenta e duas) horas. [*Redação dada pela Medida Provisória 2.180-35/2001 – Não tem equivalente na Lei 12.016/2009*]

"§ 3º. Do despacho que conceder ou negar a suspensão, caberá agravo, no prazo de 5 (cinco) dias, que será levado a julgamento na sessão seguinte à sua interposição. [*Redação dada pela Medida Provisória 2.180-35/2001 – Norma constante do art. 15, 'caput', 'in fine', da Lei 12.016/2009*]

"§ 4º. Se do julgamento do agravo de que trata o § 3º resultar a manutenção ou o restabelecimento da decisão que se pretende suspender, caberá novo pedido de suspensão ao presidente do Tribunal competente para conhecer de eventual recurso especial ou extraordinário. [*Incluído pela Medida Provisória 2.180-35/2001 – O texto é semelhante ao do art. 15, § 1º, da Lei 12.016/2009*]

"§ 5º. É cabível também o pedido de suspensão a que se refere o § 4º, quando negado provimento a agravo de instrumento interposto contra a liminar a que se refere este artigo. [*Incluído pela Medida Provisória 2.180-35/2001 – O texto é idêntico ao do art. 15, § 2º, da Lei 12.016/2009*]

"§ 6º. A interposição do agravo de instrumento contra liminar concedida nas ações movidas contra o Poder Público e seus agentes não prejudica nem condiciona o julgamento do pedido de suspensão a que se refere este artigo. [*Incluído pela Medida Provisória 2.180-35/2001 – O texto é idêntico ao do art. 15, § 3º, da Lei 12.016/2009*]

"§ 7º. O presidente do Tribunal poderá conferir ao pedido efeito suspensivo liminar, se constatar, em juízo prévio, a plausibilidade do direito invocado e a urgência na concessão da medida. [*Incluído pela Medida Provisória 2.180-35/2001 – O texto é idêntico ao do art. 15, § 4º, da Lei 12.016/2009*]

"§ 8º. As liminares cujo objeto seja idêntico poderão ser suspensas em uma única decisão, podendo o presidente do Tribunal estender os efeitos da suspensão a liminares supervenientes, mediante simples aditamento do pedido original. [*Incluído pela Medida Provisória 2.180-35/2001 – O texto é idêntico ao do art. 15, § 5º, da Lei 12.016/2009*]

"§ 9º. A suspensão deferida pelo presidente do Tribunal vigorará até o trânsito em julgado da decisão de mérito na ação principal." [*Incluído pela Medida Provisória 2.180-35/2001*]

Assim, depois de oito anos de tramitação legislativa e algumas poucas alterações em seu texto original, o Projeto acabou sendo convertido na Lei 12.016, de 7.8.2009.

O art. 1º repete a redação da antiga Lei 1.533/1951, apenas adaptando-a ao texto da Constituição de 1988 e mantendo a possibilidade de impetração inclusive no caso de ameaça de lesão – ou seja, agasalhando a hipótese de mandado preventivo. De fato, a jurisprudência já admitia a ampla utilização do mandado para controlar o exercício do poder estatal a fim de adequá-lo aos limites estabelecidos pelo sistema. Esta possibilidade mostra-se eficaz tanto no mandado de segurança com caráter repressivo quanto naquele impetrado com finalidade preventiva, caso em que pode propiciar tutela meramente declaratória. A lei atual manteve a expressão "direito líquido e certo", que não significa corresponder a uma quantia fixa mas – como já mencionado – ter existência manifesta, possibilidade de comprovação de plano e aptidão para o imediato exercício. Como ensina a doutrina, o direito líquido e certo configura verdadeira condição da ação, de modo que, não estando os fatos narrados na inicial suficientemente provados, deverá o juiz decretar a carência do mandado de segurança, sem o julgamento do mérito. Na hipótese, porém, de o documento necessário à prova do alegado se encontrar em repartição ou estabelecimento público ou na posse de terceiro, poderá o juiz determinar sua exibição, em caso de recusa de fornecimento de certidão. Se estiver em poder da própria autoridade coatora a ordem far-se-á na notificação.

A equiparação às autoridades passíveis de terem seus atos impugnados foi abrangente na lei atual, incluindo os representantes ou órgãos de partidos políticos, além dos administradores de entidades autárquicas e os dirigentes das pessoas jurídicas e pessoas naturais no exercício de atribuições do Poder Público. Para eliminar qualquer dúvida, no tocante à prática de ato administrativo, como o único atacável via mandado, o § 2º do art. 1º expressamente preceitua seu descabimento "contra os atos de gestão comercial praticados pelos administradores de empresas públicas, de sociedade de economia mista e de concessionárias de serviço público".

De acordo com a jurisprudência, a autoridade coatora é quem ordena a prática do ato ou se omite em praticá-lo; a autoridade superior que simplesmente o recomenda não detém legitimidade para figurar no polo passivo da impetração.[390] A caracterização da autoridade coatora, especialmente no mandado de segurança impetrado em caráter preventivo, reveste-se de relevância, pois, nesse caso, a autoridade impetrada "não é quem editou o ato normativo, e sim aquela que tem o *dever funcional* de responder pelo seu cumprimento – sob pena de se utilizar o *writ* para atacar o decreto ou a lei em tese".[391]

Foi mantida a possibilidade de, quando o direito ameaçado ou violado couber a várias pessoas, qualquer delas poder requerer o mandado de segurança. Em especial, cuidou-se do titular de direito líquido e certo, em condições idênticas às de terceiro, que permanece com a possibilidade de impetrar mandado de segurança na hipótese de o titular se manter inerte, no prazo de 30 dias, quando notificado judicialmente pelo outro interessado. Verifica-se, portanto, que o "prazo razoável" ao qual se referia a Lei 1.533/1951, que ensejava interpretações díspares, como conceito indeterminado que é, foi substituído por prazo fixado na própria lei. Condiciona-se o exercício desse direito, no entanto, ao prazo decadencial geral de 120 dias, contado, nessa hipótese, da notificação.

Procurou-se, para atender aos casos de extrema urgência, incorporar ao texto legal a possibilidade de utilização de inovações técnicas: telegrama, radiograma, *fax* ou qualquer outro meio eletrônico, desde que comprovada sua autenticidade, devendo ser o texto original da petição apresentado no prazo de cinco dias úteis seguintes ao da impetração. Colima-se, assim, facilitar o uso de instrumento tão eficaz na defesa de direitos contra abusos da autoridade pública, com base na Lei 9.800, de 26.5.1999, que permite às partes a utilização de sistema de transmissão de dados para a prática de atos processuais, e na Lei 11.419, de 19.12.2006, que disciplina o uso do processo eletrônico.[392]

---

390. Nesse sentido o REsp 238.978-PA, relatado pelo Min. Garcia Vieira, que sustentou, em seu voto, não ter sido comprovada a prática de nenhum ato pelo Secretário da Fazenda do Estado, quando a competência é dos fiscais lotados nas Delegacias Regionais da Fazenda Estadual.

391. STJ, ROMS 9.079-MT, rel. Min. Ari Pargendler, cujo acórdão considerou que o decreto ou a lei instituidora do tributo já configuram ameaça suficiente para a impetração preventiva, na medida em que devem ser obrigatoriamente aplicados pela autoridade fazendária.

392. Tratando-se de documento eletrônico, serão observadas as regras da Infraestrutura de Chaves Públicas Brasileira/ICP Brasil.

Manteve-se o descabimento do *writ* contra ato de que caiba recurso administrativo com efeito suspensivo, independente de caução; e, no que tange à decisão judicial, limitou-se àquela da qual caiba recurso com efeito suspensivo.

Eliminou-se a restrição quanto ao ato disciplinar, acatando-se, nesse particular, a jurisprudência pacificada na matéria.

Inseriu-se, ainda, a impossibilidade de impetração contra decisão transitada em julgado, para evitar a utilização do mandado como substitutivo da ação rescisória.[393] Continua, todavia, resguardada a utilização do mandado para proteger o direito líquido e certo daquele que não foi parte na ação e sofrerá os efeitos reflexos da decisão judicial, na qualidade de terceiro prejudicado, ainda que essa decisão seja passível de recurso.[394]

Finalmente, assegurou-se à autoridade coatora o direito de recorrer, faculdade que era controvertida na jurisprudência.

Importa também realçar, com todas as restrições que se possa registrar, a possibilidade efetiva de ser o magistrado considerado autoridade coatora, uma vez presentes os requisitos fixados pela Constituição: lesão ou ameaça de lesão a direito individual ou coletivo, líquido e certo, e que o ato praticado esteja eivado de ilegalidade. Ressalte-se que até contra o Presidente do STF já foi impetrado e concedido mandado de segurança.[395]

Quanto ao processo em si mesmo, o juiz, em seu despacho inicial, além de notificar a autoridade coatora para prestar as informações no prazo de 10 dias, deve dar ciência à pessoa jurídica interessada, para que, querendo, ingresse no feito. Pode, igualmente, suspender o ato que deu motivo ao pedido, sendo-lhe facultado exigir do impetrante caução, fiança ou depósito. Essas inovações no texto legal, na verdade, incorporaram conquistas da jurisprudência, permitindo o ingresso no processo da pessoa jurídica de direito público a que pertence o impetrado, bem como admitindo que o magistrado possa exigir caução em determinadas hipóteses, para manter o equilíbrio entre os interesses das partes. Essa faculdade pode beneficiar tanto o Poder Público quanto o impetrante. Efetivamente, em certos

393. Súmula 268 do STF: "Não cabe mandado de segurança contra decisão com trânsito em julgado".

394. Súmula 202 do STJ: "A impetração de segurança por terceiro, contra ato judicial, não se condiciona à interposição de recurso".

395. STF, MS 24.159, rela. Min. Ellen Gracie, *RTJ* 188/145.

casos o titular do direito, receando as consequências da denegação do mandado, pode querer acautelar-se, fazendo o depósito e não correndo, assim, o risco das sanções legais aplicáveis no caso.

Para eliminar a controvérsia doutrinária e jurisprudencial a respeito dos recursos, ficou expressamente consignado o cabimento de agravo de instrumento contra a decisão do juiz de primeiro grau que conceder ou negar a liminar, observando-se o disposto no Código de Processo Civil.

Consolidou-se, ainda, no texto a proibição de concessão de liminar que tenha por objeto a compensação de créditos tributários,[396] a entrega de mercadorias e bens provenientes do Exterior, a reclassificação ou equiparação de servidores públicos e a concessão de aumento ou extensão de vantagens ou pagamento de qualquer natureza. Foram, assim, mantidas no Projeto restrições previstas em leis especiais,[397] as quais se estendem ao caso de ser apreciado pedido de tutela antecipada.

Os efeitos da medida liminar, salvo se revogada ou cassada, persistem até a prolação da sentença, tendo prioridade de julgamento os feitos em que tenha sido concedida.

Manteve-se a decretação da perempção ou caducidade da liminar quando o impetrante criar óbices ao normal andamento do processo ou deixar de praticar atos e de promover diligências – disposição já prevista na Lei 4.348/1964. Na prática, objetivou-se, assim, dar celeridade ao julgamento do mandado, evitando a utilização de expedientes protelatórios. Assegurou-se tratamento igualitário às partes, conferindo ao particular eficiente instrumento contra os abusos de poder; e, em contrapartida, garantiu-se ao Poder Público ampla possibilidade de defesa de seus atos, inclusive inviabilizando tentativas do impetrante de eternizar o feito, após ter obtido a liminar.

Estabeleceu-se para a autoridade administrativa a obrigatoriedade do envio ao Ministério ou órgão a que esteja vinculada e à Advocacia-Geral da União, ou a quem tiver a representação judicial da União, Estado ou Município, de cópia da notificação, a fim de que possam ser tomadas as medidas necessárias para apresentação de defesa apropriada e eventual pedido de suspensão da liminar. Desse

396. Súmula 212 do STJ: "A compensação de créditos tributários não pode ser deferida por medida liminar".

397. Leis 2.770/1956, 4.348/1994 e 5.021/1996.

modo, buscou-se preservar a adequada defesa do interesse público por parte da autoridade competente, dando-lhe imediata ciência da impetração.

Do indeferimento da inicial pelo juiz de primeiro grau cabe apelação, e na hipótese de competência originária do Tribunal para julgar o mandado de segurança cabe agravo endereçado ao órgão competente do Tribunal.

Foram dilatados os prazos, de modo a adequá-los ao grande volume de processos, para a prolação do parecer do Ministério Público e da sentença pelo magistrado, respectivamente, para 10 e 30 dias, de modo a ser exequível e exigível, na prática, o cumprimento do preceito.

A sentença, se concedida a segurança, necessariamente está submetida ao duplo grau de jurisdição, podendo ser executada provisoriamente, exceto nas hipóteses em que for vedada a concessão da medida liminar. Assim, o recurso de apelação, cabível na denegação e concessão do mandado, passou a ter, nesse caso, os efeitos devolutivo e suspensivo.

Merece destaque a impossibilidade, prevista na Lei 12.016/2009, de admissão de litisconsórcio ativo após o despacho da inicial, a fim de se evitar a ofensa ao princípio do juiz natural, com a escolha *a posteriori* do magistrado. Essa questão muito preocupou o Poder Judiciário, a fim de coibir práticas condenáveis de escolha de magistrados para a obtenção de decisão favorável ao interesse da parte, direcionando o pedido, em virtude de se conhecer a posição do juiz ao qual foi distribuído o feito.

A matéria atinente à suspensão da liminar e da sentença pelo presidente do Tribunal foi devidamente tratada, incorporando e consolidando os dispositivos de vários diplomas legais.[398]

A legitimação para o requerimento é da pessoa jurídica de direito público interessada e do Ministério Público, justificando-se para evitar grave lesão à ordem, à saúde, à segurança e à economia públicas. Da decisão do presidente do Tribunal cabe agravo, sem efeito suspensivo, que deve ser julgado na sessão seguinte à sua interposição. Indeferido o pedido de suspensão, ou provido o agravo, cabe

398. Destaca-se, entre outros textos, a Lei 8.437/1992, com redação dada pela Medida Provisória 2.180-35/2001.

novo pedido de suspensão ao presidente do Tribunal competente para conhecer de eventual recurso especial ou extraordinário, na esteira de inúmeras decisões dos Tribunais Superiores, que têm admitido tal possibilidade diante de situações comprovadas de lesão de direito. Ficou também assegurado o cabimento de pedido de suspensão no caso de ter sido negado provimento a agravo de instrumento contra a liminar, cuja interposição em nada prejudica ou condiciona o julgamento da suspensão. São, na verdade, enfoques distintos no exame do tema, e que, portanto, mereceram tratamento diferenciado. Além da previsão de concessão de efeito suspensivo liminar quando o presidente do Tribunal, em juízo prévio, constatar a plausibilidade do direito invocado e a urgência da medida, há, ainda, a possibilidade de suspensão, numa única decisão, de liminares cujo objeto seja idêntico e de extensão a liminares supervenientes, mediante simples aditamento ao pedido original.[399] Cuidou-se de evitar decisões conflitantes, tumultuando, assim, a atividade administrativa e desprestigiando o Judiciário, que, embora tenha o poder de dizer o Direito segundo o livre convencimento do juiz, não pode ser mal interpretado pelo cidadão comum, surpreendido, às vezes, por soluções contraditórias para um mesmo problema. Criou-se, em certo sentido, um dever de coerência do Poder Judiciário, conforme tendência decorrente da Emenda Constitucional 45/2004 e da legislação ordinária subsequente.

Inovação relevante, atenta à observância da economia e celeridade processuais, consistiu na substituição do acórdão pelas notas taquigráficas, independentemente de revisão, quando não publicado no prazo de 30 dias, contados da data do julgamento, nas decisões proferidas em mandado de segurança e respectivos recursos. Trata-se de determinação que poderia ser estendida a todos os julgamentos dos Tribunais Superiores e de segunda instância. Evitar-se-ia, assim, um dos gargalos de estrangulamento do processo, que é a demora na publicação dos acórdãos.

No tocante à ordem de julgamento dos processos na Justiça de primeiro grau e nos Tribunais assegurou-se a preferência de julgamento sobre os demais processos, exceto os de *habeas corpus*. Manteve-se, igualmente, a possibilidade de propositura de ação própria para que o requerente pleiteie seus direitos e respectivos efeitos patrimoniais se a sentença proferida no mandado não decidir o mérito.

---

399. Assim já previa a mencionada Lei 8.437/1992, art. 4º, § 8º, com redação dada pela Medida Provisória 2.180-35/2001.

Na esteira da jurisprudência dominante, foram vedadas a oposição de embargos infringentes e a condenação em honorários advocatícios,[400] sem prejuízo da aplicação das sanções por litigância de má-fé.

Para explicitar e esclarecer o texto constitucional, a Lei 12.016/2009 tratou do mandado de segurança coletivo, dando-lhe disciplina própria em dois artigos, que cuidaram da legitimação ativa, dos direitos protegidos e dos efeitos da liminar e da sentença.

Estão legitimados para propor o mandado coletivo: partido político com representação no Congresso Nacional, na defesa de seus interesses legítimos relativos a seus integrantes ou à finalidade partidária; e organização sindical, entidade de classe ou associação legalmente constituída e em funcionamento há pelo menos um ano. A defesa é da totalidade ou de parte de seus membros ou associados, observados os estatutos e as suas finalidades, sem necessidade de autorização especial.

Os direitos protegidos foram assim classificados: (a) *coletivos*, assim entendidos os transindividuais, de natureza indivisível, de que seja titular grupo ou categoria de pessoas ligadas entre si ou com a parte contrária por uma relação jurídica básica; (b) *individuais homogêneos*, os decorrentes de origem comum e da atividade ou situação específica da totalidade ou parte dos associados ou membros da entidade impetrante.

A sentença faz coisa julgada limitadamente aos membros do grupo ou da categoria, e a liminar só pode ser concedida após a audiência do representante da pessoa de direito público, que deve manifestar-se no prazo de 72 horas.

Conforme já decidiam os Tribunais Superiores, o mandado de segurança coletivo não induz litispendência para as ações individuais, mas o impetrante individual deve requerer a desistência de seu mandado caso prefira usufruir dos efeitos da coisa julgada da impetração coletiva.

Finalmente, o texto da lei atual equipara o não cumprimento por parte da autoridade coatora da ordem judicial ao crime de desobediência, previsto no art. 330 do CP, sem prejuízo da incidência de outras sanções, inclusive no âmbito administrativo.

400. Súmula 512 do STF: "Não cabe condenação em honorários de advogado na ação de mandado de segurança".

Houve grande esforço para dar maior velocidade e eficiência ao processo, antecipando-se os autores do Anteprojeto às metas do "Pacto Republicano" e da Emenda Constitucional 45/2004, fixando-se, para todas as partes e intervenientes no processo, prazos rígidos que devem ser obedecidos, com penalidades para os que não os respeitarem. A jurisprudência dos Tribunais foi adotada pela lei em numerosos artigos, aumentando a segurança jurídica, já, agora, considerada como um princípio constitucional.[401]

Se houve grande preocupação de garantir os direitos do impetrante, não se descuidou da defesa tanto do impetrado como da pessoa jurídica interessada, cuja atuação como litisconsorte necessário foi definida, superando-se discussões processuais que existiam na vigência da legislação anterior.

A arguição de inconstitucionalidade – Em 14.9.2009 o Conselho Federal da OAB arguiu a inconstitucionalidade de seis disposições da Lei 12.016/2009 na ADI 4.296, com pedido de tutela antecipada, que foi distribuída ao Min. Marco Aurélio.

Os seis artigos impugnados pela OAB foram os seguintes: (a) o § 2º do art. 1º, que impede a utilização do mandado de segurança contra atos de gestão comercial praticados pelos administradores de empresas públicas, sociedades de economia mista e concessionárias de serviço público; (b) o inciso III do art. 7º, que faculta ao juiz, ao despachar a inicial e ordenar a suspensão do ato impugnado, exigir do impetrante caução, fiança ou depósito para garantir o ressarcimento da pessoa jurídica, se for o caso; (c) o § 2º do art. 7º, que impede a concessão da medida liminar para compensação de créditos tributários e entrega de mercadoria importada e a reclassificação, aumento ou extensão de vantagens a funcionários públicos; (d) o § 2º do art. 22, que condiciona a concessão da liminar no mandado de segurança coletivo à audiência do representante judicial da pessoa jurídica, que deverá se pronunciar no prazo de 72 horas; (e) o art. 23, que mantém o prazo de decadência de 120 dias para impetração do mandado; e (f) o art. 25, que não permite a condenação do vencido nos honorários de advogados no mandado de segurança.

---

401. STF, Pet/QO 2.900-3-RS, rel. Min. Gilmar Mendes, j. 27.5.2003, *RTJ* 186/186; MS 22.357-0-DF, rel. para o acórdão Min. Gilmar Mendes, j. 27.5.2004, *RTJ* 192/620; MS 24.268-MG, rela. Min. Ellen Gracie, j. 5.2.2004, *RTJ* 191/922.

As alegações do Conselho Federal da OAB fundamentaram-se na necessidade de não admitir limitações decorrentes da lei ordinária ao uso do mandado de segurança, por se tratar de garantia constitucional, que não deveria sofrer regulamentação restritiva.

A Advocacia-Geral da União/AGU apresentou as suas informações em 18.11.2009, juntando pareceres e várias informações e esclarecendo a matéria com os seguintes argumentos:

(a) *Atos de gestão comercial*. A doutrina e a jurisprudência[402] reconhecem a importância da distinção entre atos de gestão e de império – considerando que a matéria puramente contratual de direito privado, na qual a entidade pública, a sociedade de economia mista e a concessionária atuam em operações comerciais, não caracteriza a existência de ato de autoridade que pudesse justificar a utilização do mandado de segurança. Assim, a discussão do valor de um crédito dado pelo Banco do Brasil a um dos seus clientes não deve ser objeto do *mandamus*. Essa disposição da lei não exclui a impetração do mandado no caso de licitações, por se tratar de matéria de contrato administrativo, na qual a impetrada atua como autoridade, conforme tem entendido a jurisprudência do STJ[403] e dos demais Tribunais.

(b) *A faculdade dada ao juiz de exigir caução*. O entendimento dominante na jurisprudência é no sentido da inconstitucionalidade da determinação legal que *imporia* ao juiz a exigência de caução ou depósito para concessão da liminar, mas da *constitucionalidade da atribuição ao magistrado de faculdade nesse sentido, considerando as peculiaridades de cada caso, dando, para tanto, a mais ampla liberdade ao juiz*.

(c) *A vedação da liminar para compensação de créditos e a modificação do regime dos funcionários públicos*. A matéria já foi consolidada em diplomas anteriores, cuja constitucionalidade foi reconhecida pelo STF. Assim, a Lei 8.437/1992, com a redação que a Medida Provisória 2.180-35/2001 deu ao seu art. 1º, § 5º, já determinava que "não será cabível medida liminar que defira a compensação de créditos tributários ou previdenciários". Posição idêntica

402. STJ, REsp 577.396, rel. Min. Castro Filho, j. 6.12.2005, *DJU* 20.2.2006, p. 331.

403. Súmula 333 do STJ: "Cabe mandado de segurança contra ato praticado em licitação promovida por sociedade de economia mista ou empresa pública".

encontramos no art. 170-A do CTN (com a redação que lhe deu a Lei Complementar 104/2001) e na Súmula 212 do STJ.

Quanto à vedação de medida liminar para liberação de mercadorias importadas, já era consagrada pela Lei 2.770/1956. Em relação ao regime financeiro dos funcionários a concessão de liminar já era vedada pelas Leis 4.348/1964 e 5.021/1966. Acresce que sobre a matéria há jurisprudência do STF na ADC 4.

(d) *Audiência da pessoa jurídica de direito público no prazo de 72 horas antes da concessão de liminar em mandado de segurança coletivo*. Trata-se de norma que se limita a repetir o disposto no art. 2º da Lei 8.437/1992, justificando-se pelas repercussões amplas do mandado de segurança coletivo e pelo interesse público mais denso que pode existir no caso, alcançando, inclusive, políticas públicas.

(e) *Prazo de 120 dias para a impetração*. O STF já reconheceu a constitucionalidade do mencionado prazo (Súmula 632), que é de caráter extintivo em relação ao uso do instrumento processual, mas não afeta o direito que pode ser pleiteado pela via ordinária, como previsto na própria lei.

Não há, assim, qualquer violação do devido processo legal e da garantia do acesso ao Poder Judiciário.

(f) *Inadmissibilidade da condenação do vencido ao pagamento de honorários de advogado*. A jurisprudência na matéria é mansa e pacífica tanto no STF quanto no STJ, em virtude da natureza especial do mandado, que se equipara, para este fim, à ação popular e às ações constitucionais. A melhor doutrina lembra a lição de Aliomar Baleeiro, que considerou que existe, no caso, um interesse social e que a defesa da legalidade não deve ser desincentivada pelo risco de ter que pagar honorários à outra parte.[404] Acresce que o Código de Processo Civil não se aplica às ações especiais.

O Congresso Nacional, nas suas informações, limitou-se a esclarecer que no caso da Lei 12.016/2009 o processo legislativo foi obedecido, tendo sido realizado na forma constitucionalmente prevista. Em maio/2011 a Procuradoria-Geral da República opinou pelo conhecimento parcial e pela improcedência da ação.

---

404. Roberto Rosas, *Direito Sumular*, 14ª ed., São Paulo, Malheiros Editores, 2012, pp. 286-289.

A ação foi julgada parcialmente procedente em 9.6.2021 (ADI 4.296-DF, Rel. Min. Marco Aurélio, redator Min. Alexandre de Moraes, acórdão pendente de publicação), para se declarar a inconstitucionalidade de duas das previsões impugnadas. A primeira delas é a contida no art. 7º, § 2º, que trazia a vedação da liminar para compensação de créditos, a modificação do regime dos funcionários públicos e liberação de mercadorias. Segundo o *Informativo* 1021 do STF, "é inconstitucional ato normativo que vede ou condicione a concessão de medida liminar na via mandamental", uma vez que se caracteriza "verdadeiro obstáculo à efetiva prestação jurisdicional e à defesa do direito líquido e certo do impetrante".

Igualmente restou reconhecida a inconstitucionalidade do art. 22, § 2º, segundo o qual seria necessária a audiência da pessoa jurídica de direito público no prazo de 72 horas antes da concessão de liminar em mandado de segurança coletivo. De acordo com o Tribunal, tal exigência poderia levar a um risco de perecimento de direito, retirando o poder geral de cautela do magistrado, em clara ofensa à garantia de defesa de direito líquido e certo, bem como de acesso à Justiça.

O Conselho Federal da OAB também ingressou com a ADI 4.403-DF, em abril/2010, distribuída para a relatoria do Min. Ricardo Lewandowski, esta com um escopo bem mais reduzido. Discutiu-se a constitucionalidade do § 2º do art. 14 da Lei 12.016/2009. O referido dispositivo dá à autoridade coatora o direito de interpor apelação em face da sentença no mandado de segurança. Na visão do autor, isto permitiria à pessoa natural, sem inscrição na OAB, manejar o recurso, e, portanto, violaria o art. 133 da CF, que estabelece o advogado como indispensável à administração da Justiça. A Presidência da República e o Congresso Nacional prestaram informações, salientando a distinção entre a legitimidade recursal (da parte) e a capacidade postulatória (do advogado), características distintas dentro da ciência processual. A Advocacia-Geral da União e a Procuradoria-Geral da República opinaram pela improcedência da ação, esta última em abril/2012.

Na sessão plenária virtual dos dias 16.8.2019 a 22.8.2019[405] o STF, por unanimidade, julgou improcedente o pedido formulado na ação direta, com base no entendimento de que o art. 14, § 2º, da Lei 12.016/2009 não conferiu capacidade postulatória à autoridade coa-

405. STF, Tribunal Pleno, ADI 4.403, rel. Min. Edson Fachin, j. 23.8.2019, *DJe* 9.9.2019.

tora, mas, sim, legitimidade recursal. Portanto, o Plenário do STF concluiu que o dispositivo não viola o art. 133 da CF.

Conclusões – Embora ainda não se disponha de dados estatísticos que permitam demonstrar a eficácia da reforma legislativa para o fim de agilizar o trâmite do mandado de segurança, as alterações promovidas possibilitam que o processo seja julgado em primeira instância em menos de dois meses e que a apelação não demore mais que um semestre para ser julgada, quando todo o curso processual costumava se estender por longos anos.

Cabe lembrar a situação especial, de maior densidade, do mandado de segurança como instrumento de proteção do indivíduo ou do grupo contra atos ilegais e abusivos do poder, colocando-se, como lembrava Alfredo Buzaid, em primeiro lugar na "gradação da eficiência das medidas judiciais".[406]

Em conclusão, podemos afirmar que, de acordo com a legislação vigente, o mandado de segurança é um processo de natureza e tramitação especial, que se torna necessário e imprescindível diante da maior densidade do direito defendido – que se caracteriza como líquido e certo – e do poder exercido pela autoridade coatora. À medida que vai aumentando a prepotência do Estado, impõe-se a criação de recursos mais eficazes para a defesa do indivíduo nas suas relações com o Poder Público. Ao desenvolvimento das atribuições do Estado devem corresponder maior intensidade e celeridade na defesa dos direitos individuais, a fim de se manter o equilíbrio entre os interesses da coletividade e a liberdade de cada cidadão. O mandado de segurança é, assim, o instrumento harmonioso e aperfeiçoado que garante a liberdade individual, a dignidade humana e a intangibilidade das conquistas da Civilização contra o arbítrio do poder governamental.

---

406. Alfredo Buzaid, nos seus artigos "*Juicio de amparo* e mandado de segurança" (*Revista da Faculdade de Direito de São Paulo* 56/221) e "Do mandado de segurança" (*RDA* 44/27), escreve que: "A adoção pura e simples do processo sumário como regra para tratamento geral das causas em juízo, embora represente um elevado ideal da Ciência, não basta para justificar a exigência da criação do *mandado de segurança*; a razão de ser desse novo instituto, que visa à composição de conflitos de interesses entre o particular e a Administração Pública, não está tanto nas vantagens que podem resultar de uma redução de atos e termos, quanto na necessidade de conferir uma tutela especial a uma categoria de direitos públicos subjetivos" (grifos nossos).

Nos últimos anos o mandado de segurança tem sofrido excessiva banalização, que é perniciosa, sendo usado em numerosos casos nos quais não se justifica sua impetração. Por outro lado, quando não concedida a medida liminar, sua tramitação acaba sendo a da ação ordinária. É, pois, preciso restaurar a dignidade constitucional do mandado de segurança. Para tanto, a Lei 12.016/2009 constituiu um primeiro passo, cabendo aos Estados, nas suas Leis de Organização Judiciária, e aos Tribunais, nos seus Regimentos Internos, complementar o trabalho do legislador, à vista das peculiaridades locais e do melhor uso das técnicas modernas do processo eletrônico. Dar-se-á, assim, ao mandado de segurança um novo tratamento, e ao cidadão uma proteção adequada dos seus direitos contra a prepotência do Poder Público e o arbítrio das autoridades.

O Estado de Direito somente existe quando garante a efetiva proteção aos direitos individuais, coletivos e sociais, com o manejo de instrumentos hábeis e adequados para a persecução da finalidade colimada. A atual Lei do Mandado de Segurança teve justamente essa preocupação, para garantir a pronta e rápida defesa de interesses individuais e coletivos, sem prejuízo da obediência ao princípio da ampla defesa.

23. O Código de Processo Civil de 2015 e o mandado de segurança

Em 18.3.2016, após dúvidas resolvidas por decisão do Conselho Nacional de Justiça (em sessão realizada em 1.3.2016) e do STJ (em Sessão Plenária de 2.3.2016), o novo Código de Processo Civil (Lei 13.105, de 16.3.2015) entrou em vigor, estabelecendo um novo regime jurídico para o processo civil. Deve-se destacar, entretanto, que o novo modelo geral não alterou a Lei 12.016/2009, mas, ao contrário, manteve incólumes todas as suas disposições.

Em realidade, nas poucas partes em que a nova legislação fez menção expressa ao mandado de segurança, consolidou e confirmou as regras já estabelecidas na lei específica, que, por sua vez, normatizaram a jurisprudência que se formou historicamente sobre o tema.

Nessa linha, o art. 937, VI, do CPC de 2015, que trata das sessões de julgamento, garante a palavra às partes e ao Ministério Público, nos casos de sua intervenção, pelo prazo de 15 minutos, esclarecendo que a norma se aplica também ao mandado de segurança, nos casos de recursos.

Da mesma forma, o art. 1.027 e seus incisos I e II, da referida legislação também tratam expressamente do mandado de segurança para fixar – repetindo o art. 539 do CPC de 1973 – o cabimento de recurso ordinário ao STF contra denegação de mandado de segurança, em única instância, pelos Tribunais Superiores e de recurso ordinário ao STJ contra denegação de mandado de segurança, em única instância, pelos Tribunais Regionais Federais ou pelos Tribunais de Justiça dos Estados e do Distrito Federal e Territórios.

Apesar desses específicos e tangenciais tratamentos do *writ* no texto do Código de Processo Civil de 2015, entendemos que outras alterações previstas no texto, embora não digam respeito especificamente ao mandado de segurança, podem ser a ele aplicadas, uma vez que são normas gerais que regulam todos os processos civis. Foi o que reconheceu o STJ, por exemplo, ao decidir que a técnica de ampliação do colegiado, prevista no art. 942 do CPC de 2015, aplica-se também ao julgamento de apelação interposta contra sentença proferida em mandado de segurança.[407]

Há pontos, entretanto, que merecem um olhar mais dirigido, até porque a jurisprudência, em certas questões, tem se firmado em direção contrária ao que indicaria o novo Código.

Um exemplo evidente desse cuidado interpretativo que se deve ter está na previsão da aplicação mais ampla do instituto do *amicus curiae*. Como já se disse no ponto 9, o CPC de 2015, em seu art. 138, indica, aparentemente, uma tendência ampliativa da possibilidade de participação no processo de *amici curiae*. A análise mais detalhada da jurisprudência do STF, entretanto, demonstra maior aceitação de participação do "amigo da Corte" nos mandados de segurança que apresentarem circunstâncias políticas, econômicas ou sociais especiais que sugiram ao julgador a conveniência da intervenção do *amicus curiae* no processo.

Entretanto, é vasta a jurisprudência do Tribunal vedando o instituto no caso do mandado de segurança, o que sugere ao examinador da jurisprudência que há a regra geral de não admissão de incidência do art. 138 do CPC de 2015 ao procedimento do mandado de segu-

407. STJ, REsp 1.868.072-RS, rel. Min. Francisco Falcão, j. 4.5.2021, *Informativo* 695.

rança, restando, porém, a possibilidade de aceitação em casos especiais, diante das circunstâncias (tal como ocorreu no MS 32.033, rel. para o acórdão Min. Teori Zavascki, *DJe* 17.2.2014).

Tirante a preocupação com esse tema, outras questões trazidas ou confirmadas pelo texto do Código de Processo Civil de 2015 indicam aplicação também ao mandado de segurança, especialmente nos temas:

Processo eletrônico – Além de estabelecer que o processo poderá ser total ou parcialmente eletrônico, estabelece que: "A prática eletrônica de ato processual pode ocorrer em qualquer horário até as 24 (vinte e quatro) horas do último dia do prazo" (art. 213). Em realidade, o novo Código dedica seção específica para estabelecimento dos princípios gerais da prática eletrônica (arts. 193 a 199), tal é a importância dada a esse novo formato de prática jurisdicional.

A prática eletrônica ganha ainda mais relevância para o mandado de segurança, uma vez que os tribunais do País em grande parte já exigem a exclusividade da forma eletrônica para o processamento desse *writ* constitucional, a exemplo do que já fazem o STJ (art. 10, II, da Resolução STJ/GP-10, de 6.10.2015) e o STF (art. 19, X, da Resolução 427, de 20.4.2010) – tudo na linha do que já indicava a Lei 11.419, de 19.12.2006.

Prazos – Algumas alterações importantes foram propostas e já se encontram em vigor com o novo Código de Processo Civil, como deixar claro que "será considerado tempestivo o ato praticado antes do termo inicial do prazo" (art. 218, § 4º) e que "na contagem de prazo em dias, estabelecido por lei ou pelo juiz, computar-se-ão somente os úteis" (art. 219). É de se ressaltar que, no que tange a este último dispositivo, prevê seu parágrafo único que: "O disposto neste artigo aplica-se somente aos prazos processuais". Embora não seja conceito de significado integralmente consensual, é certo que os prazos processuais são aqueles fixados para a prática de atos do processo, o que afasta, por óbvio, os prazos que se ligam a fatos anteriores à instauração do processo. Sendo assim, parece evidente que ao prazo decadencial de 120 dias para a impetração do mandado de segurança (art. 23 da Lei 12.016, de 7.8.2009) não se aplica o art. 219 da nova legislação.

Tutela antecipada de urgência e de evidência – Seguindo a distinção defendida por Luiz Fux, o novo Código subdivide a tutela antecipada nos casos de urgência (em que é necessária a demonstração de probabilidade do direito e do perigo de demora) e de evidência, que independe da demonstração de perigo da demora, e será concedida quando: "I – ficar caracterizado o abuso do direito de defesa ou o manifesto propósito protelatório da parte; II – as alegações de fato puderem ser comprovadas apenas documentalmente e houver tese firmada em julgamento de casos repetitivos ou em súmula vinculante; III – se tratar de pedido reipersecutório fundado em prova documental adequada do contrato de depósito, caso em que será decretada a ordem de entrega do objeto custodiado, sob cominação de multa; IV – a petição inicial for instruída com prova documental suficiente dos fatos constitutivos do direito do autor, a que o réu não oponha prova capaz de gerar dúvida razoável" (art. 311).

Assim sendo, a tutela de evidência exige do juiz a caracterização de situação de explícita razão em relação ao pedido da ação. Nas hipóteses dos incisos II e III do citado art. 311 o juiz poderá deferir liminar sem a participação da parte contrária (parágrafo único do art. 311). Nessa linha, é possível imaginar, sem que se sustente subversão de procedimentos especiais, que o inciso II possa ser plotado no regime procedimental do mandado de segurança. Em outras palavras: tomando por pressuposto que há identidade de requisito em relação à prova documental, parece ser possível a adoção do pedido de tutela liminar de evidência – tutela, essa, mais certa juridicamente do que o direito líquido e certo. Nessa hipótese dispensada ficaria a demonstração dos requisitos do *fumus boni iuris* e do *periculum in mora*. Dessa forma, seria o caso de substituição da urgência, como requisito da liminar, pelo precedente qualificado representativo de "tese firmada em julgamento de casos repetitivos ou em súmula vinculante".

Descabimento da remessa necessária no caso do art. 496, § 4º – A jurisprudência tem entendido que o art. 14, § 1º, da Lei do Mandado de Segurança – que determina que, no caso de concessão da segurança, a sentença está sujeita obrigatoriamente ao duplo grau de jurisdição – é lei especial em relação às exceções ao duplo grau de jurisdição, previstas no Código de Processo Civil de 1973. Portanto, tais exceções não seriam aplicáveis às sentenças concessivas de segurança (STJ, EREsp 687.216, rel. Min. Castro Meira, *DJe* 4.8.2008).

Parece-nos sustentável, no entanto, que se aplique ao caso a exceção prevista no art. 496, § 4º, da Lei 13.105/2015, uma vez que nesses casos não faria sentido que se aguardasse a decisão em segunda instância, diante de jurisprudência de Tribunal Superior que necessariamente inverteria o ônus da presunção de correção da tese jurídica examinada. O tema ganha relevo especial na hipótese do inciso IV do mencionado § 4º do art. 496, tendo em vista que, nesse caso, a própria súmula administrativa ou, mesmo, parecer ou manifestação no âmbito da Administração Pública daria sentido do "bom direito" aos fundamentos da concessão da segurança. Seguimos, portanto, a linha de entendimento da professora Mirna Cianci. De acordo com seu artigo, não estão sujeitas ao duplo grau de jurisdição sentenças cujo entendimento coincide com "orientação vinculante firmada no âmbito administrativo do próprio ente público, consolidada em manifestação, parecer ou súmula administrativa".

Nesses casos, a própria Administração reconhece a ilegalidade da decisão de primeiro grau, razão pela qual dispensa a interposição de recurso. Justifica-se a incidência do mencionado dispositivo legal em relação ao mandado tanto por aplicação analógica da lei como pelo fato de determinar a Constituição que o Estado deve ser eficiente (art. 37, *caput*), tendo sido explicitado que tal obrigação se aplica também ao Poder Judiciário, ao qual cabe assegurar "a razoável duração do processo e os meios que garantam a celeridade de sua tramitação" (art. 5º, LXXVIII, decorrente da Emenda Constitucional 45). Como salienta o Professor Donaldo Armelin, com a reforma do Código de Processo Civil os processos ganharão maior efetividade, resultante da supressão de medidas que lhes forem contrárias no âmbito do processo civil.

Entendemos que o art. 1.046, § 2º, do CPC de 2015, que mantém em vigor "as disposições especiais dos procedimentos regulados em outras leis, aos quais se aplicará supletivamente o Código", não impede a incidência de normas gerais da nova legislação que não conflitem com a anterior, mas a complementem. Caberá, todavia, à jurisprudência decidir a matéria que pode ser considerada como sujeita a controvérsias.

SEGUNDA PARTE
AÇÃO POPULAR

1. Conceito. 2. Requisitos da ação. 3. Fins da ação. 4. Objeto da ação. 5. Partes. 6. Competência. 7. Processo e liminar. 8. Sentença. 9. Recursos. 10. Coisa julgada. 11. Execução.

1. Conceito

Ação popular[1] é o meio constitucional posto à disposição de *qualquer cidadão* para obter a invalidação de atos ou contratos

---

1. Sobre *ação popular*, consultem-se: Seabra Fagundes, "Da ação popular", *RDA* 6/1, e "Posição do autor nas ações populares", *RDPG* 2/1; João Coelho Branco, "Ação popular", *RDA* 25/429; Nelson Carneiro, "Das ações populares civis no Direito Brasileiro", *RDA* 25/468; Rafael Bielsa, "A ação popular e o poder discricionário da Administração", *RDA* 38/40; José Frederico Marques, "As ações populares no Direito Brasileiro", *RDA* 52/42; Ovídio Bernardi, "Ação de enriquecimento ilícito e ação popular", *RDA* 68/412; Alfredo Buzaid, "Ação popular", *RDA* 84/321; José Carlos Barbosa Moreira, "Ação popular", *RDPG* 12/738, e "Problemas da ação popular", *RDA* 85/395; R. A. Amaral Vieira, "Ação popular", *RDA* 89/443; Roberto Rosas, "Ação popular contra ato de Câmara Municipal", *RDP* 5/189; Pinto Ferreira, "Da ação popular constitucional", *RDP* 20/32; Jorge Luiz de Almeida, "A ação popular e o Ministério Público", *RT* 436/279; Ary Florêncio Guimarães, *Aspectos da Ação Popular de Natureza Civil*, Curitiba, 1957; José de Moura Rocha, *Da Ação Popular*, Recife, 1968; José Afonso da Silva, *Ação Popular Constitucional – Doutrina e Processo*, 2ª ed., 2ª tir., São Paulo, Malheiros Editores, 2013; Paulo Barbosa de Campos Filho, *Ação Popular Constitucional*, São Paulo, Saraiva,1968; José Carlos Barbosa Moreira, "A ação popular do Direito Brasileiro como instrumento de tutela jurisdicional dos chamados 'direitos difusos'", in *Studi in Onore di Enrico Tullio Liebman*, vol. IV, Milão, Giuffrè, 1979, p. 2.673, (separata); Mário Bento Martins Soares, "Ação popular – Singularidades e controvérsias do instituto", *RDP* 53-54/179; Hely Lopes Meirelles, "Patrimônio de sociedade civil e ação popular", in *Estudos e Pareceres de Direito Público*, vol. IV, São Paulo, Ed. RT, 1981, p. 92; Antônio Raphael Silva Salvador, "Ação popular", *Justitia* 180/161; Arnoldo Wald, "Descabimento de ação popular", *RT* 557/34; "Ação popular para anulação de contrato", *RT* 521/53; "Descabimento de ação popular", *RT* 557/34; e "Ação popular – Da ilegitimidade passiva da sociedade de economia mista", *RT* 600/28; Sérgio de Andréa Ferreira, "A ação

administrativos – ou a estes equiparados – *ilegais* e *lesivos* do patrimônio federal, estadual e municipal, ou de suas autarquias, entidades paraestatais e pessoas jurídicas subvencionadas com dinheiros públicos.

A Constituição vigente, de 5.10.1988, mantendo o conceito da Carta anterior, aumentou sua abrangência, para que o cidadão possa "anular ato lesivo ao patrimônio público ou de entidade de que o Estado participe, à moralidade administrativa, ao meio ambiente e ao patrimônio histórico e cultural" (art. 5º, LXXIII). Assim, pôs termo à dúvida sobre se abrangeria também os atos praticados por entidades paraestatais (sociedades de economia mista, empresas públicas, serviços sociais autônomos e entes de cooperação), além dos órgãos da Administração centralizada.

É um instrumento de defesa dos interesses da coletividade, utilizável por qualquer de seus membros. Por ela não se amparam direitos individuais próprios, mas, sim, interesses da comunidade. O beneficiário direto e imediato desta ação não é o autor; é o povo, titular do direito subjetivo ao governo honesto. O cidadão a promove em nome da coletividade, no uso de uma prerrogativa cívica que a Constituição da República lhe outorga.[2]

Presentemente a ação popular acha-se regulamentada pela Lei 4.717, de 29.6.1965, que lhe dá o rito ordinário, com algumas alterações, visando à melhor adequação aos objetivos constitucionais

popular e os atos das companhias mistas", in *O Direito na Década de 80*, São Paulo, Ed. RT, 1985, p. 125; Wagner Brússolo Pacheco, "Condições da ação popular", *RDP* 72/113; Geraldo Ataliba, "Ação popular na Constituição brasileira", *RDP* 76/110; Luiz José de Mesquita, "O Ministério Público na ação popular", *RT* 574/24; Alcebíades da Silva Minhoto Jr., *Teoria e Prática da Ação Popular Constitucional*, São Paulo, Ed. RT, 1985; Péricles Prade, *Ação Popular*, São Paulo, Saraiva, 1986; Luiz Manoel Gomes Jr., *Ação Popular – Aspectos Polêmicos*, Rio de Janeiro, Forense, 2001; Luiz Manoel Gomes Jr. e Ronaldo Fenelon Santos Filho, *Ação Popular: Aspectos Relevantes e Controvertidos*, São Paulo, RCS Editores, 2006; Rodolfo de Camargo Mancuso, *Ação Popular*, 6ª ed., São Paulo, Ed. RT, 2008; Eurico Ferraresi, *Ação Popular, Ação Civil Pública e Mandado de Segurança Coletivo*, Rio de Janeiro, Forense, 2009; Fredie Didier Jr., *Ações Constitucionais*, Bahia, Juspodivm, 2011; Felipe Scalabrin e Gustavo Santanna, *Ações Constitucionais*, São Paulo, Livraria do Advogado, 2020; Susana Henriques Costa (coord.), *Comentários à Lei de Ação Civil Pública e de Ação Popular*, São Paulo, Quartier Latin, 2006; Ana Flávia Messa e José Carlos Francisco, *Ação Popular*, São Paulo, Saraiva, 2021.

2. Tendo em vista que o autor popular litiga em prol da sociedade, e não em benefício próprio, é incabível a reconvenção em sede de ação popular, como já decidiu o STJ: REsp 72.065-RS, rel. Min. Castro Meira, *RePro* 137/201.

de legalidade administrativa.[3] Mas observe-se que essa lei é anterior à Constituição vigente,[4] pelo quê deve ser entendida à luz do texto constitucional.[5]

Entretanto, a ação popular vem sendo desvirtuada e utilizada como meio de oposição política de uma Administração a outra, o que exige do Judiciário redobrada prudência no seu julgamento, para que não a transforme em instrumento de vindita partidária[6] nem impeça a realização de obras e serviços públicos essenciais à comunidade que ela visa a proteger.[7]

---

3. Esta lei resultou do Projeto Bilac Pinto (Substitutivo ao Projeto 2.466/1952) e do Anteprojeto de nossa autoria, solicitado pelo ex-Ministro Seabra Fagundes, incumbido pelo então Ministro da Justiça Milton Campos de redigir o texto final. Nosso Anteprojeto era sintético e propunha um rito especial assemelhado ao do mandado de segurança, com expressa permissão para a suspensão liminar do ato impugnado – o que foi suprimido pelo Congresso Nacional ao votar a lei. Posteriormente, pela estranha modificação introduzida pelo art. 34 da Lei 6.513, de 20.12.1977 (que dispõe sobre locais de interesse turístico), acrescentou-se o § 4º ao art. 5º da Lei da Ação Popular (Lei 4.717/1965), para permitir a "suspensão liminar do ato lesivo impugnado", mas sem qualquer condicionamento, nem indicação do recurso cabível contra a liminar – o que enseja a aplicação analógica das limitações e dos recursos admissíveis em liminar de mandado de segurança. É o que procuraremos demonstrar, adiante, ao cuidar do processo (item 7).

Outra modificação introduzida pela mesma Lei 6.513/1977 está no § 1º do art. 1º da Lei 4.717/1965, que recebeu o acréscimo de uma palavra, para proteção do patrimônio turístico, mas isto já se achava compreendido, implicitamente, no texto primitivo. No mais, o processo da ação continua o mesmo: rito ordinário com as modificações estabelecidas nos arts. 7º e ss. da Lei especial 4.717/1965.

4. Anterior, inclusive, à Constituição de 1967 e à Emenda de 1969.

5. Note-se que o Projeto de Lei 5.139/2009, que objetiva disciplinar a ação civil pública para tutela de interesses difusos, coletivos ou individuais homogêneos, dispõe, no art. 68, que suas normas serão aplicáveis à ação popular, no que não forem incompatíveis com as regras próprias que a regulam. *(O Projeto foi rejeitado na Comissão de Constituição e Justiça e de Cidadania da Câmara dos Deputados, pendendo recurso contra essa rejeição ao Plenário da Casa, desde 2010.)*

6. A ação popular não deve ser utilizada para fins eminentemente políticos, objetos da discricionariedade dos Poderes Executivo e Legislativo, tais como a contestação à nomeação de conselheiro de Tribunal de Contas do Estado (TJRJ, EI 11/1998, rel. Des. Laerson Mauro, *Revista de Direito do TJRJ* 37/153) ou a cassação de mandato de parlamentar (TJRJ, Duplo Grau 183/1996, rel. Des. Sérgio Cavalieri Filho, j. 11.3.1997).

7. A experiência vem demonstrando que a vigente Lei da Ação Popular está a exigir completa reformulação em seu texto, não só para conceituar melhor seus objetivos como para agilizar seu processamento e impedir que tais causas se eternizem na Justiça, sem julgamento, numa perene ameaça aos administradores chamados a juízo.

Vejamos, em síntese, as características da ação e as peculiaridades de seu procedimento.

2. *Requisitos da ação*

O primeiro requisito para o ajuizamento da *ação popular* é o de que o autor seja *cidadão brasileiro*, isto é, pessoa humana no gozo de seus direitos cívicos e políticos – requisito, esse, que se traduz na sua qualidade de *eleitor*. Somente o indivíduo (pessoa física) munido de seu título eleitoral poderá propor ação popular, sem o quê será carecedor dela.[8] Os inalistáveis ou inalistados bem como os partidos políticos, entidades de classe ou qualquer outra pessoa jurídica não têm qualidade para propor ação popular.[9] Isso porque tal ação funda-se essencialmente no direito político do cidadão, que, tendo o poder de escolher os governantes, deve ter também a faculdade de lhes fiscalizar os atos de administração.

O segundo requisito da ação popular é a *ilegalidade* ou *ilegitimidade* do ato a invalidar, isto é, que o ato seja contrário ao Direito, por infringir as normas específicas que regem sua prática ou por se desviar dos princípios gerais que norteiam a Administração Pública. Não se exige a ilicitude do ato na sua origem, mas, sim, a ilegalidade na sua formação ou no seu objeto. Isto não significa que a Constituição vigente tenha dispensado a ilegitimidade do ato. Não. O que o constituinte de 1988 deixou claro é que a ação popular destina-se a invalidar atos praticados com ilegalidade de que resultou lesão ao patrimônio público. Essa ilegitimidade pode provir de vício formal ou substancial, inclusive desvio de finalidade, conforme a lei regulamentar enumera e conceitua em seu próprio texto (art. 2º, "a" a "e").

O terceiro requisito da ação popular é a *lesividade* do ato ao patrimônio público. Na conceituação atual, *lesivo* é todo ato ou omissão administrativa que desfalca o erário ou prejudica a Administração, assim como o que ofende bens ou valores artísticos, cívicos, culturais, ambientais ou históricos da comunidade. E essa lesão tanto pode ser *efetiva* quanto *legalmente presumida*, visto que a lei regulamentar estabelece casos de *presunção de lesividade* (art. 4º), para os quais

8 . Não é necessário, porém, que o eleitor tenha domicílio eleitoral no local em que ocorreram os fatos controversos, impugnados na ação (STJ, REsp 1.242.800-MS, rel. Min. Mauro Campbell, *DJe* 14.6.2011).

9. STF, Súmula 365.

basta a prova da prática do ato naquelas circunstâncias para considerar-se lesivo e nulo de pleno direito.[10] Nos demais casos impõe-se a dupla demonstração da *ilegalidade* e da *lesão efetiva* ao patrimônio protegível pela ação popular.

Sem estes três requisitos – *condição de eleitor*, *ilegalidade* e *lesividade* –, que constituem os pressupostos da demanda, não se viabiliza a ação popular.

Embora os casos mais frequentes de lesão se refiram ao dano pecuniário, a lesividade a que alude o texto constitucional tanto abrange o patrimônio material quanto o moral, o estético, o espiritual, o histórico. Na verdade, tanto é lesiva ao patrimônio público a alienação de um imóvel por preço vil, realizada por favoritismo, quanto a destruição de um recanto ou de objetos sem valor econômico mas de alto valor histórico, cultural, ecológico ou artístico para a coletividade local. Por igual, tanto lesa o patrimônio público o ato de uma autoridade que abre mão de um privilégio do Estado, ou deixa perecer um direito por incúria administrativa, como o daquela que, sem vantagem para a Administração, contrai empréstimos ilegais e onerosos para a Fazenda Pública. Tais exemplos estão a evidenciar que a ação popular é o meio idôneo para o cidadão pleitear a invalidação desses atos, em defesa do patrimônio público, desde que *ilegais* e *lesivos* de bens corpóreos ou dos valores éticos das entidades estatais, autárquicas e paraestatais, ou a elas equiparadas.

Desse entender não dissente Bielsa ao sustentar, em substancioso estudo, que a ação popular protege interesses não só de ordem patrimonial como, também, de ordem moral e cívica. E acrescenta textualmente o autorizado publicista que "o móvel, pois, da ação

10. STF, *RTJ* 103/683. Embora haja casos de lesão presumida, esta presunção deve necessariamente decorrer da lei, e admite prova em contrário (STJ, REsp 407.075-MG, rel. Min. Luiz Fux, *DJU* 23.9.2002, p. 244). A real lesividade do ato impugnado, ou a ocorrência de situação na qual a lesividade é legalmente presumida, deve ser concretamente provada na ação, não bastando meras suposições (TJSP, ACi 149.490-1-6, rel. Des. Alfredo Migliore, *RT* 674/116; TJRJ, REO 22/1993, rel. Des. Itamar Barbalho, *Revista de Direito Renovar/RDR* 2/341; TRF-2ª Região, ACi 94.02.16495-2, rel. Juiz Alberto Nogueira, *RT* 735/426). Por exemplo, não cabe ação popular para sustar a discussão de projeto de lei, por total ausência de lesividade (TJSP, ACi 36.791-1, rel. Des. Camargo Sampaio, *RT* 581/69). Do mesmo modo, a ação popular mostra-se inviável para desconstituir meros atos particulares, como testamento, ainda que, em tese, a herança se tornaria jacente. (STJ, REsp 445.653-RS, rel. Min. Luís Felipe Salomão, *DJe* 15.10.2009).

popular não é apenas restabelecer a *legalidade*, mas também punir ou reprimir a *imoralidade* administrativa. Nesse duplo fim vemos a virtude desse singular meio jurisdicional, de evidente valor educativo".[11]

Entender-se, restritamente, que a ação popular só protege o patrimônio público material é relegar os valores espirituais a plano secundário e admitir que a nossa Constituição os desconhece ou os julga indignos da tutela jurídica, quando, na realidade, ela própria os coloca sob sua égide (CF, arts. 23, VI, 24, VI, 170, VI, e 225). Esta *proteção constitucional* não deve ser apenas nominal, mas real, traduzindo-se em meios concretos de defesa, tais como a *ação popular* para a invalidação de atos lesivos desses valores. Se ao Estado incumbe *proteger* o patrimônio público, constituído tanto de bens corpóreos como de valores espirituais, de irrecusável lógica é que o cidadão possa compeli-lo, pelos meios processuais, a não lesar esses valores por atos ilegais da Administração.[12]

Mas é de se observar que a ação popular não autoriza o Judiciário a invalidar opções administrativas ou substituir critérios técnicos por outros que repute mais convenientes ou oportunos, pois essa

---

11. Rafael Bielsa, "A ação popular e o poder discricionário da Administração", *RDA* 38/40.

12. Com razões assemelhadas às expostas por Hely Lopes Meirelles, o STF firmou entendimento de que o prejuízo autorizador do ajuizamento de ação popular não está restrito ao prejuízo material aos cofres públicos (STF, RE 170.768-2-SP, rel. Min. Ilmar Galvão, *RT* 769/146; ARE 824.781, rel. Min. Dias Toffoli, sob a sistemática da repercussão geral, *DJe* 9.10.2015; ARE/AgR 1.196.914-SP, rel. Min. Edson Fachin, *DJe* 23.8.2021). No STJ, na mesma linha: REsp/AgR 1.130.754-RS, rel. Min. Humberto Martins, *DJe* 3.5.2010; REsp 849.297-DF, rel. Min. Mauro Campbell Marques, *DJe* 8.10.2012; EREsp 1.192.563-SP, rel. Min. Benedito Gonçalves, *DJe* 1.8.2019.

Em certas situações os princípios em jogo são tão relevantes que a lesividade a autorizar o manejo da ação popular decorre da própria violação à ordem jurídica estabelecida. Por exemplo, a lesividade pode decorrer da inobservância da obrigação de licitar (STJ, REsp 582.030-DF, rel. Min. Teori Albino Zavascki, *RDR* 35/308; e AI/AgR 636.917-DF, rel. Min. João Otávio de Noronha, *DJU* 9.11.2007, p. 235), ou da violação à impessoalidade da Administração (TJSP, ACi 625.859.5/5-00, rel. Des. Magalhães Coelho, *RT* 863/249) ou, ainda, da aprovação de projeto de lei municipal permitindo a edificação de motéis em área residencial, no interesse de um restrito grupo de pessoas (STJ, REsp 474.475-SP, rel. Min. Luiz Fux, *DJe* 6.10.2008). Em tais casos, o prejuízo estritamente material pode ser difícil de provar, ou meramente potencial, mas a importância dos valores constitucionais feridos é suficiente para justificar o emprego da ação popular.

valoração refoge da competência da Justiça, e é privativa da Administração. O pronunciamento do Judiciário, nessa ação, fica limitado unicamente à legalidade do ato e à sua lesividade ao patrimônio público. Sem a ocorrência desses dois vícios no ato impugnado não procede a ação.[13]

Como assinalado no n. 1, a Constituição de 1988 alterou as finalidades da ação popular, o que deflui da comparação do texto do art. 153, § 31, da Emenda Constitucional 1/1969 com a redação dada ao art. 5º, LXXIII, já transcrito. Alguns autores e acórdãos quiseram ver na inovação constitucional não só a ampliação do objeto da ação mas, ainda, a mudança dos requisitos da mesma, dispensando a ilegalidade do ato desde que atentasse contra a moralidade pública. Na realidade, não nos parece ter sido essa a intenção do legislador, que tão somente pretendeu valorizar novos interesses não patrimoniais, dando-lhes a proteção adequada pela ação popular. Enquanto sua finalidade, no passado, era simplesmente patrimonial, visando à anulação de atos lesivos ao patrimônio de entidades públicas, o constituinte de 1988 admitiu sua utilização também em relação a valores não econômicos, como a moralidade administrativa, o meio ambiente e o patrimônio histórico e cultural, mantendo-se sempre a exigência de ilegalidade. Assim, exige-se o binômio ilegalidade/lesividade para a propositura da ação, dando-se tão somente sentido mais amplo à lesividade, que pode não importar prejuízo patrimonial, mas lesão a outros valores, protegidos pela Constituição.[14]

---

13. STF, *RTJ* 96/1.370 e 1.379 e 103/638; TFR, *EJ-TFR* 38/1; TJRS, *RJTJRS* 97/247 e 101/357, *RDP* 19/186; TJSC, *RDP* 51-52/223; TJMG, *RT* 576/223; TJSP, *RT* 434/88, 438/93, 503/65, 516/68, 527/66, 531/81 e 548/57.

No STJ: REsp 100.237-RS, rel. Min. Ari Pargendler, *DJU* 26.5.1997, p. 22.510 – "O exame dos atos administrativos se dá sob o ponto de vista da respectiva legalidade e da sua eventual lesividade ao patrimônio público (Lei n. 4.717, de 1965, art. 2º), ou simplesmente da legalidade nos casos em que o prejuízo ao patrimônio público é presumido (Lei n. 4.717, de 1965, art. 4º); o julgamento sob o ângulo da conveniência do ato administrativo usurpa competência da Administração".

14. STF, ARE/RG 824.781, rel. Min. Dias Toffoli, *DJe* 8.10.2015; STJ, REsp/EDv 14.868-RJ, rel. Min. José Delgado, *RDR* 33/200. E, ainda: STJ, REsp 719.548-PR, rela. Min. Eliana Calmon, *DJe* 21.11.2008: "Tem a ação popular como requisito a lesão ao patrimônio público e a outros bens, como estabelecido constitucionalmente (art. 5º, LXXIII)".

No TJRJ, v. interessante discussão do tema no caso do contrato entre o Município do Rio de Janeiro e a Fundação Guggenheim para a construção de um museu, cuja execução foi suspensa em sede de ação popular. A decisão judicial abordou os aspectos da ilegalidade e da lesividade de forma ampla, apreciando não apenas

Nesta linha, diversos acórdãos continuam a exigir o duplo vício – lesividade e ilegalidade – do ato impugnado para que seja cabível a propositura da ação popular.[15] O STJ julgou que, "para ensejar a propositura de ação popular, não basta ser o ato ilegal, deve ser ele lesivo ao patrimônio público".[16]

O desvio de poder da Administração, quando obedece à lei apenas formalmente, afastando-se de seus objetivos, já é há muito tempo considerado como uma modalidade de ilegalidade dentro do nosso direito administrativo, ensejadora do cabimento de ação popular.[17]

A noção de pura "imoralidade", porém, parece-nos excessivamente vaga e subjetiva para que se permita o ajuizamento de ação popular. A moral pura, quando afastada do direito positivo, envolve crenças pessoais, inclusive religiosas, que podem variar de pessoa para pessoa. Permitir que o juiz invalide ato formalmente legal da Administração sob o único fundamento de que esse ato seria imoral implica colocar o administrador público em permanente incerteza. O Judiciário poderia, sob o pretexto da defesa da moralidade, estabelecer uma ou outra prioridade para a Administração, e, desta forma, acabaria intervindo no âmbito da conveniência do ato, o que não deve ser admitido dentro do sistema de separação tripartite dos Poderes. Aliás, neste aspecto a jurisprudência continua repelindo a

---

o comprometimento financeiro do Município, mas também outros aspectos imateriais, como a submissão do contrato à legislação estrangeira e a previsão de solução de controvérsias através de arbitragem confidencial, no Exterior, em violação ao princípio da publicidade (AI 7.839/2003, rel. Des. Ademir Paulo Pimentel, *RDB* 22/423).

15. Assim, por exemplo, o TRF-5ª Região (REO 85.024, rel. Juiz José Delgado, *RF* 334/328) e o TJSP (ACi 258.986-1, rel. Des. Munhoz Soares, *RJTJSP* 179/17, e ACi 214.815-1-9, rel. Des. Barbosa Pereira, *RT* 714/116). No TJRJ: ACi 10.690/2000, rela. Desa. Mariana Pereira Nunes, j. 13.3.2001, reg. 11.6.2001. No TRF-4ª Região: ACi 2001.70.00.000102-3-PR, rel. Des. federal Carlos Eduardo Thompson Flores Lenz, *RePro* 131/219.

16. STJ, REsp 111.527-DF, rel. Min. Garcia Vieira, *DJU* 20.4.1998, p. 23, íntegra do acórdão em *RDR* 14/226. De modo semelhante a decisão no REsp/ED 109.301-MG, rel. Min. Humberto Gomes de Barros, *RSTJ* 104/73, no REsp 250.593-SP, rel. Min. Garcia Vieira, *DJU* 4.9.2000, p. 126, no REsp 185.835-RJ, rel. Min. Garcia Vieira, *RDR* 20/242, no REsp 407.075-MG, rel. Min. Luiz Fux, *DJU* 23.9.2002, p. 244, e, ainda, em bem fundamentado acórdão da 1ª Seção no REsp/EDv 260.821-SP, rel. Min. João Otávio de Noronha, *RePro* 140/206, *RF* 389/278 e *RDR* 38/168.

17. Hely Lopes Meirelles, *Direito Administrativo Brasileiro*, 42ª ed., São Paulo, Malheiros Editores, 2016, p. 121.

intervenção do particular e do juiz no poder discricionário da Administração Pública, pois a conveniência e a oportunidade da atuação da Administração não estão sujeitas ao controle judicial.[18]

Admitir que qualquer cidadão conteste a validade de ato administrativo praticado por agente competente, de acordo com a lei e os regulamentos aprovados pelos Poderes constitucionais legítimos, apenas com base no conceito vago de imoralidade é deixar a sorte da Administração ao sabor variável e influenciável da opinião pública e dos humores políticos. Se a Administração age dentro da lei, sem desvio de finalidade, não há como aceitar a intervenção do Poder Judiciário através da ação popular.[19]

O direito de propor ação popular prescreve em cinco anos, consoante o art. 21 da Lei 4.717/1965. Em princípio, conta-se a prescrição a partir da data da publicidade do ato lesivo ao patrimônio público.[20] De se observar que atualmente a prescrição e a decadência devem ser decretadas de ofício pelo juiz da causa, inclusive liminarmente, de acordo com o art. 332 do CPC de 2015.

3. *Fins da ação*

A ação popular tem *fins preventivos e repressivos* da atividade administrativa *ilegal e lesiva ao patrimônio público*, pelo quê sempre propugnamos pela suspensão liminar do ato impugnado, visando à preservação dos superiores interesses da coletividade.

Como meio *preventivo* de lesão ao patrimônio público, a ação popular poderá ser ajuizada antes da consumação dos efeitos lesivos do ato; como meio *repressivo*, poderá ser proposta depois da lesão, para reparação do dano. Esse entendimento deflui do próprio texto constitucional, que a torna cabível contra *atos lesivos* do patrimônio público, sem indicar o momento de sua propositura.

Na ampla acepção administrativa, *ato* é a lei, o decreto, a resolução, a portaria, o contrato e demais manifestações gerais ou

18. TJSP, ACi 224.352-1/3, rel. Des. Correia Lima, *RF* 334/365, e ACi 241.510-1, rel. Des. Felipe Ferreira, *RJTJSP* 180/17; TRF-4ª Região, ACi 2001.70.00.000102-3-PR, rel. Des. federal Carlos Eduardo Thompson Flores Lenz, *RePro* 131/219.

19. Castro Aguiar, "O princípio da moralidade administrativa", *Cadernos de Direito Tributário e Finanças Política* 22/146.

20. STJ, AI/AgR 636.917-DF, rel. Min. João Otávio de Noronha, *DJU* 9.11.2007, p. 235.

especiais, *de efeitos concretos*, do Poder Público e dos entes com funções públicas delegadas ou equiparadas. *Ato lesivo*, portanto, é toda manifestação de vontade da Administração danosa aos bens e interesses da comunidade. Esse dano pode ser potencial ou efetivo. Assim sendo, não é necessário que se aguarde a conversão do *ato* em *fato administrativo* lesivo para intentar a ação.

Não bastassem esses argumentos de natureza jurídica, estaria o bom senso a aconselhar a invalidação dos *atos lesivos* antes mesmo que produzam seus efeitos. De se acrescentar, ainda, que certos atos, se consumados, seriam irreparáveis, tais como a destruição de bens de valor histórico, ecológico ou artístico, a transformação de parques e logradouros públicos e outros mais que retiram a originalidade do objeto, da obra ou da própria Natureza, o que justifica a sustação preventiva do ato.[21]

Outro aspecto que merece ser assinalado é que a ação popular pode ter finalidade *corretiva da atividade* administrativa ou *supletiva da inatividade* do Poder Público nos casos em que devia agir por expressa imposição legal. Arma-se, assim, o cidadão para corrigir a atividade *comissiva* da Administração como para *obrigá-la a atuar*, quando sua omissão também redunde em lesão ao patrimônio público.[22]

Em última análise, a finalidade da ação popular é a obtenção da correção nos atos administrativos ou nas atividades delegadas ou subvencionadas pelo Poder Público. Se antes só competia aos órgãos estatais superiores controlar a atividade governamental, hoje, pela ação popular, cabe também ao povo intervir na Administração para

---

21. Neste sentido, reconhecendo o duplo caráter da ação popular, repressivo ou preventivo: STF, AO 506-AC, rel. Min. Sydney Sanches, *RTJ* 168/22.

22. Paulo Barbosa de Campos Filho, "Ação popular constitucional", *RDA* 38/1; Orestes Ranelletti, *Le Guarentigie della Giustizia nella Pubblica Amministrazione*, 1934, p. 510.

O STJ já decidiu que a ação popular, na sua modalidade de ataque à omissão da Administração, não está sujeita ao prazo prescricional de cinco anos do art. 21 da Lei 4.717/1965 (REsp 36.490-SP, rel. Min. Ari Pargendler, *RSTJ* 90/107). Sobre o cabimento de ação popular em face de omissão da Administração, e citando a doutrina de Hely Lopes Meirelles: TJSP, ACi 153.521-5/8-00, rel. Des. Torres de Carvalho, *RT* 788/242. No STJ: REsp 889.766-SP, rel. Min. Castro Meira, *DJU* 18.10.2007. A omissão há de ser aferível concretamente, porém, diante de uma obrigação de agir objetiva, não cabendo a ação popular diante de mera alegação genérica de inércia do Poder Público em determinada área da Administração (TJSP, ACi 436.596-5/1-00, rela. Desa. Regina Capistrano, *RT* 850/265).

invalidar os atos que lesam o patrimônio econômico, administrativo, artístico, ambiental ou histórico da comunidade. Reconhece-se, assim, que todo cidadão tem *direito subjetivo ao governo honesto*.

Os direitos pleiteáveis na ação popular são de caráter *cívico-administrativo*, tendentes a repor a Administração nos limites da legalidade e a restaurar o patrimônio público de desfalque sofrido. Por isso mesmo, qualquer eleitor é parte legítima para propô-la como, também, para intervir na qualidade de litisconsorte ou assistente do autor ou, mesmo, para prosseguir na demanda, se dela se desinteressar o postulante originário (art. 6º, § 5º).

Por fim, lembramos que a *ação popular* é inconfundível com o *mandado de segurança* e colima fins diversos, razão pela qual tais remédios judiciais não podem ser usados indistintamente.[23]

Cada um tem objetivo próprio e específico: o *mandado de segurança* presta-se a invalidar atos de autoridade ofensivos de direito individual ou coletivo, líquido e certo; a *ação popular* destina-se à anulação de atos ilegítimos e lesivos do patrimônio público. Por aquele se defende direito próprio; por esta se protege o interesse da comunidade;[24] ou, como modernamente se diz, os *interesses difusos* da sociedade.[25]

---

23. STF, Súmula 101.

24. Os Tribunais têm admitido a ação popular como adequada para a anulação de resoluções de Câmaras Municipais que concedem ilegalmente remuneração a vereadores (STF, *RDA* 73/290; TJSP, *RDA* 58/166, 269/214 e 280/175); para invalidar elevação de subsídios de prefeito durante a legislatura (TJSP, *RT* 264/483, 270/428 e 273/436; TASP, *RT* 232/398, 237/447 e 289/704); para anular venda ilegal de bem público (TJSP, *RDA* 46/215 e 55/165, *RT* 250/159 e 277/270); para anular isenção fiscal concedida ilegalmente (TJSP, *RDA* 69/241, *RT* 313/178 e 328/163); para anular verba pessoal de deputados (TJSP, *RDA* 99/227); para anular autorização para extração de madeira em floresta protetora (TJSP, *RDA* 110/257; TJMG, *RT* 437/195); para anular criação de secretaria municipal contra a Lei Orgânica dos Municípios (TJSP, *RDA* 114/289); para anular doação de bem público (STF, *RTJ* 71/497); para anular criação de cargo sem iniciativa do Executivo (STF, *RDA* 128/550). O STJ já teve o ensejo de reafirmar que a ação popular busca combater o ato lesivo ao patrimônio público, e não a proteção de interesses de particulares (REsp 36.534-1-DF, rel. Min. Hélio Mosimann, *RT* 718/265).

25. Cf. José Carlos Barbosa Moreira, "A ação popular do Direito Brasileiro como instrumento de tutela jurisdicional dos chamados 'interesses difusos'", separata do vol. IV dos *Studi in Onore di Enrico Tullio Liebman*, Roma, 1979; Ada Pellegrini Grinover, "A tutela jurisdicional dos interesses difusos", *RPGE* 12/111.

Advertimos, também, que a *ação popular* continua válida para a defesa do meio ambiente,[26] embora seja mais própria a *ação civil pública*, instituída pela Lei 7.347, de 24.7.1985, para resguardo dos *interesses difusos* da sociedade.[27]

A jurisprudência do antigo TFR entendia ser descabível a ação popular quando o ato incriminado não pudesse ser desfeito, em virtude de já ter produzido todos os seus efeitos, não devendo confundir-se com a ação de responsabilidade civil, que tem outros requisitos e finalidades distintas. Neste sentido decidiu, no AI 41.593-RJ,[28] pela sua 3ª Turma, que a impossibilidade da desconstituição do ato por motivos fáticos configura a inviabilidade da ação, por ter objeto impossível, como bem salientou o eminente Min. Carlos Madeira, Relator do feito.

4. Objeto da ação

O *objeto da ação popular* é o ato ilegal e lesivo ao patrimônio público.

Regulamentando o parágrafo constitucional que institui a ação popular (art. 141, § 38, da CF de 1946), a Lei 4.717, de 29.6.1965, dispôs sobre o seu *objetivo* e *tramitação processual* em todas as suas fases. Essa lei, conquanto haja alargado o âmbito da ação e desfeito dúvidas sobre seu cabimento, peca pelo excesso de casuísmo e apresenta defeitos de técnica em alguns de seus dispositivos. Advirta-se,

26. Sobre o cabimento da ação popular em matéria ambiental, v.: STJ, REsp 889.766-SP, rel. Min. Castro Meira, *DJU* 18.10.2007. Na doutrina: Luiz Manoel Gomes Jr. e Ronaldo Fenelon Santos Filho, "Aspectos relevantes da ação popular ambiental: diferenças em relação à ação popular disciplinada pela Lei 4.717/1965", *RePro* 144/38.

27. V., adiante, Terceira Parte, sobre "Ação Civil Pública". Como se verá na referida Terceira Parte, ação civil pública e ação popular, embora possam coexistir, não se confundem, tendo cada uma suas finalidades específicas. A natureza da sentença é diferente num e noutro tipo de ação. Neste sentido, e ressaltando a maior abrangência da ação popular com relação à ação civil pública: TJMG, ACi 104.892-5, rel. Des. Cláudio Costa, *ADV* 1999, p. 356, ementa 87.885. Comparando os institutos e abordando as eventuais superposições processuais e suas consequências, v. Felipe Lopes Soares, "Litispendência entre ação civil pública e ação popular", *RePro* 171/123; e Luís Roberto Barroso, "Ação popular e ação civil pública. Aspectos comuns e distintivos", *Cadernos de Direito Constitucional e Ciência Política* 4/233.

28. *RePro* 25/273.

ainda, que a norma em exame deve ser interpretada e aplicada à luz do texto da Constituição da República (art. 5º, LXXIII).

A lei regulamentar, além dos atos de entidades públicas centralizadas e descentralizadas, acrescentou outros passíveis de invalidação, e tais são os de *sociedades mútuas de seguros nas quais a União represente os segurados ausentes*; *empresas públicas*; *serviços sociais autônomos*; *instituições ou fundações para cuja criação ou custeio o Tesouro Público haja concorrido ou concorra com mais de 50% do patrimônio da receita ânua*; *empresas incorporadas ao patrimônio da União, do Distrito Federal, dos Estados e dos Municípios*; e os de *quaisquer pessoas jurídicas ou entidades subvencionadas pelos cofres públicos* (art. 1º). Abrangeu, assim, os atos de todas as pessoas jurídicas de direito privado nas quais o Poder Público tenha interesses econômicos predominantes em relação ao capital particular.[29] Mas a ação só é cabível contra atos dessas entidades.[30]

Dentre os atos com *presunção de ilegitimidade e lesividade*, sujeitos a anulação pela ação popular, a mesma lei enumera: I – a admissão *ao serviço público remunerado* com desobediência às condições de habilitação, às normas legais, regulamentares ou constantes de instruções gerais; II – a *operação bancária ou de crédito real* realizada irregularmente; III – a *empreitada*, a *tarefa* e a *concessão de serviço público* contratadas sem concorrência, ou com edital irregular, ou com limitação discriminatória para os concorrentes; IV – as *modificações ou vantagens em contratos* que não estiverem previstas em lei ou nos respectivos instrumentos; V – a *compra e venda de bens móveis e imóveis* realizada irregularmente ou por preço superior ou inferior ao real; VI – a *concessão irregular de licença de importação e exportação*; VII – a *operação irregular de redesconto*; VIII – o *empréstimo irregular concedido pelo Banco Central da República*; IX – a *emissão*, quando efetuada sem observância das normas constitucionais, legais e regulamentares que regem a espécie (art. 4º).

Afora os casos específicos acima indicados, rendem ensejo a anulação pela ação popular os atos das entidades enumerados no art. 1º que contenham qualquer desses vícios: *incompetência de quem os praticou*; *vício de forma*; *ilegalidade do objeto*; *inexistência dos mo-*

29. No STJ, admitindo a ação popular contra o SEBRAE, entidade paraestatal, constituída na forma de serviço social autônomo e mantida por contribuições parafiscais: REsp 530.206-SC, rel. Min. José Delgado, *RSTJ* 183/115.

30. STF, AI 77.101-RJ, rel. Min. Moreira Alves, *RTJ* 95/1121.

tivos; ou *desvio de finalidade* (art. 2º e parágrafo único). A própria lei incumbiu-se de conceituar os vícios que enumerou como ensejadores da anulação, mas admitiu também que outros podem ocorrer, segundo a natureza do ato e as prescrições legais específicas para sua prática (art. 3º). Deste modo, ficou evidenciado que a discriminação da lei não é exaustiva, admitindo novas hipóteses de atos ou contratos invalidáveis pela ação popular, desde que ocorram os pressupostos de *ilegalidade* e *lesividade* ao patrimônio público,[31] a que se refere a Constituição da República.[32]

Dentre os *atos ilegais* e *lesivos* ao patrimônio público pode estar até mesmo a *lei de efeitos concretos*, isto é, aquela que já traz em si as consequências imediatas de sua atuação – como a que desapropria bens, a que concede isenções, a que desmembra ou cria Municípios, a que fixa limites territoriais, e outras dessa espécie. Tais leis só o são em sentido formal, visto que materialmente se equiparam aos atos administrativos, e, por isso mesmo, são atacáveis por ação popular ou por mandado de segurança, conforme o direito ou o interesse por elas lesado;[33] mas é incabível a ação popular contra a *lei em tese*.[34]

---

31. Entendemos passível de invalidação por ação popular o registro de loteamento em desacordo com a legislação pertinente, porque tal ato, sobre ser ilegal, é lesivo ao patrimônio urbanístico municipal. Essa hipótese, a nosso ver, enquadra-se na conceituação ampla do art. 1º, § 1º, da lei em exame, que considera *patrimônio público* "os bens e direitos de valor econômico, artístico, estético, histórico ou turístico".

32. Desde o advento da Constituição de 1988 registrou-se um grande número de ações populares voltadas contra a publicidade dos órgãos públicos, via de regra alegando-se promoção pessoal dos governantes. A regra sobre a publicidade dos entes públicos é rígida (CF, art. 37, § 1º), e por vezes é violada, dando margem à propositura da ação popular (por exemplo: TJSP, ACi 275.679.1/3-00, rel. Des. Sérgio Pitombo, *Boletim AASP* 2.022/305-j; ACi 263.817-1/1, rel. Des. Yoshiaki Ichihara, *RT* 743/263). A questão deve ser analisada com cuidado, porém, e caso a caso, pois muitas vezes a publicidade é necessária na própria defesa dos interesses estatais (TJRJ, ACi 2.035/1994, rel. Des. José Rodriguez Lema, *RDR* 4/317; EI 189/1996, rel. Des. Carlos Ferrari, j. 18.12.1996; Duplo Grau 331/1998, rel. Des. Walter Felippe D'Agostino, *DOE* 29.10.1998).

33. STJ, REsp 501.854-SC, rel. Min. Luiz Fux, *DJU* 24.11.2003, p. 222; REsp 1.325.859-SP, rel. Min. Og Fernandes, *DJe* 23.4.2018. Sobre *leis e decretos de efeitos concretos* v. o que escrevemos precedentemente, no item 5 da Primeira Parte.

34. TASP, *RDA* 38/256 e 68/218, *RT* 220/367 e 310/509; TFR, *RDA* 144/91; TJDF, *RDA* 35/48; TJSP, *RT* 515/75.

A propósito, v. Hely Lopes Meirelles, "Ação popular – Invalidação de lei", parecer in *Estudos e Pareceres de Direito Público*, vol. IX, São Paulo, Ed. RT, 1986, pp. 368 e ss.

Também é incabível a ação popular contra ato de conteúdo jurisdicional, contra o qual as partes devem manejar os recursos processualmente admissíveis, como decidiu o STF em ação proposta contra a liminar concedida pelo Min. Nelson Jobim estendendo o "auxílio-moradia" aos juízes federais [35] O STJ, no entanto, já admitiu a ação popular como via própria para obstar a acordo judicial, mesmo já passado em julgado, se o cidadão demonstrar o dano ao erário resultante da transação. Na hipótese, tratava-se de acordo formalizado em ação de desapropriação.[36]

Por fim, na qualidade de instrumento voltado à proteção dos interesses da coletividade, a ação popular não se presta, tampouco, à defesa dos direitos individuais próprios dos consumidores, como já decidiu o STJ.[37]

5. *Partes*

Já vimos que o *sujeito ativo* da ação será sempre o *cidadão*[38] – pessoa física no gozo de seus direitos políticos –, isto é, o *eleitor*; os

---

Os Tribunais vêm seguidamente ressaltando que a ação popular não pode servir como substituto da ação direta de inconstitucionalidade, justamente por não se prestar ao ataque à lei em tese (TJSC, ACi 21.944, rel. Des. Xavier Vieira, *RT* 623/155, e ACi 01.001230-3, rel. Des. César Abreu, *RT* 796/392; TJRJ, ACi 4.457/1989, rel. Des. Cláudio Vianna de Lima, *RDTJRJ* 7/213; TJSP, ACi 263.596-1/1, rel. Des. Barreto Fonseca, *ADV* 1997, p. 724, ementa 80.590; e ACi 77.119-5/0, rel. Des. Sidnei Beneti, *RT* 783/267; TJMG, ACi 178.622-7/2000, rel. Des. Hugo Bentsson, *RT* 786/397). No STF: AO 1.725-DF, rel. Min. Luiz Fux, *DJe* 2.4.2012. Ainda no STF, há acórdão bem fundamentado rejeitando a utilização de ação popular para disfarçadamente substituir a ação direta de inconstitucionalidade por omissão, inclusive usurpando a competência constitucionalmente reservada à Suprema Corte: Rcl 1.017-SP, rel. Min. Sepúlveda Pertence, *Informativo STF* 383/3 e *RTJ* 194/44.

35. STF, AO 672-DF, rel. Min. Celso de Mello, *Informativo STF* 180/3; na mesma linha: STF, Pet/AgR 2.018-9-SP, rel. Min. Celso de Mello, *DJU* 16.2.2001 e *RTJ* 186/141.

36. STJ, REsp 906.400-SP, rel. Min. Castro Meira, *RF* 392/404. Na mesma linha, admitindo a ação popular para impugnar acordo homologado judicialmente, entre Municípios, referente à distribuição de arrecadação de ICMS: REsp 884.742-PR, rel. Min. Herman Benjamin, *DJe* 28.4.2011).

37. STJ, REsp 818.725-SP, rel. Min. Luiz Fux, *DJe* 16.6.2008.

38. O STF já sumulou que: "Pessoa jurídica não tem legitimidade para propor ação popular" (Súmula 365). O mesmo Tribunal também entendeu que Estado-membro da Federação não pode ser autor de ação popular, devendo, se for o caso, ingressar na ação apenas como assistente simples (Pet 3.388, rel. Min. Carlos Britto, *RTJ*

sujeitos passivos podem ser diversos.[39] Deverão ser citadas para a ação, obrigatoriamente, as *pessoas jurídicas*, públicas ou privadas, em nome das quais foi praticado o ato a ser anulado[40] e mais as *autoridades*, *funcionários* ou *administradores* que houverem autorizado, aprovado, ratificado ou praticado pessoalmente o ato ou firmado o contrato impugnado[41] ou que, por omissos, tiverem dado oportunidade à lesão, como, também, os *beneficiários diretos* do mesmo ato ou contrato (art. 6º).[42] Se a ação visar a ato ou contrato lesivo em razão

---

212/49). Nem o partido político tem legitimidade ativa para a propositura da ação popular (TJRJ, ACi 25.253/2001, rel. Des. Walter d'Agostino, *DJE* 7.8.2003, p. 416).

39. O polo passivo da ação popular é caracterizado por um litisconsórcio necessário simples (STJ, REsp 879.999-MA, rel. Min. Luiz Fux, *DJe* 22.9.2008). Todas as pessoas elencadas no art. 6º da Lei 4.717/1965 devem ser obrigatoriamente citadas para participar do feito, mas a situação de cada uma deve ser analisada individualmente, sendo perfeitamente possível a procedência dos pedidos com relação a alguns réus e a improcedência com relação a outros. No mesmo sentido: REsp 258.122-PR, rel. Min. João Otávio de Noronha, *DJU* 5.6.2007.

40. Se o ato questionado na ação foi praticado por sociedade de economia mista com personalidade e patrimônio próprios, descabe a inclusão do Estado, mero controlador daquela, como réu na ação (STJ, REsp 879.999-MA, rel. Min. Luiz Fux, *DJe* 22.9.2008).

41. A hipótese é de litisconsórcio passivo necessário, e a falta de citação de qualquer dos funcionários ou autoridades partícipes do ato ou contrato impugnado é causa de nulidade do processo (TJSC, ACi 01.001230-3, rel. Des. César Abreu, *RT* 796/392). No mesmo sentido: TJRJ, ACi 4.367/1996, rel. Des. Amaury Arruda de Souza, *RF* 364/360; e TRF-4ª Região, ACi 2001.70.00.000102-3-PR, rel. Des. federal Carlos Eduardo Thompson Flores Lenz, *RePro* 131/219.

42. Todos os beneficiários diretos do ato impugnado são litisconsortes passivos necessários, e a falta de sua citação para o contraditório é causa de nulidade absoluta do processo (STJ, REsp 13.493-0-RS, rel. Min. Demócrito Reinaldo, *RSTJ* 43/332).

Na forma do inciso II do § 2º do art. 7º da Lei da Ação Popular, a citação dos beneficiários pode ser feita mediante a publicação de edital, se assim optar o autor. No TJRJ: ACi 17.962/2002, rela. Desa. Leila Mariano, *DJE* 26.6.2003, p. 349. No entanto, esta regra deve ser interpretada com temperamentos, pois o pedido de citação editalícia deve ser fundamentado em necessidade prática para o bom desenvolvimento da demanda. "Na ação popular, a citação não poderá ser realizada por edital se conhecidos o réu, sua qualificação e endereço, em respeito ao direito à ampla defesa" (TJSC, ACi 01.001230-3, rel. Des. César Abreu, *RT* 796/392).

Note-se que a lei fala em "beneficiário direto", o que significa dizer que o favorecido remota ou indiretamente não deve ser incluído no polo passivo, ressalvado apenas ao próprio o direito de ingressar no feito como assistente do(s) réu(s), se quiser e demonstrar efetivo interesse jurídico na causa.

Em ação na qual se discutia a emissão irregular de títulos públicos, o STJ decidiu que os adquirentes de boa-fé dos títulos em questão não podiam ser caracterizados

de avaliação inexata, há de ser citado também o *avaliador*, como corresponsável pela lesividade, podendo ser dispensado, neste caso, o chamamento dos que apenas confiaram na avaliação.

Em qualquer caso, a ação deverá ser dirigida contra a entidade lesada, os autores e participantes do ato e os beneficiários do ato ou contrato lesivo ao patrimônio público. É o que se infere do disposto no art. 6º, § 2º.

A pessoa jurídica de direito público ou privado chamada na ação poderá contestá-la ou não, como poderá, até mesmo, encampar o pedido do autor, desde que isso se afigure útil ao interesse público, a juízo exclusivo do representante legal da entidade ou da empresa (art. 6º, § 3º).[43] A inovação processual é das mais relevantes, pois

---

como "beneficiários diretos" da fraude, e, portanto, não eram litisconsortes necessários na ação popular, sendo dispensável sua citação (STJ, RMS 14.351-SC, rel. Min. Francisco Falcão, *DJU* 3.2.2003, p. 263, e *RDR* 26/191).

Sobre a necessidade de análise do comportamento e da boa-fé dos terceiros alegadamente beneficiários do ato impugnado na ação popular: STJ, REsp 575.551-SP, rel. design. Min. José Delgado, *DJU* 12.4.2007. O acórdão está transcrito e comentado por Luiz Manoel Gomes Jr. e Miriam Fecchio Chueiri, "Ação popular. Contratação irregular. Devolução dos valores recebidos. Inexistência de enriquecimento sem causa. Necessidade da análise da boa-fé dos contratados", *RePro* 150/187.

43. No entanto, uma vez que tenha assumido uma posição no processo, seja no polo passivo ou no ativo, a pessoa jurídica interessada não poderá mais mudar sua postura. As relações processuais estabilizam-se com o oferecimento das contestações dos réus ou a concordância com o pedido. Assim, por exemplo, tendo contestado a ação, não poderá a pessoa jurídica de direito público, depois, passar a pugnar pela procedência dos pedidos da ação popular. Neste sentido: Arnoldo Wald, "Ação popular para anulação de contrato", *RT* 521/53. Na direção oposta, porém, admitindo que até o momento do trânsito em julgado o ente público poderia modificar o polo processual assumido: Luiz Manoel Gomes Jr., "Ação popular – Alteração do polo processual", *RePro* 125/183; Rodrigo Mazzei, "A 'intervenção móvel' da pessoa jurídica na ação popular e ação de improbidade administrativa (arts. 6º, § 3º, da LAP e 17, § 3º, da LIA)", *RF* 400/227; e decisão do TJSP no AI 455.896-5/0-00, *RePro* 141/210.

Há precedente do STJ admitindo que o ente público ingresse no polo ativo da ação popular mesmo que haja requerido o prazo em dobro para responder à ação, previsto no art. 7º, IV, da Lei 4.717/1965, pois esta definição pode ocorrer dentro do prazo para o oferecimento de eventual contestação. O acórdão, no entanto, em sua fundamentação, salienta que, uma vez apresentada a contestação, tal ato configura a incompatibilidade com o pedido de adesão ao polo ativo. A motivação do julgado do STJ, portanto, vai no sentido da irretratabilidade posterior da posição assumida pela pessoa jurídica interessada por ocasião da contestação (REsp/AgR 973.905-SP, rel. Min. Humberto Martins, *DJe* 25.6.2009). Em outro julgado, porém, o STJ afirmou que a migração do ente público do polo passivo para o ativo poderia se dar

permite que o réu confesse tacitamente a ação, pela revelia, ou a confesse expressamente, passando a atuar em prol do pedido na inicial, em defesa do patrimônio público. Estas hipóteses são muito comuns nos casos em que o ato ou contrato impugnado é da Administração anterior e a lesividade só vem a ser descoberta pela Administração subsequente, não vinculada à conduta de sua antecessora. Mas nada impede que o próprio administrador em cuja gestão se praticou, verificando a ilegalidade e a lesividade de tal ato, confesse a ação, para facilitar a restauração do direito.

Os *litisconsortes* e *assistentes* do autor são expressamente admitidos pela lei (art. 6º § 5º) – onde inferimos e sustentamos nas primeiras edições serem inadmissíveis os litisconsortes e assistentes passivos. Agora, penitenciamo-nos desse entender, por verificarmos que a só referência à assistência e ao litisconsórcio *ativos* não exclui os intervenientes *passivos* que tenham legítimo interesse na defesa da causa, tais como os funcionários não citados para integrar a lide mas que, se procedente a ação e declarada sua culpa no ato ou contrato lesivo, poderão ser regressivamente responsabilizados pelo dano (art. 11). Estes, inegavelmente, poderão ingressar na ação como litisconsortes ou assistentes do réu.[44-45]

O *Ministério Público* tem posição singular na ação popular: *é parte pública autônoma*[46] incumbida de velar pela regularidade do

---

a qualquer tempo, a juízo do seu representante legal, na defesa do interesse público (REsp 1.185.928-SP, rel. Min. Castro Meira, *DJe* 28.6.2010). Como se vê, portanto, a questão ainda é polêmica tanto na doutrina como na jurisprudência.

44. TJPR, ACi 1.314/1975, j. 8.8.1979. Serão litisconsortes passivos necessários na ação popular todos aqueles que puderem vir a ter suas esferas individuais atingidas, consoante a regra do art. 114 do CPC de 2015 (art. 47 do CPC de 1973), pois a todos é assegurado o devido processo legal (CF, art. 5º LIV), impondo-se a nulidade da relação processual na ausência de citação dos mesmos (STJ, REsp 480.712-SP, rel. Min. Luiz Fux, *DJU* 20.6.2005, p. 124).

45. Com relação aos terceiros eventualmente afetados pela decisão da ação popular, um precedente do STJ entendeu que a prescrição fica interrompida no curso da demanda. No caso, havia uma ação popular impugnando concurso público, e a Corte Superior decretou que o ajuizamento da mesma interrompera a prescrição para as ações movidas pelos candidatos do certame (REsp 1.057.350-MG, rel. design. Min. Jorge Mussi, *DJe* 27.6.2012).

46. A posição do Ministério Público nas ações populares não é pacífica na doutrina, sustentando Paulo Barbosa de Campos Filho, em douta monografia, que é "de verdadeiro litisconsorte" do autor (cf. *Ação Popular Constitucional*, 1968, p. 133) – do que, com a devida vênia, discordamos, porque ele não está vinculado aos

processo, de apressar a produção da prova e de promover a responsabilidade civil ou criminal dos culpados.

Como *parte pública autônoma*, o Ministério Público tem liberdade para se manifestar, a final, a favor ou contra a procedência da ação, pois o que a lei veda (art. 6º, § 4º) é que *assuma a defesa* do ato impugnado ou dos réus, isto é, que contradite a inicial, promova provas ou pratique outros atos processuais contra os autores. Mas na manifestação final deverá opinar no sentido em que a prova indicar, pela procedência ou improcedência da ação, por se tratar de conduta característica da Instituição.[47] Se houver abandono da ação, caber-lhe-á promover seu prosseguimento, em lugar do autor omisso, se reputar de interesse público seu julgamento (art. 9º).[48] Isso não impede que o autor popular desista expressamente da ação e com

---

interesses do iniciador da ação, como, também, não se subordina aos interesses da Administração na defesa do ato impugnado.

Para José Afonso da Silva, o Ministério Público tem na ação popular uma posição multifária, atuando como "(a) oficiante e fiscal da lei; (b) ativador das provas e auxiliar do autor popular; (c) parte principal; (d) substituto do autor; (e) sucessor do autor; (f) titular originário da ação popular, como simples cidadão" (cf. *Ação Popular Constitucional – Doutrina e Processo*, 2ª ed., 2ª tir., São Paulo, Malheiros Editores, 2013, p. 190, e também in *RT* 366/7). Vê-se que este conceituado publicista admite o Ministério Público como "parte" na ação popular, embora lhe atribua outras posições menos relevantes.

47. Esse entendimento tem sido sufragado pelo Ministério Público paulista, pois em reiteradas oportunidades seus membros, de primeira e de segunda instâncias, manifestaram-se, a final, pela improcedência da ação popular, como se pode conferir nos seguintes casos: TJSP, ACi 257.746 e 285.903; 5ª Vara da Fazenda Estadual, Processo 1.040/1975; 6ª Vara da Fazenda Estadual, Processo 1.196/1977.

48. Sobre a norma do art. 9º da Lei 4.717/1965 e sua obrigatória observância antes da extinção do feito, v.: STJ, REsp 554.532-PR, rel. Min. Castro Meira, *DJU* 28.3.2008; e REsp 1.681.159-SP, rel. Min. Herman Benjamin, *DJe* 19.12.2017, reputando necessária a adoção das providências previstas na norma mesmo que a desistência se dê antes da citação. Note-se que o dispositivo legal se refere expressamente ao Ministério Público ou a outro cidadão como possíveis continuadores da ação abandonada. Assim, deve entender-se que a pessoa jurídica de direito público interessada, ainda que tenha optado por secundar o autor popular, não poderá prosseguir sozinha na ação em caso de abandono ou desistência por parte daquele. Não só a lei deixou de prever a possibilidade, como a Súmula 365 do STF dispõe que "pessoa jurídica não tem legitimidade para propor ação popular". Por uma questão de lógica, se a pessoa jurídica não pode propor a ação isoladamente, tampouco poderá prosseguir na mesma sem a presença de um cidadão ou do Ministério Público ao seu lado. Da mesma forma, se o autor popular e o Ministério Público não recorrerem da sentença ou do acórdão que extinguir ou julgar improcedente a ação popular, a pessoa jurídica de direito público interessada não ostentará legitimidade ou interesse para recorrer sozinha, e o eventual recurso por ela interposto não deverá ser conhecido.

isso concorde o Ministério Público, para sua homologação regular, se ambos se convencerem da inexistência de fundamento para seu prosseguimento e houver concordância dos réus.[49]

6. Competência

A *competência para processar e julgar ação popular* é determinada pela origem do ato a ser anulado. Se este foi praticado, autorizado, aprovado ou ratificado por autoridade, funcionário ou administrador de *órgão da União, entidade autárquica ou paraestatal da União ou por ela subvencionada*, a competência é do *juiz federal* da Seção Judiciária em que se consumou o ato. Se o ato impugnado foi produzido por *órgão, repartição, serviço ou entidade do Estado ou por ele subvencionado*, a competência é do juiz que a organização judiciária estadual indicar como competente para julgar as causas de interesse do Estado. Se o ato impugnado foi produzido por *órgão, repartição, serviço ou entidade de Município ou por este subvencionado*, a competência é do juiz da comarca a que o Município interessado pertencer e que, de acordo com a organização judiciária do Estado respectivo, for competente para conhecer e julgar as causas de interesse da Fazenda municipal (Lei 4.717/1965, art. 5º, e Lei 5.010/1966, arts. 10 a 15).[50]

---

49. Dependendo do desenrolar do processo, também é possível o pedido de extinção do processo com relação a alguns réus e o prosseguimento contra os demais, sem que para tanto seja necessária a publicação dos editais referidos no art. 9º da Lei da Ação Popular (STJ, REsp 556.386-SP, rel. Min. João Otávio de Noronha, *DJU* 23.11.2007 e *RF* 395/434).

Sobre as funções do Ministério Público na ação popular, v. o fundamentado estudo de Luiz José de Mesquita, "O Ministério Público na ação popular", *RT* 574/24.

Considera-se indispensável a oitiva do Ministério Público na ação popular, sob pena de nulidade do processo (STJ, REsp 80.108-PA, rel. Min. Peçanha Martins, *DJU* 11.9.2000, p. 233 – a ementa refere-se erroneamente a "ação civil pública", mas o corpo do acórdão esclarece que a hipótese julgada era de ação popular). A jurisprudência dominante dos Tribunais Superiores, no entanto, com relação aos processos nos quais a do Ministério Público é obrigatória, entende que se o *Parquet* não tiver se pronunciado na primeira instância a falha pode ser suprida com a manifestação no segundo grau de jurisdição. Neste sentido, especificamente em caso de ação popular, admitindo que a manifestação oral do representante do *Parquet* na sessão de julgamento supre a eventual ausência de intervenção por escrito nos autos: TRF-1ª Região, ACi 96.01.34374-1-DF, rel. Des. federal Carlos Costa Mayer Soares, *RT* 837/360.

50. O Plenário do STF decidiu, em dezembro/2000, que a competência para processar a ação popular se afere não somente pela origem do ato impugnado, mas

Esclareça-se que a ação popular, ainda que ajuizada contra o Presidente da República, o Presidente do Senado, o Presidente da Câmara dos Deputados, o Governador ou o Prefeito, será processada e julgada perante a Justiça de primeiro grau (Federal ou Comum).[51]

Para fins de competência, equiparam-se aos atos da União, do Distrito Federal, dos Estados ou dos Municípios os atos das pessoas criadas ou mantidas por essas pessoas jurídicas de direito público bem como os atos das sociedades de que elas sejam acionistas e os das pessoas ou entidades por elas subvencionadas em relação às quais tenham interesse patrimonial (Lei 4.717/1965, art. 5º, § 1º).

Quando o pleito interessar simultaneamente à União e a qualquer outra pessoa ou entidade, será competente o juiz das causas da União, isto é, o juiz federal da seção judiciária em que se verificou o ato lesivo; quando interessar simultaneamente ao Estado e ao Município, será competente o juiz das causas do Estado, havendo juízo privativo dos feitos da Fazenda Estadual (Lei 4.717, art. 5º, § 2º).[52]

---

também pela finalidade que busca a demanda. Assim, entendeu ser de competência da Justiça Eleitoral de primeira instância, e não da Justiça Federal, ação popular proposta contra os membros de TRE em função de alegadas irregularidades em eleição. Tratando-se de matéria com cunho eleitoral, afastou-se a competência da Justiça Federal, para se fixar a da Justiça Eleitoral (AO/QO 772-SP, rel. Min. Moreira Alves, *Informativo STF* 215/1).

51. STF, Pet 1.546, rel. Min. Celso de Mello, *Informativo STF* 121/3, citando vários precedentes; Pet/AgR 2.018-9-SP, rel. Min. Celso de Mello, *RT* 788/173; Pet/AgR 4.666-DF, rel. Min. Ricardo Lewandowski, *DJe* 3.11.2009; STJ, RMS 2.621-PR, rel. Min. Adhemar Maciel, *DJU* 23.6.97. "Diferentemente do mandado de segurança, a competência na ação popular não se define pelo grau hierárquico da autoridade responsável pelo ato combatido, razão pela qual não se aplicam as regras do foro privilegiado" (STJ, Pet 8.397-DF, rel. Min. Castro Meira, *DJe* 24.3.2011).

O Tribunal Pleno do STF, porém, por maioria, decidiu ser de sua competência originária o julgamento de ação popular na qual, pela sua natureza peculiar, a decisão pudesse criar conflito entre um Estado e a União (Rcl 424-4-RJ, rel. Min. Sepúlveda Pertence, *RT* 738/206). A competência originária do STF para julgar ação popular em caso de potencial conflito federativo, com base no disposto no art. 102, I, "f", da CF, foi reafirmada nos julgamentos da Rcl 3.331-RR, rel. Min. Carlos Britto, *RT* 857/175, e da ACO/QO 622-8-RJ, rel. design. Min. Ricardo Lewandowski, *DJU* 15.2.2008. O STF também vem se considerando competente para as ações populares nas quais haja interesse de todos os membros da Magistratura ou de mais da metade dos membros de um Tribunal, por aplicação da alínea "n" do inciso I do art. 102 da CF (AO 506-AC, rel. Min. Sydney Sanches, *RTJ* 168/22, e AO 672-DF, rel. Min. Celso de Mello, *Informativo STF* 180/3). V. ainda AO/QO 859-0-AP, rel. para o acórdão Min. Maurício Corrêa, *DJU* 1.8.2003, p. 102.

52. Se a ré da ação popular for sociedade de economia mista, em princípio a competência é da Justiça Comum Estadual, mesmo que o controle acionário seja

Finalmente, a propositura da ação prevenirá a jurisdição do juízo para todas as ações que forem posteriormente intentadas contra as mesmas partes e sob os mesmos fundamentos – diz o § 3º do art. 5º da Lei 4.717/1965, reafirmando princípio geral já previsto no Código de Processo Civil.[53]

---

federal, a não ser que fique comprovado o interesse jurídico da União, de autarquia ou de empresa pública federal no processo, conforme a redação do art. 109, I, da CF (STJ, CComp 3.569-9-PB, rel. Min. Garcia Vieira, *ADV* 93, ementa 62.598, em ação proposta contra o Banco do Brasil).

A Lei 9.469/1997 autorizou o ingresso da União nas ações em que sociedades de economia mista sob seu controle sejam partes, mesmo que seu interesse seja exclusivamente econômico e indireto (art. 5º, *caput* e parágrafo único). Ingressando a União no feito, a competência será deslocada para o foro federal. A Justiça Estadual não tem competência sequer para rejeitar o ingresso da União no feito, pois só a Justiça Federal pode decidir acerca do interesse manifestado formalmente nos autos – os quais, portanto, devem ser imediatamente remetidos para o juízo federal (STF, AI 514.634-RJ, rel. Min. Celso de Mello, *Informativo STF* 382/4; STJ, Súmula 150: "Compete à Justiça Federal decidir sobre a existência de interesse jurídico que justifique a presença, no processo, da União, suas autarquias ou empresas públicas").

53. No caso da privatização da Cia. Vale do Rio Doce, em que houve verdadeira enxurrada de ações populares, o STJ decidiu que "o juízo da ação popular é universal", impondo-se a reunião de todas as ações conexas, com fundamentos jurídicos iguais ou assemelhados (CComp 19.686-DF, rel. Min. Demócrito Reinaldo, *RSTJ* 106/15; CComp 22.123-MG, rel. Min. Demócrito Reinaldo, *DJU* 14.6.1999, p. 100). A necessidade de reunião dos processos a respeito da privatização da Cia. Vale do Rio Doce, inclusive para efeitos de julgamento conjunto das apelações no TRF-1ª Região, foi reafirmada pelo STJ na Rcl 2.259-PA, rel. design. Min. José Delgado, *DJe* 17.11.2008. Acreditamos que a tendência deva ser no sentido da adoção da tese do "juízo universal", até como meio de viabilizar a defesa dos réus, que é extremamente difícil em certos casos rumorosos de repercussão nacional – como determinados processos polêmicos de privatização – nos quais ações populares são ajuizadas às centenas, por todo o território nacional. A concentração dos feitos num mesmo juízo é uma forma de se dar aos réus a possibilidade de exercerem seu direito de defesa na plenitude, observando-se a garantia constitucional do devido processo legal. Evita-se, ainda, a balbúrdia jurídica de decisões eventualmente contraditórias aparecerem em diversos pontos do País. Concordando com o "juízo universal" da ação popular, e citando o precedente da privatização da Cia. Vale do Rio Doce: TJSC, ACi 01.001230-3, rel. Des. César Abreu, *RT* 796/392. Determinando a reunião de ações populares e ações civis públicas com objetivos comuns de anulação de licitação sobre o Porto de Itajaí: STJ, CComp 36.439-SC, rel. Min. Luiz Fux, *DJU* 17.11.2003, p. 197. Entendendo que, em face da magnitude econômica, social e ambiental de um caso, é possível a fixação do juízo do local do fato para o julgamento de ação popular que concorre com diversas outras ações individuais, populares e civis públicas decorrentes do mesmo dano ambiental: CComp 164.362-MG, rel. Min. Herman Benjamin, *DJe* 19.12.2019, *Informativo* 662).

7. Processo e liminar

Processo – A ação popular, como consta da lei regulamentar, segue o *rito ordinário*, com as seguintes modificações: no despacho inicial o juiz ordenará a citação de todos os responsáveis pelo ato impugnado e a intimação do Ministério Público, que é interveniente obrigatório na ação; requisitará os documentos necessários, marcando o prazo de 15 a 30 dias para atendimento; ordenará a citação pessoal dos que praticaram o ato e a citação edital e nominal dos beneficiários, se o autor assim o requerer (art. 7º, I e II);[54] decidirá sobre a suspensão liminar do ato impugnado, se for pedida (art. 5º, § 4º). Aos citados por edital, se revéis, dar-se-á curador especial.

Citada, a pessoa jurídica interessada na demanda poderá contestar, abster-se de contestar ou encampar expressamente o pedido na inicial (art. 6º, § 3º). Tomada qualquer dessas posições, define-se a lide, não podendo mais alterar-se a defesa, mesmo que mude o governante ou a direção da entidade.[55] Se assim não fosse, a cada mudança de governo ou substituição de diretoria abrir-se-ia nova oportunidade de defesa, incompatível com a fixação da lide. A Administração Pública é una e perene, daí por que a mudança de seus agentes não modifica a situação processual assumida por seus antecessores.

O prazo para contestação é de 20 dias, prorrogável por mais 20, a requerimento dos interessados, se difícil a obtenção da prova documental. Esse prazo é comum a todos os contestantes (art. 7º, IV), sendo inadmissível reconvenção, porque o autor não pleiteia direito próprio contra o réu.[56]

Se até o despacho saneador não houver requerimento de prova pericial ou testemunhal, o juiz o saneará e concederá vista sucessiva de 10 dias ao autor e ao réu para alegações, sendo-lhe os autos con-

54. Importante ressaltar, porém, que a citação editalícia é exceção, por implicar notificação ficta do demandado, com grande risco de que este não tome efetiva ciência tempestiva da existência da ação e tenha sua defesa prejudicada. Assim, não deve ser admitida em razão de simples pedido imotivado do autor, quando o réu a ser citado tiver endereço certo e conhecido: "Na ação popular, a citação não poderá ser realizada por edital se conhecidos o réu, sua qualificação e endereço, em respeito ao direito à ampla defesa" (TJSC, ACi 01.001230-3, rel. Des. César Abreu, *RT* 796/392).

55. V. Arnoldo Wald, "Ação popular para anulação de contrato", *RT* 521/53.

56. STJ, REsp 72.065-RS, rel. Min. Castro Meira, *RePro* 137/201.

clusos nas 48 horas seguintes. Se houver prova a ser produzida em audiência, o processo seguirá o curso ordinário (art. 7º, V).

A Constituição de 1988 isentou de custas e de ônus da sucumbência o autor popular, salvo comprovada má-fé (art. 5º, LXXIII).[57]

Dúvidas têm surgido sobre se a ação popular corre nas férias forenses. Entendemos que não, por se tratar de ação de procedimento ordinário (art. 7º), mas o pedido de suspensão liminar do ato impugnado (art. 5º, § 4º) deve ser apreciado nas férias, por ter natureza análoga à dos "atos necessários à conservação de direitos" (CPC de 2015, art. 215, I, correspondente ao art. 174, I, do CPC de 1973) e, mais que isso, de preservação do patrimônio público, que é sua finalidade primordial.

Lembre-se que as férias coletivas do Judiciário são agora restritas aos Tribunais Superiores, desde que a Emenda Constitucional 45/2004 as vedou expressamente "nos juízos e Tribunais de segundo grau", através da introdução do inciso XII ao art. 93 da CF.

Liminar – A liminar em ação popular encontra-se expressamente admitida pelo § 4º do art. 5º da Lei 4.717/1965, introduzido pelo art. 34 da Lei 6.513, de 20.12.1977, que assim dispõe: "Na defesa do patrimônio público caberá a suspensão liminar do ato lesivo impugnado".

Em edições anteriores escrevemos que, conquanto plenamente justificável esse provimento cautelar, como já o havíamos proposto no anteprojeto com o qual colaboramos para a feitura da Lei da Ação Popular, não poderíamos aplaudir o enxerto do parágrafo em exame, porque feito sem exigência de requisitos mínimos para a concessão da liminar, nem fixação do prazo para sua vigência, nem indicação do recurso cabível desse despacho. Sem esses condicionamentos, a liminar, ao invés de se apresentar como um instrumento de proteção ao patrimônio público, erigir-se-ia numa perene ameaça à Administração, pela possibilidade sempre presente de paralisação de suas obras e serviços – sem limites legais e sem prazo – por simples arbítrio do juiz, em decisão soberana e irrecorrível.

57. No STJ, indo além, entendendo aplicável à ação popular o art. 18 da Lei 7.347/1985, por analogia, e dispensando o autor do adiantamento de honorários periciais: REsp 1.225.103-MG, rel. Min. Mauro Campbell Marques, *DJe* 2.8.2011 e *RT* 912/636.

Estas preocupações foram posteriormente atendidas pelo legislador, pois a Lei 8.437, de 30.6.1992, determinou, no seu art. 1º, § 3º, que: "Não será cabível medida liminar que esgote, no todo ou em qualquer parte, o objeto da ação". Embora a lei faça alusão às medidas cautelares, mencionou de modo específico, no art. 1º, § 2º, que o disposto no parágrafo anterior não se aplica ao processo de ação popular, devendo, *a contrario sensu*, ser considerado que o § 3º incide no referido processo.

Chegamos a defender que, embora o art. 22 da Lei 4.717/1965 determine a aplicação subsidiária do Código de Processo Civil à ação popular, a prévia existência de um regramento detalhado com relação à medida liminar (em especial as normas da Lei 8.437/1992) excluiria a aplicação da antecipação da tutela, que era prevista nos arts. 273 e 461 do CPC de 1973, com a redação dada pela Lei 8.952/1994, pois essa seria a solução decorrente da Lei de Introdução às Normas do Direito Brasileiro, art. 2º, § 2º.

Não obstante, atualmente não restam controvérsias na jurisprudência quanto à admissibilidade da concessão de tutelas antecipadas na ação popular.[58]

O STJ entende que a restrição do art. 2º da Lei 8.437/1992 (proibição de concessão de liminar antes da audiência da pessoa

58. V., por exemplo, STJ, REsp 1.098.028-SP, rel. Min. Luiz Fux, *DJe* 2.3.2010, que, inclusive, admitiu execução de multa diária (*astreintes*) por descumprimento de obrigação fixada em liminar concedida em ação popular nos próprios autos. De acordo com o Código de Processo Civil de 2015 (Lei 13.105/2015), a tutela provisória, de caráter antecipado ou cautelar, poderá ser concedida em dois casos: os de *urgência*, em que é necessária a demonstração de probabilidade do direito e perigo de demora; e os de *evidência*, que independem da demonstração de perigo da demora e se configuram quando: "I – ficar caracterizado o abuso do direito de defesa ou o manifesto propósito protelatório da parte; II – as alegações de fato puderem ser comprovadas apenas documentalmente e houver tese firmada em julgamento de casos repetitivos ou em súmula vinculante; III – se tratar de pedido reipersecutório fundado em prova documental adequada do contrato de depósito, caso em que será decretada a ordem de entrega do objeto custodiado, sob cominação de multa; IV – a petição inicial for instruída com prova documental suficiente dos fatos constitutivos do direito do autor, a que o réu não oponha prova capaz de gerar dúvida razoável". Nas hipóteses dos incisos II e III o juiz poderá decidir liminarmente. (art. 311, *caput* e parágrafo único).

Na doutrina tem-se sustentado que as vedações à concessão de tutela provisória contra a Fazenda Pública limitam-se às tutelas de urgência. Nesse sentido as conclusões do *VI Fórum Permanente de Processualistas Civis*/FPPC, realizado em São Paulo nos dias 18 a 20.3.2016.

jurídica de direito público, em prazo de 72 horas) não se aplica às ações populares.[59]

Manifestamos o entendimento, também em edições anteriores, de que seria contrária à índole do Estado de Direito e do sistema judiciário de duplo grau de jurisdição a decisão única e irrecorrível. Assim sendo, não se poderia conceber um despacho de tal gravidade e com tal repercussão na vida administrativa do País sem limites, sem prazo e sem recurso algum. Sempre sustentamos, portanto, a aplicação, por analogia, das mesmas regras processuais que regem a concessão da liminar em mandado de segurança, os mesmos fundamentos justificadores da medida, o mesmo prazo de vigência e os mesmos recursos (pedido de cassação ao presidente do Tribunal competente para julgar o recurso de mérito e, subsequentemente, agravo regimental para o Plenário, se cassada a liminar).

Entretanto, inicialmente os Tribunais não admitiam o pedido de cassação da liminar pelo presidente,[60] entendendo cabível o agravo de instrumento,[61] o mandado de segurança[62] e até mesmo a correição parcial.[63] Dizer-se que na ação popular a liminar poderia ser cassada em *agravo de instrumento*, ou obstada por *mandado de segurança*, ou suprimida em *correição parcial*, era desconhecer a realidade. O agravo não dispunha de efeito suspensivo e a formação do instrumento levava, então,[64] meses para se completar e subir ao Tribunal; o mandado de segurança era dispendioso e tardo no seu julgamento, e a correição parcial revelava-se inadequada, por visar a corrigir erro *in procedendo*, e não *in judicando*. Daí justificar-se o pedido de suspensão da liminar ao presidente do Tribunal, com aplicação analógica e construtiva das disposições assemelhadas do mandado de segurança, para evitar dano iminente e irreparável, se consumado.

---

59. STJ, REsp 73.083-DF, rel. Min. Fernando Gonçalves, *ADV* 1998, p. 84, ementa 81.723, e REsp 147.869-SP, rel. Min. Adhemar Maciel, *RSTJ* 105/193.

60. O Des. Young da Costa Manso, quando Presidente do TJSP, cassou liminar concedida em ação popular (Processo 487-0, *DJE* 3.9.1980), mas seu despacho foi reformado, por maioria de votos, em agravo regimental, no qual ficou dito que o recurso cabível contra a liminar seria o agravo de instrumento.

61. TJSP, *RT* 549/56.

62. TFR, Plenário, MS 89.456-RJ, j. 3.6.1980.

63. Conselho da Justiça Federal/CNJ, Processo 240/CG-80-DF.

64. O texto remonta à época anterior à primeira reforma do agravo de instrumento, promovida pela Lei 9.139/1995.

Sem esse controle a liminar deixaria de ser um provimento de proteção ao patrimônio público para se erigir em ato de arbítrio do juiz, inaceitável dentro da ordem jurídica vigente. Mas, concedida com prudência e justificativa legal, a liminar impediria o dano de muitos atos irreversíveis e a destruição de muitos bens insubstituíveis da Administração.

Ora, também neste particular o legislador seguiu a linha traçada nas edições anteriores da presente obra, pois o art. 4º da Lei 8.437/1992 atribuiu ao presidente do Tribunal ao qual couber o conhecimento do respectivo recurso competência para suspender, em despacho fundamentado, a execução da liminar nas ações movidas contra o Poder Público, a requerimento do Ministério Público ou da pessoa jurídica de direito público interessada, em caso de manifesto interesse público ou de flagrante ilegitimidade, e para evitar grave lesão à ordem, à saúde, à segurança e à economia públicas.[65]

Em procedimento diverso daquele adotado em relação ao mandado de segurança (art. 15 da Lei 12.016/2009), faculta-se ao presidente do Tribunal ouvir, previamente, o autor e o Ministério Público, em 72 horas (art. 4º, § 2º, da Lei 8.437/1992, com a redação dada pela Medida Provisória 2.180-35/2001).

65. O STJ em algumas oportunidades vem flexibilizando a interpretação da lei, para reconhecer legitimidade também às sociedades de economia mista para o pedido de suspensão de liminar, se presente o interesse público, como pode ocorrer no caso de concessionárias de serviços públicos (REsp 50.284-SP, rel. Min. Peçanha Martins, *RSTJ* 136/152; Pet/AgR 1.489-BA, *DJU* 22.10.2001). Na mesma linha: SL/AgR 1.073-RJ, rel. Min. César Asfor Rocha, *DJe* 17.12.2009. Em outros casos, ao longo do ano de 2005, e com base em interpretação elástica da legitimidade prevista na Lei 8.437/1992, foram admitidas até mesmo as suspensões de liminares requeridas por empresas estritamente privadas, desde que concessionárias de serviços públicos, e por fundos de pensão ligados a estatais. São exemplos a SL 196-RJ, pedida pela Light, a SL 221-RJ, pedida pela Varig, e as SL 128-RJ e 222-DF, requeridas por vários fundos de pensão (PREVI, PETROS, FUNCEF e outros), todas relatadas e deferidas pelo Min. Edson Vidigal (respectivamente, *DJU* 10.11.2005, *DJU* 2.2.2006, *DJU* 6.10.2005, *DJU* 2.6.2006). Na mesma linha: SL 313-CE, rel. Min. Barros Monteiro, *DJU* 21.9.2006, em pedido formulado pela Cia. Energética do Ceará/COELCE. No mesmo sentido: SL 765-PR, rel. Min. Barros Monteiro, *DJU* 8.10.2007; SL 789-AL, rel. Min. Barros Monteiro, *DJU* 1.2.2008. No STF, igualmente admitindo a legitimidade processual ativa de pessoas jurídicas de direito privado para o pedido de suspensão, desde que no exercício de função delegada do Poder Público, como no caso das concessionárias de serviço público: SL 111-DF, rela. Min. Ellen Gracie, *DJU* 2.8.2006; SL 251-SP, rel. Min. Gilmar Mendes, *DJe* 4.8.2008; SL 274-PR, rel. Min. Gilmar Mendes, *DJe* 3.2.2009.

A partir da edição da Lei 9.139/1995 o agravo de instrumento passou a ser interposto diretamente no Tribunal competente, e não mais na primeira instância, acelerando sensivelmente seu andamento. Por outro lado, o relator passou a ter o poder de atribuir efeito suspensivo ao recurso nas hipóteses de dano irreparável ou de difícil reparação e relevante argumentação de direito. Assim, também aí, as preocupações de Hely Lopes Meirelles foram atendidas, pois o agravo de instrumento transformou-se em mais um meio de defesa da Administração – e dos réus em geral – com relação às liminares que possam colocar sua atividade em risco.[66]

A Medida Provisória 1.984-18, de 1.6.2000, acrescentou, ainda, os §§ 3º a 9º ao art. 4º da Lei 8.437/1992. De acordo com o texto legal, do despacho que conceder ou negar o pedido de suspensão cabe agravo em cinco dias – recurso, este, que poderá ser recebido com efeito suspensivo (§ 3º). Por outro lado, se negado o pedido de suspensão no segundo grau e também negado o respectivo agravo, cabe novo pedido de suspensão ao Tribunal Superior competente para apreciação de futuro recurso extraordinário (STF) ou especial (STJ) (§ 4º).[67] Na forma do § 5º, o novo pedido de suspensão aos Tribunais Superiores é cabível ainda quando negado provimento, na segunda instância, ao agravo de instrumento interposto contra a liminar deferida no primeiro grau. O § 6º explicitou que o eventual agravo de instrumento contra a decisão de concessão de liminar não prejudica nem condiciona o julgamento do pedido de suspensão. No § 7º autoriza-se ao presidente do Tribunal a deferir a suspensão liminarmente, se plausível o direito invocado e urgente a concessão da medida. O § 8º permite a concessão da suspensão com efeitos retroativos, tornando sem efeito qualquer ato executivo que tenha ocorrido, quando a limitar tiver esgotado no todo ou em parte o objeto da ação ou tiver sido deferida em flagrante ofensa à lei ou à jurisprudência de Tribunal Superior. O § 9º, por sua vez, disciplina que, havendo várias liminares com objeto idêntico, poderão elas ser suspensas em uma única decisão, a qual poderá ter seus efeitos estendidos a outras liminares semelhantes supervenientes, mediante simples aditamento ao pedido original. No julgamento da ADI

66. Posteriormente, as Leis 10.352/2001 e 11.187/2005 também modificaram o regime dos recursos de agravo de instrumento e agravo retido, regime, este, que se manteve, com poucas modificações, no atual Código de Pocesso Civil.

67. Para que se tenha acesso ao pedido de suspensão no Tribunal Superior, porém, é preciso esgotar previamente a instância ordinária (STJ, SL/AgR 50-SC, rel. Min. Édson Vidigal, *RF* 377/291).

2.251-DF o STF considerou todos estes dispositivos constitucionais, à exceção do § 8º, cuja vigência foi suspensa. A medida provisória em tela foi sucessivamente reeditada, sendo a última versão a Medida Provisória 2.180-35, de 24.8.2001, a qual se encontra em vigor por prazo indeterminado até que seja expressamente revogada ou aprovada, na forma do art. 2º da EC 32, que modificou o regime jurídico das medidas provisórias. O antigo § 9º passou a ser o § 8º, e o dispositivo tido como inconstitucional pelo STF não foi mais objeto de reedição. Foi introduzido ainda um § 9º, estabelecendo que a suspensão deferida pelo presidente do Tribunal vigorará até o trânsito em julgado da decisão de mérito na ação principal.[68]

8. *Sentença*

Sendo procedente a ação, o juiz deverá decretar, necessariamente, a invalidade do ato impugnado e as restituições devidas, condenando ao pagamento de perdas e danos os responsáveis pela sua prática e os beneficiários de seus efeitos, ficando sempre ressalvada à Administração a ação regressiva contra os funcionários culpados pelo ato anulado (art. 11).[69] A lei distingue, portanto, três situações a serem consideradas na sentença: a do ato impugnado (decretação de invalidade), a dos responsáveis pelo ato (réus) e a dos beneficiários do ato (corréus) – todos, em princípio, solidários na reparação do dano. Ficará para ser decidida em ação regressiva somente a responsabilidade dos funcionários culpados que não tiverem sido chamados na ação popular.

---

68. Sobre *suspensão de liminar e de sentença*, v. item 13 da Primeira Parte deste livro.

69. O TFR, em acórdão da lavra do Min. Carlos Madeira (AI 41.593-RJ) decidiu que na ação popular "a sentença é preponderantemente constitutiva negativa, mas também tem efeito condenatório". Sendo assim, só cabe a condenação em perdas e danos se houver a desconstituição do ato. O TRF-2ª Região decidiu no mesmo sentido. Se o ato for ilegal e lesivo, deverá ser anulado e erradicado do mundo jurídico; se for legal a ponto de ser mantido, não cabe a condenação dos réus em indenização por supostos prejuízos (Plenário, ACi/EI 28.044-RJ e 28.045-RJ, rel. Juiz Silvério Cabral, j. 23.5.1996). Na mesma linha, apontando a impossibilidade de pedido ressarcitório aos cofres públicos sem a anulação do ato tido como lesivo: TJMG, ACi 141.093-5, rel. Des. Hugo Bengtsson, *ADV* 1999, p. 564, ementa 89.021.

Como se verá na Terceira Parte, a natureza essencialmente constitutiva negativa (ou desconstitutiva) da ação popular é um de seus grandes traços distintivos da ação civil pública.

Mas a só invalidação do ato impugnado não acarreta automaticamente a condenação de todos os que o subscreveram, ou dele participaram com manifestações técnicas ou administrativas, em razão do cargo ou da função que exerciam. Necessário é que tenham agido com culpa ou dolo, pois os que cumpriram ordens superiores ou atuaram no desempenho regular de suas atribuições funcionais não ficam sujeitos a indenizações ou reparações pelo ato invalidado. A condenação, neste caso, será apenas do superior que ordenou ou praticou o ato ilegal e lesivo e de seus beneficiários.[70] Por "beneficiários" entendem-se aqueles funcionários que auferiram vantagens diretas e imediatas do ato invalidado, e não os que posteriormente contrataram regularmente obras ou serviços decorrentes daquele ato.

Invalidado o ato impugnado, a *condenação* abrangerá, ainda, as indenizações devidas,[71] as custas e despesas com a ação feitas pelo autor, bem como honorários de seu advogado (art. 12).

Nas ações julgadas improcedentes o autor ficará, "salvo comprovada má-fé, isento de custas judiciais e de ônus da sucumbência", que são os honorários de advogado (CF, art. 5º, LXXIII, parte final).[72]

---

70. Com relação aos beneficiários, é necessário averiguar se agiram de má-fé, pois do contrário pode ser injustificável condená-los a indenizar a Administração. V. STJ, REsp 575.551-SP, rel. design. Min. José Delgado, *DJU* 12.4.2007 e *RePro* 150/188.

71. Reiterando a natureza preponderantemente desconstitutiva da ação popular, o STJ já decidiu que o pedido condenatório na ação popular não é consequência necessária da anulação do ato ou contrato impugnado, pois demanda a prova efetiva do prejuízo causado aos cofres públicos. Embora a lesividade ao patrimônio público seja requisito da ação, a lesão pode ser imaterial. Assim, "o pressuposto da indenização é o desfalque patrimonial causado por ação ou omissão dolosa ou culposa. A condenação em perdas e danos não é mera decorrência lógica da anulação do contrato, mas se exige a prova do dano causado ao erário" (STJ, REsp 663.889-DF, rel. Min. Castro Meira, *RDR* 40/351). No mesmo sentido, ressaltando, inclusive, que entendimento contrário pode evidenciar enriquecimento sem causa do ente público, que usufruiu dos serviços prestados em razão do contrato anulado: REsp 1.447.237-MG, rel. Min. Napoleão Nunes Maia Filho, *DJe* 9.3.2015.

72. A isenção dos ônus da sucumbência para o autor popular é aplicável também às medidas cautelares eventualmente preparatórias da futura ação popular, ainda que esta não venha a ser proposta, como já decidiu o STF (RE 335.428-SP, rel. Min. Dias Toffoli, *DJe* 6.8.2010).

Há discussão sobre se os réus devem ser condenados em honorários de advogado quando a ação é julgada extinta, sem exame do mérito, em virtude da anulação ou revogação administrativa do ato impugnado. Aqueles a favor da imposição dos ônus da sucumbência entendem que a anulação administrativa do ato implicaria o reconhecimento da procedência do pedido (*RDA* 123/290). Ficando caracterizado que os réus

O art. 14 determina, expressamente, que, se o valor da lesão ficar comprovado no curso da ação, será indicado na sentença; se depender de avaliação ou perícia, será apurado em execução.[73] O mesmo artigo estabelece os seguintes critérios para a condenação e execução do julgado: quando a lesão resultar da falta de algum pagamento, a condenação imporá o recolhimento devido, com juros de mora e multa legal ou contratual, se houver; quando a lesão resultar da execução fraudulenta, simulada ou irreal de contrato, a condenação versará sobre a reposição do débito, com juros de mora;[74] quando o réu condenado receber dos cofres públicos, far-se-á a execução por desconto em folha até o integral ressarcimento, se assim mais convier ao interesse público; a parte condenada a restituir bens ou valores ficará sujeita a sequestro e penhora, desde a prolação da sentença condenatória (§§ 1º a 4º).

Além da invalidade do ato ou do contrato e das reposições e indenizações devidas, a sentença em ação popular não poderá impor qualquer outra sanção aos vencidos. Sua natureza civil não comporta condenações políticas, administrativas ou criminais.

---

deram causa à instauração do processo e à sua posterior extinção e reconhecendo-se a correção da atuação do autor popular, o STJ decidiu que é cabível a condenação dos réus nos ônus da sucumbência mesmo que o feito tenha sido extinto por falta de objeto (REsp 98.742-SP, rel. Min. Adhemar Maciel, *DJU* 23.6.97, p. 29.083; REsp/AgR 472.163-RS, rel. Min. José Delgado, *DJU* 10.3.2003, pp. 132-133). Pode ainda ser invocada a Súmula 38 do TRF-4ª Região, que, embora não seja específica para ações populares, afirma o princípio de que os ônus da sucumbência são devidos mesmo que a ação seja extinta em virtude da perda do objeto por causa superveniente (ED no Ag 1.252.134, rel. Min. Mauro Campell Marques, *DJe* 24.11.2010). Não obstante, nem sempre a revogação do ato impugnado implica confissão de procedência da demanda, e, como o autor é sempre isento das custas e honorários (salvo comprovada má-fé), a imposição da sucumbência em hipótese de extinção do feito por perda do objeto poderia ser considerada como uma violação à isonomia das partes litigantes (STJ, REsp 28.833-RJ, rel. Min. César Rocha, *RSTJ* 54/203; TRF-2ª Região, ACi 95.02.28931-5-RJ, rel. Juiz Arnaldo Lima, *DJU* 27.2.1997). Por outro lado, a revogação do ato impugnado, por si só, pode não ser suficiente para caracterizar a perda do objeto da ação popular (STJ, REsp 79.860-SP, rel. Min. Ari Pargendler, *RSTJ* 95/166).

73. A liquidação deve se restringir ao *quantum debeatur*, ou seja, à quantificação do dano indenizável. A sentença de procedência da ação popular pressupõe a prova da efetiva lesão ao patrimônio público no curso da fase de conhecimento. Neste sentido: STJ, REsp 121.431-SP, rel. Min. João Otávio de Noronha, *DJU* 25.4.2005, p. 256, e *RDR* 33/307.

74. Pela Lei 6.899, de 8.4.1981, regulamentada pelo Decreto 86.649, de 25.11.1981, tornou-se obrigatória a correção monetária em todos os débitos reconhecidos em juízo. A necessidade de atualização monetária dos débitos em geral também foi amplamente reconhecida no CC de 2002, notadamente nos arts. 389 e 404.

Se, no final da ação, ficar comprovada alguma infringência de norma penal ou falta disciplinar a que a lei comine pena de demissão ou rescisão do contrato de trabalho, o juiz determinará, de ofício, a remessa de peças ao Ministério Público, à autoridade ou administrador a quem competir a aplicação da pena.

A sentença, em qualquer hipótese, deverá ser proferida dentro de 15 dias da conclusão dos autos, sob pena de ficar o juiz impedido de promoção durante dois anos e na lista de antiguidade ter descontados tantos dias quantos forem os do retardamento da decisão. Essas sanções só poderão ser relevadas pelo órgão disciplinar da Magistratura quando o motivo do atraso no julgamento for justificado e comprovado pelo juiz (art. 7º, parágrafo único). Essas mesmas normas devem prevalecer nos Tribunais, pois não se concebe que o processo da ação popular seja preferente em primeira instância e deixe de o ser nas instâncias superiores.

A sentença proferida em ação popular que for contrária aos interesses do Poder Público poderá ser suspensa pelo presidente do Tribunal ao qual cabe conhecer do respectivo recurso enquanto não transitar em julgado, *ex vi* do art. 4º da Lei 8.437, de 30.6.1992, dependendo de requerimento do Ministério Público ou da pessoa jurídica de direito público interessada,[75] e só se justificando a suspensão quando houver ilegitimidade, evitando-se grave lesão à ordem, à saúde, à segurança e à economia públicas. O presidente do Tribunal poderá ouvir, previamente, o autor e o Ministério Público e de sua decisão caberá agravo, no prazo de cinco dias, para o órgão do Tribunal competente para conhecer do mesmo.

9. Recursos

As sentenças proferidas em ação popular são passíveis de *recurso de ofício* e *apelação voluntária*, com efeito suspensivo, e das decisões interlocutórias cabe *agravo de instrumento* (art. 19 e §§ da

75. A jurisprudência vem flexibilizando o entendimento no tocante à legitimidade para o pedido de suspensão com base na Lei 8.437/1992, admitindo-o mesmo quando formulado por pessoa jurídica de direito privado, desde que no exercício de função pública delegada, como na hipótese de concessionárias de serviços públicos. Exemplificativamente, v.: STF, SL 111-DF, rela. Min. Ellen Gracie, *DJU* 2.8.2006; STJ, SL 313-CE, rel. Min. Barros Monteiro, *DJU* 21.9.2006. Sobre o tema, v. item 13 da Primeira Parte deste livro.

Lei 4.717/1965, com a redação dada pela Lei 6.014/1973). Da decisão *concessiva da liminar*, além do agravo, cabe também o *pedido de cassação* ao presidente do Tribunal competente para o recurso de mérito (v. item 7, retro).[76] Quanto à decisão *denegatória da liminar*, continuamos a sustentar que é irrecorrível, mas a 1ª Câmara do TJSP admitiu agravo de instrumento, embora negando-lhe provimento pelo mérito.[77]

O *recurso de ofício* só será interposto quando a sentença concluir pela *improcedência* ou pela *carência* da ação. Inverteu-se, assim, a tradicional orientação desse recurso (que nas outras ações é interposto quando julgadas procedentes), para a melhor preservação do interesse público, visto que a rejeição da ação popular é que poderá prejudicar o patrimônio da coletividade, lesado pelo ato impugnado. Este recurso é manifestado por simples declaração do juiz na conclusão da decisão, mas se o magistrado o omitir deverá o Tribunal considerá-lo interposto e reapreciar o mérito do julgado inferior que deu pela improcedência ou pela carência da ação, avocando o processo.[78]

A *apelação voluntária* cabe tanto da sentença que julgar *procedente* ou *improcedente* a ação como da decisão que der pela sua *carência*. Terá sempre efeito suspensivo[79] e seguirá a tramitação

---

76. Conforme anotação anterior, na sistemática da Lei 9.139/1995 o agravo de instrumento passou a ser viável como recurso eficiente contra a decisão concessiva da liminar, com a vantagem de poder ser interposto por qualquer réu, e não apenas por pessoa jurídica de direito público, como é o caso dos pedidos de suspensão dirigidos ao presidente do Tribunal. Assim, hoje deve ser admitido o agravo de instrumento também contra a decisão concessiva da liminar.

77. Processo 487-0, rel. Des. Young da Costa Manso, *DJe* 3.9.1980, anteriormente mencionado.

78. Caso a ação seja julgada parcialmente procedente cabe o recurso de ofício quanto à parte da decisão que foi contrária à pretensão do autor popular (STJ, REsp 189.328-SP, rel. Min. Milton Luiz Pereira, *DJU* 1.7.2002, p. 219).

79. A apelação deve, porém, ser recebida somente no efeito devolutivo quando interposta de sentença que confirme a antecipação dos efeitos da tutela, diante do disposto no art. 1.012, V, do CPC de 2015. Assim decidiu o TJSP no AI 677.5888-5/3, rel. Des. Gama Pellegrini, *DJU* 3.4.2008. Segundo entendeu o mesmo Tribunal (dessa vez no julgamento da MC 747.293-5/1-00, rel. Des. Gonzaga Franceschini, *DJU* 26.9.2008), para fins de configuração da hipótese que era encerrada no art. 520, VII, do CPC de 1973, a tutela antecipada deve ter sido concedida no curso do processo; se deferida na própria sentença, a apelação deverá ser recebida em ambos os efeitos, porquanto inaplicável, na visão do TJSP, aquele dispositivo, prevalecendo a regra geral do art. 19 da Lei 4.717/1965. Esse entendimento, todavia, não prevaleceria frente à redação do Código de Processo Civil de 2015, que é expresso ao prever que começa

comum prevista no Código de Processo Civil, com a só peculiaridade de que, no caso de improcedência ou carência da ação, poderá ser interposta tanto pelo vencido como pelo Ministério Público ou por qualquer cidadão.

O dispositivo legal permissivo dessa apelação (art. 19, § 2º) está a indicar que o titular do recurso é o povo, representado pelo órgão incumbido da defesa da sociedade. Assim sendo, quando a ação é julgada *procedente* não se admite recurso de terceiros ou do Ministério Público, só podendo apelar os réus atingidos pela decisão. Os procuradores da República ou os promotores públicos atuam sempre em defesa dos interesses da comunidade, em favor da qual é intentada a ação popular. Daí por que a lei proibiu esses agentes públicos de recorrer em prol dos réus chamados na ação.

No mais, as decisões e despachos interlocutórios em ação popular ficam sujeitos a todos os recursos do Código de Processo Civil, com interposição e efeitos normais.

Aplicando subsidiariamente o art. 191 do CPC de 1973 (art. 229 do Código atualmente em vigor), o STJ já decidiu que deve ser contado em dobro o prazo para a interposição de recursos em ações populares quando houver litisconsortes com procuradores diferentes.[80]

10. Coisa julgada

A sentença definitiva produzirá efeitos de coisa julgada oponível *erga omnes*, exceto quando a improcedência resultar de deficiência de prova, caso em que poderá ser renovada com idêntico fundamento, desde que se indiquem novas provas (art. 18).[81] Essa renovação da ação tanto pode ser feita pelo mesmo autor como por qualquer outro cidadão.

---

a produzir imediatamente efeito, após a publicação, a sentença que confirma, concede ou revoga tutela provisória (art. 1.012, V).

80. STJ, REsp 230.142-RJ, rel. Min. Garcia Vieira, *RJADCOAS* 7/14. No Código de Processo Civil de 2015 o prazo em dobro somente é cabível quando os procuradores forem integrantes de escritórios de Advocacia distintos e quando os processos não sejam eletrônicos (art. 229).

81. Decisão proferida em ação popular, embora tenha efeitos *erga omnes*, não tem efeito vinculante, ainda que proferida pelo STF. Assim, não vincula juízes e tribunais quando do exame de outros processos (Pet/ED 3.388, rel. Min. Roberto Barroso, *DJe* 3.2.2014).

É necessário, portanto, distinguir três situações: (a) sentença que julga procedente a ação; (b) sentença que julga improcedente a ação por ser infundada; (c) sentença que julga improcedente a ação por deficiência de provas. Nos dois primeiros casos a sentença decide a questão de mérito e, quando definitiva, tem *eficácia de coisa julgada*, oponível *erga omnes*. Quer dizer: não pode ser admitida outra ação com os mesmos fundamento e objeto, ainda que proposta por outro cidadão. Se for proposta, pode o réu arguir a exceção de coisa julgada. Mas, se a sentença julgou improcedente a ação por deficiência da prova, não decidiu a questão de mérito, por isso *não terá eficácia de coisa julgada*, podendo ser intentada outra ação com o mesmo fundamento, desde que sejam indicadas novas provas. Significa apenas que o julgamento de *deficiência da prova* é que se tornou coisa julgada, tanto que, se não forem indicadas novas provas, o réu poderá pedir a declaração de carência da ação, arguindo a impossibilidade de se propor outra demanda com o mesmo fundamento e as mesmas provas.

Considerando que a sentença de procedência da ação tem efeitos *erga omnes*, entendemos que não cabe a declaração de inconstitucionalidade de lei ou ato normativo em sede de ação popular. O controle concentrado de constitucionalidade é da competência exclusiva do STF, na forma do art. 102, I, "a", da CF.

Não se pode dizer que o juiz, na ação popular, poderia exercer o controle difuso da constitucionalidade. O controle difuso tem como sua característica essencial a restrição dos efeitos da eventual declaração de inconstitucionalidade apenas às partes litigantes. Como a sentença de procedência da ação popular é oponível *erga omnes*, uma declaração de inconstitucionalidade nela embutida implicaria usurpação da competência do STF.

O problema tem sido mais analisado em termos de ações civis públicas, nas quais as sentenças também podem ser oponíveis *erga omnes* e a mesma questão tem se colocado com frequência (v., adiante, o n. 8 da Terceira Parte). A jurisprudência, em especial do STF, tem reconhecido que a ação civil pública não pode se tornar uma forma paralela de declaração de inconstitucionalidade, e o mesmo raciocínio, pelas mesmas razões, se aplica à ação popular.

O STF já julgou que é de sua competência exclusiva o julgamento da validade de lei em tese e que o julgamento deste tema por juiz de primeiro grau implica "usurpação da competência do

Supremo para o controle concentrado", acarretando a nulidade do respectivo processo.[82]

Em matéria específica de ação popular, vários arestos reconhecem que ela não se presta para substituir a ação direta de inconstitucionalidade.[83] Aliás, a Constituição especifica, em disposição que deve ser entendida como *numerus clausus*, os legitimados à propositura da ação direta de inconstitucionalidade (CF, art. 103), não sendo viável seu ajuizamento por qualquer pessoa. A ação popular, que pode ser proposta por qualquer cidadão, certamente não é o instrumento apropriado para a declaração de inconstitucionalidade de lei com efeitos gerais.

O Presidente do TRF-1ª Região, por sinal, já teve a oportunidade de suspender medida liminar que fora concedida em ação popular por juiz de primeira instância para o fim de sustar os efeitos de resoluções do Conselho Monetário Nacional/CMN e circulares do BACEN, todas relativas ao Programa de Estímulo à Reestruturação do Sistema Financeiro Nacional/Proer. No caso concreto já havia ação direta de inconstitucionalidade perante o STF sobre o mesmo tema, na qual a liminar fora indeferida. O Presidente do TRF – Juiz Leite Soares – reconheceu que a ação popular não passava de uma renovação da ação direta, sendo incabível que um juiz proferisse decisão liminar sobre as normas em tese, especialmente em sentido contrário ao já decidido pelo STF.[84]

Nada disso significa, porém, que um ato que viole a Constituição não possa ser objeto de ataque em ação popular. A restrição diz respeito a ato normativo, cuja declaração de inconstitucionalidade é especificamente regulada na Carta Política. Nada obsta a que o ato puramente administrativo, quando contrário à Constituição Federal, seja impugnado através de ação popular. Foi este o caso, por exem-

---

82. STF, Rcl 434-1, rel. Min. Francisco Rezek, *RF* 336/231.

83. TJDF, *RDA* 35/48; TJSC, *RT* 623/155; TJRJ, *RDTJRJ* 7/213; TJSP, *RT* 703/63. O STJ, por sua vez, decidiu que "é possível a declaração de inconstitucionalidade *incidenter tantum* de lei ou ato normativo federal ou local em sede de ação coletiva. Entretanto, no caso dos autos, a alegação de imoralidade administrativa equivale à inconstitucionalidade formal da citada lei; sendo assim, o próprio objetivo da ação popular é a inconstitucionalidade da lei, e essa via é imprópria para o controle da constitucionalidade de leis" (STJ, REsp 505.865-SC, rel. Min. João Otávio de Noronha, *RSTJ* 207/63; AgInt no REsp 1.352.498-DF, rel. Min. Sergio Kukina, *DJe* 8.6.2018).

84. SS 95.01.36857-2-DF, despacho de 20.12.1995.

plo, da ação popular intentada, perante o STF, contra portaria do Ministério da Justiça e contra decreto presidencial por meio dos quais foi demarcada terra indígena conhecida como Raposa Serra do Sol.[85]

11. Execução

A sentença *transitada em julgado* constitui título para se instaurar a *execução popular*. Mas "a parte condenada a restituir bens ou valores ficará sujeita a *sequestro* e *penhora*, desde a prolação da sentença condenatória" (art. 14, § 4º). Parece haver, aqui, ligeira confusão. Se a condenação é para restituir bens ou valores, então, a execução será *para entrega de coisa certa*. Pois "valores", aí, está no sentido de "coisas infungíveis". Estas é que devem ser restituídas. Logo, não tem cabimento falar em *penhora*. O normal seria a imissão na posse. Mas, como se percebe do texto legal, a medida pode ocorrer desde a prolação da sentença condenatória. Conclui-se que se trata de decisão de primeira instância. Disso se infere que a lei instituiu, ali, não tanto uma medida executória, mas uma *medida cautelar incidente*. Nessa hipótese, o termo "sequestro" está bem empregado, mas "penhora", não.

São pessoas legitimadas para promover a execução popular: (a) o *autor popular*; (b) *qualquer outro cidadão*; (c) o *representante do Ministério Público*; (d) as *entidades chamadas na ação*, ainda que a tenham contestado.

A *legitimação do Ministério Público* para intentar execução da ação popular é subsidiária e condicionada, conforme o disposto no art. 16.[86]

85. A ação popular em questão foi julgada parcialmente procedente pelo STF, para declarar constitucional a demarcação contínua da referida terra indígena e para também determinar "que fossem observadas determinadas condições", enumeradas no resultado do julgamento (STF, Pet 3.388, rel. Min. Carlos Britto, *RTJ* 212/49). A imposição das citadas condicionantes pelo STF gerou grande controvérsia e deu ensejo à oposição, inclusive pelo Ministério Público Federal, de embargos de declaração, que suscitavam o descabimento da imposição de condicionantes em sede de ação popular. Tais aclaratórios foram julgados e acolhidos, mais recentemente, embora sem efeitos modificativos, para esclarecer que a decisão proferida naquela ação popular, embora tenha efeitos *erga omnes*, não tem efeito vinculante. Assim, não vincula juízes e tribunais quando do exame de outros processos relativos a terras indígenas diversas (STF, Pet/ED 3.388, rel. Min. Roberto Barroso, *DJe* 3.2.2014).

86. STJ, REsp/AgR-EDv 450.258-SP, rel. Min. Luiz Fux, *DJU* 7.8.2006 e *RT* 854/141.

Note-se que o representante do Ministério Público somente deverá promover a execução se verificados a inércia do autor e o desinteresse de outro cidadão e após transcorrer o prazo de 60 dias da publicação do julgado condenatório de segunda instância. É obrigado a promover a execução, verificados a inércia e o desinteresse, nos 30 dias subsequentes, sob pena de falta grave. E se a sentença condenatória exequível for de *primeira instância*? A lei não o diz expressamente, mas é óbvio que também o Ministério Público poderá promover-lhe a execução, na omissão do autor popular, com base no § 4º do art. 6º.

A execução pode ser por *quantia certa* quando a condenação versar sobre perdas e danos, ou impuser pagamento devido ou determinar reposição de débito (art. 14, §§ 1º e 2º); e *para entrega de coisa certa* quando a condenação determinar a devolução de bens ou valores (art. 14, § 4º).

Quando o réu condenado perceber dos cofres públicos a execução far-se-á por desconto em folha até o integral ressarcimento do dano causado, *se assim mais convier ao interesse público* (art. 14, § 3º).

A execução promove-se contra os réus condenados no processo de conhecimento. Mas nem todos que contestaram a ação ficam sujeitos à execução. Desta estão excluídas as pessoas ou entidades referidas no art. 1º da lei, pois o processo executório visa ao ressarcimento da lesão que o ato impugnado causou ao patrimônio da pessoa ou entidade sindicada. Não teria lógica que essa pessoa ou entidade, ainda que tenha contestado a demanda, fosse condenada a pagar perdas e danos ou devolver bens ou valores a si mesma, como pondera José Afonso da Silva em excelente monografia sobre o assunto.[87]

Tendo em vista a aplicação subsidiária do Código de Processo Civil às ações populares, por força do art. 22 da Lei 4.717/1965, é de ser observado o rito das execuções introduzido pela Lei 11.232, de 22.12.2005, previsto no diploma atual, no que couber.[88]

87. José Afonso da Silva, *Ação Popular Constitucional – Doutrina e Processo*, 2ª ed., 2ª tir., São Paulo, Malheiros Editores, 2013, p. 265.

88. Sobre o tema, v. Flávia Regina Ribeiro da Silva, "O cumprimento de sentença na ação popular: algumas implicações da Lei 11.232/2005", *RePro* 144/85.

TERCEIRA PARTE

AÇÃO CIVIL PÚBLICA

1. Conceito e objeto. 2. Legitimação das partes e os poderes do Ministério Público. 3. Foro e processo. 4. Responsabilidade do réu. 5. A ação civil pública no mercado de capitais. 6. A ação civil pública e a defesa do consumidor. 7. A ação civil pública no Estatuto da Criança e do Adolescente. 8. A ação civil pública e as infrações da ordem econômica. 9. A evolução da ação civil pública. Usos e abusos.

1. Conceito e objeto

A *ação civil pública*,[1] disciplinada pela Lei 7.347, de 24.7.1985,[2] é o instrumento processual adequado para reprimir ou impedir

---

1. Sobre a ação civil pública ao longo das últimas décadas, v.: Antônio Augusto Mello de Camargo Ferraz, Édis Milaré e Nelson Nery Jr., *A Ação Civil Pública e a Tutela Jurisdicional dos Interesses Difusos*, São Paulo, Saraiva, 1984; Paulo Affonso Leme Machado, *Ação Civil Pública, Ambiente, Consumidor, Patrimônio Cultural, Tombamento*, 2ª ed., São Paulo, Ed. RT, 1987; Wolgran Junqueira Ferreira, *A Ação Civil Pública*, Julex, 1987; José Rogério Cruz e Tucci, "Código do Consumidor e processo civil – Aspectos polêmicos", *RT* 671/32, setembro/1991; Galeno Lacerda, "Ação civil pública e contrato de depósito em caderneta de poupança", *RT* 715/108, maio/1995; Eliana Calmon, "Ação civil pública. Aspectos ligados à competência", in *Introdução ao Direito Previdenciário*, São Paulo, LTr, 1998, pp. 167-178; Humberto Theodoro Jr., "Algumas observações sobre a ação civil pública e outras ações coletivas", *RT* 788/57-75, junho/2001; Rogério Lauria Tucci, "Ação civil pública: abusiva utilização pelo Ministério Público e distorção pelo Poder Judiciário", in *Aspectos Polêmicos da Ação Civil Pública*, São Paulo, Saraiva, 2003, p. 456; Hugo Nigro Mazzilli, *Tutela dos Interesses Difusos e Coletivos*, 5ª ed., Ed. Damásio de Jesus, 2006; Édis Milaré (coord.), *Ação Civil Pública Após 30 Anos*, São Paulo, Ed. RT, 2015; Paulo Henrique dos Santos Lucon (coord.), *Tutela Coletiva: 20 Anos da Lei da Ação Civil Publica e do Fundo de Defesa de Direitos Difusos, 15 Anos do Código de Defesa do Consumidor*, São Paulo, Atlas, 2006; Gianpaolo Poggio Smanio, *Interesses Difusos e Coletivos*, 8ª ed., São Paulo, Atlas, 2007. E, ainda, entre os mais recentes: Luciano Velasque Rocha, *Ações Coletivas: o Problema da Legitimidade para Agir*, Rio de Janeiro, Forense, 2007; Guilherme Calmon Nogueira da Gama,

danos ao *meio ambiente*, ao *consumidor*, a *bens e direitos de valor artístico, estético, histórico, turístico e paisagístico* e por *infrações da ordem econômica, à ordem urbanística e à honra e à dignidade de grupos raciais, étnicos ou religiosos* (art. 1º), protegendo, assim, os *interesses difusos, coletivos e individuais homogêneos, desde que socialmente relevantes*.[3] Não se presta, em regra, a amparar direitos

---

Interesses Difusos e Coletivos, 8ª ed., São Paulo, Atlas, 2007; com artigos de vários autores renomados e jurisprudência do STF e do STJ; Arnoldo Wald (coord.), *Aspectos Polêmicos da Ação Civil Pública*, 2ª ed., São Paulo, Saraiva, 2007; Ada Pellegrini Grinover, Aluísio Gonçalves de Castro Mendes e Kazuo Watanabe (coords.), *Direito Processual Coletivo e o Anteprojeto de Código Brasileiro de Processos Coletivos*, São Paulo, Ed. RT, 2007; Ada Pellegrini Grinover, *Os Processos Coletivos nos Países de "Civil Law" e "Common Law": uma Análise de Direito Comparado*, São Paulo, Ed. RT, 2008; José dos Santos Carvalho Filho, *Ação Civil Pública: Comentários por Artigos – Lei 7.347, de 24.7.1985*, 7ª ed., Rio de Janeiro, Lumen Juris, 2009; Marcelo Abelha Rodrigues, *Ação Civil Pública e Meio Ambiente*, 3ª ed., Rio de Janeiro, Forense Universitária, 2009; Rodolfo de Camargo Mancuso, *Ação Civil Pública*, 13ª ed., São Paulo, Ed. RT, 2014; Aluísio Gonçalves de Castro Mendes, *Ações Coletivas no Direito Comparado e Nacional*, 2ª ed., São Paulo, Ed. RT, 2009; César Henrique Kluge, *O Alcance da Coisa Julgada na Ação Civil Pública*, São Paulo, LTr, 2009; Maria Clara Gozzoli, Mirna Cianci, Petrônio Calmon e Rita Quartieri (coords.), *Em Defesa de um Novo Sistema de Processos Coletivos – Estudos em Homenagem a Ada Pellegrini Grinover*. São Paulo, Saraiva, 2012; Ada Pellegrini Grinover, Antônio Herman Benjamin, Teresa Arruda Alvim Wambier e Vincenzo Vigoriti, *Processo Coletivo: do Surgimento à Realidade*, São Paulo, Ed. RT, 2014; Teori Albino Zavascki, *Processo Coletivo*, São Paulo, Ed. RT, 2017.

Para aspectos de direito comparado, analisando os sistemas processuais de defesa de direitos coletivos em outros Países: Luís Roberto Barroso, "A proteção coletiva dos direitos no Brasil e alguns aspectos da *class action* norte-americana", *RF* 381/103; Giorgio Constantino, "Class actions at a crossroads: Europe's choice between its own and the american model", *RePro* 153/181; Antônio Gidi, Ugo A. Mattei e Teemu Ruskola, *Schlesinger's Comparative Law: Cases, Text, Materials*, Nova York, Thomson Reuters/Foundation Press, 2009; Antônio Gidi, *A "Class Action" como Instrumento de Tutela Coletiva dos Direitos: as Ações Coletivas em uma Perspectiva Comparada*, São Paulo, Ed. RT, 2007, e "Class action in Brazil. A model for Civil Law Countries", *The American Journal of Comparative Law* 51-2/311-408, 2003; Aluísio Gonçalves de Castro Mendes e Carolina Paes de Castro Mendes, "As *class actions* e as últimas mudanças na Regra 23 do Estatuto Processual Federal Norte-Americano", *REDP* 22, n. 1, Rio de Janeiro, 2021.

A matéria é extremamente atual, seja no Brasil, nos Estados Unidos ou na Europa, pois em todos eles há discussões, projetos de reforma e edição de novas legislações sobre as ações coletivas, também denominadas *class actions* no exterior.

2. Posteriormente trataram da matéria as Leis 7.853/1989, 7.913/1989, 8.069/1990, 8.078/1990, 8.884/1994, 9.494/1997, 12.529/2011, 12.846/2013 e 12.966/2014.

3. Além da Lei 7.347/1985, genérica na matéria, leis posteriores trataram da ação civil pública na defesa dos interesses difusos e coletivos específicos de deter-

individuais disponíveis, nem se destina à reparação de prejuízos causados a particulares pela conduta, comissiva ou omissiva, do réu.[4]

Na realidade, a ação civil pública surgiu com seu campo de aplicação restrito tanto quanto aos setores de sua incidência como em relação aos interesses que podiam ser defendidos mediante a utilização do instrumento processual.

A legislação posterior – especialmente o Código de Defesa do Consumidor (Lei 8.078/1990) – ampliou ambas as áreas, permitindo que a ação civil pública viesse a abranger os interesses coletivos, difusos e individuais homogêneos, nos casos dos três primeiros incisos do art. 1º (proteção ao meio ambiente, ao consumidor e ao patrimônio artístico, estético, histórico, turístico e paisagístico), e tão somente os interesses difusos ou coletivos nos demais casos. A jurisprudência dos Tribunais Superiores, todavia, tem se manifestado no sentido de permitir a utilização da ação civil pública para defesa de outras espécies de interesses individuais homogêneos, desde que configurado interesse social relevante.[5] Em qualquer hipótese, o

---

minadas categorias. É o caso, por exemplo, do Código de Defesa do Consumidor (v. item 6, adiante), do Estatuto da Criança e do Adolescente (v. item 7, adiante), do Estatuto da Pessoa Idosa, do Mercado de Capitais (Lei 7.913/1989), do Estatuto do Torcedor (Lei 10.671/2003), do Estatuto da Igualdade Racial (Lei 12.288/2010) – dentre outros diplomas normativos.

A chamada Lei Anticorrupção – Lei 12.846, de 1.8.2013 – dispôs, no art. 21, que as ações de responsabilização judicial nela fundadas seguirão o rito previsto na Lei 7.347/1985.

4. STJ, REsp 794.752-MA, rel. Min. Luís Felipe Salomão, *DJe* 12.4.2010.

5. Os Tribunais Superiores já entenderam que envolvem interesses individuais homogêneos com relevância social, por exemplo, a defesa do direito à saúde de trabalhadores submetidos às condições insalubres das minas (STJ, REsp 58.682-MG, rel. Min. Carlos Alberto Menezes de Direito, *DJU* 16.12.1996); a proteção do direito de servidores municipais ao salário-mínimo (STJ, REsp 95.347-SE, rel. Min. Edson Vidigal, *DJU* 1.12.1999); a defesa dos princípios regentes do acesso a cargos públicos (STJ, REsp/EDv 547.704-RN, rel. Min. Carlos Alberto Menezes Direito, *DJU* 17.4.2006); a defesa do direito dos segurados do sistema de previdência social à obtenção de certidões (STF, RE/AgR 472.489-RS, rel. Min. Celso de Mello, *DJe* 28.8.2008); a tutela dos idosos prejudicados por exigência de recadastramento para a manutenção do recebimento de aposentadoria (STJ, REsp 1.005.587, rel. Min. Luiz Fux, *DJe* 14.12.2010) ou por interpretação equivocada de lei por parte do INSS (STJ, AgInt no REsp 1.577.054-SC, rel. Min. Francisco Falcão, *DJe* 27.3.2019); a defesa dos interesses de residentes de área desapropriada diante do descumprimento de acordo firmado pelo Município (STJ, REsp 1.120.253-PE, rel. Min. Mauro Campbell Marques, *DJe* 28.10.2009); a tutela dos direitos dos mutuários vinculados ao Sistema Financeiro da Habitação (STF, RE/ED-AgR 470.135-9-MT, rel. Min. Cézar Peluso, *RT* 865/125; e STJ, REsp 1.126.708-PB, rela. Min. Eliana Calmon, *DJe* 25.9.2009);

ajuizamento da ação civil pública não impede a propositura de ações individuais sobre o mesmo objeto, nem gera litispendência.[6]

Constituem *interesses ou direitos difusos*, conforme as definições estabelecidas no art. 81 da Lei 8.078/1990, aqueles de natureza indivisível de que sejam titulares pessoas determinadas e ligadas por circunstâncias de fato (as vítimas de ilegalidade no plano ecológico, por exemplo); são *interesses ou direitos coletivos*, por sua vez, os de natureza indivisível de que sejam titulares grupo, categoria ou classe de pessoas ligadas entre si ou com a parte contrária (como membros de um condomínio ou pessoas que contrataram com o mesmo fornecedor, em virtude de instrumentos contendo cláusulas abusivas); e, finalmente, configuram *interesses ou direitos individuais homogêneos* os decorrentes de origem comum (a exemplo das vítimas de uma inundação provocada por culpa ou dolo).

Meio ambiente,[7] para fins da ação civil pública, é o conjunto de elementos da Natureza – terra, água, ar, flora e fauna – ou criações

---

e até a tutela de direitos individuais de candidatos específicos em exame da OAB (REsp/AgInt 1.701.853-RJ, rel. Min. Herman Benjamin, *DJe* 19.3.2021).

Em outro julgado, no qual se admitiu o cabimento da ação civil pública também para o fim de cessar a captação antecipada e ilegal de poupança popular disfarçada de financiamento para compra de linha telefônica, a Relatora, Min. Nancy Andrighi, chegou a consignar que "a questão ganha especial importância em hipóteses envolvendo pessoas de pouca instrução e baixo poder aquisitivo, que, não obstante lesadas, veem-se tolhidas por barreiras sociais e econômicas, mantendo-se inertes" (STJ, REsp 910.192, rela. Min. Nancy Andrighi, *DJe* 24.2.2010).

6. Conforme os arts. 103 e 104 do CDC. V., ainda: STJ, REsp 131.712, rel. Min. Garcia Vieira, *DJU* 20.10.1997.

O STJ, não obstante, entendeu, em sede de recurso repetitivo, que, uma vez ajuizada ação coletiva atinente a macrolide geradora de processos multitudinários, devem ser suspensas as ações individuais, no aguardo do julgamento da ação coletiva (REsp 1.110.549-RS, rel. Min. Sidnei Beneti, *DJe* 14.12.2009).

7. Sobre *meio ambiente*: Hely Lopes Meirelles, "Proteção ambiental e ação civil pública", *Justitia* 135/88, julho-setembro/1986 – onde cita mais ampla bibliografia nacional e estrangeira sobre a matéria; Gustavo Tepedino, "A questão ambiental, o Ministério Público e as ações civis públicas", *RF* 342/87, abril-junho/1998; Toshio Mukai, *Direito Ambiental: Sistematizado*, 7ª ed., Rio de Janeiro, Forense Universitária, 2010; Rodrigo Jorge Moraes (coord.), Mariângela Garcia de Lacerda Azevedo e Fábio Machado de Almeida Delmanto, *As Leis Federais mais Importantes de Proteção ao Meio Ambiente Comentadas*, Rio de Janeiro, Renovar, 2005; Édis Milaré, *Direito do Ambiente: Doutrina, Jurisprudência, Glossário*, 4ª ed., São Paulo, Ed. RT, 2005; Geraldo Lanfredi (coord.), *Novos Rumos do Direito Ambiental, nas Áreas Civil e Penal*, Campinas/SP, Millennium, 2006. Consultem-se, ainda: Hely Lopes Meirelles, *Direito Administrativo Brasileiro*, 42ª ed., São Paulo, Malheiros Editores, 2016; José Afonso da Silva, *Direito Ambiental Constitucional*, 10ª ed., São Paulo,

humanas essenciais à vida de todos os seres e ao bem-estar do Homem na comunidade. A Constituição de 1988 dedicou um capítulo (art. 225 e §§) ao meio ambiente, onde estabelece os instrumentos para sua proteção.

Na proteção ao *meio ambiente* há que se considerar o *impacto ambiental*, ou seja, a degradação que o ato ou fato provoca nos elementos da Natureza – terra, água, ar, flora e fauna – ou nos sítios, naturais ou artificiais, dignos de preservação.[8]

Consumidor[9] é todo aquele que se utiliza de produtos, atividades ou serviços de outrem, merecendo proteção do Estado (CF, arts. 5º,

---

Malheiros Editores, 2013; e Paulo Affonso Leme Machado, *Direito Ambiental Brasileiro*, 24ª ed., São Paulo, Malheiros Editores, 2016.

8. "Em regra, o descumprimento de norma administrativa não configura dano ambiental presumido" (STJ, REsp 1.140.549-MG, rela. Min. Eliana Calmon, *DJe* 14.4.2010).

A poluição sonora também pode dar ensejo ao cabimento de ação civil pública em defesa do meio ambiente (STJ, REsp 97.684-SP, rel. Min. Ruy Rosado de Aguiar, *RSTJ* 94/265), ainda que o dano esteja circunscrito a uma parcela individualizável da população municipal. Caso se trate, porém, de incômodo que atinja somente os vizinhos, lindeiros de parede, não estará caracterizado o interesse difuso a autorizar o manejo da ação civil pública (STJ, REsp 1.051.306-MG, rel. para o acórdão Min. Herman Benjamin, *DJe* 10.9.2010). Em outra linha, a jurisprudência do STJ tem evoluído na questão do dano ambiental presumido em caso de construção de hidrelétricas, com inversão do ônus da prova. Conforme julgado da 3ª Turma, da relatoria do Min. Ricardo Villas Boas Cueva: "O princípio da precaução, aplicável à hipótese, pressupõe a inversão do ônus probatório, transferindo para a concessionária o encargo de provar que sua conduta não ensejou riscos para o meio ambiente e, por consequência, aos pescadores da região" (REsp 1.330.027-SP, *DJe* 9.11.2012). No mesmo sentido, entendendo possível a inversão do ônus da prova em matéria ambiental: REsp 1.237.893-SP, rela. Min. Eliana Calmon, *DJe* 1.10.2013; REsp 883.656-RS, rel. Min. Herman Benjamin, *DJe* 28.2.2012.

9. Sobre *consumidor*, v.: J. M. Othon Sidou, *Proteção ao Consumidor*, Rio de Janeiro, Forense, 1977; Carlos Ferreira de Almeida, *Os Direitos dos Consumidores*, Coimbra, Livraria Almedina, 1982; Fábio Konder Comparato, "A proteção ao consumidor na Constituição brasileira de 1988", *RDM* 29/66-75, outubro-dezembro/1990; Carlos Alberto Bittar, *Direitos do Consumidor*, 4ª ed., Rio de Janeiro, Forense Universitária, 1991; Juarez de Oliveira (coord.), *Código de Proteção e Defesa do Consumidor: Lei 8.078, de 11.9.1990*, São Paulo, Saraiva, 1996; Geraldo Vidigal, Arnoldo Wald, Luiz Gastão Paes de Barros Leães e Manoel Gonçalves Ferreira Filho, *Lei de Defesa do Consumidor*, publicação do Instituto Brasileiro de Ciência Bancária/IBCB, 1991; José Manoel de Arruda Alvim Neto e outros, *Código do Consumidor Anotado*, São Paulo, Ed. RT, 1991; Sálvio de Figueiredo Teixeira (org.), *As Garantias do Cidadão na Justiça*, São Paulo, Saraiva, 1993; Maria Antonieta Zanardo Donato, *Proteção ao Consumidor. Conceito e Extensão*, São Paulo, Ed. RT, 1994; Newton de Lucca, *Direito do Consumidor: Teoria Geral da Relação de Consumo*, São Paulo, Quartier Latin, 2003; Ada Pellegrini Grinover, Antônio Herman de Vasconcellos e

XXXII, e 170, V). A Lei 8.078/1990 (Código de Defesa do Consumidor/CDC) define de modo específico o consumidor, o produtor, os serviços e os produtos, limitando sua incidência em favor dos consumidores que adquirem ou utilizam os produtos ou os serviços na qualidade de destinatários finais.[10]

Benjamin, Daniel R. Fink, José Geraldo B. Filomeno, Kazuo Watanabe, Nelson Nery Jr. e Zelmo Denari, *Código Brasileiro de Defesa do Consumidor: Comentado pelos Autores do Anteprojeto*, 9ª ed., Rio de Janeiro, Forense Universitária, 2007; Sérgio Cavalieri Filho, *Programa de Defesa do Consumidor*, 2ª ed., São Paulo, Atlas, 2010; Antônio Herman V. Benjamin, *Manual de Direito do Consumidor*, 3ª ed., São Paulo, Ed. RT, 2010.

10. A Lei 10.671/2003 (Estatuto de Defesa do Torcedor), por sua vez, equipara o torcedor de qualquer modalidade desportiva ao consumidor, especialmente para fins de defesa dos seus interesses em juízo (art. 40).

Por outro lado, em virtude da lei consumerista, os serviços que ensejam a proteção do consumidor são tão somente os fornecidos no mercado de consumo, mediante remuneração, "inclusive os de natureza bancária, financeira, de crédito e securitária, salvo os decorrentes das relações de caráter trabalhista". Os serviços bancários e financeiros sobre os quais incide o Código de Defesa do Consumidor são tão somente os prestados aos destinatários finais, que por eles são remunerados. Entendemos que se excluem da área de incidência da lei do consumidor todas as operações de poupança, de mercado de capitais e os próprios depósitos bancários, não se considerando os empréstimos como sendo serviços ou produtos, mas tão somente a locação de caixa forte a particular e, eventualmente, outras atividades análogas. Consulte-se Arnoldo Wald, *Contratos em Espécie*, 18ª ed., São Paulo, Saraiva, 2009, pp. 394 e ss.

No STJ, no entanto, após intensos debates, prevaleceu o entendimento de aplicação genérica do Código de Defesa do Consumidor às atividades bancárias – posição consubstanciada no enunciado da Súmula 297, segundo a qual "o Código de Defesa do Consumidor é aplicável às instituições financeiras". Nesse sentido, admitiu-se o cabimento da ação civil pública na defesa dos direitos individuais homogêneos dos consumidores/usuários do serviço bancário, por exemplo, com o objetivo de cessar a cobrança ilegal de tarifa sob emissão de boleto bancário (STJ, REsp 794.752-MA, rel. Min. Luís Felipe Salomão, *DJe* 12.4.2010), bem como para obstar à cobrança ilegal de comissão de permanência em contrato de mútuo padrão (STJ, REsp 600.711-RS, rel. Min. Luís Felipe Salomão, *DJe* 24.11.2010). Ainda assim, a aplicação do Código de Defesa do Consumidor às operações de bancos não significa que o juiz possa interferir na economia dos contratos bancários sem que haja a prova cabal, caso a caso, da abusividade das taxas de juros e demais encargos empregados, mediante a demonstração de que discrepam significativamente das médias praticadas no mercado e não se justificam em decorrência de alguma peculiaridade de cada negócio particularmente considerado (neste sentido, v. acórdão da 2ª Seção do STJ no REsp 420.111-RS, rel. Min. Ari Pargendler, *RDR* 27/278).

No mesmo sentido, no âmbito do REsp 447.431-MG (*DJe* 15.3.2013), da relatoria do Min. Ari Pargendler, a 2ª Seção afastou a aplicação da teoria do *punitive damage* aos bancos, determinando que as taxas e tarifas erroneamente descontadas sejam devolvidas na forma da lei civil, com juros de mora, previstos no art. 406 do CC.

Bens e direitos[11] de valor artístico, estético, histórico, turístico e paisagístico são todos aqueles que constituem o patrimônio cultural da comunidade – e, por isso mesmo, protegíveis pela *ação civil pública*.[12]

Quanto aos bens a serem protegidos e ao próprio meio ambiente, não há necessidade de que estejam *tombados*, bastando que haja

---

Também no âmbito da reponsabilidade objetiva do banco por falhas no fornecimento do serviço – em que pese a ter sido editada a Súmula 479, que prevê: "As instituições financeiras respondem objetivamente pelos danos gerados por fortuito interno relativo a fraudes e delitos praticados por terceiros no âmbito de operações bancárias" –, o STJ não afastou a culpa concorrente do consumidor, como se observa do julgamento do REsp 1.349.894, da 3ª Turma e de relatoria do Min. Sidnei Beneti (*DJe* 4.4.2013).

No STF a matéria foi objeto de decisão na ADI 2.591-DF (*DJU* 29.6.2006 e 13.4.2007; v., ainda, *RT* 855/79). Muito embora tenha prevalecido o entendimento de que as instituições financeiras estão, em geral, sujeitas às normas do Código de Defesa do Consumidor, tendo em vista a natureza das operações que praticam e a importância das taxas de juros para a política econômica, o Judiciário não pode pretender se substituir às autoridades monetárias e modificar-lhes as determinações, a pretexto de aplicar a lei consumerista. Sobre o tema, comentando o acórdão do STF, v.: Arnoldo Wald, "A inaplicabilidade do Código de Defesa do Consumidor ao custo do dinheiro", *RDB* 37/229; Artur César de Souza, "Análise econômica das decisões judiciais. STF: ADI 4-DF e ADI 2.591-DF", *RePro* 176/283.

Cabe salientar, por fim, que, na ordem constitucional vigente, o usuário de serviço público não se confunde com o consumidor. A CF, nos seus arts. 175, parágrafo único, II, e 37, § 3º (com a redação da Emenda 19), trata especificamente da disciplina dos direitos dos usuários de serviços públicos, ao passo que os direitos dos consumidores estão referidos no art. 5º, XXXII, e no art. 48 do ADCT. A Carta Magna fez, portanto, distinção entre as duas categorias – ou seja: os usuários de serviços públicos, de um lado, e os consumidores em geral, de outro. Sendo assim, na falta de previsão legislativa especial, não deve ser aceita a ação civil pública em matéria de direitos individuais homogêneos de usuários de serviços públicos, pois estes não se equiparam juridicamente aos consumidores. Sobre o tema, v. Arnoldo Wald, Luíza Rangel de Moraes e Alexandre de M. Wald, *O Direito de Parceria e a Lei de Concessões*, 2ª ed., São Paulo, Saraiva, 2004, pp. 164-166. O STF também tem entendido que as políticas públicas não podem ser afastadas com base no Código de Defesa do Consumidor (ADI/MC 3.322-DF, rel. Min. Cézar Peluso, *DJU* 19.12.2006, p. 35; *Ementário* 2.261-04, p. 749).

11. Sobre *bens e direitos de valor artístico, estético, histórico, turístico e paisagístico*, v.: Paulo Affonso Leme Machado, *Ação Civil Pública e Tombamento*, São Paulo, Ed. RT, 1986, pp. 15 e 16, e também "Ministério Público, ambiente e patrimônio cultural", *Revista de Informação Legislativa* 89/293.

12. É cabível a ação civil pública, por exemplo, para a defesa do patrimônio histórico-cultural ameaçado pela realização de reforma em fachada de prédio tombado sem a devida autorização do órgão competente: TRF-2ª Região, ACi 1991.5101.005715-3, rela. Juíza federal convocada Maria Alice Paim Lyard, *e-DJF2r* 30.10.2009.

interesse público na sua preservação. Mesmo porque o tombamento não é condição da ação. Um rio, por exemplo, nunca será tombado, mas nem por isso deixará de admitir a *ação civil pública* contra seus poluidores.

Com o Estatuto da Cidade (Lei 10.257/2001) passou a ser admitida a ação civil pública também em tema de defesa da *ordem urbanística*, representando o meio processual adequado para tornar efetiva a aplicação das normas de direito material do Estatuto da Cidade, na tentativa de solucionar os problemas cada vez maiores decorrentes da urbanização acelerada e desorganizada no Brasil.[13]

A Lei 12.966/2014 incluiu expressamente entre os bens e interesses jurídicos que podem ser tutelados por aç290ão civil pública *a honra e a dignidade de grupos raciais, étnicos ou religiosos*. E explicitou que as associações que tenham como finalidade institucional a proteção dos direitos de grupos raciais, étnicos ou religiosos são legitimadas para ajuizar ação civil pública.

Por sua vez, a Medida Provisória 2.180-35/2001 veio definir questões até certo ponto controvertidas na jurisprudência, *vedando explicitamente* o cabimento de ação civil pública para veicular pretensões que envolvam *tributos*, *contribuições previdenciárias*, *FGTS* e outros *fundos institucionais* cujos beneficiários possam ser individualmente determinados (parágrafo único do art. 1º da Lei 7.347/1985). A norma legal tratou de esclarecer ainda mais o que já se podia depreender logicamente das regras antes vigentes. Os contribuintes[14] e os beneficiários de fundos oficiais[15] não são consumi-

13. Sobre o *Estatuto da Cidade*, v.: Diógenes Gasparini, *O Estatuto da Cidade*, São Paulo, NDJ, 2002; Régis Fernandes de Oliveira, *Comentários ao Estatuto da Cidade*, São Paulo, Ed. RT, 2002; Adilson Abreu Dallari e Sérgio Ferraz (coords.), *Estatuto da Cidade. Comentários à Lei Federal 10.257/2001*, 3ª ed., São Paulo, Malheiros Editores, 2010.

14. Sobre o *descabimento de ação civil pública em matéria tributária*, v.: STF, RE 195.056-PR, rel. Min. Carlos Velloso, *RTJ* 185/302; STJ, REsp 737.232-DF, rel. Min. Teori Albino Zavascki, *DJU* 15.5.2006; REsp 914.234-SP, rel. Min. Luiz Fux, *DJU* 19.2.2009, p. 204; AI/AgR 327.013-MG, rel. Min. Joaquim Barbosa, *DJe* 30.4.2010; AgInt no REsp 1.465.282-SP, rel. Min. Gurgel de Faria, *DJe* 14.4.2021. A Suprema Corte admitiu, porém, a possibilidade de se questionar por meio de ação civil pública acordo entabulado entre o Fisco e o contribuinte que pode, em tese, se mostrar lesivo ao patrimônio público: RE 576.155-DF, rel. Min. Ricardo Lewandowski, *DJe* 25.11.2010.

15. Sobre o *descabimento de ação civil pública em matéria previdenciária*, v.: STJ, REsp/AgR 404.656-RS, rel. Min. Gilson Dipp, *DJU* 10.2.2003; REsp 369.822-

dores – e, portanto, não há lei que autorize a ação civil pública em defesa de seus interesses. Não se pode pretender que a ação civil pública venha a se tornar o remédio para todos e quaisquer problemas da sociedade contemporânea, e nem deve ela minar o sistema político, jurídico e institucional que consagra a liberdade de cada indivíduo vir, ou não, a juízo reclamar aquilo que entende devido. Se é verdade que as ações coletivas ajudam a desafogar o Judiciário e a dar efetividade às decisões judiciais e à proteção dos direitos difusos, não é menos certo que, de acordo com a legislação vigente, nos casos nos quais não há norma legal específica prevendo o uso da ação civil pública a regra geral no processo civil brasileiro ainda é a da ação individual, condizente com a ampla liberdade consagrada na Constituição Federal.[16]

PR, rel. Min. Gilson Dipp, *DJU* 22.4.2003; REsp 845.034-DF, Min. José Delgado, *DJU* 11.6.2007, p. 260; REsp 396.081-RS, rela. Min. Maria Thereza de Assis Moura, *DJe* 3.11.2008. Mais recentemente, no entanto, em sentido contrário ao da jurisprudência majoritária e ao disposto na própria lei (no referido art. 1º, parágrafo único, da Lei 7.347/1985, com a redação dada pela Medida Provisória 2.180-35/2001), a 5ª Turma do STJ entendeu cabível a ação civil pública e legitimado o Ministério Público para a tutela de direito de natureza previdenciária. Explicitando que se propunha uma nova reflexão sobre o tema, defendeu-se que a questão de fundo, relativa à revisão de benefícios previdenciários, embora não correspondesse a relação de consumo, envolveria relevante interesse social, a autorizar o ajuizamento da ação civil pública pelo *Parquet* (REsp 1.142.630, rela. Min. Laurita Vaz, *DJe* 1.2.2011). No mesmo sentido menciona-se o julgamento do AgR no REsp 986.053, da relatoria do Min. Marco Aurélio Bellize, em que se afirmou: "A jurisprudência do STF e deste Superior Tribunal já se manifestou sobre o assunto e pacificou o entendimento no sentido de reconhecer a legitimidade do Ministério Público Federal para a propositura de ação civil pública na defesa de direitos de natureza previdenciária" (*DJe* 19.10.2012). No mesmo sentido: RMS 61.319-GO, rel. Min. Herman Benjamin, *DJe* 11.9.2020.

16. É verdade que a súmula vinculante e a repercussão geral, no âmbito do STF, e o julgamento dos recursos repetitivos, no STJ, vêm modificando a percepção do Judiciário neste particular, com uma valorização maior das decisões com efeitos generalizados, em oposição às decisões meramente individuais.

O Código de Processo Civil de 2015 (Lei 13.105/2015), aplicável às ações civis públicas naquilo que não contrarie as disposições da legislação específica (art. 19 da Lei 7.347/1985), segue essa mesma perspectiva. Em primeiro lugar, estabelece que juízes e tribunais estarão obrigados a seguir as decisões e os precedentes do STF em controle concentrado de constitucionalidade, os enunciados de súmula vinculante, os acórdãos em incidente de assunção de competência ou de resolução de demandas repetitivas e em julgamento de recursos extraordinário e especial repetitivos, os enunciados das súmulas do STF em matéria constitucional e do STJ em matéria infraconstitucional e a orientação do Plenário ou do Órgão Especial aos quais estiverem vinculados (art. 927, I a V).

A Lei 7.347/1985 (modificada pela Lei 8.078/1990) é unicamente adjetiva, de caráter processual, pelo quê a ação e a condenação devem basear-se em disposição de alguma norma substantiva, de direito material, da União, do Estado ou do Município, que tipifique a infração a ser reconhecida e punida pelo Judiciário, independentemente de qualquer outra sanção administrativa ou penal em que incida o infrator.[17] Nem mesmo a *ação popular* exclui a *ação civil pública*, visto que a própria lei admite expressamente a concomitância de

---

Em segundo lugar, o Código de 2015 criou dois novos incidentes, cujas decisões os juízes e tribunais também estarão obrigados a observar: o de assunção de competência e o de resolução de demandas repetitivas. O primeiro será admissível quando o julgamento de recurso, de remessa necessária ou de causa de competência originária de um Tribunal "envolver relevante questão de direito, com grande repercussão social, sem repetição em diversos processos" (art. 947). Tal incidente será julgado pelo órgão colegiado que o regimento de cada tribunal indicar e o acórdão nele proferido vinculará todos os juízes e órgãos fracionários, sob pena de ensejar reclamação (art. 988, IV), cujo rito será o mesmo do mandado de segurança. Já o incidente de resolução de demandas repetitivas – que poderá ser suscitado, ao presidente do tribunal, pelo juiz ou pelo relator, de ofício, ou, ainda, pelas partes, pelo Ministério Público ou pela Defensoria Pública, em caso de efetiva repetição de processos que contenham controvérsia sobre a mesma questão unicamente de direito, causando risco de ofensa à isonomia e à segurança jurídica – tem por objetivo fixar tese jurídica a ser aplicada a todos os processos individuais ou coletivos que versem sobre o tema e que tramitem na área de jurisdição do respectivo tribunal (arts. 976 e ss.). A decisão de casos repetitivos deverá ser respeitada, sob pena de dar ensejo a reclamação, além de viabilizar a concessão de tutela de evidência, a improcedência liminar do pedido, a execução provisória de sentença, independentemente de caução, e o julgamento monocrático pelo relator.

Em terceiro lugar, o Código de Processo Civil de 2015 também prevê que incumbe ao juiz, "quando se deparar com diversas demandas individuais repetitivas, oficiar o Ministério Público, a Defensoria Pública e, na medida do possível, outros legitimados a que se referem os arts. 5º da Lei 7.347, de 24 de julho de 1985, e 82 da Lei 8.078, de 11 de setembro de 1990, para, se for o caso, promover a propositura da ação coletiva respectiva" (art. 139, X).

17. Em precedente paradigmático o Plenário do STF enfatizou que a ação civil pública não se pode fundamentar na equidade, a não ser nos casos em que haja determinação legal expressa nesse sentido (Conflito de Atribuições/CA 35, rel. Min. Sydney Sanches, *DJU* 1.12.1989, *RT* 690/184). Tratava-se de ação civil pública intentada pela Curadoria de Consumidores do Estado do Rio de Janeiro contra vários bancos com a finalidade de estabelecer novo regime para o cheque especial, suscitado o conflito pelo fato de caber a regulamentação da matéria ao Poder Legislativo e, por delegação do mesmo, ao CMN e ao BACEN. O conflito foi julgado procedente, reconhecida a incompetência do Poder Judiciário para estabelecer normas gerais em matéria bancária, não cabendo ação civil pública para modificar a legislação ou regulamentação existente, mesmo que seja com a intenção de torná-la mais equitativa.

ambas (art. 1º), bem como enseja *medidas cautelares* e concessão de *liminar* suspensiva do fato ou ato impugnado (arts. 4º e 12).[18]

Embora o mesmo fato possa ensejar o ajuizamento simultâneo de *ação civil pública* e *ação popular*, as finalidades de ambas as demandas não se confundem. Uma ação não se presta a substituir a outra. Tendo em vista a redação do art. 11 da Lei 4.717/1965, a ação popular é predominantemente desconstitutiva e subsidiariamente condenatória (em perdas e danos). A ação civil pública, por sua vez, como decorre da redação do art. 3º da Lei 7.347/1985, é preponderantemente condenatória, em dinheiro ou em obrigação de fazer ou não fazer.[19]

A natureza distinta das sentenças proferidas nesses dois tipos de ações, aliada às diferenças na legitimidade para as causas, numa e

---

A jurisprudência pode ser considerada consolidada neste sentido, havendo vários precedentes que afastam a possibilidade do emprego da ação civil pública para amparar pretensão não respaldada pela legislação vigente, ou no sentido de modificá-la ou aditá-la, criando novas obrigações ou vedações por via exclusivamente judicial. Neste sentido, exemplificativamente, descabe ação civil pública para interferir na competência do BACEN para regular as atividades bancárias (TJRJ, ACi 51.232/2005, rel. Des. Reinaldo Pinto Alberto, *RDB* 37/237, seguido dos comentários de Rodrigo Garcia da Fonseca, "Ação civil pública. Descabimento. Competência do Banco Central para regular a atividade bancária que não pode ser afastada pelo Código de Defesa do Consumidor"); determinar a interdição de cadeia e a remoção de presos (TJSP, ACi 372.304.5/5-00, rel. Des. Reinaldo Miluzzi, *RT* 856/187); proibir a fabricação de cigarros (TJDF, ACi 2006.01.1.035955-3, rel. Des. Jair Soares, *RT* 857/288); alterar as regras de cobrança de taxas de lixo, água e esgoto (TJMG, ACi 1.0105.03.101734-3/004, rel. Des. Célio César Paduani, *RT* 858/352).

18. Especificamente sobre *Política Nacional do Meio Ambiente*, v. a Lei 6.938, de 31.8.1981 (com as alterações introduzidas pela Lei 7.804, de 18.7.1989), que deu as diretrizes para a mencionada Lei 7.347/1985.

A regulamentação da ação civil pública decorrente da legislação sobre sua utilização em áreas específicas é objeto dos itens 5 a 8 desta parte do livro.

19. O assunto foi explorado em artigo de Luís Roberto Barroso ("Ação popular e ação civil pública. Aspectos comuns e distintivos", *Cadernos de Direito Constitucional e Ciência Política* 4/233 e ss.) e por Rogério Lauria Tucci ("Ação civil pública e sua abusiva utilização pelo Ministério Público", *Ajuris* 56/47-49). O STJ, por sua vez, superou o entendimento inicialmente prevalecente de que a ação civil pública não poderia ter por objeto a condenação cumulativa em dinheiro e em cumprimento de obrigação de fazer ou não fazer (REsp 94.298-RS, rel. Min. Garcia Vieira, *DJU* 21.6.1999, p. 76) e, no julgamento do REsp 605.323-MG (rel. Min. José Delgado, rel. para o acórdão Min. Teori Albino Zavascki, *DJU* 17.10.2005), emprestou nova interpretação ao art. 3º da Lei 7.347/1985, reconhecendo a viabilidade da cumulação de pedidos em sede de ação civil pública. No mesmo sentido, v.: STJ, REsp 625.249-PR, rel. Min. Luiz Fux, *DJU* 31.8.2006; REsp 684.712-DF, rel. Min. José Delgado, *DJU* 23.11.2006; e REsp 1.087.783-RJ, rela. Min. Nancy Andrighi, *DJU* 10.12.2009.

noutra hipótese, leva-nos à conclusão de que não cabe ação civil pública com pedido típico de ação popular, e vice-versa. Não obstante, na prática forense há casos em que essas distinções não são observadas pelos autores de ações civis públicas.[20]

Apesar das diferenças entre as ações civis públicas e as ações populares, que não podem ser desprezadas, é inegável, porém, que ambas fazem parte de um mesmo sistema de defesa dos interesses difusos e coletivos. As regras aplicáveis a ambas, assim, devem ser compatibilizadas e integradas numa interpretação sistemática. Dentro deste esforço de aproximação e coordenação das duas modalidades de ações, e em virtude do silêncio da Lei 7.347/1985, é de se ter como aplicável às ações civis públicas, por analogia, o prazo prescricional de cinco anos previsto para as ações populares.[21]

---

20. Historicamente, há jurisprudência considerável rejeitando a propositura de ação civil pública com pedido característico de ação popular, seja por impossibilidade jurídica ou por ilegitimidade de parte: TJSP, AI 274.440-1, rel. Des. Sérgio Pitombo, *RT* 730/234, e TJMG, ACi 88.156-2, rel. Des. Bernardino Godinho, *RF* 320/114, e ACi 10.061-0, rel. Des. José Loyola, *RT* 716/253.

No STJ: Ag/AgR 135.179-MG, rel. Min. José Delgado, *DJU* 17.11.1997, e REsp 775.218-DF, rel. Min. Luiz Fux, *DJU* 20.9.2007.

No STF, o julgamento do RE 225.777 (rel. Min. Dias Toffoli, ata de julgamento publicada no *DJe* 11.3.2011) demonstra que a polêmica ainda não foi superada. No caso, restou vencido o Relator do processo, Min. Eros Grau, que votava pela ilegitimidade do *Parquet* e pelo descabimento da ação para pedir a devolução de recursos desviados por ato administrativo de ex-prefeito, por entender que tal pedido deveria ser veiculado por meio de ação popular. Prevaleceu, no entanto, o voto do Min. Dias Toffoli, Relator designado para o acórdão, que considerou cabível a ação civil pública e legítima a atuação do Ministério Público na hipótese.

21. Nesse exato sentido, a 2ª Seção do STJ, no julgamento do REsp 1.070.896-SC (rel. Min. Luís Felipe Salomão, *DJe* 4.8.2010), pôs fim a divergência de mais de uma década, consolidando o entendimento de que, sendo a Lei da Ação Civil Pública omissa quanto ao prazo prescricional, aplica-se por analogia o prazo quinquenal da Lei da Ação Popular. Partiu o STJ de uma interpretação lógico-sistemática da legislação, ao considerar que a ação popular e a ação civil pública compõem um microssistema de tutela dos direitos difusos – como sempre defendemos nesta obra. Reconheceu o Tribunal, ademais, a inviabilidade da incidência de leis posteriores aos fatos em discussão. V. comentários ao acórdão por Marcus Vinicius Vita Ferreira (*RDBMC* 50/285). Dentre os precedentes da mesma Corte, v.: REsp 1.089.206-RS, rel. Min. Luiz Fux, *DJe* 6.8.2009; REsp 764.278-SP, rel. Min. Teori Albino Zavascki, *DJU* 28.5.2008; e REsp 727.131-SP, rel. Min. Luiz Fux, *DJU* 23.4.2008.

Aplica-se o prazo prescricional de cinco anos também às execuções individuais decorrentes de ações coletivas (STJ, REsp/Ag 43.905-PR, rel. Min. Luís Felipe Salomão, *DJe* 22.5.2012; REsp 1.273.643-PR, rel. Min. Sidnei Beneti, *DJe* 4.4.2013 – este último julgado como recurso repetitivo; REsp 1.736.091-PE, rela. Min. Nancy

Defendemos nas edições anteriores que a ação civil pública não deveria ser utilizada para a pura e simples defesa do erário, o que não seria coerente com suas finalidades sociais. Ademais, a Constituição de 1988 veda expressamente que o Ministério Público atue como representante judicial ou consultor jurídico de entidades públicas (CF, art. 129, IX). Tendo em vista que a Fazenda e as empresas de capital público têm seus próprios procuradores, plenamente capacitados para a defesa de seus interesses, não caberia ao Ministério Público substituí-los em juízo, propondo ações civis públicas que versassem exclusivamente sobre os interesses pecuniários destas entidades.

Após oscilação da jurisprudência, tem-se reconhecido a legitimidade do Ministério Público para a defesa do erário desde que haja, porém, interesse social envolvido:

Andrighi, *DJe* 16.5.2019; AgInt no REsp 1.807.990-SP, rela. Min. Maria Isabel Gallotti, *DJe* 24.4.2020).

Em outro sentido, defendendo a incidência genérica do prazo prescricional comum – vintenário no regime do Código Civil de 1916, e hoje reduzido a 10 anos, de acordo com o art. 205 do CC de 2002: STJ, REsp 331.374-SP, rel. Min. Francisco Falcão, *DJU* 8.9.2003, p. 221; REsp 995.995, rela. Min. Nancy Andrighi, *DJe* 16.11.2010.

Em matéria de *meio ambiente* há decisão do STJ entendendo que "a ação de reparação/recuperação ambiental é imprescritível" (REsp 647.483-SC, rel. Min. João Otávio de Noronha, *DJU* 22.10.2007). Por outro lado, com base no art. 37, § 5º, da CF, também há precedentes do STJ afirmando a imprescritibilidade da ação civil pública visando à recomposição do patrimônio público (REsp 403.153-SP, rel. Min. José Delgado, *RDR* 35/209; REsp 1.069.723-SP, rel. Min. Humberto Martins, *DJe* 2.4.2009). No STF: AI/AgR 712.435-SP, rela. Min. Rosa Weber, *DJe* 12.4.2012.

O STF já entendeu, porém, em sede de recurso extraordinário com repercussão geral, que "o que se mostra mais consentâneo com o sistema de Direito, inclusive o constitucional, que consagra a prescritibilidade como princípio, é atribuir um sentido estrito aos ilícitos de que trata o § 5º do art. 37 da CF". Assim, a imprescritibilidade a que se refere o mencionado dispositivo diz respeito apenas a ações de ressarcimento de danos decorrentes de ilícitos tipificados como de improbidade administrativa e como ilícitos penais, não de qualquer ilícito civil. (RE 669.069-RS, rel. Min. Teori Zavascki, *DJe* 28.4.2016).

Sobre a imprescritibilidade de ações civis públicas de reparação ao erário por ato de improbidade administrativa, v. o próximo capítulo.

A partir da vigência da Lei 11.280, de 16.2.2006, a prescrição passou a ser passível de reconhecimento *ex officio* pelo juiz, na forma da nova redação do § 5º do art. 219 do CPC de 1973, combinada com a revogação do art. 194 do CC de 2002. No Código de Processo Civil vigente também há disposição expressa facultando ao juiz o reconhecimento de ofício de decadência ou prescrição (arts. 332, § 1º, e 487, II).

> "A função institucional do Ministério Público, de promover ação civil pública em defesa do patrimônio público, prevista no art. 129, III, da CF, deve ser interpretada em harmonia com a norma do inciso IX do mesmo artigo, que veda a esse Órgão assumir a condição de representante judicial ou de consultor jurídico das pessoas de direito público. Ordinariamente, a defesa judicial do patrimônio público é atribuição dos órgãos da Advocacia e da Consultoria dos entes públicos, que a promovem pelas vias procedimentais e nos limites da competência estabelecidos em lei. A intervenção do Ministério Público, nesse domínio, somente se justifica em situações especiais, em que se possa identificar, no patrocínio judicial em defesa do patrimônio público, mais que um interesse ordinário da pessoa jurídica titular do direito lesado, um interesse superior, da própria sociedade".[22]

Nessa linha, a defesa do "patrimônio público" que se entende cabível por parte do Ministério Público é de ser interpretada no sentido de defesa da sociedade como um todo, de interesses realmente difusos, e não de direitos individualizáveis, ainda que pertencentes a entidades públicas. É dentro de tal espírito que se deve entender a Súmula 329 editada pelo STJ em agosto/2006 – segundo a qual "o Ministério Público tem legitimidade para propor ação civil pública em defesa do patrimônio público" –, bem como a jurisprudência do STF sobre a matéria, na mesma direção.[23]

2. *Legitimação das partes e os poderes do Ministério Público*

A Lei 7.347/1985 deu *legitimidade ativa* ao Ministério Público e às pessoas jurídicas estatais,[24] autárquicas[25] e paraesta-

---

22. STJ, REsp 246.698-MG, rel. Min. Teori Albino Zavascki, *DJU* 18.4.2005, p. 213. Em sentido análogo: STJ, REsp 1.162.074-MG, rel. Min. Castro Meira, *DJe* 26.3.2010; REsp 445.664-AC, rela. Min. Eliana Calmon, *DJe* 3.9.2010. Outros acórdãos admitem a ação civil pública para ressarcimento dos prejuízos causados ao erário, com base na Lei 8.429/1992, por atos de improbidade (STJ, REsp 1.187.297, rela. Min. Eliana Calmon, *DJe* 22.9.2010; REsp 1.089.492-RO, rel. Min. Luiz Fux, *DJe* 18.11.2010), sem fazer, contudo, a necessária distinção entre as duas espécies de ação (civil pública e de improbidade), as quais, como exposto na Quarta Parte desta obra, não se confundem.

23. STF, AI/AgR 491.081-SP, rel. Min. Carlos Velloso, *DJU* 7.5.2004; RE/AgR 368.060-SP, rel. Min. Eros Grau, *DJU* 28.10.2005; RE/AgR 302.522-SP, rel. Min. Gilmar Mendes, *DJe* 10.4.2008; RE 225.777-MG, rel. Min. Eros Grau, *RePro* 204/395.

24. O STJ já decidiu que o Município tem legitimidade para propor ação civil pública para reparação de danos ambientais quando o proprietário do imóvel desma-

tais,[26] assim como às associações destinadas à proteção do meio ambiente[27] ou à defesa do consumidor,[28-29] para proporem a *ação*

---

tou área de reserva florestal sem a devida licença municipal (REsp 297.683-RJ, rel. Min. Humberto Martins, *DJe* 11.11.2009).

Também já se admitiu a legitimidade ativa do Distrito Federal "para promover ação civil pública, visando à proteção de interesses ou direitos coletivos de associados, na referida unidade federativa, de empresa prestadora de serviços de saúde" (STJ, REsp 168.051-DF, rel. Min. Antônio de Pádua Ribeiro, *DJU* 20.6.2005).

25. Segundo o STJ, porém, "autarquia estadual não tem, em regra, legitimidade para propor ação civil pública" (REsp 1.1011.789-PR, rel. Min. José Delgado, *DJe* 27.8.2008). A legitimidade expressa na lei está restrita às hipóteses relativas às finalidades institucionais de cada entidade.

O STJ reconheceu legitimidade ativa aos PROCONs para manejar as ações civis públicas em benefício de consumidores (REsp 200.827, rel. Min. Carlos Alberto Direito, *DJU* 9.12.2002; REsp 866636, rela. Min. Nancy Andrighi, *DJU* 6.12.2007).

26. A 1ª Turma do STJ entendeu que as empresas públicas têm legitimidade para a propositura de ação civil pública (REsp 236.699-PB, rel. para o acórdão Min. Humberto Gomes de Barros, *DJU* 5.6.2000, p. 125).

27. O STJ já consignou que o Instituto Brasileiro do Meio Ambiente e dos Recursos Naturais Renováveis/IBAMA tem legitimidade para ajuizar ação civil pública em defesa do meio ambiente visando, por exemplo, à demolição de imóvel irregular, à luz das leis ambientais vigentes, e à reparação da área degradada (REsp 789.640-PB, rel. Min. Mauro Campbell Marques, *DJe* 9.11.2009; REsp 859.914-PB, rel. Min. Castro Meira, *DJe* 16.6.2010; REsp/Ag 1.378.217, rel. Min. Herman Benjamin, *DJe* 5.12.2014; REsp/Ag 1.396.306, rel. Min. Mauro Campbell Marques, *DJe* 20.10.2014).

28. Segundo a jurisprudência do STJ, a ação coletiva proposta por associação que tenha por finalidade a defesa do consumidor também abrange os consumidores não associados à autora (STJ, REsp 132.502-RS, rel. Min. Barros Monteiro, *DJU* 10.11.2003, p. 193; REsp/AgR 648.485-PR, rela. Min. Nancy Andrighi, *RT* 833/190; REsp 651.037-PR, rela. Min. Nancy Andrighi, *DJU* 13.9.2004, p. 241) e independe de autorização especial ou da apresentação da relação nominal dos associados (STJ, REsp 805.277-RS, rela. Min. Nancy Andrighi, *DJe* 8.10.2008). Veda-se, porém, a representação do consumidor em litígios individuais (STJ, REsp 1.084.036-MG, rela. Min. Nancy Andrighi, *DJe* 17.3.2009).

Por outro lado, "as associações têm legitimidade ativa para propor ação civil pública visando à proteção de direitos e interesses difusos, coletivos e individuais homogêneos, como substituta processual – legitimação extraordinária, mesmo que não se trate de relação de consumo" (STJ, REsp 667.939-SC, rela. Min. Eliana Calmon, *DJU* 13.8.2007).

A jurisprudência do STF, no entanto, é mais restritiva. Interpretando as normas de defesa do consumidor em conjunto com a CF, em especial o art. 5º, XXI, a Suprema Corte vem entendendo que a legitimação da associação para a propositura de ação coletiva depende de expressa autorização dos filiados (sobre o tema, com um apanhado dos precedentes, v. Paulo Brossard, "Legitimação processual de associação para representar seus filiados em juízo ou fora dele, mediante autorização específica", *RTDP* 45/149). A matéria mereceu, inclusive, tratamento legislativo, com o art. 2º-A

civil pública nas condições que especifica (art. 5º).[30] Posteriormente, a Lei 11.448/2007 acrescentou a Defensoria Pública no rol dos legitimados à sua propositura.[31] É evidente que o Ministério Público

---

da Lei 9.494/1997, criado por medida provisória sucessivamente reeditada (v. Medida Provisória 2.180-35, de 24.8.2001), estabelecendo que "a sentença civil prolatada em ação de caráter coletivo proposta por entidade associativa na defesa dos interesses dos seus associados abrangerá apenas os substituídos que tenham, na data da propositura da ação, domicílio no âmbito da competência territorial do órgão prolator".

Ao apreciar o RE 573.232, em 14.5.2014, o STF, por maioria, decidiu que apenas os associados que autorizaram expressamente o ajuizamento de ação civil pública têm interesse de agir para executar ou liquidar a sentença coletiva, não obstante haja previsão genérica de representação dos associados em cláusula do estatuto (rel. Min. Marco Aurélio, *DJe* 19.9.2014). No RE 612.043-PR, por sua vez, o STF decidiu que os beneficiários do título executivo, no caso de ação proposta por associação, são aqueles que, residentes na área compreendida na jurisdição do órgão julgador, detinham, antes do ajuizamento, a condição de filiados e constaram da lista apresentada com a peça inicial (rel. Min. Marco Aurélio, *DJe* 6.10.2017).

Mesmo após tais julgados, contudo, o STJ continua entendendo que em ação civil pública proposta por associação na condição de substituta processual de consumidores todos os beneficiados pela sentença, independentemente de serem seus filiados, têm legitimidade para sua liquidação e execução, tendo inclusive fixado referida tese em sede de recurso repetitivo (REsp 1.438.263-SP, rel. Min. Raul Araújo, *DJe* 24.5.2021). Nesse julgamento a Corte afirmou que as teses sufragadas pelo STF nos julgados acima se referem apenas à ação coletiva ordinária proposta por associação na condição de legitimada *ordinária* (com base no art. 5º, XXI, da CF), e não na condição de substituta processual ou de legitimada *extraordinária* (com base, por exemplo, no art. 5º, LXX, da CF ou nos arts. 81, 82 e 91 do CDC.

29. Em pelo menos um caso o STJ equiparou os centros acadêmicos universitários às associações civis para fins de propositura de ação civil pública na defesa dos direitos individuais homogêneos consumeristas de estudantes: REsp 1.189.273-SC, rel. Min. Luís Felipe Salomão, *DJe* 4.3.2011.

30. O art. 54, XIV, do Estatuto da Advocacia e da OAB dá legitimidade ao Conselho Federal da OAB para a propositura de ação civil pública. O art. 105, V, "b", do Regulamento Geral do Estatuto da Advocacia e da OAB, por sua vez, dispõe sobre a competência dos Conselhos Seccionais da Ordem dos Advogados para a propositura de ação civil pública na defesa de interesses difusos de caráter geral e coletivos e individuais homogêneos. Julgado do TRF-5ª Região pretendeu restringir tal atuação às demandas de interesse dos advogados, limitando a OAB a uma atuação eminentemente classista (*RT* 913/758). O acórdão, porém, foi reformado pelo STJ, ficando consignado que a legitimação da OAB deve ser lida de forma abrangente, em razão das finalidades da Instituição, não havendo razão para limitá-la com a exigência de pertinência temática da sua atuação. Ficam apenas os Conselhos Seccionais restritos às questões que afetem sua esfera local (REsp 1.351.760-PE, rel. Min. Humberto Martins, *DJe* 9.12.2013).

31. Na ADI 3.943, ajuizada pela Associação Nacional dos Membros do Ministério Público/CONAMP em 16.8.2007, arguiu-se a inconstitucionalidade do inciso II do art. 5º da Lei 7.347/1985, com a redação dada pela Lei 11.448/2007, que incluiu a

Defensoria Pública no rol de legitimados para a propositura de ação civil pública por ofensa aos arts. 5º, LXXIV, e 134 da CF. Alegava-se, em síntese, que a Defensoria teria sido criada exclusivamente para atender de forma gratuita àqueles que têm recursos insuficientes para se defender em juízo ou para obter orientação jurídica, de modo que seriam imprescindíveis a individualização das pessoas atendidas bem como a comprovação de sua carência financeira. Não poderia a Defensoria, por isso, atuar na defesa de interesses difusos, coletivos ou individuais homogêneos. O Tribunal, porém, por unanimidade, julgou improcedente o pedido formulado na ação. Nos termos do voto da Relatora, Min. Cármen Lúcia, à luz dos princípios orientadores da interpretação dos direitos fundamentais, a presunção de que no rol dos afetados pelos resultados da ação coletiva constem pessoas necessitadas é suficiente a justificar a legitimidade da Defensoria Pública, para não "esvaziar, totalmente, as finalidades que originaram a Defensoria Pública como função essencial à Justiça" (*DJe* 6.8.2015).

No mesmo sentido, ao julgar o RE 733.433-MG, afetado como tema de repercussão geral, o STF assentou que a Defensoria Pública tem legitimidade para a propositura da ação civil pública em ordem a promover a tutela judicial de direitos difusos e coletivos de que sejam titulares, em tese, pessoas necessitadas (rel. Min. Dias Toffoli, *DJe* 9.11.2015).

Na doutrina, defendendo que a interpretação da Lei 11.448/2007, em consonância com a CF, em especial o art. 134, restringe a atuação da Defensoria Pública às causas ligadas às suas finalidades institucionais – e, portanto, só pode ela agir processualmente em defesa de pessoas comprovadamente carentes: André Luís Alves de Melo, "Defesa dos pobres. Limites da Defensoria para ajuizar ação civil pública", *Consultor Jurídico*, 27.8.2007 (disponível em *http://conjur.estadao.com.br/static/text/58900,1*). Na mesma linha restritiva, afirmando a inviabilidade de a Defensoria Pública atuar em defesa de interesses difusos, por invasão da competência do Ministério Público: Emerson Garcia, "A legitimidade da Defensoria Pública para o ajuizamento da ação civil pública. Delimitação de sua amplitude. Breves apontamentos", *RMPERJ* 38/43.

Em interpretação um pouco mais ampla, admitindo que, além dos economicamente carentes, a Defensoria Pública também pode defender os interesses daqueles que sejam "socialmente vulneráveis" ou "necessitados do ponto de vista organizacional": Ada Pellegrini Grinover, "Legitimidade da Defensoria Pública para ação civil pública", *RePro* 165/299. Em linha similar, afirmando que em matéria de direito do consumidor há uma presunção de fragilidade do consumidor perante o fornecedor do produto ou serviço, que autorizaria o manejo da ação civil pública pela Defensoria: Marina Mezzavilla Verri, "Legitimidade da Defensoria Pública na Lei da Ação Civil Pública: há limites?", *RePro* 153/170. V., ainda: Carlos José Cordeiro e Josiane Araújo Gomes, "Da legitimidade da Defensoria Pública para propor ação civil pública", *RT* 920/239.

Entendemos que a legitimidade da Defensoria Pública está vinculada diretamente às suas funções definidas na Constituição Federal, as quais não podem ser ampliadas pela legislação ordinária. Portanto, o tema deve ser interpretado com razoabilidade e cuidado, de modo a não transformar a Defensoria Pública em uma espécie de Ministério Público "paralelo" em matéria de ação civil pública. Cada um, Defensoria e Ministério Público, tem suas atribuições elencadas na Constituição, e fora delas as respectivas atuações não estarão legitimadas.

Nessa linha, o STJ entende que a Defensoria Pública tem legitimidade ampla para propor ação coletiva quando se tratar de direitos difusos e legitimidade restrita

está em melhor posição para o ajuizamento dessa ação, por sua independência institucional e atribuições funcionais. Além disso, está isento de custas e honorários no caso de improcedência da demanda.

A CF, no seu art. 127, define as funções do Ministério Público, esclarecendo que está incumbido da defesa da ordem jurídica, do regime democrático e dos interesses sociais e individuais indisponíveis. E no art. 129, III, lhe dá competência para promover o inquérito civil e a ação civil pública, para a proteção do patrimônio público e social, do meio ambiente e de outros interesses difusos e coletivos.

Ampliando essa atribuição, a Lei Complementar 75, de 20.5.1993, que dispõe sobre a organização, as atribuições e o Estatuto do Ministério Público da União, atribui ao mesmo tempo competência para proteção de interesses individuais homogêneos (art. 6º), ora fazendo referência tão somente aos indisponíveis (art. 6º, VII, "d"), ora não estabelecendo tal restrição (art. 6º, XII).[32]

É imperioso reconhecer, portanto, a natureza dos interesses cuja tutela coletiva se pretende. Tratando-se de direitos coletivos e difusos, revela-se incontroversa a legitimidade do Ministério Público para ajuizar a ação civil pública. Admite o STF, assim, a propositura de ação civil pública pelo *Parquet* para discutir o preço de passagem em transporte coletivo, por envolver direito difuso;[33] para a defesa de direitos sociais relacionados ao Fundo de Garantia do Tempo de Serviço (FGTS);[34] e para impugnar reajuste ilegal de mensalidades escolares, nos termos da Súmula 643 do Excelso Pretório, por reconhecer, em tais casos, interesse coletivo, na medida em que a

---

às pessoas necessitadas nos casos de direitos coletivos em sentido estrito e individuais homogêneos (REsp 1.192.577-RS, rel. Min. Luís Felipe Salomão, *DJe* 15.8.2014; EREsp 1.192.577-RS, rela. Min. Laurita Vaz, *DJe* 13.11.2015).

32. O mesmo dispositivo da Lei Complementar 75/1993 (art. 6º), em seu inciso XX, confere ao Ministério Público a faculdade de "expedir recomendações visando à melhoria dos serviços públicos e de relevância pública, bem como ao respeito aos interesses, direitos e bens cuja defesa lhe cabe promover". Sobre o tema, o STJ entendeu que se encontra dentro da missão institucional do Ministério Público Federal a emissão de recomendação a empresas montadoras de automóveis para que promovam medidas de abertura do mercado, não obstante ainda não tivesse sido julgada a ação civil pública promovida em face de empresas transportadoras que teriam supostamente cartelizado aquele mercado (REsp 762.440-RS, rel. Min. Paulo de Tarso Sanseverino, *DJe* 17.12.2010).

33. STF, RE 379.495-SP, rel. Min. Marco Aurélio, *DJU* 20.4.2006. No mesmo sentido: RE 228.177-MG, rel. Min. Gilmar Mendes, *DJe* 5.3.2010.

34. STF, RE 643.978-SE, rel. Min. Alexandre de Moraes, *DJe* 25.10.2019.

educação, amparada constitucionalmente como dever do Estado, é obrigação de todos (art. 205 da CF). O STJ, por sua vez, considerou interesses difusos aqueles envolvidos em ação civil pública voltada à defesa do meio ambiente;[35] e interesses coletivos, por exemplo, aqueles defendidos em ação civil pública visando à manutenção de curso de ensino médio no período noturno oferecido por escola pública da rede federal;[36] bem como os interesses dos aposentados que tiveram assegurado por lei o ingresso em estádio de futebol.[37]

Já, no tema dos direitos individuais homogêneos, após idas e vindas da jurisprudência, a orientação mais recente é a de que para justificar a legitimidade do *Parquet* faz-se necessária a presença de elementos de indiscutível interesse público e social na demanda. Assim, afigura-se indispensável que, pairando ao lado dos interesses individuais homogêneos em questão, haja também relevantes aspectos públicos e sociais, como os relativos aos direitos à educação, à saúde, ao transporte, à moradia ou à moralidade e à eficiência da Administração, ou outros similares.[38]

Como exemplos desta linha jurisprudencial, considerando legítima a atuação do Ministério Público para a defesa de direitos individuais homogêneos com relevância social, os Tribunais Superiores admitiram a ação civil pública voltada para a tutela dos direitos dos mutuários vinculados ao Sistema Financeiro da Habitação;[39] para a

35. STJ, Ag/AgR 928.652-RS, rel. Min. Herman Benjamin, *DJe* 13.11.2009.

36. STJ, REsp 933.002-RJ, rel. Min. Castro Meira, *DJe* 29.6.2009.

37. STJ, REsp 242.643-SC, rel. Min. Ruy Rosado de Aguiar, *RSTJ* 145/348.

38. A jurisprudência do STJ "vem sedimentando-se em favor da legitimidade do Ministério Público para promover ação civil pública visando à defesa de direitos individuais homogêneos, ainda que disponíveis e divisíveis, quando há relevância social objetiva do bem jurídico tutelado (a dignidade da pessoa humana, a qualidade ambiental, a saúde, a educação – para citar alguns exemplos) ou diante da massificação do conflito em si considerado" (STJ, AgInt no REsp 1.701.853/RJ, rel. Min. Herman Benjamin, *DJe* 19.3.2021, *Informativo* 695).

Sobre os limites dessa atuação de caráter eminentemente social do Ministério Público, v. Teori Albino Zavascki, *Processo Coletivo*, São Paulo, Ed. RT, 2006, pp. 240-242.

O STF, por meio de acórdão afetado como matéria de repercussão geral, entendeu que o Ministério Público tem legitimidade para propor ação civil pública para o fornecimento de medicamentos para determinadas enfermidades (RE 605.533-MG, rel. Min. Marco Aurélio, *DJe* 12.2.2020).

39. STF, RE/ED-AgR 470.135-9-MT, rel. Min. Cézar Peluso, *RT* 865/125; e STJ, REsp 1.126.708-PB, rela. Min. Eliana Calmon, *DJe* 25.9.2009.

defesa do direito dos segurados do sistema de previdência social à obtenção de certidões;[40] para a tutela dos interesses de residentes de área desapropriada, diante do descumprimento de acordo firmado pelo Município;[41] para a defesa dos princípios regentes do acesso a cargos públicos;[42] para a proteção dos direitos das pessoas idosas prejudicadas por exigência de recadastramento para a manutenção do recebimento de aposentadoria;[43] e para debater a cobrança de encargos bancários supostamente abusivos praticados por instituições financeiras privadas.[44]

Na seara do consumidor entende o STJ que a relevância social é presumida, de modo que o *Parquet* tem legitimidade ativa para defender interesses individuais homogêneos.[45]

Em contrapartida, não se reconheceu a legitimidade do Ministério Público, por exemplo, para mover ação civil pública contra ex-dirigente de clube de futebol em razão da suposta prática de atos prejudiciais à agremiação, por se entender que "a lesão patrimonial, puramente de aspecto financeiro, versando patrimônio privado da sociedade civil, não constitui interesse metaindividual, difuso ou coletivo ligado ao patrimônio cultural brasileiro, mas sim interesse puramente privado e disponível pertencente à própria instituição ou quando muito a seus associados".[46]

---

40. STF, RE/AgR 472.489-RS, rel. Min. Celso de Mello, *DJe* 28.8.2008.

41. STJ, REsp 1.120.253-PE, rel. Min. Mauro Campbell Marques, *DJe* 28.10.2009. Na defesa dos interesses individuais homogêneos dos habitantes de ocupação irregular: STJ, REsp 1.013.153-RS, rel. Min. Herman Benjamin, *DJe* 30.6.2010.

42. No caso julgado pela Corte Especial do STJ fora aberto novo concurso público para cargos de professores universitários embora houvesse vários candidatos aprovados em concursos anteriores aguardando convocação (REsp/EDv 547.704-RN, rel. Min. Carlos Alberto Menezes Direito, *DJU* 17.4.2006).

43. STJ, REsp 1.005.587, rel. Min. Luiz Fux, *DJe* 14.12.2010.

44 . STJ, REsp 1.573.723-RS, rel. Min. Ricardo Villas Bôas Cueva, *DJe* 13.12.2019.

45. No julgamento do REsp 910.192 (*DJe* 24.2.2010), no qual se admitiu o cabimento da ação civil pública para o fim de cessar a captação antecipada e ilegal de poupança popular disfarçada de financiamento para compra de linha telefônica, a Relatora, Min. Nancy Andrighi, chegou a consignar que "a questão ganha especial importância em hipóteses envolvendo pessoas de pouca instrução e baixo poder aquisitivo, que, não obstante lesadas, veem-se tolhidas por barreiras sociais e econômicas, mantendo-se inertes".

46. STJ, REsp 1.041.765-MG, rela. Min. Eliana Calmon, *DJe* 6.10.2009.

Todavia, contrariamente ao entendimento hoje prevalecente na jurisprudência, entendemos – acompanhados de Rogério Lauria Tucci[47] – que a lei complementar só pode atribuir ao Ministério Público a defesa de interesses difusos e coletivos, não abrangendo sua competência – salvo em situações extraordinárias, que merecem interpretação cautelosa e construtiva – a defesa de direitos individuais, privados e disponíveis, ainda que presente uma relação de consumo.[48-49]

Nesse sentido, aliás, já se manifestou o Min. José Delgado acerca de ação civil pública voltada contra a cobrança, por empresa de ônibus, de complementação do vale-transporte nos 30 dias seguintes ao reajuste da tarifa:

> "O ordenamento jurídico concebe os interesses difusos como sendo aqueles formados por elementos axiológicos cuja titularidade excede a esfera meramente individual do ser humano, por pertencerem a todos que convivem em ambiente social. Os direitos difusos se caracterizam pela impossibilidade de sua fragmentação, isto é, de alcançarem, apenas, um indivíduo. A extensão de entendimento de incluir, na categoria de direitos difusos ou coletivos, interesses puramente individuais gera desprestígio para a ação civil pública, instrumento legal que os protege, em face de descaracterizar a verdadeira função para a qual tal entidade processual foi criada. A defesa de um grupo formador de um estamento social definido não se enquadra no âmbito da ação civil pública, e, para tanto, não tem legitimidade o Ministério Público".[50]

Na mesma linha, afirmando que o Ministério Público não pode ajuizar ação civil pública em defesa de pequeno grupo de associados de um clube, por se tratar de direito eminentemente individual ("a proteção a um grupo isolado de pessoas, ainda que consumidores, não se confunde com a defesa coletiva de seus interesses [*pois*] esta, ao contrário da primeira, é sempre impessoal e tem como objetivo beneficiar a sociedade em sentido amplo"): REsp 1.109.335-SE, rel. Min. Luís Felipe Salomão, *DJe* 1.8.2011.

47. In *Ajuris* 56/43.

48. Por sua vez, Hely Lopes Meirelles, em parecer que deu em matéria de seguro médico em 20.4.1990, reconheceu que o Ministério Público só tem competência para defender interesses e direitos difusos, e não os interesses individuais, mesmo quando homogêneos.

49. Nesta linha, dentre outros: STJ, REsp 141.491-SC, rel. Min. Garcia Vieira, *RT* 757/149 e *RF* 346/260; REsp 143.215-PB, rel. Min. Gilson Dipp, *DJU* 7.12.1998; REsp 171.283-PR, rel. Min. Garcia Vieira, *DJU* 10.5.1999; REsp 114.908-SP, rel. Min. José Arnaldo da Fonseca, *DJU* 13.9.1999.

50. STJ, REsp 91.604-SP, rel. Min. José Delgado, *DJU* 15.6.1998, p. 15.

De se notar que, em relação à matéria tributária, o STF[51] e o STJ[52] pacificaram o entendimento no sentido de que o Ministério Público não dispõe de legitimidade ativa para discutir a constitucionalidade ou a legalidade da cobrança de tributos, pois o interesse do contribuinte é essencialmente individual e disponível, não se equiparando ao do consumidor. A matéria acabou objeto de explicitação legislativa com o parágrafo único do art. 1º da Lei 7.347/1985, introduzido pela Medida Provisória 2.180-35/2001, segundo o qual é vedado o cabimento de ação civil pública em matéria tributária.[53]

Em que pese à aceitação da legitimidade do Ministério Público em matéria de ação civil pública para defesa de interesses individuais homogêneos, desde que demonstrado o interesse social relevante, nem aqueles julgadores mais benevolentes admitem a propositura da ação para a tutela dos interesses de um grupo restrito e reduzido de pessoas ou de uma única pessoa,[54] ainda que menor e carente, pois o *Parquet* não pode se transmudar de substituto processual em

51. STF, RE 195.056-1-PR, rel. Min. Carlos Velloso, *RTJ* 185/302; RE 213.631-0-MG, rel. Min. Ilmar Galvão, *RTJ* 173/288; RE 206.781-4-MS, rel. Min. Marco Aurélio, *RT* 794/193; AI/AgR 327.013-MG, rel. Min. Joaquim Barbosa, *DJe* 30.4.2010.

52. STJ, REsp 57.465-0-PR, rel. Min. Demócrito Reinaldo, *RF* 334/313, *RTJE* 147/184; REsp 97.455-SP, rel. Min. Demócrito Reinaldo, *DJU* 10.3.1997; REsp 845.034-DF, Min. José Delgado, *DJU* 11.6.2007; REsp 914.234-SP, Min. Luiz Fux, *DJU* 22.10.2007.

53. O STF admitiu, porém, a possibilidade de o Ministério Público questionar acordo entre o Fisco e o contribuinte, eis que configurada, na hipótese, a existência de prejuízo ao erário (RE 576.155-DF, rel. Min. Ricardo Lewandowski, *DJe* 31.1.2011). Na decisão em que se deu provimento ao recurso, obtida por maioria de votos – vencidos os Min. Menezes Direito, Cármen Lúcia, Eros Grau e Gilmar Mendes –, entendeu-se que a ação civil pública ajuizada contra o Termo de Acordo de Regime Especial/TARE em questão "não se cinge à proteção de interesse individual, mas abarca interesses metaindividuais, visto que tal acordo, ao beneficiar uma empresa privada, assegurando-lhe o regime especial de apuração do ICMS, pode, em tese, mostrar-se lesivo ao patrimônio público, o que, por si só, legitima a atuação do *Parquet*".

Por sua vez, a 1ª Turma do STJ também já teve a oportunidade de reconhecer a legitimidade do Ministério Público e o cabimento da ação civil pública para defesa do patrimônio público lesado por atos administrativos que trazem benefício fiscal a um único contribuinte (REsp 1.101.808-SP, rel. Min. Hamilton Carvalhido, *DJe* 5.10.2010; REsp 903.189-DF, rel. Min. Luiz Fux, *DJe* 23.2.2011).

54. O STJ afastou a legitimidade do Ministério Público, por exemplo, para ajuizar ação civil pública com o fim de declarar a nulidade de cláusulas abusivas constantes de contratos de locação realizados com uma única administradora do ramo imobiliário (REsp 605.295-MG, rela. Min. Laurita Vaz, *DJe* 2.8.2010).

representante de indivíduos específicos.[55] Em tais hipóteses, afinal, não se caracteriza um interesse público e social relevante a ponto de autorizar a atuação do Ministério Público. Como já afirmou o Min. Aldir Passarinho Jr., o fato de uma causa envolver pessoas de baixa renda não pode impressionar por si só, pois existem a Justiça Gratuita e a Defensoria Pública, e não cabe ao Ministério Público interferir em relações estritamente privadas.[56]

Como bem salientado em precedente da 4ª Turma do STJ, "nas ações em que se pretende a defesa de direitos individuais homogêneos, não obstante os sujeitos possam ser determináveis na fase de conhecimento (exigindo-se estejam determinados apenas na liquidação de sentença ou na execução), não se pode admitir seu ajuizamento sem que haja, ao menos, indícios de que a situação a ser tutelada é pertinente a um número razoável de consumidores. O promovente da ação civil pública deve demonstrar que diversos sujeitos, e não apenas um ou dois, estão sendo possivelmente lesados pelo fato de 'origem comum', sob pena de não ficar caracterizada a homogeneidade do interesse individual a ser protegido" (REsp 823.063-PR, rel. Min. Raul Araújo, *DJe* 22.1.2012).

O STJ, em casos envolvendo direitos relativos ao DPVAT, vinha afirmando a impossibilidade de ajuizamento de ação civil pública relativa a "direitos individuais identificáveis e disponíveis, cuja defesa é própria da Advocacia", e que "o fato de a contratação do seguro ser obrigatória e atingir a parte da população que se utiliza de veículos automotores não lhe confere a característica de indivisibilidade e indisponibilidade, nem sequer lhe atribui a condição de interesse de relevância social a ponto de torná-la defensável via ação coletiva proposta pelo Ministério Público".[57] No entanto, o Plenário do STF, ao julgar recurso extraordinário contra um de tais acórdãos, reconhecendo a repercussão geral da matéria, considerou que, dadas a natureza e a finalidade do DPVAT, há interesse social qualificado na

55. STF, RE 496.718-RS, rel. Min. Marco Aurélio, rel. para o acórdão Min. Menezes Direito, *DJe* 31.10.2008; STJ, REsp 94.307-MS, rel. Min. João Otávio de Noronha, *DJU* 6.6.2005; REsp 664.139-RS, rel. Min. Castro Meira, *DJU* 20.6.2005; REsp 236.161-DF, rel. Min. Aldir Passarinho Jr., *DJU* 2.5.2006; REsp 920.217-RS, rela. Min. Eliana Calmon, *DJU* 6.6.2007.

56. STJ, REsp 198.223-MG, rel. Min. Aldir Passarinho Jr., *DJU* 27.6.2005.

57. STJ, REsp 858.056-GO, rel. Min. João Otávio de Noronha, *DJe* 4.8.2008; EREsp 855.165-GO, rel. Min. João Otávio de Noronha, *DJU* 4.6.2009.

tutela coletiva dos direitos individuais homogêneos dos seus titulares, não obstante sua natureza de direitos divisíveis, disponíveis e com titular determinado ou determinável, autorizando, assim, a iniciativa do Ministério Público.[58]

Ainda assim, diante de casos excepcionais, envolvendo problemas sérios de saúde com pessoas carentes, os Tribunais Superiores já admitiram a ação civil pública movida pelo Ministério Público em favor de um ou alguns indivíduos.[59] Essa legitimação extraordinária, porém, só pode ser reconhecida quando há lei específica – como ocorre com o Estatuto da Criança e do Adolescente –, sendo insuficiente a alegação genérica de interesse público.[60]

De notar que os limites para o emprego da ação civil pública tampouco podem ser ampliados se a demanda for proposta por associação, em lugar do Ministério Público.[61] Assim, por exemplo, o STJ decidiu que descabe o ajuizamento de ação civil pública para obstar à cobrança de multas de trânsito em determinado Município, "por se tratar de direitos individuais homogêneos, identificáveis e divisíveis", dos condutores de veículos locais, que sequer podem ser caracterizados como consumidores.[62]

De todo modo, mesmo que não seja o Ministério Público o autor da ação, deverá nela intervir como fiscal da lei (art. 5º, § 1º), e se, decorridos 60 dias do trânsito em julgado da sentença condenatória, a associação autora não promover a execução, deverá fazê-lo o *Parquet*. Faculta-se a mesma iniciativa aos demais legitimados (art. 15).

A prioridade do Ministério Público para a propositura da ação e das medidas cautelares convenientes está implícita na própria lei quando estabelece que "qualquer pessoa poderá e o servidor público deverá provocar a iniciativa do Ministério Público, encaminhando-

---

58. STF, RE 631.111/GO, rel. Min. Teori Zavascki, *DJe* 30.10.2014.

59. No STJ: REsp 854.557-RS, rel. Min. Luiz Fux, *DJU* 18.10.2007; REsp/EDv 819.010-SP, rel. Min. Teori Albino Zavascki, *DJe* 29.9.2008; REsp 830.904-MG, rel. Min. João Otávio de Noronha, rel. para o acórdão Min. Herman Benjamin, *DJe* 11.11.2009; REsp 976.021-MG, rela. Min. Nancy Andrighi, *DJe* 3.2.2011. No STF: RE 407.902-0-RS, rel. Min. Marco Aurélio, *DJe* 27.8.2009.

60. STJ, REsp 620.622-RS, rela. Min. Eliana Calmon, *DJU* 27.9.2007.

61. O STF já decidiu, por exemplo, que as associações de defesa de consumidores assim como o Ministério Público não detêm legitimidade para a propositura de ação civil pública na defesa de direitos dos contribuintes: AI/AgR 382.298-RS, rel. Min. Gilmar Mendes, *RTJ* 190/360.

62. STJ, REsp 727.092-RJ, rel. Min. Francisco Falcão, *DJU* 14.6.2007.

-lhe informações sobre fatos que constituam objeto da ação civil e indicando-lhe os elementos de convicção" (art. 6º). A mesma lei determina, ainda, que os juízes e Tribunais que, no exercício de suas funções, "tiverem conhecimento de fatos que possam ensejar a propositura da ação civil, remeterão peças ao Ministério Público para as providências cabíveis" (art. 7º); e finaliza concedendo ao Ministério Público a faculdade de "instaurar, sob sua presidência, inquérito civil,[63] ou requisitar, de qualquer organismo público ou particular,

---

Por outro lado, o STJ reconheceu a legitimidade ativa de associação de defesa dos consumidores para a propositura de ação civil pública para a tutela dos interesses e direitos individuais homogêneos dos consorciados-consumidores visando à nulidade de cláusulas de contrato de consórcio e à restituição de valores: REsp 987.382-SP, rela. Min.Nancy Andrighi, *DJe* 9.12.2009.

63. Sobre o *inquérito civil* merece transcrição a seguinte manifestação do Min. José Celso de Mello Filho, quando Assessor do Gabinete Civil da Presidência da República, em nota constante do processo relativo ao projeto de que resultou a Lei 7.347/1985: "Trata-se de procedimento meramente administrativo, de caráter pré-processual, que se realiza extrajudicialmente. O inquérito civil, de instauração facultativa, desempenha relevante função instrumental. Constitui meio destinado a coligir provas e quaisquer outros elementos de convicção que possam fundamentar a atuação processual do Ministério Público. O inquérito civil, em suma, configura um procedimento preparatório, destinado a viabilizar o exercício *responsável* da ação civil pública. Com ele, frustra-se a possibilidade, sempre eventual, de instauração de *lides temerárias*. A instauração do inquérito civil não obrigará o Ministério Público ao ajuizamento da ação civil pública, desde que lhe pareçam *insuficientes* os elementos de convicção coligidos. Os titulares da ação civil pública, as associações, inclusive, possuem legitimidade autônoma para o ajuizamento da ação civil pública. Podem ajuizá-la *antes* do Ministério Público, ou *durante* a tramitação do inquérito civil ou, ainda, *após* eventual arquivamento do inquérito civil".

Na mesma linha, a jurisprudência entende que a instauração do inquérito civil como antecedente à propositura da ação civil pública é facultativa (neste sentido, por exemplo: STJ, REsp 476.660-MG, rela. Min. Eliana Calmon, *DJU* 4.8.2003, p. 274; REsp/AgR 1.066.838-SC, rel. Min. Herman Benjamin, *DJe* 4.2.2011). Entendemos, no entanto, que a fase prévia do inquérito é altamente recomendável, por proporcionar uma chance aos indiciados de apresentarem suas razões antes do ajuizamento da ação, evitando atitudes açodadas ou irrefletidas por parte do Ministério Público. Na doutrina, defendendo a imperatividade da observância do procedimento do inquérito civil prévio em certas circunstâncias, de modo a preservar os direitos constitucionais dos réus desde antes da propositura da ação civil pública: Adilson Abreu Dallari, "Obrigatoriedade de realização de inquérito civil", *RTDP* 26/68.

As provas colhidas no inquérito, porém, têm valor relativo, e poderão ser contrariadas por outras provas produzidas no curso da ação, em obediência aos princípios do contraditório e do devido processo legal (v. STJ, REsp 476.660-MG, citado acima, e REsp 644.994-MG, rel. Min. João Otávio de Noronha, *DJU* 21.3.2005). Sobre o tema, v., ainda: Ronaldo Pinheiro de Queiroz, "A eficácia probatória do inquérito civil no processo judicial: uma análise crítica da jurisprudência do STJ", *RePro* 146/189.

certidões, informações, exames ou perícias, no prazo que assinalar, o qual não poderá ser inferior a 10 (dez) dias úteis" (art. 8º, § 1º).

Mas esses poderes atribuídos ao Ministério Público para a propositura da *ação civil pública* não justificam o ajuizamento de lide temerária ou sem base legal, nem autorizam a concessão de liminar suspensiva de obras e serviços públicos ou particulares, regularmente aprovados pelos órgãos técnicos e administrativos competentes, sob a simples alegação de dano ao meio ambiente. A petição inicial há de vir embasada em disposição de lei que tipifique a ocorrência ou o fato como lesivos ao bem a ser protegido, apresentando ou indicando as provas existentes ou a serem produzidas no processo, não bastando o juízo subjetivo do Ministério Público para a procedência da ação.[64]

Caso, no curso do inquérito civil, o Ministério Público pretenda ter acesso a informações cobertas por proteção legal de sigilo, é necessário que busque ordem judicial para compelir à sua produção, pois do contrário a parte que as detém pode se recusar a fornecê-las (TJRJ, MS 2003.004.01033, *DJE* 7.11.2003).

Encontra-se em tramitação no Congresso Nacional o Projeto de Lei 6.745/2006, que altera dispositivos da Lei 7.347/1985, para instituir o controle judicial sobre os inquéritos civis e conferir aos delegados de polícia a competência para instaurá-los, dentre outras mudanças. O PL, que havia sido arquivado, foi desarquivado em 20.2.2019 e aguarda designação de relator na Comissão de Constituição e Justiça/CCJ.

O STF já entendeu que o Ministério Público pode oferecer denúncia com base em elementos colhidos no âmbito de inquéritos civis instaurados para apurar ilícitos administrativos no bojo dos quais haja elementos aptos a embasar imputação penal (Inq 3.776, rela. Min. Rosa Weber, *DJe* 4.11.2014).

64. A pretensa defesa do meio ambiente não autoriza o Ministério Público ou o Judiciário a ingressar na órbita das atribuições do Poder Executivo, determinando prioridades, realizações de obras ou alocações de recursos para finalidades específicas. Tal como a ação popular, a ação civil pública não permite que o julgador substitua os critérios de oportunidade e conveniência do administrador público pelos seus próprios. "As atividades de realização dos fatos concretos pela Administração dependem de dotações orçamentárias prévias e do programa de prioridades estabelecido pelo governante. Não cabe ao Poder Judiciário, portanto, determinar as obras que deve edificar, mesmo que seja para proteger o meio ambiente" (STJ, REsp 169.876-SP, rel. Min. José Delgado, *RSTJ* 114/98 e *RTJE* 173/103). "Ao Poder Executivo cabe a análise da conveniência e oportunidade da realização de obras públicas" (STJ, REsp/AgR 263.173-GO, rel. Min. Paulo Medina, *DJU* 10.3.2003, p. 144). A ação civil pública não pode quebrar a harmonia entre os Poderes, não autorizando o Judiciário a substituir a Administração Pública no exercício do seu poder discricionário assegurado na Constituição e nas leis. O juízo de conveniência e oportunidade de atos da Administração não pode ser transferido para o juiz da causa, que só pode obrigar o administrador a praticar um ato vinculado, nunca um que esteja dentro da sua esfera de discricionariedade (STJ, REsp/AgR 252.083-RJ, rela. Min. Nancy Andrighi, *DJU* 26.3.2001, p. 415; TJSP, ACi

Se o Ministério Público se convencer da inexistência de fundamento para a propositura da ação, promoverá o arquivamento dos autos do inquérito civil ou das peças informativas, fazendo-o motivadamente e remetendo sua manifestação ao Conselho Superior da Instituição, para a deliberação final e as providências subsequentes (art. 9º, §§ 1º a 4º). Ajuizada a ação, dela não pode desistir o Ministério Público, por ser indisponível seu objeto;[65] mas, a final,

---

126.386-5/8, de São Paulo, rel. Des. Vanderci Álvares, *Boletim AASP* 2.238/2.034 e *RF* 361/183; TJRJ, ACi 14.225/2001, rel. Des. Jayro Ferreira, *DJE* 5.9.2002, p. 349).

O Ministério Público também não pode questionar através de ação civil pública a conveniência da legislação regular e formalmente aprovada pelo Poder Legislativo. Como já decidiu o STJ: "O interesse local é exteriorizado pela vontade política. A lei local reflete o anseio da comunidade mediante a boca e a pena dos legisladores eleitos pelo povo da região. Em consequência, o Ministério Público não pode, via ação civil pública, opor-se à vontade manifestada pela comunidade através de lei, porquanto os legisladores eleitos sobrepõem-se ao *Parquet* na revelação da real vontade comum. (...). Exsurgindo lei local definindo a necessidade de pedágio da via, impõe-se respeitar a vontade da comunidade, vetando-se ao Ministério Público transmudar-se em senhor dos interesses sociais, contrapondo-se aos mesmos, a revelar-se 'mais realista do que o rei'" (REsp 434.283-RS, rel. Min. Luiz Fux, *DJU* 5.5.2003, p. 225).

Não cabe ao Poder Judiciário, tampouco, salvo manifesta ilegalidade, interferir na fixação do preço do pedágio, cujos critérios são estipulados pelo poder concedente no edital de concessão (SLS 1.240-SP, rel. Min. Ari Pargendler, *DJe* 2.2.2011).

Todavia, excepcionalmente, em alguns julgamentos os Tribunais Superiores admitiram o controle judicial de políticas públicas. No STJ, em ação civil pública visando ao fornecimento de equipamentos a hospital universitário, entendeu-se que o princípio da separação dos Poderes, concebido originalmente com o escopo de garantir os direitos fundamentais, não poderia ser utilizado justamente como óbice à realização dos direitos sociais, igualmente fundamentais e positivados na Constituição (REsp 1.041.197-MS, rel. Min. Humberto Martins, *DJe* 16.9.2009).

Do mesmo modo, no STF, em ação civil pública buscando garantir o transporte de alunos da rede estadual de ensino, asseverou-se que o Judiciário pode determinar, ainda que "em bases excepcionais", a implementação de políticas públicas pelos entes inadimplentes cuja omissão comprometa a eficácia de direitos sociais constitucionais (RE/AgR 603.575-SC, rel. Min. Eros Grau, *DJe* 14.5.2010).

De se registrar que há decisões do STJ afastando o cabimento do recurso especial quando o acórdão recorrido houver se baseado no princípio constitucional da separação dos Poderes, por se tratar de fundamento exclusivamente constitucional (REsp 1.140.992, rel. Min. Castro Meira, *DJe* 20.11.2009; REsp 859.395-RS, rel. Min. Herman Benjamin, *DJe* 24.9.2010. Neste último julgado, porém, embora não tenha conhecido do especial, o Relator, Min. Herman Benjamin, chegou a ressaltar que "o princípio da separação dos Poderes não é mote – nem pode ser transformado em tal – para o esvaziamento da função judicial de controle da Administração Pública, sobretudo quando estiverem em jogo a vida e a segurança das pessoas").

65. A propósito, já decidiu o TJSP: "Proposta ação civil pública pelo Ministério Público, não pode mais dela desistir, devendo prosseguir até o encerramento do

diante das provas produzidas, poderá opinar pela sua procedência ou improcedência, como o faz nas ações populares, cabendo ao juiz acolher, ou não, sua manifestação. Observamos, ainda, que, se houver desistência infundada ou abandono da causa pela associação autora, o "Ministério Público assumirá a titularidade ativa" (art. 5º, § 3º).

A legitimidade ativa também dependerá, caso a caso, das atribuições de cada órgão do Ministério Público.[66] O STJ já julgou que, sendo a matéria de atribuição do Ministério Público estadual, não se admite a propositura da demanda pelo Ministério Público Federal, sequer em litisconsórcio ativo.[67] No entanto, iniciada a ação pelo Ministério Público estadual, decidiu-se que o *Parquet* federal tem legitimidade para prosseguir com a ação na instância especial, inclusive recorrendo.[68] A *legitimação passiva* estende-se a todos os responsáveis pelas situações ou fatos ensejadores da ação, sejam pessoas físicas ou jurídicas, inclusive as estatais, autárquicas ou paraestatais, porque tanto estas como aquelas podem infringir normas de direito material de proteção ao meio ambiente ou ao consumidor, incidindo na previsão do art. 1º da Lei 7.347/1985 e expondo-se ao

processo, isto é, até a prolação da sentença, uma vez que, partindo-se do conceito da obrigatoriedade de propô-la, decorre, naturalmente, a indisponibilidade desta mesma ação" (*RT* 635/201).

66. O STF, ao julgar improcedente a ADI 1.916-MS, ajuizada pelo Procurador-Geral da República, reconheceu a constitucionalidade de dispositivo da Lei Orgânica do Ministério Público do Estado do Mato Grosso do Sul (Lei Complementar 72/1994) que estabelece a competência exclusiva do Procurador-Geral da Justiça daquele Estado para promover ações civis públicas contra autoridades estaduais específicas (rel. Min. Eros Grau, *DJe* 17.6.2010).

67. STJ, RMS 4.146-8-CE, rel. Min. Vicente Leal, *RSTJ* 82/336. Tratando-se de ação envolvendo sociedade de economia mista, ainda que de controle federal, o STJ já decidiu pela competência da Justiça estadual e pela legitimidade ativa do Ministério Público estadual (STJ, REsp 200.200-SP, rel. Min. Milton Luiz Pereira, *DJe* 30.9.2002). V., ainda: Teori Albino Zavascki, "Ação civil pública: competência para a causa e repartição de atribuições entre os órgãos do Ministério Público", *RDR* 39/15; Vinicius Leal Cavalleiro, "A possibilidade de o Ministério Público estadual propor ações civis públicas ambientais perante a Justiça Federal", *Revista do Ministério Público* 27, Rio de Janeiro, 2008. O STJ já decidiu, outrossim, que o Ministério Público do Trabalho só tem legitimidade para atuar nas causas que tenham trâmite na Justiça do Trabalho (REsp 240.343-SP, rel. Min. Aldir Passarinho Jr., rel. para o acórdão Min. João Otávio de Noronha, *DJe* 20.4.2009, *RSTJ* 215/783).

68. STJ, REsp/ED 114.908-SP, rela. Min. Eliana Calmon, *DJU* 20.5.2002, p. 95, e *Revista de Direito Privado* 13/300.

controle judicial de suas condutas.[69-70] Em matéria de litisconsórcio, a norma do art. 114 do CPC de 2015 (art. 47 do CPC de 1973) é aplicável subsidiariamente às ações civis públicas. Assim, havendo litisconsórcio necessário, todos os litisconsortes deverão ser citados, sob pena de nulidade processual.[71-72]

3. *Foro e processo*

A *ação civil pública* e as respectivas medidas cautelares deverão ser propostas no foro do local onde ocorrer o dano (arts. 2º e 4º).[73] E justifica-se a fixação do foro na comarca em que se der o ato ou

---

69. O STJ entende ser o Estado parte passiva legítima para responder por ação civil pública proposta em razão de danos ao meio ambiente: REsp 88.776-GO, rel. Min. Ari Pargendler, *DJU* 9.6.1997, p. 25.501.

70. Sobre *Ministério Público e ação civil pública*, v.: Teori Albino Zavascki, "Ministério Público, ação civil pública e defesa de direitos individuais homogêneos", *RF* 333/123; Lúcia Valle Figueiredo, "Ação civil pública. Ação popular. A defesa dos interesses difusos e coletivos. Posição do Ministério Público", *Revista AJUFE* 55/26; Galeno Lacerda, "Limites à atuação do Ministério Público, no que concerne ao inquérito civil e à ação civil pública. Limites no controle da atividade bancária. Distinção entre operações e serviços de bancos. Só os serviços se enquadram nas relações de consumo, sujeitos à fiscalização do Ministério Público", *RF* 333/194; Hugo Nigro Mazzilli, "Das ações coletivas em matéria de proteção ao consumidor. O papel do Ministério Público", *Justitia* 160/158; Luís Daniel Pereira Cintra e Marco Antônio Zanellato, "O Ministério Público e a defesa coletiva dos interesses do consumidor", *Justitia* 160/236; Nelson Nery, "O Ministério Público e sua legitimação para defesa do consumidor em juízo", *Justitia* 160/244.

71. STJ, REsp 405.706-SP, rel. Min. Luiz Fux, *ADV* 2003, p. 31, ementa 104.388, e *DJU* 23.9.2002, p. 244.

O STJ já julgou, porém, que, havendo responsabilidade solidária de várias pessoas físicas e/ou jurídicas, a hipótese é de litisconsórcio passivo facultativo, razão pela qual a ação civil pública pode prosseguir contra apenas alguns deles, apontados como réus pelo autor da demanda (REsp 1.358.112-SC, rel. Min. Humberto Martins, *DJe* 28.6.2013 – o caso era de ação civil pública ambiental proposta pelo Ministério Público Federal e pelo IBAMA).

72. O STJ já entendeu que a Agência Nacional de Telecomunicações/ANATEL é litisconsorte passiva necessária nas ações coletivas que envolvam relação jurídica decorrente de contrato de concessão estabelecido entre a concessionária e a agência reguladora sem a participação do usuário: CComp/AgR 113.902-AC, rel. Min. Humberto Martins, *DJe* 22.11.2010.

73. Não há prerrogativa de foro para o julgamento de ação civil pública, que deve ser processada na primeira instância mesmo que figure como réu um ministro de Estado ou o Presidente da República (STF, Pet 1.926-DF, rel. Min. Celso de Mello, *Informativo STF* 181/03).

fato lesivo ao meio ambiente ou ao consumidor pela facilidade de obtenção da prova testemunhal e de realização de perícia que forem necessárias à comprovação do dano. Se, porém, a União, suas autarquias e empresas públicas forem interessadas na condição de autoras, rés, assistentes ou opoentes, a causa correrá perante os juízes federais e o foro será o do Distrito Federal ou o da Capital do Estado, como determina a Constituição da República (art. 109, I).[74-75] Sendo o Es-

---

No entanto, na Rcl 2.937-DF (rel. Min. Marco Aurélio, *DJe* 16.4.2012) o Pleno do STF reconheceu a competência originária da Corte Suprema para o julgamento de ações civis públicas propostas em face de Itaipu Binacional, em razão do estatuto jurídico peculiar da empresa, estabelecido em sua legislação específica. Por envolver interesses da República do Paraguai, as ações em questão, que discutiam a necessidade de obtenção de licenças do IBAMA, devem ser apreciadas pelo STF, por força do art. 102, I, "e", da CF.

74. Em sentido diverso, inicialmente, a Súmula 183 do STJ dispunha que competia ao juiz estadual, nas comarcas que não fossem sede de Vara da Justiça Federal, processar e julgar ação civil pública ainda que a União figurasse no processo.

O Plenário do STF, no entanto, em julgamento unânime, adotou o entendimento exposto no texto original do livro de Hely Lopes Meirelles e, contrariando o teor da Súmula 183 do STJ, definiu que a Justiça Federal tem competência territorial e funcional sobre o local de qualquer dano e que o afastamento da jurisdição federal somente poderia ser admitido em caso de regra legal ou constitucional expressa, como na hipótese das causas previdenciárias mencionadas no § 3º do art. 109 da CF – o que não ocorre em matéria de ação civil pública (RE 228.955-9-RS, rel. Min. Ilmar Galvão, *DJU* 14.4.2000, p. 56). O precedente do STF levou a 1ª Seção do STJ a cancelar o verbete da Súmula 183 no julgamento dos CComp/ED 27.676-BA, rel. Min. José Delgado, *DJU* 5.3.2001, p. 118. A jurisprudência consolidou-se, desse modo, no sentido de indicar como competente o foro federal que ostente competência territorial e funcional sobre o local onde ocorreu o dano discutido na ação civil pública sempre que configurada uma das situações do art. 109, I, da CF (STJ, CComp 90.722-BA, rel. Min. Teori Albino Zavascki, *DJe* 12.8.2008).

75. O art. 109, I, da CF não se refere ao Ministério Público Federal. Assim, mesmo que este seja o autor da ação, a competência não deverá ser deslocada para a Justiça Federal, a não ser que a União ou suas autarquias ou empresas públicas sejam partes do feito. Neste sentido, na doutrina, v.: Fredie Didier Jr., "Ministério Público Federal e competência da Justiça Federal", *RMPRJ* 48/107. Embora a 1ª Seção do STJ já tenha expressado este exato entendimento no CComp 34.204-MG (rel. Min. Luiz Fux, *DJU* 19.12.2002), a jurisprudência recente daquela Corte tem considerado que "em ação proposta pelo Ministério Público Federal, órgão da União, somente a Justiça Federal está constitucionalmente habilitada a proferir sentença que vincule tal órgão" (CComp 100.300-PI, rel. Min. Castro Meira, *DJe* 25.5.2009; CComp 86.632-PI, rel. Min. Luiz Fux, *DJe* 10.11.2008). Assim defende na doutrina, dentre outros, Teori Albino Zavascki, "Ação civil pública: competência para a causa e repartição de atribuições entre os órgãos do Ministério Público", *Revista Jurídica* 58/398 e *RMPRJ* 47/267. Sobre a matéria, v. ainda o próximo capítulo desta obra, tratando da *ação de improbidade administrativa*.

tado, suas autarquias ou entidades paraestatais interessados na causa, mesmo que a lei estadual lhes dê Vara ou juízo privativo na Capital, ainda assim prevalece o foro do local do dano, pois a legislação estadual de organização judiciária não se sobrepõe à norma processual federal que indicou o foro para a ação civil pública.[76]

A competência para processamento da ação civil pública é de natureza funcional (Lei 7.347/1985, art. 2º), e, portanto, absoluta e improrrogável.[77] Assim, em tese não se admite a reunião de ações propostas em Estados diferentes, mesmo que sejam conexas.[78] De acordo com o parágrafo único do art. 2º da Lei 7.347/1985, introdu-

---

76. Neste sentido, no STJ: REsp 67.345-3-SC, rel. Min. Demócrito Reinaldo, *RSTJ* 92/81. É entendimento pacífico no STJ que os Estados não têm foro privilegiado, como a União, e sim juízo privativo, quando a ação é ajuizada em local que tenha Varas da Fazenda Pública (STJ, REsp 190.615-RS, rel. Min. Garcia Vieira, *DJU* 8.3.1999). Entretanto, se houver Vara privativa da Fazenda no foro do local do dano, dela será a competência nestes casos, combinando-se as normas federais e estaduais. Note-se que o conceito de "entidades paraestatais" inclui sociedades de economia mista, como já decidiu o TJSP com relação à Eletropaulo (AI 017.702-5-1, rel. Des. Yoshiaki Ichihara, *RT* 734/317). Da mesma forma, atendido o requisito do local do dano, poderá haver deslocamento da competência para Varas especializadas, dependendo do assunto tratado na ação e das regras de organização judiciária de cada Estado.

77. Sobre o tema: José Carlos Barbosa Moreira, "A expressão 'competência funcional' no art. 2º da Lei da Ação Civil Pública", *RF* 380/179.

Em ação civil pública na qual se discutia se a competência para o credenciamento e a autorização do funcionamento de entidade de ensino era federal ou estadual, o STF entendeu caracterizada a hipótese de conflito federativo, atraindo a competência originária da Corte Suprema, nos termos do art. 102, I, "f", da CF (rel. Min. Sepúlveda Pertence, *Informativo STF* 398/3). Em outro caso no qual se vislumbrou potencial conflito federativo o STF voltou a afirmar sua competência originária, nos termos do art. 102, I, "f", da CF, e avocou a ação civil pública (Rcl 5.066-PR, rel. Min. Joaquim Barbosa, *DJe* 14.10.2008). No entanto, em ação civil pública visando à suspensão de concurso público para o provimento de vagas de professores para o magistério indígena o STF entendeu inexistir conflito federativo, declarando-se incompetente para processar o feito (AO/AgR 1.191-2-RR, rela. Min. Cármen Lúcia, *DJe* 21.8.2009).

A mera presença no polo passivo de autoridades sujeitas a foro especial em matéria penal ou de mandado de segurança, afinal, em princípio, não é suficiente, por si só, para acarretar a competência originária do Tribunal Superior (cf. precedente da Pet 3.482-GO, rel. Min. Carlos Britto, *Informativo STF* 397/8).

78. Neste sentido: STJ, CComp 17.137-PE, rel. Min. Ari Pargendler, *DJU* 2.9.1996, p. 31.017.

Já se admitiu a reunião de demandas propostas em Estados diferentes que discutiam um mesmo dano, sem local específico de ocorrência, decorrente da privatização das empresas do Grupo Telebrás (STJ, CComp 22.693-DF, rel. Min. José Delgado, *RSTJ* 120/27).

zido pela Medida Provisória 2.180-35, de 24.8.2001, "a propositura da ação prevenirá a jurisdição do juízo para todas as ações posteriormente intentadas que possuam a mesma causa de pedir ou o mesmo objeto".[79]

Segundo o art. 16 da Lei 7.347/1985, na redação dada pela Lei 9.494/1997,[80] cada uma das ações proporcionaria uma decisão no âmbito da respectiva competência, de modo que, de acordo com a natureza da competência funcional que rege a matéria, só caberia esta prevenção para as ações propostas em cada Estado da Federação, não se admitindo, por exemplo, que uma ação proposta em São Paulo fizesse prevenção para outra ajuizada no Rio de Janeiro, ou vice-versa.

Contudo, essa nova redação do art. 16 foi declarada inconstitucional pelo STF no julgamento do RE 1.101.937-SP. Na oportunidade o Tribunal determinou que, ajuizadas "múltiplas ações civis

---

Da mesma forma, o STJ determinou a reunião de ações propostas perante o mesmo Estado, sendo uma na Justiça estadual e outra na Justiça Federal, e declarou a competência desta última para o julgamento do feito, porquanto existente relação de continência (STJ, CComp 22.682-RS, rel. Min. Franciulli Netto, *DJU* 12.5.2003, p. 206; CComp 40.534-RJ, rel. Min. Teori Albino Zavascki, *DJU* 17.5.2004; CComp 90.722-BA, rel. Min. Teori Albino Zavascki, *DJe* 12.8.2008). Decidiu-se no mesmo sentido sob o argumento da possibilidade de decisões conflitantes (CComp 36.439-SC, rel. Min. Luiz Fux, *DJU* 17.11.2003, p. 197; CComp 48.106-DF, rel. Min. Francisco Falcão, rel. para o acórdão Min. Teori Albino Zavascki, *DJU* 5.6.2006, p. 233; *RDR* 38/80). A matéria acabou objeto de edição da Súmula 489 do STJ: "Reconhecida a continência, devem ser reunidas na Justiça Federal as ações civis públicas propostas nesta e na Justiça Estadual".

Nada impede, aliás, a reunião de ações civis públicas conexas propostas em Varas diferentes num mesmo foro, medida que é recomendável e segue as regras gerais de conexão do Código de Processo Civil (TJRJ, AI 2.355/2000, rel. Des. Luiz Fux, *RF* 358/265).

A competência do juízo falimentar não se estende para a apreciação de ação civil pública referente a dano ambiental em imóvel da massa (STJ, CComp 40.971-RJ, rel. Min. Barros Monteiro, *DJU* 15.9.2004, p. 113).

79. No STJ, reunindo mais de 20 ações que combatiam o aumento de tarifas de telefonia autorizado pela ANATEL, com base no mencionado dispositivo legal: CComp 39.590-RJ, rel. Min. Castro Meira, *DJU* 15.9.2003 e *RDR* 27/239. Na mesma linha, v. liminar do Min. Edson Vidigal no CComp 057.559-DF, relativo à prorrogação dos contratos de concessão de telefonia fixa, deferida em 22.12.2005 (*DJe* 6.2.2006).

80. Lei 7.347/1985: "Art. 16. A sentença civil fará coisa julgada *erga omnes*, nos limites da competência territorial do órgão prolator, exceto se o pedido for julgado improcedente por insuficiência de provas, hipótese em que qualquer legitimado poderá intentar outra ação com idêntico fundamento, valendo-se de nova prova".

públicas de âmbito nacional ou regional e fixada a competência" observando-se o disposto no art. 93, II, da Lei 8.078/1990 (Código de Defesa do Consumidor),[81] "firma-se a prevenção do juízo que primeiro conheceu de uma delas, para o julgamento de todas as demandas conexas".[82]

Quanto ao processo dessa ação, é o ordinário, comum, do Código de Processo Civil,[83] com a peculiaridade de admitir medida liminar suspensiva da atividade do réu, quando pedida na inicial, desde que ocorram os pressupostos legais.[84] Não se admite a concessão de ofício, pelo juiz, da tutela provisória, pois a medida de urgência ou de evidência dependerá sempre de pedido expresso da

81. Segundo o dispositivo, excetuando-se a competência da Justiça Federal, é competente para a causa a Justiça local, no foro da Capital do Estado ou no do Distrito Federal, para os danos de âmbito nacional ou regional, devendo ser aplicadas as regras do Código de Processo Civil aos casos de competência concorrente.

82. STF, RE 1.101.937, rel. Min. Alexandre de Moraes, *DJe* 14.6.2021.

83. Há decisões entendendo ser descabida a denunciação da lide em ação civil pública. Sendo a responsabilidade do réu da ação civil pública, via de regra, objetiva, a denunciação implicaria a introdução de fundamento novo na demanda, ou seja, a discussão em torno da culpa ou dolo na produção do dano (TJSP, AI 224.273-1/2, rel. Des. Antônio Manssur, *RT* 716/161). Também já se afastou a denunciação da lide em razão da incompetência do juiz da ação civil pública para apreciação da lide secundária (TJPR, AI 51.802-3, rel. Des. Ulysses Lopes, *RT* 743/376). Entendemos que, na falta de vedação expressa à denunciação da lide em ação civil pública, e aplicando-se o Código de Processo Civil subsidiariamente (art. 19 da Lei 7.347/1985), o cabimento da intervenção de terceiros deve ser analisado caso a caso. Já se decidiu que são aplicáveis à ação civil pública os prazos recursais do Código de Processo Civil (STJ, REsp 128.081-RS, rel. Min. Garcia Vieira, *RSTJ* 111/61). Nesta linha, entendemos aplicável também a regra que concede o prazo em dobro aos litisconsortes com procuradores diferentes integrantes de escritórios de Advocacia distintos e em processos que não sejam eletrônicos (art. 229 do CPC de 2015).

84. De acordo com o Código de Processo Civil de 2015 (Lei 13.105/2015), a tutela provisória, de caráter antecipado ou cautelar, poderá ser concedida em dois casos: os de urgência, em que é necessária a demonstração de probabilidade do direito e perigo de demora; e os de evidência, que independem da demonstração de perigo da demora e se configuram quando: "I – ficar caracterizado o abuso do direito de defesa ou o manifesto propósito protelatório da parte; II – as alegações de fato puderem ser comprovadas apenas documentalmente e houver tese firmada em julgamento de casos repetitivos ou em súmula vinculante; III – se tratar de pedido reipersecutório fundado em prova documental adequada do contrato de depósito, caso em que será decretada a ordem de entrega do objeto custodiado, sob cominação de multa; IV – a petição inicial for instruída com prova documental suficiente dos fatos constitutivos do direito do autor, a que o réu não oponha prova capaz de gerar dúvida razoável". Nas hipóteses dos incisos II e III o juiz poderá decidir liminarmente (art. 311, parágrafo único).

parte autora.[85] Nas ações contra atos do Poder Público a liminar não poderá esgotar, no todo ou em parte, o objeto da ação (art. 1º, § 3º, da Lei 8.437/1992) e só poderá ser concedida após ter sido ouvido, em setenta e duas horas, o representante judicial da pessoa jurídica de direito público (art. 2º da Lei 8.437/1992).[86] Dessa liminar cabe agravo, interposto pelo réu (art. 12),[87] e também pedido de sua suspensão ao presidente do Tribunal competente para conhecer do respectivo recurso, formulado, a qualquer tempo, pela pessoa jurídica de direito público interessada, para "evitar grave lesão à ordem, à saúde, à segurança e à economia pública" (art. 12, § 1º).[88] Em virtude do dispos-

---

85. STJ, 3ª Turma, REsp 1.178.500-SP, rela. Min. Nancy Andrighi, *DJe* 18.12.2012.

86. A concessão da liminar antes de decorrido o prazo de setenta e duas horas após a intimação do representante do Estado vem sendo considerada nula (STF, Pet/AgR 2.066-SP, rel. Min. Carlos Velloso, *RTJ* 186/147; STJ, REsp 88.583-SP, rel. Min. Humberto Gomes de Barros, *DJU* 18.11.1996, p. 44.847; REsp 220.082-GO, rel. Min. João Otávio de Noronha, *DJU* 20.6.2005, p. 182; REsp 667.939-SC, rela. Min. Eliana Calmon, *DJU* 13.8.2007).

Na doutrina tem-se sustentado que as vedações à concessão de tutela provisória contra a Fazenda Pública limitam-se às tutelas de urgência. Nesse sentido as conclusões do *VI Fórum Permanente de Processualistas Civis*/FPPC, realizado em São Paulo nos dias 18 a 20.3.2016.

87. "Conta-se o prazo para a interposição de agravo de instrumento, contra deferimento de liminar em ação civil pública, da juntada aos autos do mandado de execução da medida" (STJ, REsp 152.041-MG, rel. Min. Milton Luiz Pereira, *DJU* 19.11.2001).

88. Como a legitimidade para o pedido de suspensão da liminar é restrita às pessoas jurídicas de direito público, os demais réus eventualmente prejudicados pela liminar poderão pedir o efeito suspensivo para seu agravo, na forma do art. 1.019, I, do CPC de 2015. Excepcionalmente pode ser concedido o efeito suspensivo através da impetração de mandado de segurança, como, por exemplo, no caso de férias do Tribunal. De salientar, no entanto, que o STJ em alguns casos vem ampliando o leque dos legitimados para o pedido de suspensão de liminar, flexibilizando a interpretação da lei e reconhecendo legitimidade também às sociedades de economia mista quando presente o interesse público, como pode ocorrer no caso de concessionárias de serviços públicos (REsp 50.284-SP, rel. Min. Peçanha Martins, *RSTJ* 136/152; Pet/AgR 1.489-BA, rel. Min. Paulo Costa Leite, *DJU* 22.10.2001). Posteriormente, a partir de 2005, e com base em interpretação elástica da legitimidade prevista na Lei 8.437/1992, o Presidente do STJ admitiu suspensões de liminares requeridas por empresas estritamente privadas, desde que concessionárias de serviços públicos, e por fundos de pensão ligados a estatais. São exemplos a SL 196-RJ, pedida pela Light, a SL 221-RJ, pedida pela Varig, e as SL 128-RJ e 222-DF, requeridas por vários fundos de pensão (PREVI, PETROS, FUNCEF e outros), todas relatadas e deferidas pelo Min. Edson Vidigal (decisões disponíveis na íntegra no sítio do STJ na Internet, *http://www.stj.gov.br*). Na mesma linha: STJ, SL 313-CE, rel. Min. Barros Monteiro,

to no art. 4º, § 2º, da Lei 8.437/1992, o presidente do Tribunal poderá ouvir, previamente, o autor e o Ministério Público, em cinco dias. E a razão daquele pedido está em que muitas vezes a medida liminar, tolhendo obras, serviços ou atividades essenciais à comunidade, afeta o interesse público e justifica sua cassação até o julgamento final da causa. Do despacho concessivo da liminar cabe agravo para uma das Câmaras ou Turmas Julgadoras, no prazo de cinco dias da sua publicação (art. 12, § 1º, *in fine*).[89]

A Medida Provisória 1.984-18, de 1.6.2000, acrescentou sete §§ ao art. 4º da Lei 8.437/1992, disciplinando detalhadamente a matéria de suspensão de liminares pelos presidentes dos Tribunais e ampliando o cabimento de tais pedidos pelos legalmente legitimados. A medida provisória em tela foi sucessivamente reeditada, sendo a última versão a Medida Provisória 2.180-35, de 24.8.2001 (em vigor por prazo indeterminado, por força do art. 20 da EC 32/2001).[90]

Registre-se que o pedido de suspensão é cabível em face de qualquer tutela de natureza provisória (arts. 294 a 311 do CPC de 2015) contra a Fazenda Pública, tanto em relação à medida liminar de natureza cautelar quanto à liminar antecipatória de tutela, de natureza satisfativa, nos termos expressos do art. 1.059 do CPC vigente.[91]

DJU 21.9.2006; SL 765-PR, rel. Min. Barros Monteiro, *DJU* 8.10.2007; SL 789-AL, rel. Min. Barros Monteiro, *DJU* 1.2.2008.

O STF igualmente reconhece a legitimidade processual ativa de pessoas jurídicas de direito privado para o pedido de suspensão, desde que no exercício de função delegada do Poder Público, como as concessionárias de serviço público (SL 111-DF, rela. Min. Ellen Gracie, *DJU* 2.8.2006; SL 251-SP, rel. Min. Gilmar Mendes, *DJe* 4.8.2008; SL 274-PR, rel. Min. Gilmar Mendes, *DJe* 3.2.2009).

89. Há doutrina defendendo a possibilidade de responsabilização civil do Estado por dano advindo de decisão que defere tutela de urgência em ação coletiva: Marcus Paulo Queiroz Macêdo, "A responsabilidade civil em face de danos decorrentes do deferimento de tutelas de urgência em ações coletivas", *RePro* 171/213.

90. Sobre *suspensão de liminar e de sentença*, v. item 13 da Primeira Parte deste livro.

91. CPC: "Art. 1.059. À tutela provisória requerida contra a Fazenda Pública aplica-se o disposto nos arts. 1º a 4º da Lei n. 8.437, de 30 de junho de 1992, e no art. 7º, § 2º, da Lei n. 12.016, de 7 de agosto de 2009".

Quando do advento da antecipação de tutela (art. 273 do CPC de 1973, com redação dada pela Lei 8.952/1994), passível de concessão também em sede de ação civil pública, houve alguma polêmica quanto à admissibilidade da sua suspensão pelo presidente do Tribunal, nos mesmos moldes da liminar de natureza cautelar. Buscando sanar a controvérsia, a Medida Provisória 1.570/1997, no seu art. 1º, mandou aplicar às tutelas antecipadas as limitações já existentes para liminares em geral (Leis

Outras disposições processuais são estabelecidas pela Lei 7.347/1985, a saber: a multa cominada liminarmente só é exigível do réu após o trânsito em julgado da decisão favorável ao autor, mas será devida desde o dia em que se houver configurado o descumprimento da cominação (art. 12, § 2º); havendo condenação em dinheiro, a indenização pelo dano causado reverterá a um Fundo gerido por um Conselho Federal;[92] ou por Conselhos estaduais de que participarão necessariamente o Ministério Público e representantes da comunidade, sendo seus recursos destinados à reconstituição dos bens lesados (art. 13); o juiz poderá conferir efeito suspensivo a qualquer recurso, para evitar dano irreparável ao recorrente (art. 14); o autor da ação não está, em princípio, obrigado a adiantar custas, despesas ou honorários periciais, salvo comprovada má-fé, que enseja o ônus da sucumbência (CF, art. 5º, LXXVII, *in fine*; art. 18 da Lei 7.347/1985, com a redação do art. 116 da Lei 8.078/1990).[93] No caso de litigância de má-fé, a associação autora e seus diretores responsáveis pela propositura da ação serão solidariamente condenados ao pagamento do décuplo das custas, sem prejuízo da responsabilidade por perdas e danos (art. 17 da Lei 7.347, com a redação do art. 115 da Lei 8.078/1990). Contudo, no que tange ao adiantamento dos honorários periciais, o STJ, ao julgar recurso especial em caráter repetitivo, já consolidou o entendimento de que não se deve interpretar literalmente o dispositivo em exame, sob pena de ser imposto ao réu o ônus de arcar com as despesas para a realização de perícia requerida pela parte adversa.[94] Ademais, a jurisprudência tem adotado o entendi-

4.348/1964, 5.021/1966 e 8.437/1992), bem como as disposições relativas à suspensão de liminar (art. 4º). Uma vez convertida na Lei 9.494/1997, o dispositivo foi objeto da ADC 4-DF, proposta pelo Presidente da República, cujo pedido foi julgado procedente para o fim de declarar a constitucionalidade do art. 1º da Lei 9.494/1997 (STF, Tribunal Pleno, ADC 4-DF, rel. Min. Sydney Sanches, rel. para o acórdão Min. Celso de Mello, j. 1.10.2008, *RTJ* 169/383). Confirmou-se, assim, o entendimento já prevalecente na jurisprudência do STJ, que reconhecia o cabimento dos pedidos de suspensão de tutelas antecipadas (SS/AgR 718-AM, rel. Min. Antônio de Pádua Ribeiro, *RSTJ* 119/17; Pet/AgR 1.489-BA, rel. Min. Paulo Costa Leite, *DJU* 22.10.2001, p. 259).

92. Este *Fundo* está regulamentado, no âmbito federal, pelo Decreto 1.306, de 9.11.1994.

93. A isenção do art. 18 da Lei 7.347/1985 abrange a taxa judiciária, que tampouco é devida para a propositura da ação civil pública (STJ, REsp 1.288.997-RJ, rela. Min. Nancy Andrighi, *DJe* 25.10.2012).

94. Diante de impasse em relação ao pagamento dos honorários periciais no curso de ação civil pública movida pelo Ministério Público do Estado de São Paulo (tendo em vista que, "conquanto não se possa obrigar o Ministério Público a adiantar

mento consolidado na Súmula 232 do STJ,[95] que, apesar de tratar das ações em que a Fazenda Pública figura como parte, vem sendo aplicada nas ações civis públicas ajuizadas pelo Ministério Público.[96] O valor da causa deve ser fixado segundo as regras gerais do Código de Processo Civil. No entanto, dadas a natureza e as finalidades da ação civil pública, frequentemente este valor será a princípio inestimável ou imensurável, e em tais situações deverá ser observado um critério de razoabilidade.[97]

4. *Responsabilidade do réu*

O réu na ação civil pública tem *responsabilidade* pelos danos causados ao meio ambiente; por isso mesmo o autor não precisa

---

os honorários do perito nas ações civis públicas em que figura como parte autora, diante da norma contida no art. 18 da Lei n. 7.347/1985, também não se pode impor tal obrigação ao particular, tampouco exigir que o trabalho do perito seja prestado gratuitamente"), a 2ª Turma do STJ chegou a determinar a utilização de recursos do "Fundo Estadual de Reparação de Interesses Difusos Lesados", criado pela Lei estadual 6.536/1996, para o adiantamento dos honorários, eis que a ação coletiva tinha por objeto a proteção do meio ambiente, para cuja destinação o Fundo fora justamente criado (RMS 30.812-SP, rela. Min. Eliana Calmon, *DJe* 18.3.2010). No STF, o Min. Celso de Mello suspendeu a eficácia de decisão do TJSP que determinara o adiantamento de honorários periciais em ação civil pública, pelo Ministério Público Estadual, em sede de liminar em reclamação (Rcl 15.084-SP, *DJe* 1.2.2013). Pouco tempo depois, ao julgar o REsp 1.253.844-SC, a 1ª Seção do STJ consolidou o entendimento de que "não é possível se exigir do Ministério Público o adiantamento de honorários periciais em ações civis públicas. Ocorre que a referida isenção conferida ao Ministério Público em relação ao adiantamento dos honorários periciais não pode obrigar que o perito exerça seu ofício gratuitamente, tampouco transferir ao réu o encargo de financiar ações contra ele movidas. Dessa forma, considera-se aplicável, por analogia, a Súmula n. 232 desta Corte Superior ('A Fazenda Pública, quando parte no processo, fica sujeita à exigência do depósito prévio dos honorários do perito'), a determinar que a Fazenda Pública à qual se acha vinculado o *Parquet* arque com tais despesas" (rel. Min. Mauro Campbell Marques, *DJe* 17.10.2013).

95. A Súmula 232 do STJ tem a seguinte redação: "A Fazenda Pública, quando parte no processo, fica sujeita à exigência do depósito prévio dos honorários do perito".

96. STJ, REsp 1.253.844-SC, rel. Min. Mauro Campbell Marques, *DJe* 17.10.2013, REsp 846.529-MS, rel. Min. Teori Albino Zavascki, *DJU* 7.5.2007; REsp 733.456-SP, rel Min Luiz Fux, *DJU* 22.10.2007. Em sentido contrário, defendendo a aplicação do art. 18 da Lei 7.347/1985: STJ, REsp 508.478-PR, rel. Min. José Delgado, *DJU* 15.3.2004, p. 161; REsp 1.049.822-RS, rel. Min. Francisco Falcão, *DJe* 18.5.2009.

97. Neste sentido: TRF-1ª Região, AI 2004.01.00.046425-5-MG, rel. Des. federal Daniel Paes Ribeiro, *RT* 858/413.

demonstrar culpa ou dolo na sua conduta. Basta evidenciar o nexo de causalidade entre a ação ou omissão lesiva ao bem protegido no processo, podendo, todavia, no caso de omissão, o réu comprovar a ausência de culpa.[98] Essa *responsabilidade objetiva* provém da Lei 6.938, de 31.8.1981, que, ao dispor sobre a Política Nacional do Meio Ambiente, estabeleceu expressamente que "é o poluidor obrigado, independentemente de existência de culpa, a indenizar ou reparar os danos causados ao meio ambiente e a terceiros, afetados por sua atividade" (art. 14, § 1º). Essa mesma lei relacionou as sanções administrativas aplicáveis ao poluidor, sem prejuízo das penalidades definidas pela legislação federal, estadual e municipal, a saber: multa simples ou diária; perda ou restrição de incentivos e benefícios fiscais concedidos pelo Poder Público; perda ou suspensão de participação em linhas de financiamento em estabelecimentos oficiais de crédito; suspensão de sua atividade (art. 14, I a IV).

A Lei 7.347/1985, mantendo a responsabilidade objetiva do réu, aditou que a ação civil pública poderá ter por objeto a condenação em dinheiro ou[99] o cumprimento de obrigação de *fazer* ou *não fazer* (art. 3º). Esta imposição judicial de fazer ou não fazer é mais racional que a condenação pecuniária, porque na maioria dos casos o interesse público é mais o de obstar à agressão ao meio ambiente ou obter a reparação direta e *in specie* do dano que de receber qualquer quantia em dinheiro para sua recomposição, mesmo porque quase sempre a consumação da lesão ambiental é irreparável, como ocorre no desmatamento de uma floresta natural, na destruição de um bem histórico, artístico ou paisagístico, assim como no envenenamento de um

98. "A responsabilidade civil do Estado por omissão é subjetiva, mesmo em se tratando de responsabilidade por dano ao meio ambiente, uma vez que a ilicitude no comportamento omissivo é aferida sob a perspectiva de que deveria o Estado ter agido conforme estabelece a lei" (STJ, REsp 647.483-SC, rel. Min. João Otávio de Noronha, *DJU* 22.10.2007).

99. Durante algum tempo a jurisprudência do STJ considerava que a ação civil pública não poderia ter por objeto a condenação cumulativa na obrigação de pagar dinheiro e na de cumprir obrigação de fazer ou não fazer, porque o legislador teria estabelecido expressamente a alternativa (STJ, REsp 94.298-RS, rel. Min. Garcia Vieira, *RSTJ* 121/86). Atualmente, porém, a orientação mudou, prevalecendo o entendimento de que onde a lei diz "ou" deve ser lido "e/ou". Nessa linha, o STJ já afirmou, por exemplo, a possibilidade de cumulação de obrigação de recuperar a área desmatada com a de pagar indenização caso a reposição natural não seja suficiente para compor o dano ambiental (REsp 1.165.281-MG, rela. Min. Eliana Calmon, *DJe* 17.5.2010). Na mesma linha: REsp 1.114.893-MG, rel. Min. Herman Benjamin, *DJe* 28.2.2012.

manancial, com a mortandade da fauna aquática.[100] Na condenação à obrigação de fazer ou não fazer o juiz determinará o cumprimento da sentença *in specie*, sob pena de execução específica ou de cominação de multa diária,[101] se esta for suficiente ou compatível, independentemente de requerimento do autor (art. 11).[102]

Em matéria ambiental, justamente em razão do interesse público de reparar o dano da forma mais efetiva possível, sendo, aí, relevantes também a rapidez para a solução do problema e a mitigação da degradação ocorrida, pode ser admissível um acordo com os poluidores, mediante Termo de Ajustamento de Conduta/TAC, especialmente quando for verificada a impossibilidade fática de re-

---

100. O STJ já decidiu que em matéria de dano ambiental, em princípio, não haveria que se falar em condenação por "dano moral coletivo", pois o dano moral vincula-se aos sentimentos de dor e de sofrimento psíquico de caráter individual, incompatíveis com a noção de transindividualidade, de indeterminabilidade do sujeito passivo e indivisibilidade da ofensa e da reparação (REsp 598.281-MG, rel. Min. Teori Albino Zavascki, *DJU* 1.6.2006). Na mesma linha o REsp/AgR 1.305.977-MG (rel. Min. Ari Pargendler, *DJe* 16.4.2013), afirmando ser "inviável, em sede de ação civil pública, a condenação por danos morais coletivos".

Mais recentemente, porém, vem admitindo o dano moral coletivo indenizável em ação civil pública, especificamente tratando-se de dano ambiental: REsp 1.180.078-MG, rel. Min. Herman Benjamin, *DJe* 28.2.2012, REsp 1.367.923-RJ, rel. Min. Humberto Martins, *DJe* 6.9.2013; REsp 1.269.494-MG, rela. Min. Eliana Calmon, *DJe* 1.10.2013.

101. No entanto, havendo impossibilidade material de cumprimento da ordem judicial, a multa cominatória deve ser afastada: STJ, REsp 743.185, rela. Min. Nancy Andrighi, *DJe* 17.3.2010.

102. "Havendo mais de um causador de um mesmo dano ambiental, todos respondem solidariamente pela reparação, na forma do art. 942 do CC. De outro lado, se diversos forem os causadores da degradação ocorrida em diferentes locais, ainda que contíguos, não há como atribuir-se a responsabilidade solidária adotando-se apenas o critério geográfico, por falta de nexo causal entre o dano ocorrido em um determinado lugar por atividade poluidora realizada em outro local" (STJ, REsp 647.483-SC, rel. Min. João Otávio de Noronha, *DJU* 22.10.2007).

Já se decidiu, ademais, que no caso de loteamento irregular devem ser responsabilizados o loteador e o Município se a falta da regularização causar dano ambiental (STJ, REsp 1.113.789-SP, rel. Min. Castro Meira, *DJe* 29.6.2009).

Em matéria de ação civil pública para a reparação de danos a interesses difusos, decidiu o TJSP que se presume *juris tantum* a solidariedade passiva dos réus (AI 268.306-2-0, rel. Des. Paulo Franco, *RT* 735/282). V., ainda, também no TJSP, o AI 351.579-5/5, rel. Des. Rui Stoco, *RT* 825/145. Esta presunção, a nosso ver, não pode ser tida como absoluta, pois pode haver casos em que a parcela de responsabilidade de cada um dos réus esteja perfeitamente delimitada, não se justificando a imposição da solidariedade.

torno ao *statu quo ante*.[103] Embora a transação não seja a regra em ações civis públicas, trata-se de instrumento que pode funcionar em casos específicos com grande eficácia, viabilizando a melhor justiça possível, já que frequentemente a solução ideal não existe, pois não é realizável na prática.[104]

A *defesa do réu na ação civil pública* é restrita à demonstração de que: (a) não é o responsável pelo ato ou fato arguido de lesivo ao meio ambiente;[105] ou (b) não houve a ocorrência impugnada; ou (c) a ocorrência não é lesiva ao meio ambiente e sua conduta está autorizada por lei e licenciada pela autoridade competente. Tratando-se de ato praticado pelo réu (e não de omissão), inútil será a alegação de inexistência de culpa ou dolo, porque a responsabilidade do réu é *objetiva*. No entanto, em respeito às garantias constitucionais e legais do devido processo legal e do contraditório, pode o réu produzir todas as provas necessárias à sua defesa. Neste particular, é importante ressaltar que a jurisprudência vem corretamente decidindo que as provas eventualmente colhidas na fase do inquérito civil têm valor

103. Nesta linha, no STJ, v. REsp 299.400-RJ, rela. design. Min. Eliana Calmon, *DJU* 2.8.2006.

104. Efetivada a transação entre o autor da ação civil pública e o réu, não pode o assistente ativo pretender desconsiderar o acordo e prosseguir no feito (STF, Pet/AgR 3.755-RR, rel. Min. Carlos Britto, *RT* 873/101).

105. Já houve decisões do STJ no sentido de que, se o particular adquiriu a terra já desmatada, não pode ser obrigado, em ação civil pública, a reparar o dano ao qual não deu causa (REsp 156.899-PR, rel. Min. Garcia Vieira, *RSTJ* 113/78). Da mesma forma, "não é possível impor ao proprietário atual que recrie prédio histórico destruído ou totalmente descaracterizado por obras feitas por terceiro décadas antes da aquisição, dando origem a novo prédio com características distintas" (STJ, REsp 1.047.082-MG, rel. Min. Francisco Falcão, *DJe* 15.9.2008).

Na mesma linha, se há poluição causada pelo Município, sem participação do proprietário da área, este último não pode ser responsabilizado (TJSP, AI 530.706.5/0-00, rel. Des. Aguilar Cortez, *RT* 854/209).

Nada obstante, a jurisprudência do STJ firmou-se no sentido de que os deveres associados às APPs e à Reserva Legal têm natureza de obrigação *propter rem*, isto é, aderem ao título de domínio ou posse, independentemente do fato de ter sido ou não o proprietário o autor da degradação ambiental. Tem-se entendido que a obrigação de demarcar, averbar e restaurar a área de reserva legal nas propriedades rurais configura dever jurídico (obrigação *ex lege*) que se transfere automaticamente com a mudança do domínio, podendo, em consequência, ser imediatamente exigível do proprietário atual. (STJ, REsp 1.344.525-SC, rel. Min. Herman Benjamin, *DJe* 10.11.2015, REsp/AgR 1.367.968-SP, rel. Min. Humberto Martins, *DJe* 12/03/2014). Porém, reconhece-se que a aplicação e a execução das penas limitam-se aos transgressores; a reparação ambiental, de cunho civil, é que pode abranger todos os titulares da propriedade (STJ, REsp 1.251.697-PR, rel. Min. Mauro Campbell Marques, *DJe* 17.4.2012).

relativo, e podem ser refutadas por contraprovas idôneas produzidas no curso da ação civil pública.[106]

A *sentença* poderá condenar o réu na indenização ou na obrigação de fazer ou não fazer, com as cominações processuais. Diz, ainda, a Lei 7.347/1985 que "a sentença civil fará coisa julgada *erga omnes*,[107] exceto se a ação for julgada improcedente por deficiência

106. STJ, REsp 476.660-MG, rela. Min. Eliana Calmon, *DJU* 4.8.2003, p. 274.

107. Como a sentença proferida na ação civil pública faz coisa julgada *erga omnes*, entendemos que, em tese, ela não pode ser utilizada com a finalidade de declarar a inconstitucionalidade da lei, criando nova forma de controle não prevista pela Constituição e que violaria os princípios básicos da Federação. Efetivamente, no sistema vigente admite-se o controle da constitucionalidade, no caso concreto, pelo juiz singular e, de forma geral e abstrata, pelo STF, ao julgar a ação de arguição de inconstitucionalidade. Apenas a título de exemplo, nos casos da liberação de cruzados bloqueados pelo "Plano Collor" e na discussão dos efeitos da Lei 8.177/1991, que regulamentou a correção monetária dos créditos do Sistema Financeiro da Habitação, vários juízes federais concederam liminares para suspender a aplicação da lei no âmbito de sua jurisdição. Tivemos, assim, leis federais que deixaram de ser aplicadas em vários Estados, *erga omnes*, infringindo-se as normas constitucionais que asseguram a identidade e a unidade do direito federal aplicado em todo o País. Várias decisões dos Tribunais Regionais e do STJ acabaram suspendendo essas liminares.

Na realidade, mesmo quando se trata de lei estadual ou municipal, entendemos que a ação civil pública não pode ser um sucedâneo local da ação de arguição de inconstitucionalidade, que tem foro próprio e exclusivo. O STF também se manifestou, inicialmente, contra esta tentativa de usurpação de sua competência exclusiva para o controle concentrado da constitucionalidade das leis, que emana do art. 102, I, "a", da CF. Diversas liminares foram concedidas em reclamações nas quais o STF suspendeu as decisões de juízes e Tribunais locais que tratavam de inconstitucionalidade de leis em sede de ações civis públicas (neste sentido: Rcl 561-5, rel. Min. Octávio Gallotti, *DJU* 28.9.1995; Rcl 562-3 e 560-7, rel. Min. Moreira Alves, *DJU* 2.10.1995; Rcl 559-3, rel. Min. Carlos Velloso, *DJU* 3.10.1995; 597-6, rel. Min. Marco Aurélio, *DJU* 28.3.1996). Ao julgar o mérito das reclamações, porém, o Plenário do STF em certos casos entendeu serem as mesmas descabidas por razões processuais, devendo a matéria ser apreciada em sede de recurso extraordinário. Quanto ao mérito do problema, no entanto, a questão foi examinada em profundidade no acórdão unânime do Plenário na Rcl 431-1-SP (rel. Min. Francisco Rezek, *RF* 336/231) e no voto vencido do Min. Marco Aurélio na Rcl 597-6-SP (*RDB* 1/129), assim como no parecer do Procurador-Geral Geraldo Brindeiro referente ao mesmo processo (*CDT* 20/65). Ainda no STF: Rcl 1.503-3-DF, liminar deferida pelo Min. Marco Aurélio, *Boletim AASP* 2.167/1; Rcl 2.224-2-SP, rel. Min. Sepúlveda Pertence, *DJU* 10.2.2006 e *RePro* 137/196.

Da mesma forma, o STJ já decidiu que "a ação civil pública não pode ser utilizada com o fito de obter declaração de inconstitucionalidade de norma legal" (AI/AgR 288.093-GO, rel. Min. Garcia Vieira, *DJU* 12.6.2000, p. 86). Na mesma linha: "Incabível a utilização da ação civil pública objetivando a declaração de inconstitucionalidade, ainda que incidental, de norma municipal" (STJ, REsp 135.184-GO, rel. Min. Milton Luiz Pereira, *DJU* 23.4.2001, p. 122); "A ação civil pública não se presta como instrumento de controle de constitucionalidade, não substituindo a ação direta

de provas, hipótese em que qualquer legitimado poderá intentar outra ação com idêntico fundamento, valendo-se de nova prova" (art. 16).[108] O art. 2º da Lei 9.494/1997 modificou a redação do art. 16 da Lei 7.347/1985, restringindo os efeitos da coisa julgada *erga omnes* aos "limites da competência territorial do órgão prolator".[109]

---

de inconstitucionalidade, objetivando declaração de inconstitucionalidade de lei municipal" (REsp/AgR 293.682-DF, rel. Min. Francisco Falcão, *DJU* 30.9.2002, p. 169).

O TJSP já se manifestou no mesmo sentido do descabimento da ação civil pública como substituto da ação direta de inconstitucionalidade (ACi 228.335-2, rel. Des. Ricardo Brancato, *RJTJSP* 177/21). E na doutrina defendem a mesma tese o Min. Gilmar Mendes, Inocêncio Mártires Coelho e Paulo Gustavo Gonet Branco (*Curso de Direito Constitucional*, 4ª ed., São Paulo, Saraiva, 2009, pp. 1.141-1.146). No TJRJ, com base na doutrina de Arnoldo Wald pela impossibilidade de declaração de inconstitucionalidade de lei em ação civil pública: ACi 1.648/1998, rel. Des. Luiz Roldão, *RDTJRJ* 36/233. Ainda no TJRJ: ACi 1999.01.19588, rel. Des. Milton Fernandes, *ADV* 7/111, 2001, ementa 95.988. No TJGO: Duplo Grau 5-2.470/195, rel. Des. Leobino Chaves, *RT* 762/350. No TAPR: ACi 233.105-5, rel. Juiz Carlos Mansur Arida, *RT* 825/391.

Sobre a matéria merecem destaque, ainda, os artigos doutrinários de Humberto Theodoro Jr., "Algumas observações sobre a ação civil pública e outras ações coletivas", *RT* 788/57, e de José dos Santos Carvalho Filho, "Ação civil pública e inconstitucionalidade incidental de lei ou ato normativo", *RMPRJ* 12/101.

No entanto, a jurisprudência que vem predominando mais recentemente nos Tribunais Superiores faz a distinção entre a inconstitucionalidade de ato normativo, que é o próprio objeto da ação, e a inconstitucionalidade que é declarada incidentalmente, como mero fundamento de determinado pedido, admitindo a ação civil pública nesta segunda hipótese (neste sentido, *no STF*: RE 227.159-GO, rel. Min. Néri da Silveira, *RTJ* 186/690; Rcl 600-SP, rel. Min. Néri da Silveira, *RTJ* 189/418; RE 424.993-DF, rel. Min. Joaquim Barbosa, *DJU* 19.10.2007; RE 511.961-SP, rel. Min. Gilmar Mendes, *DJe* 13.11.2009, com ressalva do ponto de vista do Relator; *no STJ*: REsp 175.222-SP, rel. Min. Franciulli Netto, *DJU* 24.6.2002, p. 230; REsp 419.781-DF, rel. Min. Luiz Fux, *RF* 370/309; REsp/EDv 305.150-DF, rela. Min. Eliana Calmon, *DJU* 30.5.2005; REsp 930.016-DF, rela. Min. Eliana Calmon, *DJe* 19.6.2009; REsp 1.188.001-SP, rel. Min. César Asfor Rocha, *DJe* 16.12.2010; REsp/AgR 1.418.192-MG, rel. Min. Mauro Campbell Marques, *DJe* 27.2.2014).

108. A sentença que dá pela extinção do processo em função da ilegitimidade ativa da associação autora, embora tecnicamente não implique julgamento de mérito, impede a repropositura de ação idêntica perante outro juiz, pela mesma associação, sem que tenha sido sanado o vício que acarretou a decretação da ilegitimidade (STJ, REsp 191.934-SP, rel. Min. Barros Monteiro, *DJU* 4.12.2000, p. 72, *RSTJ* 151/420 e *RF* 354/291). Na mesma linha: STJ, REsp 103.584-SP, rel. Min. Sálvio de Figueiredo Teixeira, *DJU* 13.8.2001, p. 159. Na Corte Especial do STJ: REsp/EDv 160.850-SP, rel. para o acórdão Min. Sálvio de Figueiredo Teixeira, *RDR* 27/201, votação por ampla maioria.

109. V. o trabalho de Arnoldo Wald e Donaldo Armelin, "Os limites territoriais da sentença prolatada em ação civil pública", *RDB* 33/315. V., ainda: Rodrigo Garcia

---

da Fonseca, Marcus Vinicius Vita Ferreira e Maria Augusta da Matta Rivitti, "A eficácia territorial da sentença proferida em ação civil pública", *RePro* 219/279.

Entendemos que não apenas a regra do art. 16 da Lei 7.347/1985 está correta de um ponto de vista sistêmico, de harmonia do sistema processual como um todo, e das distribuições constitucionais de competência entre os vários magistrados do País, como não cabe ao intérprete buscar uma justificativa elaborada para concluir que o legislador editou norma inútil. Esta vinha sendo a posição majoritária do STJ, limitando territorialmente os efeitos da coisa julgada em ação civil pública, nos termos da lei. Por exemplo: 1ª Turma, REsp 736.265-MS, rel. Min. Luiz Fux, v.u., *DJe* 7.8.2008 – citando vários precedentes; Corte Especial, REsp/EDv 293.407-SP, rel. Min. João Otávio de Noronha, v.u., *DJU* 1.8.2006; 3ª Turma, REsp 1.034.012-DF, rel. Min. Sidnei Beneti, v.u., *DJe* 7.10.2009; e 2ª Seção, EREsp 411.529-SP, rel. Min. Fernando Gonçalves, v.u., *DJe* 24.3.2010.

Dois julgados da Corte Especial, no final de 2011 – os REsp 1.243.887-PR e 1.247.150-PR, ambos relatados pelo Min. Luís Felipe Salomão –, foram alardeados como uma mudança da jurisprudência neste particular, autorizando a extrapolação dos limites territoriais dos efeitos da sentença. No entanto, se lidos os acórdãos com atenção (*DJe* 12.12.2011), verifica-se que o Tribunal reconheceu, no caso concreto, a existência de coisa julgada determinando que a sentença alcançaria todos os poupadores de determinada instituição bancária, e que, portanto, em sede de liquidação ou execução não poderia ser modificado o alcance subjetivo daquela coisa julgada, para afastar seus efeitos sobre os poupadores residentes em outras localidades. O que se julgou, portanto, não foi a adequação, interpretação ou constitucionalidade do art. 16 da Lei da Ação Civil Pública, mas sim o alcance da coisa julgada expressa em um caso específico – o que é coisa bem diversa. O mesmo ocorreu em julgamento similar no REsp 1.348.425-DF (rela. Min. Isabel Gallotti, *DJe* 24.5.2013), no qual a Relatora citou os mencionados arestos da Corte Especial e salientou que a questão em jogo era sobre a formação da coisa julgada nas circunstâncias concretas, diante do teor de um pronunciamento judicial específico passado em julgado, e não da validade do art. 16 da Lei da Ação Civil Pública. Não havia base, portanto, a nosso ver, para se falar em mudança da jurisprudência do STJ nesta matéria com fundamento apenas em tais decisões.

Posteriormente, a 3ª Turma do STJ, em acórdão relatado pela Min. Nancy Andrighi, distinguiu eficácia da sentença, que vale para todo o País, sem qualquer limitação, da autoridade da coisa julgada, que se limita às partes do processo e à base territorial mencionada na lei (REsp 1.243.386-RS, *DJe* 26.6.2012). No mesmo sentido, ao julgar o REsp 1.344.700-SC, rel. Min. Og Fernandes, afirmou que "os efeitos do acórdão em discussão nos presentes autos são *erga omnes*, abrangendo todas as pessoas enquadráveis na situação do substituído, independentemente da competência do órgão prolator da decisão. Não fosse assim, haveria graves limitações à extensão e às potencialidades da ação civil pública, o que não se pode admitir." (*DJe* 20.5.2014).

Sobre o mesmo assunto, frisando que "a matéria não se encontra definitivamente resolvida no âmbito desta Corte, estando a merecer ainda análise e debate para sua melhor maturação", e que "a melhor técnica interpretativa reza que a lei não possui palavras inúteis", o STJ decidiu que "o caráter indivisível dos direitos difusos e coletivos *stricto sensu* conduz ao impedimento prático, e mesmo lógico, de qualquer interpretação voltada a cindir os efeitos da sentença civil em relação àqueles que estejam ligados por circunstâncias de fato ou que estejam ligados entre si ou com

Contudo, essa nova redação do art. 16 foi declarada inconstitucional pelo STF no julgamento do RE 1.101.937-SP. Naquela assentada o Tribunal fixou a seguinte tese: "I – É inconstitucional a redação do art. 16 da Lei 7.347/1985, alterada pela Lei 9.494/1997, sendo repristinada sua redação original. II – Em se tratando de ação civil pública de efeitos nacionais ou regionais, a competência deve observar o art. 93, II, da Lei 8.078/1990 (Código de Defesa do Consumidor). III – Ajuizadas múltiplas ações civis públicas de âmbito nacional ou regional e fixada a competência nos termos do item II, firma-se a prevenção do juízo que primeiro conheceu de uma delas, para o julgamento de todas as demandas conexas".[110]

Segundo o entendimento da Corte, o novo texto conferido ao dispositivo restringia "os efeitos condenatórios de demandas coletivas, limitando o rol dos beneficiários da decisão por meio de um critério territorial de competência", o que acarretava "grave prejuízo ao necessário tratamento isonômico de todos perante a Justiça, bem

---

a parte contrária por uma relação jurídica-base preexistente à lesão ou à ameaça de lesão. O art. 16 da LACP encontra aplicação naquelas ações civis públicas que envolvam direitos individuais homogêneos, únicos a admitir, pelo seu caráter divisível, a possibilidade de decisões eventualmente distintas, ainda que não desejáveis, para os titulares dos direitos autônomos, embora homogêneos" (REsp 1.114.035-PR, rel. Min. João Otávio Noronha, *DJe* 23.10.2014). Igualmente decidiu o STJ no REsp 1.170.855-RS, rel. Min. Luís Felipe Salomão, *DJe* 16.12.2015.

Entretanto, no julgamento REsp 1.331.948-SP o STJ voltou a afirmar que a restrição do alcance subjetivo da eficácia *erga omnes* da sentença proferida em ação civil pública envolvendo direitos individuais homogêneos constante do art. 16 da Lei 7.347/1985 estava plenamente em vigor (rel. Min. Ricardo Villas Bôas Cueva, *DJe* 5.9.2016). Contudo, nos EREsp 1.134.957-SP a Corte Especial do STJ consignou ser indevido limitar aprioristicamente a eficácia de decisões proferidas em ações civis públicas coletivas ao território da competência do órgão judicante (rela. Min. Laurita Vaz, *DJe* 30.11.2016). Enquanto isso, a 1ª Turma frisou que o entendimento prevalente nas Turmas de Direito Público era de que nas ações civis públicas "que não veiculem direitos difusos, coletivos ou individuais homogêneos" devem ser respeitados os limites da competência territorial do juiz prolator, no tocante à eficácia da sentença, nos moldes do art. 16 (REsp/AgInt 1.382.952-RS, rel. Min. Napoleão Nunes Maia Filho, *DJe* 10.4.2019).

Nada obstante, recentemente, o STF, por maioria, declarou a inconstitucionalidade – incidentalmente, mas em regime de repercussão geral – do art. 16 da Lei da Ação Civil Pública com a redação da Lei 9.494/1997, por considerar que a limitação ali prevista violaria a isonomia e a eficiência da prestação da atividade jurisdicional (RE 1.101.937, rel. Min. Alexandre de Moraes, *DJe* 14.6.2021, Tema 1.075).

110. STF, RE 1.101.937, rel. Min. Alexandre de Moraes, *DJe* 14.6.2021.

como à total incidência do princípio da eficiência na prestação da atividade jurisdicional".

Em virtude do disposto no § 1º do art. 4º da Lei 8.437/1992, a sentença, até seu trânsito em julgado, poderá ter seus efeitos suspensos pelo presidente do Tribunal ao qual couber o conhecimento do respectivo recurso, nos mesmos casos e condições nos quais se admite a suspensão da liminar.

Já decidiu o STJ, por aplicação analógica da primeira parte do art. 19 da Lei 4.717/1965, que disciplina a ação popular, que as sentenças de improcedência proferidas em sede de ação civil pública também estão sujeitas ao reexame necessário.[111]

Na fase de execução serão aplicáveis, naquilo que for cabível e não contrariar a legislação específica da ação civil pública, as normas do Código de Processo Civil.[112]

Em princípio, o mesmo ente que detenha a legitimação extraordinária para a propositura da ação também poderá promover-lhe a liquidação e a respectiva execução, sem necessidade de autorização específica dos substituídos processuais. É necessário perquirir, no entanto, a viabilidade e a conveniência prática de tal liquidação e execução coletiva, em especial quando os direitos em questão forem nitidamente individualizáveis.[113] Neste campo, o STF admitiu a le-

111. STJ, REsp 1.108.542-SC, rel. Min. Castro Meira, *DJe* 29.5.2009. Entretanto, posteriormente o STJ decidiu em sentido diferente no caso da sentença que concluir pela carência ou pela improcedência de ação de improbidade administrativa (REsp 1.220.667-MG, rel. Min. Napoleão Nunes Maia Filho, *DJe* 20.10.2014). Sobre o tema, v. a Quarta Parte desta obra.

112. O STJ já admitiu a eficácia mandamental de sentença proferida em ação civil pública na qual se reconheceu o direito dos poupadores ao recebimento das diferenças de correção monetária de valores depositados em caderneta de poupança e se determinou o depósito dos valores devidos pelo banco réu diretamente na conta dos clientes. Ressaltou o Relator que "a providência, além de autorizada pela natureza do título executivo, torna efetiva a condenação e evita o assoberbamento do Poder Judiciário com incontáveis execuções individuais" (REsp 767.741-PR, rel. Min. Sidnei Beneti, *DJe* 24.8.2010). Também fazendo referência, em tese, à eficácia mandamental da sentença em ação civil pública: EREsp 439.539-DF, rela. Min. Eliana Calmon, *DJU* 10.5.2004).

113. Sobre o tema, Teori Albino Zavascki afirma o seguinte: "O que certamente foge dos limites da legitimação do Ministério Público são as providências jurisdicionais de interesse exclusivo dos particulares lesados, como é o caso das medidas tendentes a individualizar, liquidar e executar, em benefício de cada um deles, a sentença condenatória genérica eventualmente proferida" (*Processo Coletivo*, São Paulo, Ed. RT, 2006, p. 241).

gitimidade de sindicato para a liquidação e execução de condenação proferida em ação coletiva por ele proposta em favor de trabalhadores, porém em votação de escassa maioria.[114] No STJ também já se admitiu que a associação autora de ação civil pública, na qualidade de substituta processual, pode passar a agir como representante dos seus associados na fase de liquidação e execução, tratando-se de direitos individuais homogêneos, poupando-se, assim, os custos de processos individuais.[115] Trata-se de tema que merece atenção cuidadosa, e as peculiaridades de cada situação concreta devem ser observadas.[116]

O STJ já pacificou o entendimento de que é de cinco anos o prazo para execução individual do pedido de cumprimento de sentença proferida em ação civil pública.[117]

A questão dos juros de mora é especialmente delicada. Concordamos com a posição do STJ no REsp 1.348.512-DF (rel. Min. Luís Felipe Salomão, *DJe* 4.2.2013), segundo a qual a sentença coletiva em matéria de direitos individuais homogêneos é essencialmente genérica, e, portanto, depende de liquidação individualizada. Assim, os juros de mora só devem ser considerados a partir da citação para a liquidação específica, e não a partir da citação inicial para a ação civil pública. A matéria, contudo, causou intensos debates na doutrina, e acabou sendo pacificada pelo STJ, em sede de julgamento de recurso repetitivo, em sentido contrário, ou seja, entendendo-se que "os juros de mora incidem a partir da citação do devedor na fase de conhecimento da ação civil pública, quando esta se fundar em responsabilidade contratual, sem que haja configuração da mora em momento anterior" (REsp 1.361.800-SP e 1.370.899-SP, rel. Min. Sidnei Beneti, *DJe* 14.10.2014).

114. STF, RE 210.029-RS, rel. design. Min. Joaquim Barbosa, *DJU* 17.8.2007, e RE 213.111-3-SP, rel. design. Min. Joaquim Barbosa, *DJU* 24.8.2007. Na mesma linha, o STJ já decidiu que, "consoante recente entendimento consignado no âmbito das 5ª e 6ª Turmas desta Corte e do STF, os sindicatos agem na qualidade de substitutos processuais quer na fase de conhecimento, quer na fase de liquidação e execução das ações em que se discutem direitos coletivos e individuais homogêneos de seus filiados" (EREsp 1.082.891-RN, rel. Min. Fernando Gonçalves, *DJe* 21.5.2009; e, no mesmo sentido, EREsp 760.840, rela. Min. Nancy Andrighi, *DJe* 14.12.2009).

115. STJ, REsp 880.385-SP, rela. Min. Nancy Andrighi, *DJe* 16.9.2008. V., ainda: Luiz Manoel Gomes e Jussara Suzi Borges Nasser Ferreira, "Liquidação e execução (cumprimento de sentença): coletivas; sindicato; e legitimidade ativa", *RePro* 153/227.

116. No âmbito do direito consumerista, por exemplo, o STJ já decidiu que, não obstante ser ampla a legitimação para impulsionar a liquidação e a execução da sentença coletiva, admitindo-se que a promovam o próprio titular do direito material, seus sucessores ou um dos legitimados do art. 82 do CDC, o art. 97 impõe uma gradação de preferência que permite a legitimidade coletiva subsidiariamente, uma vez que, nessa fase, o ponto central é o dano pessoal sofrido por cada uma das vítimas (REsp 869.583-DF, rel. Min. Luís Felipe Salomão, *DJe* 5.9.2012).

117. STJ, REsp 1.273.643-PR, rel. Min. Sidnei Beneti, *DJe* 4.4.2013; "O prazo prescricional para a execução individual é contado do trânsito em julgado da sentença

No caso de improcedência da ação civil pública intentada pelo Ministério Público há diversos julgados, tanto do STJ como dos vários Tribunais estaduais, entendendo que, salvo em caso de comprovada má-fé, como consta da legislação específica (art. 18 da Lei 7.347/1985), não cabe a condenação na verba de sucumbência, por estar o autor da ação agindo no interesse da coletividade.[118] Por outro lado, à luz do princípio constitucional da responsabilidade objetiva do Estado, entendeu-se que quando a ação civil pública é proposta em desalinho com o interesse público, tendo o Ministério Público nela sucumbido, e sendo órgão do Estado, a este cabe a responsabilidade pelos honorários de sucumbência, devendo imputar o valor da condenação em sua verba orçamentária.[119]

Quanto ao alcance dos benefícios do art. 18 da Lei 7.347/1985 à parte ré, há jurisprudência no sentido de que esta não estaria dispensada do preparo dos recursos que interpuser, respondendo inclusive pelos ônus sucumbenciais em caso de derrota na demanda.[120] Todavia, o STJ mudou posteriormente o entendimento quanto à questão da sucumbência, afirmando que no caso de procedência da ação civil pública intentada pelo Ministério Público não cabe a condenação do réu em honorários de sucumbência, uma vez que o Ministério Público não exerce a Advocacia, recebendo recursos provenientes dos cofres públicos.[121]

---

coletiva, sendo desnecessária a providência de que trata o art. 94 da Lei n. 8.078/90" (STJ, REsp 1.388.000-PR, rel. design. Min. Og Fernandes, *DJe* 12.4.2016, Tema Repetitivo 877).

118. V., por exemplo: STJ, REsp 26.140-9-SP, rel. Min. Antônio de Pádua Ribeiro, *RSTJ* 81/168; REsp 262.765-SP, rel. Min. João Otávio de Noronha, *DJU* 27.6.2005, p. 310.

119. *Boletim AASP* 1.806/317. No mesmo sentido, com relação a medida cautelar preparatória de ação civil pública movida por autarquia estadual em situação descolada de suas finalidades institucionais, o STJ decidiu ser inaplicável o art. 18 da Lei 7.347/1985, condenando a autora derrotada ao pagamento dos honorários sucumbenciais (REsp 1.011.789-PR, rel. Min. José Delgado, *DJe* 27.8.2008).

120. STJ, REsp 578.787-RS, rel. Min. Carlos Alberto Menezes Direito, *DJU* 11.4.2005, p. 289; REsp 845.339-TO, rel. Min. Luiz Fux, *DJU* 3.3.2008; *RePro* 175/323.

121. STJ, REsp 1.034.012-DF, rel. Min. Sidnei Beneti, *DJe* 7.10.2009. No mesmo sentido, mas fundamentando-se na necessidade de simetria no tratamento das partes envolvidas na ação civil pública: EREsp 895.530-PR, rela. Min. Eliana Calmon, *DJe* 18.12.2009, e REsp 1.099.573, rel. Min. Castro Meira, *DJe* 19.5.2010.

5. *A ação civil pública no mercado de capitais*

A Lei 7.913, de 7.12.1989, decorreu de anteprojeto apresentado inicialmente ao Governo Federal pelo Presidente da Comissão de Valores Mobiliários/CVM, professor Arnoldo Wald, em 1988, e posteriormente encaminhado pelo Poder Executivo ao Congresso Nacional,[122] com a finalidade de moralizar o mercado de capitais, reprimindo fraudes e distorções. Juntamente com dois outros projetos, que não chegaram a ser aprovados pelo Congresso Nacional – um redefinindo os crimes e o outro aumentando as penalidades disciplinares por atos ilícitos ou irregulares praticados no mercado de capitais –, representaram um esforço legislativo com a finalidade de dar plena transparência às operações de Bolsa e de Mercado de Balcão, impedindo, outrossim, as operações dos "iniciados" que gozam de informações privilegiadas (*insider trading*).

Essa forma de ação civil pública explica-se tanto pelo interesse público que existe no desenvolvimento de um mercado de capitais sadio como pela impossibilidade prática de ser obtido de outra forma o ressarcimento dos danos muitas vezes sofridos por pequenos investidores. Estes, em geral, não têm as condições econômicas para intentar uma ação judicial, que pode exigir a prova de operações complexas e sofisticadas.

A legitimidade ativa é atribuída, de acordo com a Constituição, ao Ministério Público, que pode agir *ex officio*, em virtude ou não de inquérito civil, ou mediante solicitação da CVM, que é a entidade incumbida da fiscalização do mercado de capitais, nos termos da Lei 6.385/1976, ou, ainda, em virtude de provocação de qualquer pessoa.[123]

---

122. Projeto de Lei 1.318, de 1.12.1988.

123. Uma das primeiras demandas propostas com base na Lei 7.913/1989 consistiu na ação civil pública ajuizada pelo Ministério Público de São Paulo para defesa dos interesses de credores lesados na liquidação do Grupo Auxiliar (TJSP, AI 152.132-1-0, rel. Des. Franklin Nogueira, *RT* 674/118). Também no TJSP, determinando o prosseguimento de ação ajuizada pelo Ministério Público com base na Lei 7.913/1989, a ACi 15.149.4/9-00, rel. Des. Franciulli Netto, *RT* 753/209.

Na doutrina, v.: Teori A. Zavascki, "Tutela jurisdicional dos acionistas e investidores no mercado de valores mobiliários", *Cadernos do CEJ* 15/133; Rodolfo de Camargo Mancuso, "Ação civil pública para tutela dos interesses dos titulares de valores mobiliários e investidores do mercado. Uma análise da Lei 7.913, de 7.12.1989", *RT* 650/31; Paulo Fernando Campos Salles de Toledo, "A Lei 7.913, de 7.12.1989: a tutela judicial do mercado de valores mobiliários", *RT* 667/70; Nelson Eizirik, "O conceito de valor mobiliário e o alcance da Lei 7.913/1989", in *Aspectos Modernos do Direito*

Aplicando-se, todavia, a Lei 7.347/1985 como fonte subsidiária, "no que couber" (art. 3º da Lei 7.913/1989), admite-se que tenham legitimidade ativa concorrente as pessoas mencionadas no art. 5º da Lei da Ação Civil Pública (a União, o Estado, o Município e as associações que tenham como finalidade a proteção do investidor, aplicando-se o art. 5º, V, "b"). Se a ação não for proposta pelo Ministério Público, caber-lhe-á exercer a função de *custos legis*.

Por outro lado, *ex vi* do disposto no art. 31 da Lei 6.385/1976, deverá ser citada a CVM para funcionar como *amicus curiae*. Evidentemente, a propositura da ação civil pública para evitar ou obter o ressarcimento de danos causados aos titulares de valores mobiliários e aos investidores do mercado não impede que sejam intentadas as ações próprias pelos prejudicados, na defesa dos seus interesses.

A proteção legal destina-se aos investidores no mercado de ações e debêntures e eventuais outros títulos emitidos por empresas abertas ou a elas relativos, como é, por exemplo, o caso das opções. A ação é cabível sempre que ocorrerem os ilícitos administrativos ou penais definidos pela lei e pela regulamentação do mercado de capitais, que abrangem as seguintes condutas: (a) operação fraudulenta, prática não equitativa, manipulação de preços ou criação de condições artificiais de procura, oferta ou preço de valores mobiliários, importando a distorção do mercado; (b) compra ou venda de valores mobiliários utilizando-se as partes de informação relevante privilegiada (*insider trading*);[124] (c) omissão de informações relevantes por

Societário, Rio de Janeiro, Renovar, 1992, pp. 147-163; Wilges Bruscato, "A proteção judicial aos investidores no mercado de valores mobiliários", *RDB* 28/124; Wanessa de Cássia Françolin, "Ação civil pública: foco na responsabilidade por danos causados aos investidores no mercado de valores mobiliários (Lei 7.913/1989)", *RePro* 157/243; Lionel Zaclis, *Proteção Coletiva dos Investidores no Mercado de Capitais*, com Prefácio do professor Arnoldo Wald, São Paulo, Ed. RT, 2007.

124. Em matéria de *insider trading* tem havido crescente utilização da ação civil pública baseada na Lei 7.913/1989. Em 2007, por exemplo, a imprensa noticiou com destaque a propositura de ações pelo Ministério Público Federal, com o apoio da CVM, em virtude de negociações atípicas ocorridas no mercado logo antes das alienações de controle. A respeito do *insider trading* no Direito Brasileiro há importante bibliografia, destacando-se: Luiz Gastão Paes de Barros Leães, *Mercado de Capitais e "Insider Trading"*, São Paulo, Ed. RT, 1982; Renata Santiago Orphão, *Direito e Transparência na Divulgação de Informações: a Regulamentação Brasileira "Versus" a Americana (Lei Sarbanes-Oxley)*, Textonovo, 2003; José Marcelo Martins Proença, *"Insider Trading": Regime Jurídico do Uso de Informações Privilegiadas no Mercado de Capitais*, São Paulo, Quartier Latin, 2005.

parte de quem estava obrigado a divulgá-las, bem como sua prestação de forma incompleta, falsa ou tendenciosa, que enseja a violação do princípio da *full disclosure* ("transparência completa").

Há certa analogia entre as disposições da Lei 7.913/1989 e as da chamada "Lei do Colarinho Branco" (Lei 7.492/1986), ambas reprimindo condutas reprováveis no mercado de capitais, a primeira no plano cível e a segunda no plano criminal.

Ao contrário do que ocorre no campo da legislação do meio ambiente, a Lei 7.913 não estabelece uma responsabilidade objetiva, mas, tratando-se de conduta presumidamente culposa, por violar normas legais ou administrativas, caberá ao réu a prova da inexistência de culpa, sendo a mesma presumida *juris tantum*.

A finalidade da lei foi assegurar a indenização dos prejudicados pelas operações ilegais ou irregulares. Estes prejudicados são facilmente detectáveis, pelo fato de terem a situação objetiva de acionistas ou debenturistas de empresas ou de negociadores dos títulos no mercado. Por outro lado, a quantificação do prejuízo também é mais fácil que em outros campos. O legislador, no caso, inspirou-se na *class action* ("ação de classe") do Direito Norte-Americano, mas preferiu utilizar a forma da ação civil pública, já regulada e sedimentada no Direito Brasileiro. Assim, no seu art. 2º, a lei determina que, na fase da execução, os investidores sejam chamados por edital para integrar o feito e receber o valor correspondente ao seu prejuízo. Na realidade, entendeu o legislador que na fase de conhecimento do processo será fixado o *quantum* da condenação, correspondendo à responsabilidade dos réus, fazendo-se na fase da execução o rateio da importância pelos prejudicados. Decorridos dois anos após a publicação do edital, o investidor que não se habilitou decai do seu direito, e o saldo eventualmente remanescente da condenação passa a ser recolhido como receita da União.

A grande inovação da Lei 7.913 consistiu em fazer a simbiose entre a ação coletiva de conhecimento e a garantia do ressarcimento individual do prejudicado na fase da execução. Enquanto nas demais ações civis públicas os efeitos se limitavam à condenação dos culpados, que são obrigados a pagar uma indenização, com caráter, inclusive, de pena privada, e, em tese, ao encaminhamento dos valores recebidos a um Fundo, que atua na área na qual o ilícito foi cometido, sem que houvesse efetivo ressarcimento das vítimas, no caso da Lei 7.913 a restituição ao *statu quo ante* passou a ser feita não somente no plano coletivo, mas também no nível do indivíduo. A dificuldade técnica residia no fato de ser a ação coletiva na fase de conhecimento, mas a execução de caráter total ou parcialmente individual. Notava-se, assim, uma aparente contradição com alguns dos princípios processuais básicos, como os referentes aos efeitos da coisa julgada e à identidade entre as partes na fase de conhecimento e execução do processo. Todavia, a própria legislação sobre a ação popular e, em seguida, a sobre a ação civil pública, como técnica de defesa dos interesses difusos, abriram o caminho para novas concepções, nas quais, em certo sentido, há, na fase inicial, uma substituição processual na qual o autor atua no interesse das vítimas, que, após a decisão do mérito, se habilitarão a receber o que lhes for devido.

Para evitar as dificuldades decorrentes da legitimação concorrente do Ministério Público ou do autor da ação civil pública e dos prejudicados para, em ação própria, pleitear as indenizações devidas, uma das soluções preconizadas é o julgamento conjunto dessas várias ações, em virtude da conexão entre elas existente, que, inclusive, geralmente favorecerá as vítimas das ilegalidades praticadas.[125]

6. A ação civil pública e a defesa do consumidor

Cinco anos após a promulgação da Lei da Ação Civil Pública foi promulgada a Lei 8.078, de 11.9.1990, que ampliou a área de defesa coletiva do consumidor. Passou, assim, a ser admitida a ação não tão somente nos casos expressamente previstos no art. 1º da Lei 7.347,

---

125. Em maio/2008 a CVM e o Ministério Público Federal celebraram um Termo de Cooperação Técnica visando ao intercâmbio e à cooperação para a prevenção, apuração e repressão de práticas lesivas ao mercado de valores mobiliários e aos seus participantes (*http://conteudo.cvm.gov.br/export/sites/cvm/convenios/anexos/Ministerio_-Publico_Federal.pdf* – último acesso em 1.11.2021). O Termo já foi objeto de dois aditivos, sendo o último publicado em 17.5.2018, prorrogando-se sua vigência por mais cinco anos. Foram também assinados convênios internacionais entre a CVM e outros órgãos reguladores do mercado de valores mobiliários: Estados Unidos da América (1988); África do Sul (2001); Alemanha (1999); Argentina (1991); Austrália (1997); Bolívia (1997); Canadá (1998); Chile (1996); China (1997); Equador (1996); Espanha (1996); França (1997); Grécia (2000); Hong Kong (1997); Ilhas Cayman (2009); Israel (2006); Itália (1996); Luxemburgo (2000); Malásia (1997); México (1990); Paraguai (1994); Peru (1996); Portugal (1995); Romênia (2004); Rússia (2006); Singapura (2001); Tailândia (1997); Taiwan (1997).

na sua redação original, mas também em relação a qualquer outro interesse difuso ou coletivo (art. 110 da Lei 8.078).

A legislação consumerista, como já visto, fez a distinção entre os vários interesses que podem justificar a defesa coletiva, abarcando os interesses ou direitos difusos, coletivos e individuais homogêneos (art. 81 da Lei 8.078/1990).

Houve também uma ampliação da legitimidade ativa na ação civil pública, que passou a abranger, além das pessoas mencionadas na Lei 7.347, o Distrito Federal, as entidades e os órgãos da Administração Pública indireta sem personalidade jurídica destinados à proteção dos consumidores e as associações que não tenham sido constituídas há mais de um ano, quando dispensado o requisito do prazo de existência legal pelo juiz, diante do manifesto interesse social. A lei também passou a admitir o litisconsórcio facultativo do Ministério Público da União, dos Estados e do Distrito Federal na defesa dos interesses do consumidor.

A propositura da ação civil pública, porém, não impede o consumidor de propor individualmente a sua própria demanda.[126] A lei dispõe expressamente que não há litispendência entre a ação individual e a coletiva, podendo o consumidor, no entanto, requerer a suspensão da sua ação para usufruir dos efeitos da decisão coletiva ou perseguir seu direito individualmente (CDC, arts. 81 e 104).[127-128] Para dar

---

126. O TRF-4ª Região já se manifestou no sentido de que "o processo coletivo não é juízo universal, e os lesados individualmente devem propor suas ações individuais no foro adequado, de acordo com as regras de competência" (AI 2009.04.00.044138-0-SC, rela. Des. Marga Inge Barth Tessler, *DiárioTRF4* 27.4.2010).

127. Nesta linha: STJ, REsp 171.376-SP, rel. Min. Garcia Vieira, *DJU* 14.9.1996, p. 25; TRF-2ª Região, ACi 97.02.41011-8-RJ, rel. Juiz Cruz Netto, *RT* 762/431, e ACi 98.02.09979-1-RJ, rel. Juiz Paulo Barata, *RT* 772/419; TRF-4ª Região, ACi 2002.70.01.019777-0-RS, rela. Desa. federal Maria Lúcia Luz Leiria, *RT* 824/386.

128. A situação é distinta, contudo, no caso do art. 1.036 do CPC de 2015 (art. 543-C do CPC de 1973, com redação dada pela Lei 11.672/2008, que trata dos recursos repetitivos): se eleita a ação civil pública como demanda representativa da controvérsia, para os fins do mencionado dispositivo legal, justifica-se a suspensão das ações individuais (STJ, REsp 1.110.549-RS, rel. Min. Sidnei Beneti, *DJe* 14.12.2009). Em tal situação, a suspensão das ações individuais pode ser decretada de ofício (STJ, AREsp/AgR 210.738-RS, rel. Min. Herman Benjamin, *DJe* 5.11.2012). Do teor dos votos proferidos nos precedentes citados verifica-se que o STJ parece começar a caminhar no sentido de privilegiar a solução coletiva das demandas e

maior eficiência e exigibilidade jurídica às obrigações assumidas por fornecedores de bens e serviços, determinou o legislador que o compromisso de ajustamento de sua conduta às exigências legais, mediante cominações pecuniárias, fosse considerado título executivo extrajudicial para os fins do art. 784 do CPC de 2015 (§ 6º do art. 5º da Lei da Ação Civil Pública, com a redação do art. 113 do CDC).

Admitiu-se, também, que só obrigaria o Ministério Público a prosseguir no feito a desistência da causa, pelo autor, quando injustificada (art. 5º, § 3º, da Lei da Ação Civil Pública, com a redação dada pelo art. 113 do CDC).

A redação dos arts. 11 e 12 da Lei da Ação Civil Pública, que se referiam à natureza da decisão a ser proferida, à concessão da medida liminar e às demais providências que o juiz pode tomar, foi aprimorada no art. 84 da lei de proteção ao consumidor, dando maior eficiência à atuação do magistrado e concedendo-lhe poderes mais amplos.

O autor da ação somente passou a sofrer sanções no caso de má-fé, desconsiderando-se a hipótese de ser a pretensão manifestamente infundada. Todavia, nem sempre é fácil evidenciar a existência de dolo de quem propôs a ação (art. 87 do CDC e redação dada pelo mesmo, no seu art. 115, ao art. 117 e seu parágrafo único da Lei da Ação Civil Pública).

Nos casos de responsabilidade regressiva não se autorizou a denunciação da lide, devendo a ação ser ajuizada em processo autônomo, "facultada a possibilidade de prosseguir-se nos mesmos autos" (art. 88 do CDC).

Na realidade, a lei de proteção ao consumidor determina a aplicação subsidiária da Lei da Ação Civil Pública, ao mesmo tempo em que a modifica e complementa (arts. 90, 81 a 88 e 110 a 117 do CDC). Importante ressaltar, no entanto, conforme já decidido pelo

deixar a critério do juiz a conveniência da suspensão, ou não, das ações individuais diante da simples notícia do ajuizamento de ação coletiva, desde que presente uma macrolide capaz de gerar processos multitudinários. Vale seguir de perto a evolução da jurisprudência quanto a este tema, notadamente após a entrada em vigor do Código de Processo Civil de 2015, que valorizou a busca por decisões com efeitos generalizados, em oposição às decisões meramente individuais, inclusive estabelecendo que incumbe ao juiz, "quando se deparar com diversas demandas individuais repetitivas, oficiar o Ministério Público, a Defensoria Pública e, na medida do possível, outros legitimados a que se referem o art. 5º da Lei n. 7.347, de 24 de julho de 1985, e o art. 82 da Lei n. 8.078, de 11 de setembro de 1990, para, se for o caso, promover a propositura da ação coletiva respectiva" (art. 139, X).

STF, que a ação civil pública não pode ser manejada para a aplicação retroativa do Código de Defesa do Consumidor a contratos que lhe são anteriores.[129] No Capítulo II do Título III a lei de proteção ao consumidor trata das ações coletivas para a defesa dos interesses individuais homogêneos, admitindo que os legitimados para a ação civil pública possam propor, em nome próprio, mas no interesse das vítimas e dos seus sucessores, a ação civil coletiva (art. 91),[130] cujo foro é o do local onde ocorreu ou deva ocorrer o dano. Tratando-se, porém, de prejuízos de âmbito regional ou nacional, será o da Capital do Estado ou do Distrito Federal, respectivamente (art. 93).[131]

---

129. STF, RE 365.377-PR, relª. Min. Cármen Lúcia, *DJU* 5.6.2007; *RDB* 40/208.

130. Interpretando-se as normas de defesa do consumidor em conjunto com a CF, em especial o art. 5º, XXI, há jurisprudência do STF entendendo que a legitimação da associação para a propositura de ação coletiva depende de expressa autorização dos filiados (sobre o tema, com um apanhado dos precedentes, v. Paulo Brossard, "Legitimação processual de associação para representar seus filiados em juízo ou fora dele, mediante autorização específica", *RTDP* 45/149). A matéria também mereceu tratamento legislativo, com o art. 2º-A da Lei 9.494/1997, criado por medida provisória sucessivamente reeditada (v. Medida Provisória 2.180-35, de 24.8.2001), estabelecendo que "a sentença civil prolatada em ação de caráter coletivo proposta por entidade associativa na defesa dos interesses dos seus associados abrangerá apenas os substituídos que tenham, na data da propositura da ação, domicílio no âmbito da competência territorial do órgão prolator".

Ao apreciar o RE 573.232, em 14.5.2014, o STF, por maioria, decidiu que apenas os associados que autorizaram expressamente o ajuizamento de ação civil pública têm interesse de agir para executar ou liquidar a sentença coletiva, não obstante haja previsão genérica de representação dos associados em cláusula do estatuto (RE 573.232, rel. Min. Marco Aurélio, *DJe* 19.9.2014).

Outro importante caso, também afetado como matéria de repercussão geral (RE 612.043-PR, rel. Min. Marco Aurélio), discutia a extensão dos limites subjetivos da coisa julgada nas ações coletivas propostas por associações civis, ou seja, se o julgado abrangeria apenas os filiados à data da propositura da ação ou também os que ingressaram posteriormente. Ao analisar o tema o STF fixou a seguinte tese: "A eficácia subjetiva da coisa julgada formada a partir de ação coletiva, de rito ordinário, ajuizada por associação civil na defesa de interesses dos associados, somente alcança os filiados, residentes no âmbito da jurisdição do órgão julgador, que o fossem em momento anterior ou até a data da propositura da demanda, constantes da relação jurídica juntada à inicial do processo de conhecimento" (RE 612.043, rel. Min. Marco Aurélio, *DJe* 6.10.2017).

131. A 2ª Seção do STJ decidiu que, nas ações fundadas no Código do Consumidor que digam respeito a questões de âmbito nacional, o foro tanto poderá ser o da Capital de um Estado quanto o do Distrito Federal (CComp 17.533-DF, rel. Min. Carlos Alberto Menezes Direito, *DJU* 30.10.2000, p. 120, e CComp 26.842-DF, rel. design. Min. César Asfor Rocha, *DJU* 5.8.2002, p. 194). Nesse mesmo sentido: STJ, REsp 218.492-ES, rel. Min. Francisco Peçanha Martins, *DJU* 18.2.2002, p. 287;

Seguindo técnica análoga, mas diferente da prevista na Lei da Ação Civil Pública, a convocação das vítimas é feita por edital logo que proposta a ação (art. 94), sendo a condenação genérica, se procedente o pedido (art. 95).

No curso do processo poderá ser deferida a inversão do ônus da prova em benefício da coletividade consumidora, seja o autor o Ministério Público ou associação, desde que presentes os requisitos legais.[132]

A execução poderá ser coletiva, abrangendo, inclusive, as vítimas cujas indenizações já tiverem sido calculadas, mediante sentença de liquidação (art. 98).[133-134]

REsp 1.018.214-PR, rel. Min. Mauro Campbell Marques, *DJe* 15.6.2009; e REsp 712.006-DF, rel. Min. Luiz Felipe Salomão, *DJe* 24.8.2010. A nosso ver, *data venia*, a interpretação afastou-se do texto legal, que parece distinguir a competência das Capitais estaduais para as ações de âmbito estadual e a do Distrito Federal para as ações de âmbito nacional. Aliás, esta foi a posição que prevaleceu na própria 2ª Seção em outro caso, no julgamento do CComp 28.003-RJ, rel. Min. Nilson Naves, *DJU* 11.3.2002, p. 159, e *RDR* 26/128.

132. STJ, REsp 951.785-RS, rel. Min. Luís Felipe Salomão, *DJe* 18.2.2011; REsp 1.253.672-RS, rel. Min. Mauro Campbell, *DJe* 9.8.2011

133. O STJ já decidiu que os consumidores têm a prerrogativa de ajuizar a execução individual de sentença condenatória proferida em ação coletiva no foro do seu domicílio (arts. 101, I, e 98, § 2º, I, do CDC), ainda que a ação tenha sido movida noutro foro, tendo em vista que não há prevenção do juízo que julgou o mérito da ação coletiva, eis que "as execuções individuais ajuizadas pelos titulares dos direitos individuais homogêneos que foram violados sempre demandarão uma ampla dose de cognição, pois cada substituído deverá comprovar a titularidade do direito cuja lesão foi reconhecida pela sentença da ação coletiva" (STJ, REsp 1.098.242-GO, rela. Min. Nancy Andrighi, *DJe* 28.10.2010). A mesma orientação foi reafirmada em sede de julgamento de recurso repetitivo representativo de controvérsia, em que ficou decidido que "a liquidação e a execução individual de sentença genérica proferida em ação civil coletiva pode ser ajuizada no foro do domicílio do beneficiário, porquanto os efeitos e a eficácia da sentença não estão circunscritos a lindes geográficos, mas aos limites objetivos e subjetivos do que foi decidido, levando-se em conta, para tanto, sempre a extensão do dano e a qualidade dos interesses metaindividuais postos em juízo" (REsp 1.243.887-PR, rel. Min. Luís Felipe Salomão, *DJe* 12.12.2011).

134. A execução individual por parte do beneficiário de condenação em ação coletiva prescreve em cinco anos, por aplicação analógica do art. 21 da Lei da Ação Popular (STJ, 4ª Turma, REsp/Ag 43.905-PR, rel. Min. Luís Felipe Salomão, *DJe* 22.5.2012; STJ, 2ª Seção, REsp 1.273.643-PR, rel. Min. Sidnei Benetti, *DJe* 4.4.2013) – este último julgamento foi realizado como precedente, em sistema de recurso repetitivo.

A questão é especialmente delicada. Concordamos com a posição do STJ no REsp 1.348.512-DF (rel. Min. Luís Felipe Salomão, *DJe* 4.2.2013), segundo a qual a sentença coletiva em matéria de direitos individuais homogêneos é essencialmente genérica, e, portanto, depende de liquidação individualizada. Assim, os juros de mora

A lei prevê que possa haver, no caso, duas espécies de condenações: a coletiva, em favor da comunidade, e a soma das individuais, em favor dos lesados ou seus sucessores.[135] Se ocorrer concurso de créditos, será dada preferência à indenização dos prejuízos individuais (art. 99). Decorrido um ano sem habilitação de interessados em número compatível[136] com a gravidade do dano, os legitimados poderão promover a liquidação e execução da indenização, que reverterá para o Fundo previsto pela Lei da Ação Civil Pública.[137] Na realidade, mesmo que seja reduzido o número de habilitados, deverão os mesmos ser devidamente atendidos.

---

só devem ser considerados a partir da citação para a liquidação específica, e não a partir da citação inicial para a ação civil pública. Entretanto, a Corte Especial já se posicionou em sentido contrário. Nos REsp 1.370.899 e 1.361.800, por oito votos a sete, prevaleceu a tese de que os juros de mora na liquidação da sentença proferida em ação civil pública devem ser contados da citação na fase de conhecimento (rel. Min. Sidnei Beneti, *DJe* 14.10.2014).

Na execução individual advinda de ação civil pública, com a contratação de advogado pelo exequente, é cabível a condenação em honorários advocatícios na forma do § 4º do art. 20 do CPC de 1973 (art. 85, § 8º, do CPC em vigor) (STJ, REsp 436.446-PR, rel. Min. Humberto Gomes de Barros, *DJU* 31.3.2003, p. 161; REsp/AgR 476.090-PR, 476.126-PR e 476.138, rel. Min. José Delgado, *DJU* 31.3.2003, p. 170). Na execução individual decorrente de ação civil pública não se aplica a exceção do art. 1º-D da Lei 9.494/1997, e, portanto, são devidos os honorários advocatícios também pela Fazenda Pública, se esta for ré (STJ, REsp/AgR 701.675-RS e 701.768-RS, rel. de ambos Min. Félix Fischer, *DJU* 13.6.2005). No entanto, a ação civil pública movida por sindicato, na qualidade de substituto processual, o STJ decidiu ser indevida a retenção de parcela de crédito executado a título de honorários advocatícios, devendo ser promovida ação específica para esse fim, ante a inexistência de prévia anuência do trabalhador para a atuação do sindicato (REsp 931.036, rela. Min. Nancy Andrighi, *DJe* 2.12.2009).

135. Sobre as diferentes espécies de condenação, inclusive distinguindo com clareza os direitos difusos dos individuais homogêneos, v. acórdão bem fundamentado do 1º TACivSP na ACi 206.455-5/6, rel. Juiz Roberto Bedaque, *RF* 369/333.

136. O conceito de "número compatível" não é dos mais claros, reservando-se à jurisprudência o trabalho construtivo de defini-lo, com o fim de dar eficiência e rapidez ao sistema, sem sacrificar os direitos das partes.

137. Em relação ao notório caso do desmoronamento de dois edifícios de um mesmo condomínio no Rio de Janeiro, o STJ entendeu que as vítimas de um dos blocos, "Edifício Palace I", não estariam autorizadas a se habilitar na execução de sentença proferida em ação civil pública em cujo polo ativo figurou a Associação das Vítimas do segundo bloco, "Edifício Palace II", tendo em vista que a condenação apenas reconheceu os direitos e interesses individuais homogêneos dos moradores deste prédio (REsp 836.647-RJ, rela. Min. Isabel Gallotti, *DJe* 7.10.2010).

7. *A ação civil pública no Estatuto da Criança e do Adolescente*

A Lei 8.069, de 13.7.1990, que dispõe sobre o Estatuto da Criança e do Adolescente/ECA e dá outras providências, também previu a utilização da ação civil pública para assegurar os direitos garantidos tanto pela Constituição Federal (art. 227) como pela legislação ordinária referente à matéria.

A Constituição Federal considera "dever da família, da sociedade e do Estado assegurar, à criança e ao adolescente, com absoluta prioridade, o direito à vida, à saúde, à alimentação, à educação, ao lazer, à profissionalização, à cultura, à dignidade, ao respeito, à liberdade e à convivência familiar e comunitária, além de colocá-los a salvo de toda forma de negligência, discriminação, exploração, violência, crueldade e opressão" (art. 227).

O Estatuto da Criança e do Adolescente define minuciosamente os direitos constitucionais (arts. 106 a 109) e as garantias processuais (arts. 110 e 111), dedicando um capítulo específico à proteção judicial dos interesses individuais, difusos e coletivos (arts. 208 a 224).

A lei assegura, entre outros, os seguintes direitos à criança e ao adolescente: (a) ensino obrigatório (art. 208, I); (b) atendimento especial aos portadores de deficiência (art. 208, II); (c) atendimento em creche e jardim de infância aos menores até seis anos (art. 208, III); (d) ensino noturno regular (art. 208, IV); (e) programas suplementares de oferta de material didático-escolar, transporte e assistência à saúde do educando (art. 208, V); (f) serviço de assistência social, visando à proteção da família e dos menores (art. 208, VI); (g) acesso às ações e serviços de saúde (art. 208, VII); (h) escolarização e profissionalização dos adolescentes privados de liberdade (art. 208, VIII); (i) ações, serviços e programas de orientação, apoio e promoção social de famílias e destinados ao pleno exercício do direito à convivência familiar por crianças e adolescente (art. 209, IX); e (j) programas de atendimento para a execução das medidas socioeducativas e aplicação de medidas de proteção (art. 209, X).

O texto legal esclarece que a relação que consta do art. 208 não exclui a proteção judicial de outros interesses difusos ou coletivos, próprios da infância e da adolescência, protegidos pela Constituição e pela lei.

Assim, cabem ações civis públicas para assegurar condições de aleitamento materno (contra o Poder Público, as instituições e os empregadores), na forma do art. 9º; atendimento da gestante, de acordo com o art. 8º; condições de saúde e educação, *ex vi* do disposto nos arts. 11, § 2º, e 54; etc.

Conforme o caso, a ação pode ser intentada contra o Poder Público, os hospitais (art. 10), as empresas de comunicação (art. 76), as editoras (arts. 78 e 79) ou os pais ou responsáveis.

São partes legítimas para propor as ações civis fundadas em interesses difusos ou coletivos o Ministério Público (arts. 201, V, e 210, I), a União Federal, os Estados, os Municípios, o Distrito Federal e os Territórios e as associações legalmente constituídas que tenham finalidades institucionais (art. 210, II e III).

O rito a ser seguido e os prazos a serem observados, inclusive para efeitos de interposição de recursos, são os da legislação processual das ações civis públicas em geral.[138]

Dentro do espírito que informa a ação civil pública, a lei admite a execução específica, permitindo ao juiz que determine as providências necessárias para assegurar o resultado idêntico ou equivalente ao adimplemento da obrigação (art. 213). Poderão também os órgãos públicos exigir dos interessados compromissos de ajustamento de sua conduta às exigências legais, valendo o instrumento como título executivo extrajudicial (art. 211). Se for aplicada multa diária ao réu – o que poderá, inclusive, decorrer de decisão judicial não provocada pela parte –, a mesma só será exigível após o transito em julgado da sentença, mas será devida desde a data do descumprimento (art. 213, §§ 2º e 3º). Trata-se de forma de restabelecer o *statu quo ante*. Há que se distinguir, porém, as obrigações concretamente impostas pela Constituição e pela lei daquelas normas meramente diretivas ou programáticas. Quanto a estas últimas, o Judiciário não pode se substituir ao Executivo e fazer opções administrativas quanto à conveniência e/ou oportunidade da realização de obras ou prestação de serviços.[139]

As multas reverterão ao Fundo gerido pelo Conselho dos Direitos da Criança e do Adolescente do respectivo Município (art. 214).

---

138. STJ, REsp 440.453-SP, rel. Min. Luiz Fux, *DJU* 7.4.2003, p. 238.

139. STJ, REsp 63.128-9-GO, rel. Min. Adhemar Maciel, *RSTJ* 85/385.

Poderá o juiz conceder medida liminar e atribuir efeito suspensivo aos recursos, para evitar dano irreparável à parte (arts. 213, § 1º, e 214).

No caso de condenação do Poder Público, o juiz determinará, após o trânsito em julgado da sentença, a remessa de peças à autoridade competente, para que seja responsabilizado civil e administrativamente o agente culpado.

No caso de pretensão manifestamente infundada, a associação autora responderá pela sucumbência (art. 218) e, havendo litigância de má-fé, a mesma e seus dirigentes serão condenados a pagar as custas em décuplo, sem prejuízo da responsabilidade por perdas e danos (art. 218).

O Ministério Público poderá proceder a inquérito civil para verificar a existência da ilegalidade; e, convencendo-se da inexistência de fundamento para a propositura da ação, deverá o processo ser encaminhado ao Conselho Superior do Ministério Público, para que homologue ou rejeite a promoção de arquivamento (art. 223).

Finalmente, aplicam-se subsidiariamente às ações civis previstas pela Lei 8.069/1990 as disposições da Lei 7.347, de 24.7.1985.

8. *A ação civil pública e as infrações da ordem econômica*

As Leis 8.884, de 11.6.1994, e 12.529, de 30.11.2011, transformaram o Conselho Administrativo da Defesa Econômica/CADE em autarquia, dispondo ainda sobre a prevenção e repressão das infrações contra a ordem econômica, revogando grande parte da legislação anterior.

As mencionadas leis modificaram a Lei 7.347, incluindo no art. 1º da mesma um inciso V, com a seguinte redação: "Regem-se pelas disposições desta Lei (...) as ações de responsabilidade por danos morais e patrimoniais causados: (...); V – por infração da ordem econômica".

Trata-se de ampliação do âmbito de utilização da ação civil pública, que, como vimos, só pode ser usada nos casos legalmente previstos, de modo que a partir de 1994 também se torna um instrumento para defesa de direitos individuais, difusos ou coletivos no plano econômico.

O instrumento é necessário ante as modificações sofridas pela economia brasileira, com sua abertura para o capital estrangeiro, em virtude da globalização que impera no mundo inteiro. A fim de evitar situações de *dumping* ou outras manobras ilegais, a ação civil pública tem as necessárias dimensão, densidade e velocidade (em virtude da possibilidade de obtenção de medida liminar) para a defesa dos direitos e interesses das empresas brasileiras, uma contra as outras ou em relação às multinacionais sediadas no Brasil ou que operam no País.[140-141]

Nos processos judiciais em que se discuta a aplicação da Lei 12.529/2011 o CADE deverá ser intimado para, querendo, intervir no feito na qualidade de assistente (art. 118).

As ações civis públicas, de qualquer modo, em matéria de infrações da ordem econômica seguem as regras gerais de competência. Assim, "a competência da Justiça Federal somente será deslocada na causa em que a União, suas autarquias e suas fundações públicas participem efetivamente como autoras, rés, assistentes ou oponentes".[142]

---

140. Em sentença proferida pelo MM. Juiz da 12ª Vara Cível de Porto Alegre afirmou-se que a ação civil pública não serve para a apuração de perdas e danos coletivos de eventuais consumidores prejudicados pela prática de abuso do poder econômico, que devem ser objeto de ações individuais (Processo 01190027383, *apud* José Inácio Gonzaga Franceschini, *Introdução ao Direito da Concorrência*, São Paulo, Malheiros Editores, 1996, p. 261). A referida decisão judicial coaduna-se com a ideia de que a ação civil pública, em matéria de defesa da ordem econômica, deve ser um instrumento de proteção do mercado como um todo, e não de situações individualizadas e específicas.

O TJSP julgou procedente ação civil pública proposta pelo Ministério Público contra cooperativa médica que proibia seus cooperados de trabalharem junto a outras entidades de saúde. Entendeu-se caracterizado o abuso do poder econômico, com prejuízos aos consumidores e à liberdade de iniciativa dos médicos na região de atuação da referida cooperativa (ACi 105.606-4/6, rel. Des. Ivan Sartori, *ADV* 2001, ementa 97.326). O caso é típico de cabimento de ação civil pública em matéria de infração à ordem econômica, por haver repercussões num certo mercado, e não apenas com relação a indivíduos determinados. O STJ também já considerou cabível o ajuizamento de ação civil pública pelo *Parquet* com o fim de combater a cartelização do transporte de automóveis (REsp 677.585-RS, rel. Min. Luiz Fux, *DJU* 13.2.2006).

141. O CADE vem entendendo que a pendência de ação civil pública sobre determinados fatos não afeta o andamento dos eventuais processos administrativos a eles relacionados (Processo Administrativo 121/1992, *apud* José Inácio Gonzaga Franceschini, *Introdução ao Direito da Concorrência*, p. 265).

142. STJ, CComp 34.977-SP, rela. Min. Laurita Vaz, *DJU* 7.4.2003. Não basta que a matéria seja em princípio de interesse do CADE para que se desloque a competência para a Justiça Federal. O deslocamento de competência só ocorrerá quando

9. *A evolução da ação civil pública. Usos e abusos*

Da importância das características do instituto – Como vimos, a ação civil pública, na sua atual regulamentação constitucional e legal, constitui uma inovação e uma conquista para a solução rápida e eficiente dos conflitos de interesses, ensejando o acesso à Justiça de todas as classes sociais.

Cabe indicar, inicialmente, a existência de um certo parentesco entre o mandado de segurança, a ação popular e a ação civil pública, por serem remédios especiais, de natureza e origem constitucional, que se destacam e dissociam da técnica e até da filosofia tradicionais do processo civil clássico. Essa analogia entre os três institutos é, ao mesmo tempo, técnica e filosófica, por se caracterizarem, todos eles, pelo fato de serem instrumentos de conteúdo mais denso,[143] refletindo o aprimoramento institucional do Estado de Direito, com alguma vinculação histórica com o *habeas corpus*, e destinando-se à proteção do indivíduo contra o Poder Público, no caso do mandado de segurança, ou para a defesa da sociedade ou de seus membros, em casos especiais que justificam um procedimento mais rápido e a legitimidade extraordinária, como ocorre nas hipóteses das ilegalidades que ensejam a lesão do patrimônio público, justificando a propositura da ação popular, e da defesa dos interesses difusos, coletivos e homogêneos individuais, no caso da ação civil pública.

---

o CADE (ou algum outro dos entes listados no inciso I do art. 109 da CF) ingressar efetivamente no feito, como autor, réu, assistente ou oponente, na forma da legislação processual.

Com relação à atuação do CADE, o STJ decidiu, mais recentemente, que esta autarquia não tem legitimidade para figurar no polo passivo de ação civil pública movida pelo Ministério Público Federal visando à condenação da Agência Nacional do Petróleo, da União Federal e do próprio CADE à coibição de alegadas práticas contra a ordem econômica.

Asseverou o Relator, Min. Mauro Campbell Marques, que a competência para a apuração das infrações apontadas, no caso, é da Secretaria de Direito Econômico/SDE, cabendo ao CADE tão somente o julgamento dos processos administrativos que lhe sejam submetidos para apreciação. Além disso, o art. 89 da Lei 8.884/1994 – segundo o qual o CADE deve ser intimado para se manifestar sobre seu interesse em intervir, na qualidade de assistente, nos processos judiciais em que se discute a aplicação da referida lei – consubstancia mera faculdade outorgada à autarquia, e não uma obrigação (STJ, REsp 650.892-PR, rel. Min. Mauro Campbell Marques, *DJU* 13.11.2009).

143. Arnoldo Wald, *Do Mandado de Segurança na Prática Judiciária*, 5ª ed., Rio de Janeiro, Forense, 2006, n. 39, pp. 115 e ss.

São institutos que honram a ciência jurídica brasileira e revelam a sensibilidade do legislador e do Poder Judiciário em questões básicas ligadas à proteção dos direitos individuais, à moralidade administrativa, à ecologia, à proteção ao consumidor, à ordem econômica e ao patrimônio cultural e artístico, assegurando, outrossim, a igualdade racial. Já tivemos o ensejo de afirmar que, do mesmo modo que um País adquire dimensões internacionais pela sua produção industrial ou pelo trabalho científico ou artístico nele realizado, a introdução de técnicas jurídicas mais sofisticadas para a proteção do indivíduo e o desenvolvimento da ciência jurídica, para este fim, constituem elementos indiscutíveis da grandeza e da importância de uma Nação.

É por este motivo que um ilustre processualista espanhol já disse, em relação ao mandado de segurança – mas a lição também se aplica, por analogia, à ação civil pública –, que "os processualistas brasileiros sentem um verdadeiro fervor cívico em relação a esta instituição, comparável ao orgulho que os espanhóis sentem pelos processos forais de Aragão, os ingleses pelo *habeas corpus* e os mexicanos pelo *amparo*. Este entusiasmo se justifica plenamente e tem levado os juristas brasileiros a estudar o assunto sempre que lhes é dado apresentar teses ou relatórios em congressos internacionais ou colaborar em obras estrangeiras".[144]

Na realidade, as várias novas técnicas processuais surgiram em virtude da necessidade de atender a determinados imperativos sociais ou corrigir certas situações fáticas. Assim, encontram a sua razão de ser: (a) na desigualdade das partes (enquanto o processo tradicional pressupõe a sua igualdade – que, em certos casos, se torna não mais uma presunção, mas uma ficção); (b) na necessidade de criação de mecanismo para a defesa dos grupos sociais (corpos intermediários), que são cada vez mais importantes na sociedade contemporânea, com substituição dos indivíduos pelos grupos e respectivas entidades representativas; (c) no papel que o processo assume como "instrumento de participação popular" na fiscalização da aplicação do Direito; (d) na necessidade de atendimento eficaz e rápido à justiça social.

144. Niceto Alcalá-Zamora, "El mandato de seguridad brasileño visto por un extranjero", in *Tres Estudios sobre el Mandato de Seguridad Brasileño*, publicação do Instituto de Derecho Comparado da Universidad Autónoma de México, 1963, p. 100.

Assim sendo, e em virtude da sua finalidade, a ação civil pública já foi definida como sendo um "instrumento avançado da tutela jurisdicional".

Houve, na realidade, uma revolução renovadora do processo, que se realizou meio século após a revolução que transformou o direito privado, ensejando sua socialização e modernização.

É uma revolução que consistiu na *criação de um novo direito processual*, e surgiu, ao lado do Direito tradicional, *rompendo com alguns dos princípios*, que tinham sido sedimentados, nos conflitos interindividuais (Mauro Cappelletti).

Em determinados casos e áreas sentiu-se a insuficiência das soluções tradicionais para assegurar a adequada tutela aos novos direitos que foram surgindo.

Os contratos de massa, vinculados à Informática e à mudança de tipo de civilização, à concentração urbana e às relações cada vez mais desiguais entre as partes, passaram a exigir remédios de maior densidade e eficiência, sob pena de frustração da Justiça.

Consequentemente, conceitos tradicionais, que eram válidos e importantes para o Direito clássico, foram renovados pelo direito processual. Foi o que aconteceu com (a) a legitimidade e a substituição processual e (b) os efeitos da sentença e a coisa julgada.

Essa revolução processual viabilizou a proteção dos direitos coletivos, anteriormente esquecidos ou cuja proteção estava sendo frustrada no esquema clássico.

Há uma analogia entre essa renovação do processo e as evoluções que ocorreram, no direito privado, em relação a institutos como: (a) a responsabilidade civil, especialmente no tocante aos seus fundamentos, como a culpa e o risco; (b) a propriedade, à qual se atribuiu função social; (c) o contrato, que sofreu maior flexibilização e passou, em certos casos, a ter efeitos eventuais contra terceiros e a ser suscetível de revisão judicial etc., dele se destacando o contrato de trabalho, o contrato administrativo e a relação de consumo, que passaram a ter regimes especiais.

As transformações sofridas pelo direito privado, como as decorrentes do direito judiciário, não significam o desaparecimento do Direito clássico, mas a criação de um certo número de exceções às regras tradicionais. Assim, por exemplo, no tocante à responsabilidade civil, a culpa do autor do dano continua sendo o fundamento básico para que seja atribuída uma indenização à vítima, especialmente nas relações interindividuais. A individualização da responsabilidade e da pena, conquista da civilização ocidental, com base em textos bíblicos, na filosofia grega e no Direito Romano, tornou-se, atualmente, imperativo constitucional (art. 5º, XLV e XLVI). Mas nas relações entre os grupos ou entre o indivíduo e o grupo a culpa deixou de ser o único fundamento para o ressarcimento do dano, admitindo-se o risco profissional e até a obrigação de indenizar em virtude do exercício de determinadas atividades. A necessidade da proteção da vítima ensejou a adoção excepcional da responsabilidade objetiva, quando o dano é causado pelas pessoas jurídicas de direito público, e ainda nas relações de transporte, nos danos causados pela energia nuclear etc.[145]

Temos, assim, no campo do direito civil, como no direito judiciário, a possibilidade da vigência simultânea, em áreas distintas, de normas jurídicas de natureza e estrutura diversas refletindo princípios jurídicos que nem sempre são os mesmos. Essas normas de conteúdo divergente e destinadas a reger, algumas, as situações gerais e, outras, as situações especiais ou específicas não se contaminam, nem se comunicam necessariamente, embora possam exercer, umas sobre as outras, influência recíproca.

Assim, no decorrer da História, tivemos direitos comuns ou gerais, ao lado de direitos especiais. Foi o que aconteceu em Roma, quando, ao lado do *ius civile*, surgiram o direito pretoriano, de origem jurisprudencial, e o *ius gentium*, aplicável aos estrangeiros. Do mesmo modo, na Inglaterra tivemos, por longo tempo, e ainda temos, a convivência da *Common law* e da *Equity*. No direito continental europeu e no Brasil, o direito privado, que se concentrava tradicionalmente no direito civil, passou a se desmembrar de tal modo que este se tornou o direito comum, enquanto o direito comercial e o direito do trabalho passaram a ser os direitos especiais, o último chegando a sair da órbita do direito privado para constituir, segundo alguns autores, um terceiro gênero, integrando o direito social.

A situação em matéria de direito processual é análoga, pois as novas normas não devem abalar nem afastar as antigas, cada uma

145. Arnoldo Wald, *A Influência do Direito Francês sobre o Direito Brasileiro no Domínio da Responsabilidade Civil*, Rio de Janeiro, Imprensa Nacional, 1953, pp. 70 e ss.

delas tendo uma área própria de incidência. Podemos, pois, afirmar que à socialização e à modernização do direito material correspondeu a criação de um direito de ações coletivas no campo do processo. Foi o que o professor Watanabe denominou a "molecularização" do direito judiciário, em oposição à anterior "atomização" do mesmo.[146] Do mesmo modo que, em determinados setores, os conceitos tradicionais do direito privado não mais atendiam plenamente à adequada proteção da vítima, como aconteceu em certos campos da responsabilidade civil,[147] também no plano processual, para assegurar a defesa de certos bens, valores e pessoas, foi necessário recorrer às ações coletivas.[148]

Do mesmo modo que a revolução do direito privado, que foi analisada por autores como Ripert, Savatier, Morin e outros, a revolução processual é necessária e indispensável, mas, criando novos instrumentos, exige que sejam manejados com prudência, do mesmo modo que o são os antibióticos e as armas atômicas, e que sejam mantidos, nos seus campos próprios de atividade, os instrumentos tradicionais e a dogmática clássica, que continuam a prestar relevantes serviços à ciência jurídica.

O uso generalizado e indiscriminado das ações civis públicas, como outrora do *habeas corpus*, dos interditos possessórios e do próprio mandado de segurança, pode, todavia, em certos casos, constituir séria ameaça à ordem jurídica e ensejar um clima de litigiosidade, insegurança e contestação generalizada, que é nocivo ao desenvolvimento do País. O risco apresentado é proporcional à

---

146. Kazuo Watanabe, "Demandas coletivas e os problemas emergentes da práxis forense", in Min. Sálvio de Figueiredo Teixeira (org.), *As Garantias do Cidadão na Justiça*, p. 196.

147. Na década de 1930 o professor e desembargador Virgílio de Sá Pereira clamava contra as injustiças decorrentes da não reparação dos danos causados pelos acidentes de bondes, ponderando que a vítima não recebia indenização pois "os motorneiros *[dos bondes]* têm culpa, mas não têm dinheiro, e a Light tem dinheiro, mas não tem culpa" (*Decisões e Julgados*, p. 18, e Arnoldo Wald, *Questões de Responsabilidade Civil*, Edições Cejup, 1990, p. 18). Deslocando-se da análise do comportamento do autor do dano para apreciar o direito da vítima, a teoria moderna garante, a todos, a integridade física, a saúde e o direito à segurança (Arnoldo Wald, *Obrigações e Contratos*, 13ª ed., São Paulo, Ed. RT, 1998, n. 264, p. 589).

148. Kazuo Watanabe, artigo cit. na nota 146. No mesmo sentido, E. D. Moniz de Aragão, "O Código de Processo Civil e a crise processual", *RDA* 187/37-47, e numerosos outros estudos sobre a importância crescente das ações coletivas.

densidade e efetividade do remédio, como está ocorrendo em relação às armas atômicas e aos antibióticos, já antes referidos.

O uso desenfreado dos novos remédios pode ameaçar a manutenção da ordem jurídica e impedir o bom funcionamento da Administração, da Justiça e da Economia. Já o insuspeito defensor das instituições democráticas e dos remédios processuais de maior densidade que foi Hely Lopes Meirelles teve o ensejo de salientar, há alguns anos atrás, na presente obra, que "a ação popular vem sendo desvirtuada e utilizada como meio de oposição política de uma Administração a outra, *o que exige do Judiciário redobrada prudência* no seu julgamento, para que não a transforme em instrumento de vindita partidária, nem impeça a realização de obras e serviços públicos essenciais à comunidade que ela visa a proteger"[149] (grifamos).

E, em nota de rodapé, acrescenta que:

"A experiência vem demonstrando que a vigente Lei da Ação Popular está a exigir uma completa reformulação em seu texto, não só para conceituar melhor seus objetivos como para agilizar seu processamento e impedir que tais causas se eternizem na Justiça, sem julgamento, numa perene ameaça aos administradores chamados a juízo".[150]

A lição de Hely Lopes Meirelles aplica-se perfeitamente à atual utilização da ação civil pública na prática forense, como, aliás, demonstrou, em excelente artigo, intitulado "Ação civil pública e sua abusiva utilização pelo Ministério Público", o eminente Rogério Lauria Tucci, Professor Titular de Processo na Faculdade de Direito da USP.[151]

O mencionado artigo inicia com as seguintes considerações: "Este estudo resulta da verificação, em nossa lide forense quotidiana, da multiplicação de proposituras de ação civil pública, pelo Ministério Público, que parece pretender transformar o importante instituto jurídico numa autêntica 'panaceia geral para toda e qualquer situação', nas palavras candentes (empregadas alhures,

149. V. o final do n. 1 da Segunda Parte.

150. Idem, ibidem.

151. Rogério Lauria Tucci, "Ação civil pública e sua abusiva utilização pelo Ministério Público", *Ajuris* 56/35-55, novembro/1992. Estudo mais recente, e na mesma linha: "Ação civil pública: abusiva utilização pelo Ministério Público e distorção pelo Poder Judiciário", *RF* 365/142 e *RT* 802/27.

para o mandado de segurança), e bem apropriadas, de Kazuo Watanabe".[152]

Feitas essas ponderações, cabe lembrar que a introdução, em nossa legislação, da ação civil pública e dos seus princípios básicos não deve nem pode atingir: (A) *os princípios constitucionais que garantem*: (a) o devido processo legal e o contraditório (devido processo legal substantivo e adjetivo); (b) a separação dos Poderes; (c) as competências respectivas da União, dos Estados e Municípios; (d) a área de competência de cada magistrado; (B) *o resto do sistema processual tradicional*, que continua em vigor, com as suas premissas e regras de procedimento, pois o direito especial não revoga o direito geral.

Como já assinalamos, do mesmo modo que houve o abuso do mandado de segurança, do qual se pretendeu fazer uma panaceia, há uma certa tendência, atualmente, de generalizar o uso da ação civil pública, sem que se atenda à sua verdadeira finalidade. No mandado de segurança, aos poucos, a lei, a jurisprudência e a doutrina foram firmando parâmetros para impedir seu abuso, ou seja, sua utilização como substituto de recurso, como forma de modificar decisão judicial (a não ser nos casos de aberrações jurídicas ou para o fim de concessão de efeito suspensivo a recursos, em situações especiais), conforme se verifica pelas várias súmulas do STF que trataram da matéria (Súmulas 101, 266, 268, 269, 271, 304, 429, 474 e 511). Pode-se afirmar que a tendência de generalizar o uso do mandado de segurança fez com que perdesse sua densidade e sua eficiência. Efetivamente, a maior generalização no uso do remédio enseja sua menor eficiência. Ficou, assim, ameaçado o instituto de se transformar numa verdadeira ação ordinária, em todos os sentidos. Na realidade, com a sobrecarga de processos, o mandado de segurança acabou só podendo ter efeitos imediatos, ou em tempo hábil, em virtude da concessão da medida liminar, pois para o julgamento do mérito do pedido a demora tornou-se, evidentemente, excessiva.

Cabe salientar, finalmente, que a defesa do mandado de segurança, que estamos fazendo há mais de 60 anos, quando publicamos o nosso primeiro livro a respeito da ação popular e da ação civil pública, é no sentido de prestigiá-lo, sem deturpá-lo.[153]

152. Rogério Lauria Tucci, loc. cit. na nota anterior, *RT* 802/34-35.

153. Arnoldo Wald, *O Mandado de Segurança*, Rio de Janeiro, publicação do DASP, 1955.

Da patologia das ações públicas – Ao examinar a evolução histórica da jurisprudência a respeito das ações civis públicas, quatro aspectos merecem um exame especial: (1) as ações civis públicas intentadas com base na equidade, sem respaldo legal, caracterizando o pedido juridicamente impossível e a impropriedade da ação; (2) as ações civis públicas intentadas como substitutas das ações diretas de inconstitucionalidade que se referem às políticas públicas; (3) as ações civis públicas nas quais o juiz se atribui jurisdição nacional; (4) as ações civis públicas para defesa de direitos individuais homogêneos e disponíveis, fora dos casos expressamente previstos pelo legislador.

(A) *As ações civis públicas e o direito material.* "A função do Poder Judiciário consiste em fazer observar em concreto as normas jurídicas existentes" (Calamandrei).

A função judicante manifesta-se em dois atos, na lição de Kelsen, consistindo em: (a) estabelecer a existência de um ato qualificado como antijurídico civil ou penal, por uma norma jurídica aplicável ao caso; (b) aplicar a sanção civil ou penal prevista em lei.

Conclui-se que *o ato jurisdicional não é inovativo* (Calamandrei), constituindo tão somente a especificação de norma preexistente (donde a irretroatividade da lei).

Há, evidentemente, algumas exceções, tais como: (a) os dissídios coletivos previstos pela Constituição (art. 114, § 2º); (b) outros casos específicos em que o próprio legislador manda expressamente aplicar a equidade (arts. 140, parágrafo único, e 723, parágrafo único, do CPC; normas sobre arbitragem no Código de Processo Civil e na Lei 9.307/1996; arts. 5º e 26 da Lei das Pequenas Causas; art. 6º, V, do CDC).

Mas, em princípio, a sentença não tem o conteúdo e o alcance da norma geral. Tal situação surge, todavia, na ação civil pública em virtude do que dispõe o art. 11 da Lei 7.347/1985, que previu a possibilidade para o juiz de determinar, *erga omnes*, a prestação de uma atividade obrigatória ou a abstenção de uma atividade nociva. Acontece que o art. 11 deve ser interpretado sistematicamente com o art. 5º, II, da CF, de acordo com o qual "ninguém será obrigado a fazer ou deixar de fazer alguma coisa senão em virtude de lei" (em sentido formal). Assim, a *atividade devida*, à qual se refere o texto legal, é a *determinada* por lei, e a atividade *nociva* é tão somente a *ilegal* e *lesiva*.

Consequentemente, a ação civil pública não é instrumento de equidade, de direito alternativo ou de proteção de interesses não consagrados pela lei. Por mais que nossa legislação se refira a interesses difusos, aplica-se a lição de Cappelletti, de acordo com a qual a ação pública protege "o interesse difuso, na medida em que a lei substantiva o transforma em direito".

Neste sentido também se manifesta a doutrina pátria, conforme se verifica pelo entendimento dos nossos mais eminentes administrativistas, tais como: (1) *Hely Lopes Meirelles*: "A Lei 7.347 é unicamente adjetiva, de caráter processual, pelo quê a ação e a condenação devem basear-se em alguma norma substantiva, de direito material" (v. n. 1 desta Terceira Parte); (2) *Caio Tácito*: "É lícito ao juiz, no desempenho da atividade jurisdicional, do controle dos atos administrativos, proceder ao exame do ato, podendo anulá-lo. Fica-lhe vedado, porém, decidir quanto ao mérito do ato administrativo".[154]

Na jurisprudência, a matéria ficou muito clara em decisão proferida pelo STF no CA 35, do qual trataremos logo em seguida, já referido na nota de rodapé 17 desta Terceira Parte.[155]

O que se reconhece, no Direito pátrio e estrangeiro, é a necessidade de leis de proteção a determinados bens jurídicos (consumidor, meio ambiente, direitos civis, mercado de capitais, ordem econômica, criança e adolescente), para que possa funcionar o sistema processual em relação aos direitos coletivos e difusos. A modificação processual, por si só, não importou alteração do direito substantivo, nem criação de novo direito material, mas tão somente a estruturação de instrumento adjetivo para a adequada e eficaz proteção dos direitos substantivos já existentes e legalmente consagrados.

Concluímos, pois, que a regulamentação processual da ação civil pública não é autoalimentável. Trata-se da criação e consagração de um instrumento processual da ordem jurídica, na qual *o adjetivo, por mais importante que seja, não pode prescindir do substantivo*.

Neste sentido o pronunciamento do Min. Sepúlveda Pertence, do STF, no CA 35, quando afirma: "Não basta o equipamento processual para viabilizar a proteção daqueles interesses sociais que, *sem lei, que os converta em direitos coletivos, o juiz entenda merecedores*

154. *RDA* 153/258.

155. *RT* 690/184.

da proteção, ou, o que é pior, contra a lei que os proteja em determinada medida".[156]

Na ementa do parecer do Ministério Público no CA 35 consta o seguinte: "Proteção jurisdicional dos interesses difusos, Lei n. 7.347/1985: limitação ao âmbito da função jurisdicional, que não permite ao juiz prestar tutela na ausência, em contrário, ou além da autorizada pela norma de direito material incidente".

O Plenário do STF acompanhou o parecer, concluindo que descabia a ação civil pública baseada na equidade.

No mencionado caso (CA 35), em brilhante voto que bem retrata os riscos que a generalização ou o uso indiscriminado da ação civil pública podem ensejar, o eminente Min. Francisco Rezek teve a ocasião de salientar que não admitia a ação civil pública sem que fosse embasada em norma expressa de direito material. Afirmou S. Exa. que:

> Figuro a situação seguinte: amanhã o Curador de Interesses Difusos, no Rio de Janeiro, dirige-se a uma das Varas, com toda a forma exterior de quem pede a prestação jurisdicional, e requer ao Juiz que, em nome do bem coletivo, exonere o Ministro da Fazenda e designe em seu lugar outro cidadão, cujo luminoso *curriculum* viria anexo.
>
> Não é o fato de alguém dirigir-se ao foro que indica, a meu ver, que este alguém esteja pedindo a prestação jurisdicional, e sim o exato teor daquilo que se pede. Atentei, como de hábito, ao voto do eminente Min. Célio Borja. Grande parte do meu convencimento, que se formou durante o debate, deve-se a elementos trazidos à Mesa por S. Exa. Entretanto, o Ministro-Relator distinguiu, à luz do parecer do Ministério Público, no pedido vestibular, aquilo que teria por alvo uma forma qualquer de prestação jurisdicional e aquilo em que a parte postulante não *pediu* ao Magistrado que aplicasse a legislação existente – o produto do labor legislativo – ao caso concreto, mas que criasse a norma. Tal a hipótese, tendo sido possível fazer essa distinção, apreciaria acompanhar o voto do eminente Relator.

Conclui-se, enfim, que somente em virtude de norma expressa de direito substantivo é que pode ser proposta a ação civil pública, não cabendo extravasar desses limites, sob pena de deturpação do instituto.

---

156. In "Memorial" apresentado ao STF por Arnoldo Wald no CA 35, p. 106.

(B) *A ação civil pública não é forma paralela de declaração de inconstitucionalidade*. Acresce que em várias oportunidades a ação civil pública tem sido utilizada como verdadeiro substituto da ação direta de inconstitucionalidade, embora a competência para o seu julgamento seja no caso, do STF, como manda a Constituição Federal.

Ora, conhecemos no Direito Brasileiro os controles abstrato e concreto. O abstrato é da competência exclusiva do STF, e o concreto só se aplica em casos específicos ou de modo incidental. Como a decisão da ação civil pública tem efeitos *erga omnes*, não pode ensejar o controle da constitucionalidade da lei por via disfarçada, com usurpação da competência do STF.

Essa impossibilidade decorre da inviabilidade das duas consequências alternativas: (a) ou a inconstitucionalidade é *declarada localmente*, tão somente *na área de competência do juiz*, e, aplicando-se *erga omnes* (a todos os indivíduos daquela localidade), cria *um direito substantivo estadual diferente do nacional* e viola a Constituição, que estabelece a unidade do direito substantivo, havendo até a possibilidade de se criar um direito específico aplicável em determinada localidade, e não em todo o Estado, quando a área de jurisdição do juiz federal é inferior à do Estado; (b) ou a inconstitucionalidade é declarada, pelo magistrado de primeira instância, para ter efeitos no plano nacional e há usurpação, pelo juiz, da função do STF.

O caráter excepcional do controle de constitucionalidade *in abstracto* foi salientado, no STF, pelo Min. Moreira Alves, que, a respeito, afirmou:

> O controle de constitucionalidade *in abstracto* (principalmente em Países em que, como o nosso, se admite, sem restrições, o *incidenter tantum*) é de natureza excepcional, e só se permite nos casos expressamente previstos pela própria Constituição, como consectário, aliás, do princípio da harmonia e independência dos Poderes do Estado.[157]

O mesmo Magistrado teve, ainda, o ensejo de esclarecer, em importante trabalho doutrinário:

> Por fim, a Constituição de 1988 – ao contrário da Constituição de 1967 e da Emenda Constitucional 1/1969, que silenciaram sobre

157. STF, RE 91.740-RS, *RTJ* 93(1)/461-462.

preceito semelhante existente na Emenda Constitucional 16/1965 – declarou, no § 2º do art. 125, que "cabe aos Estados a instituição de representação de inconstitucionalidade de leis ou atos normativos estaduais ou municipais em face da Constituição estadual, vedada a atribuição da legitimação para agir a um único órgão" Com isso, não há mais dúvida sobre se os Estados – como já o faziam sob o império da Constituição de 1967 e da Emenda Constitucional 1/1969 – podem adotar, na defesa das Constituições estaduais, o controle de constitucionalidade das normas estaduais e municipais em abstrato. E, na Rcl 337, julgada em 23.8.1990, o STF manteve sua jurisprudência anterior, no sentido de que não cabe aos Tribunais de Justiça dos Estados processar e julgar ação direta em que se argui a inconstitucionalidade de lei municipal em face da Constituição Federal, pois em caso contrário, tendo os acórdãos nessas ações eficácia *erga omnes*, a eles estaria vinculada a Suprema Corte, que, assim, não poderia exercer seu papel de guardiã da Constituição Federal no controle difuso de constitucionalidade da lei municipal declarada inconstitucional em ação dessa natureza.[158]

---

158. In Min. Sálvio de Figueiredo Teixeira (org.), *As Garantias do Cidadão na Justiça*, p. 14.

O STF teve o ensejo de cassar julgamentos de primeira instância e liminares concedidas em ações civis públicas que consideravam certas normas inconstitucionais *erga omnes*, entendendo haver, no caso, verdadeira usurpação da competência da Corte Suprema (Rcl 434-1-SP, 557-7-MG, 559-7-MG, 559-3-MG, 560-7-MG, 562-3-MG e 564-0-MG).

No mesmo sentido a Rcl 597-6-SP (rel. Min. Marco Aurélio, *DJU* 28.3.96). A matéria foi tratada com profundidade no acórdão unânime do Plenário do STF na Rcl 434-1-SP (rel. Min. Francisco Rezek, *RF* 336/231). V. ainda a Rcl 2.224-2-SP, rel. Min. Sepúlveda Pertence, *RePro* 137/196.

Também o TJSP já se manifestou no mesmo sentido do descabimento da ação civil pública como um substituto da ação direta de inconstitucionalidade (ACi 228.335-2, rel. Des. Ricardo Brancato, *RJTJSP* 177/21). Ao apreciar o mérito de algumas reclamações, o STF, por maioria, entendeu não haver, no caso, usurpação da sua competência, como se verifica pelos acórdãos das Rcl 597 (*DJU* 2.2.2007), 600 (*DJU* 5.12.2003) e 602 (*DJU* 14.2.2003). Conforme anotado no *Informativo STF* 82/1, "predominou o entendimento de que não é possível examinar em reclamação a natureza jurídica da ação civil pública". O indeferimento com tal motivação, portanto, não impede que, caso a caso, o STF venha a acolher recursos extraordinários contra as decisões de Tribunais locais que ameacem a unidade do direito federal e/ou impliquem indevido controle concentrado de constitucionalidade fora do âmbito da Suprema Corte.

O Min. Ilmar Galvão (Relator), na Rcl 602, teve o ensejo de salientar, todavia, que poderia o reclamante "questionar o cabimento da ação civil pública como instrumento de proteção de direitos individuais homogêneos; a legitimidade da substituição processual que se verificou no polo ativo; ou, mesmo, a competência da Justiça paulista para compor danos tidos por verificados fora dos limites do Estado de São Paulo".

A tese do descabimento da utilização da ação civil pública para afastar normas inconstitucionais teve, aliás, o ensejo de ser defendida, em congresso do Ministério Público e em outros pronunciamentos, pelo Min. Gilmar Ferreira Mendes.[159]

Ressalte-se que antes mesmo de a legislação vedar expressamente o cabimento de ação civil pública em matéria tributária – o que ocorreu somente com a alteração promovida pela Medida Provisória 2.180-35/2001 no art. 1º, parágrafo único, da Lei 7.347/1985 – a jurisprudência já era majoritária em afirmar o descabimento da ação para a discussão de inconstitucionalidades em matéria de tributos.[160]

Nos excelentes votos vencidos proferidos nas Rcl 597, 600 e 602, o Min. Marco Aurélio, adotando o parecer da Procuradoria-Geral da República (*CDT* 20/65) e a posição da doutrina, concluiu que havia, na realidade, usurpação da competência do Excelso Pretório. Após transcrever trechos deste livro, considerando ainda "mais incisiva a lição de Hely Lopes Meirelles, em *Mandado de Segurança, Ação Popular, Ação Civil Pública, Mandado de Injunção, 'Habeas Data'*", conclui o eminente Magistrado considerando que tais "observações são irrefutáveis. É flagrante a impropriedade da ação civil pública quando o julgamento não prescinde do exame da inconstitucionalidade de um certo ato normativo" (*RDB* 1/129). No entanto, com supedâneo nas decisões proferidas nas Rcl 597, 600 e 602, o STF negou seguimento às Rcl 557 (*DJU* 25.9.1997), 559 (*DJU* 25.9.1997), 560 (*DJU* 19.11.1997), 562 (*DJU* 19.11.1997) e 564 (*DJU* 25.9.1997), tornando sem efeito as liminares então deferidas. Sobre a matéria – descabimento de declaração de inconstitucionalidade em ação civil pública – há fundamentado trabalho forense de Arruda Alvim, publicado na *RePro* 82/256.

No STJ: REsp 125.337-MG, rel. Min. Demócrito Reinaldo, *DJU* 2.3.1998, p. 19; REsp 591.963-MG, rel. Min. Teori Albino Zavascki, *DJU* 9.12.2003, p. 251; REsp/AgR 678.911-MG, rel. Min. Luiz Fux, *DJU* 5.9.2005, p. 257; e REsp 516.914-PE, rel. Min. Francisco Falcão, *DJU* 19.12.2005, p. 214.

159. Gilmar Mendes, "Ação civil pública e controle da constitucionalidade", in *II Fórum de Direito Econômico*, publicação do Instituto Brasileiro de Ciência Bancária/IBCB, 1995, pp. 123-136. Mais recentemente a tese foi amplamente desenvolvida em obra conjunta do Ministro do STF com Inocêncio Mártires Coelho e Paulo Gustavo Gonet Branco (*Curso de Direito Constitucional*, 4ª ed., São Paulo, Saraiva, 2009, pp. 1.141-1.146), onde se destaca que a impossibilidade de controle difuso de constitucionalidade na ação civil pública decorre justamente do fato de não se discutir, nesta seara, a aplicação da lei ao caso concreto, porque de caso concreto não se cuida. Afinal, "a própria parte autora ou requerente legitima-se não em razão da necessidade de proteção de interesse específico, mas exatamente de interesse genérico amplíssimo, de interesse público. Ter-se-ia, pois, uma decisão (direta) sobre a legitimidade da norma".

160. A uma, pela impossibilidade da declaração da inconstitucionalidade no âmbito da ação civil pública; e a duas, pela inviabilidade da mesma em matéria de defesa do contribuinte, que não se confunde com a figura do consumidor (STJ, REsp 134.979-GO, rel. Min. Garcia Vieira, *DJU* 6.10.1997, p. 49.903, e REsp 113.326-

Dentre as decisões que já consideravam a ação civil pública imprópria para este fim, vale destacar os acórdãos do TARS, que se manifestaram em ações civis públicas intentadas para que fosse devolvido aos contribuintes o IPTU inconstitucionalmente aumentado pelo Município. No acórdão da egrégia 1ª Câmara do TARS ao apreciar a ACi 191.130.194, em 10.12.1991, reconheceu-se que inexistia viabilidade da ação civil pública para a defesa de interesses individuais homogêneos, acrescentando-se, ainda, que também era imprópria a ação por pretender que fosse reconhecida uma inconstitucionalidade *erga omnes*. A conclusão da decisão, cujos fundamentos ora se reproduzem, revela-se ainda atual:

> Existe ainda uma outra razão a conduzir o raciocínio para idêntico resultado. É que, em se tratando de tributo acoimado de inconstitucional, há a previsão constitucional da ação direta de inconstitucionalidade. O art. 102 da Constituição da República atribui ao STF competência para processar e julgar originariamente a ação direta de inconstitucionalidade de lei ou ato normativo federal ou estadual.
>
> O art. 97 da Constituição Estadual atribui ao Tribunal de Justiça competência para processar e julgar a ação direta de inconstitucionalidade de lei ou ato normativo estadual perante a Constituição estadual e de lei municipal, perante a mesma e a Constituição Federal, inclusive por omissão. Ora, tanto a ação direta de inconstitucionalidade quanto a ação coletiva para a defesa de direitos individuais homogêneos produzem efeitos *erga omnes*.
>
> Admitida, portanto, ação civil pública para obstar à cobrança de tributo havido por inconstitucional, abre-se a possibilidade de prolação de sentenças contraditórias, com efeitos igualmente *erga omnes*, o que resulta absurdo. Imagine-se, no caso do Rio Grande do Sul, uma ação civil pública, julgada pelo Tribunal de Alçada, afirmando a inconstitucionalidade de um tributo municipal e uma outra ação direta de inconstitucionalidade julgada improcedente pelo Tribunal de Justiça. Qual decisão prevalecerá *erga omnes*? A proferida em primeiro lugar? A proferida por último? A proferida pelo Tribunal Superior? A simples possibilidade desse caos está a demonstrar a impossibilidade de se admitir a ação civil pública quando possível ação direta de inconstitucionalidade.[161]

MS, rel. Min. Ari Pargendler, *RT* 749/233; STF, RE 195.056-1-PR, *DJU* 30.5.2003, Seção I, p. 30).

161. *JTARS* 81/216-219.

No sentido do descabimento da ação civil pública como substituta da ação de inconstitucionalidade também manifestou-se o ilustre Des. Homar Cais, então Presidente do TRF-3ª Região, na SS 1.337, referente à ação civil pública na qual foi alegada a inconstitucionalidade do § 1º do art. 6º da Lei 8.162/1991, no tocante à movimentação de saldos vinculados ao FGTS por funcionários públicos, em que nos honrou com citação de trecho que escrevemos a respeito.[162]

Por sua vez, a Juíza Annamaria Pimentel, da 3ª Turma do TRF-3ª Região, concedeu, em 17.12.1990, medida liminar em mandado de segurança contra medida liminar concedida por juiz federal em ação civil pública que considerara inconstitucional a regulamentação do Banco Central/BACEN que fez depender a aplicação do art. 192, § 3º, da CF da promulgação de lei complementar (MS n. 90.03.45384-5).

Na realidade, foram numerosas as ações civis públicas intentadas, em todo o País, seja para exigir a aplicação imediata do art. 192, § 3º, da CF, alegando a inconstitucionalidade da regulamentação do BACEN, que considerou que a mencionada norma não era autoaplicável, dependendo de regulamentação legal, seja para o reconhecimento *erga omnes* da inconstitucionalidade dos vários diplomas legais que regulamentaram a correção monetária nos anos anteriores, e em particular em relação ao "Plano Collor".

Da mesma forma, o STJ já decidiu que a ação civil pública não pode ser utilizada com o fito de obter declaração de inconstitucionalidade de norma legal.[163] No entanto, como já se expôs no item 4 desta Terceira Parte, contrariamente ao entendimento ora esposado, a jurisprudência que vem predominando mais recentemente nos Tribunais Superiores faz a distinção entre a inconstitucionalidade de ato normativo que é o próprio objeto da ação e a inconstitucionalidade que é declarada incidentalmente, como mero fundamento de determinado pedido, admitindo a ação civil pública na segunda hipótese.[164]

---

162. *DOE*, Poder Judiciário, Estado de São Paulo, de 12.3.1993, 63(47)/107.

163. STJ, AI/AgR 288.093-GO, rel. Min. Garcia Vieira, *DJU* 12.6.2000, p. 86; REsp 135.184-GO, rel. Min. Milton Luiz Pereira, *DJU* 23.4.2001, p. 122; e REsp/AgR 293.682-DF, rel. Min. Francisco Falcão, *DJU* 30.9.2002, p. 169.

164. Nesse sentido: STF, RE 227.159-GO, rel. Min. Néri da Silveira, *RTJ* 186/690; Rcl 600-SP, rel. Min. Néri da Silveira, *RTJ* 189/418; RE 424.993-DF, rel. Min. Joaquim Barbosa, *DJU* 19.10.2007; RE 511.961-SP, rel. Min. Gilmar Mendes, *DJe* 13.11.2009, com ressalva do ponto de vista do Relator. No STJ: REsp 175.222-

(C) *Extensão da jurisdição na ação civil pública*. Uma questão delicada e controversa, refere-se à extensão da jurisdição do magistrado na ação civil pública.

A redação original do art. 16 da Lei 7.347/1985[165] parecia ambígua ao deixar de compatibilizar expressamente os princípios da competência funcional e territorial e a extensão de jurisdição do magistrado na ação civil pública, ensejando interpretações divergentes na doutrina e na jurisprudência.

Já nas edições anteriores desta obra manifestamos o entendimento de que a interpretação mais correta seria a de que a decisão proferida pelo juiz de primeira instância em ação civil pública não tem efeitos nacionais, restringindo-se sua incidência à área de sua competência.

O Código de Defesa do Consumidor (Lei 8.078/1990), afinal, já estabelecia, em relação à Justiça estadual, a competência do juiz do local onde ocorre o dano, e, no caso de dano nacional ou regional, o da Capital do Estado ou do Distrito Federal (art. 93), aplicando-se a norma, em tese, a todos os casos de ação civil pública, em virtude do disposto no art. 117 do CDC.

Se um único ato enseja danos nacionais ou regionais, a competência é do local onde foi sofrido o dano, ou da Capital do Estado; mas, se os prejuízos atingirem vários Estados, a liberdade de escolha

---

SP, rel. Min. Franciulli Netto, *DJU* 24.6.2002, p. 230; REsp 401.440-RO, rela. Min. Eliana Calmon, *DJU* 14.10.2002, p. 219; REsp 419.781-DF, rel. Min. Luiz Fux, *RF* 370/309; REsp/ED 439.539-DF, rela. Min. Eliana Calmon, *DJU* 28.10.2003, p. 186, e *RF* 374/274; REsp/EDv 305.150-DF, rela. Min. Eliana Calmon, *DJU* 30.5.2005; REsp 930.016-DF, rela. Min. Eliana Calmon, *DJe* 19.6.2009; REsp 1.188.001-SP, rel. Min. César Asfor Rocha, *DJe* 16.12.2010; REsp/AgR 1.418.192-MG, rel. Min. Mauro Campbell Marques, *DJe* 27.2.2014; AREsp 1.852.426-SP, rel. Min. Herman Benjamin, *DJe* 31.8.2021.

Não obstante o entendimento firmado nos referidos acórdãos, é importante destacar que em algumas hipóteses, em razão da amplitude do objeto da ação civil pública, a declaração incidental de inconstitucionalidade de um preceito normativo é capaz de gerar a ineficácia absoluta da lei, surtindo efeito equivalente aos do controle concentrado de constitucionalidade, com usurpação da competência do STF, como já mencionado.

165. Lei 7.347/1985: "Art. 16. A sentença civil fará coisa julgada *erga omnes*, exceto se a ação for julgada improcedente por deficiência de provas, hipótese em que qualquer legitimado poderá intentar outra ação com idêntico fundamento, valendo-se de nova prova".

de foro não deve ser ilimitada quando pleiteada a indenização pela totalidade dos danos.

Assim, se diversos atos idênticos ou análogos são praticados em vários Estados ou Municípios e ensejam danos, a competência deve ser dos vários juízes, cada um competente em relação aos atos praticados e aos danos sofridos na sua circunscrição judiciária, não se admitindo que ocorra a extensão da competência de qualquer juiz, para que uma sentença proferida *erga omnes* possa alcançar os réus em todo o território nacional.

Tem-se notícia de paradigmática decisão do STJ, proferida no CComp 971, reconhecendo a inexistência de conexão entre as ações civis públicas intentadas para fins análogos nas várias regiões, cuja ementa é a seguinte:

> Inexiste conflito de competência quando juízes federais, ainda que vinculados a Tribunais Regionais diversos, apreciam causas conexas em matéria de interesses difusos.
>
> Possibilidade de repercussões diferentes nos vários Estados.[166]

No mencionado acórdão, que se acha transcrito na obra do Min. Sálvio de Figueiredo Teixeira intitulada *O Processo Civil no STJ* e que trata da proibição do uso do metanol, prevaleceu o voto do Min. Vicente Cernicchiaro, para quem:

> Dessa forma, considerando, especificamente, ainda, que haja unidade entre as partes que estão litigando, arguem fato semelhante e buscam a mesma solicitação, eventual contradição, julgamentos diferentes, tanto no primeiro grau como no segundo grau de jurisdição, através dos juízes dos TRFs, poderão ser revistos e unificados no STJ. Apenas para dar um exemplo, seria inteiramente lícito e perfeito que alguém promovesse demanda no Rio de Janeiro contra a União Federal, e outra pessoa, deduzindo a mesma causa de pedir, o fizesse em Brasília ou qualquer outra jurisdição federal. Isso não atrai necessariamente a prevenção; não atrai a unidade de juízos. As decisões poderão ser unificadas, agora, no STJ. Assim dispõe o comando constitucional.
>
> Os processos desenvolver-se-ão separadamente. As respectivas decisões terão eficácia na jurisdição de cada juízo. Acrescente-se. Apesar de manifestações de dois Tribunais Regionais, que se restringiram

166. *Ementário do STJ* 2, Ano 2, janeiro-abril/1992.

a apreciar liminares, têm alcance apenas na jurisdição de cada juiz federal.[167]

No mesmo sentido pronunciou-se o Min. Carlos Mário Velloso, reconhecendo implicitamente que a Lei da Ação Civil Pública e o Código de Defesa do Consumidor não tinham ampliado a jurisdição do juiz, ao afirmar:

> O que deve ser dito é que temos, no momento, decisões divergentes proferidas por juízos competentes. Essas decisões divergentes, entretanto, haverão de existir, dada a regionalização da Justiça Federal. Oportunamente, esses entendimentos serão uniformizados por este STJ, quando a matéria aqui chegar através dos recursos apropriados.
>
> Enquanto isso não ocorre, repito, é legítima a divergência, convindo acentuar que foi o constituinte que o desejou, ao regionalizar a Justiça Federal. Lembro-me de que, nos trabalhos que antecederam à reforma judiciária – eu mesmo tive a oportunidade de participar de algumas deles, inclusive no âmbito do antigo TFR –, essa questão veio à baila, e se dizia que essa questão pesava contra a regionalização: poderiam os Tribunais Regionais divergir entre eles, e enquanto o STJ não fosse chamado a se pronunciar, através dos recursos próprios, a divergência poderia causar problemas. Não obstante, o constituinte quis a regionalização, e agiu bem, pois as vantagens são muito maiores.
>
> De modo que, Sr. Presidente, é possível entendimentos divergentes nas diversas regiões da Justiça Federal. Aliás, isso não é apenas

---

167. Sálvio de Figueiredo Teixeira, *O Processo Civil no STJ 1989-1990*, São Paulo, Saraiva, 1992, p. 135. Seguindo a mesma linha, outro acórdão do STJ, no CComp 56.228 (rela. Min. Eliana Calmon, *DJU* 3.12.2007), esclareceu que "o provimento jurisdicional a ser prolatado em cada uma das demandas vai incidir sobre relações jurídicas formadas por partes distintas, haja vista que os substitutos processuais representam interesses de consumidores situados em diferentes unidades da Federação. (...). Assim, em que pese a haver identidade entre o pedido e a causa de pedir, conclui-se que não se deve proceder à reunião dos processos, haja vista que não há risco de que eventuais decisões contraditórias venham a incidir sobre os mesmos substituídos processuais". Em decisões posteriores, contudo, admitiu-se a reunião de ações civis públicas propostas em Estados diferentes com o fim de anular atos relativos ao procedimento de privatização das empresas públicas federais ligadas ao Sistema Telebrás (CComp 22.693-DF, rel. Min. José Delgado, *RSTJ* 120/27), bem como a reunião de ações ajuizadas perante o mesmo Estado, uma na Justiça Federal e a outra na Justiça estadual, sob o argumento de que havia possibilidade de decisões conflitantes em processos envolvendo as mesmas partes e tratando da mesma causa, declarando a competência da Justiça Federal (CComp 48.106-DF, Min. rel. Francisco Falcão, rel. para o acórdão Min. Teori Albino Zavascki, *DJU* 5.6.2006, p. 233, *RDR* 38/80).

da Justiça Federal. Também na Justiça Comum estadual isto poderá ocorrer, por isso que cada Estado tem o seu Tribunal de Justiça. E pode acontecer, também, na Justiça do Trabalho, porque também ela está regionalizada.[168]

Nem a Lei da Ação Civil Pública nem o Código de Defesa do Consumidor, afinal, afastam os princípios referentes à competência e à jurisdição e as normas da organização judiciária, limitando-se a estabelecer normas especiais, para proteção do economicamente mais fraco (parecidas com as referentes à proteção do autor nas ações de alimentos etc.), não tendo criado uma competência nacional do juiz de primeira instância, quer pertença aos quadros da Justiça Federal ou estadual, quando julga as ações civis públicas.

Atendendo justamente aos reclamos dos Tribunais e da doutrina, aos quais nos referíamos nas edições anteriores da presente obra, e numa tentativa de aperfeiçoamento da legislação vigente, a Lei 9.494, de 10.9.1997, alterou a redação do art. 16 da Lei 7.347/1985, esclarecendo no seu art. 2º que "a sentença civil fará coisa julgada *erga omnes*, *nos limites da competência territorial do órgão prolator* (...)" (grifamos). Assim, buscou-se afastar a tentativa de atribuição de efeitos nacionais a decisões meramente locais.[169] Em que pese à clara dicção do dispositivo legal, encontram-se decisões do STJ nas quais se distinguem os conceitos de eficácia e de coisa julgada, afirmando-se que o art. 16 da Lei 7.347/19, ao impor limitação territorial à coisa julgada (que seria a mera imutabilidade dos efeitos da sentença), não alcançaria os efeitos que propriamente emanam da sentença, os quais produzir-se-iam *erga omnes*, para além dos limites da competência territorial do órgão julgador.[170]

Posteriormente, a 2ª Seção do STJ e a Corte Especial consolidaram o entendimento de que a eficácia *erga omnes* da sentença circunscreve-se aos limites da jurisdição do Tribunal competente

---

168. Sálvio de Figueiredo Teixeira, *O Processo Civil no STJ 1989-1990*, p. 137.

169. Como já assinalado, o STF, em 16.4.1997, rejeitou o pedido de liminar feito na ADI 1.576-DF contra o mencionado artigo, que constava da Medida Provisória 1.570/1997 (ADI 1.576-DF, rel. Min. Marco Aurélio, *Informativo STF* 67/1). Posteriormente a ação direta de inconstitucionalidade foi julgada prejudicada, por falta de aditamento à inicial.

170. STJ, REsp 411.529-SP, rela. Min. Nancy Andrighi, *DJU* 5.8.2008.

para julgar o recurso ordinário, conforme o art. 16 da Lei 7.347/1985, alterado pela Lei 9.494/1997.[171]

Dois julgados da Corte Especial, no final de 2011 – os REsp 1.243.887-PR e 1.247.150-PR, ambos relatados pelo Min. Luís Felipe Salomão –, foram alardeados como uma mudança da jurisprudência neste particular, autorizando a extrapolação dos limites territoriais dos efeitos da sentença. No entanto, se lidos os acórdãos com atenção (*DJe* 12.12.2011), verifica-se que o Tribunal reconheceu, no caso concreto, a existência de coisa julgada determinando que a sentença alcançaria todos os poupadores de determinada instituição bancária, e que, portanto, em sede de liquidação ou execução não poderia ser modificado o alcance subjetivo daquela coisa julgada, para afastar seus efeitos sobre os poupadores residentes em outras localidades. O que se julgou, portanto, não foi a adequação, interpretação ou constitucionalidade do art. 16 da Lei da Ação Civil Pública, mas, sim, o alcance da coisa julgada expressa em um caso específico – o que é coisa bem diversa. O mesmo ocorreu em julgamento similar no REsp 1.348.425-DF (rela. Min. Isabel Gallotti, *DJe* 24.5.2013), no qual a Relatora citou os mencionados arestos da Corte Especial e salientou que a questão em jogo era sobre a formação da coisa julgada nas circunstâncias concretas, diante do teor de um pronunciamento judicial específico passado em julgado, e não a validade do art. 16 da Lei da Ação Civil Pública. Não há base, portanto, para se falar em mudança da jurisprudência do STJ nesta matéria com fundamento apenas em tais decisões.

Posteriormente, a 3ª Turma do STJ, em acórdão relatado pela Min. Nancy Andrighi, voltou a distinguir eficácia da sentença, que vale para todo o País, sem qualquer limitação, da autoridade da coisa julgada, que se limita às partes do processo e à base territorial mencionada na lei (REsp 1.243.386-RS, *DJe* 26.6.2012). No mesmo sentido, ao julgar o REsp 1.344.700-SC, rel. Min. Og Fernandes, afirmou que "os efeitos do acórdão em discussão nos presentes autos são *erga omnes*, abrangendo todas as pessoas enquadráveis na situação do substituído, independentemente da competência do órgão prolator da decisão. Não fosse assim, haveria graves limitações à extensão e

171. STJ, REsp/AgR 253.589, rel. Min. Luiz Fux, *DJU* 1.7.2008; EREsp 399.357-SP, rel. Min. Fernando Gonçalves, *DJe* 14.12.2009; EREsp n. 411.529-SP, rel. Min. Fernando Gonçalves, *DJe* 24.3.2010.

às potencialidades da ação civil pública, o que não se pode admitir" (*DJe* 20.5.2014).

Igualmente decidiu o STJ no REsp 1.170.855-RS, rel. Min. Luís Felipe Salomão, *DJe* 16.12.2015. Entretanto, no julgamento REsp 1.331.948-SP o STJ voltou a afirmar que a restrição do alcance subjetivo da eficácia *erga omnes* da sentença proferida em ação civil pública envolvendo direitos individuais homogêneos constante do art. 16 da Lei 7.347/1985 estava plenamente em vigor (rel. Min. Ricardo Villas Bôas Cueva, *DJe* 5.9.2016). Contudo, nos EREsp 1.134.957-SP a Corte Especial do STJ consignou ser indevido limitar, aprioristicamente, a eficácia de decisões proferidas em ações civis públicas coletivas ao território da competência do órgão judicante (rela. Min. Laurita Vaz, *DJe* 30.11.2016). Enquanto isso, a 1ª Turma frisou no sentido de que o entendimento prevalente nas Turmas de Direito Público era de que nas ações civis públicas "que não veiculem direitos difusos, coletivos ou individuais homogêneos" devem ser respeitados os limites da competência territorial do juiz prolator, no tocante à eficácia da sentença, nos moldes do art. 16 (REsp/AgInt 1.382.952-RS, rel. Min. Napoleão Nunes Maia Filho, *DJe* 10.4.2019).

Nada obstante, recentemente o STF, por maioria, declarou a inconstitucionalidade – incidentalmente, mas em regime de repercussão geral – do art. 16 da Lei da Ação Civil Pública com a redação da Lei 9.494/1997, por considerar que a limitação ali prevista violaria a isonomia e a eficiência da prestação da atividade jurisdicional (RE 1.101.937, rel. Min. Alexandre de Moraes, *DJe* 14.6.2021, Tema 1.075).

(D) *Do descabimento da ação civil pública para a defesa de direitos individuais homogêneos fora das hipóteses previstas nos incisos do art. 1º da Lei da Ação Civil Pública (meio ambiente, consumidor, patrimônio público e social, ordem econômica, ordem urbanística, honra e dignidade de grupos raciais, étnicos ou religiosos)*. Entendemos que, pela sua natureza, a ação civil pública só pode ser utilizada quando prevista legalmente, aplicando-se-lhe o princípio do *numerus clausus*. Assim, não cabe estender sua atuação fora dos limites fixados pelo legislador, que não admitem interpretações extensivas, nem analógicas.

Como o art. 1º da Lei da Ação Civil Pública, com a redação que lhe deu o Código de Defesa do Consumidor, caracteriza as finalidades da ação civil pública nos seus três primeiros incisos (meio ambiente, defesa do consumidor e bens e direitos de valor artístico, estético, histórico, turístico e paisagístico), em relação a esses casos cabe a ação civil pública para defesa de todos os direitos previstos pela legislação, e em particular pelo Código de Defesa do Consumidor, abrangendo, pois, tanto os interesses difusos quanto os coletivos e os individuais homogêneos, todos bem definidos e caracterizados no art. 81 do CDC; o mesmo se aplicando às infrações da ordem econômica (Lei 8.884/1994).

A contrario sensu, o inciso IV do art. 1º não determina a finalidade que deve ser protegida pela ação civil pública, admitindo que todas elas o sejam, mas se refere apenas aos interesses que justificam sua propositura, ao reconhecer seu cabimento no caso de danos causados tão somente: "IV – *a qualquer outro interesse difuso ou coletivo*" (grifamos).

Assim sendo, embora o entendimento atualmente predominante nos Tribunais Superiores seja diverso, como já visto,[172] parece-nos que o inciso IV exclui do âmbito da ação civil pública os interesses individuais homogêneos nos outros casos, ou seja, naqueles não previstos nos três primeiros e no quinto, no sexto e no sétimo incisos acima referidos.

O problema abrange dois pontos: (a) a incompetência do Ministério Público para intentar as ações para defesa de direito individual homogêneo disponíveis (arts. 127 e 129, III, da CF), que só se refere aos interesses difusos, coletivos e indisponíveis, matéria da qual já tratamos no item 2 desta Terceira Parte; (b) a impropriedade da ação civil pública para a proteção de direitos individuais homogêneos que não se enquadrem nos três incisos pela interpretação sistemática do art. 1º, IV, e do art. 81, que define os direitos difusos, coletivos e individuais homogêneos, só se referindo o inciso IV do art. 1º aos dois primeiros (difusos e coletivos), e não aos direitos individuais homogêneos.

A doutrina e a jurisprudência, em sua maioria, têm considerado que também os direitos civis homogêneos, fora dos casos dos três

172. Após oscilação da jurisprudência, tem prevalecido o entendimento de que a ação civil pública também se presta à defesa de interesses individuais homogêneos, desde que existentes relevantes aspectos públicos e sociais (v. item 2 desta Terceira Parte, "Legitimação das Partes e os Poderes do Ministério Público").

primeiros incisos do art. 1º, poderiam ser defendidos em ação civil pública, invocando o art. 117 do CDC, que introduziu na Lei da Ação Civil Pública o art. 21, com a seguinte redação: "Aplicam-se à defesa dos direitos e interesses, difusos, coletivos e individuais, *no que for cabível*, os dispositivos do Título III da lei que instituiu o Código de Defesa do Consumidor" (grifamos).

Entendemos, todavia, que a aplicação das normas do Código de Defesa do Consumidor à Lei da Ação Civil Pública só deve ocorrer – conforme determinação expressa do legislador – nos casos em que o mencionado diploma (Lei da Ação Civil Pública) admite a proteção de uma das espécies de direitos aos quais se refere seu art. 1º. Deve, pois, prevalecer a interpretação lógica e sistemática, que, em relação aos outros interesses e direitos (art. 1º, IV), só admite a utilização da ação civil pública quando os mesmos forem coletivos ou difusos. Não há, pois, como aplicar, por analogia, o Código de Defesa do Consumidor para justificar a propositura da ação pública para defesa de direitos individuais homogêneos na hipótese do art. 1º, IV, da Lei da Ação Civil Pública.

Vale destacar, nesse sentido, paradigmático acórdão da 2ª Câmara do TJMG no julgamento da ACi 88.156-2, da qual foi Relator o Des. Bernardino Godinho, em que se registrou o seguinte: "A via processual adequada para se obter a restituição de dinheiro desviado por prefeito municipal é a ação popular, e não a ação civil pública (...)".

No seu voto, esclareceu o douto Relator que:

> A Lei n. 7.347/1985 trata, portanto, de uma ação especial, destinada a proteger certos interesses difusos antes não amparados pelas ações já existentes, não obstante a evidência de que a todo direito corresponde uma ação. Mas é certo que, especificamente, inexistia disposição legal expressa que especificamente amparasse, com ação própria, os bens e direitos protegidos pela Lei n. 7.347/1985.
>
> Ao determinar que interesses se destinava especialmente a garantir, nominando-os, e ao se referir, em seu art. 2º, às ações a eles correspondentes, é óbvio que a lei não veio para amparar direitos determinadamente objeto de ações já instituídas, como ocorre com a ação popular, por exemplo, de objetos tão claramente definidos como os da Lei da Ação Civil Pública.
>
> Assim como a ação civil pública respondeu à evolução do tempo e da doutrina no sentido de dar tutela forte e explícita aos interesses

difusos, mediante instituição de ação e autor institucional (CF, art. 129, III), à proteção do meio ambiente, do consumidor e dos bens e direitos de valor artístico, estético, histórico, turístico e paisagístico, a ação popular se destina já à invalidação de atos ou contratos administrativos, ou a eles equiparados, com resultados, que integram seu objeto, de natureza também repressiva e reparadora do dano decorrente daqueles abusos administrativos.

Na espécie, é lógico que o objeto da ação proposta – condenação do réu a reparar o dano, repondo o valor despendido – pressupõe a anulação do ato ou contrato por sua lesividade, *e isso é próprio da ação popular*, não se incluindo, outrossim, na previsão do art. 1º da Lei n. 7.347/1985, a qual não veio para aperfeiçoar a Lei n. 4.717/1965, mas trouxe objeto próprio, inconfundível com o daquela.

A condenação em dinheiro prevista pelo art. 13 da Lei n. 7.347 não é aquela de reposição aos cofres públicos de valores em dinheiro deles ilicitamente retirados; antes, tem natureza mais ampla, que pode atingir conotação de mera sanção isolada ou cumulada com outro tipo de cominação na sentença.

Com razão a r. decisão recorrida *ao reconhecer a impropriedade da ação e ao fazer referência à ilegitimidade ativa*, no caso de *propositura da ação própria*, ressalvado o direito do cidadão, como titular da ação. Confirmo-a, por seus próprios fundamentos, assim desprovendo o recurso.

Os argumentos em sentido contrário, por mais cultos que sejam seus autores, pretendem hipertrofiar o instituto e esquecem que, na medida em que ampliam desmedida e injustificadamente sua área de atuação, perde o mesmo em credibilidade, pureza e eficiência.

Neste sentido, são muito oportunos os já invocados comentários do professor Rogério Lauria Tucci, que, após citar a jurisprudência mais ortodoxa que existe na matéria, condena a utilização abusiva da ação civil pública pelo Ministério Público.[173]

Dessa orientação, aliás, não discrepa o professor e desembargador Kazuo Watanabe quando afirma que "da correta propositura das demandas coletivas dependerá o êxito de todo o instrumental processual criado pela Lei n. 7.347/1985, pelo Código de Defesa do Consumidor e por outras leis especiais".[174]

---

173. *Ajuris* 56/49 e ss.

174. Kazuo Watanabe, "Demandas coletivas e os problemas emergentes da práxis forense", in Sálvio de Figueiredo Teixeira (org.), *As Garantias do Cidadão na Justiça*, p. 196.

Conclusões – Diante de todo o exposto, com a ressalva de que algumas das opiniões ora emitidas têm se revelado minoritárias na jurisprudência atual dos Tribunais Superiores, podemos concluir que:

(1) A ação civil pública não deve substituir outras ações, só devendo ser usada quando inexiste outro instrumento processual para o fim almejado.

(2) Não deve ser "panaceia para toda e qualquer situação".

(3) Sua utilização é excepcional,[175] "devendo ser entendida nos seus justos limites".

(4) Sendo remédio excepcional, não deve ser ampliada sua atuação fora dos casos legalmente previstos, que constituem verdadeiro *numerus clausus*, aplicando-se o princípio da taxatividade.

(5) Em nosso entender não pode a decisão proferida ultrapassar a área de jurisdição do juiz que julga o feito.

(6) Consequentemente, uma atenção especial deve ser dada ao deferimento ou indeferimento da petição inicial da ação civil pública, ocasião na qual já devem ser apreciadas, numa visão preliminar, a competência do juiz, a possibilidade jurídica do pedido, a adequação da ação e a legitimação das partes, até pelos prejuízos irreparáveis ou dificilmente reparáveis que podem advir da simples propositura da ação.

(7) Como a nova legislação criou um direito especial, que vigora paralelamente com o direito comum, sua interpretação deve ser restrita aos casos que abrange, não se devendo aplicar suas regras – nem mesmo por analogia – ao direito tradicional, que continua com uma sistemática própria de normas e valores.

(8) As decisões judiciais em ação civil pública devem dar especial atenção ao respeito ao princípio do devido processo legal substantivo e adjetivo.

(9) Sempre que o interesse público for federal, a ação deve correr na Justiça Federal.

(10) A interpretação do conceito de "patrimônio público e social", ao qual se refere o art. 129, III, da CF, pode ser ampla, abrangendo interesses materiais e morais, ou seja, direitos "espiritualmente valiosos".[176]

---

175. *RJTJSP* 117/142.

176. *RJTJRS* 151/611 e ss.

(11) Como salientado por Rogério Tucci, estamos numa fase em que ocorre "a imperiosidade da conscientização da verdadeira utilidade da ação civil pública".[177]

Dizia Ripert que as grandes revoluções somente se concretizam com a elaboração de leis que consolidam suas conquistas. Podemos acrescentar que essas conquistas legislativas nada valerão se não se transformarem em realidades asseguradas pelas decisões do Poder Judiciário.

Cabe, pois, interpretar a lei em sentenças e acórdãos que revelem, ao mesmo tempo, a firmeza, energia e independência dos magistrados e, por outro lado, a serenidade do julgador, a visão social e econômica dos problemas e o respeito à lei e à Constituição.

Só assim poderemos, numa época em que necessitamos restabelecer a prevalência dos princípios éticos, fazer com que o Direito exerça sua função primordial, que consiste em subordinar a Economia e o Poder Público aos princípios básicos da moralidade administrativa e da justiça comutativa e distributiva, num clima de ordem e segurança jurídica.

177. *Ajuris* 56/54.

QUARTA PARTE
AÇÃO DE IMPROBIDADE ADMINISTRATIVA

1. Conceito e objeto. 2. A ação de improbidade administrativa e a ação civil pública. 3. A competência para julgamento da ação de improbidade administrativa. 4. As partes e o regime de responsabilidade na ação de improbidade administrativa. 5. Outras questões processuais. 6. Considerações finais.

1. Conceito e objeto[1]

A Lei 8.429, de 2.6.1992, foi editada para regular as sanções aplicáveis aos agentes públicos nos casos de enriquecimento ilíci-

1. Fábio Medina Osório, *Improbidade Administrativa*, 2ª ed., Porto Alegre, Síntese, 1998; Cássio Scarpinella Bueno e Pedro Paulo de Rezende Porto (coords.), *Improbidade Administrativa – Questões Polêmicas e Atuais*, 2ª ed., São Paulo, Malheiros Editores, 2003; Sérgio Monteiro Medeiros, *Lei de Improbidade Administrativa*, São Paulo, ed. Juarez de Oliveira, 2003; Marcelo Figueiredo, *Probidade Administrativa, Comentários à Lei 8.429/1992 e Legislação Complementar*, 6ª ed., São Paulo, Malheiros Editores, 2009; Marino Pazzaglini Filho, *Lei de Improbidade Administrativa Comentada*, 3ª ed., São Paulo, Atlas, 2006; Mateus Bertoncini, *Ato de Improbidade Administrativa*, São Paulo, Ed. RT, 2007; Waldo Fazzio Jr., *Atos de Improbidade Administrativa: Doutrina, Legislação e Jurisprudência*, São Paulo, Atlas, 2007; Carlos Frederico Brito dos Santos, *Improbidade Administrativa*, Rio de Janeiro, Forense, 2007; Emerson Garcia e Rogério Pacheco Alves, *Improbidade Administrativa*, 4ª ed., Rio de Janeiro, Lumen Juris, 2008; Eduardo Arruda Alvim, "Breves considerações sobre as sanções da Lei de Improbidade Administrativa (Lei 8.429/1992)", *RF* 407/87; Luiz Manoel Gomes Jr. e Rogério Favretto, "Lei de Improbidade é uma das normas mais complexas", sítio *Consultor Jurídico* (*www.conjur.com.br*, acesso em 7.11.2012); Mauro Roberto Gomes de Mattos, *Inquérito Civil e Ação Civil Pública de Improbidade Administrativa: Limites de Instauração*, Rio de Janeiro, Forense, 2014; Arnaldo Rizzardo, *Ação Civil Pública e Ação de Improbidade Administrativa*, 3ª ed., Rio de Janeiro, Forense, 2014; Eduardo José da Fonseca Costa, Guilherme Recena Costa e Paulo Henrique dos Santos Lucon, *Improbidade Administrativa: Aspectos*

to no exercício de cargo público, revogando as Leis 3.164/1957 e 3.502/1958.[2] Enquanto seu Capítulo VI traz disposições de natureza penal, o resto da lei trata das sanções e procedimentos administrativos e civis. Daí nasceu, com sua feição atual, a chamada *ação de improbidade administrativa*/AIA tipo de ação que, prevista no art. 37, § 4º, da CF, visa a apurar e punir a prática de ilícitos na Administração Pública direta e indireta, além de recuperar os prejuízos em favor dos cofres públicos.[3] Trata-se de ação com procedimento e finalidades específicos, regrados na Lei 8.429/1992, que não se confunde com uma simples ação de responsabilidade civil.[4]

Processuais da Lei n. 8.429/92, São Paulo, Atlas, 2015; Aniello Aufiero e James Lins (coords.), *Do Combate à Improbidade Administrativa*, Coimbra, Livraria Almedina, 2020; Fernando da Fonseca Gajardoni, Luana Pedrosa de Figueiredo Cruz, Luís Otávio Sequeira de Cerqueira, Luiz Manoel Gomes Jr. e Rogério Favreto, *Comentários à Lei de Improbidade Administrativa*, 4ª ed., São Paulo, Ed. RT, 2020; Rodrigo de Bittencourt Mudrovitsch e Guilherme Pupe da Nóbrega, *Comentários à Lei de Improbidade Administrativa e ao Projeto de sua Reforma*, Rio de Janeiro, Lumen Juris, 2021.

2. A Lei 8.429/1992 foi objeto de ação direta de inconstitucionalidade movida pelo Partido Trabalhista Nacional/PTN em razão de alegados vícios formais na fase de tramitação legislativa no Congresso Nacional. A respectiva medida cautelar foi indeferida pelo STF, mantendo-se a vigência da lei como promulgada (ADI/MC 2.182-DF, rel. Min. Maurício Corrêa, *RTJ* 189/546). Posteriormente foi suscitada pelo Min. Marco Aurélio uma questão de ordem no sentido de decidir se o STF poderia ir além do pedido expresso na inicial, relativo a vícios formais da lei, e apreciar a própria constitucionalidade material de seus dispositivos, alguns dos quais são polêmicos. Em sessão realizada em 14.6.2007, por uma maioria de seis votos a cinco, o Pleno do STF entendeu que a análise da referida ADI 2.182-DF deveria se restringir às questões formais suscitadas pelo autor da ação, sendo juridicamente impossível naqueles autos a análise do teor material da Lei 8.429/1992. Na sessão de julgamento havida em 12.2.2010 julgou-se improcedente o pedido, por maioria de votos, no sentido de se reconhecer a constitucionalidade da Lei de Improbidade Administrativa, vencido o Min. Marco Aurélio, que votou pela inconstitucionalidade formal da lei, por inobservância das regras da votação bicameral (*DJe* 10.9.2010). Recentemente, a Lei 14.230, de 25.10.2021, alterou diversos dispositivos do diploma original, como se verá a seguir.

3. A Resolução 44, de 20.11.2007, do Conselho Nacional de Justiça criou o *Cadastro Nacional dos Condenados por Ato de Improbidade Administrativa*, banco de dados que reúne informações sobre os casos em que houve condenação em ação de improbidade administrativa com decisão transitada em julgado. O fornecimento das informações é de responsabilidade dos juízos responsáveis pelas execuções das respectivas sentenças.

4. Neste sentido: STJ, REsp 1.163.643-SP, rel. Min. Teori Albino Zavascki, *DJe* 30.3.2010; STJ, REsp 1.273.220-SP, rel. Min. Benedito Gonçalves, *DJe* 04.12.2014.

Tem sido prática comum tanto do Ministério Público quanto do Poder Judiciário o tratamento desta ação de improbidade administrativa meramente como nova modalidade de ação civil pública, frequentemente chamando-a de "ação civil pública de improbidade administrativa". Trata-se, a nosso ver, de prática de pouca técnica jurídica, pois a ação de improbidade administrativa tem natureza, contornos e regramento próprios, não se confundindo com aqueles específicos das ações civis públicas em geral.[5] O fato de ser civil (em oposição a uma ação penal) ou ser pública, num linguajar leigo (no sentido de proteger o patrimônio público, ou da legitimidade do Ministério Público para propô-la) não faz da ação de improbidade administrativa uma ação civil pública no sentido jurídico do termo. A confusão justifica, no entanto, a abordagem do tema na presente obra, seja por estar se tornando um equivocado *lugar-comum* que merece ser comentado, seja em virtude da inegável conexidade dos temas, todos ligados aos interesses maiores de preservação de uma sociedade justa, democrática e moralmente sadia.

2. *A ação de improbidade administrativa e a ação civil pública*

A Lei 8.429/1992 disciplina exaustivamente a questão da improbidade administrativa. Os arts. 1º a 8º regulam as disposições gerais, definindo o escopo de incidência da norma. Importante ressaltar desde logo, porém, a amplitude da incidência da lei, cobrindo os atos de improbidade praticados por qualquer agente público contra a Administração direta ou indireta de qualquer dos Poderes da União, dos Estados, do Distrito Federal ou dos Municípios.[6] O art. 9º regula os atos de improbidade administrativa que importam enriquecimento ilícito. O art. 10 trata dos atos de improbidade administrativa que

5. No mesmo sentido: Manoel Alves Rabelo e Gilberto Fachetti, "A inexistência de fungibilidade entre a ação de improbidade administrativa (Lei 8.429/1992) e a ação civil pública (Lei 7.347/1985)", *RePro* 153/47.

6. Originalmente a Lei 8.429/1992 previa expressamente que se aplicava a atos contra "empresa incorporada ao patrimônio público ou de entidade para cuja criação ou custeio o erário haja concorrido ou concorra com mais de cinquenta por cento do patrimônio ou da receita anual" (art. 1º, parágrafo único), mas essa previsão foi suprimida pela Lei 14.230, de 25.10.2021. A nova legislação também suprimiu a referência à Administração Pública "fundacional". Entes, contudo, que integrem a Administração indireta continuam sob o alcance da legislação.

causam prejuízo ao erário. O art. 11 aborda os atos de improbidade administrativa que atentam contra os princípios da administração pública. Todos os três artigos citados acima trazem, no *caput*, uma definição genérica do ilícito e listam nos incisos, exemplificativamente, tipos de atos que se enquadram na definição. Embora a redação dos arts. 9º e 10 deixe claro não se tratar, nos incisos, de uma definição *numerus clausus* das modalidades de atos de improbidade, a interpretação tem que ser cuidadosa e restritiva, na medida em que as gravíssimas sanções da lei não podem ser impostas sem uma certeza absoluta quanto ao enquadramento ilícito dos atos questionados na ação. Já com relação ao art. 11, a Lei 14.230, de 25.10.2021, alterou o *caput* do dispositivo, para prever que os atos de improbidade ali especificados devem necessariamente se encaixar em alguma das condutas caracterizadas, não sendo, como no caso dos arts. 9º e 10, mais exemplificativos. O tipo da improbidade – que é definido no *caput* de cada um dos arts. 9º, 10 e 11 – merece interpretação semelhante à do tipo penal, que não comporta ampliação.[7] O art. 12 traz as penas da Lei 8.429/1992 para cada uma das modalidades de improbidade administrativa discriminadas nos artigos antecedentes – penas, estas, que independem das demais sanções penais, civis ou administrativas previstas em legislação específica.[8] Os arts. 3º, § 2º, e 12, § 7º, com a redação dada pela Lei 14.230/2021, ressalvam, contudo, que não serão aplicadas sanções à pessoa jurídica caso o ato de improbidade administrativa venha a ser também sancionado com base na Lei 12.846, de 1.8.2013. As sanções por improbidade administrativa podem ser aplicadas isolada ou cumulativamente, de acordo com a gravidade dos fatos provados na ação, observados os princípios da proporcionalidade e da razoabilidade.[9] É evidente que haverá atos de improbidade que se enquadrarão, a princípio, em pelo menos duas

7. O Estatuto da Cidade (Lei 10.257/2001), no art. 52, traz a tipificação de uma série de outros atos de improbidade administrativa em que podem incorrer os prefeitos municipais, para os fins da Lei 8.429/1992.

8. "Ato de improbidade. A aplicação das penalidades previstas pela Lei n. 8.429/1992 não incumbe à Administração, eis que privativa do Poder Judiciário. Verificada a prática de atos de improbidade no âmbito administrativo, caberia representação ao Ministério Público para ajuizamento da competente ação, não a aplicação da pena de demissão" (STF, RMS 24.699-9-DF, rel. Min. Eros Grau, *DJU* 1.7.2005, p. 56, e *RTJ* 195/64).

9. Conforme a redação atual do *caput* do art. 12 da Lei 8.429/1992, dada pela Lei 14.230/2021. Mais sobre o tema nas "Considerações finais" deste item, adiante.

ou, mesmo, em todas as três categorias discriminadas. Pode-se dizer, inclusive, que na maioria das vezes haverá tal superposição de tipos de improbidade. Um mesmo ato de improbidade, em tese, pode gerar enriquecimento ilícito de alguém, causar prejuízo ao erário e violar princípios da administração pública. Seria o caso, por exemplo, de um funcionário que aceitasse suborno para assinar um contrato superfaturado. Há enriquecimento ilícito do funcionário e do contratante, prejuízo ao erário e violação de vários princípios da administração pública. Justamente por isso, a Lei 14.230/2021 passou a prever, como será mais bem explicado adiante, no tópico em que tratamos do processo, que, após a réplica, o juiz deverá indicar com precisão a tipificação do ato de improbidade administrativa imputável ao réu, e, ademais, para cada ato de improbidade deverá necessariamente ser indicado apenas um tipo dentre aqueles previstos nos arts. 9º, 10 e 11.

Enquanto o art. 13 regula a obrigatoriedade e a publicidade das declarações de bens daqueles que ocupem e exerçam cargos públicos, os arts. 14 a 18 tratam do procedimento administrativo e do processo judicial decorrentes da aplicação da lei.

Como dito acima, o Capítulo VI, compreendendo os arts. 19 a 22, dispõe sobre regras penais.

O art. 23 disciplina a prescrição para as ações destinadas à aplicação das sanções previstas na própria Lei 8.429/1992. Embora a redação original previsse prazos prescricionais diferentes, dependendo da função exercida pelo agente, a nova redação do dispositivo, dada pela Lei 14.230/2021, prevê que em qualquer caso a prescrição será de oito anos, contados a partir da ocorrência do fato ou, no caso de infrações permanentes, do dia em que cessou a permanência.[10-11]

10. A redação original causava diversas controvérsias. Era silente, por exemplo, quanto à prescrição relativamente ao terceiro, particular, copartícipe ou beneficiário do ato de improbidade. Defendíamos que fazia sentido que o prazo fosse contado a partir do ato ou fato impugnado na ação ou, na pior das hipóteses, do início do mesmo prazo para o agente público corréu. Afinal, repudiaria o bom-senso uma regra de contagem de prescrição em que, numa ação de improbidade administrativa, passado determinado período de tempo, ficasse o agente público exonerado de responsabilidade, mas não o particular. Em alguns casos, porém, seriam vários os agentes públicos corréus, e poderiam ser distintos os prazos prescricionais. Na doutrina, defendendo que na pluralidade de prazos prescricionais o particular deveria ser beneficiado pela contagem mais benéfica, v.: Bruno Menezes Brasil e Eduardo Chemale Selistre Peña, "O termo *a quo* do prazo prescricional da pretensão punitiva dos particulares que cometeram atos de improbidade administrativa", *RF* 414/457.

A lei é silente quanto à imprescritibilidade da pretensão de ressarcimento de dano ao erário, que, porém, no entendimento do STF, decorre do art. 37, § 5º, da CF.[12-13]

Como se sabe, a Lei 7.347/1985 destina-se à defesa do meio ambiente, do consumidor, dos bens e direitos de valor artístico, estético, histórico, turístico e paisagístico, dos direitos difusos e coletivos e da ordem econômica (art. 1º). A Lei da Ação Civil Pública, portanto, não trata especificamente de improbidade administrativa, que é justamente o foco único da Lei 8.429/1992. Assim, deve ser reconhecido que, pela regra da especialidade, a Lei 7.347/1985 não se aplica aos casos

---

O STJ, por sua vez, entendia que, com relação ao terceiro que não detém a qualidade de agente público, incidia também a norma do art. 23 da Lei 8.429/1992 para efeito de aferição do termo inicial do prazo prescricional (REsp 1.156.519-RO, rel. Min. Castro Meira, *DJe* 28.6.2013; REsp/AgR 1.159.035-MG, rela. Min. Eliana Calmon, *DJe* 29.11.2013). Em 18.6.2019, o STJ aprovou a Súmula 634, segundo a qual "[a]o particular aplica-se o mesmo regime prescricional previsto na Lei de Improbidade Administrativa para o agente público".

11. Uma vez autorizada a cumulação de pedidos condenatório e ressarcitório em sede de ação de improbidade administrativa, a rejeição do pedido de condenação do agente às sanções previstas na lei, em razão da ocorrência da prescrição, não obsta ao prosseguimento do processo em relação à pretensão de ressarcimento do dano ao erário, porquanto este é imprescritível (STJ, REsp 1.067.561-AM, rela. Min. Eliana Calmon, *DJe* 27.2.2009; REsp 1.089.492-RO, rel. Min. Luiz Fux, *DJe* 18.11.2010). Nesse mesmo sentido, em sede de recurso repetitivo, o STJ fixou a tese de que "na ação civil pública por ato de improbidade administrativa é possível o prosseguimento da demanda para pleitear o ressarcimento do dano ao erário, ainda que sejam declaradas prescritas as demais sanções previstas no art. 12 da Lei n. 8.429/1992" (REsp 1.899.407-DF, rela. Min. Assusete Magalhães, *DJe* 13.10.2021, Tema 1.089).

12. STF, AI 712.435-SP, rela. Min. Rosa Weber, *DJe* 12.4.2012.

13. Acerca da imprescritibilidade das ações visando ao ressarcimento ao erário o STF já entendeu, em sede de recurso extraordinário com repercussão geral, que a imprescritibilidade a que se refere o art. 37, § 5º, da CF diz respeito apenas a ações de ressarcimento de danos decorrentes de ilícitos tipificados como de improbidade administrativa e como ilícitos penais, não de qualquer ilícito civil (RE 669.069-RS, rel. Min. Teori Zavascki, *DJe* 28.4.2016).

O STF discutiu, em sede de recurso extraordinário com repercussão geral, se a imprescritibilidade prevista no aludido artigo constitucional alcança também os agentes públicos. Prevaleceu o entendimento de que são imprescritíveis as ações de ressarcimento ao erário fundadas na prática de ato doloso tipificado na Lei de Improbidade Administrativa (RE 852.475, rel. para acórdão Min. Edson Fachin, *DJe* 22.3.2019, Tema 897). Com a mesma conclusão: ARE 1.142.089 ED-AgR, rel. Min. Gilmar Mendes, *DJe* 22.08.2019.

em que se alega improbidade administrativa e/ou se pede a cominação das penas previstas na Lei 8.429/1992.[14]

Ainda que se entendesse estar a probidade administrativa incluída dentre os direitos difusos e coletivos da sociedade, por ser a moralidade um princípio básico e genérico da Administração Pública, consagrado expressamente no art. 37 da CF, é preciso reconhecer que a Lei 8.429/1992 é posterior, e regulou inteiramente a matéria. Assim sendo, afastou por completo a incidência da Lei 7.347/1985 nesta seara, consoante a regra do § 1º do art. 2º da Lei de Introdução às Normas do Direito Brasileiro.

Não se pode deixar de reconhecer, ademais, que a Lei 8.429/1992 traz regras tanto de direito material quanto de direito processual, e não ressalvou a aplicação subsidiária da Lei 7.347/1985. Na parte processual, ao contrário, faz remissões ao Código de Processo Civil, mas nunca à Lei da Ação Civil Pública. Ademais, enquanto a ação civil pública se restringe às condenações em dinheiro ou em obrigação de fazer ou não fazer (art. 3º da Lei 7.347/1985), a ação de improbidade administrativa tem por objetivo também a perda de cargos públicos e/ou de direitos políticos, bem como restrições para contratações futuras com o Poder Público, seja diretamente ou através de empresa da qual o réu seja sócio majoritário (art. 12 da Lei 8.429/1992).

Além do mais, em matéria de ação civil pública a Lei 7.347/1985 determina que, em caso de condenação em dinheiro dos réus, a indenização deverá reverter a um Fundo gerido por um Conselho federal ou por Conselhos estaduais (art. 13), ao passo que na ação de improbidade administrativa a eventual indenização concedida na sentença

---

14. Neste sentido – apontando a ilegitimidade de partido político para propor ação de improbidade administrativa, pois a legitimidade prevista na Lei 7.347/1985 não alcança as ações baseadas na Lei 8.429/1992 –, bem fundamentado acórdão do TJMG, in *RT* 912/945. A respeito do tema, aliás, o STJ já decidiu que o interesse jurídico relacionado à improbidade e à suspensão dos direitos políticos é do seu filiado, e, portanto, descabe ao partido político defendê-lo em juízo, a pretexto de ser terceiro prejudicado (REsp 1.184.132-AP, rel. Min. Herman Benjamin, *DJe* 4.2.2011 e, no mesmo sentido, EDcl nos EDcl no AgRg no REsp n. 1.552.940-SE, rel. Min. Mauro Campbell Marques, *DJe* de 17/6/2016).

O art. 23-C, incluído pela Lei 14.230/2021, passou a prever, no entanto, que "atos que ensejem enriquecimento ilícito, perda patrimonial, desvio, apropriação, malbaratamento ou dilapidação de recursos públicos dos partidos políticos, ou de suas fundações, serão responsabilizados nos termos da Lei n. 9.096, de 19 de setembro de 1995".

de procedência deverá reverter diretamente em favor da própria pessoa jurídica prejudicada pelo ilícito (art. 18 da Lei 8.429/1992).

A conclusão, portanto, só pode ser pela total inaplicabilidade da Lei da Ação Civil Pública para as hipóteses da ação de improbidade administrativa, visto ser a matéria regulada inteiramente pela Lei 8.429/1992, tanto do ponto de vista substantivo quanto adjetivo.[15]

Note-se que a chamada Lei Anticorrupção – Lei 12.846, de 1.8.2013 –, cujo objeto pode ter por vezes pontos de interseção com a Lei de Improbidade Administrativa, prevê expressamente a possibilidade de eventual cumulação de sanções e concomitância de demandas (art. 30, I, da Lei 12.846/2013). Ao contrário da Lei 8.429/1992, porém, a Lei 12.846/2013, no art. 21, dispõe que as ações judiciais nela fundadas seguirão o rito da Lei 7.347/1985, ou seja, aplica-se o procedimento das ações civis públicas. A opção expressa do legislador na edição da norma reforça a ideia de que a Lei 7.347/1995 não se aplica às ações de improbidade administrativa, pois na Lei 8.429/1992 não havia, até recentemente, qualquer remissão ou referência àquela.

Para encerrar de vez a discussão, o art. 17, com a redação dada pela Lei 14.230/2021, previu que a ação seguirá o procedimento comum previsto no Código de Processo Civil, salvo o disposto na própria lei, e que, a qualquer momento, "se o magistrado identificar a existência de ilegalidades ou de irregularidades administrativas a serem sanadas sem que estejam presentes todos os requisitos para a imposição das sanções aos agentes incluídos no polo passivo da demanda" – como, por exemplo, o dolo –, "poderá, em decisão motivada, converter a ação de improbidade administrativa em ação civil

---

15. Neste sentido: André Luís Alves de Melo, "Ação por improbidade não é ação civil pública", publicado na Internet no sítio *Consultor Jurídico* (*www.conjur.com.br*) em 26.10.2013.

A jurisprudência, no entanto, vinha admitindo a cumulação de pedidos fundados na Lei 7.347/1985 e na Lei 8.429/1992: STJ, REsp 434.661-MS, rela. Min. Eliana Calmon, *DJU* 25.8.2003; REsp 964.920-SP, rel. Min. Herman Benjamin, *DJe* 13.3.2009; Ag/ED-AgR 1.204.884, rel. Min. Mauro Campbell Marques, *DJe* 16.2.2011. O STJ tinha entendimento no sentido de que "se mostra lícita a cumulação de pedidos de natureza condenatória, declaratória e constitutiva nesta ação, quando sustentada nas disposições da Lei n. 8.429/1992" (STJ, REsp 1.660.381-SP, rel. Min. Herman Benjamin, *DJe* 26.11.2018). No mesmo sentido: STJ, AgInt nos EDcl no AREsp 437.764-SP, rel. Min. Sérgio Kukina, *DJe* 12.3.2018. O entendimento, contudo, não deve mais prevalecer após a edição da Lei 14.230/2021.

pública, regulada pela Lei n. 7.347, de 24.7.1985" (§ 16). Resta claro, portanto, que são ações totalmente distintas, com ritos diversos.

3. A competência para julgamento da ação de improbidade administrativa

A redação original da Lei 8.429/1992 nada dizia sobre a competência para a apreciação das ações que previa. Com efeito, o art. 16 limitava-se a mencionar a possibilidade de ajuizamento da medida cautelar de sequestro de bens "no juízo competente", sem esclarecer qual seria este juízo. A Lei 14.230/2021, no entanto, incluiu dispositivo prevendo que a ação deverá ser proposta perante o foro do local onde ocorrer o dano ou da pessoa jurídica prejudicada (§ 4º-A). Passou-se a prever também que a propositura da ação prevenirá a competência do juízo para todas as ações posteriormente intentadas que possuam a mesma causa de pedir ou o mesmo objeto (§ 5º). Não é, entretanto, admitido o ajuizamento de mais de uma ação de improbidade administrativa pelo mesmo fato, competindo ao Conselho Nacional do Ministério Público dirimir conflitos de atribuições entre membros de Ministérios Públicos distintos (art. 17, III).

Já se disse acima – e é inegável – que a chamada *ação de improbidade administrativa* tem cunho civil (ressalvados, obviamente, os aspectos criminais da Lei 8.429/1992, a serem perseguidos em ação penal própria, que não se confunde com a ação civil de improbidade, aqui abordada). Objetiva precipuamente a reparação do dano sofrido pelo patrimônio público em virtude do ato de improbidade impugnado e a punição dos responsáveis, aí incluindo o perdimento dos bens e vantagens obtidos ilicitamente e seu afastamento da Administração Pública, tanto com a perda de cargos e funções como com a proibição de contratações futuras e a suspensão de direitos políticos. Tais características, no entanto, fazem da ação de improbidade administrativa uma ação civil de forte conteúdo penal, e com inegáveis aspectos políticos.[16] Este caráter claramente punitivo da ação de improbidade

16. "A ação de improbidade administrativa é ação com assento constitucional (art. 37, § 4º) destinada a tutelar interesses superiores da comunidade e da cidadania. Embora com elas não se confunda, assemelha-se, sob esse aspecto finalístico, à ação popular (CF, art. 5º, LXXIII, e Lei n. 4.717/1965), à ação civil pública destinada a tutelar o patrimônio público e social (CF, art. 129, III, e Lei n. 7.347/1985, art. 1º) e, em face do seu caráter repressivo, à própria ação penal pública" (STJ, REsp 577.804-RS, rel. Min. Teori Albino Zavascki, *RePro* 146/215). "Não há dúvida de que as sanções

administrativa traz sérios questionamentos quanto à competência para seu julgamento em determinadas situações.

Acresce, ainda, que, inegavelmente, diversos dos ilícitos "civis" previstos na Lei 8.429/1992 – para não dizer praticamente todos – correspondem a tipos penais bem definidos, enquadráveis como crimes de responsabilidade. Assim, é preciso que o ordenamento jurídico seja preservado como um todo orgânico e sistemático, evitando-se incongruências, contradições e perplexidades que podem surgir do julgamento simultâneo, em juízos ou tribunais distintos, de ações, uma civil e outra penal, envolvendo os mesmos agentes públicos e os mesmos atos.

Ora, a Constituição Federal dá ao STF a competência originária para, nos crimes de responsabilidade, processar e julgar ministros de Estado e membros dos Tribunais Superiores e do TCU (art. 102, I, "c"). Da mesma forma, compete ao STJ processar e julgar originariamente os desembargadores de Tribunais de Justiça, os membros dos Tribunais de Contas estaduais, dos TRFs, dos TRTs, os membros dos Conselhos ou Tribunais de Contas dos Municípios e os do Ministério Público Federal que oficiem perante tribunais (art. 105, I, "a"). Além do mais, as Constituições dos Estados dão aos Tribunais de Justiça competência originária para o julgamento de determinadas autoridades estaduais ou municipais quando acusadas de crimes de responsabilidade.

---

aplicáveis aos atos de improbidade, previstas na Lei 8.429/1992, não têm natureza penal. Todavia, há inúmeros pontos de identidade entre as duas espécies, seja quanto à sua função (que é punitiva e com finalidade pedagógica e intimidatória, visando a inibir novas infrações), seja quanto ao conteúdo. Com efeito, não há qualquer diferença entre a perda da função pública ou a suspensão dos direitos políticos ou a imposição de multa pecuniária quando decorrente de ilícito penal e de ilícito administrativo. Nos dois casos as consequências práticas em relação ao condenado serão absolutamente idênticas" (Teori Albino Zavascki, *Processo Coletivo*, p. 109). No TJRJ há decisão entendendo que a propositura de ação de improbidade administrativa representa *bis in idem* indevido e deve ser extinta se já houve o oferecimento de denúncia pelo mesmo fato no juízo penal: ACi 32.887/2007, rel. Des. Mário Guimarães Neto, *RDTJRJ* 76/189.

O STF decidiu, porém, que a absolvição em ação civil pública por improbidade não repercute na ação penal, nem retira a justa causa da acusação, eis que as instâncias civil e penal são independentes (AP/AgR 568, rel. Min. Roberto Barroso, *DJe* 13.11.2013).

Na doutrina: Marcelo Harger, "A utilização de conceitos de direito criminal para a interpretação da Lei de Improbidade", *RF* 411/189.

A consequência das constatações acima deveria ser a incompetência dos juízes de primeira instância para processar e julgar com base na Lei 8.429/1992 autoridades que estejam submetidas, em matéria penal, à competência originária dos tribunais, inclusive do STF e do STJ. Não se pode admitir, numa interpretação sistemática e teleológica da ordem jurídica, que autoridades com prerrogativa de foro penal possam ser julgadas por juízes de primeira instância em ações de improbidade que discutam justamente atos com repercussões penais, e cujos desfechos podem se dar com a perda do cargo público e dos direitos políticos. Dentro do quadro institucional brasileiro parece insustentável que um juiz de primeira instância possa decretar a perda do cargo de um ministro de Estado, ou de um ministro de Tribunal Superior, ainda que a ação julgada seja formalmente civil.[17]

Já tivemos, aliás, o ensejo de analisar a incompetência dos juízes de primeira instância nas ações de improbidade administrativa contra autoridades com prerrogativa de foro penal.[18]

Na década de 1990, em importante julgado, o TRF-1ª Região considerou a Justiça Federal, na primeira e na segunda instâncias, incompetente para apreciar ação de improbidade administrativa ajuizada contra membro do TCU,[19] aplicando, inclusive, a Lei Complementar 35/1979, pois só o próprio TCU poderia decretar a perda do cargo por sanção administrativa (não penal).

É verdade que a Corte Especial do STJ, na Rcl 591-SP, julgada em 2000, decidiu que não teria competência originária para apreciar ação de improbidade administrativa proposta contra membro do TRT de São Paulo, que tinha prerrogativa de foro penal naquela Corte

17. O Plenário do STF consolidou o entendimento de que "o foro especial por prerrogativa de função previsto na Constituição Federal em relação às infrações penais comuns não é extensível às ações de improbidade administrativa, de natureza civil" (Pet/AgR 3.240 -DF, rel. Min. Teori Zavascki, redator para o acórdão Min. Roberto Barroso, *DJe* 25.9.2018). No mesmo sentido: AI/AgR 762136, rel. Min. Roberto Barroso, *DJe* 09.11.2018; Pet/AgR 3411, rel. Min. Roberto Barroso, *DJe* 25.9.2018; ARE/AgR 874283, rel. Min. Gilmar Mendes, *DJe* 13.2.2019.

18. Arnoldo Wald e Gilmar Ferreira Mendes "Competência para julgar ação de improbidade administrativa", *Revista de Informação Legislativa* 138/213 e *RePro* 107/253. V., ainda: Fernando Tourinho Filho, "Da competência pela prerrogativa de função", *RMPRJ* 21/111, em especial pp. 126-129.

19. ACi 1995.01.11616-6-DF, rela. Juíza Eliana Calmon, *DJU* 30.11.1995, p. 82.941.

Superior. Tal votação, porém, foi decidida por um único voto de desempate, e em circunstâncias fáticas particulares.[20]

No âmbito do STF houve inicialmente manifestações isoladas, como um despacho do Min. Celso de Mello na Rcl 1.110-DF[21] num caso em que foi proposta ação de improbidade administrativa contra um senador da República. Também naquele caso o Tribunal Superior manteve a ação na primeira instância.

As decisões acima citadas, *data maxima venia*, não extraíram todas as consequências da diferença entre a ação civil pública disciplinada na Lei 7.347/1985 (estritamente civil, e cujo resultado não redunda em perda de cargo ou de direitos políticos) e a ação de improbidade administrativa, com suas repercussões quase penais, acima comentadas.

É até compreensível que os Tribunais Superiores, assoberbados, como estão, com o crescente acúmulo de processos nos últimos anos, queiram restringir sua própria competência. A linha de argumentação, inclusive, é no sentido de que não se poderia ampliar uma competência definida na Constituição – segundo os defensores da tese – em caráter *numerus clausus*. Se já têm dificuldades em lidar com os processos que existem, os Tribunais Superiores teriam ainda maiores problemas para processar e julgar originariamente as inúmeras ações contra altas autoridades, que no Brasil de hoje são propostas dia após dia (algumas vezes de maneira até irresponsável e como veículo de vendeta política).

Posteriormente, no entanto, o STF passou a encampar a tese da incompetência do juiz de primeira instância para apreciar ação de improbidade administrativa envolvendo ministro de Estado. Destacam-se duas liminares, deferidas uma pelo Min. Nelson Jobim – Rcl 2.138-DF[22] – e outra pelo Min. Gilmar Mendes – Rcl 2.186-DF. Ambas as liminares foram fartamente fundamentadas, e estes processos acabaram proporcionando ampla discussão do tema na Suprema Corte, nos demais tribunais e na doutrina. Além da questão estrita da competência originária do STF, os Mins. Nelson Jobim e

---

20. *DJU* 15.5.2000, p. 112. Julgamento posterior na mesma linha, em ação de improbidade proposta contra conselheiro do Tribunal de Contas, ainda por apertada maioria: Rcl 780-AP, rel. para o acórdão Min. Ruy Rosado de Aguiar, *DJU* 7.10.2002, p. 161.

21. *DJU* 1.8.2000.

22. *DJU* 17.9.2002.

Gilmar Mendes suscitaram, ainda, a impropriedade do emprego da ação de improbidade administrativa em face de agentes políticos, cujo regime legal punitivo está previsto na Lei dos Crimes de Responsabilidade (Lei 1.079/1950). Em seguida, no entanto, ao invés de clarear, o quadro se tornou ainda mais confuso. Foi editada a Lei 10.628, de 24.12.2002, conhecida como *Lei do Foro Privilegiado*, modificando a redação do art. 84 do CPP e acrescentando um § 2º, dispondo que "a ação de improbidade administrativa, de que trata a Lei n. 8.429, de 2 de junho de 1992, será proposta perante o tribunal competente para processar e julgar criminalmente o funcionário ou autoridade na hipótese de prerrogativa de foro em razão do exercício da função pública, observado o disposto no § 1º" (o § 1º estende a competência especial por prerrogativa de função mesmo que o inquérito ou a ação sejam iniciados após a cessação do exercício da função pública).

A Lei 10.628/2002 foi imediatamente atacada no STF por duas ações diretas de inconstitucionalidade, uma movida pela Associação Nacional dos Membros do Ministério Público/CONAMP (ADI 2.797-DF) e outra pela Associação dos Magistrados Brasileiros/AMB (ADI 2.860-DF). Inicialmente, a liminar da ADI 2.797-DF foi indeferida por decisão do Min. Ilmar Galvão de 7.1.2003. Com base nesta decisão, o STF entendeu ser de rigor a aplicação imediata do foro previsto na Lei 10.628/2002 para as ações de improbidade administrativa em curso[23] – no que foi seguido em inúmeros julgados pelo País afora, inclusive no âmbito do STJ.

Ocorre que, em julgamento realizado em 15.9.2005, o Plenário do STF, por maioria, julgou procedentes as ADI 2.797-DF e 2.860-DF e declarou a inconstitucionalidade dos §§ 1º e 2º do art. 84 do CPP com a redação dada pela Lei 10.628/2002.[24] Prevaleceu o entendimento de que não poderia a lei ordinária dispor sobre competência originária dos tribunais, matéria tratada taxativamente na Constituição Federal. A tese do *foro privilegiado* em matéria de ação de improbidade administrativa parecia enterrada de vez.

---

23. Rcl/AgR 2.381-MG, rel. Min. Carlos Britto, *RTJ* 192/91.

24. Em sede de embargos de declaração na ADI 2.797-DF o Pleno do STF decidiu, por maioria, que os efeitos da declaração de inconstitucionalidade seriam produzidos a partir da mesma, 15.9.2005, ficando preservados os atos anteriormente praticados em ações de improbidade, inquéritos e ações penais (acórdão publicado no *DJe* 28.2.2013).

Poucos meses depois, porém, em 14.12.2005, foi retomado pelo Plenário do STF o julgamento da já mencionada Rcl 2.138-DF, relatada pelo Min. Nelson Jobim, na qual fora deferida a medida liminar para sustar o andamento de ação de improbidade administrativa movida contra ministro de Estado perante as instâncias ordinárias. O julgamento acabou novamente interrompido na mesma sessão por um pedido de vista do Min. Joaquim Barbosa, muito embora já houvesse maioria absoluta de seis votos favoráveis à confirmação da liminar e à procedência da reclamação. Após novo adiamento, em virtude de questão de ordem suscitada na sessão do dia 1.3.2007, o julgamento somente se encerrou em 13.6.2007, tendo o Pleno do STF reconhecido, por seis votos a cinco, a usurpação de sua competência e determinado a extinção do feito na instância inferior, fazendo clara distinção entre o regime jurídico punitivo aplicável aos agentes políticos, de um lado (CF, art. 102, I, "c", e Lei 1.079/1950), e aos agentes administrativos em geral, de outro (CF, art. 37, § 4º, e Lei 8.429/1992).[25]

A mensagem que o STF parecia estar sinalizando é no sentido de que, apesar da inconstitucionalidade formal da Lei 10.628/2002, a competência originária para o julgamento de ação de improbidade administrativa seria, sim, semelhante à competência originária em matéria penal – por exemplo, no caso de ministro de Estado a competência seria do STF (ressalvado, porém, que a competência não se perpetua após a saída do cargo, conforme o cancelamento da antiga Súmula 394 do STF, decidido pela própria Corte na apreciação do Inq 687). Esta competência decorre, a nosso ver, diretamente do sistema da Constituição Federal, e, portanto, poderia ser reconhecida pelo STF e pelo Judiciário em geral. A procedência das ADI 2.797-DF e 2.860-DF, nos parece, tinha se dado muito mais em atenção ao princípio da separação dos Poderes e na impossibilidade de tratamento pela via legislativa ordinária da matéria relativa à competência dos tribunais, abordada *numerus clausus* na Constituição Federal. É a linha do clássico precedente da Suprema Corte norte-americana "Marbury *versus* Madison", no qual se estabeleceu a possibilidade de

25. O acórdão foi publicado no *DJe* 18.4.2008. Para comentários a respeito do mencionado julgado, v.: Nelson Nascimento Diz, "Jurisprudência do STF – Foro por prerrogativa de função", *Revista de Direito do Estado/RDE* 7/393.

julgamento da inconstitucionalidade das leis justamente na hipótese de uma lei que ampliava a competência do Tribunal.[26]

As decisões mais recentes do STF, porém, estão em sentido oposto. Ultimamente vem prevalecendo naquela Corte o entendimento de que as ações de improbidade administrativa contra agentes políticos, ocupantes de cargos públicos ou detentores de mandato eletivo – independentemente de estarem, ou não, em atividade – devem ser apreciadas e julgadas em primeiro grau de jurisdição.[27]

Do mesmo modo, a Corte Especial do STJ, que entendia, "por imposição lógica de coerência interpretativa, que norma infraconstitucional não pode atribuir a juiz de primeiro grau o julgamento de ação de improbidade administrativa, com possível aplicação da pena de perda do cargo," contra detentor de foro por prerrogativa de função (Rcl 2.790-SC, rel. Min. Teori Zavascki),[28] mudou o entendimento, e a partir do final de 2013[29] passou a entender que as ações de improbidade administrativa podem ser processadas e julgadas nas instâncias ordinárias ainda que propostas contra agente político que

---

26. Na mesma linha da Rcl 2.138-DF, v. a decisão do Min. Gilmar Mendes na Rcl 2.186-DF (*DJe* 2.5.2008), publicada na íntegra, com comentários de Rodrigo Garcia da Fonseca, na *RDB* 42/241. Reconhecendo a competência originária do STF para julgar ação de improbidade administrativa contra ministro da própria Corte: Pet 3.053-DF, rela. Min. Ellen Gracie, *DJe* 2.5.2008; Pet 3.211-DF, rel. para o acórdão Min. Menezes Direito, *DJe* 27.6.2008. Suspendendo inquérito envolvendo ministro do TST, em curso nas instâncias ordinárias, houve liminar deferida pelo Min. Dias Toffoli no MS 28.607-DF, decisão de 17.2.2010, na qual são citados os precedentes da Rcl 2.138-DF e da Pet 3.211-DF (posteriormente extinto em razão de desistência).

27. Neste sentido: AI/AgR 653.882-SP, rel. Min. Celso de Mello, *DJe* 15.8.2008 e *RT* 877/121; Pet/QO 3.923-SP, rel. Min. Joaquim Barbosa, *DJe* 26.9.2008; Rcl 6.057-DF, rel. Min. Celso de Mello, *DJe* 3.2.2009; Pet 4.497-AM, rel. Min. Ricardo Lewandowski, *DJe* 3.3.2009; Pet 4.498-AM, rel. Min. Ricardo Lewandowski, *DJe* 31.3.2009; AI/AgR 506.323-PR, rel. Min. Celso de Mello, *DJe* 1.7.2009; AI/AgR 554.398, rel. Min. Ricardo Lewandowski, *DJe* 16.11.2010; AI/AgR 556.727, rel. Min. Dias Toffoli, *DJe* 26.4.2012; RE/AgR 444.042, rela. Min. Cármen Lúcia, *DJe* 15.10.2012; Pet 3.030-RO, rel. Min. Marco Aurélio, *DJe* 25.2.2013; ACO 2.356, rela. Min. Cármen Lucia, *DJe* 18.3.2014; Rcl/AgR 2.766-RN, rel. Min. Celso de Mello, *DJe* 9.4.2014; AgR/AC 3.585, rel. Min. Celso de Mello, *DJe* 28.10.2014; Rcl/AgR 3.004, rela. Min. Rosa Weber, *DJe* 14.4.2016; Rcl/AgR 14.954, rela. Min. Rosa Weber, *DJe* 15.4.2016; Pet/AgR 3.240-DF, rel. Min. Teori Zavascki, relator para o acórdão Min. Roberto Barroso, *DJe* 25.9.2018.

28. *DJe* 4.3.2010. No mesmo sentido: Rcl 2.790-SC, rel. Min. Teori Albino Zavascki, *DJe* 4.3.2010; Rcl 4.927-DF, rel. Min. Félix Fischer, *DJe* 29.6.2011; AgR/Ag 1.404.254-RJ, rel. Min. Benedito Gonçalves, *DJe* 17.10.2011.

29. No julgamento da Rcl 12.514-MT, rel. Min. Ari Pargendler, *DJe* 21.3.2014.

tenha foro privilegiado no âmbito penal e nos crimes de responsabilidade.[30]

Todavia, a nosso ver, o tema certamente continuará a ser objeto de debates na doutrina e na jurisprudência pátrias, e ainda deverá ser mais discutido no âmbito dos Tribunais Superiores.[31] Até porque não se trata apenas de uma questão de hierarquia judiciária. Assim como não nos parece institucionalmente adequado, como frisado acima, que um juiz de primeira instância possa decretar a perda do cargo de um ministro do STF ou de um ministro de Estado, por exemplo, tampouco nos parece cabível que ações de improbidade administrativa contra tais agentes políticos possam ser julgadas em primeira instância em razão da matéria, ou seja, do conteúdo dos atos que são normalmente praticados por tais agentes. De fato, os atos praticados por ministros de Estado, em princípio, consistem numa decisão política de adotar um ou outro plano de governo. Já, os atos praticados por comandantes da Marinha, do Exército e da Aeronáutica – outros agentes previstos no art. 102, I, "c", da CF – consubstanciam, em tese, decisões relativas à segurança interna e externa nacional. Por sua vez, aqueles praticados por chefes de missão diplomática de caráter permanente

30. Nessa linha: REsp/AgR 1.186.083-RS, rel. Min. Humberto Martins, *DJe* 6.11.2013; REsp 1.407.862-RO, rel. Min. Mauro Campbell Marques, *DJe* 19.12.2014; REsp 1.453.854-RJ, rel. Min. Benedito Gonçalves, *DJe* 12.12.2014; Rcl 8.826-RJ, rel. Min. João Otávio de Noronha, *DJe* 2.2.2016; AIA/AgR 32-AM, rel. Min. João Otávio de Noronha, *DJe* 13.5.2016; AREsp 1.565.518-PR, rel. Min. Herman Benjamin, *DJe* 22.11.2019; REsp/AgInt 1.551.157-DF, rela. Min. Assusete Magalhães, *DJe* 25.10.2018.

Acórdão do STJ, inclusive, julgou possível no âmbito de ação civil pública de improbidade administrativa a condenação de membro do Ministério Público à pena de perda da função prevista no art. 12 da Lei 8.429/1992 (REsp 1.191.613-MG, rel. Min. Benedito Gonçalves, *DJe* 17.4.2015). Nada obstante, o STJ entende que ação civil de perda de cargo de promotor de justiça cuja causa de pedir não esteja vinculada a ilícito capitulado na Lei de Improbidade deve ser julgada pelo Tribunal de Justiça (REsp 1.737.900-SP, rel. Min. Herman Benjamin, *DJe* 19.12.2019).

31. É possível, inclusive, que a matéria venha a merecer novo tratamento no âmbito do Poder Legislativo. Neste sentido, em julho/2007 foi apresentada uma proposta de emenda constitucional, pelo Deputado Paulo Renato de Souza (PSDB/SP) no sentido da criação do *Tribunal Superior da Probidade Administrativa*, o qual teria competência específica para julgar ações penais e cíveis relativas a atos de improbidade envolvendo altas autoridades. Embora a proposta seja polêmica e não tenha sido levada adiante, principalmente em função dos custos que seriam gerados pela criação de um novo Tribunal Superior, é um indicativo de que o Congresso pode vir a lidar novamente com o tema – o que faria, provavelmente, através de proposta de emenda constitucional, considerando a vida curta da Lei 10.628/2002, derrubada no STF.

consubstanciam decisões atinentes à política externa do País. E, por fim, os atos praticados por ministros dos Tribunais Superiores e do TCU consubstanciam decisões sobre a interpretação e a aplicação da Constituição ou da legislação ordinária em vigor – ou seja, o exercício da função precípua que lhes foi atribuída pela Carta Maior. Entender que ações de improbidade contra tais agentes possam ser apreciadas em primeiro grau de jurisdição acaba por permitir que magistrados de qualquer comarca do País possam rever a oportunidade ou a conveniência de atos de tal natureza, o que pode gerar enorme e indesejável insegurança jurídica.[32] Assim, é imprescindível, ao menos, distinguir as ações de improbidade que questionam atos ordinários de gestão administrativa praticados pelos agentes públicos a que se refere o art. 102, I, "c", da CF daquelas ações de improbidade que pressupõem um juízo de valor sobre o ato praticado por tais agentes no exercício da função pública que lhes cabe. Estas últimas, se não forem consideradas manifestamente descabidas, devem, ao menos, observar a regra de competência por prerrogativa de função.

Na realidade, como a redação original da Lei 8.429/1992 falava apenas em "agente público", *lato sensu*, entendíamos discutível o próprio cabimento da ação de improbidade administrativa, em qualquer instância, quando estivesse em discussão um ato típico de agente político, e não propriamente de agente administrativo. A distinção entre *agentes políticos* e *agentes administrativos* é pacífica no âmbito do direito administrativo.[33] A questão foi abordada pelo Min. Nelson Jobim na já citada decisão na Rcl 2.138-DF, na qual S. Exa. ressaltou que "o sistema constitucional brasileiro distingue o regime de responsabilidade dos agentes políticos dos demais agentes públicos". A liminar foi confirmada pela maioria do Plenário do STF no julgamento de mérito da reclamação, em 13.6.2007. A Corte Suprema fez, na oportunidade, clara distinção entre o regime jurídico punitivo aplicável aos agentes políticos, de um lado (CF, art. 102, I, "c", e Lei 1.079/19), e aos demais agentes públicos, de outro (CF, art. 37, § 4º e Lei 8.429/19).[34] O STJ, citando justamente

32. Arnoldo Wald, "O Poder Judiciário e as políticas públicas", *Carta Mensal* 656/3.

33. V., por exemplo, Hely Lopes Meirelles, *Direito Administrativo Brasileiro*, 42ª ed., São Paulo, Malheiros Editores, 2016, pp. 79-84.

34. O acórdão foi publicado no *DJe* 18.4.2008. Na mesma linha da Rcl 2.138-DF, v. a decisão do Min. Gilmar Mendes na Rcl 2.186-DF (*DJe* 2.5.2008), publicada na íntegra, com comentários de Rodrigo Garcia da Fonseca, na *RDB* 42/241. No

o precedente do STF, também já julgou no sentido da inaplicabilidade da Lei de Improbidade Administrativa à conduta do agente político que seja em tese punível como crime de responsabilidade. A redação dada pela Lei 14.230/2021, ao art. 2º, entretanto, incluiu expressamente os agentes políticos no âmbito do alcance da norma.

Entendemos, contudo, que não se coaduna com o ordenamento jurídico pátrio que o Judiciário possa questionar a oportunidade ou a conveniência de determinada atuação governamental, da implementação de uma política ou de uma decisão sobre política externa ou segurança nacional.[35] Os agentes políticos podem até mesmo ficar tolhidos na sua liberdade para o desempenho das funções que lhes cabem, sob a ameaça constante de ações drásticas, que podem ocasionar a perda do cargo, a indisponibilidade dos bens pessoais e até a suspensão dos direitos políticos. Não pode haver improbidade administrativa, sequer em tese, na decisão política de se adotar um ou outro plano de governo, por exemplo. A decisão de se fazer, ou não, uma obra é uma decisão do agente político, que em princípio deve permanecer imune ao controle jurisdicional. Se houver ilícito na contratação, no procedimento licitatório, aí, sim, surge a atuação eminentemente administrativa, esta passível de questionamento em juízo, se caracterizada a ilegalidade.

O STF teve a oportunidade de apreciar essa questão, mais a fundo, no âmbito do RE 976.566, que foi julgado com repercussão geral. O Tribunal entendeu, contudo, que, independentemente de a conduta ser tipificada como infração penal ou infração político-

---

mesmo sentido, não admitindo concorrência entre dois regimes de responsabilidade político-administrativa para os agentes políticos: RE/AgR 579.799, rel. Min. Eros Grau, *RTJ* 208/1286. A jurisprudência mais recente, contudo, vem se posicionando em sentido contrário, ou seja, entendendo que a ação de improbidade administrativa, com fundamento na Lei 8.429/1992, também pode ser ajuizada em face de agentes políticos (AI/AgR 809.338, rel. Min. Dias Toffoli, *DJe* 24.3.2014).

A questão da aplicabilidade, ou não, ou em qual extensão, da legislação de improbidade administrativa aos agentes políticos foi discutida e superada pelo STF, que fixou a tese de que "o processo e julgamento de prefeito municipal por crime de responsabilidade (Decreto-lei n. 201/1967) não impede sua responsabilização por atos de improbidade administrativa previstos na Lei n. 8.429/1992, em virtude da autonomia das instâncias" (STF, RE 976.566, rel. Min. Alexandre de Moraes, *DJe* 26.9.2019).

35. Arnoldo Wald, "O Poder Judiciário e as políticas públicas", *Carta Mensal* 656/3.

administrativa, a responsabilidade civil por ato de improbidade administrativa é autônoma e deve ser apurada em instância diversa.[36]

Já ao julgar a Pet 3.240, tratando da mesma matéria, o Tribunal decidiu ser possível que agentes políticos respondam a ações de improbidade administrativa sem a prerrogativa de foro prevista no art. 102, I, "c", da CF. Esperava-se que, ao apreciar tais casos, o STF fizesse a distinção, aqui defendida, entre as ações de improbidade que questionam atos praticados no exercício da função política e aquelas ações que discutem atos de gestão ou meramente acessórios, não intrínsecos ao cargo, seja para reconhecer o descabimento de ação de improbidade contra os primeiros, seja, ao menos para reconhecer que, em tais casos, deve ser observada a mesma regra de competência por prerrogativa de foro atinente aos crimes de responsabilidade. Entretanto, prevaleceu no Plenário o entendimento de que o foro especial por prerrogativa de função previsto na Constituição Federal para infrações penais comuns não é extensível às ações de improbidade administrativa, dada sua natureza civil.[37]

Outra questão ligada à competência – esta, dentro das próprias instâncias ordinárias – diz respeito à competência da Justiça Federal ou da Justiça estadual em ações movidas pelo Ministério Público Federal nas quais o suposto ato de improbidade tenha sido praticado em detrimento de sociedade de economia mista federal. Por se tratar, na hipótese, de sociedade controlada pela União, normalmente o inquérito é instaurado inicialmente pelo Ministério Público Federal, e a ação de improbidade dele resultante acaba sendo proposta perante a Justiça Federal.

Algumas decisões vinham reconhecendo a competência da Justiça Federal em tais hipóteses, em virtude de ser parte o Ministério Público Federal, "órgão" da União.[38]

---

36. STF, RE 976566, rel. Min. Alexandre de Moraes, *DJe* 26.9.2019.

37. Pet/AgR 3.240-DF, rel. Min. Teori Zavascki, relator para o acórdão Min. Roberto Barroso, *DJe* 25.9.2018.

38. A jurisprudência do STJ tem considerado que, "em ação proposta pelo Ministério Público Federal, órgão da União, somente a Justiça Federal está constitucionalmente habilitada a proferir sentença que vincule tal órgão" (CComp 86.632-PI, rel. Min. Luiz Fux, *DJe* 10.11.2008; CComp 100.300-PI, rel. Min. Castro Meira, *DJe* 25.5.2009; CComp 112.137-SP, rel. Min. Paulo de Tarso Sanseverino, *DJe* 1.12.2010; REsp 1.199.095-ES, rel. Min. Benedito Gonçalves, *DJe* 9.12.2013).

É possível discutir o acerto de tal posicionamento. A competência da Justiça Federal é definida na Constituição de forma exaustiva. A competência residual é da Justiça dos Estados. O art. 109, I, da CF estabelece a competência dos juízes federais para as ações em que a União, entidade autárquica ou empresa pública federal sejam partes, mas não menciona o Ministério Público Federal.[39]

Por outro lado, tratar o Ministério Público Federal como "órgão" da União não parece estar de acordo com sua posição institucional na Constituição de 1988. De fato, o art. 128 da Carta disciplina a existência do Ministério Público da União (abrangendo o Federal, o do Trabalho, o Militar e o do Distrito Federal) e do Ministério Público dos Estados, mas todos como partes de um único e indivisível Ministério Público, conforme tratado no art. 127. O Ministério Público Federal, portanto, é parte do Ministério Público *lato sensu*. Na sua disciplina constitucional, por outro lado, são vedadas ao *Parquet* a representação judicial e a consultoria jurídica de entidades públicas (art. 129, IX).

Ademais, a própria Lei Orgânica do Ministério Público Federal (Lei Complementar 75/1993) prevê que seus membros poderão oficiar perante a Justiça estadual (arts. 37, II e parágrafo único, e 49, XV, "d") – o que seria incompatível com seu foro necessariamente federal. Não se presumindo palavras inúteis na lei e não se cogitando de inconstitucionalidade, há de ser admitida a atuação do Ministério Público Federal em causas de competência da Justiça Comum estadual.

Não bastasse o que se disse acima, a Súmula 42 do STJ afirma que "compete à Justiça Comum estadual processar e julgar as causas cíveis em que é parte sociedade de economia mista e os crimes praticados em seu detrimento".

Aliás, o STJ já afirmou que o princípio da Súmula 42 também se aplica em matéria de ação civil pública, ao decidir pela competência

39. Na doutrina, defendendo a competência da Justiça Federal em virtude da presença do Ministério Público Federal no feito, como autor de ação civil pública, independentemente das demais partes: Teori Albino Zavascki, "Ação civil pública: competência para a causa e repartição de atribuições entre os órgãos do Ministério Público", *Revista Jurídica* 58/398 e *RMPRJ* 47/267. Em sentido contrário, afirmando que apenas a atuação do Ministério Público Federal é insuficiente para determinar o deslocamento da competência para o julgamento da ação para a Justiça Federal: Fredie Didier Jr., "Ministério Público Federal e competência da Justiça Federal", *RMPRJ* 48/107.

da Justiça Estadual e pela legitimação ativa do Ministério Público estadual em ação civil pública envolvendo sociedade de economia mista federal.[40] Não há motivo jurídico para não se adotar idêntico entendimento em matéria de ação de improbidade administrativa.

Assim, salvo melhor juízo, uma ação de improbidade administrativa em que forem partes sociedade de economia mista federal e alguns de seus funcionários, ainda que proposta pelo Ministério Público Federal, poderia ser apreciada pela Justiça Comum estadual (salvo, evidentemente, se a União, uma autarquia ou uma empresa pública federal também fossem partes, caso em que incidiria a regra do inciso I do art. 109 da CF).[41]

4. As partes e o regime de responsabilidade na ação de improbidade administrativa

O art. 2º da Lei 8.429/1992, na redação dada pela Lei 14.230/2021, define como *agente público*, para os seus efeitos, o agente político, o servidor público e todo aquele que exerce mandato, cargo, emprego ou função nas entidades referidas no art. 1º, ainda que transitoriamente ou sem remuneração, e seja qual for a forma de

40. STJ, REsp 200.200-SP, rel. Min. Milton Luiz Pereira, *DJU* 30.9.2002, p. 261.

41. Nesta linha, no STJ: CComp 34.204-MG, rel. Min. Luiz Fux, *DJU* 19.12.2002, p. 323; REsp 153.540-PB, rela. Min. Eliana Calmon, *DJU* 8.3.2004, p. 202. No TRF-2ª Região, entendendo que a Justiça Federal é incompetente em ação de improbidade movida contra funcionários de sociedade de economia mista federal se a União não manifestar interesse no feito: ACi 2000.02.01.000657-2, rel. Des. federal Marcelo Pereira da Silva, j. 1.7.2008, *DJU* 7.7.2008. No mesmo acórdão decidiu-se que o Ministério Público Federal é, em princípio, parte ilegítima para a propositura da ação de improbidade administrativa quando não estiver configurada uma das hipóteses do art. 109, I, da CF, sendo o caso, portanto, de legitimação ativa do *Parquet* estadual.

O STF também já se debruçou sobre o tema e decidiu que "ação de improbidade administrativa que se volta contra dirigente de sociedade de economia mista da qual a União é acionista majoritária não acarreta, por si só, a presunção de violação de interesse, econômico ou jurídico, da União" (ACO/AgR 2.438, rel. Min. Luiz Fux, *DJe* 10.3.2015).

Note-se, porém, que, tratando-se de ações concomitantes sobre a mesma matéria ajuizadas perante as Justiças Federal e estadual, o STJ editou a Súmula 489, segundo a qual: "Reconhecida a continência, devem ser reunidas as ações civis públicas propostas nesta e na Justiça estadual". Nada impede a aplicação do mesmo princípio da Súmula 489 em hipótese de ações paralelas de improbidade administrativa, desde que verificada a continência entre as demandas.

investidura (eleição, nomeação, contratação, designação etc.). Estes são os agentes públicos que se sujeitam aos rigores da lei.[42]

Na forma do art. 14, qualquer pessoa pode representar à autoridade administrativa competente para que instaure investigação em torno da prática de ato de improbidade. O procedimento administrativo deverá observar a legislação pertinente ao órgão ou sociedade de que se trate, respeitados os princípios constitucionais da ampla defesa e do devido processo legal. O art. 15 da Lei 8.429/1992 determina que a comissão processante dê conhecimento da existência do procedimento administrativo ao Ministério Público e ao Tribunal de Contas pertinente, os quais poderão indicar representantes para acompanhamento dos trabalhos. Havendo fundados indícios, a comissão representará ao Ministério Público ou à Procuradoria do órgão para que tome as medidas judiciais previstas na lei, como disciplina o art. 16.[43]

O autor da ação de improbidade será, a partir da nova Lei 14.230/2021, somente o Ministério Público (na qualidade de substituto processual, em virtude de suas funções institucionais),[44-45]

---

42. De acordo com o STJ, particulares no exercício de funções públicas delegadas também se caracterizam como agentes públicos para os efeitos da Lei 8.429/1992 (REsp 1.138.523-DF, rela. Min. Eliana Calmon, *DJe* 4.3.2010). "A denominação 'agentes públicos' refere-se genérica e indistintamente a todos os sujeitos que servem ao Poder Público, considerando-se um 'gênero' do qual são espécies os agentes políticos, administrativos, honoríficos e delegados, o que faz com que os sujeitos ativos dos atos de improbidade administrativa não sejam apenas os servidores públicos, mas, também, quaisquer outras pessoas que estejam de algum modo vinculadas ao Poder Público" (REsp 416.329-RS, rel. Min. Luiz Fux, *DJU* 23.9.2002, p. 254).

Tratando-se de reparação de danos a entidade puramente de direito privado, sem traços de delegação pública, incabíveis a ação de improbidade administrativa e o rito da Lei 8.429/1992, por inexistência de pertinência subjetiva da ação (TJSP, ACi 282.268-4/5-00, rel. Des. Carlos Biasotti, *Revista de Direito Privado* 25/335).

43. Nos termos do art. 21, II, da Lei 8.429/1992, porém, a aplicação das sanções por improbidade independe "da aprovação ou rejeição das contas pelo órgão de controle interno ou pelo Tribunal de Contas".

44. Segundo o STJ, o Ministério Público ostenta legitimidade inclusive para a propositura de ação civil pública objetivando o ressarcimento de danos ao erário decorrentes de atos de improbidade administrativa praticados antes da vigência da Constituição Federal de 1988, em razão das disposições encartadas na Lei 7.347/1985 (REsp 1.113.294-MG, rel. Min. Luiz Fux, *DJe* 23.3.2010).

Pontue-se que dentro do Ministério Público, não obstante sua indivisibilidade institucional prevista na Constituição Federal, devem ser observadas as regras internas de distribuição de competência, de modo a ser aferida a legitimidade *ad processum*, em cada caso específico, se é atribuída a este ou àquele órgão ou ramo do *Parquet* (por

como consta expressamente da lei, no *caput* do art. 17. Os réus serão, normalmente, os agentes públicos responsáveis pela prática do ato de improbidade. Na redação originária da 14.230/2021, apenas o ministério público seria o autor das ações de improbidade, em paralelismo com as ações penas incondicionadas. Todavia, no julgamento das Ações Diretas de Inconstiticionalidade 7042 e 7043, o Supremo Tribunal Federal, aplicando a técnica da interpretação conforme, sem redução de texto, considerou também legitimados, além do Ministério Público, os demais entes públicos potencialmente lesados.[46]

A redação original da Lei 8.429/1992 admitia a responsabilização do agente por ação ou omissão, dolosa ou culposa. Nesse cenário, embora houvesse quem defendesse a responsabilidade civil objetiva dos agentes públicos em matéria de ação de improbidade administrativa, sustentávamos que o mais acertado seria reconhecer a responsabilidade apenas na modalidade subjetiva.[47] Afinal, nem sempre um ato ilegal seria um ato ímprobo. Um agente público eventualmente incompetente, atabalhoado ou negligente não é necessariamente um corrupto ou desonesto.[48] O ato ilegal, para ser caracterizado como

---

exemplo, Ministério Público estadual, Ministério Público Federal, Ministério Público do Trabalho, ou se o ato é privativo de procuradores de segunda instância, chefes etc.). O STJ já decidiu, neste campo, que, sendo réu o governador de Estado, a propositura da ação cabe ao Procurador-Geral de Justiça, nos termos do art. 29, VIII, da Lei 8.625/1993 (REsp 851.635-AC, rel. Min. Castro Meira, *DJe* 7.4.2009).

45. A redação original da Lei 8.429/1992 também outorgava legitimidade à própria pessoa jurídica lesada (tais como a União, um Estado, um Município ou uma empresa da Administração indireta ou fundacional). Nesse sentido, a partir da jurisprudência do STJ (REsp 416.329-RS, rel. Min. Luiz Fux, *DJU* 23.9.2002, p. 254, já mencionada) também se poderia, à época, imaginar uma empresa privada como autora, desde que no exercício de função pública delegada.

Porém, legitimados às ações civis públicas em geral, com base na Lei 7.347/1985, mas não incluídos no rol específico dos legitimados previstos na Lei 8.429/1992, tais como os partidos políticos, não podiam propor ação de improbidade administrativa (TJMG, ACi 1.0083.04.001656-6/007(1), rel. Des. Hudson Andrade, *RT* 912/946). A propositura da ação por um autor não impedia a iniciativa do outro, como já decidira o Plenário do STF (STF, RE 208.790-4-SP, rel. Min. Ilmar Galvão, *DJU* 15.12.2000, p. 105, *RTJ* 176/957).

46. ADIs 7042 e 7043, relator Ministro Alexandre de Moraes, DJe de 28/02/2023.

47. No STJ, consolidando o entendimento de que na ação de improbidade administrativa prevalece a responsabilidade subjetiva, sendo do autor o ônus da prova do dolo ou culpa do réu: REsp 621.415-MG, rela. Min. Eliana Calmon, *RDR* 37/263.

48. Marcelo Figueiredo, "Ação de improbidade administrativa, suas peculiaridades e inovações", in Cássio Scarpinella Bueno e Pedro Paulo de Rezende Porto Fi-

ato de improbidade, haveria de ser doloso ou, pelo menos, de culpa gravíssima, em nosso entendimento.[49]

A jurisprudência, à época, consolidou-se a respeito da matéria, exigindo a demonstração da má-fé do agente público para que ele seja responsabilizado com base na Lei da Improbidade Administrativa, aplicando-se o princípio da razoabilidade, pois nem sempre a mera ilegalidade de determinado ato era suficiente para caracterizar a improbidade do agente.[50] Na feliz expressão do STJ, "a lei alcança o administrador desonesto, não o inábil".[51] Ou, ainda: "O ato de improbidade, a ensejar a aplicação da Lei n. 8.429/1992, não pode ser identificado tão somente com o ato ilegal. A incidência das sanções previstas na lei carece de um *plus*, traduzido no evidente propósito de auferir vantagem, causando dano ao erário, pela prática de ato desonesto, dissociado da moralidade e dos deveres de boa administração, lealdade e boa-fé".[52] Assim, para a ação de improbidade era indis-

---

lho (coords.), *Improbidade Administrativa – Questões Polêmicas e Atuais*, 2ª ed., São Paulo, Malheiros Editores, 2003, pp. 336-337; José Miguel Garcia Medina, "Ação civil pública. Improbidade administrativa. Possibilidade de indeferimento da petição inicial ante a ausência de ato de improbidade. Inteligência do art. 17, §§ 8º e 11, da Lei 8.429/1992, c/c o art. 295 do CPC", *RT* 815/123-136; Edilson Pereira Nobre Jr., "Improbidade administrativa: alguns aspectos controvertidos", *RDA* 235/71-73; Cláudio Ari Mello, "Fragmentos teóricos sobre a moralidade administrativa", *RDA* 235/113-115. Na mesma linha – e apontando, ainda, algumas peculiaridades para as quais se deve atentar no caso de decisões colegiadas em empresas estatais: Carlos Ari Sundfeld e Jacintho Arruda Câmara, "Improbidade administrativa de dirigente de empresa estatal", *RTDP* 40/17-34.

49. Nesta linha, por exemplo, o STJ reconheceu a improbidade administrativa de prefeita que, candidata à reeleição, utilizou os procuradores municipais para sua própria defesa junto à Justiça Eleitoral. A mesma decisão, porém, isentou de responsabilidade os procuradores, pois estes agiram por ordem da chefia superior, e não seria razoável exigir dos mesmos que se recusassem a atuar e deixassem de cumprir os prazos processuais em curso nos processos para os quais foram designados (REsp 908.790-RN, rel. para o acórdão Min. Mauro Campbell Marques, *DJe* 2.2.2010).

50. Confirmando ser imprescindível a comprovação da má intenção do agente para enquadrar um ato como ímprobo, a 1ª Seção do STJ, no julgamento dos EREsp 479.812 (rel. Min. Teori Albino Zavascki, *DJe* 27.9.2010), definiu que se exige a demonstração de dolo para a configuração das hipóteses típicas do art. 9º (ato que resulta em enriquecimento ilícito) e do art. 11 (ato que atenta contra os princípios da administração); já, nas hipóteses do art. 10 (ato que cause prejuízo ao erário) basta a demonstração de culpa.

51. STJ, REsp 213.994-MG, rel. Min. Garcia Vieira, *DJU* 27.9.1999, p. 59.

52. STJ, REsp 269.863, rel. Min. Paulo Medina, *DJU* 3.11.2004, p. 168. Na mesma linha: STJ, REsp 480.387-SP, rel. Min. Luiz Fux, *DJU* 24.5.2004, p. 163; TJSP, *RT* 825/229.

pensável a "prova do elemento subjetivo".[53] "A má-fé, consoante cediço, é premissa do ato ilegal e ímprobo, e a ilegalidade só adquire o *status* de improbidade quando a conduta antijurídica fere os princípios constitucionais da administração pública, coadjuvados pela má intenção do administrador."[54] A "improbidade é uma ilegalidade qualificada pelo elemento subjetivo da conduta".[55]

Uma das principais inovações da Lei 14.230/2021, todavia, foi justamente a de passar a considerar ímproba apenas a conduta dolosa, não mais a culposa ou de má-fé (art. 1º, § 1º). O § 2º do mesmo dispositivo define dolo como "a vontade livre e consciente de alcançar o resultado ilícito tipificado nos arts. 9º, 10 e 11 desta Lei, não

---

De outra parte, tampouco se deve imputar a improbidade ao sucessor no exercício do cargo daquele que praticou o ato impugnado pelo simples fato de não tê-lo desfeito, se não for demonstrada sua culpabilidade específica (STJ, REsp 514.820-SP, rela. Min. Eliana Calmon, *DJU* 6.6.2005, p. 261).

53. STJ, REsp 621.415-MG, rela. Min. Eliana Calmon, *DJU* 30.5.2006, e *RDR* 37/263. Na mesma linha, exigindo o dolo do agente público para a configuração do ato de improbidade punível nos termos da Lei 8.429/1992: STJ, REsp 939.142-RJ, rel. Min. Luiz Fux, *DJe* 10.4.2008; REsp 727.131-SP, rel. Min. Luiz Fux, *DJe* 23.4.2008; REsp 734.984-SP, rel. Min. Luiz Fux, *DJe* 16.6.2008; REsp 1.055.022-MT, rel. Min. Francisco Falcão, *DJe* 10.9.2008; REsp 511.095-RS, rel. Min. Luiz Fux, *DJe* 27.11.2008; REsp 875.163-RS, rela. Min. Denise Arruda, *DJe* 1.7.2009; REsp 875.110-MG, rela. Min. Denise Arruda, *DJe* 11.2.2009; REsp 1.140.544, rela. Min. Eliana Calmon, *DJe* 22.6.2010.

No caso do ato de improbidade atentatório aos princípios da administração pública, previsto no art. 11 da Lei 8.492/1992, basta a caracterização da conduta dolosa, sendo irrelevante a existência de dano ao erário ou de enriquecimento ilícito por parte do administrador (STJ, REsp 604.151-RS, rel. design. Min. Teori Albino Zavascki, *RDR* 38/217; REsp 799.094-SP, rel. Min. Teori Albino Zavascki, *DJe* 22.9.2008). No mesmo sentido: REsp/AgR 1.382.436-RN, rel. Min. Humberto Martins, *DJe* 30.8.2013.

Nessa linha de entendimento, a 1ª Turma do STJ considerou que a contratação de funcionários sem prévia realização de concurso público, embora não tenha gerado dano ao patrimônio público, porquanto os serviços contratados foram efetivamente prestados, nem tenha provocado o enriquecimento ilícito dos administradores, caracteriza ato de improbidade, por afronta ao princípio da moralidade administrativa, e pode dar ensejo, assim, às sanções não econômicas previstas no art. 12 da Lei 8.429/1992 (REsp 772.241-MG, rel. Min. Luiz Fux, *DJe* 24.6.2009).

54. STJ, REsp 797.671-MG, rel. Min. Luiz Fux, *DJe* 16.6.2008, *Lex-STJ* 228/92; e REsp 879.040-MG, rel. Min. Luiz Fux, *DJe* 13.11.2008.

55. Trecho do voto do Min. Teori Albino Zavascki no REsp 1.038.777-SP (rel. Min. Luiz Fux, *DJe* 16.3.2011). O voto do Relator foi no mesmo sentido, e o acórdão é extremamente didático na delimitação dos requisitos subjetivos necessários à caracterização da improbidade administrativa, que nitidamente extrapolam a simples ilegalidade do ato impugnado.

bastando a voluntariedade do agente". Para afastar qualquer dúvida a respeito do assunto, o § 3º do mesmo artigo é explícito ao prever que "o mero exercício da função ou desempenho de competências públicas, sem comprovação de ato doloso com fim ilícito, afasta a responsabilidade por ato de improbidade administrativa."

Ademais, ainda sob a vigência da redação original, defendíamos que na eventual aplicação das penas da Lei 8.429/1992 o Judiciário deveria observar o princípio da proporcionalidade, sopesando a extensão dos danos causados ao patrimônio público, o grau de culpa do réu e se este obteve algum proveito próprio, e em qual monta, em decorrência do ato de improbidade.[56] Defendíamos que a modulação e a dosimetria das penalidades eventualmente impostas aos réus de ações de improbidade administrativa, com a observância dos princípios da proporcionalidade e da razoabilidade, eram decorrência lógica do sistema constitucional e legal que rege a Administração Pública em geral no Brasil, e poderiam ser extraídas do disposto no art. 12 da Lei 8.429/1992 (*caput* e parágrafo único).[57] Neste sentido, por exemplo, frisávamos que nas hipóteses do art. 10 da Lei 8.429/1992 não há que se falar em condenação do réu por improbidade administrativa se não houver a comprovação de dano ao erário.[58] Atualmente, a Lei 14.230/2021 expressamente consagrou que o juiz deverá considerar, para a aplicação das sanções, de forma isolada ou cumulativa, os princípios da proporcionalidade e da razoabilidade (art. 17-C, IV, "a").

A ação de improbidade administrativa não poderá ter efeitos retroativos em detrimento do réu – ou seja: a Lei 8.429/1992 não poderá ser empregada para justificar condenação relativa a atos e fatos anteriores à sua vigência, ainda que posteriores à edição da Constitui-

56. STJ, REsp 794.155-SP, rel. Min. Castro Meira, *DJU* 4.9.2006.

57. Antes mesmo de o *caput* do art. 12 da Lei 8.429/1992 ser modificado pela Lei 12.120/2009, no sentido de explicitar que as cominações, em ação de improbidade administrativa, podem ser aplicadas isolada ou cumulativamente e de que a condenação deve levar em conta a gravidade do fato, a jurisprudência predominante já esposava esse entendimento, como decorrência do próprio sistema legal e constitucional pátrio (por exemplo, no STJ, v. REsp 713.146-PR, rela. Min. Eliana Calmon, *DJU* 22.3.2007, e REsp 1.009.953-PR, rel. Min. Luiz Fux, *DJe* 23.10.2008). Mais sobre o tema nas "Considerações finais" deste item, adiante.

58. STJ: REsp 942.074-PR, rela. Min Denise Arruda, *DJe* 26.11.2009; REsp 1.169.153-SP, rel. Min. Teori Albino Zavascki, *DJe* 24.8.2011; REsp 1.330.664-MS, rel. Min. Napoleão Nunes Maia Filho, *DJe* 24.9.2012.

ção Federal de 1988.[59] Entretanto, dado seu caráter punitivo, normas que beneficiem o acusado (como diversas normas introduzidas pela Lei 14.230/2021) têm incidência imediata e devem retroagir se beneficiarem os réus, em atendimento ao art. 5º, XL, da CF.

Acerca da (ir)retroatividade das disposições da Lei nº 14.230/2021, o Supremo Tribunal Federal decidiu por meio do Tema 1199 de Repercussão Geral, ao julgar o ARE nº 843989, que a revogação da modalidade culposa do ato de improbidade administrativa não retroage para beneficiar o réu que já tenha sido condenado por decisão acobertada pela coisa julgada. É dizer, as disposições da nova Lei somente são aplicadas para beneficiar os réus de atos culposos, cujos processos ainda não tenham transitado em julgado. Por fim, ainda ficou decidido que o regime prescricional de 8 anos do novo regramento só se aplica a partir da publicação da Lei.

Poderão ainda figurar no polo passivo da ação de improbidade administrativa os terceiros eventualmente coniventes, de forma dolosa, com os agentes públicos acusados. Com efeito, o art. 3º da Lei 8.429/1992, na redação dada pela Lei 14.230/2021, disciplina que a mesma se aplica àquele que, ainda que não sendo agente público, induza ou concorra dolosamente para a prática do ato de improbidade.[60]

Ainda sob a vigência da redação original, já defendíamos que eram ainda mais incisivas as razões para que terceiros não viessem a ser responsabilizados sem a demonstração do seu dolo. É inaceitável que o terceiro de boa-fé possa vir a ser envolvido na ação de improbidade sem que tenha agido com a intenção de se beneficiar ilicitamente. Com muito mais razão, dizíamos, a responsabilidade do terceiro só se justificava na modalidade subjetiva.

---

59. STJ, REsp 1.129.121-GO, rel. para o acórdão Min. Castro Meira, *DJe* 15.3.2013.

60. Não há imposição legal de formação de litisconsórcio passivo necessário entre o agente público e o terceiro, particular, beneficiado com o ato ímprobo (STJ, REsp 737.978-MG, rel. Min. Castro Meira, *DJe* 27.3.2009). No entanto, a recíproca não é verdadeira: para que o terceiro figure no polo passivo da ação de improbidade, tem de participar também o agente público (STJ, REsp 896.044, rel. Min. Herman Benjamin, *DJe* 19.4.2011).

O terceiro, réu da ação de improbidade administrativa, poderá ser pessoa física ou jurídica, esta independentemente da inclusão, ou não, dos seus sócios no polo passivo (STJ: REsp 1.038.762-RJ, rel. Min. Herman Benjamin, *DJe* 31.8.2009; REsp 970.393-CE, rel. Min. Benedito Gonçalves, *DJe* 29.6.2012).

Neste sentido, lembrávamos que Fábio Medina Osório, que foi Promotor de Justiça do Rio Grande do Sul e Advogado-Geral da União, tecia considerações apropriadas, apontando ser desarrazoado pretender que o terceiro de boa-fé fosse punido se agiu com diligência e era incapaz de perceber a ilicitude do ato do agente público com quem lidou.[61]

A Lei 14.230/2021 pôs uma pá de cal sobre essa discussão ao prever, expressamente, que tanto o agente público como o terceiro somente podem ser responsabilizados em caso de dolo.

É possível, por exemplo, que ocorram atos de improbidade na realização de uma licitação que não foram do conhecimento do público em geral. Aquele que apresenta uma proposta na forma de edital, com toda a aparência de legalidade e sem qualquer relação com o ato de improbidade eventualmente ocorrido, não poderá depois ser responsabilizado pelo simples fato de ter vencido a concorrência. Da mesma forma, quem é contratado diretamente por um órgão público com dispensa de licitação, sem qualquer conluio, com toda a aparência de legalidade, e presta o serviço ou fornece o bem adquirido corretamente, tampouco poderá ser responsabilizado.[62] No caso do terceiro beneficiário, que não é agente público, deve ser demonstrado na inicial que este de alguma forma induziu ou concorreu para a prática do ato de forma dolosa, como determina o art. 3º. Do contrário a ação não pode ser intentada contra ele, ainda que se possa extrair da situação de fato algum benefício direto ou indireto por ele auferido.[63]

---

61. Fábio Medina Osório, *Improbidade Administrativa*, 2ª ed., Porto Alegre/RS, Síntese, 1998, p. 117.

62. Tornou-se prática comum nos últimos anos o ajuizamento pelo Ministério Público de ações de improbidade administrativa contra advogados e escritórios de advocacia contratados por órgãos públicos ou empresas estatais com dispensa ou inexigibilidade de licitação. A matéria é no mínimo polêmica no âmbito do direito administrativo, havendo fortes correntes no sentido da inviabilidade de concorrência para a contratação de determinados tipos de serviços advocatícios. O cabimento de ação de improbidade administrativa em tais hipóteses – contratação de advogados sem licitação – é matéria cuja repercussão geral foi reconhecida no STF, estando o mérito pendente de julgamento (RE 656.558-SP, rel. Min. Dias Toffoli, *DJe* 12.9.2011).

63. Se houve, por exemplo, a contratação de serviços, ainda que irregular, mas os serviços foram prestados devidamente, não há lesividade material, e não há que se falar em devolução dos valores recebidos, sob pena de enriquecimento sem causa da Administração. Neste sentido: STJ, REsp 511.095-RS, rel. Min. Luiz Fux, *DJe* 27.11.2008. Na mesma linha: REsp/AgR 1.245.622-RS, rel. Min. Humberto Martins, *DJe* 24.6.2011.

Quando a ação for proposta pelo Ministério Público a pessoa jurídica interessada será intimada para, caso queira, intervir no processo (§ 14 do art. 17).O § 3º do art. 17, com a redação dada pela Lei 9.366/1996, fazia remissão ao § 3º do art. 6º da Lei da Ação Popular, o qual autoriza este litisconsorte a atuar no polo ativo caso se convença das alegações da inicial. Defendíamos que deveria ser aceito, entretanto, que, caso esteja convencida da inexistência de ilicitude e de ato de improbidade, possa a pessoa jurídica em questão se opor à ação proposta, ocupando a posição de litisconsorte passiva (ainda que contra ela não tenha sido formulado qualquer pedido e seja ela, em última análise, a beneficiária da eventual procedência do pedido, como disciplina o art. 18 da Lei 8.429/1992). Aplicar-se-ia, nesta situação, o princípio da ação popular pelo qual a pessoa jurídica interessada pode optar entre aderir ao autor ou contestar a ação.[64] Pelos mesmos motivos expostos anteriormente, na Segunda Parte desta obra, itens 5 e 7, entendemos que, uma vez assumida nos autos a posição de litisconsorte passiva ou ativa, a pessoa jurídica interessada não mais poderia alterar sua postura no caso, estando estabilizada a lide. A remissão à Lei da Ação Popular foi suprimida, recentemente, pela Lei 14.230/2021. Entendemos, no entanto, que a pessoa jurídica interessada autorizada a intervir no processo não precisa, necessariamente, assumir o polo ativo da demanda.

Além da participação obrigatória, no feito, da pessoa jurídica diretamente interessada no ato de improbidade questionado, na redação original da lei, a Fazenda Pública podia promover as ações eventualmente cabíveis para assegurar o integral ressarcimento do dano sofrido pelo patrimônio público (art. 17, § 2º). Esse dispositivo foi, entretanto, revogado pela Lei 14.230/2021.

Nas ações em que não atuar como parte o Ministério Público deveria intervir como *custos legis*, sendo sua ausência caso de nulidade do processo (art. 17, § 4º).[65] A Lei 14.230/2021, entretanto, como vimos, passou a outorgar legitimidade exclusiva ao Ministério Público, de modo que tal questão restou superada.

---

64. Nesta linha há precedente do TRF-4ª Região: ACi/ED 97.04.53004-8-SC, rela. Juíza Marga Inge Barth Tessler, *DJU* 22.9.1999, p. 46.

65. TRF-1ª Região: ACi 2005.30.00.000610-8-AC, rel. Des. federal Lino Osvaldo Serra Souza Segundo, *RT* 862/396; AI 2009.01.00.074867-4-TO, rel. Des. federal Tourinho Neto, *RT* 898/350.

5. *Outras questões processuais*

No tocante às normas processuais pertinentes à ação de improbidade administrativa há algumas outras questões que merecem comentário.

Em primeiro lugar, é de se apontar que os arts. 14 e 15 da Lei 8.429/1992 disciplinam o inquérito prévio à propositura da ação de improbidade administrativa. O inquérito é uma fase de investigações e averiguações internas que antecede a fase judicial, procedido pelo Ministério Público (art. 22). O STJ já teve o ensejo de decidir que não é obrigatória a existência de um inquérito anterior à ação de improbidade, pois os réus terão a oportunidade de exercício do amplo direito de defesa na própria ação, em juízo.[66] No entanto, sempre ressaltamos ser recomendável a fase prévia do inquérito, cujas investigações e explicações dos acusados podem servir para evitar o ajuizamento açodado de ações de improbidade, afetando desnecessariamente a reputação e a vida pessoal dos réus, especialmente quando as eventuais irregularidades são discutíveis ou decorrem de situações complexas.[67] Tal recomendação ganhou muito mais força a partir da edição da Lei 14.230/2021, que passou a prever que a petição

---

66. STJ, RMS 11.537-MA, rela. Min. Eliana Calmon, j. 6.2.2001, *DJU* 29.10.2001, *Informativo STJ* 83. Em matéria de ação civil pública, e não especialmente de ação de improbidade administrativa, mas da mesma forma entendendo não ser obrigatório o prévio processamento do inquérito civil: STJ, REsp 152.447-MG, rel. Min. Milton Luiz Pereira, *DJU* 25.2.2002, p. 203, e REsp 476.660-MG, rela. Min. Eliana Calmon, *DJU* 4.8.2003, p. 274.

No TRF-1ª Região, da mesma forma entendendo que "o inquérito civil não é peça imprescindível ao oferecimento da ação civil de improbidade": ACi 2005.33.02.000132-2-BA, rel. Des. federal Tourinho Neto, *RT* 877/362.

67. É importante salientar, no entanto, que a Corte Especial do STJ já decidiu que a fase de investigação administrativa somente poderá ser conduzida por aquele que esteja legitimado à propositura da ação judicial específica – ou seja, à época, o Ministério Público ou a pessoa jurídica lesada pelo ato ímprobo (Pet 1.895-PR, rela. Min. Eliana Calmon, *DJU* 15.9.2003, p. 225).

Desenrolando-se regularmente o inquérito civil prévio e havendo indícios fundados da existência de ato de improbidade e de dano ao patrimônio público, os elementos nele coligidos podem ser utilizados para instruir a ação judicial de improbidade administrativa e a respectiva medida cautelar de sequestro, nas quais se deverá assegurar o direito de ampla defesa do(s) réu(s) (TJMG, AI 1.0093.06.010043-0/001, rel. Des. Almeida Melo, *RT* 855/367).

Não há qualquer ilegalidade na instrução da ação de improbidade administrativa com os elementos do inquérito civil prévio, sendo de se observar o contraditório e o devido processo legal no curso da ação (STJ: REsp 1.119.568-PR, rel. Min. Arnaldo

inicial deverá individualizar a conduta do réu e apontar os elementos probatórios mínimos que demonstrem a ocorrência das hipóteses dos arts. 9º, 10 e 11 dessa lei e de sua autoria, "salvo impossibilidade devidamente fundamentada" (§ 6º, I). O inciso II também exige que a inicial seja instruída com documentos ou justificação que contenham indícios suficientes da veracidade dos fatos e do dolo imputado "ou com razões fundamentadas da impossibilidade de apresentação de qualquer dessas provas". Nos termos do § 6º-B, a inicial será rejeitada quando não preenchidos tais requisitos ou quando manifestamente inexistente o ato de improbidade imputado.

Há importante discussão em torno dos limites para a utilização de "provas emprestadas" em ação de improbidade administrativa. É comum o surgimento de elementos indicativos de improbidade administrativa no bojo de inquéritos[68] ou ações penais, e o Ministério Público frequentemente utiliza tais provas para embasar a ação civil da Lei 8.429/1992. O problema ocorre no caso das interceptações telefônicas. A CF disciplina, no art. 5º, XII, que o sigilo das comunicações telefônicas só pode ser quebrado por ordem judicial, "nas hipóteses e na forma que a lei estabelecer para fins de investigação criminal ou instrução processual penal" (a matéria foi posteriormente tratada na Lei 9.296/1996). Ora, a ação de improbidade administrativa – embora de conteúdos quase penais, como se observou anteriormente – é, em última instância, uma ação civil. A utilização em ação civil de provas obtidas por meio de interceptação telefônica – ou em decorrência desta, segundo a tese dos "frutos da árvore envenenada"[69] – pode representar violação ao comando constitucional, o que acarretaria a ilicitude da prova e sua exclusão do processo, por força do inciso LVI do mesmo art. 5º da CF, que veda o emprego de provas ilícitas em quaisquer processos. O tema ainda não foi pacificado. Em caso no qual o TRF-1ª Região vedara o uso de provas

---

Esteves Lima, *DJe* 23.9.2010; REsp 401.472-RO, rel. Min. Herman Benjamin, *DJe* 27.4.2011; REsp/AgR-AI 113.436-SP, rel. Min. Benedito Gonçalves, *DJe* 18.5.2012).

68. Conforme já consignou o STJ, as provas produzidas em inquérito têm valor relativo, porque colhidas sem observância do contraditório (STJ, REsp 1.189.192, rela. Min. Eliana Calmon, *DJe* 1.7.2010).

69. A doutrina da ilicitude das provas por contaminação ou derivação – a doutrina das *fruits of the poisonous tree* – foi adotada pela Suprema Corte dos Estados Unidos da América e abraçada no Brasil pela jurisprudência do STF, ao menos em casos penais. V., neste sentido, exemplificativamente: RHC 90.376-RJ, rel. Min. Celso de Mello, *DJU* 18.5.2007.

obtidas por meio de interceptação telefônica para fins de instrução de ação de improbidade administrativa, o Min. Sepúlveda Pertence deferiu medida liminar conferindo efeito suspensivo ao recurso extraordinário interposto pelo Ministério Público.[70] Por outro lado, no caso do inquérito penal do "Mensalão",[71] o Min. Joaquim Barbosa, em decisão datada de 2.8.2007, autorizou o compartilhamento das provas ali colhidas para fins de ajuizamento de ações de improbidade administrativa, "excetuando-se os documentos eventualmente obtidos por meio de interceptação telefônica decretada nos autos", pois tais documentos "são exclusivamente destinados, por lei, à instrução de procedimentos criminais". A nosso ver, a postura adotada pelo Min. Joaquim Barbosa parece a mais condizente com o texto e o espírito das garantias constitucionais. No entanto, não se pode considerá-la predominante, pelo menos antes de um posicionamento do STF, por ambas as Turmas, pelo Plenário ou por manifestações isoladas da maioria dos ministros.[72]

O art. 16 da Lei 8.429/1992 prevê a possibilidade de ser formulado, em caráter antecedente ou incidente, pedido de indisponibilidade de bens dos réus, para garantir a integral recomposição do erário ou a devolução do acréscimo patrimonial resultante do enriquecimento ilícito. [73]

---

70. STF, Rcl/AC-AgR 4.944-BA, rel. Min. Menezes Direito, *DJU* 19.12.2007.

71. STF, Inq. 2.245-DF, *RTJ* 20/473.

72. Sobre o tema do uso da interceptação telefônica obtida em processo criminal como prova emprestada em processo administrativo disciplinar, admitindo-o em tese, porém com limitações, v., no STJ: RMS 16.429-SC, rela. Min. Maria Thereza de Moura Assis, *DJe* 23.6.2008; STF, Tribunal Pleno, Inq/QO-QO 2.424-RJ, rel. Min. Cézar Peluso, j. 20.6.2007, *DJU* 24.8.2007; Tribunal Pleno, Pet/QO 3.683-MG, rel. Min. Cézar Peluso, m.v., *DJe* 20.2.2009; RMS 24.194, rel. Min. Luiz Fux, *DJe* 7.10.2011.

73. Na redação original a lei previa a propositura de ação de sequestro dos bens do agente ou terceiro que tivesse enriquecido ilicitamente, remetendo o procedimento para os arts. 822 e 825 do CPC de 1973. Embora a lei mencionasse o "sequestro", ressalvávamos que o tecnicamente correto seria o *arresto*. A imprecisão jurídica, aí, era idêntica à existente na Lei 6.024/1976, que trata da liquidação extrajudicial de instituições financeiras e do sequestro – que deveria ser *arresto* – dos bens dos ex-administradores das entidades liquidandas (*caput* do art. 45). A falta de técnica do legislador não prejudicava, todavia, a essência, que é a possibilidade de tornar indisponíveis os bens adquiridos ilicitamente em função da prática de ato de improbidade (TRF-1ª Região, AI 1995.01.33223-3-DF, rel. Juiz Eustáquio Silveira, *DJU* 7.12.2000, p. 111).

Na vigência do Código de Processo anterior entendíamos que o processo cautelar então previsto deveria ser observado, com seu rito próprio. Considerávamos

O STJ tinha jurisprudência firme na questão do alcance da medida que decreta a indisponibilidade de bens em matéria de improbidade administrativa. Não se admite a retroatividade da lei para alcançar bens adquiridos antes de sua vigência, e tampouco poderão ser indisponibilizados bens adquiridos antes do ato tido como de improbidade.[74] A indisponibilidade, portanto, deveria se ater aos bens adquiridos após o ilícito, como seu fruto, e desde que posteriormente à vigência da própria Lei 8.429/1992. Decisões mais recentes, contudo, têm admitido que a indisponibilidade dos bens recaia sobre bens adquiridos antes do ato reputado ímprobo, mesmo que não haja comprovação de que eles tenham sido adquiridos de forma ilícita.[75]

É importante ressaltar, ainda, que, por seu caráter instrumental, e não punitivo, a indisponibilidade deve atingir os bens dos réus na medida em que bastem estritamente à garantia da futura indenização, não se justificando a indisponibilidade indiscriminada e em bens de

---

incompatível a cumulação, pois o ordenamento processual brasileiro não admitia o processamento de medida cautelar no bojo de ação de procedimento ordinário (nesta linha, no STJ: REsp 50.217-9-DF, rel. Min. José de Jesus Filho, *RSTJ* 68/381; REsp 48.175-MG, rel. Min. Carlos Alberto Menezes Direito, *RSTJ* 89/205). A medida de sequestro (ou arresto) não se confunde com uma antecipação de tutela, pois tem o efeito de resguardar a situação de fato, com a finalidade de garantir a futura execução do julgado, e não o de antecipar esta própria execução (o que implicaria mais que a indisponibilidade dos bens, com sua alienação, sendo utilizados os recursos decorrentes da mesma para o ressarcimento aos cofres públicos). Assim, entendíamos indispensável a propositura de ação cautelar, a ser autuada e processada autonomamente. Entretanto, tal óbice restou superado na vigência do Código de Processo Civil de 2015, que permite que a tutela cautelar seja postulada e apreciada no bojo do processo principal (arts. 301 e ss.). E a questão restou completamente fora de dúvida na vigência da Lei 14.230/2021.

74. Podem ser citados: RMS 6.182-DF, rel. Min. Adhemar Maciel, *DJU* 1.12.1997, p. 58; REsp 196.932-SP, rel. Min. Garcia Vieira, *DJU* 10.5.1999; RESp 209.487-SP e REsp 209.491-SP, ambos rel. Min. Garcia Vieira, *DJU* 27.9.1999, p. 56. No TJSP: AI 164.928-5/0-SP, rel. Des. Luís Gonzerla, *Boletim AASP* 2.204/1.761.

Em sentido contrário, afirmando a possibilidade de o decreto de indisponibilidade recair sobre bens adquiridos anteriormente ao ato de improbidade, desde que necessários ao ressarcimento integral do dano: STJ, REsp 886.524-SP, rel. Min. João Otávio de Noronha, *DJe* 13.11.2007; STJ, REsp 535.967-RS, rela. Min. Eliana Calmon, *DJe* 4.6.2009; REsp 1.078.640-ES, rel. Min. Luiz Fux, *DJe* 23.3.2010.

75. No TJSP há acórdão bem fundamentado negando a liminar para a indisponibilidade de bens em caso de alegada improbidade administrativa quando não demonstrado o nexo entre os atos descritos na ação e o acréscimo patrimonial havido pelos réus: AI 258.371.5-8, rel. Des. José Roberto Bedaque, *RF* 370/351.

valor muito superior ao dano alegado.[76] A indisponibilidade tampouco poderá atingir bens impenhoráveis, como o salário do acusado, que tem natureza alimentar e é imprescindível para sua subsistência.[77] A matéria deve ser apreciada com prudência, de modo a não inviabilizar a vida e as atividades profissionais dos réus.[78] A indisponibilidade não pode ser encarada como resultado automático da mera propositura da ação de improbidade. Ela não se dá *ipso jure*, e está sujeita não só à observância do procedimento cautelar, como à presença dos requisitos do *fumus boni juris* e do *periculum in mora*, como qualquer outra cautelar.[79]

---

76. STJ, REsp 139.187-DF, rel. Min. Humberto Gomes de Barros, *RSTJ* 135/123, e REsp 226.863-GO, rel. Min. Humberto Gomes de Barros, *DJU* 4.9.2000, p. 123; TJMG, AI 188.375-0/00, rel. Des. Bady Curi, *ADV* 2001, ementa 97.930.

A indisponibilidade de bens não é uma sanção em si, mas apenas uma medida de garantia destinada a assegurar a base patrimonial para a efetivação de uma eventual futura sentença condenatória (Teori Albino Zavascki, *Processo Coletivo*, p. 108).

O STJ já decidiu que o valor dos bens tornados indisponíveis deve ser suficiente para o ressarcimento integral do dano, abrangendo, portanto, inclusive a multa civil como uma das penalidades imputáveis ao agente ímprobo (STJ, REsp 957.766-PR, rel. Min. Luiz Fux, *DJe* 23.3.2010).

77. STJ, REsp 478.749-PR, rel. Min. Luiz Fux, *DJU* 17.11.2003, p. 208; TRF-1ª Região, AI 1999.010.00.23278-3-PA, rel. Juiz Olindo Menezes, *DJU* 13.10.2000, p. 28.

78. STJ, MC 1.804-SP, rela. Min. Eliana Calmon, *DJU* 10.6.2002.

"As decisões cautelares que determinam a indisponibilidade de bens dos réus em ação de improbidade não podem atingir todos os seus bens, de forma indiscriminada e sem critério, como os ativos financeiros, impossibilitando a sobrevivência do demandado e de seus familiares, tal como conta-corrente, salário, proventos ou ganhos provenientes do trabalho. Da mesma forma, o pedido de indisponibilidade deve ter por base um valor, ainda que provisório, do prejuízo ou do desvio, não sendo o bastante, para isso, a indicação do valor integral da verba do convênio, que pode não ser o representativo do dano em apuração, impondo, assim, uma constrição além do necessário" (TRF-1ª Região, AI 2006.01.00.036057-1-BA, rel. Des. federal Saulo Casali Bahia, *RT* 865/359).

"Indevida a restrição sobre todos os bens do agravante, eis que, por ser pessoa jurídica, o cumprimento da medida liminar, face ao montante a ser indisponibilizado, inviabilizaria o prosseguimento de sua atividade empresarial, acarretando prejuízos aos seus empregados e, consequentemente, aos sujeitos que com ela interagem comercialmente" (TJRJ, AI 28.163/2005, rel. Des. Mário Guimarães Neto, *RDTJRJ* 74/141).

79. STJ, REsp 469.366-PR, rela. Min. Eliana Calmon, *DJU* 2.6.2003, p. 285, REsp/AgR 422.583-PR, rel. Min. José Delgado, *RDR* 26/175, e REsp 1.098.824, rela. Min. Eliana Calmon, *DJe* 4.8.2009; TRF-4ª Região, AI 1999.04.01.095390-1, rel. Juiz Teori Albino Zavascki, *DJU* 17.5.2000, p. 172.

Distribuída a ação, ficará prevento o juízo para todas as demais ações que venham a ser propostas com o mesmo objeto ou causa de pedir (como já rezava o § 5º do art. 17, introduzido pelo art. 7º da MP 2.180-35, de 24.8.2001, e agora pela Lei 14.230/2021). Se a ação principal for precedida de pedido de tutela, o pedido deverá ser formulado em 30 dias da efetivação daquela (*caput* do art. 17 e art. 308 do CPC de 2015).

"A indisponibilidade de bens prevista no art. 7º da Lei n. 8.429/1992 depende da existência de fortes indícios de que o ente público atingido por ato de improbidade tenha sido defraudado patrimonialmente ou de que o agente do ato tenha se enriquecido em consequência de resultados advindos do ato ilícito. A medida prevista do art. 7º da Lei n. 8.429/1992 é atinente ao poder geral de cautela do juiz, previsto no art. 798 do CPC, [*de 1973; CPC de 2015, art. 297*] pelo quê seu deferimento exige a presença dos requisitos do *fumus boni iuris* e *periculum in mora*" (STJ, REsp 731.084-PR, rel. Min. João Otávio de Noronha, *DJU* 20.3.2006). Na mesma linha, ressaltando, ainda, que "o *periculum in mora* significa o fundado receio de que, enquanto se aguarda a tutela definitiva, venham a ocorrer fatos que prejudiquem a apreciação da ação principal" e que "a hipótese de dano deve ser provável, no sentido de se encaminhar em direção à certeza, não bastando eventual possibilidade, assentada em meras conjecturas da parte interessada": REsp 821.720-DF, rel. Min. João Otávio de Noronha, *DJU* 30.11.2007.

Admite-se, todavia, uma vez presentes os pressupostos do *fumus boni iuris* e do *periculum in mora*, a concessão da liminar *inaudita altera pars*: STJ, REsp 1.078.640-ES, rel. Min. Luiz Fux, *DJe* 23.3.2010.

Posteriormente, por maioria de votos, a 1ª Seção do STJ afirmou que a indisponibilidade de bens em sede de ação de improbidade administrativa deve ser encarada como tutela de evidência, e não de urgência, e neste sentido a verossimilhança das alegações do autor teria mais peso que o *periculum in mora*, sendo que este último mereceria ser encarado em prol da sociedade, e não apenas sob a ótica do réu. Ainda que ampliando o escopo da medida com relação aos posicionamentos jurisprudenciais anteriores do próprio STJ, o acórdão é bastante cauteloso nas várias ressalvas que aponta, em especial quanto à extensão da constrição e à necessidade de prova dos requisitos que a ensejam, a ser apresentada pelo autor da demanda. A decisão reitera o princípio de que a indisponibilidade de bens dos réus não pode ser tida como consequência automática do mero ajuizamento da ação de improbidade administrativa (STJ, REsp 1.319.515-ES, rel. para o acórdão Min. Mauro Campbell Marques, *DJe* 21.9.2012). Seguindo esta linha, o STJ vem dispensando a exigência de demonstração de um *periculum in mora* concreto, qual seja, o de que o réu estaria dilapidando seu patrimônio, ou na iminência de fazê-lo. Assim, vem dando mais peso aos indícios de que o réu teria efetivamente praticado os atos de improbidade, o que traduziria a presença de um *periculum in mora* implícito (REsp 1.351.798-RJ, rel. Min. Castro Meira, *DJe* 28.5.2013; REsp 1.417.942-PR, rel. Min. Humberto Martins, *DJe* 16.12.2013; REsp 1.366.721-BA, rel. Min. Napoleão Nunes Maia Filho, rel. para o acórdão Min. Og Fernandes, *DJe* 19.9.2014; REsp/AgR 1.413.553-SP, rel. Min. Humberto Martins, *DJe* 5.2.2016).

Na redação original da Lei 8.429/1992 era vedada expressamente a transação na ação principal (art. 17, § 1º), considerando-se que a moralidade administrativa constitui princípio constitucional de direito público – e, portanto, indisponível. Todavia, uma das mais relevantes inovações trazidas pela Lei 14.230/2021 foi a inclusão do art. 17-B, prevendo que o Ministério Público poderá celebrar (no curso da investigação, da ação ou, ainda, no momento da execução de eventual sentença condenatória) acordo de não persecução civil que resulte em integral ressarcimento do dano e reversão à pessoa jurídica lesada da vantagem indevida obtida, ainda que oriunda de agentes privados. A celebração do acordo dependerá, cumulativamente, da oitiva do ente federativo lesado (em momento anterior ou posterior à propositura da ação); de aprovação pelo órgão do Ministério Público competente para apreciar as promoções de arquivamento de inquéritos civis (se anterior ao ajuizamento da ação); de homologação judicial (antes ou depois do ajuizamento da ação). Para a apuração do valor do dano a ser ressarcido deverá ser ouvido também o Tribunal de Contas competente.

A redação original do art. 8º da Lei 8.429/1992 determinava que o sucessor daquele que se enriquecer ilicitamente estava sujeito "às cominações da lei", até o limite da herança. À época, já defendíamos que, em primeiro lugar, esta extensão de responsabilidade só poderia se aplicar à parte patrimonial, pois o Direito Brasileiro não admite a comunicação da culpa. O sucessor não poderia perder direitos políticos, cargos públicos ou ter restringido o direito de contratar com a Administração. Tais penalidades são personalíssimas e intransmissíveis. A Lei 14.230/2021 veio ratificar esse entendimento prevendo que o sucessor está sujeito apenas à obrigação de reparar o dano, nos limites da herança ou do patrimônio transferido. Poderá o sucessor, assim, nos limites das forças da herança, responder pela indenização eventualmente devida, mas ainda assim observados os mesmos limites aplicáveis ao próprio agente público acusado, como a preservação da disponibilidade dos bens adquiridos pelo *de cujus* antes do ato impugnado e antes da vigência da própria Lei 8.429/1992, pois não poderia a responsabilidade do sucessor ser superior à do sucedido. O falecimento do réu no curso do processo deve acarretar a imediata suspensão do feito, sob pena de nulidade, na forma dos dispositivos aplicáveis do CPC, notadamente o art. 313 (art. 265 do Código anterior).[80] A Lei 14.230/2021 também previu que nas hipóteses de fusão e de incorporação a responsabilidade da sucessora será restrita à obrigação de reparação integral do dano causado, até o limite do patrimônio transferido, não lhe sendo aplicáveis as demais sanções, exceto no caso de simulação ou de evidente intuito de fraude, devidamente comprovados.

Por fim, o parágrafo único do art. 20 da Lei 8.429/1992, inserido dentre as "disposições penais", admite o afastamento preventivo do cargo do agente público acusado, que podia ser determinado pela autoridade judicial ou administrativa,[81] mas a partir da Lei 14.230/2021 apenas pelo juízo competente. Por constar da parte penal da lei, é discutível se o referido dispositivo se aplicaria às ações civis de improbidade. De qualquer modo, o pressuposto de tal afastamento é sua necessidade para a melhor instrução processual ou para evitar a iminente prática de novos ilícitos. O afastamento visa sobretudo a impedir o acusado de destruir provas, obstruir o acesso a elas ou coagir testemunhas (aliás, esta faculdade atribuída ao juiz reforça a tese da incompetência dos juízes de primeira instância em determinadas ações de improbidade, pois não se pode admitir que um juiz de primeira instância ordene o afastamento do cargo de um ministro de Estado ou de um membro de Tribunal Superior, cautelar e provisoriamente, antes de transitada em julgado qualquer decisão condenatória). Trata-se de medida violenta, que afasta o agente público antes de ele ter sido definitivamente julgado – e, portanto, merece interpretação estrita e cuidadosa, para que não se transforme em forma abusiva de combate político ou de vingança pessoal e não viole as garantias do devido processo legal e da presunção de inocência de todos quantos venham a ser acusados da prática de atos de improbidade. A Lei 14.230/2021 passou a limitar no tempo a medida de afastamento, prevendo que ela não pode passar de 90 dias, prorrogáveis uma única vez por igual prazo, mediante decisão motivada (art. 20, § 2º).

Quanto à necessidade de interpretação restritiva do art. 20 da Lei 8.429/1992 há precedente do STJ em caso no qual se afastou do

---

80. TRF-1ª Região, ACi 1998.010.00.16267-7-DF, rel. Juiz Hilton Queiroz, *DJU* 15.12.2000, p. 421.

81. O STF já entendeu que, ainda que se admita que a ação de improbidade administrativa tem natureza penal, não há como trancá-la via *habeas corpus*, porquanto as sanções previstas na Lei 8.429/1992 não consubstanciam risco à liberdade de locomoção (HC/AgR 100.244, rel. Min. Eros Grau, *Lex-STF* 32/396-398, n. 375, 2010).

cargo um prefeito municipal, por prazo certo, para a garantia da instrução processual.[82] O uso da Lei de Improbidade Administrativa não

82. MC/AgR 3.048-BA, rel. Min. José Delgado, *DJU* 6.11.2000, p. 192. V. ainda o REsp 550.135-MG, rel. Min. Teori Albino Zavascki, *DJU* 8.3.2004, p. 177.

O afastamento pela via judicial, ainda que provisório, de autoridades legitimamente constituídas, eleitas, indicadas ou concursadas, como prefeitos, governadores, secretários, ministros de Estado, ou mesmo magistrados, para não falar do Presidente da República, pode causar crises delicadas e impasses institucionais, com repercussões imprevisíveis. É preciso que todos tenham a máxima cautela no trato com tais situações, interpretando a lei construtiva e responsavelmente.

No STF, v. decisão do Min. Nelson Jobim, na Presidência, com base no art. 20 da Lei 8.429/1992, suspendendo liminar que determinara o afastamento de prefeito municipal do cargo, às vésperas de eleição (SS 2.525-RJ, *DJU* 3.11.2004). No STJ: MC 7.325-AL, rel. Min. José Delgado, *DJU* 4.10.2004, p. 210; SL 829-CE e 866-CE, ambas rel. Min. Humberto Gomes de Barros, *DJe* 16.5.2008; e acórdão unânime da Corte Especial do STJ na SL/AgR 857-RJ, rel. Min. Humberto Gomes de Barros, *DJe* 14.8.2008.

Importante observar, ainda, que o afastamento liminar do cargo, com base na Lei de Improbidade Administrativa, é essencialmente instrumental, pois tem a finalidade de resguardar a instrução da ação. Não cabe o afastamento da autoridade a título de antecipação da tutela, pois a perda da função pública está vinculada ao trânsito em julgado da sentença condenatória, conforme o *caput* do art. 20 da Lei 8.429/1992. V., a respeito, a decisão do Min. Peçanha Martins, no exercício da Presidência do STJ, na SLS 822-BA, de 8.2.2008, e a SL 916-BA, rel. Min. Humberto Gomes de Barros, *DJe* 4.8.2008. Na mesma linha, e afirmando, outrossim, que "a possibilidade de afastamento *in limine* do agente público do exercício do cargo, emprego ou função, porquanto medida extrema, exige prova incontroversa de que sua permanência poderá ensejar dano efetivo à instrução processual, máxime porque a hipotética possibilidade de sua ocorrência não legitima medida dessa envergadura": STJ, REsp 895.415-BA, rel. Min. Luiz Fux, *DJe* 17.12.2008. Ainda no mesmo sentido, de que se trata de "medida excepcional que deve ser tomada em função de fatos concretos, demonstrando-se, pontualmente, a utilização do cargo para a obstrução da instrução processual": STJ, SLS/AgR 867-CE, rel. Min. Ari Pargendler, *DJe* 24.11.2008. O afastamento do agente público do cargo com base no art. 20 da Lei da Improbidade Administrativa "só pode ser aplicado se presente o respectivo pressuposto, qual seja, a existência de risco à instrução processual" (STJ, SLS/AgR 1.568-MG, rel. Min. Félix Fischer, *DJe* 31.8.2012).

Na doutrina, salientando igualmente que o afastamento do cargo tem natureza essencialmente cautelar, cumpre função instrumental, enquanto meio de assegurar a boa instrução processual – e, portanto, não se confunde, em hipótese alguma, com uma antecipação de tutela: Teori Albino Zavascki, *Processo Coletivo*, pp. 125-126.

Vale destacar que no escândalo do "Mensalão" do DEM de Brasília, envolvendo suposto esquema de desvio de recursos públicos e pagamento de propina a parlamentares e outras autoridades no Distrito Federal, a Corte Especial do STJ determinou, em sede cautelar, o afastamento de José Roberto Arruda do cargo de Governador e sua prisão preventiva, bem como a de outras cinco pessoas. Nesse caso, todavia, a medida de afastamento do agente político não se baseou no art. 20 da Lei

pode transformar os acusados em automaticamente culpados, antes de devidamente processados e condenados. Os princípios constitucionais da ampla defesa e do devido processo legal e, especialmente, o da presunção de inocência devem ser respeitados, e são essenciais à preservação do regime democrático.

Empregando o princípio aplicável às ações populares e às ações civis públicas em geral, o STJ já decidiu que o autor de ação de improbidade não está sujeito aos ônus sucumbenciais em caso de improcedência da demanda, salvo comprovada má-fé.[83] Importante, porém, que os juízes apliquem a regra com cautela redobrada, perquirindo as reais intenções do autor em cada situação concreta, justamente para que a isenção não acabe servindo como mais um estímulo ao abuso no manejo da ação de improbidade por parte dos legalmente legitimados a intentá-la.

O STJ também já decidiu que, diferentemente da proferida em sede de ação civil pública, a sentença que concluir pela carência ou pela improcedência de ação de improbidade administrativa não está sujeita ao reexame necessário (REsp 1.220.667-MG, rel. Min. Napoleão Nunes Maia Filho, *DJe* 20.10.2014).

6. *Considerações finais*

O combate à corrupção tem sido uma das maiores preocupações do povo brasileiro há muitos anos. É tema dos debates eleitorais há várias décadas. A Lei de Improbidade Administrativa é importante instrumento de defesa da moralidade pública, mas não é – e nem pode ser encarada como se fosse – a panaceia para solucionar todos os males. As distorções na luta contra a improbidade administrativa podem gerar efeitos contrários aos pretendidos, desmoralizando aquilo que poderia ser bem empregado e ter resultados positivos.

Indisponibilidade de bens e afastamento do cargo, dentre outras, são todas medidas que, quando aplicadas com parcimônia e responsabilidade, se transformam em alicerces fundamentais da

de Improbidade Administrativa, mas em fundamento diverso, qual seja, na necessidade de preservação da ordem pública e da instrução criminal, conforme previsto no art. 312 do CPP, tendo em vista a tentativa dos acusados de frustrar as investigações, mediante a corrupção de testemunhas e a falsificação ideológica de documento privado (Inq 650-DF, rel. Min. Fernando Gonçalves, *DJe* 15.4.2010).

83. STJ, REsp 577.804-RS, rel. Min. Teori Albino Zavascki, *RePro* 146/215.

proteção do patrimônio público e do respeito aos princípios constitucionais da moralidade e da legalidade. O que não se pode admitir é o uso desvirtuado da ação de improbidade administrativa, como ocorre muitas vezes, como veículo de exibicionismo na mídia, de luta exclusivamente política ou de arma meramente vingativa, ou oposicionista e eleitoreira. Acusar um agente público de ter praticado ato de improbidade e ainda pretender indisponibilizar seu patrimônio pessoal na pendência de uma ação que pode demorar anos é coisa muito séria, que não pode ser levada adiante de maneira irresponsável ou leviana.[84]

Alguns abusos que vinham sendo praticados acabaram levando o Governo Federal a editar normas processuais adicionais relativas às ações de improbidade administrativa, que foram objeto de muito debate na imprensa. Na sua última reedição, em vigor por prazo indeterminado por força da regra do art. 2º da EC 32, a Medida Provisória 2.225-45, de 4.9.2001, no seu art. 4º, trouxe sete §§ ao art. 17 da Lei 8.429/1992 (§§ 6º a 12). O § 6º determina que a inicial venha instruída com documentos ou justificativas de indícios suficientes quanto à prática do ato de improbidade e manda que se apliquem os princípios da litigância de má-fé do Código de Processo Civil (CPC de 2015, arts. 79 a 81). A Lei 14.230/2021 consolidou a maioria das inovações trazidas pela Medida Provisória 2.225-45 e, como visto, foi além em diversas matérias. Previu, inclusive, a possibilidade de condenação do Ministério Público em honorários sucumbenciais em caso de improcedência da ação de improbidade se comprovada má-fé (art. 23-A, § 2º). Trata-se de disciplina que objetiva, justamente, dissuadir aqueles que pretendam ajuizar demandas levianas, ou com inconfessáveis propósitos políticos, de prosseguir com tais práticas reprováveis.

O rito introduzido pela Lei 14.230/2021 não prevê mais a fase de defesa prévia dos réus, que tinha o objetivo de filtrar as ações que não tivessem base sólida e segura, obrigando o juiz – com a possibilidade de recurso ao Tribunal – a examinar efetivamente, desde logo, com atenção e cuidado, as alegações e os documentos da inicial,[85] somente dando prosseguimento àquelas ações que tiverem

84. Sobre o emprego abusivo da ação de improbidade administrativa, v., no STF, Gilmar Mendes, decisão monocrática na Rcl 4.810-RJ, *DJU* 1.2.2007.

85. De acordo com o STJ, nesta fase processual o magistrado deveria "limitar-se a um juízo preliminar sobre a inexistência do ato de improbidade, da improce-

alguma possibilidade de êxito e bloqueando aquelas que não passem de alegações especulativas, sem provas ou indícios concretos.[86-87] Entretanto, além de exigir, como se expôs acima, que a inicial se faça acompanhar de indícios suficientes da veracidade dos fatos e do dolo imputado, o § 11 do art. 17 prevê que, em qualquer momento do processo, verificada a inexistência do ato de improbidade, o juiz julgará a demanda improcedente.

---

dência da ação ou da inadequação da via eleita, a fim de evitar a ocorrência de lides temerárias" (REsp 1.008.568-PR, rela. Min. Eliana Calmon, *DJe* 4.8.2009).

A decisão que recebe a inicial da ação de improbidade, porém, deveria ser devidamente fundamentada, ainda que de forma concisa, sob pena de nulidade. Neste sentido: STJ, REsp 901.049-MG, rel. Min. Luiz Fux, *DJe* 18.2.2009; REsp 1.261.665-RS, rel. Min. Mauro Campbell, *DJe* 27.6.2012; REsp 952.351-RJ, rel. Min. Napoleão Nunes Maia Filho, *DJe* 22.10.2012.

86. Não se exige a prova totalmente pré-constituída para o ajuizamento da ação de improbidade, e o autor tem o direito de requerer a instrução probatória a se realizar no curso do feito. No entanto, é necessária a existência, desde logo, de indícios de materialidade e autoria do ato de improbidade, sob pena do indeferimento liminar da demanda. V., no STJ: REsp 811.664-PE, rela. Min. Eliana Calmon, *DJU* 15.3.2007.

Sobre o ônus da prova na ação de improbidade administrativa e o princípio da presunção de inocência dos réus, v.: José Miguel Garcia Medina e Rafael de Oliveira Guimarães, "O ônus da prova na ação de improbidade administrativa", *RT* 867/70.

87. O instituto da defesa preliminar, tal como no direito penal para os funcionários públicos (CPP, art. 514), como antecedente ao recebimento da denúncia, funcionava como proteção moral para o agente público acusado, para quem o simples fato de ser réu poderia já implicar mancha na sua reputação. Abria-se a possibilidade de uma defesa antes de a ação ser recebida, de molde a cortar pela raiz aquelas ações que se mostrassem levianas ou totalmente sem relação com a realidade dos fatos. A citação do réu para apresentação de contestação na ação de improbidade administrativa sem que antes tivesse havido a notificação para manifestação de defesa prévia por escrito acarretava a nulidade do processo, que poderia ser reconhecida até mesmo em ação rescisória (TRF-1ª Região, AR 2002.01.00.041032-8-MG, rel. Des. federal Olindo Menezes, *RT* 841/359). Não poderia o magistrado pular uma fase processual tida pelo legislador como indispensável; e, portanto, os réus em ação de improbidade administrativa terão necessariamente o direito de apresentar defesa em duas etapas distintas (TJRJ, AI 22.935/2004, rel. Des. Otávio Rodrigues, *DJE* 8.9.2005, p. 447). A citação irregular, porém, mesmo quando efetuada antes de aberta a fase de defesa prévia, poderia ser considerada para efeito de interrupção da prescrição (STJ, REsp 750.187-RS, rel. Min. Luiz Fux, *DJU* 28.9.2006; REsp 680.677-RS, rel. Min. Humberto Martins, *DJU* 2.2.2007; REsp 799.339-RS, rel. Min. Teori Albino Zavascki, *RT* 853/200; e REsp 730.264-RS, rel. Min. Herman Benjamin, *DJe* 24.3.2009). Por outro lado, se a ação fosse extinta após a defesa prévia, antes da contestação, não poderia o tribunal, reformando a decisão, julgar desde logo o mérito da demanda, sob pena de ficar configurado o cerceamento de defesa. Impunha-se, em tal hipótese, a devolução dos autos à instância inferior, para a citação formal dos réus e o regular processamento da ação (STJ, REsp 1.387.393-RJ, rela. Min. Eliana Calmon, *DJe* 13.11.2013).

É fundamental que a ação de improbidade administrativa, para seu próprio bem, seja empregada com responsabilidade, naqueles casos em que realmente se vislumbre a prática de ilícitos. A fluidez do conceito de "moralidade administrativa" exige que o ato de improbidade seja devidamente tipificado na lei, não bastando a existência de dúvidas ou questionamentos quanto à sua oportunidade e conveniência (que se encontram dentro da discricionariedade do administrador público e são imunes ao controle judicial), mormente quando inexistente o prejuízo pecuniário ao patrimônio público.[88]

Para manter seu prestígio e aceitação, não só na comunidade jurídica como em toda a sociedade brasileira, a ação de improbidade administrativa deve ser utilizada com rigor, mas dentro dos conceitos de razoabilidade e proporcionalidade, evitando-se quaisquer abusos.

A esse respeito, justamente para afastar qualquer dúvida na matéria e para evitar interpretações indevidamente draconianas, a Lei 12.120/2009 já havia alterado a redação do *caput* do art. 12 e do inciso I do art. 21, ambos da Lei 8.429/1992, explicitando com maior ênfase a necessidade de observância dos princípios da proporcionalidade e da razoabilidade na fixação das eventuais condenações por improbidade administrativa, o que restou reafirmado no art. 17-C, IV, "a", introduzido pela Lei 14.230/2021.[89-90]

---

88. Nesta linha: TRF-1ª Região, ACi 1996.01.53556-0-DF, rela. Juíza Eliana Calmon, *DJU* 18.8.1997, p. 64.072.

89. Como anteriormente mencionado, a jurisprudência majoritária já enunciava a possibilidade de aplicação das sanções previstas no art. 12 de forma isolada ou cumulativa, à luz dos princípios da razoabilidade e da proporcionalidade, como decorrência do próprio sistema legal e constitucional pátrio.

90. No STJ, sobre a necessidade de observância do princípio da proporcionalidade na aplicação de sanção decorrente da Lei 8.429/1992, avaliando-se o grau de culpa do réu e a intensidade do dano causado ao erário: REsp 713.146-PR, rela. Min. Eliana Calmon, *DJU* 22.3.2007; REsp 1.003.179-RO, rel. Min. Teori Albino Zavascki, *DJe* 18.8.2008; REsp 1.009.953-PR, rel. Min. Luiz Fux, *DJe* 23.10.2008; REsp 895.530-PR, rel. Min. Luiz Fux, *DJe* 4.2.2009; REsp 1.019.555-SP, rel. Min. Castro Meira, *DJe* 29.6.2009; REsp/ED 1.021.851-SP, rela. Min. Eliana Calmon, *DJe* 6.8.2009; REsp 993.658-SC, *DJe* 18.12.2009.

Na doutrina, v.: Fábio Medina Osório, "Princípio da proporcionalidade constitucional: notas a respeito da tipificação material e do sancionamento aos atos de improbidade administrativa reprimidos na Lei 8.429/1992", *RTDP* 26/258; Emerson Garcia, "Improbidade administrativa", *RT* 833/711.

Há exaustivo acórdão do STJ resumindo muito bem as várias facetas relevantes a serem apreciadas pelos tribunais na análise da ação de improbidade administrativa, incluindo o grau de lesividade ao erário, o elemento subjetivo na conduta dos réus e

Observados estes princípios, e respeitado sempre o devido processo legal, sem sensacionalismos, muito se avançará no combate à corrupção e na preservação da moralidade administrativa.[91]

---

os critérios de razoabilidade e proporcionalidade para a dosimetria da condenação: REsp 980.706-RS, rel. Min. Luiz Fux, *DJe* 3.2.2011.

Segundo o Min. Herman Benjamin, Relator do acórdão do REsp 892.818-RS (STJ, *DJe* 10.2.2010), há que se fazer a necessária distinção entre o juízo de improbidade da conduta e o de dosimetria da pena: se o juiz declara ou insinua ser ímproba a conduta do agente ou reconhece a violação aos bens e valores protegidos pela Lei 8.429/1992, não lhe é facultado, no momento de dosimetria da pena, sob o influxo do princípio da insignificância (do valor do dano sofrido pelo erário), excluir a aplicação das sanções legalmente previstas, pois isso significaria invalidar ou tornar sem efeito o prévio juízo de improbidade da conduta, o que representaria "um equívoco nos planos técnico, lógico e jurídico".

Ademais, como já exposto, a aplicação das sanções independe da efetiva ocorrência de dano ao patrimônio público, eis que há medidas repressivas que não guardam, necessariamente, conteúdo econômico, como, por exemplo, a suspensão de direitos políticos e a declaração de inabilitação para contratar com a Administração (REsp 772.241-MG, rel. Min. Luiz Fux, *DJe* 24.6.2009).

Não obstante, por outro lado, caso reste caracterizado o prejuízo ao erário, "o ressarcimento não pode ser considerado propriamente uma sanção, senão uma consequência imediata e necessária do ato combatido, razão pela qual não se pode excluí-lo, a pretexto de cumprimento do paradigma da proporcionalidade das penas estampado no art. 12 da Lei n. 8.429/1992" (REsp 622.234-SP, rel. Min. Mauro Campbell Marques, *DJe* 1.10.2009).

91. Sobre o tema, recomenda-se a leitura do artigo de Edilson Pereira Nobre Jr., "Improbidade administrativa: alguns aspectos controvertidos", *RDA* 235/61-91, bem atualizado doutrinária e jurisprudencialmente.

QUINTA PARTE
MANDADO DE INJUNÇÃO

1. O mandado de injunção e a Lei 13.300/2016. 2. Conceito e objeto. 3. Competência, legitimidade e procedimento. 4. Julgamento. 5. Recursos. 6. Execução.

1. O mandado de injunção e a Lei 13.300/2016

O mandado de injunção, tal como previsto no art. 5º, LXXI, da CF, é o resultado da convergência de várias propostas apresentadas durante a Constituinte 1987-1988[1] no claro contexto de preocupações com o problema da omissão do legislador, que, certamente, comprometeria diversas conquistas constantes do texto constitucional que se elaborava.

O novo instituto, portanto, apresentava-se como inovadora ferramenta em defesa da máxima efetividade de direitos e liberdades constitucionais, bem como de prerrogativas inerentes à nacionalidade, à soberania e à cidadania. Exigiria, entretanto, grande esforço hermenêutico para consolidar seu procedimento, sua conceituação

---

1. Atribui-se a autoria prevalecente do texto constituinte acerca do mandado de injunção à proposta do Senador Virgílio Távora (PDS/CE), tendo o texto passado por aprimoramento, ainda na fase das Subcomissões, do Senador Ruy Bacelar (PMDB/BA). Em sua justificativa, o Senador assim se manifestava: "Não basta a mera enunciação de direitos na Carta. De que adianta, ao cidadão, que a Lei suprema do País declare expressamente o direito, por exemplo, à educação ou à saúde se o Estado não é compelido a pôr em prática o mandamento constitucional?". O texto ainda seria alterado pelo Deputado Darcy Pozza (PDS/RS), Relator do Anteprojeto da Subcomissão dos Direitos e Garantias Individuais, e pelo Senador José Paulo Bisol (PMDB/RS), Relator do Substitutivo apresentado na Comissão da Soberania e dos Direitos e Garantias do Homem e da Mulher. Finalmente, já na Comissão de Sistematização, a previsão seria ainda alterada três vezes por meio de emenda do então Senador Fernando Henrique Cardoso (PMDB/SP) e dos sucessivos Substitutivos apresentados pelo Relator Geral, o Deputado Bernardo Cabral (PMDB/AM).

como garantia fundamental, a competência para seu julgamento e os efeitos e características da decisão nele exarada.

Tratando-se de instituto sem paralelo exato no Direito Comparado, seu processo histórico de consolidação iniciou-se a partir da interpretação jurisprudencial bastante conservadora desenvolvida pelo STF. Em meio a intenso debate doutrinário, especialmente no que toca aos efeitos do mandado de injunção, o STF adotou polêmica interpretação quando do julgamento, em 23.11.1989, da QO no MI 107-DF, de relatoria do Min. Moreira Alves (*DJU* 21.9.1990).

Naquela oportunidade o Plenário do Tribunal, por unanimidade, chegou a quatro conclusões fundamentais em relação à natureza do novo instituto: (i) o mandado de injunção teria natureza mandamental; (ii) o art. 5º, LXXI, da CF seria autoaplicável; (iii) adotar-se-ia para o processamento do mandado de injunção o procedimento, no que coubesse, do mandado de segurança; e (iv) a ação teria o efeito de declaração, pelo Poder Judiciário, da mora legislativa em editar a norma jurídica da qual dependeria o exercício de direito, liberdade ou prerrogativa.

Quanto ao aspecto mais importante e polêmico daquela decisão, o STF registrou assim na ementa do acórdão:

> "Em face dos textos da Constituição Federal relativos ao mandado de injunção, é ele ação outorgada ao titular de direito, garantia ou prerrogativa a que alude o art. 5º, LXXI, dos quais o exercício está inviabilizado pela falta de norma regulamentadora, e ação que visa a obter do Poder Judiciário a declaração de inconstitucionalidade dessa omissão se estiver caracterizada a mora em regulamentar por parte do Poder, órgão, entidade ou autoridade de que ela dependa, com a finalidade de que se lhe dê ciência dessa declaração, para que adote as providências necessárias, a semelhança do que ocorre com a ação direta de inconstitucionalidade por omissão (art. 103, § 2º, da Carta Magna), e de que se determine, se se tratar de direito constitucional oponível contra o Estado, a suspensão dos processos judiciais ou administrativos de que possa advir para o impetrante dano que não ocorreria se não houvesse a omissão inconstitucional."

O Tribunal, portanto, adotou o que a doutrina veio a classificar como posição "não concretista", uma vez que fixou que a omissão legislativa somente poderia ser contraposta no âmbito de julgamento judicial por meio de decisão declaratória cujo efeito mandamental seria o de apenas comunicar o órgão responsável da citada mora identificada. O fundamento principal daquele acórdão foi o princípio da separação de Poderes (art. 2º da CF), que impediria que o Poder Judiciário atuasse como legislador positivo.

O mencionado entendimento do STF permaneceu vigente durante longo período em meio a forte crítica recebida da doutrina, que esperava e pleiteava por posição mais corajosa a destacar as possibilidades do novo instituto.

É certo, entretanto, que o próprio Tribunal chegou a adotar, em casos pontuais, posição mais moderna (concretista), reconhecendo, por exemplo, o direito do impetrante ao gozo da imunidade requerida com base no art. 195, § 7º, da CF se no prazo de seis meses não fosse editada lei regulamentadora.[2]

De qualquer forma, o posicionamento não concretista do STF permaneceu inalterado até 2007, quando o Tribunal voltou a discutir a natureza do mandado de injunção ao analisar o problema do direito de greve dos servidores públicos (art. 37, VII, da CF). No julgamento de três mandados de injunção, em 25.10.2007,[3] o STF destacou a insuficiência das decisões então proferidas com eficácia limitada ou até sem eficácia quando apenas comunicava ao órgão legislativo de sua mora. Pesou para essa mudança de perspectiva o fato de já terem transcorrido 13 anos da primeira decisão do Tribunal que reconhecera a mora legislativa do Congresso Nacional em relação ao art. 37, VII, da CF,[4] e que, portanto, o novo momento exigiria atuação mais efetiva do Poder Judiciário. Segundo o novo entendimento, o STF determinou a "aplicação das Leis ns. 7.701/1988 e 7.783/1989 aos conflitos e às ações judiciais que envolvam a interpretação do direito de greve dos servidores públicos civis". Em outras palavras: o Tribunal, diante da omissão permanente do Poder Legislativo, decidiu por

---

2. Foi o que ocorreu, por exemplo, no julgamento do MI 232-RJ, rel. Min. Moreira Alves, *DJU* 27.3.1992. O mesmo entendimento também foi adotado quando se analisou o art. 8º, § 3º, do ADCT, como no julgamento do MI 283-DF, rel. Min. Sepúlveda Pertence, *DJU* 14.11.1991, e do MI 284-DF, rel. para o acórdão Min. Celso de Mello, *DJU* 26.6.1992. V. b. MI 543, rel. para o acórdão Min. Nelson Jobim, *DJU* 24.5.2002, e MI 562-RS, rela. para o acórdão Min. Ellen Gracie, *DJU* 20.6.2003.

3. STF, MI 670-9-ES, rel. para o acórdão Min. Gilmar Mendes, *DJe* 31.10.2008; MI 708-0-DF, rel. Min. Gilmar Mendes, *DJe* 31.10.2008; MI 712-8-PA, rel. Min. Eros Grau, *DJe* 31.10.2008.

4. STF, MI 20-DF, rel. Min. Celso de Mello, *DJU* 22.11.1996 (julgamento ocorrido em 19.5.1994).

dar aplicação imediata ao direito vindicado por meio da incidência, para o servidor público, da legislação sobre greve das relações de trabalho.

Pouco antes desses julgamentos o STF já havia demonstrado sua mudança de jurisprudência em matéria de mandado de injunção quando examinou a omissão legislativa (lei complementar) referente à regulamentação do art. 40, § 4º, da CF (aposentadoria especial do servidor público) e se decidiu aplicar analogicamente a legislação endereçada aos trabalhadores em geral (art. 57, § 1º, da Lei 8.213/1991).[5]

O STF, dessa forma, com esse novo posicionamento jurisprudencial, revitalizou o instituto, dando-lhe nova e útil configuração e restaurando em parte as expectativas iniciais que se depositaram no novo instituto como forma de combater o problema da omissão legislativa.

Construiu-se, assim, o adequado contexto para a relevante discussão acerca da necessária regulamentação do processo e do procedimento do mandado de injunção, bem como a oportunidade de se plasmar, em vias legislativas, toda a edificação de jurisprudência realizada pelo STF nos últimos anos.

Essa oportunidade foi aproveitada no "II Pacto Republicano de Estado por um Sistema de Justiça mais acessível, ágil e efetivo", assinado em 13.4.2009 pelos Presidentes da República, do Senado Federal, da Câmara dos Deputados e do STF.[6] No âmbito do Comitê

---

5. STF, MI 721-DF, rel. Min. Marco Aurélio, *DJe* 30.11.2007. Em Sessão Plenária de 15.4.2009 o Tribunal reafirmou esse entendimento no julgamento do MI 788-DF, 795-DF, 796-DF, 797-DF, 808-DF, 809-DF, 815-DF, 825-DF, 828-DF, 841-DF, 850-DF, 857-DF, 879-DF, 905-DF, 927-DF, 938-DF, 962-DF e 998-DF. Nessa mesma assentada, o Plenário, resolvendo questão de ordem suscitada pelo Min. Joaquim Barbosa, autorizou que os Ministros decidissem monocraticamente e em definitivo novos casos idênticos.

6. Cabe sublinhar que dos trabalhos desenvolvidos no âmbito do "II Pacto Republicano de Estado por um Sistema de Justiça mais acessível, ágil e efetivo" também resultaram outras importantes legislações: a Emenda Constitucional 61/2009 sobre a composição do CNJ, a Emenda Constitucional 62/2009 sobre precatórios, a Lei 12.063/2009 (Lei da Ação Direta de Inconstitucionalidade por Omissão), a Lei 12.016/2009 (Lei do Mandado de Segurança), a Lei Complementar 132/2009 (lei que organiza a Defensoria Pública da União), a Lei 12.106/2009 (lei de criação do Departamento de Monitoramento e Fiscalização do Sistema Carcerário e do Sistema de Execução de Medidas Socioeducativas), a Lei 12.109/2009 (lei sobre a convocação de magistrados instrutores), a Lei 11.900/2009 (Lei do Interrogatório por Videocon-

Executivo formado por representantes do Poder Judiciário, o Min. Teori Zavascki apresentou anteprojeto inicial de regulamentação do mandado de injunção que, após aprimoramentos, foi encaminhado ao Deputado Flávio Dino e apresentado à Câmara dos Deputados. Tratou-se do Projeto de Lei 6.128/2009, que "disciplina o processo e julgamento do mandado de injunção individual e coletivo e dá outras providências" e que, em sua justificação, passou em revista os temas de mora legislativa que serviram de pretexto para a "viragem da jurisprudência" do STF.[7]

O Projeto de Lei 6.128/2009, após discussões, alterações e votações no Congresso Nacional, foi aprovado, e promulgada a Lei 13.300/2016. A nova lei, portanto, é o resultado da assimilação no plano legislativo de toda a construção jurisprudencial realizada pelo STF nos últimos anos. Segundo a correta manifestação do Min. Gilmar Mendes, escrevendo ainda antes da aprovação do Projeto de Lei:

> "Cumpriria ressaltar que o Projeto de Lei estabelece disciplina advinda de longa maturação, teórica e prática, levada a cabo não só pelo Supremo Tribunal, mas por toda a comunidade de especialistas que, aqui e alhures, debruçaram-se sobre a questão, o que não pode deixar de exercer influência sobre o grau de segurança jurídica que se pode esperar da operação do instituto dentro do sistema constitucional brasileiro.
>
> "O cotejo entre o conjunto formado por essa jurisprudência acerca do processamento e da eficácia decisória em mandado de injunção e as proposições legislativas contidas no Projeto de Lei n. 6.128/2009 está a indicar que o legislador está atento às reflexões desenvolvidas pelo STF, sem se demitir de sua responsabilidade de conseguir uma adequada e constante evolução do instituto no nosso sistema constitucional."

Foi, entretanto, o Min. Teori Zavascki quem bem identificou a questão mais sensível que se localiza na essência do instituto do man-

---

ferência), a Lei 12.011/2009 (lei de estruturação das Turmas Recursais dos Juizados Especiais Federais), a Lei 12.153/2009 (Lei dos Juizados Especiais da Fazenda Pública dos Estados) e a Lei 12.403/2011 (lei das medidas cautelares no processo penal).

7. A expressão é do Min. Gilmar Mendes, utilizada em texto doutrinário: "O mandado de injunção e a necessidade de sua regulação legislativa", in *Mandado de Injunção – Estudos sobre a sua Regulamentação*, São Paulo, Saraiva, 2013, p. 31. De fato, na justificação do projeto de lei há expressa referência aos temas da aposentadoria especial do art. 40, § 4º, da CF, do direito de greve e, mesmo, da questão do aviso prévio proporcional.

dado de injunção: o problema da separação de Poderes – argumento que serviu de base para o longo período de posicionamento não concretista do STF. Assim o Ministro se manifestou durante a cerimônia de sanção da lei ocorrida no Palácio do Planalto em 23.6.2016:

> "A importância da lei agora sancionada está justamente nisso: ela vem trazer disciplina a um domínio sensível das relações institucionais entre dois Poderes do Estado, aquele em que, devidamente autorizado pela Constituição, ao Poder Judiciário cumprirá, de certo modo, substituir-se ao Poder Legislativo, o que ocorrerá em especialíssimas situações e de modo provisório e temporário, e sem de forma alguma comprometer ou limitar a funcionalidade da atuação legislativa. Traçar os adequados limites a essa atuação jurisdicional dos tribunais e, ao mesmo tempo, assegurar aos cidadãos a plenitude do exercício dos seus direitos e prerrogativas, eis aí o delicado caminho por que trafega a nova Lei do Mandado de Injunção."

A Lei 13.300/2016 é, portanto, excepcional novo paradigma para a plena eficácia do instituto do mandado de injunção, tendo essa legislação trazido importantes inovações ao processamento da ação e atribuído regime moderno às decisões proferidas em seu âmbito. Antes do estudo acerca do conceito, objeto, competência, procedimento e julgamento do mandado de injunção, torna-se salutar indicar o elenco de importantes novidades apresentadas pela nova legislação:

(a) procedimento sumário e aplicação subsidiária do regime de processamento do mandado de segurança (arts. 5º, 6º, 7º, 8º e 14);

(b) cabimento do mandado de injunção nos casos de omissão parcial de norma regulamentadora (art. 2º, parágrafo único);

(c) possibilidade de ordem judicial de exibição de documento no prazo de 10 dias se a repartição ou estabelecimento público se negar a fornecer documento necessário à prova do alegado (art. 4º, § 2º);

(d) indeferimento liminar da petição inicial no caso de manifestamente incabível ou improcedente (art. 6º);

(e) o deferimento da injunção ocorrerá para (i) determinar prazo razoável para que o impetrado promova a edição da norma regulamentadora e/ou (ii) estabelecer as condições em que se dará o exercício dos direitos, liberdades e prerrogativas reclamados ou as condições para a promoção de ação própria para exercer tais direitos na hipótese de não suprida a omissão (art. 8º);

(f) possibilidade de se conferir eficácia *ultra partes* ou *erga omnes* à decisão quando inerente ao exercício do direito, liberdade ou prerrogativa (art. 9º, § 1º);

(g) possibilidade de ação de revisão quando sobrevierem modificações das circunstâncias de fato ou de direito (art. 10);

(h) efeitos *ex nunc* da norma regulamentadora superveniente, salvo se sua aplicação imediata for mais favorável ao impetrante (art. 11);

(i) possibilidade de mandado de injunção coletivo impetrado pelo Ministério Público, por partido político, por organização sindical, entidade de classe ou associação e pela Defensoria Pública (art. 12);

(j) a coisa julgada do mandado de injunção coletivo não beneficiará o impetrante individual se não requerer a desistência de sua ação no prazo de 30 dias (art. 13, parágrafo único).

Diante de tais novidades, passemos ao tratamento pormenorizado dos principais aspectos relacionados ao mandado de injunção.

2. *Conceito e objeto*

Mandado de injunção é o meio constitucional posto à disposição de quem se considerar prejudicado pela falta de norma regulamentadora que torne inviável o exercício dos direitos e liberdades constitucionais e das prerrogativas inerentes à nacionalidade, à soberania e à cidadania (CF, art. 5º, LXXI).

Com a edição da Lei 13.300, de 23.6.2016, tornou-se mais cristalina a hipótese de cabimento do mandado de injunção pela falta parcial de norma regulamentadora (art. 2º, *caput*), entendida "parcial a regulamentação quando forem insuficientes as normas editadas pelo órgão legislador competente" (art. 2º, parágrafo único).[8]

O *objeto*, portanto, desse mandado é a proteção de quaisquer direitos e liberdades constitucionais, individuais ou coletivos, de pessoa física ou jurídica, e de franquias relativas à nacionalidade, à soberania popular e à cidadania, que torne possível sua fruição por inação, total ou parcial, do Poder Público em expedir normas regulamentadoras pertinentes.

8. Em realidade, o STF já havia reconhecido a possibilidade de cabimento do mandado de injunção nos casos de omissão parcial (MI 524-SP, rel. Min. Celso de Mello, *DJU* 28.6.2002).

O nosso mandado de injunção não é o mesmo *writ* dos ingleses e norte-americanos, assemelhando-se apenas na denominação.[9] É o que se infere dos publicistas nacionais que já trataram do assunto.[10]

No Direito Anglo-Saxônio referida ação tem objetivos muito mais amplos que no nosso, pois que na Inglaterra e nos Estados Unidos o *writ of injunction* presta-se a solucionar questões de direito

---

9. Cf.: H. W. R. Wade, *Diritto Amministrativo Inglese*, trad. italiana de Carmelo Geraci, Milão, Giuffrè, 1969, pp. 150 e ss.; Oscar Rabasa, *El Derecho Anglo-Americano*, 2ª ed., México, Editorial Porrúa, 1982, pp. 136 e ss.; John Clarke Adams, "Breve exposição sobre o direito administrativo norte-americano", *RDA* 53/56.

10. Alcebíades da Silva Minhoto Jr., "Direito administrativo e *Common Law*", *RDP* 33/116; Joachin Wolfgang Stein, "O espírito do Direito Inglês no regime jurídico da Administração", *RDP* 49-50/154; José Cretella Jr., "O direito administrativo no sistema *Common Law*", *RPGE/SP* 12/9; Arnoldo Wald, *Do Mandado de Segurança na Prática Judiciária*, 3ª ed., Rio de Janeiro, Forense, 1968, pp. 65 e ss.; Pinto Ferreira, *Teoria e Prática do Mandado de Segurança*, 2ª ed., São Paulo, Saraiva, 1985, p. 145; Galeno Lacerda, "Eficácia do mandado de injunção" e "Requisitos do mandado de injunção", no jornal *Zero Hora* de 5.10.1988 e 25.10.1988; Adhemar Ferreira Maciel, "Conjecturas sobre o mandado de injunção", no jornal *O Estado de S. Paulo* de 1.11.1988; Celso Agrícola Barbi, "Proteção processual dos direitos fundamentais", *RBDP* 57/13, Uberaba/MG, 1988; José Afonso da Silva, "Mandado de injunção, direito do cidadão", no *Jornal do Brasil* de 24.10.1988; Régis Fernandes de Oliveira, "Ideias sobre o mandado de injunção", *BDA* novembro/1988, p. 681; Herzeleide Maria Fernandes de Oliveira, "O mandado de injunção", *Revista de Informação Legislativa* 100/47; Celso Agrícola Barbi, "Mandado de injunção", *RT* 637/7; Michel Temer, "Algumas notas sobre o mandado de segurança coletivo, o mandado de injunção e o *habeas data*", *RPGE/SP* 30/11; José Carlos Cal Garcia, "Mandado de injunção", *RDP* 88/113; J. J. Calmon de Passos, *Mandado de Segurança Coletivo, Mandado de Injunção e "Habeas Data" – Constituição e Processo*, Rio de Janeiro, Forense, 1989; Sérgio Bermudes, "O mandado de injunção", *RT* 642/24, 1989; José Afonso da Silva, *Mandado de Injunção e* ***Habeas Data***, São Paulo, Ed. RT, 1989.

Para uma visão atualizada do instituto, à luz da jurisprudência do STF, v.: Vanice Regina Lírio do Valle, *A Construção de uma Garantia Constitucional: Compreensão da Suprema Corte quanto ao Mandado de Injunção*, Rio de Janeiro, Lumen Juris, 2005; Cláudio Pereira de Souza Neto, "Mandado de injunção: efeitos de decisão e âmbito de incidência", *BDA* julho/2007, p. 792; Edilson Pereira Nobre Jr., "Mandado de injunção: duas décadas de vigência de uma garantia constitucional", *RT* 881/9; Walter Claudius Rothenburg, "A segunda geração do mandado de injunção", *RIL* 188/69; Aldo de Campos Costa, "O mandado de injunção na jurisprudência do STF e do STJ", disponível no sítio eletrônico *Consultor Jurídico* (*www.conjur.com.br*), 21.6.2013; Rodrigo Reis Mazzei, "Mandado de injunção", in Fredie Didier Jr. (org.), *Ações Constitucionais*, 6ª ed., Salvador, JusPodivm, 2013; Gilmar Ferreira Mendes, André Rufino do Vale e Fábio Lima Quintas, *Mandado de Injunção: Estudos sobre sua Regulamentação*, São Paulo, Saraiva, 2013; Olavo Augusto Vianna Alves Ferreira e Guilherme de Siqueira Castro, *Mandado de Injunção Conforme a Lei 13.300/2016*, Salvador, JusPodivm, 2016; Nilton Alexandre Borges, *Mandado de Injunção e o Acesso à Justiça*, 5ª ed., São Paulo, Baraúna, 2017.

público e de direito privado, sendo considerado um dos remédios extraordinários (*extraordinary writs*: *mandamus injunction* ou *prohibition, quo warranto* e *certiorari*, oriundos da *Common Law* e da *Equity*).[11]

Não se pode confundir os mandados de injunção e de segurança, visto que os objetivos de cada um são diversos. Toda matéria passível de mandado de segurança não é solucionável por mandado de injunção, e vice-versa. O mandado de segurança protege qualquer lesão a direito individual ou coletivo, líquido e certo; o mandado de injunção somente protege as garantias fundamentais constitucionalmente especificadas na CF (art. 5º, LXXI) e, no caso do mandado de injunção coletivo, protege-se uma "coletividade indeterminada de pessoas ou determinada por grupo, classe ou categoria" nos limites da previsão do art. 12 da nova lei (parágrafo único do art. 12),[12] ou seja, relativas ao exercício dos direitos e liberdades constitucionais e das prerrogativas inerentes à nacionalidade, à soberania e à cidadania. Lembremos que a soberania referida neste inciso é a *soberania popular*, expressa no art. 14, e não a soberania do Estado, só invocável pelo próprio Estado no exercício de seus poderes absolutos e incontrastáveis. Os pressupostos para o cabimento do mandado de injunção são: (a) a existência de um direito constitucional relacionado às liberdades fundamentais, à nacionalidade, à soberania ou à cidadania; e (b) a falta total ou parcial de norma regulamentadora que impeça ou prejudique a fruição deste direito. Ausente um destes dois pressupostos, o caso não será de mandado de injunção.[13] Assim, o mandado de injunção não é remédio para qualquer tipo de omissão legislativa, mas

11. O *writ of mandamus* é uma ordem para fazer ou não fazer algo ilegal ou abusivo; o *writ of injunction* pode conter uma ordem para fazer (*mandatory*) ou deixar de fazer (*prohibitory*), podendo dirigir-se ao Poder Público ou ao particular; o *quo warranto* é o meio pelo qual o Governo destitui quem ocupa cargo ilegalmente; o *writ of certiorari* destina-se à verificação da legitimidade dos atos administrativos e de competência do funcionário para praticá-los. O descumprimento de qualquer dessas ordens importa crime de desacato ao Tribunal e sujeita o infrator a prisão (*contempt of court*), enquanto permanecer desrespeitando a ordem (cf. Oscar Rabasa, *El Derecho Anglo-Americano*, 2ª ed., p. 213).

12. O TJRJ já decidiu pelo cabimento de mandado de injunção para proteção de garantias fundamentais constantes não só da Constituição Federal como também da Constituição estadual (MI 06/1990, rel. Des. José Carlos Barbosa Moreira, *RDTJRJ* 10/83).

13. STJ, Corte Especial, MI 169-DF, rel. Min. Félix Fischer, v.u., *Lex-STJ* 157/33.

apenas para aquela que afete o exercício de direitos constitucionais fundamentais. fundamentais.[14] Não serve, por exemplo, para obter a regulamentação dos efeitos de medida provisória rejeitada,[15] ou para obrigar o Estado a legislar sobre determinada matéria não prevista na CF.[16] É importante destacar, entretanto, que o novo regime legal do mandado de injunção, embora reconheça que a decisão terá eficácia subjetiva limitada às partes, permite ao julgador conferir eficácia *ultra partes* ou *erga omnes* à decisão "quando isso for inerente ou indispensável ao exercício do direito, da liberdade ou da prerrogativa objeto da impetração (art. 9º, § 1º). Trata-se, aqui, portanto, do mesmo regime aplicável aos efeitos da sentença proferida em ações coletivas, previsto no art. 103 da Lei 8.078, de 11.9.1990 (Código de Defesa do Consumidor).

Tampouco será cabível o mandado de injunção para a discussão de constitucionalidade, ilegalidade ou descumprimento de norma em vigor, pois apenas a falta de norma regulamentadora é que enseja a impetração.[17] Da mesma forma, se a parte sustenta que uma regra

14. "(...). É preciso ter presente, pois, que o direito à legislação só pode ser invocado pelo interessado quando também existir – *simultaneamente imposta pelo próprio texto constitucional* – a previsão do dever estatal de emanar normas legais. Isso significa, portanto, que o direito individual à atividade legislativa do Estado apenas se evidenciará naquelas estritas hipóteses em que o desempenho da função de legislar refletir, por efeito de exclusiva determinação constitucional, uma obrigação jurídica indeclinável imposta ao Poder Público, consoante adverte o magistério jurisprudencial desta Suprema Corte (MI n. 633-DF, rel. Min. Celso de Mello, *v.g.*)" (MI 5.033-DF, rel. Min. Celso de Mello, *DJU* 24.4.2013).

15. STF, MI 415-4, rel. Min. Octávio Gallotti, *ADV* 1993, ementa 62.273.

16. STF, MI/AgR765-DF, rel. Min. Dias Toffoli, *DJe* 1.2.2012. No caso, pretendia-se obrigar a edição de lei sobre a atividade de bingos, e o mandado de injunção não foi conhecido. No mesmo sentido o STJ, ao rejeitar mandado de injunção pelo qual se pretendia discutir a progressão funcional do militar prevista em norma de natureza infraconstitucional e não na Constituição (MI/AgInt 305-DF, rel. Min. Jorge Mussi, *DJe* 23.4.2021).

17. STF, Tribunal Pleno, MI 703-9-DF, rel. Min. Marco Aurélio, *RT* 832/154; STJ, Corte Especial, MI 40-DF, rel. Min. Edson Vidigal, *RT* 665/172, e MI 67-CE, rel. Min. Pedro Acioli, *RSTJ* 39/279; TJSP, Tribunal Pleno, MI 10.604-0, rel. Des. Oliveira Costa, j. 26.9.1990.

No Plenário do STF: MI/AgR 609-1-RJ, rel. Min. Octávio Gallotti, *RT* 785/153 ("Se a causa de pedir da ação repousa sobre a suposta inconstitucionalidade de norma regulamentadora, e não na sua inexistência, inviável o uso do mandado de injunção, pois ausente seu pressuposto processual de admissibilidade, conforme disposto no art. 5º, LXXI, da CF"). Em outro caso, no qual a parte pretendia a substituição da norma vigente – a seu ver, insuficiente – por outra mais favorável, o Pleno do STF reiterou que tais hipóteses não configuram a omissão legislativa autorizadora da impetração

constitucional lhe assegura determinado direito e que a mesma é autoaplicável mas está sendo desrespeitada, não há que se falar em falta de norma regulamentadora, e portanto não cabe o mandado de injunção.[18] Tampouco é cabível o mandado de injunção para buscar o cumprimento de norma regulamentadora já existente que estaria sendo desobedecida.[19] De um modo geral, pode-se dizer que o mandado de injunção não se presta a resolver controvérsias baseadas em normas em vigor (salvo se a norma se enquadrar no conceito de "falta parcial" – art. 2º, parágrafo único –, e, portanto, mesmo sendo norma regulamentadora, não for ela suficiente para viabilizar o exercício de direitos e liberdades constitucionais), mas apenas e tão somente a possibilitar o exercício de um direito constitucional frustrado pela omissão na edição da norma regulamentadora competente.[20] Nesta linha, o Plenário do STF decidiu que não cabe mandado de injunção quando a própria Constituição regula provisoriamente o direito em questão, enquanto não aprovada a lei a que se refere.[21] Por fim, o direito resguardado pela via do mandado de injunção é aquele desde logo assegurado pela Constituição, porém pendente de regulamentação. Se a Carta Política simplesmente faculta ao legislador a outorga de um direito, sem ordená-lo, o mandado de injunção é juridicamente impossível.[22]

---

do mandado de injunção: MI/AgR 751-9-DF, rel. Min. Ricardo Lewandowski, *RT* 869/161. "A jurisprudência [*do STF*] é remansosa no sentido do descabimento do mandado de injunção para fins de questionamento da disciplina legal vigente" (MI/AgR 744-DF, rel. Min. Luiz Fux, *DJe* 18.2.2014).

No mesmo sentido: STJ, Corte Especial, MI 121-DF, rel. Min. Nilson Naves, v.u., *DJU* 27.4.98, p. 57 ("O defeito da norma não justifica se pleiteie a injunção"). Ainda na Corte Especial do STJ, afirmando que descabe a impetração de mandado de injunção se a hipótese é de "mero descontentamento ou insatisfação com a normatização": MI 206-DF, rela. Min. Laurita Vaz, *DJe* 18.5.2009.

18. STF, MI 2.541-DF, rel. Min. Dias Toffoli, *DJe* 12.9.2013; TJMG, MI 07, rel. Des. Bernardino Godinho, *RF* 325/201.

19. STJ, Pet. 1.309-MA, rel. Min. José Delgado, *DJU* 2.4.2001, p. 252.

20. STF, MI 14-DF, rel. Min. Sydney Sanches, *RTJ* 128/3; MI 388-2-SP, rel. Min. Néri da Silveira, *RT* 708/219. Sendo assim, não cabe o mandado de injunção para discussão acerca do enquadramento da pessoa do impetrante nos requisitos legais para usufruir de determinado direito, por se tratar de questão fática e jurídica, a ser aferida pelas autoridades competentes, nas vias administrativas e judiciais comuns (STF, MI/AgR 2.123-DF, rel. Min. Dias Toffoli, *DJe* 1.8.2013; MI/AgR 5.366-DF, rela. Min. Rosa Weber, *DJe* 21.3.2014).

21. STF, MI 628-8-RJ, rel. Min. Sydney Sanches, *RT* 809/167.

22. STF, MI 107-3-DF, rel. Min. Moreira Alves, *RT* 677/235; MI 444-7-MG, rel. Min. Sydney Sanches, *RTJ* 158/6; MI 425-1-DF, rel. Min. Sydney Sanches, *ADV* 1995, ementa 68.804.

3. *Competência, legitimidade e procedimento*

A Constituição da República diz competir *originariamente* o julgamento do mandado de injunção ao STF quando a elaboração da norma regulamentadora for atribuição do Presidente da República, do Congresso Nacional, da Câmara dos Deputados, do Senado Federal, das Mesas de uma dessas Casas Legislativas, do TCU, de um dos Tribunais Superiores ou do próprio STF (art. 102, I, "q"). Em *recurso ordinário* cabe ao STF julgar o mandado de injunção decidido em única instância pelos Tribunais Superiores, se denegatória a decisão (art. 102, II, "a").

A mesma Constituição atribui competência ao STJ para processar e julgar *originariamente* o mandado de injunção quando a elaboração da norma regulamentadora for atribuição de órgão, entidade ou autoridade federal, da Administração direta ou indireta, excetuados os casos de competência do STF e dos órgãos da Justiça Militar, da Justiça Eleitoral,[23] da Justiça do Trabalho e da Justiça Federal (art. 105, I, "h").[24-25] Portanto, os juízos competentes para julgar mandado de injunção são o STF e o STJ, remanescendo competência para os demais Tribunais e juízos federais ou estaduais na forma que a lei pertinente vier a dispor.[26] A Lei 13.300/2016 assentou essa questão

---

23. Quanto à Justiça Eleitoral, a CF (art. 121, § 4º, V), já determinou que lei complementar "disporá sobre a organização e competência dos Tribunais, dos juízes de direito e das Juntas Eleitorais", estabelecendo que "das decisões dos Tribunais Regionais Eleitorais somente caberá recurso" quando denegarem mandado de injunção.

24. O STJ não tem competência para julgamento de mandado de injunção em razão de ato da competência de governador de Estado ou qualquer outra autoridade estadual, pois sua competência em matéria de mandado de injunção é restrita a autoridades federais, como define a Constituição e já decidiu a Corte Especial no MI 97-5-RJ, rel. Min. José de Jesus Filho, *RSTJ* 56/63.

25. O STJ já decidiu que caberá à Justiça Federal, nos termos do art. 109, I, da CF, a competência para processar e julgar o mandado de injunção impetrado contra omissão do Conselho Nacional de Trânsito/CONTRAN (MI 193-DF, rel. Min. Carlos Alberto Menezes Direito, *DJU* 14.8.2006).

26. Na ausência de lei regulamentadora, a jurisprudência e a doutrina têm entendido que cabe aplicar, por analogia, a legislação sobre mandado de segurança e o Código de Processo Civil, sendo, assim, autoaplicável o texto constitucional, sem prejuízo de ser recomendável a elaboração de legislação ordinária sobre a matéria. Na questão da organização judiciária os Estados estão legislando sobre a matéria. A doutrina e alguns magistrados têm criticado a norma constitucional que exclui a competência do juiz federal para conhecer da injunção (Carlos Mário da Silva Velloso, *Os Tribunais Federais e a Justiça Federal*, no II Fórum Jurídico realizado em Belo Horizonte a respeito da Constituição de 1988, Rio de Janeiro, Forense Universitária, p. 241).

ao fixar como impetrado o "Poder, o órgão ou a autoridade com atribuição para editar a norma regulamentadora". Isso porque a regra de competência, na linha do entendimento jurisprudencial, dependerá da identificação do impetrado.

Dessa forma, cada Estado tem competência para legislar em matéria de competência dos Tribunais de Justiça, bem como dos juízes estaduais de primeira instância (CF, art. 125). Em São Paulo o mandado de injunção contra autoridades tanto estaduais quanto municipais é da competência originária do Tribunal de Justiça.[27] No Rio de Janeiro a competência originária do Tribunal de Justiça é apenas para os mandados de injunção contra autoridades estaduais, sendo do juiz de primeira instância quanto a autoridades municipais.[28]

De qualquer maneira, as regras de competência serão sempre definidas em função do órgão ou autoridade a que caiba a edição do diploma legal regulamentador,[29] e tais regras estão claramente previstas na Constituição ou são dela facilmente retiradas. Ao STF caberá, por exemplo, o processamento do mandado de injunção impetrado contra o Presidente da República, o Congresso Nacional, a Câmara dos Deputados, o Senado Federal, o TCU, os Tribunais Superiores e o próprio STF (art. 102, I, "q", da CF). Já o STJ será competente para julgar o mandado de injunção quando a elaboração da norma regulamentadora for atribuição de órgão, entidade ou autoridade federal, da Administração direta ou indireta, "excetuados os casos de competência do Supremo Tribunal Federal e dos órgãos da Justiça Militar, da Justiça Eleitoral, da Justiça do Trabalho e da Justiça Federal" (art. 105, I, "h", da CF).[30] Por raciocínio analógico, será da competência dos juízes federais, dos TRFs, dos juízes estaduais e dos Tribunais de Justiça o processamento do mandado de injunção quando a omissão for atribuída a órgão, entidade ou autoridade federal ou estadual sujeita às suas próprias competências, mesmo que seja residual ou fi-

27. Constituição do Estado de São Paulo, art. 74, V, e TJSP, ACi 235.873-1, rel. Des. Ivan Sartori, *RJTJSP* 176/92.

28. Constituição do Estado do Rio de Janeiro, art. 158, IV, "g", e TJRJ, ACi 4.321/1993, rel. Des. Roberto Maron, *ADV* 1996, ementa 72.323.

29. STF, MI 176-6-PE, rel. Min. Marco Aurélio, *RT* 688/215.

30. Nesse sentido, o STJ já conheceu de mandado de injunção que discutia omissão imputada, em tese, a Ministro de Estado (MI 289-DF, rel. Min. Napoleão Nunes Maia Filho, *DJe* 22.9.2020).

xado nas Constituições estaduais.[31] Finalmente, é importante apontar que a Constituição Federal ainda indica expressamente duas situações de competência recursal em matéria de mandado de injunção, a saber: (i) do STF, contra decisão denegatória em única instância pelos Tribunais Superiores (art. 102, II, "a"), e (ii) do TSE, para julgar o recurso contra a decisão denegatória de TRE (art. 121, § 4º, V).

A Lei 13.300/2016 é, atualmente, lei específica a regular o trâmite processual do mandado de injunção, fixando-se, em seu art. 14, que se aplicam subsidiariamente as normas do mandado de segurança disciplinado pela Lei 12.016/2009, bem como as regras do Código de Processo Civil de 2015, a confirmar a estreita semelhança que há entre o mandado de injunção e o de segurança. A própria jurisprudência já vinha adotando o rito do mandado de segurança para o mandado de injunção, sem discrepância. Assim, dentre outras regras, não se admite a produção de provas no curso do processo, pois o direito alegado deve ser comprovado com a inicial.[32] É o que está, por exemplo, no art. 4º, quando se exige que "a petição inicial deverá preencher os requisitos estabelecidos pela lei processual". No caso, a referência remete aos arts. 319 e 320 do CPC vigente, com a possibilidade de o juiz determinar a emenda ou a complementação da inicial em caso de não cumprimento dos requisitos ou existência defeitos ou irregularidades que dificultem o julgamento de mérito (art. 321 do CPC de 2015). Admite-se, porém, que a autoridade judiciária, por provocação do impetrante, ordene à repartição ou estabelecimento público a apresentação de documento necessário à prova do alegado no prazo de 10 dias (art. 4º, § 2º). Ainda por analogia com o mandado de segurança e por força da previsão do art. 14 da nova lei, não se têm concedido honorários advocatícios no mandado de injunção.[33]

Entendemos cabível, eventualmente, até mesmo a medida liminar como providência cautelar para evitar lesão a direito do impetrante do mandado de injunção, desde que haja possibilidade de dano irreparável se se aguardar a decisão final da Justiça. Se tal medida é cabível para a defesa de direito individual ou coletivo amparado por lei ordinária, com mais razão há de ser para proteger os direitos e prerrogativas constitucionais asseguráveis pelo mandado de injunção, desde que ocorram os pressupostos do *fumus boni juris* e do *pe-*

---

31. V. nota 25

32. TJRJ, MI 11/1989, rel. Des. Renato Maneschy, *RT* 674/175.

33. TJSP, MI 120.787-5/4, rel. Des. Sidnei Beneti, *Boletim AASP* 2.166/292-e.

riculum in mora.[34] Repetimos que o mandado de injunção não é sucedâneo do mandado de segurança – e, por isso, não pode substituí-lo nos casos de seu cabimento. Até porque o mandado de segurança há que se basear em norma legal, previamente estabelecida, e o mandado de injunção só é cabível por falta da norma pertinente. A nova lei não resolve o ponto, uma vez que não há previsão expressa para o cabimento ou não do pedido de liminar em mandado de injunção.

Observe-se que em princípio não há decadência nem prescrição para a impetração do mandado de injunção e, de fato, a Lei 13.300/2016 não fixou qualquer prazo para a impetração. Em princípio, a omissão na edição da norma jurídica é situação perene, que não cessa e que, portanto, não pode sugerir a contagem de qualquer prazo que seja de natureza decadencial para a impetração.

A nova legislação, no entanto, foi expressa ao estabelecer que são legitimados para o mandado de injunção "como impetrantes" as pessoas naturais ou jurídicas titulares dos direitos, das liberdades ou das prerrogativas indicadas no art. 2º da lei. Dessa forma, na linha do que já fixava a jurisprudência do STF, somente é impetrante o titular do direito vindicado,[35] não podendo impetrá-lo, por exemplo, o Estado da Federação na eventual representação do suposto titular. Cabe sublinhar que a premissa da qual parte a lei supõe como verdadeira a afirmação do impetrante de que ele é, de fato, o titular do direito, tal como uma asserção que pode excepcionalmente ser contestada pelo juiz no exame da relação jurídica deduzida com a consequente decisão de mérito na ação.[36] São responsáveis por apre-

---

34. A jurisprudência mais recente do STF, no entanto, não tem admitido a medida liminar em mandado de injunção, e tampouco a propositura de ação cautelar incidental. Neste sentido o acórdão unânime do Plenário na MC/AgR 124-2-PR, rel. Min. Marco Aurélio, *RT* 832/153. Ainda no STF: MI/MC 4.060-DF, rel. Min. Celso de Mello, *DJe* 2.8.2011.

35. Somente tem legitimidade ativa para a ação o titular do direito ou liberdade constitucional ou de prerrogativa inerente à nacionalidade, à soberania e à cidadania cujo exercício esteja inviabilizado pela ausência da norma infraconstitucional regulamentadora (STF, Pleno, MI/AgR 595-MA, rel. Min. Carlos Velloso, *RTJ* 169/445). Com fundamentação semelhante, o TJRJ decidiu pelo descabimento da impetração de mandado de injunção por Município (ACi 13.742/2004, rel. Des. Marco Antônio Ibrahim, *RT* 837/328).

36. O STF não admite a impetração de mandado de injunção por Estado da Federação (MI 395-5-PR, rel. Min. Moreira Alves, *RT* 691/218).

No polo passivo, ao contrário, somente podem figurar a União, os Estados, o Distrito Federal e os Municípios, pois a eles compete a edição de atos normativos

sentar o projeto de lei os impetrados do mandado de injunção, tais como o Presidente da República, o STF, os Tribunais Superiores ou, mesmo, o Procurador-Geral da República (art. 61 da CF). Situação diversa é quando já haja projeto de lei acerca do tema e a omissão se deva à sua não deliberação, caso em que será o Congresso Nacional o impetrado no *mandamus*. Na mesma linha de raciocínio, no caso de inexistência de norma jurídica infralegal, caberá ao órgão ou autoridade omissa pela edição do decreto, portaria ou resolução constar como impetrado. Em todos esses casos, por exigência do art. 4º da lei, o impetrante também terá que indicar na petição inicial a pessoa jurídica que o órgão ou a autoridade integra (no caso do Presidente da República ou do Congresso Nacional, dever-se-á indicar a União, por exemplo).

A jurisprudência, após fase em que dominou a tendência contrária passou a admitir a impetração de mandado de injunção coletivo, entendendo-se como legitimadas as mesmas entidades às quais a Constituição deu a possibilidade de ajuizamento de mandado de segurança coletivo. Os requisitos, assim, aproximavam-se daqueles do mandado de segurança coletivo, na medida em que a injunção coletiva será cabível quando o prejuízo pela falta de norma regulamentadora afetar a todos os associados da entidade impetrante.[37] Com base no

(sobre a legitimidade passiva do Distrito Federal, v. TJDF, MI 20110020020349, rel. Des. Lécio Resende, *RT* 909/839). E somente a pessoa jurídica de direito público competente para a elaboração da norma reguladora é parte passiva legítima, não havendo que se falar em litisconsórcio passivo com outras autoridades eventualmente afetadas mas incompetentes para a edição do ato em questão. Assim, se a norma omitida é de competência da União, não cabe o litisconsórcio passivo com Estado, ainda que o impetrante seja funcionário deste último (MI/AgR 4.457-DF, rel. Min. Luiz Fux, *DJe* 19.2.2014). Tampouco se admite o litisconsórcio passivo com particulares supostamente beneficiados pela inércia legislativa (STF, MI 502-8-SP, rel. Min. Maurício Corrêa, *RT* 729/110). A entidade pública ou de direito privado que será futuramente obrigada ao cumprimento da norma regulamentadora a ser elaborada, por sua vez, também é parte passiva ilegítima no mandado de injunção (STF, MI/AgR 561-2-RJ, rel. Min. Octávio Gallotti, *RT* 753/143); MI/AgR 4.124-SE, rel. Min. Dias Toffoli, *DJe* 18.2.2014; MI/AgR 4.457-DF, rel. Min. Luiz Fux, *DJe* 19.2.2014).

37. STF, MI 20-4-DF, rel. Min. Celso de Mello, *RTJ* 166/751; MI/AgR 3.322-DF, rel. Min. Celso de Mello, *DJe* 20.10.2011; TJMG, MI 37.979-2, rel. Des. Murilo Pereira, *RT* 727/266; TJRJ, MI 01/1993, rel. Des. Décio Goes, *DJE* 6.2.1997, p. 151, ementa 28. É indispensável, portanto, que os associados da entidade impetrante sejam titulares do direito constitucional prejudicado pela falta de norma regulamentadora, pois do contrário caracteriza-se a ilegitimidade ativa para o ajuizamento do mandado de injunção coletivo (STF, MI 627-SP, rel. Min. Néri da Silveira, j. 22.4.2002, *Informativo STF* 265/1).

inciso III do art. 8º da CF, o STF também firmara jurisprudência no sentido de que os sindicatos poderiam impetrar mandado de injunção em favor dos sindicalizados, tanto coletiva como individualmente.[38] Assim sendo, fazia-se interpretação analógica do art. 5º, LXX, da CF quando se estabelecia a possibilidade de impetração do mandado de segurança coletivo por "partido político com representação no Congresso Nacional" e "organização sindical, entidade de classe ou associação legalmente constituída e em funcionamento há pelo menos um 1 (ano)", em defesa dos interesses de seus membros ou associados (art. 21 da Lei 12.016/2009).

A Lei 13.300/2016 previu, em seu art. 12, quatro legitimados ativos no mandado de injunção coletivo. Reconheceu-se a legitimidade ativa nos casos nos quais a própria jurisprudência já assentara: partidos políticos e organização sindical, entidade de classe ou associação. No caso dos partidos políticos cabe destacar que se exige expressamente que os direitos, liberdades e prerrogativas devem ser de seus integrantes ou relacionados com a finalidade partidária.

A nova legislação fixou, ainda, duas novas possibilidades de legitimidade ativa no mandado de injunção coletivo: (i) do Ministério Público, "quando a tutela requerida for especialmente relevante para a defesa da ordem jurídica, do regime democrático ou dos interesses sociais ou individuais indisponíveis"; e (ii) a Defensoria Pública, para a defesa dos direitos individuais e coletivos dos necessitados, na forma do art. 5º, LXXIV, da CF.

Nesse contexto, a própria lei é explícita em afirmar que os direitos, liberdades ou prerrogativas protegidos por mandado de injunção coletivo são aqueles titularizados indistintamente por uma coletividade de indeterminada de pessoas (art. 12, parágrafo único).

Recebida a petição inicial, o juiz determinará (i) a notificação do impetrado para prestar informações no prazo de 10 dias e (ii) a ciência do mandado de injunção ao órgão de representação judicial daquela pessoa jurídica interessada (art. 5º).

É possível, ainda, o indeferimento imediato se a impetração se revelar manifestamente incabível ou improcedente (arts. 330 e 332 do CPC de 2015). Cumpre destacar, entretanto, que antes do inde-

38. STF, MI 342-4-SP, rel. Min. Moreira Alves, *RT* 713/240; MI 472-2-DF, rel. Min. Celso de Mello, *RT* 790/183; MI 102-PE, rel. Min. Carlos Velloso, *RTJ* 183/405.

ferimento imediato do mandado de injunção o juiz deverá observar o art. 321 do CPC de 2015, indicando a necessidade de emenda ou complementação da inicial ao impetrante. Segundo o art. 6º, caberá agravo no prazo de cinco dias para o órgão colegiado da decisão de indeferimento da inicial. Não se trata, portanto, do agravo do art. 1.021 do CPC de 2015, que tem o prazo de 15 dias para sua interposição (art. 1.070 do CPC de 2015).

Finalmente, a participação do Ministério Público como *custos legis* não é essencial no processamento do mandado de injunção, embora o juiz tenha que lhe franquear o prazo de 10 dias para sua manifestação (art. 7º).

4. *Julgamento*

O *julgamento do mandado de injunção* compete às Cortes de Justiça indicadas na Constituição da República (arts. 102, I, "q", 102, II, "a", e 105, I, ""h") e aos Tribunais e juízes, federais e estaduais, que as respectivas Leis de Organização Judiciária indicarem, conforme o previsto na mesma Constituição da República (arts. 121, § 4º, V, e 125, § 1º).

Esse é o tema mais sensível em matéria de mandado de injunção, uma vez que se tensionam, aqui, (i) o princípio constitucional da separação de Poderes (art. 2º), proibindo o Poder Judiciário de atuar como legislador positivo, e (ii) o dever institucional-constitucional de viabilizar direitos, liberdades e prerrogativas suspensos em virtude da mora legislativa.

A tentativa de resolver essa ponderação gerou a elaboração de várias hipóteses de solução pela doutrina, a indicar parâmetros e premissas das possibilidades e limites do julgamento do mandado de injunção. Como já dito, o STF, diante da inexistência de legislação regulamentadora do processamento do mandado de injunção, construiu entendimento próprio do art. 5º, LXXI, da CF:

Não poderia a Justiça legislar pelo Congresso Nacional diante da independência dos Poderes (art. 2º). Em vista disso, o Judiciário decidiria o mandado de injunção, ordenando à autoridade impetrada que tomasse as providências cabíveis, fixando-lhe um prazo, se necessário. Essa decisão não faria coisa julgada *erga omnes*, mas apenas *inter partes*. Somente a norma regulamentadora, expedida pela autoridade impetrada, teria aquele efeito, cessando, com isso, a competência do Judiciário.[39]

39. Houve grande divergência quanto ao alcance do pronunciamento judicial no mandado de injunção. A doutrina perfilhou diversos entendimentos: uma corrente defendia que o mandado de injunção teria os mesmos efeitos que a declaração de inconstitucionalidade por omissão, sendo esta a opinião do professor Manoel Gonçalves Ferreira Filho (*Curso de Direito Constitucional*, 17ª ed., São Paulo, Saraiva, 1989, p. 277); outra, por sua vez, entendia serem viáveis a fixação de prazo e, eventualmente, a previsão de sanção no caso de inadimplemento; e, finalmente, vários autores sustentavam que no mandado de injunção, como no mandado de segurança, o Tribunal deveria decidir o caso concreto – conforme assinalavam, por exemplo, o ministro e professor Adhemar Ferreira Maciel (*Mandados de Segurança e de Injunção*, p. 377), o professor Celso Barbi (in Sálvio de Figueiredo Teixeira (coord..), *Mandados de Segurança e de Injunção*, p. 391) e José Afonso da Silva (*Curso de Direito Constitucional Positivo*, 39ª ed., São Paulo, Malheiros Editores, 2016, p. 453).

Diante das dúvidas quanto ao desenvolvimento do instituto, houve, inclusive, quem defendesse sua extinção, substituindo o mandado de injunção pela autorização aos Tribunais para que, no caso de omissão do legislador, formulassem, para o caso concreto, as normas e regulamentos não editados pelo Congresso.

Como já visto, inicialmente a jurisprudência do STF em relação ao mandado de injunção foi no sentido de considerá-lo "uma declaração, pelo Poder Judiciário, da ocorrência de omissão inconstitucional, a ser comunicada ao órgão legislativo inadimplente para que promova a integração normativa do dispositivo constitucional nela objetivado" (MI 107-DF, rel. Min. Moreira Alves). Equiparava-se, assim, a injunção à ação direta de inconstitucionalidade por omissão – posição que foi criticada por parte da doutrina, para a qual estaria sendo inócua a providência tomada, porquanto não alcançada sua finalidade constitucional (*RTJ* 135/1).

Esta tese, embora muito discutida, firmou-se com pequena maioria, havendo vários acórdãos reconhecendo a procedência do mandado de injunção exclusivamente para que o Poder Legislativo omisso fosse cientificado do julgado e conclamado a suprir a lacuna (dentre outros: MI 124-SP, rel. Min. Sepúlveda Pertence, *RTJ* 148/653; MI 168-5-RS, rel. Min. Sepúlveda Pertence, *RT* 671/216; MI 362-0-RJ, rel. Min. Francisco Rezek, *RT* 732/139).

Posteriormente houve uma evolução na jurisprudência da Suprema Corte, que concedeu o mandado de injunção não apenas com o fim de reconhecer a existência da omissão, mas ainda assinou um prazo a fim de que se ultimasse o processo legislativo faltante, sob pena de, vencido o prazo sem legiferação, passar "a requerente a gozar da imunidade requerida nos termos do art. 195, § 7º, da CF" (MI 232-1-RJ, *RDA* 188/155).

Indo mais longe ainda, uma minoria relevante, liderada pelo Min. Marco Aurélio, com a adesão justificada dos Mins. Carlos Mário Velloso e Célio Borja, entendeu que devia atender de modo concreto ao pedido, para evitar uma vitória de Pirro, viabilizando, desse modo, o exercício do direito constitucionalmente previsto. Assim, acolheu o pedido, estabelecendo que a isenção da contribuição para a seguridade social que a Constituição garante às entidades filantrópicas deveria obedecer aos mesmos requisitos fixados pelo Código Tributário Nacional quanto à imunidade relativa aos tributos, que beneficia as entidades mencionadas no § 7º do art. 195 da Carta.

Verifica-se, assim, que, não se limitando a declarar a omissão do legislador, o STF, pela sua maioria, determinou que o Congresso se pronunciasse no prazo de seis meses, sob pena de ser considerada imune a entidade impetrante, enquanto os votos minoritários admitiam desde logo a isenção, fixando um critério emprestado, por analogia, ao Código Tributário Nacional. De qualquer modo, tanto a maioria quanto a minoria, pelas suas conclusões, ultrapassaram a fase na qual se identificavam, quanto aos seus resultados práticos, a declaração de inconstitucionalidade por omissão e o mandado de injunção, reconhecendo que este poderia ter, para a parte, efeitos concretos, sujeitos a condição e prazo – no entender da maioria – ou até imediatos – para a minoria.

A significativa mudança da composição do STF nos últimos anos acabou por colocar a discussão novamente em pauta, como já abordado. Depois de diversos pedidos de vista nos vários casos, em julgamentos encerrados conjuntamente em 25.10.2007, o Pleno da Suprema Corte, por maioria, acolheu os MI 670-ES, 708-DF e 712-PA, sendo os dois primeiros relatados pelo Min. Gilmar Mendes e o último pelo Min. Eros Grau. Naquela oportunidade o STF não só proclamou a omissão legislativa como propôs solução prática à mesma, enquanto perdurar. Os casos tratavam do exercício do direito de greve no serviço público, e o Tribunal determinou a aplicação da legislação genérica de greve, no que coubesse (Lei 7.783/1989), até que a omissão legislativa viesse a ser suprida com a edição da norma que a Constituição determina. Dez dias antes, em 15.10.2007, fora julgada o MI/QO 712-PA, cujo acórdão foi publicado no *DJU* 23.11.2007, *RT* 869/157 e *RF* 395/357. Naquela ocasião o Tribunal rejeitou pedido de desistência da ação em virtude de já estar iniciado o julgamento. Os acórdãos de mérito dos três mandados de injunção acima referidos foram publicados no *DJe* 31.10.2008.

Sobre tais casos, v. dois interessantes artigos (ambos publicados antes do fim dos respectivos julgamentos): Nelson Nascimento Diz, "O STF e o mandado de injunção", *Revista de Direito do Estado/RDE* 3/363, e Roberto Luís Lucchi Demo, "As 'medidas provisórias' do Poder Judiciário. O novíssimo perfil constitucional do mandado de injunção a partir da histórica sessão plenária do STF em 7.6.2006", *RF* 389/509.

Pode-se afirmar que a partir desses julgados a Corte Suprema deu novo ânimo ao instituto do mandado de injunção, resgatando-o do certo ostracismo que viveu nos primeiros 15 a 20 anos desde a edição da Constituição Federal de 1988, para transformá-lo definitivamente em instrumento de plena efetividade e eficácia na defesa de direitos fundamentais prejudicados pela inércia do legislador. Nesse sentido, o STF reconheceu a possibilidade de preenchimento jurisdicional das omissões constitucionais, por exemplo, no MI 1.083-DF, rel. Min. Marco Aurélio, *DJe* 2.9.2010, e no MI 3.322-DF, rel. Min. Celso de Mello, *DJe* 3.6.2011.

No MI 943-DF (rel. Min. Gilmar Mendes, j. 6.2.2013) o STF determinou, por unanimidade, a aplicação dos parâmetros da Lei 12.506/2011 para o cálculo do valor do aviso prévio constante do inciso XXI do art. 7º da CF a casos anteriores à edição da norma, e que eram objeto de diversos outros mandados de injunção em trâmite na Corte Suprema. Assim, a demora de 23 anos do legislador ordinário para tratar da matéria foi solucionada com a aplicação das regras da nova lei aos mandados de injunção pendentes de julgamento.

Em outro mandado de injunção, além de declarar a inconstitucionalidade da omissão legislativa, pois o Congresso não elaborou e promulgou a lei prevista no art. 8º, § 3º, do ADCT, estabeleceu o STF prazo para que essa legislação fosse aprovada.

E mais: estabeleceu uma sanção, embora não quantificada, ao decidir que, caso não fosse ultimado o processo legislativo no prazo fixado, ficava assegurada ao impetrante "a faculdade de obter, contra a União, pela via processual adequada, sentença líquida de condenação à reparação constitucional devida, pelas perdas e danos que se arbitrem" (MI 283-5-DF, *RTJ* 135/882).

Idêntica posição assumiu o STF no MI 384, cuja ementa é a seguinte: "Com a persistência do estado de mora do Congresso Nacional, que, não obstante cientificado pelo STF, deixou de adimplir a obrigação que lhe foi imposta pelo art. 8º, § 3º, do ADCT/1988, reconhece-se, desde logo, aos beneficiários dessa norma transitória a possibilidade de ajuizarem, com fundamento no direito comum, a pertinente ação de reparação econômica" (j. 5.8.1993, *RDA* 196/230 e ss.). No mencionado julgamento a maioria da Suprema Corte fixou, inclusive, as bases da indenização a ser paga aos impetrantes. No mesmo sentido, no Tribunal Pleno do STF: MI 543-DF, rel. Min. Nelson Jobim, *RTJ* 181/464; MI 562-RS, rela. Min. Ellen Gracie, *RTJ* 185/747. A jurisprudência do STF consolidou-se, assim, no sentido de que a persistência do estado de mora do Congresso Nacional quando, embora seguidamente notificado, deixa de editar a norma cabível autoriza o beneficiário daquela a ajuizar ação de indenização com base no direito comum.

Em outro mandado de injunção, porém, o Plenário do STF, tratando da norma do § 3º do art. 192 da CF – referente à limitação da cobrança de juros reais a 12%, que o próprio STF entendeu não ser autoaplicável e depender de norma regulamentadora para ter eficácia –, deixou de assinalar prazo para o Congresso Nacional suprir a mora legislativa, sustentando que "essa providência excepcional só se justificaria se o próprio Poder Público, para além do seu dever de editar o provimento normativo faltante, fosse, também, o sujeito passivo da relação de direito material emergente do preceito constitucional em questão" (MI 472-2-DF, rel. Min. Celso de Mello, *DJU* 2.3.2001, p. 3; ficou vencido apenas o Min. Néri da Silveira, admitindo a fixação do prazo). Os votos dos Mins. Moreira Alves e Sepúlveda Pertence, juntamente com o do Relator, esclareceram que a fixação do prazo só se aceita quando é possível dar alguma outra providência em favor do interessado, caso persista a inércia legislativa. Se o Tribunal não poderá dar à parte, ainda que com imperfeição, algo que substitua o direito que se vê frustrado pela falta de norma regulamentadora, como é o caso quando assegura desde logo uma pretensão indenizatória, ou um direito de imunidade tributária, não faz sentido fixar o prazo, pois inexistirá qualquer sanção ou consequência prática em razão do seu descumprimento.

Enquanto alguns acórdãos do STF chegaram a frisar que o mandado de injunção seria um remédio destinado a "viabilizar o exercício de direitos e liberdades constitucionais e prerrogativas inerentes à nacionalidade, à soberania e à cidadania sempre que a falta de norma regulamentadora o impeça" (MI 24, j. 26.10.1988, *RTJ* 129/492), várias decisões estaduais rejeitaram essa limitação, que se mantém nos respectivos votos vencidos. Assim, decidiu o TJRJ que o mandado de injunção não existe tão somente para as mencionadas finalidades, mas abrange, "da forma mais ampla possível, todos e quaisquer direitos pela Carta Magna assegurados", inclusive no tocante à fixação de vencimentos (MI 2/1988, *RDTJRJ* 11/46). O mesmo Tribunal concedeu mandado de injunção para reconhecer, até a entrada em vigor da nova lei regulamentadora da matéria, o direito ao gozo de licença não remunerada para determinados funcionários, sem prejuízo dos direitos e vantagens vinculados à sua carreira (*RDTJRJ* 10/84).

Esse alcance um tanto limitado do mandado de injunção, declaratório e ordenatório, porém sem efetiva coerção e sem dar solução prática imediata ao exercício do direito do impetrante prejudicado pela omissão do legislador, foi defendido por Hely Lopes Meirelles desde a criação do instituto com a promulgação da Constituição Federal de 1988. A afirmativa do parágrafo anterior no sentido de que o Judiciário não poderia, em hipótese alguma, criar a norma em lugar do Congresso Nacional já constara da 13ª edição da presente obra, publicada em 1989. E, após intensos debates na doutrina e na jurisprudência, foi justamente a linha adotada pelo STF, como configurado no MI 107-DF.[40] Assim, a concessão do mandado de injunção implicaria tão somente a comunicação ao Poder Legislativo do seu estado de mora, com a fixação de um prazo para que a mesma fosse sanada.

A contumaz omissão do Legislativo em várias áreas, no entanto, acabou revelando a insuficiência da solução. O descumprimento do prazo não trazia consequências práticas. Embora encarar o julgamento do mandado de injunção apenas como uma comunicação ao Poder Legislativo fosse postura teoricamente perfeita do ponto de vista estritamente jurídico, a prática passou a revelar sua ineficácia no mundo real. Os julgados em mandados de injunção foram sistematicamente ignorados pelo Congresso Nacional, que persistia na omissão ao longo de anos, não obstante repetidos pronunciamentos da Suprema Corte.

A jurisprudência da Corte Suprema continuou evoluindo em direção a conferir maior efetividade e eficácia ao mandado de injunção. Nesse sentido, o Tribunal já assegurou o direito à aposentadoria especial a servidores portadores de deficiência, conforme previsto no art. 40, § 4º, I, da CF, mediante aplicação supletiva ou analógica de legislação ordinária (MI/AgR 2.752-DF, rel. Min. Roberto Barroso, *DJe* 16.12.2014; MI/AgR 6.641-DF, rel. Min. Celso de Melo, *DJe* 28.5.2019). Recentemente, ainda, o STF concedeu ordem injuncional para determinar ao Presidente da República que, no exercício fiscal seguinte ao acórdão, fixe o valor do benefício de renda básica da cidadania, previsto no art. 2º da Lei 10.835/2004, que visa a atender às despesas mínimas de cidadãos em situação de vulnerabilidade socioeconômica, bem como para que se adotem todas as medidas legais cabíveis para seu pagamento, inclusive alteração de previsões do Plano Plurianual, da Lei de Diretrizes Orçamentárias e da Lei Orçamentária Anual. O STF também realizou um "apelo" aos Poderes Legislativo e Executivo para que adotem as medidas administrativas e legislativas necessárias à atualização dos valores dos benefícios básico e variáveis do programa Bolsa Família e, ainda, para que aprimorem os programas sociais de transferência de renda atualmente em vigor (MI 7.300-DF, rel. Min. Marco Aurélio, *DJe* 23.8.2021).

40. Rel. Min. Moreira Alves, j. 21.11.1990, *RTJ* 135/1.

Em casos subsequentes o STF passou a admitir que a persistência da mora do Congresso Nacional autorizava a parte a perseguir perdas e danos pela impossibilidade do exercício do direito atribuído constitucionalmente ou, quando viável, o próprio exercício de tal direito, após determinado prazo.[41]

Ao longo dos anos, porém, continuaram a ocorrer críticas na doutrina e mesmo em votos vencidos no STF. Fortaleceu-se a corrente que defendia a ideia de o próprio Judiciário regular o direito prejudicado pela omissão do Poder Legislativo, enquanto perdurasse tal omissão. Só assim se obteria uma decisão eficiente no âmbito do mandado de injunção.

Em 2007 reuniram-se as condições para a modificação da jurisprudência. A composição do Plenário do STF pouco lembrava aquela dos primeiros julgamentos sobre o tema, e depois de quase duas décadas de edição da Constituição Federal o Congresso Nacional continuava em mora em diversas matérias, prejudicando o exercício efetivo de direitos legítimos reconhecidos na própria Carta Política. Assim, em 30.8.2007 foi julgado o MI 721-DF[42] (rel. Min. Marco Aurélio), no qual a Corte Suprema salientou uma natureza verdadeiramente mandamental na concessão da injunção, viabilizando o exercício imediato do direito da parte prejudicado pela inércia do legislador ordinário. Tratava-se, na hipótese, de direito de servidora do Ministério da Saúde à aposentadoria especial mencionada no art. 40, § 4º, da CF.[43]

---

41. Dentre outros: STF, MI 232-1-RJ, *RDA* 188/155; MI 283-5-DF, *RTJ* 135/882; MI 384-RJ, *RDA* 196/230; MI 543-DF, *RTJ* 181/464; MI 562-RS, *RTJ* 185/747.

42. *RTJ* 203/11.

43. O STF vem seguidamente reconhecendo que a omissão do Congresso Nacional em editar norma concretizadora dos direitos de aposentadoria especial previstos no art. 40, § 4º, da CF justifica a impetração do mandado de injunção, aplicando-se aos casos concretos, interinamente, o art. 57 da Lei 8.213/1991, até que venham as leis complementares previstas no texto constitucional (v., *e.g.*: STF, MI/AgR 1.229-DF, rela. Min. Rosa Weber, *DJe* 28.5.2014; MI/AgR 4.457-DF, rel. Min. Luiz Fux, *DJe* 19.2.2014; MI/AgR 2.752-DF, rel. Min. Roberto Barroso, *DJe* 16.12.2014; MI/AgR 6.641-DF, rel. Min. Celso de Melo, *DJe* 28.5.2019). "Contudo, não é a mera presunção de que a Administração Pública possa indeferir eventual pedido de aposentadoria formulado pela agravante que a autoriza a valer-se desta ação constitucional, pois o mandado de injunção somente é cabível quando a inviabilidade do exercício do direito assegurado constitucionalmente for concreta. Impede-se, com

Pouco depois, na sessão de 25.10.2007, findou o julgamento dos MI 670-ES, 708-DF e 712-PA, os dois primeiros relatados pelo Min. Gilmar Mendes, o último pelo Min. Eros Grau, cuja apreciação se iniciara anos antes, porém fora interrompida por vários pedidos de vista. Em tais casos, que eram impetrações coletivas a respeito do direito de greve dos servidores públicos, o STF reiterou a declaração do estado de mora do Congresso Nacional, já reconhecido em acórdãos anteriores, e foi além, determinando a aplicação da legislação genérica de greve, no que couber (Lei 7.783/1989), até que a omissão legislativa venha a ser suprida com a edição da norma que a Constituição determina. Os três acórdãos foram publicados no *DJe* 31.10.2008.[44] Passou a prevalecer, portanto, o entendimento de que a sistemática omissão do Poder Legislativo autoriza o Judiciário a garantir, de alguma forma, o exercício dos direitos assegurados na Constituição, sem que isto represente violação ao princípio da separação dos Poderes.[45] Trata-se de garantia mediante regulação provisória do direito – e, portanto, não se configura uma atividade verdadeiramente legiferante do Judiciário. É, porém, indispensável à garantia da eficácia dos direitos constitucionais violados pela inércia do legislador. Se e quando editada a norma específica pelo Congresso Nacional estará afastada a regulação judicial provisória.

Consoante as palavras do Min. Gilmar Mendes,

> (...) a solução proposta pelo STF no caso do direito de greve do servidor público, no sentido de adotar sentença de perfil aditivo, fixando os parâmetros institucionais e constitucionais de definição de competência para a apreciação da matéria até a edição da legislação específica pertinente, e, ainda, no que couber, da Lei n. 7.783/1989, representou significativa revisão da jurisprudência no que concerne à matéria e poderá, certamente, ter importantes reflexos na configuração do instituto do mandado de injunção no Direito Brasileiro.[46]

---

isso, a banalização do uso desta ação constitucional" (MI/ED-ED 4.736-DF, rela. Min. Cármen Lúcia, *DJe* 6.3.2013).

44. Para uma exaustiva análise desta evolução jurisprudencial, inclusive com trechos dos votos destes últimos julgados nos MI 670-ES, 708-DF e 712-PA, v. artigo do Min. Gilmar Mendes, "Mandado de injunção", *DP* 19/126.

45. O STF reconheceu a possibilidade de preenchimento jurisdicional das omissões constitucionais, por exemplo, nos já mencionados acórdãos do MI 1.083-DF (rel. Min. Marco Aurélio, *DJe* 2.9.2010), do MI 3.322-DF (rel. Min. Celso de Mello, *DJe* 3.6.2011) e do MI 943-DF (rel. Min. Gilmar Mendes, j. 6.2.2013).

46. Gilmar Mendes, "Mandado de injunção", *DP* 19/126.

O advento da Lei 13.300/2016 esclareceu várias questões relativas ao julgamento do mandado de injunção, incorporando a jurisprudência do STF e complementando hiatos de dúvidas que ainda persistiam.

A lei, em seu art. 8º, acabou por adotar a corrente "concretista intermediária", por meio da qual se entende que o deferimento da injunção resulta na determinação de prazo razoável para que o impetrado promova a edição da norma regulamentadora. Somente com a persistência da mora o Poder Judiciário poderá diretamente viabilizar o direito, liberdade ou prerrogativa.

De fato, na hipótese de não suprida a omissão legislativa, caberá ao tribunal "estabelecer as condições em que se dará o exercício dos direitos, das liberdades ou das prerrogativas reclamados ou, se for o caso, as condições em que poderá o interessado promover ação própria visando a exercê-los" (art. 8º, II).

É certo também que a fixação de prazo razoável para que o impetrado edite a norma regulamentadora (art. 8º, I) torna-se providência despicienda se julgamento de mandado de injunção anterior já havia determinado mencionado prazo (art. 8º, parágrafo único).

A regra geral do novo marco legal é de que a decisão que deferir a injunção terá eficácia subjetiva limitada às partes (art. 9º). Entretanto, será sempre possível adotar a eficácia *ultra partes* ou *erga omnes* da decisão de deferimento quando esse quadro mais amplo de aplicação da injunção for inerente ou indispensável ao exercício do direito, liberdade ou prerrogativa. Há, portanto, uma opção legislativa que permite flexibilidade entre o modelo concretista individual e aquele de abrangência objetiva.

É importante destacar, ainda, que o legislador fez também uma clara escolha pela eficácia plena das decisões tomadas em mandado de injunção, sem se apegar aos limites formais ou subjetivos da coisa julgada. Assim, o indeferimento do pedido por insuficiência de prova não impede a renovação da impetração com base em outras provas (art. 9º, § 3º), bem como sempre se abre a possibilidade de ação de revisão quando "sobrevierem relevantes modificações das circunstâncias de fato ou de direito" (art. 10). Não se constatando esse quadro excepcional, aplica-se a jurisprudência do STF no sentido de que a mera repetição de impetração idêntica a outra já apreciada, entre as mesmas partes, sofre o óbice da coisa julgada, devendo o processo ser extinto.[47]

A norma regulamentadora superveniente produzirá efeitos *ex nunc*, salvo se sua aplicação imediata for mais benéfica ao impetrante (art. 11); mas se a superveniência ocorrer antes da decisão o processo será extinto sem resolução de mérito. Já era esse o entendimento do Plenário do STF externado em um caso no qual o Presidente da República já havia enviado ao Congresso Nacional um projeto de lei demandado na impetração[48] e em outro no qual antes de julgado o mérito da ação foi editada a lei regulamentadora do dispositivo constitucional em questão.[49]

Configura-se, ainda, a prejudicialidade, com a perda do objeto do mandado de injunção, se na pendência da ação ocorrer a revogação da norma constitucional na qual se baseou a impetração.[50]

No caso de mandado de injunção coletivo a lei traz regra específica no sentido de descaracterizar sua litispendência em relação a ações individuais, destacando-se, em complemento, que os efeitos de sua decisão somente beneficiarão o impetrante de mandado de injunção individual se ele requerer a desistência de sua ação no prazo de 30 dias (art. 13, parágrafo único).

5. *Recursos*

Os *recursos* cabíveis da decisão sobre o mandado de injunção são somente os admitidos na própria Constituição, não podendo ser estabelecidos outros tipos pelo STF, uma vez que o texto constitucional de 1988 não repete o § 3º do art. 119 da CF de 1969. Nem mesmo uma futura Lei Orgânica da Magistratura poderá criar outros casos de recursos, pois que a Constituição vigente já enumera os princípios que deverão ser observados na feitura daquela lei, todos estes de caráter nitidamente organizacional e administrativo (CF, art. 93). A própria Lei 13.300/2016, concordante com essa posição, não previu qualquer recurso específico, salvo o agravo contra o indefe-

47. STF, MI 532-SP, rel. Min. Moreira Alves, *RTJ* 165/76.

48. STF, MI/AgR 641-5-DF, rel. Min. Ilmar Galvão, *DJU* 5.4.2002, p. 39.

49. STF, MI/AgR 634-DF, rel. Min. Sepúlveda Pertence, *DJU* 25.11.2005, p. 6.

50. STF, MI 593-1, rel. Min. Moreira Alves, *RT* 808/169; MI/AgR 646-DF, rel. Min. Sepúlveda Pertence, *DJU* 26.8.2005, p. 6, e *RTJ* 195/749.

rimento liminar da inicial (art. 6º). Portanto, presentemente só se admite o *recurso ordinário* contra decisão denegatória do mandado de injunção (CF, art. 102, II, "a"), para o STF, quando a autoridade coatora for o Presidente da República, o Congresso Nacional, a Câmara dos Deputados, o Senado Federal, as Mesas de uma dessas Casas Legislativas, do TCU, de um dos Tribunais Superiores ou do próprio STF (CF, art. 102, I, "q").

Independentemente do recurso contra decisão denegatória, a parte irresignada poderá interpor *recurso extraordinário* para o STF quando a decisão proferida em única ou última instância contrariar dispositivos da própria Constituição ou julgar válida lei ou ato de governo local contestado em face da mesma Constituição (art. 102, III, "a" e "c"). Obviamente, quando essas decisões afrontarem os direitos, liberdades constitucionais e franquias concernentes à nacionalidade, à soberania popular e à cidadania. A partir da Emenda Constitucional 45/2004 o cabimento do recurso extraordinário passou a depender, ainda, da demonstração, pelo recorrente, da *repercussão geral* das questões constitucionais discutidas no caso (CF, art. 102, § 3º – v. a Lei 11.418, de 19.12.2006).

Por sua vez, compete ao STJ processar e julgar originariamente o *mandado de injunção* quando a elaboração da norma regulamentadora for atribuição de órgão, entidade ou autoridade federal, da Administração direta ou indireta, e excetuados os casos de competência do STF e dos órgãos da Justiça Militar, da Justiça Eleitoral, da Justiça do Trabalho e da Justiça Federal (art. 105, I, "h"). A competência para julgar o mandado de injunção desses órgãos infere-se do próprio texto constitucional, uma vez que o legislador constituinte não expressou essa competência.

Cabe recurso especial para o STJ, e não recurso ordinário, das decisões dos Tribunais estaduais em mandados de injunção.[51]

Quanto aos prazos de tramitação dos recursos, serão os do Código de Processo Civil, por aplicação subsidiária determinada pelo art. 14 da Lei 13.300/2016.

---

51. STJ, Pet 192-0-SP, rel. Min. Hélio Mosimann, *RSTJ* 65/149. O STJ vem considerando erro grosseiro a interposição de recurso ordinário em lugar de recurso especial, o que impede a aplicação do princípio da fungibilidade recursal (STJ, Pet 612-MG, rel. Min. Edson Vidigal, *DJU* 17.5.1999, p. 217). No mesmo sentido: STJ, Pet 983-SP, rel. Min. Edson Vidigal, *DJU* 21.9.1998; RMS 37.634-SC, rel. Min. Mauro Campbell, *DJe* 9.8.2012.

6. Execução

O mandado de injunção é executado por meio de comunicação ao poder, órgão ou autoridade competente para cumpri-la, nos termos indicados na decisão judicial. Essa comunicação equivale a ordem de execução do julgado, que é mandamental e poderá ser feita por ofício, com a transcrição completa da decisão a ser cumprida nos termos e condições do julgado.

Na execução, portanto, o impetrado deverá atender ao decidido, expedindo a norma regulamentadora conforme fixado pela Justiça ou possibilitando ao impetrante exercer seu direito ou liberdade constitucional ou, ainda, usufruir dos direitos inerentes à nacionalidade, soberania popular ou cidadania, nos termos estabelecidos pelo julgado e na linha do que fixado pelo art. 8º, II, da Lei 13.300/2016.

A decisão da Justiça, como já dissemos, faz coisa julgada com eficácia subjetiva (apenas entre as partes), podendo excepcionalmente apresentar a eficácia *ultra partes* ou *erga omnes* quando essa característica de generalidade da decisão for inerente ou indispensável ao exercício do direito, liberdade ou prerrogativa (art. 9º, § 1º).

SEXTA PARTE
"HABEAS DATA"

1. Conceito e objeto. 2. Competência. 3. Legitimação e procedimento. 4. Julgamento e execução. 5. O "habeas data" na Lei 9.507/1997.

1. Conceito e objeto

Habeas data é o meio constitucional posto à disposição de pessoa física ou jurídica para lhe assegurar o conhecimento de registros concernentes ao postulante e constantes de repartições públicas ou particulares acessíveis ao público, para retificação de seus dados pessoais (CF, art. 5º, LXXII, "a" e "b").[1]

Este instrumento de defesa das liberdades públicas foi introduzido em 1988 na ordem constitucional brasileira.[2] Posteriormente so-

---

1. Sobre o *habeas data*, nas últimas décadas, encontra-se a seguinte doutrina:: José Afonso da Silva, "*Habeas data*", *O Estado de S. Paulo* de 26.9.1986; Roberto Mortari Cardillo, "A respeito do *habeas data*", *O Estado de S. Paulo* de 29.10.1988; Marcos F. O. Nusdeo e Rosoléa M. Folgosi, "*Habeas data*", *RDP* 87/90; Michel Temer, "Algumas notas sobre o mandado de segurança coletivo, o mandado de injunção e o *habeas data*", *RPGE/SP* 30/11; J. J. Calmon de Passos, *Mandado de Segurança Coletivo, Mandado de Injunção e "Habeas data" – Constituição e Processo*, Rio de Janeiro, Forense, 1989; Milton Fernandes, "O *habeas data* como defesa à ameaça tecnológica", *RT* 704/63; Ernesto Lippmann, "O *habeas data* visto pela doutrina e interpretado pelos Tribunais", *RT* 723/116; Tereza Cristina S. Baracho Thibau, *O "Habeas Data"*, Belo Horizonte/MG, Del Rey, 1997; Aurélio Wander Bastos, "O *habeas data* e a proteção da privacidade individual", *Revista da Universidade Estácio de Sá*, 1999, pp. 63-85; José Carlos Barbosa Moreira, "O *habeas data* e sua lei regulamentadora", *Revista de Informação Legislativa* 138 e *Revista da EMERJ* 1; Eduardo Talamini, "O processo do *habeas data*: breve exame", *DTR* 2015\11.533.

O livro *"Habeas Data"*, publicado em 1998 pela Ed. RT, com textos de vários juristas e coordenação da professora Teresa Arruda Alvim Wambier, ainda é uma das obras mais completas sobre a matéria, à luz da Lei 9.507/1997. Também merecem destaque os livros *"Habeas Data"*, de J. E. Carreira Alvim, publicado em 2001 pela

breveio a Lei 9.507, de 12.11.1997, que regulamentou o procedimento do *habeas data* e previu uma terceira hipótese de cabimento do remédio – qual seja: "a anotação, nos assentamentos do interessado, de contestação ou explicação sobre dado verdadeiro mas justificável e que esteja sob pendência judicial ou amigável" (art. 7º, III), a par do conhecimento de informações sobre a pessoa do impetrante e a retificação de dados, já encartados na Constituição.

Nas edições anteriores ao advento da lei que disciplinou o rito do *habeas data* Hely Lopes Meirelles defendeu, nesta obra, tratar-se de uma ação civil especial que deveria desenvolver-se em duas fases, a menos que o impetrante já conhecesse o teor dos registros a serem retificados ou complementados, quando, então, pediria à Justiça apenas que os retificasse, mediante as provas que exibisse ou viesse a produzir.

A Lei 9.507/1997, contudo, adotou procedimento assemelhado ao do mandado de segurança, e com isso impediu a ação em duas fases. Na forma atual, portanto, o *habeas data* é cabível ou para o

---

Ed. Forense, ***Habeas Data*** *e Bancos de Dados: Privacidade, Personalidade e Cidadania no Brasil Atual*, de Francisco Eduardo Orcioli Pires e Albuquerque Pizzolante (Rio de Janeiro, Lumen Juris, 2002), e *"Habeas Data"*, de José Eduardo Nobre Matta, publicado em 2005 pela Ed. Lumen Juris.

2. O *habeas data*, embora sem denominação específica, já constava da Constituição de Portugal de 1976 (art. 35º) e da Constituição da Espanha de 1978 (art. 105, "b"). Mas antes dessas Constituições já fora estabelecido por legislação ordinária nos Estados Unidos, ou seja, pelo *Freedom of Information Act* de 1974, alterado pelo *Freedom of Information Reform Act* de 1978, visando a possibilitar o acesso do particular às informações constantes de registros públicos ou particulares permitidos ao público. Na França, a Lei sobre Informática e Liberdades, de 6.1.1978, garante o direito de acesso e retificação de dados pessoais constantes de registros de caráter público. O *habeas data* também foi introduzido na Argentina, quando da revisão constitucional de 1994, como mais uma das modalidades de *acción expedita y rápida de amparo* (art. 43). A *acción de amparo* argentina, tal como o *juicio de amparo* do Direito Mexicano, é ação assemelhada ao nosso mandado de segurança. Sobre o *habeas data* no Direito Argentino destacamos as obras de Enrique M. Falcón, *"Habeas Data" – Concepto y Procedimiento* (Buenos Aires, Abeledo-Perrot, 1996) e Miguel Ángel Ekmedjiam e Calogero Pizzolo, *"Habeas Data" – El Derecho a la Intimidad Frente a la Revolución Informática* (Buenos Aires, Depalma, 1996). Em ambos os livros encontramos uma boa quantidade de informações sobre o *habeas data* no direito comparado. Na Argentina a matéria está tratada na Lei federal 25.326, de outubro/2000. V., ainda, Carlos Daniel Luque, "El *habeas data* en la reforma constitucional de 1994 en la República Argentina: nociones elementales", *Revista Ibero-Americana de Direito Público* XXI/86-90, 1º trimestre/2006.

fornecimento de informações ou para a correção de dados.[3] As duas pretensões não podem ser obtidas no mesmo processo. Caso a parte peça um *habeas data* para fornecimento de informações e constate inexatidões, terá que ajuizar uma nova ação para obter a correção dos dados pertinentes.[4]

Impõe a Lei 9.507/1997 a comprovação prévia da liquidez e certeza do direito, como na hipótese do mandado de segurança. O *habeas data* não pode, assim, substituir a ação declaratória, nem ser impetrado quando controversa a matéria.[5]

Os dados e informações a serem obtidos ou corrigidos pelo *habeas data* devem ter caráter pessoal. Trata-se de garantia constitucional decorrente da chamada *liberdade de informática*, dando acesso aos bancos de dados para controle das informações neles constantes a respeito da pessoa, do indivíduo, em todos os seus aspectos, políticos, econômicos, sanitários, familiares etc., segundo entendem a melhor doutrina e a jurisprudência. Assim, não cabe para resolver, por exemplo, problemas vinculados ao Registro de Imóveis.[6]

No âmbito do STJ decidiu-se que "o *habeas data* não é meio processual idôneo para obter dados sobre o recolhimento do ICMS pelo Estado, não tendo a pretensão caráter pessoal, mas relacionando-se à própria atuação administrativa do Estado".[7] A ação fora

3. Para uma definição detalhada do objeto e do escopo do cabimento do *habeas data*, v.: STJ, REsp 781.969-RJ, rel. Min. Luiz Fux, *RF* 392/392. Esclarecendo não caber o mandado de segurança como sucedâneo do *habeas data* se a pretensão é de obtenção de informações sobre a pessoa do impetrante constantes de registro ou banco de dados de entidade governamental: STJ, MS 8.196-DF, rel. Min. Félix Fischer, *DJU* 12.5.2003, p. 210, e *RT* 816/164. O STJ vem entendendo que empresas públicas e sociedades de economia mista estão enquadradas no conceito de "entidade governamental" para fins de cabimento de *habeas data* (REsp 929.381-AL, rel. Min. Francisco Falcão, *DJU* 25.10.2007; REsp 1.096.552-RJ, rela. Min. Eliana Calmon, *DJe* 14.9.2009; REsp 1.128.739-RJ, rel. Min. Castro Meira, *DJe* 10.2.2001).

4. Discordando, e afirmando que mesmo no regime da Lei 9.507/1997 continua a ser possível o desenvolvimento do *habeas data* em duas fases, uma de fornecimento das informações e uma segunda de retificação, mediante aditamento posterior da inicial: STJ, REsp 781.969-RJ, rel. Min. Luiz Fux, *RF* 392/392. Em acórdão posterior, no entanto, a 1ª Seção do STJ decidiu ser "inviável a pretensão de que em um mesmo *habeas data* se assegure o conhecimento de informações e se determine a sua retificação" (HD 160-DF, rela. Min. Denise Arruda, *DJe* 22.9.2008).

5. Esse já era o entendimento de parte da jurisprudência. V., por exemplo, TJSP, 2ª Câmara, ACi 165.159-1/3, j. 5.5.1992, *RT* 686/109.

6. TJSP, ACi 196.209-1, j. 21.9.1993, *JTJSP* 151/64.

7. STJ, Pet 1.318-MA, rel. Min. Francisco Falcão, *DJU* 12.8.2002, p. 164.

ajuizada pelo Município de São Luiz, que pretendia questionar os repasses relativos aos tributos recolhidos pelo Estado do Maranhão. No entanto, entendemos que o particular pode impetrar *habeas data* para obter informações que o Fisco detém sobre a sua pessoa, tal como já decidiu o STF.[8]

Há jurisprudência entendendo viável o pedido de *habeas data* para obtenção de acesso de ex-empregado de uma empresa à sua respectiva ficha cadastral empregatícia.[9] Esta decisão, no entanto, acabou reformada pelo STF em acórdão unânime do Plenário.[10] Entendeu a Suprema Corte que as informações cadastrais dos funcionários da companhia – no caso, o Banco do Brasil – não configuram registro de caráter público, na medida em que se destinam ao uso da própria empresa, sem divulgação a terceiros.[11]

Por outro lado, já se julgou que o *habeas data* não é cabível se inexistirem registros e/ou bancos de dados formais. Assim, é inadmissível para a obtenção de informações com relação a meras investigações de caráter interno, sem veiculação ou registro que perpetue os dados apurados.[12] Constatada a existência de informações em poder do ente contra o qual a impetração se dirige, porém, é cabível o *habeas data*;[13] caso no qual um candidato aprovado nas provas de conhecimento em concurso público foi eliminado do certame em ra-

8. Neste sentido: TRF-2ª Região, *RT* 883/373. O STF, após reconhecer a repercussão geral do cabimento ou não de *habeas data* para o acesso a informações constantes do banco de dados SINCOR/Sistema de Conta Corrente de Pessoa Jurídica, da Receita Federal, referente a débitos tributários e pagamentos efetuados (RE/RG 673.707-MG, rel. Min. Luiz Fux, *DJe* 19.9.2012), julgou finalmente a questão em 17.6.2015. Firmou-se o entendimento de que "o *habeas data* é garantia constitucional adequada para a obtenção dos dados concernentes ao pagamento de tributos do próprio contribuinte constantes dos sistemas informatizados de apoio à arrecadação dos órgãos da Administração Fazendária dos entes estatais" (rel. Min. Luiz Fux, *DJe* 30.9.2015).

9. TAMG, ACi 119.527-7, rel. Juiz Baía Borges, *RT* 695/187. No TJRJ, admitindo a impetração por ex-funcionário da Petrobrás para conhecimento do teor de circular interna da companhia fazendo referências à sua pessoa: ACi 4.064/2007, rel. Des. Marcos Alcino de Azevedo Torres, *RDTJRJ* 75/192.

10. STF, RE 165.304-3-MG, rel. Min. Octávio Gallotti, *RTJ* 176/396.

11. STF, Tribunal Pleno, RE 165.304-3-MG, publicado na íntegra e comentado na *RDB* 12/79.

12. TJMT, HD 1/1990, rel. Des. Mauro José Pereira, *RT* 668/138.

13. TJRJ, ACi 14.126/2003, rel. Des. Fernando Cabral, j. 4.11.2003.

zão de "investigação social", recusando-se a Comissão do Concurso a fornecer as informações que embasaram a recusa da nomeação.[14]

No caso de sigilo por interesse público (art. 5º, XXXIII, da CF), entendeu o antigo TFR que compete ao juiz compatibilizar o direito individual com a segurança do Estado, examinando o caso concreto.[15] O sigilo por interesse público (imprescindibilidade à segurança da sociedade e do Estado) é evidente exceção à regra geral do direito à informação e, por isso, não se aplica ao caso de se pleitear acesso às informações fiscais conexas ao próprio contribuinte. O sigilo de informações para terceiros como forma de proteger o indivíduo, seu nome e sua imagem não se confunde com o segredo para proteger a segurança da sociedade. Naquele caso a pessoa protegida pela proibição de publicidade da informação pode, evidentemente, ter acesso às informações sobre sua pessoa.[16]

Neste sentido, embora o impetrante tenha o direito de acesso às informações registradas sobre sua pessoa, a autoridade impetrada não está necessariamente obrigada a fornecer dados sobre os informantes se houver justificativa relativa à segurança destes últimos.[17]

Finalmente, o *habeas data* não se confunde com a garantia constitucional de obter certidões,[18] justificando-se pelo simples in-

---

14. Há decisões interpretando ampliativamente as noções de "informações" e "dados pessoais" para efeitos de cabimento de *habeas data*. Assim, já se admitiu a impetração para a obtenção de cópia de prova prestada em concurso público e da respectiva correção da Banca (TJRJ, ACi 14.856/2004, rel. Des. Ernani Klausner, *DJE* 2.6.2005, p. 447). Porém, deve ser observado que uma coisa é a obtenção de cópia de documento, ou o acesso a determinada informação, coisa diversa é a discussão de mérito em torno das razões que levaram a uma dada situação lá retratada. Pode ser possível utilizar o *habeas data* para obter a cópia de uma prova e da respectiva correção; mas discutir o teor desta ficará fora do escopo da impetração. Assim, o STJ já decidiu que o *habeas data* não é meio idôneo para a pretensão de revolver os critérios utilizados na correção de prova prestada em concurso público (HD/AgR 127-DF, rel. Min. João Otávio de Noronha, *DJU* 14.8.2006).

15. TFR, HD 1, rel. Min. Milton Pereira, cujo acórdão foi publicado no *DJU* de 2.5.1989. V., ainda, a Lei 12.527, de 18.11.2011. A interpretação quanto ao sigilo da informação buscada por impetração de *habeas data*, no entanto, deve ser cuidadosa e restritiva, pois este é exceção, sendo a publicidade a regra. No âmbito do STJ, v.: HD 91-DF, rel. Min. Arnaldo Esteves Lima, *RT* 863/162. Sobre a matéria, v., ainda, a Lei 12.527/2011.

16. STF, RE 673.707-MG, rel. Min. Luiz Fux, *DJe* 30.9.2015.

17. V. TJSP, ACi 287.340-5/4, rel. Des. Machado de Andrade, *RT* 852/227.

18. O *habeas data* não se presta a forçar um órgão público a expedir certidão (STJ, HD/ED 67-DF, rela. Min. Denise Arruda, *DJU* 2.8.2004, e REsp 781.969-RJ,

teresse – que não necessita de maiores motivações – do impetrante que deseja conhecer o teor dos dados e registros e eventualmente retificá-los.[19]

Não obstante não se exija a motivação do pedido, a Lei 9.507/1997, em seu art. 8º, prescreve que a petição inicial de *habeas data* deve ser instruída com a prova da recusa extrajudicial do acesso do interessado às informações ou da falta de anotação, no registro, das retificações cabíveis. Consagrou-se, a esse respeito, o entendimento que já prevalecia na jurisprudência.[20] Cabe o *habeas data*,

---

rel. Min. Luiz Fux, *RF* 392/392) ou para a mera obtenção de cópia de processo administrativo (STJ, REsp 904.447-RJ, rel. Min. Teori Albino Zavascki, *DJU* 24.5.2007; STF, HD 90, rela. Min. Ellen Gracie, *DJe* 18.3.2010; HD 282-DF, rel. Min. Sérgio, Kukina, *DJe* 17.12.2018). O remédio jurídico próprio é o mandado de segurança (TJGO, HD 10-7/210, rel. Des. Charife Oscar Abrão, *RT* 724/396; TJRJ, HD 02/2003, rel. Des. Édson Scisínio, j. 14.10.2003). Tampouco serve o *habeas data* para impulsionar processo administrativo (STJ, REsp 433.471-RJ, rel. Min. Gilson Dipp, *ADV* 2003, p. 116, ementa 104.816).

Tampouco será cabível o *habeas data* para a simples obtenção de extratos bancários, ainda que de banco público, pois não se trata de instrumento de índole meramente consumerista (STJ, REsp 1.128.739-RJ, rel. Min. Castro Meira, *DJe* 10.2.2010).

Por outro lado, sendo as informações de interesse geral, e não pertinentes a apenas uma pessoa, o remédio cabível é o mandado de segurança (STF, MS 24.725-DF, rel. Min. Celso de Mello, *Informativo STF* 331/4).

Da mesma forma, é cabível o mandado de segurança, em lugar do *habeas data*, se o impetrante busca informações sobre terceiros, como a identidade dos autores de agressões e denúncias que lhe foram feitas (STF, RMS 24.617-4-DF, rel. Min. Carlos Velloso, *RF* 382/301 e *RT* 839/164).

19. "O texto constitucional não condicionou a propositura do *habeas data* à apresentação dos motivos que ensejam o pedido de informações" (TRF-2ª Região, RHD 2008.51.01.028215-1-RJ, rel. Des. federal Antônio Cruz Netto, *RT* 883/373).

20. Já decidira o antigo TFR que, "inexistindo pedido administrativo precedente, a configurar o interesse de agir do requerente, impõe-se o não conhecimento do pedido" (HD 7-DF, j. 16.3.1989, *DJU* 15.5.1989). No mesmo sentido, a Súmula 2 do STJ dispunha que "não cabe o *habeas data* (CF, art. 5º, LXXII, 'a') se não houve recusa de informações por parte da autoridade administrativa".

No STF, o Tribunal Pleno, em acórdão da lavra do Min. Celso de Mello no RHD 22-8-DF (*RTJ* 162/805), salientou que "a prova do anterior indeferimento do pedido de informação de dados pessoais, ou da omissão em atendê-lo, constitui requisito indispensável para que se concretize o interesse de agir no *habeas data*. Sem que se configure situação prévia de pretensão resistida, há carência da ação constitucional do *habeas data*". Na mesma linha, já na vigência da nova legislação, v. ROHD 24-2-DF, rel. Min. Maurício Corrêa, *DJU* 13.2.1998, p. 31, e HD 75-DF, rel. Min. Celso de Mello, *DJU* 19.10.2006, p. 52.

porém, se o detentor das informações solicitadas as houver fornecido de maneira insuficiente ou incompleta.[21]

2. *Competência*

Os juízos competentes para o processo e julgamento do *habeas data* estão indicados na Constituição, assim distribuídos:

Compete ao STF processar e julgar em recurso ordinário o *habeas data* decidido em única instância pelos Tribunais Superiores, se denegatória a decisão (CF, art. 102, II, "a"). Originariamente, cabe ao STF processar e julgar o *habeas data* contra atos do Presidente da República, das Mesas da Câmara dos Deputados e do Senado Federal, do TCU, do Procurador-Geral da República e do próprio STF (CF, art. 102, I, "d"); também cabe ao STF a apreciação do *habeas data* quando impetrado em face de atos do Conselho Nacional de Justiça ou do Conselho Nacional do Ministério Público, por força da alínea "r" do inciso II do art. 102 da CF, introduzido pela Emenda Constitucional 45/2004.[22] Compete ao STJ julgar o *habeas data* contra atos de ministro de Estado ou do próprio Tribunal (CF, art. 105, I, "b").[23] Compete aos TRFs processar e julgar *originariamente* o *habeas data* contra ato do próprio Tribunal ou de juiz federal (CF, art. 108, I, "c"). Compete aos juízes federais processar e julgar o

---

A demora injustificada no fornecimento das informações solicitadas, porém, equivale à negativa que autoriza a impetração (STJ, HD 147-DF, rel. Min. Arnaldo Esteves Lima, *DJU* 28.2.2008).

21. STJ: 1ª Seção, HD 09-DF, rel. Min. Miguel Ferrante, *RT* 667/169; 3ª Seção, HD 149-DF, rel. Min. Nilson Naves, *DJe* 10.6.2009. No mesmo sentido: "O fornecimento de informações insuficientes ou incompletas é o mesmo que o seu não fornecimento, legitimando a impetração da ação de *habeas data*" (STJ, HD 160-DF, rela. Min. Denise Arruda, *DJe* 22.9.2008). Na mesma linha: STJ, HD 246-MG, rela. Min. Eliana Calmon, *DJe* 17.4.2013.

22. A competência originária do STF também pode aflorar na hipótese da alínea "n" do inciso I do art. 102 da CF, quando a ação for do interesse de toda a Magistratura ou quando mais da metade dos membros do tribunal de origem estiverem impedidos ou forem interessados na causa. O eventual impedimento ou suspeição, no entanto, deve ser apreciado pelo tribunal em princípio competente para o julgamento da causa (STF, HD/AgR 82-RO, rel. Min. Ricardo Lewandowski, *DJe* 8.2.2011).

23. Impetrado o *habeas data* erroneamente perante o STJ, por não se tratar de ato de competência de ministro de Estado, mas, sim, de subordinado sujeito à competência das instâncias ordinárias, extingue-se a ação sem julgamento do mérito (STJ, HD/AgR 197-DF, rel. Min. Castro Meira, *DJe* 24.4.2013; AgInt no HD 344-DF, rel. Min. Gurgel de Faria, *DJe* 19.12.2019).

habeas data contra ato de autoridade federal, excetuados os casos de competência dos Tribunais federais (CF, art. 109, VIII).[24] Compete ao TSE julgar, em recurso ordinário, o *habeas data* denegado pelos TREs (CF, art. 121, § 4º, V). Compete à Justiça do Trabalho processar e julgar o *habeas data* quando estiver envolvida matéria sujeita à jurisdição trabalhista (CF, art. 114, IV, com a redação dada pela Emenda Constitucional 45/2004).

Quanto à Justiça estadual, caberá à Constituição do Estado estabelecer a competência de seus Tribunais e juízes, complementada pela Lei de Organização Judiciária de cada unidade da Federação (CF, art. 125, § 1º).

As competências para julgamento de *habeas data*, originariamente ou em grau de recurso, estão disciplinadas detalhadamente nos três incisos do art. 20 da Lei 9.507/1997. O texto legal, em muitos trechos, é cópia dos dispositivos da Constituição acima referidos.

3. *Legitimação e procedimento*

O legitimado para requerer *habeas data* é unicamente a pessoa física ou jurídica (nacional ou estrangeira[25]) diretamente interessada nos registros mencionados no inciso LXXII, "a" e "b", do art. 5º da CF.[26]

As normas procedimentais relativas ao *habeas data*, como mencionado, somente foram definidas com o advento da Lei 9.507/197. Entretanto, a inércia do legislador em editá-las não impedia a parte de requerê-lo, por se tratar de uma das garantias fundamentais inseridas no art. 5º da CF; nem tampouco autorizava sua substituição pelo mandado de segurança.[27]

Nas edições anteriores desta obra afirmamos que o procedimento deveria ser o ordinário ou o especial, pois no decorrer da ação

24. A competência para julgamento de *habeas data* contra diretoria de empresa pública é da Justiça Federal de primeira instância, pois os TRFs têm a competência, em matéria de *habeas data*, restrita a atos do próprio Tribunal ou de juiz federal (TRF-4ª Região, HD 93.04.15427-8-RS, rel. Juiz Volkmer de Castilho, *ADV* 1994, ementa 64.118).

25. STF, RE 673.707-MG, rel. Min. Luiz Fux, DJe 30.9.2015.

26. Em pelo menos um caso, porém, o STJ considerou parte legítima para a impetração de *habeas data* o cônjuge sobrevivente, na defesa do interesse do falecido (HD 147-DF, rel. Min. Arnaldo Esteves Lima, *DJU* 28.2.2008).

27. Neste sentido: TJSC, AMS 3.987, rel. Des. João Martins, *RT* 701/129.

poderia ou deveria ser produzida prova da inexatidão dos registros, o que propiciaria sua retificação. O *habeas data* se desenvolveria, assim, em duas fases, aproximando-se, em certa maneira, do rito da ação de prestação de contas, regulada nos arts. 914 e ss. do CPC. Aquela ação também é dividida em duas etapas. Na primeira o juiz deve decidir se existe, ou não, a obrigação de prestar as contas; se a resposta for positiva, abre-se a segunda fase, na qual as contas são prestadas e sua retidão é analisada. No *habeas data*, segundo Hely Lopes Meirelles, haveria um primeiro julgamento com relação à pertinência da requisição das informações; se o pedido fosse cabível, as informações deveriam, então, ser prestadas, e poderiam ser retificadas em caso de incorreção comprovada.

No entanto, se com o pedido inicial o interessado já oferecesse as provas do alegado e com elas concordasse a autoridade requerida, o juízo deveria deferir de plano as retificações postuladas; havendo oposição, a ação prosseguiria, para a produção e apreciação das provas necessárias.

Esse texto acabou superado, porém, pela Lei 9.507/1997. O rito pelo qual optou o legislador, assemelhado ao do mandado de segurança,[28] não prevê fase probatória. Esta peculiaridade apresenta alguns inconvenientes, como se verá adiante,[29] e obriga o impetrante a apresentar com a inicial a prova documental pré-constituída de suas alegações. Desse modo, caso a pretensão do impetrante dependa de comprovação por perícia ou por prova testemunhal, deverá ser formulada pelas vias ordinárias.

Relembre-se que a Constituição da República só concede o *habeas data* para assegurar o conhecimento de informações relativas à pessoa do impetrante, constantes de registros ou bancos de dados

---

28. Embora discordássemos desta posição, o TRF-3ª Região já decidira que o *habeas data* seria "ação civil especial análoga ao mandado de segurança", e por isso seu rito lhe poderia ser assemelhado. Sob esse fundamento, foi considerada obrigatória a intervenção do Ministério Público, sob pena de nulidade do processo (HD/ACi 95.03.069821-9-SP, rel. Juiz Américo Lacombe, *RT* 731/444). Essa aproximação do regime jurídico do *habeas data* com o do mandado de segurança, que também já fora defendida no antigo TFR no julgamento do HD 01 (*DJU* 2.5.1989), acabou prevalecendo na Lei 9.507/1997. Também a obrigatoriedade de intervenção do Ministério Público no processo foi consagrada no art. 12 da mencionada lei.

29. Acreditamos que o Autor faria sérias críticas à técnica do legislador, e procuramos vislumbrar quais seriam. A questão está tratada com mais profundidade no item 5 desta Sexta Parte, adiante.

de entidades governamentais ou de caráter público, para possibilitar a retificação desses dados, quando o postulante não prefira fazê-lo por processo administrativo sigiloso (art. 5º, LXXII, "a" e "b"). Entendemos que se aplicam ao *habeas data* as regras do Código de Processo Civil relativas ao litisconsórcio e à assistência sempre que as informações em foco disserem respeito também a interesses jurídicos de terceiros.

Esclarecemos, por fim, que a Constituição isentou de custas e despesas judiciais o processo de *habeas data*, como os demais atos necessários ao exercício da soberania popular (CF, art. 5º, LXXVII), facilitando, assim, o exercício desta ação civil. A Lei do *Habeas Data*, no art. 21, repetiu o princípio da gratuidade do processo, estendendo-a à fase da postulação extrajudicial.

4. *Julgamento e execução*

Processado o *habeas data*, nos termos da Lei 9.507/1997, o Judiciário garantirá o acesso às informações relativas à pessoa do postulante ou determinará as retificações decorrentes da prova pré-constituída apresentada em juízo. Não bastarão as alegações do postulante se desacompanhadas de prova da sua veracidade, pois a disposição constitucional não assegura cancelamento dos registros pessoais, dos arquivos públicos e particulares de fornecimento ao público, mas garante sua retificação condizente com a realidade.[30]

Finalmente, é de se esclarecer que nem todo registro será fornecido a quem o desejar, porque aqueles relacionados com a defesa nacional continuarão sigilosos e indevassáveis, destinados unicamente ao conhecimento do Presidente da República e das autoridades responsáveis pela segurança da sociedade e do Estado, já ressalvados no inciso XXXIII do art. 5º da CF[31] – como, a propósito, chamou a

30. Conforme acórdão da 1ª Seção do STJ: "O pedido de retificação de assentamentos, em *habeas data*, só tem cabimento quando o requerente já dispõe dos dados que, por inverossímeis (ou outro motivo previsto em lei), pretenda a devida alteração no registro do órgão administrativo respectivo. A retificação a que a Constituição Federal se refere só é permitida quando se tratar de informações não verazes, a demonstrar, o requerente, o seu cabal interesse em que sejam canceladas (ou retiradas), demonstrando, com a inicial, a sua existência, até mesmo para propiciar à autoridade coatora a formulação de sua resposta" (HD 39-DF, rel. Min. Demócrito Reinaldo, *RTJE* 162/233).

31. O inciso XXXIII do art. 5º da CF assim dispõe: "todos têm direito a receber dos órgãos públicos informações de seu interesse particular, ou de interesse coletivo ou geral, que serão prestadas no prazo da lei, sob pena de responsabilidade, ressal-

atenção o então Consultor-Geral da República em dois judiciosos pareceres.[32]

A execução do *habeas data*, por se tratar de ação civil comum, deve ser feita por mandado judicial simplificado em ofício ao responsável pelo arquivo, transcrevendo-se o inteiro teor do julgado, com as determinações do Judiciário.

---

vadas aquelas cujo sigilo seja imprescindível à segurança da sociedade e do Estado". Esta disposição constitucional há que ser interpretada em conjunto com a do inciso LXXII, que criou o *habeas data*. Nesta linha, sob o fundamento de que o sigilo das informações era assegurado por lei, o TJMG denegou *habeas data* no qual um candidato em concurso público pretendia o acesso aos dados colhidos sobre sua pessoa em investigação sobre seus antecedentes pessoais (HD 9.640-4, rel. Des. Monteiro de Barros, *RT* 710/125). Sobre o descabimento de *habeas data* para obtenção de informações sobre documentos apreendidos em investigação penal sigilosa existe parecer de Hélcio Alves de Assumpção, in *RF* 333/203.

No STJ: "O *habeas data* não é meio processual idôneo para obrigar autoridade coatora a prestar informações sobre inquérito que tramita em segredo de justiça, cuja finalidade precípua é a de elucidar a prática de uma infração penal e cuja quebra de sigilo poderá frustrar seu objetivo de descobrir a autoria e materialidade do delito" (HD/AgR-ED 98-DF, rel. Min. Teori Albino Zavascki, *DJU* 11.10.2004, p. 211). Na mesma linha, já se decidiu que a simples referência a certas pessoas em depoimento prestado perante autoridades, em processo sigiloso, não autoriza o manejo do *habeas data* por aqueles mencionados (STF, HD 71-DF, rel. Min. Sepúlveda Pertence, *DJU* 15.12.2005).

Num caso em que se pedia o acesso a registros relativos às promoções de oficiais da Força Aérea, a 3ª Seção do STJ denegou o *habeas data* com a seguinte ementa: "*Habeas data* – Art. 5º, XXXIII – Informação sigilosa – Decreto n. 1.319/1994. O direito a receber dos órgãos públicos informações de interesse particular, previsto no art. 5º, XXXIII, não se reveste de caráter absoluto, cedendo passo quando os dados buscados sejam de uso privativo do órgão depositário das informações. No caso dos autos, as informações postuladas, pertinentes à avaliação de mérito do oficial requerente, se encontravam sob responsabilidade da CPO/Comissão de Promoções de Oficiais e, nos termos do art. 22 do Decreto n. 1.319/1994, eram de exclusivo interesse desse órgão. Depreende-se, pois, que o caráter sigiloso das informações buscadas estava, objetivamente, previsto – Ordem denegada" (HD 56-DF, rel. Min. Félix Fischer, *DJU* 29.5.2000, p. 108).

Regulamentando o inciso XXXIII do art. 5º da CF, editou-se a Lei 11.111, de 5.5.2005, posteriormente revogada pela Lei 12.527, de 18.11.2011. A lei 11.111 era objeto da ADI 4.077-DF (rela. Min. Ellen Gracie), no STF, movida pelo Procurador-Geral da República.

Sobre a matéria merece menção o artigo de Francisco Bilac M. Pinto Filho, "O segredo de Estado e as limitações ao *habeas data*", *RT* 805/35.

No entanto, como já se registrou, é importante ressaltar que a interpretação quanto ao sigilo da informação buscada por impetração de *habeas data* deve ser cuidadosa e restritiva, pois este é exceção, sendo a publicidade e a livre acessibilidade a regra (STJ, HD 91-DF, rel. Min. Arnaldo Esteves Lima, *RT* 863/162).

32. Cf. J. Saulo Ramos, Parecer SR-13, de 17.10.1986, *RDA* 166/19, e Parecer SR-71, de 6.10.1988, *DOU* 6.10.1988, p. 19.804.

É cabível a imposição de multa diária para o não cumprimento da ordem de fornecimento das informações, com aplicação combinada dos arts. 13 da Lei 9.507/1997 e 461 do CPC (STJ, HD 246-MG, rela. Min. Eliana Calmon, *DJe* 17.4.2013).

Como a Constituição tornou gratuita a ação de *habeas data*, não haverá qualquer execução para pagamento de custas ou recebimento de honorários de advogado (art. 5º, LXXVII).

5. *O "habeas data" na Lei 9.507/1997*

Como vinham afirmando a doutrina e a jurisprudência desde a criação do *habeas data* na Constituição Federal de 1988, fazia-se necessária a edição de legislação específica para a disciplina desse instituto.[33] Assim, foi aprovada a Lei 9.507, de 12.11.1997,[34] sancionada pelo Presidente Fernando Henrique Cardoso com alguns poucos vetos, que "regula o direito de acesso a informações e disciplina o rito processual do *habeas data*".

Consagrando princípio já consolidado pela Súmula 2 do STJ – segundo a qual não será cabível a ação de *habeas data* se não houver a prévia recusa de informações por parte da autoridade administrativa –, a Lei 9.507/1997 reservou os primeiros artigos ao regramento da fase extrajudicial da postulação, deixando para uma segunda parte as regras processuais sobre a ação judicial.

O acesso extrajudicial às informações – A Constituição de 1988, ao criar o *habeas data*, no inciso LXXII do art. 5º, assegurou às pessoas em geral o acesso às informações sobre elas constantes de "registros ou bancos de dados de entidades governamentais ou de caráter público". Do texto constitucional pode-se extrair que, em princípio, todos os registros e bancos de dados "oficiais" – de entidades governamentais – estão sujeitos à regra (ressalvadas as informações sigilosas por questão de segurança da sociedade e do Estado, como restringido pelo inciso XXXIII do mesmo art. 5º da

33. O Ministério da Justiça chegou a nomear Comissão Especial para elaborar um anteprojeto sobre a matéria, composta pelos Mins. Carlos Alberto Direito e Ruy Rosado e pelos professores Caio Tácito, Ada Pellegrini Grinover, Arnoldo Wald e outros. O projeto de lei minutado pela Comissão, contudo, ficou prejudicado com a promulgação da Lei 9.507/1997.

34. *DOU* 13.11.1997.

CF, regulamentado pela Lei 12.527, de 18.11.2011),[35] devendo a expressão "registro de dados" ser entendida em seu sentido mais amplo, englobando tudo que diga respeito ao interessado.[36] Mas também os registros ou bancos de dados particulares poderão ser acessados pelos interessados, desde que sejam caracterizados como de "caráter público".[37] É essencial, no entanto, que as informações registradas sejam de caráter pessoal do impetrante, como vêm salientando a doutrina e a jurisprudência. Dados genéricos, que não digam respeito diretamente à pessoa do impetrante, não são acessíveis ou retificáveis pela via do *habeas data*.

Logo no parágrafo único do art. 1º da Lei 9.507/1997 define-se como de caráter público "todo registro ou banco de dados contendo informações que sejam ou que possam ser transmitidas a terceiros ou que não sejam do uso privativo do órgão ou entidade produtora ou depositária das informações". Com efeito, inúmeros registros tipicamente comerciais, como serviços de proteção ao crédito[38] ou listagens de mala direta, estarão englobados na definição legal, na medida em que normalmente são idealizados justamente para transmissão de informações a terceiros. Como a definição legal é bastante ampla, entendemos que deve ser interpretada com temperamentos,

---

35. A restrição do sigilo, no entanto, deve ser interpretada cautelosamente, pois a regra é a publicidade e a acessibilidade da informação. V., no STJ, HD 91-DF, rel. Min. Arnaldo Esteves Lima, *RT* 863/162.

36. STF, RE 673.707-MG, rel. Min. Luiz Fux, *DJe* 30.9.2015.

37. No TJRJ, considerando de "caráter público" os registros mantidos por instituições financeiras com relação às contas de FGTS: ACi 5.541/2002, rel. Des. Sérgio Cavalieri, *DJE* 3.10.2002, p. 346.

38. No TJSP, afirmando ser o *habeas data* o remédio processual cabível para o acesso aos registros do SPC e do SERASA: ACi 160.063-4/0-00, rel. Des. Cézar Peluso, *ADV* 2001, ementa 98.249. V., ainda, admitindo a impetração para o lançamento de anotações explicativas do impetrante com relação à sua inscrição em cadastro de inadimplentes: 1º TACivSP, AI 1.333.979-8, rel. Juiz Élcio Trujillo, *RT* 837/244. Sobre o tema: Luana Pedrosa de Figueiredo Cruz, "Questões sobre a admissibilidade e ações que envolvem mantenedores de bancos de dados", *RePro* 156/331, citando doutrina e jurisprudência.

No STJ, admitindo a impetração de *habeas data* para a obtenção de informações bancárias do impetrante (lançamentos em conta-corrente mantida junto à Caixa Econômica Federal): REsp 929.381-AL, rel. Min. Francisco Falcão, *RDB* 43/214 – íntegra do acórdão acrescida de comentários de Rodrigo Garcia da Fonseca. Não será cabível a impetração, porém, para a simples obtenção de extratos bancários, ainda que de banco público, pois o *habeas data* não é instrumento de índole meramente consumerista (STJ, REsp 1.128.739-RJ, rel. Min. Castro Meira, *DJe* 10.2.2010).

verificando-se, caso a caso, a natureza das informações registradas e seu potencial eventualmente lesivo aos particulares.[39]

Não se pode esquecer que o *habeas data* foi concebido na Constituição de 1988 como instrumento essencialmente político. Os membros da Assembleia Nacional Constituinte tinham em mente, sobretudo, os registros do antigo Serviço Nacional de Informações/SNI durante o regime militar de 1964.[40]

A preocupação quanto ao alcance das regras da Lei 9.507/1997 foi expressamente manifestada pelo então Presidente da República nos vetos ao *caput* do art. 1º, ao parágrafo único do art. 3º e à íntegra do art. 5º. Nestes dispositivos, originalmente aprovados pelo Congresso Nacional, mencionava-se simplesmente o direito irrestrito ao acesso às informações nos registros ou bancos de dados de entidades governamentais ou de caráter público, sem a ressalva quanto às informações sigilosas, garantida na própria Constituição Federal. Ademais, estabelecia-se a obrigação de fornecimento imediato de cópias de documentos aos interessados, além da comunicação à pessoa interessada da prestação de informações a seu respeito a qualquer usuário ou terceiro. Como bem salientado nas razões de veto, tais obrigações seriam inviáveis e desproporcionais, tanto do ponto de vista prático quanto jurídico.

A Lei 9.507/1997 disciplinou um rito extrajudicial, estabelecendo que o interessado apresentará seu requerimento de fornecimento de informações ao órgão ou entidade depositária do registro ou banco de dados, o qual deverá ser apreciado em 48 horas (art. 2º, *caput*). A decisão deverá ser comunicada ao requerente em 24 horas (art. 2º, parágrafo único), sendo que, em caso de deferimento, marcar-se-ão dia e hora para a divulgação das informações (art. 3º, *caput*).

Embora haja uma louvável preocupação com a celeridade do procedimento, a lei nada dispôs quanto à inobservância destes prazos. Tratando-se de órgão público, o funcionário em atraso estará sujeito às penalidades administrativas cabíveis em função da desobediência a uma obrigação legal; mas, tratando-se de entidades

39. Sobre a matéria há interessante e esclarecedor acórdão do Plenário do STF: RE 165.304-3-MG, rel. Min. Octávio Gallotti, *DJU* 15.12.2000, *RDB* 12/79. Sobre a interpretação do parágrafo único do art. 1º da Lei 9.507/1997, v., ainda, no STJ: REsp 929.381-AL, rel. Min. Francisco Falcão, *DJU* 25.10.2007.

40. Jesus Costa Lima, *Comentários às Súmulas do Superior Tribunal de Justiça*, 2ª ed., vol. 1, Brasília, Brasília Jurídica, 1993, p. 38.

privadas (embora destinadas a atender ao público), há muito pouco que o interessado possa fazer para que os prazos sejam rigorosamente respeitados. É verdade que o art. 6º estabelecia multas para o descumprimento das obrigações impostas às entidades depositárias dos dados ainda na fase extrajudicial. Mas a falta de especificação quanto à destinação e à gestão das verbas arrecadas além de uma anômala intervenção do Ministério Público, prevista nos §§ 1º e 2º, levaram o Presidente da República a vetar a norma.

O art. 4º da Lei do *Habeas Data* disciplina a retificação de dados inexatos. O interessado deverá pedir a retificação em petição acompanhada de documentos comprobatórios da inexatidão (art. 4º, *caput*), a qual deverá ser efetuada e comunicada ao requerente em 10 dias (art. 4º, § 1º). Há, ainda, uma situação intermediária, quando não se constatar propriamente uma inexatidão, mas houver alguma pendência sobre o fato objeto do dado registrado. Nesta hipótese o interessado poderá apresentar "explicação ou contestação", que deverá ser anotada no cadastro (art. 4º, § 2º), inclusive para informação de terceiros.

Entendemos que em toda a fase extrajudicial, quando o banco de dados ou o registro for de órgão ou entidade integrante da Administração Pública, serão cabíveis os recursos administrativos ordinários, às autoridades hierarquicamente superiores, em caso de indeferimento de quaisquer requerimentos.[41] Não obstante, embora o recurso administrativo possa ser cabível, não se poderá exigir do interessado a prévia exaustão das vias administrativas para que ajuíze seu pedido de *habeas data* perante o Poder Judiciário, em virtude de expressa vedação constitucional (CF, art. 5º, XXXV).

O cabimento do "habeas data" – O art. 7º da Lei 9.507/1997 repete a redação do inciso LXXII do art. 5º da CF, assegurando o cabimento do *habeas data* para o conhecimento de informações sobre a pessoa do impetrante e a retificação de dados.[42] Acrescentou-se, po-

41. Sobre a matéria, v. Hely Lopes Meirelles, *Direito Administrativo Brasileiro*, 42ª ed., São Paulo, Malheiros Editores, 2016, p. 812.

42. Dentro do conceito de entidades governamentais legitimadas passivamente para a impetração de *habeas data* o STJ vem considerando incluídas as empresas públicas e sociedades de economia mista (REsp 929.381-AL, rel. Min. Francisco Falcão, *DJU* 25.10.2007; REsp 1.096.552-RJ, rela. Min. Eliana Calmon, *DJe* 14.9.2009; REsp 1.128.739-RJ, rel. Min. Castro Meira, *DJe* 10.2.2001). O entendimento é compartilhado pelo STF (v. RE/AgR 742.701-PE, rel. Min. Celso de Mello, *DJe* 5.11.2013, admitindo a Petrobrás como entidade impetrada).

rém, uma terceira hipótese de cabimento do *habeas data*, não prevista na Constituição: "para a anotação, nos assentamentos do interessado, de contestação ou explicação sobre dado verdadeiro mas justificável e que esteja sob pendência judicial ou amigável" (art. 7º, III).

Quanto à retificação de dados (art. 7º, II), a Lei 9.507/1997 repete a Constituição Federal ao prever a opção, para o interessado, de requerimento mediante "processo sigiloso, judicial ou administrativo". Como a própria Lei do *Habeas Data* não disciplina esse processo judicial sigiloso, entendemos que deverá seguir o rito ordinário, correndo sob segredo de justiça (na forma do CPC, art. 155). O processo administrativo sigiloso, evidentemente, só será aplicável às *entidades governamentais*.

O *habeas data* para anotação de contestação ou explicação de dado sujeito a pendência deve ser empregado com parcimônia, pois não pode servir para satisfação de meros caprichos dos particulares. A explicação não só deverá ser devidamente instruída e justificada, como o requerente deverá provar seu interesse processual (CPC, art. 3º), consistente na necessidade de fazer constar a anotação para evitar algum tipo de prejuízo material ou moral. Como regra geral do processo civil, o autor de uma ação deve provar a necessidade que tem de recorrer ao Poder Judiciário; e, portanto, não bastará a mera vontade do impetrante para justificar o cabimento do *habeas data* para simples anotação.

Por fim, como já afirmava Hely Lopes Meirelles (nesta Sexta Parte, item 1, retro), o *habeas data* poderá ser impetrado tanto pela pessoa física[43] quanto pela pessoa jurídica. Não há motivos para excluir as pessoas jurídicas se a Constituição não o fez. Assim, da mesma forma como podem impetrar mandado de segurança, as pessoas jurídicas também podem impetrar *habeas data*. Neste particular vale lembrar que a jurisprudência do STJ vem aceitando a reparabilidade do dano exclusivamente moral causado à pessoa jurídica, a partir do acórdão no REsp 60.033-2-MG,[44] e o *habeas data* (especialmente para retificação de dados) pode ser importante instrumento na defesa do patrimônio moral, evitando a difusão de informações inexatas ou deturpadas.

43. Como já visto, no HD 147-DF, rel. Min. Arnaldo Esteves Lima, *DJU* 28.2.2008, o STJ considerou parte legítima para a impetração de *habeas data* o cônjuge sobrevivente, na defesa do interesse do falecido.

44. Rel. Min. Ruy Rosado, *RSTJ* 85/268.

A ação judicial – A petição inicial do *habeas data* deverá atender aos requisitos do Código de Processo Civil para as demais petições iniciais (arts. 319 a 334 do CPC de 2015) e deverá ser apresentada em duas vias (inclusive dos documentos). O coator será notificado para prestar informações em 10 dias, recebendo a segunda via da petição e documentos.[45] Inexistindo previsão específica quanto à forma da notificação, entendemos que deverá ser feita por oficial de justiça ou Correio, na forma da lei processual (CPC de 2015, art. 246 – v. os comentários à notificação no mandado de segurança, Primeira Parte, item 11), contando-se o prazo da juntada aos autos do ofício (Lei 9.507/1997, art. 11, c/c CPC de 2015, art. 231, I, II e III).[46]

Disciplinando-se a ação dessa forma, deu-se ao *habeas data* feição similar à do mandado de segurança, no qual não há propriamente um réu, mas uma autoridade coatora (no caso, a Lei 9.507/1997, nos arts. 9º, 13 e 14, fala simplesmente em "coator").

Com efeito, problema que pode surgir para o impetrante é a identificação de quem é o responsável pelo registro das informações sobre sua pessoa dentro de uma entidade depositária de registros ou bancos de dados (que pode ser pública ou privada). A jurisprudência do STF e do STJ consolidou-se no sentido de que a indicação errônea da autoridade coatora no mandado de segurança leva à extinção do processo sem julgamento do mérito, por carência de ação. Buscando evitá-la, a Lei 12.016/2009, no art. 6º, § 3º, passou a prever que se considera autoridade coatora, para fins de impetração do *mandamus*, aquela que tenha praticado o ato impugnado ou da qual emane ordem para a sua prática. Para que se facilite a impetração do *habeas data*,

45. O legislador, nos arts. 8º e 9º da Lei 9.507/1997, copiou a técnica da revogada Lei 1.533/1951, que anteriormente dispunha sobre o mandado de segurança (arts. 6º e 7º) e cuja sistemática foi mantida na vigente lei disciplinadora do *mandamus* (Lei 12.016, de 7.8.2009, arts. 6º e 7º).

46. Note-se que o parágrafo único do art. 154 do CPC de 1973, introduzido pela Lei 11.280/2006, já autorizava a disciplina pelos Tribunais, no âmbito de suas respectivas jurisdições, da prática e comunicação oficial de atos processuais por meios eletrônicos. A Lei 11.419, de 19.12.2006, por sua vez, ampliou ainda mais a possibilidade de utilização da informática no processo judicial. E o Código de Processo Civil de 2015 seguiu a mesma tendência. Dispõe que caberá ao Conselho Nacional de Justiça e, supletivamente, aos Tribunais regulamentar a prática e a comunicação oficial de atos processuais por meio eletrônico, além de velar pela compatibilidade dos sistemas, disciplinar a incorporação progressiva de novos avanços tecnológicos e editar, para esse fim, os atos que forem necessários (art. 196).

e considerando que no âmbito administrativo o requerimento deve ser feito "ao órgão ou entidade depositária do registro ou banco de dados" (Lei 9.507/1997, art. 3º), o coator deve ser considerado, sempre, este órgão ou entidade, e não uma pessoa que ocupe determinado cargo. Assim, será legitimado passivo para o *habeas data* o próprio órgão ou entidade depositária do registro ou banco de dados, que poderá ter personalidade jurídica independente ou não, e que será representado em juízo por quem de direito, de acordo com seus atos constitutivos, estatutos ou regimentos.[47]

É indispensável, sob pena de indeferimento da inicial, a prova de que a entidade depositária do registro ou banco de dados se recusou a prestar as informações,[48] a fazer as retificações ou as anotações cabíveis, ou deixou de decidir sobre a matéria em 15 dias. Não é necessário, no entanto, que o impetrante decline os motivos que ensejam o pedido de informações, pois este requisito não lhe é imposto, seja pela Constituição, seja pela legislação ordinária. Trata-se de verdadeiro direito potestativo de acesso às informações, como garantia fundamental e universal das pessoas físicas e jurídicas.[49]

Consoante o disposto no art. 10 da Lei do *Habeas Data*, do eventual indeferimento da inicial, por falta de qualquer dos requisitos legais, caberá apelação.[50] A lei não prevê a hipótese de emenda da

47. Aplica-se ao *habeas data* a teoria da encampação, consagrada na jurisprudência do mandado de segurança, quando o impetrado é autoridade hierarquicamente superior ao responsável pelas informações pessoais referentes ao impetrante e assume a defesa do ato impugnado, inclusive respondendo ao pedido feito na via administrativa (v. HD 84-DF, rela. Min. Maria Thereza, *DJe* 30.10.2006).

48. "O fornecimento de informações insuficientes ou incompletas é o mesmo que o seu não fornecimento, legitimando a impetração da ação de *habeas data*" (STJ, HD 160-DF, rela. Min. Denise Arruda, *DJe* 22.9.2008). Na mesma linha: STJ, HD 149-DF, rel. Min. Nilson Naves, *DJe* 10.6.2009, e HD 246-MG, rela. Min. Eliana Calmon, *DJe* 17.4.2013.

49. Neste sentido: TRF-2ª Região, RHD 2008.51.01.02825-1-RJ, rel. Des. federal Antônio Cruz Netto, *RT* 883/373 – em acórdão muito bem fundamentado.

50. O art. 285-A do CPC, introduzido pela Lei 11.277, de 7.2.2006, autorizava o indeferimento de pronto da inicial, com apreciação do mérito, "quando a matéria controvertida for unicamente de direito e no juízo já houver sido proferida sentença de total improcedência", devendo ser reproduzida a decisão anteriormente prolatada.

O Código de Processo Civil de 2015 dispõe que, nas causas "que dispensem a fase instrutória, o juiz, independentemente da citação do réu, julgará liminarmente improcedente o pedido que contrariar: I – enunciado de súmula do Supremo Tribunal Federal ou do Superior Tribunal de Justiça; II – acórdão proferido pelo Supremo Tribunal Federal ou pelo Superior Tribunal de Justiça em julgamento de recursos

inicial, mas entendemos que o juiz deverá aplicar o art. 321 do CPC de 2015 (cuja aplicação subsidiária pode ser inferida pelo art. 8º da Lei 9.507/1997, ao impor como requisitos da petição inicial de *habeas data* os mesmos dos arts. 282 a 285 do CPC de 1973), abrindo prazo de 15 dias para a emenda e/ou complementação da inicial. Da mesma forma, enquanto não for notificado o coator caberá o aditamento à petição inicial (CPC de 2015, art. 329, I). De qualquer maneira, a decisão denegatória do *habeas data* que não tenha apreciado o mérito não impede o ajuizamento de novo pedido (Lei do *Habeas Data*, art. 18).

As informações do coator poderão contestar o cabimento do *habeas data*, por diversos motivos (por faltar caráter público ao banco de dados, por faltar algum documento à inicial, por serem as informações sigilosas ou não se referirem ao impetrante, por não ter havido a prévia recusa administrativa, ou por qualquer outro fundamento relevante). Também poderão, no caso de pedido de retificação ou anotação, contestar a correção dos dados apresentados pelo impetrante.

Passado o prazo para as informações, prestadas elas ou não,[51] o processo será encaminhado ao representante do Ministério Público para parecer (Lei do *Habeas Data*, art. 12). O dispositivo tem texto idêntico ao do art. 10 da revogada Lei 1.533/1951, que regulamentava o mandado de segurança, na vigência da qual a jurisprudência do STJ considerava nulo o *writ* se não houvesse efetiva manifestação do *Parquet*, não bastando sua mera intimação.[52] Nas edições anteriores,

---

repetitivos; III – entendimento firmado em incidente de resolução de demandas repetitivas ou de assunção de competência; IV – enunciado de súmula de tribunal de justiça sobre direito local" (art. 331).

Sobre os incidentes de resolução de demandas repetitivas e de assunção de competência, v. o item 2 da Primeira Parte.

O juiz também poderá julgar liminarmente improcedente o pedido se verificar, desde logo, a ocorrência de decadência ou de prescrição (art. 332, § 1º).

Em qualquer caso, a apelação não será mais submetida ao juízo de admissibilidade em primeiro grau (art. 1.010, § 3º).

51. O TJSP já decidiu que a falta de informações por parte do impetrado não produz os efeitos da revelia, não induzindo necessariamente à presunção de veracidade dos fatos afirmados na inicial, em virtude da natureza jurídica especial do *habeas data*, no qual o impetrado não equivale ao réu nas relações processuais de um modo geral (ACi 160.953-4/1-00, rel. Des. Boris Kauffmann, *ADV* 2001, ementa 97.674).

52. Equiparando a intervenção do Ministério Público na ação da *habeas data* à sua intervenção no mandado de segurança há precedente do TRF-3ª Região mesmo antes da edição da Lei 9.507/1997 (HD/ACi 95.03.069821-9-SP, rel. Juiz Américo

por isso, escrevemos que poderia aplicar-se ao *habeas data* tal entendimento. Contudo, tendo em vista que a Lei 12.016/2009, em seu art. 12, parágrafo único, prevê a conclusão dos autos do mandado de segurança ao juiz "com ou sem o parecer do Ministério Público", é possível que este entendimento seja alterado (v. Primeira Parte, item 8).

Voltando os autos do Ministério Público, caberá ao juiz proferir a sentença. Se julgar procedente o pedido, marcará dia e hora para que as informações sejam prestadas ao impetrante ou, no caso de *habeas data* para retificação de dados ou anotações, para que apresente em juízo a prova dos novos assentamentos (Lei do *Habeas Data*, art. 13). O STJ já decidiu que é cabível a imposição de multa diária para compelir ao cumprimento da ordem, aplicando conjuntamente o art. 13 da Lei 9.507/1997 e o art. 461 do CPC de 1973 (HD 246-MG, rela. Min. Eliana Calmon, *DJe* 17.4.2013).

Ao longo de toda a Lei 9.507/1997 percebe-se a grande preocupação do legislador com a celeridade do procedimento, tanto na fase extrajudicial quanto em juízo. São estabelecidos os prazos de 5 dias para o parecer do Ministério Público e para a prolação da sentença (art. 12) e o prazo de 24 para conclusão, a partir da distribuição, além da prioridade sobre os demais feitos judiciais, excetuados o *habeas corpus* e o mandado de segurança (art. 19). Também determina a lei que nos Tribunais sejam levados a julgamento na primeira sessão seguinte à conclusão ao relator. Infelizmente, como se sabe, prazos dessa natureza raramente são observados, até mesmo em função do enorme acúmulo de processos e da sistemática falta de pessoal no Poder Judiciário.

Em virtude do seu caráter essencialmente célere e preferencial, entendemos que, tal como o mandado de segurança, o *habeas data* também deverá tramitar durante as férias forenses coletivas.[53]

De qualquer maneira, o art. 14 da Lei do *Habeas Data*, porém, traz salutar inovação ao prever a possibilidade de comunicação da sentença, ao coator, por meio de Correio, telegrama, radiograma ou, mesmo, telefonema. A utilização de serviços ou tecnologias que

---

Lacombe, *RT* 731/444). Anulando a sentença em função da falta de intervenção do Ministério Público: TJMG, ACi 157.055/5-00, rel. Des. Baía Borges, *ADV* 40/2000, ementa 94.182.

53. A Emenda Constitucional 45/2004 limitou as férias forenses coletivas aos Tribunais Superiores, ficando as mesmas vedadas nos juízos e Tribunais de segundo grau, de acordo com o inciso XII do art. 93 da CF.

permitam a celeridade da prestação jurisdicional deve ser encorajada, desde que preservada a segurança das partes envolvidas (seria o caso de se pensar, no futuro próximo, na notificação eletrônica, via *Internet*).[54] Aliás, ao permitir a comunicação por telefone a lei nos parece ter autorizado o emprego do *fax*. Embora a lei não o diga, parece evidente que a notificação da sentença também poderá ser efetivada mediante diligência de oficial de justiça, se assim requerer o impetrante.

A sentença do *habeas data* comporta recurso de apelação (art. 15 da Lei 9.507/1997). Na omissão quanto ao prazo aplica-se a regra geral da lei processual, sendo o prazo de 15 dias (CPC de 1973, arts. 506 a 508; CPC de 2015, art. 1.003, § 5º). O recurso interposto contra sentença concessiva do *habeas data* terá efeito meramente devolutivo (Lei 9.507/1997, art. 15, parágrafo único), cabendo, nesse caso, o pedido de suspensão da execução da sentença ao presidente do Tribunal ao qual competir o conhecimento do recurso (Lei do *Habeas Data*, art. 16).[55] Do despacho que deferir a suspensão caberá agravo para o Tribunal (o prazo do agravo e o respectivo órgão julgador dependerão dos Regimentos Internos de cada Tribunal).

Como a lei só previu o agravo para a hipótese de deferimento do pedido de suspensão, resta saber se, indeferido o pedido pelo presidente do Tribunal, o apelante terá algum outro remédio para impedir a execução provisória da sentença. A questão é especialmente delicada nos *habeas data* em que se pedir o fornecimento das informações. Se o coator entender que não pode divulgá-las ao impetrante (em razão de sigilo constitucionalmente garantido, por exemplo), o provimento da apelação poderá não servir de nada se as informações já tiverem sido fornecidas e o sigilo quebrado. Em tais situações excepcionais entendemos que também poderá ser cabível o agravo contra o indeferimento do pedido de suspensão (até mesmo

---

54. A Lei 11.280, de 16.2.2006, já havia trazido um parágrafo único para o art. 154 do CPC de 1973, autorizando a prática e comunicação oficial de atos processuais por meios eletrônicos, a ser disciplinada pelos Tribunais, no âmbito de suas respectivas jurisdições. O mesmo tom é adotado no CPC de 2015, por meio dos arts. 188 e 196, atribuindo-se ao Conselho Nacional de Justiça e, supletivamente, aos tribunais regulamentar a prática e a comunicação oficial de atos processuais por meio eletrônico e velar pela compatibilidade de sistemas.

55. Tendo em vista a opção do legislador em aproximar os procedimentos do *habeas data* e do mandado de segurança, os requisitos para o pedido de suspensão devem ser semelhantes, por analogia. Sobre a matéria, v. a Primeira Parte, item 13.

em respeito à isonomia e ao devido processo legal – CF, art. 5º, *caput* e incisos LIV e LV). Se não houver tempo hábil para o julgamento do agravo também entendemos cabível o mandado de segurança para atribuir efeito suspensivo à apelação (v. Primeira Parte, item 6).

Qualquer coator – entidade governamental ou privada – terá legitimidade para requerer ao presidente do Tribunal a suspensão da execução da sentença, pois a lei não fez qualquer distinção entre os coatores "oficiais" e os "privados" de caráter público.

Nos casos de competência originária dos Tribunais caberá ao relator a instrução do processo (Lei do *Habeas Data*, art. 17). Entendemos que nestes processos, por analogia, também serão cabíveis os pedidos de suspensão de execução do acórdão ao presidente do Tribunal Superior ao qual couber o eventual recurso.

Tanto nos *habeas data* de competência originária dos Tribunais quanto naqueles que lá chegarem por meio de recursos será obrigatório o parecer do Ministério Público.

O art. 20 da Lei 9.507/1997 define as competências para julgamento do *habeas data*, tanto originariamente como em grau de recurso. A maior parte do texto reproduz as regras de competência da Constituição Federal. Embora o inciso III se limite a mencionar o recurso extraordinário para o STF, também será cabível o recurso especial para o STJ quando o acórdão for proferido por um Tribunal estadual ou por um TRF em apelação, conforme o permissivo do inciso III do art. 105 da CF.

Tanto o procedimento administrativo quanto a ação judicial de *habeas data* são gratuitos (Lei do *Habeas Data*, art. 21). Assim, estão vedadas quaisquer cobranças de custas ou taxas judiciais dos litigantes. Também os recursos serão isentos de preparo. A gratuidade do *habeas data* já fora consagrada na própria Constituição Federal (art. 5º, LXXVII).[56]

---

56. Um julgado do TJRJ entendeu que, embora a ação de *habeas data* seja gratuita, a expedição de documento pelos órgãos governamentais de identificação não teria sua gratuidade assegurada (TJRJ, ACi 13.329/1998, rel. Des. Jair Pontes de Almeida, *DJE* 29.4.1999, p. 220). A nosso ver, no entanto, se a expedição do documento é determinada pelo juiz da ação, como forma de cumprimento da decisão judicial, não se justifica a cobrança de emolumentos, tendo em vista os textos constitucional e legal que asseguram a ampla gratuidade para o exercício dos direitos protegidos pelo *habeas data*.

Questões processuais – De toda a exposição acima, viu-se que acabou prevalecendo na Lei 9.507/1997 a aproximação do rito do *habeas data* com o procedimento do mandado de segurança. Pode não ter sido a melhor solução, como sustentava Hely Lopes Meirelles (v. item 3 desta Sexta Parte, retro), mas foi a opção do legislador. Fazemos, abaixo, algumas considerações sobre questões processuais relevantes que podem advir da aplicação da lei.

Prova pré-constituída – O procedimento do *habeas data*, como se encontra disciplinado na Lei 9.507/1997, não comporta dilação probatória. Aplica-se o mesmo princípio da prova pré-constituída do mandado de segurança (v. Primeira Parte, item 4). Assim, a documentação acostada à inicial deverá comprovar, por si só e de plano, o direito do impetrante.[57]

A prova pré-constituída poderá ser extremamente difícil de produzir nas hipóteses de *habeas data* para retificação de dados ou anotação de justificativa de informação. Como se sabe, a prova pré-constituída diz respeito aos fatos da causa, e, dependendo da natureza das informações e do banco de dados, os fatos podem ser altamente complexos.

De qualquer forma, tanto as retificações quanto as anotações de justificativas só poderão se fazer sobre fatos concretos, passíveis de prova documental prévia e incontestável.

Limites do procedimento – Um outro aspecto decorrente da aproximação do *habeas data* ao mandado de segurança foi a impossibilidade de se obter, no mesmo processo, tanto o fornecimento da informação quanto, num segundo momento, sua eventual retificação. Se o *habeas data* for impetrado para fornecimento de informações e estas devam ser retificadas, só poderão sê-lo através de um novo procedimento administrativo e/ou judicial.[58]

Sugerimos anteriormente que o *habeas data* tivesse rito assemelhado ao da ação de prestação de contas, desenvolvendo-se em

57. Neste sentido: STJ, HD 160-DF, rela. Min. Denise Arruda, *DJe* 22.9.2008.

58. No âmbito do STJ, porém, entendendo ser possível a retificação dos dados no mesmo processo, mediante uma segunda fase, iniciada com aditamento da inicial e contraditório: REsp 781.969-RJ, rel. Min. Luiz Fux, *RF* 392/392. Em acórdão posterior, no entanto, a 1ª Seção do STJ decidiu ser "inviável a pretensão de que, em um mesmo *habeas data*, se assegure o conhecimento de informações e se determine a sua retificação" (HD 160-DF, rela. Min. Denise Arruda, *DJe* 22.9.2008).

duas fases (v. item 3 desta Sexta Parte), na esteira do entendimento de Hely Lopes Meirelles. Evitar-se-ia, dessa maneira, a necessidade de dois processos, fazendo-se tudo nos mesmos autos, num só feito. E na segunda fase poderia haver a produção de provas para a confirmação da exatidão das informações constantes do banco de dados. O legislador, porém, optou pelo caminho da aproximação com o mandado de segurança.

Aplicação analógica do Código de Processo Civil – Embora a Lei 9.507/1997 não determine a aplicação subsidiária do Código de Processo Civil ao *habeas data*, esta nos parece indispensável naquilo em que não for contrariado o regramento específico. Como se viu acima, há, inclusive, algumas lacunas importantes que devem ser supridas pela aplicação dos princípios gerais do processo civil.

Assim, por exemplo, se o coator juntar documentos novos com suas informações, o impetrante deve ter o direito de se manifestar sobre eles (CPC de 2015, art. 437, § 1º), até em homenagem ao devido processo legal e ao princípio do contraditório. Não obstante, não poderá juntar novos documentos que devessem constar da inicial, pois, como se viu, a prova pré-constituída é indispensável para o deferimento do pedido.

Questão interessante é saber se é cabível a ação declaratória incidental (CPC de 1973, art. 5º) no âmbito de um *habeas data*. Se aplicarmos o mesmo princípio do mandado de segurança, a declaração incidental será incabível (v. Primeira Parte, item 20), remetendo-se a questão para as vias ordinárias. Não obstante, parece-nos discutível se a declaratória incidental não poderá ser cabível em torno da autenticidade ou falsidade de documento (CPC de 2015, art. 19, II). Como se viu, a exigência da prova pré-constituída pode ser um entrave a certos pedidos, e nos parece razoável que neste particular haja um pouco mais de flexibilidade no *habeas data* que no mandado de segurança.

Recursos e liminar – Por outro lado, muito se discutiu, em matéria de mandado de segurança, quanto à recorribilidade das decisões interlocutórias. É verdade que a questão sempre se colocou no mandado de segurança essencialmente em função dos deferimentos ou indeferimentos de liminares, e a Lei do *Habeas Data* não contemplou a concessão liminar do pedido.

A liminar e a antecipação de tutela não fazem muito sentido no *habeas data*, em razão da extrema celeridade prevista no seu procedimento. Ainda assim, em casos excepcionais, se forem relevantes os fundamentos, a falta de previsão na lei específica não deve impedir a parte de requerer uma cautelar inominada ou até a medida liminar.[59]

Na realidade, nenhum obstáculo existe para a concessão da liminar em *habeas data*, pois o silêncio da lei não impede que seja dada. Basta lembrar que foi reconhecida, mediante construção jurisprudencial, a possibilidade de concessão de liminar em *habeas corpus*, que não se admitia até 1964 e que passou a ser deferida pelo STM, e em seguida pelo STF, em virtude das circunstâncias excepcionais existentes em determinados casos.[60]

Embora dentro do procedimento específico do *habeas data* não haja margem, em princípio, para decisões interlocutórias (o procedimento se resume ao ajuizamento, notificação do coator, parecer do Ministério Público e sentença), entendemos que o agravo de instrumento deva ser cabível, pelos mesmos motivos por que deve caber no mandado de segurança (Primeira Parte, item 17). A realidade é sempre mais criativa que o legislador, e certamente haverá situações nas quais a falta de um recurso como o agravo poderá causar prejuízo a uma das partes.

Quanto ao recurso de embargos infringentes nas apelações julgadas por maioria de votos, parece-nos que a tendência da jurisprudência deve ser no sentido de aplicar, analogicamente, as Súmulas 597 do STF e 169 do STJ. Assim, tal como nas apelações em mandado de segurança, não serão cabíveis os embargos infringentes nas apelações em *habeas data*.

---

59. Imaginemos, como exemplo, uma situação na qual a parte queira impedir que as informações inexatas sobre sua pessoa sejam transmitidas a terceiros na pendência do pedido de retificação, ou ao menos que delas conste referência ao ajuizamento da demanda.

60. A primeira decisão concessiva de liminar foi dada no HC 27.200, impetrado no STM, por Arnoldo Wald, e a segunda foi do STF, no HC 41.296, impetrado por Sobral Pinto, reportando-se o Relator, Min. Gonçalves de Oliveira, à decisão castrense (*RTJ* 33/590) (Evandro Lins e Silva, *O Salão dos Passos Perdidos*, Rio de Janeiro, FGV, 1997, pp. 389-390; e o estudo de Jurandir Portela in Paulo Dourado de Gusmão e Semy Glanz, *O Direito na Década de 1990, Novos Aspectos – Estudos em Homenagem ao Professor Arnoldo Wald*, São Paulo, Ed. RT, 1992, pp. 447-448). V. também o artigo "As origens da liminar em *habeas corpus* no Direito Brasileiro", de Arnoldo Wald, *RT* 747/803.

Honorários de advogado – Da mesma forma, no silêncio da Lei 9.507/1997, a tendência dos Tribunais deve ser no sentido de isentar o sucumbente de honorários advocatícios. A gratuidade a que se refere o art. 21 diz respeito exclusivamente às custas e taxas, mas afirma a vontade do legislador de facilitar o máximo possível o acesso de todos a este tipo de ação. Assim, também serão aplicáveis analogicamente as Súmulas 512 do STF e 105 do STJ. O descabimento da condenação em honorários de advogado em ação de *habeas data* já era entendimento de Hely Lopes Meirelles mesmo antes da edição da legislação específica (v. item 4, retro).

Litisconsórcio e assistência – Como já tivemos a oportunidade de afirmar (v. item 3, retro), entendemos que se aplicam ao *habeas data* as regras do Código de Processo Civil relativas ao litisconsórcio e à assistência sempre que as informações em foco disserem respeito também a interesses jurídicos de terceiros.

Assim, se o juiz vislumbrar uma hipótese de litisconsórcio necessário (se uma informação não puder ser retificada sem que se afete a informação sobre um terceiro, por exemplo), deverá determinar que o impetrante providencie a cientificação deste terceiro para integrar a lide, aplicando-se, por analogia, as regras do mandado de segurança.

Na falta de previsão legal, entendemos ser inviável o ajuizamento de *habeas data* coletivo, embora seja possível a formação de litisconsórcio ativo se as informações em questão forem do interesse dos vários impetrantes.

Não se coadunam com o procedimento do *habeas data* as modalidades de intervenção de terceiros.

Valor da causa e competência – Embora a atribuição de valor à causa seja indispensável, de acordo com o Código de Processo Civil, a natureza do pedido, a gratuidade da ação e a isenção de honorários advocatícios tornam sua fixação quase irrelevante. Caberá a atribuição de um valor estimativo pelo autor. Se a fixação do valor da causa tiver alguma influência na futura competência para julgamento de recursos, deve-se evitar que o valor atribuído proporcione algum tipo de vantagem a uma das partes. Ainda que se atribua um valor baixo à causa, não será possível seu julgamento por Juizados Especiais (Lei 9.099/1995), pois a competência está enumerada no art. 20 da Lei 9.507/1997, e não contempla esta possibilidade.

A competência federal ou estadual define-se de acordo com a pessoa do coator (CF, art. 109, I). Em cada Estado a competência da primeira instância e dos Tribunais será definida de acordo com as respectivas Constituições estaduais e Leis de Organização Judiciária (CF, art. 125, § 1º, e Lei do *Habeas Data*, art. 20). Será competente a Justiça do Trabalho para processar e julgar o *habeas data* quando a matéria em discussão for afeta à jurisdição especializada trabalhista (CF, art. 114, V, com a redação dada pela Emenda Constitucional 45/2004).

O legislador parece ter esquecido a regra constitucional do art. 121, § 4º, V, que trata do cabimento de recurso ao TSE contra as decisões de TREs que denegarem *habeas data*. Enquanto a lei não der competência aos TREs para julgamento de *habeas data* o recurso previsto na Constituição encontrará dificuldades na prática, embora se possa admitir, no caso, uma competência implícita ou decorrente de compreensão. Parece-nos de toda lógica que os *habeas data* relacionados a matérias eleitorais – relativos a bancos de dados governamentais utilizados em eleições ou bancos de dados acessados por partidos políticos – devam ser julgados no âmbito da Justiça Eleitoral, o que demandaria a alteração do art. 20 da Lei do *Habeas Data*.

Desistência e perda de objeto – O impetrante poderá desistir do *habeas data* a qualquer momento, independentemente do consentimento do coator.

O acolhimento voluntário do pedido antes de proferida a sentença, porém, acarretará a extinção do processo, por perda de objeto. Se a parte não pode impetrar o *habeas data* sem a prova de que o pedido administrativo lhe foi negado, não faria sentido prosseguir-se com o julgamento do pedido se o mesmo já foi atendido.[61]

Se o coator corrigir um dado, conforme a vontade do impetrante, antes de proferida a sentença, o processo deverá ser extinto. Se a correção for posteriormente cancelada ou alterada, caberá nova impetração, mas a primeira ação já estará encerrada.

61. Fornecidas as informações perseguidas pelo autor, a ação perde o objeto e o processo deve ser extinto (STJ, HD 39-DF, rel. Min. Demócrito Reinaldo, *RSTJ* 105/52; TJRJ, 4ª Câmara Cível, rel. Des. Bernardino Leituga, *ADV* 1997, ementa 80.419).

Prazo para impetração – Tendo em vista o caráter dinâmico dos bancos de dados, com o constante registro de novas informações, o *habeas data*, em princípio, não estará sujeito a qualquer prazo decadencial ou prescricional.[62] O pedido sempre poderá ser encaminhado a qualquer momento. É possível, até mesmo, que se façam pedidos periódicos a determinado banco de dados, para verificação sobre se as informações continuam as mesmas ou se houve a anotação de alguma alteração.

Assim, pelo princípio da *actio nata*, a cada pedido administrativo negado estará nascendo a possibilidade de nova impetração. E os pedidos administrativos poderão ser apresentados a qualquer momento, desde que justificados.

Seria recomendável, porém, que se estabelecesse um prazo entre o requerimento administrativo e o ajuizamento da ação. Por analogia, poderia ser aplicado o prazo de 120 dias do mandado de segurança. Passados os 120 dias do requerimento administrativo não atendido, a ação não mais poderia ser ajuizada antes que o pedido administrativo fosse renovado. O prazo não seria fatal, na medida em que um novo pedido administrativo reabriria a possibilidade de impetração do *habeas data*. Entretanto, a fixação do prazo parece relevante na medida em que a prolongada inércia do impetrante caracteriza sua momentânea falta de interesse para o pedido.

Prevenção – Em princípio não haverá prevenção entre uma impetração e outra, mesmo que entre as mesmas partes. Aplica-se a mesma regra do mandado de segurança, tratando-se cada impetração como um feito processual autônomo (v. Primeira Parte, item 20).

Coisa julgada – Considerando-se a natureza dinâmica e mutante dos bancos de dados, já mencionada acima, os efeitos da coisa julgada material serão limitados e raros. Afinal, determinada informação poderá ser exata num momento e incorreta pouco depois, ou vice-versa.

Não obstante, caso o pedido de fornecimento de informações seja negado com julgamento de mérito (com base no sigilo da in-

---

62. Em caso julgado no TJRJ, no entanto, decidiu-se que, se todo e qualquer direito do impetrante contra o ente público do qual fora funcionário estava prescrito, uma vez que sua demissão ocorrera há mais de 30 anos, não haveria interesse na impetração de *habeas data* para obtenção de acesso ao conteúdo de processo administrativo a ele referente (ACi 12.067/2003, rel. Des. Miguel Ângelo Barros, j. 4.11.2003).

formação ou no caráter privado do registro, por exemplo), a coisa julgada impedirá a renovação do pedido.

A coisa julgada no caso de procedência do pedido para retificação de dados ou anotação de justificativa não impedirá a entidade depositária das informações de fazer novos registros, desde que baseados em novas informações devidamente comprovadas.

Aliás, nos casos de procedência do pedido seria recomendável a fixação de certas regras para uma nova impetração entre as mesmas partes. Se um *habeas data* para fornecimento de informações for deferido, não fará sentido que poucos dias depois a parte impetre nova ação sem que haja qualquer indício de que as informações tenham sido alteradas. Como dissemos acima, é necessária a demonstração do interesse processual, e os potenciais coatores – as entidades depositárias de informações de caráter público – não podem ficar sujeitos aos caprichos de particulares que impetrem uma ação atrás de outra.

Assim, caso o primeiro *habeas data* tenha sido deferido, entendemos que uma nova impetração só se justificará na medida em que a parte demonstrar, pelo decurso de um prazo razoável ou por algum fato concreto, que tem fundados receios de que as informações anteriormente prestadas e/ou corrigidas foram alteradas ou aditadas.

*SÉTIMA PARTE**

AÇÃO DIRETA DE INCONSTITUCIONALIDADE, AÇÃO DECLARATÓRIA DE CONSTITUCIONALIDADE E AÇÃO DIRETA DE INCONSTITUCIONALIDADE POR OMISSÃO

I – FORMAÇÃO DO CONTROLE ABSTRATO DE NORMAS NO BRASIL: 1. Antecedentes. 2. A Constituição de 1988. 3. A Lei 9.868, de 10.11.1999 (alterada pela Lei 12.063, de 27.10.2009), e a Lei 9.882, de 3.12.1999. II – AÇÃO DIRETA DE INCONSTITUCIONALIDADE: 1. Introdução. 2. Legitimidade. 3. Pressupostos de admissibilidade e objeto. 4. Parâmetro de controle. 5. Procedimento. 6. Medida cautelar. 7. Decisão. III – AÇÃO DECLARATÓRIA DE CONSTITUCIONALIDADE: 1. Introdução. 2. Legitimidade. 3. Pressupostos de admissibilidade e objeto. 4. Parâmetro de controle. 5. Procedimento. 6. Medida cautelar. 7. Decisão. IV – AÇÃO DIRETA DE INCONSTITUCIONALIDADE POR OMISSÃO: 1. Introdução. 2. Legitimidade. 3. Pressupostos de admissibilidade e objeto. 4. Procedimento. 5. Decisão. V – AS DECISÕES DO STF NO CONTROLE ABSTRATO DE NORMAS E OS EFEITOS DA DECLARAÇÃO DE INCONSTITUCIONALIDADE. VI – SEGURANÇA

* A autoria da Sétima à Décima Segunda Parte deste livro é exclusiva do Professor Gilmar Ferreira Mendes. O Autor agradece a colaboração prestimosa, nesta edição, de Beatriz Bastide Horbach, Celso de Barros Correia Neto, Diego Veigas Veras, Filipe Pedroza Antunes e Victor Oliveira Fernandes. Faz-se o agradecimento ainda, por contribuições a edições anteriores, a Daniel Augusto Vila-Nova, Paulo Paiva, Valéria Porto, Ranuzia Braz dos Santos, André Rufino do Vale, Christine Oliveira Peter da Silva, Beatriz Bastide Horbach e José dos Santos Carvalho Filho.

E ESTABILIDADE DAS DECISÕES EM CONTROLE ABSTRATO DE CONSTITUCIONALIDADE.

I – FORMAÇÃO DO CONTROLE ABSTRATO DE NORMAS NO BRASIL

1. Antecedentes

A Emenda 16, de 26.11.1965, instituiu, ao lado da representação interventiva, e nos mesmos moldes, o controle abstrato de normas estaduais e federais[1] no âmbito do texto formal da Constituição de 1946. Parte das mudanças recomendadas já havia sido introduzida pelo Ato Institucional 2, de 27.10.1965. A "Exposição de Motivos" encaminhada pelo Ministro da Justiça, Dr. Juracy Magalhães, ao Presidente da República ressaltava que "a atenção dos reformadores tem-se detido enfaticamente na sobrecarga imposta ao Supremo Tribunal e ao Tribunal de Recursos". Não obstante, o próprio STF houve por bem sugerir a adoção de dois novos institutos de legitimidade constitucional, tal como descrito na referida "Exposição de Motivos":

"a) uma representação de inconstitucionalidade de lei federal, em tese, de exclusiva iniciativa do Procurador-Geral da República, à semelhança do que existe para o direito estadual (art. 8º, parágrafo único, da Constituição Federal);

"b) uma prejudicial de inconstitucionalidade, a ser suscitada, exclusivamente, pelo próprio Supremo Tribunal Federal ou pelo Procurador-Geral da República, em qualquer processo em curso perante outro juízo".

Nos termos do Projeto de Emenda à Constituição, o art. 101, I, "k", passava a ter a seguinte redação: "k) a representação de inconstitucionalidade de lei ou ato de natureza normativa, federal ou estadual, encaminhada pelo Procurador-Geral da República".

E o art. 5º do Projeto acrescentava os seguintes parágrafos ao art. 101:

> "§ 1º. Incumbe ao Tribunal Pleno o julgamento das causas de competência originária (inciso I), das prejudiciais de inconstitucionalidade suscitadas pelas Turmas, dos recursos interpostos de decisões

1. Brasil, *Constituição (1946): Emendas, Emenda à Constituição de 1946, n. 16, Reforma do Poder Judiciário*, Brasília, Câmara dos Deputados, 1968, p. 24.

delas, se divergirem entre si na interpretação do direito federal, bem como dos recursos ordinários nos crimes políticos (inciso II, 'c') e das revisões criminais (inciso IV).

"§ 2º. Incumbe às Turmas o julgamento definitivo das matérias enumeradas nos incisos II, 'a' e 'b', e III deste artigo.

"§ 3º. As disposições de lei ou ato de natureza normativa, consideradas inconstitucionais em decisão definitiva, perderão eficácia, a partir da declaração do Presidente do Supremo Tribunal Federal publicada no órgão oficial da União."

E o art. 64 da CF de 1946 passava a ter a seguinte redação: "Art. 64. Incumbe ao Presidente do Senado Federal, perdida a eficácia de lei ou ato de natureza normativa (art. 101, § 3º), fazer publicar no *Diário Oficial* e na *Coleção das Leis* a conclusão do julgado que lhe for comunicado".

O parecer aprovado pela Comissão Mista, da lavra do deputado Tarso Dutra, referiu-se, especificamente, ao novo instituto de controle de constitucionalidade:

"A letra 'k', propondo a representação a cargo da Procuradoria-Geral da República, contra a inconstitucionalidade em tese da lei, constitui uma ampliação da faculdade consignada no parágrafo único do art. 8º, para tornar igualmente vulneráveis as leis federais por essa medida. Ao anotar-se a conveniência da modificação alvitrada na espécie, que assegurará, com a rapidez dos julgamentos sumários, uma maior inspeção jurisdicional da constitucionalidade das leis, não será inútil configurar o impróprio de uma redação, que devia conferir à representação a ideia nítida de oposição à inconstitucionalidade e o impreciso de uma referência a atos de natureza normativa de que o nosso sistema de poderes indelegáveis (art. 36, §§ 1º e 2º) conhece apenas uma exceção no § 2º do art. 123 da Constituição".[2]

A proposta de alteração do disposto no art. 64 da CF, com a atribuição de eficácia *erga omnes* à declaração de inconstitucionalidade proferida pelo STF, foi rejeitada.[3] Consagrou-se, todavia, o modelo abstrato de controle de constitucionalidade sob a forma de uma representação que, na esfera federal, haveria de ser proposta pelo Procurador-Geral da República.

2. Brasil, *Constituição (1946)*, p. 67.
3. Brasil, *Constituição (1946)*, pp. 89-90.

A implantação do sistema de controle de constitucionalidade, com o objetivo precípuo de "preservar o ordenamento jurídico da intromissão de leis com ele inconviventes",[4] veio somar aos mecanismos já existentes um instrumento destinado a defender diretamente o sistema jurídico objetivo.

Finalmente, não se deve olvidar que, no tocante ao controle de constitucionalidade da lei municipal, a Emenda 16 fixou, no art. 124, XIII, regra que outorgava ao legislador a faculdade para "estabelecer processo de competência originária do Tribunal de Justiça, para declaração de inconstitucionalidade de lei ou ato do Município em conflito com a Constituição do Estado".

A Constituição de 1967 não trouxe grandes inovações ao sistema de controle de constitucionalidade. Manteve-se incólume o controle difuso. A representação de inconstitucionalidade subsistiu, tal como prevista na Constituição de 1946, com a Emenda 16/1965.

A representação para fins de intervenção, confiada ao Procurador-Geral da República, foi ampliada, com o objetivo de assegurar não só a observância dos chamados *princípios sensíveis* (art. 10, VII), mas também prover a execução de lei federal (art. 10, VI, primeira parte). A competência para suspender o ato estadual foi transferida para o Presidente da República (art. 11, § 2º). Preservou-se o controle de constitucionalidade *in abstracto*, tal como estabelecido pela Emenda 16/1965 (art. 119, I, "l").

O texto originário da Constituição de 1967 não incorporou a disposição da Emenda 16/1965 que permitia a criação do processo de competência originária dos Tribunais de Justiça dos Estados, para declaração de inconstitucionalidade de lei ou ato dos Municípios que contrariassem as Constituições dos Estados. A Emenda 1/1969 mitigou essa tendência inicial ao prever, expressamente, o controle de constitucionalidade de lei municipal em face da Constituição estadual, para fins de intervenção no Município (art. 15, § 3º, "d").

A Emenda 7/1977 introduziu, ao lado da representação de inconstitucionalidade, a representação para fins de interpretação de lei ou ato normativo federal, ou estadual, outorgando ao Procurador-Geral da República a legitimidade para provocar o pronunciamento do STF (art. 119, I, "e"). E, segundo a "Exposição de Motivos" apre-

4. Celso Ribeiro Bastos, *Curso de Direito Constitucional*, 22ª ed., revista e atualizada por Samantha Meyer-Pflug, São Paulo, Malheiros Editores, 2010, p. 562.

sentada ao Congresso Nacional, esse instituto deveria evitar a proliferação de demandas, com a fixação imediata da correta exegese da lei.[5]

Finalmente, deve-se assentar que a Emenda 7/1977 pôs termo à controvérsia sobre a utilização de liminar em representação de inconstitucionalidade, reconhecendo, expressamente, a competência do STF para apreciar e deferir, conforme o caso, pedido de medida cautelar formulado pelo Procurador-Geral da República (CF de 1967/1969, art. 119, I, "p").[6]

2. A Constituição de 1988

A Constituição de 1988 ampliou significativamente os mecanismos de proteção judicial, e assim também o controle de constitucionalidade das leis.

A Constituição preservou a *representação interventiva*, destinada à aferição da compatibilidade de direito estadual com os chamados *princípios sensíveis*[7] (CF, art. 34, VII, c/c o art. 36, III, regulamentado pela Lei 12.562/2011). Esse processo constitui, em determinados casos, pressuposto da intervenção federal, que, nos termos do art. 36, III e § 1º, da CF, há de ser obrigatoriamente executada pelo Presidente da República. Tradicionalmente, é o STF competente para conhecer das causas e conflitos entre a União e os Estados, entre a União e o Distrito Federal ou entre os Estados entre si (art. 102, I, "f"). Tal como outros Países da América Latina, a ordem jurídica brasileira não dispõe de instrumento único para defesa de direitos subjetivos públicos.[8] A Constituição consolida o *habeas corpus* como instrumen-

5. Mensagem 81/1976, *Diário do Congresso Nacional*. A redação originária da Constituição de 1988 não manteve esse instituto no ordenamento constitucional brasileiro.

6. A Constituição de 1988 manteve a competência do STF para conceder liminar na *ação de inconstitucionalidade* (art. 102, I, "p").

7. A Constituição de 1988 introduziu modificações nos chamados *princípios sensíveis*. Em vez da longa enumeração constante da Constituição de 1967/1969, limitou-se o constituinte a enunciar expressamente os seguintes princípios: (a) forma republicana, sistema representativo e regime democrático; (b) direitos da pessoa humana; (c) autonomia municipal; (d) prestação de contas da Administração Pública, direta e indireta (CF, art. 34, VII, "a" a "d").

8. Única exceção pode ser verificada no México, onde o recurso de amparo (*juicio de amparo*) permitiu, sob a aparência de unidade, o desenvolvimento de diferentes institutos (cf., a propósito, Héctor Fix-Zamudio, "Das Problem der Verfassungskontrolle", *JöR* 25/649 (663), 1976).

to processual destinado a proteger o indivíduo contra atos arbitrários do Poder Público que impliquem restrições ao direito de ir e vir (art. 5º, LXVIII). Ao lado do *habeas corpus*, dispõe a ordem jurídica brasileira, desde 1934, do mandado de segurança individual, destinado, hodiernamente, a garantir direito líquido e certo não protegido por *habeas data* ou *habeas corpus* (CF, art. 5º, LXIX, "a").[9] O mandado de segurança pode ser igualmente acionado para enfeixar demandas que apresentem natureza coletiva, sendo reconhecida a legitimidade a partido político com representação no Congresso Nacional assim como a organização sindical, entidade de classe ou associação em funcionamento há pelo menos um ano, em defesa dos interesses dos seus membros (*mandado de segurança coletivo*).

A Constituição de 1988 criou, ao lado do *habeas data*, que se destina à garantia do *direito de autodeterminação sobre informações*[10] (art. 5º, LXXII), o mandado de injunção, remédio especial que pode ser utilizado contra a omissão de órgão com poder normativo que impeça o exercício dos direitos e liberdades constitucionais e das prerrogativas inerentes à nacionalidade, à soberania e à cidadania (art. 5º, LXXI). Como bem revela estudo sobre a origem do mandado de injunção, o instituto foi criado com vistas a sanar o problema da ineficácia das disposições constitucionais que concediam direitos sociais, em particular daquelas definidoras das obrigações estatais no plano da educação pública. Daí ser correto afirmar que o mandado de injunção surgiu "a partir da necessidade de elaborar instituto jurídico-processual, com assento na Constituição, para a defesa do direito à Educação".[11]

9. Cf., a propósito, Héctor Fix-Zamudio, "Das Problem der Verfassungskontrolle", *JöR* 25/652 (672); e "Die Verfassungskontrolle in Lateinamerika", in Hans-Rudolf Horn e Albrecht Weber, *Richterliche Verfassungskontrolle in Lateinamerika, Spanien und Portugal*, Baden-Baden, 1989, p. 129 (159).

10. Embora formulado de maneira pouco clara, é certo que o *habeas data* se destina a proteger aspecto autônomo do direito de personalidade, o chamado *direito de autodeterminação sobre informações – Recht auf informationelle Selbstbestimmung* –, que assegura a cada indivíduo o poder de decidir quando e em que medida informações de índole pessoal podem ser fornecidas ou utilizadas por terceiros (cf., sobre o assunto, no Direito Alemão, Bodo Pieroth e Bernhard Schlink, *Grundrechte – Staatsrecht II*, 11ª ed., Heidelberg, 1995, p. 97). Vale registrar que, em dimensão bem mais estrita, o texto da Constituição de 1988 (art. 5º, XXXIV, "b") asseverou o direito fundamental à "obtenção de certidões em repartições públicas, para a defesa de direitos e esclarecimento de situações de interesse pessoal".

11. Herzeleide Maria Fernandes de Oliveira, "O mandado de injunção", *Revista de Informação Legislativa* 100/49, Ano 25, outubro-dezembro/1988.

Até a entrada em vigor da Constituição de 1988 era o recurso extraordinário – também em razão de sua maior expressão numérica – o mais importante processo da competência do STF.[12] Esse recurso excepcional, desenvolvido segundo o modelo do *writ of error* americano[13] e introduzido na ordem constitucional brasileira pela Constituição de 1891, pode ser interposto por aquele que não desejar suportar os ônus da sucumbência processual[14] em quatro hipóteses, quando a decisão recorrida: contrariar dispositivo da Constituição; declarar a inconstitucionalidade de tratado ou lei federal; julgar válida lei ou ato de governo local contestado em face da Constituição; e julgar válida lei local contestada em face de lei federal (CF, art. 102, III, respectivamente alíneas "a" a "d"). A Constituição de 1988 reduziu o âmbito de cabimento do recurso extraordinário,[15] confiando ao STJ a decisão sobre os casos decorrentes de interpretação do direito federal ordinário (art. 105, III, "a" a "c", na redação dada pela Emenda Constitucional 45/2004).

O constituinte dedicou particular atenção à chamada *omissão do legislador*. Assim, ao lado do mandado de injunção, previsto no art. 5º, LXXI, c/c o art. 102, I, "q", destinado à defesa de direitos subjetivos afetados pela omissão legislativa ou administrativa, introduziu a CF, no art. 103, § 2º, o processo de controle abstrato da omissão. Tal como o controle abstrato de normas, pode o controle abstrato da omissão ser instaurado pelo Presidente da República, pela Mesa do Senado Federal, pela Mesa da Câmara dos Deputados, por Mesa de Assembleia Legislativa ou da Câmara Legislativa do Distrito Fede-

---

12. Para que se tenha uma noção da representatividade numérica do recurso extraordinário perante a Suprema Corte brasileira, apenas em 1986 foram interpostos 4.124 recursos extraordinários (cf., a propósito, Oscar Corrêa, *O Supremo Tribunal Federal – Corte Constitucional do Brasil*, pp. 38-39).

13. O *writ of error* foi substituído no Direito Americano pelo *appeal* (cf., a propósito, Walter Haller, "Supreme Court und Politik in den USA", *The American Political Science Review* 70-2/105, junho/1976).

14. O recurso extraordinário também pode ser proposto pelo terceiro prejudicado (CPC, art. 499; art. 996 do CPC de 2015).

15. Essa alteração não trouxe qualquer mudança positiva no número de recursos extraordinários interpostos. Enquanto em 1988, ainda sob a vigência da Constituição de 1967/1969, foram interpostos 2.342 recursos extraordinários, em 1989, já sob o império da Constituição de 1988, foram distribuídos 3.060 recursos dessa índole. Essa tendência acentuou-se nos anos seguintes: 1990 – 10.833 recursos extraordinários; 1991 – 10.247 (cf. dados dos *Relatórios* do STF).

ral, Governador do Estado ou do Distrito Federal, Procurador-Geral da República, Conselho Federal da OAB, partido político com representação no Congresso Nacional, confederação sindical ou entidade de classe de âmbito nacional.

A grande mudança verificou-se no âmbito do controle abstrato de normas, com a criação da ação direta de inconstitucionalidade de lei ou ato normativo estadual ou federal (CF, art. 102, I, "a", c/c o art. 103).

Se a intensa discussão sobre o monopólio da ação por parte do Procurador-Geral da República não levou a uma mudança na jurisprudência consolidada sobre o assunto, é fácil constatar que ela foi decisiva para a alteração introduzida pelo constituinte de 1988, com a significativa ampliação do direito de propositura da ação direta.

O constituinte preservou a legitimidade do Procurador-Geral da República de propor a ação de inconstitucionalidade. Este é, todavia, apenas um dentre os diversos órgãos ou entes legitimados a propor a ação direta de inconstitucionalidade.

Não é menos certo, por outro lado, que a ampla legitimação conferida ao controle abstrato, com a inevitável possibilidade de submeter qualquer questão constitucional ao STF, operou uma mudança substancial – ainda que não desejada – no modelo de controle de constitucionalidade até então vigente no Brasil.

O monopólio de ação outorgado ao Procurador-Geral da República no sistema de 1967/1969 não provocou alteração profunda no modelo incidente ou difuso. Este continuou predominante, integrando-se a ele a representação de inconstitucionalidade como um elemento ancilar, que contribuía muito pouco para diferençá-lo dos demais sistemas "difusos" ou "incidentes" de controle de constitucionalidade.

A Constituição de 1988 reduziu o significado do controle de constitucionalidade incidental ou difuso ao ampliar, de forma marcante, a legitimação para propositura da ação direta de inconstitucionalidade (art. 103), permitindo que, praticamente, todas as controvérsias constitucionais relevantes sejam submetidas ao STF mediante processo de controle abstrato de normas.

Convém assinalar que – tal como já observado por Anschütz ainda no regime de Weimar – toda vez que se outorga a um Tribunal especial atribuição para decidir questões constitucionais limita-se, explícita ou implicitamente, a competência da jurisdição ordinária para apreciar tais controvérsias.[16]

Portanto, parece quase intuitivo que ao ampliar, de forma significativa, o círculo de entes e órgãos legitimados a provocar o STF no processo de controle abstrato de normas, acabou o constituinte por restringir, de maneira radical, a amplitude do controle difuso de constitucionalidade.

Assim, se se cogitava no período anterior a 1988 de um *modelo misto* de controle de constitucionalidade, é certo que o forte acento residia, ainda, no amplo e dominante sistema difuso de controle. O controle direto continuava a ser algo acidental e episódico dentro do sistema difuso.

Ainda quanto a essa ênfase conferida ao modelo *concentrado* frente ao sistema *difuso* ou *incidente*, merece destaque o fato de que, na ADC/MC 18-DF, o Min. Marco Aurélio suscitou questão de ordem em razão de haver recurso extraordinário (RE 240.785-SP) versando sobre a mesma matéria e cujo julgamento, já iniciado, fora suspenso em razão de pedido de vista. Nesse caso, o Tribunal reconheceu a precedência dos processos de controle concentrado de constitucionalidade em relação aos de controle difuso,[17] motivo pelo qual se deu prosseguimento ao julgamento.[18]

Ressalte-se, por último, que a alteração não se operou de forma ainda profunda porque o STF manteve a orientação anterior, que considerava inadmissível o ajuizamento de ação direta contra Direito pré-constitucional em face da Constituição de 1988.[19]

16. Gerhard Anschütz, *Verhandlungen des 34. Juristentags*, vol. II, Berlim e Leipzig, 1927, p. 208.

17. ADC/QO-MC 18-DF, rel. Min. Menezes Direito, *DJe* 24.10.2008. Assim, o Tribunal sobrestou o julgamento do RE 240.785-SP (decisão adotada pelo Pleno em 14.8.2008).

18. Cabe observar que, posteriormente a esse caso, no julgamento do RE 377.457-PR, em seguida ao voto do Min. Marco Aurélio, levantou-se a questão da suspensão do julgamento em razão de estar em curso a ADI 4.071-DF, cuja matéria identificava-se com a do referido recurso extraordinário. Todavia, e considerando que o último voto que faltava para completar o julgamento era o do próprio Min. Marco Aurélio, não se cogitou da suspensão. Nos autos da ADI 4.071-DF, o Relator, Min. Menezes Direito, indeferiu a inicial, uma vez que a questão objeto da ação direta de inconstitucionalidade fora decida pelo Pleno do STF no julgamento do RE 377.457-PR.

19. ADI 2-DF, rel. Min. Paulo Brossard, *DJU* 21.11.1997. Cf., infra, "II – Ação Direta de Inconstitucionalidade", item 3 ("Pressupostos de Admissibilidade e Objeto"), em especial o tópico intitulado "Direito pré-constitucional".

A ampla legitimação, a presteza e a celeridade desse modelo processual – dotado, inclusive, da possibilidade de se suspender imediatamente a eficácia do ato normativo questionado, mediante pedido de cautelar – fazem com que as grandes questões constitucionais sejam solvidas, na sua maioria, mediante a utilização da ação direta, típico instrumento do controle concentrado.

A particular conformação do processo de controle abstrato de normas confere-lhe, também, novo significado como instrumento federativo, permitindo a aferição da constitucionalidade das leis federais mediante requerimento de um Governador de Estado ou do Distrito Federal e a aferição da constitucionalidade das leis estaduais mediante requerimento do Presidente da República ou de outra entidade representativa.

A propositura da ação pelos partidos políticos com representação no Congresso Nacional concretiza, por outro lado, a ideia de defesa das minorias, uma vez que se assegura até às frações parlamentares menos representativas a possibilidade de arguir a inconstitucionalidade de lei.

É verdade, ademais, que alguns dos temas mais polêmicos submetidos ao STF no processo de controle abstrato foram trazidos à baila mediante iniciativa dos partidos políticos. Assim, a discussão sobre a constitucionalidade da Emenda Constitucional 2/1992, que antecipou o plebiscito sobre a forma e sistema de governo, previsto no art. 2º do ADCT;[20] o questionamento da legitimidade da lei do salário-mínimo;[21] a controvérsia sobre a legitimidade do pagamento mediante precatório para os créditos de natureza alimentícia.[22] Isto para não falar das diversas ações propostas contra a política econômica do Governo.[23]

---

20. Cf. ADI 829-DF (Partido da Reedificação da Ordem Nacional/PRONA), 830-DF (Partido Socialista Brasileiro/PSB) e 833-DF (Governador do Estado do Paraná), rel. Min. Moreira Alves, *DJU* 20.4.1993, p. 6.758.

21. ADI 737-DF (Partido Democrático Trabalhista/PDT), rel. Min. Moreira Alves, *DJU* 22.10.1993, p. 22.252.

22. ADI 672-DF (Partido dos Trabalhadores/PT), rel. Min. Marco Aurélio, red. para o acórdão Min. Carlos Velloso, *DJU* 4.2.1992, p. 499.

23. Cf., *v.g.*: ADI 357-DF (PT), rel. Min. Carlos Velloso, *DJU* 23.11.1990, p. 13.622; ADI 562-DF (PSB), rel. Min. Ilmar Galvão, *DJU* 10.9.1991, p. 12.254; ADI 605-DF (Partido Democrático Trabalhista/PDT), rel. Min. Celso de Mello, *DJU* 5.3.1993; ADI 931-DF (PT), rel. Min. Nelson Jobim, *DJU* 2.9.1993.

Em 1993 foi instituída a ação declaratória de constitucionalidade/ADC, que veio reforçar esse modelo concentrado de controle de constitucionalidade (Emendas Constitucionais 3/1993 e 45/2004).

Como já asseverado, ao lado da ampla legitimação para a provocação do controle abstrato de normas, cuidou o constituinte de instituir mecanismo (art. 5º, LXXI) para a tutela de direitos subjetivos lesados em decorrência de omissão normativa, o *mandado de injunção*. No mesmo passo, instituiu-se, ainda, processo de controle abstrato da omissão normativa inconstitucional (art. 103, § 2º), instituto que recebeu conformação legislativa com a Lei 12.063, de 27.10.2009, que modificou a Lei 9.868, de 10.11.1999, para definir a base procedimental da ação direta de inconstitucionalidade por omissão.

3. *A Lei 9.868, de 10.11.1999 (alterada pela Lei 12.063, de 27.10.2009), e a Lei 9.882, de 3.12.1999*

Como elemento de consolidação do processo de evolução do controle de constitucionalidade de normas no Brasil, é importante ressaltar a aprovação de dois relevantes diplomas legais: a Lei 9.868/1999 (alterada pela Lei 12.063/2009) e a Lei 9.882/1999.

Trata-se de dois textos normativos que disciplinam instrumentos processuais destinados ao controle de constitucionalidade e da legitimidade constitucional em geral.

A Lei 9.868/1999 – que aqui nos interessa mais diretamente – regulamenta o processamento e o julgamento da ação direta de inconstitucionalidade (ADI), tanto por ação quanto por omissão legislativa (ADO, nos termos das alterações promovidas pela Lei 12.063/2009) e da ação declaratória de constitucionalidade (ADC), exercendo, agora, um papel que era cumprido, em grande parte, pelo Regimento Interno ou por construções da jurisprudência do STF. Aliás, o referido diploma legislativo teve, sem dúvida, a preocupação de recolher em seu conteúdo boa parte das construções desenvolvidas pelo STF, não renunciando, porém, à introdução de algumas importantes modificações operacionais em nosso sistema de controle.

Ao regular o art. 102, § 1º, da CF, a Lei 9.882/1999 estabeleceu, por sua vez, os contornos da arguição de descumprimento de preceito fundamental (ADPF), instituto que confere nova conformação ao controle de constitucionalidade entre nós, especialmente no que concerne ao controle de legitimidade do direito pré-constitucional, entre o modelo abstrato e o modelo difuso.[24]

Atualmente tramita, perante a Câmara dos Deputados, o Projeto de Lei n. 3.640/23, que visa à regulamentação do regime jurídico das ações de controle concentrado de constitucionalidade de normas. A proposição, que teve origem em anteprojeto elaborado por comissão de juristas presidida pelo Ministro Gilmar Mendes, tem por objetivo consolidar, em um só diploma, as disposições referentes à ação direta de inconstitucionalidade, à ação direta de inconstitucionalidade por omissão, à ação declaratória de constitucionalidade e à arguição de descumprimento de preceito fundamental, bem como atualizá-las e harmonizá-las à evolução da jurisprudência do Supremo Tribunal Federal.

Todavia, haja vista que referido projeto ainda não foi sancionado, proceder-se-á, nas páginas seguintes, à análise dos principais pontos relativos à ação direta de inconstitucionalidade e à ação declaratória de constitucionalidade, consideradas especialmente as previsões da Lei 9.868/1999, bem como as respectivas alterações legislativas (com destaque para a definição da sistemática aplicável à ação direta de inconstitucionalidade por omissão – Lei 12.063/2009).

II – AÇÃO DIRETA DE INCONSTITUCIONALIDADE

1. Introdução

Apresentados, em linhas gerais, os principais elementos normativos e legislativos que permitiram a formação do controle abstrato de normas no Brasil, é oportuno desenvolver considerações específicas sobre as ações que integram esse sistema.

A primeira delas é a ação direta de inconstitucionalidade. Apesar de suas origens remontarem à representação de inconstitucionalidade (nos termos da Emenda Constitucional 16/1965), o texto originário da Constituição de 1988 inaugurou essa terminologia específica para identificar o mecanismo de controle judicial apto para promover, de modo geral, a submissão ao controle direto do STF dos atos normativos federais e estaduais posteriores à promulgação da Constituição Federal de 1988 (5.10.1988).

---

24. Cf., infra, Oitava Parte do presente estudo, intitulada "Arguição de Descumprimento de Preceito Fundamental".

2. *Legitimidade*

A atual Constituição brasileira suprimiu o monopólio de ação conferido ao Procurador-Geral da República. Nos termos da redação originária do art. 103 da CF de 1988, dispõem de legitimidade para propor a ação direta de inconstitucionalidade o Presidente da República, a Mesa do Senado Federal, a Mesa da Câmara dos Deputados, a Mesa de Assembleia Legislativa, o Governador de Estado, o Procurador-Geral da República, o Conselho Federal da OAB, partido político com representação no Congresso Nacional e as confederações sindicais ou entidades de classe de âmbito nacional. A Lei 9.868/1999 repetiu, quase que integralmente, em seu art. 2º, o conteúdo do dispositivo constitucional. A única diferença que deve ser ressaltada é a menção expressa da legitimidade do Governador do Distrito Federal e da Câmara Legislativa Distrital,[25] decorrente da própria evolução jurisprudencial do tema perante o STF,[26] contida nos incisos IV e V do citado artigo legal. A Emenda Constitucional 45/2004 incorporou essa nova orientação, introduzindo modificação no art. 103 da CF.

A extensa lista de legitimados para a ação direta de inconstitucionalidade também fortalece a impressão de que o constituinte pretendeu reforçar o controle abstrato de normas no ordenamento jurídico brasileiro, como peculiar instrumento de *correção* do sistema geral incidente.

Quanto à *capacidade postulatória*, entende o STF que "o governador do Estado e as demais autoridades e entidades referidas no art. 103, incisos I a VII, da CF, além de ativamente legitimados à instauração do controle concentrado de constitucionalidade das leis e atos normativos, federais e estaduais, mediante ajuizamento da ação direta perante o STF, possuem capacidade processual plena e dispõem, *ex vi* da própria norma constitucional, de 'capacidade postulatória'", estando autorizados, por conseguinte, enquanto ostentarem aquela condição, a praticar, no processo de ação direta de

25. Sobre o tema, v., infra, item "Governador de Estado/Assembleia Legislativa e relação de pertinência".

26. ADI 645-DF, rel. Min. Ilmar Galvão, *DJU* 21.2.1992, p. 1.693; v., também, ADI 665-DF, rel. Min. Octávio Gallotti, *DJU* 24.4.1992, p. 5.376.

inconstitucionalidade, quaisquer atos processuais ordinariamente privativos de advogado.[27]

Assim, o posicionamento dominante do STF caminha no sentido de que, com exceção das confederações sindicais e entidades de classe de âmbito nacional e dos partidos políticos (CF, art. 103, VIII e IX), todos os demais legitimados para a ação direta de inconstitucionalidade dispõem de capacidade postulatória especial.

Presidente da República – O Presidente da República pode exercer, conforme dispõe o texto da Constituição Federal e nos termos do art. 2º, I, da Lei 9.868/1999, o direito de propositura da ação direta de inconstitucionalidade, autonomamente, não tendo de submeter a proposta inicialmente ao Procurador-Geral da República.[28] O exercício do direito de propositura da ação direta de inconstitucionalidade poderia revelar-se, todavia, problemático em relação às leis federais, uma vez que, nos termos do art. 66, § 1º, da CF, dispõe o Chefe do Executivo federal de poder de veto, com fundamento em eventual inconstitucionalidade da lei.[29] Idênticas considerações aplicam-se em relação ao Governador de Estado ou do Distrito Federal em face das leis elaboradas nas unidades federadas.

Se o Presidente da República não exercer o poder de veto, nos termos do art. 66 da CF, é de se indagar se poderia, posteriormente, arguir a inconstitucionalidade da lei perante o STF.

Pode acontecer que a existência de dúvida, ou controvérsia, sobre a constitucionalidade da lei impeça ou dificulte sua aplicação, sobretudo no modelo do controle de constitucionalidade vigente no Brasil, onde qualquer juiz ou tribunal está autorizado a deixar de aplicar a lei em caso concreto, se esta for considerada inconstitucional. Nesse caso, não poderia ser negado ao Presidente da República o direito de propor ação com o propósito de ver confirmada a consti-

---

27. Cf. ADI 96-RO, rel. Min. Celso de Mello, *DJU* 10.11.1989, e ADI 127-AL, rel. Min. Celso de Mello, *DJU* 4.12.1992.

28. Em sentido contrário: Oscar Corrêa, "O 160º aniversário do STF e o novo texto constitucional", *Arquivos do Ministério da Justiça* 173/67 (76), 1988 – que sustenta dever o Presidente da República encaminhar o pedido de arguição ao Procurador-Geral da República, que, por sua vez, haveria de submetê-lo ao STF.

29. A Constituição de 1988 assegura o direito de veto ao Presidente da República no caso de inconstitucionalidade ou contrariedade ao interesse público (art. 66, § 1º).

tucionalidade da lei.[30] A não aplicação da lei por juízes ou Tribunais diversos, ou por outras autoridades, é fator indiciário do interesse objetivo de esclarecer questão relativa à sua validade.

Não está, todavia, aqui, respondida a questão sobre a possibilidade de o Presidente da República ajuizar ação direta com o fim de suscitar a declaração de inconstitucionalidade de uma lei federal.

A Constituição não fornece base para limitação do direito de propositura. Por outro lado, não resta dúvida de que, ao assegurar uma amplíssima legitimação, o constituinte buscou evitar, também, que se estabelecessem limitações a esse direito.

Tal como já ressaltado, os titulares do direito de propositura atuam no processo de controle abstrato de normas no interesse da comunidade[31] – ou, se quisermos adotar a formulação de Friesenhahn,[32] atuam como autênticos *advogados da Constituição*.

É de se acentuar, ainda, que, se o Chefe do Poder Executivo sanciona, por equívoco ou inadvertência, projeto de lei juridicamente viciado, não está ele compelido a persistir no erro, sob pena de, em homenagem a uma suposta coerência, agravar o desrespeito à Constituição.

Nesse sentido, já assinalara Miranda Lima, em conhecido parecer, no qual advogava o descumprimento da lei inconstitucional pelo Executivo, à falta de outro meio menos gravoso, que "o Poder Executivo, que deve conferir o projeto com a Constituição, cooperando com o Legislativo no zelo de sua soberania, se o sanciona por inadvertido de que a ela afronta, adiante, alertado do seu erro, no cumprimento de seu dever constitucional de a manter e defender, há de buscar corrigi-lo, e, se outro meio não encontrar para tanto senão a recusa em a aplicar, deixará de lhe dar aplicação".[33]

O modelo de ampla legitimação consagrado no art. 103 da CF de 1988 e repetido pela Lei 9.868/1999 não se compatibiliza, certamen-

30. Sobre a problemática no Direito Alemão cf. K. Zeidler, "Gedanken zum Fernseh – Urteil des Bundesverfassungsgerichts", *AöR* 86/361 (380-381), 1961.

31. Cf., sobre a problemática: Söhn, "Die abstrakte Normenkontrolle", in Starck, *Bundesverfassungsgericht und Grundgesetz*, vol. 1, p. 292 (306); Stephan, *Das Rechtsschutzbedürfnis*, 1967, pp. 147 e ss.; Goessl, *Organstreitigkeiten innerhalb des Bundes*, pp. 173 e 219.

32. Cf. Friesenhahn, *Verfassungsgerichtsbarkeit*, Jura, 1986, p. 505 (509).

33. L. C. Miranda Lima, "Parecer", *RDA* 81/466 (470), 1965.

te, com o recurso a essa medida de quase desforço concernente ao descumprimento pelo Executivo da lei considerada inconstitucional.

Se o Presidente da República – ou, eventualmente, o Governador do Estado ou do Distrito Federal – está legitimado a propor a ação direta de inconstitucionalidade perante o STF, inclusive com pedido de medida cautelar, não se afigura legítimo que deixe de utilizar essa faculdade ordinária para se valer de recurso excepcional, somente concebido e tolerado, à época, pela impossibilidade de um desate imediato e escorreito da controvérsia.[34]

Contudo, é inegável que um juízo seguro sobre a inconstitucionalidade da lei pode vir a se formar somente após sua promulgação, o que legitima a propositura da ação ainda que o Chefe do Poder Executivo tenha aposto a sanção ao projeto de lei aprovado pelas Casas Legislativas.

Eventual sanção da lei questionada não obsta, pois, à admissibilidade da ação direta proposta pelo Chefe do Executivo, mormente se se demonstrar que não era manifesta, ao tempo da sanção, a ilegitimidade suscitada.

Daí parecer-nos equivocada a orientação esposada pelo STF na ADI 807-RS, segundo a qual, "quando (...) o ato normativo impugnado em sede de fiscalização abstrata tiver emanado também do Chefe do Poder Executivo – a lei, sendo ato estatal subjetivamente comple-

34. Tal como demonstra Ruy Carlos de Barros Monteiro em minucioso estudo ("O argumento de inconstitucionalidade e o repúdio da lei pelo Poder Executivo", *RF* 284/101 e ss.), a questão sobre eventual descumprimento de lei considerada inconstitucional pelo Poder Executivo deu ensejo a intensa controvérsia doutrinária e jurisprudencial. Pode-se afirmar que até o advento da Emenda Constitucional 16/1965, que introduziu o controle abstrato de normas no nosso sistema, era plenamente majoritária a posição que sustentava a legitimidade da recusa à aplicação da lei considerada inconstitucional (Carlos Maximiliano, *Comentários à Constituição de 1891*, n. 226; Miguel Reale, *Revogação e Anulamento do Ato Administrativo*, Rio de Janeiro, 1968, p. 47; Themístocles Brandão Cavalcanti, "Arquivamento de representação por inconstitucionalidade da lei", *RDP* 16/169 e ss.; Caio Mário da Silva Pereira, "Parecer D-24 do Consultor-Geral da República", *DOU* 20.6.1961; Adroaldo Mesquita da Costa, "Parecer H-184, de 7.5.1965", *DOU* 22.6.1965; L. C. Miranda Lima, "Parecer", *RDA* 81/466 e ss. V., também, as decisões do STF: RMS 4.211, rel. Min. Cândido Motta Filho, *RTJ* 2/386-387; RMS 5.860, rel. Min. Vilas Boas, acórdão publicado em audiência de 23.2.1959; Rp 512, rel. Min. Pedro Chaves, *RDA* 76/308-309, 1964; RE 55.718-SP, rel. Min. Hermes Lima, *RTJ* 32/143-147; RMS 14.557, rel. Min. Cândido Motta Filho, *RTJ* 33/330-338; RMS 13.950, rel. Min. Amaral Santos, *RDA* 97/116-120, 1969).

xo, emerge da conjugação das vontades autônomas do Legislativo e do Executivo – e este figurar, em consequência, no polo passivo da relação processual, tornar-se-á juridicamente impossível o seu ingresso em condição subjetiva *diversa* daquela que já ostenta no processo".[35]

De plano, deve-se observar que se trata, aqui, de um *processo objetivo* típico, no qual existe autor ou requerente, mas inexiste, propriamente, réu ou requerido.

Não se pode, pois, cogitar de *relação processual*, tal como afirmado expressamente no mencionado aresto.[36]

No que diz respeito à capacidade postulatória, conforme exposto anteriormente, a jurisprudência do Supremo Tribunal Federal caminha no sentido de que o Presidente da República ostenta capacidade postulatória plena, ou seja, dispõe de amplos poderes para praticar diretamente os atos processuais no bojo das ações diretas, mesmo sem o auxílio de advogado, inclusive o de subscrever a petição inicial.

Todavia, o referido posicionamento, apesar de dominante, não é imune a divergências na Corte. Com efeito, em março de 2021, o Ministro Marco Aurélio indeferiu a inicial da ADI 6.764/DF, proposta pelo Presidente da República, ao fundamento de que o chefe do Executivo Federal não dispunha de capacidade postulatória para

---

35. ADI/QO 807-RS, rel. Min. Celso de Mello, *DJU* 11.6.1993; ADI/QO-QO 807-RS, rel. Min. Sepúlveda Pertence, *DJU* 13.2.2004. Registre-se que, na espécie, após ter sancionado o projeto de lei, o Governador do Estado do Rio Grande do Sul apresentou pedido de ingresso na causa na qualidade de litisconsorte ativo do Procurador-Geral da República, autor originário da impugnação.

36. Anote-se que o Presidente da República usou o direito de propositura de ação direta de inconstitucionalidade pela primeira vez somente em 2005, com o ajuizamento da ADI 3.599-DF contra as Leis 11.169/2005 e 11.170/2005. A ação foi julgada improcedente (rel. Min. Gilmar Mendes, *DJe* 14.9.2007). Posteriormente o Presidente da República ajuizou as ADI 3.785-PB (contra resolução administrativa do TRT-13ª Região, ainda pendente de julgamento e submetida à relatoria do Min. Dias Toffoli); 3.818-ES (contra dispositivo da Lei estadual 7.667/2003 do Espírito Santo, julgada prejudicada pelo Relator, Min. Carlos Britto, *DJe* 207, 31.10.2008); 3.829-RS (contra dispositivos da Lei estadual 12.557/2006 do Rio Grande do Sul, também pendente de julgamento e distribuída ao Min. Carlos Britto); 3.834-DF (contra dispositivo de resolução do CNMP, ainda não julgada e submetida à relatoria do Min. Joaquim Barbosa); e, por fim, 4.085-RO (em face da Lei estadual 1.729/2007 de Rondônia, também não apreciada pelo STF e distribuída ao Min. Celso de Mello). A todas essas seis ações, em razão da relevância das matérias nelas tratadas, imprimiu-se o rito do art. 12 da Lei 9.868/1999.

assinar as ações diretas de inconstitucionalidade desacompanhado do Advogado-Geral da União.[37]

Mesas do Senado e da Câmara – O reconhecimento do direito de propositura à Mesa da Câmara dos Deputados e à Mesa do Senado Federal, tal como realizado pelo texto constitucional e pelo art. 2º, II e III, da Lei 9.868/1999, demonstra que o constituinte não pretendeu assegurar, aqui, uma proteção específica às minorias parlamentares. Como a direção de cada Casa Legislativa é eleita pela maioria dos parlamentares, ainda que observada, tanto quanto possível, a representação proporcional dos partidos ou dos blocos parlamentares que participam da respectiva Casa (CF, art. 58, § 1º), concedeu-se, efetivamente, o direito de propositura à maioria nas referidas Casas.

É fácil ver, outrossim, que esses órgãos não estão vocacionados a questionar a constitucionalidade de seus próprios atos.[38] Assim, o direito de propositura a eles deferido pode ganhar significado no âmbito da ação declaratória de constitucionalidade.

Governador de Estado/Assembleia Legislativa e relação de pertinência – Consoante o teor do art. 2º, IV e V, da Lei 9.868/1999 e o disposto no art. 103 da CF, podem propor ação direta de inconstitucionalidade os Governadores de Estado e do Distrito Federal bem como as Assembleias Legislativas e a Câmara Legislativa Distrital.

A jurisprudência do STF tem identificado a necessidade de que o governador de um Estado ou a Assembleia Legislativa que impugna ato normativo de outro demonstre a relevância – isto é, a *relação*

---

37. Nos termos literais da decisão do ministro Marco Aurélio: "O artigo 103, inciso I, da Constituição Federal é pedagógico ao prever a legitimidade do Presidente da República para a propositura de ação direta de inconstitucionalidade, sendo impróprio confundi-la com a capacidade postulatória. O Chefe do Executivo personifica a União, atribuindo-se ao Advogado-Geral a representação judicial, a prática de atos em Juízo. Considerado o erro grosseiro, não cabe o saneamento processual" (ADI 6.764/DF, rel. Min. Marco Aurélio, DJe de 24.3.2021).

38. Cf., também, os comentários de Richard Grau sobre o anteprojeto apresentado pelo Ministro do Interior, Dr. Külz, que outorgava direito de propositura ao Parlamento Federal e ao Conselho Federal (cf. Grau, "Zum Gesetzesentwurf über die Prüfung der Verfassungsmässigkeit von Reichsgesetzen und Rechtsverordnung", *AöR* 11/287 (298-299), 1926).

de pertinência da pretensão formulada – da pretendida declaração de inconstitucionalidade da lei.[39]

Essa questão foi discutida na Alemanha sob o império da Constituição de Weimar, verificando-se uma controvérsia doutrinária sobre a admissibilidade, ou não, de uma ação proposta pelo Estado da Baviera contra lei da Turíngia.

A falta de autorização constitucional para que o legislador estabeleça outras limitações ao direito de propositura suscita dúvida sobre a correção do entendimento esposado pelo STF.

Tendo em vista a natureza objetiva do processo de controle abstrato de normas, seria mais ortodoxo que, na espécie, fosse admitida a ação direta de inconstitucionalidade independentemente de qualquer juízo sobre a configuração, ou não, de uma relação de pertinência.

Outra questão relevante a respeito do direito de propositura do governador afeta sua *capacidade postulatória*. Conforme já referido, o STF entende que cabe ao próprio governador firmar a petição inicial, se for o caso, juntamente com o Procurador-Geral do Estado, ou do Distrito Federal, ou outro advogado. Entende o STF que o direito de propositura é atribuído ao Governador do Estado ou do Distrito Federal, e não à unidade federada. Também seriam ineptas as ações diretas propostas, em nome do governador, firmadas exclusivamente pelo Procurador-Geral do Estado.[40]

Procurador-Geral da República – Também nos termos da Constituição de 1988 e do art. 2º, VI, da Lei 9.868/1999, tem legitimação para propor ação direta de inconstitucionalidade o Procurador-Geral da República. Deve-se assinalar, no entanto, que esse órgão ganhou nova conformação, passando a atuar, basicamente, como representante do interesse público, e não mais como representante da União.[41] O Procurador-Geral da República, escolhido pelo Presidente da República dentre os membros do Ministério Público da União, para um mandato de dois anos, após aprovação pelo Senado Federal,

---

39. ADI 902-SP, rel. Min. Marco Aurélio, *DJU* 22.4.1994, p. 8.946.

40. ADI 1.814-DF, rel. Min. Maurício Corrêa, *DJU* 12.12.2001.

41. A Constituição de 1988 rompeu com o sistema híbrido consagrado nas Constituições anteriores, instituindo a Advocacia-Geral da União, com o escopo de representar os interesses da União em juízo bem como de exercer as atividades de consultoria do Poder Executivo.

somente pode ser destituído após autorização da maioria absoluta da mencionada Casa parlamentar (art. 128, §§ 1º e 2º).

No processo de controle abstrato de normas o Procurador-Geral da República atua por motivação autônoma ou por provocação de interessados que continuam a lhe dirigir representações de inconstitucionalidade.

Detém o Procurador-Geral da República posição privilegiada no processo da ação direta de inconstitucionalidade, pois se manifesta como autor nas ações de sua iniciativa e como *custos legis* em todas as ações diretas, nas quais lhe incumbe oferecer um parecer especial.

Conselho Federal da OAB – O art. 2º, VII, da Lei 9.868/1999 estabelece, em conformidade com o texto constitucional, que o Conselho Federal da OAB está legitimado para a propositura da ação direta de inconstitucionalidade. Trata-se de legitimidade dada em nítida atenção ao relevo jurídico-institucional do qual é dotada a OAB. O STF entende que a Ordem não necessita de demonstração da chamada pertinência temática para a propositura da ação.[42]

Partidos políticos – Tal como referido, o constituinte de 1988 concedeu o direito de propositura da ação direta de inconstitucionalidade aos partidos políticos com representação no Congresso Nacional. A partir de tal preferência rejeitou-se, expressamente, o modelo largamente adotado no direito constitucional de outros Países, o qual outorga legitimação para instaurar o controle abstrato de normas a um número determinado de parlamentares.

A exigência de que o partido esteja representado no Congresso Nacional acaba por não conter qualquer restrição, uma vez que se afigura suficiente a presença de uma representação singular para que se satisfaça a exigência constitucional.

Vê-se por que, quanto aos partidos políticos, inexiste qualquer exigência de pertinência temática para o reconhecimento da legitimidade para a propositura da ação direta de inconstitucionalidade.[43] O sistema de fiscalização abstrata de normas confere uma amplíssi-

---

42. Cf. ADI 3-DF, rel. Min. Moreira Alves, *RTJ* 142/363.

43. ADI/MC 1.096, rel. Min. Celso de Mello, *DJU* 22.9.1995, p. 30.589. Cf. ADI 386-ES, ADI 138-RJ, *RTJ* 133/1.011, ADI 893-PR, ADI 1.114-DF, ADI 902-SP e RE 98.444, *RTJ* 107/1.215.

ma compreensão da chamada *defesa da minoria* no âmbito da jurisdição constitucional.

Pode-se indagar se não seria mais adequado, para a preservação da nobreza do instituto do controle abstrato de normas e para o bom desempenho da jurisdição constitucional, que se convertesse o direito de propositura dos partidos políticos com representação no Congresso Nacional em direito de propositura de um determinado número de deputados ou de senadores.

O STF entende que, para propor ação direta, suficiente se afigura a decisão do presidente do partido, dispensando, assim, a intervenção do diretório partidário. Essa orientação não se aplica se existir prescrição de caráter legal ou estatutário em sentido diverso.[44] A orientação jurisprudencial encaminhou-se, todavia, no sentido de exigir que da procuração outorgada pelo órgão partidário constem, de maneira detalhada, o número da lei e os dispositivos a serem impugnados.[45]

Caso o partido perdesse a representação no Congresso Nacional no curso da ação direta de inconstitucionalidade, o Tribunal vinha considerando que a ação havia de ser declarada prejudicada, ressalvando-se apenas a hipótese de já se ter iniciado o julgamento.[46] Entretanto, em decisão de 24.8.2004 reconheceu o STF que a perda superveniente de representação parlamentar não afeta a ação direta de inconstitucionalidade já proposta, em reconhecimento ao caráter eminentemente objetivo do processo. O momento de aferição da legitimação passa a ser, assim, o momento da propositura da ação.[47]

---

44. Cf. ADI 779-DF, rel. Min. Celso de Mello, *DJU* 11.3.1994.

45. ADI 2.552-PR, rel. Min. Maurício Corrêa, *DJU* 19.12.2001.

46. Cf. QO (suscitada pelo Min. Sepúlveda Pertence) na ADI 2.054-DF, rel. Min. Ilmar Galvão, *DJU* 9.4.2003; ADI/AgR 2.202-DF, ADI/AgR 2.465-RJ e ADI/AgR 2.723-RJ, rel. Min. Celso de Mello, *DJU* 13.3.2003.

47. Cf. ADI 2.159-DF e 2.618-PR, rel. Min. Carlos Velloso, *DJe* 24.8.2004. Os Ministros deram provimento a recursos nas duas ações requeridas pelo Partido Social Liberal/PSL, que à época do ajuizamento tinha representação no Congresso Nacional. O Min. Carlos Velloso, Relator das duas ações, determinou o arquivamento delas, pois no momento em que examinou a questão (fevereiro/2003) o PSL não tinha mais representação parlamentar no Congresso, o que implicaria a perda da legitimidade ativa para propor ação direta de inconstitucionalidade, de acordo com o art. 103, VIII, da CF de 1988. Ao examinar o recurso, entretanto, a maioria do Plenário do STF, vencidos os Mins. Carlos Velloso e Celso de Mello, entendeu que a ação não fica prejudicada no caso de perda superveniente de representação parlamentar.

O direito de propositura das confederações sindicais e das entidades de classe de âmbito nacional – O direito de propositura das confederações sindicais e das organizações de classe de âmbito nacional prepara significativas dificuldades práticas.

A existência de diferentes organizações destinadas à representação de determinadas profissões ou atividades e a não existência de disciplina legal sobre o assunto tornam indispensável que se examine, em cada caso, a legitimação dessas diferentes organizações. Causam dificuldade, sobretudo, a definição e a identificação das chamadas *entidades de classe*, uma vez que inexistia critério preciso que as diferençasse de outras organizações de defesa de interesses diversos. Por isso, está o Tribunal obrigado a verificar especificamente a qualificação das confederações sindicais ou organizações de classe instituídas em âmbito nacional,[48] a fim de estabelecer sua legitimidade ativa para a propositura das ações diretas.

1. Definição de entidade de classe. A noção de *entidade de classe* abarca grupo amplo e diferenciado de associações, que não podem ser distinguidas de maneira simples.[49] Essa questão tem ocupado o Tribunal praticamente desde a promulgação da Constituição de 1988.[50]

Por isso, merece especial menção a controvérsia sobre a legitimação das confederações sindicais e das entidades de classe de âmbito nacional, tendo em vista os problemas suscitados, desde então, pela jurisprudência do STF.

Em decisão de 5.4.1989 (ADI/MC 34-DF) tentou o Tribunal definir a noção de *entidade de classe*, ao explicitar que é apenas a associação de pessoas que representa o interesse comum de determinada categoria "intrinsecamente distinta das demais".[51] Nesse mesmo julgamento firmou-se a tese de que os grupos formados circunstancialmente – como a associação de empregados de uma empresa – não poderiam ser classificados como organizações de classe, nos termos do art. 103, IX, da CF.

48. Cf. ADI 34-DF, rel. Min. Octávio Gallotti, *RTJ* 128/481; ADI 43-DF, rel. Min. Sydney Sanches, *RTJ* 129(3)/959.

49. Cf. ADI 433-DF, rel. Min. Moreira Alves, *DJU* 20.3.1992.

50. ADI/MC 34-DF, rel. Min. Octávio Gallotti, *RTJ* 128/481; ADI 39-RJ, rel. Min. Moreira Alves, *DJU* 19.5.1989.

51. Cf. ADI/MC 34-DF, rel. Min. Octávio Gallotti, *RTJ* 128/481.

Na ADI 52-GO a discussão avançou um pouco mais: "Não se pode considerar entidade de classe – disse o Tribunal – a sociedade formada meramente por pessoas físicas ou jurídicas que firmem sua assinatura em lista de adesão ou qualquer outro documento idôneo (...), ausente particularidade ou condição, objetiva ou subjetiva, que distingam sócios de não associados".[52]

A ideia de um *interesse comum essencial de diferentes categorias* fornece base para distinção entre a organização de classe, nos termos do art. 103, IX, da CF, e outras associações ou organizações sociais. Dessa forma, deixou assente o STF que o constituinte decidiu por uma legitimação limitada, não permitindo que se convertesse o direito de propositura dessas organizações de classe em autêntica ação popular.[53]

Em outras decisões o STF deu continuidade ao esforço de desdobrar a definição de *entidade de classe de âmbito nacional*.

Segundo a orientação firmada pelo STF, não configuraria *entidade de classe de âmbito nacional*, para os efeitos do art. 103, IX, da CF, organização formada por associados pertencentes a categorias diversas.[54] Ou, tal como formulado pelo Tribunal, "não se configuram como entidades de classe aquelas instituições que são integradas por membros vinculados a estratos sociais, profissionais ou econômicos diversificados, cujos objetivos, individualmente considerados, revelam-se contrastantes".[55] Tampouco se compatibilizam nessa noção as entidades associativas de outros segmentos da sociedade civil – como, por exemplo, a União Nacional dos Estudantes/UNE.[56]

Não se admite, igualmente, a legitimidade de pessoas jurídicas de direito privado que reúnam, como membros integrantes, associações de natureza civil e organismos de caráter sindical, exatamente em decorrência desse hibridismo, porquanto "noção conceitual *[de instituições de classe]* reclama a participação, nelas, dos próprios

52. ADI 52-GO, rel. Min. Célio Borja, *DJU* 29.9.1990.

53. Cf. ADI 79-DF, rel. Min. Celso de Mello, *DJU* 10.9.1989, *RDA* 188/144 (146), 1992.

54. ADI 57-DF, rel. Min. Ilmar Galvão, *DJU* 13.12.1991, p. 18.353; ADI 108-DF, rel. Min. Celso de Mello, *DJU* 5.6.1992, p. 8.426.

55. ADI 108-DF, rel. Min. Celso de Mello, *DJU* 5.6.1992, p. 8.426.

56. Cf. ADI 894-DF, rel. Min. Néri da Silveira, *DJU* 20.4.1995, p. 9.945.

indivíduos integrantes de determinada categoria, e não apenas das entidades privadas constituídas para representá-los".[57]

Da mesma forma, como regra geral, não se reconhece natureza de entidade de classe àquelas organizações que, "congregando pessoas jurídicas, apresentam-se como verdadeiras associações de associações", uma vez que, nesse caso, lhes faltaria exatamente a qualidade de entidade de classe.[58]

Entretanto, em decisão de 12.8.2004 o STF deu provimento ao agravo regimental na ADI 3.153-DF para dar seguimento a ação direta de inconstitucionalidade ajuizada pela Federação Nacional das Associações dos Produtores de Cachaça de Alambique/Fenaca. Por oito votos a dois, o Plenário do Tribunal entendeu que a Federação teria legitimidade para a propositura da ação direta porque, apesar de composta por associações estaduais, poderia ser equiparada a uma entidade de classe. Desse modo, com base na peculiaridade de que a Fenaca é entidade de classe que atua na defesa de categoria social, a Corte Constitucional reconheceu a legitimação excepcional dessa forma de associação.[59]

Afirmou-se, também, que "não constitui entidade de classe, para legitimar-se à ação direta de inconstitucionalidade (CF, art. 103, IX), associação civil (Associação Brasileira de Defesa do Cidadão), voltada à finalidade altruísta de promoção e defesa de aspirações cívicas de toda a cidadania".[60]

Na noção de *entidade de classe* consolidada na jurisprudência do Tribunal não se enquadra, igualmente, a associação que reúne como associados órgãos públicos sem personalidade jurídica e categorias

---

57. ADI 79-DF, rel. Min. Celso de Mello, *DJU* 10.9.1989, *RDA* 188/144 (146), 1992; ADI 505-DF, rel. Min. Moreira Alves, *DJU* 2.8.1991, p. 9.916; ADI 530-DF, rel. Min. Moreira Alves, *DJU* 22.11.1991, p. 16.845; ADI 433-DF, rel. Min. Moreira Alves, *DJU* 22.11.1991, p. 16.842; ADI 705-SC, rel. Min. Celso de Mello, *DJU* 6.4.1992, p. 4.442; ADI 511-DF, rel. Min. Paulo Brossard, *DJU* 15.5.1992, p. 6.781; ADI 108-DF, rel. Min. Celso de Mello, *DJU* 5.6.1992, p. 8.426; ADI 704-PR, rel. Min. Carlos Velloso, *DJU* 4.9.1992, p. 14.089; e ADI/AgR 706-MG, rel. Min. Carlos Velloso, *DJU* 4.9.1992.

58. ADI 79-DF, rel. Min. Celso de Mello, *DJU* 10.9.1989, *RDA* 188/144 (146), 1992; e ADI 914-DF, rel. Min. Sydney Sanches, *DJU* 11.3.1994.

59. Rel. Min. Celso de Mello, red. para o acórdão Min. Sepúlveda Pertence, j. 12.8.2004, vencidos os Mins. Celso de Mello (Relator) e Carlos Britto.

60. ADI 61-DF, rel. Min. Sepúlveda Pertence, *DJU* 28.9.1990, p. 10.222.

diferenciadas de servidores públicos (*v.g.*, Associação Brasileira de Conselhos de Tribunal de Contas dos Municípios/Abraccom).[61]

Mostra-se relevante notar a constante evolução da jurisprudência do Supremo Tribunal Federal quanto à delimitação do conceito de *entidade de classe*. Se, em um primeiro momento, havia a compreensão de que era necessário um vínculo profissional ou econômico comum formador de uma categoria para caracterização como *entidade de classe*, hoje parece ser mais difícil limitar a legitimidade à estrita existência de liame profissional e econômico.

Isso porque, atento às críticas doutrinárias que vinham sendo tecidas, o STF está em um processo de evolução jurisprudencial, por meio do qual tem ampliado o entendimento do significado constitucional de *entidade de classe*, passando a admitir que se incluam no conceito "entidades que congregam interesses não necessariamente pautados por categorias profissionais ou econômicas, como é o caso daquelas que atuam na proteção de direitos fundamentais de grupos vulneráveis".[62]

Cuida-se de significativa alteração quanto à compreensão do conceito de *entidade de classe* com elevado potencial de abertura da jurisdição constitucional concentrada a grupos marginalizados e minoritários. A temática ainda está em processo de consolidação jurisprudencial e, portanto, seus contornos ainda não foram fixados com precisão, sendo certo que novas questões surgirão e serão, paulatinamente, objeto de enfrentamento pela Corte.

2. Caráter nacional da entidade de classe e das confederações. Quanto ao caráter nacional da entidade, enfatiza-se que não basta simples declaração formal ou manifestação de intenção constante de seus atos constitutivos. Faz-se mister que, além de uma atuação transregional, tenha a entidade membros em pelo menos um terço das unidades da Federação, ou seja, em nove dessas unidades (Estados-membros e Distrito Federal) – número que resulta da aplicação analógica da Lei Orgânica dos Partidos Políticos (Lei 9.096/1995, art. 7º, § 1º).[63]

---

61. ADI 67-DF, rel. Min. Moreira Alves, *DJU* 15.6.1990, p. 5.499.

62. ADPF 936/DF, rel. Min. Dias Toffoli, *DJe* de 30.10.2024.

63. ADI 386-ES, rel. Min. Sydney Sanches, *DJU* 28.6.1991, p. 8.904; ADI 108-DF, rel. Min. Celso de Mello, *DJU* 5.6.1992, p. 8.427; ADC 13-DF, rel. Min. Joaquim Barbosa, *DJU* 16.2.2007, *DJe* 13.2.2007. O § 1º do art. 7º da Lei 9.096/1995 estabelece que "só é admitido o registro do estatuto de partido político que tenha caráter nacional, considerando-se como tal aquele que comprove o apoiamento de eleitores

No que diz respeito às confederações, tal como assentado na jurisprudência pacífica do STF,[64] "a legitimação para ação direta de inconstitucionalidade é privativa das confederações, cuja inclusão expressa no art. 103, IX, é excludente das entidades sindicais de menor hierarquia, quais as federações e sindicatos, ainda que de âmbito nacional".[65] Simples associação sindical – federação nacional que reúne sindicatos em cinco Estados, por exemplo – não teria legitimidade, segundo essa orientação, para propor ação direta de inconstitucionalidade.[66]

Admitiu-se, inicialmente, a legitimação das federações, porquanto "entidades nacionais de classe".[67]

Essa orientação foi superada por outra, mais restritiva, passando-se a considerar que apenas as organizações sindicais, cuja estrutura vem disciplinada no art. 535 da Consolidação das Leis do Trabalho/CLT (Decreto-lei 5.452/1943), são dotadas de direito de propositura.[68] Afasta-se, assim, a possibilidade de que associações,

---

correspondente a, pelo menos, meio por cento dos votos dados na última eleição geral para a Câmara dos Deputados, não computados os votos em branco e os nulos, distribuídos por um terço, ou mais, dos Estados, com um mínimo de um décimo por cento do eleitorado que haja votado em cada um deles".

64. ADI 275-DF, rel. Min. Moreira Alves, *DJU* 22.2.1991, p. 1.258; ADI 17-DF, rel. Min. Sydney Sanches, *DJU* 15.3.1991, p. 2.643; ADI 505-DF, rel. Min. Moreira Alves, *DJU* 2.8.1991, p. 9.916; ADI 593-GO, rel. Min. Marco Aurélio, *DJU* 9.10.1991, p. 14.087; ADI/MC 599-DF, rel. Min. Néri da Silveira, *DJU* 15.5.1992; ADI 488-DF, rel. Min. Octávio Gallotti, *DJU* 12.6.1992, p. 9.028; ADI/MC 772-DF, rel. Min. Moreira Alves, *DJU* 23.9.1992; ADI/MC 364-DF, rel. Min. Sydney Sanches, *DJU* 19.2.1993; ADI/MC 831-DF, rel. Min. Marco Aurélio, *DJU* 23.6.1993; ADI/MC 868-DF, rel. Min. Moreira Alves, *DJU* 13.8.1993, p. 15.676; ADI 1.006-PE, rel. Min. Sepúlveda Pertence, *DJU* 25.3.1994; ADI/AgR 1.149-DF, rel. Min. Ilmar Galvão, *DJU* 19.9.1995; ADI 1.343-AM, rel. Min. Ilmar Galvão, *DJU* 27.9.1995; ADI 54-DF, rel. Min. Marco Aurélio, *DJU* 6.9.1996; ADI/MC 920-DF, rel. Min. Francisco Rezek, *DJU* 11.4.1997; ADI/QO 1.562-DF, rel. Min. Moreira Alves, *DJU* 9.5.1997; ADI 1.795-PA, rel. Min. Moreira Alves, *DJU* 30.4.1998; ADI 797-DF, rel. Min. Marco Aurélio, *DJU* 7.8.1998; ADI 1.785-RJ, rel. Min. Nelson Jobim, *DJU* 7.8.1998; ADI/MC 1.003-DF, rel. Min. Celso de Mello, *DJU* 10.9.1999; ADI 2.557-MT, rel. Min. Ilmar Galvão, *DJU* 12.12.2001; ADI 2.152-MS, rel. Min. Gilmar Mendes, *DJU* 8.8.2003.

65. ADI/QO 1.006-PE, rel. Min. Sepúlveda Pertence, *DJU* 25.3.1994.

66. ADI 398-DF, rel. Min. Sydney Sanches, *DJU* 28.6.1991, p. 8.904.

67. ADI 209-DF, rel. Min. Sepúlveda Pertence, *DJU* 7.3.1991, p. 2.132.

68. Cf. ADI 505-DF, rel. Min. Moreira Alves, *DJU* 2.8.1991, p. 9.916. V., também: ADI 569-DF, rel. Min. Sepúlveda Pertence, *DJU* 3.9.1991, p. 11.866; ADI 713-RJ, rel. Min. Octávio Gallotti, *DJU* 10.4.1992, p. 4.801; ADI 731-DF, rel. Min. Ilmar Galvão, *DJU* 8.5.1992, p. 6.270; ADI 745-PE, rel. Min. Carlos Velloso,

federações ou outras organizações de índole sindical assumam o lugar das confederações para os fins do art. 103, IX, da CF, que, segundo os termos dos arts. 533 e ss. do texto consolidado, devem estar organizadas com um mínimo de três federações e que, nos termos do § 3º do art. 537 da CLT, somente assumem tal condição após reconhecidas por decreto do Presidente da República.

Relativamente à legitimação das *entidades de classe de âmbito nacional* e das *confederações sindicais* é difícil admitir a juridicidade da exigência quanto à representação da entidade em pelo menos nove Estados da Federação, como resultado decorrente da aplicação analógica da Lei Orgânica dos Partidos Políticos.

Ainda que se possa reclamar a fixação de um critério preciso sobre tais noções – *entidade de classe de âmbito nacional* e *confederação sindical* –, não há dúvida de que ele deve ser fixado pelo legislador, e não pelo Tribunal, no exercício de sua atividade jurisdicional. O recurso à analogia, aqui, é de duvidosa exatidão.

Tal critério foi proposto pelo Min. Moreira Alves quando da apreciação da cautelar na ADI 386-ES.[69]

Porém, nesse mesmo precedente o Min. Moreira Alves preconizou que "esse critério cederá nos casos em que haja comprovação de que a categoria dos associados só existe em menos de nove Estados".[70]

Foi com base nessa anotação que, no julgamento da ADI 2.866-RN, o Tribunal reconheceu a legitimidade ativa da Associação Brasileira dos Extratores e Refinadores de Sal/Abersal.[71] Na espécie, constatou-se que, além de a produção nacional de sal ocorrer em apenas alguns Estados da Federação, cuidava-se de atividade econômica de patente relevância nacional, haja vista ser notório que o consumo de sal ocorre em todas as unidades da Federação.

Por fim, merece destaque inovação trazida pela Lei 11.648, de 31.3.2008, que alterou a Consolidação das Leis do Trabalho para

DJU 4.8.1992, p. 11.417; ADI 746-DF, rel. Min. Néri da Silveira, *DJU* 17.8.1992, p. 12.446; ADI 744-PE, rel. Min. Sepúlveda Pertence, *DJU* 8.9.1992, pp. 14.293-14.294; ADI 772-DF, rel. Min. Moreira Alves, *DJU* 23.10.1992, p. 18.780.

69. Rel. Min. Sydney Sanches, *DJU* 28.6.1991.

70. ADI 386-ES, rel. Min. Sydney Sanches, *DJU* 28.6.1991. Cf. também ADI 2.866-RN, rel. Min. Gilmar Mendes, *DJU* 17.10.2003.

71. Rel. Min. Gilmar Mendes, *DJU* 17.10.2003.

reconhecer formalmente as *centrais sindicais* e considerá-las como entidades de representação geral dos trabalhadores, constituídas em âmbito nacional (art. 1º). Assim, é de se esperar que a elas seja reconhecida a legitimidade para a propositura de ação direta de inconstitucionalidade e ação declaratória de constitucionalidade, bem como, consequentemente, de arguição de descumprimento de preceito fundamental.

Após essa alteração legislativa, entretanto, o Plenário do STF ainda não se pronunciou de maneira definitiva e específica acerca da revisão da jurisprudência anterior que se firmou no sentido de que seria "privativa das confederações".[72]

3. Relação de pertinência. Segundo a jurisprudência do STF, há de se exigir que o objeto da ação de inconstitucionalidade guarde *relação de pertinência* com a atividade de representação da confederação ou da entidade de classe de âmbito nacional.[73]

Se, de um lado, a Corte revela o salutar propósito de concretizar as noções de "entidade de classe de âmbito nacional" e de "confederação sindical" para os efeitos do art. 103, IX, da CF, deixa entrever, de outro, uma concepção assaz restritiva do direito de propositura dessas organizações.

O esforço que o Tribunal desenvolve para restringir o direito de propositura dessas entidades não o isenta de dificuldades, levando-o, às vezes, a reconhecer a legitimidade de determinada organização para negá-la num segundo momento. Foi o que ocorreu com a Federação Nacional das Associações dos Servidores da Justiça do Trabalho, que teve sua legitimidade reconhecida na ADI 37-DF, relativa à Medida Provisória 44, de 30.3.1989. Posteriormente essa entidade veio a ter sua legitimidade negada nas ADI 433-DF, 526-DF e 530-DF.[74]

---

72. ADI/AgR 3.762-DF, rel. Min. Sepúlveda Pertence, *DJU* 24.11.2006. Cf., também: ADI 1.442-DF, rel. Min. Celso de Mello, *DJU* 29.4.2005, e ADI/MC 271-DF, rel. Min. Moreira Alves, *DJU* 6.9.2001.

73. Cf. ADI 202-BA, rel. Min. Sepúlveda Pertence, *DJU* 2.4.1993, p. 5.612; ADI 159-PA, rel. Min. Octávio Gallotti, *DJU* 2.4.1993, p. 5.611; ADI 893-PR, rel. Min. Carlos Velloso, *DJU* 3.9.1993, p. 17.743.

74. ADI 433-DF, rel. Min. Moreira Alves, *DJU* 20.3.1992, pp. 3.319-3.320; ADI 526-DF, rel. Min. Sepúlveda Pertence, *DJU* 5.3.1993, p. 2.896; e ADI 530-DF, rel. Min. Moreira Alves, *DJU* 22.11.1991, p. 16.845.

Afigura-se excessiva, portanto, a exigência de que haja uma *relação de pertinência* entre o objeto da ação e a atividade de representação da entidade de classe ou da confederação sindical.

A relação de pertinência envolve inequívoca restrição ao direito de propositura, que, tendo em vista a natureza objetiva do processo, dificilmente poderia ser exigida até mesmo pelo legislador ordinário. A *relação de pertinência* assemelha-se muito ao estabelecimento de uma condição de ação – análoga, talvez, ao interesse de agir do processo civil –, que não decorre dos expressos termos da Constituição e parece ser estranha à natureza do sistema de fiscalização abstrata de normas.

Assinale-se que a necessidade de que se desenvolvam critérios que permitam identificar, precisamente, as entidades de classe de âmbito nacional não deve condicionar o exercício do direito de propositura da ação por parte das organizações de classe à demonstração de um interesse de proteção específico, nem levar a uma radical adulteração do modelo de controle abstrato de normas. Consideração semelhante já seria defeituosa porque, em relação à proteção jurídica dessas organizações e à defesa dos interesses de seus membros, a Constituição assegura o mandado de segurança coletivo (art. 5º, LXX, "b"), o qual pode ser utilizado pelos sindicatos ou organizações de classe ou, ainda, associações devidamente constituídas há pelo menos um ano.

Tal restrição ao direito de propositura não se deixa compatibilizar, igualmente, com a natureza do controle abstrato de normas, e criaria uma injustificada diferenciação entre os entes ou órgãos autorizados a propor a ação – distinção, esta, que não encontra respaldo na Constituição de 1988.

Por isso, a fixação de tal exigência parece ser defesa ao legislador ordinário federal, no exercício de sua competência legislativa típica. De qualquer sorte, a jurisprudência do STF continuou a considerá-la exigível.

3. *Pressupostos de admissibilidade e objeto*

Podem ser impugnados por ação direta de inconstitucionalidade, nos termos do art. 102, I, "a", primeira parte, da CF, leis ou atos normativos federais ou estaduais. Com isso, utilizou-se o constituinte de formulação consideravelmente abrangente de todos os *atos normativos primários* da União ou dos Estados.

Tal abrangência, contudo, merece duas considerações preliminares. A primeira diz respeito ao controle do direito pré-constitucional. A segunda, por seu turno, refere-se ao tema da fiscalização do direito municipal em face da Constituição de 1988.

Com relação à primeira, no julgamento da ADI 2-DF o STF promoveu restrição temporal quanto à abrangência dos atos federais e estaduais passíveis de controle por meio da ação direta. A Corte estabeleceu o critério segundo o qual pela via dessa ação específica somente seria possível o controle de atos normativos posteriores à promulgação da atual Constituição Federal (5.10.1988). Na espécie, impugnava-se a constitucionalidade de normas de custeio do sistema educacional, Decreto-lei 532, de 16.4.1969, e do Decreto 95.921, de 14.4.1988. Sustentou-se como fundamento dessa posição a ideia de que "o vício da inconstitucionalidade é congênito à lei e há de ser apurado em face da Constituição vigente ao tempo de sua elaboração".[75]

Em razão dessa posição firmada pelo STF, como regra geral, deve-se conceber que, para fins de propositura da ação direta de inconstitucionalidade, devem ser compreendidos dentre os atos normativos federais e estaduais somente aqueles posteriores à promulgação da Constituição de 1988. Isto é: os atos pré-constitucionais (sejam eles federais ou estaduais) não são passíveis de controle por intermédio da ação direta de inconstitucionalidade.[76]

Outro tema bastante debatido antes da entrada em vigor da atual Constituição foi a possibilidade de se submeter a lei municipal ao juízo de constitucionalidade abstrato. Enquanto algumas vozes na doutrina admitiam que a Constituição teria uma *lacuna de formulação* – e, por isso, a referência à *lei estadual* deveria contemplar também as leis municipais[77] –, sustentavam outras opiniões autorizadas que os Estados poderiam, com base na autonomia estadual,

75. ADI 2-DF, rel. Min. Paulo Brossard, *DJU* 21.11.1997.

76. Para maiores considerações acerca do direito pré-constitucional, com destaque para os impasses advindos dessa interpretação do STF quanto à análise da constitucionalidade por mudança superveniente do parâmetro de controle (edição de emendas constitucionais), e também em relação ao cabimento da arguição de descumprimento de preceito fundamental, cf., infra, tópico "Direito Pré-Constitucional".

77. Votos vencidos dos Mins. Cunha Peixoto e Rafael Mayer no RE 92.169, *RTJ* 103/1.085.

instituir o modelo de ação direta com o objetivo de aferir a constitucionalidade da lei municipal.[78] Inicialmente o STF afastou não só a possibilidade de aferição da constitucionalidade das leis municipais na via direta perante um Tribunal estadual,[79] como recusou expressamente a ampliação de sua competência para aferir diretamente a constitucionalidade dessas leis,[80] entendendo que tal faculdade para o controle fora confiada estritamente e se destinava apenas à aferição de constitucionalidade de *leis federais* ou *estaduais*. Nessa linha, a ampliação da competência por via de interpretação traduziria uma ruptura com o sistema.[81] A CF de 1988, entretanto, introduziu, no art. 125, § 2º, a previsão expressa para que o constituinte estadual pudesse adotar o controle abstrato de normas destinado à aferição da constitucionalidade de leis estaduais ou municipais em face da Constituição estadual, desde que assegurada a legitimidade de propositura a mais de um órgão.[82]

Ressalte-se que a jurisprudência do STF se encaminhou no sentido de reconhecer a admissibilidade do recurso extraordinário interposto contra decisões dos Tribunais de Justiça dos Estados decorrentes de processos de controle abstrato de normas do direito estadual com base em preceitos de controle de observância obrigatória pelos Estados.

Com a entrada em vigor da Lei 9.882/1999, que disciplina a arguição de descumprimento de preceito fundamental, ambas as questões – a do direito pré-constitucional e a do direito municipal – ganham novos contornos. Consoante o inciso I do parágrafo único do art. 1º da citada lei, a arguição de descumprimento poderá ser utilizada para – de forma definitiva e com eficácia geral – avaliar a

78. Ada Pellegrini Grinover, "A ação direta de controle da constitucionalidade na Constituição paulista" (pp. 55-56), Celso Bastos, "O controle judicial da constitucionalidade das leis e atos normativos municipais" (p. 72), José Afonso da Silva, "Ação direta de declaração de inconstitucionalidade de lei municipal" (p. 85), e Dalmo de Abreu Dallari, "Lei municipal inconstitucional" (p. 120), todos in *Ação Direta de Controle de Constitucionalidade de Leis Municipais*, 1979.

79. RE 91.740-RS, rel. Min. Xavier de Albuquerque, *RTJ* 93(1)/455.

80. Rp 1.405-AC, rel. Min. Moreira Alves, *RTJ* 127/394.

81. Rp 1.405-AC, rel. Min. Moreira Alves, *RTJ* 127/394.

82. Art. 125, § 2º, da CF de 1988: "Cabe aos Estados a instituição de representação de inconstitucionalidade de leis ou atos normativos estaduais ou municipais em face da Constituição estadual, vedada a atribuição da legitimação para agir a um único órgão".

legitimidade de tais disposições "quando for relevante o fundamento da controvérsia constitucional sobre lei ou ato normativo federal, estadual ou municipal, incluídos os anteriores à Constituição".

Leis e atos normativos federais – Devemos entender como *leis e atos normativos federais* passíveis de ser objeto de ação direta de inconstitucionalidade:

1. *Disposições da Constituição propriamente ditas*. Também entre nós é admissível a aferição de constitucionalidade do chamado *direito constitucional secundário* (correspondente ao exercício do denominado *poder constituinte derivado*), uma vez que, segundo a doutrina e a jurisprudência dominantes, a reforma constitucional deve observar não apenas as exigências formais do art. 60, I, II e III, e §§ 1º, 2º e 3º, da CF de 1988 (reforma constitucional em sentido estrito) e do art. 3º do Ato das Disposições Constitucionais Transitórias/ADCT (regramento da revisão constitucional), como também as *cláusulas pétreas* (art. 60, § 4º, da CF). A aferição da constitucionalidade de uma emenda constitucional, em sentido formal e material, foi reconhecida já em 1926.[83] Sob a Constituição de 1967/1969 o Tribunal admitiu o controle judicial preventivo com o objetivo de impedir a tramitação de projeto de emenda constitucional lesiva às cláusulas pétreas.[84] Posteriormente, passou a Corte a entender que, se a questão discutida tratar do processo legislativo previsto na Constituição Federal, principalmente no que for atinente ao trâmite de emenda constitucional de reforma (art. 60), é possível a discussão judicial, uma vez que ela passa a ter estatura de controvérsia constitucional.

Sob o império da Constituição de 1988 foram propostas ações diretas contra normas constitucionais constantes do texto originário,[85] contra a Emenda Constitucional 2/1992, que antecipou a data do plebiscito previsto no art. 2º do ADCT,[86] contra as disposições da Emenda Constitucional 3/1993 que instituíram a ação declaratória de

83. HC 18.178-DF, j. 27.9.1926, *RF* 47/748-827.

84. MS 20.257-DF, rel. Min. Moreira Alves, *RTJ* 99/1.040.

85. ADI 815-DF (rel. Min. Moreira Alves), proposta pelo Governador do Estado do Rio Grande do Sul, que foi inadmitida, por impossibilidade jurídica do pedido.

86. Cf., também, ADI 829-DF, 830-DF e 833-DF, rel. Min. Moreira Alves, sobre a constitucionalidade da antecipação do plebiscito (Emenda Constitucional 2, de 25.8.1992).

constitucionalidade,[87] contra o imposto provisório sobre movimentações financeiras/IPMF,[88] bem assim contra diversas outras emendas constitucionais.[89]

Essa prática tornou-se tão corrente em sede de sistema brasileiro de fiscalização abstrata que – apenas a título exemplificativo – a Emenda Constitucional 41/2003, que versa sobre a Reforma da Previdência, foi objeto de impugnação em seis ações diretas de inconstitucionalidade.[90]

De toda forma, a interpretação desenvolvida pelo STF foi a de que o controle abstrato somente seria admissível em relação às emendas constitucionais ou, conforme o caso, às emendas de revisão. Em outros termos, a jurisprudência do Tribunal firmou-se no sentido de que seria inadmissível o controle de disposições constitucionais originárias.

2. *Leis de todas as formas e conteúdos* (observada a especificidade dos atos de efeito concreto). Como o constituinte mencionou a forma legal, por meio da ação direta de inconstitucionalidade, hão de ser contempladas as leis em geral, tanto no sentido formal quanto no material, que tenham sido editadas posteriormente à promulgação da Constituição de 1988: 2.1 as leis formais ou atos normativos federais editados após 5.10.1988, dentre outros; e 2.2 as medidas provisórias, expedidas pelo Presidente da República em caso de relevância ou urgência, com força de lei (CF de 1988, art. 62, c/c o art. 84, XXVI). Essas medidas perdem a eficácia se não aprovadas pelo Congresso Nacional no prazo de 60 dias, podendo ser prorrogadas uma única vez, por igual período (CF de 1988, art. 62, § 7º).

---

87. ADI 913-DF, rel. Min. Moreira Alves, *DJU* 23.8.1993, p. 16.457.

88. ADI 939-DF, rel. Min. Sydney Sanches, *DJU* 18.3.1994, p. 5.165.

89. ADI 3.685-DF, rela. Min. Ellen Gracie, *DJU* 10.8.2006; ADI 3.367-DF, rel. Min. Cézar Peluso, *DJU* 17.3.2006; ADI 3.105-DF, rel. Min. Cézar Peluso, *DJU* 18.2.2005; ADI 3.128-DF, red. para o acórdão Min. Cézar Peluso, *DJU* 18.2.2005; ADI/MC 1.805-DF, rel. Min. Néri da Silveira, *DJU* 14.11.2003; ADI 1.946-DF, rel. Min. Sydney Sanches, *DJU* 16.5.2003; ADI 2.381-RS, rel. Min. Sepúlveda Pertence, *DJU* 14.12.2001; ADI/MC 1.497-DF, rel. Min. Marco Aurélio, *DJU* 13.12.2002; ADI/MC 1.420-DF, rel. Min. Néri da Silveira, *DJU* 19.12.1997; ADI 997-RS, rel. Min. Moreira Alves, *DJU* 30.8.1996; ADI 815-DF, rel. Min. Moreira Alves, *DJU* 10.5.1996; ADI/MC 926-DF, rel. Min. Sydney Sanches, *DJU* 6.5.1994; ADI 466-DF, rel. Min. Celso de Mello, *DJU* 10.5.1991.

90. ADI 3.104-DF, 3.105-DF, 3.128-DF, 3.133-DF, 3.138-DF e 3.143-DF, todas de relatoria da Min. Ellen Gracie.

Nenhuma dúvida subsiste sobre a admissibilidade do controle abstrato em relação às medidas provisórias.[91] O STF tem concedido inúmeras liminares com o propósito de suspender a eficácia dessas medidas como ato dotado de força normativa, ressalvando, porém, sua validade enquanto proposição legislativa suscetível de ser convertida, ou não, em lei.[92]

Desse modo, se convertida em lei, precisa ser aditada a petição inicial da ação direta de inconstitucionalidade que impugnar a norma

---

91. Em 1990 o Min. Marco Aurélio, no julgamento da ADI/MC 295-DF, então submetida à relatoria do Min. Paulo Brossard, chegou a sustentar que não se deveria realizar o controle de constitucionalidade de medida provisória antes de deliberação definitiva do Congresso Nacional. A seguinte passagem do voto sintetiza a argumentação desenvolvida pelo Ministro nesse sentido:

"A medida provisória (...) é editada de forma provisória, como está na própria designação, para que ocorra o pronunciamento do Congresso Nacional. E, uma vez decorrendo o prazo – ficando, portanto, fulminada *ab initio* a medida provisória –, ao Congresso Nacional cumpre disciplinar as relações jurídicas dela decorrentes.

"Indaga-se, frente à harmonia entre os Poderes – base de um entendimento maior –, se essa apreciação pode ser obstaculizada por uma ação direta de inconstitucionalidade. É esta a matéria que coloco. A meu ver, não pode ser obstaculizada, porque, caso contrário, o Judiciário estará adentrando um campo em relação ao qual se tem a previsão da atuação de um outro Poder, que é o Poder Legislativo. E na apreciação da ação direta de inconstitucionalidade poder-se-á chegar até mesmo à declaração da pecha e, mediante essa declaração, à retirada de qualquer efeito da medida no mundo jurídico.

"Vejam os eminentes Pares que a Constituição revela que o Congresso Nacional, na hipótese de decurso do prazo, deve disciplinar as relações jurídicas decorrentes das medidas provisórias. Essa disciplina não pode ser e não é alcançável mediante uma ação direta de inconstitucionalidade.

"Por isso, Sr. Presidente, muito embora admitindo a normatividade da medida, tenho para mim que não cabe contra essa mesma medida, contra esse instituto, ação direta de inconstitucionalidade.

"É a matéria preliminar que exponho, convencido que estou da necessidade de se preservar a própria atuação do Legislativo; da necessidade, até mesmo, de se adotar uma política judiciária que homenageie, no caso, a assunção de responsabilidade pelos Poderes da União. Inicialmente, portanto, permito-me, frente até mesmo ao Regimento da Casa, expor esta matéria – não sei se anteriormente foi discutida, porque tomei posse há pouco –, concluindo pela impertinência da ação direta de inconstitucionalidade contra medida provisória" (ADI 295-DF, rel. Min. Paulo Brossard – ao momento do julgamento –,voto do Min. Marco Aurélio, *DJU* 22.8.1997).

Essa preliminar foi rejeitada categoricamente pelo Tribunal, vencida a tese suscitada pelo Min. Marco Aurélio.

92. ADI 293-DF, rel. Min. Celso de Mello, *DJU* 16.4.1993, p. 6.429; ADI 427-DF, rel. Min. Sepúlveda Pertence, *DJU* 1.2.1991, p. 351.

constante na medida provisória, sob pena de arquivamento automático da ação direta de inconstitucionalidade.[93]

Já para os casos em que houver expressa rejeição da medida provisória ou em que decorrer *in albis* o prazo constitucional para sua apreciação pelo Congresso Nacional a jurisprudência tradicional do Tribunal firmou-se no sentido de que se há de ter por prejudicada a ação direta de inconstitucionalidade.[94]

Igualmente pacífico se afigura o entendimento segundo o qual "não prejudica a ação direta de inconstitucionalidade material de medida provisória a sua intercorrente conversão em lei sem alterações, dado que a sua aprovação e promulgação integrais apenas lhe tornam definitiva a vigência, com eficácia *ex tunc* e sem solução de continuidade, preservada a identidade originária do seu conteúdo normativo, objeto da arguição de invalidade".[95] Veja-se que no precedente firmado na ADI/MC 691-TO o Plenário do STF firmou tal entendimento, inclusive, a partir de apreciação de medida provisória estadual.[96]

Não parece, todavia, isenta de dúvida a jurisprudência que entende prejudicada a ação direta de inconstitucionalidade em decorrência da aprovação da medida provisória com alterações, considerando inadmissível até o eventual aditamento da inicial para os fins de adequação do pedido originariamente formulado à nova conformação do texto normativo.

As medidas provisórias não se confundem com as leis temporárias exatamente porque suas disposições são dotadas de pretensão de definitividade e se destinam a ser mantidas sob a forma de lei.[97] Em outros termos, *precária é apenas a medida provisória enquanto ato*

93. Cf. ADI 1.922-DF, rel. Min. Joaquim Barbosa, *DJU* 18.5.2007; ADI 3.849-DF, rel. Min. Celso de Mello, decisão monocrática, *DJU* 20.9.2007; ADI 3.957-DF, rel. Min. Ricardo Lewandowski, decisão monocrática, *DJe* 82, de 7.5.2008.

94. ADI 525-DF, rel. Min. Sepúlveda Pertence, *DJU* 4.9.1991, p. 11.929; ADI 529-DF, rel. Min. Sepúlveda Pertence, *DJU* 4.9.1991, p. 11.930; ADI 298-DF, rel. Min. Celso de Mello, *DJU* 21.11.1990, p. 13.427; ADI 300-DF, rel. Min. Celso de Mello, *DJU* 21.11.1990, p. 13.427; ADI 292-DF, rel. Min. Paulo Brossard, *DJU* 16.4.1993, p. 6.428.

95. ADI/MC 691-TO, rel. Min. Sepúlveda Pertence, *DJU* 19.6.1992, pp. 9.519-9.520.

96. Cf. ADI/MC 691-TO, rel. Min. Sepúlveda Pertence, *DJU* 19.6.1992, pp. 9.519-9.520.

97. Cf., sobre o assunto, no Direito Italiano, Carlo Esposito, "Decreto-legge", in *Enciclopedia del Diritto*, vol. 11, Varese, 1962, p. 831 (845).

normativo; as disposições dela constantes estão vocacionadas a uma vigência indeterminada.

Relevante, portanto, para o processo de controle de normas não é saber se determinada medida provisória foi aprovada com alteração, mas, sim, se essas modificações alteraram, substancialmente, o objeto da ação instaurada, de modo a afetar sua continuidade e sua subsistência.

É fácil ver que a aprovação de medida provisória com simples alteração formal do texto originário não deveria suscitar maiores problemas no juízo abstrato de normas, uma vez que restaria íntegro e plenamente válido o pedido formulado, sendo facultado ao Tribunal, se entender devido, requerer novas informações junto ao Poder Executivo, bem como solicitar informações do Congresso Nacional. As manifestações da Advocacia-Geral da União e do Procurador-Geral da República, se já verificadas, poderiam ser, igualmente, aditadas, sem qualquer prejuízo para a ordem processual.

Evidentemente, se a medida provisória for aprovada com alterações de tal monta que importem, mesmo, a derrogação da disposição normativa impugnada,[98] nada mais resta senão proceder à extinção do processo.

Ao contrário, subsistente, na sua essência, a disposição que deu ensejo à propositura da ação, não deve o feito ser extinto, porque resta íntegra a pretensão formulada legitimamente por um dos titulares do direito de propositura, inexistindo solução de continuidade no plano de vigência das normas.

Assim, se o art. 1º da medida provisória "X" continua a vigorar, na sua essência, como art. 1º ou como art. 2º da lei "Y", não há que se cogitar de derrogação ou ab-rogação.

Dúvidas poderiam surgir se o texto impugnado da medida provisória fosse aprovado com significativas alterações de forma ou conteúdo.

Como explicitado, as modificações de índole formal não parecem aptas a afetar a existência do processo de controle abstrato, instaurado com o objetivo de aferir a legitimidade de determinada disposição em face da Constituição, não devendo assumir, por isso, maior importância o fato de a disposição ter sido aprovada como

98. ADI 399-DF, rel. Min. Néri da Silveira, *DJU* 7.2.1992, p. 737.

art. 4º da lei "Y", e não como art. 1º, tal como proposto na medida provisória. Da mesma forma, alterações redacionais não devem levar ao entendimento de que se cuida, agora, de uma outra norma, que, por isso, deve ter sua constitucionalidade aferida em novo processo.

A questão poderia merecer disciplina legislativa específica tendente a superar o problema, com a autorização para que o Tribunal conhecesse da ação, em semelhantes casos, sempre que não se pudesse afirmar que, no processo de conversão em lei, a disposição impugnada constante da medida provisória sofreu alterações que afetaram profundamente sua própria identidade.

Assim, ficaria o Tribunal legitimado a aferir a legitimidade e, eventualmente, a declarar a inconstitucionalidade também de disposição incorporada ao texto da lei em que se converteu a medida provisória, desde que houvesse identidade fundamental entre a disposição originalmente impugnada e o texto normativo constante da lei.

A propósito, mencione-se que, nos termos do § 78 da Lei do Tribunal Constitucional alemão,[99] está a Corte autorizada a estender a declaração de inconstitucionalidade "a outras disposições da mesma lei" – entendida a expressão não apenas como autorizativa de pronúncia de nulidade em relação a outros dispositivos da mesma lei, mas também a disposições semelhantes que alterem ou derroguem o texto impugnado.[100]

Orientação semelhante poderia ser adotada entre nós, tendo em vista, sobretudo, a necessidade de solver o problema – indubitavelmente, sério – do controle de constitucionalidade abstrato das medidas provisórias.

3. *Decreto legislativo que contém a aprovação do Congresso aos tratados e autoriza o Presidente da República a ratificá-los em*

---

99. É a seguinte a redação do § 78 da Lei do *Bundesverfassungsgericht*:

"Caso o Tribunal Federal Constitucional forme a convicção que o direito federal é incompatível com a Lei Fundamental ou que o direito estadual conflita com a Constituição ou outro direito federal, deve-se proceder à declaração de inconstitucionalidade.

"Se outras disposições da mesma lei, pela mesma razão, forem incompatíveis com a Lei Fundamental ou outro direito federal, deve o Tribunal Federal Constitucional declarar, igualmente, a sua nulidade."

100. Ulsamer, *in* Maunz e outros, *BVerfGE*, § 78, n. 25. V., também, Mendes, *Controle de Constitucionalidade*, pp. 270 e ss.

nome do Brasil (CF de 1988, art. 49, I, c/c o art. 84, VIII). O decreto legislativo apenas formaliza, na ordem jurídica brasileira, a concordância definitiva do Parlamento em relação ao tratado.[101] A autorização para aplicação imperativa somente ocorre, após sua ratificação, com a promulgação através de decreto.[102] O processo do controle abstrato de normas poderia, todavia, ser instaurado após a promulgação do decreto legislativo, uma vez que se trata de ato legislativo que produz consequências para a ordem jurídica interna.[103]

4. *O decreto do Chefe do Executivo que promulga os tratados e convenções* (CF de 1988, art. 84, VIII).

5. O *decreto legislativo do Congresso Nacional que suspende a execução de ato do Executivo, em virtude de incompatibilidade com a lei regulamentada* (CF de 1988, art. 49, V).[104]

6. *Os atos normativos editados por pessoas jurídicas de direito público criadas pela União, bem como os Regimentos dos Tribunais Superiores e dos TRFs*,[105] podem ser objeto do controle abstrato de normas se configurado seu caráter autônomo, não meramente ancilar.

7. *O decreto legislativo aprovado pelo Congresso Nacional com o escopo de sustar os atos normativos do Poder Executivo que exorbitem do poder regulamentar ou dos limites de delegação legislativa* (CF de 1988, art. 49, V).[106]

8. Também *outros atos do Poder Executivo com força normativa*, como os pareceres da Consultoria-Geral da República, devidamente aprovados pelo Presidente da República (Decreto 92.889, de

---

101. José Francisco Rezek, *Direito dos Tratados*, Rio de Janeiro, 1984, pp. 382-385.

102. Idem, p. 333.

103. Existe pelo menos um processo no qual o controle abstrato de normas foi instaurado após a entrada em vigor do tratado: Rp 803-DF, rel. Min. Djaci Falcão, *RTJ* 84/724 e ss.

104. A Constituição de 1988 incorporou disposição da Constituição que outorgava essa atribuição ao Senado Federal. Tal como reconhecido por Pontes de Miranda, essa competência outorgava ao Senado, ainda que parcialmente, poderes similares aos de uma Corte Constitucional (cf. *Comentários à Constituição da República dos Estados Unidos do Brasil*, vol. 1, p. 364). Cf., também, ADI 748-RS, rel. Min. Celso de Mello, *DJU* 6.11.1992, pp. 20.105-20.106.

105. ADI 3.566-DF, red. para o acórdão Min. Cézar Peluso, *DJe* 8.11.2007.

106. Cf., sobre o assunto, ADI 748-RS, rel. Min. Celso de Mello, *DJU* 6.11.1992, p. 20.105.

7.7.1986)[107] ou decreto que assuma perfil autônomo, ou exorbite flagrantemente do âmbito do poder regulamentar.[108] Observe-se que, se o decreto tiver natureza secundária, o controle da constitucionalidade em abstrato é inviável.[109]

9. *Resolução do TSE.*[110]

10. *Súmulas vinculantes* do STF também poderão ser objeto de ação direta de inconstitucionalidade, em razão do seu inequívoco caráter normativo. Contudo, é necessário esclarecer que a doutrina majoritária tem entendido que não cabe o ajuizamento de ADI contra súmula vinculante tendo em vista a existência de processo específico de revisão e cancelamento dessa espécie sumular, previsto na Lei n. 11.417/2006. Ademais, a jurisprudência do Tribunal recusou, porém, o cabimento de ação direta de inconstitucionalidade contra súmulas jurisprudenciais de tribunais, com base no argumento de que não seriam dotadas de força normativa.[111] No julgamento da ADI 594-DF o STF rejeitou o cabimento da ação direta contra a Súmula 16 do STJ.[112]

11. *Resoluções de tribunais que deferem reajuste de vencimentos.*[113]

12. Resoluções do CNJ[114] e do CNMP.[115]

13. Resoluções de Conselhos Profissionais que inovem originariamente no ordenamento jurídico, em confronto direto com a Constituição.[116]

---

107. Cf. ADI 4-DF, rel. Min. Sydney Sanches, *DJU* 25.6.1993, p. 12.637.

108. ADI/MC 2.155-PR, rel. Min. Sydney Sanches, *DJU* 1.6.2001; ADI/MC 1.435-DF, rel. Min. Francisco Rezek, *DJU* 6.8.1999.

109. ADI 4.176-DF, rel. Min. Menezes Direito, *DJe* 12.3.2009.

110. ADI 3.345-DF, rel. Min. Celso de Mello, *DJe* 8.9.2005. Anote-se que o STF, no caso da verticalização (ADI 2.626, red. para o acórdão Min. Ellen Gracie, *DJU* 5.3.2005), entendeu não suscetível de conhecimento a ação direta de inconstitucionalidade movida contra resolução do TSE.

111. ADI 594-DF, rel. Min. Carlos Velloso, *DJU* 15.6.1994.

112. ADI 594-DF, rel. Min. Carlos Velloso, *DJU* 15.6.1994.

113. ADI 662-MG, rel. Min. Eros Grau, *DJU* 10.11.2006.

114. ADI 4.145/DF, red. para o acórdão Min. Alexandre de Moraes, *DJe* de 31.7.2020.

115. ADI 5.434/DF, red. para o acórdão Min. Edson Fachin, *DJe* de 23.9.2019.

116. ADI 3.481, rel. Min. Alexandre de Moraes, *DJe* de 6.4.2021.

Leis e atos normativos estaduais – Devem ser considerados como leis ou atos normativos estaduais, podendo ser objeto somente de ação direta de inconstitucionalidade:

1. *Disposições das Constituições estaduais* (originárias ou derivadas), que, embora tenham a mesma natureza das normas da Constituição Federal, devem ser compatíveis com princípios específicos e regras gerais constantes do Texto Fundamental (CF de 1988, art. 25, c/c o art. 34, VII, princípios sensíveis), como medida que possibilita o controle do exercício do denominado *poder constituinte decorrente*.

2. *Leis estaduais* de qualquer espécie ou natureza, independentemente de seu conteúdo.

3. *Leis estaduais editadas para regulamentar matéria de competência privativa da União* (CF de 1988, art. 22, parágrafo único).

4. *Decreto ou outro ato normativo editado com força de lei.*[117]

5. *Regimentos Internos dos Tribunais estaduais*,[118] assim como os Regimentos das Assembleias Legislativas.

6. *Atos normativos expedidos por pessoas jurídicas de direito público estadual* podem, igualmente, ser objeto de controle abstrato de normas.

Leis e atos normativos distritais – Tal como afirmado,[119] não existia razão jurídica para afastar do controle abstrato de constitucionalidade os órgãos superiores do Distrito Federal. Com a edição da Emenda Constitucional 45/2004 a questão ficou definitivamente superada. A redação conferida ao art. 103 da CF incluiu o Governador do Distrito Federal e a Mesa da Câmara Legislativa Distrital no elenco dos entes e órgãos autorizados a propor a ação direta de inconstitucionalidade. Razões semelhantes já militavam em favor do controle de constitucionalidade na jurisprudência do STF, por via de

117. Cf. ADI 460-AP, rel. Min. Sepúlveda Pertence, *DJU* 10.5.1991, p. 5.929; ADI 519-MT, rel. Min. Moreira Alves, *DJU* 11.10.1991, p. 14.248.

118. ADI 2.212-CE, rela. Min. Ellen Gracie, *DJU* 14.11.2003; ADI 2.480-PB, rel. Min. Sepúlveda Pertence, *DJe* 15.6.2007.

119. Cf., supra, item 2, "Legitimidade", subitem "Governador de Estado/Assembleia Legislativa e relação de pertinência".

ação direta de inconstitucionalidade, de ato aprovado pelos Poderes distritais *no exercício da competência tipicamente estadual*.[120]

É que, não obstante as peculiaridades que marcam o Distrito Federal, os atos normativos distritais – leis, decretos etc. – podem ser substancialmente idênticos aos atos normativos estaduais, tal como deflui diretamente do art. 32, § 1º, em especial na parte em que atribui ao Distrito Federal as competências legislativas reservadas aos Estados.[121]

Assinale-se, porém, que a própria fórmula constante do art. 32, § 1º, da CF está a indicar que o Distrito Federal exerce competências legislativas municipais, editando, por isso, leis e atos normativos materialmente idênticos àqueles editados pelos demais entes comunais.

Nessa hipótese, diante da impossibilidade de se proceder ao exame direto de constitucionalidade da lei municipal perante o STF, em face da Constituição, tem-se de admitir que não é cabível "ação direta de inconstitucionalidade cujo objeto seja ato normativo editado pelo Distrito Federal, no exercício de competência que a Lei Fundamental reserva aos Municípios"[122] – tal como, por exemplo, "a disciplina e polícia do parcelamento do solo".[123]

Atos legislativos de efeito concreto – A jurisprudência do STF tem considerado inadmissível a propositura de ação direta de inconstitucionalidade contra atos de efeito concreto. Assim, tem-se afirmado que a ação direta é o meio pelo qual se procede ao controle de constitucionalidade das normas jurídicas *in abstracto*, não se prestando ela "ao controle de atos administrativos que têm objeto determinado e destinatários certos, ainda que esses atos sejam editados sob a forma de lei – as leis meramente formais, porque têm forma de lei,

120. Cf. ADI 611-DF, rel. Min. Sepúlveda Pertence, *DJU* 11.12.1992; ADI 1.375-DF, rel. Min. Moreira Alves, *DJU* 23.2.1996.

121. ADI 665-DF, rel. Min. Octávio Gallotti, *DJU* 24.4.1992, p. 5.376.

122. ADI/MC 371-DF, rel. Min. Paulo Brossard, *DJU* 19.2.1993; ADI/MC 409-DF, rel. Min. Celso de Mello, *DJU* 15.3.1991; ADI/MC 611-DF, rel. Min. Sepúlveda Pertence, *DJU* 11.12.1992; ADI/MC 880-DF, rel. Min. Sepúlveda Pertence, *DJU* 4.2.1994; ADI/MC 1.375-DF, rel. Min. Moreira Alves, *DJU* 23.2.1996; ADI 1.832-DF, rel. Min. Ilmar Galvão, *DJU* 7.8.1998; ADI 1.812-DF, rel. Min. Ilmar Galvão, *DJU* 4.9.1998; ADI 209-DF, rel. Min. Sydney Sanches, *DJU* 11.9.1998; ADI/MC 1.472-DF, rel. Min. Ilmar Galvão, *DJU* 9.3.2001; ADI/MC 1.750-DF, rel. Min. Nelson Jobim, *DJU* 14.6.2001; ADI/MC 2.448-DF, rel. Min. Sydney Sanches, *DJU* 13.6.2003; ADI/MC 1.706-DF, rel. Min. Nelson Jobim, *DJU* 1.8.2003.

123. ADI 611-DF, rel. Min. Sepúlveda Pertence, *DJU* 11.12.1992, p. 23.662.

mas seu conteúdo não encerra normas que disciplinam relações em abstrato".[124] Na mesma linha de orientação, afirma-se que "atos estatais de efeitos concretos, ainda que veiculados em texto de lei formal, não se expõem, em sede de ação direta, à jurisdição constitucional abstrata do STF", porquanto "a ausência de densidade normativa no conteúdo do preceito legal impugnado desqualifica-o – enquanto objeto juridicamente inidôneo – para o controle normativo abstrato".[125]

Em outro julgado afirmou-se que disposição constante da lei orçamentária que fixava determinada dotação configuraria ato de efeito concreto, insuscetível de controle jurisdicional de constitucionalidade por via de ação ("Os atos estatais de efeitos concretos – porque despojados de qualquer coeficiente de normatividade ou de generalidade abstrata – não são passíveis de fiscalização, em tese, quanto à sua legitimidade constitucional").[126]

Identifica-se esforço no sentido de precisar a distinção entre *normas gerais* e *normas de efeito concreto* ou de caráter individual na seguinte reflexão do Min. Sepúlveda Pertence:

> "É expressiva dessa orientação jurisprudencial a decisão que não conheceu da ADI n. 2.100, 17.12.1999, Jobim, *DJ* 1.6.2001: 'Constitucional – Lei de Diretrizes Orçamentárias – Vinculação de percentuais a programas – Previsão da inclusão obrigatória de investimentos não executados do orçamento anterior no novo – Efeitos concretos. Não se conhece de ação quanto a lei desta natureza. Salvo quando estabelecer norma geral e abstrata – Ação não conhecida'.
>
> "A contraposição, no precedente, da disposição legal de efeitos concretos à regra geral e abstrata amolda-se à distinção, na obra póstuma de Hans Kelsen, entre a norma de caráter individual – quando se torna individualmente obrigatória uma conduta única – e a norma de caráter geral – na qual 'uma certa conduta é universalmente posta como devida' (Hans Kelsen, *Teoria Geral das Normas*, trad. de G. Florentino Duarte, Fabris Editor, 1986, p. 11). 'O caráter individual de uma norma' – explica o Mestre da Escola de Viena – 'não depende de se a norma é dirigida a um ser humano individualmente determinado ou a várias pessoas individualmente certas ou a uma categoria de ho-

---

124. ADI 647-DF, rel. Min. Moreira Alves, *DJU* 27.3.1992, p. 3.801.

125. ADI 842-DF, rel. Min. Celso de Mello, *DJU* 14.5.1993, p. 9.002. Cf., também, ADI 647-DF, rel. Min. Moreira Alves, *DJU* 27.3.1992, p. 3.801, e ADI 767-AM, rel. Min. Carlos Velloso, *DJU* 18.6.1993, p. 12.110.

126. ADI 283-DF, rel. Min. Celso de Mello, *DJU* 12.3.1990, p. 1.691.

mens, ou seja, a uma maioria não individualmente, mas apenas a certas pessoas de modo geral. Também pode ter caráter geral uma norma que fixa como devida a conduta de uma pessoa individualmente designada, não apenas uma conduta única, individualmente determinada, é posta como devida, mas uma conduta dessa pessoa estabelecida em geral. Assim quando, por exemplo, por uma norma moral válida – ordem dirigida a seus filhos –, um pai autorizado ordena a seu filho Paul ir à Igreja todos os domingos ou não mentir. Essas normas gerais são estabelecidas pela autoridade autorizada pela norma moral válida; para os destinatários das normas, são normas obrigatórias, se bem que elas apenas sejam dirigidas a uma pessoa individualmente determinada. Se pela autoridade para tanto autorizada por uma norma moral válida é dirigido um mandamento a uma maioria de sujeitos individualmente determinados e apenas é imposta uma certa conduta individualmente – como, porventura, no fato de um pai que ordenou a seus filhos Paul, Jugo e Friedrich felicitarem seu professor Mayer pelo 50º aniversário –, então, há tantas normas individuais quantos os destinatários da norma. O que é devido numa norma – ou ordenado num imperativo – é uma conduta definida. Esta pode ser uma conduta única, individualmente certa, conduta de uma ou de várias pessoas individualmente; pode, por sua vez, de antemão, ser um número indeterminado de ações ou omissões de uma pessoa individualmente certa ou de uma determinada categoria de pessoas. Esta é a decisiva distinção'."[127]

A extensão da jurisprudência sobre o ato de efeito concreto – desenvolvida para afastar do controle abstrato de normas os atos administrativos de efeito concreto – às chamadas *leis formais* suscita, sem dúvida, alguma insegurança, porque coloca a salvo do controle de constitucionalidade um sem-número de leis.

Não se discute que os atos do Poder Público sem caráter de generalidade não se prestam ao controle abstrato de normas, porquanto a própria Constituição elegeu como objeto desse processo os atos tipicamente normativos, entendidos como aqueles dotados de um mínimo de generalidade e abstração.

Ademais, não fosse assim, haveria uma superposição entre a típica jurisdição constitucional e a jurisdição ordinária.

---

127. ADI 2.535-MT, rel. Min. Sepúlveda Pertence, *DJU* 21.11.2003. Por vezes a análise da abstração e generalidade das normas suscita dúvida entre os próprios ministros do STF. Cf. ADI 2.980-DF, rel. Min. Marco Aurélio *DJe* 7.8.2009; ADI 1.729-RN, rel. Min. Eros Grau, *DJe* 2.2.2007; ADI/QO 1.937-PI, rel. Min. Sepúlveda Pertence, *DJe* 31.8.2007.

Outra há de ser, todavia, a interpretação se se cuida de atos editados *sob a forma de lei*. Neste caso, houve por bem o constituinte não distinguir entre leis dotadas de generalidade e aqueloutras conformadas sem o atributo da generalidade e abstração. Essas leis formais decorrem ou da vontade do legislador, ou do desiderato do próprio constituinte, que exige que determinados atos, ainda que de efeito concreto, sejam editados sob a forma de lei (*v.g.*, lei de orçamento, lei que institui empresa pública, sociedade de economia mista, autarquia e fundação pública).

Ora, se a Constituição submete a lei ao processo de controle abstrato – até por ser este o meio próprio de inovação na ordem jurídica e o instrumento adequado de concretização da ordem constitucional –, não parece admissível que o intérprete debilite essa garantia da Constituição, isentando um número elevado de atos aprovados sob a forma de lei do controle abstrato de normas e, muito provavelmente, de qualquer forma de controle. É que muitos desses atos, por não envolverem situações subjetivas, dificilmente poderão ser submetidos a um controle de legitimidade no âmbito da jurisdição ordinária.

Ressalte-se que não se vislumbram razões de índole lógica ou jurídica contra a aferição da legitimidade das leis formais no controle abstrato de normas, até porque *abstrato* – isto é, não vinculado ao caso concreto – há de ser o processo, e não o ato legislativo submetido ao controle de constitucionalidade.

Por derradeiro, cumpre observar que o entendimento do STF acima referido acaba, em muitos casos, por emprestar significado substancial a elementos muitas vezes acidentais: as supostas generalidade, impessoalidade e abstração ou as pretensas concretude e singularidade do ato do Poder Público.

Os estudos e análises no plano da Teoria do Direito indicam que tanto se afigura possível formular uma lei de efeito concreto – *lei casuística* – de forma genérica e abstrata quanto seria admissível apresentar como lei de efeito concreto regulação abrangente de um complexo mais ou menos amplo de situações.[128]

128. Cf. José Joaquim Gomes Canotilho, *Direito Constitucional*, 5ª ed., Coimbra, 1992, pp. 625-626; Pieroth e Schlink, *Grundrechte – Staatsrecht II*, Heidelberg, 1988, p. 78.

Todas essas considerações parecem demonstrar que a jurisprudência do STF não andou bem ao considerar as leis de efeito concreto como inidôneas para o controle abstrato de normas.

Sem embargo, é importante ressaltar que o Tribunal[129] reconheceu o caráter normativo de disposições de lei orçamentária anual da União (Lei 10.640/2003, que disciplinou a destinação da receita da CIDE-Combustíveis[130]). Na espécie, por maioria, acolheu-se a preliminar de cabimento de ação direta de inconstitucionalidade contra a lei orçamentária, sob o argumento de que os dispositivos impugnados eram dotados de suficiente abstração e generalidade.

Em boa hora, ao apreciar a ADI 4.048-DF o Plenário do STF promoveu revisão de sua jurisprudência anterior, ao conceder medida liminar no sentido de reconhecer que atos normativos de natureza orçamentária também poderiam ser objeto de controle concentrado de constitucionalidade. Assim, afirmou-se que "o Supremo Tribunal Federal deve exercer sua função precípua de fiscalização da constitucionalidade das leis e dos atos normativos quando houver um tema ou uma controvérsia constitucional suscitada em abstrato, independente do caráter geral ou específico, concreto ou abstrato de seu objeto". Na espécie, discutia-se a legitimidade da Medida Provisória 405/2007, posteriormente convertida, sem alteração substancial, na Lei 11.658/2008, que determinava a abertura de crédito extraordinário – e a Corte Suprema deferiu a liminar sob o argumento de que, nessa hipótese, o Chefe do Poder Executivo deveria obedecer a "limites constitucionais à atividade legislativa excepcional (...) na edição de medidas provisórias".[131]

Essas novas orientações são mais adequadas, porque, ao permitirem o controle de legitimidade no âmbito da legislação ordinária, garantem a efetiva concretização da ordem constitucional. A definição dos critérios de abstração e generalidade, contudo, demandará fundamentação específica, para fins de melhor densificar essas noções.

---

129. ADI 2.925-DF, red. para o acórdão Min. Marco Aurélio, *DJe* 4.3.2005.

130. Contribuição de Intervenção no Domínio Econômico dos Combustíveis (CF de 1988, art. 159, III, c/c o art. 177, § 4º).

131. ADI/MC 4.048-DF, rel. Min. Gilmar Mendes, *DJe* 22.8.2008; e, no mesmo sentido: ADI/MC 4.049-DF, rel. Min. Carlos Britto, *DJe* 7.5.2009.

Direito pré-constitucional – Procede-se à distinção entre *inconstitucionalidade originária* e *inconstitucionalidade superveniente* tendo em vista os diversos momentos da edição das normas constitucionais.

Se a norma legal é posterior à Constituição, tem-se um caso típico de inconstitucionalidade. Caso se cuide, porém, de contradição entre a norma constitucional superveniente e o direito ordinário pré-constitucional, indagava-se se seria caso de "inconstitucionalidade" ou de "mera revogação", de acordo com a terminologia até então empregada pelo STF.

O STF admitiu, inicialmente, a possibilidade de examinar, no processo do controle abstrato de normas, a questão da derrogação do direito pré-constitucional, em virtude de colisão entre este e a Constituição superveniente. Nesse caso, julgava-se improcedente a *representação*, mas se reconhecia expressamente a existência da colisão – e, portanto, a incompatibilidade entre o direito ordinário pré-constitucional e a nova Constituição. O Tribunal tratava esse tema como uma questão preliminar, que haveria de ser decidida no processo de controle abstrato de normas. Essa posição foi abandonada, todavia, em favor do entendimento de que o processo do controle abstrato de normas se destina, fundamentalmente, à aferição da constitucionalidade de normas pós-constitucionais.[132]

Conforme destacado acima,[133] no julgamento da ADI 2-DF[134] o STF definiu critério cronológico por meio do qual, pela via da ação direta de inconstitucionalidade, somente seria cabível o controle quanto a atos normativos (federais ou estaduais) posteriores à Constituição Federal de 1988.

Assim, já sob o império da atual Constituição, embora o tema tenha suscitado controvérsia, provocada pela clara manifestação do Min. Sepúlveda Pertence em favor da revisão da jurisprudência consolidada do Tribunal,[135] prevaleceu a tese tradicional, esposada pelo Min. Paulo Brossard.

---

132. Rp 946-DF, rel. Min. Xavier de Albuquerque, *RTJ* 82/44; Repr. 969-DF, rel. Min. Antônio Neder, *RTJ* 99/544.

133. Cf. "II – Ação Direta de Inconstitucionalidade", item 3, supra ("Pressupostos de admissibilidade e objeto").

134. Cf. ADI 2-DF, rel. Min. Paulo Brossard, *DJU* 21.11.1997.

135. Voto do Min. Sepúlveda Pertence na ADI 2-DF, *DJU* 21.11.1997.

Em síntese, foram os seguintes os argumentos expendidos pelo Min. Brossard:

"Disse-se que a Constituição é a Lei Maior, ou a Lei Suprema, ou a Lei Fundamental, e assim se diz porque ela é superior à lei elaborada pelo poder constituído. Não fora assim, e a lei a ela contrária, obviamente posterior, revogaria a Constituição sem a observância dos preceitos constitucionais que regulam sua alteração.

"Decorre daí que a lei só poderá ser inconstitucional se estiver em litígio com a Constituição sob cujo pálio agiu o legislador. A correção do ato legislativo, ou sua incompatibilidade com a Lei Maior, que o macula, há de ser conferida com a Constituição que delimita os poderes do Poder Legislativo que elabora a lei, e a cujo império o legislador será sujeito. E em relação a nenhuma outra.

"O legislador não deve obediência à Constituição antiga, já revogada, pois ela não existe mais. Existiu, deixou de existir. Muito menos a Constituição futura, inexistente, por conseguinte, por não existir ainda. De resto, só por adivinhação poderia obedecê-la, uma vez que futura e, por conseguinte, ainda inexistente.

"É por esta singelíssima razão que as leis anteriores à Constituição não podem ser inconstitucionais em relação a ela, que veio a ter existência mais tarde. Se entre ambas houver inconciliabilidade, ocorrerá revogação, dado que, por outro princípio elementar, a lei posterior revoga a lei anterior com ela incompatível, e a lei constitucional, como lei que é, revoga as leis anteriores que se lhe oponham."[136]

A despeito das objeções suscitadas pelo Min. Pertence – firme na convicção de que recusar a via da ação direta para aferir a constitucionalidade das normas anteriores à Constituição é expurgar do STF missão e responsabilidade que são suas, bem como de que qualificar de "revogação" o fenômeno de comparação da compatibilidade entre uma norma e a Constituição não exclui a possibilidade de também entendê-lo como controle de constitucionalidade, portanto, sindicável pela via da ação direta perante a Corte Constitucional –, a jurisprudência do STF continuou a entender que a questão da inconstitucionalidade somente se põe quando se cuida de lei posterior à Constituição.

Dessa forma, eventual colisão entre o direito pré-constitucional e a nova Constituição deveria ser simplesmente resolvida segundo

136. Cf. Paulo Brossard, "A Constituição e as leis anteriores", *Arquivos do Ministério da Justiça* 180/125, 1992 (126-127).

os princípios de direito intertemporal.[137] Assim, caberia à jurisdição ordinária, tanto quanto ao STF, examinar a vigência do direito pré-constitucional no âmbito do controle incidente de normas, uma vez que, nesse caso, se cuidaria, na terminologia civilista, de simples aplicação do princípio *lex posterior derogat priori*, e não propriamente de um exame de constitucionalidade. Também aqui devemos notar que a Lei 9.882/1999 (Lei da Arguição de Descumprimento de Preceito Fundamental/ADPF), no parágrafo único de seu art. 1º, altera o rumo das discussões. É que, consoante o teor desse dispositivo, a arguição de descumprimento de preceito fundamental poderá ser utilizada para – de forma definitiva e com eficácia geral – solver controvérsia relevante sobre a legitimidade do direito ordinário pré-constitucional em face da nova Constituição.

Se levada ao extremo, a interpretação do STF quanto ao direito pré-constitucional não se apresenta adequada ao processo de análise da constitucionalidade por mudanças supervenientes quanto ao parâmetro de controle (como no caso da edição de emendas constitucionais), ou ainda em hipóteses em que lei editada em compatibilidade com a ordem constitucional vigente ao momento da edição pode vir a se tornar com ela incompatível, em virtude de mudanças ocorridas nas relações fáticas ou na interpretação constitucional.[138]

Considera-se, igualmente, que essas questões têm enorme relevância prática, pois repercutem diretamente sobre a competência dos órgãos judiciais incumbidos de dirimi-las. Se eventual conflito entre o direito pré-constitucional e o direito constitucional superveniente resolve-se no plano do direito intertemporal, há de se reconhecer a competência de todos os órgãos jurisdicionais para apreciá-lo. Ao revés, se se cuida de questão de inconstitucionalidade, a atribuição deverá ser exercida pelos órgãos jurisdicionais especiais competentes para dirimir controvérsias dessa índole, segundo a forma adequada.

A distinção entre inconstitucionalidade originária e superveniente depende, fundamentalmente, do próprio sistema adotado, podendo

137. Rp 1.012-SP, rel. Min. Moreira Alves, *RTJ* 95/990.

138. Jorge Miranda, *Manual de Direito Constitucional*, t. II, pp. 274-276; Biscaretti di Ruffia, *Derecho Constitucional*, p. 268; Jörn Ipsen, *Rechtsfolgen der Verfassungswidrigkeit von Norm und Einzelakt*, pp. 133-137; Christian Pestalozza, "'Noch verfassungsmässige' und 'bloss verfassungswidrige' Rechtslagen", in Christian Starck, *Bundesverfassungsgericht und Grundgesetz*, vol. 1, pp. 548-549; José Joaquim Gomes Canotilho, *Direito Constitucional*, p. 837, e *Direito Constitucional e Teoria da Constituição*, pp. 1.306 e ss.

entender-se que a superveniência de norma constitucional importa a derrogação do direito anterior com ela incompatível. E, nesse caso, a questão deixa de ser matéria de controle de constitucionalidade e passa a ser considerada, com todas as suas implicações, no âmbito de direito intertemporal.[139]

Alguns doutrinadores consideram que a situação de incompatibilidade entre uma norma legal e um preceito constitucional superveniente traduz valoração negativa da ordem jurídica, devendo, por isso, ser caracterizada como inconstitucionalidade, e não simples revogação.[140]

Da controvérsia sobre a caracterização do conflito entre o direito anterior e a Constituição ocupou-se o Tribunal Constitucional italiano, de início tendo firmado o entendimento "no sentido de que todo contraste entre uma lei anterior e a Constituição produz, antes de uma ab-rogação, uma ilegitimidade constitucional".[141] Também a Constituição portuguesa, de 1976, consagra o controle de constitucionalidade do Direito anterior (art. 282º, n. 4).[142]

Outros ordenamentos constitucionais, como o alemão de 1919 e de 1949 e o brasileiro de 1891, de 1934 e de 1937 (respectivamente, arts. 83, 187 e 183), consagraram, de modo expresso, as chamadas *normas de recepção* (*Rezeptionsnorm*), que contêm, fundamentalmente, duas disposições: (a) o Direito vigente antes da promulgação da Constituição deve continuar a vigorar *en bloc*; (b) o Direito incompatível com a Constituição terá sua vigência interrompida com a entrada em vigor de novo texto constitucional.[143] Nesse sentido, estabeleceu-se, no art. 178, § 2º, da Constituição de Weimar que "as

139. Jorge Miranda, *Manual de Direito Constitucional*, pp. 274-276; Celso Ribeiro Bastos, *Curso de Direito Constitucional*, 22ª ed., São Paulo, Malheiros Editores, 2010, pp. 123 e ss. Cf. ADI 2-DF, rel. Min. Paulo Brossard, *DJU* 21.11.1997; ADI 718-MA, rel. Min. Sepúlveda Pertence, *DJU* 18.11.1998.

140. Jorge Miranda, *Manual de Direito Constitucional*, p. 275. Cf., também, Orlando Bittar, "A lei e a Constituição", in *Obras Completas de Orlando Bittar*, vol. 1, p. 620.

141. Biscaretti di Ruffia, *Derecho Constitucional*, p. 268; Gustavo Zagrebelski, *La Giustizia Costituzionale*, p. 42; Franco Pierandrei, "Corte Costituzionale", in *Enciclopedia del Diritto*, vol. 10, p. 908.

142. José Joaquim Gomes Canotilho, *Direito Constitucional e Teoria da Constituição*, pp. 837 e 1.306 e ss.

143. Jörn Ipsen, *Rechtsfolgen der Verfassungswidrigkeit von Norm und Einzelakt*, p. 162.

demais leis e regulamentos continuam em vigor, desde que não estejam em contradição com a Constituição".

Tais cláusulas de recepção ensejaram o entendimento de que a colisão de normas não haveria de ser considerada em face do princípio da supremacia da Constituição, mas, sim tendo em vista a força derrogatória da *lex posterior*. O próprio Tribunal Constitucional alemão considera que o dever de suscitar a questão de inconstitucionalidade, no controle concreto de normas, adstringe-se às leis posteriores à Constituição.[144] Em verdade, o *Bundesverfassungsgericht* parece ter-se valido, aqui, de uma solução de compromisso para compatibilizar posições antagônicas. O Tribunal germânico entende que a expressão "lei" (*Gesetz*), contida no art. 100, I, que disciplina o controle concreto de normas, refere-se, tão somente, às leis em sentido formal editadas após a promulgação da Constituição (*nachkonstitutionelles Gesetz*).[145]

Dessarte, no direito alemão os juízes e Tribunais ordinários não estão compelidos a submeter ao Tribunal Constitucional as questões atinentes à compatibilidade entre o Direito anterior e a Lei Fundamental, uma vez que não se vislumbra qualquer risco para a autoridade do legislador constitucional. E essa autoridade não seria afetada em caso de simples constatação de incompatibilidade segundo o princípio *lex posterior derogat priori*.[146] Ao revés, o controle abstrato de normas, previsto no art. 93, § 1º, n. 2, da Lei Fundamental, que pressupõe divergência ou dúvida sobre a compatibilidade formal ou material de direito federal ou estadual com a Lei Fundamental, pode ter como objeto Direito anterior ou superveniente à Constituição.[147]

Como se vê, a questão transcende o âmbito meramente acadêmico, assumindo nítido interesse prático. Se se trata de matéria de

---

144. Decisão do Tribunal Constitucional alemão (*BVerfGE* 2/124); Jörn Ipsen, *Rechtsfolgen der Verfassungswidrigkeit von Norm und Einzelakt*, p. 162.

145. Decisões do Tribunal Constitucional alemão (*BVerfGE* 2/124-128); Jörn Ipsen, *Rechtsfolgen der Verfassungswidrigkeit von Norm und Einzelakt*, p. 162.

146. *BVerfGE* 2/124 (130-131).

147. *BVerfGE* 2/124 (130); cf. também Otto Bachof, "*Zur Auslegung des art. 100*", Abs. 1 GG, *Deutsches Verwaltungsblatt*, 1951, p. 14. Deve-se observar que o Tribunal admite apreciar, no processo de controle concreto de normas, as leis pré-constitucionais que foram modificadas ou confirmadas, isto é, *assumidas* pelo legislador pós-constitucional (cf. *BVerfGE* 63/181 (188 e ss.); v. ainda Wolfgang Zeidler, "Die Verfassungsrechtsprechung im Rahmen der staatlichen Funktionen", *Europäische Grundrechte Zeitschrift*, Heft 8/9, 6.5.1988, p. 208.

direito intertemporal, dispensável se afigura a adoção dos procedimentos aplicáveis à declaração de inconstitucionalidade, podendo qualquer juiz, ao apreciar um caso concreto, deixar de aplicar a lei anterior. A matéria refugirá, pois, ao âmbito de juízo de constitucionalidade, situando-se na esfera da simples aplicação do Direito (*Rechtsanwendungsrecht*).[148]

Se, ao revés, a incompatibilidade entre uma disposição legal e uma norma constitucional caracteriza uma inconstitucionalidade, o tema há de ser apreciado pelas Cortes Constitucionais, se for o caso, tomando-se todas as cautelas inerentes ao processo de declaração de inconstitucionalidade. Daí asseverar Victor Nunes Leal que "o problema não é bizantino, porque a Constituição exige maioria qualificada para a declaração de inconstitucionalidade pelos Tribunais (art. 200) e permite que o Senado suspenda, no todo ou em parte, a execução da lei ou decreto declarados inconstitucionais por decisão definitiva do STF (art. 64)".[149]

A orientação jurisprudencial do STF sob a Constituição de 1967/1969 não deixava dúvida de que a compatibilidade do Direito anterior com norma constitucional superveniente haveria de ser aferida no âmbito do direito intertemporal.[150] Assim, na Rp 946-DF o STF reconheceu que o art. 902, § 1º, da CLT havia sido revogado pela Carta Magna de 1946.[151] Também na Rp 969-DF constatou o Tribunal a derrogação dos arts. 75, § 1º, da Lei 1.341, de 30.1.1951, e 27, § 1º, da Lei 4.737, de 15.7.1965, pelo art. 125 da CF de 1967.[152] E na Rp 1.012-SP não se conheceu da arguição de inconstitucionalidade relativa à Lei estadual 5.048, de 22.12.1958, do Estado de São Paulo, tendo o Min. Moreira Alves ressaltado que "a lei ordinária anterior, ainda que em choque com a Constituição vigorante quando de sua promulgação, ou está em conformidade com a Constituição atual, e, portanto, não está em desarmonia com a ordem jurídica

148. Jörn Ipsen, *Rechtsfolgen der Verfassungswidrigkeit von Norm und Einzelakt*, p. 162; Victor Nunes Leal, "Leis complementares da Constituição", *RDA* 7/389-391; Kelsen, "La garanzia giurisdizionale della Costituzione", in *La Giustizia Costituzionale*, pp. 183-184, e "A garantia jurisdicional da Constituição", in *Jurisdição Constitucional*, p. 162-163.

149. Victor Nunes Leal, "Leis complementares da Constituição", *RDA* 7/389.

150. Rp 946-DF, rel. Min. Xavier de Albuquerque, *RTJ*, 82(1)/44; Rp 969-DF, rel. Min. Antônio Neder, *RTJ* 99(2)/544.

151. Rp 946-DF, rel. Min. Xavier de Albuquerque, *RTJ* 82(1)/46.

152. Rp 969-DF, rel. Min. Antônio Neder, *RTJ* 99(2)/544.

vigente, ou se encontra revogada pela Constituição em vigor, se com ela incompatível".[153]

Não parecia subsistir dúvida, pois, quanto ao efeito derrogatório no processo de contrariedade entre norma constitucional superveniente e o direito ordinário em vigor no regime de 1967/1969.

Incorporação de norma pré-constitucional a diploma pós--constitucional – Anote-se, todavia, que, apesar da manutenção dessa tendência anterior (ADI 2-DF), em julgamento realizado em 1.8.2006 o Tribunal pareceu acenar com novas perspectivas para o tema, ao rejeitar a preliminar de não conhecimento da ADI 3.619-SP,[154] proposta contra os arts. 34, § 1º, e 170, I, da Consolidação do Regimento Interno da Assembleia Legislativa do Estado de São Paulo. Ressaltou o Relator, Min. Eros Grau, que os preceitos impugnados, embora reproduzissem normas assemelhadas veiculadas originalmente na Resolução 576/1970, estavam inseridos no Ato 1/2005, que consolidou em texto único diversas resoluções anteriores. É, portanto – afirma –, "posterior à vigente Constituição do Brasil, sendo revestido de autonomia suficiente para ser submetido ao controle concentrado de constitucionalidade". Nas palavras de Pertence proferidas no mencionado julgamento, "uma norma pré-constitucional, ao se incorporar a um diploma pós-constitucional, que a poderia alterar, transforma-se em norma pós-constitucional, de modo a admitir, conforme a jurisprudência do Supremo, o controle abstrato".[155]

Possibilidade de assentar a revogação em sede de ação direta de inconstitucionalidade – Observe-se, ainda, que, ao apreciar a ADI 3.833-DF,[156] que impugnou o Decreto Legislativo 444/2002 em face da Emenda Constitucional 41/2003, o Tribunal debateu se, a despeito de se cuidar de direito pré-constitucional, poderia a Corte reexaminar incidentalmente, em controle abstrato, a "revogação", ou, em termos mais precisos, a não recepção do Direito anterior.

Cuidava-se de controvérsia sobre a constitucionalidade do mencionado decreto legislativo, que autorizava as Casas do Congresso Nacional a fixarem os subsídios parlamentares em consonância com

153. Rp 1.012-SP, rel. Min. Moreira Alves, *RTJ* 95(39)/980-981.

154. Rel. Min. Eros Grau, j. 1.8.2006, *DJe* 20.4.2007.

155. ADI 3.619-SP, voto do Min. Sepúlveda Pertence, *DJe* 20.4.2007.

156. Rel. Min. Marco Aurélio, *DJe* 14.11.2008.

a remuneração fixada para os ministros do STF.[157] Tal disposição havia sido elaborada sob a vigência da Emenda Constitucional 19/1998.

O Tribunal, ao não conhecer da ação, deixou assentado, na parte dispositiva do acórdão, que os efeitos da norma impugnada teriam caducado, em razão da não recepção do mencionado decreto legislativo por emenda constitucional posterior – isto é, pela disciplina constitucional adotada pela Emenda Constitucional 41/2003.[158]

É digna de encômios essa evolução, que permite ao Tribunal não conhecer da ação mas assentar a não recepção da norma, por incompatibilidade com a nova disciplina constitucional.

Emenda constitucional e alteração do parâmetro de controle no curso da ação direta de inconstitucionalidade – Vale registrar que a sucessão de emendas constitucionais está fazendo surgir esse fenômeno ligado à questão da lei e do direito intertemporal. É que a alteração substancial do parâmetro de controle por emendas constitucionais supervenientes tem levado o Tribunal a considerar prejudicada a ação direta.[159]

Entendia-se que, neste caso, não se justificaria o prosseguimento da ação, tendo em vista o caráter objetivo do processo, devendo o tema ser discutido no âmbito do sistema difuso. Essa orientação merece ser revista, uma vez que acaba por distorcer a função do modelo abstrato de normas, que é o de criar segurança jurídica mediante decisão dotada de eficácia geral.

O reconhecimento da prejudicialidade no caso em apreço, embora reflita a orientação defensiva que tem presidido a jurisprudência

157. Decreto Legislativo 444, de 19.12.2002.

158. ADI/MC 3.833-DF, red. para o acórdão Min. Marco Aurélio, *DJe* 14.11.2008.

159. Cf. ADI/MC 949-DF, rel. Min. Sydney Sanches, *DJU* 12.11.1993; ADI/QO 1.836-SP, rel. Min. Moreira Alves, *DJU* 4.12.1998; ADI 1.137-RS, rel. Min. Ilmar Galvão, *DJU* 25.3.1999; ADI/QO 1.907-DF, rel. Min. Octávio Gallotti, *DJU* 26.3.1999; ADI 1.674-GO, rel. Min. Sydney Sanches, *DJU* 28.5.1999; ADI/MC 1.717-DF, rel. Min. Sydney Sanches, *DJU* 25.2.2000; ADI 1.434-SP, rel. Min. Sepúlveda Pertence, *DJU* 25.2.2000; ADI/MC 2.112-RJ, rel. Min. Sepúlveda Pertence, *DJU* 11.5.2000; ADI/MC 561-DF, rel. Min. Celso de Mello, *DJU* 23.3.2001; ADI/MC 1.946-DF, rel. Min. Sydney Sanches, *DJU* 14.9.2001; ADI 1.550-AL, rel. Min. Maurício Corrêa, *DJU* 21.9.2001; ADI 1.717-DF, rel. Min. Sydney Sanches, *DJU* 28.3.2003; ADI/MC 2.830-RO, rel. Min. Sydney Sanches, *DJU* 2.5.2003; ADI 2.009-DF, rel. Min. Moreira Alves, *DJU* 9.5.2003; ADI 2.055-DF, rel. Min. Moreira Alves, *DJU* 4.6.2003; ADI 909-MT, rel. Min. Nelson Jobim, *DJU* 6.6.2003.

da Corte, contribui, decisivamente, para a indefinição do tema, remetendo a questão, inicialmente submetida ao controle abstrato, para o modelo difuso. Subsistiria, porém, a indagação quanto ao exame da norma impugnada em face da norma constitucional superveniente.[160] Não parece haver razão que impeça o prosseguimento do feito em relação ao parâmetro alterado ou revogado também em sede de ação direta de inconstitucionalidade. Todavia, nesse caso, o Tribunal deverá se limitar a reconhecer, ou não, a recepção.[161]

Essa orientação foi acolhida pelo Tribunal no julgamento da ADI 2.158, ocasião em que se lavrou decisão nos seguintes termos:

> "Ação direta de inconstitucionalidade – AMB – Lei n. 12.398/1998-Paraná – Decreto estadual n. 721/1999 – Edição da Emenda Constitucional n. 41/2003 – Substancial alteração do parâmetro de controle – Não ocorrência de prejuízo – Superação da jurisprudência da Corte acerca da matéria – Contribuição dos inativos – Inconstitucionalidade sob a Emenda Constitucional n. 20/1998 – Precedentes. 1. Em nosso ordenamento jurídico não se admite a figura da constitucionalidade superveniente. Mais relevante que a atualidade do parâmetro de controle é a constatação de que a inconstitucionalidade persiste e é atual, ainda que se refira a dispositivos da Constituição Federal que não se encontram mais em vigor. Caso contrário ficaria sensivelmente enfraquecida a própria regra que proíbe a convalidação".[162]

Como já foi destacado, o tema do controle de legitimidade do direito pré-constitucional, porém, perdeu parte da relevância prática com o advento da Lei 9.882/1999, que, ao regulamentar a arguição de descumprimento de preceito fundamental, admitiu o exame direto da legitimidade do direito pré-constitucional em face da norma constitucional superveniente.[163]

A influência da medida cautelar no controle de constitucionalidade e "modulação temporal dos efeitos da declaração de consti-

---

160. Cf. manifestação do Min. Gilmar Mendes na ADI 2.670-TO, da relatoria do Min. Maurício Corrêa, red. para o acórdão a Min. Ellen Gracie, *DJe* 25.10.2004.

161. O STF ainda deverá manifestar-se, nos autos da ADI 509-MT, sobre conhecimento de ação direta de Inconstitucionalidade quando há alteração que modifica o parâmetro de controle depois de o processo já ter sido instaurado.

162. ADI 2.158, rel. Min. Dias Toffoli, *DJe* 16.12.2010.

163. Cf., infra, Oitava Parte ("Arguição de Descumprimento de Preceito Fundamental").

tucionalidade" – O decurso do tempo até o efetivo julgamento de um processo pode exercer inúmeras repercussões jurídicas e até mesmo acarretar perecimento do direito. Nesse contexto, as medidas cautelares representam importante instrumento processual com a finalidade de assegurar a eficácia prática das providências judiciais.

As medidas cautelares, portanto, têm o escopo de minimizar os efeitos negativos que a demora no julgamento de mérito dos processos pode acarretar, evitando o perecimento do direito e/ou a instalação de um quadro de insegurança jurídica.

No que diz respeito ao controle de constitucionalidade dos atos normativos, as medidas cautelares visam a impedir/sustar, até que haja o julgamento de mérito pelo órgão competente, os efeitos de leis com fundadas suspeitas de inconstitucionalidade.

No Brasil – País onde o modelo de controle de constitucionalidade é predominantemente repressivo – as medidas cautelares são instrumentos de que se podem valer os julgadores para suspender os efeitos de lei supostamente inconstitucional, até que o STF possa se pronunciar em definitivo sobre a questão.

O art. 10 da Lei 9.868/1999 disciplina o instituto da medida cautelar em ações diretas de inconstitucionalidade, estabelecendo que a providência pode ser concedida por decisão da maioria absoluta dos membros do STF, após a audiência dos órgãos ou autoridades dos quais emanou a lei ou o ato normativo impugnado, que deverão pronunciar-se no prazo de cinco dias.

O art. 21 da mesma lei trata da medida cautelar em ação declaratória de constitucionalidade e estatui que o STF, por decisão da maioria absoluta de seus membros, poderá deferir pedido de medida cautelar na ação declaratória de constitucionalidade consistente na determinação de que os juízes e os tribunais suspendam o julgamento dos processos que envolvam a aplicação da lei ou do ato normativo objeto da ação até seu julgamento definitivo.

No mesmo sentido, o art. 5º da Lei 9.868/1999 autoriza o STF a deferir, por decisão da maioria absoluta de seus membros, o pedido de medida liminar na arguição de descumprimento de preceito fundamental.

Todos esses dispositivos atribuem poder de cautela ao STF e permitem que o Tribunal, desde que atendidos os pressupostos legais, adote medidas tendentes a inibir ou, pelo menos, minimizar os efeitos nocivos da aplicação de leis com fundadas suspeitas de inconstitucionalidade.

Ocorre que as decisões liminares são precárias e estão sempre sujeitas a confirmação no julgamento de mérito dos processos. Na hipótese de o julgamento de mérito não coincidir com o conteúdo da medida cautelar anteriormente deferida, é possível que o decurso do tempo, mais uma vez, influencie na decisão que venha a ser adotada.

Isso porque, embora a medida cautelar tenha sido concedida para evitar a instalação/agravamento de um quadro de insegurança jurídica, caso não haja confirmação da liminar no julgamento de mérito, a lei com suspeita de inconstitucionalidade pode ter ficado suspensa por anos e, em consequência, gerar o efeito inverso ao que objetiva, isto é, a incerteza das relações jurídicas firmadas na época em que vigorou a medida liminar.

O STF já se deparou com essa situação ao julgar a ADI 4.167.[164] Ao apreciar a medida cautelar na referida ação direta de inconstitucionalidade, em 17.12.2008, o STF deferiu o pedido, para suspender a aplicação de alguns dispositivos da Lei 11.328/2008, que versa sobre o piso salarial do Magistério da Educação Básica.

Inicialmente o STF deu interpretação conforme ao art. 2º, § 1º, da mencionada lei, para determinar que onde consta a expressão "vencimento inicial" se deve ler "remuneração", de modo que o piso salarial fique atrelado à remuneração. Quanto à limitação máxima da jornada em 2/3 da carga-horária para atividades de interação com os alunos, a Corte deferiu a medida cautelar ao fundamento de que a manutenção do dispositivo, além de implicar invasão de competência dos entes federativos locais, acarretaria forte impacto orçamentário e necessidade de contratação de diversos profissionais para atender à demanda.

Ocorre que no julgamento de mérito da ação direta de inconstitucionalidade, concluído em 27.4.2011, o Tribunal, por maioria de votos, julgou improcedente o pedido de inconstitucionalidade, cassando a liminar anteriormente deferida.

Nesse contexto, os proponentes na ação direta opuseram diversos embargos de declaração por meio dos quais postularam, por se-

164. Tribunal Pleno, ADI 4.167, rel. Min. Joaquim Barbosa, *DJe* 24.8.2011.

gurança jurídica e relevante interesse social, a "modulação temporal dos efeitos da decisão de constitucionalidade", tendo em vista que a medida liminar concedida vigorou por quase três anos.

Diante da total improcedência do pedido de inconstitucionalidade, a liminar, deferida em 2008, foi cassada quase três anos mais tarde, numa assentada em que a Corte firmou orientação diametralmente oposta ao entendimento fixado na apreciação da cautelar. Esse fenômeno motivou o STF a adotar técnica de decisão diferenciada, consistente na "modulação temporal dos efeitos da declaração de constitucionalidade".

Assim, o STF acolheu os embargos de declaração opostos, para assentar que a declaração de constitucionalidade da Lei 11.738/2008, com força vinculante, haveria de ser considerada apenas a partir do julgamento de mérito da ADI 4.167, que ocorreu em 27.4.2011, de modo a ressalvar as relações que se consolidaram no período em que estava em vigor a medida cautelar que fora parcialmente deferida e posteriormente cassada.

Esse precedente revela que, em virtude da concessão parcial de uma medida cautelar, o STF viu-se compelido a condicionar os efeitos da decisão de constitucionalidade no tempo, razão por que se percebe que em determinadas circunstâncias o julgamento do pedido cautelar pode influenciar decisivamente a orientação definitiva da Corte ainda quando não haja manutenção do entendimento liminar.

Proposições legislativas – O controle abstrato de normas pressupõe também na ordem jurídica brasileira a existência formal da lei ou do ato normativo após a conclusão definitiva do processo legislativo. Não se faz mister, porém, que a lei esteja em vigor. Tal como explicitado em acórdão publicado em 1991, a ação direta de inconstitucionalidade somente pode ter "como objeto juridicamente idôneo leis e atos normativos, federais e estaduais, já promulgados, editados e publicados".[165] Essa orientação exclui a possibilidade de se propor ação direta de inconstitucionalidade de caráter preventivo.[166] Entretanto, no julgamento da ADI 3.367-DF, em 13.4.2005, o Tribunal, por unanimidade, afastou o vício processual suscitado pela Advocacia-Geral da União – que demandava a extinção do processo

165. ADI 466-DF, rel. Min. Celso de Mello, *DJU* 10.5.91, p. 5.929-5.930.

166. ADI 466-DF, rel. Min. Celso de Mello, *DJU* 10.5.1991, p. 5.929; v., também, Mendes, *Controle de Constitucionalidade*, p. 264.

pelo fato de a norma impugnada (Emenda Constitucional 45/2004, no que diz respeito ao tema da instituição do Conselho Nacional de Justiça/CNJ) ter sido publicada após a propositura da ação direta de inconstitucionalidade – e entendeu que a publicação superveniente da mesma corrigiu a carência original da ação.[167]

Ato normativo revogado – A jurisprudência do STF considera inadmissível a propositura da ação direta de inconstitucionalidade contra lei ou ato normativo já revogado.[168] Sob o império da Constituição de 1967/1969 entendia-se que se a revogação ocorresse após a propositura da ação era possível que o Tribunal procedesse à aferição da constitucionalidade da lei questionada, desde que a norma tivesse produzido algum efeito no passado. Caso contrário proceder-se-ia à extinção do processo, por falta de objeto.[169] Elidia-se, assim, a possibilidade de que o legislador viesse a prejudicar o exame da questão pelo Tribunal através da simples revogação. Esse entendimento do Tribunal impôs-se contra a resistência de algumas vozes. Sustentou--se a opinião de que, se a lei não está mais em vigor, isto é, se ela não mais existe, não haveria razão para que se aferisse sua validade no âmbito do controle de constitucionalidade.[170] O entendimento dominante subsistiu, ainda, sob o regime da Constituição de 1988.[171] Tal orientação sofreu mudança a partir do julgamento da QO na ADI 709-PR, quando o STF passou a admitir que a revogação superveniente da norma impugnada, independentemente da existência, ou não, de efeitos residuais e concretos, prejudica o andamento da ação direta.[172]

167. Cf. ADI 3.367-DF, rel. Min. Cézar Peluso, *DJe* 25.4.2005.

168. Rp 1.034-SP, rel. Min. Soares Muñoz, *RTJ* 111/546; Rp 1.120-GO, rel. Min. Décio Miranda, *RTJ* 107/928-930; Rp 1.110-RS, rel. Min. Néri da Silveira, *DJU* 25.3.1983.

169. Rp 876-BA, rel. Min. Bilac Pinto, *DJU* 15.6.1973; Rp 974-RJ, rel. Min. Cunha Peixoto, *RTJ* 84/39; Rp 1.161-GO, rel. Min. Néri da Silveira, *RTJ* 115/576-589.

170. Voto vencido do Min. Moreira Alves na Rp 971-RJ, rel. Min. Djaci Falcão, *RTJ* 87/758 (765).

171. ADI 434-RN, rel. Min. Octávio Gallotti, *DJU* 17.6.1991, p. 8.171; ADI 502-MT, rel. Min. Paulo Brossard, *DJU* 27.5.1991, p. 6.906.

172. ADI 709-PR, rel. Min. Paulo Brossard, *DJU* 20.5.1992, p. 12.248; ADI 262-RO, rel. Min. Celso de Mello, *DJU* 8.3.1993; ADI 712-DF, rel. Min. Celso de Mello, *DJU* 25.2.1993, p. 2.287.

Essa posição do Tribunal, que obstava ao prosseguimento da ação após a revogação da lei, ocasionava, seguramente, resultados insatisfatórios.[173] Se o Tribunal não examinasse a constitucionalidade das leis já revogadas tornava-se possível que o legislador conseguisse isentar do controle abstrato lei de constitucionalidade duvidosa, sem estar obrigado a eliminar suas consequências inconstitucionais. É que mesmo uma lei revogada configura parâmetro e base legal para os atos de execução praticados durante o período de sua vigência.[174]

Preocupado com essa dimensão potencialmente prejudicial a direitos fundamentais, o STF, ao apreciar QO na ADI 3.232/TO, assentou que o fato de a lei objeto de impugnação ter sido revogada no curso do processo abstrato de controle de constitucionalidade não exclui a possibilidade de análise de sua legitimidade constitucional.[175]

Com a regulamentação da arguição de descumprimento de preceito fundamental pela Lei 9.882/1999, o tema do controle abstrato de constitucionalidade dos atos normativos revogados ganha outro contorno. É que, conforme estabelece o art. 1º, parágrafo único, I, da lei citada, a arguição de descumprimento de preceito fundamental – ação destinada, basicamente, ao controle abstrato de normas – é cabível em qualquer controvérsia constitucional relevante sobre ato normativo federal, estadual ou municipal.[176]

Questão sensível coloca-se quando o parâmetro de constitucionalidade da lei impugnada em sede de ADI é alterado por emenda constitucional superveniente à propositura da ação. O STF já reconheceu que nesses casos é possível a conversão da ADI em ADPF, diante da fungibilidade existente entre essas ações. Foi esse o entendimento perfilhado pelo Tribunal no julgamento da ADI 4.163, em que se discutia a compatibilidade de dispositivo da Constituição Estadual de São Paulo com o art. 134, § 2º, da CF de 191988, que, após o ajuizamento da ação direta, teve sua redação alterada pela

173. Tal posição era sustentada nesta obra antes mesmo da modificação do tema na ADI 3.232-TO.

174. Hans-Justus Rinck, "Initiative für die Verfassungsmässige Prüfung von Rechtsnormen", *EuGRZ* 1974/91 (96).

175. Cf. ADI 3.232-TO, rel. Min. Cézar Peluso, *DJe* 3.10.2008.

176. Cf., infra, Oitava Parte ("Arguição de Descumprimento de Preceito Fundamental").

Emenda Constitucional 45/2004. No caso, o voto do Relator, Min. Cézar Peluso considerou que

> (...) não há obstáculo intransponível para admitir a fungibilidade entre ambas as ações, desde que, inviável a primeira, como o é aqui, convivam todos os requisitos da segunda, em particular à luz das *fattispecie* do art. 1º e parágrafo único da Lei n. 9.882/1999, quais sejam: (i) evitar lesão a preceito fundamental, resultante de ato do Poder Público; (ii) reparar lesão a preceito fundamental, resultante de ato do Poder Público; e (iii) quando for relevante o fundamento da controvérsia constitucional sobre lei ou ato normativo federal, estadual ou municipal, incluídos os anteriores à Constituição.[177]

A problemática dos tratados – Ao contrário do sistema adotado na Alemanha,[178] o Congresso Nacional brasileiro aprova o tratado mediante a edição de decreto legislativo (CF de 1988, art. 49, I, c/c o art. 47) – ato que dispensa sanção ou promulgação por parte do Presidente da República. Tal como observado, o decreto legislativo contém a aprovação do Congresso Nacional ao tratado e, simultaneamente, a autorização para que o Presidente da República o ratifique em nome da República Federativa do Brasil (CF, art. 84, VII).[179] Esse ato não contém, todavia, uma ordem de execução do tratado no território nacional, uma vez que somente ao Presidente da República cabe decidir sobre sua ratificação. Com a promulgação do tratado por meio do decreto do Chefe do Executivo, recebe aquele ato a ordem de execução, passando, assim, a ser aplicado de forma geral e obrigatória.[180] Esse modelo permite a propositura da ação direta para aferição da constitucionalidade do decreto legislativo, possibilitando que a ratificação e, portanto, a recepção do tratado na ordem jurídica interna ainda sejam obstadas. É dispensável, pois, qualquer esforço com vistas a conferir caráter preventivo ao controle abstrato de normas na hipótese. É possível, igualmente, utilizar da medida cautelar para retardar ou suspender a ratificação dos

177. STF, ADI 4.163-SP, rel. Min. Cézar Peluso, *DJe* 1.3.2013.

178. Cf. Gilmar Ferreira Mendes, *Jurisdição Constitucional*, 4ª ed., São Paulo, Saraiva, p. 120.

179. José Francisco Rezek, *Direito dos Tratados*, Rio de Janeiro, Forense, 1984, p. 332.

180. Idem, p. 383.

tratados até a decisão final (art. 102, I, "p", da CF).[181] Em 1997 o Tribunal teve a oportunidade de apreciar, na ADI 1.480-DF-MC/DF, a constitucionalidade dos atos de incorporação ao direito brasileiro da Convenção 158 da Organização Internacional do Trabalho/OIT. A orientação perfilhada pela Corte é a de que é na Constituição da República que se deve buscar a solução normativa para a questão da incorporação dos atos internacionais ao sistema de direito positivo interno brasileiro, pois o primado da Constituição, em nosso sistema jurídico, é oponível ao princípio *pacta sunt servanda*, inexistindo, portanto, em nosso direito positivo o problema da concorrência entre tratados internacionais e a Lei Fundamental da República, "cuja suprema autoridade normativa deverá sempre prevalecer sobre os atos de direito internacional público".[182]

Nos termos do art. 5º, § 3º, da CF, na versão da Emenda Constitucional 45/2004 ("Reforma do Judiciário"), "os tratados e convenções internacionais sobre direitos humanos que forem aprovados, em cada Casa do Congresso Nacional, em 2 (dois) turnos, por três quintos dos votos dos respectivos membros, serão equivalentes às emendas constitucionais".[183] Independentemente de qualquer outra discussão sobre o tema, afigura-se inequívoco que o tratado de direitos humanos que vier a ser submetido a esse procedimento especial de aprovação configurará, para todos os efeitos, parâmetro de controle das normas infraconstitucionais.

Cabe registrar questão interessante discutida no RE 466.343/SP.[184] Nesse julgado, o STF definiu a tese da supralegalidade dos tratados internacionais sobre direitos humanos que sejam internalizados pelo Direito pátrio. Ou seja: foi superado o entendimento anterior – no sentido de que os tratados, ainda que versassem sobre direitos humanos, teriam a mesma estatura normativa das leis ordinárias – e

181. Não há clareza na jurisprudência do Tribunal sobre o significado da medida liminar no controle abstrato de normas. Às vezes se cogita de *suspensão de vigência* ou de *suspensão de eficácia*, ou, ainda, de uma *suspensão de execução* (Rp 933-RJ, rel. Min. Thompson Flores, *RTJ* 76/342; Rp 1.391-CE, rel. Min. Moreira Alves).

182. Cf. ADI/MC 1.480-DF, rel. Min. Celso de Mello, *DJU* 26.6.2001.

183. Registre-se que o primeiro tratado aprovado conforme este rito é a Convenção das Nações Unidas sobre os Direitos das Pessoas com Deficiência, juntamente com o seu Protocolo Facultativo, celebrada em Nova York em 2007, formalizada a aprovação mediante a edição do Decreto Legislativo 186/2008, publicado no *DOU*, Seção 1, 10.7.2008.

184. RE 466.343-SP, rel. Min. Cezar Peluso, *DJe* de 5.6.2009.

prevaleceu, por maioria de votos, a tese de que os tratados internacionais de direitos humanos subscritos pelo Brasil possuem *status* supralegal, o que torna inaplicável a legislação infraconstitucional com eles conflitante, seja ela anterior ou posterior ao ato de ratificação, desde a ratificação, pelo Brasil, sem qualquer reserva, do Pacto Internacional dos Direitos Civis e Políticos (art. 11) e da Convenção Americana sobre Direitos Humanos – Pacto de San José da Costa Rica (art. 7º, 7).

Desse modo, fixou-se que não há mais base legal para a prisão civil do depositário infiel. A Corte asseverou, ainda, que a prisão civil do devedor-fiduciante viola o princípio da proporcionalidade, porque o ordenamento jurídico prevê outros meios processuais-executórios postos à disposição do credor-fiduciário para a garantia do crédito, bem como em razão de o Decreto-lei 911/1969, na linha do que já considerado pelo Relator, ter instituído uma ficção jurídica ao equiparar o devedor-fiduciante ao depositário, em ofensa ao princípio da reserva legal proporcional.[185]

Tal precedente oferece, portanto, novos contornos à sistemática dos tratados internacionais que versem sobre direitos humanos, independentemente do procedimento previsto no § 3º do art. 5º da CF de 1988. Para os demais tratados internacionais ainda permanece a tese do *status* legal ordinário desses documentos.

É certo, por outro lado, que essa decisão permite que o STF assuma um novo papel no contexto de controle de convencionalidade, especialmente das normas que contrariam os tratados de direitos humanos.

Lei estadual e concorrência de parâmetros de controle – Convém alertar que a competência concorrente de órgãos estaduais e federal, competentes para o controle de constitucionalidade, envolve algumas cautelas.

Evidentemente, a sentença de rejeição de inconstitucionalidade proferida por uma Corte não afeta o outro processo, pendente perante outro Tribunal, que há de decidir com fundamento em parâmetro de controle autônomo.[186]

---

185. RE 466.343-SP, rel. Min. Cézar Peluso, *DJe* 5.6.2009.

186. *BVerfGE* 34/52 (58); Pestalozza, *Verfassungprozessrecht*, pp. 376-377; Stern, *Kommentar*, art. 100, n. 49.

Todavia, declarada a inconstitucionalidade de direito local em face de norma constitucional *tipicamente* estadual, com efeito *erga omnes*, há de se reconhecer a *insubsistência* de qualquer processo eventualmente ajuizado perante o STF que tenha por objeto a mesma disposição.

Assim também a declaração de inconstitucionalidade da lei estadual em face da Constituição Federal, proferida pelo STF, torna insubsistente ou sem objeto eventual arguição, pertinente à mesma norma, requerida perante Corte estadual.[187]

Ao contrário, a suspensão cautelar da vigência de uma norma no juízo abstrato, perante o Tribunal de Justiça ou perante o STF, não torna inadmissível a instauração de processo de controle abstrato em relação ao mesmo objeto, nem afeta o desenvolvimento válido de processo já instaurado perante outra Corte.[188]

Problemática há de se revelar a questão referente aos processos instaurados simultaneamente perante Tribunal de Justiça estadual e perante o STF no caso de ações diretas contra determinado ato normativo estadual em face de parâmetros estadual e federal de conteúdo idêntico. Se a Corte Federal afirmar a constitucionalidade do ato impugnado em face do parâmetro federal, poderá o Tribunal estadual considerá-lo inconstitucional em face de parâmetro estadual de conteúdo idêntico?

Essa questão dificilmente pode ser solvida com recurso às consequências da coisa julgada e da eficácia *erga omnes*, uma vez que esses institutos, aplicáveis ao juízo abstrato de normas, garantem a eficácia do julgado enquanto tal, isto é, com base no parâmetro constitucional utilizado. Pretensão no sentido de outorgar eficácia transcendente à decisão equivaleria a atribuir força de interpretação autêntica à decisão do Tribunal federal.

No plano dogmático pode-se reconhecer essa consequência se se admitir que as decisões do STF são dotadas de *efeito vinculante* (*Bindungswirkung*), que se não limita à parte dispositiva, mas se estende aos fundamentos determinantes da decisão.

---

187. Cf.: Pestalozza, *Verfassungsprozessrecht*, p. 376; Stern, *Kommentar*, art. 100, n. 149.

188. Parece evidente que, deferida a suspensão cautelar perante uma Corte, inadmissível é a concessão de liminar por outra, uma vez que manifesta a falta dos pressupostos processuais.

Assim, pelo menos no que se refere às ações diretas de inconstitucionalidade julgadas pelo STF poder-se-ia cogitar de um efeito transcendente se a questão estadual versasse também sobre a norma de reprodução obrigatória pelo Estado-membro.

No julgamento da ADI 3.659/AM, o STF adotou posição no sentido de que "[h]avendo declaração de inconstitucionalidade de preceito normativo estadual pelo Tribunal de Justiça com base em norma constitucional estadual que constitua reprodução (obrigatória ou não) de dispositivo da Constituição Federal, subsiste a jurisdição do STF para o controle abstrato tendo por parâmetro de confronto o dispositivo da Constituição Federal reproduzido".[189] A Corte compreendeu que, em tais situações, não seria admissível declarar a prejudicialidade da ADI que tramitava no Supremo Tribunal Federal, sob pena de legitimar que um Tribunal de Justiça tenha a palavra final a respeito da correta interpretação da Constituição Federal, numa inversão da hierarquia do Poder Judiciário e em violação ao dever precípuo da Corte de guarda do texto constitucional.

O Supremo Tribunal Federal tem entendido que, em caso de propositura de ação direta de inconstitucionalidade perante o STF e perante o Tribunal de Justiça contra uma dada lei estadual, com base em direito constitucional federal de reprodução obrigatória pelos Estados-membros, há de se suspender o processo no âmbito da Justiça estadual até a deliberação definitiva da Suprema Corte.[190]

O STF acabou, portanto, por consagrar uma causa especial de suspensão do processo no âmbito da Justiça local nos casos de tramitação paralela de ações diretas perante o Tribunal de Justiça e perante a própria Corte relativamente ao mesmo objeto e com fundamento em norma constitucional de reprodução obrigatória por parte do Estado-membro.

4. *Parâmetro de controle*

Nos termos do art. 102, I, "a", da CF de 1988, *parâmetro do processo de controle abstrato de normas* é, exclusivamente, a Constitui-

189. ADI 3.659/AM, rel. Min. Alexandre de Moraes, *DJe* 8.5.2019.

190. Cf. ADI/MC 1.423-SP, rel. Min. Moreira Alves, *DJU* 22.11.1996. Sobre a possibilidade de suspensão do processo, cf., ainda: Rcl/AgR 425-RJ, rel. Min. Néri da Silveira, *DJU* 22.10.1993; ADI 3.482-DF, rel. Min. Celso de Mello, *DJe* 17.3.2006.

ção. As constantes mudanças ou revogações de textos constitucionais levaram o STF a reconhecer a inadmissibilidade do controle abstrato de normas se se cuida de aferição de legitimidade de ato em face de norma constitucional já revogada.[191] Enquanto instrumento especial de defesa da ordem jurídica, em princípio não seria o controle abstrato de normas o instrumento adequado para a aferição de legitimidade de lei em face de norma constitucional já revogada. Nesse caso o controle somente seria possível na via incidental. Da mesma forma, infirma-se a possibilidade de exame da constitucionalidade de uma lei se o parâmetro de controle foi modificado após a propositura da ação.[192]

Assim, reiteradas as considerações já realizadas sobre o tema do direito pré-constitucional,[193] a única distinção relevante a ser realçada entre as duas situações, do prisma dogmático, diz respeito à forma de extinção do processo: (a) em caso de ação proposta com objetivo de aferir a constitucionalidade de uma lei em face de parâmetros constitucionais já revogados, reconhece o Tribunal a inadmissibilidade da ação;[194] (b) em caso de revogação de parâmetro de controle, julga-se prejudicada a ação.[195] A partir do julgamento da ADI 3.833[196] admitiu o STF o prosseguimento da ação em relação ao parâmetro revogado.

Constituição – O conceito de "Constituição" abrange todas as normas contidas no texto constitucional, independentemente de seu caráter material ou formal. Tal conceito abrange, igualmente, os chamados *princípios constitucionais materiais*, que não estão mencionados expressamente na Constituição.[197]

Assim, o Tribunal já se utilizou do *princípio da proporcionalidade* no contexto das limitações a direitos fundamentais, como a

191. Rp 1.016-SP, rel. Min. Moreira Alves, *RTJ* 95/993.

192. Rp 765-CE, rel. Min. Soares Muñoz, *RTJ* 98/962.

193. Cf. *supra* ("Direito pré-constitucional").

194. Rp 1.016-SP, rel. Min. Moreira Alves, *RTJ* 95/993.

195. Rp 765-CE, rel. Min. Soares Muñoz, *RTJ* 98/962.

196. ADI 3.833, rel. Min. Carlos Britto, j. 19.12.2006, *DJU* 13.2.2007.

197. Manoel Gonçalves Ferreira Filho, *Curso de Direito Constitucional*, pp. 11-12; Paulo Bonavides, *Direito Constitucional*, pp. 57-58.

liberdade de exercício profissional,[198] o direito de propriedade[199] e o direito de proteção judiciária.[200]

Não estava claro se o Tribunal entendia configurar o princípio da proporcionalidade postulado imanente aos direitos fundamentais, se os extraía do próprio princípio da reserva legal ou do princípio do Estado de Direito.[201] Na decisão de 11.5.1994 enfatizou, porém, o Min. Moreira Alves que o princípio da proporcionalidade ou da razoabilidade tinha assento constitucional na cláusula do devido processo legal, entendida enquanto garantia material.[202]

O art. 5º, § 2º, da CF de 1988 contém cláusula segundo a qual os direitos e garantias constantes da Constituição não excluem outros que derivem do regime e dos princípios por ela adotados ou dos tratados dos quais o Brasil participe. Essa disposição – que reproduz, em parte, princípio tradicional do direito constitucional brasileiro[203] – contém algo de novo, na medida em que faz referência expressa aos direitos garantidos por tratados internacionais. Seria lícito indagar se esses direitos previstos em tratados estariam dotados de força e hierarquia constitucionais.

Segundo a opinião até então dominante, os tratados internacionais têm, em virtude dos atos de execução e transformação, apenas a força de lei federal.[204]

Na discussão encetada a propósito da prisão civil do depositário infiel o Tribunal revisou esse entendimento, sinalizando que as normas, tendo em vista seu peculiar significado de ordem constitucional, seriam dotadas de força supralegal.[205] Tal julgado, conforme já destacado acima, deu ensejo, inclusive, à edição da Súmula Vinculante 25 do STF, a qual preceitua: "É ilícita a prisão civil de depositário infiel,

---

198. Rp 930-DF, rel. Min. Rodrigues de Alckmin, *DJU* 2.9.1977, p. 5.969; Rp 1.054-DF, rel. Min. Moreira Alves, *RTJ* 110/937-978.

199. RE 18.331, rel. Min. Orozimbo Nonato, j. 21.9.1951, *RF* 150/164-169.

200. Rp 1.077-RJ, rel. Min. Moreira Alves, *RTJ* 112/34-66.

201. Cf., a propósito, Mendes, *Controle de Constitucionalidade*, p. 54.

202. ADI 958-RJ, rel. Min. Marco Aurélio, *DJU* 16.5.1994, p. 11.675.

203. Já na primeira Constituição Republicana, de 1891 (art. 78), assentou-se, inspirado na Emenda IX da Constituição americana, cláusula semelhante.

204. RE 71.154, rel. Min. Oswaldo Trigueiro, *RTJ* 58/70 e ss.; RE 80.004-SE, rel. Min. Cunha Peixoto, *RTJ* 83/809 e ss. Cf., a propósito, J. F. Rezek, *Direito dos Tratados*, Rio de Janeiro, Forense, 1984, p. 464.

205. RE 466.343-SP, rel. Min. Cézar Peluso, *DJe* 5.6.2009.

qualquer que seja a modalidade de depósito". Em decorrência desse enunciado, o STJ, em 3.3.2010, editou nova súmula sobre o tema específico do depósito judicial (Súmula 419: "Descabe a prisão civil do depositário judicial infiel").

De outra parte, cabe destacar que o próprio texto constitucional, ao definir a competência do STJ, não estabeleceu distinção fundamental entre o tratado e a lei federal, atribuindo àquela Corte o poder genérico de conhecer, mediante recurso especial, das causas decididas pelos Tribunais federais ou estaduais "quando a decisão recorrida contrariar tratado ou lei federal" (CF de 1988, art. 105, III, "a"). É certo, por outro lado, que uma solução que viesse a responder afirmativamente à questão colocada teria certamente de admitir que a Constituição, concebida como um *texto rígido*, se tornaria flexível, pelo menos para o efeito da adição de novos direitos, até porque, como se sabe, o processo constitucional de aprovação dos tratados, entre nós, reforça a ideia de que é de direito ordinário que se cuida (aprovação de decreto legislativo, mediante decisão da maioria dos membros presentes de cada uma das Casas, presente a maioria absoluta de seus membros – maioria simples; ratificação mediante decreto do Chefe do Poder Executivo) (CF de 1988, arts. 49, I, c/c o art. 47, e 84, VIII).

É de se indagar, todavia, se a cláusula constante do art. 5º, § 2º, da CF, enquanto norma de remissão, permitiria que fossem incorporados ao texto constitucional princípios de direito suprapositivo. Acentue-se que a dimensão do catálogo dos direitos fundamentais previsto na Constituição brasileira, ainda que torne difícil, em um primeiro momento, imaginar um direito fundamental que pudesse ser adicionalmente colocado dentre esses direitos basilares com fundamento nessa norma de remissão, permite afirmar ser possível que novo direito surja mediante construção hermenêutica evolutiva.

A Emenda Constitucional 45/2004 acrescentou dois parágrafos ao art. 5º (§§ 3º e 4º), estabelecendo o § 3º que "os tratados e convenções internacionais sobre direitos humanos que forem aprovados, em cada Casa do Congresso Nacional, em 2 (dois) turnos, por três quintos dos votos dos respectivos membros, serão equivalentes às emendas constitucionais".

Direito federal – Ao contrário do direito alemão, não se pode no sistema brasileiro invocar o direito federal como parâmetro do controle abstrato de normas. A legislação ordinária federal pode assumir relevância, porém, na aferição de constitucionalidade de leis estaduais editadas com fundamento na competência concorrente (CF de 1988, art. 24, §§ 3º e 4º). É que, existindo lei federal sobre as matérias elencadas no art. 24 (incisos I a XVI), não pode o Estado-membro fazer uso da competência legislativa plena que lhe é assegurada em caso de *vácuo legislativo*. A norma federal ordinária limita e condiciona essa faculdade.[206]

Também nos casos de colisão entre normas do direito estadual com as leis complementares admitiu o STF a existência de inconstitucionalidade.[207] Na ADI 2.903-PB, julgada em 1.12.2005, reafirmou o Tribunal esse entendimento, ao enfatizar que "a norma em questão, ao dispor de forma contrária à prevista na Lei Complementar federal n. 80/1994, que versa sobre as normas gerais para a organização, nos Estados-membros, da respectiva Defensoria Pública, inclusive as definidoras de critérios de nomeação para os cargos de Defensor Público-Geral e de Corregedor-Geral, ofende o art. 134, § 1º, da CF, que estabelece que lei complementar organizará a Defensoria Pública da União e do Distrito Federal e dos Territórios e prescreverá normas gerais para sua organização nos Estados-membros".[208]

As duas hipóteses supõem a existência de um *bloqueio de competência* levado a efeito pelo direito federal, de modo que o direito estadual em contradição com esses limites deve ser considerado inconstitucional.[209]

Todavia, nesses casos o direito federal não configura exatamente um parâmetro de controle abstrato, mas simples índice para aferição da ilegitimidade ou de não observância da ordem de competência estabelecida na Constituição.[210]

---

206. Cf., a propósito, Rp 1.442-CE, rel. Min. Carlos Madeira, *DJU* 1.7.1988.

207. Rp 1.141-MA, rel. Min. Décio Miranda, *RTJ* 105/490; Rp 1.442-CE, rel. Min. Carlos Madeira, *DJU* 1.7.1988.

208. Rel. Min. Celso de Mello, *DJe* 12.12.2006.

209. Rp 1.141-MA, rel. Min. Décio Miranda, *RTJ* 105/490.

210. O constituinte de 1988 entendeu que a referência à lei federal – *lei estadual contestada em face da lei federal* – obrigava a transferência dessa matéria para o âmbito da competência recursal do STJ, uma vez que o problema envolveria simples *questão legal*, não mais submetida, no novo modelo, à jurisdição do STF. Raciocínio semelhante foi desenvolvido em relação à representação para fins de intervenção no caso de recusa à aplicação do direito federal (CF de 19/88, art. 36, IV).

Um exame mais detido do tema certamente teria demonstrado que essas controvérsias são, em verdade, típicas controvérsias constitucionais, porque envolvem discussão sobre a validade de lei local em face da lei federal, contemplando, na sua essência, discussão sobre competências legislativas dos entes políticos – tema intimamente vinculado ao equilíbrio federativo do Estado Brasileiro.

Já o clássico João Barbalho assinalava que o recurso extraordinário, nesse caso, destinava-se "a corrigir as exorbitâncias e usurpações da autoridade estadual legislativa ou executiva", defendendo a federal, "que de outra sorte ficaria anulada, perdendo a supremacia que lhe cabe quanto aos assuntos de sua competência" (*Constituição Federal Brazileira, Comentários*, 1902, p. 246).

O tema mereceu, posteriormente, a reflexão abalizada de Victor Nunes, tendo por base o texto constitucional de 1946:

"Confere, porém, a nossa Constituição (art. 101, III, 'c') recurso extraordinário para o STF nas causas em que 'se contestar a validade de lei ou ato dos governos locais *em face da Constituição, ou de lei federal*, e a decisão do Tribunal local julgar válida a lei ou o ato impugnado'. As Constituições anteriores continham o mesmo dispositivo, com pequena diferença de redação. Em face dessa norma, não se deve, porém, concluir 'que o Supremo deva sempre prover o recurso para julgar inválidas' as leis estaduais.

"Esse caso de recurso é autorizado com base exclusivamente na *presunção de constitucionalidade* das leis federais. A aplicação da lei estadual pelo Tribunal local contra uma lei federal contém, implícita ou explicitamente, uma declaração de inconstitucionalidade da norma federal. Num conflito entre a lei federal e a estadual, a primeira só pode ser preterida por motivo de inconstitucionalidade. Mas, como em favor da lei federal milita a presunção de constitucionalidade, remete-se a questão ao STF, que é o órgão judiciário mais autorizado para interpretar a Constituição" (Victor Nunes Leal, "Leis federais e leis estaduais", in *Problemas de Direito Público*, Rio de Janeiro, 1960, p. 109 (128)).

Nenhuma dúvida havia, então, de que se cuidava, na hipótese, de típica questão constitucional, que, por isso, se submetia à apreciação do STF.

Digna de transcrição afigura-se, igualmente, a seguinte passagem do primoroso texto de Victor Nunes:

"Por conseguinte, o recurso extraordinário com fundamento na letra 'c' (aplicação de lei estadual contestada em face da Constituição ou de lei federal) resolve-se, em última análise, no caso da letra 'b' do art. 101, III: 'quando se questionar sobre a vigência ou *validade de lei federal em face da Constituição*, e a decisão do Tribunal *negar aplicação à lei impugnada*'.

"Nesta última hipótese, ainda é a presunção de constitucionalidade da lei federal que fundamenta o recurso. Se a decisão da Justiça local aplica a lei federal questionada o recurso não cabe, porque aquela presunção foi acolhida pelo julgado. Se a lei federal deixou de ser aplicada, então, cabe o recurso, porque o Tribunal local *contrariou* a presunção de constitucionalidade da lei federal, devendo pronunciar-se a respeito o órgão mais qualificado, que é o STF.

"A diferença entre os dois casos está em que na hipótese da letra 'b' a lei federal deixa de ser aplicada por declaração *expressa* de sua inconstitucionalidade, ao passo que na hipótese da letra 'c', na qual também se deixa de lado a lei federal para aplicar a estadual, a inconstitucionalidade da norma federal pode estar contida de modo

5. *Procedimento*

As regras destinadas à disciplina da ação direta de inconstitucionalidade estavam previstas no texto constitucional e no Regimento Interno do STF.

Com a entrada em vigor da Lei 9.868, de 10.11.1999, este quadro sofreu significativa alteração. De se ressaltar, porém, que a disciplina legislativa não é, de modo algum, exaustiva, restando, ainda, diversos pontos importantes que devem ser esclarecidos pelas construções da jurisprudência do STF.[211]

apenas *implícito* no julgado recorrido. Mas, num ou noutro caso, o que ocorre é a não aplicação da lei federal por motivo de inconstitucionalidade, motivo que estará expresso numa hipótese, mas que na outra estará expresso ou implícito" ("Leis federais e leis estaduais", in *Problemas de Direito Público*, p. 109 (129-30)).

Criticando a inserção da alínea "b" do art. 105, III, da atual CF entre os casos de recurso especial, observou o Min. Moreira Alves: "(...) as questões da validade de lei ou de ato normativo de governo local em face de lei federal não são questões de natureza legal, mas sim constitucional, pois se resolvem pelo exame de existência, ou não, de invasão de competência da União ou, se for o caso, do Estado. Hipóteses que deveriam, portanto, dar margem não a recurso especial, mas a recurso extraordinário, pela sistemática adotada para a divisão de competência entre o STF e o STJ. Esse equívoco (...) provavelmente se originou da circunstância de que a questão de lei ou de ato normativo municipal ou estadual contestado em face de lei federal aparentemente (ou, melhor, literalmente) se circunscreveria ao campo da legislação não constitucional. Mas, graças a ele, criaram-se, em verdade, para a mesma questão constitucional, quatro graus de jurisdição sucessivos: dois ordinários (o do juiz singular e o do Tribunal local ou regional) e dois extraordinários (o do STJ, para julgar o recurso especial que necessariamente terá de ser interposto, pois ainda não se trata de decisão de única ou última instância, a admitir recurso extraordinário; e o do STF, para apreciar o recurso extraordinário contra o decidido, a propósito, no recurso especial, certo como é que se trata de matéria constitucional, sobre a qual cabe à Corte Suprema a palavra final)" ("O Supremo Tribunal em face da nova Constituição", *Arquivos do Ministério da Justiça* 173/35 (40)).

Também no AI 132.755-SP (j. 19.11.2009, red. para o acórdão Min. Dias Toffoli, *DJe* 26.2.2010) explicitou o Min. Moreira Alves (rel. originário) essa orientação, enfatizando que não há entre leis federal e estadual, nesse terreno, quando se julga a validade desta contestada em face daquela, vício de ilegalidade, mas, sim, vício de inconstitucionalidade. O confronto entre essas leis se faz para verificar se houve, ou não, invasão de competência por parte da lei local, e não para verificar se a lei estadual violou a lei federal (decisão de 28.9.1989). A questão está, todavia, superada. A Emenda Constitucional 45/2004 conferiu nova redação aos arts. 102, III, e 105, III, da CF de 1988, que transferiu ao STF a competência para julgar válida lei local contestada em face de lei federal (CF de 1988, art. 102, III, "d"), restando ao STJ a atribuição de julgar válido ato de governo local contestado em face de lei federal.

211. Importa ressaltar que está em discussão, no Congresso Nacional, a adoção de um Código de Processo Constitucional (PL n. 3.640/2023), que dará nova confor-

Requisitos da petição inicial e admissibilidade da ação – A Lei 9.868/1999 trata, em capítulo destacado, da admissibilidade do procedimento da ação direta de inconstitucionalidade (Capítulo II).

A petição inicial não está vinculada a qualquer prazo. Porém, seus requisitos são disciplinados pelo art. 3º da Lei 9.868/1999.

O primeiro requisito indispensável à petição inicial é a indicação do dispositivo ou dispositivos sobre os quais versa a ação, bem como dos fundamentos jurídicos do pedido, em relação a cada um deles (art. 3º, I).

A exigência em questão já constava da jurisprudência do STF. Nesse sentido, já decidiu o Tribunal ser "necessário, em ação direta de inconstitucionalidade, que venham expostos os fundamentos jurídicos do pedido com relação às normas impugnadas, não sendo de admitir-se alegação genérica sem qualquer demonstração razoável, nem ataque a quase duas dezenas de medidas provisórias em sua totalidade, com alegações por amostragem".[212]

É interessante notar que, a despeito da necessidade legal da indicação dos fundamentos jurídicos na petição inicial, não fica o STF adstrito a eles na apreciação, que faz, da constitucionalidade dos dispositivos questionados. É dominante no âmbito do Tribunal que na ação direta de inconstitucionalidade prevalece o princípio da ***causa petendi*** *aberta*.[213]

Sobre o tema vale dizer, ainda, que já se determinou o desmembramento de ação proposta contra 21 leis de diferentes Estados, entendendo o Tribunal não ser suficiente a identidade de fundamento jurídico para justificar a cumulação, uma vez que o Tribunal não está vinculado ao fundamento jurídico.[214]

O segundo requisito indispensável à petição inicial presente na lei é a formulação, pelo legitimado, do pedido, com suas especificações (art. 3º, II). A determinação em questão é fundamental,

---

mação ao procedimento das ações de controle abstrato de constitucionalidade, aos efeitos das decisões, às convenções processuais, entre outros temas. O projeto é de iniciativa do Deputado Marcos Pereira e é fruto de trabalho de comissão de juristas presidida pelo Ministro Gilmar Mendes e sob a relatoria do Professor Ingo Wolfgang Sarlet.

212. ADI 259-DF, rel. Min. Moreira Alves, *DJU* 19.2.1992, p. 2.030.

213. ADI 2.728-AM, rel. Min. Maurício Corrêa, *DJU* 20.2.2004.

214. ADI 28-SP, rel. Min. Luiz Gallotti, *DJU* 25.10.1991.

haja vista que com ela se consagra de forma expressa, entre nós, o *princípio do pedido*.

Tal princípio é essencial para a jurisdição constitucional, uma vez que dele depende, em determinada medida, a qualificação do órgão decisório como um Tribunal. A *forma judicial* constitui característica peculiar que permite distinguir a atuação da jurisdição constitucional de outras atividades, de cunho meramente político.

De se ressaltar que o pedido poderá abranger, além da emissão de um juízo definitivo sobre a constitucionalidade da norma questionada, a emissão de um juízo provisório sobre o tema, mediante a concessão de medida cautelar.[215]

O parágrafo único do art. 3º da Lei 9.868/1999 determina que ao autor da ação direta de inconstitucionalidade cabe apresentar, juntamente com a petição inicial em duas vias, cópias da lei ou ato normativo que contenham os dispositivos sobre os quais versa a ação proposta.

O mesmo dispositivo em questão estabelece, ainda, a necessidade de a petição ser acompanhada, quando subscrita por advogado, de instrumento de procuração. No julgamento da ADI 2.187-BA, por exemplo, estabeleceu o STF que a procuração na ação direta de inconstitucionalidade deve conter poderes específicos quanto à impugnação da norma a ser levada a efeito na ação.[216]

Por fim, atenta à necessidade de conferir certa celeridade aos processos da ação direta de inconstitucionalidade, houve por bem a Lei 9.868/1999 deferir ao relator a possibilidade de indeferir liminarmente a petição inepta, a não fundamentada e aquela manifestamente improcedente (art. 4º). Cabe, de toda maneira, agravo (regimental) da decisão de indeferimento (art. 4º, parágrafo único).

Há, ainda, que ressaltar que, regularmente proposta a ação direta de inconstitucionalidade, não será admissível a desistência (art. 5º). Tal aspecto reforça que o caráter do procedimento da ação direta de inconstitucionalidade se configura, entre nós, como típico desdobramento de processo objetivo da fiscalização da legitimidade de atos normativos.

215. Cf., infra, item 6 ("Medida cautelar").

216. ADI 2.187-BA, rel. Min. Luiz Gallotti, *DJU* 12.12.2003.

Modificação da petição inicial – Embora o Regimento Interno do STF não contemplasse, expressamente, a possibilidade de alteração da petição inicial, reconheceu a jurisprudência do Tribunal a possibilidade de aditamentos ou emendas à inicial.[217] Com a Lei 9.868/1999, embora ela também não preveja expressamente tal possibilidade, o tema não sofreu grandes alterações na jurisprudência da Corte.

É interessante notar que a emenda da inicial já provocou, inclusive, a cassação de medida cautelar concedida, como se verificou na ADI 722-DF, na qual o Tribunal deferiu requerimento do Procurador--Geral da República para estender a suspensão da vigência à cláusula de revogação, de modo a permitir a aplicação da lei revogada até a decisão de mérito da ação direta.[218] Da mesma forma, já se procedeu à emenda da inicial para reduzir o âmbito do pedido de arguição de inconstitucionalidade, após concessão de liminar, restringindo, assim, o objeto da ação e, por conseguinte, a amplitude da medida cautelar deferida.[219]

Todavia, o STF não tem admitido o pedido de aditamento após a requisição das informações ao órgão de que emanou o ato ou a medida impugnada.[220]

Entretanto, na QO na ADI 2.982-CE o Tribunal permitiu o aditamento ao pedido inicial formulado pelo Procurador-Geral da República, por ocasião de seu parecer, em casos em que tal aditamento tinha o objetivo de incluir normas que façam parte do mesmo complexo normativo em que estejam inseridas as normas objeto do pedido inicial. Nessa hipótese dispensam-se novas informações dos órgãos e autoridades dos quais emanaram as normas impugnadas, assim como novos pronunciamentos da Advocacia-Geral da União e da Procuradoria-Geral da República.[221]

Cadeia normativa da norma impugnada – O STF tem exigido que o requerente, no pedido inicial, delimite, de forma precisa, o ob-

217. Rp 1.182-RJ, rel. Min. Soares Muñoz, *RTJ* 112/97 e ss.; ADI/AgR 474-RJ, rel. Min. Moreira Alves, *DJU* 8.11.1991, p. 15.952; ADI 722-DF, rel. Min. Moreira Alves, *DJU* 19.6.1992, p. 9.520.

218. Rel. Min. Moreira Alves, *DJU* 9.6.1992, p. 9.520.

219. ADI 475-AL, rel. Min. Moreira Alves, *DJU* 8.11.1991, p. 15.952.

220. ADI 437-SC, rel. Min. Celso de Mello, *DJU* 9.2.1993, p. 2.031.

221. ADI/QO 2.982-CE, rel. Min. Gilmar Mendes, *DJe* 12.11.2004.

jeto da ação, impugnando todo o complexo normativo supostamente inconstitucional, inclusive as normas revogadas que teriam suas vigência e eficácia revigoradas em virtude da declaração de inconstitucionalidade das normas revogadoras.[222]

Assim, na delimitação inicial do sistema normativo, o requerente deve verificar a existência de normas revogadas cujos efeitos poderão ser eventualmente repristinados pela declaração de inconstitucionalidade das normas revogadoras. Isso implica, inclusive, a impugnação de toda a cadeia normativa de normas revogadoras e normas revogadas, sucessivamente.

Por outro lado, é preciso levar em conta que o processo do controle abstrato de normas destina-se, fundamentalmente, à aferição da constitucionalidade de normas pós-constitucionais.[223] Dessa forma, eventual colisão entre o direito pré-constitucional e a nova Constituição deve ser simplesmente resolvida segundo princípios de direito intertemporal (*lex posterior derogat priori*).

Assim, conjugando ambos os entendimentos professados pela jurisprudência do Tribunal, a conclusão não pode ser outra senão a de que a impugnação deve abranger apenas a cadeia de normas revogadoras e revogadas até o advento da Constituição de 1988.[224]

Não se pode deixar de considerar, ademais, que, nos casos em que o requerente, por excesso de cuidado, impugnou toda a cadeia normativa, mesmo as normas anteriores ao texto constitucional de 1988, poderá o Tribunal conhecer da ação e declarar a inconstitu-

---

222. ADI 2.574-AP, rel. Min. Carlos Velloso, *DJU* 29.8.2003; ADI 2.224-DF, red. para o acórdão Min. Nelson Jobim, *DJU* 13.6.2003; ADI/MC 2.621-DF, rel. Min. Celso de Mello, decisão monocrática, *DJU* 8.8.2002.

223. ADI 2-DF, rel. Min. Paulo Brossard, *DJU* 2.2.1992.

224. Tal entendimento acabou prevalecendo nesse Tribunal por ocasião do julgamento de uma série de ações diretas de inconstitucionalidade propostas pelo Procurador-Geral da República contra leis e atos normativos estaduais que tratavam do tema de loterias e jogos de bingo. O Tribunal rejeitou questão preliminar de não conhecimento das ações, levantada com fundamento no fato da não impugnação, pelo Procurador-Geral da República, de diplomas anteriores à Constituição de 1988. Entendeu-se que tais diplomas, por constituírem normas pré-constitucionais, não seriam repristinados pela declaração de inconstitucionalidade dos diplomas revogadores, e, portanto, não deveriam ter sido impugnados pelo autor da ação, apesar de tratarem do mesmo tema das demais leis e atos normativos impugnados: loterias e jogos de bingo (ADI 2.995-PE, 3.148-TO, 3.189-AL e 3.293-MS, todas relatadas pelo Min. Celso de Mello, j. 13.12.2006; ADI 3.063-MA, rel. Min. Cézar Peluso, j. 13.12.2006).

cionalidade das normas posteriores a 5.10.1988 e na mesma decisão declarar a não recepção das normas anteriores a essa data.

Tese semelhante defendeu o Procurador-Geral da República na ADI 3.111-RJ: "(...) pode o STF passar a admitir que, no caso de lei que revoga expressamente direito pré-constitucional, continuaria o requerente obrigado a impugnar toda a cadeia normativa inconstitucional, inclusive as normas anteriores à Constituição. Assim, *o entendimento seria no sentido de que o efeito repristinatório atingiria as normas anteriores à Constituição de 1988. Nesse caso, a decisão do Tribunal deve declarar a inconstitucionalidade das normas posteriores à Constituição e, ao mesmo tempo, declarar a revogação das normas anteriores*".

Ademais, o art. 27 da Lei 9.868/1999 e o § 2º do art. 11 desse mesmo ato normativo, na hipótese de medida cautelar, bem assim o art. 11 da Lei 9.882/1999 permitem, de forma expressa, que o Tribunal mitigue o efeito repristinatório da decisão.[225]

Vê-se, assim, que a exigência de impugnação de toda a cadeia normativa supostamente inconstitucional, com o objetivo de evitar o indesejado efeito repristinatório da legislação anterior eivada dos mesmos vícios, pode até mesmo ser relativizada, tendo em vista

---

225. Exatamente esse o conteúdo da questão de ordem suscitada pelo Min. Ricardo Lewandowski quando do julgamento do RE 353.657 (rel. Min. Marco Aurélio, *Informativo STF* 463, 16-20.4.2207). Asseverou que o efeito *pro futuro*, previsto nessas leis, encontra fundamento no princípio da razoabilidade, já que visa tanto a reduzir o impacto das decisões do STF sobre as relações jurídicas já consolidadas quanto a evitar a ocorrência de um vácuo legislativo, em tese, mais gravoso para o ordenamento legal que a subsistência temporária da norma inconstitucional. Considerou, por outro lado, que essas normas, na medida em que simplesmente autorizam o STF a restringir os efeitos da declaração de inconstitucionalidade, sem qualquer outra limitação expressa, a rigor não excluem a modulação da própria eficácia subjetiva da decisão, permitindo que se circunscreva o seu alcance, em geral *erga omnes*, a um universo determinado de pessoas, bem como não afastam a possibilidade de desconsiderar-se o efeito repristinatório da decisão de inconstitucionalidade sobre o ato revogado. Ressaltou que o STF, ao proceder, em casos excepcionais, à modulação dos efeitos de suas decisões, por motivos de segurança jurídica ou de relevante interesse social, realiza a ponderação de valores e princípios abrigados na própria Constituição. Tendo isso em conta, o Min. Ricardo Lewandowski afirmou que os fundamentos que autorizam a modulação dos efeitos das decisões prolatadas nos processos de índole objetiva se aplicam, *mutatis mutandis*, aos processos de índole subjetiva. Assentou que, embora se esteja tratando, no caso, de processos subjetivos, quando a matéria é afetada ao Plenário, a decisão resultante, na prática, surtirá efeitos *erga omnes*.

que o Tribunal sempre poderá deliberar a respeito da modulação do próprio efeito repristinatório da declaração de inconstitucionalidade.

A propósito, mencione-se que, nos termos do § 78 da Lei do *Bundesverfassungsgericht*,[226] o Tribunal Constitucional está autorizado a estender a declaração de inconstitucionalidade "a outras disposições da mesma lei", entendida a expressão não apenas como autorizativa de pronúncia de nulidade em relação a outros dispositivos da mesma lei, mas também a disposições semelhantes que alterem ou derroguem o texto impugnado.[227]

Orientação semelhante poderia ser adotada entre nós, tendo em vista, sobretudo, a necessidade de solver o problema – indubitavelmente sério – do controle de constitucionalidade abstrato das medidas provisórias.

Intervenção de terceiros e "amicus curiae" – A Lei 9.868/1999 preserva a orientação contida no Regimento Interno do STF que veda a intervenção de terceiros no processo de ação direta de inconstitucionalidade (art. 7º).

Constitui, todavia, inovação significativa no âmbito da ação direta de inconstitucionalidade a autorização para que o relator, considerando a relevância da matéria e a representatividade dos postulantes, admita a manifestação de outros órgãos ou entidades (art. 7º, § 2º). Positiva-se, assim, a figura do *amicus curiae* no processo de controle de constitucionalidade, ensejando a possibilidade de o Tribunal decidir as causas com pleno conhecimento de todas as suas implicações ou repercussões.[228]

---

226. É a seguinte a redação do § 78 da Lei do *Bundesverfassungsgericht*: "Caso o Tribunal Federal Constitucional forme a convicção de que o direito federal é incompatível com a Lei Fundamental ou que o direito estadual conflita com a Constituição ou outro direito federal, deve-se proceder à declaração de inconstitucionalidade. Se outras disposições da mesma lei, pela mesma razão, forem incompatíveis com a Lei Fundamental ou outro direito federal, deve o Tribunal Federal Constitucional declarar, igualmente, a sua nulidade".

227. Ulsamer, in Maunz, dentre outros, *BVerfGG*, § 78, n. 25. V., também, Mendes, *Controle de Constitucionalidade*, pp. 270 e ss.

228. O STF tem entendido que a atuação do *amicus curiae* fica limitada ao direito de manifestação escrita expresso no art. 7º, § 2º, da Lei 9.868/1999 (ADI/Ag 2.130-SC, rel. Min. Celso de Mello, *DJU* 14.12.2001).

Trata-se de providência que confere caráter pluralista e democrático (CF de 1988, art. 1º, parágrafo único) ao processo objetivo de controle abstrato de constitucionalidade.

Em vista do veto presidencial oposto ao § 1º do art. 7º, surge a indagação sobre qual o momento da intervenção do *amicus curiae*.

No que concerne ao prazo para o exercício do direito de manifestação previsto no art. 7º, parece que tal postulação há de se fazer dentro do lapso temporal fixado para apresentação das informações por parte das autoridades responsáveis pela edição do ato.

É possível, porém, cogitar de hipóteses de admissão de *amicus curiae* fora do prazo das informações[229] na ação direta de inconstitucionalidade (art. 9º, § 1º), especialmente diante da relevância do caso ou, ainda, em face da notória contribuição que a manifestação possa trazer para o julgamento da causa.

Quanto à atuação do *amicus curiae*, após ter entendido que ela haveria de se limitar à manifestação escrita,[230] houve por bem o Tribunal admitir a sustentação oral por parte desses peculiares partícipes do processo constitucional.[231] Em 30.3.2004 foi editada emenda regimental[232] que assegurou aos *amici curiae*, no processo de ação direta de inconstitucionalidade, o direito de sustentar oralmente pelo tempo máximo de 15 minutos e, ainda, quando houver litisconsortes não representados pelo mesmo advogado, pelo prazo contado em dobro.

---

229. Essa possibilidade, entretanto, não é majoritária na jurisprudência do STF. A esse respeito, cf. ADI 2.238-DF, rel. Min. Ilmar Galvão – hipótese em que a Associação Paulista dos Magistrados formulou pedido de admissão no feito depois de já iniciado o julgamento da medida liminar. Na espécie, considerou-se que a manifestação do *amicus curiae* é destinada a instruir a ação direta de inconstitucionalidade, não sendo possível, portanto, admiti-la quando já em andamento o julgamento do feito. Restaram vencidos os Mins. Ilmar Galvão (Relator) e Carlos Velloso, que referendavam a decisão monocrática.

230. ADI/MC-QO 2.223-DF, rel. Min. Marco Aurélio, *DJU* 18.10.2001.

231. ADI/QO 2.675-PE, rel. Min. Carlos Velloso, e ADI/QO 2.777-SP, rel. Min. Cézar Peluso. O Tribunal, por maioria, em 26.11.2003, resolvendo questão de ordem, admitiu a sustentação oral dos *amici curiae* na ação direta de inconstitucionalidade. A Corte também já admitiu a sustentação oral de *amicus curiae* em sede de ação direta de constitucionalidade no julgamento da ADC 12, rel. Min. Carlos Britto.

232. A Emenda Regimental 15 do STF, de 30.3.2004 (*DJU* 1.4.2004), acrescentou o § 3º ao art. 131 do Regimento Interno, para admitir a intervenção de terceiros no processo de controle concentrado de constitucionalidade, facultando-se-lhes a produção de sustentação oral.

Essa orientação parece acertada, pois permite, em casos específicos, que a decisão na ação direta de inconstitucionalidade seja subsidiada por novos argumentos e diferentes alternativas de legitimação da interpretação da Constituição.

Tal como já foi objeto de manifestação em arguição de descumprimento de preceito, os *amici curiae* não podem ampliar o objeto de ação direta de inconstitucionalidade. De se cogitar, porém, de audiência do requerente a fim de que se pronuncie sobre a ampliação dos pedidos.

Informações das autoridades das quais emanou o ato normativo e manifestações do Advogado-Geral da União e do Procurador-Geral da República – No caso da ação direta de inconstitucionalidade, sendo positivo o juízo de admissibilidade feito pelo relator, há duas possibilidades de desenvolvimento do *iter* procedimental.

Na primeira não há pedido de medida cautelar. Neste caso, o relator pedirá informações aos órgãos ou às autoridades dos quais emanou a lei ou ato normativo impugnado através da petição inicial, conforme determina o art. 6º. Os órgãos e as autoridades deverão responder ao pedido de informações no prazo de 30 dias, contados do recebimento do pedido (art. 6º, parágrafo único).

Na segunda hipótese há pedido de concessão de medida cautelar. De se notar que, neste caso, a audiência dos órgãos ou autoridades dos quais emanou a lei ou o ato impugnado também se faz necessária para a deliberação do Tribunal sobre a liminar (art. 10). Os responsáveis pela edição do ato deverão se manifestar no prazo de cinco dias. Após o julgamento da cautelar deve, então, o relator pedir as informações sobre o mérito da causa (art. 6º).[233]

Em qualquer hipótese, estabelece o art. 8º da Lei 9.868/1999 que, decorrido o prazo das informações, serão ouvidos, sucessivamente, o Advogado-Geral da União[234] e o Procurador-Geral da

233. Tem-se aqui uma duplicação do pedido de informações. Alguns ministros do STF têm dispensado as informações sobre o mérito, entendendo suficientes os elementos contidos na informação sobre a cautelar.

234. Cf. ADI/QO 97-RO, rel. Min. Moreira Alves, j. 22.11.1989, *DJU* 30.3.1990; ADI/MC-AgR 1.254-RJ, rel. Min. Celso de Mello, j. 14.8.1996, *DJU* 19.9.1997; ADI/QO 72-ES, rel. Min. Sepúlveda Pertence, j. 22.3.1990, *DJU* 25.5.1990.

República, que deverão manifestar-se, cada qual, no prazo de 15 dias.[235]

Deve-se observar, ainda, que a lei contém disposição (art. 12) que autoriza o relator, em face da relevância da matéria e de seu especial significado para a ordem social e a segurança jurídica, a submeter o processo diretamente ao Tribunal, que terá a faculdade de julgar definitivamente a ação, após a prestação das informações, no prazo de dez dias, e a manifestação do Advogado-Geral da União e do Procurador-Geral da República, sucessivamente, no prazo de cinco dias. Tem-se aqui um *procedimento sumário* para a ação direta de inconstitucionalidade.

Assinale-se, ainda, quanto à manifestação do Advogado-Geral da União, que, diferentemente do que decorre da literalidade do art. 103, § 3º – citação para defesa do ato impugnado –, não está ele obrigado a fazer defesa do ato questionado, especialmente se o Supremo Tribunal Federal já tiver se manifestado em caso semelhante pela inconstitucionalidade.[236]

Apuração de questões fáticas no controle de constitucionalidade[237] – Importante inovação consta do art. 9º, § 1º, da Lei 9.868/1999, que autoriza o relator, após as manifestações do Advogado-Geral da União e do Procurador-Geral da República, em caso de necessidade de esclarecimento de matéria ou circunstância de fato, ou de notória insuficiência das informações existentes nos autos, requisitar informações adicionais, designar perito ou comissão de peritos para emitir parecer sobre a questão ou fixar data para, em audiência pública, ouvir depoimentos e pessoas com experiência e autoridade na matéria.

Neste passo o legislador afastou-se de uma leitura radical do modelo hermenêutico clássico, a qual sugere que o controle de normas há de se fazer com o simples contraste entre a norma questiona-

---

235. Cf. Gilmar Ferreira Mendes, "Considerações sobre o papel do Procurador-Geral da República no controle abstrato de normas sob a Constituição de 1967/1969: proposta de releitura", in *Direitos Fundamentais e Controle de Constitucionalidade*, 3ª ed., São Paulo, Saraiva, 2004, pp. 221-239.

236. ADI 1.616/PE, rel. Min. Maurício Corrêa, DJ de 24.8.2001.

237. Cf. Gilmar Ferreira Mendes, "Controle de constitucionalidade: hermenêutica constitucional e revisão de fatos e prognoses legislativos pelo órgão judicial", in *Direitos Fundamentais e Controle de Constitucionalidade*, 4ª ed., 2012, pp. 663-680.

da e a norma constitucional superior. Essa abordagem simplificadora tem levado o STF a afirmar, às vezes, que fatos controvertidos ou que demandam alguma dilação probatória não podem ser apreciados em ação direta de inconstitucionalidade.[238]

Essa abordagem conferia, equivocadamente, maior importância a uma pré-compreensão do instrumento processual que à própria decisão do constituinte de lhe atribuir a competência para dirimir a controvérsia constitucional.

Hoje, entretanto, não há como negar a *comunicação entre norma e fato*, que constitui condição da própria interpretação constitucional.[239] É que o processo de conhecimento, aqui, envolve a investigação integrada de elementos fáticos e jurídicos.[240]

É bem verdade que, se analisarmos criteriosamente a jurisprudência constitucional, verificaremos que também entre nós se procede ao exame ou à revisão dos fatos legislativos pressupostos ou adotados pelo legislador. É o que se verifica na jurisprudência do STF sobre a aplicação do *princípio da igualdade* e do *princípio da proporcionalidade*.[241]

Nos Estados Unidos, o chamado *Brandeis-Brief* – memorial utilizado pelo advogado Louis D. Brandeis no *case* "Müller *versus* Oregon" (1908), contendo 2 páginas dedicadas às questões jurídicas e outras 110 voltadas para os efeitos da longa duração do trabalho so-

---

238. Cf., a propósito, despacho do Min. Celso de Mello prolatado na ADI 1.372-RJ, *DJU* 17.11.1995.

239. Cf. Ernst Gottfried Marenholz, "Verfassungsinterpretation aus praktischer Sicht", in *Verfassungsrecht zwischen Wissenschaft und Richterkunst*, homenagem aos 70 anos de Konrad Hesse, Heidelberg, 1990, p. 53 (54).

240. Idem, p. 54.

241. Cf., *v.g.*: Rp 1.077-RJ, rel. Min. Moreira Alves, *RTJ* 112/34 (58-59); despacho do Min. Celso de Mello prolatado na ADI 1.372-RJ, *DJU* 17.11.1995; ADI 3.112-DF, na qual se examinou o "Estatuto do Desarmamento" – o Tribunal considerou razoável o critério utilizado pelo legislador ao aumentar de 21 para 25 anos a idade mínima para aquisição de arma de fogo, com base em estatística de que a violência com armas de fogo atinge principalmente os homens de até 24 anos (rel. Min. Ricardo Lewandowski, *DJe* 26.10.2007); RE 463.629-RS, no qual se discutiu a interpretação do art. 453 da CLT em face de reclamação trabalhista em que se pleiteava aviso prévio, 13º salário, férias indenizadas e reflexos (rela. Min. Ellen Gracie, *DJe* 23.3.2007); ADI 3.510-DF, que analisa a utilização de células-tronco embrionárias de embriões humanos para fins de pesquisa – Lei da Biossegurança (rel. Min. Carlos Britto, *Informativo STF* 508, j. 28.5.2008 e 29.5.2008, *DJe* 96, 27.5.2010, *RTJ* 214/43).

bre a situação da mulher – permitiu que se desmistificasse a concepção dominante segundo a qual a questão constitucional configurava simples "questão jurídica" de aferição de legitimidade da lei em face da Constituição.[242]

Essa experiência é indicativa, então, de que até mesmo no chamado *controle abstrato de normas* não se procede a um simples contraste entre a disposição do direito ordinário e os princípios constitucionais. Ao revés, também aqui fica evidente que se aprecia a relação entre a lei e o problema que se lhe apresenta em face do parâmetro constitucional.[243]

Em outros termos, a aferição dos chamados *fatos legislativos* constitui parte essencial do controle de constitucionalidade, de modo que a verificação desses fatos se relaciona, íntima e indissociavelmente, com o exercício do controle pelo Tribunal.

A jurisprudência do STF oferece exemplos variados de operação dessa dinâmica entre norma e fato.

Por ocasião do julgamento da Rp 930, *v.g.*, o STF teve oportunidade de ressaltar a importância do princípio da proporcionalidade no controle das leis restritivas. No voto do Min. Rodrigues de Alckmin restou consignado que, no tocante às condições de capacidade para o exercício de profissão, não cabe ao legislador estabelecê-las "sem atender ao critério da razoabilidade, cabendo ao Poder Judiciário apreciar se as restrições são adequadas e justificadas pelo interesse público, para julgá-las legítimas, ou não".[244]

No caso, questionava-se a constitucionalidade da Lei 4.116/1962, que regulamentou a profissão dos corretores de imóveis, com o principal argumento de que esta limitaria o exercício da liberdade de profissão. O art. 7º dessa lei – que dispunha que "somente os corretores de imóveis e as pessoas jurídicas, legalmente habilitadas, poderão receber remuneração como mediadores na venda, compra, permuta ou locação de imóveis, sendo, para isso, obrigados a manter escrituração dos negócios a seu cargo" – já fora declarado inconstitucional em recurso extraordinário. Na representação foi arguido

---

242. Cf., a propósito, Kermit L. Hall, *The Oxford Guide to United States Supreme Court Decisions*, Nova York, Oxford University Press, 1999, p. 85.

243. Horst Ehmke, "Prinzipien der Verfassungsinterpretation", in Ralf Dreier e Schwegmann, *Probleme der Verfassungsinterpretation*, Baden-Baden, 1976, p. 164 (172).

244. Red. para o acórdão Min. Rodrigues de Alckmin, *DJU* 2.9.1977.

que a declaração de inconstitucionalidade desse artigo implicaria a invalidade de toda a lei.

A maioria do Tribunal acompanhou a fundamentação do Min. Rodrigues de Alckmin e entendeu que o exercício da profissão de corretor não exige nenhuma capacitação profissional especial. Logo, não seria possível impor qualquer espécie de limitação ao seu exercício.

Na ADI/MC 855, em que se controvertia sobre a constitucionalidade de lei estadual que estabelecia a pesagem obrigatória, à vista do consumidor, dos botijões de gás liquefeito de petróleo, tornou-se manifesta a necessidade de o Tribunal empreender a análise dos fatos legislativos, pois se argumentava que a colocação de balanças em todos os caminhões de distribuição e a mão-de-obra necessária à medição individual agravariam o custo do serviço e, logo, a fixação do preço cobrado pelo produto.

A decisão concessiva da cautelar, da relatoria do Min. Sepúlveda Pertence, bem demonstra a relevância do controle judicial dos fatos legislativos (prognose) que fundamentam a opção legislativa:

> "De sua vez, os esclarecimento de fato – particularmente a manifestação do Instituto Nacional de Metrologia, Normatização e Qualidade Industrial/INMETRO, do Ministério da Justiça – são de múltipla relevância para este julgamento liminar. Eles servem, de um lado – como proficientemente explorados na petição –, não só para lastrear o questionamento da proporcionalidade ou da razoabilidade da disciplina legal impugnada, mas também para indicar a conveniência de sustar – ao menos, provisoriamente – as inovações por ela impostas, as quais, onerosas e de duvidosos efeitos úteis – acarretariam danos de incerta reparação para a economia do setor, na hipótese – que não é de afastar – de que se venha ao final a declarar a inconstitucionalidade da lei. Finalmente, à primeira vista os mesmos esclarecimentos especializados, que instruem a petição, permitem duvidar de que, dadas as contingências técnicas a que tem de submeter-se, o mecanismo de distribuição do gás liquefeito, até hoje submetido a um regramento uniforme em todo o País, possa admitir variações regionais, impostas em nome da proteção do consumidor, cujos problemas, parece, hão de ter, no setor de que se cuida, soluções nacionais".[245]

---

245. ADI/MC 855, rel. Min. Sepúlveda Pertence, *DJU* 1.10.1993.

Essa decisão foi, posteriormente, referendada no julgamento de mérito, ocorrido em 6.3.2008.[246]

Cumpre referir, igualmente, o julgamento da ADI 3.034, de relatoria do Min. Ricardo Lewandowski,[247] em que se controvertia acerca da constitucionalidade de lei complementar do Estado do Espírito Santo que autorizava o Poder Executivo a celebrar contrato administrativo de prestação de serviços com particulares para atender a necessidade de excepcional interesse público no sistema constituído pela Secretaria de Estado da Saúde, ao argumento de que o diploma normativo complementar afrontava os incisos II e IX do art. 37 da CF.

Embora tenha declarado a inconstitucionalidade do diploma estadual, por considerá-lo não conforme à regra excepcional prevista no inciso IX do art. 37 da CF, o Tribunal houve por bem modular os efeitos da decisão, atendendo, especialmente, à circunstância fática de se encontrar o País em meio ao surto da assim denominada *gripe suína*, o que tornava a dispensa imediata dos servidores contratados sem a observância da exigência constitucional do concurso público materialmente contrária ao dever do Estado de prestar serviços adequados e suficientes no âmbito da saúde.

A decisão do STF expôs a situação aqui destacada:

> "O Tribunal, por unanimidade e nos termos do voto do Relator, julgou procedente a ação e, por maioria, nos termos do art. 27 da Lei n. 9.868/1999, modulou os efeitos da decisão para que tenha eficácia a partir de 60 dias da data de sua comunicação, tendo em conta a situação excepcional pela qual passa o País, em virtude do surto da denominada gripe suína".

Registre-se, ainda, a rediscussão da competência para julgar ação indenizatória proposta por empregado contra empregador em caso de acidente de trabalho. Cuidava-se, então, de discussão sobre se a competência para processar e julgar ação indenizatória, por danos morais e patrimoniais decorrentes de acidente do trabalho, proposta por empregado contra empregador era da Justiça Comum estadual ou da Justiça Especializada do Trabalho (RE 438.639).

---

246. ADI 855, rel. Min. Octávio Gallotti, *DJe* 27.3.2009.

247. Rel. Min. Ricardo Lewandowski, *DJe* 22.10.2009.

O STF considerou que, a despeito da mudança do texto constitucional – o qual, aparentemente, conferia competência para processar e julgar a ação indenizatória por danos materiais ou morais decorrentes das relações de trabalho à Justiça do Trabalho –, o tema deveria continuar a ser apreciado pela Justiça Comum.

O Relator originário, Min. Carlos Britto, sustentou a competência da Justiça do Trabalho, com base nos elementos normativos da Constituição (arts. 114, 109 e 7º, XXII e XXVIII). Invocou-se a redação conferida pela Emenda Constitucional 45/2004 ao art. 114 da CF, segundo a qual compete à Justiça do Trabalho "processar e julgar as ações de indenização por dano moral ou patrimonial, decorrentes da relação de trabalho".

Essa posição conflitava, porém, com o entendimento até então esposado pelo STF, que entendia ser competente a Justiça estadual também para os pleitos de caráter indenizatório formulados, em razão de acidente de trabalho, pelo empregado contra o empregador.

O Min. Cézar Peluso sustentou que a nova disciplina constitucional do art. 114, VI, da CF "teria, pura e simplesmente, positivado a jurisprudência do STF em relação às ações de indenização por dano moral em si, decorrente de relação de trabalho, exceto quando o mesmo fato gere duas pretensões indenizatórias simultâneas: uma de direito comum e outra de direito acidentário".

Nesse caso – sustentava –, o princípio da unidade de convicção deveria fazer com que fossem retiradas do inciso VI as ações de indenização por dano moral ou material quando o fato fundante fosse ao mesmo tempo qualificado como acidente do trabalho. A apreciação pela mesma Justiça evitaria possíveis contradições de julgados – questão que também seria incompreensível aos cidadãos, caso ocorresse. "O cidadão não é capaz de entender a razão por que a Justiça estadual, por exemplo, tenha julgado improcedente a ação acidentária, considerando o fato por não provado, e a Justiça do Trabalho haja reputado procedente a ação de indenização por dano moral, reconhecendo que o mesmo fato aconteceu" – complementou o Min. Peluso.

Nessa mesma linha posicionou-se o Min. Sepúlveda Pertence, alertando para a gravidade de uma mudança de orientação jurisprudencial, sobretudo para os processos em curso. E destacava que a outorga de competência à Justiça Comum para as causa acidentárias contra a autarquia previdenciária federal decorrera de *uma razão prática*: a pouca difusão da Justiça Federal para ações de hipossuficientes econômicos.

E o Min. Sepúlveda Pertence concluiu, com ênfase:

> "Pondero que a interpretação em matéria de competência nunca pode ser distanciada da realidade dos fatos, entre elas a da estrutura da Justiça Comum ordinária em relação à das Justiças Especiais *lato sensu*, seja a Justiça Federal ordinária, seja a Justiça do Trabalho.
>
> "(...). Por que entendemos que os crimes *conexos* aos crimes praticados em detrimento da União e de suas entidades de Administração indireta são da competência da Justiça Federal? Não há regra constitucional que o determine.
>
> "Uma vez mais, não com relação a ações diversas sobre o mesmo fato, mas com relação a crimes diversos, embora conexos, entendeu-se, sem discrepância, que deveria a competência da Justiça Federal atrair a decisão sobre crimes conexos.
>
> "O mesmo não se entendeu com relação à Justiça Militar, sequer na hipótese de continência, em que sempre predominou a orientação de cindir-se o processo se o fato fosse também crime comum, para entregar o paisano à Justiça Comum, e o militar à Justiça Militar."

O Min. Carlos Velloso aduziu – a revelar a importância da análise das circunstâncias fáticas – que em Minas Gerais havia 300 comarcas atendidas pela Justiça estadual contra apenas 15 cidades atendidas pela Justiça do Trabalho.

Esse argumento de índole prática foi contestado pelo Min. Carlos Britto, que dizia estar a Justiça do Trabalho representada em todo o Brasil.

Também o Min. Marco Aurélio perfilhou a corrente minoritária, sustentando que as ações decorrentes de acidente de trabalho propostas pelo empregado contra o empregador eram ações decorrentes da relação de trabalho, e deveriam ser processadas e julgadas pela Justiça do Trabalho.

Com base na orientação sustentada no voto do Min. Cézar Peluso, o Tribunal considerou que a matéria em discussão (ação de indenização proposta pelo empregado contra o empregador em razão de acidente do trabalho) continuava a ser da competência da Justiça Comum estadual. Restaram vencidos os Mins. Carlos Britto (Relator) e Marco Aurélio, que defendiam a posição contrária.

Dois meses depois o tema voltou ser debatido no CComp 7.204-MG. Novamente o Relator, Min. Carlos Britto, manifestou-se favoravelmente ao reconhecimento da competência da Justiça do Trabalho, tendo em vista que se cuidava de controvérsia decorrente da relação de trabalho.

O Min. Cézar Peluso, após mencionar ter recebido "trabalho muito bem fundamentado e muito bem documentado do Juiz do TRT de Minas Gerais, Dr. Sebastião Geraldo de Oliveira", anotou ter-se convencido da posição contrária. Em síntese apertada, são estas as suas conclusões:

> "Antes da Emenda n. 45 parecia deveras consistente a leitura de que, se estavam excetuadas da competência da Justiça Federal as causas de acidente do trabalho, em que sempre é interessada autarquia federal, só podiam elas caber na competência da Justiça dos Estados, porque a mesma norma as excluía das que eram, por outras regras, sujeitas à Justiça do Trabalho.
>
> "*Mas, de lá pra cá, a evolução da legislação acidentária, sobretudo com a equiparação dos valores dos benefícios acidentários e previdenciários, e a disseminação dos órgãos da Justiça Trabalhista, competentes para tantas outras causas ligadas à própria segurança do trabalho, desenharam nova realidade judiciária, que as próprias exigências da unidade de convicção e da especialização de conhecimentos não poderiam deixar de considerar nas perspectivas da revisão daquela exceção constitucional. Isso sem cogitar da necessidade de coerência axiológica que impunha a vigente Constituição da República ao conceber a indenização acidentária como direito típico da condição jurídica do empregado e, portanto, como irradiação da relação de trabalho, como se vê no art. 7º, XXVIII, da mesma Constituição.*
>
> "É, portanto, dentro desse quadro que há de interpretar-se a Emenda n. 45 quando, explicitando, no inciso I do art. 114, o caráter geral da competência da Justiça do Trabalho, nela incluiu todas as ações oriundas da relação de trabalho.
>
> "Suposto não tinha sido essa a intenção do constituinte derivado, a cujo olhar atento não poderia escapar a necessidade de, para guardar congruência com o eventual propósito de submissão das causas de acidente de trabalho àquela Justiça Especializada, dar nova redação ao art. 109, *caput* – para evitar dúvidas –, de modo algum pode esquivar-se, diante do papel precário e relativo do material histórico e das correlatas intenções do legislador, à conclusão de que outra há de ser a leitura da norma que excepciona as ações acidentárias da competência da Justiça Federal.

"O que com isso pretendo dizer é que, perante a novidade representada pelos termos da Emenda n. 45, em particular pela redação introduzida no inciso I do art. 114, deve o art. 109, *caput*, significar apenas que as ações de acidente do trabalho não são da competência da Justiça Federal e, por conseguinte, que a sede dessa competência deve buscar-se alhures, agora designadamente no próprio art. 114, que a açambarcou.

"Essa interpretação acomoda ambas as cláusulas constitucionais, reverencia a especialização e a funcionalidade da Justiça do Trabalho, alivia a Justiça estadual e sustenta-se na necessária unidade de convicção, sem esvaziar o disposto no inciso VI, onde apenas se divisa a positivação, mediante relevo destinado a superar todas as dúvidas, da jurisprudência desta Corte, que, sob a redação original do art. 114, *caput*, entendia – a meu ver, com indiscutível acerto – que, para efeito dessa competência distribuída com apoio em vários princípios, entre os quais o da unidade de convicção, era e é irrelevante a província taxinômica das normas aplicáveis ao caso, se direito trabalhista ou civil, e, pois, também a natureza mesma da responsabilidade, se negocial ou aquiliana."[248]

A nova orientação foi acolhida unanimemente, estabelecendo o Tribunal que seriam remetidas à Justiça do Trabalho as ações de indenização de empregado contra empregador decorrentes de acidente de trabalho que ainda não tivessem sentença de mérito.

Com tal ressalva, preservaram-se na Justiça estadual os processos que já tivessem sido objeto de julgamento pelo menos no primeiro grau, reduzindo-se o impacto que poderia ter a anulação de julgamento de milhares de processos há muito distribuídos à Justiça estadual.

A par dos aspectos jurídicos envolvidos, afigura-se importante destacar o relevo que se conferiu à informação sobre a disseminação da Justiça do Trabalho em todo o País (democratização do acesso) e sobre o significado das mudanças verificadas na legislação acidentária, para justificar a alteração da jurisprudência.

Conforme já observado, as posições científicas externadas na audiência pública sobre a utilização de células-tronco embrionárias para fins terapêuticos foram amplamente utilizados tanto no voto do Relator, Min. Carlos Britto, quanto na manifestação divergente do Min. Carlos Alberto Direito.[249] É notório, igualmente, que ambas as

248. CC 7.204, rel. Min. Carlos Britto, *DJe* 9.12.2005, pp. 320-322.

249. ADI 3.510, rel. Min. Carlos Britto, *DJe* 28-29.5.2008.

posições valeram-se expressamente de subsídios constantes de estudos científicos diversos, oferecidos por diferentes fontes. O Relator (Min. Carlos Britto) fez referência também aos elementos colhidos na audiência pública realizada sobre antecipação do parto no caso de anencefalia (ADPF 54).[250]

6. Medida cautelar

No que se refere ao pedido de cautelar na ação direta de inconstitucionalidade, optou a Lei 9.868/1999 por estabelecer que, salvo em caso de excepcional urgência, o Tribunal somente concederá a liminar, por decisão da maioria absoluta de seus membros, após a audiência dos órgãos ou das autoridades das quais emanou a lei ou o ato normativo impugnado (art. 10). Em caso de excepcional urgência poderá ser dispensada a audiência dos órgãos dos quais emanou o ato (art. 10, § 3º). A lei explicita (art. 11), ainda, que a decisão concessiva de cautelar terá eficácia *erga omnes*, devendo sua parte dispositiva ser publicada em seção especial do *Diário Oficial* no prazo de 10 dias a contar do julgamento.

Ainda no que tange à medida cautelar no âmbito da ação direta de inconstitucionalidade, o art. 11, § 1º, da Lei 9.868 dispõe, em consonância com a jurisprudência do STF, que a cautelar será concedida, regularmente, com eficácia *ex nunc*, salvo se o Tribunal entender que deva conceder-lhe eficácia retroativa. Da mesma forma, prevê-se que a medida cautelar torna aplicável a legislação anterior acaso existente, salvo expressa manifestação do Tribunal em sentido contrário (art. 11, § 2º). Tal situação tem sido denominada como atribuição de *efeitos repristinatórios* à legislação revogada pelo ato normativo cuja vigência foi suspensa pelo Tribunal. A rigor, essa circunstância é diferente do fenômeno da *repristinação*, que, nos termos da doutrina civilista, corresponde a uma das possibilidades de aplicação da lei no tempo.

Deve-se registrar, ainda, acerca do julgamento da medida cautelar em ação direta de inconstitucionalidade, a extensão que tem em nosso ordenamento o princípio da reserva de plenário.

A reserva de plenário para a decisão cautelar admite exceção, precisamente definida no art. 10, *caput*, da Lei 9.868/1999, a qual decorre não do caráter urgente de eventual medida, mas da impossi-

250. ADI 3.510, rel. Min. Carlos Britto, *DJe* 28-29.5.2008, n. 24 do voto.

bilidade de reunião de todos os membros do Tribunal nos períodos de recesso. Assim, obviamente, ante a impraticável reunião dos magistrados em sessão plenária nos períodos de recesso do Tribunal, o Regimento Interno da Corte confere poderes ao Ministro-Presidente para decidir sobre questões urgentes (art. 13, VIII) – o que envolve também os pedidos de medida cautelar nas ações diretas de inconstitucionalidade. E ressalte-se que, apesar de a Lei 9.868/1999 mencionar apenas a palavra "recesso", ela se aplica também aos períodos de "férias" do Tribunal.

A palavra "recesso" foi empregada na Lei 9.868/1999 (art. 10, *caput*) com sentido amplo, abarcando tanto o recesso propriamente dito como as férias forenses. Ademais, é preciso reconhecer que a distinção entre o recesso e as férias é realizada no Regimento Interno do STF para fins administrativos internos (art. 78 do Regimento Interno do STF).

Portanto, a única exceção à reserva de plenário prevista pela lei encontra-se no excepcional poder conferido ao Presidente do STF para decidir cautelarmente nos períodos de recesso e de férias. De toda forma, mesmo nessa hipótese excepcional deverá a medida cautelar ser levada a referendo do Tribunal Pleno tão logo termine o período de recesso ou de férias (art. 21, IV e V, do Regimento Interno do STF). Caberá ao relator do processo (designado com a regular distribuição da ação, após o término do período de férias) levar a referendo do Plenário a medida cautelar decidida pela Presidência. Em hipóteses excepcionais poderá o próprio Presidente levar sua decisão ao referendo do Pleno, tal como já ocorreu no julgamento da ADI/MC-QO 3.929.[251]

---

251. "*Questão de ordem – Ação direta de inconstitucionalidade – Pedido de medida cautelar – Deferimento, pela Presidência, no período de férias forenses do Tribunal – Artigos 10, caput, da Lei n. 9.868/99 e 13, VIII, do RISTF – Relatoria do referendo plenário atribuída à própria Presidente, por força da excepcionalidade do caso concreto – Possibilidade.* O *caput* do art. 10 da Lei n. 9.868/99 autoriza, nos períodos de recesso da Corte, a excepcional concessão monocrática da medida cautelar em ação direta de inconstitucionalidade. Por imposição do art. 21, incisos IV e V, do Regimento Interno, as decisões liminares concedidas pela Presidência nessas circunstâncias são depois submetidas a referendo do Colegiado, normalmente após a distribuição dos autos da ação direta a um determinado relator superveniente – Peculiaridades presentes que recomendam a exposição do caso pelo próprio órgão prolator da decisão trazida a referendo do Plenário do STF – Questão de ordem resolvida no sentido de autorizar a Presidência, excepcionalmente, a relatar o referendo da decisão

É claro que a lei não pode prever todas as possíveis hipóteses que possam configurar a urgência da pretensão cautelar. Podem, naturalmente, ocorrer casos em que a espera pelo julgamento da Sessão Plenária seguinte ao pedido de medida cautelar leve à completa perda de sua utilidade. Assim, parece legítimo admitir a concessão da liminar por decisão monocrática do relator, no exercício do poder geral de cautela. Aqui, poder-se-ia considerar, igualmente, a possibilidade de aplicação analógica do § 1º do art. 5º da Lei 9.882/1999, referente à arguição de descumprimento de preceito fundamental, que permite a decisão cautelar monocrática "em caso de extrema urgência ou perigo de lesão grave". Nessa hipótese, o Regimento Interno do Supremo Tribunal Federal prevê a submissão imediata, na Sessão Plenária seguinte, da decisão cautelar para que se leve a efeito o referendo do Tribunal (art. 21, V, do RISTF). Essa solução procedimental foi intensificada com a Emenda Regimental n. 58/2022, que também cuidou de trazer dispositivo endereçado para o estoque de cautelares pendentes de referendo (de todas as classes processuais), ao assinar o prazo de noventa dias úteis para que estas sejam submetidas à apreciação colegiada.

Observe-se que a decisão cautelar monocrática em ação direta, fora dos períodos de recesso e férias, é fato raro no Supremo Tribunal Federal, o que atesta ainda mais a sua excepcionalidade.

Outra questão surgida no âmbito do processamento e do julgamento das medidas cautelares em ação direta diz com sua possível conversão em julgamento de mérito quando presentes os elementos indispensáveis ao juízo da Corte.

No julgamento da ADI/MC 4.638 (rel. Min. Marco Aurélio, j. 8.2.2012) o Plenário do STF suscitou importante questão sobre a possibilidade de conversão do julgamento de medida cautelar em julgamento definitivo de mérito. O tema foi levantado em momento oportuno. Na ocasião o Tribunal se encontrava na terceira Sessão Plenária seguida envolvido com o julgamento da referida medida cautelar, na qual se discutia a respeito dos poderes disciplinar e correcional do Conselho Nacional de Justiça/CNJ, especificamente sobre a constitucionalidade da Resolução CNJ-135/2011, que regu-

---

cautelar monocrática proferida nos autos da presente ação direta" (ADI/MC-QO 3.929, rela. Min. Ellen Gracie, j. 29.8.2007, *DJU* 11.10.2007).

lamenta os procedimentos administrativos disciplinares aplicáveis aos magistrados. A extensão e a profundidade dos votos proferidos e dos debates ocorridos nas três Sessões deixaram patente tratar-se praticamente de julgamento de cognição exauriente sobre o mérito das questões constitucionais suscitadas na ação. Ao final das longas horas de deliberação, a sensação de todos era a de que o futuro julgamento definitivo de mérito pouco poderia acrescentar aos entendimentos ali assentados. Apesar de não realizar efetivamente a conversão do julgamento cautelar em definitivo de mérito, o Tribunal deixou ali evidenciada a necessidade da adoção desse procedimento em casos futuros.

Passadas poucas semanas do referido julgamento, o Tribunal voltou a se deparar com a necessidade prática da conversão do julgamento cautelar em definitivo de mérito. Na ADI 4.163 (rel. Min. Cézar Peluso, j. 29.2.2012) – na qual se discutia a importante questão dos convênios firmados pela Defensoria Pública para prestação adequada da assistência judiciária gratuita – verificou-se que o processo, apesar de ter tramitado pelo rito do art. 10, *caput*, da Lei 9.868/1999, estava completamente instruído com as informações dos órgãos legislativos, a manifestação do Advogado-Geral da União e o parecer do Procurador-Geral da República, todos contendo análises não apenas voltadas para o julgamento da medida cautelar, mas com incursões sobre o mérito da ação direta. Levantada a questão, o Plenário, rememorando o julgamento da ADI 4.638 e constatando a relevância prática da medida, decidiu converter o julgamento da cautelar em definitivo de mérito, considerando suficientes, para tanto, os documentos, manifestações e pareceres presentes nos autos.

A medida adotada no julgamento da ADI 4.163 constitui, indubitavelmente, importante avanço quanto às técnicas de decisão e aos procedimentos próprios das ações do controle abstrato de constitucionalidade.

*7. **Decisão***

Sobre a decisão na ação direta de inconstitucionalidade, conferir: "As Decisões do STF no Controle Abstrato de Normas e os Efeitos da Declaração de Inconstitucionalidade" (item V, infra).

III – AÇÃO DECLARATÓRIA DE CONSTITUCIONALIDADE

1. Introdução

No bojo da reforma tributária de emergência de 1993 introduziu-se no sistema brasileiro de controle de constitucionalidade a *ação declaratória de constitucionalidade*. Acolhendo sugestão contida em estudo que elaboramos juntamente com o professor Ives Gandra Martins, o deputado Roberto Campos apresentou proposta de emenda constitucional[252] com o seguinte teor:

> "Art. 102. (...): I – (...): a) a ação direta de inconstitucionalidade de lei ou ato normativo federal ou estadual e a ação declaratória de constitucionalidade de lei ou ato normativo federal; (...).
>
> "§ 1º. A arguição de descumprimento de preceito fundamental, decorrente desta Constituição, será apreciada pelo Supremo Tribunal Federal, na forma da lei.
>
> "§ 2º. As decisões definitivas de mérito, proferidas pelo Supremo Tribunal Federal, nas ações declaratórias de constitucionalidade de lei ou ato normativo federal, produzirão eficácia contra todos e efeito vinculante, relativamente aos demais órgãos do Poder Judiciário e ao Poder Executivo.
>
> "Art. 103. (...).
>
> "(...).
>
> "§ 4º. A ação declaratória da constitucionalidade poderá ser proposta pelo Presidente da República, pela Mesa do Senado Federal, pela Mesa da Câmara dos Deputados ou pelo Procurador-Geral da República."

Parte dessa proposição, com algumas alterações, foi incorporada à emenda que deu nova redação a alguns dispositivos da ordem constitucional tributária e autorizou a instituição do imposto sobre movimentação ou transmissão de valores e de créditos e direitos de natureza financeira, mediante iniciativa do deputado Luiz Carlos Hauly.[253]

---

252. Proposta de Emenda Constitucional 130/1992 (parcialmente incorporada ao texto da Constituição Federal pela Emenda Constitucional 3/1993).

253. Cf., a propósito, os dois Substitutivos apresentados pelo deputado Benito Gama, Relator da Comissão Especial destinada examinar a Proposta de Emenda Constitucional 48-a/1991.

A Emenda Constitucional 3, de 17.3.1993, disciplinou o instituto, firmando a competência do STF para conhecer e julgar a ação declaratória de constitucionalidade de lei ou ato normativo federal; processo cuja decisão definitiva de mérito terá eficácia contra todos e efeito vinculante relativamente aos demais órgãos do Executivo e do Judiciário. Conferiu-se, inicialmente, legitimidade ativa ao Presidente da República, à Mesa do Senado Federal, à Mesa da Câmara dos Deputados e ao Procurador-Geral da República. A Emenda Constitucional 45/2004 ampliou a legitimação da ação declaratória de constitucionalidade, que passa a ser a mesma da ação direta de inconstitucionalidade (art. 103 da CF de 1988).

A despeito de sua repercussão na ordem jurídica, a ação declaratória de constitucionalidade não parece representar um *novum* no modelo brasileiro de controle de constitucionalidade. Em verdade, o dispositivo não inova. A imprecisão da fórmula adotada na Emenda Constitucional 16/1965 – *representação contra inconstitucionalidade de lei ou ato de natureza normativa, federal ou estadual, encaminhada pelo Procurador-Geral* – não conseguia esconder o propósito inequívoco do constituinte, que era o de permitir, "desde logo, a definição da controvérsia constitucional sobre leis novas".

Não se fazia mister, portanto, que o Procurador-Geral estivesse convencido da inconstitucionalidade da norma. Era suficiente o requisito objetivo relativo à existência de *controvérsia constitucional*. Daí ter o constituinte utilizado a fórmula equívoca – *representação contra a inconstitucionalidade da lei, encaminhada pelo Procurador-Geral da República* –, que explicitava, pelo menos, que a dúvida ou a eventual convicção sobre a inconstitucionalidade não precisavam ser por ele perfilhadas.

Se correta essa orientação, parece legítimo admitir que o Procurador-Geral da República tanto poderia instaurar o controle abstrato de normas, com o objetivo precípuo de ver declarada a inconstitucionalidade da lei ou ato normativo (*ação direta de inconstitucionalidade* ou *representação de inconstitucionalidade*), como poderia postular, expressa ou tacitamente, a declaração de constitucionalidade da norma questionada (*ação declaratória de constitucionalidade*).

A cláusula sofreu pequena alteração na Constituição de 1967 e na Emenda n. 2, de 1969 (*representação do Procurador-Geral da República, por inconstitucionalidade de lei ou ato normativo federal ou estadual* – CF de 1967, art. 115, I, "l"; CF de 1967, com a emenda n. 1, 1969, art. 119, I, "l").

O Regimento Interno do STF, na versão de 1970,[254] consagrou expressamente essa ideia (art. 174): "§ 1º. Provocado por autoridade ou por terceiro para exercitar a iniciativa prevista neste artigo, o Procurador-Geral, entendendo improcedente a fundamentação da súplica, poderá encaminhá-la com parecer contrário".

Essa disposição – que, como visto, consolidava tradição já velha no Tribunal – permitia ao titular da ação encaminhar a postulação que lhe fora dirigida por terceiros, manifestando-se, porém, em sentido contrário.

Assim, se o Procurador-Geral encaminhava súplica ou representação de autoridade ou de terceiro com parecer contrário, estava simplesmente a postular uma declaração (positiva) de constitucionalidade. O pedido de representação, formulado por terceiro e encaminhado ao STF, materializava apenas a existência da "controvérsia constitucional" apta a fundamentar uma "necessidade pública de controle".

Essa cláusula foi alterada, passando o Regimento Interno a conter as seguintes disposições:

> "Art. 169. O Procurador-Geral da República poderá submeter ao Tribunal, mediante representação, o exame de lei ou ato normativo federal ou estadual, para que seja declarada a sua inconstitucionalidade.
>
> "§ 1º. Proposta a representação, não se admitirá desistência, ainda que afinal o Procurador-Geral se manifeste pela sua improcedência."

Parece legítimo supor que essa modificação não alterou, substancialmente, a ideia básica que norteava a aplicação desse instituto. Se o titular da iniciativa manifestava-se, a final, pela constitucionalidade da norma impugnada é porque estava a defender a declaração de constitucionalidade.

Na prática, continuou o Procurador-Geral a oferecer *representações de inconstitucionalidade*, ressaltando a relevância da questão e manifestando-se, a final, muitas vezes, em favor da constitucionalidade da norma.

254. *DJU* 4.9.1970, pp. 3.971 e ss.

A falta de maior desenvolvimento doutrinário e a própria balbúrdia conceitual instaurada em torno da *representação interventiva*[255] – confusão, essa, que contaminou os estudos do instituto – não permitiram que essas ideias fossem formuladas com a necessária clareza.

Sem dúvida, a disciplina específica do tema no Regimento Interno do STF serviria à segurança jurídica, na medida em que afastaria, de uma vez por todas, as controvérsias que marcaram o tema no direito constitucional brasileiro.

Entendida a *representação de inconstitucionalidade* como instituto de *conteúdo dúplice* ou de *caráter ambivalente*, mediante o qual o Procurador-Geral da República tanto poderia postular a declaração de inconstitucionalidade da norma como defender sua constitucionalidade, afigurar-se-ia legítimo sustentar, com maior ênfase e razoabilidade, a tese relativa à obrigatoriedade de o Procurador-Geral submeter a questão constitucional ao STF, quando isto lhe fosse solicitado.

A controvérsia instaurada em torno da recusa do Procurador-Geral da República[256] em encaminhar ao STF representação de

---

255. Alfredo Buzaid, *Da Ação Direta de Declaração de Inconstitucionalidade no Direito Brasileiro*, São Paulo, 1958, p. 107; José Carlos Barbosa Moreira, "As partes na ação declaratória de constitucionalidade", *Revista de Direito da Procuradoria-Geral do Estado da Guanabara* 13/67 (75-76), 1964; Themístocles Brandão Cavalcanti, *Do Controle da Constitucionalidade*, Rio de Janeiro, Forense, 1966, pp. 115 e ss.

256. É certo que uma avaliação desse modelo brasileiro de controle abstrato de normas não pode deixar de considerar as circunstâncias políticas dominantes durante todo o período de desenvolvimento desse instituto. Os pressupostos indispensáveis pensados por Kelsen para esse *advogado da Constituição* – que, segundo ele, deveria ser dotado de todas as garantias imagináveis tanto em face do Governo quanto em face do Parlamento ("Wesen und Entwicklung der Staatgerichtsbarkeit", *VVDStRL* 5/30 (75), 1929) – não poderiam ser assegurados sob o império de um regime de exceção.

O Procurador-Geral da República exercia, no controle abstrato de normas, o papel especial de *advogado da Constituição*, interessado exclusivamente na defesa da ordem constitucional.

Com isso, logrou o constituinte brasileiro positivar proposta formulada por Kelsen quanto à instituição de um *advogado da Constituição* (*Verfassungsanwalt*), que deveria deflagrar o controle de normas *ex officio* sempre que uma lei se lhe afigurasse incompatível com a Constituição (idem, ibidem). Ao contrário da representação interventiva, que pressupõe um interesse da União na preservação de princípios fundamentais da ordem federativa, o controle abstrato de normas independe de qualquer interesse específico, sendo-lhe estranha, mesmo, a ideia de interesse jurídico a ser protegido (Rp 700, rel. Min. Amaral Santos, *RTJ* 45/690 (714); AR

inconstitucionalidade contra o Decreto-lei 1.077/1970, que instituiu a censura prévia sobre livros e periódicos,[257] não serviu – infelizmente – para realçar esse *outro lado* da representação de inconstitucionalidade.[258]

De qualquer sorte, todos aqueles que sustentaram a obrigatoriedade de o Procurador-Geral da República submeter a representação ao STF, ainda quando estivesse convencido da constitucionalidade da norma,[259] somente podem ter partido da ideia de que, nesse caso, o Chefe do Ministério Público deveria, necessária e inevitavelmente, formular uma ação declaratória – positiva – de constitucionalidade.

Na Rp 1.092, relativa à constitucionalidade do instituto da reclamação, contido no Regimento Interno do antigo TFR, viu-se o Procurador-Geral da República – que instaurou o processo de controle abstrato de normas e se manifestou, no mérito, pela improcedência do pedido – na contingência de ter de opor embargos infringentes da decisão proferida, que julgava procedente a ação proposta, declarando inconstitucional a norma impugnada.[260]

Ora, ao admitir o cabimento dos embargos infringentes opostos pelo Procurador-Geral da República contra decisão que acolheu representação de inconstitucionalidade de sua própria iniciativa, o STF

848, rel. Min. Rafael Mayer, *RTJ* 95/49 (58); Rp 1.405, rel. Min. Moreira Alves, *DJU* 1.7.1988).

Por isso, dever-se-iam diferençar, de forma clara, as competências do Procurador-Geral da República. No primeiro processo representava ele o interesse da União em face de um determinado Estado que, efetiva ou supostamente, desrespeitara *princípio sensível* estabelecido na Constituição. No controle abstrato atuava como representante do interesse geral com o propósito de instaurar o controle judicial das normas estaduais ou federais (Oswaldo Aranha Bandeira de Mello, *Teoria das Constituições Rígidas*, 2ª ed., São Paulo, José Bushatsky Editor, 1980, p. 189; Gilmar Ferreira Mendes, *Controle de Constitucionalidade: Aspectos Jurídicos e Políticos*, São Paulo, Saraiva, 1990, pp. 230 e ss.).

257. Rcl 849, rel. Min. Adalício Nogueira, *RTJ* 59/333.

258. Cf., sobre o assunto, registros da discussão travada no Conselho Federal da OAB em março/1971, in *Arquivos do Ministério da Justiça* 118/23 e ss., 1971.

259. Cf., a propósito: Josaphat Marinho, "Inconstitucionalidade de lei – Representação ao STF", *RDP* 12/150; Caio Mário da Silva Pereira, "Voto" proferido no Conselho Federal da OAB, *Arquivos do Ministério da Justiça* 118/25; Themístocles Cavalcanti, "Arquivamento de representação por inconstitucionalidade da lei", *RDP* 16/169; Adauto Lúcio Cardoso, "Voto" na Rcl 849, *RTJ* 50/347-348; Celso Bastos, *Curso de Direito Constitucional*, 22ª ed., São Paulo, Malheiros Editores, 2010, p. 576.

260. ERp 1.092, rel. Min. Néri da Silveira, *RTJ* 117/921 e ss.

contribuiu para realçar esse *caráter ambivalente* da representação de inconstitucionalidade, reconhecendo implicitamente, pelo menos, que ao titular da ação era legítimo tanto postular a declaração de inconstitucionalidade da lei – se disso estivesse convencido – como pedir a declaração de sua constitucionalidade – se, não obstante convencido de sua constitucionalidade, houvesse dúvidas ou controvérsias sobre sua legitimidade que reclamassem um pronunciamento definitivo do STF.

É verdade que a Corte restringiu significativamente essa orientação em acórdão de 8.9.1988.[261] O Procurador-Geral da República encaminhou ao Tribunal petição formulada por grupo de parlamentares que sustentava a inconstitucionalidade de determinadas disposições da Lei de Informática (Lei 7.232, de 29.10.1984). O Tribunal considerou inepta a representação, entendendo que, como a Constituição previa uma ação de inconstitucionalidade, não poderia o titular da ação demonstrar, de maneira insofismável, que perseguia outros desideratos.[262]

Embora o STF tenha considerado inadmissível representação na qual o Procurador-Geral da República afirmava, de plano, a constitucionalidade da norma,[263] é certo que essa orientação, calcada numa interpretação literal do texto constitucional, não parece condizente, tal como demonstrado, com a natureza do instituto e com a sua *praxis* desde a sua adoção pela Emenda Constitucional 16/1965.

Todavia, a Corte continuou a admitir as representações e, mesmo após o advento da Constituição de 1988, as ações diretas de inconstitucionalidade nas quais o Procurador-Geral se limitava a ressaltar a relevância da questão constitucional, pronunciando-se, a final, pela sua improcedência.[264]

Em substância, era indiferente que o Procurador-Geral sustentasse, desde logo, a constitucionalidade da norma ou que encaminhasse o pedido para, posteriormente, manifestar-se pela sua improcedência.

---

261. Rp 1.349, rel. Min. Aldir Passarinho, *RTJ* 129/41 e ss.

262. Idem, p. 41.

263. Idem, ibidem.

264. Cf., dentre outras, ADI 716-5, rel. Min. Marco Aurélio, *DJU* 29.4.1992, p. 5.606.

Essa análise demonstra claramente que, a despeito da utilização da expressão "representação de inconstitucionalidade", o controle abstrato de normas foi concebido e desenvolvido como processo de *natureza dúplice* ou *ambivalente*.

Se o Procurador-Geral estivesse convencido da inconstitucionalidade, poderia provocar o STF para a declaração de inconstitucionalidade. Se, ao revés, estivesse convicto da legitimidade da norma, então, poderia instaurar o controle abstrato, com a finalidade de ver confirmada a orientação questionada.

Sem dúvida, a falta de um melhor desenvolvimento doutrinário sobre essa face peculiar da representação de inconstitucionalidade e a decisão do STF na Rp 1.349 – que, praticamente, negou a possibilidade de se instaurar o controle abstrato com pedido de declaração de constitucionalidade – tornaram inevitável a positivação de um instituto específico no ordenamento constitucional, consubstanciado na ação declaratória de constitucionalidade.

A Lei 9.868, de 10.11.1999 – Com o advento da Lei 9.868/1999 restou superada a disciplina procedimental anterior contida no Regimento Interno do STF com a interpretação fixada na ADC/QO 1.

O procedimento da ação declaratória de constitucionalidade está integralmente disciplinado nos arts. 13 a 21 da Lei 9.868/1999.

2. *Legitimidade*

No que se refere à ação declaratória de constitucionalidade, o art. 103, § 4º, da CF estabelecia, tal como observado, que poderiam propô-la o Presidente da República, a Mesa do Senado Federal, a Mesa da Câmara dos Deputados ou o Procurador-Geral da República (Emenda Constitucional 3/1993). A Emenda Constitucional 45/2004 (Reforma do Judiciário) conferiu nova disciplina à matéria e outorgou a todos os legitimados para a ação direta de inconstitucionalidade a legitimidade para a propositura da ação declaratória de constitucionalidade. Também aqui a Lei 9.868 nada mais fez que repetir, em seu art. 13, o teor do citado dispositivo constitucional, na sua versão original.

Demonstração da existência de controvérsia judicial na ação declaratória de constitucionalidade – Ao lado do direito de propositura da ação declaratória de constitucionalidade – e, aqui, assinale-se, estamos a falar tão somente da ação declaratória de constitucionalidade, e não da ação direta de inconstitucionalidade –, há de se cogitar também de uma *legitimação para agir* ***in concreto***, tal como consagrada no Direito Alemão, que se relaciona com a existência de um estado de incerteza gerado por dúvidas ou controvérsias sobre a legitimidade da lei.[265] Há de se configurar, portanto, situação hábil a afetar a presunção de constitucionalidade, que é apanágio da lei.

Embora o texto constitucional não tenha contemplado expressamente esse pressuposto, é certo que ele é inerente às ações declaratórias, mormente às ações declaratórias de conteúdo positivo.

Assim, não se afigura admissível a propositura de ação declaratória de constitucionalidade se não houver *controvérsia* ou *dúvida* relevante quanto à legitimidade da norma.

Evidentemente, são múltiplas as formas de manifestação desse estado de incerteza quanto à legitimidade da norma.

A insegurança poderá resultar de pronunciamentos contraditórios da jurisdição ordinária sobre a constitucionalidade de determinada disposição.

Assim, se a jurisdição ordinária, através de diferentes órgãos, passar a afirmar a inconstitucionalidade de determinada lei, poderão os órgãos legitimados, se estiverem convencidos de sua constitucionalidade, provocar o STF para que ponha termo à controvérsia instaurada.

Da mesma forma, pronunciamentos contraditórios de órgãos jurisdicionais diversos sobre a legitimidade da norma poderão criar o estado de incerteza imprescindível para a instauração da ação declaratória de constitucionalidade.

Embora as decisões judiciais sejam provocadas ou, mesmo, estimuladas pelo debate doutrinário, é certo que simples controvérsia doutrinária não se afigura suficiente para objetivar o estado de incerteza apto a legitimar a propositura da ação, uma vez que, por si só, ela não obsta à plena aplicação da lei.

---

265. Cf. Gilmar Mendes, *Jurisdição Constitucional*, 5ª ed. São Paulo, Saraiva, 2005.

Assim, não configurada dúvida ou controvérsia relevante sobre a legitimidade da norma, o STF não deverá conhecer da ação proposta.

Essa questão foi tratada no voto condutor proferido pelo Min. Moreira Alves na ADC/QO 1, como se pode ler na seguinte passagem:

> "(...) é também inteiramente improcedente a alegação de que essa ação converteria o Poder Judiciário em legislador, tornando-o como que órgão consultivo dos Poderes Executivo e Legislativo. Essa alegação não atenta para a circunstância de que, visando a ação declaratória de constitucionalidade à preservação da presunção de constitucionalidade do ato normativo, é ínsito a essa ação, para caracterizar-se o interesse objetivo de agir por parte dos legitimados para propô-la, que preexista controvérsia que ponha em risco essa presunção, e, portanto, controvérsia judicial no exercício do controle difuso de constitucionalidade, por ser esta que caracteriza inequivocamente esse risco. Dessa controvérsia, que deverá ser demonstrada na inicial, afluem, inclusive, os argumentos pró e contra a constitucionalidade, ou não, do ato normativo em causa, possibilitando a esta Corte o conhecimento deles e de como têm sido eles apreciados judicialmente. Portanto, por meio dessa ação, o STF uniformizará o entendimento judicial sobre a constitucionalidade, ou não, de um ato normativo federal em face da Carta Magna, sem qualquer caráter, pois, de órgão consultivo de outro Poder, e sem que, portanto, atue, de qualquer modo, como órgão de certa forma participante do processo legislativo. Não há, assim, evidentemente, qualquer violação ao princípio da separação de Poderes".[266]

Consagrou-se, portanto, na jurisprudência do Tribunal a exigência quanto à necessidade de demonstração da controvérsia judicial sobre a legitimidade da norma a fim de que se possa instaurar o controle abstrato de declaração de constitucionalidade.

Também na Lei 9.868/1999 é positivada a exigência quanto "à existência de controvérsia judicial relevante sobre a aplicação da disposição objeto da ação declaratória" (art. 14, III).

Convém observar que a exigência quanto à configuração de controvérsia judicial para que se possa, validamente, propor a ação declaratória de constitucionalidade enseja, às vezes, aplicação assaz restritiva.

266. *RTJ* 157(2)/371, voto do Min. Moreira Alves (pp. 385-386).

Assim, na ADC 8, relativa à contribuição de previdência de inativos e pensionistas, manifestou-se o Min. Celso de Mello em favor de uma valoração numérica da controvérsia judicial, enfatizando a necessidade de que "o autor desde logo demonstre que se estabeleceu, em termos numericamente relevantes, ampla controvérsia judicial em torno da validade jurídica da norma federal (...)", ou que seria "preciso – mais que a mera ocorrência de dissídio pretoriano – que a situação de divergência jurisdicional, caracterizada pela existência de um volume expressivo de decisões conflitantes, faça instaurar, ante o elevado coeficiente de pronunciamentos judiciais colidentes, verdadeiro estado de insegurança jurídica, capaz de gerar um cenário de perplexidade social e de grave comprometimento da estabilidade do sistema de direito positivo vigente no País".[267]

Essa orientação fica evidente se se considera a aplicação do juízo formulado em abstrato ao caso da contribuição de servidores ativos, inativos e pensionistas prevista na Lei 9.783/1999:

> "Todas estas observações, feitas em torno de um dos pressupostos de admissibilidade da ação declaratória de constitucionalidade, justificam-se ante a circunstância de que o exame dos documentos que instruem a petição inicial evidencia que o autor, visando a demonstrar a existência de situação caracterizadora de grave incerteza, indicou 11 decisões alegadamente favoráveis à validade constitucional da Lei n. 9.783/1999.
>
> "É importante destacar, quanto às 11 decisões arroladas pelo autor da presente ação declaratória, que tais pronunciamentos judiciais, em síntese, encerram o seguinte conteúdo: (a) houve duas decisões proferidas em sede de suspensão de segurança, pela E. Presidência do TRF-4ª Região, sob o fundamento de grave lesão à ordem e à economia públicas (fls. 207-208 e 211-213), sem qualquer análise do fundo da controvérsia mandamental; (b) houve duas decisões indeferitórias de liminar mandamental, ambas proferidas em caráter de cognição extremamente sumária (fls. 229 e 331), cabendo registrar que, dos dois processos, um – o MS n. 23.374-DF, rel. Min. Octávio Gallotti – resultou extinto, sem julgamento de mérito (fls. 230); (c) houve uma decisão, proferida pela Presidência do TRF-1ª Região, que suspendeu tutela antecipada concedida em primeira instância, sendo de destacar, no entanto, que esse ato de cassação – que sequer analisou o mérito da causa – fundamentou-se em aspectos

267. Despacho na ADC/MC 8, rel. Min. Celso de Mello, j. 4.8.1999, *DJU* 12.8.1999, p. 1.076.

absolutamente estranhos à questão constitucional ora em exame, pois limitou-se a proclamar a inidoneidade da ação civil pública para a defesa de direitos individuais homogêneos e a reconhecer a ilegitimidade ativa do Ministério Público para o ajuizamento dessa ação coletiva (fls. 215-221); (d) houve outra decisão que, proferida em sede de agravo de instrumento, pelo egrégio TRF-1ª Região, limitou-se a conceder efeito suspensivo ao recurso, 'por entender configurada hipótese de dano irreparável a eventual direito da parte' (fls. 223), sem qualquer incursão, portanto, na análise da controvérsia constitucional ora em debate; (e) registrou-se uma decisão indeferitória de liminar mandamental, por não vislumbrar, o Magistrado que a proferiu, 'de plano, liquidez e certeza do suposto direito alegado pelos impetrantes', sem indicar, no entanto, qualquer outra fundamentação que pusesse em evidência, de maneira consistente, a validade constitucional da Lei n. 9.783/1999 (fls. 239); (f) a decisão de fls. 244-245, que também sequer tangenciou o fundo da controvérsia constitucional, restringiu-se a considerar satisfativa a liminar mandamental pleiteada, motivo pelo qual veio a indeferi-la; (g) houve, finalmente, três decisões indeferitórias de medida liminar que, de maneira mais específica, porém em caráter de cognição superficial, abordaram a *quaestio juris* em causa (fls. 233, 234-238 e 240-243).

"Esse registro numérico – que, na realidade, se reduz a apenas quatro decisões indeferitórias de medida liminar ('b' e 'g') – suscita uma indagação relevante: a constatação de reduzidíssimo número de decisões favoráveis à validade da Lei n. 9.783/1999, todas proferidas em sede de cognição sumária, permitiria reconhecer, no caso, a ocorrência de situação de incerteza jurídica ou a caracterização de efetivo dissídio judicial na interpretação do diploma legislativo em questão?"[268]

A tentativa de resolver a controvérsia com dados estatísticos revela-se completamente inadequada. A questão parece estar a merecer um outro enfoque.

A exigência quanto à configuração de controvérsia judicial ou de controvérsia jurídica associa-se não só à ameaça ao princípio da presunção de constitucionalidade – esta independe de um número quantitativamente relevante de decisões de um e de outro lado –, mas também, e sobretudo, à invalidação prévia de uma decisão tomada por segmentos expressivos do modelo representativo. A generalização de decisões contrárias a uma decisão legislativa não inviabiliza

268. Despacho na ADC/MC 8, rel. Min. Celso de Mello, j. 4.8.1999, *DJU* 12.8.1999, p. 1.076.

– antes, recomenda – a propositura da ação declaratória de constitucionalidade. É que a situação de incerteza, na espécie, decorre não da leitura e da aplicação contraditória de normas legais pelos vários órgãos judiciais, mas da controvérsia ou dúvida que se instaura entre os órgãos judiciais, que de forma quase unívoca adotam uma dada interpretação, e os órgãos políticos responsáveis pela edição do texto normativo.

É fácil ver, pois, que o estabelecimento de uma comparação quantitativa entre o número de decisões judiciais num ou noutro sentido, com o objetivo de qualificar o pressuposto de admissibilidade da ação declaratória de constitucionalidade, contém uma leitura redutora e equivocada do sistema de controle abstrato na sua dimensão positiva.

Parece elementar que se comprove a existência de controvérsia sobre a aplicação da norma em sede de ação declaratória de constitucionalidade, até mesmo para evitar a instauração de processos de controle de constitucionalidade antes mesmo de qualquer discussão sobre eventual aplicação da lei.

A questão afeta a aplicação do princípio da separação dos Poderes em sua acepção mais ampla. A generalização de medidas judiciais contra uma dada lei nulifica completamente a presunção de constitucionalidade do ato normativo questionado e coloca em xeque a eficácia da decisão legislativa. A ação declaratória seria o instrumento adequado para a solução desse impasse jurídico-político, permitindo que os órgãos legitimados provoquem o STF com base em dados concretos, e não em simples disputa teórica.

Desse modo, a importância da controvérsia judicial também deixa avistar seus contornos pelo significado e consequências derivados do potencial lesivo que certa postura jurisprudencial pode implicar para bens jurídico-fundamentais. Daí porque não se pode admitir que a relevância da controvérsia esteja estritamente vinculada a termos numéricos, merecendo outro enfoque, notadamente em respeito aos valores constitucionais em jogo. Nesse sentido, caminhou o Supremo Tribunal Federal na ADC 85/DF.[269]

Assim, a exigência de demonstração de controvérsia judicial há de ser entendida, nesse contexto, como atinente à existência de

269. ADC 85-MC-Ref/DF, rel. Min. Gilmar Mendes, *DJe* de 5.5.2023.

controvérsia jurídica relevante, capaz de afetar a presunção de legitimidade da lei e, por conseguinte, a eficácia da decisão legislativa.

3. *Pressupostos de admissibilidade e objeto*

A ação declaratória de constitucionalidade, nos termos da segunda parte do art. 102, I, "a", da CF, só poderá versar sobre lei ou ato normativo federal. Por uma dessas ironias do processo legislativo, o legislador constituinte ampliou, na Emenda Constitucional 45/2004, o direito de propositura da ação declaratória de constitucionalidade sem ampliar seu objeto, que continua a ser o direito federal. É de se esperar que, em um próximo passo, se conclua o aperfeiçoamento dessa ação, com a ampliação do objeto da ação declaratória de constitucionalidade, que há de abranger também o direito estadual, tal como preconizado na proposta original, apresentada por Roberto Campos.[270]

Leis e atos normativos federais – Com exceção das normas estaduais, o objeto da ADC segue o mesmo paradigma da ADI para o direito federal: lei ou ato normativo federal autônomo (não regulamentar) devidamente promulgado, ainda que não esteja em vigor. Assim, caberia ADC em face de emenda constitucional, lei complementar, lei ordinária, medida provisória, decreto legislativo, tratado internacional devidamente promulgado, decreto do Executivo de perfil autônomo, resolução de órgão do Poder Judiciário, do Conselho Nacional de Justiça. Tal como sucede em relação à ADI, a ADC não pode ter por objeto ato normativo revogado.

4. *Parâmetro de controle*

No que toca ao parâmetro de controle da ADC, não há distinção relevante a seu equivalente no controle da ADI. Alcança-se todo o texto constitucional, aqui abrangidas normas de caráter formal ou material. O parâmetro também atinge princípios constitucionais ma-

---

270. Cf., supra, item sobre a criação da ação declaratória de constitucionalidade. Na continuação do processo de reforma do Judiciário o Senado aprovou proposta de emenda que ampliou o objeto da ação declaratória de constitucionalidade, abrangendo também o direito estadual. O tema está, agora, submetido à apreciação da Câmara dos Deputados (Proposta de Emenda Constitucional 358-A).

teriais, mesmo que não indicados explicitamente no texto da Constituição. De igual modo, reporta-se a tratados internacionais de direitos humanos com força de emenda constitucional, nos termos do art. 5º, § 3º, da Constituição da República. Sobre parâmetro de controle na ação declaratória de constitucionalidade, confira-se a orientação desenvolvida a propósito da ação direta de inconstitucionalidade.

5. *Procedimento*

A ação declaratória de constitucionalidade foi aplicada, inicialmente, com base em normas constitucionais e em construção jurisprudencial.[271]

Com a entrada em vigor da Lei 9.868, de 10.11.1999, este quadro sofreu significativa alteração. De se ressaltar, porém, que a disciplina legislativa não é, de modo algum, exaustiva, restando, ainda, diversos pontos importantes que devem ser esclarecidos pelas construções da jurisprudência do STF.

Requisitos da petição inicial e admissibilidade da ação – A Lei 9.868/1999 trata, em capítulo destacado, da admissibilidade e do procedimento da ação declaratória de constitucionalidade, instituída pela Emenda Constitucional 3/1993 (Capítulo III). Tendo em vista o caráter *dúplice* ou *ambivalente* das ações diretas e das ações declaratórias, as regras de admissibilidade e de procedimento aplicáveis à ação direta de inconstitucionalidade são, na sua essência, extensíveis à ação declaratória de constitucionalidade.

A petição inicial não está vinculada a qualquer prazo. Porém, seus requisitos são disciplinados pelo art. 14 da Lei 9.868.

O primeiro requisito indispensável à petição inicial é a indicação do dispositivo ou dispositivos sobre os quais versa a ação, bem como dos fundamentos jurídicos do pedido, em relação a cada um deles (art. 14, I).

A exigência em questão já constava da jurisprudência do STF. Nesse sentido, já decidiu o Tribunal ser "necessário, em ação direta de inconstitucionalidade, que venham expostos os fundamentos jurídicos do pedido com relação às normas impugnadas, não sendo de admitir-se alegação genérica sem qualquer demonstração razoável,

271. ADC 1, *DJU* 16.6.1995.

nem ataque a quase duas dezenas de medidas provisórias em sua totalidade, com alegações por amostragem".[272]

É interessante notar que, a despeito da necessidade legal da indicação dos fundamentos jurídicos na petição inicial, não fica o STF adstrito a eles na apreciação que faz da constitucionalidade dos dispositivos questionados. É dominante no âmbito do Tribunal que na ação declaratória de constitucionalidade prevalece o princípio da ***causa petendi*** *aberta*.[273]

O segundo requisito indispensável à petição inicial presente na lei é a formulação, pelo legitimado, do pedido, com suas especificações (art. 14, II). A determinação em questão é fundamental, haja vista que com ela se consagra de forma expressa, entre nós, o *princípio do pedido*.

Como já foi observado, tal princípio é essencial para a jurisdição constitucional, uma vez que dele depende, em determinada medida, a qualificação do órgão decisório como um Tribunal. A *forma judicial* constitui característica peculiar que permite distinguir a atuação da jurisdição constitucional de outras atividades, de cunho meramente político.

De se ressaltar que o pedido poderá abranger, além da emissão de um juízo definitivo sobre a constitucionalidade da norma questionada, a emissão de um juízo provisório sobre o tema, mediante a concessão de medida cautelar.[274]

Há, ainda, legalmente estabelecido, um terceiro requisito: a indicação da existência de controvérsia judicial relevante sobre a aplicação da disposição objeto da ação declaratória (art. 14, III). A propósito dessa questão, considere-se a reflexão desenvolvida sobre o requisito de admissibilidade pertinente à *demonstração da existência de controvérsia judicial*.[275]

O parágrafo único do art. 14 da Lei 9.868/1999 determina que ao autor da ação declaratória de constitucionalidade cabe apresentar, juntamente com a petição inicial em duas vias, cópias da lei ou ato normativo que contenham os dispositivos sobre os quais versa a ação

---

272. ADI 259, rel. Min. Moreira Alves, *DJU* 19.2.1992, p. 2.030.

273. ADI 2.728, rel. Min. Maurício Corrêa, *DJU* 20.2.2004.

274. Cf., infra, item 6, sobre as *medidas cautelares*.

275. Cf., supra, item III/2, "Legitimidade"/"Demonstração da existência de controvérsia judicial na ação declaratória de constitucionalidade".

proposta. O mesmo dispositivo em questão estabelece, ainda, a necessidade de as petições serem acompanhadas, quando subscritas por advogado, de instrumento de procuração. Em decisão de 24.5.2000 estabeleceu o STF que a procuração na ação direta de inconstitucionalidade deve conter poderes específicos quanto à impugnação da norma a ser levada a efeito na ação.[276]

Por fim, atenta à necessidade de conferir certa celeridade à ação declaratória de constitucionalidade, houve por bem a Lei 9.868 deferir ao relator a possibilidade de indeferir liminarmente as petições ineptas, as não fundamentadas e aquelas manifestamente improcedentes (art. 15). Cabe, de toda maneira, agravo da decisão de indeferimento (art. 15, parágrafo único).

Ressalte-se, ainda, que, regularmente proposta a ação declaratória de constitucionalidade, não será admissível a desistência (art. 16). Quanto à modificação da petição inicial, conferir a orientação adotada a propósito da ação direta de inconstitucionalidade.[277]

Intervenção de terceiros e "amicus curiae" – A Lei 9.868/1999 preserva a orientação contida no Regimento Interno do STF que veda a intervenção de terceiros no processo de ação declaratória de constitucionalidade (art. 18).

No âmbito da ação direta de inconstitucionalidade o relator, considerando a relevância da matéria e a representatividade dos postulantes, poderá admitir a manifestação de outros órgãos ou entidades (art. 7º, § 2º).

Trata-se de providência que confere caráter pluralista ao processo objetivo de controle abstrato de constitucionalidade.

Em vista do veto oposto aos §§ 1º e 2º do art. 18, surgem duas questões: (a) se o direito de manifestação assegurado a eventuais interessados se aplica à ação declaratória de constitucionalidade e (b) qual o momento para o exercício do direito de manifestação por parte do *amicus curiae* nessa ação.

Tendo em vista a idêntica natureza da ação declaratória de constitucionalidade e da ação direta de inconstitucionalidade, não parece razoável qualquer conclusão que elimine o direito de manifestação na

---

276. ADI 2.187, rel. Min. Luiz Gallotti, *DJU* 12.12.2003.

277. Cf., supra, item II/5, "Ação Direta de Inconstitucionalidade"/"Procedimento".

ação declaratória de constitucionalidade. O perfil objetivo desse processo recomenda igualmente a adoção do instituto, apto a lhe conferir um caráter plural e aberto. Assim, a despeito do veto aos §§ do art. 18 da Lei 9.868/1999, de se considerar aplicável à ação declaratória de constitucionalidade a regra do art. 7º, § 2º, da Lei 9.868, que admite o direito de manifestação de entidades representativas na ação direta de inconstitucionalidade.[278]

Também no que diz respeito ao momento para o exercício do direito de manifestação, há de se operar, em princípio, antes que os autos sejam conclusos ao relator, para julgamento definitivo. Assim, o direito de manifestação na ação declaratória de constitucionalidade será exercido, regularmente, antes da audiência do Procurador-Geral da República. Parece ser esse, pelo menos, o espírito da norma constante da parte final do art. 7º, § 2º, da Lei 9.868/1999. É verdade que essa disposição remete ao parágrafo anterior – § 1º[279] –, que restou vetado pelo Presidente da República.[280]

É possível, porém, cogitar de hipóteses de admissão de *amicus curiae* depois da audiência do Procurador-Geral da República na ação declaratória de constitucionalidade (art. 20, § 1º), especialmente diante da relevância do caso ou, ainda, em face da notória contribuição que a manifestação possa trazer para o julgamento da causa.

278. Foi esse o entendimento perfilado pelo Tribunal no julgamento da ADC 24-DF, rela. Min. Cármen Lúcia, em que a Relatora admitiu a participação de entidade representativa na condição de *amicus curiae* mesmo em sede de ação declaratória de constitucionalidade. O mesmo ocorreu na ADC 12-DF, rel. Min. Carlos Britto.

279. O § 1º do art. 7º do Projeto de Lei 2.960/1997-CD (n. 10 do Senado) dispunha que: "Os demais titulares referidos no art. 2º poderão manifestar-se, por escrito, sobre o objeto da ação e pedir a juntada de documentos reputados úteis para o exame da matéria, no prazo das informações, bem como apresentar memoriais". E os §§ 1º e 2º do art. 18: "§ 1º. Os demais titulares referidos no art. 103 da Constituição Federal poderão manifestar-se, por escrito, sobre o objeto da ação declaratória de constitucionalidade no prazo de 30 (trinta) dias a contar da publicação do edital a que se refere o artigo anterior, podendo apresentar memoriais ou pedir a juntada de documentos reputados úteis para o exame da matéria"; § 2º. O relator, considerando a relevância da matéria e a representatividade dos postulantes, poderá, por despacho irrecorrível, admitir, observado o prazo estabelecido no parágrafo anterior, a manifestação de outros órgãos ou entidades".

280. Cabe ressaltar que a jurisprudência do STF se consolidou no sentido de que o *amicus curiae* somente pode demandar sua intervenção no feito até a data de inclusão do processo em pauta, conforme decidido na ADI/AgR 4.071-DF, rel. Min. Menezes Direito, *DJe* 16.10.2009.

Procedimento – No que concerne à ação declaratória de constitucionalidade o *iter* procedimental é bastante simplificado, sendo normativamente prevista apenas a manifestação do Procurador-Geral da República no prazo de 15 dias (art. 19). Havendo pedido de cautelar, poderá haver o julgamento antes da manifestação do Procurador-Geral da República.[281]

Igualmente relevantes afiguram-se os dispositivos contidos na Lei 9.868 que permitem que o relator, tanto na ação direta de inconstitucionalidade como na ação declaratória de constitucionalidade, solicite informações aos Tribunais Superiores, aos Tribunais federais e aos Tribunais estaduais acerca da aplicação da norma impugnada no âmbito de sua jurisdição (arts. 9º, § 2º, e 20, § 2º). Trata-se de providência que, além de aperfeiçoar os mecanismos de informação do Tribunal, permite maior integração entre a Corte Suprema e as demais Cortes federais e estaduais.

Após a manifestação do Procurador-Geral da República poderá o relator solicitar dia para o julgamento da ação declaratória de constitucionalidade (art. 20, *caput*).

Apuração de questões fáticas no controle de constitucionalidade[282] – Importante inovação consta do art. 20, § 1º, da Lei 9.868/1999, que autoriza o relator, após as manifestações do Advogado-Geral da União e do Procurador-Geral da República, em caso de necessidade de esclarecimento de matéria ou circunstância de fato ou de notória insuficiência das informações existentes nos autos, a requisitar informações adicionais, designar perito ou comissão de peritos para emitir parecer sobre a questão ou fixar data para, em audiência pública, ouvir depoimentos e pessoas com experiência e autoridade na matéria.

Sobre o tema, confira-se a orientação adotada a propósito da ação direta de inconstitucionalidade.

---

281. Cf. ADC 9, red. para o acórdão Min. Ellen Gracie, j. procedente, *DJU* 23.4.2004.

282. Cf. Gilmar Ferreira Mendes, "Controle de constitucionalidade: hermenêutica constitucional e revisão de fatos e prognoses legislativos pelo órgão judicial", in *Direitos Fundamentais e Controle de Constitucionalidade*, 4ª ed., São Paulo, Saraiva, 2012, pp. 663-680.

6. *Medida cautelar*

Outro importante ponto presente na Lei 9.868 refere-se à admissão de cautelar em ação declaratória de constitucionalidade,[283] que há de consistir na determinação, por parte da maioria absoluta do STF, de que os juízes e Tribunais suspendam o julgamento dos processos que envolvam a aplicação da lei ou do ato normativo objeto da ação até seu julgamento definitivo, que, de qualquer sorte, há de se verificar no prazo de 180 dias (art. 21).

Considerando a natureza e o escopo da ação declaratória de constitucionalidade, a eficácia *erga omnes* e o efeito vinculante das decisões proferidas nesse processo, parece ter sido acertada a admissão por parte do legislador, de maneira explícita, da concessão de medida cautelar, a fim de evitar o agravamento do estado de insegurança ou de incerteza jurídica que se pretendia eliminar.

Observe-se que na ADC 9 (racionamento) o STF, por maioria de votos, deferiu o pedido cautelar para suspender, com eficácia *ex tunc* e com efeito vinculante, até o final do julgamento da ação, a prolação de qualquer decisão que tivesse por pressuposto a constitucionalidade ou a inconstitucionalidade dos arts. 14 a 18 da Medida Provisória 2.152/2001.[284]

Na ADC 12 (nepotismo) o Tribunal também concedeu cautelar, com eficácia *ex tunc* e efeitos vinculantes e *erga omnes*, para suspender, até o exame de mérito da ação, o julgamento dos processos que têm por objeto questionar a constitucionalidade da Resolução 7 do CNJ; ademais, essa medida tem por objetivo impedir que juízes e Tribunais venham a proferir decisões que impeçam ou afastem a aplicabilidade da mesma resolução e suspender, com eficácia *ex tunc*, os efeitos das decisões já proferidas no sentido de afastar ou impedir a aplicação da referida resolução.[285]

---

283. O STF já admitia em sua jurisprudência a possibilidade de concessão de medida cautelar em ação declaratória de constitucionalidade (cf. ADC 4, rel. Min. Sidney Sanches, *DJU* 21.5.1999, e ADC 7, rel. Min. Celso de Mello, *DJU* 22.10.1999).

284. Red. para o acórdão Min. Ellen Gracie, j. 13.12.2001, *DJU* 6.2.2002.

285. Rel. Min. Carlos Britto, liminar julgada em 16.2.2006, *DJe* 17.2.2006.

7. Decisão

Tal como a decisão proferida na ação direta de inconstitucionalidade, a decisão proferida na ação declaratória de constitucionalidade é irrecorrível (admitem-se apenas embargos de declaração) e insuscetível de ser rescindida (Lei 9.868/1999, art. 26).

Após o trânsito em julgado a decisão será publicada em seção especial do *Diário Oficial da União* e no *Diário da Justiça* (art. 28).

Sobre a decisão na ação declaratória de constitucionalidade, conferir "As Decisões do STF no Controle Abstrato de Normas e os Efeitos da Declaração de Inconstitucionalidade" (item V, infra).

IV – AÇÃO DIRETA DE INCONSTITUCIONALIDADE POR OMISSÃO

1. Introdução

É possível que a problemática atinente à inconstitucionalidade por omissão constitua um dos mais tormentosos e, ao mesmo tempo, um dos mais fascinantes temas do direito constitucional moderno. Ela envolve não só a questão concernente à concretização da Constituição pelo legislador e à eficácia das normas constitucionais. Ela desafia também a argúcia do jurista na solução do problema sob uma perspectiva estrita do processo constitucional. Quando se pode afirmar a caracterização de uma lacuna inconstitucional? Quais as possibilidades de colmatação dessa lacuna? Qual a eficácia do pronunciamento da Corte Constitucional que afirma a inconstitucionalidade por omissão do legislador? Quais as consequências jurídicas da sentença que afirma a inconstitucionalidade por omissão?

Observe-se que o reconhecimento da inconstitucionalidade por omissão configura fenômeno relativamente recente também na dogmática jurídica alemã.

Em 1911 ressaltava Kelsen que a configuração de um dever do Estado de editar determinada lei afigurava-se inadmissível.[286] Anteriormente reconhecera Georg Jellinek que a impossibilidade de

286. Hans Kelsen, *Hauptprobleme der Staatsrechtslehre*, Tübingen, Mohr, 1911, p. 410.

formular pretensão em face do legislador constituía *communis opinio*.[287] Sob o império da Constituição de Weimar (1919) negava-se, igualmente, a possibilidade de se formular qualquer pretensão contra o legislador. Esse entendimento assentava-se, de um lado, na ideia de uma irrestrita liberdade legislativa e, de outro, na convicção de que o legislador somente atuava no interesse da coletividade.[288]

Essa questão sofreu significativa mudança com o advento da Lei Fundamental de 1949. A expressa vinculação do legislador aos direitos fundamentais (art. 1º, § 3º) e à Constituição como um todo (art. 20, III) estava a exigir o desenvolvimento de uma nova concepção. Já em 1951 passou a doutrina a admitir, pela voz eloquente de Bachof, a possibilidade de responsabilização do Estado em virtude de ato de índole normativa,[289] caracterizando uma ruptura com o entendimento até então vigente, baseado na própria jurisprudência do *Reichsgericht*.[290] Bachof rejeitava, porém, a pretensão à edição de uma lei, por entender que isso seria incompatível com o princípio da divisão de Poderes.[291]

A Corte Constitucional alemã viu-se compelida a arrostar questão atinente à omissão do legislador logo no seu primeiro ano de atividade. Na decisão de 19.12.1951 o Tribunal negou a admissibilidade de recurso constitucional contra a omissão do legislador, que, segundo alegado, *fixara a pensão previdenciária em valor insuficiente para a satisfação das necessidades básicas de uma família*. Segundo o entendimento então esposado pelo Tribunal, os postulados contidos na Lei Fundamental não asseguravam ao cidadão, em princípio, qualquer pretensão a uma atividade legislativa suscetível de ser perseguida mediante *recurso constitucional*.[292]

---

287. Georg Jellinek, *System der subjektiven öffentlichen Rechte*, 2ª ed., Tübingen, 1905, p. 80, nota 1.

288. Gerhard Anschütz e Richard Thoma (orgs.), *Handbuch des Deutschen Staatsrechts*, t. II, Tübingen, Mohr, 1932, p. 608; Felix Genzmer, *Die Verwaltungsgerichtsbarkeit, Handbuch des Deutschen Staatsrechts*, t. II, 1932, pp. 506 e ss.

289. Otto Bachof, *Die verwaltungsgerichtliche Klage auf Vornahme einer Amtshandlung*, 2ª ed., Tübingen, Mohr, 1968, p. 18.

290. Cf. acórdão do *Reichsgericht* in *RGZ* 125/282, no qual se assentou, expressamente, a impossibilidade de responsabilização do Estado por ato legislativo.

291. Otto Bachof, *Die verwaltungsgerichtliche Klage auf Vornahme einer Amtshandlung*, 2ª ed., p. 18.

292. *BVerfGE* 1/97 (100).

As decisões proferidas em 20.2.1957 e em 11.6.1958 estavam a sinalizar a evolução jurisprudencial que haveria de ocorrer. Na primeira decisão, proferida em processo de recurso constitucional, a Corte Constitucional alemã admitiu, expressamente, o cabimento de medida judicial contra omissão parcial do legislador, reconhecendo que, ao contemplar determinado grupo ou segmento no âmbito de aplicação de uma norma, o legislador poderia atentar contra o princípio da isonomia, cumprindo de forma defeituosa o dever constitucional de legislar.[293] Na decisão de 11.6.1958, também proferida em recurso constitucional (*Verfassungsbeschwerde*)[294] impetrado contra lei federal que fixava a remuneração de funcionários públicos, a Corte declarou que, embora não estivesse legitimada a fixar os vencimentos de funcionários públicos, dispunha ela de elementos suficientes para constatar que, em virtude da alteração do custo de vida, os valores estabelecidos na referida lei não mais correspondiam aos parâmetros mínimos exigidos pelo art. 33(5) da Lei Fundamental.[295] Não se declarou, ali, a nulidade do ato normativo, *até porque uma cassação agravaria ainda mais o estado de inconstitucionalidade.* O Tribunal limitou-se a constatar a ofensa a direito constitucional dos impetrantes em virtude da omissão legislativa.

Portanto, a jurisprudência da Corte Constitucional alemã identificou, muito cedo, que configura omissão inconstitucional não só o *inadimplemento absoluto* de um dever de legislar (*omissão total*), mas também a execução falha, defeituosa ou incompleta desse mes-

293. *BVerfGE* 6/257.

294. Acentue-se que o ordenamento alemão não dispõe de instrumentos especiais para o controle judicial da omissão. O recurso constitucional – *Verfassungsbeschwerde* – constitui, na esfera do *Bundesverfassungsgericht*, o único instrumento processual autônomo de que o cidadão dispõe para atacar diretamente a omissão do legislador, desde que logre demonstrar eventual ofensa a um dos direitos fundamentais. Na maioria dos casos cuida-se de *Verfassungsbeschwerde* dirigida contra ato normativo, quando se admite que o legislador satisfez de forma incompleta o dever de proteção (*Schutzpflicht*) dimanado de um ou de outro direito fundamental. A maioria dos casos refere-se, porém, não às *Verfassungsbeschwerde* propostas diretamente contra a omissão legislativa, seja ela parcial ou total, mas àquelas dirigidas contra decisão da última instância da jurisdição ordinária (chamadas *Urteils-Verfassungsbeschwerde*). A *Urteil-Verfassungsbeschwerde* cumpre, em determinada medida, função semelhante à do nosso recurso extraordinário pertinente à ofensa constitucional, podendo ser interposta nos casos de lesão aos direitos fundamentais mediante erro do juiz ou Tribunal na interpretação e aplicação do Direito.

295. *BVerfGE* 8/1 (28).

mo dever (*omissão parcial*). Assentou-se, igualmente, que a lacuna inconstitucional poderia decorrer de uma mudança nas relações fáticas, configurando para o legislador imediato dever de adequação.

A identificação da omissão inconstitucional do legislador, no juízo de constitucionalidade, tornava imperioso o desenvolvimento de novas técnicas de decisão, que se afigurassem adequadas a eliminar do ordenamento jurídico essa peculiar forma de afronta à Constituição sem violentar a própria sistemática constitucional consagrada na Lei Fundamental. A Corte Constitucional recusou, de plano, a possibilidade de substituir-se ao legislador na colmatação das lacunas eventualmente identificadas, entendendo que a tarefa de concretização da Constituição foi confiada, primordialmente, ao legislador. Assim, tanto o princípio da divisão de Poderes quanto o postulado da Democracia obstavam a que os Tribunais se arrogassem o direito de suprir lacunas eventualmente identificadas.

Essa orientação fez com que o Tribunal desenvolvesse, como técnica de decisão aplicável aos casos de lacuna inconstitucional, a declaração de inconstitucionalidade sem a pronúncia da nulidade (*Unvereinbarerklärung*). Trata-se de decisão de caráter mandamental, que obriga o legislador a suprimir, com a possível presteza, o estado de inconstitucionalidade decorrente da omissão.[296] Essa forma de decisão, construída pela jurisprudência, foi incorporada à lei que disciplina o processo perante a Corte Constitucional.

Outra técnica de decisão, desenvolvida sobretudo para os casos de omissão inconstitucional, é o apelo ao legislador (*Appellentscheidung)*, decisão na qual se afirma que a situação jurídica em apreço ainda se afigura constitucional, devendo o legislador empreender as medidas requeridas para evitar a consolidação de um estado de inconstitucionalidade. Essa técnica de decisão assumiu relevância ímpar nos casos da legislação pré-constitucional incompatível com a Lei Fundamental. A cassação dessas leis pré-constitucionais poderia levar, em muitos casos, a uma situação de autêntico caos jurídico. Daí ter a Corte Constitucional reconhecido que o legislador haveria de dispor de um prazo razoável para adaptar o direito ordinário à nova ordem constitucional, reconhecendo como "ainda constitucional" o Direito anterior, que deveria ser aplicado nessa fase de transi-

296. Jörn Ipsen, *Rechtsfolgen der Verfassungswidrigkeit von Norm und Einzelakt*, Baden-Baden, 1980, pp. 268-269.

ção. A doutrina constitucional mais moderna considera que o apelo ao legislador (*Appellentscheidung*) configura apenas uma decisão de rejeição de inconstitucionalidade, caracterizando-se essa recomendação dirigida ao legislador como simples *obiter dictum*.[297] Essa qualificação não retira a eficácia presente nesse pronunciamento, e, a despeito de não vir imantada de força vinculante, não se registrou qualquer caso relevante de recalcitrância ou de recusa do legislador no cumprimento do dever constitucional de legislar.

No Brasil a ação direta de inconstitucionalidade por omissão teve até agora uma aplicação restrita.[298] Pouco mais de uma centena de ações diretas de inconstitucionalidade por omissão foram propostas perante o STF.[299]

2. *Legitimidade*

Considerações preliminares – A adoção de instrumentos especiais destinados à defesa de direitos subjetivos constitucionalmente assegurados e à proteção da ordem constitucional contra omissão hábil a afetar a efetividade de norma constitucional está a indicar a existência, em muitos casos, de uma pretensão individual a uma atividade legislativa, emprestando forma jurídica a uma questão até há pouco tratada tradicionalmente como típica questão política.

Tal como a ação direta de inconstitucionalidade, o processo de controle abstrato da omissão (ação direta de inconstitucionalidade por omissão) não tem outro escopo senão o da defesa da ordem

---

297. Cf., a propósito: Brun-Otto Bryde, *Verfassungsentwicklung, Stabilität und Dynamik im Verfassungsrecht der Bundesrepublik Deutschland*, Baden-Baden, 1982, pp. 397 e ss.; Jörn Ipsen, *Rechtsfolgen der Verfassungswidrigkeit von Norm und Einzelakt*, p. 125. Sobre a diferenciação entre *ratio decidendi* e *obter dictum* ("coisa dita de passagem") (acessoriamente, v. Paulo Rónai, *Não Perca o seu Latim*, Rio de Janeiro, Nova Fronteira, 1984) – isto é, entre os fundamentos essenciais à prolação do julgado e aquelas considerações que integram os fundamentos da decisão, mas que são perfeitamente dispensáveis – v. Wilfried Schlüter, *Das Obiter Dictum*, Munique, 1973, pp. 77 e ss.

298. A Assessoria de Gestão Estratégica do STF mantém, no *site* da Corte, tabela atualizada das ações protocoladas que têm por objeto omissão normativa inconstitucional.

299. Sobre o tema, cf. Francisco Fernández Segado, "El nuevo régimen jurídico de la *ação de inconstitucionalidade por omissão*: la Ley brasileña n. 12.063, de 27 de octubre de 2009", *Anuario Iberoamericano de Justicia Constitucional* 14/119-181, 2010.

fundamental contra condutas com ela incompatíveis. Não se destina, pela própria índole, à proteção de situações individuais ou de relações subjetivadas, mas visa, precipuamente, à defesa da ordem jurídica. Não se pressupõe, portanto, aqui, a configuração de um interesse jurídico específico ou de um interesse de agir. Os órgãos ou entes incumbidos de instaurar esse processo de defesa da ordem jurídica agem não como autores, no sentido estritamente processual, mas como advogados do interesse público – ou, para usar a expressão de Kelsen, como "advogados da Constituição".[300] O direito de instaurar o processo de controle não lhes foi outorgado tendo em vista a defesa de posições subjetivas. Afigura-se suficiente, portanto, a configuração de um interesse público de controle. Tem-se aqui, pois – para usarmos a denominação usada por Triepel[301] e adotada pela Corte Constitucional alemã –, típico processo objetivo.[302]

Ressalte-se que, a despeito do entendimento quanto à natureza diversa da ação direta de inconstitucionalidade e da ação direta de inconstitucionalidade por omissão, pelo menos quanto ao resultado, o STF até pouco tempo não distinguia os institutos no que concerne à sua autonomia processual, contemplando a ação direta de inconstitucionalidade por omissão na mesma lista numérica das ações diretas em geral (cf. art. 102, I, "a", da CF de 1988 e Resolução 230/2002 do STF). Somente em 2009 foi editada resolução que corrigiu o problema. Daí a dificuldade para o estudioso de identificar até mesmo o número de ações diretas de inconstitucionalidade por omissão já propostas.

Ocorreu aqui fenômeno assemelhado ao verificado com a representação interventiva e a representação por inconstitucionalidade (controle abstrato) sob a Constituição de 1967/1969, quando acabou por não distinguir a representação de inconstitucionalidade da representação interventiva.

Legitimação para agir – Todos hão de concordar que, no tocante à ação direta de inconstitucionalidade por omissão, a fórmula

---

300. Nesse sentido, v. Hans Kelsen, *Jurisdição Constitucional*, São Paulo, Martins Fontes, 2003, pp. 175-176.

301. O art. 13, § 2º, da Constituição de Weimar previa expressamente a aferição abstrata da validade de uma norma na relação entre o direito federal (*Reichsrecht*) e o direito estadual (*Landesrecht*).

302. Cf. também Gilmar Ferreira Mendes, *Controle de Constitucionalidade: Aspectos Jurídicos e Políticos*, São Paulo, Saraiva, 1990, pp. 249 e ss.

escolhida pelo constituinte, já do ponto de vista estritamente formal, não se afigura isenta de críticas. O art. 102 da CF, que contém o elenco das competências do STF, não contempla a ação direta de inconstitucionalidade por omissão, limitando-se a mencionar a ação direta de inconstitucionalidade de lei ou ato normativo federal ou estadual e a ação declaratória de constitucionalidade de lei ou ato normativo federal (art. 102, I, "a", com redação da Emenda Constitucional 3/1993).

No art. 103, *caput*, fixam-se os entes ou órgãos legitimados a propor a ação direta de inconstitucionalidade. Parece evidente que essa disposição refere-se à ação direta de inconstitucionalidade de lei ou ato normativo estadual ou federal, prevista no art. 102, I, "a", já mencionado.

Se tivermos o cuidado de investigar o direito comparado, haveremos de perceber que o constituinte português de 1976 tratou de forma diversa os processos de controle abstrato da ação e da omissão também no que concerne ao direito de propositura. Enquanto o processo de controle abstrato de normas pode ser instaurado mediante requerimento do Presidente da República, do Presidente da Assembleia, do Primeiro-Ministro, do Provedor da República, de um décimo dos deputados à Assembleia da República (art. 201º, 1, "a"), o processo de controle abstrato de omissão, propriamente dito, somente pode ser instaurado a requerimento do Presidente da República e do Provedor de Justiça (art. 283º).

Ressalte-se que a afirmação segundo a qual os órgãos e entes legitimados a propor a ação direta de inconstitucionalidade de lei ou ato normativo, nos termos do art. 103, *caput*, estariam igualmente legitimados a propor a ação direta de inconstitucionalidade por omissão prepara algumas dificuldades.

Deve-se notar que, naquele elenco, dispõem de direito de iniciativa legislativa, no plano federal, tanto o Presidente da República como os integrantes da Mesa do Senado Federal e da Mesa da Câmara do Deputados (CF, art. 61).

Assim, salvo nos casos de iniciativa privativa de órgãos de outros Poderes – como é o caso do STF em relação ao Estatuto da Magistratura (art. 93, *caput*, da CF) –, esses órgãos constitucionais não poderiam propor ação de inconstitucionalidade, porque, enquanto responsáveis ou corresponsáveis pelo eventual estado de inconstitucionalidade, seriam eles os destinatários primeiros da ordem judicial de fazer, em caso de procedência da ação.

Todavia, diante da indefinição então existente, afigurava-se possível admitir – com base, mesmo, no princípio de hermenêutica que recomenda a adoção da interpretação que assegure maior eficácia possível à norma constitucional – que os entes ou órgãos legitimados a propor a ação direta contra ato normativo – desde que fossem contempladas as peculiaridades e restrições mencionadas – pudessem instaurar o controle abstrato da omissão.

A questão foi pacificada com a promulgação da Lei 12.063/2009, que, no art. 12-A introduzido na Lei 9.868/1999, estabeleceu que "podem propor a ação direta de inconstitucionalidade por omissão os legitimados à propositura da ação direta de inconstitucionalidade e da ação declaratória de constitucionalidade".

3. *Pressupostos de admissibilidade e objeto*

Considerações preliminares – Nos termos do art. 103, § 2º, da CF, a ação direta de inconstitucionalidade por omissão visa a tornar efetiva norma constitucional, devendo ser dada ciência ao Poder competente para adoção das providências necessárias. Tratando-se de órgão administrativo, será determinado que empreenda as medidas reclamadas no prazo de 30 dias.

Objeto desse controle abstrato da inconstitucionalidade é a mera inconstitucionalidade morosa dos órgãos competentes para a concretização da norma constitucional. A própria formulação empregada pelo constituinte não deixa dúvida de que se teve em vista, aqui, não só a atividade legislativa, mas também a atividade tipicamente administrativa que pudesse, de alguma maneira, afetar a efetividade de norma constitucional.

Questão relevante diz respeito à competência do STF para apreciar eventual inconstitucionalidade por omissão de órgãos estaduais.

O texto constitucional outorgou ao STF a competência para julgar a ação direta de inconstitucionalidade de lei ou ato normativo federal ou estadual (art. 102, I, "a"). A função de guardião da Constituição, que lhe foi expressamente deferida, e a ideia subjacente a inúmeros institutos de controle, visando a concentrar a competência das questões constitucionais na Excelsa Corte, parecem favorecer o entendimento que estende ao STF a competência para conhecer de eventuais omissões de órgãos legislativos estaduais em face da Constituição Federal no âmbito dessa peculiar ação direta.

Nos termos do art. 12-B da Lei 12.063/2009, a petição inicial indicará "a omissão inconstitucional total ou parcial quanto ao cumprimento de dever constitucional de legislar ou quanto à adoção de providência de índole administrativa".

Resta evidente, assim, que o objeto da ação direta de inconstitucionalidade por omissão poderá ser omissão legislativa federal ou estadual, ou ainda omissões administrativas que afetem a efetividade da Constituição.

Omissão legislativa. Considerações preliminares – Não parece subsistir dúvida de que a concretização da Constituição há de ser efetivada, fundamentalmente, mediante a promulgação de lei. Os princípios da Democracia e do Estado de Direito (art. 1º) têm na lei instrumento essencial. Não se trata, aqui, apenas de editar normas reguladoras das mais diversas relações, mas de assegurar sua legitimidade mediante a aprovação por órgãos democraticamente eleitos.

A Administração Pública está vinculada expressamente, dentre outros, ao princípio da legalidade (art. 37). Toda a organização político-administrativa fundamental, no âmbito federal, estadual e municipal, há de ser realizada mediante lei (cf., *v.g.*, arts. 18, §§ 2º a 4º, 25, *caput* e § 3º, 29, 32, 33, 39, 43, 93, 128, § 5º, 131, 142, § 1º, e 146). O sistema tributário nacional, o sistema das finanças públicas e o sistema financeiro nacional dependem de lei para sua organização e funcionamento (arts. 146, 163 e 165).

O art. 5º, II, da CF reproduz a clássica formulação do direito constitucional brasileiro segundo a qual "ninguém será obrigado a fazer ou deixar de fazer alguma coisa senão em virtude de lei", consagrando, de forma ampla, o princípio da reserva legal. Os princípios da reserva legal e da anterioridade da lei definidora de crime (art. 5º, XXXIX) estão constitucionalmente assegurados. As diversas restrições aos direitos fundamentais somente poderão ser estabelecidas mediante lei, que não pode afetar seu núcleo essencial, como expressão da cláusula pétrea consagrada no art. 60, § 4º, da CF.

Todas essas considerações estão a demonstrar que a concretização da ordem fundamental estabelecida na Constituição de 1988 carece, nas linhas essenciais, de lei. Compete às instâncias políticas e, precipuamente, ao legislador a tarefa de construção do Estado Constitucional. Como a Constituição não basta em si mesma, têm os órgãos legislativos o poder e o dever de emprestar conformação à realidade social. A omissão legislativa constitui, portanto, objeto fundamental da ação direta de inconstitucionalidade em apreço.

Esta pode ter como objeto todo o ato complexo que forma o processo legislativo, nas suas diferentes fases. Destinatário principal da ordem a ser emanada pelo órgão judiciário é o Poder Legislativo. O sistema de iniciativa reservada, estabelecido na Constituição Federal, faz com que a omissão de outros órgãos, que têm competência para desencadear o processo legislativo, seja também objeto dessa ação direta de inconstitucionalidade.[303]

Nos casos de iniciativa reservada não há dúvida de que a ação direta de inconstitucionalidade por omissão buscará, em primeira linha, desencadear o processo legislativo.

"Inertia deliberandi" – Questão que ainda está a merecer melhor exame diz respeito à *inertia deliberandi* (discussão e votação) no âmbito das Casas Legislativas.[304] Enquanto a sanção e o veto estão

---

303. Nos termos do art. 61, § 1º, da CF, são de iniciativa do Presidente da República as leis que: (a) fixem efetivos das Forças Armadas; (b) disponham sobre (1) criação de cargos, funções ou empregos públicos na Administração direta e autárquica ou aumento de sua remuneração; (2) organização administrativa e judiciária, matéria tributária, orçamentária, serviços públicos e pessoal da administração dos Territórios; (3) servidores públicos da União e Territórios, seu regime jurídico, provimento de cargos, estabilidade e aposentadoria de civis, reforma e transferência de militares para a inatividade; (4) organização do Ministério Público e da Defensoria Pública da União, bem como normas gerais para organização do Ministério Público e da Defensoria Pública dos Estados, do Distrito Federal e dos Territórios; (5) criação e estruturação e atribuições dos Ministérios e órgãos da Administração Pública.

Da mesma forma, são da iniciativa exclusiva do STF a lei complementar dispondo sobre o Estatuto da Magistratura (art. 93) e as leis que preveem a criação e a extinção de cargos de seus serviços auxiliares e a fixação de vencimentos de seus membros e servidores.

Também os Tribunais Superiores dispõem de iniciativa reservada para as leis de alteração do número dos membros dos Tribunais inferiores, a criação e extinção dos cargos e fixação dos vencimentos de seus membros, dos juízes, inclusive dos Tribunais inferiores, onde houver, e dos serviços auxiliares e os dos juízos que lhe forem vinculados (art. 96, II, "b").

304. A referência, aqui, diz respeito às fases de discussão e deliberação do processo legislativo.

disciplinados, de forma relativamente precisa, no texto constitucional, inclusive no que concerne a prazos (art. 66), a deliberação não mereceu do constituinte, no tocante a esse aspecto, uma disciplina mais minuciosa. Ressalvada a hipótese de utilização do procedimento abreviado previsto no art. 64, §§ 1º e 2º, da CF, não foram estabelecidos prazos para a apreciação dos projetos de lei. Observe-se que mesmo nos casos desse procedimento abreviado não há garantia quanto à aprovação dentro de determinado prazo, uma vez que o modelo de processo legislativo estabelecido pela Constituição não contempla a aprovação por decurso de prazo.

O STF vinha considerando que, desencadeado o processo legislativo, não havia que se cogitar de omissão inconstitucional do legislador.[305]

A complexidade de algumas obras legislativas não permite que elas sejam concluídas em prazo exíguo. O próprio constituinte houve por bem excluir do procedimento abreviado os projetos de código (CF, art. 64, § 4º), reconhecendo expressamente que obra dessa envergadura não poderia ser realizada de afogadilho. Haverá trabalhos legislativos de igual ou maior complexidade. Não se deve olvidar, outrossim, que as atividades parlamentares são caracterizadas por veementes discussões e difíceis negociações, que decorrem, mesmo, do processo democrático e do pluralismo político reconhecido e consagrado pela ordem constitucional (art. 1º, *caput* e inciso I). Orlando Bittar, distinguindo os Poderes, dizia que o Legislativo é *intermitente*; o Executivo, *permanente*; e o Judiciário só age *provocado*. Ou seja, o Legislativo pode parar por algum tempo – isto é, entrar em recesso.

Essas peculiaridades da atividade parlamentar – que afetam, inexoravelmente, o processo legislativo – não justificam, todavia, uma conduta manifestamente negligente ou desidiosa das Casas Legislativas; conduta, esta, que pode pôr em risco a própria ordem constitucional.

Não temos dúvida, portanto, em admitir que também a *inertia deliberandi* das Casas Legislativas pode ser objeto da ação direta de inconstitucionalidade por omissão. Assim, pode o STF reconhecer a

305. Cf., nesse sentido: ADI 2.495, rel. Min. Ilmar Galvão, j. 2.5.2002, *DJU* 2.8.2002.

mora do legislador em deliberar sobre a questão, declarando, assim, a inconstitucionalidade da omissão.

Esse entendimento mais amplo da omissão inconstitucional parece ter prevalecido em 9.5.2007, quando o STF, por unanimidade, julgou procedente a ADI 3.682, ajuizada pela Assembleia Legislativa do Estado de Mato Grosso contra o Congresso Nacional, em razão da mora na elaboração da lei complementar federal a que se refere o art. 18, § 4º, da CF, na redação da Emenda Constitucional 15/1996 ("A criação, a incorporação, a fusão e o desmembramento de Municípios far-se-ão por lei estadual, dentro do período determinado por lei complementar federal ..."). Não obstante os vários projetos de lei complementar apresentados e discutidos no âmbito das duas Casas Legislativas, entendeu-se que a inércia legislativa também poderia configurar omissão passível de vir a ser reputada inconstitucional na hipótese de os órgãos legislativos não deliberarem dentro de um prazo razoável sobre o projeto de lei em tramitação. No caso, o lapso temporal de mais de 10 anos desde a data da publicação da Emenda Constitucional 15/1996 evidenciou a inatividade do legislador. Ademais, a omissão legislativa produziu incontestáveis efeitos durante o longo tempo transcorrido, no qual vários Estados-membros legislaram sobre o tema e diversos Municípios foram efetivamente criados com base em requisitos definidos em antigas legislações estaduais, alguns, inclusive, declarados inconstitucionais pelo STF.[306]

Em 2023, ao julgar a ADO 38, o Supremo Tribunal Federal reafirmou referido posicionamento. Naquele caso, impugnava-se a omissão legislativa na criação de lei complementar para ajustar o número de Deputados Federais conforme a atual proporção da população de cada estado e do Distrito Federal, em respeito ao comando do art. 45, § 1º, da Constituição. Ao julgar a demanda, o Tribunal reconheceu a inconstitucionalidade por omissão e consignou que a existência de projetos de lei complementar sobre o assunto em tramitação no Senado e na Câmara dos Deputados não seria apta a descaracterizar a mora legislativa.[307]

O mesmo ocorreu no julgamento da ADO 74, em 2024. Ao reconhecer a omissão quanto ao dever de legislar no tocante à regulamentação do adicional de penosidade aos trabalhadores urbanos e rurais,

---

306. ADI 3.682, rel. Min. Gilmar Mendes, *DJe* 6.9.2007.

307. ADO 38, rel. Min. Luiz Fux, *DJe* de 9.10.2023.

o STF, mais uma vez, assentou que a mera tramitação de proposições, sem deliberação em tempo razoável, não é capaz de desconfigurar a omissão, visto que "as peculiaridades da atividade parlamentar, que afetam, inexoravelmente, o processo legislativo, não justificam inércia por largo período na regulamentação de dispositivos constitucionais, conduta essa que pode colocar em risco a própria ordem constitucional."[308]

A omissão inconstitucional pressupõe a não observância de um dever constitucional de legislar, que resulta tanto de comandos explícitos da Lei Magna[309] como de decisões fundamentais da Constituição identificadas no processo de interpretação.[310]

Tem-se *omissão absoluta* quando o legislador não empreende a providência legislativa reclamada. Constatam-se semelhanças com a *omissão* total ou *absoluta* nos casos em que existe um ato normativo que, todavia, atende parcialmente à vontade constitucional.[311] Trata-se de *omissão parcial*.

Entretanto, como ressaltado, a jurisprudência do STF somente reconhece a omissão inconstitucional se se verifica o inadimplemento do dever constitucional de legislar. Todavia, é de se indagar sobre as normas constitucionais que impõem um dever constitucional de legislar de conteúdo definido, hábil a ser aferido nos processos especiais de controle da omissão. Daí parecer coerente um levantamento de algumas questões decorrentes da aplicação dos direitos fundamentais.

A omissão parcial – Tanto a introdução de uma especial garantia processual para a proteção de direitos subjetivos constitucionalmente

---

308. ADO 74, rel. Min. Gilmar Mendes, *DJe* de 25.6.2024.

309. *BVerfGE* 6/257 (264); Christian Pestalozza, "'Noch verfassungsmässige' und 'bloss verfassungswidrige' Rechtslagen", in *Bundesverfassungsgericht und Grundgesetz*, vol. 1, Tübingen, 1976, p. 526; Friedrich Jülicher, *Die Verfassungsbeschwerde gegen Urteile bei gesetzgeberischem Unterlassen*, Berlim, 1972, p. 13.

310. *BVerfGE* 56/54 (70 e ss.) e 55/37 (53); Peter Hein, *Die Unvereinbarkeitklärung verfassungswidrige Gesetze durch das Bundesverfassungsgericht*, Baden, 1988, p. 57; *BVerfGE*, Vorprüfungsausschuss *NJW* 1983/2931 (Waldsterben).

311. Peter Lerche, "Das Bundesverfassungsgericht und die Verfassungsdirektiven, Zu den 'nicht erfüllten Gesetzgebungsaufträgen'", *AöR* 90/341 (352), 1965; Friedrich Jülicher, *Die Verfassungsbeschwerde gegen Urteile bei gesetzgeberischem Unterlassen*, p. 33; Stern, *Bonner Kommentar*, 2ª tir., art. 93, *RdNr.* 285; Hans Lechner, "Zur Zulässigkeit der Verfassungsbeschwerde gegen Unterlassungen des Gesetzgebers", *NJW* 1955/181 e ss.; Schmidt-Bleibtreu, in Maunz e outros, *BVerfGG*, § 90, *RdNr.* 121.

assegurados quanto a adoção de um processo abstrato para o controle da inconstitucionalidade por omissão legislativa estão a demonstrar que o constituinte brasileiro partiu de uma nítida diferenciação entre a inconstitucionalidade por ação e a inconstitucionalidade por omissão.

A tentativa de proceder a essa clara diferenciação não se afigura isenta de dificuldades.[312] Se se considera que, atendida a maioria das exigências constitucionais de legislar, não restarão senão os casos de omissão parcial, seja porque o legislador promulgou norma que não corresponde, plenamente, ao dever constitucional de legislar, seja porque uma mudança das relações jurídicas ou fáticas impõe-lhe um dever de adequação do complexo existente (*Nachbesserungspflicht*).[313]

Assim, decorrido algum tempo da promulgação da Lei Magna, não se logrará identificar – com a ressalva de uma ou de outra exceção – uma omissão pura do legislador. O atendimento insatisfatório ou incompleto de exigência constitucional de legislar configura, sem dúvida, afronta à Constituição.[314] A afirmação de que o legislador não cumpriu integralmente dever constitucional de legislar[315] contém, implícita, uma censura da própria normação positiva.[316]

A declaração de inconstitucionalidade da omissão parcial do legislador – mesmo nesses mecanismos especiais como o mandado de injunção e a ação direta de inconstitucionalidade por omissão – contém, portanto, a declaração da inconstitucionalidade da lei.[317]

---

312. Hans-Uwe Erichsen, *Staatsrecht und Verfassungsgerichtsbarkeit*, 2ª ed., vol. II, Munique, 1979, pp. 169-170.

313. Cf., a propósito: Friedrich Jülicher, *Die Verfassungsbeschwerde gegen Urteile bei gesetzgeberischem Unterlassen*, p. 33; Peter Lerche, "Das Bundesverfassungsgericht und die Verfassungsdirektiven ...", *AöR* 90/341 (352), 1965.

314. Wolf-Rüdiger Schenke, *Rechtsschutz bei normativem Unrecht*, Berlim, 1979, p. 169; Christoph Gusy, *Parlamentarischer Gesetzgeber und Bundesverfassungsgericht*, Berlim, 1985, p. 152; Bernd Jürgen Schneider, *Die Funktion der Normenkontrolle und des richterlichen Prüfungsrechts im Rahmen der Rechtsfolgenbestimmung verfassungsswidriger Gesetze*, Frankfurt am Main, 1988, p. 148.

315. Cf. Gilmar Ferreira Mendes, *Die abstrakte Normenkontrolle vor dem Bundesverfassungsgerichts und vor dem brasilianischen Supremo Tribunal Federal*, Berlim, 1991.

316. Peter Lerche, "Das Bundesverfassungsgericht und die Verfassungsdirektiven ...", *AöR* 90/341 (352), 1965; Gerhard Ulsamer, in Maunz e outros, *BVerfGG*, § 78, *RdNr.* 22, *Fn.* 3; cf., a propósito, *BVerfGE* 1/101; 6/257 (264); 8/1 (10).

317. *BVerfGE* 8/1 (10) e 22/349 (360).

A imprecisa distinção entre ofensa constitucional por ação ou por omissão[318] leva a uma relativização do significado processual-constitucional desses instrumentos especiais destinados à defesa da ordem constitucional ou de direitos individuais contra a omissão legislativa. De uma perspectiva processual, a principal problemática assenta-se, portanto, menos na necessidade de instituição de determinados processos destinados a controlar essa forma de ofensa constitucional que na superação do estado de inconstitucionalidade decorrente da omissão legislativa.

Embora a omissão do legislador não possa ser, enquanto tal, objeto do controle abstrato de normas,[319] não se deve excluir a possibilidade de que, como já mencionado, essa omissão venha a ser examinada no controle de normas.

Dado que no caso de uma omissão parcial existe uma conduta positiva, não há como deixar de reconhecer a admissibilidade, em princípio, da aferição da legitimidade do ato defeituoso ou incompleto no processo de controle de normas, ainda que abstrato.[320]

Tem-se, pois, aqui, uma relativa mas inequívoca fungibilidade entre a ação direta de inconstitucionalidade (da lei ou ato normativo) e o processo de controle abstrato da omissão, uma vez que os dois processos – o de controle de normas e o de controle da omissão – acabam por ter o mesmo objeto, formal e substancialmente; isto é, a inconstitucionalidade da norma, em razão de sua incompletude.[321]

É certo que a declaração de nulidade não configura técnica adequada para a eliminação da situação inconstitucional nesses casos de omissão. Uma cassação aprofundaria o estado de inconstitucionalidade, tal como já admitido pela Corte Constitucional alemã em algumas decisões. A soma de duas omissões não gera uma ação ou afirmação, mas uma "omissão ao quadrado".

---

318. Hans-Uwe Erichsen, *Staatsrecht und Verfassungsgerichtsbarkeit*, 2ª ed., vol. II, pp. 129-170; Christian Pestalozza, "'Noch verfassungsmässige' ...", in *Bundesverfassungsgericht und Grundgesetz*, vol. 1, p. 519 (526, 530).

319. Ernst Friesenhahn, *Die Verfassungsgerichtsbarkeit in der Bundesrepublik Deutschland*, Köln/Berlim/Bonn/Munique, 1963, p. 65.

320. Christoph Gusy, *Parlamentarischer Gesetzgeber und Bundesverfassungsgericht*, p. 152.

321. Sobre o tema, v. o voto do Min. Sepúlveda Pertence no julgamento do pedido de concessão de medida cautelar na ADI 526, contra a Medida Provisória 296/1991, transcrito nesta Sétima Parte, no item V (subitem "Declaração de inconstitucionalidade com efeitos *ex tunc* e declaração de inconstitucionalidade com efeitos *ex nunc*").

O STF, em julgado relativo à suposta exclusão de benefício incompatível com o princípio da igualdade, afirmou que não caberia à Corte converter a ação direta de inconstitucionalidade em ação de inconstitucionalidade por omissão. Tratava-se de arguição na qual se sustentava que o ato da Receita Federal "ao não reconhecer a não incidência do imposto *[IPMF]* apenas quanto à movimentação bancária ocorrida nas aquisições de papel destinado à impressão de livros, jornais e periódicos promovidas pelas empresas jornalísticas" estaria "impondo a exigência do imposto relativamente às demais operações financeiras de movimentação e transferência praticadas por essas empresas, em operações vinculadas à feitura do jornal, livros e periódicos, tais como pagamentos a fornecedores de outros insumos, pagamentos de mão de obra e serviços necessários à confecção do jornal (...)".[322]

E fundamentou a Corte: "Configurada hipótese de ação de inconstitucionalidade por omissão, em face dos termos do pedido, com base no § 2º do art. 103 da Lei Magna, o que incumbe ao Tribunal – afirma o Relator, Min. Néri da Silveira – é negar curso à ação direta de inconstitucionalidade *ut* art. 102, I, 'a', do Estatuto Supremo". Na mesma linha de argumentação, concluiu o Min. Sepúlveda Pertence que "o pedido da ação direta de inconstitucionalidade de norma é de todo diverso do pedido da ação de inconstitucionalidade por omissão", o que tornaria "inadmissível a conversão da ação de inconstitucionalidade positiva, que se propôs, em ação de inconstitucionalidade por omissão de normas".[323]

Ao contrário do afirmado na referida decisão, o problema não decorre propriamente do pedido, até porque, em um ou em outro caso, tem-se sempre um pedido de declaração de inconstitucionalidade. Tratando-se de omissão, a própria norma incompleta ou defeituosa há de ser suscetível de impugnação na ação direta de inconstitucionalidade, porque é de uma norma alegadamente inconstitucional que se cuida, ainda que a causa da inconstitucionalidade possa residir na sua incompletude.

Evidentemente, a cassação da norma inconstitucional (declaração de nulidade) não se mostra apta, no mais das vezes, para solver

322. ADI 986, rel. Min. Néri da Silveira, *DJU* 8.4.1994.

323. Idem, ibidem.

os problemas decorrentes da omissão parcial, mormente da chamada *exclusão de benefício incompatível com o princípio da igualdade*. É que ela haveria de suprimir o benefício concedido, em princípio licitamente, a certos setores, sem permitir a extensão da vantagem aos segmentos discriminados.

A técnica da declaração de nulidade, concebida para eliminar a inconstitucionalidade causada pela intervenção indevida no âmbito de proteção dos direitos individuais, mostra-se insuficiente como meio de superação da inconstitucionalidade decorrente da omissão legislativa.

Portanto, a questão fundamental reside menos na escolha de um processo especial que na adoção de uma técnica de decisão apropriada para superar as situações inconstitucionais propiciadas pela chamada *omissão legislativa*.

É fácil ver, assim, que a introdução de um sistema peculiar para o controle da omissão e o entendimento de que, em caso de constatação de uma ofensa constitucional em virtude da omissão do legislador, independentemente do processo em que for verificada, a falha deve ser superada, mediante ação do órgão legiferante, colocaram os pressupostos para o desenvolvimento de uma declaração de inconstitucionalidade sem a pronúncia da nulidade também no direito brasileiro.

Casos relevantes de omissão legislativa na jurisprudência do STF – Já em 1989 o STF firmou tese, no julgamento da ADI 19 (rel. Min. Aldir Passarinho), no sentido de que não cabe a ação direta de inconstitucionalidade por omissão para determinar a prática de ato administrativo, uma vez que essa ação se destina ao tratamento da inconstitucionalidade por omissão de cunho normativo. Também na ADI 130 (rel. Min. Sepúlveda Pertence) a Corte concluiu pela perda de objeto de ação direta de inconstitucionalidade por omissão quando dirigida exclusivamente contra ausência de iniciativa do Chefe do Poder Executivo federal, quando o projeto de lei já tinha sido encaminhado ao Congresso Nacional (14.12.1989).

Na liminar referente à ADI 336, concedida parcialmente para suspender os efeitos de dispositivos específicos da Constituição do Estado de Sergipe até o julgamento final da ação, o STF inaugurou jurisprudência no sentido de que a concessão da liminar pode ocorrer nos casos de omissão parcial.[324]

Nas ADI 529 e 525, julgadas em 1991, o STF enfrentou o dilema entre a declaração de inconstitucionalidade por ação de uma norma e a inconstitucionalidade por omissão da mesma norma. Também nesses precedentes firmou posicionamento no sentido de que quando se trata de omissão total não cabe a liminar.[325]

Em 1992, no julgamento do MI 395, relator Ministro Moreira Alves, o STF firmou tese de que não são fungíveis o mandado de injunção e a ação direta por omissão. A impossibilidade de conversão da ADI em ADI por omissão ficou consignada nas ADIs 986-MC, 1.439, 1.442-QO.[326]

A Corte Suprema registrou a mora do Chefe do Poder Executivo para enviar projeto de lei ao Congresso Nacional na ADI 2.061 (29.6.2001). Considerou, todavia, o Tribunal que, não sendo a providência requerida de natureza administrativa, não haveria "cogitar da aplicação do art. 103, § 2º, *in fine*, que prevê a fixação de prazo para o mister".[327]

Em 2005 o STF julgou procedente a ADI 3.276 (2.6.2005) para declarar a inconstitucionalidade por omissão em relação à criação das carreiras de auditores e de membros do Ministério Público Especial junto ao TCE, no Estado do Ceará.

Em 9.5.2007, julgando a ADI 2.240, declarou a inconstitucionalidade, sem pronúncia da nulidade, da Lei 7.619/2000 do Estado da Bahia, que criou o Município de Luís Eduardo Magalhães, e manteve a vigência da citada lei pelo prazo de 24 meses, lapso temporal razoável para o legislador estadual reapreciar o tema, tendo como base os parâmetros da lei complementar federal a ser editada.[328]

---

324. Liminar julgada em 24.9.1990. Nesse mesmo sentido: ADI 652 (18.12.1991) e ADI 2.040 (15.12.1999).

325. No mesmo sentido as ADI 361 (3.8.1998) e 267 (8.8.2002).

326. Essa visão nos parece equivocada. Cf., supra, Omissão de providência de índole administrativa, e, infra, Cautelar em ação direta de inconstitucionalidade por omissão.

327. Por inadvertência, nas edições anteriores a notícia do julgado foi veiculada com erro, que aqui corrigimos.

328. No mesmo sentido as ADI 3.616 e 3.689, *DJe* 29.6.2007, e a ADI 3.489, *DJe* 3.8.2007, todas da relatoria do Min. Eros Grau.

Na mesma data, julgando a ADI 3.682, entendeu o STF que a *inertia deliberandi* também configura omissão passível de vir a ser reputada inconstitucional se os órgãos legislativos não deliberarem dentro de um prazo razoável sobre projeto de lei em tramitação. No caso, fixou-se prazo de 18 meses para o Congresso Nacional adotar todas as providências legislativas necessárias ao cumprimento do dever constitucional imposto pelo art. 18, § 4º, da CF (Emenda Constitucional 15/1996), devendo contemplar as situações imperfeitas decorrentes do estado de inconstitucionalidade gerado pela omissão.

Registre-se que as decisões adotadas a propósito da revisão salarial anual (as quais ocupam boa parte do objeto das ações diretas de inconstitucionalidade por omissão ajuizadas nos últimos anos)[329] parecem ter dado ensejo a iniciativas legislativas no âmbito federal e estadual – o que pode revelar alguma vitalidade para um instituto até então condenado a certa letargia ou ineficácia, se for considerada sua história no âmbito da jurisprudência do STF.

Em decisão de 24.1.2013, o Min. Ricardo Lewandowski, no exercício da Presidência da Corte, concedeu parcialmente liminar na ADO 23[330] para determinar que as regras do Fundo de Participação dos Estados e do Distrito Federal/FPE continuassem em vigor por mais 150 dias ou "desde que não sobrevenha nova disciplina". Os critérios de repartição elencados na Lei Complementar 62/1989 haviam sido declarados inconstitucionais pelo STF em 24.2.2010, mas sua vigência fora mantida até 31.12.2012, prazo esperado para que o Congresso elaborasse nova formulação.[331]

Outro julgado paradigmático do Tribunal em matéria de omissão constitucional foi a Rcl 4.374/PE. No caso, declarou-se inconstitucional, sem pronúncia de nulidade, o art. 20, § 3º, da Lei n. 8.472/1993 (Lei de Organização da Assistência Social). O dispositivo estabelecia que portadores de deficiência e idosos só fariam jus a determinado

329. ADI 336-SE; 443-MG; 529-DF; 1.466-DF; 2.061-DF; 2.205-SP; 2.318-SE; 2.445-DF; 2.481-RS; 2.486-RJ; 2.490-PE; 2.491-GO; 2.492-SP; 2.493-PR; 2.495-SC; 2.496-MS; 2.497-RN; 2.498-ES; 2.503-MA; 2.504-MG; 2.505-BA; 2.506-CE; 2.507-AL; 2.508-PA; 2.509-AM; 2.510-AP; 2.511-PB; 2.512-MT; 2.516-AC; 2.517-SE; 2.518-RO; 2.519-RR; 2.520-PI; 2.523-BA; 2.524-TO; 2.525-DF; 2.537-SE; 2.557-MS; e 3.302-MS.

330. ADO 23-DF, rel. Min. Dias Toffoli.

331. A Lei Complementar 143, de 17.7.2013, estabeleceu novos critérios de rateio.

benefício social se demonstrassem auferir, na família, renda mensal *per capita* inferior a um quarto do salário-mínimo. O Plenário considerou que a norma – que, a propósito, já havia sido declarada constitucional pelo Supremo na ADI 1.232/DF, em 1998 – havia passado por um processo de inconstitucionalização, já que contemporaneamente o limite fixado não serviria mais para avaliar o real estado de miserabilidade social das famílias. No caso, reconheceu-se que a declaração de nulidade do dispositivo poderia agravar ainda mais o estado de inconstitucionalidade e, por isso, teve-se por necessária a modulação dos efeitos da decisão, com base no art. 27 da Lei n. 9.868/1999.[332]

Também é importante registrar o julgamento relativo à criminalização da homofobia e da transfobia. O Supremo Tribunal Federal, ao julgar a ADO 26, rel. Min. Celso de Mello, e o MI 4.733, rel. Min. Edson Fachin, decidiu que, até que sobrevenha lei emanada do Congresso Nacional destinada a implementar os mandados de criminalização definidos nos incisos XLI e XLII do art. 5º da Constituição da República, as condutas homofóbicas e transfóbicas, reais ou supostas, que envolvem aversão odiosa à orientação sexual ou à identidade de gênero de alguém, por traduzirem expressões de racismo, compreendido este em sua dimensão social, ajustam-se, por identidade de razão e mediante adequação típica, aos preceitos primários de incriminação definidos na Lei de Racismo (Lei n. 7.716, de 8-1-1989), constituindo, também, na hipótese de homicídio doloso, circunstância que o qualifica, por configurar motivo torpe (Código Penal, art. 121, § 2º, I).[333]

Cumpre referir, por fim, que o STF reconheceu certa fungibilidade entre a ação direta de inconstitucionalidade e a ação direta de inconstitucionalidade por omissão e a possibilidade de utilização simultânea dos dois instrumentos.

Destaque-se, a esse respeito, a decisão proferida pela Corte, em 24.2.2010, no julgamento conjunto das ADI 875, 1.987, 2.727 e 3.243, que contestavam a constitucionalidade da Lei Complementar 62, de 28.12.1989, a qual estabelece normas sobre o cálculo, a entre-

332. Rcl 4.374/PE, rel. Min. Gilmar Mendes, Tribunal Pleno, *DJe* de 4.9.2013.

333. ADO 26, rel. Min. Celso de Mello; MI 4.733, rel. Min. Edson Fachin, j. 13.6.2019.

ga e o controle das liberações dos recursos que compõem o Fundo de Participação dos Estados/FPE.

Quanto às ADI 1.987 e 3.243, de autoria do Governo do Estado do Mato Grosso, verifica-se que na primeira se requeria a declaração de inconstitucionalidade por omissão da Lei Complementar 62/1989 ao argumento de que estaria em mora o Legislativo federal em cumprir com regularidade o disposto no art. 161, II, da CF, por não estabelecer critérios bastantes para a repartição dos recursos componentes do FPE. Na segunda, com objeto e parâmetro de controle idênticos, pedia o arguente a declaração de inconstitucionalidade total da lei complementar fundado na mesma causa de pedir,[334] ou seja, na inexistência de parâmetros adequados para a operação da partição de recursos do Fundo.

O pedido de declaração de inconstitucionalidade contido na ADI 875, por sua vez, parecia fundar-se, igualmente, na alegada falta de critérios constitucionalmente adequados para a partição tributária em questão.

Refira-se, ainda, que, ao analisar o pedido veiculado pelo Governador do Mato Grosso do Sul mediante a propositura da ADI 2.727, a Procuradoria-Geral da Fazenda Nacional, em parecer trazido aos autos, assentou que a questão aduzida fundava-se na omissão inconstitucional consubstanciada na ausência de legislação específica para fixação dos critérios de rateio dos Fundos de Participação.

Dito de outra forma: as quatro ações diretas acabavam por ter o mesmo objeto, ou seja, a inconstitucionalidade da norma em razão de sua incompletude.

Com apoio nessas constatações, o Plenário do STF, acompanhando a manifestação do Relator das ações, Min. Gilmar Mendes, conheceu das ações de inconstitucionalidade por ação e omissão e julgou-as procedentes.[335]

Omissão de providência de índole administrativa. Exercício de poder regulamentar – Embora as omissões de providências de índole administrativa não se afigurem adequadas, em princípio, para afetar, primariamente, a efetividade de uma norma constitucional

334. Refira-se, ademais, que os fundamentos das duas ações diretas se compunham de trechos muitas vezes exatamente iguais.

335. ADI 875, rel. Min. Gilmar Mendes, *DJU* 30.4.2010.

(até porque, como resulta da própria estrutura constitucional, essa tarefa foi confiada, primordialmente, ao legislador), não se pode negar que o constituinte contemplou eventual omissão das autoridades administrativas como objeto dessa modalidade de controle direto de inconstitucionalidade.

É possível que a omissão de ato ou providência administrativa mais relevante, nesse âmbito, se refira ao exercício do poder regulamentar. Não raras vezes a lei fixa prazo para a edição de ato regulamentar, fixando uma *conditio* para sua execução. Nesse caso, cumpre ao Executivo diligenciar a regulamentação no prazo estabelecido ou, se julgá-lo exíguo, postular na Justiça contra a violação do seu direito-função.[336] Sua omissão não tem o condão de paralisar a eficácia do comando legal, devendo ser entendido que, decorrido o lapso de tempo estabelecido pelo legislador para a regulamentação da lei, esta será eficaz em tudo que não depender do regulamento.[337]

Todavia, a omissão do regulamento pode assumir relevância para o controle abstrato da omissão inconstitucional se, no caso dos chamados *regulamentos autorizados*, a lei não contiver os elementos mínimos que assegurem sua plena aplicabilidade. Nesses casos a ação direta terá por objeto a omissão do poder regulamentar.

Omissão de medidas ou atos administrativos – Cumpre indagar, finalmente, se a omissão na prática de atos administrativos propriamente ditos (de índole não normativa) poderia ser objeto da ação direta de inconstitucionalidade por omissão.

A exegese literal do disposto no art. 103, § 2º, da CF parece sugerir resposta afirmativa, uma vez que ali são referidos "medidas", "providências necessárias" e "órgãos administrativos". Por força do próprio princípio do Estado de Direito e de um dos seus postulados

336. Pontes de Miranda, *Comentários à Constituição de 1967 com a Emenda n. 1 de 1969*, t. III, São Paulo, Ed. RT, 1973, p. 319.

337. Pontes de Miranda, *Comentários à Constituição de 1967 com a Emenda n. 1 de 1969*, t. III, p. 318; Oswaldo Aranha Bandeira de Mello, *Princípios Gerais de Direito Administrativo*, 3ª ed., 2ª tir., vol. I, São Paulo, Malheiros Editores, 2010, p. 378; Hely Lopes Meirelles, *Direito Administrativo Brasileiro*, 42ª ed., São Paulo, Malheiros Editores, 2016, p. 151; Carlos Medeiros Silva, "Parecer" in *RDA* 34/408-410, outubro-dezembro/1953; Homero Freire, "Parecer" in *RDA* 96/291-294, abril-junho/1969; Inocêncio M. Coelho, "Parecer" in *RDA* 125/399-404, julho-setembro/1976; Roque Antonio Carrazza, *O Regulamento no Direito Tributário Brasileiro*, São Paulo, Ed. RT, 1981, p. 112; Diógenes Gasparini, *Poder Regulamentar*, 2ª ed., São Paulo, Ed. RT, 1982, p. 60.

básicos – o *princípio da legalidade da Administração* –, é difícil imaginar ato administrativo indispensável, primariamente, para tornar efetiva norma constitucional. Até mesmo as medidas estatais de índole organizatória, que, na moderna dogmática dos direitos fundamentais, são abrangidas pela ampla designação de "direito à organização e ao processo" (*Recht auf Organisation und auf Verfahren*), pressupõem a existência de lei autorizadora.

De qualquer forma, não há como deixar de admitir que, a despeito da existência de lei, a omissão das autoridades na adoção de diferentes providências administrativas pode dificultar ou impedir a concretização da vontade constitucional.

Alguns exemplos poderiam ser mencionados: (1) a organização do Poder Judiciário, sem a qual não se pode assegurar a própria garantia da proteção judiciária (art. 5º, XXXV); (2) a organização dos serviços de Defensoria Pública, imprescindível para assegurar o direito à assistência jurídica dos necessitados (art. 5º, LXXIV, c/c o art. 134); (3) a organização e estruturação dos serviços de assistência social (art. 203); e (4) a organização e estruturação do sistema de ensino (arts. 205 e ss.).

No direito comparado tem-se o clássico exemplo do caso "Brown *versus* Board of Education of Topeka", da Suprema Corte americana, de 1955, quando se reiterou a inconstitucionalidade da discriminação racial nas escolas públicas, e se determinou que as leis federais, estaduais e municipais fossem ajustadas a essa orientação. Confiou-se a execução do julgado aos Tribunais de Distrito, que deveriam guiar-se por princípios de equidade, tradicionalmente caracterizados "pela flexibilidade prática na determinação de remédios e pela facilidade de ajustar e conciliar as necessidades públicas e privadas". Todavia, esses Tribunais deveriam exigir das autoridades escolares "um pronto e razoável" início da execução, competindo-lhes verificar a necessidade de que se outorgasse um prazo adicional para a conclusão das reformas exigidas.[338] Essa jurisprudência teve continuidade em outras decisões que exigiam ou determinavam a concretização de reformas em presídios e instituições psiquiátricas.[339]

338. Cf., a propósito, Leda Boechat Rodrigues, *A Corte Suprema e o Direito Constitucional Americano*, Rio de Janeiro, Forense, 1958, pp. 303-304.

339. Cf. "Bounds *et al. versus* Smith *et al.*", *430 US 817* (reproduzido parcialmente in *Europäischen Grundrechtszeitschrift*, 1977, pp. 5.099 e ss.). Cf., a propósito, Helga Seibert, "Der *Supreme Court* und sein Verhältnis zu den anderen Staats-

Não se pode, portanto, excluir de plano a possibilidade de que a ação direta de inconstitucionalidade por omissão tenha por objeto a organização de determinado serviço ou a adoção de determinada providência de índole administrativa.

No entanto, na ADI 19, da relatoria do Min. Aldir Passarinho, asseverou o STF que a ação direta de inconstitucionalidade por omissão "não é de ser proposta para que seja praticado determinado ato administrativo em caráter concreto, mas sim visa a que seja expedido ato normativo que se torne necessário para o cumprimento de preceito constitucional que, sem ele, não poderia ser aplicado".[340]

De modo a corroborar a possibilidade de que o STF, no controle da omissão inconstitucional, determine a tomada de providência de índole administrativa, menciona-se a decisão tomada na ADPF 635-MC-ED/RJ, em fevereiro de 2022. Naquela oportunidade, ao reconhecer a omissão do Poder Público no combate à letalidade policial no Estado do Rio de Janeiro, a Corte determinou àquele estado federado que elaborasse e encaminhasse, "no prazo máximo de 90 (noventa) dias, plano visando à redução da letalidade policial e ao controle de violações de direitos humanos pelas forças de segurança fluminenses, que contenha medidas objetivas, cronogramas específicos e a previsão dos recursos necessários para a sua implementação".

Não se pode, portanto, excluir de plano a possibilidade de que a ação direta de inconstitucionalidade por omissão tenha por objeto a organização de determinado serviço ou a adoção de determinada providência de índole administrativa.

4. Procedimento

Por mais de 20 anos o procedimento da ação direta de inconstitucionalidade resultou de uma bem urdida práxis jurisprudencial. A Lei 12.063, de 27.10.2009, houve por bem disciplinar o tema, inserindo a ação direta de inconstitucionalidade por omissão como novo capítulo (Capítulo II-A) da Lei 9.868/1999, que, em seu texto original, disciplinava a ação direta de inconstitucionalidade e a ação declaratória de constitucionalidade. Referida lei resultou de projeto

gewalten, Bericht über Vortrags- und Diskussionsabend der Deutsch-amerikanischen Juristenvereinigung", in *Europäische Grundrechtszeitschrift*, 1978, p. 384 (386).

340. *DJU* 14.4.1989.

apresentado à Câmara dos Deputados pelo então Deputado Flávio Dino baseado em estudos (anteprojeto) desenvolvidos pelo Min. Gilmar Mendes (Projeto de Lei 2.227/2007).

Tal como assentado na jurisprudência do STF,[341] a legitimação para agir foi conferida aos legitimados para a propositura da ação direta de inconstitucionalidade (art. 12-A).

A petição inicial deverá indicar a omissão inconstitucional total ou parcial quanto ao cumprimento de dever constitucional de legislar ou quanto à adoção de providência de índole administrativa e o pedido, com suas especificações. A inicial deverá ser acompanhada do instrumento de procuração, se for o caso,[342] devendo ser apresentada em duas vias, com os documentos necessários à comprovação da alegada omissão (art. 12-B e parágrafo único).

O relator poderá indeferir liminarmente a petição inicial inepta, não fundamentada ou manifestamente improcedente. A decisão monocrática que indeferir a inicial estará sujeita ao recurso de agravo (Lei 9.868/1999, art. 12-C e parágrafo único).

A objetividade do processo faz com que não se admita desistência da ação direta de inconstitucionalidade por omissão (Lei 9.868/1999, art. 12-D).

Proposta a ação, deverá o relator solicitar informações às autoridades apontadas como responsáveis pela omissão no prazo de 30 dias, contado do recebimento do pedido (Lei 9.868/1999, art. 12-E, *caput*, c/c o art. 6º, parágrafo único). Caso haja pedido de medida cautelar o procedimento deverá observar as regras previstas no art. 12-G (cf. item abaixo sobre *cautelar*).

A disciplina introduzida pelo legislador admite expressamente a participação, na condição de *amici curiae*, dos demais titulares do direito de propositura da ação direta de inconstitucionalidade por omissão. Poderão, assim, apresentar manifestação escrita e apresen-

341. ADI 3.682-MT, rel. Min. Gilmar Mendes, j. 9.5.2007, *DJe* 6.9.2007.

342. Segundo a jurisprudência do STF, dispõem de capacidade postulatória especial os legitimados para a ação direta referidos nos incisos I a VII do art. 103 da CF, podendo atuar independentemente da intermediação de advogados. Os partidos políticos, as confederações sindicais e as entidades de classe de âmbito nacional somente podem propor ação mediante a atuação de advogado (cf. ADI 127, rel. Min. Celso de Mello, *DJU* 4.12.1992; ADI 96, rel. Min. Celso de Mello, *DJU* 10.11.1989).

tar memoriais. Embora o texto legal não seja expresso, é razoável admitir que dentre as faculdades asseguradas aos *amici curiae* está, igualmente, o direito de efetivar a sustentação oral.[343] Ressalte-se que a decisão legislativa em apreço resgatou, agora para a ação direta de inconstitucionalidade por omissão, proposição constante do art. 7º, § 1º, do projeto de lei que resultou na Lei 9.868/1999 e que acabou vetada pelo Chefe do Executivo.

Por força da norma de remissão contida no art. 12-E, afigura-se razoável admitir que se aplica, igualmente, à ação direta de inconstitucionalidade por omissão a cláusula contida no art. 7º, § 2º, da Lei 9.868/1999, segundo a qual o relator, considerando a relevância da matéria e a representatividade dos postulantes, poderá, por despacho irrecorrível, acolher manifestação de outros órgãos ou entidades.

O dispositivo contribui, ademais, para sanar a incerteza acerca do prazo para a manifestação dos *amici curiae*.[344] Dispõe, agora, o § 1º do art. 12-E que o prazo para a juntada de documentos pelos legitimados do art. 2º é aquele das informações. Não há razão para que outro seja o prazo para os demais partícipes do processo, admitidos eventualmente com fundamento no art. 7º, § 2º, da Lei 9.868/1999.

Da mesma forma, a aplicação subsidiária das normas que balizam o procedimento da ação direta de inconstitucionalidade e da ação declaratória de constitucionalidade autoriza a designação de peritos ou a realização de audiência pública para ouvir pessoas com experiência e autoridade na matéria também na ação direta de inconstitucionalidade por omissão (art. 12-E, c/c o art. 9º, § 1º).

Diferentemente da orientação dominante na jurisprudência do STF até então, que dispensava a participação do Advogado-Geral da União no processo de ação direta de inconstitucionalidade por omissão,[345] a lei previu que o relator poderá solicitar a manifestação do Chefe da Advocacia-Geral (art. 12-E, § 2º). Esta deverá ocorrer,

---

343. ADI/QO 2.675, rel. Min. Carlos Velloso, e ADI/QO 2.777, rel. Min. Cézar Peluso, j. 26.11.2003 (*Informativo STF* 331, 24-28.11.2003).

344. Cumpre notar que o STF, por ocasião do julgamento da ADI/AgR 4.071 (rel. Min. Menezes Direito, *DJe* 16.10.2009), assentou que a intervenção do *amicus curiae* é admissível até que o processo seja liberado, pelo relator, para a pauta.

345. ADI 480-DF, rel. Min. Paulo Brossard, j. 13.10.1994, *DJU* 25.11.1994, p. 32.298.

quando for o caso, após a prestação das informações pelas autoridades responsáveis pela eventual omissão, no prazo de 15 dias.

A aproximação entre os processos de ação direta de inconstitucionalidade e de ação direta de inconstitucionalidade por omissão e a possibilidade de que nesta se aprecie também a omissão parcial parecem justificar a fórmula adotada.

O Procurador-Geral da República será ouvido, nas ações em que não for o autor, após as informações, devendo fazê-lo no prazo de 15 dias.

Essa opção legislativa, que vem se somar a disposições semelhantes presentes nas Leis 9.882/1999 (art. 7º, parágrafo único) e 11.417/2006 (art. 2º, § 2º), justifica-se na medida em que apenas muito raramente o parecer do Procurador-Geral, quando for ele o autor da ação direta, será contrário à procedência do pedido formulado na inicial.

Ouvido o Procurador-Geral da República, devem os autos, em seguida, ser submetidos ao relator, que, tão logo conclua sua análise, pedirá dia para julgamento e fará distribuir o relatório.

Cumpre observar que a cláusula de remissão contida no art. 12-E, *caput* – "Aplicam-se ao procedimento da ação direta de inconstitucionalidade por omissão, no que couber, as disposições constantes da Seção I do Capítulo II desta Lei" –, efetiva uma forte aproximação entre a ação direta de inconstitucionalidade e a ação direta de inconstitucionalidade por omissão. Determina-se aqui a aplicação à ação direta de inconstitucionalidade por omissão do procedimento aplicável à ação direta de inconstitucionalidade. Assim, tal como já apontado, as regras sobre participação de *amicus curiae* (art. 7º, § 2º), sobre designação de peritos, realização de audiência pública e solicitação de informações adicionais (art. 9º, §§ 1º, 2º e 3º).

Cautelar – O STF tinha orientação no sentido de que não caberia cautelar em sede da ação direta de inconstitucionalidade por omissão, especialmente diante de omissão total, tendo em vista que, no mérito, a decisão que declara a inconstitucionalidade por omissão autorizaria o Tribunal apenas a cientificar o órgão inadimplente para que este adotasse as providências necessárias à superação do estado de omissão inconstitucional.[346]

---

346. ADI/MC 267-DF, rel. Min. Celso de Mello, *DJU* 19.5.1995; ADI/MC 361-DF, rel. Min. Marco Aurélio, *DJU* 26.10.1990; ADI/MC 1.387-DF, rel. Min.

Essa orientação foi inicialmente firmada na ADI/MC 267-DF, da relatoria do Min. Celso de Mello, enfatizando-se que "a suspensão liminar de eficácia de atos normativos, questionados em sede de controle concentrado, não se revela compatível com a natureza e finalidade da ação direta de inconstitucionalidade por omissão, eis que, nesta, a única consequência político-jurídica possível traduz-se na mera comunicação formal, ao órgão estatal inadimplente, de que está em mora constitucional".[347]

Na ADI/MC 1.458 deixou assente o Tribunal: "Não assiste ao STF, contudo, em face dos próprios limites fixados pela Carta Política em tema de inconstitucionalidade por omissão (CF, art. 103, § 2º), a prerrogativa de expedir provimentos normativos com o objetivo de suprir a inatividade do órgão legislativo inadimplente".[348]

Essa orientação parte de uma premissa segundo a qual a decisão proferida em sede de ação direta de inconstitucionalidade por omissão limita-se a reconhecer a inadimplência do dever constitucional de legislar. Parece que essa posição não corresponde à natureza complexa da omissão, especialmente nos casos de omissão parcial.

Se se admite que um dos possíveis efeitos da declaração de inconstitucionalidade sem a pronúncia da nulidade a ser proferida em relação à omissão parcial, no processo de controle abstrato de normas ou na ação direta de inconstitucionalidade por omissão, seja a suspensão de aplicação da lei inconstitucional até a deliberação do órgão legislativo, não se afigura despropositado cogitar da suspensão prévia da aplicação da norma, em sede de cautelar, permitindo que o Tribunal, desde logo, advirta o legislador sobre os riscos quanto à aplicação da disposição questionada.

Ao revés, tudo está a indicar que, sempre que a Corte puder constatar que, no caso de eventual declaração de inconstitucionalidade sem a pronúncia da nulidade, se afigura recomendável a suspensão de aplicação da lei inconstitucional, poderá ela, presentes os requisitos para a concessão da cautelar, deferir a medida solicitada.

Carlos Velloso, *DJU* 29.3.1996; e ADI/MC 1.458-DF, rel. Min. Celso de Mello, *DJU* 20.9.1996.

347. *DJU* 19.5.1995. Cf. também ADI/MC 361, rel. Min. Marco Aurélio, *DJU* 26.10.1990.

348. J. 23.5.1996, *DJU* 20.9.1996, p. 34.531.

Portanto, aceita a tese concernente à fungibilidade (relativa) entre a ação direta de inconstitucionalidade e a ação direta de inconstitucionalidade por omissão, especialmente no que se relaciona com a chamada *omissão parcial*, e admitida a necessidade de adoção de uma técnica de decisão diferenciada (declaração de inconstitucionalidade sem a pronúncia da nulidade[349]), parece que se haverá de admitir, igualmente, a possibilidade de o Tribunal deferir providências cautelares, desde que essa decisão seja compatível com o pronunciamento que venha eventualmente a proferir (declaração de inconstitucionalidade sem a pronúncia da nulidade, com a suspensão de aplicação da norma, se for o caso).

A Lei 12.063, de 27.10.2009, que regulou a ação direta de inconstitucionalidade por omissão, contudo, contribuiu no sentido de superar essa orientação. Anote-se, ainda, que em 24.1.2013 o Min. Ricardo Lewandowski, respondendo pela Presidência do STF, concedeu parcialmente cautelar na ADO 23 para garantir aos Estados e ao Distrito Federal o repasse, pela União, das verbas do Fundo a que alude o art. 159, I, "a", da Constituição da República, no percentual nele estabelecido, em conformidade com os critérios anteriormente vigentes, por mais 150 dias ou "desde que não sobrevenha nova disciplina".

Os critérios de repartição elencados na Lei Complementar 62/1989 haviam sido declarados inconstitucionais pelo STF em 24.2.2010, mas sua vigência fora mantida até 31.12.2012, prazo esperado para que o Congresso elaborasse nova formulação.[350]

Em 1.7.2013 o Min. Dias Toffoli estabeleceu, em liminar, prazo de 120 dias para que o Congresso Nacional editasse a Lei de Defesa do Usuário de Serviços Públicos.[351] A ação foi proposta pelo Conselho Federal da OAB e teve como objeto o art. 27 da Emenda Constitucional 19, de 4.6.1998, segundo o qual o Congresso Nacional deveria elaborar Lei de Defesa do Usuário de Serviços Públicos dentro de 120 dias da promulgação da Emenda – o que não ocorreu.

349. Na ADI 2.240 (rel. Min. Eros Grau, j. 9.5.2007, *DJe* 3.8.2007) o Tribunal declarou a inconstitucionalidade de lei estadual sem pronunciar sua nulidade.

350. A Lei Complementar 143, de 17.7.2013, estabeleceu novos critérios de rateio. A ADI 5.069, rel. Min. Dias Toffoli, proposta pelo Governador do Estado de Alagoas, questiona dispositivos dessa nova lei.

351. ADO 24, rel. Min. Dias Toffoli.

Procedimento da cautelar na ação direta de inconstitucionalidade por omissão – A Lei 12.063/2009 previu expressamente a possibilidade deferimento de cautelar em ação direta de inconstitucionalidade por omissão em caso de excepcional urgência e relevância da matéria, após a audiência dos órgãos ou autoridades responsáveis pela omissão inconstitucional, que deverão se manifestar no prazo de cinco dias (art. 12-F, *caput*). Julgando indispensável, poderá o relator solicitar a manifestação do Procurador-Geral da República no prazo de três dias (art. 12-E, § 2º). Faculta-se aos representantes judiciais do requerente e dos órgãos responsáveis pela omissão acoimada de inconstitucional a sustentação oral no julgamento da cautelar (art. 12-E, § 3º).

A cautelar somente poderá ser deferida se presentes na sessão pelo menos oito ministros (art. 22), por decisão da maioria absoluta dos membros do Tribunal (art. 12-E, *caput*).

Nos termos da nova disciplina, a medida cautelar poderá consistir (1) na suspensão de aplicação da norma questionada, nos casos de omissão parcial, (2) na suspensão dos processos judiciais ou dos procedimentos administrativos ou, ainda, (3) em qualquer outra providência a ser fixada pelo Tribunal.

É certo que em muitos casos a suspensão de aplicação da norma em sede de cautelar acarretará, inevitavelmente, a suspensão de processos judiciais ou administrativos que demandem aplicação da norma controvertida. Em alguns casos é provável que a medida cautelar acabe por adquirir o significado especial de uma tutela antecipada em relação à decisão de mérito, que poderá se revestir de uma declaração de inconstitucionalidade sem pronúncia da nulidade. Em outros casos poderá o Tribunal determinar a suspensão de processos judiciais ou administrativos sem que haja a suspensão de uma norma. A possibilidade de que o Congresso venha a aprovar lei sobre o tema pode justificar tal suspensão.

É certo, por outro lado, que a complexidade das questões afetas à omissão inconstitucional parece justificar a fórmula genérica utilizada pelo legislador, confiando ao STF a tarefa de conceber providência adequada a tutelar a situação jurídica controvertida.

Concedida a medida cautelar, deverá o Tribunal diligenciar a publicação da parte dispositiva da decisão, no prazo de 10 dias, no *Diário Oficial da União* e no *Diário da Justiça* (art. 12-G).

Dessa forma, cuidou o legislador para que a decisão, que é dotada de efeito vinculante e de eficácia *erga omnes*, seja de conhecimento geral.

Havendo decisão cautelar, o pedido de informações às autoridades responsáveis pela omissão, quanto ao mérito da ação, somente será solicitado após a publicação acima referida.

A *duplicidade* do pedido de informações, para a cautelar e para a decisão definitiva, pode permitir que o relator dispense o segundo pedido se suficientes aquelas prestadas com o fito de informar o julgamento da liminar. Essa orientação vem sendo adotada também em alguns processos de ação direta de inconstitucionalidade.

5. Decisão

Considerações preliminares – O STF deixou assente na decisão proferida no MI 107, da relatoria do Min. Moreira Alves,[352] que a Corte deve limitar-se, nesses processos, a declarar a configuração da omissão inconstitucional, determinando, assim, que o legislador empreenda a colmatação da lacuna. Tal como a decisão proferida na ação direta de inconstitucionalidade por omissão, a decisão tem, para o legislador, caráter obrigatório. Ambos os instrumentos buscam a expedição de uma ordem judicial ao legislador, configurando o chamado *Anordnungsklagerecht* ("ação mandamental") de que falava Goldschmidt.[353] Assim, abstraídos os casos de construção jurisprudencial admissível[354] e de pronúncia de nulidade parcial que amplie o âmbito de aplicação da norma,[355] deveria o Tribunal limitar-se, por razões de ordem jurídico-funcional, a constatar a declaração de inconstitucionalidade da omissão do legislador.[356]

No mesmo sentido, afirmou a Corte Constitucional alemã, já no começo de sua judicatura, que não estava autorizada a proferir, fora do âmbito da regra geral, uma decisão para o caso concreto, ou de

---

352. *DJU* 28.11.1989.

353. James Goldschmidt, *Zivilprozessrecht*, 2ª ed., Berlim, 1932, § 15-a, p. 61.

354. Cf., a propósito: Friedrich Jülicher, *Die Verfassungsbeschwerde gegen Urteile bei gesetzgeberischem Unterlassen*, p. 22; Wolf-Rüdiger Schenke, *Rechtsschutz bei normativem Unrecht*, p. 178; Christian Pestalozza, "'Noch verfassungsmässige' ...", in *Bundesverfassungsgericht und Grundgesetz*, vol. 1, p. 519 (526).

355. *BVerfGE* 8/1 (36); 22/349 (360); e 22/156 (174).

356. Cf., a propósito, MI 107, cit., rel. Min. Moreira Alves, *DJU* 28.11.1989.

determinar qual norma geral haveria de ser editada pelo legislador.[357] Também o STF deixou assente, na decisão proferida no MI 107, que a Corte não está autorizada a expedir uma norma para o caso concreto ou a editar norma geral e abstrata, uma vez que tal conduta não se compatibiliza com os princípios constitucionais da Democracia e da divisão de Poderes.[358]

Como ressaltado, a ação direta de inconstitucionalidade por omissão – assim como o mandado de injunção – pode ter como objeto tanto a omissão total, absoluta, do legislador quanto a omissão parcial, ou o cumprimento incompleto ou defeituoso de dever constitucional de legislar. Caso reconheça a existência de omissão morosa do legislador, o Tribunal haverá de declarar a inconstitucionalidade da omissão, devendo, nos termos da Constituição (art. 103, § 2º), dar ciência da decisão ao órgão ou aos órgãos cujo comportamento moroso se censura, para que empreendam as medidas necessárias.

Nos casos de omissão dos órgãos administrativos que interfira na efetividade de norma constitucional, determinar-se-á que a Administração empreenda as medidas necessárias ao cumprimento da vontade constitucional, devendo verificar-se a execução da ordem judicial no prazo de 30 dias.

As formas expressas de decisão, seja no caso de omissão legislativa ou de omissão administrativa prevista no art. 103, § 2º, da CF, parecem insuficientes para abarcar o complexo fenômeno da omissão inconstitucional.

No que concerne à omissão administrativa, deverá o órgão administrativo ser cientificado para atuar em 30 dias. Considerando o quadro diferenciado que envolve a omissão de ato administrativo, afigura-se algo ilusório o prazo fixado.

Se se tratar de edição de ato administrativo de caráter regulamentar, muito provavelmente esse prazo há de se revelar extremamente exíguo. Em outros casos, que demandem realização de medidas administrativas concretas (construção de escolas, hospitais, presídios; adoção de determinadas políticas complexas; etc.), esse prazo se mostrará ainda mais inadequado.

---

357. *BVerfGE* 6/257 (264) e 8/1 (19); Herzog, in Maunz/Dürig/Herzog/Scholz, Art. 20 III, *RdNr.* 13.

358. Rel. Min. Moreira Alves, *DJU* 28.11.1989.

Tal como observado na ADI 3.682, o Tribunal houve por bem estipular o prazo de 18 meses para que o Congresso Nacional conferisse disciplina legislativa ao tema, contemplando as situações imperfeitas verificadas em razão da omissão legislativa.

Eis a parte final da decisão:

> "Um dos problemas relevantes da dogmática constitucional refere-se aos efeitos de eventual declaração de inconstitucionalidade da omissão.
>
> "Não se pode afirmar, simplesmente, que a decisão que constata a existência da omissão inconstitucional e determina ao legislador que empreenda as medidas necessárias à colmatação da lacuna inconstitucional não produz maiores alterações na ordem jurídica. Em verdade, tem-se, aqui, sentença de caráter nitidamente mandamental, que impõe ao legislador em mora o dever, dentro de um prazo razoável, de proceder à eliminação do estado de inconstitucionalidade.
>
> "O dever dos Poderes constitucionais ou dos órgãos administrativos de proceder à imediata eliminação do estado de inconstitucionalidade parece ser uma das consequências menos controvertidas da decisão que porventura venha a declarar a inconstitucionalidade de uma omissão que afete a efetividade de norma constitucional.[359]
>
> "O princípio do Estado de Direito (art. 1º), a cláusula que assegura a imediata aplicação dos direitos fundamentais (art. 5º, § 1º) e o disposto no art. 5º, LXXI – que, ao conceder o mandado de injunção para garantir os direitos e liberdades constitucionais, impõe ao legislador o dever de agir para a concretização desses direitos – exigem ação imediata para eliminar o estado de inconstitucionalidade.

---

359. Cf. *BVerfGE* 6/257 (265 e ss.); 37/217 (262); 51/1 (28); 57/361 (388). Cf., também: Jörn Ipsen, *Rechtsfolgen der Verfassungswidrigkeit von Norm und Einzelakt*, pp. 211-213; Klaus Schlaich, *Das Bundesverfassungsgericht*, Stellung, Verfahren, Entscheidungen, Munique, 1985, p. 172; Christoph Gusy, *Parlamentarischer Gesetzgeber und Bundesverfassungsgericht*, p. 191; Peter Hein, *Die Unvereinbakeitklärung verfassungswidrige Gesetze durch das Bundesverfassungsgericht*, pp. 168 e ss.; Heyde, "Gesetzgeberische Konsequenzen aus der Verfassungswidrig-Erklärung von Normen", *FS Faller*, p. 53 (54 e ss.); Apostolo Gerontas, "Die Appellentscheidungen, Sondervotumsappelle und die bloße unvereinbarkeitsfeststellung als Ausdruck der funktionellen Grenzen der Verfassungsgerichtsbarkeit", *DVBl.* 1982/486 (488); Hermann Heußner, "Folgen der Verfassungswidrigkeit eines Gesetzes ohne Nichtigerklärung", *NJW* 1982/257; Hartmut Maurer, "Zur Verfassungswidrigerklärung von Gesetzen", in *FS W. Weber*, Berlim, 1974, p. 362; Bernd Jürgen Schneider, *Die Funktion der Normenkontrolle und des richterlichen Prüfungsrechts im Rahmen der Rechtsfolgenbestimmung verfassungswidriger Gesetze*, p. 162.

"Considerando que o estado de inconstitucionalidade decorrente da omissão pode ter produzido efeitos no passado – sobretudo se se tratar de omissão legislativa –, faz-se mister, muitas vezes, que o ato destinado a corrigir a omissão inconstitucional tenha caráter retroativo.

"Evidentemente, a amplitude dessa eventual retroatividade somente poderá ser aferida em cada caso. Parece certo, todavia, que, em regra, deve a lei retroagir, pelo menos até a data da decisão judicial em que restou caracterizada a omissão indevida do legislador.

"No caso em questão, a omissão legislativa inconstitucional produziu evidentes efeitos durante esse longo período transcorrido desde o advento da Emenda Constitucional n. 15/1996. Diante da inexistência da lei complementar federal, vários Estados da Federação legislaram sobre o tema e diversos Municípios foram efetivamente criados ao longo de todo o País.

"Municípios criados, eleições realizadas, Poderes municipais devidamente estruturados, tributos municipais recolhidos, domicílios fixados para todos os efeitos da lei etc.; enfim, toda uma realidade fática e jurídica criada sem qualquer base legal ou constitucional. É evidente que a omissão legislativa em relação à regulamentação do art. 18, § 4º, da CF acabou dando ensejo à conformação e à consolidação de estados de inconstitucionalidade que não podem ser ignorados pelo legislador na elaboração da lei complementar federal.

"Assim sendo, voto no sentido de declarar o estado de mora em que se encontra o Congresso Nacional, a fim de que, em prazo razoável de 18 meses, adote ele todas as providências legislativas necessárias ao cumprimento do dever constitucional imposto pelo art. 18, § 4º, da CF, devendo ser contempladas as situações imperfeitas decorrentes do estado de inconstitucionalidade gerado pela omissão.

"Não se trata de impor um prazo para a atuação legislativa do Congresso Nacional, mas apenas da fixação de um parâmetro temporal razoável, tendo em vista o prazo de 24 meses determinado pelo Tribunal nas ADI ns. 2.240, 3.316, 3.489 e 3.689 para que as leis estaduais que criam Municípios ou alteram seus limites territoriais continuem vigendo, até que a lei complementar federal seja promulgada contemplando as realidades desses Municípios."[360]

A solução alvitrada acabou por ensejar variante de decisão que estabelece prazo para superação do estado de inconstitucionalidade decorrente da omissão.

---

360. ADI 3.682, rel. Min. Gilmar Mendes, *DJe* 6.9.2007.

O Tribunal foi além ao julgar a ADO 20, que discutia a mora do Legislativo Federal ao regulamentar o direito à licença-paternidade. Naquela assentada, além de reconhecer a omissão e estabelecer prazo para o Congresso Nacional suplantá-la, a Corte definiu que, caso não seja editada lei regulamentadora no prazo indicado, o próprio STF fixará o período da licença-paternidade. Confira-se a tese de julgamento:

> "1. Existe omissão inconstitucional relativamente à edição da lei regulamentadora da licença-paternidade, prevista no art. 7º, XIX, da Constituição. 2. Fica estabelecido o prazo de 18 meses para o Congresso Nacional sanar a omissão apontada, contados da publicação da ata de julgamento. 3. Não sobrevindo a lei regulamentadora no prazo acima estabelecido, caberá a este Tribunal fixar o período da licença paternidade".[361]

Outra decisão que merece registro foi aquela tomada na ADO 38. A ação questionava a omissão do Congresso Nacional em criar lei complementar para ajustar o número de Deputados Federais conforme a atual proporção da população de cada estado e do Distrito Federal, em respeito ao comando do art. 45, § 1º, da Constituição. Ao julgar a demanda, o Tribunal reconheceu a mora legislativa e ordenou que o Legislativo sane a omissão até 30 de junho de 2025. Todavia, se a inação legislativa persistir, determinou a Corte que o Tribunal Superior Eleitoral deverá, até 1º de outubro de 2025, definir o número de deputados federais para cada estado e para o Distrito Federal na legislatura que começará em 2027, bem como fixar o consequente número de deputados estaduais e distritais, respeitados os limites constitucionais mínimos e máximos, por circunscrição, além do total de parlamentares previsto na LC n. 78/1993, utilizando os dados demográficos do Censo 2022, realizado pelo IBGE, e a metodologia aplicada na Resolução-TSE n. 23.389/2013.

Procedimento de tomada da decisão – Nos termos do art. 12-H da Lei 9.868/1999, a inconstitucionalidade por omissão somente poderá ser declarada com observância do disposto no art. 22 (presença de oito ministros na sessão). A constitucionalidade ou inconstitucionalidade da omissão será declarada se, num ou noutro sentido, se tiverem manifestado pelo menos seis ministros (art. 12-E, § 3º, c/c

361. ADO 20/DF, red. para o acórdão Min. Edson Fachin, *DJe* de 2.4.2024.

o art. 23). Não alcançada a maioria necessária à declaração de constitucionalidade ou de inconstitucionalidade, ausentes ministros em número que possa influir no julgamento, deverá este ser suspenso, a fim de aguardar o comparecimento dos juízes ausentes, até que se atinja o número necessário para a tomada de decisão (art. 12, § 3º, c/c o art. 23, parágrafo único).

Declarada a inconstitucionalidade por omissão, será dada ciência ao Poder competente, para a adoção das providências necessárias. Em caso de omissão imputável a órgão administrativo, as providências deverão ser adotadas no prazo de 30 dias, tal como previsto no texto constitucional (art. 103, § 2º), ou em prazo razoável a ser estipulado excepcionalmente pelo Tribunal, tendo em vista circunstâncias específicas do caso e o interesse público envolvido (art. 12-H, § 1º).

Dessa forma, o legislador abriu a possibilidade de que o prazo para adoção de providências, no caso de omissão de órgão administrativo, ultrapasse o prazo estabelecido.

Suspensão de aplicação da norma eivada de inconstitucionalidade por omissão parcial e/ou aplicação excepcional – Como ressaltado, abstraídos os casos de omissão absoluta, que devem ser cada vez mais raros com a promulgação da maioria das leis expressamente reclamadas pelo texto constitucional, hão de assumir relevância os casos de omissão parcial, seja porque o legislador atendeu de forma incompleta ao dever constitucional de legislar, seja porque se identifica a concessão de benefício ao arrepio do princípio da isonomia.[362]

Cumpre indagar se a regra que é considerada inconstitucional, em virtude de sua incompletude, deve continuar a ser aplicada até a implementação das correções reclamadas, ou se ela deve ter sua aplicação suspensa até a deliberação do legislador.

Como não se verifica, aqui, a eliminação da norma defeituosa do ordenamento jurídico, poder-se-ia sustentar que a situação jurídica em questão subsiste integralmente. Poder-se-ia invocar, em favor desse entendimento, que na ação direta de inconstitucionalidade – assim como no mandado de injunção – limita-se o Tribunal a constatar a inconstitucionalidade da situação jurídica, sem pronunciar sua

362. Jörn Ipsen, *Rechtsfolgen der Verfassungswidrigkeit von Norm und Einzelakt*, p. 214.

cassação. A norma antiga deveria preservar sua força normativa até a edição da nova disposição.[363]

A concepção que advoga a subsistência da norma inconstitucional até sua revogação pelo Direito superveniente, sob o argumento de que o STF somente poderia identificar, nesses processos especiais de controle da omissão, a declaração de inconstitucionalidade, sem a pronúncia de sua nulidade, não parece compatibilizar-se com o princípio da nulidade da lei inconstitucional, dominante entre nós.

Acentue-se que esse entendimento encontra base na própria Constituição. Tanto o princípio do Estado de Direito, constitucionalmente consagrado (art. 1º), a vinculação de todos os órgãos estatais à Constituição, como derivação imediata e inevitável, quanto o processo especial de revisão constitucional (art. 60) e a cláusula pétrea consagrada no art. 60, § 4º, que assegura a intangibilidade dos direitos fundamentais, consagram a pretensão de eficácia e a supremacia da Constituição. A cláusula prevista no art. 5º, LXXI, da CF, que assegura o mandado de injunção "sempre que a falta de norma regulamentadora torne inviável o exercício dos direitos e liberdades constitucionais", contém, além de uma garantia processual, princípio de direito material que vincula os órgãos estatais não só aos direitos fundamentais (art. 5º, § 1º), mas a todos os direitos constitucionalmente assegurados.[364]

A faculdade reconhecida a todo juiz de afastar a aplicação da lei inconstitucional, no caso concreto (arts. 97 e 102, III, "a", "b", "c" e "d", da CF), pressupõe a invalidade da lei e, com isso, sua nulidade. A competência do juiz para negar aplicação à norma incompatível com a Constituição encontra correspondência no direito do indivíduo de não se submeter a uma norma inconstitucional, o que lhe é assegurado até com a possibilidade de interpor recurso extraordinário contra decisão de última instância que, de alguma forma, contrarie a Constituição (CF, art. 102, III, "a").[365] Tanto a competência do juiz singular para negar aplicação à norma inconstitucional quanto o direito do indivíduo de não se submeter a uma norma incompatível

363. Idem, ibidem.

364. Cf., a propósito, MI 107, rel. Min. Moreira Alves, *DJU* 28.11.1989.

365. Rp 980, rel. Min. Moreira Alves, *RTJ* 96(2)/496.

com a Constituição demonstram que o constituinte pressupôs a nulidade da lei inconstitucional.

O princípio do Estado de Direito, consagrado no art. 1º da CF, e a vinculação dos órgãos estatais aos direitos fundamentais, como uma decorrência do disposto no art. 5º, § 1º, não podem ser atendidos com a simples promulgação da lei. Tal como afirma Ipsen[366] para o Direito alemão, a lei exigida não é qualquer lei, mas uma lei compatível com a Constituição. O princípio do Estado de Direito (art. 1º), a vinculação dos Poderes do Estado aos direitos fundamentais (art. 5º, § 1º), a proteção dos direitos fundamentais contra a revisão constitucional (art. 60, § 4º) bem como o processo especial de revisão constitucional (art. 60) consagram não só a diferença hierárquica entre a Constituição e a lei e o princípio da supremacia constitucional, mas também as condições de validade que devem ser satisfeitas na promulgação da lei.[367]

A aplicação irrestrita da lei declarada inconstitucional somente poderia legitimar-se, enquanto regra geral, se se pudesse identificar no direito brasileiro "alternativa normativa que, à semelhança do disposto no art. 140, §§ 5º e 7º, da Constituição austríaca, legitimasse a continuada aplicação do Direito incompatível com a Constituição". A simples afirmação de que, consoante a sistemática consagrada para o controle da omissão, o Tribunal deve limitar-se a *constatar* o estado de inconstitucionalidade não se afigura suficiente para legitimar a aplicação da lei após a declaração de sua inconstitucionalidade. Como se pode depreender da jurisprudência da Corte Constitucional alemã,[368] a declaração de inconstitucionalidade sem a pronúncia da nulidade resulta, nos casos de omissão legislativa, da especialidade dessa forma de inconstitucionalidade, o que exige técnica especial de decisão para sua eliminação,[369] e não do tipo de processo em que

366. Jörn Ipsen, *Rechtsfolgen der Verfassungswidrigkeit von Norm und Einzelakt*, p. 214.

367. Alfredo Buzaid, *Da Ação Direta de Declaração de Inconstitucionalidade no Direito Brasileiro*, São Paulo, Saraiva, 1958, p. 131; Rui Barbosa, *Os Atos Inconstitucionais do Congresso e do Executivo* (reimpr.), Rio de Janeiro, 1962, pp. 70-71; Francisco Luiz da Silva Campos, *Direito Constitucional*, vol. I, Rio de Janeiro, 1956, pp. 430-431.

368. *BVerfGE* 6/257 (264); 8/1 (19); e 30/292.

369. Cf., a propósito, Hartmut Maurer, "Zur Verfassungswidrigerklärung von Gesetzen", in *FS W. Weber*, p. 345 (353, 360, 368).

é proferida.[370] A simples declaração de inconstitucionalidade, sem a pronúncia da nulidade, não autoriza a aplicação continuada da lei inconstitucional.

A única conduta condizente com a ordem constitucional é aquela que, no caso da declaração de inconstitucionalidade sem a pronúncia da nulidade no processo de controle abstrato da omissão, admite a suspensão de aplicação da lei censurada. A aplicação geral e irrestrita da lei declarada inconstitucional configuraria ruptura com o princípio da supremacia da Constituição.

Se se deve admitir que a suspensão da aplicação da lei constitui consequência jurídica da decisão que dá pela procedência da ação direta de inconstitucionalidade, nos casos de omissão parcial, afigura-se inevitável considerar que a ordem constitucional exige, em muitos casos, a aplicação do Direito anterior. Uma suspensão geral de aplicação – tal como eventual cassação da norma nos processos de controle de omissão – haveria de emprestar maior gravidade à ofensa constitucional.

Tal fato poderia ser demonstrado com base no exame de algumas normas constitucionais que requerem expressamente a promulgação. Um único exemplo há de explicitar esse entendimento. Nos termos do art. 7º, IV, da CF, o trabalhador faz jus a "salário-mínimo, fixado em lei, nacionalmente unificado, capaz de atender a suas necessidades vitais básicas e às de sua família, com moradia, alimentação, educação, saúde, vestuário, higiene, transporte e previdência social, com reajustes periódicos que lhe preservem o poder aquisitivo (...)".

Essa norma contém expresso dever constitucional de legislar, que obriga o legislador a fixar, legalmente, salário-mínimo que corresponda às necessidades básicas dos trabalhadores. Se o STF chegasse à conclusão, em processo de controle abstrato da omissão (tal como ocorreu com a Corte Constitucional alemã a propósito da lei de retribuição dos funcionários públicos em processo de recurso constitucional – *Verfassungsbeschwerde*),[371] de que a lei que fixa o salário-mínimo não corresponde às exigências estabelecidas pelo constituinte, configurando-se, assim, típica inconstitucionalidade em

370. "Rechtsprechung des BVerfGGs zum Normenkontrollverfahren", *BVerfGE* 17/210 (215); 43/154 (167); 44/70 (88); 45/376 (384); 47/55; 48/281; 63/152 (166); 64/158 (168); 64/243 (247).

371. *BVerfGE* 8/1 (19).

virtude de omissão parcial, a eventual suspensão de aplicação da lei inconstitucional – assim como sua eventual cassação – acabaria por agravar o estado de inconstitucionalidade, uma vez que não haveria lei aplicável à espécie.

Portanto, a suspensão de aplicação da norma constitui consequência fundamental da decisão que, em processo de controle abstrato da inconstitucionalidade por omissão, reconhece a existência de omissão parcial. Todavia, ter-se-á de reconhecer, inevitavelmente, que a aplicação da lei mesmo após a pronúncia de sua inconstitucionalidade pode se justificar inteiramente do prisma constitucional. Trata-se daqueles casos em que a aplicação da lei se mostra indispensável no período de transição, até a promulgação da nova lei.

Assim, se o Tribunal declara a inconstitucionalidade da omissão legislativa, por cumprimento defeituoso ou incompleto do dever constitucional de legislar, pronuncia ele a inconstitucionalidade de todo o complexo normativo em questão, com eficácia geral. Com a pronúncia da inconstitucionalidade da lei, por incompleta ou defeituosa, no processo de controle abstrato da omissão, fica vedada aos órgãos estatais, por força dos princípios do Estado de Direito (art. 1º) e da vinculação dos Poderes Públicos aos direitos fundamentais (art. 5º), a prática de qualquer ato fundado na lei inconstitucional, salvo situações excepcionais tais como a narrada acima. Vê-se, assim, que, nesse caso, a declaração de inconstitucionalidade sem a pronúncia da nulidade importa, também no direito brasileiro, suspensão de aplicação da norma defeituosa ou incompleta.

A pronúncia da inconstitucionalidade da omissão parcial com eficácia *erga omnes* retira o caráter de obrigatoriedade da lei, não estando ninguém compelido a lhe prestar obediência ou a requerer sua aplicação. Os órgãos estatais e a Administração não podem continuar a aplicar as normas consideradas inconstitucionais, uma vez que eles estão submetidos ao princípio do Estado de Direito, somente podendo agir de forma legítima.

Somente em situações especiais se poderia autorizar a aplicação de lei declarada inconstitucional (*v.g.*, eventuais casos de omissão parcial), ainda assim observados os prazos estabelecidos.

Suspensão dos processos – Da suspensão de aplicação da lei impõe-se o dever de suspender os respectivos processos judiciais ou administrativos pendentes, uma vez que a lei anterior não mais deve ser aplicada, até a decisão final dos órgãos legislativos.[372]

Desse modo, propicia-se ao eventual interessado a possibilidade de se beneficiar da nova situação jurídica sem que contra ele se levantem as fórmulas de preclusão, como, *v.g.*, a coisa julgada.[373] A suspensão dos processos administrativos pode-se afigurar recomendável, igualmente, nos casos de omissão absoluta, mormente se se discute ou se se pretende evitar a aplicação de direito ordinário pré-constitucional considerado incompatível com o novo ordenamento.

V – AS DECISÕES DO STF NO CONTROLE ABSTRATO DE NORMAS E OS EFEITOS DA DECLARAÇÃO DE INCONSTITUCIONALIDADE[374]

Procedimento de tomada de decisões – No que se refere às decisões na ação direta de inconstitucionalidade e na ação declaratória de constitucionalidade, a Lei 9.868/1999 preservou a orientação constante de norma regimental do STF que estabelece que o julgamento dessas ações somente será efetuado se presentes na sessão pelo menos oito ministros, devendo-se proclamar a constitucionalidade ou a inconstitucionalidade da lei ou do ato normativo questionado se num ou noutro sentido se tiverem manifestado pelo menos seis (arts. 22 e 23).

Por aplicação analógica do art. 21, § 1º, do RISTF, o relator poderá negar liminarmente seguimento a pedido manifestamente inadmissível, improcedente ou contrário à jurisprudência dominante ou a súmula do Tribunal em sede de ADI e ADC.[375]

---

372. *BVerfGE* 28/324 (363); 29/71 (83); 31/1 (7); e 37/217 (261).

373. Klaus Schlaich, *Das Bundesverfassungsgericht*, Stellung, Verfahren, Entscheidungen, p. 173.

374. Convém assinalar que, embora este capítulo se refira ao controle abstrato de normas (ação direta de inconstitucionalidade/ação declaratória de constitucionalidade), as técnicas de decisão abaixo referidas se aplicam a qualquer processo no qual se possa aferir a constitucionalidade de lei ou ato normativo (controle incidental e, eventualmente, arguição de descumprimento de preceito fundamental).

375. Cf. STF, ADI 2.440, rel. Min. Ricardo Lewandowski, decisão monocrática, j. 17.3.2008, *DJe* 27.3.2008. No mesmo sentido: ADI 514, rel. Min. Celso de Mello, decisão monocrática, j. 24.3.2008, *DJe* 31.3.2008.

O art. 24 acentua o caráter *dúplice* ou *ambivalente* da ação direta de inconstitucionalidade ou da ação declaratória, estabelecendo que, proclamada a constitucionalidade, julgar-se-á improcedente a ação direta ou procedente eventual ação declaratória; e, proclamada a inconstitucionalidade, julgar-se-á procedente a ação direta ou improcedente eventual ação declaratória.

A Lei 9.868, em seu art. 26, assume posição clara em relação à irrecorribilidade e à não rescindibilidade da decisão proferida na ação direta de inconstitucionalidade e na ação declaratória de constitucionalidade. Além de ser plenamente condizente com a atuação da jurisdição constitucional, tal providência rende homenagem à segurança jurídica e à economia processual, permitindo o imediato encerramento do processo e evitando a interposição de recursos de caráter notadamente protelatório.

A Lei 9.868 estabelece, ainda, que, dentro de 10 dias após o trânsito em julgado, o STF fará publicar a parte dispositiva do acórdão proferido, em seção especial do *Diário Oficial da União* e do *Diário da Justiça* (art. 28).

Observe-se que, no caso de deferimento de medida cautelar, esta produz efeitos a partir da data da publicação da ata de julgamento no *Diário da Justiça da União*.[376]

Declaração de nulidade – Nos termos do art. 27 da Lei 9.868/1999, a regra, no sistema brasileiro, continua a ser a declaração de nulidade da lei inconstitucional. Somente em casos excepcionais, devidamente justificados, inclusive pela manifestação de dois terços dos ministros, poderá o Tribunal optar por uma das possíveis fórmulas restritivas.

A inconstitucionalidade de uma lei pode levar, também no direito brasileiro, a diferentes variantes de declaração de nulidade: *declaração de nulidade total como expressão de unidade técnico-*

---

376. Cf. ADI/QO 711, rel. Min. Néri da Silveira, *DJU* 11.6.1993, assim ementada: "Ação direta de inconstitucionalidade – Medida cautelar deferida – Questão de ordem – (...). 4. O deferimento da medida cautelar produz seus efeitos a partir da data da publicação da ata de julgamento no *Diário de Justiça da União* – Petição conhecida como questão de ordem e decidida nos termos acima". Cf., ainda, Rcl 2.576, rela. Min. Ellen Gracie, *DJe* 20.8.2004; Rcl/Ag 3.473, rel. Min. Carlos Velloso, *DJe* 9.12.2005; Pet 3.476, rel. Min. Gilmar Mendes, *DJe* 6.10.2005.

-legislativa; *declaração de nulidade total*; *declaração de nulidade parcial*;[377] *declaração parcial de nulidade sem redução de texto*.

Extensão da declaração de inconstitucionalidade – A declaração de inconstitucionalidade de uma lei pode ter diversas extensões:

1. Declaração de nulidade total como expressão de unidade técnico-legislativa. Defeitos formais, tais como a inobservância das disposições atinentes à iniciativa da lei ou competência legislativa, levam, normalmente, a uma declaração de nulidade total, uma vez que, nesse caso, não se vislumbra a possibilidade de divisão da lei em partes válidas e inválidas, nem tampouco de interpretação conforme.

Assim, o STF declarou a nulidade de emendas às Constituições estaduais relativas a matérias que, nos termos da Constituição de 1967/1969, somente poderiam ser disciplinadas mediante iniciativa do Executivo.[378] O mesmo se dá quando o Poder Legislativo invade âmbito de iniciativa de outros órgãos ou Poderes (Tribunais de Justiça ou Tribunais de Contas).[379] Também a inobservância de outras normas fixadas na Constituição sobre o procedimento legislativo torna inevitável a declaração de inconstitucionalidade de toda a lei.[380]

2. Declaração de nulidade total. O STF profere a declaração de nulidade total de uma lei se identifica uma relação de *dependência* ou de *interdependência* entre as partes constitucionais e inconstitucionais do dispositivo.[381] Se a disposição principal da lei há de ser considerada inconstitucional, pronuncia o STF a inconstitucionalidade de toda a lei, salvo se algum dispositivo puder subsistir autono-

---

377. C. A. Lúcio Bittencourt, *O Controle Jurisdicional da Constitucionalidade das Leis*, Rio de Janeiro, 1968, pp. 126-127.

378. Rp 1.318, rel. Min. Carlos Madeira, *RDA* 169/60-66, julho-setembro/1987; Rp 1.478, rel. Min. Octávio Gallotti, *RDA* 172/95, abril-junho/1988; Rp 1.433, rel. Min. Francisco Rezek, *RDA* 171/107, janeiro-março/1988.

379. Cf. Rp 1.304, rel. Min. Célio Borja, *RDA* 171/109-118, janeiro-março/1988.

380. Cf., dentre outras: Rp 980, rel. Min. Moreira Alves, *RTJ* 96/496 e ss.; ADI 574, rel. Min. Ilmar Galvão, *DJU* 11.3.1994, p. 4.111; ADI 89, rel. Min. Ilmar Galvão, *DJU* 20.8.1993, p. 16.316; ADI 805, rel. Min. Celso de Mello, *DJU* 8.4.1994, p. 7.225.

381. Rp 1.305, rel. Min. Sydney Sanches, *RDA* 170/46; Rp 1.379, rel. Min. Moreira Alves, *DJU* 11.9.1987.

mamente, sem a parte considerada inconstitucional. Trata-se, aqui, de uma *declaração de nulidade em virtude de dependência unilateral*.[382]

A indivisibilidade da lei pode resultar, igualmente, de uma forte integração entre suas diferentes partes. Nesse caso tem-se a *declaração de nulidade em virtude da chamada "dependência recíproca"*.[383]

3. Declaração de nulidade parcial. A doutrina e a jurisprudência brasileiras admitem plenamente a *teoria da divisibilidade da lei*, de modo que, tal como assente, o Tribunal somente deve proferir a inconstitucionalidade daquelas normas viciadas, não devendo estender o juízo de censura às outras partes da lei, salvo se elas não puderem subsistir de forma autônoma.[384] Faz-se mister, portanto, verificar se estão presentes as condições objetivas de divisibilidade. Para isso impõe-se aferir o grau de dependência entre os dispositivos, isto é, examinar se as disposições estão em uma relação de vinculação que impediria sua divisibilidade.[385] Não se afigura suficiente, todavia, a existência dessas condições objetivas de divisibilidade. Impõe-se verificar, igualmente, se a norma que há de subsistir após a declaração de nulidade parcial corresponderia à vontade do legislador.[386] Portanto, devem ser investigadas não só a existência de uma *relação de dependência* (*unilateral* ou *recíproca*),[387] mas também a possibilidade de intervenção no âmbito da *vontade do legislador*.[388]

No exame sobre a *vontade do legislador* assumem peculiar relevo a dimensão e o significado da intervenção que resultará da declaração de nulidade. Se a declaração de nulidade tiver como consequência a criação de uma *nova lei*, que não corresponda às concepções que inspiraram o legislador, afigura-se inevitável a declaração de inconstitucionalidade de toda a lei.[389]

---

382. Cf., a propósito: Gilmar Ferreira Mendes, *Controle de Constitucionalidade*, p. 284; Bittencourt, *O Controle Jurisdicional* ..., p. 127.

383. Rp 1.379, rel. Min. Moreira Alves, *DJU* 11.9.1987.

384. Bittencourt, *O Controle Jurisdicional* ..., pp. 126-127.

385. Idem, p. 127.

386. Idem, p. 125.

387. Rp 1.305, rel. Min. Sydney Sanches, *RDA* 170/46-60, outubro-dezembro/1987; Bittencourt, *O Controle Jurisdicional* ..., pp. 125-127; Gilmar Ferreira Mendes, *Controle de Constitucionalidade*, p. 269.

388. Rp 1.379, rel. Min. Moreira Alves, *DJU* 11.9.1987. V., também: Bittencourt, *O Controle Jurisdicional* ..., pp. 125-127; Gilmar Ferreira Mendes, *Controle de Constitucionalidade*, p. 269.

389. Rp 1.379, rel. Min. Moreira Alves, *DJU* 11.9.1987.

4. Declaração parcial de nulidade sem redução de texto. Já em 1949 identificara Lúcio Bittencourt os casos de inconstitucionalidade da aplicação da lei a determinado grupo de pessoas ou de situações como hipótese de inconstitucionalidade parcial.[390]

Nesse sentido, ensinava o emérito constitucionalista:

> "Ainda no que tange à constitucionalidade parcial, vale considerar a situação paralela em que uma lei pode ser válida em relação a certo número de casos ou pessoas e inválida em relação a outros. É a hipótese, *v.g.*, de certos diplomas redigidos em linguagem ampla e que se consideram inaplicáveis a fatos pretéritos, embora perfeitamente válidos em relação às situações futuras. Da mesma forma, a lei que estabelecesse, entre nós, sem qualquer distinção, a obrigatoriedade do pagamento de imposto de renda, incluindo na incidência deste os proventos de qualquer natureza, seria inconstitucional no que tange à remuneração dos jornalistas e professores".[391]

Não raro constata o STF a inconstitucionalidade da cobrança de tributo sem a observância do princípio da anterioridade (CF de 1946, art. 141, § 34; CF de 1967/1969, art. 153, § 29; CF de 1988, art. 150, III, "b").[392] Destarte, firmou-se orientação sumulada segundo a qual "é inconstitucional a cobrança de tributo que houver sido criado ou aumentado no mesmo exercício financeiro" (Súmula 67).

Como se vê, essas decisões não levam, necessariamente, à cassação da lei, uma vez que ela poderá ser aplicada, sem qualquer mácula, já no próximo exercício financeiro.

Em outros casos considera o Tribunal que a aplicação de leis sobre correção monetária a situações já consolidadas revela-se inconstitucional.[393]

---

390. Bittencourt, *O Controle Jurisdicional*..., p. 128.

391. Idem, ibidem.

392. RMS 11.853, rel. Min. Luiz Gallotti, *DJU* 17.8.1966; RMS 13.208, rel. Min. Villas Boas, *DJU* 11.5.1966; RMS 13.694, rel. Min. Carlos Medeiros da Silva, *DJU* 10.8.1966; RMS 16.588, rel. Min. Victor Nunes, *DJU* 12.3.1968; RMS 16.661, rel. Min. Evandro Lins e Silva, *RTJ* 59/185; RE 61.102, rel. Min. Oswaldo Trigueiro, *DJU* 14.2.1968.

393. RMS 16.986, rel. Min. Aliomar Baleeiro, *RTJ* 43/575; RMS 16.661, rel. Min. Evandro Lins e Silva, *RTJ* 59/185; ERE 69.749, rel. Min. Bilac Pinto, *RTJ* 61/130; RE 63.318, rel. Min. Victor Nunes Leal, *RTJ* 46/205; RE 99.180, rel. Min. Djaci Falcão, *RTJ* 106/847.

É o que se constata, *v.g.*, na seguinte decisão: "Correção monetária. A fixação da sua incidência a partir do ajuizamento da ação viola o princípio da não retroatividade da lei (art. 153, § 3º, da CF), destoando, inclusive, da jurisprudência do STF – Aplicação da Lei n. 6.899, de 8.4.1981, aos processos pendentes, a partir de sua vigência (art. 3º do Decreto n. 86.649/1981) – Provimento do recurso extraordinário".[394]

Ou, ainda, na seguinte passagem do voto do Min. Alfredo Buzaid: "É certo que a Lei n. 6.899 dispõe, no art. 1º, que a correção monetária incide sobre qualquer débito resultante de decisão judicial. E depois de dizer no § 1º que, na execução por título de dívida líquida e certa, se calcularia a correção a contar do respectivo vencimento, estabelece, no § 2º, que nos demais casos se procede ao cálculo a partir do ajuizamento da causa. A locução 'a partir do ajuizamento da causa' há de referir-se à causa proposta depois que a Lei n. 6.899 entrou em vigor. Interpretação diversa, como a adotada pelo v. acórdão recorrido, importa em atribuir à Lei n. 6.899 efeito retroativo (...)".[395]

Também aqui limita-se o Tribunal a considerar inconstitucional apenas determinada hipótese de aplicação da lei, sem proceder à alteração do seu *programa normativo*.

Em decisão mais moderna adotou o STF, expressa e inequivocamente, a técnica da *declaração de inconstitucionalidade sem redução de texto*, tal como se pode depreender da seguinte passagem da ementa concernente à ADI 319-4, formulada contra a Lei 8.039/1990:

> "Exame das inconstitucionalidades alegadas com relação a cada um dos artigos da mencionada lei – Ofensa ao princípio da irretroatividade com relação à expressão 'março' contida no § 5º do art. 2º da referida lei – Interpretação conforme a Constituição aplicada ao *caput* do art. 2º, ao § 5º desse mesmo artigo e ao art. 4º, todos da lei em causa – Ação que se julga procedente em parte, para declarar a inconstitucionalidade da expressão 'março', contida no § 5º do art. 2º da Lei n. 8.039/1990, e, parcialmente, o *caput* e o § 2º do art. 2º, bem como o art. 4º, os três em todos os sentidos que não aquele segundo o qual de sua aplicação estão ressalvadas as hipóteses em que, no caso concreto, ocorra direito adquirido, ato jurídico perfeito e coisa julgada".[396]

394. RE 97.816, rel. Min. Djaci Falcão, *DJU* 12.11.1982, p. 11.489.
395. RE 100.317, rel. Min. Alfredo Buzaid, *RTJ* 114/1.138 (1.140).
396. Rel. Min. Moreira Alves, *DJU* 30.4.1993, p. 7.563.

Uma redução do âmbito da aplicação da lei pode ser operada, igualmente, mediante simples interpretação conforme a Constituição.[397]

Assim, ao apreciar a constitucionalidade de dispositivo constante da Lei de Diretrizes e Bases da Educação (Lei 5.540/1968), houve por bem o Tribunal afirmar que a exigência de lista tríplice para o preenchimento de cargos de direção superior das universidades somente se aplicava às universidades federais,[398] com o fundamento de que essa regra não integrava as linhas básicas do sistema de ensino que deveriam estar disciplinadas na referida lei. Com a utilização da expressão "desde que", acabou o Tribunal por excluir as universidades estaduais do âmbito de aplicação da norma impugnada, como se vê da ementa do acórdão:

> "Universidades e estabelecimentos oficiais de nível superior. A determinação do número dos componentes das listas destinadas à escolha dos seus dirigentes, não sendo matéria de diretriz e base, escapa à competência legislativa da União, em relação às entidades oficiais de ensino situadas fora do âmbito federal (Constituição, art. 8º, XVII, 'q', e art. 177), valendo, apenas, no que concerne às mantidas pela União – Representação julgada improcedente, desde que se interprete o § 1º do art. 16 da Lei n. 5.540/1968, com a redação dada pela de n. 6.420/1977, como somente aplicável às universidades e estabelecimentos superiores no âmbito federal".

Também na ADI 5.733/AM, a técnica de declaração de inconstitucionalidade parcial sem redução de texto foi utilizada pelo Supremo Tribunal Federal. Naquela oportunidade, o Tribunal afirmou que a instituição do adicional de alíquota do ICMS, facultada pelo art. 82, § 1º, do ADCT, deve respeitar o princípio da anterioridade tributária. Com base nesse fundamento, a Corte julgou procedente a ação direta para declarar a inconstitucionalidade parcial sem redução de texto de determinado dispositivo de lei estadual do Amazonas, de modo a consignar que era inconstitucional a aplicação daquela norma no

397. Sobre o conceito de "interpretação conforme a Constituição" e sua relação com a declaração de inconstitucionalidade sem redução do texto, v., infra, "A Interpretação Conforme a Constituição".

398. Rp 1.454, rel. Min. Octávio Gallotti, *RTJ* 125/997.

mesmo exercício financeiro no qual fora publicada – *in casu*, 2017 –, mas não nos exercícios seguintes.[399]

Registre-se que se reconheceu a possibilidade de "explicitação, no campo da liminar, do alcance de dispositivos de uma certa lei, sem afastamento da eficácia no que se mostre consentânea com a Constituição Federal".[400]

A interpretação conforme a Constituição – Consoante postulado do Direito Americano incorporado à doutrina constitucional brasileira, deve o juiz, na dúvida, reconhecer a constitucionalidade da lei. Também no caso de duas interpretações possíveis de uma lei há de se preferir aquela que se revele compatível com a Constituição.

Os Tribunais devem, portanto, partir do princípio de que o legislador busca positivar uma norma constitucional.[401]

Há muito vale-se o STF da interpretação conforme a Constituição, passando a ser utilizada também no âmbito do controle abstrato de normas.[402]

Consoante o entendimento ordinário, limita-se o Tribunal a declarar a legitimidade do ato questionado, desde que interpretado em conformidade com a Constituição.[403] O resultado da interpretação, normalmente, é incorporado, de forma resumida, na parte dispositiva da decisão.[404]

A interpretação conforme a Constituição levava sempre, no direito brasileiro, à declaração de constitucionalidade da lei.[405] Porém, como já se disse, há hipóteses em que este tipo de interpretação pode levar a uma declaração de inconstitucionalidade sem redução do texto. Tais casos foram levantados pela primeira vez por ocasião da propositura cumulativa de uma *representação interpretativa*[406] e de uma

---

399. ADI 5.733/AM, rel. Min. Alexandre de Moraes, *DJe* de 3.10.2019.

400. ADI 1.045, rel. Min. Marco Aurélio, *DJU* 6.5.1994, p. 10.485.

401. Bittencourt, *O Controle Jurisdicional* ..., p. 93.

402. Rp 948, rel. Min. Moreira Alves, *RTJ* 82/55-56; Rp 1.100, *RTJ* 115/993 e ss.

403. Cf., a propósito, Rp 1.454, rel. Min. Octávio Gallotti, *RTJ* 125/997.

404. Cf., a propósito: Rp 1.389, rel. Min. Oscar Corrêa, *RTJ* 126/514; Rp 1.454, rel. Min. Octávio Gallotti, *RTJ* 125/997; Rp 1.399, rel. Min. Aldir Passarinho, *DJU* 9.9.1988.

405. Cf., a propósito, Bittencourt, *O Controle Jurisdicional* ..., p. 95.

406. A chamada *representação interpretativa* foi introduzida no direito brasileiro pela Emenda Constitucional 7/1977 e deveria contribuir – tal como ressaltado na "Exposição de Motivos" do Governo – para dirimir controvérsias sobre interpretação

representação de inconstitucionalidade; suscitou-se a indagação sobre o significado dogmático da interpretação conforme a Constituição.[407]

No caso, o STF, seguindo orientação formulada pelo Min. Moreira Alves, reconheceu que a *interpretação conforme a Constituição*, quando fixada no juízo abstrato de normas, corresponde a uma pronúncia de inconstitucionalidade. Daí entender incabível sua aplicação no âmbito da *representação interpretativa*.[408]

Não se pode afirmar com segurança se na jurisprudência do STF a interpretação conforme a Constituição há de ser sempre equiparada a uma declaração de nulidade sem redução de texto.

Deve-se acentuar, porém, que em decisão de 9.11.1987 deixou assente o STF que a interpretação conforme a Constituição não deve ser vista como um simples princípio de interpretação, mas sim como uma modalidade de decisão do controle de normas, equiparável a uma *declaração de inconstitucionalidade sem redução de texto*.[409] Assinale-se, porém, que o Tribunal não procedeu, inicialmente, a qualquer alteração na parte dispositiva da decisão, que continuava a afirmar a *improcedência* da arguição, *desde que* adotada determinada interpretação.

As decisões proferidas nas ADI 491 e 319, da relatoria do Min. Moreira Alves, parecem sinalizar que pelo menos no controle abstrato de normas o Tribunal tem procurado, nos casos de exclusão de determinadas hipóteses de aplicação ou hipóteses de interpretação do âmbito normativo, acentuar a equivalência dessas categorias.[410]

De nossa parte, cremos que a equiparação, pura e simples, da declaração de inconstitucionalidade sem redução de texto à interpretação conforme a Constituição prepara dificuldades significativas.

A mais relevante delas advém do fato de que, ao fixar como constitucional dada interpretação e, expressa ou implicitamente, excluir determinada possibilidade de interpretação, por inconstitucio-

---

de lei ou ato normativo federal ou estadual. O direito de propositura foi confiado exclusivamente ao Procurador-Geral da República (CF de 1967/1969, art. 119, I, "l"). A Constituição de 1988 não incorporou esse instituto.

407. Cf. Rp 1.417, rel. Min. Moreira Alves, *RTJ* 126/48 e ss.

408. Voto na Rp 1.417, *DJU* 15.4.1988, *RTJ* 126/48 e ss.

409. Rp 1.417, rel. Min. Moreira Alves, *RTJ* 126/48.

410. ADI/MC 491, rel. Min. Moreira Alves, *RTJ* 137/90; ADI 319, rel. Min. Moreira Alves, *DJU* 30.4.1993.

nal, o Tribunal não declara – nem poderia fazê-lo – a inconstitucionalidade de todas as possíveis interpretações de certo texto normativo.

Neste tema, parece que o legislador fez – pelo que se depreende do art. 28, parágrafo único, da Lei 9.868/1999 – uma clara opção pela separação das figuras da declaração de inconstitucionalidade sem redução do texto e da interpretação conforme a Constituição.

Admissibilidade e limites da interpretação conforme a Constituição – Também entre nós a doutrina e a jurisprudência utilizam-se de uma fundamentação diferenciada para justificar o uso da interpretação conforme a Constituição. Ressalte-se, por um lado, que a supremacia da Constituição impõe que todas as normas jurídicas ordinárias sejam interpretadas em consonância com seu texto.[411] Em favor da admissibilidade da interpretação conforme a Constituição milita também a presunção da constitucionalidade da lei, fundada na ideia de que o legislador não poderia ter pretendido votar lei inconstitucional.[412] Ressalta-se, também, que a supremacia da Constituição impõe que todas as normas jurídicas ordinárias sejam interpretadas em consonância com seu texto.[413]

A doutrina contemporânea – especialmente a de matriz europeia – trabalha com uma dupla dimensão da interpretação conforme a Constituição. A primeira, e mais evidente, é a dimensão negativa, palpável nos efeitos cassatórios inerentes à decisão de um tribunal que exclui interpretações consideradas inconstitucionais. Há tempos, entretanto, a atuação da jurisdição constitucional não mais se resume à eliminação de normas (que tão bem calha no modelo do "legislador negativo"); desempenha funções positivas de "recomposição interpretativa" e de "integração normativa" do ordenamento jurídico.[414] A dimensão positiva da interpretação conforme a Constituição é expressão do mister atual das Cortes Constitucionais, ocupadas em enfrentar situações inconstitucionais cuja resolução passa pela colmatação de lacunas em chave de otimização constitucional; nessa linha, se procede à construção normativa por analogia, redução, ou

411. Bittencourt, *O Controle Jurisdicional* ..., pp. 93-94.

412. Idem, p. 95.

413. Carlos Alberto Lúcio Bittencourt, *O controle jurisdicional da constitucionalidade das leis*, cit., p. 93-94.

414. Gustavo Zagrebelsky; Valeria Marcenò, *Giustizia Costituzionale*, Bolonha: il Mulino, 2012, p. 338.

por derivação de premissas normativas da Constituição.[415] Cuida-se, fundamentalmente, de prestigiar a coerência do ordenamento jurídico: obsta-se que a legislação infraconstitucional faça "sistema em si mesma" no exato instante em que se promove a integração desse escalão normativo com o plexo que lhe é superior.[416]

De fato, a supremacia da Constituição não pode ser garantida apenas negativamente pela singela razão de a normatividade constitucional não consistir em dado inerte "que possa ser tomado como critério fixo para determinar um ponto exato dentro de uma banda de oscilação de significados normativos possíveis de uma disposição legislativa": mais que isso, "interpretar uma disposição com base em outras significa (...) construir uma norma compatível com todas".[417] Decerto, a construção dessa norma, pela via interpretativa, pode resultar em solução que vulnere a unidade da Constituição – e mais intensamente do que ocorreria com declaração de inconstitucionalidade parcial ou total. Esse estado de coisas aconselha adoção de postura mais afeita ao espírito de sutileza do que ao rigor geométrico quando o caso é o de aquilatar, por exemplo, se determinada deliberação de órgão fracionário de tribunal importou em violação à reserva de plenário: invocar interpretação conforme a Constituição não se revela suficiente para legitimar acórdão de tribunal que se funda em um dispositivo constitucional para violar vários outros.[418]

Segundo a jurisprudência do STF, a interpretação conforme a Constituição conhece limites. Eles resultam tanto da expressão literal

---

415. Christoph Gusy, *Parlamentarischer Gesetzgeber und Bundesverfassungsgericht*, Berlim: Duncker und Humblot, 1985, p. 214.

416. Franco Modugno, "Metodi ermeneutici e Diritto Costituzionale", In: *Scritti sull'Interpretazione Costituzionale*, Nápoles: Editoriale Scientifica, 2008, p. 68 e s.

417. Omar Chessa, "Non manifesta infondatezza versus interpretazione adeguatrice?", In: Marilisa D'Amico; Barbara Randazzo (orgs.), *Interpretatzione conforme e tecniche argomentative*, Turim: Ed. Giappichelli, 2009, p. 272.

418. Vide: "Reclamação. 2. Direito Administrativo. 3. Servidores públicos. 4. Incorporação da vantagem referente aos 13,23%. Lei 10.698/2003. 5. Ações que visam à defesa do texto constitucional. O julgador não está limitado aos fundamentos jurídicos indicados pelas partes. Causa petendi aberta. 6. Órgão fracionário afastou a aplicação do dispositivo legal sem observância do art. 97 da CF (reserva de plenário). Interpretação conforme a Constituição configura claro juízo de controle de constitucionalidade. Violação à Súmula Vinculante n. 10. 7. É vedado ao Poder Judiciário conceder reajuste com base no princípio da isonomia. Ofensa à Súmula Vinculante 37. 8. Reclamação julgada procedente" (Rcl 14.872, rel. Min. Gilmar Mendes, Segunda Turma, DJ de 28.6.2016).

da lei quanto da chamada *vontade do legislador*. A interpretação conforme a Constituição é, por isso, apenas admissível se não configurar violência contra a expressão literal do texto[419] e não alterar o significado do texto normativo, com mudança radical da própria concepção original do legislador.[420]

A prática demonstra que o Tribunal não confere maior significado à chamada *intenção do legislador*, ou evita investigá-la, se a interpretação conforme a Constituição se mostra possível dentro dos limites da expressão literal do texto.[421]

Muitas vezes, porém, esses limites não se apresentam claros e são de difícil definição. Como todo tipo de linguagem, os textos normativos normalmente padecem de certa indeterminação semântica, sendo passíveis de múltiplas interpretações. Assim, é possível entender – como o faz Rui Medeiros – que "a problemática dos limites da interpretação conforme a Constituição está indissociavelmente ligada ao tema dos limites da interpretação em geral".[422]

A eliminação ou fixação, pelo Tribunal, de determinados sentidos normativos do texto quase sempre tem o condão de alterar, ainda que minimamente, o sentido normativo original determinado pelo legislador. Por isso, muitas vezes a interpretação conforme levada a efeito pelo Tribunal pode transformar-se numa decisão modificativa dos sentidos originais do texto.

A experiência das Cortes Constitucionais europeias – destacando-se, nesse sentido, a *Corte Costituzionale* italiana[423] – bem demonstra que em certos casos o recurso às decisões interpretativas com efeitos modificativos ou corretivos da norma constitui a única solução viável para que a Corte Constitucional enfrente a inconstitucionalidade existente no caso concreto, sem ter que recorrer a subterfúgios indesejáveis e soluções simplistas como a declaração de

---

419. Idem, ibidem.

420. ADI 2.405-RS, rel. Min. Carlos Britto, *DJe* 17.2.2006; ADI 1.344-ES, rel. Min. Joaquim Barbosa, *DJe* 19.4.2006; Rp 1.417-DF, rel. Min. Moreira Alves, *DJU* 15.4.1988; ADI 3.046-SP, rel. Min. Sepúlveda Pertence, *DJe* 28.5.2004.

421. Rp 1.454, rel. Min. Octávio Gallotti, *RTJ* 125/997; Rp 1.389, rel. Min. Oscar Corrêa, *RTJ* 126/514; Rp 1.399, rel. Min. Aldir Passarinho, *DJU* 9.9.1988.

422. Rui Medeiros, *A Decisão de Inconstitucionalidade. Os Autores, o Conteúdo e os Efeitos da Decisão de Inconstitucionalidade da Lei*, Lisboa, Universidade Católica Editora, 1999, p. 301.

423. Cf. Augusto Martín de la Vega, *La Sentencia Constitucional en Italia*, Madri, Centro de Estudios Políticos y Constitucionales, 2003.

inconstitucionalidade total ou, no caso de esta trazer consequências drásticas para a segurança jurídica e o interesse social, a opção pelo mero não conhecimento da ação.

Sobre o tema é digno de nota o estudo de Joaquín Brage Camazano,[424] do qual citamos o seguinte trecho:

> "La raíz esencialmente pragmática de estas modalidades atípicas de sentencias de la constitucionalidad hace suponer que su uso es prácticamente inevitable, con una u otra denominación y con unas u otras particularidades, por cualquier órgano de la constitucionalidad consolidado que goce de una amplia jurisdicción, en especial si no seguimos condicionados inercialmente por la majestuosa, pero hoy ampliamente superada, concepción de Kelsen del TC como una suerte de 'legislador negativo'. Si alguna vez los Tribunales Constitucionales fueron legisladores negativos, sea como sea, hoy es obvio que ya no lo son; y justamente el rico 'arsenal' sentenciador de que disponen para fiscalizar la constitucionalidad de la ley, más allá del planteamiento demasiado simple 'constitucionalidad/inconstitucionalidad', es un elemento más, y de importancia, que viene a poner de relieve hasta qué punto es así. Y es que, como Fernández Segado destaca, 'la *praxis* de los Tribunales Constitucionales no ha hecho sino avanzar en esta dirección' de la superación de la idea de los mismos como legisladores negativos, 'certificando (así) la quiebra del modelo kelseniano del legislador negativo".

Certas modalidades atípicas de decisão no controle de constitucionalidade decorrem, portanto, de uma necessidade prática comum a qualquer jurisdição constitucional.

Assim, o recurso a técnicas inovadoras de controle da constitucionalidade das leis e dos atos normativos em geral tem sido cada vez mais comum na realidade do direito comparado, na qual os Tribunais não estão mais afeitos às soluções ortodoxas da declaração de nulidade total ou de mera decisão de improcedência da ação, com a consequente declaração de constitucionalidade.

Além das muito conhecidas técnicas de interpretação conforme a Constituição, da declaração de nulidade parcial sem redução de texto, da declaração de inconstitucionalidade sem a pronúncia da nulida-

424. Joaquín Brage Camazano, "Interpretación constitucional, declaraciones de inconstitucionalidad y arsenal sentenciador (un sucinto inventario de algunas sentencias 'atípicas')", in Eduardo Ferrer MacGregor (ed.), *La Interpretación Constitucional*, México, Editorial Porrúa, 2005.

de, da aferição da "lei ainda constitucional" e do apelo ao legislador, são também muito utilizadas as técnicas de limitação ou restrição de efeitos da decisão, o que possibilita a declaração de inconstitucionalidade com efeitos *pro futuro* a partir da decisão ou de outro momento que venha a ser determinado pelo Tribunal.

Nesse contexto, a jurisprudência do STF tem evoluído significativamente nos últimos anos, sobretudo a partir do advento da Lei 9.868/1999, cujo art. 27 abre ao Tribunal uma nova via para a mitigação de efeitos da decisão de inconstitucionalidade. A prática tem demonstrado que essas novas técnicas de decisão têm guarida também no âmbito do controle difuso de constitucionalidade.[425]

Uma breve análise retrospectiva da prática dos Tribunais Constitucionais e do nosso STF bem demonstra que a ampla utilização dessas decisões, comumente denominadas "atípicas", as converteu em modalidades "típicas" de decisão no controle de constitucionalidade, de forma que o debate atual não deve mais estar centrado na admissibilidade de tais decisões, mas nos limites que elas devem respeitar.

O STF, quase sempre imbuído do dogma kelseniano do legislador negativo, costuma adotar uma posição de *self-restraint* ao se deparar com situações em que a interpretação conforme possa descambar para uma decisão interpretativa corretiva da lei.[426]

Ao se analisar detidamente a jurisprudência do Tribunal, no entanto, é possível verificar que em muitos casos a Corte não atenta para os limites, sempre imprecisos, entre a interpretação conforme delimitada negativamente pelos sentidos literais do texto e a decisão interpretativa modificativa desses sentidos originais postos pelo legislador.[427]

No julgamento conjunto das ADI 1.105-DF e 1.127-DF o Tribunal, ao conferir interpretação conforme a Constituição a vários dispositivos do Estatuto da Advocacia (Lei 8.906/1994), acabou adicionando-lhes novo conteúdo normativo, convolando a decisão em verdadeira interpretação corretiva da lei.[428]

425. RE 197.917-SP, rel. Min. Maurício Corrêa, *DJe* 7.5.2004.

426. ADI 2.405-RS, rel. Min. Carlos Britto, *DJe* 17.2.2006; ADI 1.344-ES, rel. Min. Moreira Alves, *DJU* 19.4.1996; Rp 1.417-DF, rel. Min. Moreira Alves, *DJU* 15.4.1988.

427. ADI 1.105, 1.127, 1.344, 1.668, 1.797, 1.946, 2.084, 2.087, 2.209, 2.332, 2.405, 2.596, 2.652, 3.046 e 3.324.

428. ADI 1.105-DF e ADI 1.127-DF, rel. originário Min. Marco Aurélio, rel. para o acórdão Min. Ricardo Lewandowski.

Em outros casos mais antigos também é possível verificar que o Tribunal, a pretexto de dar interpretação conforme a Constituição a determinados dispositivos, acabou proferindo o que a doutrina constitucional, amparada na prática da Corte Constitucional italiana, tem denominado de "decisões manipulativas de efeitos aditivos".[429]

Sobre a evolução da jurisdição constitucional brasileira em tema de decisões manipulativas, o constitucionalista português Blanco de Morais fez a seguinte análise:

> "(...) o fato é que a Justiça Constitucional brasileira deu, 11 anos volvidos sobre a aprovação da Constituição de 1988, um importante passo no plano da suavização do regime típico da nulidade com efeitos absolutos, através do alargamento dos efeitos manipulativos das decisões de inconstitucionalidade.
>
> "Sensivelmente, desde 2004 parecem também ter começado a emergir com maior pregnância decisões jurisdicionais com efeitos aditivos.
>
> "Tal parece ter sido o caso de uma acção directa de inconstitucionalidade, a ADI 3.105, a qual se afigura como uma sentença demolitória com efeitos aditivos. Esta eliminou, com fundamento na violação do princípio da igualdade, uma norma restritiva que, de acordo com o entendimento do Relator, reduziria arbitrariamente, para algumas pessoas pertencentes à classe dos servidores públicos, o alcance de um regime de imunidade tributária que a todos aproveitaria. Dessa eliminação resultou automaticamente a aplicação, aos referidos trabalhadores inactivos, de um regime de imunidade contributiva que abrangia as demais categorias de servidores públicos."[430]

Registre-se, ainda, o julgamento das ADI 1.354 e 1.351 (em 7.12.2006), nas quais se impugnava a denominada "cláusula de barreira" instituída pelo art. 13 da Lei 9.096/1995 como restrição ao funcionamento parlamentar dos partidos políticos, em que o Tribunal

---

429. Sobre a difusa terminologia utilizada, v.: Carlos Blanco de Morais, *Justiça Constitucional*, t. II, "O contencioso constitucional português entre o modelo misto e a tentação do sistema de reenvio", Coimbra, Coimbra Editora, 2005, pp. 238 e ss.; Augusto Martín de la Vega, *La Sentencia Constitucional en Italia*, Madri, Centro de Estudios Políticos y Constitucionales, 2003; Francisco Javier Díaz Revorio, *Las Sentencias Interpretativas del Tribunal Constitucional*, Valadolid, Lex Nova, 2001; Héctor López Bofill, *Decisiones Interpretativas en el Control de Constitucionalidad de la Ley*, Valencia, Tirant lo Blanch, 2004.

430. Carlos Blanco de Morais, *Justiça Constitucional*, t. II, "O contencioso constitucional português ...", pp. 238 e ss.

proferiu típica decisão manipulativa de efeitos aditivos ao utilizar a técnica da interpretação conforme a Constituição para atribuir aos arts. 56 e 57 da Lei dos Partidos Políticos o sentido de que as normas de transição neles contidas continuem em vigor até que o legislador discipline novamente a matéria, dentro dos limites estabelecidos pelo Tribunal nesse julgamento.

No curso do ano de 2012 o Tribunal voltou a se deparar com o problema no julgamento da ADPF 54/DF (rel. Min. Marco Aurélio), que discutia a constitucionalidade da criminalização dos abortos de fetos anencéfalos.

De fato, ao rejeitar a questão de ordem levantada pelo Procurador-Geral da República quando do julgamento da medida cautelar, o Tribunal já havia admitido a possibilidade de, ao julgar o mérito da ADPF 54/DF, atuar de forma criativa, acrescentando mais uma excludente de punibilidade – no caso de o feto padecer de anencefalia – ao crime de aborto.

Ao decidir o mérito da ação assentando sua procedência e dando interpretação conforme aos arts. 124 a 128 do CP, o Tribunal proferiu típica decisão manipulativa com eficácia aditiva em matéria penal.

Decisões manipulativas de efeitos aditivos – A doutrina italiana considera manipulativa a decisão mediante a qual o órgão de jurisdição constitucional modifica ou adita normas submetidas à sua apreciação, a fim de que saiam do juízo constitucional com incidência normativa ou conteúdo distinto do original, mas concordante com a Constituição.[431]

Como anota Roberto Romboli, tratando das decisões manipulativas, "a Corte modifica diretamente a norma posta ao seu exame, através de decisões que são definidas como 'autoaplicativas', a indicar o caráter imediato de seus efeitos, que prescindem de qualquer sucessiva intervenção parlamentar".[432] É fácil ver que se trata de técnica unilateral de supressão da inconstitucionalidade dos atos normativos.[433]

---

431. Riccardo Guastini, *Lezioni di Teoria Costituzionale*, Turim, G. Giappichelli Editore, 2001, p. 222.

432. Roberto Romboli e outros, *Giustizia Costituzionale*, 2ª ed., Turim, G. Giappichelli Editore, 2007, p. 304.

433. Cf. Markus González Beilfuss, *Tribunal Constitucional y Reparación de la Discriminación Normativa*, Madri, Centro de Estudios Políticos y Constitucionales, 2000, pp. 117-130.

Ulterior esforço analítico termina por distinguir as manipulativas de efeitos aditivos das manipulativas com efeito substitutivo.

A primeira espécie, mais comum, verifica-se quando a Corte Constitucional declara inconstitucional certo dispositivo legal não pelo que expressa, mas pelo que omite, alargando o texto da lei ou seu âmbito de incidência.

As manipulativas com efeitos substitutivos, por sua vez, são aquelas em que o juízo constitucional declara a inconstitucionalidade da parte em que a lei estabelece determinada disciplina ao invés de outra, substituindo a disciplina advinda do Poder Legislativo por outra, consentânea com o parâmetro constitucional.[434]

Como espécies de decisões com alguma eficácia aditiva ainda devem ser referidas as decisões demolitórias com efeitos aditivos (quando é suprimida uma lei inconstitucional constritora de direitos), as aditivas de prestação (que têm impacto orçamentário) e as aditivas de princípio (onde são fixados princípios que o legislador deve observar ao prover a disciplina que se tem por indispensável ao exercício de determinado direito constitucional).

Ressalte-se que, embora os esforços teóricos acerca do tema tenham frutificado principalmente na Itália, a prolação de decisões manipulativas tem sido uma constante também na jurisprudência dos Tribunais espanhol[435] e português.[436]

---

434. Entre nós, a técnica manipulativa com efeitos substitutivos foi utilizada no julgamento da ADI/MC 2.332-DF, rel. Min. Moreira Alves, *DJU* 2.4.2004, ocasião em que o STF – vencido no ponto o Relator – decidiu "deferir a medida liminar para suspender, no art. 15-A do Decreto-lei n. 3.365, de 21.6.1941, introduzido pelo art. 1º da Medida Provisória n. 2.027-43, de 27.9.2000, e suas sucessivas reedições, a eficácia da expressão 'de até 6%' (*omissis*) para dar, ao final do *caput* do art. 15-A, interpretação conforme a Carta da República, de que a base de cálculo dos juros compensatórios será a diferença eventualmente apurada entre 80% do preço ofertado em juízo e o valor do bem fixado na sentença".

435. Joaquín Brage Camazano, *La Acción Abstracta de Inconstitucionalidad*, México, Universidad Nacional Autónoma de México, 2005, pp. 409-410: "La utilización de este tipo de sentencias se plantea especialmente respecto de las hipótesis de desigualdad normativa o trato desigual por parte de una ley, porque la ley prevé determinadas consecuencias para determinadas hipótesis, pero no para otros supuestos que constitucionalmente hubieran exigido un tratamiento igual. Como dice el TC español, ante tales hipótesis cabe, en principio, *equiparar por arriba*, suprimiendo las restricciones o exclusiones injustificadas establecidas por el legislador con la consiguiente extensión del beneficio a los discriminados".

436. Cf. Carlos Blanco de Morais (org.), *As Sentenças Intermédias da Justiça Constitucional*, Lisboa, AADFL, 2009, pp. 113-115.

Convém observar que, não obstante se manifeste de forma singular em cada sistema de jurisdição constitucional, a crescente utilização das decisões manipulativas de efeitos aditivos responde a necessidades comuns. Nesse sentido, em lição perfeitamente adequada ao Direito pátrio, Augusto Martín de la Vega ressaltou ser possível compreender a proliferação das decisões manipulativas de efeitos aditivos, levando-se em conta três fatores: (a) a existência de uma Carta Política de perfil marcadamente programático e destinada a progressivo desenvolvimento; (b) a permanência de um ordenamento jurídico-positivo com marcados resquícios autoritários; e (c) a ineficácia do Legislativo para responder, em tempo adequado, às exigências de atuação da Constituição e à conformação do ordenamento preexistente ao novo regime constitucional.[437]

Acrescente-se que é extremamente difícil excluir tal técnica de decisão de regimes como o brasileiro e o italiano, onde inexiste um recurso como o de amparo espanhol ou o recurso ou ação constitucional alemão, já que em tais circunstâncias as decisões aditivas se tornam a via preferencial para a "reinterpretação e tutela dos direitos subjetivos".[438]

Interessante notar que a complexidade de nosso sistema de controle de constitucionalidade emprestou linhas singulares ao fenômeno das decisões manipulativas de efeitos aditivos.[439]

O STF pôde chegar ao resultado aditivo, inovando o ordenamento jurídico, tanto por meio das ações do sistema concentrado de controle, como nas ações diretas decididas com uso de interpretação conforme com efeitos aditivos, quanto através dos remédios constitucionais individuais, sendo numerosos os casos em que, por exemplo, o veículo da pretensão aditiva foi o mandado de injunção.

Em decisão de notável relevância doutrinária para o tema em discussão, o STF determinou a aplicação, aos servidores públicos, da Lei 7.783/1989, que dispõe sobre o exercício do direito de greve na

437. Augusto de la Vega, *La Sentencia Constitucional en Italia*, Madri, Centro de Estudios Políticos y Constitucionales, 2003, pp. 229-230.

438. La Pergola, "La Constitución como fuente suprema del Derecho", in Antonio Pina, *División de Poderes e Interpretación: Hacia una Teoría de la Praxis Constitucional*, Madri, Tecnos, 1987, p. 149.

439. Cf. o voto que proferi na ADPF/QO 54, rel. Min. Marco Aurélio, *DJe* 31.8.2007, especialmente pp. 170-171.

iniciativa privada, pelo que promoveu extensão aditiva do âmbito de incidência da norma.[440]

Outro caso de extensão do âmbito subjetivo de incidência da norma ocorreu no julgamento do RMS 22.307, ocasião em que se discutiu a possibilidade de extensão jurisprudencial da revisão de vencimentos, em percentual de 28,68%, para alcançar categorias de servidores públicos não contempladas na lei que disciplinou a revisão. O STF, por maioria, entendeu desnecessário lei específica que estendesse a revisão de vencimentos aos servidores não atingidos e, de plano, determinou o reajuste nas folhas de pagamento.[441]

Cabe ressaltar, ainda, o julgamento conjunto, pelo Plenário do STF, dos MS 26.602-DF, 26.603-DF e 26.604-DF, em que se assentou que o abandono, pelo parlamentar, da legenda pela qual foi eleito tem como consequência jurídica a extinção do mandato.

Também de marcado caráter aditivo, registre-se a decisão proferida na Pet 3.388-RR (rel. Min. Carlos Britto), na qual o Tribunal, enfrentando a situação de insegurança geral deflagrada pela demarcação da Reserva Raposa Serra do Sol, logrou, mediante a disciplina constante do voto do Min. Menezes Direito, dar margens nítidas à extensão do usufruto dos indígenas sobre as áreas que lhes são constitucionalmente garantidas.[442]

Por fim, mencione-se o RE 405.579 (rel. Min. Joaquim Barbosa). Trata-se de hipótese em que duas empresas, importadoras de um mesmo produto, foram discriminadas por concessão de benefício tributário a apenas uma delas, o que gera evidente desequilíbrio comercial. Em voto-vista da lavra do Min. Gilmar Mendes foi proposta a extensão do benefício tributário (redução de imposto de importação) a empresas não contempladas no inciso X do § 1º do art. 5º da Lei

---

440. MI 670, red. para o acórdão Min. Gilmar Mendes, MI 708, rel. Min. Gilmar Mendes, e MI 712, rel. Min. Eros Grau, j. 25.10.2007. Tenham-se presentes, ainda, o MI 543 (rel. Min. Octávio Gallotti, *DJU* 24.5.2002) e o MI 283 (rel. Min. Sepúlveda Pertence, *DJU* 14.11.1991), quando restou assentado que "é dado ao Judiciário, ao deferir a injunção, somar, aos seus efeitos mandamentais típicos, o provimento necessário a acautelar o interessado contra a eventualidade de não se ultimar o processo legislativo, no prazo que fixar, de molde a facultar-lhe, quando possível, a satisfação provisória do seu direito".

441. Rel. Min. Marco Aurélio, *DJU* 13.6.1997.

442. *Informativo STF* 539, 16-20.3.2009.

10.182/2001, com vistas a sanar violação ao princípio da isonomia e restaurar o equilíbrio do mercado comercial.

Na sessão de julgamento de 1.12.2010, contudo, o Plenário do STF, contra os votos dos Mins. Gilmar Mendes, Carlos Britto, Marco Aurélio e Ricardo Lewandowski, deu provimento ao recurso extraordinário e manteve a validade da lei referida.[443]

A declaração de constitucionalidade das leis – Embora na "Exposição de Motivos" que encaminhou a proposta de Emenda Constitucional 16/1965 à Constituição de 1946 tenha o Governo acentuado que a representação, limitada em sua iniciativa, teria o mérito de facultar desde logo a definição da controvérsia constitucional sobre leis novas, formando precedente que orientaria o julgamento de processos congêneres,[444] a doutrina constitucional brasileira não conferiu maior atenção à decisão que reconhecia a constitucionalidade ou a inconstitucionalidade de uma lei no processo de controle abstrato de normas. Considerando que o conteúdo e os efeitos da decisão foram disciplinados apenas de forma fragmentada nas diferentes disposições, doutrina e jurisprudência não lograram precisar, inicialmente, o significado dogmático da declaração de constitucionalidade no juízo abstrato.[445]

Posteriormente passou o Tribunal a admitir que as decisões de inconstitucionalidade proferidas no processo de controle abstrato de normas tinham eficácia *erga omnes*, deixando, assim, de submetê-las ao Senado Federal.[446]

443. RE 405.579, rel. Min. Joaquim Barbosa, *DJU* 4.8.2011.

444. Cf. *Emendas à Constituição de 1946, n. 16, Reforma do Poder Judiciário*, Brasília, Câmara dos Deputados, 1968, p. 19 (24).

445. Cf., a propósito: Buzaid, *Da Ação Direta* ..., p. 87; Bittencourt, *O Controle Jurisdicional* ..., p. 143.

446. Parecer do Min. Rodrigues de Alckmin, de 19.6.1975 (*DJU* 16.5.1977, p. 3.124); parecer do Min. Moreira Alves, de 11.11.1975 (*DJU* 16.5.1977, p. 3.123), em sessão administrativa da Mesa de Matéria Constitucional. V., também, O. A. Bandeira de Mello, *Teoria das Constituições Rígidas*, 1980, p. 213. Em 18.6.1977 o Presidente do STF, Min. Thompson Flores, determinou que as comunicações ao Senado Federal para os fins do art. 42, VII, da CF de 1967/1969 se restringissem às declarações de inconstitucionalidade proferidas *incidenter tantum* (cf. Ana Valderez Ayres Neves de Alencar, "A competência do Senado Federal para suspender a execução dos atos inconstitucionais", *Revista de Informação Legislativa* 57/260 (305), 1978).

É que, ao contrário do que se verifica em alguns sistemas judiciais, o STF não se limita a declarar a improcedência da ação, declarando expressamente a constitucionalidade da norma por decisão de maioria qualificada (seis votos), presentes pelo menos oito integrantes da Corte. Era o que dispunham os arts. 143 e 173 do Regimento Interno do STF, e agora o art. 23 da Lei 9.868/1999.

Essa orientação corresponde, sem dúvida, à natureza do processo de controle abstrato de normas, que se destina não só a eliminar da ordem jurídica, pronta e eficazmente, a lei inconstitucional, mas também a espancar, de forma definitiva, dúvidas porventura surgidas sobre a constitucionalidade das leis válidas.[447]

Tal entendimento parece tanto mais plausível se se considera que o STF não está adstrito, no controle abstrato de normas, aos fundamentos invocados pelo autor, podendo declarar a inconstitucionalidade por fundamentos diversos dos expendidos na inicial.[448]

A declaração de constitucionalidade e a "lei ainda constitucional" – Em decisão de 23.3.1994 teve o STF a oportunidade de ampliar a já complexa tessitura das técnicas de decisão no controle

447. Essa orientação, que é dominante na doutrina germânica, parece corresponder, tal como demonstrado acima, à natureza e aos objetivos do processo de controle abstrato adotado no Brasil desde a Emenda Constitucional 16/1965. Deve-se assinalar, porém, que a doutrina constitucional italiana e, mais recentemente, a doutrina espanhola e a portuguesa atribuem eficácia extremamente reduzida à "sentença de rejeição de inconstitucionalidade". Tal como observado por Zagrebelsky, "le decisioni di rigetto della Corte Costituzionale possegono dunque un'efficacia assai limitata, e comunque non paragonabile a quella propria del giudicato di cui sono fornite regola sentenze della giurisdizione comune" (*La Giustizia Costituzionale*, Bolonha, 1977, p. 185). Também Raul Sierra Bocanegra rejeita a possibilidade de se outorgar eficácia à sentença confirmatória da constitucionalidade, porquanto "esa sentencia dispondría de un valor superior al de las leyes mismas, un valor constitucional totalmente inaceptable en un instrumento jurídico de esa clase, que vendría a poner en cuestión, por lo demás, muy seriamente, el progreso y la capacidad de cambio y adaptación de la Constitución, al volver definitivamente el sistema hacia uno de los polos que en esta materia entran en tensión" (cf. *El Valor de las Sentencias del Tribunal Constitucional*, Madri, 1982, p. 254). No mesmo sentido é a opinião de J. J. Gomes Canotilho e de Jorge Miranda em relação à sentença de rejeição de inconstitucionalidade proferida pela Corte Constitucional portuguesa (Canotilho, *Direito Constitucional*, 5ª ed. Coimbra, 1992, p. 1.089; Miranda, *Manual de Direito Constitucional*, 2ª ed., t. 2, Coimbra, 1983, p. 384).

448. Cf., a propósito, Gilmar Ferreira Mendes, *Controle de Constitucionalidade*, p. 268.

de constitucionalidade, admitindo que lei que concedia prazo em dobro para a Defensoria Pública era de ser considerada constitucional enquanto esse órgão não estivesse devidamente habilitado ou estruturado.[449]

Ressalvou-se, portanto, de forma expressa, a possibilidade de que o Tribunal possa vir a declarar a inconstitucionalidade da disposição em apreço, uma vez que a afirmação sobre a legitimidade da norma assentava-se em uma circunstância de fato que se modifica no tempo.[450]

Fica evidente, pois, que a nossa Corte deu um passo significativo rumo à flexibilização das técnicas de decisão no juízo de controle de constitucionalidade, introduzindo, ao lado da declaração de inconstitucionalidade, o reconhecimento de um estado imperfeito, insuficiente para justificar a declaração de ilegitimidade da lei.

Declaração de inconstitucionalidade com efeitos "ex tunc" e declaração de inconstitucionalidade com efeitos "ex nunc" – O poder de que dispõe qualquer juiz ou Tribunal para deixar de aplicar a

449. HC 70.514, j. 23.3.1994, *DJU* 27.6.1997.

450. Posteriormente, no RE crim. 147.776-8, da relatoria do Min. Sepúlveda Pertence, o tema voltou a ser agitado de forma pertinente. A ementa do acórdão revela, por si só, o significado da decisão para a atual evolução das técnicas de controle de constitucionalidade:

"Ministério Público – Legitimação para promoção, no juízo cível, do ressarcimento do dano resultante de crime, pobre o titular do direito à reparação – CPP, art. 68, ainda constitucional (cf. RE n. 135.328) – Processo de inconstitucionalização das leis.

"1. A alternativa radical da jurisdição constitucional ortodoxa entre a constitucionalidade plena e a declaração de inconstitucionalidade ou revogação por inconstitucionalidade da lei com fulminante eficácia *ex tunc* faz abstração da evidência de que a implementação de uma nova ordem constitucional não é um fato instantâneo, mas um processo, no qual a possibilidade de realização da norma da Constituição – ainda quando teoricamente não se cuide de preceito de eficácia limitada – subordina-se muitas vezes a alterações da realidade fática que a viabilizem.

"2. No contexto da Constituição de 1988, a atribuição anteriormente dada ao Ministério Público pelo art. 68 do CPP – constituindo modalidade de assistência judiciária – deve reputar-se transferida para a Defensoria Pública; essa, porém, para esse fim, só se pode considerar existente onde e quando organizada, de direito e de fato, nos moldes do art. 134 da própria Constituição e da lei complementar por ela ordenada. Até que – na União ou em cada Estado considerado – se implemente essa condição de viabilização da cogitada transferência constitucional de atribuições, o art. 68 do CPP será considerado ainda vigente: é o caso do Estado de São Paulo, como decidiu o Plenário no RE n. 135.328" (*Lex-JSTF* 238/390).

lei inconstitucional a determinado processo (CF, arts. 97 e 102, III, "a", "b", "c" e "d") pressupõe a invalidade da lei e, com isso, a sua nulidade. A faculdade de negar aplicação à lei inconstitucional corresponde ao direito do indivíduo de se recusar a cumprir a lei inconstitucional, assegurando-se-lhe, em última instância, a possibilidade de interpor recurso extraordinário ao STF contra decisão judicial que se apresente, de alguma forma, em contradição com a Constituição Federal (art. 102, III, "a").[451]

Tanto o poder do juiz de negar aplicação à lei inconstitucional quanto a faculdade assegurada ao indivíduo de negar observância à lei inconstitucional demonstram que o constituinte pressupôs a nulidade da lei inconstitucional. Daí se segue que a sentença que declara a inconstitucionalidade tem eficácia *ex tunc*.

Porém, a Lei 9.868/1999 contém disposição (art. 27) que autoriza o STF, tendo em vista razões de segurança jurídica ou de excepcional interesse social, a restringir os efeitos da declaração de inconstitucionalidade ou a estabelecer que ela tenha eficácia a partir de seu trânsito em julgado ou de outro momento que venha a ser fixado, desde que tal deliberação seja tomada pela maioria de dois terços de seus membros. A inovação em tela merece ser justificada.

A falta de um instituto que permita estabelecer limites aos efeitos da declaração de inconstitucionalidade acaba por obrigar os Tribunais, muitas vezes, a se absterem de emitir um juízo de censura, declarando a constitucionalidade de leis manifestamente inconstitucionais.

Por isso, assevera Eduardo García de Enterría, forte na doutrina americana, que "la alternativa a la prospectividad de las sentencias no es, pues, la retroactividad de las mismas, sino la abstención en el descubrimiento de nuevos criterios de efectividad de la Constitución, el estancamiento en su interpretación, la renuncia, pues, a que los Tribunales Constitucionales cumplan una de sus funciones capitales, la de hacer una *living-Constitution*, la de adaptar paulatinamente esta a las nuevas condiciones sociales".[452]

É interessante notar que nos próprios Estados Unidos da América, onde a doutrina acentuara tão enfaticamente a ideia de que a expressão "lei inconstitucional" configurava uma *contradictio in ter-*

---

451. Cf., a propósito, Rp 980, rel. Min. Moreira Alves, *RTJ* 96/496 (508).

452. Eduardo García de Enterría, "Justicia constitucional, la doctrina prospectiva en la declaración de ineficacia de las leyes inconstitucionales", *RDP* 92/5 (14).

minis, uma vez que "the inconstitutional statute is not law at all",[453] passou-se a admitir, após a Grande Depressão, a necessidade de estabelecer limites à declaração de inconstitucionalidade.[454]

A Suprema Corte americana vem considerando o problema proposto pela eficácia retroativa de juízos de inconstitucionalidade a propósito de decisões em processos criminais. Se as leis ou atos inconstitucionais nunca existiram enquanto tais, eventuais condenações neles baseadas quedam ilegítimas – e, portanto, o juízo de inconstitucionalidade implicaria a possibilidade de impugnação imediata de todas as condenações efetuadas sob a vigência da norma inconstitucional. Por outro lado, se a declaração de inconstitucionalidade afeta tão somente a demanda em que foi levada a efeito, não há que se cogitar de alteração de julgados anteriores.

Sobre o tema, afirma Tribe:

> "No caso 'Linkletter *versus* Walker', a Corte rejeitou ambos os extremos: 'a Constituição nem proíbe nem exige efeito retroativo'. Parafraseando o *Justice* Cardozo pela assertiva de que 'a Constituição Federal nada diz sobre o assunto', a Corte de Linkletter tratou da questão da retroatividade como um assunto puramente de política (política judiciária), a ser decidido novamente em cada caso. A Suprema Corte codificou a abordagem de Linkletter no caso 'Stovall *versus* Denno': 'Os critérios condutores da solução da questão implicam (a) o uso a ser servido pelos novos padrões, (b) a extensão da dependência das autoridades responsáveis pelo cumprimento da lei com relação aos antigos padrões e (c) o efeito sobre a administração da justiça de uma aplicação retroativa dos novos padrões".[455]

Por sua vez, a Constituição portuguesa, na versão da Lei Constitucional de 1982, consagrou fórmula segundo a qual quando a segurança jurídica, razões de equidade ou interesse público de excepcional relevo o exigirem, poderá o Tribunal Constitucional fixar os efeitos da inconstitucionalidade ou da ilegalidade com alcance mais restrito que o previsto em geral (art. 281º-4).

---

453. Cf. Westel Woodbury Willoughby, *The Constitutional Law of the United States*, vol. I, Nova York, 1910, pp. 9-10; cf., também, Thomas M. Cooley, *Treatise on the Constitutional Limitations*, 4ª ed., Boston, 1878, p. 227.

454. Cf. Laurence Tribe, *The American Constitutional Law*, Mineola/Nova York, The Foundation Press, 1988, p. 27.

455. Tribe, *The American Constitutional Law*, p. 30.

Vale registrar, a propósito, a opinião abalizada de Jorge Miranda:

"A fixação dos efeitos da inconstitucionalidade destina-se a adequá-los às situações da vida, a ponderar o seu alcance e a mitigar uma excessiva rigidez que pudesse comportar; destina-se a evitar que, para fugir a consequências demasiado gravosas da declaração, o Tribunal Constitucional viesse a não decidir pela ocorrência de inconstitucionalidade; é uma válvula de segurança da própria finalidade e da efetividade do sistema de fiscalização.

"Uma norma como a do art. 282º, n. 4, aparece, portanto, em diversos Países, se não nos textos, pelo menos na jurisprudência.

"Como escreve Bachof, os Tribunais Constitucionais consideram-se não só autorizados mas inclusivamente obrigados a ponderar as suas decisões, a tomar em consideração as possíveis consequências destas. É assim que eles verificam se um possível resultado da decisão não seria manifestamente injusto, ou não acarretaria um dano para o bem público, ou não iria lesar interesses dignos de proteção de cidadãos singulares. Não pode entender-se isto, naturalmente, como se os Tribunais tomassem como ponto de partida o presumível resultado da sua decisão e passassem por cima da Constituição e da lei em atenção a um resultado desejado. Mas a verdade é que um resultado injusto, ou por qualquer outra razão duvidoso, é também em regra – embora não sempre – um resultado juridicamente errado.

"À primeira vista, oposto à fixação dos efeitos é o *judicial self-restraint*, que consiste (como o nome indica) numa autolimitação dos Tribunais ou do Tribunal de constitucionalidade, não ajuizando aí onde considere que as opções políticas do legislador devem prevalecer ou ser insindicáveis. Mas talvez se trate apenas de uma aparente restrição, porquanto não interferir, não fiscalizar, não julgar, pode inculcar, já por si, uma aceitação dos juízos do legislador e das suas estatuições, e, portanto, também uma definição (embora negativa) da inconstitucionalidade e dos seus eventuais efeitos."[456]

Embora a Constituição espanhola não tenha adotado instituto semelhante, a Corte Constitucional, marcadamente influenciada pela experiência constitucional alemã, passou a adotar, desde 1989, a técnica da *declaração de inconstitucionalidade sem a pronúncia da nulidade*, como reportado por Eduardo García de Enterría:

456. Jorge Miranda, *Manual de Direito Constitucional*, 3ª ed., t. II, Coimbra, 1991, pp. 500-502.

"La reciente publicación en el *Boletín Oficial del Estado* de 2 de marzo último de la ya famosa Sentencia 45/1989, de 20 de febrero, sobre inconstitucionalidad del sistema de liquidación conjunta del impuesto sobre la renta de la 'unidad familiar' matrimonial, permite a los juristas una reflexión pausada sobre esta importante decisión del Tribunal Constitucional, objeto ya de multitud de comentarios periodísticos.

"La decisión es importante, en efecto, por su fondo, la inconstitucionalidad que declara, tema en el cual no parece haberse producido, hasta ahora, discrepancia alguna. Pero me parece bastante más importante, aún por la innovación que ha supuesto en la determinación de los efectos de esa inconstitucionalidad, que el fallo remite a lo 'que se indica en el Fundamento Undécimo', y éste explica como una eficacia *pro futuro*, que no permite reabrir las liquidaciones administrativas o de los propios contribuyentes (autoliquidaciones) anteriores."[457]

O próprio STF tem apontado as insuficiências existentes no âmbito das técnicas de decisão no processo de controle de constitucionalidade.

Os casos de omissão parcial mostram-se extremamente difíceis de serem superados no âmbito do controle de normas em razão da insuficiência das técnicas de controle disponíveis.

Essa peculiaridade restou evidenciada na ADI 525, oferecida contra a Medida Provisória 296/1991, que concedia aumento de remuneração a segmento expressivo do funcionalismo público em alegado desrespeito ao disposto no art. 37, X, da CF. Convém se registre passagem do voto proferido pelo Relator, Min. Sepúlveda Pertence, no julgamento do pedido de concessão de medida cautelar:

"Põe-se aqui, entretanto, um problema sério e ainda não deslindado pela Corte, que é um dos tormentos do controle da constitucionalidade da lei pelo estalão do princípio da isonomia e suas derivações constitucionais.

"Se a ofensa à isonomia consiste, no texto da norma questionada, na imposição de restrição a alguém, que não se estenda aos que se encontram em posição idêntica, a situação de desigualdade se resolve sem perplexidade pela declaração da invalidez da constrição discriminatória.

---

457. Eduardo García de Enterría, "Justicia constitucional, la doctrina prospectiva en la declaración de ineficacia de las leyes inconstitucionales", *RDP* 92/5, outubro-dezembro/1989.

"A consagração positiva da teoria da inconstitucionalidade por omissão criou, no entanto, dilema cruciante quando se trate, ao contrário, de ofensa à isonomia pela outorga por lei de vantagem a um ou mais grupos com exclusão de outro ou outros que, sob o ângulo considerado, deveriam se incluir entre os beneficiários.

"É a hipótese, no quadro constitucional brasileiro, de lei que, à vista da erosão inflacionária do poder de compra da moeda, não dê alcance universal à revisão de vencimentos, contrariando o art. 37, X, ou que, para cargos de atribuições iguais ou assemelhadas, fixe vencimentos díspares, negando observância à imposição de tratamento igualitário do art. 39, § 1º, da Constituição.

"A alternativa que aí se põe ao órgão de controle é afirmar a inconstitucionalidade positiva de norma concessiva do benefício ou, sob outro prisma, a da omissão parcial consistente em não ter estendido o benefício a quantos satisfizessem os mesmos pressupostos de fato subjacentes à outorga (Canotilho, *Constituição Dirigente e Vinculação do Legislador*, 1992, pp. 333 e ss. e 339; *Direito Constitucional*, 1986, p. 831; Gilmar F. Mendes, *Controle de Constitucionalidade*, 1990, pp. 60 e ss.; Regina Ferrari, *Efeitos da Declaração de Inconstitucionalidade*, 1990, pp. 156 e ss.; Cármen Lúcia Rocha, *O Princípio Constitucional da Igualdade*, 1990, p. 42): 'a censurabilidade do comportamento do legislador' – mostra Canotilho (*Constituição Dirigente*, cit., p. 334), a partir da caracterização material da omissão legislativa – 'tanto pode residir no acto positivo – exclusão arbitrária de certos grupos das vantagens legais – como no procedimento omissivo – emanação de uma lei que contempla positivamente um grupo de cidadãos, esquecendo outros'.

"Se se adota a primeira solução – a declaração de inconstitucionalidade da lei por 'não favorecimento arbitrário' ou 'exclusão inconstitucional de vantagem' –, que é a da nossa tradição (*v.g.*, RE n. 102.553, 21.8.1986, *RTJ* 120/725), a decisão tem eficácia fulminante, mas conduz a iniquidades contra os beneficiados, quando a vantagem não traduz privilégio, mas imperativo de circunstâncias concretas, não obstante a exclusão indevida de outros, que ao gozo dela se apresentariam com os mesmos títulos.

"É o que ocorreria, no caso, com a suspensão cautelar da eficácia da medida provisória, postulada na ADI n. 525: estaria prejudicado o aumento de vencimentos da parcela mais numerosa do funcionalismo civil e militar, sem que daí resultasse benefício algum para os excluídos do seu alcance.

"A solução oposta – a da omissão parcial – seria satisfatória se resultasse na extensão do aumento – alegadamente, simples reajuste monetário – a todos quantos sofrem com a mesma intensidade a depreciação inflacionária dos vencimentos.

"A essa extensão da lei, contudo, faltam poderes ao Tribunal, que, à luz do art. 103, § 2º, da CF, declarando a inconstitucionalidade por omissão da lei – seja ela absoluta ou relativa –, há de cingir-se a comunicá-la ao órgão legislativo competente, para que a supra.

"De resto, como assinalam estudiosos de inegável autoridade (*v.g.*, Gilmar Mendes, cit., p. 70), o alvitre da inconstitucionalidade por omissão parcial ofensiva da isonomia – se pôde ser construída, a partir da Alemanha, nos regimes do monopólio do controle de normas pela Corte Constitucional – suscita problemas relevantes de possível rejeição sistemática se se cogita de transplantá-la para a delicada simbiose institucional que se traduz na convivência, no Direito Brasileiro, entre o método de controle direto e concentrado no Supremo Tribunal e o sistema difuso.

"Ponderações, que não seria oportuno expender aqui, fazem, porém, com que não descarte de plano a aplicabilidade, no Brasil, da tese da inconstitucionalidade por omissão parcial. Ela, entretanto, não admite antecipação cautelar, sequer, limitados efeitos de sua declaração no julgamento definitivo; muito menos para a extensão do benefício aos excluídos, que nem na decisão final se poderia obter."[458]

Evidente, pois, que a declaração de nulidade também não configura técnica adequada para a eliminação da situação inconstitucional nesses casos de omissão legislativa. Uma cassação aprofundaria o estado de inconstitucionalidade.

Entendeu, portanto, o legislador que, ao lado da ortodoxa declaração de nulidade, há de se reconhecer a possibilidade de o STF, em casos excepcionais, mediante decisão da maioria qualificada (dois terços dos votos), estabelecer limites aos efeitos da declaração de inconstitucionalidade, proferindo a inconstitucionalidade com eficácia *ex nunc* ou *pro futuro*, especialmente naqueles casos em que a declaração de nulidade se mostre inadequada (*v.g.*, lesão positiva ao princípio da isonomia) ou nas hipóteses em que a lacuna resultante da declaração de nulidade possa dar ensejo ao surgimento de uma situação ainda mais afastada da vontade constitucional.

As decisões proferidas na ação direta de inconstitucionalidade por omissão e sua eficácia mandamental – O STF teve a

458. Rel. Min. Sepúlveda Pertence, *RTJ* 145/101 (112-113).

oportunidade de apreciar pela primeira vez as questões suscitadas pelo controle de constitucionalidade da omissão em decisão de 23.11.1989.[459]

A inexistência de regras processuais específicas exigia que o Tribunal examinasse, como questão preliminar, a possibilidade de se aplicar esse instituto com base tão somente nas disposições constitucionais. A resposta a essa questão dependia, porém, da definição da natureza e do significado desse novo instituto.

A Corte partiu do princípio de que a solução que recomendava a expedição da norma geral ou concreta haveria de ser desde logo afastada. A regra concreta deveria ser excluída em determinados casos, como decorrência da natureza especial de determinadas pretensões – *v.g.*, daquelas eventualmente derivadas dos postulados de direito eleitoral.[460]

Como *omissão* deveria ser entendida não só a chamada *omissão absoluta* do legislador – isto é, a total ausência de normas –, como também a *omissão parcial*, na hipótese de cumprimento imperfeito ou insatisfatório de *dever constitucional de legislar*.[461]

Tanto quanto a decisão a ser proferida no processo de controle abstrato da omissão, a decisão que reconhece a inconstitucionalidade da omissão no mandado de injunção tem eficácia *mandamental*. As duas ações são destinadas a obter ordem judicial dirigida a um outro órgão do Estado. Ter-se-ia, aqui, um exemplo daquela ação que James Goldschmidt[462] houve por bem denominar "ação mandamental".[463]

Essa *ação mandamental* exige a edição de ato normativo por parte do Poder Público. O processo de controle da omissão, previsto

459. O mandado de injunção havia sido proposto por oficial do Exército contra o Presidente da República, que, segundo se alegava, não teria encaminhado tempestivamente ao Congresso Nacional projeto de lei disciplinando a duração dos serviços temporários, tal como expressamente exigido pela Constituição (art. 42, § 9º). O impetrante havia prestado serviço por nove anos e seria compelido a passar para a reserva ao implementar o décimo ano se fosse aplicada a legislação pré-constitucional. Daí ter requerido a promulgação da norma prevista constitucionalmente. Ao lado desse pleito principal requereu ele, igualmente, a concessão de liminar que garantisse seu *status* funcional até a pronúncia da decisão definitiva.

460. MI 107, rel. Min. Moreira Alves, *RTJ* 133/11 e ss.

461. MI 107, rel. Min. Moreira Alves, *RTJ* 133/11 (31).

462. James Goldschmidt, *Zivilprozessrecht*, 2ª ed., Berlim, 1932, § 15-a, p. 61.

463. MI 107, rel. Min. Moreira Alves, *RTJ* 133/11 (35).

no art. 103, § 2º, da CF, é abstrato e, consoante sua própria natureza, deve a decisão nele proferida ser dotada de eficácia *erga omnes*.[464] Segundo a orientação do STF, o constituinte pretendeu conferir aos dois institutos significado processual semelhante, assegurando às decisões proferidas nesses processos idênticas consequências jurídicas. A garantia do exercício de direitos prevista no art. 5º, LXXVI, da CF, pertinente ao mandado de injunção, não se diferencia, fundamentalmente, da garantia destinada a tornar efetiva uma norma constitucional referida no art. 103, § 2º, da CF, concernente ao controle abstrato da omissão.[465]

As decisões proferidas nesses processos declaram a mora do órgão legiferante em cumprir dever constitucional de legislar, compelindo-o a editar a providência requerida. Destarte, a diferença fundamental entre o mandado de injunção e a ação direta de controle da omissão residiria no fato de que, enquanto o primeiro se destina à proteção de direitos subjetivos e pressupõe, por isso, a configuração de um interesse jurídico, o processo de controle abstrato da omissão, enquanto processo objetivo, pode ser instaurado independentemente da existência de um interesse jurídico específico.[466]

É também importante ressaltar que a introdução da declaração de inconstitucionalidade com efeito *ex nunc* confere ao STF a possibilidade de solver o intrincado problema da omissão parcial, procedendo à declaração de inconstitucionalidade do complexo normativo sem a pronúncia da nulidade. Nesse caso, a Corte poderá declarar a inconstitucionalidade da *situação normativa*, sem pronúncia da nulidade, autorizando, ou não, a aplicação da lei considerada inconstitucional.

A limitação de efeitos e o art. 27 da Lei 9.868/1999 – O princípio da nulidade continua a ser a regra no direito brasileiro.

O afastamento de sua incidência dependerá de um severo juízo de ponderação que, tendo em vista análise fundada no princípio da proporcionalidade, faça prevalecer a ideia de segurança jurídica ou outro princípio constitucionalmente relevante, manifestado sob a forma de interesse social relevante. Assim, aqui, como no Direito Português, a não aplicação do princípio da nulidade não se há de

464. MI 107, rel. Min. Moreira Alves, *RTJ* 133/11 (38-39).
465. Idem, ibidem.
466. Idem, ibidem.

basear em consideração de política judiciária, mas em fundamento constitucional próprio.

O princípio da nulidade somente há de ser afastado se se puder demonstrar, com base numa ponderação concreta, que a declaração de inconstitucionalidade ortodoxa envolveria o sacrifício da segurança jurídica ou de outro valor constitucional materializável sob a forma de interesse social.[467] Entre nós, cuidou o legislador de conceber um modelo restritivo também no aspecto procedimental, consagrando a necessidade de um quórum especial (dois terços dos votos) para a declaração de inconstitucionalidade com efeitos limitados.

Vê-se, pois, que também entre nós terá significado especial o princípio da proporcionalidade, especialmente a proporcionalidade em sentido estrito, como instrumento de aferição da justeza da declaração de inconstitucionalidade (como efeito da nulidade), tendo em vista o confronto entre os interesses afetados pela lei inconstitucional e aqueles que seriam eventualmente sacrificados em consequência da declaração de inconstitucionalidade.[468]

Nos termos do art. 27 da Lei 9.868/1999, o STF poderá proferir, em tese, tanto quanto já se pode vislumbrar, uma das seguintes decisões: (a) declarar a inconstitucionalidade apenas a partir do trânsito em julgado da decisão (declaração de inconstitucionalidade *ex nunc*), com ou sem repristinação da lei anterior; (b) declarar a inconstitucionalidade com a suspensão dos efeitos por algum tempo a ser fixado na sentença (declaração de inconstitucionalidade com efeito *pro futuro*), com ou sem repristinação da lei anterior; (c) declarar a inconstitucionalidade sem a pronúncia da nulidade, permitindo que se opere a suspensão de aplicação da lei e dos processos em curso até que o legislador, dentro de prazo razoável, venha a se manifestar sobre a situação inconstitucional (declaração de inconstitucionalidade sem pronúncia da nulidade = restrição de efeitos); e, eventualmente, (d) declarar a inconstitucionalidade dotada de efeito retroativo, com a preservação de determinadas situações.

Assim, tendo em vista razões de segurança jurídica, o Tribunal poderá afirmar a inconstitucionalidade com eficácia *ex nunc*. Nessa

467. Cf., a propósito do Direito Português, Rui Medeiros, *A Decisão de Inconstitucionalidade*, Lisboa, Universidade Católica Editora, 1999, p. 716.

468. Cf., sobre o assunto, Medeiros, *A Decisão de Inconstitucionalidade*, pp. 703-704.

hipótese a decisão de inconstitucionalidade eliminará a lei do ordenamento jurídico a partir do trânsito em julgado da decisão (cessação da ultratividade da lei)[469] (hipótese "a").

Outra hipótese (hipótese "b") expressamente prevista no art. 27 diz respeito à declaração de inconstitucionalidade com eficácia a partir de um dado momento no futuro (declaração de inconstitucionalidade com efeito *pro futuro*). Nesse caso, a lei reconhecida como inconstitucional, tendo em vista fortes razões de segurança jurídica ou de interesse social, continuará a ser aplicada dentro do prazo fixado pelo Tribunal. A eliminação da lei declarada inconstitucional do ordenamento submete-se a um termo prefixado. Considerando que o legislador não fixou o limite temporal para a aplicação excepcional da lei inconstitucional, caberá ao próprio Tribunal essa definição.

Como se sabe, o modelo austríaco consagra fórmula que permite ao Tribunal assegurar a aplicação da lei por período que não exceda 18 meses. Ressalte-se que o prazo a que se refere o art. 27 tem em vista assegurar ao legislador um período adequado para a superação do modelo jurídico-legislativo considerado inconstitucional. Assim, ao decidir pela fixação de prazo deverá o Tribunal estar atento a essa peculiaridade.

Poderão ainda surgir casos que recomendem a adoção de uma pura declaração de inconstitucionalidade sem pronúncia da nulidade (suspensão de aplicação da lei e suspensão dos processos em curso) (hipótese "c"). Poderá ser o caso de determinadas lesões ao princípio da isonomia (exclusão de benefício incompatível com o princípio da igualdade). Nessas situações muitas vezes não pode o Tribunal eliminar a lei do ordenamento jurídico, sob pena de suprimir uma vantagem ou avanço considerável. A preservação dessa situação sem qualquer ressalva poderá importar, outrossim, o agravamento do quadro de desigualdade verificado. Assim, um juízo rigoroso de proporcionalidade poderá recomendar que se declare a inconstitucionalidade sem nulidade, "congelando" a situação jurídica existente até o pronunciamento do legislador destinado a superar a situação inconstitucional.

Finalmente, poderá ser declarada a inconstitucionalidade com efeito retroativo (hipótese "d"), desde que sejam preservadas situa-

469. Cf., sobre especificidades, infra, item referente à repercussão da decisão restritiva em relação aos casos concretos.

ções singulares (*v.g.*, razões de segurança jurídica) que, segundo entendimento do Tribunal, devam ser mantidas incólumes.

A aplicação do art. 27 da Lei 9.868/1999 na jurisprudência do STF – O STF já teve a oportunidade, em alguns casos, de discutir a aplicação do art. 27 da Lei 9.868/1999.[470]

No primeiro, controvertia-se sobre a constitucionalidade do parágrafo único do art. 6º da Lei Orgânica n. 222, de 31.3.1990, do Município de Mira-Estrela (SP), que teria fixado seu número de vereadores em afronta ao disposto no art. 29, IV, da Constituição. É que tal disposição prevê que o número de vereadores seja fixado proporcionalmente à população local, observando-se, nos Municípios de até um milhão de habitantes, a relação de um mínimo de nove e um máximo de vinte e um. Acolhendo proposta formulada em voto-vista proferido pelo Ministro Gilmar Mendes, o Tribunal consagrou que a decisão de inconstitucionalidade seria dotada de efeito pro futuro.

O segundo caso diz respeito à mudança de orientação jurisprudencial a propósito da exigência de recolhimento à prisão para que o acusado pudesse apelar. Cuidava-se de hipótese em que a jurisprudência pacífica do Tribunal encaminhava-se no sentido de considerar legítima a fórmula legislativa constante do direito pré-constitucional e que vinha sendo reproduzida em diversos textos legislativos posteriores. O STF vinha reconhecendo, sob o regime constitucional em vigor, a legitimidade da exigência do recolhimento à prisão para interposição de recurso. A questão foi bastante discutida no HC 72.366, da relatoria do Min. Néri da Silveira, quando o Plenário, por maioria, reconheceu a validade do art. 594 do CPP em face da Constituição de 1988. A 1ª Turma, na Rcl 2.391, posicionou-se no sentido de afetar a matéria ao Pleno, uma vez que a decisão poderia acarretar a revisão da jurisprudência da Corte. O Min. Cézar Peluso manifestara-se no sentido da concessão do *habeas corpus* de ofício, no que foi acompanhado pelos Mins. Joaquim Barbosa, Carlos Britto e Marco Aurélio. Sustentou-se a inconstitucionalidade do art. 9º da Lei 9.034, de 3.5.1995. Com relação ao art. 3º da Lei 9.613, de 3.3.1998, propôs-se interpretação conforme a Constituição Federal, para se entender que o juiz decidirá, fundamentadamente, se o réu poderá apelar, ou não,

470. Cf. RE 197.917, rel. Min. Maurício Corrêa, *DJe* 7.5.2004, e Rcl 2.391, rel. Min. Marco Aurélio.

em liberdade, no sentido de se verificar se estão presentes, ou não, os requisitos da prisão cautelar.

Tal entendimento veio a ser estendido para as leis especiais que exigem a prisão do condenado para a interposição de recurso de apelação.

No aludido caso foi proferido voto-vista pelo Min. Gilmar Mendes acompanhando os votos dos Mins. Marco Aurélio e Cézar Peluso, no sentido da concessão do *habeas corpus* de ofício, e proposto que se declarasse, incidentalmente, a inconstitucionalidade do art. 9º da Lei 9.034/1995, emprestando ao art. 3º da Lei 9.613/1998 interpretação conforme a Constituição, no sentido de que o juiz, na hipótese de sentença condenatória, fundamentasse a existência, ou não, dos requisitos para a prisão cautelar. Considerando o fato de que, na espécie, estar-se-ia a revisar jurisprudência firmada pelo STF, amplamente divulgada e com inegáveis repercussões nos planos material e processual, admitiu-se a possibilidade da limitação dos efeitos da declaração de inconstitucionalidade prevista no art. 27 da Lei 9.868/1999, em sede de controle difuso, ao emprestar efeitos *ex nunc* à decisão.

Embora a referida reclamação tenha sido declarada prejudicada, por perda de objeto,[471] o entendimento que estava a se firmar, portanto, pressupunha que eventual custódia cautelar, após a sentença condenatória e sem trânsito em julgado, somente poderia ser implementada se devidamente fundamentada, nos termos do art. 312 do CPP.

É certo, porém, que, além de indicar a aplicação do art. 27 ao controle incidental de normas, a discussão demonstra que os casos de mudança de interpretação podem dar ensejo à declaração de inconstitucionalidade com efeitos restritos.

Um terceiro caso refere-se à decisão proferida na ADI 3.022, de 18.8.2004 (rel. Min. Joaquim Barbosa),[472] na qual o Tribunal declarou a inconstitucionalidade de lei do Rio Grande do Sul. Nesse julgamento a Corte declarou a inconstitucionalidade do art. 45 da Constituição do Estado do Rio Grande do Sul e de expressão contida na alínea "a" do Anexo II da Lei Complementar estadual 10.194, de 30.5.1994, também do mesmo Estado, reconhecendo, porém, que a decisão haveria de ter eficácia a partir de 3.12.2004.

471. *DJe* 12.2.2007.

472. Cf., supra, comentário sobre a referida ADI 3.022, item "A aplicação do art. 27 da Lei 9.868/1999 na jurisprudência do STF".

Trata-se do primeiro caso no qual se declarou a inconstitucionalidade de dispositivo legal determinando-se, entretanto, que a decisão teria eficácia *pro futuro*.

No julgamento do HC 82.959[473] o Tribunal, por maioria, deferiu o pedido de *habeas corpus* e declarou, *incidenter tantum*, a inconstitucionalidade do § 1º do art. 2º da Lei 8.072/1990, que veda a possibilidade de progressão do regime de cumprimento da pena nos crimes hediondos definidos no art. 1º do mesmo diploma legal. Inicialmente o Tribunal resolveu restringir a análise da matéria à progressão de regime, tendo em conta o pedido formulado. Quanto a esse ponto, entendeu-se que a vedação de progressão de regime prevista na norma impugnada afronta o direito à individualização da pena (CF, art. 5º, LXVI), já que, ao não permitir que se considerem as particularidades de cada pessoa, sua capacidade de reintegração social e os esforços aplicados com vistas à ressocialização, acaba tornando inócua a garantia constitucional. Explicitou o Tribunal, no caso concreto, que a declaração incidental de inconstitucionalidade do preceito legal em questão não geraria consequências jurídicas com relação às penas já extintas naquela data, tendo em vista a decisão plenária envolver, unicamente, o afastamento do óbice representado pela norma ora declarada inconstitucional, sem prejuízo da apreciação, caso a caso, pelo magistrado competente, dos demais requisitos pertinentes ao reconhecimento da possibilidade de progressão.

Mencione-se, ainda, o julgamento dos embargos declaratórios opostos contra o acórdão na ADI 1.498,[474] que declarou a inconstitucionalidade do art. 9º da Lei 9.880/1993. Pretendia-se, na espécie, a aplicação do art. 27 da Lei 9.868/1999, a fim de preservar as relações estabelecidas durante a vigência da lei inconstitucional, em razão da circunstância de já existirem diversas serventias providas dessa maneira, cuja desconstituição acarretaria despesa de grande vulto para os cofres do Estado. O Tribunal, por maioria, rejeitou os embargos, por entender não haver qualquer omissão, obscuridade ou contradição a ser sanada no acórdão embargado, porquanto a declaração de inconstitucionalidade de lei tem efeitos *ex tunc*, salientando, ademais, que o art. 27 da Lei 9.868/1999, cuja constitucionalidade está sendo questionada na ADI 2.154-DF, prescreve uma faculdade a ser exerci-

473. Rel. Min. Marco Aurélio, j. 23.2.2006, *DJe* 8.3.2006.

474. Rel. Min. Ilmar Galvão, j. 10.4.2003, *DJ* 5.12.2003.

da em casos excepcionais, e não uma imposição ao julgador para se manifestar sobre sua aplicação em todos os casos.

Ressalte-se, ainda, entre as decisões de inconstitucionalidade sem pronúncia da nulidade, aquela proferida por ocasião do julgamento conjunto das ADI 875, 1.987, 2.727 e 3.243, em que se contestava a legitimidade constitucional da Lei Complementar 62/1989, a qual fixa a disciplina sobre o cálculo, entrega e controle das liberações dos recursos do Fundo de Participação dos Estados/FPE.

Considerou o Tribunal, nos termos do voto do Min. Gilmar Mendes, Relator, que, ainda que a lei complementar em tela não atendesse, *in totum*, à exigência expressa na parte final do art. 161, II, da CF de 1988, sua retirada abrupta do ordenamento resultaria em patente desatendimento do interesse público. Por exemplo, seria de se supor a inevitável interrupção da prestação dos serviços públicos essenciais, porquanto a economia dos Estados depende, em muitos casos, das transferências de recursos do FPE.

Atendendo a tais circunstâncias intrinsecamente relacionadas à segurança e à continuidade da prestação dos serviços públicos, o Tribunal aplicou o art. 27 da Lei 9.868/1999 para julgar procedentes as ações diretas de inconstitucionalidade (ADI 1.987-DF, ADI 875-DF, ADI 2.727-DF e ADI 3.243-DF) e declarar a inconstitucionalidade do art. 2º, I e II, e §§ 1º, 2º e 3º, e do Anexo Único da Lei Complementar 62/1989, mantendo, no entanto, sua vigência até 31.12.2012 (34 meses).

Na ADI 1.842-RJ[475] apreciou-se a constitucionalidade de leis do Estado do Rio de Janeiro que instituíram a "Região Metropolitana do Rio de Janeiro e a Microrregião dos Lagos" e transferiram a titularidade do poder concedente para prestação de serviços públicos de interesse metropolitano ao Estado do Rio de Janeiro. Nos termos do art. 27 da Lei 9.868/1998, o Tribunal estabeleceu prazo de 24 meses, a contar da data de conclusão do julgamento, para que o legislador estadual reapreciasse o tema, constituindo modelo de prestação de saneamento básico nas áreas de integração metropolitana, dirigido por órgão colegiado com participação dos Municípios pertinentes e do próprio Estado do Rio de Janeiro, sem concentração do poder decisório nas mãos de qualquer ente. A modulação de efeitos fez-se

475. ADI 1.842-RJ, rel. Min. Luiz Fux, red. para o acórdão Min. Gilmar Mendes, j. 6.3.2013.

necessária para não interromper a prestação da função de saneamento básico na região.

VI – SEGURANÇA E ESTABILIDADE DAS DECISÕES EM CONTROLE ABSTRATO DE CONSTITUCIONALIDADE

Eficácia "erga omnes" e a declaração de constitucionalidade – O art. 102, § 2º, da CF e o art. 28, parágrafo único, da Lei 9.868/1999 preveem que as decisões declaratórias de constitucionalidade têm eficácia *erga omnes*. Também a jurisprudência utiliza-se largamente do conceito de "eficácia *erga omnes*". Não obstante, não cuidou a doutrina brasileira, até aqui, de conferir ao termo em questão maior densidade teórica.

Parece assente entre nós orientação segundo a qual a eficácia *erga omnes* da decisão do STF refere-se à parte dispositiva do julgado.

Se o STF chegar à conclusão de que a lei questionada é constitucional, haverá de afirmar expressamente sua constitucionalidade, julgando procedente a ação declaratória de constitucionalidade proposta. Da mesma forma, se afirmar a improcedência da ação direta de inconstitucionalidade, deverá o Tribunal declarar a constitucionalidade da lei que se queria fosse julgada inconstitucional.

Questão que tem ocupado os doutrinadores diz respeito, todavia, à eventual vinculação do Tribunal no caso da declaração de constitucionalidade. Poderia ele vir a declarar, posteriormente, a inconstitucionalidade da norma declarada constitucional? Estaria ele vinculado à decisão anterior? O tema suscitou controvérsias na Alemanha.

A *força de lei* da decisão da Corte Constitucional que confirma a constitucionalidade revelar-se-ia problemática se o efeito vinculante geral, que se lhe reconhece, impedisse que o Tribunal se ocupasse novamente da questão.[476]

Por isso, sustenta Vogel que a aplicação do disposto no § 31, II, da Lei Orgânica do Tribunal às decisões confirmatórias somente tem

476. Cf., a propósito: *BVerfGE* 33/199 (203 e ss.); Hans Brox, "Zur Zulässigkeit der erneuten Überprüfung einer Norm durch das Bundesverfassungsgericht", in *Festschrift für W. Geiger*, p. 810 (825); Klaus Lange, "Rechtskraft, Bindungswirkung und Gesetzeskraft der Entscheidung des Bundesverfassungsgerichts", *JuS* 1978, p. 1 (6 e ss.).

significado para o dever de publicação, uma vez que a lei não pode atribuir efeitos que não foram previstos pela própria Constituição.

Do contrário ter-se-ia a possibilidade de que outras pessoas não vinculadas pela coisa julgada ficassem impedidas de questionar a constitucionalidade da lei, o que acabaria por atribuir à chamada eficácia *erga omnes* (*força de lei*) o significado de autêntica norma constitucional.[477]

É o que afirma na seguinte passagem de seu estudo sobre a eficácia das decisões da Corte Constitucional:

> "A proteção para as decisões confirmatórias da Corte Constitucional que transcendesse a própria coisa julgada não encontraria respaldo no art. 94, II, da Lei Fundamental. Semelhante proteção, que acabaria por impedir que pessoas não atingidas pela coisa julgada sustentassem que a decisão estaria equivocada e que, em verdade, a lei confirmada seria inconstitucional, importaria a conversão da força de lei em força de Constituição. (...). O § 31, II, da Lei Orgânica da Corte Constitucional faz com que a força de lei alcance também as decisões confirmatórias de constitucionalidade. Essa ampliação somente se aplica, porém, ao dever de publicação, porque a lei não pode conferir efeito que a Constituição não prevê (...)".[478]

A Lei Fundamental alemã e a Lei Orgânica da Corte Constitucional alemã não legitimam essa conclusão, seja porque a norma constitucional autoriza expressamente o legislador a definir as decisões da Corte Constitucional que devem ser dotadas de força de lei, seja porque o legislador não restringiu a eficácia *erga omnes* apenas às decisões de índole cassatória. É certo, por outro lado, que a conclusão de Vogel se afiguraria obrigatória se, tal como ressaltado por Bryde, se conferisse caráter material à *força de lei* prevista no § 31, II, da Lei Orgânica da Corte Constitucional.[479]

Se, todavia, se considera a *força de lei*, tal como a doutrina dominante, como *instituto especial de controle de normas* – e, por

---

477. Klaus Vogel, "Rechtskraft und Gesetzeskraft", in Christian Starck (org.), *Bundesverfassungsgericht und Grundgesetz*, vol. I, Tübingen, 1976, p. 568 (613).

478. Idem, ibidem.

479. Brun-Otto Bryde, *Verfassungsengsentwicklung, Stabilität und Dynamik im Verfassungsrecht der Bundesrepublik Deutschland*, Baden-Baden, 1982, p. 408.

isso, como um *instituto de índole processual*[480] –, não expressa esse conceito outra ideia senão a de que não pode o Tribunal, num novo processo, proferir decisão discrepante da anteriormente proferida.[481]

Convém registrar, a propósito, o pensamento de Bryde:

> "Essa ideia *[que reduz a força de lei, nos casos de declaração de constitucionalidade, ao simples dever de publicação]* somente se afigura obrigatória se se considerar a força de lei nos termos do § 31, II, da Lei Orgânica da Corte Constitucional como um instituto de caráter material. Efetivamente, uma decisão da Corte Constitucional não pode transformar uma lei inconstitucional em uma lei conforme a Constituição. Todavia, se se contempla a força de lei como instituto de coisa julgada específico para o controle de normas, então, a vinculação *erga omnes* não significa uma convalidação de eventual inconstitucionalidade da lei confirmada, mas, tão somente, que essa questão já não mais poderá ser suscitada no processo constitucional. Contra essa concepção não se levantam objeções de índole constitucional. A ideia de Estado de Direito (mais exatamente, a vinculação constitucional da atividade legislativa, art. 20) exige a possibilidade de controle de normas, mas não impõe a abertura de incontáveis vias para esse fim".[482]

Não se pode cogitar, portanto, de superação ou de convalidação de eventual inconstitucionalidade da lei que não teve sua impugnação acolhida pelo Tribunal.[483]

A fórmula adotada pelo constituinte brasileiro, e agora pelo legislador ordinário, não deixa dúvida, também, de que a decisão de mérito proferida na ação declaratória de constitucionalidade tem eficácia contra todos (eficácia *erga omnes*) e efeito vinculante para os órgãos do Poder Executivo e do Poder Judiciário. Do prisma estritamente processual, a eficácia geral ou a eficácia *erga omnes* obsta, em primeiro plano, a que a questão seja submetida uma vez mais ao STF.

---

480. Brox, "Zur Zulässigkeit ...", in *Festschrift für W. Geiger*, p. 809 (818); Maunz, in Maunz e outros, *Bundesverfassungsgerichtsgesetz*, § 31, n. 42; Bryde, *Verfassungsentwicklung*, p. 409.

481. Lange, "Rechtskraft, Bindungswirkung und Gesetzeskraft ...", *JuS* 1978, p. 1 (6 e ss.); Bryde, *Verfassungsentwicklung*, p. 408.

482. Bryde, *Verfassungsentwicklung*, pp. 408-409.

483. Bryde, *Verfassungsentwicklung*, p. 408; Maunz, in Maunz e outros, *Bundesverfassungsgerichtsgesetz*, § 31, n. 37.

Portanto, não se tem uma *mudança qualitativa* da situação jurídica. Enquanto a declaração de nulidade importa a cassação da lei, não dispõe a declaração de constitucionalidade de efeito análogo.

A validade da lei não depende da declaração judicial, e a lei vige, após a decisão, tal como vigorava anteriormente.[484] Não fica o legislador, igualmente, impedido de alterar ou, mesmo, de revogar a norma em apreço.

É certo, pois, que, declarada a constitucionalidade de uma norma pelo STF, ficam os órgãos do Poder Judiciário obrigados a seguir essa orientação, uma vez que a questão estaria definitivamente decidida pelo STF.

Limites objetivos da eficácia "erga omnes": a declaração de constitucionalidade da norma e a reapreciação da questão pelo STF – Se o instituto da eficácia *erga omnes* entre nós, tal como a força de lei no Direito Tedesco, constitui categoria de direito processual específica, afigura-se lícito indagar se seria admissível a submissão de lei que teve sua constitucionalidade reconhecida a um novo juízo de constitucionalidade do STF.

Analisando especificamente o problema da admissibilidade de uma nova aferição de constitucionalidade de norma declarada constitucional pelo *Bundesverfassungsgericht*, Hans Brox a considera possível desde que satisfeitos alguns pressupostos. É o que anota na seguinte passagem de seu ensaio sobre o tema:

> "Se se declarou, na parte dispositiva da decisão, a constitucionalidade da norma, então, se admite a instauração de um novo processo para aferição de sua constitucionalidade se o requerente, o Tribunal suscitante (controle concreto) ou o recorrente (recurso constitucional = *Verfassungsbeschwerde*) demonstrar que se cuida de uma nova questão. Tem-se tal situação se, após a publicação da decisão, se verificar uma mudança do conteúdo da Constituição ou da norma objeto do controle, de modo a permitir supor que outra poderá ser a conclusão do processo de subsunção. Uma mudança substancial das relações fáticas ou da concepção jurídica geral pode levar a essa alteração".[485]

---

484. Theodor Maunz, in Maunz e outros, *Bundesverfassungsgerichtsgesetz*, § 31, n. 42; Christoph Gusy, *Parlamentarischer Gesetzgeber und Bundesverfassungsgericht*, Berlim, 1985, p. 223.

485. Brox, "Zur Zulässigkeit ...", in *Festschrift für W. Geiger*, p. 809 (826).

Na mesma linha de entendimento, fornece Bryde resposta afirmativa à indagação formulada:

"Se se considera que o Direito e a própria Constituição estão sujeitos a mutação e, portanto, que uma lei declarada constitucional pode vir a tornar-se inconstitucional, tem-se de admitir a possibilidade de a questão já decidida poder ser submetida novamente à Corte Constitucional. Se se pretendesse excluir tal possibilidade, ter-se-ia a exclusão dessas situações, sobretudo das leis que tiveram sua constitucionalidade reconhecida pela Corte Constitucional, do processo de desenvolvimento constitucional, ficando elas congeladas no estágio do parâmetro de controle à época da aferição. O objetivo deve ser uma ordem jurídica que corresponda ao respectivo estágio do direito constitucional, e não uma ordem formada por diferentes níveis de desenvolvimento, de acordo com o momento da eventual aferição de legitimidade da norma a parâmetros constitucionais diversos. Embora tais situações não possam ser eliminadas faticamente, é certo que a ordem processual-constitucional deve procurar evitar o surgimento dessas distorções.

"A aferição da constitucionalidade de uma lei que teve sua legitimidade reconhecida deve ser admitida com base no argumento de que a lei pode ter-se tornado inconstitucional após a decisão da Corte. (...). Embora não se compatibilize com a doutrina geral da coisa julgada, essa orientação sobre os limites da coisa julgada no âmbito das decisões da Corte Constitucional é amplamente reconhecida pela doutrina e pela jurisprudência. Não se controverte, pois, sobre a necessidade de que se considere eventual mudança das 'relações fáticas'. Nossos conhecimentos sobre o processo de mutação constitucional exigem, igualmente, que se admita nova aferição da constitucionalidade da lei no caso de mudança da concepção constitucional."[486]

Em síntese, declarada a constitucionalidade de uma lei, ter-se-á de concluir pela inadmissibilidade de que o Tribunal se ocupe uma vez mais da aferição de sua legitimidade, salvo no caso de significativa mudança das circunstâncias fáticas[487] ou de relevante alteração das concepções jurídicas dominantes.[488]

---

486. Bryde, *Verfassungsentwicklung*, pp. 412-413.

487. *BVerfGE* 33/199 e 39/169.

488. Bryde, *Verfassungsentwicklung*, p. 409; Brox, "Zur Zulässigkeit ...", in *Festschrift für W. Geiger*, p. 809 (818); Stern, *Bonner Kommentar*, art. 100, n. 139; Gusy, *Parlamentarischer Gesetzgeber und Bundesverfassungsgericht*, p. 228.

Também entre nós se reconhece – tal como ensinado por Liebman com arrimo em Savigny[489] – que as sentenças contêm implicitamente a cláusula *rebus sic stantibus*,[490] de modo que as alterações posteriores que modifiquem a realidade normativa bem como eventual modificação da orientação jurídica sobre a matéria podem tornar inconstitucional norma anteriormente considerada legítima (*inconstitucionalidade superveniente*).[491]

Daí parece-nos plenamente legítimo que se suscite perante o STF[492] a inconstitucionalidade de norma já declarada constitucional, em ação direta ou em ação declaratória de constitucionalidade. Aliás, essa foi a compreensão adotada pelo Supremo Tribunal Federal no julgamento da ADI 6.721-MC-Ref/RJ. Impugnava-se, em referida ação direta, dispositivo do regimento interno da Assembleia Legislativa do Estado do Rio de Janeiro (ALERJ) que já havia sido declarado constitucional na ADI 792/RJ. Por ocasião do julgamento da ADI 6.721-MC-Ref/RJ, o Tribunal acentuou que "a declaração de constitucionalidade do ato normativo não impede o reexame da matéria pelo STF, desde que se esteja diante de novos argumentos, de novos fatos, de mudanças formais ou informais no sentido da Constituição ou de transformações da realidade que modifiquem o impacto ou a percepção da lei"[493] e, assim, afastou a preliminar suscitada pela ALERJ.

---

489. Cf. Enrico Tullio Liebman, *Eficácia e Autoridade da Coisa Julgada*, Rio de Janeiro, 1984, pp. 25-26: "De certo modo, todas as sentenças contêm implicitamente a cláusula *rebus sic stantibus* (Savigny, *Sistema* (trad. it.), VI, p. 378), enquanto a coisa julgada não impede absolutamente que se tenham em conta os fatos que intervierem sucessivamente à emanação da sentença (...). O que há de diverso nestes casos *[refere-se às chamadas sentenças determinativas ou dispositivas]* não é a rigidez menor da coisa julgada, mas a natureza da relação jurídica, que continua a viver no tempo com conteúdo ou medida determinados por elementos essencialmente variáveis, de maneira que os fatos que sobrevenham podem influir nela, não só no sentido de extingui-la, fazendo, por isso, extinguir o valor da sentença, mas também no sentido de exigir mudança na determinação dela, feita anteriormente".

490. Cf., também, dentre outros, Adolf Schönke, *Derecho Procesal Civil*, trad. da 5ª ed. alemã, Barcelona, 1950, pp. 273 e ss.

491. Gilmar Ferreira Mendes, *Controle de Constitucionalidade: Aspectos Jurídicos e Políticos*, 1990, p. 73.

492. O STF reconhece expressamente a possibilidade de alteração da coisa julgada provocada por mudança nas circunstâncias fáticas (cf., a propósito, RE 105.012-8, rel. Min. Néri da Silveira, *DJU* 1.7.1988).

493. ADI 6.721-MC-Ref/RJ, rel. Min. Roberto Barroso, *DJe* de 17.12.2021.

Eficácia "erga omnes" na declaração de inconstitucionalidade proferida em ação declaratória de constitucionalidade ou em ação direta de inconstitucionalidade – É possível que o STF venha a reconhecer a improcedência da ação declaratória de constitucionalidade ou a procedência da ação direta de inconstitucionalidade. Nesses casos haverá de declarar a inconstitucionalidade da lei questionada.

Em face dos termos expressos do texto constitucional e da Lei 9.868/1999, não subsiste dúvida de que a decisão de mérito sobre a constitucionalidade ou a inconstitucionalidade é dotada de *eficácia contra todos*.

Significa dizer que, declarada a inconstitucionalidade de uma norma na ação declaratória de constitucionalidade, deve-se reconhecer, *ipso jure*, sua imediata eliminação do ordenamento jurídico, salvo se, por algum fundamento específico, puder o Tribunal restringir os efeitos da declaração de inconstitucionalidade (*v.g.*, declaração de inconstitucionalidade com efeito a partir de dado momento no futuro).

Aceita a ideia de nulidade da lei inconstitucional, sua eventual aplicação após a declaração de inconstitucionalidade equivaleria à aplicação de cláusula juridicamente inexistente.

Efeito necessário e imediato da declaração de nulidade há de ser, pois, a exclusão de toda ultratividade da lei inconstitucional. A eventual eliminação dos atos praticados com fundamento na lei inconstitucional há de ser considerada em face de todo o sistema jurídico, especialmente das chamadas *fórmulas de preclusão*.

A eficácia "erga omnes" da declaração de nulidade e os atos singulares praticados com base no ato normativo declarado inconstitucional – A ordem jurídica brasileira não dispõe de preceitos semelhantes aos constantes do § 79 da Lei da Corte Constitucional alemã, que prescreve a intangibilidade dos atos não mais suscetíveis de impugnação.[494] Não se deve supor, todavia, que a declaração de

---

494. § 79 da Lei do *Bundesverfassungsgericht*:

"(1) É legítimo o pedido de revisão criminal nos termos do Código de Processo Penal contra a sentença condenatória penal que se baseia em uma norma declarada inconstitucional (sem a pronúncia da nulidade) ou nula, ou que se assenta em uma interpretação que o *Bundesverfassungsgericht* considerou incompatível com a Lei Fundamental.

"(2) No mais, ressalvado o disposto no § 92(2) da Lei do *Bundesverfassungsgericht* ou uma disciplina legal específica, subsistem íntegras as decisões proferidas com base em uma lei declarada nula, nos termos do § 78. É ilegítima a execução

inconstitucionalidade afeta todos os atos praticados com fundamento na lei inconstitucional.

Embora a ordem jurídica brasileira não contenha regra expressa sobre o assunto e se aceite, genericamente, a ideia de que o ato fundado em lei inconstitucional está eivado, igualmente, de iliceidade,[495] concede-se proteção ao *ato singular*, procedendo-se à diferenciação entre o efeito da decisão no *plano normativo* e no *plano do ato singular* mediante a utilização das *fórmulas de preclusão*.[496]

Os atos praticados com base na lei inconstitucional que não mais se afigurem suscetíveis de revisão não são afetados pela declaração de inconstitucionalidade.[497]

Em outros termos, somente serão afetados pela declaração de inconstitucionalidade com eficácia geral os atos ainda suscetíveis de revisão ou impugnação.[498]

---

de semelhante decisão. Se a execução forçada tiver de ser realizada nos termos das disposições do Código de Processo Civil, aplica-se o disposto no § 767 do Código de Processo Civil. Excluem-se pretensões fundadas em enriquecimento sem causa."

495. Cf., a propósito, RMS 17.976, rel. Min. Amaral Santos, *RTJ* 55/744.

496. Jörn Ipsen, *Rechtsfolgen der Verfassungswidrigkeit von Normen und Einzelakt*, Baden-Baden, 1980, pp. 174 e ss.

497. Cf. RE 86.056, rel. Min. Rodrigues de Alckmin, *DJU* 1.7.1977.

498. Frise-se, por oportuno, que, a teor do parágrafo único do art. 741 do CPC – na redação da Medida Provisória 2.180-35, de 24.8.2001, transformada na Lei 11.232/2005 –, considera-se inexigível o título judicial fundado em lei ou ato normativo declarados inconstitucionais pelo STF ou fundado em aplicação ou interpretação de lei ou ato normativo tidos pelo STF como incompatíveis com a Constituição Federal. Isso para efeito de embargos à execução contra a Fazenda Pública que versem sobre inexigibilidade de título. A esse respeito, por oportuno, cf. o disposto no art. 535, *caput*, c/c o § 5º, do CPC de 2015: "Art. 535. A Fazenda Pública será intimada na pessoa de seu representante judicial, por carga, remessa ou meio eletrônico, para, querendo, no prazo de 30 (trinta) dias e nos próprios autos, impugnar a execução, podendo arguir: I – falta ou nulidade da citação se, na fase de conhecimento, o processo correu à revelia; II – ilegitimidade de parte; III – inexequibilidade do título ou inexigibilidade da obrigação; IV – excesso de execução ou cumulação indevida de execuções; V – incompetência absoluta ou relativa do juízo da execução; VI – qualquer causa modificativa ou extintiva da obrigação, como pagamento, novação, compensação, transação ou prescrição, desde que supervenientes ao trânsito em julgado da sentença. (...). § 5º. Para efeito do disposto no inciso III do *caput* deste artigo, considera-se também inexigível a obrigação reconhecida em título executivo judicial fundado em lei ou ato normativo considerado inconstitucional pelo Supremo Tribunal Federal, ou fundado em aplicação ou interpretação da lei ou do ato normativo tido pelo Supremo Tribunal Federal como incompatível com a Constituição Federal, em controle de constitucionalidade concentrado ou difuso".

Importa, portanto, assinalar que a eficácia *erga omnes* da declaração de inconstitucionalidade não opera uma depuração total do ordenamento jurídico. Ela cria, porém, as condições para a eliminação dos atos singulares suscetíveis de revisão ou de impugnação.

A eficácia "erga omnes" da declaração de inconstitucionalidade e a superveniência de lei de teor idêntico – Poder-se-ia indagar se a eficácia *erga omnes* teria o condão de vincular o legislador, de modo a impedi-lo de editar norma de teor idêntico àquela que foi objeto de declaração de inconstitucionalidade.

A doutrina tedesca, firme na orientação segundo a qual a eficácia *erga omnes* – tal como a coisa julgada – abrange exclusivamente a parte dispositiva da decisão, responde negativamente à indagação.[499] Uma nova lei, ainda que de teor idêntico ao do texto normativo declarado inconstitucional, não estaria abrangida pela *força de lei*.

Na jurisprudência do Tribunal Constitucional Federal, contudo, a questão recebe tratamento mais complexo.

De fato, a definição sobre o tema da proibição de repetição da norma declarada inconstitucional (*Normwiederholungsverbot*) separa, de forma consistente, os dois Senados do Tribunal.

O Segundo Senado asseverou a proibição de repetição da norma declarada inconstitucional, tendo o Primeiro Senado superado a tese em decisões posteriores.

A tese que rejeita a ideia de proibição empresta particular importância à liberdade de conformação do legislador democraticamente legitimado. Segundo essa orientação, ao legislador foi legada a competência para adequar, a cada momento, a ordem jurídica às circunstâncias que impõem a intervenção do ordenamento jurídico.

Pode-se observar, ademais, que a tese da proibição parece conflitar com aquela que postula possível a mutação constitucional. Em tese, elementos de realidade supervenientes podem levar a uma nova interpretação constitucional que torne legítimo o exercício do poder de legislar que, em momento anterior, o Tribunal considerou inválido.

De outra sorte, era marcante a prognose segundo a qual o legislador poderia, uma vez afastada a proibição de reedição de norma

499. Cf. Christian Pestalozza, *Verfassungsprozessrecht*, 3ª ed., Berlim, 1991, p. 333; Bryde, *Verfassungsentwicklung*, p. 407.

declarada inconstitucional, contornar a jurisprudência do Tribunal Constitucional.

A construção institucional que a Corte elaborou para lidar com essa intrincada questão foi bem expressa por Reinhard Gaier, Juiz do Primeiro Senado do Tribunal Constitucional Federal alemão:

> "Na hipótese de uma repetição de norma, o Primeiro Senado solicita ao legislador que não ignore os fundamentos de inconstitucionalidade da lei originalmente declarados no acórdão do Tribunal Constitucional Federal. Assim, exigem-se razões excepcionais para a repetição da norma, que podem resultar principalmente de uma alteração substancial da situação fática ou jurídica que tenha sido determinante no julgamento de inconstitucionalidade da norma, ou mudança de entendimento nos votos que deram suporte ao acórdão. Ausentes tais razões, o Tribunal Constitucional Federal não se vê obrigado a rediscutir questões constitucionais já decididas e não se conhece do reexame material, sob o argumento de se tratar de repetição de norma já declarada inconstitucional. Essa decisão baseia-se no princípio não escrito da lealdade constitucional, que o Tribunal reconhece na jurisdição, e cujo conteúdo assevera que as instituições constitucionais estão comprometidas a se respeitar mutuamente e devem se abster de afronta recíproca. Nesse contexto concreto, isso significa que ao legislador é constitucionalmente vedado questionar a autoridade do Tribunal, pois ele reeditou norma logo após ter sido ela julgada inconstitucional. O significado prático da diferença de opinião entre ambos os Senados não deve, porém, ser superestimado. Mesmo o Segundo Senado pode colocar a proibição de repetição de norma por ele preconizada sob a reserva da cláusula *rebus sic stantibus*, tanto que a modificação de circunstâncias fáticas bem como novos argumentos jurídicos podem sempre servir de justificativa para o legislador reeditar uma regra".[500]

O STF tem entendido que a declaração de inconstitucionalidade não impede o legislador de promulgar lei de conteúdo idêntico ao do texto anteriormente censurado.[501]

---

500. Reinhard Gaier, "A execução das decisões na jurisdição constitucional", in *Seminário Internacional Brasil-Alemanha Pontes de Miranda, Cadernos do CEJ* 26/83-84, Recife, 2010.

501. ADI 907, rel. Min. Ilmar Galvão, *RTJ* 150/726; ADI 864, rel. Min. Moreira Alves, *RTJ* 151/416.

Tanto é assim que, nessas hipóteses, tem o Tribunal processado e julgado nova ação direta, entendendo legítima a propositura de uma nova ação direta de inconstitucionalidade.

Conceito de "efeito vinculante" – A expressão "efeito vinculante" não era de uso comum entre nós. O Regimento Interno do STF, ao disciplinar a chamada *representação interpretativa*, introduzida pela Emenda Constitucional 7/1977,[502] estabeleceu que a decisão proferida na representação interpretativa seria dotada de efeito vinculante (art. 187 do Regimento Interno[503]). Em 1992 o efeito vinculante das decisões proferidas em sede de controle abstrato de normas foi referido em projeto de emenda constitucional apresentado pelo deputado Roberto Campos (Proposta de Emenda Constitucional 130/1992).

No aludido projeto distinguia-se nitidamente a *eficácia geral* (*erga omnes*) do *efeito vinculante*.[504]

---

502. Cf. Emenda Constitucional 7/1977, art. 9º: "A partir da data da publicação da ementa do acórdão no *Diário Oficial da União*, a interpretação nele fixada terá força vinculante, implicando sua não observância negativa de vigência do texto interpretado".

503. Eis o teor do art. 187 do Regimento Interno do STF: "A partir da publicação do acórdão, por suas conclusões e ementa, no *Diário da Justiça da União*, a interpretação nele fixada terá força vinculante para todos os efeitos".

504. A Proposta de Emenda Constitucional 130/1992, apresentada pelo deputado Roberto Campos, tinha o seguinte teor:

"Art. 1º. Suprima-se o inciso X do art. 52, renumerando-se os demais.

"Art. 2º. Os arts. 102 e 103 da Constituição passam a vigorar com a seguinte redação:

"'Art. 102. (...).

"'§ 1º. A arguição de descumprimento de preceito fundamental decorrente desta Constituição será apreciada pelo Supremo Tribunal Federal, na forma desta Lei.

"'§ 2º. As decisões definitivas proferidas pelo Supremo Tribunal, nos processos de controle de constitucionalidade de leis e atos normativos e no controle de constitucionalidade da omissão, têm eficácia *erga omnes* e efeito vinculante para os órgãos e agentes públicos.

"'§ 3º. Lei complementar poderá outorgar a outras decisões do Supremo Tribunal Federal eficácia *erga omnes*, bem como dispor sobre o efeito vinculante dessas decisões para os órgãos e agentes públicos.'

"'Art. 103. (...).

"'(...).

"'§ 4º. Os órgãos ou entes referidos nos incisos I a X deste artigo podem propor ação declaratória de constitucionalidade, que vinculará as instâncias inferiores, quando decidida no mérito.'"

Tal como assente em estudo que produzimos sobre este assunto, que foi incorporado às justificações apresentadas no aludido projeto, a *eficácia* ***erga omnes*** e o *efeito vinculante* deveriam ser tratados como institutos afins, mas distintos.[505]

A Emenda Constitucional 3, promulgada em 16.3.1993, que, no que diz respeito à ação declaratória de constitucionalidade, inspirou-se direta e imediatamente na Emenda Roberto Campos, consagra que "as decisões definitivas de mérito, proferidas pelo Supremo Tribunal Federal, nas ações declaratórias de constitucionalidade de lei ou ato normativo federal, produzirão eficácia contra todos e efeito vinculante, relativamente aos demais órgãos do Poder Judiciário e do Poder Executivo" (art. 102, § 2º).

Embora o texto inicialmente aprovado revelasse algumas deficiências técnicas,[506] não parecia subsistir dúvida de que também o

---

505. Vale transcrever, a propósito, a seguinte passagem da justificação desenvolvida:

"Além de conferir *eficácia* ***erga omnes*** às decisões proferidas pelo Supremo Tribunal Federal em sede de controle de constitucionalidade, a presente Proposta de Emenda Constitucional introduz no Direito Brasileiro o conceito de *efeito vinculante* em relação aos órgãos e agentes públicos. Trata-se de instituto jurídico desenvolvido no direito processual alemão, que tem por objetivo outorgar maior eficácia às decisões proferidas por aquela Corte Constitucional, assegurando força vinculante não apenas à parte dispositiva da decisão, mas também aos chamados *fundamentos* ou *motivos determinantes* (*tragende Gründe*).

"A declaração de nulidade de uma lei não obsta à sua reedição, ou seja, a repetição de seu conteúdo em outro diploma legal. Tanto a coisa julgada quanto a força de lei (eficácia *erga omnes*) não lograriam evitar esse fato. Todavia, o efeito vinculante, que deflui dos fundamentos determinantes (*tragende Gründe*) da decisão, obriga o legislador a observar estritamente a interpretação que o Tribunal conferiu à Constituição. Consequência semelhante se tem quanto às chamadas *normas paralelas*. Se o Tribunal declarar a inconstitucionalidade de uma lei do Estado 'A', o efeito vinculante terá o condão de impedir a aplicação de norma de conteúdo semelhante do Estado 'B' ou 'C' (cf. Christian Pestalozza, 'Comentário ao § 31, I, da Lei do Tribunal Constitucional Alemão (*Bundesverfassungsgerichtsgesetz*)', in *Direito Processual Constitucional* (*Verfassungsprozessrecht*), 2ª ed., Munique, Verlag C. H. Beck, 1982, pp. 170-171, que explica o efeito vinculante, suas consequências e a diferença entre ele e a eficácia seja *inter partes* ou *erga omnes*)" ("Proposta de Emenda Constitucional n. 130/1992", *DCN*-1, 2.9.1992, p. 19.956, coluna 1).

506. O tratamento diferenciado conferido à ação declaratória suscita inúmeros problemas. Por que conferir legitimação específica a determinados órgãos? Qual a razão de se limitar o objeto da ação declaratória apenas ao direito federal? Ademais, a atribuição expressa de efeito vinculante à decisão definitiva proferida em ação declaratória permite indagar, inevitavelmente, sobre a *qualidade* da decisão proferida em ação declaratória de constitucionalidade.

legislador constituinte, tal como fizera a Emenda Roberto Campos, procurava distinguir a *eficácia **erga omnes*** (eficácia contra todos) do *efeito vinculante*, pelo menos no que concerne à ação declaratória de constitucionalidade.

A Lei 9.868/1999, por sua vez, em seu art. 28, parágrafo único, conferiu tratamento uniforme e coerente à matéria, prevendo que as declarações de constitucionalidade ou de inconstitucionalidade, inclusive a interpretação conforme a Constituição e a declaração parcial de inconstitucionalidade sem redução de texto, têm eficácia contra todos e efeito vinculante em relação aos demais órgãos do Poder Judiciário e da Administração Pública federal, estadual e municipal.

A Emenda Constitucional 45/2004 conferiu nova redação ao art. 102, § 2º, assentando que "as decisões definitivas de mérito, proferidas pelo Supremo Tribunal Federal, nas ações diretas de inconstitucionalidade e nas ações declaratórias de constitucionalidade produzirão eficácia contra todos e efeito vinculante, relativamente aos demais órgãos do Poder Judiciário e à Administração Pública direta e indireta, nas esferas federal, estadual e municipal".

Limites objetivos do efeito vinculante – A concepção de *efeito vinculante* consagrada pela Emenda Constitucional 3/1993 está estritamente vinculada ao modelo germânico disciplinado no § 31, II, da Lei Orgânica da Corte Constitucional. A própria justificativa da proposta apresentada pelo deputado Roberto Campos não deixa dúvida de que se pretendia outorgar não só eficácia *erga omnes* mas também efeito vinculante à decisão, deixando claro que estes não estariam limitados apenas à parte dispositiva. Embora a Emenda Constitucional 3/1993 não tenha incorporado a proposta na sua inteireza, é certo que o *efeito vinculante*, na parte que foi positivada, deve ser estudado à luz dos elementos contidos na proposta original.

Assim, parece legítimo que se recorra à literatura alemã para explicitar o significado efetivo do instituto.

A primeira indagação, na espécie, refere-se às decisões que seriam aptas a produzir o efeito vinculante. Afirma-se que, fundamentalmente, são vinculantes as decisões capazes de transitar em julgado.[507] Tal como a coisa julgada, o efeito vinculante refere-se ao momento da decisão. Alterações posteriores não são alcançadas.[508]

507. Christian Pestalozza, *Verfassungsprozessrecht*, p. 324.

508. Idem, p. 325.

Problema de inegável relevo diz respeito aos limites objetivos do *efeito vinculante*, isto é, à parte da decisão que tem efeito vinculante para os órgãos constitucionais, Tribunais e autoridades administrativas. Em suma, indaga-se, tal como em relação à coisa julgada e à força de lei, se o efeito vinculante está adstrito à parte dispositiva da decisão ou se ele se estende também aos chamados *fundamentos determinantes*, ou, ainda, se o efeito vinculante abrange também as considerações marginais, as *coisas ditas de passagem*, isto é, os chamados *obiter dicta*.[509]

Enquanto em relação à coisa julgada e à força de lei domina a ideia de que elas hão de se limitar à parte dispositiva da decisão, sustenta o Tribunal Constitucional alemão que o efeito vinculante se estende, igualmente, aos fundamentos determinantes da decisão.[510]

Segundo esse entendimento, a eficácia da decisão do Tribunal transcende o caso singular, de modo que os princípios dimanados da parte dispositiva e dos fundamentos determinantes sobre a interpretação da Constituição devem ser observados por todos os Tribunais e autoridades nos casos futuros.[511]

Outras correntes doutrinárias sustentam que, tal como a coisa julgada, o efeito vinculante limita-se à parte dispositiva da decisão, de modo que, do prisma objetivo, não haveria distinção entre a coisa julgada e o efeito vinculante.[512]

A diferença entre as duas posições extremadas não é meramente semântica ou teórica,[513] apresentando profundas consequências também no plano prático.

Enquanto no entendimento esposado pelo Tribunal Constitucional alemão importa não só a proibição de que se contrarie a decisão proferida no caso concreto em toda a sua dimensão, mas também

509. Cf. Maunz, in Maunz e outros, *BVerfGG*, § 31, I, n. 16.

510. *BVerfGE* 1/14 (37), 4/31 (38), 5/34 (37), 19/377 (392), 20/56 (86), 24/289 (294), 33/199 (203) e 40/88 (93). Cf., também: Maunz e outros, *BVerfGG*, § 31, I, n. 16; Norbert Wischermann, *Rechtskraft und Bindungswirkung*, Berlim, 1979, p. 42.

511. *BVerfGE* 19/377.

512. Cf., sobre o assunto, Norbert Wischermann, *Rechtskraft und Bindungswirkung*, p. 42.

513. Subjacente à discussão sobre a amplitude do *efeito vinculante* reside uma questão mais profunda, relativa à própria ideia de *jurisdição constitucional* (*Verfassungsgerichtsbarkeit*) (Norbert Wischermann, *Rechtskraft und Bindungswirkung*, p. 43).

a obrigação de todos os órgãos constitucionais de adequarem sua conduta, nas situações futuras, à orientação dimanada da decisão,[514] a concepção que defende uma interpretação restritiva do § 31, I, da Lei Orgânica do Tribunal Constitucional considera que o efeito vinculante há de ficar limitado à parte dispositiva da decisão, realçando, assim, sua qualidade judicial.[515]

A aproximação dessas duas posições extremadas é feita mediante o desenvolvimento de orientações mediadoras que acabam por fundir elementos das concepções principais.

Assim, propõe Vogel que a coisa julgada ultrapasse os estritos limites da parte dispositiva, abrangendo também a *norma decisória concreta*.[516] A norma decisória concreta seria aquela "ideia jurídica subjacente à formulação contida na parte dispositiva, que, concebida de forma geral, permite não só a decisão do caso concreto, mas também a decisão de casos semelhantes".[517] Por seu lado, sustenta Martin Kriele que a força dos precedentes, que presumivelmente vincula os Tribunais, é reforçada no Direito Alemão pelo disposto no § 31, I, da Lei do Tribunal Constitucional alemão.[518] A semelhante resultado chegam as reflexões de Otto Bachof, segundo o qual o papel fundamental do Tribunal Constitucional alemão consiste na extensão de suas decisões aos casos ou situações paralelos.[519]

Tal como já anotado, parecia inequívoco o propósito do legislador alemão, ao formular o § 31 da Lei Orgânica do Tribunal, de dotar a decisão de uma eficácia transcendente.[520]

É certo, por outro lado, que a limitação do efeito vinculante à parte dispositiva da decisão tornaria de todo despiciendo esse instituto, uma vez que ele pouco acrescentaria aos institutos da *coisa*

514. Wischermann, *Rechtskraft und Bindungswirkung*, p. 45.

515. Idem, p. 43.

516. Vogel, "Rechtskraft und Gesetzeskraft", in Christian Starck (org.), *Bundesverfassungsgericht und Grundgesetz*, vol. I, Tübingen, 1976, p. 568 (589).

517. Idem, p. 568 (599).

518. Martin Kriele, *Theorie der Rechtsgewinnung*, 2ª ed., Berlim, 1976, pp. 291 e 312-313.

519. Otto Bachof, "Die Prüfungs und Verwerfungskompetenz der Verwaltung gegenüber dem verfassungswidrigen und bundesrechtswidrigen Gesetz", *AöR* 87/25, 1962.

520. Cf. Brun-Otto Bryde, *Verfassungsentwicklung*, p. 420.

julgada e da *força de lei*. Ao desenvolvimento da ordem constitucional.[521]

Aceita a ideia de uma eficácia transcendente à própria coisa julgada, afigura-se legítimo indagar sobre o significado do *efeito vinculante* para os órgãos estatais que não são partes no processo.

Segundo a doutrina dominante, são as seguintes as consequências do efeito vinculante para os não partícipes do processo:

> "(1) Ainda que não tenham integrado o processo, os órgãos constitucionais estão obrigados, na medida de suas responsabilidades e atribuições, a tomar as necessárias providências para o desfazimento do estado de ilegitimidade.
>
> "(2) Assim, declarada a inconstitucionalidade de uma lei estadual, ficam os órgãos constitucionais de outros Estados nos quais vigem leis de teor idêntico obrigados a revogar ou a modificar os referidos textos legislativos.[522]
>
> "(3) Também os órgãos não partícipes do processo ficam obrigados a observar, nos limites de suas atribuições, a decisão proferida, sendo-lhes vedado adotar conduta ou praticar ato de teor semelhante àquele declarado inconstitucional pelo *Bundesverfassungsgericht* (proibição de reiteração em sentido lato: *Wiederholungsverbot im weiteren Sinne oder Nachahmungsverbot*).[523] A Lei do Tribunal Constitucional alemão autoriza o Tribunal, no processo de recurso constitucional (*Verfassungsbeschwerde*), a incorporar a proibição de reiteração da medida considerada inconstitucional na parte dispositiva da decisão (§ 95, I, 2)."[524]

A posição do STF sobre o tema está bem sintetizada na seguinte passagem do voto do Min. Maurício Corrêa, Relator da Rcl 1.987:

> "Não há dúvida, portanto, de que o Tribunal, no julgamento de mérito da ADI n. 1.662-SP, decidiu que a superveniência da Emenda Constitucional n. 30/2000 não trouxe qualquer alteração à disciplina dos sequestros no âmbito dos precatórios trabalhistas, reiterando a cau-

---

521. Idem, ibidem.

522. Cf. *BVerfGE* 40/88; v., também, Maunz, in Maunz e outros, *BVerfGG*, § 31, I, n. 25.

523. Cf. Pestalozza, *Verfassungsprozessrecht*, p. 323.

524. O *Bundesverfassungsgericht* pode estabelecer também que qualquer repetição da providência questionada configura lesão à Lei Fundamental ("... Das Bundesverfassungsgericht kann zugleich aussprechen, dass auch jede Wiederholung der beanstandeten Massnahme das Grundgesetz verletzt").

telar que o saque forçado de verbas públicas somente está autorizado pela Constituição Federal no caso de preterição do direito de precedência do credor, sendo inadmissíveis quaisquer outras modalidades.

"Se assim é, qualquer ato, administrativo ou judicial, que determine o sequestro de verbas públicas em desacordo com a única hipótese prevista no art. 100 da Constituição revela-se contrário ao julgado e desafia a autoridade da decisão de mérito tomada na ação direta em referência, sendo passível, pois, de ser impugnado pela via da reclamação. Não vejo como possa o Tribunal afastar-se dessa premissa. No caso, a medida foi proposta por parte legítima e o ato impugnado afronta o que decidido de forma definitiva pela Corte, razão pela qual deve ser conhecida e provida, sob pena de incentivo ao descumprimento sistemático das decisões da mais alta Corte do País, em especial essas que detêm eficácia vinculante, o que é inaceitável.

"Oportuna a lição da doutrina de José Frederico Marques: 'O Supremo Tribunal, sob pena de se comprometerem as elevadas funções que a Constituição lhe conferiu, não pode ter seus julgados desobedecidos (*por meios diretos ou oblíquos*), ou vulnerada sua competência. Trata-se (...) de medida de direito processual constitucional, porquanto tem como *causa finalis* assegurar os poderes e prerrogativas que ao Supremo Tribunal foram dados pela Constituição da República' (*apud* Celso de Mello, Rcl/QO n. 1.723-CE, *DJU* 6.4.2001 – grifei).

"Como visto, revela-se de fundamental importância o resguardo à eficiência das decisões tomadas pelo STF, sendo inadmissível a desobediência perpetrada contra a exegese constitucional consagrada em seus julgados, mesmo naquelas hipóteses em que a violação ocorre de forma oblíqua. No presente caso, a autoridade reclamada, pretendendo afastar-se da regra suspensa, procurou em outra norma jurídica o fundamento para o ato, embora a circunstância fática fosse exatamente a mesma rejeitada pela Corte. A ordem impugnada contrariou, em substância, o entendimento por ela assentado no julgamento do pedido liminar e, de forma direta e literal, o que expressamente fixado quando da apreciação do mérito.

"(...).

"A questão fundamental é que o ato impugnado não apenas contrastou a decisão definitiva proferida na ADI n. 1.662 como, essencialmente, está em confronto com seus motivos determinantes. A propósito, reporto-me a recente decisão do Min. Gilmar Mendes (Rcl n. 2.126, *DJU* 19.8.2002), sendo relevante a consideração de importante corrente doutrinária segunda a qual 'a eficácia da decisão do Tribunal transcende o caso singular, de modo que os princípios dimanados da parte dispositiva e dos fundamentos determinantes sobre

> a interpretação da Constituição devem ser observados por todos os Tribunais e autoridades nos casos futuros' – exegese que fortalece a contribuição do Tribunal para preservação e desenvolvimento da ordem constitucional."[525]

Nesses termos, resta evidente que o efeito vinculante da decisão não está restrito à parte dispositiva, mas abrange também os próprios fundamentos determinantes.

Como se vê, com o *efeito vinculante* pretendeu-se conferir eficácia adicional à decisão do STF, outorgando-lhe amplitude transcendente ao caso concreto. Os órgãos estatais abrangidos pelo efeito vinculante devem observar, pois, não apenas o conteúdo da parte dispositiva da decisão, mas a norma abstrata que dela se extrai, isto é, que determinado tipo de situação, conduta ou regulação – e não apenas aquela objeto do pronunciamento jurisdicional – é constitucional ou inconstitucional e deve, por isso, ser preservado ou eliminado.

Cabe ressaltar, ainda, a decisão na Rcl/AgR-QO 1.880, na qual se afirmou que todos aqueles que fossem atingidos por decisões contrárias ao entendimento firmado pelo STF no julgamento de mérito proferido em ação direta de inconstitucionalidade seriam considerados partes legítimas para a propositura de reclamação e declarou a constitucionalidade do parágrafo único do art. 28 da Lei 9.868/1999.[526]

Com a positivação dos institutos da eficácia *erga omnes* e do efeito vinculante das decisões proferidas pelo STF na ação declaratória de constitucionalidade e na ação direta de inconstitucionalidade deu-se um passo significativo rumo à modernização e à racionalização da atividade da jurisdição constitucional entre nós.

Limites subjetivos do efeito vinculante – A primeira questão relevante no que concerne à dimensão subjetiva do efeito vinculante refere-se à possibilidade de a decisão proferida vincular, ou não, o próprio STF.

Embora a Lei Orgânica do Tribunal Constitucional alemão não seja explícita a propósito, entende a Corte Constitucional ser inadmissível construir-se, aqui, uma autovinculação. Essa orientação

525. Rcl 1.987, rel. Min. Maurício Corrêa, *DJe* 21.5.2004.
526. Rel. Min. Maurício Corrêa, *DJU* 19.3.2004.

conta com o aplauso de parcela significativa da doutrina, pois, além de contribuir para o congelamento do direito constitucional, tal solução obrigaria o Tribunal a sustentar teses que considerasse errôneas ou já superadas.[527]

A fórmula adotada pela Emenda Constitucional 3/1993 – e repetida pela Lei 9.868/1999 – parece excluir também o STF do âmbito de aplicação do efeito vinculante. A expressa referência ao efeito vinculante em relação "aos demais órgãos do Poder Judiciário" legitima esse entendimento.

De um ponto vista estritamente material, também é de se excluir uma autovinculação do STF aos fundamentos determinantes de uma decisão anterior, pois isto poderia significar uma renúncia ao próprio desenvolvimento da Constituição, tarefa imanente aos órgãos de jurisdição constitucional.

Todavia, parece importante – tal como assinalado por Bryde – que o Tribunal não se limite a mudar uma orientação eventualmente fixada, mas que o faça com base em uma crítica fundada do entendimento anterior, que explicite e justifique a mudança.[528]

Ao contrário do estabelecido na proposta original, que se referia à vinculação dos órgãos e agentes públicos, o efeito vinculante consagrado na Emenda Constitucional 3/1993 ficou reduzido, no plano subjetivo, aos órgãos do Poder Judiciário e do Poder Executivo.[529]

Proferida a declaração de constitucionalidade ou inconstitucionalidade de lei objeto da ação declaratória, ficam os Tribunais e órgãos do Poder Executivo obrigados a guardar-lhe plena obediência. Tal como acentuado, o *caráter transcendente* do efeito vinculante impõe que seja considerado não apenas o conteúdo da parte dispositiva da decisão, mas também a norma abstrata que dela se extrai, isto é, a proposição de que determinado tipo de situação, conduta ou regulação – e não apenas aquela objeto do pronunciamento juris-

527. Cf., a propósito: Brun-Otto Bryde, *Verfassungsentwicklung*, p. 426; Maunz, in Maunz e outros, *BVerfGG*, § 31, I, n. 20.

528. Bryde, *Verfassungsentwicklung*, p. 426.

529. A Emenda Constitucional 45/2004 conferiu nova redação ao § 2º do art. 102 da CF de 1988, que estabeleceu que "as decisões definitivas de mérito, proferidas pelo Supremo Tribunal Federal, nas ações diretas de inconstitucionalidade e nas ações declaratórias de constitucionalidade produzirão eficácia contra todos e efeito vinculante, relativamente aos demais órgãos do Poder Judiciário e à Administração Pública direta e indireta, nas esferas federal, estadual e municipal".

dicional – é constitucional ou inconstitucional e deve, por isso, ser preservado ou eliminado.[530]

É certo, pois, que a não observância da decisão caracteriza grave violação de dever funcional, seja por parte das autoridades administrativas, seja por parte do magistrado (cf., também, CPC, art. 143, I, do CPC de 2015).

Em relação aos órgãos do Poder Judiciário convém observar que eventual desrespeito a decisão do STF legitima a propositura de reclamação, pois estará caracterizada, nesse caso, inequívoca lesão à autoridade de seu julgado (CF, art. 102, I, "l").

Efeito vinculante de decisão proferida em ação direta de inconstitucionalidade – Questão interessante dizia respeito à possível extensão do efeito vinculante à decisão proferida em ação direta de inconstitucionalidade.

Aceita a ideia de que a ação declaratória configura uma ação direta de inconstitucionalidade com sinal trocado, tendo ambas caráter dúplice ou ambivalente, afigura-se difícil não admitir que a decisão proferida em sede de ação direta de inconstitucionalidade tenha efeitos ou consequências diversos daqueles reconhecidos para a ação declaratória de constitucionalidade.

Argumenta-se que ao criar a ação declaratória de constitucionalidade de lei federal estabeleceu o constituinte que a decisão definitiva de mérito nela proferida – incluída aqui, pois, aquela que, julgando improcedente a ação, proclamar a inconstitucionalidade da norma questionada – "produzirá eficácia contra todos e efeito vinculante, relativamente aos demais órgãos do Poder Judiciário e do Poder Executivo".[531]

Portanto, afigurava-se correta a posição de vozes autorizadas do STF como a do Min. Sepúlveda Pertence, segundo o qual, "quando cabível em tese a ação declaratória de constitucionalidade, a mesma força vinculante haverá de ser atribuída à decisão definitiva da ação direta de inconstitucionalidade".[532]

---

530. Cf., a propósito, Bryde, *Verfassungsentwicklung*, p. 428.

531. Art. 102, § 2º, da CF de 1988 com a redação da Emenda Constitucional 3/1993.

532. Despacho na Rcl 167, *RDA* 206/246 (247).

De certa forma, esse foi o entendimento adotado pelo STF na ADC 4, ao reconhecer efeito vinculante à decisão proferida em sede de cautelar, a despeito do silêncio do texto constitucional.

Nos termos dessa orientação, a decisão proferida em ação direta de inconstitucionalidade contra lei ou ato normativo federal haveria de ser dotada de efeito vinculante, tal como ocorre com aquela proferida na ação declaratória de constitucionalidade.

Observe-se, ademais, que, se entendermos que o efeito vinculante da decisão está intimamente vinculado à própria natureza da jurisdição constitucional em um dado Estado Democrático e à função de guardião da Constituição desempenhada pelo Tribunal, temos de admitir, igualmente, que o legislador ordinário não está impedido de atribuir – como, aliás, o fez por meio do art. 28, parágrafo único, da Lei 9.868/1999 – essa proteção processual especial a outras decisões de controvérsias constitucionais proferidas pela Corte.

Em verdade, o efeito vinculante decorre do particular papel político-institucional desempenhado pela Corte ou pelo Tribunal Constitucional, que deve zelar pela observância estrita da Constituição nos processos especiais concebidos para solver determinadas e específicas controvérsias constitucionais.

Na sessão de 7.11.2002 o STF pacificou a discussão sobre a legitimidade da norma contida no parágrafo único do art. 28 da Lei 9.868/1999, que reconhecia efeito vinculante às decisões de mérito proferidas em sede de ação direta de inconstitucionalidade. O Tribunal entendeu que "todos aqueles que forem atingidos por decisões contrárias ao entendimento firmado pelo STF, no julgamento do mérito proferido em ação direta de inconstitucionalidade, sejam considerados como parte legítima para a propositura de reclamação".[533]

A controvérsia está completamente superada em razão do advento da Emenda Constitucional 45/2004, que conferiu nova redação ao art. 102, § 2º, da CF, segundo o qual: "As decisões definitivas de mérito, proferidas pelo Supremo Tribunal Federal, nas ações diretas de inconstitucionalidade e nas ações declaratórias de constitucionalidade produzirão eficácia contra todos e efeito vinculante, relativamente aos demais órgãos do Poder Judiciário e à Administração Pública direta e indireta, nas esferas federal, estadual e municipal".

---

533. *Informativo STF* 289/2002, 4-8.11.2002 (Rcl/Ag-QO 1.880-SP, rel. Min. Maurício Corrêa).

Efeito vinculante da cautelar em ação declaratória de constitucionalidade – O silêncio do texto constitucional quanto à possibilidade de concessão cautelar em sede de ação declaratória deu ensejo a significativa polêmica quando o Presidente da República e as Mesas da Câmara dos Deputados e do Senado Federal intentaram ação declaratória com o objetivo de ver confirmada a constitucionalidade da Lei 9.494/1997, que proibia a concessão de tutela antecipada para assegurar o pagamento de vantagens ou vencimentos a servidores públicos.[534]

Na ADC 4, da relatoria do Min. Sydney Sanches, o STF considerou cabível a medida cautelar em sede de ação declaratória. Entendeu-se admissível que o STF exerça, em sede de ação declaratória de constitucionalidade, o poder cautelar que lhe é inerente, "enfatizando, então, no contexto daquele julgamento, que a prática da jurisdição cautelar acha-se essencialmente vocacionada a conferir tutela efetiva e garantia plena ao resultado que deverá emanar da decisão final a ser proferida naquele processo objetivo de controle abstrato".

É que – como bem observado pelo Min. Celso de Mello – o Plenário do STF, ao deferir o pedido de medida cautelar na ADC 4, expressamente atribuiu eficácia vinculante e subordinante à sua decisão, com todas as consequências jurídicas daí decorrentes.

O STF, ao conceder o provimento cautelar requerido na ADC 4, proferiu, por maioria de nove votos a dois, a seguinte decisão:

> "O Tribunal, por votação majoritária, deferiu, em parte, o pedido de medida cautelar, *para suspender*, com eficácia *ex nunc* e com efeito vinculante, até final julgamento da ação, a *prolação* de qualquer decisão sobre *pedido de tutela antecipada*, contra a Fazenda Pública, que tenha por pressuposto a constitucionalidade ou a inconstitucionalidade do art. 1º da Lei n. 9.494, de 10.9.1997, *sustando*, ainda, com a mesma eficácia, *os efeitos futuros* dessas decisões antecipatórias de tutela *já proferidas contra a Fazenda Pública*, vencidos, em parte, o Min. Néri da Silveira, que deferia a medida cautelar em menor extensão, e, integralmente, os Mins. Ilmar Galvão e Marco Aurélio, que a indeferiam".[535]

---

534. Cf. ADC 4, rel. Min. Sydney Sanches, *DJU* 16.2.1998.

535. Cf. ADC 4, decisão liminar publicada no *DJU* 16.2.1998.

O conteúdo dessa decisão foi explicitado pelo Min. Celso de Mello em despacho proferido em pedido de suspensão de tutela antecipada, esclarecendo que a decisão cautelar:

"(a) incide, *unicamente*, sobre pedidos de tutela antecipada, *formulados contra a Fazenda Pública*, que tenham por pressuposto a constitucionalidade ou a inconstitucionalidade do art. 1º da Lei n. 9.494/1997; (b) inibe a prolação, por qualquer juiz ou Tribunal, de ato decisório sobre o pedido de antecipação de tutela que, deduzido contra a Fazenda Pública, tenha por pressuposto a questão específica da constitucionalidade, ou não, da norma inscrita no art. 1º da Lei n. 9.494/1997; (c) *não* se aplica retroativamente aos *efeitos já consumados* (como os pagamentos já efetuados) decorrentes de decisões antecipatórias de tutela anteriormente proferidas; (d) estende-se às antecipações de tutela *ainda não executadas*, qualquer que tenha sido o momento da prolação do respectivo ato decisório; (e) suspende a *execução dos efeitos futuros* relativos a prestações pecuniárias de trato sucessivo emergentes de decisões antecipatórias que *precederam* ao julgamento, pelo Plenário do STF, do pedido de medida cautelar formulado na *ADC n. 4-DF*".[536]

Portanto, o STF entendeu que a decisão concessiva da cautelar afetava não apenas os pedidos de tutela antecipada ainda não decididos, mas todo e qualquer efeito futuro da decisão proferida nesse tipo de procedimento.

Segundo essa orientação, o efeito vinculante da decisão concessiva da medida cautelar em ação declaratória de constitucionalidade não apenas suspende o julgamento de qualquer processo que envolva a aplicação da lei questionada (suspensão dos processos), mas também retira toda ultratividade (suspensão de execução dos efeitos futuros) das decisões judiciais proferidas em desacordo com o entendimento preliminar esposado pelo STF.

Efeito vinculante da decisão concessiva de cautelar em ação direta de inconstitucionalidade – No quadro de evolução da nossa jurisdição constitucional parece difícil aceitar o efeito vinculante em relação à cautelar na ação declaratória de constitucionalidade e

536. Cf. Petição em MC 1.416-SP, rel. Min. Celso de Mello, *DJU* 1.4.1998, p. 11.

deixar de admiti-lo em relação à liminar na ação direta de inconstitucionalidade.

Na primeira hipótese, tal como resulta do art. 21 da Lei 9.868/1999, tem-se a suspensão do julgamento dos processos que envolvam a aplicação da lei ou ato normativo objeto da ação declaratória até seu término; na segunda tem-se a suspensão de vigência da lei questionada na ação direta e, por isso, do julgamento de todos os processos que envolvam a aplicação da lei discutida.

Assim, o sobrestamento dos processos ou, pelo menos, das decisões ou julgamentos que envolvam a aplicação da lei que teve sua vigência suspensa em sede de ação direta de inconstitucionalidade haverá de ser uma das consequências inevitáveis da liminar em ação direta. Em outras palavras, a suspensão cautelar da norma afeta sua vigência provisória, o que impede que os Tribunais, a Administração e outros órgãos estatais apliquem a disposição que restou suspensa.

Esse foi o entendimento firmado pelo STF no julgamento do RE/QO 168.277-RS:

> "*Ementa:* Recurso extraordinário fundado no art. 4º, parágrafo único, da Lei gaúcha n. 9.117/1990, cuja eficácia foi suspensa pelo STF na ADI n. 656.
>
> "Configuração de hipótese em que se impõe a suspensão do julgamento do recurso.
>
> "Diretriz fixada na oportunidade, pelo Tribunal, no sentido de que deve ser suspenso o julgamento de qualquer processo que tenha por fundamento lei ou ato estadual cuja eficácia tenha sido suspensa, por deliberação da Corte, em sede de ação direta de inconstitucionalidade, até final julgamento desta.
>
> "Questão de ordem acolhida."[537]

Estando assente que a liminar deferida opera no plano da vigência da lei, podendo ter o condão até mesmo de restaurar provisoriamente a vigência de norma eventualmente revogada, não há como deixar de reconhecer que a aplicação da norma suspensa pelos órgãos ordinários da jurisdição implica afronta à decisão do STF.

Em absoluta coerência com essa orientação mostra-se a decisão, tomada também em questão de ordem, na qual se determinou a sus-

537. Plenário, rel. Min. Ilmar Galvão, *DJU* 29.5.1998.

pensão de todos os processos que envolvessem a aplicação de determinada vantagem a servidores do TRT-15ª Região tendo em vista a liminar concedida na ADI 1.244-SP contra resolução daquela Corte que havia autorizado o pagamento do benefício.

É o que foi afirmado pela Corte na ADI/QO 1.244-SP,[538] de cujo voto se extrai:

> "Se é certo que, em princípio, não cabe reclamação por descumprimento de decisão do STF em ação direta de inconstitucionalidade se o ato contrário ao julgado não provém de requerido na demanda de inconstitucionalidade, eis que a previsão judicial desta Corte concerne, tão só, à validade, em abstrato, da lei ou ato normativo impugnado, compreendo, entretanto, que, no plano dos efeitos do *decisum* do STF, em medida judicial dessa natureza, quanto à regra em tese, cumpre conferir-lhe um mínimo de eficácia *erga omnes*, de referência a fatos jurídicos eventualmente nascidos por virtude de invocação da lei ou ato normativo, posteriormente à decisão desta Corte, suspendendo-lhe, *erga omnes*, a vigência, até o julgamento final da ação. Refiro-me, em especial, a decisões judiciais prolatadas ostensivamente em conflito com o pronunciamento do STF, por provocação dos próprios destinatários da lei ou ato normativo com eficácia suspensa, *erga omnes*. Se o STF determina que fique suspensa certa norma e, por consequência imediata, o pagamento de vantagem nela prevista, por natural efeito de suspender a norma que o autorizaria, não é possível admitir que os destinatários da mesma norma suspensa, contornando a proibição deste Tribunal, por via oblíqua, em decisão cautelar ou em antecipação de tutela, possam usufruir, imediatamente, daquilo que o STF ordenou não lhes fosse entregue até o julgamento final da ação direta de inconstitucionalidade, por virtude, direta e imediata, da suspensão de vigência da norma que ampararia a outorga".

Nesse mesmo julgamento, consignou o Min. Sepúlveda Pertence:

> "Tenho sustentado que, necessariamente, o mesmo efeito vinculante há de ser dado à decisão tomada em ação direta de inconstitucionalidade, que é também uma ação dúplice, da qual, segundo a nossa doutrina, explicitada no art. 173 do Regimento, tanto pode resultar a declaração de inconstitucionalidade quanto a declaração de constitucionalidade da lei.

538. Rel. Min. Néri da Silveira, *DJU* 28.5.1999.

"Disso continuo convencido, ao menos nos limites da ação declaratória de constitucionalidade, vale dizer, quando o objeto da arguição for lei ou ato normativo federal.

"Claro, tudo isso se diz das decisões definitivas, a meu ver, nas duas ações de controle abstrato da constitucionalidade de normas.

"*Quid juris* com relação à decisão cautelar?

"A decisão cautelar, lemos nos compêndios, destina-se a resguardar, a salvaguardar, o efeito útil do processo contra o risco de sua própria demora.

"Não vejo outra solução, Sr. Presidente, admitido o efeito vinculante que terá a decisão de mérito, a não ser atribuir à decisão cautelar efeito suspensivo dos processos cuja decisão pende da aplicação, inaplicação ou declaração de inconstitucionalidade em concreto da lei que teve a sua eficácia suspensa por força de decisão cautelar do STF.

"Do contrário, a convivência, já difícil, dos dois sistemas de controle de constitucionalidade que praticamos conduzirá ao caos.

"Note-se: sequer para adotar decisão no sentido da decisão cautelar do Supremo poderá ser julgada a ação proposta perante o juízo ordinário, porque da nossa decisão de mérito poderá resultar, afinal, em sentido contrário, a declaração de constitucionalidade da lei.

"Desse modo, a cautelar não compele o juiz a que julgue a causa como se a lei fosse inconstitucional, porque a lei ainda não está declarada inconstitucional.

"A única solução, assim, é a suspensão do andamento do feito ou, pelos menos, a suspensão da decisão que nele se tenha que tomar, num ou noutro sentido, até a decisão de mérito da ação direta no STF."

Na Rcl/QO 1.507-RJ desenvolveu o Min. Sepúlveda Pertence a seguinte consideração:

"(...). Creio que é a primeira vez que o Tribunal está a aplicar o efeito vinculante da decisão anterior, em ação direta de inconstitucionalidade, de modo a cassar decisão administrativa de um governador de Estado. Assinalo-o apenas para marcar o evento.

"No mérito, não tenho dúvida. Trata-se de impugnação a uma lei que revogou as leis anteriores do sistema previdenciário do Estado do Rio de Janeiro por completo. Revogação de um sistema por outro. É manifesto que, em tal hipótese, não há cogitar-se, se se declaram inconstitucionais tópicos da lei nova, da repristinação de tópicos da lei antiga. A irmos assim nessa toada descoberta pelo Governo fluminense, chegaríamos muito em breve à repristinação de textos das *Ordenações Filipinas* – quiçá, do seu Livro V – o dia em que se pretender 'descriminalizar' ou descriminar alguma conduta tipificada na lei penal de hoje, como nelas, igualmente, mais severamente incriminadas..”[539]

Vê-se, pois, que a decisão concessiva de cautelar em ação direta de inconstitucionalidade é também dotada de efeito vinculante. A concessão da liminar acarreta a necessidade de suspensão dos julgamentos que envolvam a aplicação ou a desaplicação da lei cuja vigência restou suspensa.

Esse entendimento foi sufragado no julgamento da Rcl 2.256-RN.[540]

Efeito vinculante de decisão indeferitória de cautelar em ação direta de inconstitucionalidade – Com alguma frequência apresenta-se ao Tribunal pedido de reclamação contra decisões tomadas pelas instâncias ordinárias que afirmam a inconstitucionalidade de uma ou outra lei federal ou estadual em face da Constituição Federal. Essas reclamações alegam que a competência pode estar sendo usurpada exatamente porque o STF indeferiu pedido de liminar formulado com o objetivo de suspender a norma impugnada em sede de ação direta de inconstitucionalidade. Outras vezes alega-se que a matéria pende de apreciação no âmbito do controle abstrato de normas perante o STF, cabendo a ele conferir orientação uniforme ao tema.

Na primeira hipótese alega-se que já no julgamento da liminar na ação direta de inconstitucionalidade o STF, ainda que em um juízo preliminar, afastou a inconstitucionalidade da lei. Assim, não poderiam as instâncias ordinárias deliberar em sentido contrário.

É o caso da Rcl 2.121, da relatoria do Min. Nélson Jobim.[541] O art. 1º da Lei 227/1992, alterado pela Lei 464/1993, do Distrito Federal, dispôs: “Art. 1º. Ficam isentas de imposto territorial urbano, e das taxas e tarifas pelo fornecimento de água e energia elétrica, as entidades assistenciais e beneficentes, declaradas de utilidade pública, do Distrito Federal”.

Em 1998 foi editada a Lei 2.010 do Distrito Federal, que, no parágrafo único do art. 1º, estabelece:

539. Rel. Min. Néri da Silveira, *DJU* 1.3.2002.

540. Rel. Min. Gilmar Mendes, *DJU* 30.4.2004.

541. A relatoria do processo, em 23.2.2005, passou a ser do Min. Eros Grau (art. 38 do Regimento Interno do STF).

"Art. 1º. Fica reconhecida como entidade de utilidade pública do Distrito Federal a Fundação Universidade de Brasília – FUB, instituição educacional de nível superior.

"Parágrafo único. Fica aplicado à Fundação Universidade de Brasília – FUB o disposto no art. 1º da Lei n. 227, de 9 de janeiro de 1992, alterada pela Lei n. 464, de 22 de julho de 1993."

Em 21.9.1994 o STF, na ADI 1.104, proferiu a seguinte decisão, em sede de cautelar: "Ação direta de inconstitucionalidade – Medida cautelar – Lei n. 464, de 22.6.1993, do Distrito Federal, art. 1º – Norma que isentou das taxas e tarifas pelo fornecimento de água e energia elétrica as entidades assistenciais e beneficentes, declaradas de utilidade pública, atuando no Distrito Federal. 2. Alegação de ofensa aos arts. 21, XII, 'b', e 22, IV, ambos da CF. 3. Não se trata, na espécie, de lei distrital sobre água e energia elétrica, mas, apenas, no dispositivo atacado se dispõe acerca de isenção de retribuição pelos serviços de água e energia elétrica. 4. Medida cautelar indeferida, por não presentes os pressupostos à concessão".

No plano da jurisdição ordinária, a Associação das Pioneiras Sociais impetrou mandado de segurança contra o Juiz da 4ª Vara da Fazenda Pública do Distrito Federal. A Cia. Energética de Brasília/CEB figurou como litisconsorte passiva.

Em 13.3.1996 a 2ª Câmara Cível do Tribunal de Justiça do Distrito Federal e Territórios decidiu, na AInconst no MS 4.448/1995:

"Arguição de incidente de inconstitucionalidade de lei – Arts. 206 a 209 do Regimento Interno do Tribunal de Justiça do Distrito Federal e Territórios – Lei distrital n. 464/1993 – Isenção por lei local de pagamento de tarifa de energia elétrica – Suscitação de inconstitucionalidade acolhida.

"I – O incidente de inconstitucionalidade de lei ou ato normativo do Poder Público pode ser suscitado pela parte, como via de defesa, até a sustentação oral, inclusive sendo lícito ao órgão fracionário suscitá-lo *ex officio*, desde que em momento anterior à proclamação do acórdão (precedentes do egrégio STJ).

"II – Não pode o Poder Público local estabelecer isenção de pagamento de tarifas ou preço público para entidades assistenciais e beneficentes, pois a União é o ente político de direito público competente para discriminar isenções, sob pena de usurpação e invasão de sua competência.

"III – À União compete, com exclusividade, dispor, disciplinar e legislar sobre a política tarifária e energia elétrica.

"IV – Afronta aos arts. 22, IV, e 175, parágrafo único, III, da CF reconhecida – Remessa ao Órgão Especial do Tribunal para análise do acórdão e prolação da declaração de inconstitucionalidade (art. 97 da CF)."

A Cia. Energética de Brasília/CEB propôs ação de cobrança contra a Fundação Universidade de Brasília/FUB, exigindo o pagamento de importâncias relativas à prestação de serviço de energia elétrica. A reclamante ajuizou ação declaratória de isenção tributária e ação cautelar inominada contra a CEB. O Juiz da 9ª Vara Federal da Seção Judiciária do Distrito Federal julgou improcedentes as ações da reclamante e procedente a da CEB. Daí a reclamação contra a referida decisão da instância monocrática, sob a alegação de ofensa a julgado do STF.

O Min. Jobim deferiu liminar, em 11.9.2002, na Rcl 2.121, interposta pela FUB, pleiteada com base nos seguintes fundamentos:

"Na espécie, afigura-se inequívoco que o STF indeferiu a liminar pelos fundamentos resumidos na ementa do acórdão: 'Ação direta de inconstitucionalidade – Medida cautelar – Lei n. 464, de 22.6.1993, do Distrito Federal, art. 1º – Norma que isentou das taxas e tarifas pelo fornecimento de água e energia elétrica as entidades assistenciais e beneficentes, declaradas de utilidade pública, atuando no Distrito Federal. 2. Alegação de ofensa aos arts. 21, XII, 'b', e 22, IV, ambos da CF. 3. Não se trata, na espécie, de lei distrital sobre água e energia elétrica, mas, apenas, no dispositivo atacado se dispõe acerca de isenção de retribuição pelos serviços de água e energia elétrica. 4. Medida cautelar indeferida, por não presentes os pressupostos à concessão'.

"Como se pode depreender, não se trata de uma simples decisão de indeferimento, por ausência dos pressupostos processuais formais. Na espécie, resta evidente que, pelo menos num juízo severo de exame liminar, o Tribunal afastou a ilegitimidade da lei em questão.

"Observe-se, outrossim, que o Tribunal tem entendido que, em caso de propositura semelhante de ação direta de inconstitucionalidade perante o STF e perante o Tribunal de Justiça contra lei estadual, há de se suspender o processo no âmbito da Justiça estadual até a deliberação definitiva desta Corte.

"Há precedentes: 'Rejeição das preliminares de litispendência e de continência, porquanto, quando tramitam paralelamente duas ações diretas de inconstitucionalidade, uma no Tribunal de Justiça local e outra no STF, contra a mesma lei estadual, impugnada em face de princípios constitucionais estaduais que são reprodução de princípios da Constituição Federal, suspende-se o curso da ação direta proposta perante o Tribunal estadual até o julgamento final da ação direta proposta perante o STF, conforme sustentou o Relator da presente ação direta de inconstitucionalidade em voto que proferiu, em pedido de vista, na Rcl n. 425' (ADI/MC n. 1.423, rel. Min. Moreira Alves, *DJU* 22.11.1996). Ainda: 'Julgado o pedido de medida liminar em ação direta ajuizada pela Associação dos Membros dos Tribunais de Contas do Brasil/ATRICON contra o § 3º do art. 47 da Lei n. 12.509/1995, do Estado do Ceará, acrescentado por força do art. 2º da Lei n. 13.037/2000, do mesmo Estado, que retira do controle do Tribunal de Contas estadual o conteúdo de pesquisas e consultorias solicitadas pela Administração para direcionamento de suas ações, bem como de documentos relevantes, cuja divulgação possa importar em danos para o Estado – Preliminarmente, o Tribunal rejeitou o alegado prejuízo da ação direta de inconstitucionalidade pelo ajuizamento concomitante de representação de inconstitucionalidade perante o TJCE contra a mesma norma em face de preceito da Constituição estadual que reproduziu dispositivo da Constituição Federal, e determinou a suspensão da representação perante o Tribunal de Justiça até o julgamento da ação direta de inconstitucionalidade pelo STF – Precedente citado: Rcl/AgR n. 425-RJ (*DJU* 22.10.1993); ADI/MC n. 2.361, rel. Min. Maurício Corrêa, 11.10.2001' (*Informativo* 245).

"E mais: ADI/MC n. 824, Francisco Rezek; ADI n. 2.146, Sepúlveda Pertence.

"O próprio caráter dúplice ou ambivalente sugere cuidado na compreensão da decisão que indefere a liminar afirmando, *in genere*, a possível legitimidade da lei.

"O Tribunal, ao negar a liminar na ADI n. 1.104, *a contrario sensu*, presume-se declarar a constitucionalidade da Lei n. 464/1993.

"A lei distrital continua vigente para reconhecer a isenção da Fundação Universidade de Brasília.

"Estão presentes os requisitos da liminar.

"Defiro-a.

"Suspendo a eficácia das decisões proferidas pelo Juiz da 9ª Vara Federal da Seção Judiciária do Distrito Federal e de todo e qualquer ato dela resultante (AO n. 2000.34.00.021446-3; AC Inominada n. 1999.34.00.033578-7 e AO n. 1999.34.00.036446-5).

"É de manter-se a plena eficácia da Lei n. 464, de 22.6.1993, até a decisão de mérito na ADI n. 1.104, que tramita neste Tribunal."[542]

---

542. Rcl 2.121, decisão de 11.9.2002. Em 13.2.2008, a Rcl 2.121, rel. Min. Eros Grau, foi julgada extinta porque a ADI 1.104, mencionada na decisão, foi jul-

Contra essa decisão foi interposto agravo regimental, tendo o Min. Eros Grau, sucessor do Min. Jobim, reconsiderado a decisão liminar e negado seguimento à reclamação.

Interpôs-se novo agravo regimental, que, apreciado pelo STF em 13.2.2008, julgou prejudicada a reclamação pela perda do objeto, tendo em vista a revogação da Lei 464/1993.

A questão posta na referida reclamação mostra uma nova faceta da relação entre os dois sistemas de controle de constitucionalidade, agora no que concerne à decisão do STF que indefere o pedido de cautelar em ação direta de inconstitucionalidade. Como acentuado na decisão da relatoria do Min. Jobim, há casos em que, ao indeferir a cautelar, o Tribunal enfatiza, ou quase, a não plausibilidade da impugnação. Em outras hipóteses o indeferimento assenta-se em razões formais, como o tempo decorrido da edição da lei ou não configuração de urgência.

Na primeira hipótese é possível justificar a reclamação sob o argumento de violação da autoridade da decisão do STF. Na segunda o argumento é mais tênue, uma vez que sequer houve uma manifestação substancial do Tribunal sobre o assunto.

É verdade, porém, que em ambas as situações podem ocorrer conflitos negativos para a segurança jurídica, com pronunciamentos contraditórios por parte de instâncias judiciais diversas.

Assim, talvez se pudesse cogitar, em semelhantes casos (indeferimento de liminar na ação direta de inconstitucionalidade com possibilidade de repercussão nas instâncias ordinárias), de adotar fórmula semelhante à prevista no art. 21 da Lei 9.868/1999 para a ação declaratória de constitucionalidade: determina-se a suspensão dos julgamentos que envolvam a aplicação da lei até a decisão final do STF sobre a controvérsia constitucional.[543] A vantagem técnica dessa fórmula é a de que ela alcança resultado semelhante, no que concerne à segurança jurídica, sem afirmar, *a priori*, o efeito vinculante da decisão provisória adotada pelo Tribunal em sede de cautelar.

---

gada prejudicada por perda do objeto, vez que a Lei 434/1993 foi revogada pela Lei 3.588/2005, ambas do Distrito Federal (rel. Min. Gilmar Mendes *DJe* 26.9.2006).

543. Em voto-vista proferido pelo Min. Gilmar Mendes, quando do julgamento do último agravo regimental interposto na mencionada Rcl 2.121 ficou consignada essa posição, muito embora em *obiter dictum* (*Informativo STF* 497).

OITAVA PARTE

ARGUIÇÃO DE DESCUMPRIMENTO DE PRECEITO FUNDAMENTAL

1. Introdução. Origens da lei sobre a arguição de descumprimento de preceito fundamental. 2. Legitimidade para arguir o descumprimento de preceito fundamental. 3. Objeto da arguição de descumprimento de preceito fundamental. 4. Parâmetro de controle. 5. Procedimento. 6. Medida cautelar. 7. As decisões do STF na arguição de descumprimento.

1. Introdução. Origens da lei sobre a arguição de descumprimento de preceito fundamental

As mudanças ocorridas no sistema de controle de constitucionalidade brasileiro a partir de 1988 alteraram radicalmente a relação que havia entre os controles concentrado e difuso. A ampliação do direito de propositura da ação direta e a criação da ação declaratória de constitucionalidade vieram reforçar o controle concentrado em detrimento do difuso. Não obstante, subsistiu um espaço residual expressivo para o controle difuso relativo às matérias não suscetíveis de exame no controle concentrado (interpretação direta de cláusulas constitucionais pelos juízes e Tribunais, direito pré-constitucional, controvérsia constitucional sobre normas revogadas, controle de constitucionalidade do direito municipal em face da Constituição Federal). É exatamente esse espaço, imune à aplicação do sistema direto de controle de constitucionalidade, que tem sido responsável pela repetição de processos, pela demora na definição das decisões sobre importantes controvérsias constitucionais e pelo fenômeno social e jurídico da chamada "guerra de liminares".

Foi em resposta a esse quadro de incompletude que surgiu a ideia de desenvolvimento do chamado *incidente de inconstitucionalidade* (cf., infra, "Incidente de Inconstitucionalidade e Arguição de Descumprimento"). Também foi nesse contexto que, juntamente com o professor Celso Bastos, passamos a nos indagar se a chamada *arguição de descumprimento de preceito fundamental*, prevista no art. 102, § 1º, da CF, não teria o escopo de colmatar importantes lacunas identificadas no quadro de competências do STF.

O professor Celso Bastos elaborou o primeiro esboço do anteprojeto que haveria de regular a arguição de descumprimento de preceito fundamental. Tomando por base o texto inaugural, cuidamos de elaborar uma segunda versão, introduzindo-se o incidente de inconstitucionalidade. Essa proposta traduziu-se num amálgama consciente das concepções constantes do Projeto Celso Bastos, do Projeto da Comissão Caio Tácito[1] e o do incidente de inconstitucionalidade, contemplado em várias propostas de emenda constitucional sobre o Judiciário[2] (cf., infra, "Incidente de Inconstitucionalidade e Arguição de Descumprimento").

Afigurava-se recomendável que o tema fosse submetido a uma Comissão de especialistas. A sugestão foi elevada à consideração do Ministro Iris Rezende, da Justiça, que, em 4.7.1997, editou a Portaria 572, publicada no *DOU* de 7.7.1997, instituindo Comissão destinada a elaborar estudos e anteprojeto de lei que disciplinasse a arguição de descumprimento de preceito fundamental. Foram designados para compor a Comissão os professores Celso Ribeiro Bastos (Presidente), Arnoldo Wald, Ives Gandra Martins, Oscar Dias Corrêa e Gilmar Mendes. Após intensos debates realizados em São Paulo, a Comissão chegou ao texto final do anteprojeto, que foi encaminhado pelo professor Celso Bastos, acompanhado de relatório, ao Ministro da Justiça, em 20.11.1997.

1. Projeto de Lei 2.960/1997 (Projeto de Lei Complementar 10 no Senado Federal), sobre ação direta de inconstitucionalidade e ação declaratória de constitucionalidade, convertido na Lei 9.868, de 10.11.1999.

2. Substitutivo do deputado Aloysio Nunes Ferreira à Proposta de Emenda Constitucional 96-A/1992:

"Art. 103. (...).

"(...).

"§ 5º. O Supremo Tribunal Federal, a pedido das pessoas e entidades mencionadas no art. 103, de qualquer Tribunal, de Procurador-Geral de Justiça, de Procurador-Geral ou Advogado-Geral do Estado, quando for relevante o fundamento de controvérsia judicial sobre a constitucionalidade de lei, ato normativo federal ou de outra questão constitucional, federal, estadual ou municipal, poderá, acolhendo incidente de inconstitucionalidade, determinar a suspensão, salvo para medidas urgentes, de processos em curso perante qualquer juízo ou Tribunal, para proferir decisão exclusivamente sobre matéria constitucional suscitada, ouvido o Procurador-Geral da República."

A proposta de anteprojeto de lei cuidou dos principais aspectos do processo e julgamento da arguição de descumprimento de preceito fundamental, nos termos e para os efeitos do disposto no § 1º do art. 102 da CF. Estabeleceram-se o rito perante o STF, o elenco dos entes com legitimidade ativa, os pressupostos para suscitar o incidente e os efeitos da decisão proferida e sua irrecorribilidade.

Tendo em vista que a arguição de descumprimento de preceito fundamental afetava as atribuições do STF, resolveu-se, ainda, colher a opinião daquela Corte (Aviso/MJ-624, de 4.5.1998). Em 7.5.1998 o Min. Celso de Mello informou ter encaminhado cópia do texto do anteprojeto para todos os ministros do STF (Ofício 076/1998). Em 30.6.1998, o trabalho realizado pela Comissão Celso Bastos foi divulgado em artigo publicado na revista *Consulex* 18/18-21, vol. I, Ano II, sob o título "Preceito fundamental: arguição de descumprimento".

É necessário observar, todavia, que, desde março/1997, tramitava no Congresso Nacional o Projeto de Lei 2.872, de autoria da ilustre deputada Sandra Starling, objetivando, também, disciplinar o instituto da arguição de descumprimento de preceito fundamental, sob o *nomen juris* de "reclamação". A reclamação restringia-se aos casos em que a contrariedade ao texto da Lei Maior fosse resultante de interpretação, ou de aplicação, dos Regimentos Internos das Casas do Congresso Nacional ou do Regimento Comum no processo legislativo de elaboração das normas previstas no art. 59 da CF. Aludida reclamação haveria de ser formulada ao STF por um décimo dos deputados ou dos senadores, devendo-se observar as regras e os procedimentos instituídos pela Lei 8.038, de 28.5.1990.

Em 4.5.1998 o projeto de lei da deputada Sandra Starling recebeu parecer favorável do relator, o ilustre deputado Prisco Viana, pela aprovação na forma de substitutivo de sua autoria. Como então se verificou, o Substitutivo Prisco Viana ofereceu disciplina que muito se aproximava daquela contida no anteprojeto de lei da Comissão Celso Bastos.

Aludido substitutivo, aprovado na Comissão de Constituição e Justiça e de Redação da Câmara dos Deputados, foi referendado pelo Plenário da Câmara dos Deputados e pelo Senado Federal, tendo sido submetido ao Presidente da República, que o sancionou,[3] com veto

3. Lei 9.882, de 3.12.1999.

ao inciso II do parágrafo único do art. 1º, ao inciso II do art. 2º, ao § 2º do art. 2º, ao § 4º do art. 5º, aos §§ 1º e 2º do art. 8º e ao art. 9º.

A controvérsia sobre a constitucionalidade da Lei 9.882/1999 – A OAB propôs a ADI 2.231 contra a íntegra da Lei 9.882/1999, distribuída ao Min. Néri da Silveira, na qual se alegava, em especial, a inconstitucionalidade do inciso I do parágrafo único do art. 1º, do § 3º do art. 5º, do art. 10, *caput* e § 3º, e do art. 11, todos da mesma lei.

O Min. Néri da Silveira, na sessão de 5.12.2001, acolheu em parte a arguição para suspender, com eficácia *ex nunc* e até o julgamento final da ação, a vigência do § 3º do art. 5º da referida lei – por estar relacionado com a arguição incidental em processos em concreto –, e conferir interpretação conforme a Constituição ao inciso I do parágrafo único do art. 1º, excluindo de sua aplicação controvérsia constitucional concretamente já deduzida em processo judicial em curso.

Nas palavras do Min. Néri da Silveira: "(...) a Lei n. 9.882/1999, com a suspensão do art. 5º, § 3º, e com a interpretação conforme do inciso I do parágrafo único do art. 1º, não se esvazia, à evidência, permanecendo com as condições para regular, de forma completa, o processo e julgamento da arguição de descumprimento de preceito fundamental prevista no art. 102, § 1º, da Constituição".[4]

A discussão foi interrompida devido a alguns pedidos de vista, mas foi concluída em maio de 2023,[5] quando o pedido foi julgado improcedente e, consequentemente, a Lei 9.882/1999 foi declarada constitucional.[6]

---

4. Voto do Min. Néri da Silveira na ADI 2.231, da qual era relator, *DJU* 17.12.2001.

5. ADI 2.231/DF, rel. Min. Roberto Barroso, *DJe* 15.6.2023.

6. No intervalo compreendido entre o voto do Ministro Néri e o trânsito em julgado da ADI 2.231/DF, algumas importantes antecipações sinalizaram a compreensão da Corte acerca da plena constitucionalidade da Lei n. 9.882/1999. Nesse sentido, recorde-se a ADPF 54/DF, rel. Min. Marco Aurélio, na qual, em sessão de 27.4.2005, foi suscitada questão de ordem resolvida pelo Tribunal no sentido do cabimento da ADPF (mérito da ADPF foi apreciado em 12.4.2012). Também no julgamento do mérito da ADPF 33/PA, rel. Min. Gilmar Mendes, o Tribunal, por unanimidade, rejeitou pedido formulado por *amicus curiae*, com o objetivo de suspender o julgamento da ação até o pronunciamento definitivo sobre a constitucionalidade do instituto (sessão de 7.12.2005). De qualquer sorte, convém assinalar, tal como apontado em razões

Além de permitir a antecipação das decisões sobre questões constitucionais relevantes, a ADPF poderá ser utilizada para solver controvérsia sobre a legitimidade do direito ordinário pré-constitucional em face da Constituição que, anteriormente, somente poderia ser veiculada mediante a utilização do recurso extraordinário. Ademais, as decisões proferidas pelo STF nesses processos, haja vista a eficácia *erga omnes* e o efeito vinculante, fornecerão a diretriz segura para o juízo sobre a legitimidade ou a ilegitimidade de atos de teor idêntico, editados pelas diversas entidades municipais.

Incidente de inconstitucionalidade e arguição de descumprimento – Na Revisão Constitucional de 1994, afigurou-se acertado introduzir o chamado *incidente de inconstitucionalidade*, que permitiria fosse apreciada *diretamente* pelo STF *controvérsia sobre a constitucionalidade de lei ou ato normativo federal, estadual ou municipal*, inclusive os atos anteriores à Constituição, a pedido do Procurador-Geral da República, do Advogado-Geral da União, do Procurador-Geral de Justiça ou do Procurador-Geral do Estado, sempre que houvesse perigo de lesão à segurança jurídica, à ordem ou às finanças públicas. A Suprema Corte poderia, acolhendo incidente de inconstitucionalidade, determinar a suspensão de processo em curso perante qualquer juízo ou Tribunal, para proferir decisão exclusivamente sobre a questão constitucional suscitada.[7]

Referido instituto destinava-se a completar o complexo sistema de controle de constitucionalidade brasileiro, permitindo que o STF pudesse dirimir, *desde logo*, controvérsia que, do contrário, daria ensejo certamente a um sem-número de demandas, com prejuízos para as partes e para a própria segurança jurídica. A proposta não foi, entretanto, recepcionada.

No Substitutivo apresentado pelo deputado Jairo Carneiro ao Projeto de Emenda Constitucional 96/1992 ("Emenda do Judiciário"), propunha-se a adoção do incidente de inconstitucionalidade, nos termos seguintes:

---

apresentadas pela AGU, que a ADPF amplia o controle de constitucionalidade, dando a necessária ênfase à defesa dos preceitos fundamentais, especialmente nos casos ainda não amparados pelos outros meios de controle concentrado de constitucionalidade.

7. Cf. *Relatoria da Revisão Constitucional, 1994, Pareceres Produzidos (Histórico)*, t. I, p. 317.

"Art. 107. (...).

"(...).

"§ 5º. Suscitada, em determinado processo, questão relevante sobre a constitucionalidade de lei ou ato normativo federal, estadual ou municipal, incluídos os anteriores à Constituição, e concorrendo os pressupostos do art. 98, § 1º, o Supremo Tribunal Federal, a requerimento dos órgãos ou entes referidos no *caput* deste artigo, poderá processar o incidente e determinar a suspensão do processo, a fim de proferir decisão com efeito vinculante exclusivamente sobre a matéria constitucional."

Assim, mediante provocação de qualificados atores do processo judicial, a Corte Suprema ficaria autorizada a *suspender o processo em curso e proferir decisão exclusivamente sobre a questão constitucional*.

Na versão do *Relatório sobre a Reforma do Judiciário* apresentada pelo deputado Aloysio Nunes Ferreira reiterou-se a ideia do incidente de inconstitucionalidade, tal como se pode ler na proposta de redação do art. 103, § 5º, *verbis*:

"Art. 103. (...).

"(...).

"§ 5º. O Supremo Tribunal Federal, a pedido das pessoas e entidades mencionadas no art. 103, de qualquer Tribunal, de Procurador-Geral de Justiça, de Procurador-Geral ou Advogado-Geral do Estado, quando for relevante o fundamento de controvérsia judicial sobre constitucionalidade de lei, de ato normativo federal ou de outra questão constitucional, federal, estadual ou municipal, poderá, acolhendo incidente de inconstitucionalidade, determinar a suspensão, salvo para medidas urgentes, de processos em curso perante qualquer juízo ou Tribunal, para proferir decisão exclusivamente sobre a matéria constitucional suscitada, ouvido o Procurador-Geral da República."

Ressalte-se, de imediato, que, a despeito da aparente novidade, técnica semelhante já se adota entre nós desde 1934, com a chamada *cisão funcional* da competência, que permite, no julgamento da inconstitucionalidade de norma perante Tribunais, ao Plenário ou ao Órgão Especial julgar a inconstitucionalidade, ou a constitucionalidade, da norma, cabendo ao órgão *fracionário* decidir a espécie à vista do que restar *assentado* no julgamento da questão constitucional.

Sem dúvida, o incidente poderia ensejar a separação da questão constitucional para seu julgamento não pelo Pleno do Tribunal ou por seu Órgão Especial, mas, diretamente, pelo STF. Em vez de cisão funcional no plano horizontal, tal como prevista no art. 97 da CF, ter-se-ia uma cisão funcional no plano vertical.

Daí o inevitável símile com a técnica consagrada nos modelos de *controle concentrado de normas*, que determina seja a questão submetida diretamente à Corte Constitucional toda vez que a norma for relevante para o julgamento do caso concreto e o juiz ou Tribunal considerá-la inconstitucional (cf., *v.g.*, Constituição Austríaca, art. 140, (1); Lei Fundamental de Bonn, art. 100, I; e Lei Orgânica da Corte Constitucional alemã, §§ 13, n. 11, e 80 e ss.).

Todavia, as diferenças eram evidentes.

Ao contrário do que ocorre nos modelos concentrados de controle de constitucionalidade, nos quais a Corte Constitucional detém o *monopólio da decisão* sobre a constitucionalidade ou a inconstitucionalidade da lei, o incidente de inconstitucionalidade não alteraria, em seus fundamentos, o *sistema difuso* de controle de constitucionalidade, introduzido entre nós pela Constituição de 1891. Juízes e Tribunais continuariam a decidir também a questão constitucional, tal como faziam anteriormente, cumprindo ao STF, enquanto guardião da Constituição, a uniformização da interpretação do Texto Magno, mediante o julgamento de recursos extraordinários contra decisões judiciais de única ou última instância.

A proposta apresentada pelo deputado Aloysio Nunes Ferreira continha uma novidade específica em relação às propostas anteriores, pois permitia que o próprio tribunal encarregado de julgar a questão constitucional provocasse o pronunciamento uniformizador do STF.

Nesse caso, em vez de decidir a questão constitucional, na forma do art. 97, a Corte *a quo* poderia provocar um pronunciamento definitivo do STF sobre a questão. Introduzir-se-ia, assim, modificação significativa no chamado *modelo incidental* de controle de constitucionalidade. Ao lado da possibilidade de declarar a inconstitucionalidade da lei, na forma do art. 97, poderia o Tribunal submeter a questão, diretamente, ao STF.

É fácil ver, pois, aqui, uma aproximação maior entre o incidente de inconstitucionalidade e o chamado *processo de controle concreto* do sistema concentrado europeu. Observe-se que, ao contrário do que ocorre no sistema europeu, que confere o monopólio de censura ao Tribunal Constitucional – e, portanto, obriga o juiz ou o Tribunal a encaminhar a questão constitucional à Corte especializada –, o modelo proposto no Relatório Aloysio Nunes limitava-se a facultar a submissão da controvérsia constitucional ao STF.

O modelo de incidente de inconstitucionalidade proposto oferecia, ainda, solução adequada para a difícil questão do controle de constitucionalidade da lei municipal em face da Constituição Federal. Os embaraços que se colocam à utilização da ação direta de inconstitucionalidade contra a lei municipal perante o STF, até mesmo pela impossibilidade de se apreciar o grande número de atos normativos comunais, poderiam ser afastados com a introdução desse instituto, que permite ao STF conhecer das questões constitucionais mais relevantes provocadas por atos normativos municipais.

A eficácia *erga omnes* e o efeito vinculante das decisões proferidas pelo STF nesses processos haveriam de fornecer a diretriz segura para o juízo sobre a legitimidade ou a ilegitimidade de atos de teor idêntico editados pelas diversas entidades comunais. Essa solução é superior, sem dúvida, a uma outra alternativa disponível, que consistiria no reconhecimento da competência dos Tribunais de Justiça para apreciar, em ação direta de inconstitucionalidade, a legitimidade de leis ou atos normativos municipais em face da Constituição Federal. Além de ensejar múltiplas e variadas interpretações, essa solução acabaria por agravar a crise do STF, com a multiplicação de recursos extraordinários interpostos contra decisões proferidas pelas diferentes Cortes estaduais.

Outra virtude aparente do instituto residiria na possibilidade de sua utilização para solver controvérsia relevante sobre a legitimidade do direito ordinário pré-constitucional em face da Constituição de 1988. Aprovado o referido instituto, passaria o ordenamento jurídico a dispor também de um instrumento ágil e célere para dirimir, de forma definitiva e com eficácia geral, as controvérsias relacionadas com o direito anterior à Constituição, que, por ora, somente podem ser veiculadas mediante a utilização do recurso extraordinário.

Por último, convém ressaltar a importância da inovação contida no aludido instituto, que permite a instauração do incidente não apenas em relação a lei ou ato normativo federal, estadual ou municipal, mas também em relação à interpretação constitucional.

Embora tenha sido mantido no Projeto de Reforma do Judiciário (Substitutivo Zulaiê Cobra), o texto foi retirado pelo Plenário da Câmara dos Deputados (Proposta de Emenda Constitucional 96/1992).

Um exame acurado da arguição de descumprimento de preceito fundamental, tal como regulada na Lei 9.882/1999, há de demonstrar que, afora os problemas decorrentes da limitação do parâmetro de controle, o texto normativo guarda estrita vinculação com as propostas de desenvolvimento do incidente de inconstitucionalidade. A estrutura de legitimação, a exigência de configuração de controvérsia judicial ou jurídica para a instauração do processo, a possibilidade de sua utilização em relação ao direito municipal e ao direito pré-constitucional e o efeito vinculante das decisões, tudo reforça a semelhança entre os institutos.

É certo, por outro lado, que, diferentemente do incidente de inconstitucionalidade, a arguição de descumprimento tem como parâmetro de controle os *preceitos fundamentais* identificáveis na Constituição. Trata-se de elemento menos preciso que o parâmetro de controle do incidente de inconstitucionalidade (toda a Constituição). Assim, até que o STF se pronuncie definitivamente acerca do efetivo alcance da expressão *preceitos fundamentais*, ter-se-á de assistir ao debate entre os defensores de uma interpretação ampla e aberta e os defensores de uma leitura restritiva do texto constitucional.

Assinale-se, outrossim, que, diversamente do incidente, a arguição de descumprimento, tal como formulada na Lei 9.882/1999, poderá ser utilizada, em casos excepcionais, também de forma principal, assumindo a feição de um recurso de amparo ou de uma *Verfassungsbeschwerde* (recurso constitucional) autônoma no Direito brasileiro.

Como se pode ver, o instituto introduziu profundas alterações no sistema brasileiro de controle de constitucionalidade de leis ou atos concretos.

Em primeiro lugar, porque permite a antecipação de decisões sobre controvérsias constitucionais relevantes, evitando que elas venham a ter um desfecho definitivo após longos anos, quando muitas situações já se consolidaram ao arrepio da *interpretação autêntica* do STF.

Em segundo lugar, porque poderá ser utilizado para – de forma definitiva e com eficácia geral – solver controvérsia relevante sobre a legitimidade do direito ordinário pré-constitucional em face da Constituição de 1988, que, até o momento, somente poderia ser veiculada mediante a utilização do recurso extraordinário.[8]

Em terceiro, porque as decisões proferidas pelo STF nesses processos, haja vista a eficácia *erga omnes* e o efeito vinculante, fornecerão a diretriz segura para o juízo sobre a legitimidade ou a ilegitimidade de atos de teor idêntico editados pelas diversas entidades municipais.

Finalmente, deve-se observar que o instituto pode oferecer respostas adequadas para dois problemas básicos do controle de constitucionalidade no Brasil: o controle da omissão inconstitucional e a ação declaratória nos planos estadual e municipal (cf., infra, "Omissão Legislativa no Processo de Controle Abstrato de Normas e na Arguição de Descumprimento de Preceito Fundamental" e "Pedido de Declaração de Constitucionalidade (Ação Declaratória) do Direito Estadual e do Municipal e Arguição de Descumprimento").

Todas essas peculiaridades realçam que, no que respeita à diversidade e à amplitude de utilização, a arguição de descumprimento de preceito fundamental revela-se superior à fórmula do incidente de inconstitucionalidade. Em verdade, o instituto vem completar o sistema de controle de constitucionalidade de perfil relativamente concentrado no STF, uma vez que questões relevantes, até então excluídas de apreciação no âmbito do controle abstrato de normas, serão objeto de exame por meio do instituto.

Características processuais – Como típico instrumento do modelo concentrado de controle de constitucionalidade, a arguição de descumprimento de preceito fundamental tanto pode dar ensejo a impugnação ou questionamento direto de lei ou ato normativo federal, estadual ou municipal como pode acarretar uma provocação a

---

8. Ressalte-se que, conforme comentado no capítulo anterior, na ADI/MC 3.833-F, ajuizada contra o Decreto Legislativo federal 444, de 19.12.2002, o Tribunal deparou-se com o fenômeno das normas pós-constitucionais e pré-constitucionais, que são normas editadas depois da Constituição, mas anteriores a determinadas emendas constitucionais. Na hipótese, o mencionado decreto legislativo fora editado após a Constituição de 1988, porém antes da Emenda Constitucional 41. O Tribunal firmou entendimento no sentido de que, a despeito da inviabilidade de conhecimento da ação direta de inconstitucionalidade, deve-se averbar a caducidade da norma – no caso, o Decreto Legislativo 444.

partir de situações concretas, que levem à impugnação de lei ou ato normativo.

No primeiro caso, tem-se um tipo de controle de normas em *caráter principal*, opera-se de forma direta e imediata em relação à lei ou ao ato normativo.

No segundo, questiona-se a legitimidade da lei tendo em vista sua aplicação em uma dada situação concreta (*caráter incidental*). Aqui, a instauração do controle de legitimidade da norma na arguição de descumprimento de preceito fundamental repercutirá diretamente sobre os casos submetidos à jurisdição ordinária, uma vez que a questão prejudicial a ser dirimida nesses processos será levada à apreciação do STF. No que concerne à prática, esse controle assemelha-se ao controle concreto do Direito europeu (suspensão dos processos em que a controvérsia constitucional foi suscitada e remessa da questão prejudicial à Corte Constitucional) ou à cisão funcional que se realiza, entre nós, no controle de constitucionalidade incidental (art. 97), com o destaque da questão prejudicial surgida perante o órgão fracionário para ser apreciada pelo Plenário do Tribunal. Diferentemente do que se verifica no controle incidental, no qual se realiza uma cisão funcional no plano horizontal (do órgão fracionário para o Plenário ou para o Órgão Especial), tem-se, na ADPF, uma cisão funcional no plano vertical (de órgãos das instâncias ordinárias para o STF). Daí por que haverá de se cogitar, normalmente, nesses casos, de suspensão cautelar dos processos ou de julgamento dos feitos até a deliberação definitiva do STF (Lei 9.882/1999, art. 5º, § 3º).

A arguição de descumprimento de preceito fundamental na jurisprudência do STF – A primeira arguição de descumprimento de preceito fundamental admitida pelo Tribunal foi a de n. 4, na qual se procurava evitar lesão a preceito fundamental e dirimir controvérsia sobre ato normativo efetivado pelo Presidente da República quando fixou o salário-mínimo por meio da Medida Provisória 2.019, de 20.4.2000.[9]

Posteriormente, em 25.11.2002, por decisão monocrática, foi concedida liminar na ADPF 33.[10] Nesse caso, sobre a vinculação do quadro de salários das autarquias ao salário-mínimo, o Gover-

9. *DOU*, Seção 1, 22.4.2000.

10. Rel. Min. Gilmar Mendes, *DJU* 2.12.2002.

nador do Estado do Pará apresentou arguição de descumprimento de preceito fundamental que tinha por objeto impugnar o art. 34 do Regulamento de Pessoal do Instituto de Desenvolvimento Econômico-Social do Pará (IDESP), com o fim de fazer cessar lesão ao princípio federativo e ao direito social ao salário mínimo. A liminar foi concedida para determinar a suspensão dos julgamentos com base no ato normativo impugnado, bem como os efeitos das decisões judiciais proferidas sobre a matéria. Por unanimidade, o Plenário do Tribunal referendou a decisão referida.[11] O julgamento do mérito deu-se em 7.12.2005, tendo o Tribunal julgado procedente a arguição de descumprimento de preceito fundamental para declarar a ilegitimidade (não recepção) do Regulamento de Pessoal do IDESP, em face do princípio federativo e da proibição de vinculação de salários a múltiplos do salário-mínimo.[12]

Na ADPF 54 – caso do aborto de feto anencéfalo – foi concedida, em 2.8.2004, monocraticamente, liminar requerida para, além de determinar o sobrestamento dos processos e decisões não transitadas em julgado, reconhecer o direito constitucional da gestante de se submeter à operação terapêutica de parto de fetos anencefálicos. Na sessão de 20.10.2004 o Tribunal negou referendo à liminar concedida.[13]

Por sua vez, na ADPF 47, da relatoria do Min. Eros Grau, o Tribunal, por unanimidade, na sessão plenária de 7.12.2005, deferiu medida cautelar determinando a suspensão do trâmite de todos os feitos em curso e dos efeitos de decisões judiciais ainda não transitadas em julgado que versem sobre a aplicação do art. 2º do Decreto 4.726/1987 do Estado do Pará. A questão é semelhante àquela posta na ADPF 33, pois o referido decreto estadual vinculava os vencimentos dos servidores da autarquia estadual ao salário mínimo.[14]

11. *DJU* 6.8.2004.

12. *DJU* 27.10.2006.

13. Rel. Min. Marco Aurélio, cit. O Tribunal, por maioria, admitiu o cabimento da arguição de descumprimento de preceito fundamental em questão de ordem julgada em 27.4.2005. Em 12.4.2012 o Tribunal julgou o mérito da ação, para determinar a aplicação de interpretação conforme a Constituição aos arts. 124, 126 e 128, I e II, do CP, de modo que a interrupção da gravidez de feto anencefálico, devidamente atestada por profissional especializado, não mais configure a conduta típica disposta nos referidos artigos.

14. Rel. Min. Gilmar Mendes, *DJU* 16.12.2005.

Já na ADPF 79, o Presidente da Corte deferiu liminar, *ad referendum* do Plenário, para, nos termos do § 3º do art. 5º da Lei 9.882/1999, determinar a suspensão de todos os processos em curso, inclusive as eventuais execuções, e dos efeitos de decisões judiciais que tratem da elevação dos vencimentos de professores do Estado de Pernambuco, com base no princípio da isonomia.[15]

Ademais, ao apreciar a ADPF 130, proposta contra a Lei de Imprensa (Lei 5.250), diploma normativo de 1967, o Tribunal conheceu da ação e referendou liminar concedida monocraticamente,[16] tendo em conta o princípio da subsidiariedade.[17]

Mencione-se, também, o julgamento da ADPF 101. Importava saber, então, se decisões judiciais que autorizavam a importação de pneus usados feriam os preceitos constitucionais garantidores da saúde e do meio ambiente.

O STF, depois de deixar assentado o histórico de graves consequências para a saúde e para o meio ambiente, advindas da reciclagem do material, assentou que, se muitos são os benefícios econômicos gerados pela atividade de aproveitamento "na produção do asfalto borracha ou na indústria cimenteira, haveria de se ter em conta que o preço industrial a menor não poderia se converter em preço social a maior, a ser pago com a saúde das pessoas e com a contaminação do meio ambiente".[18]

Destaque-se, ainda, o julgamento da ADPF 144. Entendeu-se que ofenderia o princípio de presunção de não culpabilidade a aplicação da sanção de inelegibilidade, gravíssimo ônus político e civil, sem que houvesse contra o cidadão sentença condenatória transitada em julgado. O STF afirmou, na ocasião, que, embora se reconheça a alta importância cívica da vida pregressa dos candidatos, o respeito ao valor da moralidade administrativa, "cuja integridade há de ser preservada, encontra-se presente na própria Lei Complementar n. 64/1990, haja vista que esse diploma legislativo, em prescrições harmônicas com a Constituição Federal, e com tais preceitos fundamen-

15. Rel. Min. Cézar Peluso, *DJU* 4.8.2005.

16. Rel. Min. Carlos Britto, *Informativo STF* 496.

17. A ação foi julgada procedente "para o efeito de declarar como não recepcionado pela Constituição de 1988 todo o conjunto de dispositivos da Lei federal n. 5.250, de 9.2.1967" (j. 30.4.2009, *DJe* 208, divulg. 5.11.2009, publ. 6.11.2009).

18. ADPF 101, rel. Min. Cármen Lúcia, *Informativo STF* 538, 9-13.3.2009.

tais, afasta do processo eleitoral pessoas desprovidas de idoneidade moral, condicionando, entretanto, o reconhecimento da inelegibilidade ao trânsito em julgado das decisões, não podendo o valor constitucional da coisa julgada ser desprezado por esta Corte".[19]

Na ADPF 187 foi questionada a interpretação do art. 287 do CP ao enquadrar as marchas pró-legalização da maconha como forma de apologia ao crime. Com fundamento nos direitos fundamentais de reunião e de livre manifestação do pensamento, o STF julgou procedente a ação, para conferir ao referido art. 287 interpretação conforme a Constituição, excluindo de sua tipificação as ações populares voltadas à legalização das drogas.[20]

Igualmente, ressalte-se o julgamento da ADPF 186, no qual se questionou o sistema de reserva de vagas no processo de seleção para ingresso de estudantes em universidades públicas com base em critério étnico-racial. O STF, por unanimidade, julgou improcedente a ação, reputando constitucionais tais medidas de ação afirmativa, as quais se enquadrariam na proteção do princípio constitucional da igualdade, não configurando, assim, meras concessões do Estado, mas deveres extraídos da Constituição.[21]

Ao examinar as ADPFs 395 e 444,[22] o Plenário do Supremo Tribunal Federal declarou, por maioria de votos, que a condução coercitiva de réu ou investigado para interrogatório, constante do art. 260 do Código de Processo Penal (CPP), não foi recepcionada pela Constituição de 1988. O emprego da medida, segundo o entendimento majoritário, representa restrição à liberdade de locomoção e viola a presunção de não culpabilidade e o direito do réu ou investigado ao silêncio, sendo, portanto, incompatível com a Constituição Federal. A *ratio decidendi* da decisão é que o direito ao silêncio e à não autoincriminação confere ao investigado a prerrogativa de não comparecer aos atos de interrogatório aprazados pela autoridade policial ou judicial. Por isso, a condução forçada de réus a tais atos representa indevida restrição à liberdade de locomoção e tratamento

19. ADPF 144, rel. Min. Celso de Mello, *Informativo STF* 514, 1-8.8.2008.

20. ADPF 187, rel. Min. Celso de Mello, *Informativo STF* 631, 13-17.6.2011.

21. ADPF 186, rel. Min. Ricardo Lewandowski, *Informativo STF* 665, 23-27.4.2012.

22. ADPFs 395 e 444, rel. Min. Gilmar Mendes, *Informativo STF* 906, 11-15.6.2018.

incompatível com a presunção de inocência (art. 5º, LVII, da CF) e a dignidade da pessoa humana (art. 1º, III, da CF).

No campo dos direitos do trabalhador, reconheceu-se, no julgamento da ADPF 324, a constitucionalidade da terceirização em quaisquer das etapas ou atividades da cadeia de produção. Em causa estava o conjunto de decisões da Justiça do Trabalho amparadas na Súmula 331 do TST – notadamente em seu item I. A partir do teor da referida Súmula, a jurisprudência trabalhista havia consolidado um critério de definição da legalidade/ilegalidade da terceirização a partir das noções de atividade-meio e atividade-fim, critério este que, com o passar do tempo e com o desenvolvimento global de um modelo de produção descentralizado, tornava-se cada dia mais controvertido. *Grosso modo*, quando se reconhecia que a terceirização dizia respeito à atividade-fim, era considerada ilegal e se reconhecia o vínculo de emprego diretamente entre os trabalhadores terceirizados e a empresa tomadora dos serviços. O STF consignou que a Constituição não impôs um modelo específico de produção e que a terceirização não traz consigo uma necessária precarização das condições de trabalho. Conjuntamente, julgou-se o RE 958.252, tendo sido aprovada a seguinte tese de repercussão geral: "é lícita a terceirização ou qualquer outra forma de divisão do trabalho entre pessoas jurídicas distintas, independentemente do objeto social das empresas envolvidas, mantida a responsabilidade subsidiária da empresa contratante".[23]

Também cumpre registrar o julgamento da ADPF 686, proposta contra um conjunto de pronunciamentos e comportamentos do Presidente da República e seus Ministros de Estado, sob a alegação de transgressão de preceitos fundamentais do Estado Democrático de Direito e do direito à saúde. Nesse contexto, a arguição pleiteava que a Corte Constitucional determinasse que o chefe do Executivo e seus auxiliares passassem a pautar seus atos em conformidade com os princípios constitucionais. Em outubro de 2021, por maioria, o Plenário do STF não conheceu da ADPF, por entender que "a natureza dos processos de índole objetiva (como a arguição de descumprimento de preceito fundamental) é incompatível com a análise aprofundada de fatos envolvendo supostas práticas ilícitas, atos de

---

23. ADPF 324, rel. Min. Luís Roberto Barroso, *Informativo STF* 913, 27-31.8.2018.

improbidade administrativa ou infrações criminais imputadas a particulares, servidores públicos ou autoridades políticas, pois a apuração desses fatos, além de envolver ampla dilação probatória, também exige a observância dos postulados que informam o devido processo legal, especialmente o contraditório e a ampla defesa".[24]

Nos autos da ADPF 779,[25] o Tribunal assentou que não fere a soberania dos vereditos o provimento de apelação que anule a absolvição de réu processado pela prática de feminicídio, quando, de algum modo, seja constatado que a conclusão dos jurados se deu a partir da utilização da tese da legítima defesa da honra. Na ocasião, entendeu-se que a legítima defesa da honra é recurso argumentativo que vulnera os princípios constitucionais da dignidade da pessoa humana e os direitos à vida e à igualdade entre homens e mulheres, pilares da ordem constitucional brasileira. Por isso, o Tribunal reconheceu não apenas que a utilização dessa estratégia de defesa é inconstitucional, como que, nesse caso, é legítima a interposição de recurso pela acusação contra a sentença absolutória, na forma do art. 593, III, *a*, do Código de Processo Penal, mesmo nos casos de absolvição pelo quesito genérico.

Outrossim, no bojo da ADPF 819, objetivava-se o reconhecimento da convalidação, por meio do art. 96 do ADCT, da Lei Estadual 7.264/2000, do Estado de Mato Grosso, que criou o Município de Boa Esperança do Norte/MT. Alegava-se, no caso, que as normas estaduais impugnadas, que fixavam o prazo para a criação de municípios no âmbito daquele Estado, deveriam ser reconhecidas como não recepcionadas ou revogadas, uma vez que teriam perdido a sua eficácia com o advento da EC 15/1996, a qual estabeleceu que compete à lei complementar federal a criação de novos municípios, de maneira que as normas estaduais que tratassem dessa matéria teriam se tornado incompatíveis com a nova redação do art. 18, § 4º, da CF. Além disso, argumentava-se que a EC 57/2008, ao inserir o art. 96 no ADCT, teria convalidado os atos de criação, fusão, incorporação e desmembramento de Municípios, desde que as leis estaduais houvessem sido publicadas até 31.12.2006 e cumpridos os requisitos previstos na legislação estadual vigente à época. Como consequência, o requerente pretendia o reconhecimento da convalidação da Lei estadual

24. ADPF 686, rel. Min. Rosa Weber, *Informativo STF* 1.034, 22.10.2021.
25. ADPF 779, rel. Min. Dias Toffoli, *Informativo STF* 1.105, 1º.9.2023.

7.264/2000, do Estado do Mato Grosso, que criou o Município de Boa Esperança do Norte/MT. Defendia-se que a manutenção dos atos normativos impugnados afrontaria vários preceitos de caráter fundamental, em especial o princípio federativo, o princípio da segurança jurídica, a soberania popular e o princípio democrático, por violar o estabelecido no art. 18, § 4º, da CF e no art. 96 da ADCT. Afirmava-se, ademais, que, no ano de 2000, o Tribunal de Justiça do Estado do Mato Grosso (TJMT) havia concedido a ordem em mandado de segurança para suspender a executoriedade da Lei 7.624/2000, bem assim para declarar inconstitucional a Lei Complementar estadual 43/1996, por afronta ao art. 178 da Constituição Estadual. No ponto, asseverava-se que tal decisão não deveria prevalecer, uma vez que o citado art. 178 havia sido revogado pela Emenda Constitucional 15/1996, de modo que a lei de criação do referido município deveria ter a sua executoriedade retomada.

Em outubro de 2023, o STF julgou o pleito procedente. Ao analisar a controvérsia, a Corte definiu que, pendente a edição de legislação federal que assinale o prazo dentro do qual será permitida a criação e alteração de municípios, são inconstitucionais, por violação do § 4º do art. 18 da Constituição, na redação que lhe foi dada pela EC 15/1996, os regramentos estaduais que porventura disciplinem a matéria. Quanto à deliberação por meio da qual o TJMT suspendeu a aplicabilidade da lei de criação do Município, sob o fundamento exclusivo de que a sua edição não teria respeitado as normas estaduais constitucionais e infraconstitucionais que versavam sobre o prazo para a criação e alteração de municípios, decidiu-se que tal determinação não fazia coisa julgada quanto ao pedido do arguente de reconhecimento da convalidação da Lei Estadual 7.264/2000 pela posterior promulgação da EC 57/2008, que acresceu o art. 96 ao ADCT. Assim, pontuou-se que, ainda que o juízo de incompatibilidade da Lei Estadual 7.264/2000 com a Constituição do Estado de Mato Grosso tenha integrado a fundamentação da concessão da segurança pelo TJMT, somente havia coisa julgada quanto à determinação dispositiva no sentido de "suspender a executoriedade da Lei nº 7.264/2000 de Emancipação do Município de Boa Esperança do Norte" – sendo certo que a criação do Município, perfectibilizada pelo art. 1º da Lei Estadual 7.264/2000, não era atingida pelo dispositivo do julgado, tendo sido apenas suspensa a executoriedade da lei estadual como um todo. Assim, nos termos do voto do Min.

Gilmar Mendes, redator do acórdão, "não há, nem poderia haver, coisa julgada quanto à pretensão do arguente, seja porque não houve declaração de inconstitucionalidade ou de ilegalidade da Lei Estadual 7.264/2000, seja porque somente nesta ADPF foi posta em julgamento a questão constitucional atinente a saber se a Lei Estadual 7.264/2000 foi, ou não, convalidada pelo art. 96 do ADCT, acrescido ao texto constitucional após o julgamento do mandado de segurança".[26] Por conseguinte, assentada a inconstitucionalidade e a não recepção das normas estaduais que versavam sobre o prazo para criação de municípios e atendidos, no caso da lei de criação do Município de Boa Esperança do Norte/MT, todos os demais requisitos previstos na legislação estadual à época de sua edição, concluiu-se que houve, com o advento do art. 96 ao ADCT, a convalidação de seu ato de criação, porquanto atendidos os requisitos temporal e material previstos na referida norma constitucional, inexistindo, desde então, quaisquer óbices à sua efetiva instalação.

Por fim, rememora-se a conclusão do julgamento da ADPF 347, na qual se discutia a grave crise do sistema penitenciário nacional. A Corte julgou parcialmente procedente o pedido deduzido na arguição e firmou a seguinte tese de julgamento: "1. Há um estado de coisas inconstitucional no sistema carcerário brasileiro, responsável pela violação massiva de direitos fundamentais dos presos. Tal estado de coisas demanda a atuação cooperativa das diversas autoridades, instituições e comunidade para a construção de uma solução satisfatória. 2. Diante disso, União, Estados e Distrito Federal, em conjunto com o Departamento de Monitoramento e Fiscalização do Conselho Nacional de Justiça (DMF/CNJ), deverão elaborar planos a serem submetidos à homologação do Supremo Tribunal Federal, nos prazos e observadas as diretrizes e finalidades expostas no presente voto, devendo tais planos ser especialmente voltados para o controle da superlotação carcerária, da má qualidade das vagas existentes e da entrada e saída dos presos. 3. O CNJ realizará estudo e regulará a criação de número de varas de execução proporcional ao número de varas criminais e ao quantitativo de presos".[27]

---

26. ADPF 819, rel. Min. Luís Roberto Barroso, rel. p/ acórdão Min. Gilmar Mendes, *Informativo STF* 1.111, 13.10.2023.

27. ADPF 347, rel. Min. Marco Aurélio, rel. p/ acórdão Min. Luís Roberto Barroso, *Informativo STF* 1.111, 13.10.2023.

À luz dessas premissas, o Supremo Tribunal Federal homologou, em dezembro de 2024, o Plano *Pena Justa*, pelo qual foi determinado que os Estados e o Distrito Federal iniciassem a elaboração de seus planos de ação, que deveriam ser apresentados à Corte no prazo de seis meses, devendo os planos estaduais refletir os quatro eixos do referido programa, bem assim sua estrutura e metodologia de elaboração, no que fosse pertinente a esses entes. Além disso, determinou-se que os Grupos de Monitoramento e Fiscalização do Sistema Carcerário, juntamente com os Comitês de Políticas Penais, a União e o DMF/CNJ, deveriam orientar o processo de construção dos planos, em diálogo cooperativo com as autoridades estaduais e distritais. Ainda, assentou-se que o DMF/CNJ deveria enviar para o STF, semestralmente, informes de monitoramento sobre o grau de cumprimento do plano nacional e dos planos estaduais e distrital. Por maioria, o Tribunal também homologou a medida de vedação do ingresso de pessoas com transtorno mental em hospital de custódia.

2. *Legitimidade para arguir o descumprimento de preceito fundamental*

Considerações preliminares – Nos termos da Lei 9.882, de 3.12.1999, podem propor a arguição de descumprimento de preceito fundamental todos os legitimados para a ação direta de inconstitucionalidade (CF, art. 103).

A versão aprovada pelo Congresso Nacional admitia expressamente a legitimidade processual de qualquer indivíduo afetado por decisão do Poder Público. A falta de qualquer disciplina ou limitação ao exercício do direito de propositura levou o Chefe do Poder Executivo a vetar o aludido dispositivo.[28]

28. Veto presidencial ao art. 2º, II, Mensagem 1.807, de 3.12.1999, nos seguintes termos: "A disposição insere um mecanismo de acesso direto, irrestrito e individual ao Supremo Tribunal Federal sob a alegação de descumprimento de preceito fundamental por 'qualquer pessoa lesada ou ameaçada por ato do Poder Público'. A admissão de um acesso individual e irrestrito é incompatível com o controle concentrado de legitimidade dos atos estatais – modalidade em que se insere o instituto regulado pelo projeto de lei sob exame. A inexistência de qualquer requisito específico a ser ostentado pelo proponente da arguição e a generalidade do objeto da impugnação fazem presumir a elevação excessiva do número de feitos a reclamar apreciação pelo Supremo Tribunal Federal, sem a correlata exigência de relevância social e consistência jurídica das arguições propostas. Dúvida não há de que a viabilidade funcional do Supremo Tribunal Federal consubstancia um objetivo ou princípio

Não se há de negar, porém, que o reconhecimento do direito de propositura aos cidadãos em geral afigura-se recomendável e até mesmo inevitável em muitos casos. É que a defesa de preceito fundamental se confunde, em certa medida, com a própria proteção de direitos e garantias fundamentais. Nessa hipótese, a matéria está a reclamar uma disciplina normativa que, a um só tempo, permita ao cidadão a possibilidade de levar seu pleito ao STF e não afete o funcionamento da Corte, pelo excesso de demandas.

Não há dúvida de que, na ausência de mecanismo específico, poderá o cidadão representar ao Procurador-Geral da República. Este não está obrigado, porém, a encaminhar o pedido formulado.

De lege ferenda, poder-se-ia conceber fórmula que associasse o uso da arguição de descumprimento ao manejo do recurso extraordinário. Assim, qualquer um dos legitimados para propor a arguição poderia, *v.g.*, solicitar que o STF convertesse o julgamento de um recurso extraordinário em julgamento de eventual arguição de descumprimento. Ou, ainda, seria legítimo cogitar-se da possibilidade de se interpor o recurso extraordinário juntamente com a arguição de descumprimento, facultando-se ao STF a discricionariedade ne-

---

implícito da ordem constitucional, para cuja máxima eficácia devem zelar os demais Poderes e as normas infraconstitucionais. De resto, o amplo rol de entes legitimados para a promoção do controle abstrato de normas inscrito no art. 103 da Constituição Federal assegura a veiculação e a seleção qualificada das questões constitucionais de maior relevância e consistência, atuando como verdadeiros agentes de representação social e de assistência à cidadania. Cabe igualmente ao Procurador-Geral da República, em sua função precípua de advogado da Constituição, a formalização das questões constitucionais carentes de decisão e socialmente relevantes. Afigura-se correto supor, portanto, que a existência de uma pluralidade de entes social e juridicamente legitimados para a promoção de controle de constitucionalidade – sem prejuízo do acesso individual ao controle difuso – torna desnecessário e pouco eficiente admitir-se o excesso de feitos a processar e julgar certamente decorrentes de um acesso irrestrito e individual ao Supremo Tribunal Federal. Na medida em que se multiplicam os feitos a examinar sem que se assegurem sua relevância e transcendência social, o comprometimento adicional da capacidade funcional do Supremo Tribunal Federal constitui inequívoca ofensa ao interesse público. Impõe-se, portanto, seja vetada a disposição em comento".

A jurisprudência do STF reforça que o cidadão não tem legitimidade ativa *ad causam* para arguir o descumprimento de preceito fundamental, em razão da inexistência de norma autorizadora para tanto. Nesse sentido, cf. ADPF 138/MC, rel. Min. Celso de Mello, *DJU* 7.5.2008.

cessária para apreciar a controvérsia constitucional posta no recurso individual ou na ação de caráter coletivo.[29]

Observe-se que está em tramitação no Congresso Nacional o Projeto de Lei 6.543/2006, da Comissão Especial Mista "Regulamentação da Emenda n. 45", que visa a alterar a Lei 9.882/1999, com vistas a possibilitar a propositura de arguição de descumprimento de preceito fundamental às pessoas lesadas ou ameaçadas de lesão por ato do Poder Público.[30] A exigência para tal legitimação, segundo o projeto, é que a questão constitucional discutida atenda aos mesmos requisitos exigidos para a caracterização da repercussão geral a que se refere o § 3º do art. 102 da CF.[31]

Ademais, poder-se-ia também considerar, nos casos de controle de constitucionalidade em ação civil pública, a suspensão do processo e posterior remessa da questão constitucional ao STF, via arguição de descumprimento de preceito fundamental. Tal mudança poderia ser concretizada por simples alteração nas Leis 9.882/1999 (arguição de descumprimento de preceito fundamental) e 7.347/1985 (ação civil pública) – o que evitaria que decisões conflitantes fossem exaradas no âmbito dos Tribunais *a quo* e no âmbito do STF, preservando-se, assim, o princípio da segurança jurídica e a coerência do sistema de controle de constitucionalidade.

Essas breves digressões demonstram que o instituto da arguição de descumprimento parece dotado de grande flexibilidade, o que permite o desenvolvimento de soluções criativas para a adequação do modelo jurídico-institucional às demandas dos novos tempos.

---

29. O tema foi tratado em palestra proferida sobre a "Ação Civil Pública", na UFRS, em Porto Alegre, no dia 7.6.2005.

30. O Projeto de Lei 6.543/2006, que tramita na Câmara dos Deputados, dispõe: "Art. 1º. O art. 2º da Lei n. 9.882, de 3 de dezembro de 1999, passa a viger acrescido dos seguintes inciso III e § 3º:

"'III – qualquer pessoa lesada ou ameaçada de lesão por ato do Poder Público.'

"'§ 3º. A propositura da arguição pelas pessoas referidas no inciso III do *caput* deste artigo deverá observar os requisitos fixados no Regimento Interno do Supremo Tribunal Federal, exigindo-se que a questão constitucional discutida no caso atenda aos mesmos requisitos exigidos para a caracterização da repercussão geral a que se refere o § 3º do art. 102 da Constituição'."

31. Cf. também a Lei 11.418/2006, que trata da repercussão geral em recurso extraordinário.

Legitimação ativa – Poderão propor arguição de descumprimento de preceito fundamental o Presidente da República, as Mesas da Câmara e do Senado Federal, os Governadores dos Estados e o Governador do Distrito Federal, as Mesas das Assembleias Legislativas e a Mesa da Câmara Distrital, o Procurador-Geral da República, o Conselho Federal da OAB, partido político com representação no Congresso Nacional, as confederações sindicais e entidades de classe de âmbito nacional. Aplicam-se, aqui, fundamentalmente, as orientações desenvolvidas a propósito da ação direta de inconstitucionalidade (cf., supra, Sétima Parte, sobre ação direta de inconstitucionalidade, ação declaratória de constitucionalidade e ação direta de inconstitucionalidade por omissão, ns. II, III e IV).

Controvérsia judicial ou jurídica nas ações de caráter incidental – Tal como a Lei 9.868/1999, na parte que disciplinou os pressupostos da ação declaratória de constitucionalidade (arts. 13 a 20), a Lei 9.882/1999 pressupõe, basicamente, a existência de controvérsia judicial ou jurídica relativa à constitucionalidade da lei ou à legitimidade do ato para a instauração da arguição de descumprimento de preceito fundamental. Portanto, também na arguição de descumprimento de preceito fundamental há de se cogitar de uma legitimação para agir *in concreto*, tal como consagrada no direito alemão, que se relaciona com a existência de um estado de incerteza, gerado por dúvidas ou controvérsias sobre a legitimidade da lei. É necessário que se configure, portanto, situação hábil a afetar a presunção de constitucionalidade ou de legitimidade do ato questionado.

Evidentemente, são múltiplas as formas de manifestação desse estado de incerteza quanto à legitimidade de norma. A insegurança poderá resultar de pronunciamentos contraditórios da jurisdição ordinária sobre a constitucionalidade de determinada disposição.

Assim, se a jurisdição ordinária, pela voz de diferentes órgãos, passar a afirmar a inconstitucionalidade de determinada lei, poderão os órgãos legitimados, se estiverem convencidos de sua constitucionalidade, provocar o STF para que ponha termo à controvérsia instaurada.

Da mesma forma, pronunciamentos contraditórios de órgãos jurisdicionais diversos sobre a legitimidade da norma poderão criar o estado de incerteza imprescindível para a instauração da ação declaratória de constitucionalidade.

Embora as decisões judiciais sejam provocadas ou mesmo estimuladas pelo debate doutrinário, é certo que simples controvérsia doutrinária não se afigura suficiente para objetivar o estado de incerteza apto a legitimar a propositura da ação, uma vez que, por si só, ela não obsta à plena aplicação da lei.

A controvérsia diz respeito à aplicação do princípio da separação dos Poderes. A generalização de medidas judiciais contra uma dada lei nulifica completamente a presunção de constitucionalidade do ato normativo questionado e coloca em xeque a eficácia da decisão legislativa. A arguição de descumprimento seria o instrumento adequado para a solução desse impasse jurídico-político, permitindo que os órgãos legitimados provoquem o STF com base em dados concretos, e não em simples disputa teórica.

Desse modo, tal como na ação declaratória, também na arguição de descumprimento de preceito fundamental a exigência de demonstração de controvérsia judicial há de ser entendida como atinente à existência de controvérsia jurídica relevante, capaz de afetar a presunção de legitimidade da lei ou da interpretação judicial adotada – e, por conseguinte, a eficácia da decisão legislativa.

A definição do que seria controvérsia apta a ensejar o cabimento de arguição de descumprimento de preceito fundamental voltou ao Tribunal por ocasião do referendo da liminar concedida na ADPF 167, Relator o Min. Eros Grau. Na ocasião proferiu-se voto para assentar que "pode ocorrer lesão a preceito fundamental fundada em simples interpretação judicial do texto constitucional. Nesses casos, a controvérsia não tem por base a legitimidade ou não de uma lei ou de um ato normativo, mas se assenta simplesmente na legitimidade ou não de uma dada interpretação constitucional".[32]

Há de se notar, contudo, que a jurisprudência mais recente do STF tem compreendido que não se mostra necessária "a demonstração de controvérsia constitucional relevante nas hipóteses de arguição de descumprimento de preceito fundamental na modalidade autônoma".[33]

32. ADPF 167 MC-Ref, rel. Min. Eros Grau, *Informativo STF* 561, 28.9-2.10.2009.

33. ADPF 433 AgR, rel. Min. Rosa Weber, rel. p/ acórdão Min. Roberto Barroso, *DJe* 8.10.2021.

Inexistência de outro meio eficaz: princípio da subsidiariedade – A Lei 9.882/1999 impõe que a arguição de descumprimento de preceito fundamental somente será admitida se não houver outro meio eficaz para sanar a lesividade (art. 4º, § 1º).[34]

À primeira vista poderia parecer que somente na hipótese de absoluta inexistência de qualquer outro meio eficaz para afastar a eventual lesão poder-se-ia manejar, de forma útil, a arguição de descumprimento de preceito fundamental. É fácil ver que uma leitura excessivamente literal dessa disposição, que tenta introduzir, entre nós, o princípio da subsidiariedade vigente no direito alemão (recurso constitucional) e no direito espanhol (recurso de amparo), acabaria por retirar desse instituto qualquer significado prático.

De uma perspectiva estritamente subjetiva, a ação somente poderia ser proposta se já se tivesse verificado o exaurimento dos meios eficazes para afastar a lesão no âmbito judicial. Uma leitura mais cuidadosa há de revelar, porém, que, na análise sobre a eficácia da proteção de preceito fundamental nesse processo, deve predominar um enfoque objetivo ou de proteção da ordem constitucional objetiva. Em outros termos, o princípio da subsidiariedade – inexistência de outro meio eficaz para sanar a lesão –, contido no § 1º do art. 4º da Lei 9.882/1999, há de ser compreendido no contexto da ordem constitucional global.

Nesse sentido, se se considera o caráter enfaticamente objetivo do instituto (o que resulta, inclusive, da legitimação ativa), meio eficaz para sanar a lesão parece ser aquele apto a solver a controvérsia constitucional relevante de forma ampla, geral e imediata.

No direito alemão a *Verfassungsbeschwerde* (recurso constitucional) está submetida ao dever de exaurimento das instâncias ordinárias. Todavia, a Corte Constitucional pode decidir de imediato um recurso constitucional se se mostrar que a questão é de

34. A par da ilegitimidade *ad causam*, o art. 4º, § 1º, da Lei 9.882/1999 converteu-se na maior causa de negativa de seguimento de arguições de descumprimento de preceito fundamental. Exemplificativamente, cf.: ADPF 12, rel. Min. Ilmar Galvão, *DJU* 26.3.2001; ADPF 17, rel. Min. Celso de Mello, *DJU* 28.9.2001; ADPF 39, rel. Min. Sepúlveda Pertence, *DJU* 6.3.2003; ADPF 64, rel. Min. Carlos Velloso, *DJU* 13.6.2005; ADPF 76, rel. Min. Gilmar Mendes, *DJU* 20.2.2006; ADPF 15, rel. Min. Joaquim Barbosa, *DJU* 2.3.2006; ADPF 78, rel. Min. Carlos Britto, *DJU* 14.9.2005; ADPF 74, rel. Min. Celso de Mello, *DJU* 1.2.2007; ADPF 128, rel. Min. Cézar Peluso, *DJU* 23.4.2008.

interesse geral ou se demonstrado que o requerente poderia sofrer grave lesão caso recorresse à via ordinária (Lei Orgânica do Tribunal, § 90, II).

Como se vê, a ressalva constante da parte final do § 90, II, da Lei Orgânica da Corte Constitucional alemã confere ampla discricionariedade tanto para conhecer das questões fundadas no interesse geral (*allgemeine Bedeutung*) quanto daquelas controvérsias baseadas no perigo iminente de grave lesão (*schwerer Nachteil*).

Assim, tem o Tribunal Constitucional admitido o recurso constitucional, na forma antecipada, em matéria tributária, tendo em vista o reflexo direto da decisão sobre inúmeras situações homogêneas.[35] A Corte considerou igualmente relevante a apreciação de controvérsia sobre publicidade oficial, tendo em vista seu significado para todos os partícipes, ativos e passivos, do processo eleitoral.[36] No que concerne ao controle de constitucionalidade de normas, a posição da Corte tem-se revelado enfática: "apresenta-se, regularmente, como de interesse geral a verificação sobre se uma norma legal relevante para uma decisão judicial é inconstitucional".[37]

No direito espanhol, explicita-se que cabe o recurso de amparo contra ato judicial desde que "tenham sido esgotados todos os recursos utilizáveis no âmbito da via recursal" (Lei Orgânica do Tribunal Constitucional, art. 44, I). Não obstante, a jurisprudência e a doutrina têm entendido que, para os fins da exaustão das instâncias ordinárias, "não é necessária a interposição de todos os recursos possíveis, senão de todos os recursos razoavelmente úteis".[38]

Nessa linha de entendimento anotou o Tribunal Constitucional espanhol: "ao se manifestar neste caso a vontade do órgão jurisdicional sobre o fundo da questão controvertida, deve-se entender que a finalidade do requisito exigido no art. 44, 1, 'a', da LOTC foi observado, pois o recurso seria, em qualquer caso, ineficaz para

35. Cf. *BVerfGE* 19/268 (273); *BVerfGE* 62/338 (342); v. também Klaus Schlaich, *Das Bundesverfassungsgericht*, 4ª ed., 1997, p. 162.

36. Cf. *BVerfGE* 62/230 (232); *BVerfGE* 62/117 (144); Schlaich, *Das Bundesverfassungsgericht*, p. 162.

37. Cf. *BVerfGE* 91/93 (106).

38. Cf. José Almagro, *Justicia Constitucional, Comentarios a la Ley Orgánica del Tribunal Constitucional*, 2ª ed., Valência, 1989, p. 324.

reparar a suposta vulneração do direito constitucional em tela" (auto de 11.2.1981, n. 19).[39]

Vê-se, assim, que, também no direito espanhol, tem-se atenuado o significado literal do princípio da subsidiariedade ou do exaurimento das instâncias ordinárias, até porque, em muitos casos, o prosseguimento nas vias ordinárias não teria efeitos úteis para afastar a lesão a direitos fundamentais.

Observe-se, ainda, que a legitimação outorgada ao Ministério Público e ao Defensor do Povo para manejar o recurso de amparo reforça, no sistema espanhol, o caráter objetivo desse processo.

Tendo em vista o direito alemão, Schlaich transcreve observação de antigo Ministro da Justiça da Prússia segundo a qual "o recurso de nulidade era proposto pelas partes, porém com objetivo de evitar o surgimento ou a aplicação de princípios jurídicos incorretos".[40] Em relação ao recurso constitucional moderno, movido contra decisões judiciais, anota Schlaich: "[e]ssa deve ser também a tarefa principal da Corte Constitucional com referência aos direitos fundamentais, tendo em vista os numerosos e relevantes recursos constitucionais propostos contra decisões judiciais: contribuir para que outros Tribunais logrem uma realização ótima dos direitos fundamentais".[41]

Em verdade, o princípio da subsidiariedade, ou do exaurimento das instâncias, atua também nos sistemas que conferem ao indivíduo afetado o direito de impugnar a decisão judicial, como um pressuposto de admissibilidade de índole objetiva, destinado, fundamentalmente, a impedir a banalização da atividade de jurisdição constitucional.[42]

No caso brasileiro, o pleito a ser formulado pelos órgãos ou entes legitimados dificilmente versará – pelo menos de forma direta – sobre a proteção judicial efetiva de posições específicas por eles defendidas. A exceção mais expressiva reside, talvez, na possibilidade de o Procurador-Geral da República, como previsto expressamente

---

39. Cf. Almagro, *Justicia Constitucional, Comentarios a la Ley Orgánica del Tribunal Constitucional*, p. 325. Anote-se que, na espécie, os recorrentes haviam interposto o recurso fora do prazo.

40. Schlaich, *Das Bundesverfassungsgericht*, p. 184.

41. Idem, ibidem.

42. Cf., a propósito, Rüdiger Zuck, *Das Recht der Verfassungsbeschwerde*, pp. 13 e ss.

no texto legal, ou qualquer outro ente legitimado, propor a arguição de descumprimento a pedido de terceiro interessado, tendo em vista a proteção de situação específica. Ainda assim, o ajuizamento da ação e a sua admissão estarão vinculados, muito provavelmente, ao significado da solução da controvérsia para o ordenamento constitucional objetivo, e não à proteção judicial efetiva de uma situação singular.

Dessa forma, tendo em vista o caráter acentuadamente objetivo da arguição de descumprimento, o juízo de subsidiariedade há de ter em vista, especialmente, os demais processos objetivos já consolidados no sistema constitucional.

Nesse caso, cabível a ação direta de inconstitucionalidade ou de constitucionalidade, não será admissível a arguição de descumprimento. Em sentido contrário, não sendo admitida a utilização de ações diretas de constitucionalidade ou de inconstitucionalidade – isto é, não se verificando a existência de meio apto para solver a controvérsia constitucional relevante de forma ampla, geral e imediata –, há de se entender possível a utilização da arguição de descumprimento de preceito fundamental.

É o que ocorre, fundamentalmente, nas hipóteses relativas ao controle de legitimidade do direito pré-constitucional, do direito municipal em face da Constituição Federal e nas controvérsias sobre direito pós-constitucional já revogado ou cujos efeitos já se exauriram. Nesses casos, diante do não cabimento da ação direta de inconstitucionalidade, não há como deixar de se reconhecer a admissibilidade da arguição de descumprimento.

Em relação ao cabimento da ADPF nos casos que envolvem violação à Constituição por legislação municipal, é importante pontuar que o Supremo Tribunal Federal reconhece que a Lei 9.882/1999 contribuiu para a superação dessa lacuna, ao prever expressamente a possibilidade de controle de constitucionalidade do direito municipal no âmbito desse processo especial.

Nessa linha, conforme o entendimento consolidado nos julgamentos mais atuais, não será necessário que o STF aprecie individualmente as questões constitucionais relativas às leis de todos os Municípios. Nos casos relevantes, bastará que a Corte decida a questão-padrão com força vinculante. Se o efeito vinculante abranger também os fundamentos determinantes da decisão, conclui-se que não apenas a lei declarada inconstitucional em determinado Município, mas qualquer outra lei municipal de idêntico teor não poderá mais ser aplicada.[43]

Também é possível que se apresente arguição de descumprimento com pretensão de ver declarada a constitucionalidade de lei estadual ou municipal que tenha sua legitimidade questionada nas instâncias inferiores. Tendo em vista o objeto restrito da ação declaratória de constitucionalidade, não se vislumbra, aqui, meio eficaz para solver, de forma ampla, geral e imediata, eventual controvérsia instaurada (cf., infra, "Pedido de Declaração de Constitucionalidade (Ação Declaratória) do Direito Estadual e do Municipal e Arguição de Descumprimento").

Afigura-se igualmente legítimo cogitar a utilização da arguição de descumprimento nas controvérsias relacionadas ao princípio da legalidade (lei e regulamento), uma vez que, como assentado na jurisprudência, tal hipótese não pode ser veiculada em sede de controle direto de constitucionalidade (cf., infra, "Preceito Fundamental e Princípio da Legalidade: a Lesão a Preceito Fundamental Decorrente de Ato Regulamentar").

A própria aplicação do princípio da subsidiariedade está a indicar que a arguição de descumprimento há de ser aceita nos casos que envolvam a aplicação direta da Constituição – alegação de contrariedade à Constituição decorrente de decisão judicial ou controvérsia sobre interpretação adotada pelo Judiciário que não cuide de simples aplicação de lei ou normativo infraconstitucional.

Nesse sentido, merece destaque a ADPF 101, ajuizada contra decisões judiciais que autorizaram a importação de pneus usados de qualquer espécie. O STF conheceu da ação, vencido o Min. Marco

43. Em recente julgamento, o STF, por maioria, conheceu de arguição que tinha por objeto a Lei 6.766/2022, do Município de Cuiabá, a qual proibia a construção de Usinas Hidrelétricas (UHEs) e Pequenas Centrais Hidrelétricas (PCHs) em toda a extensão do Rio Cuiabá compreendida no território municipal. Ao analisar a controvérsia, o Tribunal declarou a inconstitucionalidade da norma municipal, que, ao vedar a construção de UHEs e PCHs, legislou sobre matéria de competência privativa da União e indevidamente avocou a atribuição do Poder Executivo federal para a concessão de licenças, inviabilizando a deliberação sobre questões ambientais e hidrelétricas relativas ao Rio Cuiabá, que é de domínio da União (ADPF 979 AgR, rel. Min. Edson Fachin, rel. p/ acórdão Min. Gilmar Mendes, *DJe* 27.6.2023).

Aurélio. No mérito, o julgamento foi suspenso em razão de pedido de vista do Min. Eros Grau.[44]

Também a ADPF 144, que tratava da inelegibilidade de pessoas condenadas em primeiro grau, abordava questões relacionada à interpretação adotada pelos diversos órgãos judiciais.

Da mesma forma, controvérsias concretas fundadas na eventual inconstitucionalidade de lei ou ato normativo podem dar ensejo a uma pletora de demandas, insolúveis no âmbito dos processos objetivos.

Não se pode admitir que a existência de processos ordinários e recursos extraordinários deva excluir, *a priori*, a utilização da arguição de descumprimento de preceito fundamental. Até porque, tal como assinalado, o instituto assume, entre nós, feição marcadamente objetiva.

A propósito, assinalou o Min. Sepúlveda Pertence, na ADC 1,[45] que a convivência entre o sistema difuso e o sistema concentrado "não se faz sem uma permanente tensão dialética na qual, a meu ver, a experiência tem demonstrado que será inevitável o reforço do sistema concentrado, sobretudo nos processos de massa; na multiplicidade de processos a que inevitavelmente, a cada ano, na dinâmica da legislação, sobretudo da legislação tributária e matérias próximas, levará se não se criam mecanismos eficazes de decisão relativamente rápida e uniforme; ao estrangulamento da máquina judiciária, acima de qualquer possibilidade de sua ampliação, e, progressivamente, ao maior descrédito da Justiça, pela sua total incapacidade de responder à demanda de centenas de milhares de processos rigorosamente idênticos, porque reduzidos a uma só questão de direito".

A possibilidade de incongruências hermenêuticas e confusões jurisprudenciais decorrentes dos pronunciamentos de múltiplos órgãos pode configurar uma ameaça a preceito fundamental (pelo menos, ao da segurança jurídica), o que também está a recomendar uma leitura compreensiva da exigência aposta à lei da arguição, de modo a admitir a propositura da ação especial toda vez que uma definição imediata da controvérsia mostrar-se necessária para afastar aplicações erráticas, tumultuárias ou incongruentes, que comprome-

44. ADPF 101, rel. Min. Cármen Lúcia, *Informativo STF* 538.

45. Rel. Min. Moreira Alves, j. 1.12.1993, *DJU* 16.6.1995.

tam gravemente o princípio da segurança jurídica e a própria ideia de prestação judicial efetiva.

Ademais, a ausência de definição da controvérsia – ou a própria decisão prolatada pelas instâncias judiciais – poderá ser a concretização da lesão a preceito fundamental. Em um sistema dotado de órgão de cúpula que tem missão de guarda da Constituição, a multiplicidade ou diversidade de soluções pode, por si só, representar uma ameaça ao princípio constitucional da segurança jurídica e, por conseguinte, configurar uma autêntica lesão a preceito fundamental.

Nessa perspectiva, tendo em vista o perfil objetivo da arguição de descumprimento, com legitimação diversa, dificilmente poder-se-á vislumbrar uma autêntica relação de subsidiariedade entre o instituto e as formas ordinárias ou convencionais de controle de constitucionalidade do sistema difuso, expressas, fundamentalmente, no uso do recurso extraordinário.

Como se vê, ainda que aparentemente pudesse ser o recurso extraordinário o meio eficaz de superar eventual lesão a preceito fundamental nessas situações, na prática, especialmente nos processos de massa, a utilização desse instituto do sistema difuso de controle de constitucionalidade não se revela plenamente eficaz, em razão do limitado efeito do julgado nele proferido (decisão com efeito entre as partes).

Assim sendo, é possível concluir que a simples existência de ações ou de outros recursos processuais – vias processuais ordinárias – não poderá servir de óbice à formulação da arguição de descumprimento. Ao contrário, tal como explicitado, a multiplicação de processos e decisões sobre um dado tema constitucional reclama, as mais das vezes, a utilização de um instrumento de feição concentrada, que permita a solução definitiva e abrangente da controvérsia.

No julgamento da liminar na ADPF 33, o Tribunal acolheu, em linhas gerais, a orientação acima sustentada, considerando cabível, em princípio, arguição de descumprimento de preceito fundamental movida em relação a lei estadual pré-constitucional que indexava o reajuste dos vencimentos de determinado grupo de funcionários ao valor do salário mínimo. Essa orientação foi reafirmada na decisão de mérito, proferida em 7.12.2005.[46]

46. Rel. Min. Gilmar Ferreira Mendes, *DJU* 27.10.2006.

Da mesma forma, na ADPF 46, de relatoria do Min. Marco Aurélio (monopólio dos Correios, rel. p/ acórdão Min. Eros Grau, DJe 26.2.2010), o Tribunal reconheceu o preenchimento do requisito relativo à subsidiariedade, ainda que o tema pudesse ser discutido nas vias recursais. Considerou-se, no caso, a jurisprudência pacífica do STF no sentido de não ser cabível o questionamento de normas pré-constitucionais mediante o ajuizamento de ação direta de inconstitucionalidade – e, portanto, a inexistência de outro meio apto a sanar a possível lesividade a que se alegam submetidas as empresas distribuidoras de encomendas em todo o território nacional.

Na ADPF 54 (aborto de feto anencefálico), assim se posicionou o Min. Marco Aurélio (relator) em discussão de questão de ordem:

> "Observe-se a importância dos processos objetivos. Neles o STF tem oportunidade de enfrentar de imediato questões de repercussão maior, que interessam à sociedade como um grande todo. Em vez de se aguardar demorada tramitação processual para se obter, no julgamento do recurso extraordinário, passados cerca de cinco anos – tempo médio – da propositura da ação, a palavra final da Corte que está no ápice do Poder Judiciário, atua o Supremo de pronto, e o faz em prol da unidade do próprio Direito, no que aplicável, de forma linear, no território nacional. Mediante o processo objetivo ensejador do controle concentrado de constitucionalidade, o Supremo exerce, na plenitude, a atribuição que lhe é *precípua*, isto é, de guardar a Constituição Federal, e, com isso, afasta a desinteligência de julgados, decisões que, em última análise, implicam a interpretação do ordenamento jurídico com base na formação técnica e humanística dos integrantes do órgão que atue, fenômeno que ocorre a partir de ato de vontade. Daí a conveniência de não ficar a Corte a reboque, a pronunciar-se processo a processo, de modo irracional, visando à prevalência do Direito posto, especialmente do direito constitucional. Passo a passo, o constituinte alargou o âmbito de atuação do Tribunal em tal campo, começando com a representação interventiva, e hoje conta-se não só com a ação direta de inconstitucionalidade nas duas modalidades, englobado o vício da omissão, a declaratória de constitucionalidade, mas também com a mais nova irmã dessas ações, a arguição de descumprimento de preceito fundamental. (...). Conforme assinalei ao deferir a medida acauteladora, o óbice da existência de meio eficaz para alcançar-se a preservação da Carta da República não se faz presente. (...). Sim, há de se concluir que esta Corte, a não ser via arguição de descumprimento de preceito fundamental, jamais terá oportunidade, dado o período limitado de gestação, nunca ultrapassando nove meses, de se pronunciar a respeito (...)".

Igualmente, na ADPF 130, o Tribunal entendeu configurada a plausibilidade jurídica do pedido, haja vista que o diploma normativo impugnado – Lei 5.250/1967 (Lei de Imprensa) – não pareceria serviente ao padrão de democracia e de imprensa vigente na Constituição de 1988.[47]

O Tribunal, do mesmo modo, reconheceu a subsidiariedade ao apreciar a ADPF 101, "tendo em conta a pendência de múltiplas ações judiciais, nos diversos graus de jurisdição, inclusive no Supremo, nas quais há interpretações e decisões divergentes sobre a matéria, o que tem gerado situação de insegurança jurídica, não havendo outro meio hábil a solucionar a polêmica sob exame".[48]

O STF perfilhou entendimento semelhante ao julgar a medida cautelar na ADPF 378, na qual se discutia a constitucionalidade do rito do processo de *impeachment* previsto na Lei 1.079/1950 e nos Regimentos Internos da Câmara dos Deputados e do Senado Federal. No caso, a Corte considerou que, embora a ação impugnasse também a constitucionalidade de normas pós-constitucionais – o que tornaria cabível o ajuizamento de ação direta de inconstitucionalidade – e tratasse de caso de omissão constitucional – hipótese de cabimento da ação direta de inconstitucionalidade por omissão –, seria possível a conjugação de todos esses pedidos em sede de arguição de descumprimento de preceito fundamental, ante a fungibilidade das ações típicas do controle abstrato de constitucionalidade. Além de reconhecer a fungibilidade, o Tribunal entendeu pelo preenchimento do requisito da subsidiariedade no ajuizamento da ação, destacando que, mesmo que fossem cabíveis outras ações constitucionais, somente a apreciação cumulativa de tais pedidos, em sede de arguição de descumprimento de preceito fundamental, asseguraria o amplo esclarecimento do rito do *impeachment* por parte do STF. Nesse sentido, o voto do relator, Min. Edson Fachin, considerou que "é, assim, viável manejar uma única ação direta, no caso, a arguição de descumprimento de preceito fundamental, com cumulação dos pedidos de não recepção de norma anterior à Constituição, de declaração da inconstitucionalidade de norma posterior e de superação de omissão inconstitucional".[49]

47. Rel. Min. Carlos Britto, *Informativo STF* 496.

48. Rel. Min. Cármen Lúcia, *Informativo STF* 538.

49. ADPF 378 MC, rel. Min. Edson Fachin, rel. p/ acórdão Min. Roberto Barroso, *DJe* 8.3.2016.

O Tribunal também reconheceu a satisfação do requisito da subsidiariedade no âmbito da ADPF 388, na qual se impugnava a constitucionalidade de ato presidencial de nomeação de Procurador de Justiça do Estado da Bahia para o cargo de Ministro de Estado da Justiça. O relator, Min. Gilmar Mendes, entendeu que o cabimento de outras ações ou recursos processuais destinados à impugnação do mesmo ato não necessariamente inviabilizaria o preenchimento do requisito da subsidiariedade. Isso porque, no caso, somente o instrumento da arguição de descumprimento de preceito fundamental seria meio eficaz de se sanar a lesão de forma ampla, geral e imediata.[50]

Nessas hipóteses, ante a inexistência de processo de índole objetiva apto a solver, de uma vez por todas, a controvérsia constitucional, afigura-se integralmente aplicável a arguição de descumprimento de preceito fundamental. É que as ações originárias e o próprio recurso extraordinário não parecem, as mais das vezes, capazes de resolver a controvérsia constitucional de forma geral, definitiva e imediata.[51] A necessidade de interposição de uma pletora de recursos

50. ADPF 388, rel. Min. Gilmar Mendes, *DJe* 1º.8.2016.

51. O julgamento da ADPF 111 (rel. Min. Carlos Britto, *DJU* 4.10.2007) destacou hipótese excepcional. Na ocasião teve-se por não atendido o requisito da subsidiariedade, pois a arguição atacava decisão do Tribunal de Justiça estadual que julgou ação de inconstitucionalidade. Ponderou o Relator: "A jurisprudência deste Supremo Tribunal vem admitindo o manejo de recurso extraordinário contra decisão que julga representação de inconstitucionalidade (a ação direta de inconstitucionalidade estadual, prosaicamente falando) quando os dispositivos da Constituição estadual, apontados como violados, são de repetição obrigatória da Constituição Federal (RE/AgR n. 302.803, rela. Min. Ellen Gracie; AI/AgR n. 486.965, rel. Min. Eros Grau; entre outros). E o fato é que, no caso, a Corte local declarou inválida a Lei blumenauense n. 5.824/2001, por divisar ofensa a normas da Constituição estadual que foram compulsoriamente absorvidas da Lei Maior da República. Nesse fluxo de ideias, infere-se que a decisão a ser tomada pelo STF, ao julgar um eventual recurso extraordinário contra o pronunciamento do TJSC, não terá os normais efeitos *inter partes* inerentes a qualquer processo de índole subjetiva. Terá, isto, sim, a mesma eficácia do acórdão prolatado pelo Tribunal de Justiça quando do julgamento da representação de inconstitucionalidade. (...) Por outro lado, não se pode olvidar que, uma vez interposto o recurso extraordinário contra a decisão do TJSC que julgou a ADI estadual n. 2002.020438-8, poderá ainda o recorrente manejar as medidas judiciais pertinentes, com o fito de atribuir eficácia suspensiva à decisão objeto do apelo extremo. Tudo a atestar que, no caso dos autos, há outro meio eficaz de sanar a lesividade apontada, não importando – ante a natureza objetiva da arguição de descumprimento de preceito fundamental – por quem tal medida haja de ser deflagrada. Nessa moldura, nego seguimento ao pedido (§ 1º do art. 21 do Regimento Interno do STF)".

extraordinários idênticos poderá, em verdade, constituir-se em ameaça ao livre funcionamento do STF e das próprias Cortes ordinárias.

Dessa forma, o Tribunal poderá conhecer da arguição de descumprimento toda vez que o princípio da segurança jurídica restar seriamente ameaçado, especialmente em razão de conflitos de interpretação ou de incongruências hermenêuticas causadas pelo modelo pluralista de jurisdição constitucional, desde que presentes os demais pressupostos de admissibilidade.

É fácil ver, também, que a fórmula da relevância do interesse público para justificar a admissão da arguição de descumprimento (explícita no modelo alemão) está implícita no sistema criado pelo legislador brasileiro, tendo em vista especialmente o caráter marcadamente objetivo que se conferiu ao instituto.

Assim, o STF poderá, ao lado de outros requisitos de admissibilidade, emitir juízo sobre a relevância e o interesse público contido na controvérsia constitucional, podendo recusar a admissibilidade da arguição de descumprimento de preceito fundamental sempre que não vislumbrar relevância jurídica na sua propositura.

Nesse sentido, no julgamento do agravo regimental interposto na ADPF 210, o Tribunal considerou não satisfeitos cumulativamente os requisitos de relevância constitucional e de subsidiariedade em ação que contestava resoluções normativas do Conselho Federal de Química (CFQ). Em seu voto, o relator, Min. Teori Zavascki, considerou que haveria outros meios capazes de sanar a lesividade dos atos normativos impugnados, tendo em vista a ofensividade meramente reflexa ao texto constitucional.[52]

Essa leitura compreensiva da cláusula da subsidiariedade contida no art. 4º, § 1º, da Lei 9.882/1999 parece solver, com superioridade, a controvérsia em torno da aplicação do princípio do exaurimento das instâncias.

Destaque-se, por fim, a prática da fungibilidade entre arguição de descumprimento de preceito fundamental e ação direta de inconstitucionalidade. Na ADPF 72, por exemplo, entendeu o Tribunal que, como se cuidava de impugnação de preceito autônomo por ofensa a dispositivos constitucionais, cabível seria a ação direta de inconstitu-

52. ADPF 210 AgR, rel. Min. Teori Zavascki, *DJe* 21.6.2013.

cionalidade. Daí ter-se convertido a arguição de descumprimento de preceito fundamental em ação direta.[53]

3. *Objeto da arguição de descumprimento de preceito fundamental*

Considerações preliminares – Nos termos da Lei 9.882/1999, cabe a arguição de descumprimento de preceito fundamental para evitar ou reparar lesão a preceito fundamental, resultante de ato do Poder Público (art. 1º, *caput*).

O parágrafo único do art. 1º explicita que caberá também a arguição de descumprimento quando for relevante o fundamento da controvérsia constitucional sobre lei ou ato normativo federal, estadual ou municipal, inclusive anteriores à Constituição (leis pré-constitucionais).

Vê-se, assim, que a arguição de descumprimento poderá ser utilizada para solver controvérsias constitucionais sobre a constitucionalidade do direito federal, do direito estadual e também do direito municipal.

Tal como já observado, a arguição de descumprimento vem completar o sistema de controle de constitucionalidade de perfil relativamente concentrado no STF, uma vez que as questões até então não apreciadas no âmbito do controle abstrato de constitucionalidade (ação direta de inconstitucionalidade, ação direta de inconstitucionalidade por omissão e ação declaratória de constitucionalidade) poderão ser objeto de exame no âmbito do novo procedimento.[54]

---

53. Cf. ADPF 72 QO, rel. Min. Ellen Gracie, *DJU* 1º.6.2005. Em sentido análogo, cf. ADPF 121, rel. Min. Cézar Peluso, j. 26.6.2008, e ADPF 39, rel. Min. Menezes Direito, j. 26.2.2003, quando, em decisão monocrática, o Relator considerou que "a admissibilidade em tese da ação direta basta a inviabilizar a arguição, ainda para os que – na trilha do eminente Min. Gilmar Mendes – restringem a incidência da regra de subsidiariedade da arguição de descumprimento de preceito fundamental à hipótese de haver outro processo objetivo de controle abstrato de normas. Esse o quadro, indefiro a inicial, sem prejuízo de que o requerente possa convertê-la em ação direta de inconstitucionalidade".

54. Assinale-se, porém, que o caráter supletivo da ação não autoriza seja ampliado, sem limites, o âmbito objetivo do controle concentrado. Cf. ADPF 80, rel. Min. Eros Grau, j. 17.8.2005, em que se atacava a Súmula 666 do STF, quando se assentou que "os enunciados de súmula nada mais são senão expressões sintetizadas de entendimentos consolidados na Corte. Não se confundem com a súmula vinculante do art. 103-A da Constituição do Brasil. Esta consubstancia texto normativo; aqueles

Direito pré-constitucional – As Constituições brasileiras de 1891 (art. 83), de 1934 (art. 187) e de 1937 (art. 183) estabeleceram *cláusulas de recepção*, que, tal como as cláusulas similares da Constituição de Weimar e da Constituição de Bonn (respectivamente, art. 178, II, e art. 123, I), continham duas disposições: (a) *assegurava-se, de um lado, a vigência plena do direito pré-constitucional*; (b) *estabelecia-se, de outro, que o direito pré-constitucional incompatível com a nova ordem perdia a vigência desde a entrada em vigor da nova Constituição.*[55]

Esse problema, que já fora contemplado por Kelsen no famoso *Referat* sobre a natureza e o desenvolvimento da jurisdição constitucional,[56] é tratado de forma diferenciada em cada sistema jurídico.

A práxis austríaca parte do princípio de que o objeto do controle abstrato de normas, nos termos do art. 140 da Lei Constitucional, não são apenas as leis federais e estaduais, mas também as antigas leis do *Reich* e dos Estados, desde que tenham sido recebidas em conformidade com o preceituado nas "Disposições Constitucionais Transitórias" de 1920.[57] A discussão sobre a constitucionalidade dessas leis antigas deve ser examinada, todavia, em face das disposições constitucionais vigentes à época.[58]

---

enunciados, não. Por isso não podem ser concebidos como ato do Poder Público lesivo a preceito fundamental. Esta circunstância afasta irretorquivelmente o cabimento da presente arguição. 5. A arguente pretende, em verdade, a revisão do entendimento desta Corte – que lhe é desfavorável – emitido no exercício da competência atribuída pelo art. 102 da Constituição do Brasil. Ante o exposto, nego seguimento a esta arguição de descumprimento de preceito fundamental [*Regimento Interno do STF, art. 21, § 1º*] e determino o seu arquivamento".

55. João Barbalho, *Constituição Federal Brasileira, Comentários*, p. 356. Cf., sobre o assunto, no direito alemão: Jörn Ipsen, *Rechtsfolgen der Verfassungswidrigkeit von Norm und Einzelakt*, Baden-Baden, 1980, p. 161.

56. Kelsen, "Wesen und Entwicklung der Staatsgerichtsbarkeit", *VVDStRL* 5/64, 1929.

57. Cf., a propósito, L. Adamovich e Hans Spanner, *Handbuch des österreichischen Verfassungsrechts*, 6ª ed., Viena/Nova York, 1971, p. 456.

58. Cf.: L. Adamovich e Hans Spanner, *Handbuch des österreichischen Verfassungsrechts*, p. 456; *BVerfGE* 2/124, 130; 2/138, 218; 3/48; 4/339; 6/64; 7/335; 10/58, 127, 131, 159; 11/129; 12/353; 14/65; 15/183; 16/231; 17/162; 18/252. Crítico, a propósito, Ipsen, *Rechtsfolgen der Verfassungswidrigkeit von Norm und Einzelakt*, p. 164.

Segundo esse entendimento, a colisão entre o direito pré-constitucional e a Constituição configura questão de direito intertemporal, não estando submetida à competência exclusiva da Corte Constitucional.[59] Tal questão pode ser apreciada tanto pelo Tribunal Constitucional como por outros Tribunais como uma *questão preliminar*.[60]

A Corte Constitucional alemã desenvolveu uma espécie de *solução de compromisso*, assentando que tanto as leis pós-constitucionais quanto as pré-constitucionais podem ser objeto do controle abstrato de normas. Estão submetidas, porém, ao processo de controle concreto de normas apenas as leis pós-constitucionais, uma vez que, nesse caso, *a decisão sobre a colisão de normas não ameaça a autoridade do legislador constitucional*.[61]

A Corte Constitucional italiana já na primeira decisão sobre o tema, em 5.6.1956, reconheceu sua competência para examinar a constitucionalidade do direito pré-constitucional,[62] porque tanto o art. 134 da Constituição quanto a Lei Constitucional de 9.2.1948, n. 1, cuidavam apenas da *constitucionalidade da lei*, e entre a lei ordinária e a Constituição existe uma diferença de hierarquia, sendo, por isso, irrelevante a distinção entre direito pré-constitucional e pós-constitucional.[63]

A Constituição portuguesa, de 1976, consagrou expressamente a chamada "inconstitucionalidade superveniente" (art. 282º, § 2º),

---

59. Cf. L. Adamovich e Hans Spanner, *Handbuch des österreichischen Verfassungsrechts*, p. 456.

60. L. Adamovich e Hans Spanner, idem, ibidem. Adamovich recomendou que se dotasse a Corte Constitucional austríaca de competência para decidir com eficácia *erga omnes* as questões de derrogação (cf. *Handbuch des österreichischen Verfassungsrechts*, 5ª ed., Viena/Nova York, 1957, p. 398).

61. *BVerfGE* 2/124, 130; 2/138, 218; 3/48; 4/339; 6/64; 7/335; 10/58, 127, 131, 159; 11/129; 12/353; 14/65; 15/183; 16/231; 17/162; 18/252. Crítico, a propósito, Ipsen, *Rechtsfolgen der Verfassungswidrigkeit von Norm und Einzelakt*, p. 164.

62. Paolo Biscaretti di Ruffia, *Derecho Constitucional*, p. 268; Gustavo Zagrebelsky, *La Giustizia Costituzionale*, p. 42; Franco Pierandrei, "Corte Costituzionale", in *Enciclopedia del Diritto*, vol. 10, Milão, 1962, p. 908. Cf., a propósito: T. Ritterspach, "Probleme der italienischen Verfassungsgerichtsbarkeit: 20 Jahre *Corte Costituzionale*", *AöR* 104/137 (138), 1979; Aldo Sandulli, "Die Verfassungsgerichtbarkeit in Italien", in Mosler, *Verfassungsgerichtbarkeit in der Gegenwart*, p. 292 (306-307).

63. Acórdão de 5.6.1956, n. 1. Cf., a propósito, Gaetano Sciascia, "Die Rechtsprechung des Verfassungsgerichtshofs der Italienischen Republik", *JöR, NF* 6/1 (6), 1957.

reconhecendo a competência da Corte Constitucional para examinar a compatibilidade do direito pré-constitucional em face da nova Constituição.[64]

O Tribunal Constitucional espanhol optou por uma linha intermediária, que lhe permite dividir a competência com a jurisdição ordinária em relação ao direito pré-constitucional e lhe outorga em relação ao direito pós-constitucional o monopólio da censura.[65] Configura-se, pois, competência concorrente para apreciar a compatibilidade entre o direito pré-constitucional e a nova Constituição.[66]

A Lei Orgânica do Tribunal Constitucional espanhol prevê, no art. 33, um prazo de três meses para a instauração do processo de controle abstrato de normas, a contar da publicação da lei ou do ato normativo com força de lei. Nos termos do art. 2º das "Disposições Transitórias" dessa lei, aplica-se ao controle abstrato de normas, ao recurso constitucional e aos conflitos de competência o prazo previsto de três meses para os atos anteriormente editados, a contar da data de instituição do Tribunal (15.7.1980).[67]

É certo, pois, que, com a exceção da Corte Constitucional austríaca, procuram os modernos Tribunais Constitucionais assegurar sua competência para aferir a constitucionalidade das leis pré-constitucionais em face da Constituição vigente.[68]

A Constituição brasileira de 1988 não tratou expressamente da questão relativa à constitucionalidade do direito pré-constitucional. A jurisprudência do STF que se desenvolveu sob a vigência da Constituição de 1967/1969 tratava dessa colisão, tal como já mencionado, com base no princípio *lex posterior derogat priori*.

---

64. Cf., a propósito, J. J. Gomes Canotilho, *Direito Constitucional*, Coimbra, 1986, p. 838.

65. Cf. A. Weber, "Die Verfassungsgerichtsbarkeit in Spanien", *JöR, NF* 34/245 (257-258), 1985.

66. A. Weber, "Die Verfassungsgerichtsbarkeit in Spanien", *JöR, NF* 34/245 (258), 1985.

67. Cf., a propósito, A. Weber, "Die Verfassungsgerichtsbarkeit in Spanien", *JöR, NF* 34/245 (254), 1985.

68. Como ressaltado, essa ideia não se aplica de forma irrestrita para a Corte Constitucional espanhola, uma vez que após o decurso do prazo fixado não dispõe mais de competência para conhecer da questão no juízo abstrato. No sistema italiano, que não conhece o controle abstrato de normas, impôs-se, desde o início, a ideia de uma *inconstitucionalidade superveniente*.

Sob o império da Constituição de 1988, teve o STF a oportunidade de discutir amplamente a questão na ADI 2, da relatoria do Min. Paulo Brossard. Embora o tema tenha suscitado controvérsia, provocada pela clara manifestação do Min. Sepúlveda Pertence em favor da revisão da jurisprudência consolidada do Tribunal, prevaleceu a tese tradicional, esposada pelo Min. Paulo Brossard.

Em síntese, são os seguintes os argumentos expendidos pelo Min. Brossard:

> "A ideia nuclear do raciocínio reside na superioridade da lei constitucional em relação às demais leis. A Constituição é superior às leis por ser obra do poder constituinte; ela indica os Poderes do Estado, através dos quais a Nação se governa, e ainda marca e delimita as atribuições de cada um deles.
>
> "Do Legislativo, inclusive. Tendo este a sua existência e a extensão dos seus poderes definidas na Constituição, nesta há de encontrar, com a enumeração de suas atribuições, a extensão delas. E na medida em que as exceder estará praticando atos não autorizados por ela. Procede à semelhança do mandatário que ultrapassa os poderes conferidos no mandato.
>
> "Assim, uma lei é inconstitucional se e quando o legislador dispõe sobre o que não tinha poder para fazê-lo, ou seja, quando excede os poderes a ele assinados pela Constituição, à qual todos os Poderes estão sujeitos.
>
> "Disse-se que a Constituição é a Lei Maior, ou a Lei Suprema, ou a Lei Fundamental, e assim se diz porque ela é superior à lei elaborada pelo poder constituído. Não fora assim, e a lei a ela contrária, obviamente posterior, revogaria a Constituição sem a observância dos preceitos constitucionais que regulam sua alteração.
>
> "Decorre daí que a lei só poderá ser inconstitucional se estiver em litígio com a Constituição sob cujo pálio agiu o legislador. A correção do ato legislativo, ou sua incompatibilidade com a Lei Maior, que o macula, há de ser conferida com a Constituição que delimita os poderes do Poder Legislativo que elabora a lei, e a cujo império o legislador será sujeito. E em relação a nenhuma outra.
>
> "O legislador não deve obediência à Constituição antiga, já revogada, pois ela não existe mais. Existiu, deixou de existir. Muito menos à Constituição futura, inexistente, por conseguinte, por não existir ainda. De resto, só por adivinhação poderia obedecê-la, uma vez que futura e, por conseguinte, ainda inexistente.

"É por esta singelíssima razão que as leis anteriores à Constituição não podem ser inconstitucionais em relação a ela, que veio a ter existência mais tarde. Se entre ambas houver inconciliabilidade, ocorrerá revogação, dado que, por outro princípio elementar, a lei posterior revoga a lei anterior com ela incompatível, e a lei constitucional, como lei que é, revoga as leis anteriores que se lhe oponham."[69]

O Min. Sepúlveda Pertence sustentou, por seu turno, a aplicação do princípio da supremacia da Constituição também à lei pré-constitucional. A seguinte passagem contém uma boa síntese dos argumentos expendidos pelo Min. Sepúlveda Pertence:

"Indaga, a propósito, o eminente Relator, com a eloquência que o singulariza, 'como poderia o legislador observar Constituição inexistente ao tempo em que elaborou a lei, como poderia quebrantar normas constitucionais que só mais tarde viriam a ser promulgadas'.

"'Mesmo que o legislador fosse vidente' – responde S. Exa. – 'e tivesse a antevisão do que iria acontecer, e de antemão soubesse que uma Constituição com tais e quais preceitos viria a ser promulgada, mesmo assim não lhe poderia obedecer, por estar sujeito aos preceitos e termos da Constituição vigente'.

"Com todas as vênias, não me convenci de que o argumento, de fascinante cintilação retórica, tivesse maior peso jurídico.

"A inconstitucionalidade é apenas o resultado de um juízo de incompatibilidade entre duas normas, ao qual é de todo alheia qualquer ideia de culpabilidade ou responsabilidade do autor da norma questionada pela ilicitude constitucional.

"A razão, por isso, cabe a Jorge Miranda (*Manual*, cit., II/250) quando anota que 'a inconstitucionalidade não é primitiva ou subsequente, originária ou derivada, inicial ou ulterior. A sua abstrata realidade jurídico-formal não depende do tempo de produção dos preceitos'.

"Atemporal e impessoal, a inconstitucionalidade repele, pois, o que, embora a outro propósito, Calamandrei ("Ilegitimidad constitucional de las leyes", em *Estudios*, cit., III/89) chamou de 'concepção, por assim dizer, antropomórfica do que, na realidade, é somente um conflito objetivo de normas'.

"Ao contrário, quando se cuida de inconstitucionalidade superveniente – que advém do cotejo de uma norma editada sob uma ordem

69. Min. Paulo Brossard, "A Constituição e as leis anteriores", *Arquivos do Ministério da Justiça* 180/125 (126-127), 1992.

constitucional com as normas e princípios de um outro ordenamento, futuro – a declaração da invalidade sucessiva da lei pode até significar o reconhecimento da lealdade do seu autor aos valores constitucionais da sua época.

"Tanto assim é, já antes se observou, que o mesmo conteúdo normativo da regra legal fulminada de inconstitucionalidade superveniente poderá seguir regendo os fatos anteriores à nova Lei Fundamental, se assim o determinarem os cânones do direito intertemporal pertinente."[70]

As teses acima contrapostas contêm bons argumentos aptos a legitimar qualquer uma das possíveis conclusões.

Não se deve olvidar, outrossim, tal como enfatizado pelo Min. Sepúlveda Pertence,[71] que o debate sobre a *inconstitucionalidade* ou *revogação* do direito pré-constitucional em face do direito constitucional superveniente está imantado por uma opção político-constitucional e pragmática, que, diante da inequívoca razoabilidade das orientações, faz prevalecer uma das duas posições ou, ainda, permite desenvolver fórmulas de compromisso, com vistas à preservação de competência da jurisdição ordinária para conhecer de questões nos sistemas de controle concentrado.

É inegável, todavia, que a aplicação do princípio *lex posterior derogat priori* na relação lei/Constituição não é isenta de problemas, uma vez que esse postulado pressupõe idêntica *densidade normativa*.[72] Até porque, como expressamente contemplado no art. 2º da Lei de Introdução às Normas do Direito Brasileiro, a derrogação do Direito antigo não se verifica se a nova lei contiver apenas disposições gerais ou especiais sobre o assunto (*lex generalis* ou *lex specialis*).

Portanto, pode-se afirmar que o princípio *lex posterior derogat priori* pressupõe, fundamentalmente, a existência de *densidade nor-*

---

70. Cf. ADI 2, rel. Min. Paulo Brossard, *DJU* 12.2.1992. V., também, José Paulo Sepúlveda Pertence, "Ação direta de inconstitucionalidade e as normas anteriores: as razões dos vencidos", *Arquivos do Ministério da Justiça* 180/148 (170), julho-dezembro/1992.

71. "Ação direta de inconstitucionalidade e as normas anteriores: as razões dos vencidos", in *Arquivos do Ministério da Justiça* 180/148 (170).

72. Cf., a propósito: Ipsen, *Rechtsfolgen der Verfassungswidrigkeit von Norm und Einzelakt*, p. 163; José de Castro Nunes, *Teoria e Prática do Poder Judiciário*, pp. 603-604.

mativa idêntica ou semelhante,[73] estando, primordialmente, orientado para a substituição do Direito antigo pelo Direito novo.[74] A Constituição não se destina, todavia, a substituir normas do direito ordinário.[75]

Vale registrar, a propósito, o magistério de Ipsen sobre o tema:

> "As regras de colisão da ordem jurídica não representam juízos lógicos *a priori*, mas normas que, juntamente com outras regras de interpretação e de aplicação, podem ser designadas como 'direito de aplicação' (*Rechtsanwendungsrecht*). Sua contingência histórica já foi ressaltada inúmeras vezes. O postulado da *lex superior* é fruto do moderno pensamento constitucional, enquanto o princípio da *lex posterior* é consequência do pensamento jurídico racional. (...). A lei posterior pode ser, simultaneamente, uma lei geral, o que permite indagar se a lei especial ou a lei posterior há de ter a primazia. Esses problemas de aplicação do Direito não se deixam solver de forma abstrata; (...). Tem-se, assim, que a regra sobre a força derrogatória da *lex posterior* refere-se a uma constelação totalmente diferente daquela pertinente à supremacia do postulado da *lex superior*.
>
> "Questão relativa à aplicação da *lex prior* ou da *lex posterior* somente pode surgir no caso de normas de idêntica densidade normativa. Se duas leis, para situações idênticas, determinarem consequências diversas, estará o aplicador do Direito diante do problema sobre a aplicação da lei 'A' ou da lei 'B', se o conflito não puder ser solvido mediante interpretação (redução teleológica ou extensão). A decisão não fica ao seu alvedrio, devendo, segundo o postulado da *lex posterior*, deixar de aplicar a lei anterior e decidir a questão segundo os parâmetros da lei posterior.
>
> "Outra é a situação quando se tem um conflito entre lei e Constituição. A Constituição estabelece, frequentemente – seja nos direitos fundamentais, nos princípios constitucionais ou nas disposições programáticas –, apenas assertivas gerais que reclamam concretização para que possam desenvolver eficácia normativa. Se o juiz ou outro aplicador chegar à conclusão de que a lei contraria a Constituição, não poderá ele aplicar, indiscriminadamente, a Constituição em lugar da lei, uma vez que, a despeito de qualquer esforço, dificilmente se logra extrair da Constituição uma regulação positiva sobre situações específicas. (...). Enquanto a regra de colisão relativa à *lex posterior* pressupõe duas leis contraditórias de idêntica densidade normativa, surge na contradição

73. Cf., a propósito, Ipsen, *Rechtsfolgen der Verfassungswidrigkeit von Norm und Einzelakt*, p. 164.

74. Cf. Ipsen, *Richterrecht und Verfassung*, Berlim, 1975, p. 165.

75. Cf. Ipsen, *Richterrecht und Verfassung*, p. 165.

> entre a lei e a Constituição um déficit normativo: a *lex superior* não logra colmatar diretamente as lacunas surgidas. (...). Pode-se avançar um passo: quando se cuidar de colisão de normas de diferente hierarquia, o princípio da *lex superior* afasta outras regras de colisão. A utilização de uma ou de outra regra de colisão poderia levar ao absurdo de permitir que a lei ordinária – enquanto lei especial ou posterior – afastasse a incidência da Constituição enquanto lei geral ou *lex prior*."[76]

Conclusão bastante semelhante foi sustentada por Castro Nunes já nos idos de 1943:

> "Não contesto que a incompatibilidade se resolve numa revogação, o que resulta da anterioridade da norma. Mas perde-se de vista o outro elemento, a diversidade hierárquica das normas.
>
> "A teoria da ab-rogação das leis supõe normas da mesma autoridade. Quando se diz que a lei posterior revoga, ainda que tacitamente, a anterior, supõem-se no cotejo leis do mesmo nível. Mas, se a questão está em saber se uma norma pode continuar a viger em face das regras ou princípios de uma Constituição, a solução negativa só é revogação por efeito daquela anterioridade; mas tem uma designação peculiar a esse desnível das normas, chama-se declaração de inconstitucionalidade."[77]

Assim, há de se partir do princípio de que, em caso de colisão de normas de diferente hierarquia, o postulado da *lex superior* afasta outras regras de colisão.[78] Do contrário chegar-se-ia ao absurdo, destacado por Ipsen, de que a lei ordinária, enquanto lei especial ou *lex posterior*, pudesse afastar a norma constitucional enquanto *lex generalis* ou *lex prior*.[79]

Um último argumento – não trazido à baila pelos defensores da tese que equipara, sob o prisma conceitual, a incompatibilidade originária ou superveniente da lei com a Constituição – extrai-se das regras disciplinadoras do recurso extraordinário no Direito brasileiro.

---

76. Ipsen, *Rechtsfolgen der Verfassungswidrigkeit von Norm und Einzelakt*, pp. 162-164.

77. Castro Nunes, *Teoria e Prática do Poder Judiciário*, pp. 602-603.

78. Cf. Ipsen, *Rechtsfolgen der Verfassungswidrigkeit von Norm und Einzelakt*, p. 164.

79. Cf., a propósito, Ipsen, *Rechtsfolgen der Verfassungswidrigkeit von Norm und Einzelakt*, p. 164.

Nos termos do art. 102, III, "a", "b", "c" e "d", da CF, o recurso extraordinário somente poderá ser admitido quando a decisão recorrida: "a) contrariar dispositivo *desta* Constituição; b) declarar a inconstitucionalidade de tratado ou lei federal; c) julgar válida lei ou ato de governo local contestado em face *desta* Constituição; d) julgar válida lei local contestada em face de lei federal".

Embora a doutrina e a jurisprudência não tenham dúvida em afirmar o cabimento de recurso extraordinário se se assevera a inconstitucionalidade da lei em face de Constituições anteriores, parece inequívoco que o constituinte concebeu esse instituto, fundamentalmente, para a defesa da Constituição atual. Tanto é que nos casos das alíneas "a" e "c" do art. 102, III, estabelece-se, expressamente, que o recurso será cabível quando *a decisão contrariar a Constituição* ou quando *julgar válida lei ou ato de governo local contestado em face desta Constituição*.

É fácil ver que o constituinte não concebeu a contrariedade a esta Constituição, em qualquer de suas formas, inclusive no que concerne à aplicação de leis pré-constitucionais, como simples questão de direito intertemporal, pois, do contrário, despiciendo seria o recurso extraordinário. Da mesma forma, afirmar a validade de lei ou ato de governo local contestado em face desta Constituição não parece traduzir juízo de mera compatibilidade entre o direito ordinário e a Constituição, tendo em vista também o postulado da *lex posterior*.

Essa conclusão resulta ainda mais evidente da cláusula contida no art. 102, III, "b", que admite o recurso extraordinário contra decisão que declarar a inconstitucionalidade de tratado ou de lei federal. Significa dizer que qualquer juízo sobre a incompatibilidade entre a lei federal ou o tratado pré-constitucional e a Constituição atual levado a efeito pela instância *a quo* é valorado pela Constituição como *declaração de inconstitucionalidade*, dando ensejo, por isso, ao recurso extraordinário.

Tais reflexões permitem afirmar que, para os fins de controle de constitucionalidade *incidenter tantum* no âmbito do recurso extraordinário, não assume qualquer relevância o momento da edição da lei, configurando questão de constitucionalidade eventual contrariedade à Constituição atual, e não mero conflito de normas, a se resolver com aplicação do princípio da *lex posterior*.

Diante de todos esses argumentos e considerando a razoabilidade e o significado para a segurança jurídica da tese que recomenda a extensão do controle abstrato de normas também ao direito pré-constitucional, não se afiguraria despropositado cogitar da revisão da jurisprudência do STF sobre a matéria.

A lei que disciplina a arguição de descumprimento de preceito fundamental, entretanto, estabeleceu expressamente a possibilidade de exame da compatibilidade do direito pré-constitucional com norma da Constituição Federal. Assim, toda vez que se configurar controvérsia relevante sobre a legitimidade dos direitos federal, estadual ou municipal anteriores à Constituição, em face de preceito fundamental desta, poderá qualquer dos legitimados para a ação direta de inconstitucionalidade formular a arguição de descumprimento.

Também essa solução vem colmatar uma lacuna importante no sistema constitucional brasileiro, permitindo que controvérsias relevantes afetas ao direito pré-constitucional sejam solvidas pelo STF com eficácia geral e efeito vinculante no âmbito de um processo objetivo.

Lei pré-constitucional e alteração de regra constitucional de competência legislativa – A admissibilidade do controle de legitimidade do direito pré-constitucional em sede de arguição de descumprimento de preceito fundamental permite solver outra questão grave concernente às competências legislativas e de órgãos integrantes da estrutura federal no âmbito do controle concentrado. Trata-se da sensível questão da chamada *incompetência legislativa superveniente*.

A Corte Constitucional italiana tem reconhecido a vigência das leis estatais anteriores que disciplinam matéria agora reservada à legislação regional, admitindo sua integração no ordenamento regional até a promulgação de lei nova (princípio da continuidade).[80] Enfatiza Zagrebelsky que "a prova de que não se cuida de invalidade é que a lei estatal que deixa de ser aplicada na região que tenha utilizado sua competência legislativa continua a ser validamente utilizada em outra região que não a tenha exercido".[81]

---

80. Gustavo Zagrebelski, *La Giustizia Costituzionale*, Bolonha, Il Mulino, 1979, p. 48.

81. Gustavo Zagrebelski, *La Giustizia Costituzionale*, cit., p. 48: "A riprova del fatto che di invalidità non si tratta si può osservare che la legge statale, non più operativa nella regione che abbia esercitato la propria potestà legislativa, continua

No direito alemão a matéria mereceu especial atenção do constituinte (Lei Fundamental, arts. 124 a 126), que outorgou ao Tribunal Constitucional a competência para dirimir eventuais dúvidas sobre a vigência de lei como direito federal (art. 126). Portanto, cabe à Corte Constitucional aferir, no âmbito do controle concreto ou abstrato de normas, a vigência de lei pré-constitucional como direito federal. Não se trata, pois, de verificar a validade (*Geltung*), mas a qualidade da norma (*Rang der Norm*). "A validade da norma" – diz Pestalozza – "pode constituir uma questão preliminar, mas não o objeto principal do processo".[82]

Assim, pode o Tribunal concluir que a lei foi revogada por contrariar dispositivo constitucional (*das Gesetz nicht mehr gilt*), reconhecer sua insubsistência como direito federal (*das Gesetz nicht als Bundesrecht fortgilt*) ou constatar a vigência enquanto direito federal (*das Gesetz als Bundesrecht fortgilt*).[83]

Entre nós, a referência ao tema parece limitada aos estudos de Pontes de Miranda, que formulou as seguintes proposições sobre o assunto:

> "Sempre que a Constituição dá à União a competência sobre certa matéria e havia legislação anterior, federal e local, em contradição, a Constituição ab-rogou ou derrogou a legislação federal ou local em choque com a regra jurídica de competência. Não se precisa, para se decidir em tal sentido, que se componha a maioria absoluta do art. 116.
>
> "Se a legislação, que existia, era só estadual, ou municipal, e a Constituição tornou de competência legislativa federal a matéria, a superveniência da Constituição faz contrário à Constituição qualquer ato de aplicação dessa legislação no que ela, com a nova regra jurídica de competência, seria sem sentido. A maioria do art. 116 não é necessária. *Aliter*, se só há a ab-rogação ou a derrogação se inconstitucional a continuação da incidência; *e.g.*, se antes de ser estadual, ou municipal, fora federal (discute-se se há repristinação ou inconstitucionalidade).
>
> "Se havia legislação federal e estadual e a competência passou a ser, tão só, do Estado-membro ou do Município, a legislação federal

---

validamente a trovare applicazione nelle regione che, viceversa, non l'abbiano (ancora) esercitata".

82. Christian Pestalozza, *Verfassungsprozessrecht*, 2ª ed., Munique, 1982, p. 160.

83. Theodor Maunz e outros, *Bundesverfassungsgerichtsgesetz: Kommentar*, Munique, C. H. Beck, 1985, §§ 86, ns. 3 e 4, e 89, ns. 3 e 4.

persiste, estadualizada ou municipalizada, respectivamente, até que o Estado-membro ou o Município a ab-rogue, ou derrogue."[84]

Evidentemente, não há cogitar de uma federalização de normas estaduais ou municipais por força de alteração na regra de competência. Nesse caso, deve-se reconhecer eficácia derrogatória à norma constitucional que tornou de competência legislativa federal matéria anteriormente afeta ao âmbito estadual ou municipal.

Todavia, se havia legislação federal e a matéria passou à esfera de competência estadual ou municipal, o complexo normativo promulgado pela União subsiste estadualizado ou municipalizado até que se proceda à sua derrogação por lei estadual ou municipal. É o que parece autorizar o próprio princípio da continuidade do ordenamento jurídico.[85]

Tem-se aqui, pois, mais uma aplicação de grande significado para a arguição de descumprimento de preceito fundamental, instrumento eficaz também para verificar a subsistência do direito pré-constitucional em caso de mudança constitucional da regra de competência legislativa.

O controle direto de constitucionalidade do direito municipal em face da Constituição Federal – A Constituição de 1988 autorizou o constituinte estadual a instituir o controle abstrato de normas do direito estadual e do municipal em face da Constituição estadual. Subsistia, porém, ampla insegurança, em razão da falta de um mecanismo expedito de controle de constitucionalidade do direito municipal frente à Constituição Federal. Deve-se observar, outrossim, que, dada a estrutura diferenciada da Federação brasileira, algumas entidades comunais têm importância idêntica, pelo menos do prisma econômico e social, à de muitas unidades federadas, o que conferia gravidade à ausência de controle normativo eficaz.

No contexto da Revisão Constitucional de 1994, envidaram-se esforços para superar, ainda que parcialmente, essa situação, adotando-se o chamado *incidente de inconstitucionalidade*, que haveria de

84. Pontes de Miranda, *Comentários ao Código de Processo Civil*, vol. 6, Rio de Janeiro, Forense, 1975, pp. 66-67.

85. Nesse sentido, cf. 1ª Turma, RE 218.160, rel. Min. Moreira Alves, *DJU* 6.3.1998.

ser suscitado perante o STF em caso de dúvida ou controvérsia sobre a constitucionalidade de leis ou atos normativos federais, estaduais e municipais.[86]

Como mencionado, a Lei 9.882/1999 veio, em boa hora, contribuir para a superação dessa lacuna, contemplando expressamente a possibilidade de controle de constitucionalidade do direito municipal no âmbito da ADPF.

Ao contrário do imaginado por alguns, não será necessário que o STF aprecie as questões constitucionais relativas ao direito de todos os Municípios. Nos casos de maior relevância, será suficiente que o Tribunal estabeleça um precedente vinculante sobre a questão central.

Se entendermos que o efeito vinculante abrange também os *fundamentos determinantes* da decisão,[87] poderemos dizer, com tranquilidade, que não apenas a lei objeto da declaração de inconstitucionalidade no Município "A", mas toda e qualquer lei municipal de idêntico teor não mais poderá ser aplicada.

Em outras palavras, se o STF afirmar, em um processo de arguição de descumprimento, que a lei "X", do Município de São Paulo, que prevê a instituição do IPTU, é inconstitucional, essa decisão terá efeito não apenas em relação a esse texto normativo, mas também em relação aos textos normativos de teor idêntico editados por todos os demais entes comunais.[88]

Quanto ao direito estadual, tem-se pronunciado pela necessidade de declaração de inconstitucionalidade de norma de teor idêntico.

De qualquer forma, será sempre admissível a propositura de reclamação sob a alegação de não observância da decisão do STF, no caso originário, com pedido de declaração de inconstitucionalidade incidental da norma de teor idêntico que foi objeto da declaração de

---

86. V. *Relatoria da Revisão Constitucional, 1994, Pareceres Produzidos (Histórico)*, t. I, Parecer 27, pp. 312 e ss.

87. Cf., sobre o *efeito vinculante*, nesta Parte, no item 1, "Incidente de inconstitucionalidade e arguição de descumprimento", e também, na Parte anterior, item VI, "Segurança e Estabilidade das Decisões em Controle Abstrato de Constitucionalidade", acima desenvolvidos.

88. Cf. infra, Nona Parte, "O Controle Incidental ou Concreto de Normas no Direito Brasileiro", no item 3, subitem "A suspensão de execução da lei pelo Senado e mutação constitucional".

inconstitucionalidade em arguição de descumprimento de preceito fundamental.[89]

Pedido de declaração de constitucionalidade (ação declaratória) do direito estadual e do municipal e arguição de descumprimento – A Lei 9.882/1999 previu, expressamente, a possibilidade de controle de constitucionalidade do direito estadual e do direito municipal no processo de arguição de descumprimento de preceito fundamental.

Poderá ocorrer, assim, a formulação de pleitos com o objetivo de obter a declaração de constitucionalidade ou de inconstitucionalidade toda vez que da controvérsia judicial instaurada possa resultar sério prejuízo à aplicação da norma, com possível lesão a preceito fundamental da Constituição.

De certa forma, a instituição da arguição de descumprimento de preceito fundamental completa o quadro das "ações declaratórias", ao permitir que não apenas o direito federal, mas também o direito estadual e o municipal possam ser objeto de pedido de declaração de constitucionalidade.[90]

Arguição de descumprimento de preceito fundamental no âmbito estadual – Questão relevante, no atual contexto, diz respeito à possibilidade de os Estados adotarem, no seu âmbito, e tendo como objeto o direito estadual e o direito municipal, o instituto da arguição de descumprimento de preceito fundamental.

Tal como formulado em relação à ação declaratória de constitucionalidade e à ação direta de inconstitucionalidade por omissão,[91] tudo indica que a adoção de um amplo modelo de perfil concentrado no plano federal e a abertura oferecida para a instituição do controle abstrato no plano estadual (CF, art. 125, § 2º) fortalecem também a conclusão em favor da admissibilidade da arguição de descumprimento de preceito fundamental no âmbito estadual.

Se se adota, também no âmbito estadual, a orientação no sentido de não cabimento do controle abstrato de normas nos casos de lei pré-constitucional ou de direito já revogado, assume grande relevo

89. Cf. Rcl 595, rel. Min. Sydney Sanches, *DJU* 23.5.2003.

90. Na Reforma do Judiciário o Senado Federal aprovou proposta que amplia o objeto da ação declaratória de constitucionalidade, contemplando também o direito estadual (Proposta de Emenda Constitucional 358-A).

91. Cf., supra, Sétima Parte desta obra.

um instrumento que possa ensejar a verificação de legitimidade dessas questões pelo Tribunal de Justiça estadual sem os entraves que marcam o sistema incidental ou difuso, atendendo a uma premissa de efetiva proteção de preceitos fundamentais por via expedita.

Também a possibilidade de elevar ao Tribunal de Justiça, desde logo, questões diversas que se amontoam nas instâncias ordinárias estaduais parece falar em favor da adoção do instituto no âmbito estadual.

Em síntese, a despeito do silêncio do texto constitucional federal, que se limitou a autorizar a adoção do controle abstrato de normas (art. 125, § 2º, da Constituição Federal), o sistema de perfil concentrado consagrado na Constituição Federal (ADI, ADC, ADO, ADPF) legitima a conclusão de que também no âmbito estadual se afigura possível a adoção da arguição de descumprimento de preceito fundamental.

Registre-se que algumas Constituições estaduais já adotam referido instituto, como as dos Estados de Alagoas,[92] Mato Grosso do Sul[93] e Rio Grande do Norte.[94]

A lesão a preceito decorrente de mera interpretação judicial – Pode ocorrer lesão a preceito fundamental fundada em simples interpretação judicial do texto constitucional. Nesses casos a controvérsia não tem por base a legitimidade, ou não, de uma lei ou de um ato normativo, mas se assenta simplesmente na legitimidade, ou não, de uma dada interpretação constitucional. No âmbito do recurso extraordinário essa situação apresenta-se como um caso de decisão judicial que contraria diretamente a Constituição (art. 102, III, "a").

Não parece haver dúvida de que, diante dos termos amplos do art. 1º da Lei 9.882/1999, essa hipótese poderá ser objeto de arguição de descumprimento – lesão a preceito fundamental resultante de ato

---

92. "Art. 134. Podem propor ação de inconstitucionalidade de lei ou de ato normativo estadual ou municipal, em face desta Constituição, bem assim de ato que descumpra preceito fundamental dela decorrente: (...)".

93. Art. 123, § 3º: "A arguição de descumprimento de norma de eficácia plena, de princípio ou de preceito fundamental decorrente desta Constituição será apreciada pelo Tribunal de Justiça".

94. "Art. 71. O Tribunal de Justiça tem sede na Capital e jurisdição em todo o território estadual, competindo-lhe, precipuamente, a guarda desta Constituição, com observância da Constituição Federal, e: I – processar e julgar, originariamente: a) a arguição de descumprimento de preceito fundamental decorrente desta Constituição, na forma da lei; (...)".

do Poder Público –, até porque se cuida de uma situação trivial no âmbito de controle de constitucionalidade difuso.

Assim, o ato judicial de interpretação direta de uma norma constitucional poderá conter uma violação a um preceito fundamental. Nessa hipótese, caberá a propositura da arguição de descumprimento para afastar a lesão a preceito fundamental resultante desse ato judicial do Poder Público, nos termos do art. 1º da Lei 9.882/1999.

Exemplo paradigmático de utilização da arguição de descumprimento de preceito fundamental como instrumento de controle de decisões judiciais foi o julgamento da ADPF 101.

Conforme já mencionado, a arguição ajuizada pelo Presidente da República não se voltava contra lei ou ato normativo, mas tinha como objeto "decisões judiciais que autorizam a importação de pneus usados",[95] sob o argumento de que estas violavam os preceitos fundamentais inscritos nos arts. 196 e 225 da Constituição da República. Requeria o arguente, ainda, fosse declarada a constitucionalidade do conjunto de normas (portarias e decretos) editadas por diferentes órgãos da Administração Pública com vistas a vedar a importação de pneus usados.

Sustentava que numerosas decisões judiciais estavam sendo proferidas em desconformidade com portarias e decretos de órgãos do Executivo federal que expressamente vedavam a importação de pneus usados.

Em preliminar, o Tribunal afastou a alegação de que a arguição não poderia ser admitida por não cumprir a exigência do art. 4º, § 1º, da Lei 9.882/1999. Por maioria, a Corte rejeitou a preliminar, "tendo em conta a pendência de múltiplas ações judiciais, nos diversos graus de jurisdição, inclusive no Supremo, nas quais há interpretações e decisões divergentes sobre a matéria, o que tem gerado situação de insegurança jurídica, não havendo outro meio hábil a solucionar a polêmica sob exame".[96]

No julgamento de mérito, o Tribunal, vencido o Min. Marco Aurélio, declarou "inconstitucionais, com efeitos *ex tunc*, as interpretações, incluídas as judicialmente acolhidas, que permitiram ou permitem a importação de pneus usados de qualquer espécie, aí in-

95. ADPF 101, rel. Min. Cármen Lúcia, j. 11.3.2009, *Informativo STF* 538.

96. Idem, ibidem.

sertos os remoldados. Ficaram ressalvados os provimentos judiciais transitados em julgado, com teor já executado e objeto completamente exaurido".

Também nessa esteira, é de se destacar o julgamento da ADPF 405. Como consequência da grave situação de calamidade financeira enfrentada pelo Rio de Janeiro desde o ano de 2016, a administração pública estadual, em 2017, encontrava-se em débito com o pagamento de fornecedores e em atraso no que diz respeito ao pagamento da remuneração dos próprios servidores públicos.

Em função da crise econômica, diversas ações foram propostas perante o Poder Judiciário, com o intuito de que fossem realizados os pagamentos devidos pelo Estado do Rio de Janeiro. Muitas das ações judiciais apreciadas tiveram seus pedidos julgados procedentes pelos magistrados, com a determinação de apreensão dos valores nas contas do Estado, para que se concretizassem, assim, os pagamentos.

Diante desse quadro, o Governador do Rio de Janeiro ajuizou a ADPF 405 perante o Supremo Tribunal Federal, em que se requeria o reconhecimento da inconstitucionalidade das decisões do TJ/RJ e do TRT da 1ª Região que haviam determinado a incidência de medidas constritivas sobre valores das contas do Estado, a fim de concretizar os pagamentos devidos pela administração estadual.

Ao apreciar a demanda, o Tribunal concluiu que o conjunto de decisões impugnadas na referida ação configurava atos típicos do poder público, passíveis de questionamento por meio de ADPF. No mérito, a Corte julgou a arguição parcialmente procedente para declarar inconstitucionais as decisões judiciais do TJ/RJ e do TRT da 1ª Região que determinaram o arresto, o sequestro, o bloqueio, a penhora ou a liberação de valores das contas administradas pelo Estado do Rio de Janeiro para atender demandas relativas a pagamento de salários, satisfação imediata de créditos de prestadores de serviços e tutelas provisórias definidoras de prioridades na aplicação de recursos públicos, exclusivamente nos casos em que essas determinações houvessem recaído sobre recursos escriturados, com vinculação orçamentária específica ou vinculados a convênios e operações de crédito, valores de terceiros sob a administração do Poder Executivo e valores constitucionalmente destinados aos municípios.[97]

---

97. ADPF 405, rel. Min. Rosa Weber, *DJe* 30.6.2021.

Cumpre ressaltar, ainda com referência à arguição de descumprimento de preceito fundamental enquanto instrumento de controle de interpretações judiciais, o julgamento da ADPF 144, ocasião em que se questionava a interpretação judicial do TSE que afirmou não ser autoaplicável o § 9º do art. 14 da CF, como forma de impedir a candidatura dos chamados "fichas sujas".[98]

Neste passo vislumbra-se, *de lege ferenda*, a possibilidade de conjugação dos institutos da arguição de descumprimento e do recurso extraordinário.[99]

Assim, o legislador poderia atribuir ao recorrente no recurso extraordinário o direito de propor simultaneamente a arguição, devolvendo ao STF a possibilidade de apreciar a controvérsia posta exclusivamente no recurso ou, também, na ação especial.

Conforme Projeto de Lei 6.543/2006, ora em tramitação no Congresso Nacional, o art. 2º da Lei 9.882/1999 passaria a viger acrescido dos seguintes inciso III e § 3º:

> "Art. 2º. (...): (...) III – qualquer pessoa lesada ou ameaçada de lesão por ato do Poder Público.

---

98. ADPF 144, rel. Min. Celso de Mello, *DJU* 26.2.2010.

99. Como observado acima, está em tramitação, no Congresso Nacional, o Projeto de Lei 6.543/2006, que altera a Lei 9.882/1999 para legitimar para a propositura de arguição de descumprimento de preceito fundamental as pessoas lesadas ou ameaçadas de lesão por ato do Poder Público, e dá outras providências:

"O Congresso Nacional decreta:

"Art. 1º. O art. 2º da Lei n. 9.882, de 3 de dezembro de 1999, passa a viger acrescido dos seguintes inciso III e § 3º:

"'Art. 2º. (...): (...); III – qualquer pessoa lesada ou ameaçada de lesão por ato do Poder Público.

"'(...).

"'§ 3º. A propositura da arguição pelas pessoas referidas no inciso III do *caput* deste artigo deverá observar os requisitos fixados no Regimento Interno do Supremo Tribunal Federal, exigindo-se que a questão constitucional discutida no caso atenda aos requisitos exigidos para a caracterização da repercussão geral a que se refere o § 3º do art. 102 da Constituição.'

"Art. 2º. O art. 3º da Lei n. 9.882, de 3 de dezembro de 1999, passa a vigorar acrescido do seguinte inciso VI:

"'Art. 3º. (...): (...); VI – no caso da propositura da arguição pelas pessoas referidas no inciso III do art. 2º, a comprovação dos requisitos a que se refere o § 3º do mesmo artigo; (...)'.

"Art. 3º. Esta Lei entra em vigor 90 (noventa) dias após a sua publicação."

"(...).

"§ 3º. A propositura da arguição pelas pessoas referidas no inciso III do *caput* deste artigo deverá observar os requisitos fixados no Regimento Interno do Supremo Tribunal Federal, exigindo-se que a questão constitucional discutida no caso atenda aos mesmos requisitos exigidos para a caracterização da repercussão geral a que se refere o § 3º do art. 102 da Constituição."

Essa arguição de descumprimento de preceito fundamental destinada à impugnação de decisão judicial assume características de uma ação especial de impugnação de decisões judiciais, tal como a *Verfassungsbeschwerde* alemã e o recurso de amparo espanhol.

Contrariedade à Constituição decorrente de decisão judicial sem base legal (ou fundada em falsa base legal) – Problema igualmente relevante coloca-se em relação às decisões de única ou de última instância que, por falta de fundamento legal, acabam por lesar relevantes princípios da ordem constitucional.

Uma decisão judicial que, sem fundamento legal, afete situação individual revela-se igualmente contrária à ordem constitucional, pelo menos ao direito subsidiário da liberdade de ação (*Auffanggrundrecht*).[100]

Se se admite, como expressamente estabelecido na Constituição, que os direitos fundamentais vinculam todos os Poderes e que a decisão judicial deve observar a Constituição e a lei, não é difícil compreender que a decisão judicial que se revele desprovida de base legal afronta algum direito individual específico, pelo menos na vertente do princípio da legalidade.

A propósito, assinalou a Corte Constitucional alemã: "Na interpretação do direito ordinário, especialmente dos conceitos gerais indeterminados, [*Generalklausel*] devem os Tribunais levar em conta os parâmetros fixados na Lei Fundamental. Se o Tribunal não observa esses parâmetros, então, ele acaba por ferir a norma fundamental que deixou de observar; nesse caso, o julgado deve ser cassado no processo de recurso constitucional".[101]

---

100. Schlaich, *Das Bundesverfassungsgericht*, p. 108.

101. *Verfassungsbeschwerde* (*BVerfGE* 7/198 (207); 12/113 (124); 13/318 (325), 18/85 (92 e ss.)). Cf., também, Rüdiger Zuck, *Das Recht der Verfassungsbeschwerde*, 2ª ed., Munique, 1988, p. 220.

Não há dúvida de que essa orientação prepara algumas dificuldades, podendo converter a Corte Constitucional em autêntico Tribunal de revisão. É que, se a lei deve ser aferida em face de toda a Constituição, as decisões hão de ter sua legitimidade verificada em face da Constituição e de toda a ordem jurídica. Caso se admitisse que toda decisão contrária ao direito ordinário é uma decisão inconstitucional, ter-se-ia de acolher, igualmente, todo e qualquer recurso constitucional interposto contra decisão judicial ilegal.[102]

Enquanto essa orientação prevalece em relação às leis inconstitucionais, não se adota o mesmo entendimento no que concerne às decisões judiciais.

Por essas razões, procura o Tribunal formular um critério que limita a impugnação das decisões judiciais mediante recurso constitucional. Sua admissibilidade dependeria, fundamentalmente, da demonstração de que, na interpretação e aplicação do Direito, o juiz desconsiderou por completo ou essencialmente a influência dos direitos fundamentais, de que a decisão se revela grosseira e manifestamente arbitrária na interpretação e aplicação do direito ordinário ou, ainda, de que foram ultrapassados os limites da construção jurisprudencial.[103] Não raras vezes observa a Corte Constitucional que determinada decisão judicial afigura-se insustentável porque assente em interpretação objetivamente arbitrária da norma legal.[104]

Assim, uma decisão que, *v.g.*, amplia o sentido de um texto normativo penal para abranger uma dada conduta é considerada inconstitucional, por afronta ao princípio *nullum crimen nulla poena sine lege* (Lei Fundamental alemã, art. 103, II).

Tal concepção da Corte Constitucional levou à formulação de uma teoria sobre os graus ou sobre a intensidade da restrição imposta aos direitos fundamentais (*Stufentheorie*), que admite uma aferição de constitucionalidade tanto mais intensa quanto maior for o grau de intervenção no âmbito de proteção dos direitos fundamentais.[105]

Embora o modelo de controle de constitucionalidade exercido pelo *Bundesverfassungsgericht* revele especificidades decorrentes,

---

102. Schlaich, *Das Bundesverfassungsgericht*, p. 109.

103. Cf., sobre o assunto, Schlaich, *Das Bundesverfassungsgericht*, p. 109.

104. *BVerfGE* 64/389 (394).

105. Rüdiger Zuck, *Das Recht der Verfassungsbeschwerde*, 2ª ed., Munique, 1988, p. 221.

sobretudo, do sistema concentrado, é certo que a ideia de que a não observância do direito ordinário pode configurar uma afronta ao próprio direito constitucional tem aplicação também entre nós.

Essa conclusão revela-se tanto mais plausível se se considera que, tal como a Administração, o Poder Judiciário está vinculado à Constituição e às leis (CF, art. 5º, § 1º).

Certamente afigurava-se extremamente difícil a aplicação desse entendimento, entre nós, no âmbito do recurso extraordinário. O caráter marcadamente individual da impugnação, a fragmentariedade das teses apresentadas nesse processo, a exigência estrita de prequestionamento, contribuíam para dificultar a aplicação da orientação acima desenvolvida no âmbito do recurso extraordinário.

A arguição de descumprimento de preceito fundamental vem libertar dessas amarras o questionamento da decisão judicial concreta.

Nessa linha, registro o precedente da ADPF 501, em que o instituto foi utilizado para questionar a constitucionalidade de conjunto de decisões judiciais proferidas sem fundamento legal – e, portanto, em violação ao princípio da legalidade. Na ocasião, discutia-se a constitucionalidade de interpretação jurisprudencial da Justiça do Trabalho, que ampliava o âmbito de aplicação da penalidade prevista no art. 137 da CLT para alcançar também a situação disposta no art. 145 da CLT (pagamento de férias fora do prazo legal). Apreciando a controvérsia, a Corte julgou procedente a arguição sob o fundamento de que "a ausência de um adequado patamar de juridicidade para assentar uma obrigação (entre as quais figura a sanção) evidencia uma situação violadora do princípio da reserva legal", tendo se considerado, ainda, que a construção analógica em que se baseava a orientação jurisprudencial do TST somente se justificaria em face de eventual lacuna legislativa[106]. O Supremo Tribunal Federal, portanto, entendeu que o conjunto de decisões da Justiça do Trabalho, então examinado, violava o princípio da legalidade (Constituição, art. 5º, II), impondo-se a procedência do pedido formulado na arguição.

Por fim, vale destacar, ainda, que o STF não admite, em sede de arguição de descumprimento de preceito fundamental, a impugnação de decisão judicial transitada em julgado ou mesmo a impugnação

106. ADPF 501/SC, Rel. Min. Alexandre de Moraes, Tribunal Pleno, *DJe* 17.8.2022.

dos efeitos decorrentes da coisa julgada, por entender inexistente, nesses casos, o requisito da controvérsia judicial relevante.[107]

Omissão legislativa no processo de controle abstrato de normas e na arguição de descumprimento de preceito fundamental – Tal como vem sendo amplamente reconhecido, configura-se omissão legislativa não apenas quando o órgão legislativo não cumpre seu dever, mas também nas hipóteses de o satisfazer de modo incompleto. Nesses casos – que configuram, em termos numéricos, a mais significativa categoria de omissão na jurisprudência da Corte Constitucional alemã[108] – de se admitir tanto um controle principal, ou direto, como um controle incidental, uma vez que existe, aqui, norma que pode ser objeto de exame judicial.[109]

Embora a omissão do legislador não possa, enquanto tal, ser objeto do controle abstrato de normas,[110] não se deve excluir a possibilidade de que essa omissão venha a ser examinada no controle de normas.

Dado que, no caso de uma omissão parcial, há conduta positiva, não há como deixar de reconhecer a admissibilidade, em princípio, da aferição da legitimidade do ato defeituoso ou incompleto no processo de controle de normas, ainda que abstrato.[111]

Tem-se, pois, aqui, uma *relativa* mas inequívoca *fungibilidade* entre a ação de inconstitucionalidade – direta ou no contexto da arguição de descumprimento – e o processo de controle abstrato da omissão, uma vez que as duas espécies – o controle de normas e o controle da omissão – acabam por ter, formal e substancialmente, o mesmo objeto, isto é, a inconstitucionalidade da norma em razão de sua incompletude.

---

107. Nesse sentido, cf. ADPF 249 AgR, rel. Min. Celso de Mello, *DJe* 1º.9.2014.

108. *BVerfGE* 15/46 (76); 22/329 (362); 23/1 (10); 25/101 (110); 32/365 (372); 47/1 (33); 52/369 (379).

109. Cf., a propósito, Christoph Gusy, *Parlamentarischer Gesetzgeber und Bundesverfassungsgericht*, Berlim, 1985, p. 152, nota 34.

110. Ernst Friesenhahn, *Die Verfassungsgerichtsbarkeit in der Bundesrepublik Deutschland*, Köln, 1963, p. 65.

111. Gusy, *Parlamentarischer Gesetzgeber und Bundesverfassungsgericht*, p. 152.

Ressalte-se que o problema do controle da omissão não decorre propriamente do pedido, até porque, em um ou em outro caso, tem-se sempre um pedido de declaração de inconstitucionalidade. Tratando-se de omissão, a própria norma incompleta ou defeituosa há de ser suscetível de impugnação na ação direta de inconstitucionalidade, porque é de uma norma alegadamente inconstitucional que se cuida, ainda que a causa da inconstitucionalidade possa residir na sua incompletude.

O art. 10 da Lei 9.882/1999, ao estatuir que o STF fixará as condições e o modo de interpretação e aplicação do preceito fundamental vulnerado, abre uma nova perspectiva, não por criar uma nova via processual própria, mas justamente por fornecer suporte legal direto ao desenvolvimento de técnicas que permitam superar o estado de inconstitucionalidade decorrente da omissão.

Nesse sentido, o STF dividiu-se, literalmente, a propósito do conhecimento ou não da ADPF 4, movida contra a Medida Provisória 2.019/2000, que fixou o valor do salário mínimo: cinco Ministros entenderam admissível a ação (Sepúlveda Pertence, Celso de Mello, Marco Aurélio, Ilmar Galvão e Carlos Velloso) e cinco consideraram-na inadmissível (Octávio Gallotti, Nelson Jobim, Maurício Corrêa, Sydney Sanches e Moreira Alves). Colhido o voto de desempate do Min. Néri da Silveira, o Tribunal concluiu pela admissibilidade da arguição. A ação, entretanto, restou prejudicada, tendo em vista a edição de normas alterando o valor do salário mínimo.[112]

Posteriormente, esse entendimento foi reafirmado pelo STF no julgamento da ADPF 272, ajuizada contra omissão do legislador municipal de São Paulo a respeito da instituição do Ministério Público junto ao Tribunal de Contas do Município. Dessa vez, a Corte decidiu, por unanimidade, pelo conhecimento da arguição de descumprimento de preceito fundamental por omissão, reforçando seu papel complementar no sistema de controle de constitucionalidade brasileiro. No mérito, a ADPF foi julgada improcedente, pois se entendeu que o preceito veiculado no art. 75 da Constituição não se aplica à organização e composição dos Tribunais de Contas do Município.[113]

---

112. ADPF 4, rel. Min. Octávio Gallotti, *DJU* 22.9.2006.

113. ADPF 272, rel. Min. Cármen Lúcia, *DJe* 12.4.2021.

O controle do ato regulamentar – Sobre o ato regulamentar objeto de arguição de descumprimento, examinar as considerações a propósito do preceito fundamental e princípio da legalidade (infra, "Preceito Fundamental e Princípio da Legalidade: a Lesão a Preceito Fundamental Decorrente de Ato Regulamentar").[114]

Norma revogada – Diferentemente do que se verifica no âmbito do controle abstrato de normas (ação direta de inconstitucionalidade/ação declaratória de constitucionalidade), a arguição de descumprimento de preceito fundamental poderá ser proposta contra ato normativo já revogado, tendo em vista o interesse jurídico da solução quanto à legitimidade de sua aplicação no passado. Essa foi a orientação perfilhada pelo Tribunal na ADPF 33, na qual se discutiu eventual incompatibilidade com a Constituição de 1988 de norma estadual revogada em 1999.[115]

Houve decisões posteriores que, atendendo a circunstâncias específicas, afastaram-se dessa orientação, tendo em vista que a revogação da norma retirou a relevância da questão constitucional.[116]

Cumpriria reafirmar, contudo, a natureza supletiva do instituto da arguição de descumprimento de preceito fundamental, forjado com vistas a levar, com celeridade, ao STF temas constitucionais que não podem ser veiculados através dos demais remédios do sistema abstrato de controle de constitucionalidade (ação direta de inconstitucionalidade, ação declaratória de constitucionalidade, ação direta de inconstitucionalidade por omissão).

Veto do Chefe do Poder Executivo – Ainda quanto ao objeto da arguição de descumprimento de preceito fundamental, cumpre referir indagações sobre se estariam sujeitos a escrutínio, por meio

114. Cf. decisão na ADPF 87 (ANOREG), rel. Min. Gilmar Mendes, que, ao reconhecer a inexistência de óbice para que se analise, em condições especiais, a constitucionalidade de atos regulamentares em face da Constituição, uma vez que a questão constitucional muitas vezes é posta de forma tal que se afigura possível a ofensa aos postulados da legalidade e da independência e separação de Poderes, indeferiu a liminar, por considerar o tema complexo, especialmente em face dos limites ainda não precisamente definidos da arguição de descumprimento de preceito fundamental. Nesse caso, considerou o relator que a concessão da liminar acabaria por trazer maiores prejuízos a todo o sistema jurídico institucional.

115. Rel. Min. Gilmar Mendes, j. 7.12.2005.

116. Cf., a propósito, a ADPF 49, rel. Min. Menezes Direito, *DJU* 8.2.2008, e a ADPF 134, rel. Min. Ricardo Lewandowski, *DJU* 1.8.2008.

dessa ação, o veto do Presidente da República, proposta de emenda à Constituição ou a lei já declarada recepcionada pelo STF.

Acerca da admissibilidade de arguições de descumprimento de preceito fundamental que tenham como objeto veto do Presidente da República, a jurisprudência do STF não está absolutamente pacificada.

O Tribunal, em questão de ordem suscitada pelo relator, Min. Néri Silveira, durante o julgamento da ADPF 1, enfrentou a questão sobre a possibilidade de considerar como "ato do Poder Público" apto a ensejar a interposição de arguição de descumprimento de preceito fundamental o veto por parte do Poder Executivo municipal oposto a dispositivo constante de projeto de lei aprovado pela Câmara Municipal do Rio de Janeiro relativo a IPTU.

O Min. Néri da Silveira – no que foi acompanhado à unanimidade[117] – assentou a inadmissibilidade da ação por força da natureza do ato do Poder Público impugnado:

> "No processo legislativo, o ato de vetar, por motivo de inconstitucionalidade ou de contrariedade ao interesse público, e a deliberação legislativa de manter ou recusar o veto, qualquer seja o motivo desse juízo, compõem procedimentos que se hão de reservar à esfera de independência dos Poderes Políticos em apreço. (...) – Impossibilidade de intervenção antecipada do Judiciário, – eis que o projeto de lei, na parte vetada, não é lei, nem ato normativo, –, poder que a ordem jurídica, na espécie, não confere ao STF, em via de controle concentrado – Arguição de descumprimento de preceito fundamental não conhecida, porque não admissível, no caso concreto, em face da natureza do ato do Poder Público impugnado".[118]

Outro foi o entendimento do Min. Celso de Mello ao conhecer da ADPF 45. A ação tinha por objeto veto, emanado do Presidente da República, incidente sobre o § 2º do art. 55 do projeto de lei que se converteu na Lei 10.707/2003, que tinha como finalidade fixar diretrizes para a elaboração da Lei Orçamentária Anual de 2004.

O arguente sustentava que o veto presidencial afrontava preceito fundamental decorrente da Emenda Constitucional 29/2000,

117. Ausente o Min. Celso de Mello.

118. ADPF 1 QO, rel. Min. Néri da Silveira, *DJU* 7.11.2003.

publicada com vistas a garantir recursos financeiros mínimos a serem investidos em ações e serviços públicos de saúde.

A questão não chegou ao Plenário do Tribunal, pois, logo após o veto parcial objeto daquela arguição de descumprimento de preceito fundamental, o Presidente da República enviou ao Congresso Nacional projeto de lei, posteriormente transformado na Lei 10.777/2003, em que restaurou, integralmente, o aludido § 2º. A prejudicialidade superveniente não impediu, contudo, que o relator enfrentasse a questão que aqui se estuda:

> "Não obstante a superveniência desse fato juridicamente relevante, capaz de fazer instaurar situação de prejudicialidade da presente arguição de descumprimento de preceito fundamental, não posso deixar de reconhecer que a ação constitucional em referência, considerado o contexto em exame, qualifica-se como instrumento idôneo e apto a viabilizar a concretização de políticas públicas quando, previstas no texto da Carta Política, tal como sucede no caso (Emenda Constitucional n. 29/2000), venham a ser descumpridas, total ou parcialmente, pelas instâncias governamentais destinatárias do comando inscrito na própria Constituição da República".[119]

A solução preconizada pelo Min. Celso de Mello parece atender, com superioridade, à exigência de normatividade da Constituição. Contudo, fácil é ver que, por sua relevância jurídica e institucional, a questão merece renovada reflexão por parte do STF, momento em que se deverá levar em conta a hipótese de o veto do Chefe do Executivo, objeto de ADPF, aduzir a inconstitucionalidade do dispositivo vetado.

Ressalte-se, a esse respeito, que o veto de um projeto de lei sob o argumento da inconstitucionalidade outorga ao Executivo faculdade de enorme significado num sistema constitucional que, como visto, privilegia o controle judicial de constitucionalidade das leis.

Não são raros os autores que identificam, aqui, configuração de um modelo preventivo de controle de constitucionalidade.

É verdade que esse poder há de ser exercido *cum grano salis*, não se confundindo com aqueloutro, que autoriza o Chefe do Executivo a negar sanção a projetos de lei manifestamente contrários ao interesse público.

---

119. ADPF 45, rel. Min. Celso de Mello, j. 22.4.2004, *Informativo STF* 345.

Evidentemente, a vinculação de todos os órgãos públicos à Constituição não permite que o Chefe do Poder Executivo se valha do veto com fundamento na inconstitucionalidade com a mesma liberdade com que poderá utilizar o veto com base no interesse público.

Dir-se-á, porém, que eventual utilização abusiva do veto com fundamento na suposta inconstitucionalidade da proposição poderia ser sempre reparada, pois estaria sujeita à apreciação, e, portanto, ao controle do organismo parlamentar competente.

Essa resposta é, claramente, insatisfatória, porque admite que um órgão público invoque eventual inconstitucionalidade sem que esteja exatamente convencido da sua procedência. Isso relativiza, de forma inaceitável, a vinculação dos Poderes Públicos à Constituição. Por outro lado, parece inequívoco que a apreciação do veto pela Casa Legislativa não se inspira exatamente em razões de legitimidade. A ausência de maioria qualificada fundada em razões meramente políticas implicará a manutenção do veto ainda que lastreado em uma razão de inconstitucionalidade absolutamente despropositada.

Daí parecer-nos adequada a utilização da arguição de descumprimento de preceito fundamental como instrumento apto a judicializar os vetos com fundamento na inconstitucionalidade.

Em um sistema de rígida vinculação à Constituição parece plausível admitir, pelo menos, que a maioria que garantiu a aprovação da lei deveria ter a possibilidade de instaurar tal controvérsia.

Assim, esse controle político de legitimidade também estaria submetido ao controle judicial.

Proposta de emenda à Constituição – Outra questão que suscita alguma controvérsia é a possibilidade de se impugnar proposta de emenda à Constituição via arguição de descumprimento de preceito fundamental.

Em agravo regimental julgado em novembro de 2003, interposto contra decisão que negou seguimento à ADPF 43, o STF assentou não ser cabível arguição de descumprimento de preceito fundamental contra proposta de emenda à Constituição.[120] Indaga-se, contudo, se será essa a melhor orientação.

120. ADPF/AgR 43, rel. Min. Carlos Britto, *DJU* 19.12.2003, nestes termos ementada: "Agravo regimental adversando decisão que negou seguimento a

Como é de todos sabido, o controle de constitucionalidade de projeto de emenda à Constituição pode ser realizado, hoje, por meio de mandado de segurança.

Ainda sob a Constituição de 1967/1969, o STF, no MS 20.257,[121] entendeu admissível a impetração de mandado de segurança contra ato da Mesa da Câmara ou do Senado Federal, asseverando-se que, quando "a vedação constitucional se dirige ao próprio processamento da lei ou da emenda (...), a inconstitucionalidade (...) já existe antes de o projeto ou de a proposta se transformarem em lei ou em emenda constitucional, porque o próprio processamento já desrespeita, frontalmente, a Constituição".[122]

Esse entendimento vem sendo seguido pelo Tribunal em diversos precedentes,[123] o que demonstra que se adota aqui controle preventivo de constitucionalidade.

É lícito indagar, não obstante, se a via estreita do mandado de segurança é a mais adequada para solver os questionamentos acerca da legitimidade constitucional de uma proposta de emenda à Constituição.

Duas razões, ligadas à legitimidade ativa e ao procedimento, podem ser aduzidas em apoio à tese que postula a admissibilidade de arguições de descumprimento de preceito fundamental que tenham como objeto proposta de emenda à Constituição.

---

arguição de descumprimento de preceito fundamental, uma vez que, à luz da Lei n. 9.882/1999, esta deve recair sobre ato do Poder Público não mais suscetível de alterações. A proposta de emenda à Constituição não se insere na condição de ato do Poder Público pronto e acabado, porque ainda não ultimado o seu ciclo de formação. Ademais, o STF tem sinalizado no sentido de que a arguição de descumprimento de preceito fundamental veio a completar o sistema de controle objetivo de constitucionalidade. Assim, a impugnação de ato com tramitação ainda em aberto possui nítida feição de controle preventivo e abstrato de constitucionalidade, o qual não encontra suporte em norma constitucional-positiva".

121. MS 20.257, rel. Min. Moreira Alves, *RTJ* 99(3)/1.040.

122. MS 20.257, rel. Min. Moreira Alves, *RTJ* 99(3)/1.040.

123. Cf.: MS 20.257, rel. Min. Moreira Alves, *DJU* 8.10.1980 (*leading case*); MS 21.303 AgR, rel. Min. Octávio Gallotti, *DJU* 2.8.1991; MS 24.356, rel. Min. Carlos Velloso, *DJU* 12.9.2003; MS 20.452, rel. Min. Aldir Passarinho, *DJU* 11.10.1985; MS 24.645, rel. Min. Celso de Mello, *DJU* 15.9.2003; MS 24.593, rel. Min. Maurício Corrêa, *DJU* 8.8.2003; MS 24.576, rel. Min. Ellen Gracie, *DJU* 12.9.2003; MS 24.670 AgR, rel. Min. Carlos Velloso, *DJU* 23.4.2004; MS 24.430 QO, rel. Min. Sepúlveda Pertence, *DJU* 9.5.2003.

Mediante utilização da via processual oferecida pela arguição de descumprimento de preceito fundamental, a proposta de emenda à Constituição sofrerá escrutínio judicial mais adequado à importância sistemática dessa espécie de ato normativo.

E isso porque a disciplina estabelecida pela Lei 9.882/1999 autoriza a ampliação do debate constitucional por meio da possibilidade, inscrita em seu art. 6º, § 1º, de ouvir pessoas com experiência na matéria, seja pela via dos *amici curiae*, seja em audiência pública realizada para esse fim.

A isso se soma a ampla legitimidade ativa da arguição de descumprimento de preceito fundamental, que autorizaria não apenas o Parlamento, por meio de seus integrantes, mas também os órgãos de representação da sociedade – tais como as associações –, a participar do processo de controle de constitucionalidade das propostas de emenda à Constituição.

Tratado internacional antes da aprovação pelo Congresso Nacional ou antes de sua integração definitiva à ordem interna – Aduza-se, ademais, a problemática do controle dos tratados internacionais.

No Brasil, o Congresso Nacional aprova o tratado mediante a edição de decreto legislativo (CF, art. 49, I), ato que dispensa sanção ou promulgação por parte do Presidente da República. O decreto legislativo contém a aprovação do Congresso Nacional ao tratado e, simultaneamente, a autorização para que o Presidente da República o ratifique em nome da República Federativa do Brasil.[124] Esse ato não contém, todavia, uma ordem de execução do tratado no território nacional, uma vez que somente ao Presidente da República cabe decidir sobre sua ratificação. Com a promulgação do tratado, por meio do decreto do Chefe do Executivo, recebe aquele ato a ordem de execução, passando, assim, a ser aplicado de forma geral e obrigatória.[125]

Esse modelo permite a propositura da ação direta para aferição da constitucionalidade do decreto legislativo, possibilitando que a ratificação e, portanto, a recepção do tratado na ordem jurídica interna ainda sejam obstadas. É dispensável, pois, qualquer esforço com

124. J. F. Rezek, *Direito dos Tratados*, Rio de Janeiro, Forense, 1984, p. 332.

125. Idem, p. 383.

vistas a conferir caráter preventivo ao controle abstrato de normas na hipótese.

Em 1997 o Tribunal teve a oportunidade de apreciar, na ADI 1.480, a constitucionalidade dos atos de incorporação, no direito brasileiro, da Convenção 158 da OIT. A orientação perfilhada pela Corte é a de que é na Constituição da República que se deve buscar a solução normativa para a questão da incorporação dos atos internacionais ao sistema de direito positivo interno brasileiro, pois o primado da Constituição, em nosso sistema jurídico, é oponível ao princípio *pacta sunt servanda*, inexistindo, portanto, em nosso direito positivo, o problema da concorrência entre tratados internacionais e a Lei Fundamental da República, "cuja suprema autoridade normativa deverá sempre prevalecer sobre os atos de direito internacional público".[126]

No âmbito do constitucionalismo alemão pode-se afirmar que da expressão literal do texto constitucional resulta que o controle abstrato de normas não constitui mecanismo de controle preventivo.[127] O processo não poderia ser instaurado porque, em caso de processo legislativo inconcluso, faltaria uma norma de direito positivo.[128]

A jurisprudência do Tribunal Constitucional alemão abre uma exceção, todavia, para as leis que aprovam tratados internacionais, permitindo a aferição de constitucionalidade desses atos antes de sua promulgação e publicação.[129] Em favor dessa tese, enfatiza o Tribunal o perigo de que se desenvolvam obrigações internacionais que somente possam ser cumpridas em desobediência à Constituição.[130] O temor do *Bundesverfassungsgericht* parece, em certa medida,

126. Cf. ADI 1.480 MC, rel. Min. Celso de Mello, *DJU* 26.6.2001.

127. Cf. L. Adamovich e Hans Spanner, *Handbuch des österreichischen Verfassungsrechts*, p. 456.

128. Idem, ibidem.

129. L. Adamovich e Hans Spanner, *Handbuch des österreichischen Verfassungsrechts*, p. 456. Adamovich recomendou que se dotasse a Corte Constitucional austríaca de competência para decidir, com eficácia *erga omnes*, as questões de derrogação (cf. *Handbuch des österreichischen Verfassungsrechts*, 5ª ed., Viena/Nova York, 1957, p. 398).

130. *BVerfGE* 2, 124 (130); 2, 138, 218; 3, 48; 4, 339; 6, 64; 7, 335; 10, 58, 127, 131, 159; 11, 129; 12, 353; 14, 65; 15, 183; 16, 231; 17, 162; 18, 252. Crítico, a propósito, Ipsen, *Rechtsfolgen der Verfassungswidrigkeit von Norm und Einzelakt*, p. 164.

justificado, uma vez que poderia não haver tempo suficiente para a instauração do processo de controle[131] até a ratificação do tratado.

É possível que a ADPF possa cumprir função semelhante no sistema brasileiro, permitindo o controle do conteúdo do tratado antes de sua integração definitiva ao ordenamento jurídico. Assim, desde a sua submissão ao Congresso Nacional, para aprovação, até a edição do ato do Executivo relativo à promulgação poderiam os legitimados impugná-lo mediante arguição de descumprimento de preceito fundamental.

Atos concretos ou omissões – A despeito de o texto legal se referir a ato do Poder Público, não há dúvida de que, tal como já aceito pelo Tribunal no âmbito da representação interventiva, a lesão a preceito fundamental pode ser perpetrada por atos concretos ou omissões imputáveis ao Poder Público.

Imaginemos, por exemplo, que se questione o quadro dominante em muitas das nossas instituições prisionais em face das normas constitucionais que regem a matéria (art. 5º, LXII, LXIII, LXIV, LXV e LXVI, da CF).

Assim, não temos dúvida acerca da legitimidade da arguição de descumprimento de preceito fundamental em face desses atos concretos ou omissões infringentes de preceito fundamental, desde que atendidos outros requisitos procedimentais, especialmente aquele referente ao princípio da subsidiariedade (art. 4º, § 1º, da Lei 9.882/1999).

Registre-se que, no julgamento da medida cautelar na ADPF 378, o STF reconheceu o cabimento de arguição de descumprimento de preceito fundamental para controle simultâneo de ato normativo e de ato concreto violador de preceitos fundamentais. No caso, o Tribunal, em uma única ação, avaliou a recepção da Lei 1.079/1950 e também apreciou atos concretos adotados com base nesse diploma –

131. Paolo Biscaretti di Ruffia, *Derecho Constitucional*, p. 268; Gustavo Zagrebelsky, *La Giustizia Costituzionale*, p. 42; Franco Pierandrei, "Corte Costituzionale", in *Enciclopedia del Diritto*, vol. 10, Milão, 1962, p. 908. Cf., a propósito: T. Ritterspach, "Probleme der italienischen Verfassungsgerichtsbarkeit: 20 Jahre Corte Costituzionale", *AöR* 104/137 (p. 138), 1979; Aldo Sanduli, "*Die Verfassungsgerichtbarkeit in Italien*", in Mosler, *Verfassungsgerichtsbarkeit in der Gegenwart*, p. 292 (pp. 306-307).

notadamente, a formação da Comissão Especial para processamento da acusação contra a Presidente Dilma Rousseff.[132]

A possibilidade de avaliação conjugada de ato normativo e de ato concreto também foi afirmada no julgamento da ADPF 388. Na ação impugnava-se, a um só tempo, a Resolução 72/2011 do Conselho Nacional do Ministério Público/CNMP – a qual derrogou resolução anterior do Conselho que proibia membros do Ministério Público de exercerem cargos na Administração Pública – e ato presidencial de nomeação de Procurador de Justiça do Estado da Bahia para o cargo de Ministro de Estado da Justiça. O relator do caso, Min. Gilmar Mendes, concluiu que "a arguição de descumprimento de preceito fundamental é via processual adequada para provocar o controle da constitucionalidade da normatização do CNMP, da interpretação adotada pelos ramos do Ministério Público e dos atos concretos de nomeação de membros do Ministério Público para cargos na Administração Pública".[133]

4. *Parâmetro de controle*

Considerações preliminares – É muito difícil indicar, *a priori*, os preceitos fundamentais da Constituição passíveis de lesão tão grave que justifique o processo e julgamento da arguição de descumprimento.

Não há dúvida de que alguns desses preceitos fundamentais estão enunciados, de forma explícita, no texto constitucional.

Assim, ninguém poderá negar a qualidade de preceitos fundamentais da ordem constitucional aos direitos e garantias fundamentais (art. 5º, entre outros). Da mesma forma, não se poderá deixar de atribuir essa qualificação aos demais princípios protegidos pela cláusula pétrea do art. 60, § 4º, da CF: o princípio federativo, a separação de Poderes e o voto direto, secreto, universal e periódico.

Por outro lado, a própria Constituição explicita os chamados *princípios sensíveis*, cuja violação pode dar ensejo à decretação de intervenção federal nos Estados-membros (art. 34, VII).

---

132. ADPF 378 MC, rel. Min. Edson Fachin, rel. p/ acórdão Min. Roberto Barroso, *DJe* 8.3.2016.

133. ADPF 388, rel. Min. Gilmar Mendes, *DJe* 1º.8.2016.

É fácil de ver que a amplitude conferida às cláusulas pétreas e a ideia de *unidade da Constituição* (*Einheit der Verfassung*) acabam por colocar parte significativa da Constituição sob a proteção dessas garantias. Essa tendência não exclui a possibilidade de um "engessamento" da ordem constitucional, obstando à introdução de qualquer mudança de maior significado.[134]

Daí afirmar-se, correntemente, que tais cláusulas hão de ser interpretadas de forma restritiva.

Tal afirmação simplista, ao invés de solver o problema, pode agravá-lo, pois a tendência detectada atua no sentido não de uma interpretação restritiva das cláusulas pétreas, mas de uma interpretação restritiva dos próprios princípios por elas protegidos.

Essa via, ao invés de permitir um fortalecimento dos princípios constitucionais contemplados nas *garantias de eternidade*, como pretendido pelo constituinte, acarreta, efetivamente, seu enfraquecimento.

Desse modo, parece recomendável que eventual interpretação restritiva se refira à própria garantia de eternidade sem afetar os princípios por ela protegidos.[135]

Por isso, após reconhecer a possibilidade de que se confira uma interpretação ao art. 79, III, da Lei Fundamental que não leve nem ao "engessamento" da ordem constitucional, nem à completa nulificação de sua força normativa, afirma Bryde que essa tarefa é prenhe de dificuldades:

> "Essas dificuldades residem não apenas na natureza assaz aberta e dependente de concretização dos princípios constitucionais, mas também na relação desses princípios com as concretizações que eles acabaram por encontrar na Constituição. Se parece obrigatória a conclusão de que o art. 79, III, da Lei Fundamental não abarcou todas as possíveis concretizações no seu âmbito normativo, não se afigura menos certo que esses princípios seriam despidos de conteúdo se não levassem em conta essas concretizações. Isso se aplica sobretudo porque o constituinte se esforçou por realizar, ele próprio, os princípios básicos de sua obra. O princípio da dignidade humana está protegido tão amplamente fora do âmbito do art. 1º, que o significado da disposição nele contida

134. Cf. Otto-Brun Bryde, *Verfassungsengsentwicklung, Stabilität und Dynamik im Verfassungsrecht der Bundesrepublik Deutschland*, Baden-Baden, 1982, p. 244.

135. Idem, ibidem.

> acabou reduzido a uma questão secundária (defesa da honra), que, obviamente, não é objeto da garantia de eternidade prevista no art. 79, III. Ainda que a referência ao art. 1º não se estenda, por força do disposto no art. 1º, III, a toda a ordem constitucional, tem-se de admitir que o postulado da dignidade humana protegido no art. 79, III, não se realiza sem contemplar outros direitos fundamentais. Idêntico raciocínio há de se desenvolver em relação a outros princípios referidos no art. 79, III. Para o Estado de Direito da República Federal da Alemanha afigura-se mais relevante o art. 19, IV (garantia da proteção judiciária) do que o princípio da proibição de lei retroativa que a Corte Constitucional extraiu do art. 20. E, fora do âmbito do direito eleitoral, dos direitos dos partidos políticos e dos chamados direitos fundamentais de índole política, não há limite para a revisão constitucional do princípio da democracia".[136]

Essas assertivas têm a virtude de demonstrar que o efetivo conteúdo das *garantias de eternidade* somente será obtido mediante esforço hermenêutico. Somente essa atividade poderá revelar os princípios constitucionais que, ainda que não contemplados expressamente nas cláusulas pétreas, guardam estreita vinculação com os princípios por elas protegidos e estão, por isso, cobertos pela garantia de imutabilidade que delas dimana.

Tal como enunciado normalmente nas chamadas *cláusulas pétreas*, os princípios merecedores de proteção parecem despidos de conteúdo específico.

Que significa, efetivamente, "separação de Poderes" ou "forma federativa"? Que é um "Estado Democrático de Direito"? Que significa "proteção da dignidade humana"?

Essas indagações somente podem ser respondidas adequadamente no contexto de determinado sistema constitucional. É o exame sistemático das disposições constitucionais integrantes do modelo constitucional que permitirá explicitar o conteúdo de determinado princípio, e sempre à luz de um caso concreto.

Ao se deparar com alegação de afronta ao princípio da divisão de Poderes de Constituição estadual em face dos chamados *princípios sensíveis* (representação interventiva), assentou o notável Castro Nunes – em lição que, certamente, se aplica à interpretação das cláusulas pétreas:

136. Idem, p. 245.

> "(...) Os casos de intervenção prefigurados nessa enumeração se enunciam por declarações de princípios, comportando o que possa comportar cada um desses princípios como dados doutrinários, que são conhecidos na exposição do direito público. E por isso mesmo ficou reservado o seu exame, do ponto de vista do conteúdo e da extensão e da sua correlação com outras disposições constitucionais, ao controle judicial a cargo do STF. Quero dizer com estas palavras que a enumeração é limitativa como enumeração. (...). A enumeração é taxativa, é limitativa, é restritiva, e não pode ser ampliada a outros casos pelo Supremo Tribunal. Mas cada um desses princípios é dado doutrinário que tem de ser examinado no seu conteúdo e delimitado na sua extensão. Daí decorre que a interpretação é restritiva apenas no sentido de limitada aos princípios enumerados; não o exame de cada um, que não está nem poderá estar limitado, comportando necessariamente a exploração do conteúdo e fixação das características pelas quais se defina cada qual deles, nisso consistindo a delimitação do que possa ser consentido ou proibido aos Estados".[137]

Essa orientação, consagrada pelo STF para os chamados *princípios sensíveis*, há de se aplicar à concretização das cláusulas pétreas e, também, dos denominados *preceitos fundamentais*.

É o estudo da ordem constitucional no seu contexto normativo e nas suas relações de interdependência que permite identificar as disposições essenciais para a preservação dos princípios basilares e dos preceitos fundamentais em um determinado sistema. Tal como ensina J. J. Gomes Canotilho em relação à limitação do poder de revisão, a identificação do preceito fundamental não pode divorciar-se das conexões de sentido captadas do texto constitucional, fazendo-se mister que os limites materiais operem como verdadeiros *limites textuais implícitos*.[138]

Assim, um juízo mais ou menos seguro sobre a lesão de preceito fundamental consistente nos princípios da divisão de Poderes, da forma federativa do Estado ou dos direitos e garantias fundamentais exige, preliminarmente, a identificação do conteúdo dessas categorias na ordem constitucional e, especialmente, das suas relações de interdependência.

---

137. Rp n. 94, rel. Min. Castro Nunes, *Archivo Judiciario* 85/31 (34-35), 1947.

138. Canotilho, *Direito Constitucional*, Coimbra, 1992, p. 1.136.

Nessa linha de entendimento, a lesão a preceito fundamental não se configurará apenas quando se verificar possível afronta a um princípio fundamental, tal como assente na ordem constitucional, mas também a disposições que confiram densidade normativa ou significado específico a esse princípio.

Tendo em vista as interconexões e interdependências dos princípios e regras, talvez não seja recomendável proceder-se a uma distinção entre essas duas categorias, fixando-se um conceito extensivo de *preceito fundamental*, abrangente das normas básicas contidas no texto constitucional.[139]

O próprio STF tem realizado essas associações, como demonstra o reconhecimento do princípio da anterioridade tributária como cláusula pétrea, a despeito de não estar contemplado no âmbito normativo do art. 5º (aplicação do art. 5º, § 2º, da CF). De forma semelhante, deu-se o reconhecimento do art. 16 como cláusula pétrea.[140]

Preceito fundamental e princípio da legalidade: a lesão a preceito fundamental decorrente de ato regulamentar – A Constituição Federal de 1988 estabelece ser admissível recurso extraordinário quando a decisão recorrida contrariar dispositivo da Constituição, declarar a inconstitucionalidade de tratado ou lei federal ou julgar válida lei ou ato do governo local contestado em face do texto constitucional e julgar válida lei local contestada em face de lei federal.

Assim, ao contrário do que se verifica em outras ordens constitucionais, que limitam, muitas vezes, o *recurso constitucional* aos casos de afronta aos direitos fundamentais, optou o constituinte brasileiro por admitir o cabimento do recurso extraordinário contra qualquer decisão que, em única ou última instância, contrariar a Constituição.

Portanto, a admissibilidade do recurso constitucional não está limitada, em tese, a determinados parâmetros constitucionais, como é o caso da *Verfassungsbeschwerde* na Alemanha (Lei Fundamental, art. 93, n. 4), destinada, basicamente, à defesa dos direitos fundamentais.

---

139. Cf., sobre o assunto, a discussão desenvolvida no julgamento da ADPF 33, rel. Min. Gilmar Mendes, j. 7.12.2005, *DJU* 27.10.2006.

140. Cf.: ADI 939, rel. Min. Sidney Sanches, *DJU* 18.3.1994; RE 448.558, rel. Gilmar Mendes, *DJU* 16.12.2005; e ADI 3.345, rel. Min. Celso de Melo, *DJU* 20.8.2010.

Assinale-se, porém, que, mesmo nos sistemas que admitem o recurso constitucional apenas com base na alegação de ofensa aos direitos fundamentais, surgem mecanismos ou técnicas que acabam por estabelecer uma ponte entre os direitos fundamentais e todo o sistema constitucional, reconhecendo-se que a lei ou ato normativo que afronta determinada disposição do direito constitucional objetivo ofende, *ipso jure*, os direitos individuais, seja no que se refere à liberdade de ação, seja no que diz respeito ao princípio da reserva legal.

A Corte Constitucional alemã apreciou pela primeira vez a questão no chamado *Elfes-Urteil*, de 16.1.1957, deixando assente que uma norma jurídica lesa a liberdade de ação (*Handlungsfreiheit*) se contraria disposições ou princípios constitucionais, tanto no que se refere ao aspecto formal quanto no que diz respeito ao aspecto material.[141]

No referido julgado explicitou a Corte alemã orientação que seria repetida e aperfeiçoada em decisões posteriores:

> "De tudo o que se afirmou, resulta que uma norma jurídica somente pode restringir, eficazmente, o âmbito da liberdade individual se corresponder às exigências estabelecidas pela ordem constitucional. Do prisma processual, significa dizer: todos podem sustentar, na via do recurso constitucional, que uma lei que estabelece restrição à liberdade individual não integra a ordem constitucional, porque afronta, formal ou materialmente, disposições ou princípios constitucionais; (...)" (Lei Fundamental alemã, art. 2, I).[142]

Essa decisão permitiu que o *Bundesverfassungsgericht* apreciasse na via excepcional da *Verfassungsbeschwerde* (recurso constitucional) a alegação de afronta não apenas aos direitos fundamentais, mas a qualquer norma ou princípio constitucional.

É que, como observa Hans-Jürgen Papier, qualquer inconstitucionalidade de lei restritiva de direito configura, também, afronta aos direitos fundamentais:

> "O significado dos direitos fundamentais nos termos da Lei Fundamental não se limita mais exclusivamente a garantir a legalidade (*Gesetzmässigkeit*) das restrições impostas à liberdade individual pelo Executivo e pelo Judiciário. Mediante a vinculação do Poder Legislativo aos direitos fundamentais não se suprime, mas se reforça e se com-

---

141. *BVerfGE* 6/32 (36 e ss.; 41).

142. *BVerfGE* 6/32 (33).

pleta a função de proteção dos direitos fundamentais. Administração e Justiça necessitam para a intervenção nos direitos fundamentais de uma dupla autorização. Além da autorização legal (*gesetzliche Ermächtigung*) para a intervenção, deve-se exigir também uma autorização constitucional para a limitação dos direitos fundamentais. Se os direitos fundamentais da Lei Fundamental não se exaurem na legalidade do segundo e do terceiro Poder, surge, ao lado da reserva legal, a ideia de uma reserva da Constituição. Então, afigura-se lícito admitir que, de uma perspectiva jurídico-material, os direitos fundamentais protegem contra restrições ilegais ou contra limitações sem fundamento legal levadas a efeito pelo Poder Executivo ou pelo Poder Judiciário. A legalidade da restrição ao direito de liberdade é uma condição de sua constitucionalidade; a violação à lei constitui uma afronta aos próprios direitos fundamentais".[143]

Orientação semelhante é enfatizada por Klaus Schlaich, ressaltando que também a incompatibilidade entre as normas regulamentares e a lei formal enseja a interposição de recurso constitucional sob alegação de afronta a um direito geral de liberdade.[144]

Tal como enunciado por Christian Pestalozza,[145] configuram-se hipóteses de afronta ao direito geral de liberdade (Lei Fundamental alemã, art. 2º, I), ou a outra garantia constitucional expressa:

– a não observância pelo regulamento dos limites estabelecidos em lei (Lei Fundamental, art. 80, I);[146]

– a lei promulgada com inobservância das regras constitucionais de competência;[147]

– a lei que estabelece restrições incompatíveis com o princípio da proporcionalidade.[148]

Embora essa orientação pudesse suscitar alguma dúvida, especialmente no que se refere à conversão da relação lei/regulamento em uma questão constitucional, é certo que tal entendimento parece ser o único adequado a evitar a *flexibilização* do princípio da legalidade,

---

143. Hans-Jürgen Papier, "'Spezifisches Verfassungsrecht' und 'Einfaches Recht' als Argumentationsformal des Bundesverfassungsgerichts", in *Bundesverfassungsgericht und Gundgesetz*, vol. I, Tübingen, 1976, p. 432 (433-434).

144. Schlaich, *Das Bundesverfassungsgericht*, Munique, 1985, p. 108.

145. Pestalozza, *Verfassungsprozessrecht*, 2ª ed., Munique, 1982, pp. 105-106.

146. *BVerfGE* 41/88 (116); 42/374 (385).

147. *BVerfGE* 38/288 (298 e ss.); 40/56 (60); 42/20 (27).

148. *BVerfGE* 38/288 (298).

tanto sob a forma de postulado da supremacia da lei quanto sob a modalidade de princípio da reserva legal.

Do contrário restaria praticamente esvaziado o significado do princípio da legalidade, enquanto princípio constitucional em relação à atividade regulamentar do Executivo. De fato, a Corte Constitucional estaria impedida de conhecer de eventual alegação de afronta, sob o argumento da falta de uma ofensa direta à Constituição. Especialmente no que diz respeito aos direitos individuais, não há como deixar de reconhecer que *a legalidade da restrição aos direitos de liberdade é uma condição de sua constitucionalidade*.

Não há dúvida, igualmente, de que esse entendimento se aplica ao nosso modelo constitucional, que consagra não apenas a legalidade como princípio fundamental (art. 5º, II), mas exige também que os regulamentos observem os limites estabelecidos pela lei (CF, art. 84, IV).

5. Procedimento

Em suas linhas gerais, a Lei 9.882/1999 adotou regras similares às consagradas pela Lei 9.868/1999.

Requisitos da petição inicial e admissibilidade da ação – Tal como a Lei 9.868/1999, a Lei 9.882/1999 estabelece que a petição inicial deverá conter (a) a indicação do preceito fundamental que se considera violado, (b) a indicação do ato questionado, (c) a prova da violação do preceito fundamental, (d) o pedido com suas especificações e, se for o caso, (e) a demonstração da controvérsia judicial relevante sobre a aplicação do preceito fundamental questionado.

Mais ainda que nas ações diretas de inconstitucionalidade, a indicação do preceito fundamental violado assume peculiar significado na arguição de descumprimento. Não será suficiente a simples indicação de uma possível afronta à Constituição, devendo caracterizar-se, fundamentadamente, a violação de um princípio ou elemento básico (sobre o assunto cf., supra, item 4, "Parâmetro de controle"). Também aqui se faz indispensável fundamentar o pedido em relação a cada uma das impugnações.

De qualquer sorte, a despeito da exigência quanto à fundamentação do pedido, não está o Tribunal vinculado aos fundamentos porventura expendidos pelo requerente, devendo a arguição de descumprimento de preceito fundamental, em razão de seu caráter objetivo, submeter-se ao postulado da ***causa petendi*** *aberta*, pelo menos no que concerne aos demais preceitos fundamentais.

Assim como nas ações diretas de constitucionalidade ou de inconstitucionalidade, deverá o legitimado formular precisamente o pedido, fazendo as devidas especificações.[149]

Nas ações propostas em razão de processos que tramitam nas diversas instâncias – estes deverão ser os mais relevantes – o requerente deverá demonstrar a existência de controvérsia judicial ou controvérsia jurídica relevante (cf., supra, "Controvérsia Judicial ou Jurídica nas Ações de Caráter Incidental"). Sobre o assunto aplicam-se as considerações desenvolvidas a propósito de semelhante exigência quanto ao procedimento da ação declaratória (cf., supra, Sétima Parte, relativa à ação direta de inconstitucionalidade, à ação declaratória de constitucionalidade e à ação direta de inconstitucionalidade por omissão).

O parágrafo único do art. 3º da Lei 9.882/1999 estabelece que ao autor da arguição de descumprimento de preceito fundamental cabe apresentar, juntamente com a petição inicial em duas vias, cópias do ato questionado e documentos necessários à comprovação do alegado. Aludida disposição prevê, também, a necessidade de serem as petições acompanhadas, quando subscritas por advogado, de instrumento de procuração. Tal como já foi destacado em relação à ação direta de inconstitucionalidade, afigura-se recomendável que a procuração contemple poderes específicos para impugnar as normas atacadas na inicial.[150]

Nos termos da Lei 9.882/1999, a petição inicial será indeferida liminarmente, pelo relator, em caso de manifesta inadequação da ação, na hipótese de não atendimento de qualquer dos requisitos legais ou, ainda, em caso de inépcia da inicial (art. 4º, *caput*). Da decisão de indeferimento caberá agravo no prazo de cinco dias (art. 4º, § 2º).

---

149. Cf. "Requisitos da Petição Inicial e Admissibilidade da Ação" na Sétima Parte, relativa à ação direta de inconstitucionalidade, no item II/5, e à ação declaratória de constitucionalidade, no item III/5.

150. Cf., sobre o assunto, a ADI 2.187, rel. Min. Luiz Gallotti, *Informativo STF* 190.

Ao contrário da Lei 9.868/1999 (arts. 5º e 16), não se prevê, na disciplina da arguição de descumprimento de preceito fundamental, proibição expressa de desistência. Tendo em vista, porém, o caráter igualmente objetivo desse processo e seu manejo na defesa de interesse público geral, é provável que o STF venha a adotar entendimento semelhante em relação a essa ação especial.

Informações e manifestações do Advogado-Geral da União e do Procurador-Geral da República – O desenvolvimento do processo da arguição de descumprimento de preceito fundamental também está vinculado à existência, ou não, de pedido de liminar.[151]

Se não houver pedido de liminar, deverá o relator solicitar informações às autoridades responsáveis pelo ato questionado, que disporão do prazo de 10 dias para oferecê-las (art. 6º, *caput*).

Havendo pedido de liminar, poderá o relator ouvir as autoridades responsáveis pelo ato questionado, bem como o Advogado-Geral da União e o Procurador-Geral da República, no prazo comum de cinco dias (art. 5º, § 2º). Após a decisão formular-se-á pedido de informações, desta feita relativas à própria controvérsia material (art. 6º).

A Lei 9.882/1999 não exige a audiência do Advogado-Geral da União acerca do ato impugnado, prevendo apenas, caso o relator entenda oportuno, a possibilidade de sua audiência em sede de liminar.

A audiência do Ministério Público (Procurador-Geral da República) somente será obrigatória, após as informações, nas arguições que não forem por ele formuladas (art. 7º, parágrafo único).

Intervenção de terceiros e amicus curiae – A Lei 9.882/1999 faculta ao relator a possibilidade de ouvir as partes nos processos que ensejaram a arguição (art. 6º, § 1º). Outorga-se, assim, às partes nos processos subjetivos um *limitado* direito de participação no processo objetivo submetido à apreciação do STF. É que, talvez em decorrência do universo demasiado amplo dos possíveis interessados, tenha pretendido o legislador ordinário outorgar ao relator alguma forma

151. Sobre a ação direta de inconstitucionalidade, cf. Sétima Parte, item II/5, "Informações das autoridades das quais emanou o ato normativo e manifestações do Advogado-Geral da União e do Procurador-Geral da República".

de controle quanto ao direito de participação dos milhares de interessados no processo.

Em face do caráter objetivo do processo, é fundamental que possam exercer direito de manifestação não só os representantes de potenciais interessados nos processos que deram origem à arguição de descumprimento de preceito fundamental, mas também os legitimados para propor a ação. Independentemente das cautelas que hão de ser tomadas para não inviabilizar o processo, deve-se anotar que tudo recomenda que, tal como na ação direta de inconstitucionalidade e na ação declaratória de constitucionalidade, a arguição de descumprimento de preceito fundamental assuma, igualmente, uma feição pluralista, com a participação de *amicus curiae*.

Tal como na ação direta de inconstitucionalidade e na ação declaratória de constitucionalidade, os *amicus curiae* tanto podem apresentar manifestação escrita como fazer sustentação oral (art. 6º, §§ 1º e 2º, da Lei 9.882/1999).

Por ocasião do julgamento da ADPF 187 o STF estabeleceu algumas limitações à atuação do *amicus curiae* no processo. Uma das entidades admitidas como *amici curiae* – a Associação Brasileira de Estudos Sociais do Uso de Psicoativos/ABESUP – postulou o reconhecimento da legitimidade jurídica de determinadas condutas ligadas ao uso da maconha, inclusive sua utilização para fins medicinais e no âmbito de pesquisas médicas. O STF decidiu manter o objeto da demanda conforme estabelecido na inicial, aduzindo que a participação do *amicus curiae* como terceiro interveniente no processo não lhe conferia poderes processuais inerentes às partes, como a delimitação do objeto da demanda. Determinou-se que o *amicus curiae* goza da faculdade de fazer sustentações orais, submeter propostas de requisição de informações adicionais, de designação de peritos, de convocação de audiências públicas e de recorrer da decisão que haja denegado seu pedido de admissão no processo, atuando com o objetivo de instruir a demanda, pluralizar o debate e conferir maior legitimidade às decisões proferidas pela Corte em sede de arguição de descumprimento de preceito fundamental. (Informativo STF 631, 13-17.6.2011. rel. Min. Celso de Mello).

Poder-se-ia, porém, ouvir o próprio requerente da arguição de descumprimento de preceito fundamental, a fim de que ele se pronunciasse sobre a ampliação do pedido formulado.

Em princípio, o pedido para a habilitação há de ser feito no prazo das informações.

Na ADPF 33, entretanto, admitiram-se como *amici curiae* as partes dos processos originários, a despeito de o pedido de participação se ter verificado após o parecer da Procuradoria-Geral da República.[152]

Apuração de questões fáticas e densificação de informações na ação de descumprimento de preceito fundamental – Na linha do estabelecido nos arts. 9º, § 1º, e 20, § 1º, da Lei 9.868/1999 – que autorizam ao relator, após as manifestações do Advogado-Geral da União e do Procurador-Geral da República, em caso de necessidade de esclarecimento de matéria ou circunstância de fato ou de notória insuficiência das informações existentes nos autos, requisitar informações adicionais, designar perito ou comissão de peritos para que emita parecer sobre a questão ou fixar data para, em audiência pública, ouvir depoimentos e pessoas com experiência e autoridade na matéria –, a Lei 9.882/1999 prevê, igualmente, a possibilidade de o relator autorizar a audiência das partes nos processos que ensejaram a arguição, requisitar informações adicionais, designar perito ou comissão de peritos e determinar a realização de audiências públicas com *experts* (art. 6º, § 1º).

Tem-se aqui, igualmente, um processo estruturalmente aberto, que permitirá não apenas a participação dos interessados nas causas que, eventualmente, tenham dado ensejo à propositura da arguição de descumprimento de preceito fundamental, mas também a manifestação de peritos e especialistas no tema. Aplica-se, fundamentalmente, a orientação adotada no processo de ação direta de inconstitucionalidade e ação declaratória de constitucionalidade (cf. Sétima Parte, item II/5, "Apuração de questões fáticas no controle de constitucionalidade").

Celebração de acordo em ADPF – Em 1º de março de 2018, o Supremo Tribunal Federal, por decisão unânime, tomada no julgamento da ADPF 165, estabeleceu ser possível a celebração de acordo para a resolução de processos de controle de constitucionalidade de índole objetiva.[153]

152. Rel. Min. Gilmar Mendes, j. 7.12.2005, *DJU* 27.10.2006.

153. ADPF 165 Acordo, rel. Min. Ricardo Lewandowski, *DJe* 1º.4.2020.

Naquele caso, o ajuste fora celebrado entre instituições financeiras e poupadores e objetivava o encerramento dos processos relacionados aos planos econômicos das décadas de 1980 e 1990 por meio do pagamento de indenização aos autores de ações individuais e aos subscritores dessas.

Entendeu-se, na oportunidade, que aquela ADPF apresentava notável conflito de ordem patrimonial subjetiva, fato que oportunizaria solução consensual por meio de acordo, em prol de se conferir maior efetividade à prestação jurisdicional.

Quanto aos legitimados para a celebração de acordos dessa natureza, a Corte reconheceu a possibilidade de os ajustes serem firmados inclusive por legitimados coletivos privados – a exemplo das associações que representavam os poupadores, naquela ocasião –, ainda que não haja autorização legal expressa para tanto, visto que aos entes privados é permitido fazer tudo que a lei não proíbe, conforme preconiza o princípio da legalidade.

O tema conheceu novo desenvolvimento por oportunidade da ADPF 984. Ajuizada em 2022 pelo então Presidente da República, a ação teve por objeto inúmeros diplomas normativos estaduais e distritais que tratavam da alíquota específica dos combustíveis; diplomas que estariam, segundo a perspectiva do autor, em confronto com a disciplina dada ao tema pelas Leis Complementares 192 e 194, ambas de 2022, que estabeleceram novo marco de tributação do ICMS sobre combustíveis. Em conjunto com a ADPF 984, tramitou a ADI 7.191 – ajuizada por governadores de vários estados e do Distrito Federal exatamente em face das referidas Leis Complementares, cuja inconstitucionalidade era pleiteada ao fundamento (entre outros) de violação à garantia de autonomia político-financeira dos entes subnacionais.

Por meio de Comissão Especial instituída pelo relator, Ministro Gilmar Mendes, os debates centraram-se na possibilidade de aperfeiçoamentos legislativos em ambas as leis complementares, tendo como norte a Emenda Constitucional 33/2001 (com sua correspondente PEC 277/2000 e o voto do Deputado Basílio Vilani, na condição de relator na Câmara dos Deputados). A referida Comissão foi composta por representantes de diversos Entes Federativos, de diversos poderes/órgãos (Senado Federal, Câmara dos Deputados, Procuradoria-Geral da República, Tribunal de Contas da União etc.), inclusive observadores representando os municípios, em audiências ocorridas na sede do STF, em sessões públicas, com a participação da sociedade civil, em uma espécie de governança judicial dos conflitos federativos.

Obtiveram-se dois acordos, sendo um parcial, em 15.12.2022, e outro final, em 5.6.2023, ambos homologados pelo Plenário do STF,[154] chancelando-se, também, como premissa do acordo, uma exceção a duas teses de repercussão geral.[155] À avença político-jurídica procedida naquela ADPF, chancelada pelos Entes Federativos, à unanimidade, atribuiu-se eficácia *erga omnes* e efeito vinculante, no intuito de conferir segurança jurídica a todos os agentes públicos, envolvidos em seu processo de construção do consenso, e aos contribuintes em geral.

Como resultado das tratativas, o Governo Federal encaminhou o PLP 136/2023, o qual, após tramitação em ambas as Casas do Poder Legislativo, foi sancionado pelo Presidente da República, com a promulgação da Lei Complementar 201/2023, pondo fim, de forma harmônica e independente, a denso conflito federativo, abarcando-se, inclusive, inúmeras ações cíveis originárias que tramitavam no STF. O novel diploma legislativo procedeu à nova forma de compensação financeira, além de revogar diversos dispositivos de ambas as leis complementares.

Eis um exemplo de sucesso envolvendo diálogos institucionais entre os três Poderes, cada um exercendo seu papel nos limites de suas atribuições constitucionais, sem que tenha ocorrido qualquer embate ou atrito entre importantes instituições republicanas, tampouco alegação de interferência indevida ou efeito *backlash*.

Essa boa prática conjunta animou a inclusão, no Projeto de Lei 3.640/2023, de dispositivo que expressamente prevê a hipótese de celebração de acordo em ações de controle concentrado de constitucionalidade.[156] De autoria do Deputado Marcos Pereira, o

---

154. ADPF 984 Acordo, rel. Min. Gilmar Mendes, *DJe* 19.12.2022; ADPF 984, rel. Min. Gilmar Mendes, *DJe* 28.6.2023.

155. Tema 201 – RE 593.849, rel. Min. Edson Fachin, *DJe* 5.4.2017; e Tema 1.060 – ARE 1.222.648 RG, rel. Min. Dias Toffoli, *DJe* 26.9.2019.

156. "Art. 55. Os litígios nas ações de controle concentrado de constitucionalidade podem ser resolvidos por meio de acordo.

§ 1º O acordo pode ser celebrado por qualquer legitimado, envolvendo necessariamente todos os partícipes do litígio ou as entidades consideradas com represen-

PL 3.640/2023 adotou sugestão formulada no Anteprojeto confeccionado por Comissão de Juristas – presidida pelo Ministro Gilmar Mendes –, que fora criada no âmbito da Câmara dos Deputados exatamente com o objetivo de sistematizar as normas do processo constitucional brasileiro.

Destaca-se que, conforme previsto no texto da proposição, a possibilidade de pactuação não se restringiria às ADPFs, mas abrangeria também todas as demais ações de controle concentrado. De acordo com o projeto, o acordo poderia ser firmado por qualquer legitimado, desde que envolvesse necessariamente todas as partes do litígio ou entidades com representação adequada, se existentes, e deveria ser homologado pelo Plenário, por maioria simples, para ter validade em todo o território nacional (art. 55, § 1º). Essa abordagem está em sintonia com a tendência da Corte de incentivar os processos estruturais, visando fortalecer a efetividade do diálogo entre as instituições.

---

tação adequada, se houver, devendo ser homologado judicialmente pelo Plenário, por maioria simples, para ter validade em todo o território nacional.

§ 2º O acordo não pode ter por objeto convalidar ato normativo ou legislação inconstitucional.

§ 3º O acordo visa a evitar inconstitucionalidades mais gravosas advindas de uma eventual decisão de inconstitucionalidade, estabelecer regime de transição para preservação da segurança jurídica ou ainda assegurar solução negociada para hipóteses que demandam conhecimento científico e tecnológico.

§ 4º O acordo pode ser parcial e versar a respeito de uma parcela da controvérsia bem como ser precedido de uma decisão do Supremo Tribunal Federal a respeito do objeto do litígio.

§ 5º O acordo pode versar sobre como será implementada a decisão do Supremo Tribunal Federal.

§ 6º O acordo pode ser celebrado com o Poder Executivo ou o Poder Legislativo, em especial para as hipóteses em que a correção do vício demandar iniciativa privativa dos demais Poderes.

§ 7º O acordo pode ser celebrado para as hipóteses em que o conhecimento científico ou tecnológico não esteja consolidado para assegurar o pronunciamento de decisão definitiva.

§ 8º A homologação do acordo deve ser precedida de audiência pública e manifestação do Procurador-Geral da República.

§ 9º O cumprimento do acordo, judicialmente homologado, impede a propositura de novas ações em que se discuta o mesmo objeto.

§ 10. É cabível ação para verificação do cumprimento do acordo bem como a rediscussão de seus termos em virtude de modificações fáticas e normativas supervenientes à celebração."

6. *Medida cautelar*

A Lei 9.882/1999 prevê a possibilidade de concessão de medida liminar na arguição de descumprimento, mediante decisão da maioria absoluta dos membros do Tribunal (art. 5º, *caput*). Em caso de extrema urgência ou de perigo de lesão grave, ou ainda durante o período de recesso, a liminar poderá ser concedida pelo relator *ad referendum* do Tribunal Pleno (art. 5º, § 1º).

Diferentemente do estabelecido na Lei 9.868/1999, não se revela obrigatória a audiência da autoridade responsável pela edição do ato antes da concessão da liminar em arguição de descumprimento, embora, sempre que possível, ela seja recomendável. A lei autoriza, porém, o relator a deferir a audiência tanto da autoridade responsável pela edição do ato quanto do Procurador-Geral da República e do Advogado-Geral da União (art. 5º, § 2º). Talvez fosse recomendável, tendo em vista a semelhança de situações, que o relator adotasse condutas idênticas nas duas espécies de procedimento, determinando, obrigatoriamente, a audiência dos responsáveis pela edição do ato impugnado antes da decisão sobre a liminar requerida, também no âmbito da ADPF.

Além da possibilidade de decretar a suspensão direta do ato impugnado, admite-se, na cautelar prevista para a arguição de descumprimento, a determinação de que os juízes e Tribunais suspendam o andamento de processos ou os efeitos de decisões judiciais ou de qualquer outra medida que guarde relação com a matéria discutida na ação (art. 5º, § 3º). Confere-se, assim, ao Tribunal um poder cautelar expressivo, impeditivo da consolidação de situações contra a possível decisão definitiva que venha a tomar. Nesse aspecto, a cautelar da arguição de descumprimento de preceito fundamental assemelha-se à disciplina conferida pela Lei 9.868/1999 à medida liminar na ação declaratória de constitucionalidade (art. 21). Dessa forma, a liminar passa a ser também um instrumento de economia processual e de uniformização da orientação jurisprudencial.

Como já mencionado, foi concedida liminar na ADPF 33 em 25.11.2002,[157] por decisão monocrática, referendada por unanimidade pelo Plenário do STF, em 29.10.2003.[158] Em sessão plenária de

157. *DJU* 2.12.2002.

158. *DJU* 6.11.2003.

7.12.2005 o Tribunal, por unanimidade, julgou procedente a arguição de descumprimento de preceito fundamental.[159] Medidas cautelares também foram concedidas na ADPF 47, da relatoria do Min. Eros Grau, e na ADPF 79, deferida pelo Presidente do STF, em 29.7.2005, *ad referendum* do Plenário.[160] Por fim, o Tribunal referendou decisão liminar concedida pelo Min. Carlos Britto na ADPF 130, em 27.2.2008.[161]

Anote-se que, na ausência de norma específica, o Tribunal empregou, por analogia, dispositivo da Lei 9.868/1999 ao procedimento da arguição de descumprimento de preceito fundamental, determinando o julgamento de mérito da ação no prazo de 180 dias, a contar da data da sessão em que referendada a decisão liminar (art. 21, parágrafo único).[162]

Ainda em relação ao tema, destaca-se que, no âmbito APDF 378, o STF reconheceu a possibilidade de se converter o julgamento de medida cautelar apresentada em arguição de descumprimento de preceito fundamental no julgamento do próprio mérito da ação. No caso, que versava sobre a constitucionalidade de regras do processo de *impeachment*, o Plenário entendeu que a conversão seria possível por haver quórum para apreciação da matéria, por já ter sido finalizada a instrução processual e, principalmente, por ser oportuno garantir maior segurança jurídica à decisão liminar.[163] Do mesmo modo, na apreciação da já referida ADPF 388 – em que se impugnava ato presidencial de nomeação de membro do Ministério Público para o cargo de Ministro de Estado da Justiça – o Tribunal também entendeu pela possibilidade de se converter o julgamento da medida cautelar em julgamento do mérito do processo.[164]

7. *As decisões do STF na arguição de descumprimento*

Procedimento de tomada de decisões – A decisão sobre a arguição de descumprimento somente será tomada se presentes pelo

159. ADPF 33, rel. Min. Gilmar Mendes, j. 7.12.2005, *DJU* 27.10.2006.

160. ADPF 79, rel. Min. Cézar Peluso, *DJU* 4.8.2005.

161. *Informativo STF* 496.

162. ADPF 130, rel. Min. Carlos Britto, *Informativo STF* 496.

163. ADPF 378 MC, rel. Min. Edson Fachin, rel. p/ acórdão Min. Roberto Barroso, *DJe* 8.3.2016.

164. ADPF 388, rel. Min. Gilmar Mendes, *DJe* 1º.8.2016.

menos dois terços dos Ministros (oito Ministros). Embora o texto seja silente, também aqui se há de aplicar a regra do art. 23 da Lei 9.868/1999, segundo a qual a decisão de procedência ou improcedência haverá de ser tomada pela maioria absoluta dos membros do Tribunal. Em reforço desse argumento milita a disposição contida na Lei 9.882/1999, que exige que seja a cautelar deferida por decisão da maioria absoluta dos membros do Tribunal (art. 5º, *caput*). Não se pode adotar para a decisão definitiva critério menos rigoroso do que aquele fixado para a liminar.

Julgada a ação, deverá ser feita comunicação às autoridades responsáveis pela prática dos atos questionados, fixando-se, se for o caso, as condições e o modo de interpretação e aplicação do preceito fundamental.

O Presidente do Tribunal deve determinar o imediato cumprimento da decisão, publicando-se, dentro de 10 dias a contar do trânsito em julgado, sua parte dispositiva em seção especial do *Diário de Justiça* e do *Diário Oficial da União* (art. 10, §§ 1º e 2º).

Tal como a Lei 9.868/1999, também a Lei 9.882/1999 (art. 12) define claramente a irrecorribilidade e a não rescindibilidade da decisão proferida na arguição de descumprimento.

Técnicas de decisão, efeitos da declaração de ilegitimidade, segurança e estabilidade das decisões – Tendo em vista o amplo objeto de impugnação no âmbito da arguição de descumprimento, o Tribunal, reconhecendo sua procedência ou improcedência, poderá declarar a legitimidade ou ilegitimidade do ato questionado. Se incidir sobre ato normativo adotar-se-ão as técnicas de decisão do controle de constitucionalidade abstrato. Nesse caso, aplicam-se integralmente as considerações desenvolvidas neste estudo a propósito das técnicas de decisão no controle de constitucionalidade da ação direta de inconstitucionalidade e da ação declaratória de constitucionalidade (cf., supra, Sétima Parte, no item V, "Procedimento de tomada de decisões").

Tendo por objeto o direito pré-constitucional, deverá o Tribunal limitar-se a reconhecer a legitimidade (recepção), ou não, da lei em face da norma constitucional superveniente.[165]

165. Cf., sobre o tema, a discussão desenvolvida no julgamento da ADPF 33, rel. Min. Gilmar Mendes, j. 7.12.2005, *DJU* 27.10.2006.

Incidindo, porém, sobre ato de efeito concreto (ato administrativo singular, sentença), o Tribunal afirmará sua ilegitimidade. Pode ser que o ato singular questionado (*v.g.*, uma decisão judicial) afirme a inconstitucionalidade de uma lei ou de uma dada aplicação ou interpretação do próprio texto constitucional. Nessa hipótese, reconhecida a procedência da arguição de descumprimento de preceito fundamental, ter-se-á a declaração de ilegitimidade do ato questionado, com a afirmação da constitucionalidade da lei ou da aplicação constitucional discutida.

A Lei 9.882/1999 reconhece, igualmente, a possibilidade de que, por maioria de dois terços, seja declarada a inconstitucionalidade da lei, com eficácia *ex nunc* ou com efeito a partir do momento a ser estipulado pelo Tribunal (art. 11). Valem, aqui, as considerações expendidas sobre o art. 27 da Lei 9.868/1999.[166]

Assinale-se, ainda, que, nos termos da Lei 9.882/1999, a decisão (de mérito) proferida na arguição de descumprimento de preceito fundamental terá eficácia contra todos e efeito vinculante relativamente aos demais órgãos do Poder Público (art. 10, § 3º).[167]

Quanto à eficácia *erga omnes* da decisão, não parece haver dúvida de que se cuida de um consectário da natureza objetiva do processo. Trata-se de um processo "sem partes", no qual se discute amplamente a tutela do interesse público de forma geral.

Tal como assinalado na Sétima Parte, item VI, "Segurança e Estabilidade das Decisões em Controle Abstrato de Constitucionalidade", se concebermos o efeito vinculante como atributo da própria jurisdição constitucional, não há dificuldade em reconhecermos legitimidade à decisão legislativa que outorga efeito vinculante a outras decisões constitucionais relevantes tomadas pelo STF.

---

166. Cf., a propósito, Sétima Parte, item V, "As Decisões do STF no Controle Abstrato de Normas e os Efeitos da Declaração de Inconstitucionalidade".

167. No julgamento da ADI 2.231, a Corte reconheceu a constitucionalidade do efeito vinculante, previsto na Lei 9.882/1999. Naquela assentada, definiu-se que a "possibilidade de atribuição de efeitos vinculantes e *erga omnes* às decisões proferidas em ADPF decorre da própria natureza do controle objetivo e concentrado de constitucionalidade, não havendo falar em 'reserva de Constituição' para a matéria". ADI 2.231, rel. Min. Roberto Barroso, *DJe* 15.6.2023.

NONA PARTE

O CONTROLE INCIDENTAL OU CONCRETO DE NORMAS NO DIREITO BRASILEIRO

1. Introdução. 2. Pressupostos de admissibilidade do controle concreto. 3. O controle incidental de normas no STF. 4. Notas peculiares sobre o controle incidental na Constituição de 1988.

1. Introdução

Com o advento da República consagrou-se o modelo difuso do controle de constitucionalidade. Em 1934 procedeu-se à introdução da ação direta, como procedimento preliminar do processo interventivo (CF de 1934, art. 12). Em 1946 consolidou-se o desenvolvimento da representação interventiva contra lei ou ato normativo estadual (CF de 1946, art. 8º, parágrafo único). Somente em 1965, com a adoção da representação de inconstitucionalidade, passa a integrar o nosso sistema a modalidade de controle abstrato de normas (Emenda Constitucional 16/1965 à Constituição de 1946). No âmbito da unidade federada, a Constituição de 1967/1969, além de propor a representação interventiva em face do direito estadual (CF, art. 11, § 1º, "c"), estabeleceu a representação de lei municipal, pelo Chefe do Ministério Público local, tendo em vista a intervenção estadual (art. 15, § 3º, "d"). Finalmente, a Emenda Constitucional 7/1977 outorgou ao STF a competência para apreciar representação do Procurador-Geral da República para interpretação de lei ou ato normativo federal ou estadual, completando, assim, o *instrumentarium* do controle de constitucionalidade no direito pátrio.

Ao final dos anos 80, conviviam no sistema de controle de constitucionalidade, portanto, elementos do sistema difuso e do sistema concentrado de constitucionalidade, dando ensejo ao surgimento de um *modelo híbrido* ou *misto* de controle. Não obstante, o monopólio da ação direta exercido pelo Procurador-Geral da República – que, em grande medida, realizava a ideia de designação de um advogado da Constituição, defendida por Kelsen em 1928[1] – não produziu uma alteração de monta em todo o sistema de controle. A ação direta subsistiu como um elemento acidental no âmbito de um sistema difuso predominante.

Se a intensa discussão sobre o monopólio da ação por parte do Procurador-Geral da República não levou a uma mudança na jurisprudência consolidada sobre o assunto, é fácil constatar que ela foi decisiva para a alteração introduzida pelo constituinte de 1988, com a significativa ampliação do direito de propositura da ação direta (CF, art. 103).

O constituinte manteve o direito de o Procurador-Geral da República propor a ação de inconstitucionalidade. Esse é, todavia, apenas um dentre os diversos órgãos ou entes legitimados a tomar essa iniciativa (CF, art. 103).

Com isso satisfez-se somente parcialmente a exigência daqueles que solicitavam fosse assegurado o direito de propositura da ação a um grupo de, *v.g.*, 10 mil cidadãos, ou que defendiam até mesmo a introdução de uma ação popular de inconstitucionalidade.[2]

Esse fato fortalece a impressão de que, com a introdução desse sistema de controle abstrato de normas, com ampla legitimação e, particularmente, a outorga do direito de propositura a diferentes órgãos da sociedade, pretendeu-se reforçar o controle abstrato de normas no ordenamento jurídico brasileiro como peculiar *instrumento de correção* do sistema geral incidente.

Não é menos certo, por outro lado, que a ampla legitimação conferida ao controle abstrato, com a inevitável possibilidade de se submeter qualquer questão constitucional ao STF, operou uma mudança substancial – ainda que não desejada – no modelo de controle de constitucionalidade até então vigente no Brasil.

---

1. Hans Kelsen, "Wesen und Entwicklung der Staatsgerichtsbarkeit", *VVD-StRL*, Caderno 5, 1929, p. 75.

2. Cf., a propósito, as propostas de Vilson Souza e Vivaldo Barbosa à Comissão de Organização de Poderes e Sistema de Governo da Assembleia Constituinte, in *Assembleia Nacional Constituinte, Emendas Oferecidas à Comissão da Organização dos Poderes e Sistema de Governo*, 1988, pp. 214 e 342.

Convém assinalar que – tal como já observado por Anschütz ainda no regime de Weimar – toda vez que se outorga a um Tribunal especial atribuição para decidir questões constitucionais limita-se, explícita ou implicitamente, a competência da jurisdição ordinária para apreciar tais controvérsias.[3]

A Constituição de 1988 conferiu ênfase, portanto, não mais ao sistema *difuso* ou *incidente*, mas ao modelo *concentrado*, uma vez que, praticamente, todas as controvérsias constitucionais relevantes passaram a ser submetidas ao STF, mediante processo de controle abstrato de normas. A ampla legitimação, a presteza e a celeridade desse modelo processual – dotado inclusive da possibilidade de se suspender imediatamente a eficácia do ato normativo questionado, mediante pedido de cautelar – constituem elemento explicativo de tal tendência.

A amplitude do direito de propositura faz com que até mesmo pleitos tipicamente individuais sejam submetidos ao STF, mediante ação direta de inconstitucionalidade.

Assim, o processo de controle abstrato de normas cumpre entre nós uma dupla função: é, a um só tempo, instrumento de defesa da ordem objetiva e de defesa de posições subjetivas.[4]

A Emenda Constitucional 3, de 17.3.1993, introduziu a ação declaratória de constitucionalidade, firmando a competência do STF para conhecer e julgar a ação declaratória de constitucionalidade de lei ou ato normativo federal – processo cuja decisão definitiva de mérito terá eficácia contra todos e efeito vinculante relativamente aos demais órgãos do Executivo e do Judiciário. Conferiu-se legitimidade ativa ao Presidente da República, à Mesa do Senado Federal, à Mesa da Câmara dos Deputados e ao Procurador-Geral da República; e com a Emenda Constitucional 45/2004 outorgou-se a todos os legitimados para a ação direta de inconstitucionalidade a legitimidade para a propositura da ação declaratória de constitucionalidade.

Assim, ao lado do amplo sistema difuso, que outorga aos juízes e Tribunais o poder de afastar a aplicação da lei *in concreto* (CF de 1988, arts. 97, 102, III, "a" a "d", e 105, II, "a" e "b"), e dos institu-

3. Gerhard Anschütz, *Verhandlungen des 34. Juristentags*, vol. II, Berlim e Leipzig, 1927, p. 208.

4. Peter Häberle, "Grundprobleme der Verfassungsgerichtsbarkeit", in Peter Häberle, *Verfassungsgerichtsbarkeit*, Darmstadt, 1976, p. 1 (14).

tos do mandado de segurança coletivo, do mandado de injunção, do *habeas data* e da ação civil pública, consagram-se no sistema constitucional brasileiro: (a) a ação direta de inconstitucionalidade do direito federal e do direito estadual em face da Constituição, mediante provocação dos entes e órgãos referidos no art. 103 da CF; (b) a ação declaratória de constitucionalidade de lei ou ato normativo federal em face da Constituição Federal, mediante provocação dos entes e órgãos referidos no art. 103 da CF; (c) a representação interventiva, formulada pelo Procurador-Geral da República, contra ato estadual considerado afrontoso aos chamados *princípios sensíveis* ou, ainda, para assegurar a execução de lei federal; (d) a ação direta de inconstitucionalidade por omissão, mediante provocação dos entes e órgãos referidos no art. 103 da CF; (e) a arguição de descumprimento de preceito fundamental.

É, portanto, nesse contexto que se há de apreciar o controle incidental ou concreto de normas.

Como se sabe, adotou-se entre nós, de início, o modelo difuso de declaração de inconstitucionalidade.[5] O Decreto 848, de 11.10.1890, consagrava que, "na guarda e aplicação da Constituição e das leis nacionais, a Magistratura só intervirá em espécie e por provocação da parte". O desenvolvimento posterior veio a consolidar essa tendência, como se depreende do disposto nos arts. 59, § 1º, "a" e "b", e 60 da CF de 1891 e no art. 13, § 10, da Lei de Organização da Justiça Federal (Lei 221, de 20.11.1894). A Reforma de 1926 não introduziu modificação significativa nesse âmbito, limitando-se a restringir o acesso ao Judiciário nas questões políticas.[6]

A matéria não sofreu alterações profundas nos textos subsequentes.

---

5. Carlos Alberto Lúcio Bittencourt, *O Controle Jurisdicional da Constitucionalidade das Leis*, 2ª ed., Rio de Janeiro, Forense, 1968, p. 99; Celso Agrícola Barbi, "Evolução do controle da constitucionalidade das leis no Brasil", *RDP* 1(4)/37; Oswaldo Aranha Bandeira de Mello, *Teoria das Constituições Rígidas*, 2ª ed., São Paulo, José Bushatsky Editor, 1980, p. 156.

6. O art. 60 da CF de 1891 recebeu nova redação, estabelecendo, no seu § 5º, que "nenhum recurso judiciário é permitido para a Justiça Federal, ou local, contra a intervenção nos Estados, a declaração de estado de sítio e a verificação de poderes, o reconhecimento, a posse, a legitimidade, a perda de mandato aos membros do Poder Legislativo ou Executivo, federal ou estadual; assim como, na vigência do estado de sítio, não poderão os Tribunais conhecer dos atos praticados em virtude dele pelo Poder Legislativo ou Executivo".

A declaração de inconstitucionalidade por via de exceção erigiu-se, inicialmente, em dogma do regime republicano. "A inconstitucionalidade" – ensinava Rui – "não se aduz como alvo da ação, mas apenas como subsídio à justificação do direito, cuja reivindicação se discute",[7] uma vez que "o remédio judicial contra os atos inconstitucionais, ou ilegais, da autoridade política não se deve pleitear por ação direta ou principal".[8] E, dentre os requisitos elementares ao exercício do controle de constitucionalidade no direito brasileiro, reputava imprescindível "que a ação não tivesse por objeto diretamente o ato inconstitucional do Poder Legislativo, ou Executivo, mas se referisse à inconstitucionalidade dele apenas como fundamento, e não alvo, do libelo".[9]

Essa concepção ortodoxa sofreu profunda modificação na sua própria matriz, conforme demonstra George Jaffin no artigo intitulado "Evolução do controle jurisdicional de constitucionalidade das leis nos Estados Unidos".[10] A ampla utilização da *injunction* como técnica do controle de constitucionalidade permitiu que se atenuassem, significativamente, as exigências para obter "uma declaração judicial sobre a validade da lei", ensejando a propositura de ações visando a impedir que determinado agente oficial desse execução a uma lei inconstitucional.[11] Admitia-se – como observado por Benjamin Cardozo – "que o prejudicado chorasse antes de sentir dor".[12] O reconhecimento da legitimidade da ação declaratória como instrumento de controle de constitucionalidade outorgou maior flexibilidade ao sistema, superando a exigência de uma controvérsia ou de um contraditório rígido e nem sempre autêntico.[13]

7. Rui Barbosa, "Os atos inconstitucionais do Congresso e do Executivo", in *Trabalhos Jurídicos*, Rio de Janeiro, Casa de Rui Barbosa, 1962, p. 82.

8. Idem, p. 81.

9. Rui Barbosa, "Os atos inconstitucionais ...", in *Trabalhos Jurídicos*, p. 95, e *O Direito do Amazonas ao Acre Septentrional*, vol. 1, Rio de Janeiro, Jornal do Commercio, 1910, p. 103.

10. In *RF* 86/285 e ss.

11. George H. Jaffin, "Evolução do controle jurisdicional da constitucionalidade das leis nos Estados Unidos", *RF* 86/279-292 (287 e 281); Lúcio Bittencourt, *O Controle Jurisdicional* ..., 2ª ed., p. 101; Alfredo Buzaid, *Da Ação Direta de Declaração de Inconstitucionalidade no Direito Brasileiro*, São Paulo, Saraiva, 1958, pp. 24-26.

12. *Apud* Lúcio Bittencourt, *O Controle Jurisdicional* ..., 2ª ed., p. 101.

13. "Nashville C. and St. Louis Railway *versus* Wallace", *288 U.S. 249*. Lúcio Bittencourt, *O Controle Jurisdicional* ..., 2ª ed., p. 101; Alfredo Buzaid, *Da Ação Direta* ..., pp. 27-29; George Jaffin, "Evolução do controle ...", *RF* 86/290-291; Eduardo

Entre nós a instituição das garantias constitucionais do *habeas corpus* e do mandado de segurança individual e coletivo ampliou significativamente a chamada *via de defesa ou de exceção* contra o ato, ou omissão, eivado de inconstitucionalidade, admitindo-se, inclusive, a utilização desses remédios em caráter preventivo.[14] Reconheceu-se, igualmente, a legitimidade da ação declaratória como instrumento processual hábil a obter a pronúncia de inconstitucionalidade de lei ou ato desconforme com a ordem constitucional.[15] A ação popular passa a constituir, também, forma judicial idônea para provocar o controle jurisdicional da constitucionalidade.[16]

Não se cuida mais, ou exclusivamente, de simples defesa contra a aplicação de um ato inconstitucional, tal como inicialmente definido por Lúcio Bittencourt,[17] ou de alegação de inconstitucionalidade emanada de pessoa cujos direitos tenham sido ofendidos pela lei, como preconizado por Buzaid.[18]

Ao revés, o controle de constitucionalidade difuso, concreto ou incidental caracteriza-se, fundamentalmente, também no direito brasileiro, pela verificação de uma questão concreta de inconstitucionalidade, ou seja, de dúvida quanto à constitucionalidade de ato normativo a ser aplicado num caso submetido à apreciação do Poder Judiciário. "É mister" – diz Lúcio Bittencourt – "que se trate de uma controvérsia real, decorrente de uma situação jurídica objetiva".[19]

Anote-se que não se faz imprescindível a alegação dos litigantes, podendo o juiz ou o Tribunal recusar-lhe aplicação a despeito do silêncio das partes.[20]

Jiménez Arechaga, "A ação declaratória de inconstitucionalidade na Constituição uruguaia de 1934", *RF* 86/293-300.

14. Lúcio Bittencourt, *O Controle Jurisdicional* ..., 2ª ed., pp. 101 e 105-110; Alfredo Buzaid, "*Juicio de amparo* e mandado de segurança", *Revista de Direito Processual Civil* 5/69; Celso Ribeiro Bastos, *Curso de Direito Constitucional*, 22ª ed., São Paulo, Malheiros Editores, 2010, pp. 555-557.

15. Lúcio Bittencourt, *O Controle Jurisdicional* ..., 2ª ed., pp. 102-105.

16. Cf., a propósito, José Afonso da Silva, *Ação Popular Constitucional: Doutrina e Processo*, 2ª ed., 2ª tir., São Paulo, Malheiros Editores, 2013, p. 121.

17. Lúcio Bittencourt, *O Controle Jurisdicional* ..., 2ª ed., p. 97. Cf., a propósito, Celso Bastos, *Curso* ..., 22ª ed., p. 555.

18. Alfredo Buzaid, *Da Ação Direta* ..., p. 24.

19. Lúcio Bittencourt, *O Controle Jurisdicional* ..., 2ª ed., pp. 111-112. Cf., sobre o tema, José Joaquim Gomes Canotilho, *Direito Constitucional*, 4ª ed., Coimbra, Livraria Almedina, 1986, p. 795.

20. Lúcio Bittencourt, *O Controle Jurisdicional* ..., 2ª ed., p. 113.

Convém ressaltar que a distinção consagrada na doutrina entre os controles *abstrato* e *concreto*, ou entre controle por via de ação e controle por via de exceção, não tem a relevância teórica que normalmente se lhe atribui.

Nos modelos concentrados a diferenciação entre controle concreto e abstrato assenta-se, basicamente, nos pressupostos de admissibilidade. O controle concreto de normas tem origem em uma relação processual concreta, constituindo a relevância da decisão pressuposto de admissibilidade.[21] O chamado *controle abstrato*, por seu turno, não está vinculado a uma situação subjetiva ou a qualquer outro evento do cotidiano.[22] Schlaich ressalta a equivocidade desses conceitos, porquanto o controle realizado, a decisão proferida e as consequências jurídicas são verdadeiramente abstratos, na medida em que se processam independentemente do feito originário. Em outros termos, o controle e o julgamento levados a efeito pelo Tribunal estão plenamente desvinculados do processo originário, tendo, por isso, consequências jurídicas idênticas.[23]

Assim, a característica fundamental do controle concreto ou incidental de normas parece ser seu desenvolvimento inicial no curso de um processo no qual a questão constitucional configura "antecedente lógico e necessário à declaração judicial que há de versar sobre a existência ou inexistência de relação jurídica".[24]

---

21. Klaus Schlaich, *Das Bundesverfassungsgericht*; 3ª ed., Stellung Verfahren, Entscheidungen, Munique, C. H. Beck, 1994, p. 92; Christian Pestalozza, *Verfassungsprozessrecht; die Verfassungsgerichtsbarkeit des Bundes und der Länder*, 3ª ed., Munique, C. H. Beck, 1991, p. 202. Cf. também: Mauro Cappelletti, *La Pregiudizialità Costituzionale nel Processo Civile*, 2ª ed., Milão, Giuffrè, 1972, pp. 4-10; Piero Calamandrei, "La illegittimità costituzionale delle leggi nel processo civile", in *Opere Giuridiche*, vol. 3, Nápoles, Morano, 1968, pp. 373 e ss.; Gustavo Zagrebelsky, *La Giustizia Costituzionale*, Bolonha, Il Mulino, 1979, pp. 84 e ss.

22. Klaus Schlaich, *Das Bundesverfassungsgericht*, 3ª ed., p. 92; Christian Pestalozza, *Verfassungsprozessrecht* ..., 3ª ed., p. 202; Hartmut Söhn, "Die abstrakte Normenkontrolle", in Christian Starck (org.), *Bundesverfassungsgericht und Grundgesetz*, 1ª ed., vol. 1, Tübingen, Mohr, 1970, p. 296; Theodor Maunz e outros, *Bundesverfassungsgerichtsgesetz; Kommentar*, Munique, C. H. Beck, outubro/1985, § 13, n. 58.

23. Klaus Schlaich, *Das Bundesverfassungsgericht*, 3ª ed., pp. 91-92. Cf. Lei do *Bundesverfassungsgericht*, §§ 31, (1) e (2) (efeito vinculante e geral), e 78 (nulidade).

24. Alfredo Buzaid, "*Juicio de amparo* ...", *Revista de Direito Processual Civil* 5/69. Cf. também: Gustavo Zagrebelsky, *La Giustizia Costituzionale*, p. 84; Mauro Cappelletti, *La Pregiudizialità* ..., 2ª ed., pp. 4-10.

Como observado, a Constituição de 1934 consagrou a competência do Senado Federal para suspender a execução de qualquer lei ou ato declarado inconstitucional pelo STF (art. 91, IV, c/c o art. 96). E, no art. 179, condicionou a declaração de inconstitucionalidade pelos Tribunais ao sufrágio da maioria absoluta.

Tais modificações são reveladoras de nítida diferenciação no âmbito do controle difuso de constitucionalidade.

Embora preservasse a competência do juiz singular para apreciar a questão constitucional, o constituinte estabelecia pressupostos para a declaração de inconstitucionalidade das leis pelos Tribunais. Em verdade, o anteprojeto da Comissão Constitucional atenuava ou até retirava o caráter difuso da declaração de inconstitucionalidade da lei federal, concentrando a decisão final no STF.[25]

A proposta foi rejeitada, introduzindo-se em seu lugar a exigência do *quorum* especial para a declaração de inconstitucionalidade.

Subordinou-se a eficácia *erga omnes* da decisão do STF que declarasse a inconstitucionalidade da lei ou ato à resolução do Senado Federal

Essa atribuição reconhecida ao Senado mereceu crítica de Araújo Castro, que entendia indevido o deslocamento da matéria da esfera judiciária.[26] Ressalte-se que, na Assembleia Constituinte, o deputado Godofredo Vianna apresentou emenda do seguinte teor: "Sempre que o Supremo Tribunal declarar, em mais de um aresto, a inconstitucionalidade de uma lei, esta será considerada como inexistente. O Procurador-Geral da República fará publicar a última decisão no órgão oficial da União e no Estado, a fim de que comece a obrigar nos prazos estabelecidos pela lei civil".[27]

Não obstante, o sistema de declaração de inconstitucionalidade por todos os juízes e Tribunais – exigida, no caso destes, a observância do *quorum* especial – e a suspensão pelo Senado Federal do ato declarado inconstitucional pelo STF foram incorporados pela Constituição de 1946 (arts. 101, III, "b" e "c", 200 e 64), pela Constituição de 1967/1969 (arts. 119, III, "a", "b" e "c", 116 e 42, VII) e pela Constituição de 1988 (arts. 97 e 52, X).

---

25. Araújo Castro, *A Nova Constituição Brasileira*, Rio de Janeiro, Freitas Bastos, 1935, p. 249.

26. Idem, p. 247.

27. *Apud* Araújo Castro, *A Nova Constituição Brasileira*, p. 247.

2. *Pressupostos de admissibilidade do controle concreto*

Requisitos subjetivos – O controle de constitucionalidade concreto ou incidental, tal como desenvolvido no direito brasileiro, é exercido por qualquer órgão judicial, no curso de processo de sua competência.[28] A decisão, que "não é feita enquanto manifestação sobre o objeto principal da lide, mas sim sobre questão prévia, indispensável ao julgamento do mérito",[29] tem o condão, apenas, de afastar a incidência da norma viciada. Daí recorrer-se à suspensão de execução, pelo Senado, de leis ou decretos declarados inconstitucionais pelo STF (CF de 1967/1969, art. 42, VII – orientação inalterada pelo ordenamento constitucional de 1988, art. 52, X).[30]

A questão de constitucionalidade há de ser suscitada pelas partes ou pelo Ministério Público, podendo vir a ser reconhecida *ex officio* pelo juiz ou Tribunal.[31] Todavia, perante o Tribunal a declaração de inconstitucionalidade somente poderá ser pronunciada "pelo voto da maioria absoluta de seus membros ou dos membros do respectivo Órgão Especial", disciplinado no art. 144, V, da CF de 1967/1969 (art. 93, XI, da CF de 1988).[32]

A exigência de maioria absoluta dos votos para a declaração de inconstitucionalidade de leis pelos Tribunais, introduzida pela Carta de 1934 (art. 179) e reproduzida nas subsequentes (CF de 1937, art. 96; CF de 1946, art. 200; CF de 1967/1969, art. 116; CF de 1988, art. 97), deu ensejo a acesa polêmica sobre a possibilidade de o juiz singular pronunciar-se sobre a inconstitucionalidade.[33] Prevaleceu,

28. Lúcio Bittencourt, *O Controle Jurisdicional da Constitucionalidade das Leis*, 2ª ed., Rio de Janeiro, Forense, 1968, pp. 36-37 e 46.

29. Celso Bastos, *Curso de Direito Constitucional*, 22ª ed., p. 556; Alfredo Buzaid, "*Juicio de amparo* e mandado de segurança", *Revista de Direito Processual Civil* 5/69.

30. A amplitude emprestada ao controle abstrato de normas e a adoção de novos institutos – como o mandado de injunção – permitem indagar se não seria mais coerente reconhecer eficácia *erga omnes* à pronúncia de inconstitucionalidade proferida incidentalmente pelo STF. Não há dúvida de que já não mais subsistem as razões que determinaram a adoção desse instituto pelo direito constitucional brasileiro.

31. Lúcio Bittencourt, *O Controle Jurisdicional ...*, 2ª ed., p. 113.

32. Esse princípio foi mantido na CF de 1988, art. 97.

33. Nesse sentido, Martins de Oliveira, "Inconstitucionalidade das leis ...", *RF* 65/170; Vicente Chermont Miranda, "Inconstitucionalidade e incompetência do juiz

todavia, o entendimento que afirmava a competência do juiz singular para apreciar a controvérsia constitucional.[34]

Requisitos objetivos – Não existe uma disciplina minudente da questão constitucional no controle *incidenter tantum*.

O Decreto 848/1890, como observado, consagrou fórmula segundo a qual, "na guarda e aplicação da Constituição e leis federais, a Magistratura federal só intervirá em espécie e por provocação da parte". E a Lei de Organização da Justiça Federal estabeleceu, no art. 13, § 10, que "os juízes e Tribunais não aplicarão aos casos ocorrentes as leis e regulamentos manifestamente inconstitucionais". Os Textos Magnos passaram a exigir, a partir de 1934, que a declaração de inconstitucionalidade nos Tribunais somente fosse proferida pelo voto da maioria absoluta dos juízes.

A *questão constitucional* mereceu pouca atenção do legislador. A exigência quanto à declaração de inconstitucionalidade dos atos manifestamente inconstitucionais não foi recebida pela legislação subsequente, tendo-se assentado, entre nós, como regra de bom aviso, que recomenda ao juiz um mínimo de *self-restraint*.[35] Esse postulado conjuga-se, normalmente, com a máxima segundo a qual "o juiz deve abster-se de se manifestar sobre a inconstitucionalidade toda vez que, sem isso, possa julgar a causa e restaurar o direito violado".[36] Sem infirmar a valia desse princípio como referencial de autolimitação para o juiz, deve-se reconhecer que o STF já não lhe empresta adesão, conforme se depreende do disposto no art. 176 do Regimento Interno. Anteriormente já havia sustentado Lúcio Bittencourt que, "sempre que, legitimamente, o exame da constitucionalidade se apresente útil ou conveniente para a decisão da causa, não devem os Tribunais fugir à tese".[37]

---

singular", *RF* 92/582; Alcides de Mendonça Lima, "Competência para declarar a inconstitucionalidade das leis", *RF* 123/347 e 352.

34. Lúcio Bittencourt, *O Controle Jurisdicional* ..., 2ª ed., pp. 36-38; Oswaldo Aranha Bandeira de Mello, *Teoria das Constituições Rígidas*, 2ª ed., São Paulo, José Bushatsky Editor, 1980, pp. 161-162.

35. Lúcio Bittencourt, *O Controle Jurisdicional* ..., 2ª ed., pp. 115-116; Themístocles Brandão Cavalcanti, *Do Controle da Constitucionalidade*, Rio de Janeiro, Forense, 1966, pp. 81-84. Cf. também a crítica de José de Castro Nunes, *Teoria e Prática do Poder Judiciário*, Rio de Janeiro, Forense, 1943, p. 591.

36. Lúcio Bittencourt, *O Controle Jurisdicional* ..., 2ª ed., pp. 116-118.

37. Idem, p. 118.

A lei processual de 1939 não continha disciplina específica sobre o controle de constitucionalidade.

O CPC de 1973 introduziu, nos arts. 480 a 482, breve disciplina do controle de constitucionalidade *incidenter tantum*, exercido por órgãos fracionários dos Tribunais.[38]

No CPC de 2015 a matéria encontra-se disciplinada nos arts. 948 a 950. Arguida, a qualquer tempo, a questão, o relator deverá submetê-la à Turma ou à Câmara competente para julgar o processo, após a audiência do órgão do Ministério Público e das partes (art. 948). Rejeitada a questão, terá prosseguimento o feito; acolhida, há de ser submetida ao Tribunal Pleno ou a seu Órgão Especial, onde houver (art. 949, II).

A arguição de inconstitucionalidade poderá ser rejeitada, no órgão fracionário, por *inadmissível* ou *improcedente*, nos termos seguintes: (a) a questão há de envolver ato de natureza normativa a ser aplicado à decisão da causa, devendo ser rejeitada a arguição de inconstitucionalidade de ato que não tenha natureza normativa ou não seja oriundo do Poder Público;[39] (b) a questão de inconstitucionalidade há de ser relevante para o julgamento da causa, afigurando-se "inadmissível a arguição impertinente, relativa a lei ou a outro ato normativo de que não dependa a decisão sobre o recurso ou a causa";[40] (c) a arguição será improcedente se o órgão fracionário, pela maioria de seus membros, rejeitar a alegação de desconformidade da lei com a norma constitucional.

O pronunciamento do órgão fracionário pela rejeição ou acolhimento da arguição de inconstitucionalidade é irrecorrível.[41] Rejeitada a arguição, "prosseguirá o julgamento", podendo o órgão fracionário aplicar à espécie a lei ou ato normativo acoimado de inconstitucional.

Acolhida a arguição, que poderá ser por maioria simples, "a questão será submetida ao Plenário do Tribunal ou ao seu Órgão Especial, onde houver" (art. 949, II, do CPC de 2015). Dá-se "a cisão funcional da competência: ao Plenário caberá pronunciar-se sobre

38. José Carlos Barbosa Moreira, *Comentários ao Código de Processo Civil*, vol. 5, Rio de Janeiro, Forense, 1973, p. 41; Pontes de Miranda, *Comentários ao Código de Processo Civil*, vol. 6, Rio de Janeiro, Forense, 1975, pp. 79 e ss.

39. José Carlos Barbosa Moreira, *Comentários ...*, vol. 5, p. 48.

40. José Carlos Barbosa Moreira, *Comentários ...*, vol. 5, p. 46; Pontes de Miranda, *Comentários ...*, vol. 6, p. 82.

41. Cf. Súmulas 293 e 513 do STF.

a constitucionalidade ou a inconstitucionalidade, e ao órgão fracionário, depois, à vista do que houver assentado o Plenário, decidir a espécie".[42]

Ressalta-se que, pelo regime do Código de Processo Civil de 2015, não mais se prevê a necessidade de o órgão fracionário lavrar acórdão para remeter a questão ao Plenário caso entenda procedente a alegação de inconstitucionalidade.[43] Assente-se que o Plenário somente pode pronunciar-se sobre o que efetivamente foi acolhido pelo órgão fracionário, sendo-lhe defeso emitir juízo sobre a questão julgada inadmissível ou rejeitada pela Turma ou Câmara. A arguição de inconstitucionalidade será acolhida se lograr reunir a *maioria absoluta dos votos*, pelo menos em relação a um dos vários fundamentos. Do contrário, independentemente do resultado da votação, as consequências são as mesmas.[44]

A decisão do Plenário, que é irrecorrível,[45] vincula o órgão fracionário no caso concreto, incorporando-se ao "julgamento do recurso ou da causa, como premissa inafastável".[46] Publicado o acórdão, reinicia-se o julgamento da *questão concreta* perante o órgão fracionário.

Acentue-se que a aplicação do art. 97 da CF de 1988 obriga a que se proceda à juntada do acórdão proferido no Pleno ou no Órgão Especial sobre a inconstitucionalidade da lei, sob pena de, no caso de interposição de recurso extraordinário, entender o STF que não pode conhecer do apelo extremo, por ausência de peça essencial para o julgamento definitivo. É o que se lê, *v.g.*, em precedente da relatoria do Min. Celso de Mello, no qual se acentua que "a ausência do acórdão plenário que reconheceu a ilegitimidade constitucional de atos normativos emanados do Poder Público impede – ante a essencialidade de que se reveste essa peça processual – que o STF aprecie, de modo adequado, a controvérsia jurídica suscitada".[47] A jurisprudência do Tribunal enfatiza não ser suficiente a transcri-

---

42. José Carlos Barbosa Moreira, *Comentários* ..., vol. 5, p. 50.

43. Essa exigência encontrava-se prevista no art. 481 do CPC de 1973.

44. José Carlos Barbosa Moreira, *Comentários* ..., vol. 5, p. 53.

45. Súmula 513 do STF; cf. também Súmula 293 do STF.

46. José Carlos Barbosa Moreira, *Comentários* ..., vol. 5, p. 54. Cf. Súmula 455 do STF: "Da decisão que se seguir ao julgamento de constitucionalidade pelo Tribunal Pleno são inadmissíveis embargos infringentes quanto à matéria constitucional".

47. RE/AgR 158.540, rel. Min. Celso de Mello, *DJU* 23.5.1997, p. 21.375.

ção do decidido pelo Órgão Especial ou pelo Plenário, ou a juntada do voto-condutor, porquanto "é no acórdão do Plenário que se há de buscar a motivação da decisão recorrida, com respeito à arguição de inconstitucionalidade".[48]

Ao contrário, se se trata de declaração incidente de constitucionalidade – e não de inconstitucionalidade –, "o acórdão do Plenário que, decidindo incidente suscitado em outro processo, já houver resolvido no mesmo sentido a prejudicial de inconstitucionalidade é mero precedente de jurisprudência, que não integra, formalmente, porém, a decisão da Câmara ou da Turma".[49] É que a competência para decidir pela constitucionalidade de lei é da Turma.[50]

Ressalte-se que, segundo a jurisprudência pacífica do STF, a declaração de inconstitucionalidade tanto poderá dar-se de forma explícita como de forma implícita, quando, *v.g.*, "afasta a incidência da norma ordinária pertinente à lide para decidi-la sob critérios diversos alegadamente extraídos da Constituição".[51]

Nesses casos, a questão que se põe refere-se à validade, ou não, da decisão de inconstitucionalidade, sendo muito comuns decisões que dão provimento ao recurso extraordinário para anular o julgamento e determinar que outro seja proferido pelo órgão competente, em razão de ofensa ao art. 97 da CF.

Tema também importante relaciona-se à necessidade – ou não – de se observar a regra do art. 97 da CF no caso de não aplicação de dada norma ou de não adoção de determinada interpretação sem afetar a expressão literal (declaração de inconstitucionalidade sem redução de texto).

Entendemos que também nesse caso se tem inequívoca declaração de inconstitucionalidade – e, por isso, obrigatória se afigura a observância do disposto no art. 97 da CF.

A propósito, o STF editou a Súmula Vinculante 10, segundo a qual: "Viola a cláusula de reserva de Plenário (CF, art. 97) a decisão de órgão fracionário de Tribunal que, embora não declare expressamente a inconstitucionalidade de lei ou ato normativo do Poder Público, afasta sua incidência, no todo ou em parte".

---

48. RE/AgR 164.569, rel. Min. Sepúlveda Pertence, *DJU* 4.2.1994, p. 923.

49. RE/AgR 149.478, rel. Min. Sepúlveda Pertence, *DJU* 23.4.1993, p. 6.926.

50. RE/AgR 161.475, rel. Min. Carlos Velloso, *DJU* 11.2.1994, p. 1.496.

51. 1ª Turma, RE 240.096, rel. Min. Sepúlveda Pertence, *DJU* 21.5.1999.

Outro ponto digno de nota refere-se à necessidade, ou não, de se provocar o Plenário ou o Órgão Especial do Tribunal toda vez que se renovar, em outro caso, a discussão sobre a constitucionalidade de uma lei que já teve sua legitimidade discutida no âmbito do Tribunal. O STF tem entendido que, fixada a orientação do Pleno ou do Órgão Especial, nos termos do art. 97 da CF, em um caso qualquer, poderá o órgão fracionário decidir como de direito, devendo guardar observância da decisão sobre a questão constitucional.[52]

Em outros termos, um novo procedimento na forma do art. 97 da CF somente seria necessário no caso de uma mudança de orientação por parte do próprio Tribunal.

Questão interessante apreciada pela jurisprudência do STF diz respeito à necessidade de se utilizar o procedimento previsto no art. 97 da CF por parte dos Tribunais ordinários na hipótese de existir pronunciamento da Suprema Corte que afirme a inconstitucionalidade da lei ou do ato normativo.

A 1ª Turma do STF teve a oportunidade de, por maioria de votos – vencido o Min. Celso de Mello[53] –, afirmar a dispensabilidade de se

52. RE 190.728, rel. para o acórdão Min. Ilmar Galvão, *DJU* 30.5.1997; RE 191.896, rel. Min. Sepúlveda Pertence, *DJU* 29.8.1997; RE/AgR 433.806, rel. Min. Sepúlveda Pertence, *DJU* 1.4.2005.

53. O voto do Min. Celso de Mello enfatiza os seguintes aspectos:

"O sistema de fiscalização incidental de constitucionalidade acha-se regido, no âmbito do STF, pelos arts. 176-177 e 101 de seu Regimento Interno, que foram recebidos, nesse ponto, pelo novo ordenamento constitucional, com força normativa de lei.

"Tratando-se, no entanto, dos demais Tribunais judiciários, o controle de constitucionalidade pelo sistema difuso está disciplinado pelos arts. 480 a 482 do CPC, *[de 1973]* em normas que, ao contrário do que prescreve o art. 101 do Regimento Interno do STF, não atribuem à decisão emanada do Plenário caráter vinculante fora do âmbito daquele específico processo em que foi suscitada, concretamente, a arguição incidental.

"Daí a observação feita por José Carlos Barbosa Moreira, que, ao tratar do tema pertinente à eficácia da decisão plenária proferida no julgamento da questão prejudicial de inconstitucionalidade, esclarece, com inteira propriedade, que:

"'A decisão do Plenário (ou do Órgão Especial), num sentido ou noutro, é naturalmente vinculativa para o órgão fracionário, no caso concreto. Mais exatamente, a solução dada à prejudicial incorpora-se no julgamento do recurso ou da causa, como premissa inafastável.

"'Nenhuma regra legal existe, porém, que a torne obrigatória *ad futurum*. Se a inconstitucionalidade foi declarada, o órgão fracionário não pode deixar de levá-la em

encaminhar o tema constitucional ao Plenário do Tribunal desde que o Supremo já se tenha pronunciado sobre a constitucionalidade ou a inconstitucionalidade da lei questionada.

É o que se pode depreender do voto proferido pelo Min. Ilmar Galvão, designado Redator para o acórdão:

> "Esta nova e salutar rotina que, aos poucos, vai tomando corpo – de par com aquela anteriormente assinalada, fundamentada na esteira da orientação consagrada no art. 101 do Regimento Interno do STF, onde está prescrito que 'a declaração de constitucionalidade ou inconstitucionalidade de lei ou ato normativo, pronunciada por maioria qualificada, aplica-se aos novos feitos submetidos às Turmas ou ao Plenário' –, além de, por igual, não merecer a censura de ser afrontosa ao princípio insculpido no art. 97 da CF, está em perfeita consonância não apenas com o princípio da economia processual, mas também com o da

---

conta ao decidir; mas, ressuscitada que seja a questão a propósito de *outro* recurso ou de *outra* causa da sua competência originária, ou devolvida por força do art. 475, fica o órgão fracionário, à luz do Código, livre de entender constitucional a mesma lei ou o mesmo ato e, sendo o caso, aplicar este ou aquela à nova espécie. Se não se declarou a inconstitucionalidade, nenhum dispositivo do Código obsta a que, noutro feito, volte a arguição a ser suscitada, acolhida pelo órgão fracionário e, eventualmente, pelo próprio Tribunal Pleno, ou pelo 'Órgão Especial'. No plano da lei, a eficácia do pronunciamento é só intraprocessual.

"'Não há que cogitar aqui de *auctoritas rei iudicatae*. O Código expressamente limita a extensão objetiva da coisa julgada ao julgamento da lide (art. 468) e exclui desse âmbito 'a apreciação da questão prejudicial, decidida incidentemente no processo' (art. 469, III)' (*Comentários ao Código de Processo Civil*, vol. 42, item 37, 6ª ed., 1993, Forense – grifei).

"A disciplina ritual que rege a declaração incidental de inconstitucionalidade, especialmente no ponto em que se impunha a atuação do princípio da reserva de Plenário, não foi observada no caso presente.

"Como já enfatizado, o acórdão ora questionado nesta sede recursal extraordinária – e que veiculou *declaração de inconstitucionalidade* de ato de caráter legislativo – emanou de simples órgão *fracionário* do Tribunal *a quo*, circunstância, esta, que faz transparecer, de modo evidente, o claro descumprimento, no caso em análise, do postulado constitucional da reserva de Plenário consagrado pelo art. 97 da Constituição.

"Sendo assim, *conheço* e *dou provimento* ao recurso extraordinário fundado no art. 102, III, 'a', da Constituição, para, *cassando o acórdão ora impugnado*, determinar que o órgão fracionário do Tribunal *a quo* – tendo presente a disciplina ritual fixada pelo Código de Processo Civil (arts. 480-482) e, *sobretudo*, a regra inscrita no art. 97 da Carta Política – proceda como entender de direito" (RE 190.728, *DJU* 30.5.1997).

segurança jurídica, merecendo, por isso, todo encômio, como procedimento que vem ao encontro da tão desejada racionalização orgânica da instituição judiciária brasileira.

"Tudo, portanto, está a indicar que se está diante de norma que não deve ser aplicada com rigor literal, mas, ao revés, tendo-se em mira a finalidade objetivada, o que permite a elasticidade do seu ajustamento às variações da realidade circunstancial."[54]

Na ocasião acentuou-se que referido entendimento fora igualmente adotado pela 2ª Turma, como consta da ementa do acórdão proferido no AI/AgR 168.149, da relatoria do Min. Marco Aurélio:

"Versando a controvérsia sobre ato normativo já declarado inconstitucional pelo guardião maior da Carta Política da República – o STF –, descabe o deslocamento previsto no art. 97 do referido Diploma Maior. O julgamento de plano pelo órgão fracionário homenageia não só a racionalidade, como também implica interpretação teleológica do art. 97 em comento, evitando a burocratização dos atos judiciais no que nefasta ao princípio da economia e da celeridade. A razão de ser do preceito está na necessidade de evitar-se que órgãos fracionários apreciem, pela vez primeira, a pecha de inconstitucionalidade arguida em relação a um certo ato normativo".[55]

Orientação semelhante foi reafirmada em decisão na qual se explicitou que "o acórdão recorrido deu aplicação ao decidido pelo STF nos RE ns. 150.755-PE e 150.764-PE", não havendo necessidade, por isso, de a questão ser submetida ao Plenário do Tribunal.[56]

Em acórdão de 22.8.1997 houve por bem o Tribunal ressaltar, uma vez mais, que a reserva de Plenário da declaração de inconstitucionalidade de lei ou ato normativo funda-se na presunção de constitucionalidade que os protege, somada a razões de segurança jurídica. Assim sendo, "a decisão plenária do Supremo Tribunal declaratória de inconstitucionalidade de norma, posto que incidente, sendo pressuposto necessário e suficiente a que o Senado lhe confira efeitos *erga omnes*, elide a presunção de sua constitucionalidade; a partir daí, podem os órgãos parciais dos outros Tribunais acolhê-la

---

54. *DJU* 30.5.1997.

55. Rel. Min. Marco Aurélio, *DJU* 4.8.1995, p. 22.520.

56. AI/AgR 167.444, rel. Min. Carlos Velloso, *DJU* 15.9.1995, p. 29.537.

para fundar a decisão de casos concretos ulteriores, prescindindo de submeter a questão de constitucionalidade ao seu próprio Plenário".[57]

Tal posição sinaliza uma (ainda que tímida) equiparação entre os efeitos da declaração de inconstitucionalidade em sede de controle incidental com os efeitos da declaração em controle concentrado. Decide-se autonomamente com fundamento na declaração de inconstitucionalidade (ou de constitucionalidade) do STF proferida *incidenter tantum*.

A Lei 9.756, de 17.12.1998, introduziu parágrafo único ao art. 481 da Lei 5.869/1973 (Código de Processo Civil), que positivou a orientação jurisprudencial acima referida:

> "Art. 481. (...).
> "Parágrafo único. Os órgãos fracionários dos Tribunais não submeterão ao Plenário, ou ao Órgão Especial, a arguição de inconstitucionalidade quando já houver pronunciamento destes ou do Plenário do Supremo Tribunal Federal sobre a questão."

Essa sistemática também foi acolhida no parágrafo único do art. 949 do CPC de 2015 nos seguintes termos:

> Art. 949. (...)
> Parágrafo único. Os órgãos fracionários dos tribunais não submeterão ao Plenário ou ao Órgão Especial a arguição de inconstitucionalidade quando já houver pronunciamento destes ou do Plenário do Supremo Tribunal Federal sobre a questão.

A fórmula adotada consagra *in totum* a jurisprudência do STF sobre a matéria, assentando a dispensabilidade da submissão da questão constitucional ao Tribunal Pleno ou ao Órgão Especial na hipótese de o próprio Tribunal já ter adotado posição sobre o tema ou, ainda, no caso de o Plenário do STF já se ter pronunciado sobre a controvérsia (declaração de inconstitucionalidade).

E se o STF se tiver manifestado no sentido da constitucionalidade da norma declarada inconstitucional pelo Tribunal *a quo* haverá necessidade da juntada do acórdão (da declaração de inconstitucionalidade) para que o recurso extraordinário seja conhecido?

---

57. RE 191.898, rel. Min. Sepúlveda Pertence, *DJU* 22.8.1997, p. 38.781.

No RE 196.752 indagou-se sobre a cognoscibilidade do recurso extraordinário interposto contra acórdão que declarara a inconstitucionalidade de lei sem que houvesse a necessária juntada do acórdão do incidente de inconstitucionalidade. Tratava-se de declaração de inconstitucionalidade de norma reconhecida como constitucional pelo STF.

O Min. Pertence, no seu voto, sustentou:

> "Tenho julgado na Turma diversos casos desses, em que se alega que a aplicação do novo art. 481 – provavelmente nem vigente no caso, porque é recente, no RE n. 196.000, velho – pressupõe que o órgão parcial do Tribunal *a quo* vá aplicar o precedente do STF. Não quando ele julga contra o Supremo.
>
> "O Supremo declarou a constitucionalidade ou a inconstitucionalidade da lei 'A'". Esta lei vem à tela num julgamento de Turma, de Câmara, de um Tribunal de segundo grau. O Tribunal teria, pelo sistema antigo do Código, que, considerando relevante a arguição, submetê-la ao Pleno ou ao Órgão Especial, e aí julgar vinculadamente ao Órgão Especial. Veio a lei e disse: 'Isso tudo é inútil, porque já se pronunciou a respeito o STF. Então, para decidir de acordo com o STF – é assim que leio o dispositivo –, não é preciso que se manifeste o Órgão Plenário'".
>
> "Agora, se a Turma vai decidir contra o STF, e nesse sentido ela tem uma decisão plenária daquela Casa, ela está vinculada a ela.
>
> "A decisão foi contrária. Nós declaramos a constitucionalidade, o Plenário do Tribunal Regional declarou a inconstitucionalidade, provavelmente já teria declarado a inconstitucionalidade quando nós decidimos o caso, e a Turma aplicou a decisão plenária deles, cuja fundamentação nós não conhecemos.
>
> "Então, mantenho, *data venia*, a minha decisão."[58]

Não parece que assim deva ser.

Se o órgão fracionário não está obrigado a submeter ao Plenário do Tribunal a questão de constitucionalidade quando já houver pronunciamento do STF sobre a questão no sentido de inconstitucionalidade (nos termos do parágrafo único do art. 949 do CPC de 2015[59])

---

58. Voto do Relator, Min. Sepúlveda Pertence, no RE/AgR 196.752, na sessão plenária de 6.5.2004. Julgamento não concluído.

59. Essa possibilidade já se encontrava prevista no parágrafo único do art. 481 do CPC de 1973.

– numa clara demonstração da força do entendimento emanado pela Corte no exercício da sua competência constitucional –, manter a citada exigência quando o STF já se pronunciou pela constitucionalidade da lei parece configurar desmedido formalismo.

Ressalte-se que, após o exame da constitucionalidade da norma pelo Pleno, não mais se espera qualquer modificação desse entendimento. Tanto assim que, quando se tratar de declaração de inconstitucionalidade, a partir desse momento é efetivada a pertinente comunicação ao Senado Federal. E, cuide-se de juízo de constitucionalidade ou de inconstitucionalidade, dá-se início à aplicação do disposto no art. 932, IV e suas alíneas, do CPC de 2015,[60] que – queiramos ou não – é uma forma brasileira de atribuição de efeito vinculante às decisões do STF.

É que a fixação de tese pelo Plenário da Suprema Corte, no julgamento de recurso extraordinário, no sentido da constitucionalidade, ou não, de determinada norma legal antecipa o efeito jurídico de seus julgados em sede de controle de constitucionalidade incidental. Até se poderia dizer que, se a decisão de inconstitucionalidade ainda depende da intervenção do Senado para ter eficácia *erga omnes*, a declaração de constitucionalidade proferida em sede de controle incidental pelo Plenário vale *per se*, independentemente de qualquer providência adicional.

Ora, se ao STF compete, precipuamente, a guarda da Constituição Federal, é certo que a interpretação do texto constitucional por ele fixada deve ser acompanhada pelos demais Tribunais, em decorrência do efeito definitivo outorgado à sua decisão.

Não se pode diminuir a eficácia das decisões do STF com a manutenção de decisões divergentes. De resto, a manutenção de soluções divergentes sobre o mesmo tema em instâncias inferiores provocaria, além da desconsideração do próprio conteúdo da decisão desta Corte, última intérprete do texto constitucional, o enfraquecimento da força normativa da Constituição.

Tendo o STF fixado a tese sobre a constitucionalidade de determinada norma, dificilmente se poderá alegar que os fundamentos da declaração incidental de inconstitucionalidade utilizados pelo Órgão Especial do Tribunal de origem eram desconhecidos. É que este Tribunal terá considerado, certamente, os diversos fundamentos

60. Essa possibilidade já se encontrava prevista no art. 557 CPC de 1973.

do julgamento do incidente de inconstitucionalidade pela Corte *a quo*. Dessa forma, a manifestação do Pleno do STF será a definitiva a respeito da questão.

Assim, caso não seja dispensada a juntada, o STF estaria mantendo uma decisão do Tribunal de origem contrária à orientação por ele firmada – e, consequentemente, colaborando para a sobrecarga de trabalho no Poder Judiciário, pois não restaria outra opção à parte prejudicada senão o ajuizamento de ação rescisória.

Ressalte-se que a dispensa de juntada da decisão no incidente de inconstitucionalidade deve limitar-se aos casos em que o Tribunal tenha apreciado e fixado tese a respeito da constitucionalidade, ou não, da norma declarada inconstitucional pela Corte *a quo*.

Nesses termos, pouco importa que a decisão do Tribunal de origem tenha sido proferida antes daquela do STF no *leading case*, pois, inexistindo trânsito em julgado e estando a controvérsia constitucional submetida à análise deste Tribunal, não há qualquer óbice para a aplicação do entendimento fixado pelo órgão responsável pela guarda da Constituição Federal.

Todavia, naqueles casos em que o STF não houver proferido juízo sobre a adequação constitucional de determinada regra legal, prevalece o entendimento quanto à necessidade de juntada da decisão no incidente de inconstitucionalidade exarado pelo órgão jurisdicional com competência para tanto (art. 97 da CF de 1988), pois essa fundamentação passa a ser necessária quando do exame do recurso extraordinário, conforme reiterada jurisprudência da Corte.[61]

Assim, segundo essa orientação, que encontra respaldo na atual redação do parágrafo único do art. 949 do CPC de 2015,[62] se o Tribunal já houver analisado controvérsia sobre a constitucionalidade de determinada norma, bastaria que o acórdão recorrido extraordinariamente contivesse elementos suficientes para a verificação da identidade entre a matéria debatida no Tribunal de origem e a apreciada na Suprema Corte. Este seria, portanto, o prequestionamento exigido para o conhecimento do recurso extraordinário interposto pela alínea "b" do permissivo constitucional.

61. RE/AgR 158.540, rel. Min. Celso de Mello, *DJU* 23.5.1997.

62. O dispositivo apresenta a mesma redação do parágrafo único do art. 481 do revogado CPC de 1973.

Merece destaque a situação específica dos Juizados Especiais, em que os recursos são julgados pela Turma Recursal, inexistindo Órgão Especial a que possa ser enviada a questão constitucional. A 2ª Turma do STF teve a oportunidade de declarar por unanimidade, nos termos do voto do Relator, Min. Cezar Peluso:

> "A regra da chamada reserva do Plenário para declaração de inconstitucionalidade (art. 97 da CF) não se aplica, deveras, às Turmas Recursais de Juizado Especial. Mas tal circunstância em nada atenua nem desnatura a rigorosa exigência de juntada de cópia integral do precedente que tenha, ali, pronunciado a inconstitucionalidade de norma objeto de recurso extraordinário fundado no art. 102, III, 'b', da Constituição da República, pela mesmíssima razão por que, a igual título de admissibilidade do recurso, não se dispensa juntada de cópia de acórdão oriundo do Plenário".[63]

Nos casos de declaração de inconstitucionalidade por Turmas Recursais de Juizados Especiais dispensa-se – até mesmo por impossibilidade – a exigência da reserva de plenário.[64]

Participação de "amicus curiae", do Ministério Público e de outros interessados no incidente de inconstitucionalidade perante os Tribunais – Diante dos múltiplos aspectos que envolvem a própria argumentação relacionada com os fundamentos da inconstitucionalidade, sustentamos a razoabilidade – se não a obrigatoriedade – de que se reconhecesse a todos aqueles que participam de demandas semelhantes no âmbito do primeiro grau o direito de participação no julgamento a ser levado a efeito pelo Pleno ou pelo Órgão Especial do Tribunal. Idêntica participação deveria ser deferida ao Ministério Público e à pessoa jurídica de direito público responsável pela edição do ato normativo.

Essa proposta acabou sendo incorporada ao texto do art. 482 do CPC de 1973, com a redação dada pela Lei 9.868/1999 (art. 29):

> "Art. 482. (...).
>
> "§ 1º. O Ministério Público e as pessoas jurídicas de direito público responsáveis pela edição do ato questionado, se assim o requererem,

63. AI/AgR-ED 560.036, *DJU* 23.11.2007.

64. Tribunal Pleno, RE 418.918, rela. Min. Ellen Gracie, *DJe* 30.3.2005.

poderão manifestar-se no incidente de inconstitucionalidade, observados os prazos e condições fixados no Regimento Interno do Tribunal.

"§ 2º. Os titulares do direito de propositura referidos no art. 103 da Constituição poderão manifestar-se, por escrito, sobre a questão constitucional objeto da apreciação pelo Órgão Especial ou pelo Pleno do Tribunal, no prazo fixado em Regimento, sendo-lhes assegurado o direito de apresentar memoriais ou de pedir a juntada de documentos.

"§ 3º. O relator, considerando a relevância da matéria e representatividade dos postulantes, poderá admitir, por despacho irrecorrível, a manifestação de outros órgãos ou entidades."

Disposição semelhante atualmente se encontra prevista no art. 950 do CPC de 2015, nos termos seguintes:

> Art. 950. Remetida cópia do acórdão a todos os juízes, o presidente do tribunal designará sessão de julgamento.
>
> § 1º. As pessoas jurídicas de direito público responsáveis pela edição do ato questionado poderão manifestar-se no incidente de inconstitucionalidade se assim o requererem, observados os prazos e as condições previstos no regimento interno do tribunal.
>
> § 2º. A parte legitimada à propositura das ações previstas no art. 103 da Constituição Federal poderá manifestar-se, por escrito, sobre a questão constitucional objeto de apreciação, no prazo previsto pelo regimento interno, sendo-lhe assegurado o direito de apresentar memoriais ou de requerer a juntada de documentos.

Nesse passo, vê-se que a Lei 9.868/1999, cujas inovações foram acolhidas pelo Código de Processo Civil de 2015, conferiu estrutura plural e aberta ao procedimento de controle incidental.

A alteração introduzida pela referida lei e repisada no Código de Processo Civil de 2015 admite a manifestação, no incidente de inconstitucionalidade, do Ministério Público, das pessoas jurídicas responsáveis pela edição do ato e dos titulares de direito de propositura na ação direta de inconstitucionalidade, observados os prazos e condições fixados no Regimento Interno do Tribunal.

Quanto ao Ministério Público, há de se entender que seu pronunciamento afigura-se obrigatório no incidente de inconstitucionalidade. O art. 178, I, do CPC de 2015 preconiza sua intervenção nas causas em que presente o interesse público ou social.

A manifestação da pessoa jurídica de direito público responsável pela edição da norma questionada (União, Estado, Município) permite que a Corte analise a controvérsia constitucional com conhecimento das razões que embasaram a edição do ato normativo.

A lei e o novo Código de Processo Civil consagraram, igualmente, o direito de manifestação aos legitimados para a propositura da ação direta de inconstitucionalidade, facultando-lhes apresentar memoriais ou pedir a juntada de documentos.

O § 3º do art. 950 do CPC de 2015[65] confere ao relator do incidente de inconstitucionalidade a faculdade de admitir, tendo em vista a relevância do objeto e a representatividade dos eventuais requerentes, a manifestação de outros órgãos e entidades na condição de *amici curiae*.[66]

A norma foi reproduzida em dispositivo legal que disciplina especificamente o recurso extraordinário. O § 4º do art. 1.035 do Código de Processo Civil de 2015 estabelece que o relator poderá admitir, na análise da repercussão geral, a manifestação de terceiros, subscrita por procurador habilitado.[67] Ressalte-se que o art. 138 do mesmo código ampliou a participação da figura do *amicus curiae*, passando a admitir, nessa qualidade, até mesmo pessoas físicas.

Embora a legislação tenha consagrado a irrecorribilidade da decisão, tal como nos casos de admissão de *amicus curiae* no controle abstrato de normas,[68] afigura-se inequívoco que se deu passo significativo na estrutura de um processo de controle incidental aberto e plural, no qual as diferentes visões sobre a questão constitucional posta poderão revelar-se de forma integral.

Ademais, o Regimento Interno do STF, na redação dada pela Emenda Regimental 29/2009, prevê para o presidente ou relator, em

---

65. O dispositivo apresenta a mesma redação do § 3º do art. 482 do CPC de 1973, com a redação dada pela Lei 9.868/1997.

66. No RE 416.827 (rel. Min. Gilmar Mendes) o Plenário do Tribunal, em questão de ordem, admitiu a participação de *amici curiae*, vencidos os Mins. Marco Aurélio, Eros Grau e Cézar Peluso (*DJU* 26.10.2007; cf. também RE 415.454, rel. Min. Gilmar Mendes, *DJU* 26.10.2007).

67. Disposição semelhante poderia ser encontrada no art. 543-A, § 6º, do CPC de 1973, com a redação dada pela Lei 11.418, de 19.12.2006.

68. Art. 7º, § 2º, da Lei 9.868/1999: "O relator, considerando a relevância da matéria e a representatividade dos postulantes, poderá, por despacho irrecorrível, admitir, observado o prazo fixado no parágrafo anterior, a manifestação de outros órgãos ou entidades".

relação aos processos de sua competência, a atribuição de convocar audiência pública para ouvir o depoimento de pessoas com experiência e autoridade em determinada matéria sempre que entender necessário o esclarecimento de questões ou circunstâncias de fato, com repercussão geral e de interesse público relevante, debatidas no âmbito do Tribunal (arts. 13, XVII e XVIII, e 21, XVII e XVIII, do Regimento Interno do STF).

A opção trazida pela Lei 9.756/1998 ao art. 481, parágrafo único, do CPC de 1973 – mantida pelo parágrafo único do art. 949 do CPC de 2015 – parece coerente com a orientação adotada pelo STF, segundo a qual, decidido o incidente pelo Órgão Especial ou pelo Plenário, ficarão os órgãos fracionários dispensados de submeter a controvérsia a novo exame.

Tal entendimento acaba por fixar um *efeito vinculante* ***interna corporis*** (limitado ao âmbito do próprio Tribunal). Assim sendo, afigura-se fundamental que os diversos contendores interessados na controvérsia constitucional possam participar do debate por ocasião da apreciação do tema no âmbito do Plenário ou do Órgão Especial.

Tem-se, assim, oportunidade para uma efetiva abertura do processo de controle de constitucionalidade incidental, que passa também, nesse ponto, a ter estrutura semelhante à dos processos de índole estritamente objetiva (ação direta de inconstitucionalidade, ação declaratória de constitucionalidade e arguição de descumprimento de preceito fundamental).

Controle incidental de normas e parâmetro de controle – De modo diverso do que se verifica com o controle abstrato de normas, que tem como parâmetro de controle a Constituição vigente, o controle incidental realiza-se em face da Constituição sob cujo império foi editada a lei ou o ato normativo. Assim, não é raro constatar-se a declaração de inconstitucionalidade de uma norma editada sob a vigência e em face da Constituição de 1967/1969.[69]

No julgamento do RE 148.754[70] o STF reafirmou o entendimento no sentido de que a constitucionalidade de normas jurídicas

69. Cf.: RE 148.754, rel. para o acórdão Min. Francisco Rezek, *DJU* 4.3.1994; RE 290.079, rel. Min. Ilmar Galvão, *DJU* 4.4.2003; e RE 269.700, rel. para o acórdão Min. Ilmar Galvão, *DJU* 23.5.2003.

70. Rel. Min. Francisco Rezek, *DJU* 4.3.1994.

que foram promulgadas antes da entrada em vigor da Constituição de 1988 deve ser aferida, na via de controle difuso, de acordo com a Constituição vigente à sua época.

Nesse caso, aplicam-se a exigência quanto ao *quorum* especial (CF, art. 97) e as regras sobre a suspensão de execução da lei (CF, art. 52, X).

Controle de legitimidade do direito pré-constitucional: recepção ou revogação – Eventual colisão entre o direito pré-constitucional e a nova Constituição deve ser simplesmente resolvida segundo os princípios de direito intertemporal.[71] Assim, caberia à jurisdição ordinária, tanto quanto ao STF, examinar a vigência do direito pré-constitucional no âmbito do controle incidente de normas, uma vez que nesse caso se cuidaria, na terminologia civilista, de simples aplicação do princípio *lex posterior derogat priori*, e não propriamente de um exame de constitucionalidade.

Registrem-se duas peculiaridades dessa análise de aplicação de normas no tempo: não aplicação da cláusula de reserva de Plenário (art. 97 da CF) e da fórmula de comunicação ao Senado (art. 52, X, da CF) ao controle de legitimidade da lei pré-constitucional em face da Constituição. Esses procedimentos são específicos do controle de constitucionalidade, e a nova ordem constitucional revoga a norma por ela não recebida por motivo de incompatibilidade material.

No julgamento da ADI 2 (rel. Min. Paulo Brossard, Tribunal Pleno, *DJU* 21.11.1997) o STF não conheceu da ação por impossibilidade jurídica do pedido e assentou que o vício da inconstitucionalidade é congênito à lei e há de ser apurado em face da Constituição vigente ao tempo de sua elaboração.

Nesse contexto, entretanto, é importante consignar a possibilidade de utilização da arguição de descumprimento de preceito fundamental, prevista no § 1º do art. 102 da CF, como meio de provocar o controle de legitimidade do direito pré-constitucional em face da Constituição perante o STF.

A ação foi regulamentada pela Lei 9.882/1999 – Lei da Arguição de Descumprimento de Preceito Fundamental –, segundo a qual ela poderá ser utilizada para, de forma definitiva e com eficácia geral,

---

71. Rp 1.012-SP, rel. Min. Moreira Alves, *RTJ* 95/990.

solver controvérsia relevante sobre a legitimidade do direito ordinário pré-constitucional em face da Constituição de 1988 (art. 1º).

Com isso, surge controle concentrado (da ilegitimidade ou recepção pela nova ordem) para as normas pré-constitucionais, que não podem ser apreciadas na via da ação direta de inconstitucionalidade, consoante jurisprudência pacífica do STF.

3. *O controle incidental de normas no STF*

Considerações preliminares – A disciplina do controle incidental de constitucionalidade perante o STF sofreu significativa mudança. Traduzindo as concepções então vigentes, o Regimento Interno do STF de 1940 consagrava, no art. 85, parágrafo único: "Se por ocasião do julgamento de qualquer feito se verificar que é imprescindível decidir-se sobre a constitucionalidade ou não de alguma lei, ou de certa e determinada disposição nela contida, ou de ato do Presidente da República, o Tribunal, por proposta do relator, ou de qualquer de seus membros, ou a requerimento do Procurador-Geral, depois de findo o relatório, suspenderá o julgamento para deliberar na sessão seguinte, preliminarmente, sobre a arguida inconstitucionalidade, como prejudicial".

O art. 86 do Regimento previa que, se a arguição de inconstitucionalidade ocorresse perante qualquer das Turmas, competia ao Tribunal Pleno julgar a prejudicial de inconstitucionalidade da lei ou ato impugnado.

O atual Regimento do STF consagra, no art. 176: "Arguida a inconstitucionalidade de lei ou ato normativo federal, estadual ou municipal, em qualquer outro processo submetido ao Plenário, será ela julgada em conformidade com o disposto nos arts. 172 a 174, depois de ouvido o Procurador-Geral".

Não mais se enfatiza a imprescindibilidade do julgamento da questão para a decisão do caso concreto, afigurando-se suficiente a arguição de inconstitucionalidade. Nos processos de competência das Turmas dar-se-á a remessa do feito ao julgamento do Plenário em caso de relevante arguição de inconstitucionalidade (Regimento Interno do STF, art. 176, § 1º, c/c o art. 6º, II, "a").

O julgamento da matéria exige quórum de oito ministros (Regimento Interno do STF, art. 143, parágrafo único), somente podendo ser proclamada a constitucionalidade ou a inconstitucionalidade do preceito ou ato impugnado se, num ou noutro sentido, se tiverem manifestado seis ministros (Regimento Interno do STF, art. 173, *caput*, c/c o art. 143).[72] Para completar o quórum no Plenário, em razão de impedimento ou licença superior a 30 dias, o Presidente do STF convocará o Ministro licenciado (Regimento Interno do STF, art. 40, com redação atualizada pela Emenda Regimental 35/2009).

Não será declarada a inconstitucionalidade se não for alcançada a maioria de seis votos (Regimento Interno do STF, art. 173, c/c o art. 174). Declarada, porém, a inconstitucionalidade, no todo ou em parte, serão comunicados os órgãos interessados, remetendo-se cópia autêntica da decisão ao Presidente do Senado Federal, para os fins do disposto no art. 52, X, da CF (Regimento Interno do STF, art. 178).

A declaração de constitucionalidade ou de inconstitucionalidade, firmada nos termos do art. 178 do Regimento Interno, aplica-se a todos os casos submetidos às Turmas ou ao Plenário (Regimento Interno do STF, art. 103, c/c o art. 11, I e II), assegurando-se, porém, a qualquer Ministro o direito de propor, em novos feitos, a revisão do entendimento assentado.

Evidentemente, no caso de declaração de inconstitucionalidade essa revisão não mais deverá ocorrer após a comunicação da decisão ao Senado Federal.

Ou, ainda que isto se afigure possível, em hipóteses excepcionalíssimas, não produzirá efeito algum a revisão da jurisprudência após a publicação da resolução suspensiva pelo Senado Federal. É este ato que, segundo a concepção dominante, atribui eficácia geral à declaração de inconstitucionalidade.

Possibilidade de declaração incidental de inconstitucionalidade pelo STF sem que se verifique a relevância da aplicação da lei ao caso concreto – Ao contrário do que se verifica nas demais

72. Interessante resultado de julgamento ocorreu quando da apreciação da ADI 4.167, rel. Min. Joaquim Barbosa, Tribunal Pleno, *DJe* 24.8.2011. No caso, o STF apreciava a questão do piso nacional dos professores da rede pública e sua jornada de trabalho. Ocorre que, ao apreciar o § 4º do art. 2º da Lei 11.738/2008, a votação ficou empatada, com cinco votos por sua constitucionalidade e cinco votos por sua inconstitucionalidade. Assim, a Corte julgou a ação improcedente, sem, contudo, conferir *efeito vinculante* à decisão.

instâncias, que só poderão declarar a inconstitucionalidade de norma que deva ser aplicada à causa, o STF entende possível que, verificada a inconstitucionalidade em sede de controle difuso, deva ele emitir juízo quanto à validade da norma ainda que esta se mostre dispensável à solução da controvérsia.

O STF já apreciou caso em que se alegou direito líquido e certo em face de ato do Presidente da República que designou prefeito *pro tempore*. A autoridade coatora fundamentou o ato com base na descaracterização do Município de Osório/RS enquanto "Município de interesse da segurança nacional", nos termos do Decreto-lei 2.183/1984.

O Min. Néri da Silveira (Relator) votou no sentido de que, tendo em vista a ilegalidade do ato presidencial, não haveria necessidade de examinar sua inconstitucionalidade, por ser a questão irrelevante para a resolução do caso concreto.

Na espécie, porém, o Tribunal adotou entendimento segundo o qual, uma vez suscitada a inconstitucionalidade de "lei federal" (em sentido amplo), a questão deveria ser apreciada, em razão da tarefa institucional de guardião da Constituição. A demanda foi resolvida, portanto, no sentido de se reconhecer o direito líquido e certo do impetrante, sob duplo fundamento: o da ilegalidade e o da inconstitucionalidade.[73]

Nessa mesma linha, em outro precedente,[74] o Tribunal assumiu a condição de titular da guarda da Constituição para examinar a constitucionalidade de outras normas, ainda que não interessasse ao recorrente. Tratava-se da apreciação de uma resolução do Senado Federal que versava matéria de alíquota de ICM. No caso, o Tribunal conheceu do recurso extraordinário do contribuinte e negou-lhe provimento, declarando, porém, a inconstitucionalidade da resolução questionada.

Outro caso relevante verificou-se em processo de homologação de sentença estrangeira originário do Reino da Espanha.[75] No caso concreto, apesar de a Corte, por unanimidade, ter homologado a referida sentença, entendeu-se que se impunha o exame, pelo Tribunal, da constitucionalidade de disposições da Lei de Arbitragem.

73. MS 20.505-DF, rel. Min. Néri da Silveira, j. 30.10.1985, *DJU* 8.11.1991.

74. RE 102.553-DF, rel. Min. Francisco Rezek, j. 21.8.1986, *DJU* 13.2.1987, *RTJ* 120/725.

75. SE/AgR 5.206, rel. Min. Sepúlveda Pertence, j. 12.12.2001, *DJU* 30.4.2004.

Mencione-se, ainda, mandado de segurança impetrado por ministro do STM que, fundado no princípio da isonomia, pleiteava a concessão do auxílio-alimentação que lhe fora negado pelo Conselho de Administração daquele Tribunal. Tendo em vista que a Lei Orgânica da Magistratura Nacional/LOMAN (Lei Complementar 35/1979) não inclui o direito ao auxílio-alimentação entre aqueles direitos e vantagens dos magistrados enumerados, de forma exaustiva, na referida lei, o Tribunal indeferiu o pedido e declarou, de ofício, a inconstitucionalidade do Ato 274 do STM, que concedera aos juízes auditores da Justiça Militar da União o direito ao auxílio-alimentação.[76]

O Tribunal, considerando que os juízes auditores foram contemplados indevidamente com o auxílio-alimentação, entendeu que não seria possível, a título de isonomia, invocar tal situação ilegítima para justificar nova ilegalidade.

Tem-se aqui, também, um *quid* de objetivação do processo de controle incidental no âmbito do STF.

"Causa petendi" aberta do recurso extraordinário – Como observado acima, a jurisprudência do STF revela uma tendência de não estrita subjetivação ou de maior objetivação do recurso extraordinário, que deixa, assim, de ter caráter marcadamente subjetivo ou de defesa de interesse das partes para assumir, de forma decisiva, a função de defesa da ordem constitucional objetiva. Assim, a Corte tem admitido a possibilidade de conhecer de recurso extraordinário sem se vincular à fundamentação do caso específico. Essa nova orientação permite ao Tribunal examinar o mérito do recurso, provendo-o ou não, tendo como parâmetro toda a Constituição.[77]

Os meios de acesso ao controle incidental no âmbito do STF – O STF, como guardião da Constituição e instância máxima da jurisdição brasileira, pode ser instigado a resolver demandas por meio da interposição de recursos nas causas que já foram decididas em última ou única instância por outras Cortes ou pela propositura de ações constitucionais de sua competência originária.

---

76. AO 499, rel. Min. Maurício Corrêa, *DJU* 1.8.2003.

77. RE 298.694-SP, rel. Min. Sepúlveda Pertence, *DJU* 14.8.2003; RE 172.058, rel. Min. Marco Aurélio; RE 416.827-SC, rel. Min. Gilmar Mendes, *DJU* 15.2.2007; RE 388.830-RJ, rel. Min. Gilmar Mendes, *DJU* 24.2.2006.

A Constituição Federal, ao estabelecer a competência originária da Suprema Corte, estabeleceu uma série de ações e recursos constitucionais que devem ser apreciados pela Corte Maior.

Compete ao STF apreciar mandados de segurança e *habeas corpus* desde que a autoridade indicada como coatora ou o paciente, no caso do *habeas corpus*, tenha foro privilegiado no STF. Questões criminais relevantes são discutidas no âmbito do STF, após as impugnações perante órgão de segundo grau (Tribunal de Justiça ou TRF) e o STJ.

A respeito do mandado de segurança, ainda sob a Constituição de 1967/1969, o STF, no MS 20.257, entendeu admissível a impetração de mandado de segurança contra ato da Mesa da Câmara ou do Senado Federal, asseverando que, quando "a vedação constitucional se dirige ao próprio processamento da lei ou da emenda (...), a inconstitucionalidade (...) já existe antes de o projeto ou de a proposta se transformarem em lei ou em emenda constitucional, porque o próprio processamento já desrespeita, frontalmente, a Constituição".[78]

Esse entendimento foi seguido pelo Tribunal em diversos precedentes,[79] o que demonstra que se aceita controle preventivo de constitucionalidade, na modalidade incidental ou concreta. Trata-se de uma situação excepcional de controle preventivo de caráter judicial. Não são raros os casos de declaração de inconstitucionalidade em ações de mandado de segurança.[80]

Mais recentemente a Corte adotou leitura mais restritiva das hipóteses dessa intervenção judicial preventiva, ao julgar o MS 32.033-DF, embora tenha continuado a admitir tal ferramenta como forma de provocação ao exercício da jurisdição constitucional.[81]

---

78. MS 20.257, rel. Min. Moreira Alves, *RTJ* 99(3)/1.040.

79. Cf.: MS 20.257, rel. Min. Moreira Alves, *DJU* 8.10.1980 (*leading case*); MS/AgR 21.303, rel. Min. Octávio Gallotti, *DJU* 2.8.1991; MS 24.356, rel. Min. Carlos Velloso, *DJU* 12.9.2003; MS 20.452, rel. Min. Aldir Passarinho, *DJU* 11.10.1985; MS 24.645, rel. Min. Celso de Mello, *DJU* 15.9.2003; MS 24.593-DF, rel. Min. Maurício Corrêa, *DJU* 8.8.2003; MS 24.576, rela. Min. Ellen Gracie, *DJU* 12.9.2003; MS/AgR 24.670, rel. Min. Carlos Velloso, *DJU* 23.4.2004; MS/QO 24.430, rel. Min. Sepúlveda Pertence, *DJU* 9.5.2003.

80. MS 20.257-DF, rel. Min. Décio Miranda, *DJU* 8.10.1980; MS 24.138, rel. Min. Gilmar Mendes, *DJU* 28.11.2002.

81. STF, MS 32.033-DF, red. para o acórdão Min. Teori Zavascki, *DJe* 18.2.2014.

Ainda em relação ao uso do mandado de segurança, suscita-se controvérsia sobre seu cabimento contra ato normativo. O STF tem orientação pacífica no sentido do não cabimento de mandado de segurança contra lei ou ato normativo em tese (Súmula 266), uma vez que ineptos para provocar lesão a direito líquido e certo. A concretização de ato administrativo com base na lei poderá viabilizar a impugnação, com pedido de declaração de inconstitucionalidade da norma questionada.

Contudo, há casos em que a mera vigência do ato normativo abstrato pode, por si só, comprometer a fruição de direitos individuais. Nessas hipóteses, a aplicação literal da Súmula 266 do STF poderia ensejar a convalidação da ilegalidade. Por isso, em tais situações faz-se necessário adotar uma interpretação do entendimento sumular mais condizente com o sistema de proteção jurídica do texto constitucional.

A esse respeito destaca-se o julgamento do MS 25.763, no qual o Plenário, por maioria, declarou a inconstitucionalidade de acórdão do TCU que determinava a incorporação de parcelas de quintos/décimos aos vencimentos de servidores federais, com base no art. 3º da Medida Provisória 2.225-48/2001. O voto vencido do Min. Eros Grau havia reconhecido que a decisão da Corte de Contas dizia respeito a situações gerais e abstratas e, por isso, não seria possível impugná-la pela via do mandado de segurança, por força da Súmula 266 do STF. A maioria do Tribunal, no entanto, seguiu voto da lavra do Min. Gilmar Mendes, o qual registrou que em casos de patente ilegalidade da norma "afigura-se razoável que se cogite da superação da Súmula referida, ou, pelo menos, que se adote um *distinguishing* para afirmar que as leis que afetam posições jurídicas de forma imediata poderão ser impugnadas em mandado de segurança". Ressaltou, ainda, que, "nesse contexto, parece já não mais haver razão para a preservação da Súmula n. 266 do STF, pelo menos na sua expressão literal".[82]

De todo modo, admite-se mandado de segurança contra lei ou decreto de efeitos concretos, assim entendidos aqueles que trazem em si mesmos o resultado específico pretendido, tais como as leis que aprovam planos de urbanização, as que fixam limites territoriais, as que criam Municípios ou desmembram Distritos, as que concedem

82. STF, MS 25.763, red. para o acórdão Min. Gilmar Mendes, *DJe* 3.8.2015.

isenções fiscais, as que proíbem atividades ou condutas individuais, os decretos que desapropriam bens, os que fixam tarifas, os que fazem nomeações, e outros dessa espécie.

Além dessas clássicas ações constitucionais, o STF também tem competência originária para apreciar as ações rescisórias e revisões criminais de seus julgados, a extradição solicitada por Estado estrangeiro, a reclamação para a preservação de sua competência e garantia da autoridade de suas decisões, ações penais em que há foro especial por prerrogativa de função, além de *habeas data* e mandados de injunção, em determinadas situações, e outras ações previstas no art. 102, I, da CF.

Também é possível provocar a atuação da Corte Suprema por meio da interposição de recurso ordinário constitucional – restrito às hipóteses de *habeas corpus*, mandado de segurança, *habeas data* e mandado de injunção decididos em única instância pelos Tribunais Superiores, se denegatória a decisão; e processos que versam sobre o crime político – e de recurso extraordinário, que é o principal meio de acesso à jurisdição constitucional do STF,[83] adequado para a impugnação de decisões de última instância por parte de qualquer indivíduo afetado nos seus direitos constitucionalmente previstos.[84]

Diante da importância do instituto e das mudanças significativas que tem sofrido, principalmente após a implementação da sistemática da repercussão geral, o recurso extraordinário merece ser abordado em um tópico específico.

Aspectos relevantes do recurso extraordinário – O recurso extraordinário – que, como se vê, configura instrumento de singular importância no âmbito da jurisdição constitucional brasileira – tem como finalidade "assegurar: a inteireza positiva; a validade; a autoridade e a uniformidade de interpretação da Constituição".[85]

---

83. O acesso à estatística de distribuição de recursos extraordinários no STF está disponível em *http://www.stf.jus.br/portal/cms/verTexto.asp?servico=estatistica&pagina=REAIProcessoDistribuido*.

84. Segundo o art. 102, II, da CF, compete ao STF julgar, mediante recurso ordinário: a) o *habeas corpus*, o mandado de segurança, o *habeas data* e o mandado de injunção decididos em única instância pelos Tribunais Superiores, se denegatória a decisão; b) o crime político.

85. Pontes de Miranda, *Comentários ao Código de Processo Civil*, t. VIII (arts. 539 a 565), Rio de Janeiro, Forense, 2002, p. 39.

Esse recurso foi instituído, inicialmente, por meio do Decreto 848/1890 e introduzido na ordem constitucional republicana[86] por inspiração no *writ of error* do Direito Norte-Americano, cujo pedido consistia em revisão ampla de decisões de Tribunais inferiores pela Suprema Corte americana.

"O Decreto 848, de 11.10.1890, que organizou a Justiça Federal, instituiu um recurso para o STF, que no seu Regimento Interno, elaborado em 1891, foi denominado de recurso extraordinário. Tomou-se por modelo o *Judiciary Act*, baixado em 1789 pelo Congresso norte-americano, interpretando cláusula constitucional não expressa. Da lei ordinária de 1890 foi transladado para a Constituição de 1891, com ligeiras modificações de redação (art. 49, § 1º)."[87]

Verifica-se, portanto, que o recurso extraordinário pátrio foi instituído à luz do modelo norte-americano, o que explica a atuação do STF como Corte de revisão, e não mera Corte de cassação. Por consequência, o STF não só resolve a *quaestio iuris* veiculada no recurso extraordinário, como também aplica imediatamente o direito constitucional ao caso concreto, com a reforma do julgado recorrido contaminado por *error in iudicando* – além de eventual cassação da decisão contaminada por *error in procedendo*.[88]

A Constituição de 1988 criou o STJ, cuja finalidade precípua é a uniformização da interpretação do direito federal infraconstitucional. Essa inovação teve impacto no recurso extraordinário, que passou a ser cabível apenas para reapreciação de matéria constitucional decidida em última instância.

Atualmente o instituto está disciplinado no art. 102, III, da CF, o qual estabelece que compete ao STF julgar, mediante recurso extraordinário, as causas decididas em única ou última instância, quando a decisão recorrida: a) contrariar dispositivo da Constituição; b) declarar a inconstitucionalidade de tratado ou lei federal; c) julgar válida lei ou ato de governo local contestado em face desta Constituição; e d) julgar válida lei local contestada em face de lei federal.

---

86. Para a evolução legislativa do recurso extraordinário no ordenamento jurídico brasileiro, v. compilação em Moacyr Amaral Santos, *Primeiras Linhas de Direito Processual Civil*, vol. 3, São Paulo, Saraiva, 1995, pp. 152-157.

87. Carlos Medeiros, "O Poder Judiciário", *RF* 245/8, Rio de Janeiro, Forense.

88. Bernardo de Souza Pimentel, *Dos Recursos Constitucionais*, Brasília, Brasília Jurídica, 2007, p. 90.

Registre-se que a única hipótese de cabimento do recurso extraordinário em que a violação à Constituição não é explícita ocorre quando a decisão recorrida julga válida lei local contestada em face de lei federal. Entretanto, como é a Constituição Federal que disciplina a competência legislativa dos entes federativos, o cabimento do extraordinário se justifica pela eventual não observância das regras constitucionais.

Um dos objetivos da Constituição ao criar o STJ foi dar mais feição de Corte Constitucional ao STF. Quando era cabível o apelo extremo tanto por violação à Constituição como por desrespeito a leis federais, o volume de processos era tão grande que comprometia a eficiência da prestação jurisdicional.

Percebeu-se, entretanto, que mesmo a retirada dessa competência revisional não conteve o elevado número de processos anualmente distribuídos na Corte, muito provavelmente em razão da ampliação da judicialização e da falta de mecanismo de expansão dos efeitos das decisões tomadas no âmbito do controle incidental.

Quanto ao controle incidental ou concreto, fato é que os agravos em recurso extraordinário e os recursos extraordinários têm a mesma finalidade – qual seja, acionar a jurisdição extraordinária difusa do STF.

O agravo contra a inadmissibilidade de recurso extraordinário representa insurgência contra a decisão do Tribunal de origem que nega processamento ao apelo extremo, e sua função precípua é fazer com que este recurso seja levado ao STF.

Percebe-se, pois, que o recurso extraordinário pode chegar diretamente ao Supremo, quando admitido na origem, ou indiretamente, por meio da interposição de agravo. Isso se dá porque o juízo de admissibilidade do recurso extraordinário, para aferir a presença dos pressupostos recursais, é exercido tanto pelo Tribunal *a quo* como pelo juízo *ad quem*.

Dados estatísticos disponibilizados no sítio do STF revelam que entre 1991 e o ano de 2007 o total da soma de recursos extraordinários e agravos de instrumento distribuídos anualmente na Suprema Corte sempre superou 90% do total de processos distribuídos.[89]

---

89. *Percentagem de RE e AI em Relação aos Processos Distribuídos – 1990 a 2010* (disponível em *http://www.stf.jus.br/portal/cms/verTexto.asp?servico=estatistica&pagina=REAIProcessoDistribuido*, acesso em 15.11.2010.

Os dados também demonstram que o volume total de processos distribuídos aumentou de 16.226 em 1990 para 90.839 em 2000, atingindo o patamar de 116.216 processos distribuídos em 2006.[90]

Registre-se que o acúmulo de processos na Corte Suprema obrigou-a a adotar uma série de posicionamentos formalistas, definidos como *jurisprudência defensiva*, com o intuito de barrar o processamento dos recursos extraordinários e agravos de instrumento. Nesse sentido podem ser citadas as Súmulas 280, 281, 282, 283, 284, 291 e 400, entre outras.

Um exemplo dessa prática é o indeferimento liminar de agravos de instrumento cuja cópia da petição de interposição do recurso extraordinário tenha protocolo ilegível, aplicando-se interpretação extensiva ao disposto na Súmula 288.

Os números revelam a crise numérica que o STF enfrentou e a necessidade de racionalização do modo de prestação jurisdicional pela Corte.

Não há dúvida de que já houve avanços na concepção vetusta que tem caracterizado o recurso extraordinário entre nós. A Lei 10.259/2001 (Lei dos Juizados Especiais Federais) deu ao recurso extraordinário características de instrumento que deixa de ter aspecto marcadamente subjetivo ou de defesa de interesse das partes para assumir, de forma decisiva, a função de defesa da ordem constitucional objetiva. Trata-se, na verdade, de orientação que os modernos sistemas de Corte Constitucional vêm conferindo ao recurso de amparo e ao recurso constitucional (*Verfassungsbeschwerde*). Nesse sentido destaca-se a observação de Häberle segundo a qual "a função da Constituição na proteção dos direitos individuais (*subjectivos*) é apenas uma faceta do recurso de amparo", dotado de uma "dupla função", subjetiva e objetiva, "consistindo esta última em assegurar o direito constitucional objetivo".[91]

Nesse contexto, a Emenda Constitucional 45/2004 instituiu a *repercussão geral* como forma de resgate da feição do recurso extraordinário como elemento de uniformização, para contornar o problema da crise numérica.

90. Idem, ibidem.

91. Peter Häberle, "O recurso de amparo no sistema germânico", *Sub Judice* 20-21/33 (49), 2001.

Nas próximas linhas serão abordados aspectos procedimentais do recurso extraordinário bem como alguns pontos relacionados às reformas desenvolvidas com intuito de racionalizar o controle incidental de normas e o controle de legitimidade de decisões judiciais exercidos pelo STF.

Cabimento – O art. 102, III, da CF dispõe que compete ao STF "julgar, mediante recurso extraordinário, as causas decididas em única ou última instância, quando a decisão recorrida: a) contrariar dispositivo desta Constituição Federal; b) declarar a inconstitucionalidade de tratado ou lei federal; c) julgar válida lei ou ato de governo local contestado em face desta Constituição; d) julgar válida lei local contestada em face de lei federal".

Vê-se, assim, que o recurso extraordinário apenas se revela veículo adequado quando a questão envolver alegação de ofensa à Constituição Federal.

O STF firmou posição, ainda, no sentido de que essa violação deve ser direta e frontal. Caso a averiguação de desrespeito ao preceito constitucional dependa do prévio exame de violação à legislação federal, mostra-se incabível o recurso extraordinário. Sobre o tema, a Súmula 636 do STF dispõe: "Não cabe recurso extraordinário por contrariedade ao princípio constitucional da legalidade, quando a sua verificação pressuponha rever a interpretação dada a normas infraconstitucionais pela decisão recorrida".

Isso porque a partir da Constituição de 1988 a competência para a adequada interpretação do direito federal ordinário foi atribuída ao STJ. Então, a vedação de análise de ofensa reflexa em recurso extraordinário está ligada à preservação de competência do STJ.

O termo "causa decidida" deve ser interpretado em sentido lato, de modo a permitir também a interposição de recurso extraordinário contra decisão interlocutória, desde que proferida em última ou única instância.

O art. 542, § 3º, do CPC de 1973 ratificava essa orientação ao prever expressamente o cabimento do recurso contra decisões não terminativas: "O recurso extraordinário, ou o recurso especial, quando interpostos contra decisão interlocutória em processo de conhecimento, cautelar, ou embargos à execução, ficará retido nos autos e somente será processado se o reiterar a parte, no prazo para a interposição do recurso contra a decisão final, ou para as contrarrazões". Não há disposição semelhante no Código de Processo Civil de 2015.

Não obstante, o STF editou a Súmula 735, segundo a qual não cabe recurso extraordinário contra acórdão que defere medida liminar.

Assim, é cabível o recurso extremo contra decisão interlocutória; entretanto, o apelo não pode ser utilizado para impugnar o deferimento de medidas liminares.

O recurso extraordinário, portanto, é cabível contra decisão final ou interlocutória.

Ainda sobre a expressão "causa decidida", pode-se sustentar o conceito que engloba todos os julgados proferidos por órgãos do Poder Judiciário, no exercício de função jurisdicional. Assim, decisão que não tem origem no Poder Judiciário ou que não foi lançada no exercício de função jurisdicional não comporta impugnação por recurso extraordinário.[92]

A propósito, registre-se orientação constante de ementa de acórdão relatado pelo Min. Celso de Mello:

> "O recurso extraordinário, para revelar-se processualmente cabível, pressupõe, dentre outros requisitos, a existência de 'causa' que tenha sido decidida, em única ou última instância (CF, art. 102, III), por órgão do Poder Judiciário, no exercício da atividade jurisdicional. A decisão emanada de órgão judiciário, proferida em sede materialmente administrativa, de que haja resultado a imposição de sanção disciplinar não se expõe à possibilidade de direta impugnação mediante recurso extraordinário, pelo fato de o procedimento disciplinar – em cujo âmbito o Poder Judiciário desempenha função de índole correcional – não se qualificar como 'causa', eis que deliberações adotadas na esfera meramente administrativa não se revelam impregnadas de caráter jurisdicional – Precedentes" (2ª Turma, AI/AgR 316.458, *DJU* 19.4.2002).

Dessa forma, é incabível recurso extraordinário contra decisão do TCU, uma vez que, não exercendo função jurisdicional, suas decisões não são impugnáveis por esse remédio excepcional.[93]

---

92. Tribunal Pleno, RE/AgR 213.696, rel. Min. Carlos Velloso, *DJU* 6.2.1998.

93. Celso Ribeiro Bastos e Ives Gandra da Silva Martins, *Comentários à Constituição do Brasil: Promulgada em 5 de Outubro de 1988*, vol. IV, t. III, São Paulo, Saraiva, 1997, p. 221.

Por razão semelhante, a Súmula 637 do STF estabelece que "não cabe recurso extraordinário contra acórdão de Tribunal de Justiça que defere pedido de intervenção estadual em Município". E a Súmula 733 do STF dispõe que "não cabe recurso extraordinário contra a decisão proferida no processamento de precatórios". Em ambos os casos as decisões têm natureza administrativa, embora partam do Poder Judiciário.

Além disso, a decisão deve ser proferida em última ou única instância, ou seja, a interposição do apelo pressupõe o exaurimento ou esgotamento das vias ordinárias.

Nesse sentido, a Súmula 281 do STF dispõe que "é inadmissível o recurso extraordinário quando couber, na Justiça de origem, recurso ordinário da decisão impugnada".

Do mesmo modo, não cabe o apelo extremo contra decisão denegatória de mandado de segurança de competência originária de Tribunal, uma vez que o recurso cabível é o ordinário constitucional, nos termos do art. 105, II, da CF (Súmula 272 do STF).

O apelo também não pode ser utilizado quando a decisão não está completa, a exemplo da proferida pelo Plenário ou Órgão Especial dos Tribunais nos casos de cisão do julgamento para observância da cláusula de reserva de Plenário (art. 97 da CF) nos incidentes de inconstitucionalidade (art. 949 do CPC de 2015).

O Código de Processo Civil estabelece que, "arguida, em controle difuso, a inconstitucionalidade de lei ou de ato normativo do Poder Público, o relator, após ouvir o Ministério Público e as partes, submeterá a questão à Turma ou à Câmara à qual competir o conhecimento do processo" (art. 948 do CPC de 2015). Por sua vez, se a Turma ou Câmara acolher a arguição, será submetida a questão ao Tribunal Pleno,[94] uma vez que somente pelo voto da maioria absoluta de seus membros ou dos membros do respectivo Órgão Especial poderão os Tribunais declarar a inconstitucionalidade de lei ou ato normativo do Estado.

Assim, há uma cisão no julgamento do processo, pois o Plenário ou o Órgão Especial aprecia tão só a questão da constitucionalidade

94. A submissão da causa ao Tribunal Pleno ou ao Órgão Especial fica dispensada quando já houver prévio pronunciamento do STF ou da própria Corte julgadora sobre a questão.

e, após, devolve o processo para que o órgão fracionário competente dê continuidade ao julgamento, de acordo com a decisão incidental já proferida.

De acordo com a Súmula 513 do STF: "A decisão que enseja a interposição de recurso ordinário ou extraordinário não é a do Plenário, que resolve o incidente de inconstitucionalidade no tribunal *a quo*, mas a do órgão (Câmaras, Grupos ou Turmas) que completa o julgamento do feito".

Registre-se que, ao contrário do art. 105, III, da CF,[95] que exige que a decisão seja de Tribunal, o art. 102, III, apenas faz referência a "causas decididas em última ou única instância". Essa diferença gerou controvérsia acerca do cabimento de recurso extraordinário contra decisão de Turma Recursal de Juizado Especial.

A matéria foi pacificada por meio da edição da Súmula 640, a qual dispõe ser cabível recurso extraordinário contra decisão proferida por Turma Recursal de Juizado Especial Cível e Criminal.

Essa Súmula também prevê a possibilidade de interposição de recurso extraordinário contra decisões proferidas por juízes singulares, desde que não haja qualquer outro recurso processual para impugnar a decisão. Assim, cabível o apelo extremo contra decisão proferida por juiz de primeiro grau no julgamento de embargos infringentes de alçada.[96]

A orientação jurisprudencial também exige que a questão levantada no recurso extraordinário já tenha sido objeto de apreciação pelo juízo recorrido.

Nesse sentido, a Súmula 282 do STF estabelece ser inadmissível o recurso extraordinário quando não ventilada, na decisão recorrida, a questão federal suscitada. Trata-se do pressuposto de admissibilidade do recurso extraordinário denominado *prequestionamento*.

---

95. "Art. 105. Compete ao Superior Tribunal de Justiça: (...); III – julgar, em recurso especial, as causas decididas, em única ou última instância, pelos Tribunais Regionais Federais ou pelos Tribunais dos Estados, do Distrito Federal e Territórios, quando a decisão recorrida: (...)."

96. Art. 34 da Lei 6.830/1980: "Art. 34. Das sentenças de primeira instância proferidas em execuções de valor igual ou inferior a 50 (cinquenta) Obrigações Reajustáveis do Tesouro Nacional – ORTN, só se admitirão embargos infringentes e de declaração".

Tendo em vista que o recurso extraordinário é impugnação de fundamentação vinculada, uma vez que a própria Constituição determina todas as suas hipóteses de cabimento, a justificação para a interposição do apelo é encontrada no confronto entre a decisão recorrida e as hipóteses de cabimento. Assim, se a questão sequer foi decidida pelo acórdão recorrido não há que se falar em violação à Constituição.

Prequestionamento, portanto, é a apreciação da questão constitucional ou, pelo menos, a colocação da questão pelas partes, ainda que não apreciada por omissão do tribunal.

Registre-se que não basta a apresentação da tese ao Tribunal recorrido; é preciso que ele efetivamente enfrente a matéria. Por isso é que a Súmula 356 do STF exige a interposição de embargos de declaração quando há omissão na decisão acerca de ponto sobre o qual se intenta interpor recurso extraordinário: "O ponto omisso da decisão, sobre o qual não forem opostos embargos declaratórios, não pode ser objeto de recurso extraordinário, por faltar o requisito do prequestionamento".

O STF tem vários precedentes nos quais não admitiu o recurso extraordinário porque a matéria não foi decidida pelo juízo recorrido, nem objeto de embargos de declaração com a finalidade de prequestionamento.[97]

Esclareça-se que o STF não admite a inovação da questão debatida por meio de simples oposição de embargos de declaração, mas tão somente autoriza a interposição desse meio de impugnação para instigar o juízo a se manifestar sobre uma questão que já foi posta, mas não enfrentada, em virtude de omissão do órgão julgador.

Os embargos de declaração em tema novo somente são admissíveis em relação a matéria surgida quando do julgamento de cuja decisão se pretende recorrer. Anota Bernardo Pimentel que, como o prequestionamento integra o requisito de admissibilidade do recurso, a matéria deve ser veiculada até mesmo quando ocorre o surgimento de *error in procedendo* no próprio julgamento do Tribunal *a quo*.[98]

---

97. 2ª Turma, RE/AgR 259.046, rel. Min. Carlos Velloso, *DJU* 28.6.2002; 1ª Turma, AI/AgR 800.926, rel. Min. Marco Aurélio, *DJe* 12.4.2011.

98. Bernardo de Souza Pimentel, *Dos Recursos Constitucionais*, Brasília, Brasília Jurídica, 2007, p. 92.

Jurisprudencialmente, o AI/AgR 242.317 ratifica essa tese:

> "Não tem razão o agravante. Com efeito, ainda quando a questão constitucional surja originariamente no acórdão, para que haja o prequestionamento dela, segundo a firme jurisprudência desta Corte, se faz mister que seja ela alegada em embargos de declaração, sob o fundamento de que houve omissão da apreciação da questão sob o ângulo constitucional, para que se possibilite ao Tribunal *a quo* que se manifeste sobre esse ponto. E, no caso, isso não ocorreu – Agravo a que se nega provimento".[99]

Ainda quanto ao prequestionamento, é relevante citar o RE 210.638, precedente em que STF admitiu a forma ficta de decisão da questão constitucional, a qual se configura quando o juízo recorrido se omite sobre a questão levantada e rejeita os embargos de declaração opostos com a finalidade de prequestionamento:

> "Prequestionamento – Súmula n. 356. O que, a teor da Súmula n. 356, se reputa carente de prequestionamento é o ponto que, indevidamente omitido pelo acórdão, não foi objeto de embargos de declaração; mas, opostos esses, se, não obstante, se recusa o Tribunal a suprir a omissão, por entendê-la inexistente, nada mais se pode exigir da parte, permitindo-se-lhe, de logo, interpor recurso extraordinário sobre a matéria dos embargos de declaração e não sobre a recusa, no julgamento deles, de manifestação sobre ela".[100]

Consigne-se que *prequestionamento ficto* é diferente de *prequestionamento implícito*. Este, que não é aceito pela jurisprudência do STF, ocorre quando, a despeito do levantamento da questão pela recorrente, o órgão julgador não enfrenta o tema e a parte também não apresenta embargos de declaração para suprir a omissão. Aquele, por outro lado, resta configurado quando a parte opõe embargos de declaração para sanar a omissão mas o juízo os rejeita, sem enfrentar o tema.[101]

Não obstante todos esses entendimentos – alguns já objeto de súmula –, percebe-se uma tendência de flexibilização do requisito do

99. 1ª Turma, rel. Min. Moreira Alves, *DJU* 10.12.1999.

100. Rel. Min. Sepúlveda Pertence, *DJU* 19.6.1998.

101. Bernardo de Souza Pimentel, *Dos Recursos Constitucionais*, Brasília, Brasília Jurídica, 2007, p. 92.

prequestionamento. Em decisões mais recentes do STF, cujo escopo é valorizar a questão constitucional ventilada e uniformizar a jurisprudência, a Corte tem superado a ausência do pressuposto[102] para julgar o mérito de recursos extraordinários.[103]

No que toca ao cabimento do recurso extraordinário, é importante consignar, ainda, a existência de outras súmulas que revelam a inadmissibilidade de interposição do apelo em determinadas situações.

A Súmula 279 do STF estabelece que não cabe recurso extraordinário para simples reexame de prova. Isso porque a questão constitucional, como matéria de direito, não rediscute controvérsia relativa aos fatos debatidos no processo.

A questão de direito constitucional envolve investigação a respeito da existência, na Constituição, de alguma disposição aplicável a determinado fato, enquanto a questão de fato se refere à controvérsia sobre a ocorrência de determinado fato em dado tempo e lugar. Esta não pode ser objeto de recurso extraordinário, o qual se restringe a questões de direito.[104]

No mesmo sentido, mas em relação à manifestação de vontade, a Súmula 454 do STF orienta que o apelo não pode ser aviado para simples interpretação de cláusulas contratuais, pois a interpretação de um contrato, ou de suas cláusulas, com a finalidade de obter o sentido e o alcance da manifestação de vontade envolve matéria de fato, já

---

102. AI/AgR 375.011, rela. Min. Ellen Gracie, *DJU* 28.10.2004.

103. É importante consignar que no ano de 2007, o então Deputado federal Flávio Dino apresentou o Projeto de Lei 1.535/2007 à Câmara dos Deputados, por meio do qual propunha a inclusão do § 8º ao art. 543-A do CPC, com o seguinte teor: "§ 8º. Quando recurso extraordinário tempestivo for inadmissível por causa formal que não repute grave, poderá o Supremo Tribunal Federal desconsiderá-la, se entender existente repercussão geral". Assim, verifica-se, também no campo legislativo, atuação no sentido de flexibilizar os requisitos de admissibilidade recursais como meio de dar máxima efetividade à interpretação da Constituição.

104. Registre-se que o STF entende que em certos casos, nos quais o Direito não pode ser aplicado sem a invocação dos fatos, o recurso extraordinário deverá ser admitido, pois se trata, na realidade, de questões de direito, relacionadas à qualificação jurídica dos fatos. Nesse sentido, cite-se o RE 351.461, rel. Min. Joaquim Barbosa. Na doutrina registre-se o magistério de José Miguel Garcia Medida, que entende "como questão de fato a respeitante à reconstituição dos acontecimentos relevantes para o julgamento do litígio, sendo questão de direito a pertinente à averiguação da qualificação jurídica do fato apurado, mediante o respectivo enquadramento em determinado conceito legal" (cf. *Prequestionamento e Repercussão Geral: e Outras Questões Relativas aos Recursos Especial e Extraordinário*, 5ª ed., São Paulo, Ed. RT, 2009, p. 160).

que averigua a intenção dos contratantes.[105] Tal orientação, contudo, não impede a utilização do apelo extremo para aferir possível violação aos princípios do direito adquirido e do ato jurídico perfeito.

Por fim, a Súmula 280 do STF consolida o entendimento segundo o qual o recurso extraordinário não é cabível por ofensa a direito local. Essa Súmula revela que a ofensa impugnável por recurso extraordinário é a que incide sobre a Constituição Federal, e não sobre as Constituições estaduais ou a Lei Orgânica do Distrito Federal, na sistemática constitucional atual.

Tempestividade – O art. 1.003 do CPC de 2015 estabelece em 15 dias o prazo geral para interposição do recurso extraordinário, contados da intimação do julgado (art. 1.003, *caput*, c/c § 3º, do CPC de 2015), excluindo-se o dia do começo e incluindo-se o do vencimento (art. 224 do CPC de 2015).

Registre-se que o recurso extraordinário pode ser adesivo ao apelo interposto pela outra parte, nos termos do art. 997, §§ 1º e 2º, do CPC de 2015: "Cada parte interporá o recurso independentemente, no prazo e com observância das exigências legais. Sendo vencidos autor e réu, ao recurso interposto por qualquer deles poderá aderir o outro. O recurso adesivo fica subordinado ao recurso independente, sendo-lhe aplicáveis as mesmas regras deste quanto aos requisitos de admissibilidade e julgamento no tribunal, salvo disposição legal diversa, observado, ainda, o seguinte (...)".

Em matérias trabalhista e criminal, em virtude da aplicação subsidiária do Código de Processo Civil, o prazo para interposição e resposta do recurso extraordinário também é de 15 dias (art. 769 da CLT e art. 3º do CPP).

Em relação ao processo eleitoral, entretanto, há disposição normativa específica que estabelece o prazo de três dias (art. 12 da Lei 6.055/1974 e art. 281 do Código Eleitoral), em razão da necessária celeridade do processo eleitoral. Ademais, o STF editou a Súmula 728 sobre o tema, segundo a qual "é de três dias o prazo para a interposição de recurso extraordinário contra decisão do Tribunal Superior Eleitoral, contado, quando for o caso, a partir da publicação

105. Fredie Didier Jr. e José Carneiro da Cunha, *Curso de Direito Processual Civil: Meios de Impugnação às Decisões Judiciais e Processo nos Tribunais*, 7ª ed., vol. 3, Salvador, Juspodivm, 2009, p. 259.

do acórdão, na própria sessão de julgamento, nos termos do art. 12 da Lei n. 6.055/1974, que não foi revogado pela Lei n. 8.950/1994".

Procedimento – O Código de Processo Civil de 2015 manteve substancialmente o regime de admissibilidade do recurso extraordinário do Código de 1973, após a alteração inserida pela Lei 13.256/2016. De acordo com o art. 1.030 do CPC de 2015, a petição recursal será interposta perante o tribunal recorrido, que deverá, após as contrarrazões, proferir juízo de admissibilidade e, somente em caso positivo, remeter ao STF.[106]

Na petição o recorrente deve demonstrar qual a alínea do art. 102, III, da CF que justifica a interposição do recurso, bem como o dispositivo constitucional violado, a fim de permitir o completo entendimento da questão constitucional veiculada. Sobre o tema, é impor-

---

106. No CPC de 2015 a matéria encontra-se disposta no art. 1.030 (com a alteração introduzida pela Lei 13.256/2016):

"Art. 1.030. Recebida a petição do recurso pela secretaria do tribunal, o recorrido será intimado para apresentar contrarrazões no prazo de 15 (quinze) dias, findo o qual os autos serão conclusos ao presidente ou ao vice-presidente do tribunal recorrido, que deverá: I – negar seguimento: a) a recurso extraordinário que discuta questão constitucional à qual o Supremo Tribunal Federal não tenha reconhecido a existência de repercussão geral ou a recurso extraordinário interposto contra acórdão que esteja em conformidade com entendimento do Supremo Tribunal Federal exarado no regime de repercussão geral; b) a recurso extraordinário ou a recurso especial interposto contra acórdão que esteja em conformidade com entendimento do Supremo Tribunal Federal ou do Superior Tribunal de Justiça, respectivamente, exarado no regime de julgamento de recursos repetitivos; II – encaminhar o processo ao órgão julgador para realização do juízo de retratação, se o acórdão recorrido divergir do entendimento do Supremo Tribunal Federal ou do Superior Tribunal de Justiça exarado, conforme o caso, nos regimes de repercussão geral ou de recursos repetitivos; III – sobrestar o recurso que versar sobre controvérsia de caráter repetitivo ainda não decidida pelo Supremo Tribunal Federal ou pelo Superior Tribunal de Justiça, conforme se trate de matéria constitucional ou infraconstitucional; IV – selecionar o recurso como representativo de controvérsia constitucional ou infraconstitucional, nos termos do § 6º do art. 1.036; V – realizar o juízo de admissibilidade e, se positivo, remeter o feito ao Supremo Tribunal Federal ou ao Superior Tribunal de Justiça, desde que: a) o recurso ainda não tenha sido submetido ao regime de repercussão geral ou de julgamento de recursos repetitivos; b) o recurso tenha sido selecionado como representativo da controvérsia; ou c) o tribunal recorrido tenha refutado o juízo de retratação.

"§ 1º. Da decisão de inadmissibilidade proferida com fundamento no inciso V caberá agravo ao Tribunal Superior, nos termos do art. 1.042.

"§ 2º. Da decisão proferida com fundamento nos incisos I e III caberá agravo interno, nos termos do art. 1.021."

tante registrar que a deficiência na fundamentação do apelo é causa para a inadmissibilidade do recurso, consoante a Súmula 284 do STF.

O Tribunal *a quo* também poderá negar seguimento ao recurso em caso de ser intempestivo, de coincidir com orientação do STF ou disser respeito a assunto sobre o qual o STF já tenha reconhecido não haver repercussão geral (arts. 1.035, §§ 6º e 8º, e 1.040, I). Caso o apelo seja inadmitido nesse primeiro juízo de admissibilidade, ainda é possível a utilização do agravo previsto no art. 1.042 do CPC de 2015 na tentativa de levar a discussão ao STF.

Segundo o art. 1.042, § 2º, do CPC de 2015, após a alteração conferida pela Lei 13.256/2016, "a petição de agravo será dirigida ao presidente ou ao vice-presidente do tribunal de origem e independe do pagamento de custas e despesas postais, aplicando-se a ela o regime de repercussão geral e de recursos repetitivos, inclusive quanto à possibilidade de sobrestamento e do juízo de retratação". O agravado será intimado, de imediato, para, no prazo de 15 dias, oferecer resposta, podendo instruí-la com cópias das peças que entender convenientes. Em seguida, subirá o agravo ao Tribunal Superior, onde será processado na forma regimental.

Interposto o agravo contra a decisão de inadmissibilidade do recurso extraordinário, o juízo recorrido não pode obstá-lo, devendo remeter o recurso ao STF, de acordo com o que determina a Súmula 737 do STF, segundo a qual "não pode o magistrado deixar de encaminhar ao STF o agravo de instrumento interposto da decisão que não admite recurso extraordinário, ainda que referente a causa instaurada no âmbito dos Juizados Especiais".

Essa regra, todavia, não é absoluta. Isso porque a Súmula 727 do STF foi flexibilizada pelo instituto da *repercussão geral*, conforme estabelece o art. 328-A, § 1º, do Regimento Interno do STF. Assim, os agravos interpostos das decisões que inadmitiram recursos extraordinários já sujeitos ao requisito legal da repercussão geral podem ser sobrestados, inadmitidos, julgados prejudicados ou provocar juízo de retratação (art. 1.036 do CPC de 2015) quando relativos aos assuntos apreciados sob o regime da repercussão geral.

Do exposto, verifica-se que, assim como ocorria na sistemática existente no Código de Processo Civil de 1973, uma questão pode chegar ao STF de forma direta, por meio de recurso extraordinário admitido na origem, ou indiretamente, por meio de agravo contra a inadmissibilidade do apelo extremo.

Admitido o recurso extraordinário pelo juízo de origem ou interposto o respectivo agravo contra a decisão de inadmissibilidade, o STF exerce seu juízo de admissibilidade recursal e, em caso de conhecimento do recurso, passa a enfrentar a questão posta.

Sobre o tema, a Súmula 456 do STF dispõe que o STF, conhecendo do recurso extraordinário, julgará a causa, aplicando o Direito à espécie.

Ainda acerca do juízo de admissibilidade, cabe destacar que, de forma inovadora, o art. 1.033 do CPC de 2015 previu a possibilidade de o STF remeter o recurso extraordinário ao STJ quando entender que a ofensa à Constituição alegada na peça recursal é reflexa e pressupõe a revisão da interpretação de lei federal ou de tratado. Nesses casos, o recurso extraordinário será processado no STJ como recurso especial.

Interposição simultânea de recurso extraordinário e recurso especial – Consigne-se, por fim, a possibilidade de interposição simultânea de recurso extraordinário e recurso especial, desde que haja dupla fundamentação no acórdão recorrido, com argumentos constitucionais e infraconstitucionais. Nesse caso, o art. 1.031 do CPC de 2015 disciplina a ordem de julgamento dos recursos.

Admitidos ambos os recursos,[107] os autos serão remetidos, inicialmente, ao STJ, e somente após concluído o julgamento do recurso especial remete-se o recurso extraordinário ao STF. Este Tribunal verificará se o apelo extremo ficou prejudicado pela decisão do STJ, circunstância possível de ocorrer quando o STJ dá provimento ao recurso especial, reformando o acórdão impugnado.

O art. 1.031, § 2º, do CPC de 2015 prevê a possibilidade de o relator do recurso especial considerar que o julgamento do recurso extraordinário é prejudicial àquele. Nesse caso, **deve-se sobrestar** o recurso especial e **remeter** os autos ao STF, para o julgamento do recurso extraordinário. No STF, o relator do recurso extraordinário reaprecia se há efetivamente questão constitucional prejudicial, para

107. O juízo de admissibilidade do recurso especial também é bipartido, exercido tanto pelo juízo *a quo* quanto pelo Tribunal *ad quem*.

optar pelo julgamento do apelo ou, se não o considerar prejudicial, por devolvê-lo ao STJ, para o julgamento do recurso especial.

Esse é o delineamento geral do procedimento do recurso extraordinário.

O recurso extraordinário contra decisão de Juizados Especiais Federais e contra decisão dos Tribunais de Justiça nos casos repetitivos – A Lei 10.259, de 12.7.2001, estabeleceu as seguintes regras aplicáveis ao recurso extraordinário interposto contra decisão das Turmas Recursais dos Juizados Especiais:

> "Art. 14. Caberá pedido de uniformização de interpretação de lei federal quando houver divergência entre decisões sobre questões de direito material proferidas por Turmas Recursais na interpretação da lei.
>
> "§ 1º. O pedido fundado em divergência entre Turmas da mesma Região será julgado em reunião conjunta das Turmas em conflito, sob a presidência do juiz coordenador.
>
> "§ 2º. O pedido fundado em divergência entre decisões de Turmas de diferentes Regiões ou da proferida em contrariedade a súmula ou jurisprudência dominante do Superior Tribunal de Justiça será julgado por Turma de Uniformização, integrada por juízes de Turmas Recursais, sob a presidência do Coordenador da Justiça Federal.
>
> "§ 3º. A reunião de juízes domiciliados em cidades diversas será feita pela via eletrônica.
>
> "§ 4º. Quando a orientação acolhida pela Turma de Uniformização, em questões de direito material, contrariar súmula ou jurisprudência dominante no Superior Tribunal de Justiça, a parte interessada poderá provocar a manifestação deste, que dirimirá a divergência.
>
> "§ 5º. No caso do § 4º, presente a plausibilidade do direito invocado e havendo fundado receio de dano de difícil reparação, poderá o relator conceder, de ofício ou a requerimento do interessado, medida liminar determinando a suspensão dos processos nos quais a controvérsia esteja estabelecida.
>
> "§ 6º. Eventuais pedidos de uniformização idênticos, recebidos subsequentemente em quaisquer Turmas Recursais, ficarão retidos nos autos, aguardando-se pronunciamento do Superior Tribunal de Justiça.
>
> "§ 7º. Se necessário, o relator pedirá informações ao presidente da Turma Recursal ou coordenador da Turma de Uniformização e ouvirá o Ministério Público, no prazo de 5 (cinco) dias. Eventuais interessados, ainda que não sejam partes no processo, poderão se manifestar, no prazo de 30 (trinta) dias.

"§ 8º. Decorridos os prazos referidos no § 7º, o relator incluirá o pedido em pauta na Seção, com preferência sobre todos os demais feitos, ressalvados os processos com réus presos, os *habeas corpus* e os mandados de segurança.

"§ 9º. Publicado o acórdão respectivo, os pedidos retidos referidos no § 6º serão apreciados pelas Turmas Recursais, que poderão exercer juízo de retratação ou declará-los prejudicados, se veicularem tese não acolhida pelo Superior Tribunal de Justiça.

"§ 10. Os Tribunais Regionais, o Superior Tribunal de Justiça e o Supremo Tribunal Federal, no âmbito de suas competências, expedirão normas regulamentando a composição dos órgãos e os procedimentos a serem adotados para o processamento e o julgamento do pedido de uniformização e do recurso extraordinário.

"Art. 15. O recurso extraordinário, para os efeitos desta Lei, será processado e julgado segundo o estabelecido nos §§ 4º a 9º do art. 14, além da observância das normas do Regimento."

Embora referentes ao incidente de uniformização a ser desenvolvido perante o STJ, as regras dos §§ 4º a 9º do art. 14 aplicavam-se também ao recurso extraordinário, por força do art. 15 da aludida lei.

Depreende-se do plexo de normas em referência que o recurso extraordinário das decisões dos Juizados Especiais Federais mereceu tratamento diferenciado por parte do legislador. A norma regulamentadora admite, expressamente, o encaminhamento de alguns recursos ao STF e a retenção dos recursos idênticos nas Turmas Recursais (art. 14, § 6º).

Tendo em vista a possibilidade de reprodução de demandas idênticas, autoriza-se ao relator conceder liminar para suspender, de ofício ou a requerimento do interessado, a tramitação dos processos que versem sobre idêntica controvérsia constitucional (art. 14, § 5º).[108] Trata-se de disposição que se assemelha ao estabelecido no art. 21 da Lei 9.868/1999, que prevê a cautelar na ação declaratória de constitucionalidade, e no art. 5º da Lei 9.882/1999, que autoriza

108. Na AC/MC 272, da relatoria da Min. Ellen Gracie (*DJU* 25.2.2005), o Tribunal concedeu a liminar requerida, nos termos do art. 14, § 6º, da Lei 10.259/2001, para conferir efeito suspensivo ao RE 418.918 até seu julgamento final e determinar a suspensão na origem, até o pronunciamento da Corte sobre a matéria, de todos os processos em tramitação perante os Juizados Especiais e Turmas Recursais da Seção Judiciária Federal do Estado do Rio de Janeiro nos quais se discutisse a desconsideração de acordos firmados em decorrência do termo de adesão previsto na Lei Complementar 110/2001.

a cautelar em sede de arguição de descumprimento de preceito fundamental.

Observe-se, ademais, que, afastando-se de uma perspectiva estritamente subjetiva do recurso extraordinário, a Lei 10.259/2001, no art. 14, § 7º, autorizou o relator a pedir informações adicionais, se assim entender necessário, ao presidente da Turma Recursal ou ao coordenador da Turma de Uniformização, podendo também ouvir o Ministério Público no prazo de cinco dias. Na mesma linha, a aludida disposição permitiu que eventuais interessados, ainda que não sejam partes no processo, se manifestem no prazo de 30 dias (art. 14, § 7º, segunda parte). Trata-se de um amplo reconhecimento da figura do *amicus curiae*, que, como se sabe, já foi prevista na Lei 9.868/1999 (arts. 7º e 18, referentes à ação direta de inconstitucionalidade e à ação declaratória de constitucionalidade; art. 950 do CPC de 2015, relativo ao incidente de inconstitucionalidade) e na Lei 9.882/1999 (art. 6º, § 1º, a propósito da arguição de descumprimento de preceito fundamental), tendo o CPC de 2015 tratado do assunto no art. 1.035, § 4º. Assinale-se que no RE 416.827/QO[109] o Tribunal admitiu, pela primeira vez, a manifestação de *amici curiae* em processo de competência do STF proveniente das Turmas Recursais dos Juizados Especiais.

Esse modelo legal traduz, sem dúvida, um avanço na concepção vetusta que caracteriza o recurso extraordinário entre nós. Aludido instrumento deixa de ter caráter marcadamente subjetivo ou de defesa de interesse das partes, para assumir, de forma decisiva, a função de defesa da ordem constitucional objetiva. Trata-se de orientação que os modernos sistemas de Corte Constitucional vêm conferindo ao recurso de amparo e ao recurso constitucional.[110]

Essa orientação há muito mostra-se dominante também no direito americano. Já no primeiro quartel do século passado afirmava Triepel que os processos de controle de normas deveriam ser concebidos como *processos objetivos*. Assim, sustentava ele, no conhecido *Referat* sobre "a natureza e desenvolvimento da jurisdição constitucional", que, quanto mais políticas fossem as questões submetidas à jurisdição constitucional, tanto mais adequada pareceria a adoção de um processo judicial totalmente diferenciado dos processos ordi-

109. Plenário, rel. Min. Gilmar Mendes, *DJU* 26.10.2007.

110. Peter Häberle, "O recurso de amparo no sistema germânico", *Sub Judice* 20-21/33 (49), 2001.

nários. "Quanto menos se cogitar, nesse processo, de ação (...), de condenação, de cassação de atos estatais" – dizia Triepel –, "mais facilmente poderão ser resolvidas, sob a forma judicial, as questões políticas, que são, igualmente, questões jurídicas".[111] Triepel acrescentava, então, que "os americanos haviam desenvolvido o mais objetivo dos processos que se poderia imaginar" (*Die Amerikaner haben für Verfassungsstreitigkeiten das objektivste Verfahren eingeführt, das sich denken lässt*).[112]

Portanto, há muito resta evidente que a Corte Suprema americana não se ocupa da correção de eventuais erros das Cortes ordinárias. Em verdade, com o *Judiciary Act* de 1925, a Corte passou a exercer pleno domínio sobre as matérias que deve, ou não, apreciar.[113] Ou, nas palavras do *Chief Justice* Vinson, "para permanecer efetiva, a Suprema Corte deve continuar a decidir apenas os casos que contenham questões cuja resolução haverá de ter importância imediata para além das situações particulares e das partes envolvidas" (*To remain effective, the Supreme Court must continue to decide only those cases which present questions whose resolutions will have immediate importance far beyond the particular facts and parties involved*).[114]

De certa forma, é essa visão que – com algum atraso e relativa timidez, ressalte-se – a Lei 10.259/2001 buscou imprimir aos recursos extraordinários, ainda que, inicialmente, apenas para aqueles interpostos contra as decisões dos Juizados Especiais Federais. A fórmula adotada para o recurso extraordinário no âmbito dos Juizados Especiais Federais foi estendida para os recursos extraordinários regulares nos quais se discutam matérias repetitivas ou os chamados "casos de massa" (Lei 11.418/2006).

Ainda sob a égide do Código de Processo Civil anterior, a referida lei estabeleceu sistemática idêntica para os recursos extraordinários regulares.[115]

---

111. Heinrich Triepel, "Wesen und Entwicklung der Staatsgerichtsbarkeit", *VVDStRL* 5/26 (1929).

112. Idem, ibidem.

113. Cf., a propósito, Stephen M. Griffin, *The Age of Marbury, Theories of Judicial Review* Versus *Theories of Constitutional Interpretation*, 1962-2002, *paper* apresentado na reunião anual da *American Political Science Association*, 2002, p. 34.

114. Griffin, *The Age of Marbury*..., p. 34.

115. A esse respeito, dispunha o art. 543-B do CPC de 1973, com redação dada pela Lei 11.418/2006:

O art. 1.036 do CPC de 2015 passou a prever que:

> Art. 1.036. Sempre que houver multiplicidade de recursos extraordinários ou especiais com fundamento em idêntica questão de direito, haverá afetação para julgamento de acordo com as disposições desta Subseção, observado o disposto no Regimento Interno do Supremo Tribunal Federal e no do Superior Tribunal de Justiça.
>
> § 1º. O presidente ou o vice-presidente de tribunal de justiça ou de Tribunal Regional Federal selecionará 2 (dois) ou mais recursos representativos da controvérsia, que serão encaminhados ao Supremo Tribunal Federal ou ao Superior Tribunal de Justiça para fins de afetação, determinando a suspensão do trâmite de todos os processos pendentes, individuais ou coletivos, que tramitem no Estado ou na Região, conforme o caso.
>
> § 2º. O interessado pode requerer, ao presidente ou ao vice-presidente, que exclua da decisão de sobrestamento e inadmita o recurso especial ou o recurso extraordinário que tenha sido interposto intempestivamente, tendo o recorrente o prazo de 5 (cinco) dias para manifestar-se sobre esse requerimento.
>
> § 3º. Da decisão que indeferir o requerimento referido no § 2º caberá apenas agravo interno.
>
> § 4º. A escolha feita pelo presidente ou vice-presidente do tribunal de justiça ou do Tribunal Regional Federal não vinculará o relator no Tribunal Superior, que poderá selecionar outros recursos representativos da controvérsia.

"Art. 543-B. Quando houver multiplicidade de recursos com fundamento em idêntica controvérsia, a análise da repercussão geral será processada nos termos do Regimento Interno do Supremo Tribunal Federal, observado o disposto neste artigo.

"§ 1º. Caberá ao Tribunal de origem selecionar um ou mais recursos representativos da controvérsia e encaminhá-los ao Supremo Tribunal Federal, sobrestando os demais até o pronunciamento definitivo da Corte.

"§ 2º. Negada a existência de repercussão geral, os recursos sobrestados considerar-se-ão automaticamente não admitidos.

"§ 3º. Julgado o mérito do recurso extraordinário, os recursos sobrestados serão apreciados pelos Tribunais, Turmas de Uniformização ou Turmas Recursais, que poderão declará-los prejudicados ou retratar-se.

"§ 4º. Mantida a decisão e admitido o recurso, poderá o Supremo Tribunal Federal, nos termos do Regimento Interno, cassar ou reformar, liminarmente, o acórdão contrário à orientação firmada.

"§ 5º. O Regimento Interno do Supremo Tribunal Federal disporá sobre as atribuições dos ministros, das Turmas e de outros órgãos, na análise da repercussão geral."

> § 5º. O relator em Tribunal Superior também poderá selecionar 2 (dois) ou mais recursos representativos da controvérsia para julgamento da questão de direito independentemente da iniciativa do presidente ou do vice-presidente do tribunal de origem.
>
> § 6º. Somente podem ser selecionados recursos admissíveis que contenham abrangente argumentação e discussão a respeito da questão a ser decidida.

Vê-se, assim, que também o recurso extraordinário regular inserido no contexto das questões de massa, independentemente de cuidar de impugnação de decisão dos Juizados Especiais ou dos Tribunais em geral, passa a ter uma única disciplina.

Repercussão geral e controle de legitimidade da decisão judicial em sede de recurso extraordinário – A Emenda Constitucional 45/2004 (Reforma do Judiciário) consagrou no art. 102, § 3º, da CF o instituto da *repercussão geral*, segundo o qual "no recurso extraordinário o recorrente deverá demonstrar a repercussão geral das questões constitucionais discutidas no caso, nos termos da lei, a fim de que o Tribunal examine a admissão do recurso, somente podendo recusá-la pela manifestação de dois terços de seus membros".

O art. 1.035 do CPC de 2015 previu a disciplina do recurso extraordinário tendo em vista a exigência de demonstrar, em preliminar do recurso, a existência da repercussão geral:

> Art. 1.035. O Supremo Tribunal Federal, em decisão irrecorrível, não conhecerá do recurso extraordinário quando a questão constitucional nele versada não tiver repercussão geral, nos termos deste artigo.
>
> § 1º. Para efeito de repercussão geral, será considerada a existência ou não de questões relevantes do ponto de vista econômico, político, social ou jurídico que ultrapassem os interesses subjetivos do processo.
>
> § 2º. O recorrente deverá demonstrar a existência de repercussão geral para apreciação exclusiva pelo Supremo Tribunal Federal.
>
> § 3º. Haverá repercussão geral sempre que o recurso impugnar acórdão que: I – contrarie súmula ou jurisprudência dominante do Supremo Tribunal Federal; II – *(revogado)*; *[redação dada pela Lei 13.256/2016]* III – tenha reconhecido a inconstitucionalidade de tratado ou de lei federal, nos termos do art. 97 da Constituição Federal.
>
> § 4º. O relator poderá admitir, na análise da repercussão geral, a manifestação de terceiros, subscrita por procurador habilitado, nos termos do Regimento Interno do Supremo Tribunal Federal.

§ 5º. Reconhecida a repercussão geral, o relator no Supremo Tribunal Federal determinará a suspensão do processamento de todos os processos pendentes, individuais ou coletivos, que versem sobre a questão e tramitem no território nacional.

§ 6º. O interessado pode requerer, ao presidente ou ao vice-presidente do tribunal de origem, que exclua da decisão de sobrestamento e inadmita o recurso extraordinário que tenha sido interposto intempestivamente, tendo o recorrente o prazo de 5 (cinco) dias para manifestar-se sobre esse requerimento.

§ 7º. Da decisão que indeferir o requerimento referido no § 6º ou que aplicar entendimento firmado em regime de repercussão geral ou em julgamento de recursos repetitivos caberá agravo interno. *[Redação dada pela Lei 13.256/2016]*

§ 8º. Negada a repercussão geral, o presidente ou o vice-presidente do tribunal de origem negará seguimento aos recursos extraordinários sobrestados na origem que versem sobre matéria idêntica.

§ 9º. O recurso que tiver a repercussão geral reconhecida deverá ser julgado no prazo de 1 (um) ano e terá preferência sobre os demais feitos, ressalvados os que envolvam réu preso e os pedidos de *habeas corpus*.

§ 10. *(Revogado pela Lei 13.256/2016]*

§ 11. A súmula da decisão sobre a repercussão geral constará de ata, que será publicada no *Diário Oficial* e valerá como acórdão.

Com a finalidade de regulamentar, no seu âmbito, o procedimento da repercussão geral,[116] o STF editou ao longo dos anos inúmeras Emendas Regimentais: nº 12, de 12.12.2003, nº 21, de 30.4.2007, nº 31, de 29.5.2009, nº 42, de 2.12.2010, nº 54, de 1º.7.2020, nº 58, de 19.12.2022.

Em relação à regulamentação do assunto, tem destaque o estabelecimento de sessão eletrônica de julgamento da repercussão geral, dispondo que, quando não for caso de inadmissibilidade do recurso por outra razão, o Relator ou o Presidente submeterá, por meio eletrônico, aos demais ministros, cópia de sua manifestação sobre a existência, ou não, de repercussão geral.[117] Com base na lei que regulamentou a repercussão geral, por norma regimental, o STF acabou por instituir o Plenário Virtual para apreciar a repercussão geral.

116. Nos termos do que estabelece o art. 3º da Lei 11.418/2006.

117. Regimento Interno do STF, art. 323, *caput* (redação da Emenda Regimental nº 42, de 2 de dezembro de 2010).

O regimento cuida, ainda, da repercussão geral presumida, que, uma vez caracterizada, dispensa o procedimento de análise eletrônica da repercussão. Será presumida a repercussão geral quando a questão já tiver sido reconhecida ou quando o recurso extraordinário impugnar decisão contrária a súmula ou jurisprudência dominante da Corte.[118]

A análise de eventual existência de repercussão geral ficou assim estabelecida: a sessão eletrônica tem a duração de 6 dias úteis,[119] passados os quais o próprio sistema fará a contagem dos votos sobre a existência, ou não, de repercussão geral. A Constituição estabelece a necessidade da manifestação de pelo menos dois terços dos ministros recusando a repercussão geral, para que seja reputada sua inexistência.[120] No entanto, o juízo realizado pela Corte é bipartido: em um primeiro momento, analisa-se a existência de questão constitucional, sendo necessária, nesse ponto, a presença da maioria absoluta para reconhecimento de que a matéria ostenta índole constitucional;[121] em um segundo momento, examina-se, caso constatada a existência de temática constitucional, a presença da repercussão geral, sendo certo que essa somente poderá ser recursada pela manifestação de pelo menos oito – dois terços – dos ministros nesse sentido.

O regimento interno estipula, ainda, que o ministro que não se manifestar no referido prazo de seis dias úteis terá sua ausência registrada na ata do julgamento.[122] Caso não alcançado o quórum necessário para o reconhecimento da natureza infraconstitucional da questão ou da existência, ou não, de repercussão geral, o regimento estabelece: "o julgamento será suspenso e automaticamente retomado na sessão em meio eletrônico imediatamente seguinte, com a coleta das manifestações dos ministros ausentes".[123]

As decisões pela inexistência da repercussão geral são irrecorríveis, valendo para todos os recursos que versem sobre questão

118. Regimento Interno do STF, art. 323, § 2º (redação da Emenda Regimental nº 42, de 2 de dezembro de 2010).

119. Regimento Interno do STF, art. 324, *caput* (redação da Emenda Regimental nº 58, de 19 de dezembro de 2022).

120. CF, art. 102, § 3º.

121. Regimento Interno do STF, art. 324, § 1º (redação da Emenda Regimental nº 54, de 1º de julho de 2020).

122. Regimento Interno do STF, art. 324, § 3º (redação da Emenda Regimental nº 54, de 1º de julho de 2020).

123. Regimento Interno do STF, art. 324, § 4º (redação da Emenda Regimental nº 54, de 1º de julho de 2020).

idêntica.[124] Uma vez decidida a repercussão geral, a Presidência do STF deverá promover ampla e específica divulgação do teor dessas decisões, bem como diligenciar para a formação e atualização de banco de dados eletrônico sobre o assunto.[125]

Outra questão que merece destaque é a possibilidade de a Presidência do STF ou qualquer relator de recursos extraordinários que possam reproduzir-se em múltiplos feitos comunicar o fato aos Tribunais para fins de cumprimento do art. 1.036 do CPC de 2015.

Ademais, sobre a sistemática no juízo de origem, "o presidente ou o vice-presidente de tribunal de justiça ou de tribunal regional federal selecionará 2 (dois) ou mais recursos representativos da controvérsia, que serão encaminhados ao Supremo Tribunal Federal ou ao Superior Tribunal de Justiça para fins de afetação, determinando a suspensão do trâmite de todos os processos pendentes, individuais ou coletivos, que tramitem no Estado ou na região, conforme o caso" (art. 1.036, § 1º, do CPC de 2015).

É importante lembrar que o § 5º do art. 1.036 do CPC de 2015 permite ao Ministro relator do caso no STF, independentemente da iniciativa do presidente ou do vice-presidente do tribunal de origem, selecionar dois ou mais recursos representativos da controvérsia para julgamento da questão de direito.

Na análise da repercussão geral, cabe ao relator do feito, em decisão irrecorrível, decidir sobre a admissão da manifestação de terceiros, desde que subscrita por procurador legalmente habilitado, nos termos do art. 323, § 3º, Regimento Interno do STF.

Preconiza-se aqui uma cooperação entre as instâncias ordinárias e extraordinárias para aquelas hipóteses em que se verificar multiplicidade de recursos com fundamento em idêntica controvérsia; nessas situações, caberá ao Tribunal de origem selecionar um ou mais recursos representativos da controvérsia, encaminhá-los ao STF e sobrestar os demais apelos, até o pronunciamento definitivo da Corte.[126]

Consigne-se que a disciplina legal e regimental tem sido insuficiente para regular todas as situações concernentes à sistemática da

---

124. Regimento Interno do STF, art. 326, *caput* (redação da Emenda Regimental 21/2007).

125. Regimento Interno do STF, art. 329 (redação da Emenda Regimental 21/2007).

126. Art. 1.036, § 1º, do CPC de 2015.

repercussão geral, motivo pelo qual, na prática, muitas questões são definidas em julgamentos da Corte Suprema, por meio de questão de ordem ou no julgamento de processos-paradigmas, quando surge a necessidade de alguma inovação.

Registrem-se as principais inovações sobre repercussão geral promovidas por decisões do STF:

Repercussão geral: aplicação a acórdãos publicados a partir de 3.5.2007 – AI/QO 664.567, rel. Min. Gilmar Mendes, DJe 6.9.2007. Nesse julgamento o STF fixou o marco inicial para exigência de preliminar formal de repercussão geral. Estabeleceu-se que o requisito é exigido nos recursos extraordinários interpostos contra acórdãos publicados a partir de 3.5.2007, data da entrada em vigor da Emenda Regimental 21 do Regimento Interno do STF, a qual estabeleceu as normas necessárias à execução das disposições legais e constitucionais sobre o novo instituto.

Aplicação da repercussão geral a processos anteriores a 3.5.2007, desde que os processos ainda não tenham sido distribuídos e haja o reconhecimento da repercussão – AI/QO 715.423, rela. Min. Ellen Gracie, DJe 5.9.2008. Nesse precedente o STF decidiu estender a aplicação da sistemática[127] da repercussão geral a recursos extraordinários e agravos de instrumento anteriores a 3.5.2007, desde que ainda não tenham sido distribuídos no STF (os recursos devem estar nos tribunais de origem ou no próprio STF, mas ainda não distribuídos) e a repercussão geral seja reconhecida.

Assim, os tribunais de origem ficam autorizados a declarar prejudicados os apelos ou retratar-se de suas decisões, conforme a decisão recorrida esteja de acordo ou contrária à proferida em processo-paradigma em que a repercussão geral foi reconhecida e o mérito julgado, independentemente da data de interposição do recurso extraordinário.

Antes desse julgado o procedimento da repercussão geral só era aplicado aos recursos interpostos contra acórdãos publicados posteriormente a 3.5.2007, data do início da vigência da repercussão geral.

---

127. Esclareça-se que o Tribunal decidiu pela aplicação da sistemática da repercussão geral, para que os processos múltiplos sejam decididos conforme o paradigma da repercussão geral. Não se exige, contudo, existência de preliminar formal de repercussão geral, pois esse é requisito formal superveniente de admissibilidade dos recursos extraordinários.

Aplicação da repercussão geral a processos anteriores a 3.5.2007, inclusive para processos já distribuídos, desde haja o reconhecimento da repercussão – RE/QO 540.410, rel. Min. Cézar Peluso, DJe 20.8.2008. Sedimentou-se a possibilidade de aplicação da sistemática da repercussão geral a recursos extraordinários e agravos de instrumento anteriores a 3.5.2007, ainda que distribuídos, desde que haja o reconhecimento de repercussão geral. Trata-se de complementação ao que ficou decidido no julgamento do RE 715.423, rel. Min. Ellen Gracie, *DJe* 5.9.2008. Atualmente é possível aplicar a sistemática da repercussão geral aos recursos protocolados antes da vigência do instituto, desde que a existência da repercussão geral tenha sido reconhecida pela Corte.

Apreciação de repercussão geral em processos anteriores a 3.5.2007 – RE 476.894, rel. Min. Gilmar Mendes, DJe 22.10.2010. Em regra, o juízo sobre a existência de repercussão geral deve ser realizado em um processo cujo recurso extraordinário foi interposto após 3.5.2007. Entretanto, nesse precedente o STF fixou a possibilidade excepcional de submeter processos anteriores a 3.5.2007 ao Plenário Virtual, desde que o relator se manifeste pelo reconhecimento de repercussão geral.

Trata-se de extensão do entendimento referente à aplicação do instituto aos recursos anteriores ao marco inicial de vigência quando já houve reconhecimento de repercussão geral (cf. RE/QO 540.410, rel. Min. Cézar Peluso, *DJe* 20.8.2008; e AI/QO 715.423, rel. Min. Ellen Gracie, *DJe* 5.9.2008).

Caso o relator fique vencido na tese sobre a existência de repercussão geral, deve haver uma dissociação entre o processo e o tema jurídico. Nesse caso, o recurso será, inevitavelmente, julgado pela Corte, em razão da impossibilidade de se aplicar os efeitos da rejeição de repercussão geral aos processos anteriores a 3.5.2007. Assim, a repercussão sobre o tema será rejeitada mas os recursos anteriores a 3.5.2007, inclusive o processo-paradigma, deverão ser apreciados pelo STF.

Necessidade de expressa preliminar formal de repercussão geral – RE/AgR 569.476, rel. Min. Ellen Gracie, DJe 25.4.2008. O Tribunal decidiu que há necessidade de apresentação de preliminar formal e fundamentada de repercussão geral mesmo nos casos em que há presunção de repercussão no assunto, a exemplo de acórdão recorrido contrário à jurisprudência dominante do STF.

Assim, a presunção de repercussão geral prevista atualmente no art. 1.035, § 3º, I e III, do CPC de 2015 refere-se apenas à deliberação sobre a existência de repercussão geral, e não à dispensa de preliminar de repercussão como requisito formal de admissibilidade do recurso extraordinário.

Possibilidade de reconhecimento de repercussão geral e reafirmação de jurisprudência por meio de questão de ordem – RE/QO 579.431, rel. Min. Marco Aurélio, DJe 24.10.2008. A Corte decidiu que é possível reconhecer repercussão geral e reafirmar sua jurisprudência por meio de questão de ordem. Este precedente disciplina todo o procedimento para reafirmação da jurisprudência.

Em síntese, o ministro competente para apreciação de recurso cujo tema versado tenha jurisprudência sedimentada no STF pode suscitar questão de ordem para reconhecer a repercussão geral, possibilitando a aplicação do regime do instituto e, de imediato, julgar o processo, reafirmando a jurisprudência consolidada.

Registre-se que já foi reafirmada a jurisprudência também em agravos de instrumento, a exemplo do AI 712.743, rel. Min. Ellen Gracie, *DJe* 8.5.2009.

Cabimento de reclamação constitucional para o STJ para resolver divergência jurisprudencial em temas para os quais foi rejeitada a repercussão geral – RE/ED 571.572, rel. Min. Ellen Gracie, DJe 27.11.2009. Decidiu-se que cabe reclamação constitucional ao STJ quando o STF rejeitar a repercussão geral em matéria de competência dos Juizados Especiais Estaduais e houver divergência de entendimento entre diversos Juizados e Turmas Recursais do País.

Não cabimento de agravos de instrumento e de reclamações contra decisões dos Tribunais de origem que aplicam a sistemática da repercussão geral – AI/QO 760.358, rel. Min. Gilmar Mendes, DJe 3.12.2009, e Rcl 7.569 e 7.547, rel. Min. Ellen Gracie, DJe 11.12.2009. Na sessão plenária do dia 19.11.2009, por unanimidade, o STF resolveu Questão de Ordem no AI 760.358, rel. Min. Gilmar Mendes, *DJe* 19.2.2010, e nas Rcl 7.569 e 7.547, rel. Min. Ellen Gracie, *DJe* 11.12.2009, no sentido de não conhecer de agravo de instrumento nem de reclamação contra decisões que aplicam a sistemática da repercussão geral na origem. Naquela ocasião a Corte decidiu devolver os agravos de instrumento e as reclamações aos Tribunais de origem e Turmas Recursais, para que fossem processados como agravos regimentais.

Assim, a Corte firmou orientação segundo a qual não cabe reclamação ou agravo de instrumento contra decisões que aplicam a sistemática da repercussão geral na origem, ainda que se pretenda corrigir supostos equívocos cometidos por essa decisão.

O escopo da decisão foi evitar que, a pretexto de correção de equívocos, as questões jurídicas continuassem chegando à Suprema Corte por meio dessas classes processuais, o que frustraria o instituto.

Não cabimento de mandado de segurança contra ato do STF que determina a devolução de processo ao tribunal de origem – MS/AgR 28.982, rel. Min. Gilmar Mendes, DJe 15.10.2010. Não cabe mandado de segurança contra ato de relator do STF ou da Secretaria Judiciária do STF que determina a devolução de autos sobre tema cuja repercussão geral já foi apreciada no tribunal de origem, para que aplique o entendimento firmado no STF, por meio do juízo de retratação, na decisão impugnada, da declaração de prejuízo ou da inadmissibilidade do recurso.

Não cabimento de reclamação com base em descumprimento de decisão proferida em recurso-paradigma da repercussão geral – Rcl 10.793, rel. Min. Ellen Gracie, Sessão Plenária de 13.4.2011. Nesse julgamento o Tribunal decidiu que não cabe reclamação com fundamento em descumprimento de decisão proferida em processo-paradigma da repercussão geral. Na decisão entendeu-se que quando se tratar de alegação de ofensa à jurisprudência da Corte consubstanciada em decisão de primeiro grau, passível de correção por tribunais que tenham posição intermediária no sistema judiciário brasileiro, não deve ser admitida a reclamação, sob pena de enfraquecimento da sistemática da repercussão geral como meio para racionalizar a prestação jurisdicional promovida pela Suprema Corte.

Repercussão geral e caso singular – RE 597.994, rel. Min. Ellen Gracie, DJe 28.8.2009. Trata-se de precedente em que houve repercussão geral reconhecida em caso individualizado, devido à relevância da questão constitucional suscitada. Embora a repetição da demanda seja forte indício para a existência de repercussão geral, não é ela indispensável. Atualmente, Regimento Interno admite a possibilidade de o relator "negar repercussão geral com eficácia apenas para o caso concreto", *decisum* que, uma vez recorrido, requer confirmação de dois terços dos ministros para prevalecer.[128]

Registre-se que, para efeito do reconhecimento de repercussão geral, será considerada a existência, ou não, de questões relevantes do ponto de vista econômico, político, social ou jurídico, que ultrapassem os interesses subjetivos da causa, nos termos do art. 1.035, § 1º, do CPC de 2015.

A quantidade de processos em tramitação no País sobre o mesmo tema é um indicativo que demonstra transcendência da causa; entretanto, não se trata de requisito intransponível.

Reafirmação da jurisprudência da Corte no Plenário Virtual – RE/RG 603.497, rel. Min. Ellen Gracie, DJe *7.5.2010*. O processo-paradigma é julgado monocraticamente pelo relator, de acordo com a jurisprudência ratificada. Trata-se de proposta da Min. Ellen Gracie que já foi repetida com sucesso em outros processos. O julgamento monocrático deste paradigma foi publicado no *DJe* 16.9.2010.

Registre-se que, em sessão administrativa ocorrida no dia 1.12.2010, o Tribunal aprovou a Emenda Regimental 42 e inseriu esse procedimento expressamente no Regimento Interno da Corte, por meio do art. 323-A, segundo o qual o julgamento de mérito de questões com repercussão geral, nos casos de reafirmação de jurisprudência dominante da Corte, também poderá ser realizado por meio eletrônico.

Não retratação pelos Tribunais de origem refere-se ao mérito dos recursos – AI 778.414, rel. Min. Gilmar Mendes, DJe 18.6.2010. A ausência de retratação possibilitada pelo art. 543-B, § 4º, do CPC [*art. 1.041 do CPC de 2015*] tem que se pautar na tese de mérito, não se podendo fundar nos requisitos de admissibilidade do recurso. Isso porque o juízo de retratação não implica delegação de competência ao Tribunal *a quo* para julgar o recurso extraordinário, que ficará, na verdade, prejudicado em decorrência do juízo de retratação. Ressalte-se também o caráter pedagógico do juízo de retratação, que "não só demanda aos Tribunais de origem que conheçam e se pronunciem quanto à orientação do STF, como permite a eventual

128. Regimento Interno do STF, art. 326, §§ 1º e 2º (redação da Emenda Regimental nº 54, de 1º de julho de 2020).

instalação de debate que possibilite ao STF revisitar sua própria jurisprudência".[129]

Registre-se, entretanto, que a posição foi revista no julgamento da QO no RE com Ag 663.637, rel. Min. Ayres Britto, julgada em 27.9.2012, oportunidade em que o STF firmou orientação no sentido da exigibilidade de capítulo específico de repercussão geral da questão constitucional no recurso extraordinário (preliminar formal) mesmo que já tenha sido reconhecida a repercussão em processo diverso.

Análise simultânea de mais de um tema em processo com repercussão geral – RE 567.454, rel. Min. Ayres Britto, DJe 28.8.2009. Neste caso foi reconhecida a repercussão geral quanto à competência para apreciar demandas sobre a cobrança de assinatura básica nos serviços de telecomunicações mas rejeitada quanto à legalidade, ou não, da cobrança de referida assinatura básica, já que se trata de matéria infraconstitucional.

Sobrestamento de qualquer processo que versa sobre matéria submetida à repercussão geral – RE/QO 576.155, rel. Min. Ricardo Lewandowski, DJe 12.9.2008. É possível ao relator, no STF, determinar o sobrestamento, nas instâncias de origem, de processos que versem sobre matéria com repercussão geral reconhecida, ainda que não tenham chegado à fase de recurso extraordinário. Embora o art. 543-B do CPC de 1973 (art. 1.036 do CPC de 2015) estabelecesse expressamente a possibilidade de sobrestamento a partir da interposição do recurso extraordinário, o STF entendeu que é possível, a fim de resguardar a segurança jurídica, determinar a suspensão do processamento e/ou do julgamento de processos que ainda tramitam nas instâncias ordinárias.[130]

Medidas cautelares em processos sobrestados e competência do juízo de origem – AC/MC-QO 2.177, rel. Min. Ellen Gracie, DJe 20.2.2009. Sobrestado recurso extraordinário sobre matéria cuja repercussão geral foi reconhecida, é da competência do tribunal de origem conhecer e julgar ação cautelar tendente a dar ao recurso

129. Luciano Felício Fuck, "O Supremo Tribunal Federal e a repercussão geral", *RePro* 181/9-37, Ano 35, março/2010.

130. Anote-se que essa medida cautelar guarda estreita semelhança com o disposto no art. 21 da Lei 9.868/1999 (cautelar em ação declaratória de constitucionalidade/ADC) e no art. 5º, § 1º, da Lei 9.882/1999 (cautelar em arguição de descumprimento de preceito fundamental/ADPF).

extraordinário efeito suspensivo. A competência do STF apenas é instaurada pelo juízo positivo de admissibilidade do recurso extraordinário pelo tribunal de origem ou pelo provimento do agravo de instrumento do STF.

Substituição do recurso-paradigma da repercussão geral – RE 567.948, RE 591.145 e AI 716.509, rel. Min. Marco Aurélio, DJe 21.6.2008. É possível que o processo em que a repercussão geral foi reconhecida não possa ser levado a julgamento de mérito (em razão de homologação de desistência, por exemplo). Nesse caso, o ministro-relator poderá selecionar outro processo idêntico que lhe tenha sido distribuído para que se examine a matéria de fundo. Isso já ocorreu no RE 567.948: o Min. Marco Aurélio determinou sua substituição pelo AI 716.509, o qual foi provido e convertido em recurso extraordinário, que recebeu o número 591.145.

Necessidade de questão constitucional para o reconhecimento de repercussão geral – RE 584.608, rel. Min. Ellen Gracie, DJe 13.3.2009. A Corte reconheceu a inexistência de repercussão geral em face da impossibilidade de exame de alegação de ofensa indireta à Constituição Federal em recurso extraordinário. No AI/QO 777.749, rel. Min. Gilmar Mendes, foi afirmado que o reconhecimento de inexistência de questão constitucional equivale à rejeição de repercussão geral.

Todas essas orientações estão conferindo nova conformação ao recurso extraordinário e têm como finalidade última assegurar efetividade ao julgamento de questões constitucionais pelo STF nessa modalidade especial de controle de legitimidade de decisões judiciais.

Controle preventivo de projeto de emenda constitucional em mandado de segurança – Singularidade digna de destaque é a impetração de mandado de segurança por parlamentar contra tramitação de projeto de emenda constitucional.

Ainda sob a Constituição de 1967/1969 o STF, no MS 20.257, entendeu admissível a impetração de mandado de segurança contra ato da Mesa da Câmara ou do Senado Federal, asseverando-se que, quando "a vedação constitucional se dirige ao próprio processamento da lei ou da emenda (...), a inconstitucionalidade (...) já existe antes de o projeto ou de a proposta se transformarem em lei ou em emenda constitucional, porque o próprio processamento já desrespeita, frontalmente, a Constituição".[131]

Esse entendimento foi adotado pelo Tribunal em diversos precedentes,[132] o que demonstra que o Tribunal acabou, aqui, por adotar um controle preventivo de constitucionalidade, na modalidade incidental ou concreta (embora se cuide propriamente de um mandado de segurança contra projeto de lei).

Como já dito, em decisão mais recente,[133] a Corte adotou posição mais limitante dos casos em que cabível dita atuação judicial preventiva, embora tenha mantido o entendimento que admite tal ferramenta como forma de provocação ao exercício da jurisdição constitucional.

O papel do Senado Federal – A *suspensão da execução* pelo Senado Federal do ato declarado inconstitucional pela Excelsa Corte foi a forma definida pelo constituinte para emprestar eficácia *erga omnes* às decisões definitivas sobre inconstitucionalidade nos recursos extraordinários. A aparente originalidade da fórmula tem dificultado seu enquadramento dogmático. Discute-se, assim, sobre os efeitos e a natureza da resolução do Senado Federal que declare suspensa a execução da lei ou ato normativo. Questiona-se, igualmente, sobre o caráter vinculado ou discricionário do ato praticado pelo Senado e sobre a abrangência das leis estaduais e municipais. Indaga-se, ainda, sobre a pertinência da suspensão do pronunciamento de inconstitucionalidade *incidenter tantum*, ou sobre sua aplicação às decisões proferidas em ação direta.

Embora a doutrina pátria reiterasse os ensinamentos teóricos e jurisprudenciais americanos no sentido da *inexistência jurídica* ou da *ampla ineficácia* da lei declarada inconstitucional, não se indicava a

131. Rel. Min. Moreira Alves, *RTJ* 99(3)/1.040.

132. Cf.: MS 20.257, rel. Min. Moreira Alves, *DJU* 8.10.1980 (*leading case*); MS 20.452, rel. Min. Aldir Passarinho, *DJU* 11.10.1985; MS/AgR 21.303, rel. Min. Octávio Gallotti, *DJU* 2.8.1991; MS 24.430/QO, rel. Min. Sepúlveda Pertence, *DJU* 9.5.2003; MS 24.593-DF, rel. Min. Maurício Corrêa, *DJU* 8.8.2003; MS 24.356, rel. Min. Carlos Velloso, *DJU* 12.9.2003; MS 24.576, rela. Min. Ellen Gracie, *DJU* 12.9.2003; MS 24.645, rel. Min. Celso de Mello, *DJU* 15.9.2003; MS/AgR 24.667, rel. Min. Carlos Velloso, *DJU* 23.4.2004.

133. STF, MS 32.033-DF, red. para o acórdão Min. Teori Zavascki, *DJe* 18.2.2014.

razão ou o fundamento desse efeito amplo.[134] Diversamente, a não aplicação da lei no direito norte-americano constitui expressão do *stare decisis*, que empresta efeitos vinculantes às decisões das Cortes Superiores. Daí ter-se adotado, em 1934, a suspensão de execução pelo Senado como mecanismo destinado a outorgar eficácia geral à declaração de inconstitucionalidade. E, como observado, a engenhosa fórmula mereceu reparos na própria Assembleia Constituinte. O deputado Godofredo Vianna pretendeu que se reconhecesse, *v.g.*, a inexistência jurídica da lei após o segundo pronunciamento do STF sobre a inconstitucionalidade do diploma.[135]

Mas que efeitos hão de ser reconhecidos ao ato do Senado que suspende a execução da lei inconstitucional?

Inicialmente, sob as Constituições de 1934 e de 1946, o instituto aplicava-se exclusivamente às decisões tomadas em controle incidental de normas. Após a Emenda Constitucional 16/1965, que introduziu a representação de inconstitucionalidade por iniciativa do Procurador-Geral da República, mantida na Constituição de 1967/1969, surgiu dúvida sobre a aplicação da fórmula do Senado também ao controle abstrato de normas. Resolvendo questão de ordem suscitada inicialmente pelo Min. Rodrigues de Alckmin, na década de 1970, o STF decidiu, em processo de relatoria do Min. Moreira Alves, que a suspensão do Senado não teria aplicação nos casos de declaração de inconstitucionalidade proferidas em processo de controle abstrato de normas, reconhecendo-se, assim, a eficácia *erga omnes* da decisão proferida nesses processos.[136]

---

134. Lúcio Bittencourt, *O Controle Jurisdicional da Constitucionalidade das Leis*, 2ª ed., Rio de Janeiro, Forense, 1968, p. 141.

135. *Apud* Araújo Castro, *A Nova Constituição Brasileira*, Rio de Janeiro, Freitas Bastos, 1935, p. 247. Cf. Ana Valderez Ayres Neves de Alencar, "A competência do Senado Federal para suspender a execução dos atos declarados inconstitucionais", *Revista de Informação Legislativa* 15(57)/234-237, janeiro-março/1978.

136. Pareceres em sessão administrativa da Mesa de Matéria Constitucional de autoria do Min. Rodrigues de Alckmin, de 19.6.1975, *DJU* 16.5.1977, p.3124, e do Min. Moreira Alves, de 11.11.1975, *DJU* 16.5.1977, p. 3.123.

O parecer do Min. Rodrigues de Alckmin foi emitido em consulta formulada pelo Diretor-Geral da Secretaria do STF, que manifestava dúvida sobre a execução da sentença proferida na Rp 898, relativa à Lei 7.214, de 13.11.1968, do Estado de Goiás, declarada inconstitucional por infringência a princípio sensível (CF de 1967/1969, art. 10, VII, "e").

Lúcio Bittencourt afirmava que "o objetivo do art. 45, IV, *[a referência diz respeito à Constituição de 1967]* é apenas tornar pública a decisão do Tribunal, levando-a ao conhecimento de todos os cidadãos".[137] Outros reconhecem que o Senado Federal pratica *ato político* que "confere efeito geral ao que era particular (...), generaliza os efeitos da decisão".[138]

O STF parece ter admitido que o ato do Senado outorga eficácia genérica à decisão definitiva. Assim, a suspensão teria o condão de dar alcance normativo ao julgado da Excelsa Corte.[139]

Mas qual seria a dimensão dessa eficácia ampla? Seria a de reconhecer efeito retroativo ao ato do Senado Federal?

Também aqui não se logram sufrágios unânimes.

Themístocles Cavalcanti responde negativamente, sustentando que "a única solução que atende aos interesses de ordem pública é que a suspensão produzirá os seus efeitos desde a sua efetivação, não atingindo as situações jurídicas criadas sob a sua vigência".[140] Da mesma forma, Oswaldo Aranha Bandeira de Mello ensina que "a suspensão da lei corresponde à revogação da lei", devendo "ser respeitadas as situações anteriores definitivamente constituídas, porquanto a revogação tem efeito *ex nunc*".[141] Enfatiza que a suspensão "não alcança os atos jurídicos formalmente perfeitos, praticados no passado, e os fatos consumados, ante sua irretroatividade, e mesmo os efeitos futuros dos direitos regularmente adquiridos". "O Senado Federal" – assevera Bandeira de Mello – "apenas cassa a lei, que

---

137. Lúcio Bittencourt, *O Controle Jurisdicional* ..., 2ª ed., p. 145.

138. Paulo Brossard, "O Senado e as leis inconstitucionais", *Revista de Informação Legislativa* 13(50)/61. Cf.: Josaphat Marinho, "O art. 64 da Constituição e o papel do Senado", *Revista de Informação Legislativa* 1(2); Alfredo Buzaid, *Da Ação Direta de Declaração de Inconstitucionalidade no Direito Brasileiro*, São Paulo, Saraiva, 1958, pp. 89-90; Themístocles Brandão Cavalcanti, *Do Controle da Constitucionalidade*, Rio de Janeiro, Forense, 1966, pp. 162-166; Oswaldo Aranha Bandeira de Mello, *Teoria das Constituições Rígidas*, 2ª ed., São Paulo, José Bushatsky Editor, 1980, p. 210; Celso Bastos, *Curso de Direito Constitucional*, 22ª ed., São Paulo, Malheiros Editores, 2010, p. 568.

139. MS 16.512, rel. Min. Oswaldo Trigueiro, *RTJ* 38(1)/20, 21, 23 e 28.

140. Themístocles Brandão Cavalcanti, *Do Controle da Constitucionalidade*, p. 164.

141. Oswaldo Aranha Bandeira de Mello, *Teoria* ..., 2ª ed., p. 211.

deixa de obrigar, e, assim, perde a sua executoriedade, porque, dessa data em diante, a revoga simplesmente".[142]

Não obstante a autoridade dos seus sectários, essa doutrina parece confrontar com as premissas basilares da declaração de inconstitucionalidade no direito brasileiro.

A doutrina majoritária afirma que a pronúncia da inconstitucionalidade tem efeito *ex tunc*, contendo a decisão judicial caráter eminentemente declaratório.[143] Considerando esse entendimento aceito de forma ampla, afigurava-se inconcebível cogitar de "situações juridicamente criadas", de "atos jurídicos formalmente perfeitos" ou de "efeitos futuros dos direitos regularmente adquiridos" com fundamento em lei inconstitucional. De resto, é fácil de ver que a constitucionalidade da lei parece constituir pressuposto inarredável de categorias como direito adquirido e ato jurídico perfeito.

É verdade que a expressão utilizada pelo constituinte de 1934 (art. 91, IV) e reiterada nos textos de 1946 (art. 64), de 1967/1969 (art. 42, VII) e de 1988 (art. 52, X) – *suspender* a execução de lei ou decreto – não é isenta de dúvida. Originariamente, o Substitutivo da Comissão Constitucional chegou a se referir à "revogação ou suspensão da lei ou ato".[144] Mas a própria *ratio* do dispositivo não autoriza a equiparação do ato do Senado a uma *declaração de ineficácia* de caráter prospectivo. A proposta de Godofredo Vianna reconhecia a inexistência jurídica da lei desde que fosse declarada a sua inconstitucionalidade "em mais de um aresto" do STF. Nos debates realizados preponderou, porém, a ideia de se outorgar ao Senado – erigido, então, ao papel de coordenador dos Poderes – a suspensão da lei declarada inconstitucional pelo STF.

Na discussão travada no Plenário da Constituinte destacaram-se as objeções de Levi Carneiro, contrário à incorporação do instituto ao

142. Idem, ibidem.

143. Rui Barbosa, "Os atos inconstitucionais do Congresso e do Executivo", in *Trabalhos Jurídicos*, Rio de Janeiro, Casa de Rui Barbosa, 1962, p. 49, e *O Direito do Amazonas ao Acre Septentrional*, vol. 1, Rio de Janeiro, Jornal do Commercio, 1910, pp. 51-52; José de Castro Nunes, *Teoria e Prática do Poder Judiciário*, Rio de Janeiro, Forense, 1943, p. 588; Alfredo Buzaid, *Da Ação Direta* ..., p. 128; Francisco Luiz da Silva Campos, *Direito Constitucional*, vol. 1, Rio de Janeiro, Freitas Bastos, 1956, pp. 460-461.

144. *Apud* Ana Valderez Ayres Neves de Alencar, "A competência do Senado Federal ...", *Revista de Informação Legislativa* 15(57)/247.

Texto Magno. Prevaleceu a tese perfilhada, dentre outros, por Prado Kelly, tal como resumida na seguinte passagem:

"Na sistemática preferida pelo nobre Deputado, Sr. Levi Carneiro, o Supremo Tribunal decretaria a inconstitucionalidade de uma lei, e os efeitos dessa decisão se limitariam às partes em litígio. Todos os demais cidadãos, que estivessem na mesma situação da que foi tutelada num processo próprio, estariam ao desamparo da lei. Ocorreria, assim, que a Constituição teria sido defendida na hipótese que permitiu o exame do Judiciário, e esquecida, anulada, postergada, em todos os outros casos (...).

"Certas Constituições modernas têm criado Cortes jurisdicionais para defesa da Constituição. Nós continuamos a atribuir à Suprema Corte a palavra definitiva da defesa e guarda da Constituição da República. Entretanto, permitimos a um órgão de supremacia política estender os efeitos dessa decisão, e estendê-los para o fim de suspender a execução, no todo ou em parte, de qualquer lei ou ato, deliberação ou regulamento, quando o Poder Judiciário os declara inconstitucionais."[145]

Na Assembleia Constituinte de 1946 reencetou-se o debate, tendo-se destacado, uma vez mais, na defesa do instituto, a voz de Prado Kelly:

"O Poder Judiciário só decide em espécie.

"É necessário, porém, estender os efeitos do julgado, e esta é atribuição do Senado.

"Quanto ao primeiro ponto, quero lembrar que na Constituição de 1934 existe idêntico dispositivo.

"Participei da elaboração da Constituição de 1934. De fato, tentou-se a criação de um quarto Poder; entretanto, já há muito o Senado exercia a função controladora, fiscalizadora do Poder Executivo.

"O regime democrático é um regime de legalidade. No momento em que o Poder Executivo pratica uma ilegalidade, a pretexto de regulamentar uma lei votada pelo Congresso, exorbita nas suas funções. Há a esfera do Judiciário, e este não está impedido, desde que é violado o direito patrimonial do indivíduo, de apreciar o direito ferido.

"Se, entretanto, se reserva ao órgão do Poder Legislativo – no caso, o Senado – a atribuição fiscalizadora da lei, não estamos diante

145. *Apud* Ana Valderez Ayres Neves de Alencar, "A competência do Senado Federal ...", *Revista de Informação Legislativa* 15(57)/260.

de uma função judicante, mas de fiscal do arbítrio do Poder Executivo. O dispositivo já constava da Constituição de 1934 e não foi impugnado por nenhum autor ou comentador que seja do meu conhecimento. Ao contrário, foi um dos dispositivos mais festejados pela crítica, porque atendia, de fato, às solicitações do meio político brasileiro."[146]

Ante as críticas tecidas por Gustavo Capanema, ressaltou Nereu Ramos:

"A lei ou regulamentos declarados inconstitucionais são juridicamente inexistentes, entre os litigantes. Uma vez declarados, pelo Poder Judiciário, inconstitucionais ou ilegais, a decisão apenas produz efeito entre as partes. Para evitar que os outros interessados, amanhã, tenham de recorrer também ao Judiciário, para obter a mesma coisa, atribui-se ao Senado a faculdade de suspender o ato no todo ou em parte, quando o Judiciário haja declarado inconstitucional, porque, desde que o Judiciário declara inconstitucional, o Presidente da República não pode declarar constitucional".[147]

Parecia evidente aos constituintes que a *suspensão da execução* da lei, tal como adotada em 1934, importava a *extensão dos efeitos* do aresto declaratório da inconstitucionalidade, configurando, inclusive, instrumento de economia processual. Atribuía-se, pois, ao ato do Senado *caráter ampliativo*, e não apenas *paralisante* ou derrogatório do diploma viciado. E, não fosse assim, inócuo seria o instituto com referência à maioria das situações formadas na vigência da lei declarada inconstitucional.

Percebeu essa realidade o senador Accioly Filho, que defendeu a seguinte orientação:

"Posto em face de uma decisão do STF que declara a inconstitucionalidade de lei ou decreto, ao Senado não cabe tão só a tarefa de promulgador desse decisório.

"A declaração é do Supremo, mas a suspensão é do Senado. Sem a declaração o Senado não se movimenta, pois não lhe é dado suspender a execução de lei ou decreto não declarado inconstitucional. Essa suspensão é mais que a revogação da lei ou decreto, tanto pelas suas consequências quanto por desnecessitar da concordância da outra Casa do Congresso e da sanção do Poder Executivo. Em suas consequências,

146. Idem, pp. 267-268.

147. Idem, p. 268.

a suspensão vai muito além da revogação. Esta opera *ex nunc*, alcança a lei ou ato revogado só a partir da vigência do ato revogador, não tem olhos para trás, e, assim, não desconstitui as situações constituídas enquanto vigorou o ato derrogado. Já, quando de suspensão se trate o efeito é *ex tunc*, pois aquilo que é inconstitucional é natimorto, não teve vida (cf. Alfredo Buzaid e Francisco Campos), e, por isso, não produz efeitos, e aqueles que porventura ocorreram ficam desconstituídos desde as suas raízes, como se não tivessem existido.

"Integra-se, assim, o Senado numa tarefa comum com o STF, equivalente àquela da alta Corte Constitucional da Áustria, do Tribunal Constitucional alemão e da Corte Constitucional italiana. Ambos, Supremo e Senado, realizam, na Federação Brasileira, a atribuição que é dada a essas Cortes europeias.

"Ao Supremo cabe julgar da inconstitucionalidade das leis ou atos, emitindo a decisão declaratória quando consegue atingir o *quorum* qualificado.

"Todavia, aí não se exaure o episódio se aquilo que se deseja é dar efeitos *erga omnes* à decisão.

"A declaração de inconstitucionalidade, só por ela, não tem a virtude de produzir o desaparecimento da lei ou ato, não o apaga, eis que fica a produzir efeitos fora da relação processual em que se proferiu a decisão.

"Do mesmo modo, a revogação da lei ou decreto não tem o alcance e a profundidade da suspensão. Consoante já se mostrou, e é tendência no direito brasileiro, só a suspensão por declaração de inconstitucionalidade opera efeito *ex tunc*, ao passo que a revogação tem eficácia só a partir da data de sua vigência.

"Assim, é diferente a revogação de uma lei da suspensão de sua vigência por inconstitucionalidade."[148]

Adiante, o insigne parlamentar concluía:

"Revogada uma lei, ela continua sendo aplicada, no entanto, às situações constituídas antes da revogação (art. 153, § 3º, da Constituição). Os juízes e a Administração aplicam-na aos atos que se realizaram sob o império de sua vigência, porque então ela era a norma jurídica eficaz. Ainda continua a viver a lei revogada para essa aplicação, continua a ter existência para ser utilizada nas relações jurídicas pretéritas (...).

148. "Brasil, Congresso, Senado Federal, Parecer n. 154/1971, rel. senador Accioly Filho", *Revista de Informação Legislativa* 12(48)/266-268.

"A suspensão por declaração de inconstitucionalidade, ao contrário, vale por fulminar, desde o instante do nascimento, a lei ou decreto inconstitucional, importa manifestar que essa lei ou decreto não existiu, não produziu efeitos válidos.

"A revogação, ao contrário disso, importa proclamar que, a partir dela, o revogado não tem mais eficácia.

"A suspensão por declaração de inconstitucionalidade diz que a lei ou decreto suspenso nunca existiu, nem antes nem depois da suspensão.

"Há, pois, distância a separar o conceito de revogação daquele da suspensão de execução de lei ou decreto declarado inconstitucional. O ato de revogação, pois, não supre o de suspensão, não o impede, porque não produz os mesmos efeitos."[149]

Esta colocação parecia explicitar a natureza singular da atribuição deferida ao Senado Federal. A suspensão constituía ato político que retira a lei do ordenamento jurídico, de forma definitiva e com efeitos retroativos. É o que ressaltava, igualmente, o STF ao enfatizar que "a suspensão da vigência da lei por inconstitucionalidade torna sem efeito todos os atos praticados sob o império da lei inconstitucional".[150]

Assim, verificada a suspensão de execução da lei pelo Senado Federal, ela tanto afetará a aplicação prospectiva da norma (cessação da ultratividade), como também permitirá, em princípio, a revisão dos atos praticados com base na lei inconstitucional (eficácia *ex tunc*).

149. Idem, p. 268.

150. RMS 17.976, rel. Min. Amaral Santos, *RDA* 105/111 (113). Evidentemente, esta eficácia ampla há de ser entendida com temperamentos. A pronúncia de inconstitucionalidade não retira do mundo jurídico, automaticamente, os atos praticados com base na lei inconstitucional, criando apenas as condições para eventual desfazimento ou regulação dessas situações. Tanto a *coisa julgada* quanto outras *fórmulas de preclusão* podem tornar irreversíveis as decisões ou atos fundados na lei censurada. Assim, operada a decadência ou a prescrição, ou decorrido *in albis* o prazo para a propositura da ação rescisória, não há mais que se cogitar da revisão do ato viciado. Alguns sistemas jurídicos – como o alemão – reconhecem a subsistência dos atos e decisões praticados com base na lei declarada inconstitucional desde que tais atos já não se afigurem suscetíveis de impugnação. A execução desses atos é, todavia, inadmissível. Exclui-se, igualmente, qualquer pretensão de enriquecimento sem causa. Admite-se, porém, a revisão, a qualquer tempo, de sentença penal condenatória baseada em lei declarada inconstitucional (Lei do *Bundesverfassungsgericht*, § 79). A limitação da retroatividade expressa, nesses casos, a tentativa de compatibilizar princípios de *segurança jurídica* e *critérios de justiça*. Acentue-se que tais limitações ressaltam, outrossim, a necessária autonomia jurídica desses atos.

Vale recordar, a propósito, que no MS 16.512 (rel. Min. Oswaldo Trigueiro), de 25.5.1966, o STF teve a oportunidade de discutir largamente a natureza do instituto, negando a possibilidade de o Senado Federal revogar o ato de suspensão anteriormente editado, ou de restringir o alcance da decisão proferida pelo STF. Cuidava-se de mandado de segurança impetrado contra a Resolução 93, de 14.10.1965, que revogou resolução anterior (n. 32, de 25.3.1965) pela qual o Senado suspendera a execução de preceito do Código paulista de Impostos e Taxas.

O STF pronunciou a inconstitucionalidade da resolução revogadora, contra os votos dos Mins. Aliomar Baleeiro e Hermes Lima, conhecendo do mandado de segurança como *representação*, tal como proposto pelo Procurador-Geral da República, Dr. Alcino Salazar.[151]

Reconheceu ainda a Suprema Corte que o Senado não estava obrigado a proceder à suspensão do ato declarado inconstitucional. Nessa linha de entendimento, ensinava o saudoso Min. Victor Nunes: "(...) o Senado terá seu próprio critério de conveniência e oportunidade para praticar o ato de suspensão. se uma questão foi aqui decidida por maioria escassa e novos ministros são nomeados, como há pouco aconteceu, é de todo razoável que o Senado aguarde novo pronunciamento antes de suspender a lei. Mesmo porque não há sanção específica nem prazo certo para o Senado se manifestar".[152]

Todavia, procedendo-se à suspensão do ato que teve a inconstitucionalidade pronunciada pelo STF, não poderia aquela Alta Casa do Congresso revogar o ato anterior.[153] Da mesma forma, o ato do Senado haveria de se ater à "extensão do julgado do Supremo Tribunal",[154] não tendo "competência para examinar o mérito da decisão (...), para interpretá-la, para ampliá-la ou restringi-la".[155]

Vê-se, pois, que, tal como assentado no acórdão do STF, o ato do Senado tinha o condão de outorgar eficácia ampla à decisão judicial, vinculativa, inicialmente, apenas para os litigantes.

Ressalta-se que a inércia do Senado não afeta a relação entre os Poderes, não se podendo vislumbrar qualquer violação constitucional

151. *RTJ* 38(1)/8-9.

152. MS 16.512, voto do Min. Victor Nunes Leal, *RTJ* 38(1)/23.

153. Nesse sentido, v. votos proferidos pelos Mins. Gonçalves de Oliveira e Cândido Motta Filho, *RTJ* 38(1)/26.

154. MS 16.512, voto do Min. Victor Nunes Leal, *RTJ* 38(1)/23.

155. MS 16.512, voto do Min. Pedro Chaves, *RTJ* 38(1)/12.

na eventual recusa à pretendida extensão de efeitos. Evidentemente, se pretendesse outorgar efeito genérico à decisão do STF, não precisaria o constituinte valer-se dessa fórmula complexa.

Caberia indagar se o STF poderia vir a reconhecer a constitucionalidade de lei anteriormente declarada inconstitucional mesmo após a regular comunicação ao Senado. Considerando o lapso de tempo decorrido entre a comunicação e o novo julgado, a resposta poderá ser afirmativa. Assim como o Senado não está obrigado a suspender imediatamente o ato declarado inconstitucional pelo STF, nada obsta a que o Tribunal reveja a orientação anteriormente firmada. Neste caso, a suspensão superveniente não deverá produzir consequência juridicamente relevante.

Deve-se observar que "a função política exercida pelo Senado é abrangente dos atos estaduais e municipais". E não se restringe à *lei* ou *decreto*, tal como prescrito no texto constitucional, contemplando as várias modalidades normativas, de diferentes denominações, "que de decretos fazem as vezes".[156]

As conclusões assentadas acima parecem consentâneas com a natureza do instituto. O Senado Federal não revoga o ato declarado inconstitucional, até porque lhe falece competência para tanto.[157] Cuida-se de ato político que empresta eficácia *erga omnes* à decisão do STF proferida em caso concreto. Não se obriga o Senado Federal a expedir o ato de suspensão, não configurando qualquer infringência a princípio de ordem constitucional a eventual omissão. Não pode a alta Casa do Congresso, todavia, restringir ou ampliar a extensão do julgado proferido pela Excelsa Corte.

A propósito, registre-se caso em que resolução do Senado Federal suspendeu a aplicação de lei com base em precedente do STF mas extrapolou os limites da declaração de inconstitucionalidade. O Senado Federal, por meio da Resolução 7/2007, suspendeu a execução de leis paulistas relativas ao ICMS embora os precedentes que antecederam o processo de resolução, com base no art. 52, X, da CF, tenham se cingido à declaração de inconstitucionalidade da vinculação de renda obtida por meio da majoração de alíquota do

156. Cf.: Ana Valderez Ayres Neves de Alencar, "A competência do Senado Federal ...", *Revista de Informação Legislativa* 15(57)/304; Regimento Interno do STF, art. 178, c/c o art. 176.

157. MS 16.512, voto do Min. Prado Kelly, *RTJ* 38(1)/16.

ICMS ao financiamento de programa habitacional.[158] A resolução do Senado suspendeu irregularmente a execução de leis que não foram efetivamente declaradas inconstitucionais pelo STF, e isso acarretou forte impacto na arrecadação do Estado de São Paulo em relação ao ICMS. Esse problema decorreu de falha de comunicação entre o STF e o Senado acerca do conteúdo da decisão de inconstitucionalidade. Em situações dessa natureza parece claro o cabimento de ação direta de inconstitucionalidade com vistas a impugnar a resolução irregularmente aprovada.

Tais colocações estão a ressaltar que o instituto da suspensão pelo Senado Federal é pertinente à declaração de inconstitucionalidade *incidenter tantum*. À evidência, não há que se cogitar de extensão de efeitos, senão do pronunciamento vinculativo das partes.[159]

A suspensão pelo Senado Federal da execução de lei declarada inconstitucional pelo STF na Constituição de 1988 – A exigência de que a eficácia geral da declaração de inconstitucionalidade proferida pelo STF em casos concretos fique a depender de uma decisão do Senado Federal, introduzida entre nós com a Constituição de 1934 e preservada na Constituição de 1988, perdeu grande parte do seu significado com a ampliação do controle abstrato de normas, sofrendo, mesmo, um processo de obsolescência.

A amplitude conferida ao controle abstrato de normas e a possibilidade de que se suspenda liminarmente a eficácia de leis ou atos normativos com eficácia geral contribuíram, certamente, para que se quebrantasse a crença na própria justificativa desse instituto, que se inspirava diretamente numa concepção de separação de Poderes hoje, necessária e inevitavelmente, ultrapassada. Se o STF pode, em ação direta de inconstitucionalidade, suspender liminarmente a eficácia de uma lei, até mesmo de uma emenda constitucional, por que haveria a declaração de inconstitucionalidade proferida no controle incidental de valer tão somente para as partes?

A única resposta plausível nos leva a acreditar que o instituto da suspensão pelo Senado assenta-se hoje em razão de índole exclusivamente histórica.

---

158. Cf. Tribunal Pleno, ADI 3.929, rela. Min. Ellen Gracie, *DJe* 11.10.2007.

159. Adotando essa orientação, o STF não mais dá ciência ao Senado Federal da pronúncia de inconstitucionalidade *in abstracto* desde 1977 (Pareceres da Comissão de Regulamento, *DJU* 16.5.1977).

Deve-se observar, outrossim, que o instituto da suspensão da execução da lei pelo Senado mostra-se inadequado para assegurar eficácia geral ou efeito vinculante às decisões do STF que não declaram a inconstitucionalidade de uma lei, limitando-se a fixar a orientação constitucionalmente adequada ou correta. Isto se verifica quando o STF afirma que dada disposição há de ser interpretada desta ou daquela forma, superando, assim, entendimento adotado pelos Tribunais ordinários ou pela própria Administração. A decisão do STF não tem efeito vinculante, valendo nos estritos limites da relação processual subjetiva. Como não se cuida de declaração de inconstitucionalidade de lei, não há que se cogitar, aqui, de qualquer intervenção do Senado, restando o tema aberto para inúmeras controvérsias.

Situação semelhante ocorre quando o STF adota uma interpretação conforme a Constituição, restringindo o significado de dada expressão literal ou colmatando lacuna contida no regramento ordinário. Aqui o STF não afirma propriamente a ilegitimidade da lei, limitando-se a ressaltar que dada interpretação é compatível com a Constituição ou, ainda, que, para ser considerada constitucional, determinada norma necessita de um complemento (lacuna aberta) ou restrição (lacuna oculta – redução teleológica). Todos esses casos de decisão com base em uma interpretação conforme a Constituição não podem ter sua eficácia ampliada com o recurso ao instituto da suspensão de execução da lei pelo Senado Federal.

Mencionem-se ainda os casos de *declaração de inconstitucionalidade parcial sem redução de texto*, nos quais se explicita que um significado normativo é inconstitucional sem que a expressão literal sofra qualquer alteração.

Também nessas hipóteses a suspensão de execução da lei ou do ato normativo pelo Senado revela-se problemática, porque não se cuida de afastar a incidência de disposições do ato impugnado, mas tão somente de um de seus significados normativos.

Não é preciso dizer que a suspensão de execução pelo Senado não tem qualquer aplicação naqueles casos nos quais o Tribunal se limita a rejeitar a arguição de inconstitucionalidade. Nessas hipóteses a decisão vale *per se*. Da mesma forma, o vetusto instituto não tem qualquer serventia para reforçar ou ampliar os efeitos da decisão do Tribunal naquelas matérias nas quais a Corte, ao prover ou não um dado recurso, fixa uma interpretação da Constituição.

Ademais, a suspensão da execução da lei inconstitucional não se aplica à declaração de não recepção da lei pré-constitucional levada a efeito pelo STF. Portanto, das decisões possíveis em sede de controle, a suspensão de execução pelo Senado está restrita aos casos de declaração de inconstitucionalidade da lei ou do ato normativo.

É certo, outrossim, que a admissão da pronúncia de inconstitucionalidade com efeito limitado no controle incidental ou difuso (declaração de inconstitucionalidade com efeito *ex nunc* ou *pro futuro*), cuja necessidade já vem sendo reconhecida no âmbito do STF, parece debilitar, fortemente, a intervenção do Senado Federal – pelo menos aquela de conotação substantiva.[160] É que a "decisão de calibragem" tomada pelo Tribunal parece avançar também sobre a atividade inicial da Alta Casa do Congresso. Pelo menos, não resta dúvida de que o Tribunal assume, aqui, uma posição que parte da doutrina atribuía, anteriormente, ao Senado Federal.

Em outros termos, se o STF declara, em caráter incidental, a inconstitucionalidade de norma em dado processo e, ao mesmo tempo, afirma que aquela decisão repercutirá ou será aplicada de determinada forma em outras situações, está a reconhecer a eficácia transcendente de sua decisão independentemente de intervenção do Senado.

Assim, no julgamento do HC 82.959 declarou a inconstitucionalidade do § 1º do art. 2º da Lei 8.072/1990 – proibição de progressão de regime nos crimes hediondos –, assentando que a decisão de inconstitucionalidade não legitimaria qualquer pretensão à indenização daqueles que, em razão da proibição legal, tiveram que cumprir penas restritivas de liberdade em regime fechado.

Ao declarar a inconstitucionalidade da lei do Município de Mira Estrela que estabelecia número de vereadores considerado desproporcional ao número de habitantes, anotou que a decisão teria eficácia a partir da próxima legislatura. Ademais, assentou-se que o TSE haveria de editar resolução que explicitasse o número de vereadores que deveriam compor cada Câmara Municipal.[161]

---

160. Cf. RE 197.917 (ação civil pública contra lei municipal que fixa o número de vereadores), rel. Min. Maurício Corrêa, *DJU* 31.3.2004.

161. Em 2004 o TSE editou a Resolução 21.702, a qual dispõe sobre o número de vereadores proporcional aos habitantes de cada Município.

Em outra decisão[162] o STF declarou a inconstitucionalidade formal dos arts. 45 e 46 da Lei 8.212/1991 em face do art. 143, III, "b", da CF, estabelecendo que o efeito *ex tunc* da decisão ficaria limitado aos casos concretos suscitados antes da conclusão do julgamento, diante da repercussão e da insegurança jurídica que poderia surgir caso se admitisse possibilidade irrestrita de repetição de indébito de valores já recolhidos.

Tais considerações explicitam o significado do instituto de suspensão de execução pelo Senado no contexto normativo da Constituição de 1988.[163] E, também, a necessidade de revisão do entendimento até aqui dominante.

Repercussão da declaração de inconstitucionalidade proferida pelo STF sobre as decisões de outros Tribunais – Tal como apontado, questão interessante agitada pela jurisprudência do STF diz respeito à necessidade de se utilizar o procedimento previsto no art. 97 da CF, por parte do Tribunal *a quo*, na hipótese de existir pronunciamento da Suprema Corte que afirme a inconstitucionalidade da lei ou do ato normativo.

Como referido, em acórdão proferido no RE 190.728 teve a 1ª Turma do STF a oportunidade de, por maioria de votos – vencido o Min. Celso de Mello –, afirmar a dispensabilidade de se encaminhar o tema constitucional ao Plenário do Tribunal desde que o STF já se tenha pronunciado sobre a inconstitucionalidade da lei questionada.[164] Observou-se, então, que semelhante orientação fora adotada pela 2ª Turma do STF.[165]

Orientação idêntica foi reiterada em outra decisão na qual se explicitou que "o acórdão recorrido deu aplicação ao decidido pelo STF nos RE ns. 150.755-PE e 150.764-PE", não havendo necessidade, por isso, de a questão ser submetida ao Plenário do Tribunal.[166]

---

162. Julgamento conjunto dos RE 560.626, 556.664 e 559.882, rel. Min. Gilmar Mendes, bem como do RE 559.943, rela. Min. Cármen Lúcia.

163. Cf., infra, "Reclamação e Suspensão da Execução de Lei pelo Senado", item 6 da Décima Primeira Parte.

164. Rel. para o acórdão Min. Ilmar Galvão, *DJU* 30.5.1997.

165. AgRgAI 168.149, rel. Min. Marco Aurélio, *DJU* 4.8.1995, p. 22.520.

166. AI/AgR 167.444, rel. Min. Carlos Velloso, *DJU* 15.9.1995, p. 29.537; RE 191.898, rel. Min. Sepúlveda Pertence, *DJU* 22.8.1997, p. 38.781.

Esse entendimento marca uma evolução no sistema de controle de constitucionalidade brasileiro, que passa a equiparar, praticamente, os efeitos das decisões proferidas nos processos de controle abstrato e concreto. A decisão do STF, tal como colocada, antecipa o efeito vinculante de seus julgados em matéria de controle de constitucionalidade incidental, permitindo que o órgão fracionário se desvincule do dever de observância da decisão do Pleno ou do Órgão Especial do Tribunal a que se encontra vinculado. Decide-se autonomamente com fundamento na declaração de inconstitucionalidade (ou de constitucionalidade) do STF proferida *incidenter tantum*.

A suspensão de execução da lei pelo Senado e mutação constitucional – Todas essas reflexões e práticas parecem recomendar uma releitura do papel do Senado no processo de controle de constitucionalidade.

Quando o instituto foi concebido no Brasil, em 1934, dominava determinada concepção da divisão de Poderes, há muito superada. Em verdade, quando da promulgação do texto de 1934 outros Países já atribuíam eficácia geral às decisões proferidas em sede de controle abstrato de normas, tal como o previsto na Constituição de Weimar de 1919 e no modelo austríaco de 1920.

Tal como observado no item anterior, a suspensão de execução da lei declarada inconstitucional teve seu significado normativo fortemente abalado com a ampliação do controle abstrato de normas na Constituição Federal de 1988.

Se a intensa discussão sobre o monopólio da ação por parte do Procurador-Geral da República não levou a uma mudança na jurisprudência consolidada sobre o assunto, é fácil constatar que ela foi decisiva para a alteração introduzida pelo constituinte de 1988, com a significativa ampliação do direito de propositura da ação direta.

O constituinte assegurou o direito do Procurador-Geral da República de propor a ação de inconstitucionalidade. Este é, todavia, apenas um dentre os diversos órgãos ou entes legitimados a propor a ação direta de inconstitucionalidade.

Nos termos do art. 103 da CF de 1988, dispõem de legitimidade para propor a ação de inconstitucionalidade: o Presidente da República, a Mesa do Senado Federal, a Mesa da Câmara dos Deputados, a Mesa de Assembleia Legislativa, o Governador de Estado, o Procurador-Geral da República, o Conselho Federal da OAB, os partidos políticos com representação no Congresso Nacional e as confederações sindicais ou entidades de classe de âmbito nacional.

Tal fato fortalece a impressão de que, com a introdução desse sistema de controle abstrato de normas, com ampla legitimação e, particularmente, a outorga do direito de propositura a diferentes órgãos da sociedade, pretendeu o constituinte reforçar o controle abstrato de normas no ordenamento jurídico brasileiro como peculiar instrumento de *correção* do sistema geral incidente.

Não é menos certo, por outro lado, que a ampla legitimação conferida ao controle abstrato, com a inevitável possibilidade de se submeter qualquer questão constitucional ao STF, operou uma mudança substancial – ainda que não desejada – no modelo de controle de constitucionalidade até então vigente no Brasil.

O monopólio de ação outorgado ao Procurador-Geral da República no sistema de 1967/1969 não provocou alteração profunda no modelo incidente ou difuso. Este continuou predominante, integrando-se a representação de inconstitucionalidade a ele como um elemento ancilar, que contribuía muito pouco para diferençá-lo dos demais sistemas *difusos* ou *incidentes* de controle de constitucionalidade.

A Constituição de 1988 reduziu o significado do controle de constitucionalidade incidental ou difuso ao ampliar, de forma marcante, a legitimação para propositura da ação direta de inconstitucionalidade (CF, art. 103), permitindo que as controvérsias constitucionais mais relevantes sejam submetidas ao STF mediante processo de controle abstrato de normas.

Convém assinalar que, tal como já observado por Anschütz[167] ainda no regime de Weimar, toda vez que se outorga a um Tribunal especial atribuição para decidir questões constitucionais limita-se, explícita ou implicitamente, a competência da jurisdição ordinária para apreciar tais controvérsias.

Portanto, parece quase intuitivo que, ao ampliar, de forma significativa, o círculo de entes e órgãos legitimados a provocar o STF no processo de controle abstrato de normas, acabou o constituinte por

167. Gerhard Anschütz, *Die Verfassung des deutschen Reichs*, 2ª ed., Berlim, 1930.

restringir, de maneira profunda, a amplitude do controle difuso de constitucionalidade.

Assim, se se cogitava, no período anterior a 1988, de um *modelo misto* de controle de constitucionalidade, é certo que o forte acento residia, ainda, no amplo e dominante sistema difuso de controle. O controle direto continuava a ser algo acidental e episódico dentro do sistema difuso.

A Constituição de 1988 alterou, de maneira radical, essa situação, conferindo ênfase não mais ao sistema *difuso* ou *incidental*, mas ao modelo *concentrado*, uma vez que as questões constitucionais passaram a ser veiculadas, fundamentalmente, mediante ação direta de inconstitucionalidade perante o STF.

A ampla legitimação, a presteza e a celeridade desse modelo processual – dotado, inclusive, da possibilidade de se suspender imediatamente a eficácia do ato normativo questionado, mediante pedido de cautelar – fazem com que as grandes questões constitucionais sejam solvidas na sua maioria mediante a utilização da ação direta, típico instrumento do controle concentrado. Assim, se continuamos a ter um modelo misto de controle de constitucionalidade, a ênfase passou a residir não mais no sistema difuso, mas no de perfil concentrado.

Essa peculiaridade foi destacada por Sepúlveda Pertence no voto que proferiu na ADC 1, *verbis*:

> "(...). Esta ação é um momento inevitável na prática da consolidação desse audacioso ensaio do constitucionalismo brasileiro – não, apenas como nota Cappelletti, de aproximar o controle difuso e o controle concentrado, como se observa em todo o mundo, mas, sim, de convivência dos dois sistemas na integralidade das suas características.
>
> "Esta convivência não se faz sem uma permanente tensão dialética na qual, a meu ver, a experiência tem demonstrado que será inevitável o reforço do sistema concentrado, sobretudo nos processos de massa; na multiplicidade de processos que inevitavelmente, a cada ano, na dinâmica da legislação, sobretudo da legislação tributária e matérias próximas, levará, se não se criam mecanismos eficazes de decisão relativamente rápida e uniforme, ao estrangulamento da máquina judiciária, acima de qualquer possibilidade de sua ampliação, e, progressivamente, ao maior descrédito da Justiça, pela sua total incapacidade de responder à demanda de centenas de milhares de processos rigorosamente idênticos, porque reduzidos a uma só questão de direito.

"Por outro lado, (...), o ensaio difícil de convivência integral dos dois métodos de controle de constitucionalidade do Brasil só se torna possível na medida em que se acumularam, no STF, os dois papéis, o de órgão exclusivo do sistema concentrado e o de órgão de cúpula do sistema difuso.

"De tal modo, o peso do Supremo Tribunal, em relação aos outros órgãos de jurisdição, que a ação declaratória de constitucionalidade traz é relativo, porque, já no sistema de convivência dos dois métodos, a palavra final é sempre reservada ao STF, se bem que, declarada a inconstitucionalidade no sistema difuso, ainda convivamos com o anacronismo em que se transformou, especialmente após a criação da ação direta, a necessidade da deliberação do Senado para dar eficácia *erga omnes* à declaração incidente."[168]

Assinale-se, outrossim, que a interpretação que se deu à suspensão de execução da lei pela doutrina majoritária e pela própria jurisprudência do STF contribuiu decisivamente para que a afirmação sobre a teoria da nulidade da lei inconstitucional restasse sem concretização entre nós.

Nesse sentido, constatou Lúcio Bittencourt que os constitucionalistas brasileiros não lograram fundamentar nem a eficácia *erga omnes*, nem a chamada *retroatividade **ex tunc*** da declaração de inconstitucionalidade proferida pelo STF.

É o que se lê na seguinte passagem de seu magno trabalho:

"(...) as dificuldades e problemas surgem, precisamente, no que tange à eficácia indireta ou colateral da sentença declaratória da inconstitucionalidade, pois, embora procurem os autores estendê-la a situações jurídicas idênticas, considerando indiretamente anulada a lei, porque a 'sua aplicação não obteria nunca mais o concurso da Justiça', não têm, todavia, conseguido apresentar fundamento técnico, razoavelmente aceitável, para justificar essa extensão.

Não o apontam os tratadistas americanos – infensos à sistematização, que caracteriza os Países onde se adota a codificação do direito positivo –, limitando-se a enunciar o princípio, em termos categóricos: a lei declarada inconstitucional deve ser considerada, para todos os efeitos, como se jamais, em qualquer tempo, houvesse possuído eficácia jurídica – *is to be regarded as having never, at any time, been possessed of any legal force.*

---

168. *RTJ* 159/389-390.

Os nossos tratadistas também não indicam a razão jurídica determinante desse efeito amplo. Repetem a doutrina dos escritores americanos e as afirmações dos Tribunais, sem buscar-lhes o motivo, a causa ou o fundamento. Nem o grande Rui, com o seu gênio estelar, nem os que subsequentemente, na sua trilha luminosa, versaram o assunto, com a proficiência de um Castro Nunes.

É que em face dos princípios que orientam a doutrina da coisa julgada, e que são comumente aceitos entre nós, é difícil, se não impossível, justificar aqueles efeitos, que, aliás, se verificam em outras sentenças, como, por exemplo, as que decidem matéria de estado civil, as quais, segundo entendimento geral, prevalecem *erga omnes*.[169]

Em verdade, ainda que não pertencente ao universo específico da *judicial review*, o instituto do *stare decisis* desonerava os constitucionalistas americanos, pelo menos em parte, de um dever mais aprofundado de fundamentação na espécie. Como esse mecanismo assegura efeito vinculante às decisões das Cortes Superiores, em caso de declaração de inconstitucionalidade pela Suprema Corte tinha-se a segurança de que, em princípio, nenhum Tribunal haveria de conferir eficácia à norma objeto de censura. Assim, a ausência de mecanismo processual assemelhado à "força de lei" (*Gesetzeskraft*) do direito alemão não impediu que os autores americanos sustentassem a nulidade da lei inconstitucional.[170]

---

169. Lúcio Bittencourt, *O Controle Jurisdicional* ..., pp. 140-141.

170. A doutrina constitucional alemã há muito vinha desenvolvendo esforços para ampliar os limites objetivos e subjetivos da coisa julgada no âmbito da jurisdição estatal (*Staatsgerichtsbarkeit*). Importantes autores sustentaram, sob o império da Constituição de Weimar, que a *força de lei* não se limitava à questão julgada, contendo, igualmente, uma proibição de reiteração (*Wiederholungsverbot*) e uma imposição para que normas de teor idêntico, que não foram objeto da decisão judicial, também deixassem de ser aplicadas por força da *eficácia geral*. Essa concepção refletia, certamente, a ideia dominante à época de que a decisão proferida pela Corte teria não as *qualidades de lei* (*Gesetzeseigenschaften*), mas, efetivamente, a *força de lei* (*Gesetzeskraft*). Afirmava-se inclusive que o Tribunal assumia, nesse caso, as atribuições do Parlamento, ou, ainda, que se cuidava de uma *interpretação autêntica* – tarefa típica do legislador. Tratando-se de interpretação autêntica da Constituição, não se cuidaria de simples legislação ordinária, mas, propriamente, de legislação ou reforma constitucional (*Verfassungsgesetzgebung*; *Verfassungsänderung*) ou de decisão com hierarquia constitucional (*Entscheidung mit Verfassungsrang*). A força de lei está prevista no art. 9º da Lei Fundamental e no § 31(2) da Lei Orgânica da Corte Constitucional, aplicando-se às decisões proferidas nos processos de controle de constitucionalidade. A convicção de que a *força de lei* significava apenas que a decisão produziria efeitos semelhantes aos de uma lei (*gesetzähnlich*) (mas não poderia ser considerada ela própria como uma lei em sentido formal e material) parece ter levado a doutrina a desenvolver instituto processual destinado a dotar

Sem dispor de um mecanismo que emprestasse *força de lei* ou que, pelo menos, conferisse caráter vinculante às decisões do STF para os demais Tribunais, tal como o *stare decisis* americano,[171] contentava-se a doutrina brasileira em ressaltar a evidência da nulidade da lei inconstitucional[172] e a obrigação dos órgãos estatais de se absterem de aplicar disposição que teve sua inconstitucionalidade declarada pelo STF.[173] A suspensão da execução pelo Senado não se mostrou apta a superar essa incongruência, especialmente porque se emprestou a ela um sentido substantivo que talvez não devesse ter. Segundo entendimento amplamente aceito,[174] esse ato do Senado Federal conferia eficácia *erga omnes* à declaração de inconstitucionalidade proferida no caso concreto.[175]

---

as decisões da Corte Constitucional de qualidades outras não contidas nos conceitos de *coisa julgada* e de *força de lei*. Observe-se que o instituto do *efeito vinculante*, contemplado no § 31, I, da Lei do *Bundesverfassungsgericht*, não configura novidade absoluta no Direito Alemão do Pós-Guerra. Antes mesmo da promulgação da Lei Orgânica da Corte Constitucional – e, portanto, da instituição do *Bundesverfassungsgericht* – algumas leis que disciplinavam o funcionamento de Cortes Constitucionais estaduais já consagravam expressamente o efeito vinculante das decisões proferidas por esses órgãos. Embora o conceito de *Bindungswirkung* (*efeito vinculante*) corresponda a uma tradição do Direito Alemão, tendo sido também adotado por diversas leis de organização de Tribunais constitucionais estaduais aprovadas após a promulgação da Lei Fundamental, não se pode afirmar que se trate de um instituto de compreensão unívoca pela doutrina. Não são poucas as questões que se suscitam a propósito desse instituto, seja no que concerne aos seus limites objetivos, seja no que respeita aos seus limites subjetivos e temporais (Gilmar Ferreira Mendes, "O efeito vinculante das decisões do STF nos processos de controle abstrato de normas", *Revista Jurídica Virtual* 1-4, agosto/1999, disponível em *http://geocities.yahoo.com.br/profpito/oefeitovinculantegilmar.html*).

171. Cf., sobre o assunto, a observação de Rui Barbosa a propósito do Direito Americano: "(...) se o julgamento foi pronunciado pelos mais altos Tribunais de recurso, a todos os cidadãos se estende, imperativo e sem apelo, no tocante aos princípios constitucionais sobre o que versa". Nem a legislação "tentará contrariá-lo, porquanto a regra *stare decisis* exige que todos os Tribunais daí em diante o respeitem como *res judicata* (...)" (cf. *Comentários à Constituição Federal Brasileira*, coligidos por Homero Pires, vol. IV, p. 268). A propósito, anotou Lúcio Bittencourt que a regra *stare decisis* não tinha o poder que lhe atribuíra Rui, muito menos o de eliminar a lei do ordenamento jurídico (*O Controle Jurisdicional* ..., p. 143, nota 17).

172. Cf., a propósito, Lúcio Bittencourt, *O Controle Jurisdicional* ..., pp. 140-141.

173. Lúcio Bittencourt, *O Controle Jurisdicional* ..., p. 144; José de Castro Nunes, *Teoria e Prática* ..., p. 592.

174. Cf. supra, no item 3, item "Considerações preliminares".

175. Manoel Gonçalves Ferreira Filho, *Curso de Direito Constitucional*, 30ª ed., São Paulo, Saraiva, 2003, p. 35; José Afonso da Silva, *Curso de Direito Constitucional Positivo*, 39ª ed., São Paulo, Malheiros Editores, 2016, pp. 54-55.

Ainda que se aceite, em princípio, que a suspensão da execução da lei pelo Senado retira a lei do ordenamento jurídico com eficácia *ex tunc*, esse instituto, tal como foi interpretado e praticado entre nós, configura antes a negação que a afirmação da teoria da nulidade da lei inconstitucional. A não aplicação geral da lei depende exclusivamente da vontade de um órgão eminentemente político, e não dos órgãos judiciais incumbidos da aplicação cotidiana do Direito. Tal fato reforça a ideia de que, embora tecêssemos loas à teoria da nulidade da lei inconstitucional, consolidávamos institutos que iam de encontro à sua implementação.

Assinale-se que, se a doutrina e a jurisprudência entendiam que lei inconstitucional era *ipso jure* nula, deveriam ter defendido, de forma coerente, que o ato de suspensão a ser praticado pelo Senado destinava-se exclusivamente a conferir publicidade à decisão do STF.

Essa foi a posição sustentada, isoladamente, por Lúcio Bittencourt:

> Se o Senado não agir, nem por isso ficará afetada a eficácia da decisão, a qual continuará a produzir todos os seus efeitos regulares, que, de fato, independem de qualquer dos Poderes. O objetivo do art. 45, IV, da Constituição *[a referência é ao texto de 1967]* é apenas tornar pública a decisão do Tribunal, levando-a ao conhecimento de todos os cidadãos. Dizer que o Senado "suspende a execução" da lei inconstitucional é, positivamente, impropriedade técnica, uma vez que o ato, sendo "inexistente" ou "ineficaz", não pode ter suspensa a sua execução.[176]

Tal concepção afigurava-se absolutamente coerente com o fundamento da nulidade da lei inconstitucional. Uma orientação dogmática minimamente consistente haveria de se encaminhar nesse sentido, até porque a atribuição de funções substantivas ao Senado Federal configurava a própria negação da ideia de nulidade da lei devidamente declarada pelo órgão máximo do Poder Judiciário.

Não foi o que se viu inicialmente. Como apontado, a jurisprudência e a doutrina acabaram por conferir significado *substancial* à decisão do Senado, entendendo que somente o ato de suspensão do Senado se mostrava apto a conferir efeitos gerais à declaração de inconstitucionalidade proferida pelo STF, cuja eficácia estaria limitada às partes envolvidas no processo.

176. Lúcio Bittencourt, *O Controle Jurisdicional* ..., pp. 145-146.

De qualquer sorte, a ampliação do controle abstrato de normas, inicialmente realizada nos termos do art. 103 e posteriormente com o advento da ação declaratória de constitucionalidade, alterou significativamente a relação entre o modelo difuso e o modelo concentrado. Assim, passou a dominar a eficácia geral das decisões proferidas em sede de controle abstrato (ação direta de inconstitucionalidade e ação declaratória de constitucionalidade).

A disciplina processual conferida à arguição de descumprimento de preceito fundamental, que constitui instrumento subsidiário para solver questões não contempladas pelo modelo concentrado (ação direta de inconstitucionalidade e ação declaratória de constitucionalidade), revela, igualmente, a inconsistência do atual modelo. A decisão do caso concreto proferida em arguição de descumprimento de preceito fundamental, por se tratar de processo objetivo, será dotada de eficácia *erga omnes*; a mesma questão resolvida no processo de controle incidental terá eficácia *inter partes*.

No que se refere aos recursos especial e extraordinário, a Lei 8.038/1990 havia concedido ao relator a faculdade de negar seguimento a recurso manifestamente intempestivo, incabível, improcedente ou prejudicado ou, ainda, que contrariasse súmula do STF ou do STJ. O Código de Processo Civil de 2015 incorporou disposição que autoriza o relator a dar provimento ao recurso se a decisão recorrida estiver em manifesto confronto com súmula ou com a jurisprudência dominante do respectivo Tribunal, do STF ou de Tribunal Superior (art. 932, V, "a", "b" e "c").[177]

Por essa fórmula, admite-se não só a negativa de seguimento de recurso extraordinário nas hipóteses referidas, mas também o provimento do aludido recurso nos casos de manifesto confronto com a jurisprudência do STF, mediante decisão unipessoal do relator.

Também aqui parece evidente que o legislador entendeu possível estender de forma geral os efeitos da decisão adotada pelo Tribunal, tanto nas hipóteses de declaração de inconstitucionalidade incidental de determinada lei federal, estadual ou municipal – hipótese que estaria submetida à intervenção do Senado – quanto nos casos de fixação de uma dada interpretação constitucional pelo Tribunal.

---

177. No CPC de 1973 essa possibilidade encontrava-se prevista no art. 557, § 1º-A, acrescentado pela Lei 9.756/1998.

Ainda que a questão pudesse comportar outras leituras, é certo que o legislador ordinário, com base na jurisprudência do STF, considerou legítima a atribuição de efeitos ampliados à decisão proferida pelo Tribunal, até mesmo em sede de controle de constitucionalidade incidental.

Observe-se, ainda, que nas hipóteses de declaração de inconstitucionalidade de leis municipais, o STF tem adotado postura significativamente ousada, conferindo efeito vinculante não só à parte dispositiva da decisão de inconstitucionalidade, mas também aos próprios fundamentos determinantes. É que são numericamente expressivos os casos em que o STF tem estendido a decisão do Plenário que declara a inconstitucionalidade de norma municipal a outras situações idênticas, oriundas de Municípios diversos. Em suma, tem-se considerado dispensável, no caso de modelos legais idênticos, a submissão da questão ao Plenário.

Nesse sentido, o Min. Maurício Corrêa, ao julgar recurso extraordinário[178] – no qual se discutia a ilegitimidade do IPTU progressivo cobrado pelo Município de São José do Rio Preto, no Estado de São Paulo –, valeu-se de fundamento fixado pelo Plenário do Tribunal em precedente oriundo do Estado de Minas Gerais no sentido da inconstitucionalidade de lei do Município de Belo Horizonte que instituiu alíquota progressiva do IPTU.

Também o Min. Nelson Jobim, no exame da mesma matéria (progressividade do IPTU) em recurso extraordinário interposto contra lei do Município de São Bernardo do Campo, aplicou tese fixada em julgamentos que apreciaram a inconstitucionalidade de lei do Município de São Paulo.[179]

A Min. Ellen Gracie utilizou-se de precedente oriundo do Município de Niterói, Estado do Rio de Janeiro, para dar provimento a recurso extraordinário no qual se discutia a ilegitimidade de taxa de iluminação pública instituída pelo Município de Cabo Verde, no Estado de Minas Gerais.[180]

O Min. Carlos Velloso aplicou jurisprudência de recurso proveniente do Estado de São Paulo para fundamentar sua decisão em

178. RE 228.844-SP, Rel. Min. Maurício Corrêa, *DJU* 16.6.1999.

179. RE 221.795, Rel. Min. Nelson Jobim, *DJU* 16.11.2000.

180. RE 364.160, Rela. Min. Ellen Gracie, *DJU* 7.2.2003.

agravo de instrumento,[181] onde se discutia a inconstitucionalidade de taxa de coleta e limpeza pública do Município do Rio de Janeiro, convertendo-o em recurso extraordinário, com fundamento no revogado art. 544, §§ 3º e 4º, do CPC de 1973 (art. 1.042, §§ 3º, 4º e 5º, do CPC de 2015) e dando-lhe provimento.

Igualmente, o Min. Sepúlveda Pertence lançou mão de precedentes originários do Estado de São Paulo para dar provimento a recurso extraordinário,[182] no qual se arguia a inconstitucionalidade de taxa de limpeza pública do Município de Belo Horizonte.

Também assim procedeu o Min. Celso de Mello ao apreciar matéria relativa à progressividade do IPTU do Município de Belo Horizonte, conheceu e deu provimento a recurso extraordinário tendo em conta diversos precedentes oriundos do Estado de São Paulo.[183]

No julgamento da ADI 4.071, o Relator, Min. Menezes Direito, negou seguimento à ação direta de inconstitucionalidade por entender que a Corte já havia se manifestado no sentido da constitucionalidade da norma impugnada em um recurso extraordinário. Essa decisão foi posteriormente confirmada pelo Plenário do STF.

Ademais, no AI 712.743 (rela. Min. Ellen Gracie) o Tribunal reconheceu a repercussão geral e reafirmou a jurisprudência da Corte sobre a inconstitucionalidade da cobrança do IPTU com alíquota progressiva, instituída por lei municipal, antes da Emenda Constitucional 29/2001. Ocorre que, embora o processo-paradigma seja do Município de Santos/SP, os ministros do STF têm determinado a devolução de processos oriundos de diversos entes federativos aos Tribunais de origem, para fins de aplicação do art. 543-B do CPC de 1973 (art. 1.036 do CPC de 2015).

No AI 789.900 o Min. Ricardo Lewandowski aplicou o precedente a caso do Município de Caxias do Sul/RS; no RE 535.096 o Min. Cézar Peluso vinculou processo do Município do Rio de Janeiro/RJ ao paradigma citado; e no RE 414.965 o Min. Joaquim Barbosa adotou igual procedimento em processo do Município de Porto Alegre/RS.

Também houve invocação desse paradigma nas decisões monocráticas dos seguintes processos oriundos de outros Municípios: RE

181. AI 423.252, Rel. Min. Carlos Velloso, *DJU* 15.4.2003.

182. RE 345.048, Rel. Min. Sepúlveda Pertence, *DJU* 8.4.2003.

183. RE 384.521, Rel. Min. Celso de Mello, *DJU* 30.5.2003.

572.654 (rel. Min. Ayres Britto), do Município de Guarulhos/SP; RE 542.503 (rel. Min. Joaquim Barbosa), do Município de Campinas/SP; e RE 584.631 (rela. Min. Cármen Lúcia), do Município de Tupã/SP.

Essa mesma circunstância ocorre em relação ao RE 591.033 (rela. Min. Ellen Gracie), oriundo do Município de Votorantim/SP –, em que se debate a possibilidade de o Poder Judiciário determinar a extinção do processo sem julgamento de mérito em face da falta de interesse de agir do Município, tendo em vista o pequeno valor da execução fiscal. No caso, alega-se a impossibilidade de aplicação da Lei estadual 4.468/1984 do Estado de São Paulo – a qual autoriza a não inscrição em Dívida Ativa e o não ajuizamento de débitos de pequeno valor – ao Município de Votorantim.

Dentre outros, os seguintes processos de outros Municípios que já foram vinculados ao paradigma indicado: AI 751.057 (rela. Min. Ellen Gracie), do Município de Santo André/SP; RE 632.353 (rel. Min. Joaquim Barbosa), do Município de Dois Córregos/SP; AI 713.212 (rel. Min. Ayres Britto), do Município de Pederneiras/SP; AI 727.615 (rela. Min. Cármen Lúcia), do Município de Santo André/SP; e AI 729.722 (rel. Min. Eros Grau), também do Município de Santo André/SP.

Tal procedimento evidencia – ainda que de forma tímida – o efeito vinculante dos fundamentos determinantes da decisão exarada pelo STF no controle de constitucionalidade do direito municipal. Evidentemente, semelhante orientação somente pode vicejar caso se admita que a decisão tomada pelo Plenário seja dotada de eficácia transcendente, sendo, por isso, dispensável a manifestação do Senado Federal.

A modulação de efeitos em processos subjetivos também evidencia que a decisão do STF se espraia para outros processos.

Cite-se como exemplo o julgamento conjunto dos RE 560.626, 556.664 e 559.882 (rel. Min. Gilmar Mendes), bem como o do RE 559.943 (rela. Min. Cármen Lúcia), nos quais se discutiu a constitucionalidade formal dos arts. 45 e 46 da Lei 8.212/1991 em face do art. 143, III, "b", da CF, diante da alegação de que os dispositivos questionados tratavam de prescrição e decadência de crédito tributário, matérias reservadas à lei complementar.

Nesse caso, o STF declarou a inconstitucionalidade dos dispositivos impugnados, mas, diante da repercussão e da insegurança jurídica que se poderia ter no caso, modulou os efeitos da decisão para afastar a possibilidade de repetição de indébito de valores já recolhidos, ressalvadas as ações de repetição propostas antes da conclusão do julgamento.

Nesse caso considera-se que as ações de ressarcimento propostas antes da decisão do STF hão de ser julgadas procedentes, vedando-se, porém, a possibilidade de formulação de pretensões de repetição após a declaração de inconstitucionalidade. Resta evidente, assim, que, ao modular os efeitos da decisão nos termos do art. 27 da Lei 9.868/1999, o Tribunal acabou por reconhecer uma eficácia geral à sua própria decisão, fazendo com que ela repercutisse fora dos limites da ação em que foi proferida.

Um outro argumento, igualmente relevante, diz respeito ao controle de constitucionalidade nas ações coletivas. Aqui, somente por força de uma compreensão ampliada ou do uso de uma figura de linguagem pode-se falar em decisão com eficácia *inter partes*.

Como sustentar que uma decisão proferida numa ação coletiva, numa ação civil pública ou em um mandado de segurança coletivo, que declare a inconstitucionalidade de uma lei determinada, terá eficácia apenas entre as partes?

Nesses casos a suspensão de execução da lei pelo Senado, tal como vinha sendo entendida até aqui, revela-se – para dizer o mínimo – completamente inútil caso se entenda que ela tem uma outra função que não a de atribuir publicidade à decisão declaratória de ilegitimidade.

Recorde-se, a propósito, que o STF, em decisão unânime de 7.4.2003, julgou prejudicada a ADI 1.919 (rela. Min. Ellen Gracie), proposta contra o Provimento 556/1997 editado pelo Conselho Superior da Magistratura Paulista. A referida resolução previa a destruição física dos autos transitados em julgado e arquivados há mais de cinco anos em primeira instância. A decisão pela prejudicialidade decorreu do fato de o STJ, em mandado de segurança coletivo,[184] impetrado pela Associação dos Advogados de São Paulo/AASP, ter declarado a nulidade daquele ato.

Em outros termos, o STF acabou por reconhecer eficácia *erga omnes* à declaração de ilegitimidade do ato normativo proferida em

184. ROMS 11.824, rel. Min. Francisco Peçanha Martins, *DJU* 27.5.2002.

mandado de segurança pelo STJ. *Quid juris*, então, se a declaração de inconstitucionalidade for proferida pelo próprio STF em sede de ação civil pública?

Se a decisão proferida nesses processos tem eficácia *erga omnes* (Lei 7.347, de 24.7.1985, art. 16), afigura-se difícil justificar a necessidade de comunicação ao Senado Federal. A propósito, convém recordar que em alguns casos há uma quase confusão entre o objeto da ação civil pública e o pedido de declaração de inconstitucionalidade. Nessa hipótese não há como cogitar de uma típica decisão com eficácia *inter partes*.[185]

Outra situação curiosa advirá da adoção de súmula vinculante (art. 103-A da CF, introduzido pela Emenda Constitucional 45/2004), na qual se afirma que determinada conduta, dada prática ou uma interpretação é inconstitucional. Nesse caso, a súmula acabará por dotar de efeito vinculante a declaração de inconstitucionalidade proferida em sede incidental.

A súmula vinculante, ao contrário do que ocorre no processo objetivo, decorre de decisões tomadas em casos concretos no modelo incidental, no qual também existe, não raras vezes, reclamo por solução geral. Ela só pode ser editada depois de decisão do Plenário do STF ou de decisões repetidas das Turmas.

Afigura-se inequívoco que a referida súmula conferirá eficácia geral e vinculante às decisões proferidas pelo STF sem afetar diretamente a vigência de leis porventura declaradas inconstitucionais no processo de controle incidental. E isso em função de não ter sido alterada a cláusula clássica constante do art. 52, X, da CF, que outorga ao Senado a atribuição para suspender a execução de lei ou ato normativo declarado inconstitucional pelo STF.

Não resta dúvida de que a adoção de súmula vinculante em situação que envolva a declaração de inconstitucionalidade de lei ou ato normativo enfraquecerá ainda mais o já debilitado instituto da suspensão de execução pelo Senado. É que esta súmula confere interpretação vinculante à decisão que declara a inconstitucionalidade sem

185. RE 197.917, rel. Min. Maurício Corrêa, *DJU* 31.3.2004 (inconstitucionalidade de lei municipal que fixa número de vereadores), e Rcl/MC 2.537, Rel. Min. Cézar Peluso, j. 29.12.2003, *DJU* 2.2.2004 (a propósito da legitimidade de lei estadual sobre loterias atacada, simultaneamente, mediante ação civil pública, nas instâncias ordinárias, e ação direta de inconstitucionalidade, perante o STF).

que a lei declarada inconstitucional tenha sido eliminada formalmente do ordenamento jurídico (falta de eficácia geral da decisão declaratória de inconstitucionalidade). Tem-se efeito vinculante da súmula, que obrigará a Administração a não mais aplicar a lei objeto da declaração de inconstitucionalidade (nem a orientação que dela dessume), sem eficácia *erga omnes* da declaração de inconstitucionalidade.

Assim, parece legítimo entender que, hodiernamente, a fórmula relativa à suspensão de execução da lei pelo Senado Federal há de ter simples efeito de publicidade. Desta forma, se o STF, em sede de controle incidental, chegar à conclusão, de modo definitivo, de que a lei é inconstitucional, essa decisão terá efeitos gerais, fazendo-se a comunicação ao Senado Federal para que publique a decisão no *Diário do Congresso*. Tal como assente, não é (mais) a decisão do Senado que confere eficácia geral ao julgamento do STF. A própria decisão da Corte contém essa *força normativa*. Parece evidente ser essa a orientação implícita nas diversas decisões judiciais e legislativas acima referidas. Assim, o Senado não terá a faculdade de publicar ou não a decisão, *uma vez que não se cuida de uma decisão substantiva, mas de simples dever de publicação*, tal como reconhecido a outros órgãos políticos em alguns sistemas constitucionais (Constituição austríaca, art. 140, 5 – *publicação a cargo do Chanceler Federal* –, e Lei Orgânica da Corte Constitucional alemã, art. 31(2) – *publicação a cargo do Ministro da Justiça*). A não publicação não terá o condão de impedir que a decisão do STF assuma sua real eficácia.

O tema foi objeto de discussão no Plenário do STF nos autos da Rcl 4.335, ajuizada pela Defensoria Pública da União em face de ato de Juiz do Estado do Acre. A reclamante alegou o descumprimento da decisão do STF no HC 82.959,[186] da relatoria do Min. Marco Aurélio, quando a Corte afastou a vedação de progressão de regime aos condenados pela prática de crimes hediondos, ao considerar inconstitucional o art. 2º, § 1º, da Lei 8.072/1990 (Lei dos Crimes Hediondos).

Com base nesse julgamento, a Defensoria solicitou fosse concedida progressão de regime a determinados apenados, tendo o Juiz de Direito da Vara de Execuções Penais indeferido o pedido, fazendo afixar nas dependências do Fórum aviso do seguinte teor: "Comunico aos Srs. Reeducandos, familiares, advogados e comunidade em

186. Julgado pelo Pleno em 23.2.2006, *DJU* 1.9.2006.

geral que a recente decisão plenária do Supremo Tribunal Federal proferida nos autos do HC n. 82.959, a qual declarou a inconstitucionalidade do dispositivo da Lei dos Crimes Hediondos que vedava a progressão de regime prisional (art. 2º, § 1º, da Lei n. 8.072/1990), somente terá eficácia a favor de todos os condenados por crimes hediondos ou a eles equiparados que estejam cumprindo pena, a partir da expedição, pelo Senado Federal, de resolução suspendendo a eficácia do dispositivo de lei declarado inconstitucional pelo STF, nos termos do art. 52, inciso X, da Constituição Federal".

O Min. Gilmar Mendes reafirmou posição no sentido de que a fórmula relativa à suspensão de execução da lei pelo Senado há de ter simples efeito de publicidade, ou seja, se o Supremo, em sede de controle incidental, declarar, definitivamente, que a lei é inconstitucional, essa decisão terá eficácia *erga omnes*, fazendo-se a comunicação àquela Casa Legislativa para que publique a decisão no *Diário do Congresso*. Dessa forma, o Ministro votou pela procedência da reclamação, por entender que foi desrespeitada a eficácia *erga omnes* da decisão proferida no HC 82.959, no que foi acompanhado pelo Min. Eros Grau. Divergiram dessa posição os Mins. Sepúlveda Pertence, Joaquim Barbosa, Ricardo Lewandowski e Marco Aurélio. Já, os Mins. Teori Zavascki e Roberto Barroso acompanharam o Relator quanto à procedência da reclamação, embora dele discordassem em alguns aspectos relacionados à atribuição de efeitos *erga omnes* à decisão em *habeas corpus* (fundamentaram-se, para o juízo de procedência, na superveniência da Súmula Vinculante 26).

Como se vê, embora a reclamação tenha sido julgada procedente pela maioria dos Ministros, a divisão quanto aos fundamentos desse aresto e a própria alteração na composição da Corte, após alguns votos já terem sido prolatados, estão a indicar que outros julgados ainda poderão lançar mais luz sobre a controvérsia.

Ressalte-se que a adoção da súmula vinculante reforça a ideia de superação do art. 52, X, da CF, na medida em que permite aferir a inconstitucionalidade de determinada orientação pelo próprio Tribunal, sem qualquer interferência do Senado Federal.

Por último, observe-se que a adoção da técnica da declaração de inconstitucionalidade com limitação de efeitos[187] parece sinalizar

187. Cf. Gilmar Mendes, *Jurisdição Constitucional*, 5ª ed., São Paulo, Saraiva, 2005, pp. 387-413.

que o Tribunal entende estar desvinculado de qualquer ato do Senado Federal, cabendo tão somente a ele – Tribunal – definir os efeitos da decisão.

4. Notas peculiares sobre o controle incidental na Constituição de 1988

Considerações preliminares – Tal como amplamente ressaltado, o sistema de controle de constitucionalidade encontra-se numa fase de transição, reclamando alguns aperfeiçoamentos no plano do direito positivo ou, até mesmo, no âmbito exclusivamente jurisprudencial.

A adoção da ação civil pública e sua eventual utilização como instrumento de controle de constitucionalidade têm dado ensejo a intensa discussão sobre a adequação desse instrumento como mecanismo de controle incidental de normas.

Tendo em vista a sucessão de normas constitucionais na experiência histórica brasileira, desenvolveu-se orientação – hoje pacífica – segundo a qual uma dada lei editada sob a vigência de determinada Constituição poderia ter sua constitucionalidade aferida em face dessa Constituição no controle incidental de normas a despeito da completa superação da ordem constitucional por uma outra. Assim, é relativamente comum verificar-se a aferição de constitucionalidade de um decreto-lei editado sob a vigência da Constituição de 1967/1969 em face daquela Constituição.[188]

A amplitude conferida pela Constituição de 1988 ao controle abstrato de normas contribuiu para tornar visíveis as inadequações ou insuficiências do modelo difuso de controle de constitucionalidade. Não só a notória superação do instituto da suspensão de execução da lei pelo Senado Federal mas também a complexidade e a demora na obtenção de um julgamento definitivo da questão constitucional pelo STF na via incidental estão a clamar por uma reforma mais radical do sistema difuso de controle de constitucionalidade entre nós.

A ação civil pública como instrumento de controle de constitucionalidade – Como se sabe, no Brasil, a Lei 7.347, de 24.7.1985, consagrou a *ação civil pública* como instrumento de defesa dos chamados *interesses difusos e coletivos*. Nos termos da própria lei

---

188. Cf. RE 408.830, Rel. Min. Carlos Velloso, *DJU* 4.6.2004; AI/AgR-ED 435.386, rel. Min. Nelson Jobim, *DJU* 25.5.2004.

especial, a ação civil pública poderá ter por objeto a condenação ou o cumprimento de obrigação de fazer ou de não fazer. É, portanto, amplíssimo o objeto da ação civil pública na ordem jurídica brasileira, estando sua utilização condicionada, fundamentalmente, apenas à própria definição do conceito jurídico indeterminado relativo aos *interesses difusos e coletivos*.

Esse objeto extremamente amplo tem ensejado, não raras vezes, a utilização da ação civil pública como instrumento de controle de constitucionalidade. A despeito do embaraço que provoca, o tema não tem merecido – com uma ou outra exceção – reflexão mais acurada no âmbito da nossa Dogmática Constitucional.

A pergunta básica que se pretende introduzir é a seguinte: é legítima a utilização da ação civil pública na ordem jurídica brasileira para obter a declaração de inconstitucionalidade de lei ou ato normativo? Evidentemente, essa questão sugere desdobramentos: em face das próprias especificidades processuais que caracterizam a ação civil pública, poder-se-ia, ainda, cogitar de um controle meramente incidental ou concreto de constitucionalidade cuja eficácia restaria limitada às partes envolvidas na controvérsia? Ou, de fato, estamos diante de um processo especialíssimo, de característica notoriamente objetiva, isto é, sem partes, no qual o requerente atua na defesa genérica do interesse público?

Em face das características especiais que ornam a ação civil pública, seria lícito indagar sobre sua adequação para o controle de constitucionalidade das leis na modalidade de controle incidental ou concreto. Em outros termos, seria possível que o juiz, ao apreciar pedido formulado em ação civil pública, afastasse topicamente a incidência ou a aplicação de dada norma federal ou estadual em face da Constituição Federal? Qual seria a eficácia dessa decisão?

É fácil ver, desde logo, que a ação civil pública não se confunde, pela própria forma e natureza, com os processos cognominados de *processos subjetivos*.

A parte ativa nesse processo não atua na defesa de interesse próprio, mas procura defender um interesse público devidamente caracterizado. Assim sendo, afigura-se difícil – se não impossível – sustentar que a decisão em ação civil pública que, eventualmente, afastasse a incidência de uma lei considerada inconstitucional teria efeito limitado às partes processualmente legitimadas.

É que, como já enunciado, a ação civil pública aproxima-se muito de um típico processo sem partes ou de um processo objetivo, no qual a parte autora atua não na defesa de situações subjetivas, agindo, fundamentalmente, com escopo de garantir a tutela do interesse público.[189] Não foi por outra razão que o legislador, ao disciplinar a eficácia da decisão proferida na ação civil pública, viu-se compelido a estabelecer que "a sentença civil fará coisa julgada *erga omnes*".

Isso significa que, se utilizada com o propósito de proceder ao controle de constitucionalidade, a decisão que em ação civil pública afastar a incidência de dada norma, por eventual incompatibilidade com a ordem constitucional, acabará por ter eficácia semelhante à das ações diretas de inconstitucionalidade – isto é, eficácia geral e irrestrita.

Já o entendimento esposado pelo STF no sentido de que essa espécie de controle genérico da constitucionalidade das leis constituiria atividade política de determinadas Cortes realça a impossibilidade de utilização da ação civil pública com esse escopo. Em verdade, ainda que se pudesse acrescentar algum outro desiderato adicional a uma ação civil pública destinada a afastar a incidência de dada norma infraconstitucional, é certo que seu objetivo precípuo haveria de ser a impugnação direta e frontal da legitimidade de ato normativo. Não se trataria de discussão sobre aplicação de lei a *caso concreto*, porque de caso concreto não se cuida. Ao revés, a própria parte autora ou requerente legitima-se não em razão da necessidade de proteção de um interesse específico, mas exatamente de um interesse genérico amplíssimo, de um interesse público. Ter-se-ia, pois, uma decisão (direta) sobre a legitimidade da norma.

Deve-se acrescentar, ademais, que o julgamento desse tipo de questão pela jurisdição ordinária de primeiro grau suscita outro problema, igualmente grave, no âmbito da sistemática de controle de constitucionalidade adotada no Brasil. Diferentemente da decisão *incidenter tantum* proferida nos casos concretos, inclusive pelo STF, cuja eficácia fica adstrita às partes do processo, a decisão sobre a constitucionalidade de lei proferida pelo juiz de primeiro grau haveria de ser dotada de eficácia geral e abstrata. Nem poderia ser diferente: como as partes na ação civil pública atuam não na defesa

189. Harald Koch, *Prozessführung im öffentlichen Interesse*, Frankfurt am Main, 1983, pp. 1 e ss.

de interesse jurídico específico, mas, propriamente, na proteção do interesse público, qualquer pretensão no sentido de limitar a eficácia das decisões proferidas nesses processos apenas às partes formais redundaria na sua completa nulificação.

Em outros termos: admitida a utilização da ação civil pública como instrumento adequado de controle de constitucionalidade, tem-se *ipso jure* a outorga à jurisdição ordinária de primeiro grau de poderes que a Constituição não assegura sequer ao STF. É que, como visto, a decisão sobre a constitucionalidade de lei proferida pela Excelsa Corte no caso concreto tem, necessária e inevitavelmente, eficácia *inter partes*, dependendo sua extensão de atuação do Senado Federal. É certo, ademais, que, ainda que se desenvolvam esforços no sentido de formular pretensão diversa, toda vez que na ação civil pública ficar evidente que a *medida* ou providência que se pretende questionar é a própria lei ou ato normativo restará inequívoco que se trata, mesmo, é de uma impugnação direta de lei.

Nessas condições, para que se não chegue a resultado que subverta todo o sistema de controle de constitucionalidade adotado no Brasil, tem-se de admitir a completa inidoneidade da ação civil pública como instrumento de controle de constitucionalidade, seja porque ela acabaria por instaurar um controle direto e abstrato no plano da jurisdição de primeiro grau, seja porque a decisão haveria de ter, necessariamente, eficácia transcendente das partes formais.

Afigura-se digno de referência acórdão no qual o STF acolheu reclamação que lhe foi submetida pelo Procurador-Geral da República determinando o arquivamento de ações ajuizadas nas 2ª e 3ª Varas da Fazenda Pública da Comarca de São Paulo por entender caracterizada a usurpação de competência do STF, uma vez que a pretensão nelas veiculada não visava ao julgamento de uma relação jurídica concreta, mas ao da validade de lei em tese.[190]

A propósito, mencione-se a seguinte passagem do voto do Relator, Min. Francisco Rezek:

> A leitura do acervo aqui produzido faz ver que o objeto precípuo das ações em curso nas 2ª e 3ª Varas da Fazenda Pública da Comarca de São Paulo é, ainda que de forma dissimulada, a declaração de inconstitucionalidade da lei estadual em face da Carta da República. As requerentes, ao proporem a providência cautelar, preparatória da ação

190. Rcl 434, rel. Min. Francisco Rezek, *DJU* 9.12.1994.

principal, deixam claro que esta visa a "(...) decretar a ilegalidade da medida (...)" (fls. 34). Ocorre que a "medida" tida por ilegal é a própria lei. E o juízo de inconstitucionalidade da lei só se produz como *incidente* no processo comum – controle difuso – ou como escopo precípuo do processo declaratório de inconstitucionalidade da lei em tese – controle concentrado.[191]

Essa orientação do STF reforçava, aparentemente, a ideia desenvolvida de que eventual esforço dissimulatório por parte do requerente da ação civil pública haveria de restar ainda mais evidente, porquanto, diversamente da situação aludida no precedente referido, o autor, aqui, pede tutela genérica do interesse público, devendo, por isso, a decisão proferida ter eficácia *erga omnes*. Assim, eventual pronúncia de inconstitucionalidade da lei levada a efeito pelo juízo monocrático teria força idêntica à da decisão proferida pelo STF no controle direto de inconstitucionalidade.

Todavia, o STF julgou improcedente a Rcl 602-6-SP, de que foi Relator o Min. Ilmar Galvão, em data de 3.9.1997, cujo acórdão está assim ementado:

> Reclamação – Decisão que, em ação civil pública, condenou instituição bancária a complementar os rendimentos de caderneta de poupança de seus correntistas, com base em índice até então vigente, após afastar a aplicação da norma que o havia reduzido, por considerá-la incompatível com a Constituição – Alegada usurpação da competência do STF, prevista no art. 102, I, "a", da CF.
>
> Improcedência da alegação, tendo em vista tratar-se de ação ajuizada, entre partes contratantes, na persecução de bem jurídico concreto, individual e perfeitamente definido, de ordem patrimonial, objetivo que jamais poderia ser alcançado pelo reclamado em sede de controle *in abstracto* de ato normativo – Quadro em que não sobra espaço para falar em invasão, pela Corte reclamada, da jurisdição concentrada privativa do STF – Improcedência da reclamação.

No mesmo dia (3.9.1997), e no mesmo sentido, o julgamento da Rcl 600-0-SP, relatada pelo Min. Néri da Silveira, assim resumida a decisão, *verbis*:

> Reclamação – 2. Ação civil pública contra instituição bancária, objetivando a condenação da ré ao pagamento da "diferença entre a

191. Idem, ibidem.

inflação do mês de março de 1990, apurada pelo IBGE, e o índice aplicado para crédito nas cadernetas de poupança, com vencimento entre 14 a 30.4.1990, mais juros de 0,5% ao mês, correção sobre o saldo, devendo o valor a ser pago a cada um fixar-se em liquidação de sentença". 3. Ação julgada procedente em ambas as instâncias, havendo sido interpostos recursos especial e extraordinário. 4. Reclamação em que se sustenta que o acórdão da Corte reclamada, ao manter a sentença, estabeleceu "uma inconstitucionalidade no plano nacional, em relação a alguns aspectos da Lei n. 8.024/1990, que somente ao STF caberia decretar". 5. Não se trata de hipótese suscetível de confronto com o precedente da Corte na Rcl n. 434-1-SP, onde se fazia inequívoco que o objetivo da ação civil pública era declarar a inconstitucionalidade da Lei n. 7.844/1992, do Estado de São Paulo. 6. No caso concreto, diferentemente, a ação objetiva relação jurídica decorrente de contrato expressamente identificado, a qual estaria sendo alcançada por norma legal subsequente, cuja aplicação levaria a ferir direito subjetivo dos substituídos. 7. Na ação civil pública, ora em julgamento, dá-se controle de constitucionalidade da Lei n. 8.024/1990, por via difusa. Mesmo admitindo que a decisão em exame afasta a incidência de lei que seria aplicável à hipótese concreta, por ferir direito adquirido e ato jurídico perfeito, certo está que o acórdão respectivo não fica imune ao controle do STF, desde logo, à vista do art. 102, III, "b", da Lei Maior, eis que decisão definitiva de Corte local terá reconhecido a inconstitucionalidade de lei federal, ao dirimir determinado conflito de interesses. Manifesta-se, dessa maneira, a convivência dos dois sistemas de controle de constitucionalidade: a mesma lei federal ou estadual poderá ter declarada sua invalidade quer em abstrato, na via concentrada, originariamente, pelo STF (CF, art. 102, I, "a"), quer na via difusa, *incidenter tantum*, ao ensejo do desate de controvérsia, na defesa de direitos subjetivos de partes interessadas, afastando-se sua incidência no caso concreto em julgamento. 8. Nas ações coletivas não se nega, à evidência, também, a possibilidade da declaração de inconstitucionalidade, *incidenter tantum*, de lei ou ato normativo federal ou local. 9. A eficácia *erga omnes* da decisão na ação civil pública, *ut* art. 16 da Lei n. 7.347/1985, não subtrai o julgado do controle das instâncias superiores, inclusive do STF. No caso concreto, por exemplo, já se interpôs recurso extraordinário, relativamente ao qual, em situações graves, é viável emprestar-se, ademais, efeito suspensivo. 10. Em reclamação onde sustentada a usurpação, pela Corte local, de competência do STF, não cabe, em tese, discutir em torno da eficácia da sentença na ação civil pública (Lei n. 7.347/1985, art. 16), o que poderá, entretanto, constituir, eventualmente, tema do recurso extraordinário. 11. Reclamação julgada improcedente, cassando-se a liminar.

Essa orientação do STF permite, aparentemente, distinguir a ação civil pública que tenha por objeto, propriamente, a declaração de inconstitucionalidade da lei ou do ato normativo daquela outra na qual a questão constitucional configura simples questão prejudicial da postulação principal.

É o que foi afirmado na Rcl 2.224, da relatoria do Min. Sepúlveda Pertence, na qual se enfatizou que "ação civil pública em que a declaração de inconstitucionalidade com efeitos *erga omnes* não é posta como causa de pedir, mas, sim, como o próprio objeto do pedido, configurando hipótese reservada à ação direta de inconstitucionalidade".[192]

De qualquer sorte, não se pode negar que a abrangência que se empresta – e que se há de emprestar – à decisão proferida em ação civil pública permite que com uma simples decisão de caráter prejudicial se retire qualquer efeito útil da lei, o que acaba por se constituir, indiretamente, numa absorção de funções que a Constituição quis deferir ao STF.

Colocado novamente frente a esse tema no julgamento da Rcl 2.460-RJ, o STF arrostou a questão da existência, ou não, de usurpação de sua competência constitucional (CF, art. 102, I, "a") em virtude da pendência do julgamento da ADI 2.950-RJ e do deferimento de liminares em diversas ações civis públicas ajuizadas perante juízes federais e estaduais das instâncias ordinárias, sob o fundamento de inconstitucionalidade da mesma norma impugnada em sede direta.[193] Na espécie, o Tribunal entendeu que, ainda que se preservassem os atos acautelatórios adotados pela Justiça local, seria recomendável determinar a suspensão de todas as ações civis até a decisão definitiva em sede da ação direta. Ressaltou-se, no ponto, que a suspensão das ações decorria não da sustentada usurpação da competência,[194] mas sim do objetivo de coibir eventual trânsito em julgado nas

---

192. *DJU* 10.2.2006, p. 76. Cf., ainda, a Rcl 1.017-SP (rel. Min. Sepúlveda Pertence, *DJU* 3.6.2005): "Reclamação: usurpação da competência do STF (CF, art. 102, I, 'l') – Ação popular que, pela causa de pedir e pelo pedido de provimento mandamental formulado, configura hipótese reservada à ação direta de inconstitucionalidade por omissão de medidas administrativas, de privativa competência originária do Supremo Tribunal – Procedência".

193. Cf. Decreto 25.723/1999 do Rio de Janeiro, que regulamenta a exploração da atividade de loterias pelo Estado do Rio de Janeiro.

194. Decisão na Rcl/MC 2.460, rel. Min. Marco Aurélio, em 21.10.2003, *DJU* 28.10.2003.

referidas ações, com o consequente esvaziamento da decisão a ser proferida nos autos da ação direta.[195]

Essa decisão revelou a necessidade de abertura de um *diálogo* ou de uma *interlocução* entre os modelos difuso e abstrato, especialmente nos casos em que a decisão no modelo difuso – como é o caso da decisão de controle de constitucionalidade em ação civil pública – acaba por ser dotada de eficácia ampla ou geral.

As especificidades desse modelo de controle, seu caráter excepcional, o restrito deferimento dessa prerrogativa apenas ao STF no que se refere à aferição de constitucionalidade de lei ou ato normativo estadual ou federal em face da Constituição Federal, a legitimação restrita para provocação do STF – somente os órgãos e entes referidos no art. 103 da CF estão autorizados a instaurar o processo de controle –, a dimensão política inegável dessa modalidade, tudo, enfim, leva a não se recomendar o controle de legitimidade de lei ou ato normativo federal ou estadual em face da Constituição no âmbito da ação civil pública.

No quadro normativo atual, poder-se-ia cogitar, nos casos de controle de constitucionalidade em ação civil pública, de suspensão do processo e remessa da questão constitucional ao STF via arguição de descumprimento de preceito fundamental, mediante provocação do juiz ou Tribunal competente para a causa. Simples alteração da Lei 9.882/1999 e da Lei 7.347/1985[196] poderia permitir a mudança proposta, elidindo a possibilidade de decisões conflitantes no âmbito

195. No julgamento da Rcl/MC 2.460, de 10.3.2004, *DJU* 6.8.2004, o Tribunal, por maioria, negou referendo à decisão concessiva de liminar e determinou a suspensão, com eficácia *ex nunc*, das ações civis públicas em curso. Restou mantida a tutela antecipada nelas deferida, tendo em vista a existência de tramitação de ação direta de inconstitucionalidade perante o STF.

196. Lei 7.347/1985: "Art. (...) . No caso de necessidade de controle de constitucionalidade de lei ou ato normativo federal, estadual ou municipal em ação civil pública, o juiz ou Tribunal deverá submeter a questão constitucional ao Supremo Tribunal Federal, na forma da Lei n. 9.882/1999".

Lei 9.882/1999:

"Art. 1º. (...).

"Parágrafo único. Caberá também arguição de descumprimento de preceito fundamental: I – quando for relevante o fundamento da controvérsia constitucional sobre lei ou ato normativo federal, estadual ou municipal, incluídos os anteriores à Constituição; II – *(vetado)*; III – na ação civil pública, se o juiz ou Tribunal verificar a necessidade de decidir sobre a validade de lei federal, estadual ou municipal em face da Constituição, deverá submeter a matéria ao Supremo Tribunal Federal, que

das instâncias ordinárias e do STF, com sérios prejuízos para a coerência do sistema e para a segurança jurídica.

O controle incidental e a aplicação do art. 27 da Lei 9.868/1999 – Embora a Lei 9.868, de 10.11.1999, tenha autorizado o STF a declarar a inconstitucionalidade com efeitos limitados, é lícito indagar sobre a admissibilidade do uso dessa técnica de decisão no âmbito do controle difuso.

Ressalte-se que não se está a discutir a constitucionalidade do art. 27 da Lei 9.868/1999. Cuida-se, aqui, tão somente de examinar a possibilidade de aplicação da orientação nele contida ao controle incidental de constitucionalidade.

Para tanto faz-se necessária, inicialmente, uma análise da questão no direito americano, que é a matriz do sistema brasileiro de controle.

Vale ressaltar que nos próprios Estados Unidos da América, onde a doutrina acentuara que *the unconstitutional statute is not law at all*,[197] passou-se a admitir, após a Grande Depressão, a necessidade de se estabelecer limites à declaração de inconstitucionalidade.[198]

Segundo a doutrina, a jurisprudência americana evoluiu para admitir, ao lado da decisão de inconstitucionalidade com efeitos retroativos amplos ou limitados (*limited retrospectivity*), a superação prospectiva (*prospective overruling*), que tanto pode ser limitada (*limited prospectivity*), aplicável aos processos iniciados após a decisão, inclusive ao processo originário, como ilimitada (*pure prospectivity*), que sequer se aplica ao processo que lhe deu origem.[199]

Vê-se, pois, que o sistema difuso ou incidental mais tradicional do mundo passou a admitir a mitigação dos efeitos da declaração de inconstitucionalidade, e em casos determinados acolheu até mesmo

---

se pronunciará tão somente sobre a questão constitucional, na forma do Regimento Interno."

197. Westel Woodbury Willoughby, *The Constitutional Law of the United States*, vol. 1, Nova York, 1910, pp. 9-10; cf. Thomas M. Cooley, *Treaties on the Constitutional Limitations*, 1878, p. 227.

198. Laurence Tribe, *The American Constitutional Law*, Mineola/Nova York, The Foundation Press, 1988, p. 30.

199. Oswaldo Luiz Palu, *Controle de Constitucionalidade*, 2ª ed., São Paulo, 2001, p. 173; Rui Medeiros, *A Decisão de Inconstitucionalidade*, Lisboa, Universidade Católica Editora, 1999.

a pura declaração de inconstitucionalidade com efeito exclusivamente *pro futuro*.[200] De resto, assinale-se que antes do advento da Lei 9.868/1999 talvez fosse o STF o único órgão importante de jurisdição constitucional a não fazer uso, de modo expresso, da limitação de efeitos na declaração de inconstitucionalidade. Não só a Suprema Corte americana (caso "Linkletter *versus* Walker") mas também uma série expressiva de Cortes Constitucionais e Cortes Supremas adotam a técnica da limitação de efeitos.[201]

No que interessa para a discussão em apreço, ressalte-se que o modelo difuso não se mostra incompatível com a doutrina da limitação dos efeitos.

Sem dúvida, afigura-se relevante no sistema misto brasileiro o significado da decisão limitadora tomada pelo STF no controle abstrato de normas sobre os julgados proferidos pelos demais juízes e Tribunais no sistema difuso.

O tema relativo à compatibilização de decisões nos modelos concreto e abstrato não é exatamente novo, e foi suscitado inicialmente na Áustria, tendo em vista os reflexos da decisão da Corte Constitucional sobre os casos concretos que deram origem ao incidente de inconstitucionalidade (1920-1929). Optou-se ali por atribuir efeito *ex tunc* excepcional à repercussão da decisão de inconstitucionalidade sobre o caso concreto (Constituição austríaca, art. 140, n. 7, segunda parte).

No direito americano o tema poderia assumir feição delicada, tendo em vista o caráter incidental ou difuso do sistema, isto é, modelo marcadamente voltado para a defesa de posições subjetivas. Todavia, ao contrário do que se poderia imaginar, não é rara a pronúncia de inconstitucionalidade sem atribuição de eficácia retroativa,

200. Cf., a propósito, Victoria Iturralde Sesma, *El Precedente en el Common Law*, Madri, Civitas, 1995, pp. 174 e ss.

201. Cf., *v.g.*, a Corte Constitucional austríaca (Constituição, art. 140), a Corte Constitucional alemã (Lei Orgânica, § 31, 2 e 79, 1), a Corte Constitucional espanhola (embora não expressa na Constituição, adotou, desde 1989, a técnica da *declaração de inconstitucionalidade sem a pronúncia da nulidade* – cf. García de Enterría, "Justicia constitucional", *RDP* 92/5), a Corte Constitucional portuguesa (Constituição, art. 282º, n. 4), o Tribunal de Justiça da Comunidade Europeia (art. 174, 2, do Tratado de Roma), o Tribunal Europeu de Direitos Humanos (caso "Markx", de 13.6.1979). Cf., ainda, Carlos Roberto Siqueira Castro, "Da declaração de inconstitucionalidade e seus efeitos em face das Leis 9.868 e 9.882/1999", in Daniel Sarmento (org.), *O Controle de Constitucionalidade e a Lei 9.868/1999*, Rio de Janeiro, 2001.

especialmente nas decisões judiciais que introduzem alteração de jurisprudência (*prospective overruling*). Em alguns casos a nova regra de decisão aplica-se aos processos pendentes (*limited prospectivity*); em outros, a eficácia *ex tunc* exclui-se de forma absoluta (*pure prospectivity*). Embora tenham surgido no contexto das alterações jurisprudenciais de precedentes, as decisões de *prospectivity* têm integral aplicação às hipóteses de mudança de orientação que leve à declaração de inconstitucionalidade de uma lei antes considerada constitucional.[202]

A prática da *prospectivity*, em qualquer de suas versões, no sistema de controle americano demonstra, pelo menos, que o controle incidental não é incompatível com a ideia da limitação de efeitos na decisão de inconstitucionalidade.

Há de se reconhecer que o tema assume entre nós peculiar complexidade, tendo em vista a inevitável convivência entre os modelos difuso e direto. Quais serão, assim, os efeitos da decisão *ex nunc* do STF, proferida *in abstracto*, sobre as decisões já proferidas pelas instâncias afirmadoras da inconstitucionalidade com eficácia *ex tunc*?

Um argumento que pode ser suscitado diz respeito ao direito fundamental de acesso à Justiça, tal como já arguido no direito português, afirmando-se que haveria a frustração da expectativa daqueles que obtiveram o reconhecimento jurisdicional do fundamento de sua pretensão.[203]

A propósito dessa objeção, Rui Medeiros apresenta as seguintes respostas:

> É sabido, desde logo, que existem domínios em que a restrição do alcance do julgamento de inconstitucionalidade não é, por definição, susceptível de pôr em causa esse direito fundamental (*v.g.*, invocação do n. 4 do art. 282º para justificar a aplicação da norma penal inconstitucional mais favorável ao arguido do que a norma repristinada).
>
> Além disso, mostra-se claramente claudicante a representação do direito de acção judicial como um direito a uma sentença de mérito favorável, tudo apontando antes no sentido de que o art. 20º da Constituição não vincula os Tribunais a "uma obrigação-resultado (proce-

---

202. Cf. Rui Medeiros, *A Decisão de Inconstitucionalidade*, p. 743.

203. Idem, p. 746.

dência do pedido), mas a uma mera obrigação-meio, isto é, a encontrar uma solução justa e legal para o conflito de interesse entre as partes".

Acresce que, mesmo que a limitação de efeitos contrariasse o direito de acesso aos Tribunais, ela seria imposta por razões jurídico-constitucionais, e, por isso, a solução não poderia passar pela absoluta prevalência do interesse tutelado pelo art. 20º da Constituição, postulando ao invés uma tarefa de harmonização entre os diferentes interesses em conflito.

Finalmente, a admissibilidade de uma limitação de efeitos na fiscalização concreta não significa que um Tribunal possa desatender, com base numa decisão puramente discricionária, à expectativa daquele que iniciou um processo jurisdicional com a consciência da inconstitucionalidade da lei que se opunha ao reconhecimento da sua pretensão. A delimitação da eficácia da decisão de inconstitucionalidade não é fruto de "mero decisionismo" do órgão de controlo. O que se verifica é tão somente que, à luz do ordenamento constitucional no seu todo, a pretensão do autor à não aplicação da lei desconforme com a Constituição não tem, no caso concreto, fundamento.[204]

Essas colocações têm a virtude de demonstrar que a declaração de inconstitucionalidade *in concreto* também se mostra passível de limitação de efeitos. A base constitucional dessa limitação – necessidade de um outro princípio que justifique a não aplicação do princípio da nulidade – parece sugerir que, se aplicável, a declaração de inconstitucionalidade restrita revela-se abrangente do modelo de controle de constitucionalidade como um todo. É que, nesses casos, tal como já argumentado, o afastamento do princípio da nulidade da lei assenta-se em fundamentos constitucionais, e não em razões de conveniência. Se o sistema constitucional legitima a declaração de inconstitucionalidade restrita no controle abstrato, esta decisão poderá afetar, igualmente, os processos do modelo concreto ou incidental de normas. Do contrário, poder-se-ia ter, inclusive, um esvaziamento ou uma perda de significado da própria declaração de inconstitucionalidade restrita ou limitada.

A questão tem relevância especial no direito português, porque, ao lado do modelo abstrato de controle, de perfil concentrado, adota a Constituição um modelo concreto de perfil incidental, à semelhança do sistema americano ou brasileiro. Trata-se de herança do sistema adotado pela Constituição portuguesa de 1911.

---

204. Idem, pp. 746-747.

É claro que, nesse contexto, tendo em vista os próprios fundamentos legitimadores da restrição de efeitos, poderá o Tribunal declarar a inconstitucionalidade de lei com efeitos limitados, fazendo, porém, a ressalva dos casos já decididos ou dos casos pendentes até um determinado momento (*v.g.*, até a decisão *in abstracto*). É o que ocorre no sistema português, onde o Tribunal Constitucional ressalva, frequentemente, os efeitos produzidos até a data da publicação da declaração de inconstitucionalidade no *Diário da República* ou, ainda, acrescenta no dispositivo que são excetuadas aquelas situações que estejam pendentes de impugnação contenciosa.[205]

Essa orientação afigura-se integralmente aplicável ao sistema brasileiro.

Assim, pode-se entender que, se o STF declarar a inconstitucionalidade restrita, sem qualquer ressalva, essa decisão afeta os demais processos com pedidos idênticos pendentes de decisão nas diversas instâncias. Os próprios fundamentos constitucionais legitimadores da restrição embasam a declaração de inconstitucionalidade com eficácia *ex nunc* nos casos concretos. A inconstitucionalidade da lei há de ser reconhecida a partir do trânsito em julgado. Os casos concretos ainda não transitados em julgado hão de ter o mesmo tratamento (decisões com eficácia *ex nunc*) se e quando submetidos ao STF.

É verdade que, tendo em vista a autonomia dos processos de controle incidental ou concreto e de controle abstrato entre nós, mostra-se possível um distanciamento temporal entre as decisões proferidas nos dois sistemas (decisões anteriores, no sistema incidental, com eficácia *ex tunc*, e decisão posterior, no sistema abstrato, com eficácia *ex nunc*). Esse fato poderá ensejar uma grande insegurança jurídica. Daí parecer razoável que o próprio STF declare, nesses casos, a inconstitucionalidade com eficácia *ex nunc* na ação direta, ressalvando, porém, os casos concretos já julgados ou, em determinadas situações, até mesmo os casos *sub judice*, até a data de ajuizamento da ação direta de inconstitucionalidade. Essa ressalva assenta-se em razões de índole constitucional, especialmente no princípio da segurança jurídica. Ressalte-se aqui que, além da ponderação central entre o princípio da nulidade e outro princípio constitucional, com a finalidade de definir a dimensão básica da limitação, deverá a Corte fazer outras ponderações, tendo em vista a repercussão da decisão

205. Idem, p. 748.

tomada no processo de controle *in abstracto* nos diversos processos de controle concreto.

Dessa forma, tem-se, a nosso ver, uma adequada solução para o difícil problema da convivência entre os dois modelos de controle de constitucionalidade existentes no direito brasileiro, também no que diz respeito à técnica de decisão.

Aludida abordagem responde a uma outra questão intimamente vinculada a esta. Trata-se de saber se o STF poderia, ao apreciar recurso extraordinário, declarar a inconstitucionalidade com efeitos limitados.

Não parece haver dúvida de que, tal como já exposto, a limitação de efeito é um apanágio do controle judicial de constitucionalidade, podendo ser aplicado tanto no controle direto quanto no controle incidental.

Tal entendimento vem sendo aceito pelo STF.

Como referido em outra parte,[206] o STF já teve a oportunidade, em alguns casos, de discutir a aplicação do art. 27 da Lei 9.868/1999.

No RE 197.917 discutiu-se sobre a constitucionalidade de dispositivo de lei municipal que teria fixado seu número de vereadores em afronta ao disposto no art. 29, IV, da CF. O Tribunal acabou por acolher proposta formulada pelo Min. Gilmar Mendes, em voto-vista, no sentido de determinar que a decisão de inconstitucionalidade seria dotada de efeito *pro futuro*.[207]

Profícuos debates sobre a relevância dos efeitos da decisão foram travados durante o julgamento da Rcl 2.391, que discutiu a possibilidade de reconhecimento do direito de recorrer em liberdade. Embora a referida reclamação tenha sido declarada prejudicada, por perda de objeto,[208] consagrou-se a relevância da discussão em torno dos efeitos da decisão nos casos de revisão de jurisprudência amplamente consolidada no âmbito do Tribunal, considerando que tais mudanças certamente repercutirão sobre casos já julgados. No caso, o Tribunal encaminhava-se para reconhecer que eventual declaração de inconstitucionalidade haveria de ser declarada com efeitos *ex nunc*.

---

206. Cf. o capítulo sobre a ação direta de inconstitucionalidade.

207. Rel. Min. Maurício Corrêa, *DJU* 7.5.2004. Cf. voto do Min. Gilmar Mendes.

208. Rel. Min. Marco Aurélio, *DJU* 12.2.2007.

Mencione-se, também, o julgamento do HC 82.959, de 23.2.2006, quando o Tribunal, por maioria, deferiu o pedido de *habeas corpus* e declarou, *incidenter tantum*, a inconstitucionalidade do § 1º do art. 2º da Lei 8.072/1990, que veda a possibilidade de progressão do regime de cumprimento da pena nos crimes hediondos definidos no art. 1º do mesmo diploma legal. Entendeu-se, no caso, que a vedação de progressão de regime, prevista na norma impugnada, afronta o direito à individualização da pena (CF, art. 5º, LXVI), já que, ao não permitir que se considerem as particularidades de cada pessoa, a sua capacidade de reintegração social e os esforços aplicados com vistas à ressocialização, acaba tornando inócua a garantia constitucional.

Ressaltou-se, também, que o dispositivo impugnado deteria certa incoerência, porquanto impede a progressividade mas admite o livramento condicional após o cumprimento de dois terços da pena (Lei 8.072/1990, art. 5º).

Ocorre que o Tribunal explicitou que a declaração incidental de inconstitucionalidade do preceito legal em questão não gerará consequências jurídicas com relação às penas já extintas na data do julgamento, esclarecendo que a decisão plenária envolve, unicamente, o afastamento do óbice representado pela norma ora declarada inconstitucional, sem prejuízo da apreciação, caso a caso, pelo magistrado competente, dos demais requisitos pertinentes ao reconhecimento da possibilidade de progressão. Mais uma vez, portanto, conferiu o Tribunal efeitos restritivos a uma declaração de inconstitucionalidade incidental.[209]

À guisa de conclusão – A convivência do modelo incidental difuso tradicional com um sistema de múltiplas ações diretas (ação direta de inconstitucionalidade, ação declaratória de constitucionalidade, arguição de descumprimento de preceito fundamental e representação interventiva) operou significativa mudança no controle de constitucionalidade brasileiro.

Uma observação talvez trivial revele uma tendência de *dessubjetivização* das formas processuais, especialmente daquelas aplicáveis ao modelo de controle incidental, antes dotadas de ampla feição subjetiva, com simples eficácia *inter partes*.

---

209. HC 82.959, rel. Min. Marco Aurélio, *DJU* 13.3.2006.

A adoção de uma estrutura procedimental aberta para o processo de controle difuso (participação de *amicus curiae* e outros interessados), a concepção de um recurso extraordinário de feição especial para os Juizados Especiais, o reconhecimento de efeito transcendente para a declaração de inconstitucionalidade incidental, a lenta e gradual superação da fórmula do Senado (art. 52, X), a incorporação do instituto da *repercussão geral* no âmbito do recurso extraordinário e a *desformalização* do recurso extraordinário, com o reconhecimento de uma possível *causa petendi* aberta, são demonstrações das mudanças verificadas a partir desses *diálogo* e *intercâmbio* entre os modelos de controle de constitucionalidade positivados no direito brasileiro.

Em alguma medida, pode-se apontar, dentre as diversas transformações detectadas, uma inequívoca tendência para ampliar a feição objetiva do processo de controle incidental entre nós.

DÉCIMA PARTE
A REPRESENTAÇÃO INTERVENTIVA

1. Introdução. 2. Pressupostos de admissibilidade da representação interventiva. 3. Parâmetro de controle. 4. Procedimento. 5. Decisão. 6. À guisa de conclusão.

1. Introdução

A ação direta de inconstitucionalidade foi introduzida, entre nós, como elemento do processo interventivo, nos casos de ofensa aos chamados *princípios constitucionais sensíveis* (CF de 1934, art. 12, § 2º; CF de 1946, art. 8º, parágrafo único; CF de 1967/1969, art. 11, § 1º, "c"; CF de 1988, art. 34, VII, c/c o art. 36, III). Inicialmente provocava-se o STF com o objetivo de obter a declaração de constitucionalidade da lei interventiva (CF de 1934, art. 12, § 2º).[1] A Constituição de 1946 consagrou, porém, a *ação direta de inconstitucionalidade* nos casos de lesão aos princípios estabelecidos no art. 7º, VII. Imprimiu-se, assim, traço próprio ao nosso modelo de controle de constitucionalidade, afastando-o do sistema norte-americano.[2]

---

1. A CF de 1934 previa, no § 1º do art. 12, que, "na hipótese do n. VI *[reorganização das finanças dos Estados que, sem motivo de força maior, suspenderem, por mais de dois anos consecutivos, o serviço de sua dívida fundada]* assim como para assegurar a observância dos princípios constitucionais (art. 7º, I) a intervenção será decretada por lei federal, que lhe fixará a amplitude e a duração, prorrogável por nova lei". O § 2º do art. 12 estabelecia também que, "ocorrendo o primeiro caso do n. V, *[assegurar a observância dos princípios constitucionais especificados nas letras "a" a "h" do art. 7º, I]*, a intervenção só se efetuará depois que a Corte Suprema, mediante provocação do Procurador-Geral da República, tomar conhecimento da lei que a tenha decretado e lhe declarar a constitucionalidade".

2. Alfredo Buzaid, *Da Ação Direta de Declaração de Inconstitucionalidade no Direito Brasileiro*, São Paulo, Saraiva, 1958, p. 100.

Não se cuidava de fórmula consultiva, mas de um *litígio constitucional*, que poderia dar ensejo à intervenção federal.[3] Outorgou-se a titularidade da ação ao Procurador-Geral da República, a quem, como Chefe do Ministério Público Federal, competia defender os interesses da União (art. 126). Esse mecanismo não descaracteriza a *representação interventiva* como peculiar modalidade de composição de conflitos entre a União e os Estados-membros. A fórmula adotada parece revelar que na ação direta interventiva, menos que um *substituto processual*[4] ou *parte*,[5] o Procurador-Geral exerce o mister de representante judicial da União.[6]

No Estado Federal a Constituição impõe deveres aos Estados-membros, cuja inobservância pode acarretar providências de índole interventiva, visando a assegurar a integridade do ordenamento constitucional ou – como pretende Kelsen – da Constituição total (*Gesamtverfassung*). Assim, a violação de um dever pelo Estado-membro é condição da intervenção federal.[7] O "fato ilícito é imputado ao Estado *enquanto tal*, assim como a intervenção federal se dirige contra o Estado *enquanto tal*, e não contra o indivíduo."[8]

Na Constituinte de 1891 já se esboçara tendência no sentido de judicializar os conflitos federativos para fins de intervenção, tal como ficou assente nas propostas formuladas por João Pinheiro e Júlio de Castilhos.[9] A reforma constitucional de 1926 consagrou expressamente os princípios constitucionais da União (art. 6º, II), outorgando ao Congresso Nacional a competência privativa para decretar a intervenção (art. 6º, § 1º). Reconheceu-se, assim, ao Parlamento a faculdade de caracterizar, preliminarmente, a ofensa aos princípios

3. Idem, pp. 100-107.

4. Idem, p. 107.

5. José Carlos Barbosa Moreira, "As partes na ação declaratória de inconstitucionalidade", *Revista de Direito da Procuradoria-Geral do Estado da Guanabara* 13/75-76.

6. Oswaldo Aranha Bandeira de Mello, *Teoria das Constituições Rígidas*, 2ª ed., São Paulo, José Bushatsky Editor, 1980, p. 192.

7. Hans Kelsen, "L'esecuzione federale", in *La Giustizia Costituzionale*, Milão, Giuffrè, 1981, p. 87.

8. Idem, ibidem (no original: "La fattispecie illectita – afirma Kelsen – viene imputata allo Stato *in quanto tale* e così pure l'esecuzione federale si dirige contro lo Stato *in quanto tale* e non già contro il singolo individuo").

9. Brasil, Assembleia Constituinte (1891), *Annaes*, p. 432; cf., também, Ernesto Leme, *A Intervenção Federal nos Estados*, pp. 90-91.

constitucionais sensíveis, atribuindo-se-lhe, ainda que de forma limitada e *ad hoc*, uma função de controle de constitucionalidade.[10] A Constituição de 1934[11] e, posteriormente, as Constituições de 1946 e de 1967/1969 consolidaram a *forma judicial* como modalidade de *verificação prévia* de ofensa constitucional no caso de controvérsia sobre a observância dos princípios constitucionais da União, ou para prover à execução de lei federal (CF de 1967/1969, art. 10, VI).

Em verdade, o Procurador-Geral da República representava sob a Constituição de 1946 – e essa orientação subsistiu nos textos posteriores – os interesses da União nessa relação processual atinente à observância de determinados deveres federativos. E esta orientação afigura-se tanto mais plausível se se considerar que nas Constituições, desde 1891, cumpria ao Procurador-Geral da República desempenhar, a um tempo, as funções de chefe do Ministério Público Federal e de representante judicial da União.[12]

Tem-se, pois, uma relação conflitiva, decorrente de eventual violação de deveres constitucionais, competindo ao Órgão Especial, ou ao próprio órgão encarregado de intervenção, verificar a configuração do ilícito.[13] Tal colocação demonstra, inequivocamente, a existência de uma relação contenciosa, consistente na eventual inobservância de deveres constitucionais, que há de ser aferida como antecedente necessário de qualquer providência interventiva. "Ainda quando não se estabeleça para tal investigação um procedimento particular – ensina Kelsen –, está prevista a intervenção federal para o caso de ilícito – ela não pode ser entendida coerentemente de outra

10. "O desrespeito aos princípios constitucionaes da União pode ser de facto e de direito. *De facto*, 'se o Estado embaraça, por atos materiaes, o exercicio desses direitos'. *De direito*, 'se o Estado elabora leis contrarias a essas disposições, negando em leis locaes esses direitos affirmados pela Constituição Federal'" (Herculano Freitas, "Intervenção federal nos Estados", *RT* 47/73).

11. Cf. nota de rodapé 1, acima.

12. Oswaldo Aranha Bandeira de Mello, *Teoria das Constituições Rígidas*, 2ª ed., p. 192.

13. Kelsen, "L'esecuzione federale", in *La Giustizia Costituzionale*, p. 113 (no original: "La differenza decisiva tra guerra nel senso del diritto internazionale ed esecuzione federale non consiste tanto nella loro fattispecie esterna, rispetto alla quale sono uguali, ma – com'è statto già accennato – nel fatto che, prevedendo la Costituzione, in caso d'illeciti compiuti da uno Stato-membro, l'esecuzione federale, essa deve prevedere l'accertamento della fattispecie illecita o da parte di un organo specifico o da parte dell'organo incaricato di tale esecuzione").

forma, se aceitamos que, ao menos, quando se confia a decisão sobre a intervenção a um determinado órgão, há de se autorizá-lo a apurar, de modo autêntico, a ocorrência do ilícito".[14]

A Constituição de 1988 manteve o sistema anterior de controle de legitimidade dos atos estaduais em face dos princípios sensíveis perante o STF (art. 34, VII, c/c o art. 36, III). Outorgou-se, porém, ao STJ a competência para julgar a representação do Procurador-Geral da República no caso de recusa à execução da lei federal (CF, art. 34, VI, primeira parte, c/c o art. 36, IV). Essa fórmula sofreu alteração com o advento da Reforma do Judiciário (EC 45/2004), que devolveu ao STF a competência para processar e julgar a representação nos casos de recusa à execução de lei federal (CF, art. 36, III).

A fórmula adotada parece traduzir aquilo que Kelsen houve por bem denominar "accertamento giudiziale dell'illecito (...) che condiziona l'esecuzione federale".[15] Evidentemente, esse *accertamento giudiziale* – ou o contencioso da inconstitucionalidade, como referido por Castro Nunes[16] – diz respeito ao próprio conflito de interesses, potencial ou efetivo, entre União e Estado, no tocante à observância de determinados princípios federativos. Portanto, o Procurador-Geral da República instaura o contencioso de inconstitucionalidade não como parte autônoma, mas como representante judicial da União, que "tem interesse na integridade da ordem jurídica, por parte dos Estados-membros".[17]

Essa colocação empresta adequado enquadramento dogmático à chamada *representação interventiva*, diferenciando-a do controle abstrato de normas propriamente dito, no qual se manifesta o interesse público genérico na preservação da ordem jurídica.

---

14. Kelsen, "L'esecuzione federale", in *La Giustizia Costituzionale*, p. 113 (no original: "Anche quando non stabilisce per tale accertamento una particolare procedura essa se prevede l'esecuzione per il caso d'illecito – non può evidentemente essere intesa se non nel senso, quanto meno, che quando affida la decisione sull'esecuzione federale ad un determinato organo, lo autorizza, con ciò stesso, ad accertare in modo autentico che è stato compiuto un illecito").

15. Kelsen, "L'esecuzione federale", in *La Giustizia Costituzionale*, pp. 114 e ss.

16. Rp 94-DF, *Arquivo Judiciario* (*AJ*) 85/33.

17. Pontes de Miranda, *Comentários à Constituição de 1967 com a Emenda n. 1 de 1969*, 2ª ed., t. II (arts. 8º-31), São Paulo, Ed. RT, 1970, p. 253; cf., também, Oswaldo Aranha Bandeira de Mello, *Teoria das Constituições Rígidas*, 2ª ed., pp. 186 e ss.

2. *Pressupostos de admissibilidade da representação interventiva*

Considerações preliminares – Caracterizada a questão constitucional sobre a observância dos princípios sensíveis ou a execução de lei federal pelo Estado-membro como uma controvérsia entre a União e Estado, não se vislumbram maiores dificuldades em se afirmar a existência, na representação interventiva, de uma relação processual contraditória, instaurada pelo Poder Central com o escopo de assegurar a observância de princípios fundamentais do sistema federativo (CF de 1988, art. 34, VII e VI, primeira parte, c/c o art. 36, III).

Embora tenha preservado a sistemática consagrada pela Constituição de 1967/1969 (representação do Procurador-Geral da República, agora dirigida ao STF, se se tratar de ofensa aos princípios constantes do art. 34, VII, e no caso de recusa à execução de lei federal – art. 36, III), o constituinte de 1988 fixou como princípios básicos, cuja lesão pelo Estado-membro poderá dar ensejo à intervenção federal: (a) forma republicana, sistema representativo e regime democrático; (b) direitos da pessoa humana;[18] (c) autonomia municipal; e (d) prestação de contas da Administração Pública, direta e indireta (art. 34, VII).

A alteração adotada pela versão primeira da Constituição de 1988 parece resultar de um equívoco produzido pelo literalismo, que levou o constituinte a atribuir ao STJ matéria que envolvesse a aplicação de lei federal, fórmula que sofreu, como se viu, alteração com o advento da Reforma do Judiciário (EC 45/2004).

De qualquer sorte, cumpre ressaltar que o STF entendeu, em alguns julgados, que se cuidava de um conflito federativo, tendo assentado na Rp 94-DF (rel. Min. Castro Nunes) que a decisão proferida punha fim ao contencioso de inconstitucionalidade.[19] Na Rp 95 (rel. Min. Orozimbo Nonato) esse entendimento foi reafirmado de forma ainda mais inequívoca. Embora o Procurador-Geral da República tivesse proposto a representação em forma de consulta, antecipando sua opinião quanto à constitucionalidade do art. 2º do Ato das Dispo-

---

18. Ressalte-se, nesse sentido, que está sendo processado no STF o pedido de IF 5.129, formulado pelo Procurador-Geral da República em desfavor do Estado de Rondônia. O pedido funda-se em situação grave de ofensa à dignidade da pessoa humana ocorrida na unidade prisional denominada "Urso Branco".

19. *AJ* 85/33.

sições Transitórias da Constituição de Pernambuco, o STF houve por bem conhecer do pedido, admitindo a caracterização da controvérsia constitucional, na medida em que o interventor federal se recusava a transferir a chefia do Executivo ao Presidente da Assembleia Legislativa, tal como previsto na Carta estadual.

Nesse sentido, parecem elucidativas as considerações constantes do voto do Min. Orozimbo Nonato:

> "Não há, insistimos, no caso dos autos, simples consulta ao Supremo Tribunal Federal, que não é órgão consultivo, senão judicante, mas a exposição de um conflito de natureza constitucional, elementarmente constitucional, não ocultando a forma, algo dubitativa, das comunicações a ocorrência do tumulto, uma vez que, apesar de promulgada a Constituição, que defere a chefia do Executivo, no caso, e episodicamente, ao Presidente da Assembleia, o Interventor persiste em continuar a ocupar aquela chefia e o Governo Federal declara abster-se de qualquer providência, antes da deliberação do Judiciário. Tais atitudes apenas encontram explicação em se haver por inconstitucional o texto aludido, embora essa convicção se desvele na forma discreta de hesitação e de dúvida. Por outro lado, a opinião do eminente Sr. Procurador-Geral da República constitui, sem dúvida, dado precioso à solução da controvérsia, por seu prestígio pessoal de publicista, por sua autoridade de doutrinador. Mas não exclui a postulação da controvérsia, uma vez que ele tomou, formalmente, a iniciativa a que alude o parágrafo único do art. 8º da Constituição Federal, isto é, submeteu ao Supremo Tribunal Federal o exame do ato arguido de inconstitucionalidade".[20]

Como se vê, assumia relevância não a manifestação do Procurador-Geral da República, por si só, mas a caracterização da *controvérsia constitucional*, consistente no juízo dos agentes federais – no caso, representados pelo Interventor e pelo Ministro da Justiça – quanto à inconstitucionalidade do preceito em discussão.

Legitimação ativa "ad causam" – Embora a doutrina não o tenha afirmado expressamente,[21] é certo que, se o titular da ação encaminhava ao STF um pedido de arguição de inconstitucionalidade

---

20. Rp 95-DF, *AJ* 85/58-59.

21. Única exceção parece ser Victor Nunes Leal, que, em palestra proferida na VII Conferência Nacional da OAB/Curitiba, em 1978, reconheceu expressamente que, "em caso de representação com parecer contrário, o que se tem, na realidade, (...)

com manifestação em sentido contrário *era porque estava postulando não a declaração de inconstitucionalidade, mas sim a declaração de constitucionalidade da norma questionada*.

A representação interventiva não se confundia com um processo de controle abstrato de normas. Ao contrário, cuidava-se propriamente da judicialização de um conflito entre União e Estado no tocante à observância dos princípios sensíveis. O Procurador-Geral da República, nesse processo, não era o substituto processual da sociedade, como pretendeu Buzaid;[22] nem atuava nesse processo como *custos legis*,[23] mas sim como representante judicial da União. A atuação do Procurador-Geral da República não dependia de provocação de terceiros, como imaginado inicialmente, porquanto a matéria relativa à observância dos princípios sensíveis dizia respeito exclusivamente ao interesse da União na observância destes.

Toda essa confusão conceitual, se não teve outra virtude, serviu, pelo menos, para aplainar o caminho que haveria de levar à instituição do controle abstrato de normas no direito constitucional brasileiro.

Deve-se ressaltar, pois, que na prática distorcida do instituto da *representação interventiva* está o embrião da representação de inconstitucionalidade em tese, da ação direta de inconstitucionalidade e, naturalmente, da ação declaratória de constitucionalidade,[24] positivada agora no art. 102, I, "a", da Constituição Federal.

A instauração do processo de controle de constitucionalidade, para fins de intervenção, é privativa do Procurador-Geral da República, como representante judicial da União. Têm legitimidade passiva os órgãos estaduais que editaram o ato questionado. Como assentado, diversamente do que ocorre no processo de controle abstrato de normas, que é um processo objetivo (*objektives Verfahren*), tem-se na representação interventiva uma relação processual contraditória entre União e Estado-membro atinente à observância de deveres constitu-

é uma representação de constitucionalidade" (cf. "Representação de inconstitucionalidade perante o STF: um aspecto inexplorado", *RDP* 53-54/25 – p. 33).

22. Buzaid, *Da Ação Direta de Declaração de Inconstitucionalidade no Direito Brasileiro*, São Paulo, Saraiva, 1958, p. 107.

23. Themístocles Brandão Cavalcanti, *Do Controle da Constitucionalidade*, Rio de Janeiro, Forense, 1966, pp. 115-118.

24. No art. 12, § 2º, da CF de 1934 formulava-se pretensão de *mera declaração de constitucionalidade* da lei federal que decretava a intervenção.

cionalmente impostos ao ente federado (Lei 12.562, de 23.12.2011, art. 2º).

Como enfaticamente acentuado, a representação interventiva pressupõe a configuração de controvérsia constitucional entre a União, que "tem interesse na integridade da ordem jurídica, por parte dos Estados-membros", e o Estado-membro.

Identifica-se aqui, pois, nitidamente, o interesse jurídico (*Rechtsschutzbedürfnis*) da União, como guardiã dos postulados federativos, na observância dos princípios constitucionais sensíveis. E mesmo a outorga da representação processual ao Procurador-Geral da República (CF de 1988, art. 36, III) – acentue-se que, tal como nos modelos constitucionais de 1946 e de 1967/1969, o Procurador-Geral da República atua nesse processo, hoje em caráter excepcionalíssimo, como representante judicial da União – não se mostra hábil a descaracterizar a representação interventiva como peculiar modalidade de composição judicial de conflitos entre a União e a unidade federada.

A propósito, relembre-se que Pontes de Miranda chegou a sustentar que, "se foi o Presidente da República que remeteu a espécie ao Procurador-Geral da República, para exame pelo Supremo Tribunal Federal, o Supremo Tribunal Federal declara, não desconstitui, e o Procurador-Geral da República não tem arbítrio para representar ou não".[25]

Objeto da controvérsia – A controvérsia envolve os deveres do Estado-membro quanto à observância dos princípios constitucionais sensíveis (CF de 1988, art. 34, VII; CF de 1967, com a Emenda n. 1, de 1969, arts. 13, I, e 10, VII) e à aplicação da lei federal (CF de 1988, art. 34, VI; CF de 1967, com a Emenda n. 1, de 1969, art. 10, VI, primeira parte).

Essa violação de deveres consiste, fundamentalmente, na edição de atos normativos infringentes dos princípios federativos previstos no art. 34, VII, da Constituição Federal de 1988.[26] "O legislador constituinte usou da palavra 'ato' – lecionava Castro Nunes – na sua acepção mais ampla e compreensiva, para abranger no plano legisla-

25. Pontes de Miranda, *Comentários à Constituição de 1967 com a Emenda n. 1 de 1969*, 2ª ed., t. II (arts. 8º-31), São Paulo, Ed. RT, 1970, p. 257.

26. Oswaldo Aranha Bandeira de Mello, *Teoria das Constituições Rígidas*, 2ª ed., São Paulo, José Bushatsky Editor, 1980, p. 189.

tivo as normas de qualquer hierarquia que comprometam algum dos princípios enumerados".[27]

Na mesma linha de entendimento, ressalta Pontes de Miranda:

> "(...) a regra jurídica referente à intervenção por infração de princípios sensíveis (art. 10, VII) assegura o respeito do Direito escrito, ou não escrito, da Constituição estadual e das leis estaduais ou municipais àqueles princípios; o inciso IV diz que se atenda ao reclamo dos Estados-membros, ainda quando, existindo Constituição ou lei perfeitamente acorde com os princípios enumerados como sensíveis, se não esteja a realizar, como fora de mister, a vida das instituições estaduais".[28]

Vê-se, pois, que a afronta aos princípios contidos no art. 10, VII, da Constituição Federal de 1967/1969 haveria de provir, basicamente, de atos normativos dos Poderes estaduais, não se afigurando suficiente, em princípio, a alegação da ofensa, em concreto. "A violação, em concreto, por parte do Estado Federado – ensinava Oswaldo Aranha Bandeira de Mello –, não diz respeito aos princípios constitucionais propriamente ditos, a que devia observar, mas ao exercício da ação dos Poderes federais, de execução das leis federais (...)".[29]

A Constituição de 1967, com a Emenda n. 1, de 1969, manteve essa orientação ao condicionar a intervenção, no caso de execução de lei federal, ao provimento, pelo STF, de representação do Procurador-Geral da República (art. 10, VI, primeira parte, c/c o art. 11, § 1º, "c"). Daí assentar Pontes de Miranda que, "enquanto a intervenção federal para assegurar a observância dos princípios constitucionais inerentes à forma republicana, à independência dos Poderes e outros cânones, consignados na Constituição de 1967, concerne no respeito,

---

27. Rp 94-DF, *AJ* 85/32.

28. Pontes de Miranda, *Comentários à Constituição de 1967 ...*, 2ª ed., t. II, pp. 219 e 223.

29. Sobre a Constituição de 1967/1969, v. Oswaldo Aranha Bandeira de Mello, *Teoria das Constituições Rígidas*, 2ª ed., p. 189. Em verdade, temos de reconhecer que não se mostra imune à crítica a afirmação segundo a qual a lesão aos *princípios sensíveis* há de provir, exclusivamente, de atos normativos. Evidentemente, a Constituição do Estado-membro pode não incorporar princípios basilares estabelecidos na Constituição Federal. Nesse caso, a lesão decorrerá não do ato normativo propriamente dito, mas da omissão do constituinte estadual, que deixou de atender às exigências expressas da Constituição Federal.

ainda em geral, e *in abstracto*, das regras jurídicas principais, a do art. 10, VI, é tipicamente referente a casos concretos (...)".[30]

Sem dúvida, a execução de lei federal pode ser obstada pela promulgação de ato normativo estadual em desrespeito à competência legislativa da União. Nesse caso, afirmada, preliminarmente, a validade da lei federal, há de se proferir a declaração de inconstitucionalidade do diploma estadual.

Todavia, a execução da lei federal envolve, igualmente, a edição de atos administrativos e a criação de pressupostos e condições necessários à realização da vontade do legislador federal. Assim, tanto a ação quanto a omissão do Poder Público estadual podem exigir que se proveja à execução da lei federal, submetendo-se a questão, previamente, à Excelsa Corte (CF de 1988, art. 34, VI).

Representação interventiva e atos concretos – Indagação que se colocou sob a vigência da Constituição de 1988 diz respeito à utilização da representação interventiva não apenas para atos normativos que se revelassem afrontosos aos princípios, mas também aos atos concretos ou às omissões atribuíveis a autoridades do Estado-membro que se mostrassem incompatíveis com os aludidos postulados. Discutia-se, na espécie, representação interventiva proposta pelo Procurador-Geral da República ao fundamento de lesão aos direitos da pessoa humana que teria sido perpetrada pelo Estado de Mato Grosso. Alegava-se que, ao não oferecer proteção adequada a presos, que foram arrancados, por populares exaltados, das mãos de policiais e assassinados em praça pública (linchamento), o Estado teria lesado os direitos da pessoa humana inscritos no art. 34, VII, "b", da Constituição Federal.[31]

O Min. Celso de Mello manifestou-se pelo não conhecimento da representação interventiva, por entender que "o desrespeito concreto aos direitos da pessoa humana, mesmo que lamentavelmente traduzidos em atos tão desprezíveis quão inaceitáveis como estes, decorrentes do tríplice linchamento ocorrido em Matupá/MT, não tem o condão de justificar a cognoscibilidade desta representação interventiva, cujo objeto – reitero – só pode ser ato estatal, de caráter

30. Pontes de Miranda, *Comentários à Constituição de 1967* ..., 2ª ed., t. II, p. 223.

31. IF 114, rel. Min. Néri da Silveira, *DJU* 27.9.1996, *RTJ* 160/1 (3).

normativo, apto a ofender, de modo efetivo ou potencial, qualquer dos princípios sensíveis elencados no inciso VII do art. 34 da Constituição Federal".[32] Posição idêntica foi sustentada pelo Min. Moreira Alves.[33]

Por maioria de votos o Tribunal entendeu de conhecer da ação. Os argumentos em favor da cognoscibilidade da ação foram expendidos no voto do Min. Pertence, ao observar que, a despeito de não ignorar a própria disposição do texto constitucional, que cogita de suspensão do ato impugnado por decreto do Poder Executivo (CF, art. 36, § 3º), não poderia ignorar a parte final do dispositivo, concebida de forma condicional ("... o decreto limitar-se-á a suspender a execução do ato impugnado, *se essa medida bastar ao restabelecimento da normalidade*"). Acrescentou, ainda, o Min. Pertence que, ao contrário dos textos de 1934 – "A intervenção só se efetivará depois de o Supremo Tribunal Federal declarar a *constitucionalidade* da lei que a decretar" – e de 1946 – "(...) depois que o Supremo Tribunal Federal, mediante representação do Procurador-Geral da República, julgar inconstitucional o ato impugnado" –, nos textos constitucionais seguintes afirma-se, tão-somente, que, em tais hipóteses, a intervenção dependerá de provimento pelo STF de representação do Procurador-Geral da República, "se for o caso, representação fundada na violação dos princípios constitucionais sensíveis, violação que (...) tanto pode dar-se por atos formais, normativos ou não, quanto por ação material, ou omissão de autoridade estadual".[34]

Daí ter concluído o Min. Pertence:

> "(...) já não há agora o obstáculo, que a literalidade das Constituições de 1934 e de 1946 representava para que a representação interventiva, que, no passado, era exclusivamente uma representação por inconstitucionalidade de atos, sirva, hoje, à verificação de situações de fato. É claro que isso imporá adequações, se for o caso, do procedimento desta representação à necessidade da verificação não da constitucionalidade de um ato formal, mas da existência de uma grave situação de fato atentatória à efetividade dos princípios constitucionais, particularmente aos direitos humanos fundamentais".[35]

---

32. Idem, ibidem.
33. Idem, ibidem.
34. Idem, ibidem.
35. Idem, ibidem.

Assim, restou assentado – com boas razões – na jurisprudência do STF(e, posteriormente, na Lei 12.562/2011, art. 3º, II), que não só os atos normativos estaduais, mas também atos administrativos, atos concretos ou até omissões poderiam dar ensejo à representação interventiva no contexto da Constituição de 1988.[36]

Representação interventiva e recusa à execução de lei federal – No caso de recusa à execução de lei federal – talvez seja mais indicado falar-se em *recusa à execução do direito federal* – atribuiu-se inicialmente ao STJ a competência para julgar a representação (CF, art. 34, VI, primeira parte, c/c o art. 36, IV).

Cuida-se de equívoco cometido a partir da análise errônea de que a aplicação da lei federal envolveria, naturalmente, a competência do STJ. Na Reforma do Judiciário aprovada em dezembro/2004 (EC 45/2004) essa confusão foi superada, passando-se ao STF também a competência para processar e julgar a representação no caso de recusa à execução da lei federal por parte do Estado-membro (CF – com a redação da EC 45/2004 –, art. 36, III).

Portanto, o STF assume, de direito, a competência para processar e julgar a representação interventiva não apenas nos casos de violação dos princípios sensíveis, mas também naqueles vinculados à recusa de aplicação da lei federal.

Em geral, identifica-se, nesses casos, negativa de vigência do direito federal por parte da autoridade local, com base na afirmação de que há conflito entre o direito federal e o direito estadual, devendo-se reconhecer a legitimidade deste.

Pode ocorrer, igualmente, que a autoridade estadual se recuse a dar cumprimento à lei federal independentemente da invocação de legitimidade do direito local.

Em todas essas hipóteses caberá a representação interventiva perante o STF.

---

36. Em trabalho desenvolvido em 1987 para o Mestrado em Direito da Universidade de Brasília, posteriormente publicado sob o título *Controle de Constitucionalidade – Aspectos Jurídicos e Políticos* (São Paulo, Saraiva, 1990), o Min. Gilmar Mendes sustentou que a representação interventiva seria voltada, fundamentalmente, para o ato normativo estadual. Parece, porém, que essa orientação, fortemente calcada na jurisprudência do STF, desenvolvida sob a Constituição de 1946, já não mais se sustenta.

3. *Parâmetro de controle*

Nos termos da Constituição de 1988, são os seguintes os princípios sensíveis cuja violação pode dar ensejo à propositura da representação interventiva: (a) forma republicana, sistema representativo e regime democrático; (b) direitos da pessoa humana; (c) autonomia municipal; (d) prestação de contas da Administração Pública, direta e indireta; (e) aplicação do mínimo exigido da receita resultante de impostos estaduais, compreendida a proveniente de transferências, na manutenção e desenvolvimento do ensino e nas ações e serviços públicos de saúde (art. 34, VII).

Tem-se, como se pode constatar, uma alteração substancial, pelo menos quanto ao aspecto nominal, em relação ao elenco de princípios constante da Constituição Federal de 1967/1969 (art. 10, VII): (a) forma republicana representativa; (b) temporariedade dos mandatos eletivos, cuja duração não excederá a dos mandatos federais correspondentes; (c) independência e harmonia entre os Poderes; (d) garantias do Poder Judiciário; (e) autonomia municipal; (f) prestação de contas da Administração; e (g) proibição ao deputado estadual da prática de ato ou do exercício de cargo, função ou emprego mencionados nos incisos I e II do art. 34, salvo o de Secretário de Estado.

O caráter aberto dos chamados *princípios sensíveis* exige um significativo esforço hermenêutico. Quando se terá como caracterizada uma lesão ao princípio da forma republicana? Em que caso se pode afirmar que a unidade federada feriu o princípio representativo ou o regime democrático? Essas indagações somente podem ser respondidas adequadamente no contexto de determinado sistema constitucional. É o exame sistemático das disposições constitucionais integrantes do modelo constitucional que permitirá explicitar o conteúdo de determinado princípio.

Ao se deparar com alegação de afronta ao princípio da divisão de Poderes de Constituição estadual em face dos chamados *princípios sensíveis* (representação interventiva), assentou o notável Castro Nunes lição que continua atual, ao afirmar que "a enumeração é taxativa, é limitativa, é restritiva, e não pode ser ampliada a outros casos pelo Supremo Tribunal", mas "(...) cada um desses princípios é dado doutrinário que tem de ser examinado no seu conteúdo e delimitado na sua extensão".[37]

---

37. Rp 94, rel. Min. Castro Nunes, *AJ* 85/31 (34-35), 1947.

Assim, o elenco do art. 34, VII, da Constituição Federal é fixado de forma taxativa, ou em *numerus clausus*, mas a sua leitura comporta abertura de entendimento.

Na Rp 95 o tema voltou a ser apreciado. Registre-se, uma vez mais, o magistério de Castro Nunes:

> "Devo dizer ao Tribunal que considero a atribuição hoje conferida ao Supremo Tribunal excepcionalíssima, só quando for possível entroncar o caso trazido ao nosso conhecimento a algum dos princípios enumerados no art. 7º, n. 7, será possível conhecer da arguição. Não basta ser levantada uma dúvida constitucional, não basta que exista uma controvérsia constitucional. Se não for possível entroncá-la com um dos princípios enumerados, penso que o Tribunal deverá abster-se de qualquer deliberação. Nesse sentido, aliás, foi o voto do eminente Sr. Min. Hahnemann Guimarães, que salientou também esse aspecto, igualmente ressaltado pelo eminente Sr. Ministro-Relator, em seu voto.
>
> No caso de dúvida, ou quando duvidosa ou remota aquela articulação, o Tribunal não deverá conhecer da representação, que se poderia transformar em expediente de rotina ou meio de consulta do Governo em todos os casos em que lhe conviesse provocar uma manifestação do Supremo Tribunal. Aliás, o caráter excepcional da atribuição decorre da sanção mesma, que é a intervenção".[38]

Sobre o significado da forma republicana, anota Magnus Cavalcanti de Albuquerque, em dissertação de Mestrado apresentada à UnB sobre o tema:

> "Da ideia de República, pela quase unanimidade doutrinal, infere-se a noção de temporariedade e eletividade da chefia de Estado, o que a singulariza em relação a outras espécies de organização governamental. Sampaio Dória, porém, acena com mais seis outros princípios por ele considerados corolários do regime republicano: a inelegibilidade continuada do Chefe do Executivo, o alheamento do Presidente na escolha do seu sucessor, a responsabilidade dos funcionários, a representação das minorias, a seleção do eleitorado e a liberdade política".[39]

---

38. Rel. Min. Orozimbo Nonato, *AJ* 85/70.

39. Magnus Albuquerque, *Aspectos do Instituto da Intervenção Federal no Brasil*, dissertação de Mestrado, Brasília, UnB, 1985, p. 135.

É ainda Magnus Albuquerque quem recorda ter o STF afirmado que a dualidade de governos em uma unidade federada configura grave perturbação da ordem republicana.[40] Convém registrar a seguinte passagem do acórdão proferido no HC 6.008, de 1920:

> "A dualidade de governos em um Estado da Federação importa grave perturbação da forma republicana federativa, o que autoriza a intervenção do Governo Federal para assegurá-la. O preceito constitucional que rege a intervenção federal quando se referiu à 'forma republicana federativa' não pôs a vista exclusivamente no Governo Nacional; preocupou-se, ao contrário, e principalmente, com a organização governamental dos Estados".[41]

No MS 20.257[42] o STF entendeu que a prorrogação de mandatos de prefeitos, para fazê-los coincidir com os mandatos estaduais e federais, não configurava afronta ao princípio republicano, uma vez que não se cuidava de um projeto que traduzisse continuidade ou permanência dos mandatos, mas simples prorrogação por razões técnico-políticas (coincidência das eleições nos planos federal, estaduais e municipais).

A propósito da emenda constitucional que prorrogava o mandato de prefeitos e vereadores pelo prazo de dois anos, ressaltou o Min. Moreira Alves:

> "A emenda constitucional, em causa, não viola, evidentemente, a república, que pressupõe a temporariedade dos mandatos eletivos. De feito, prorrogar mandato de dois para quatro anos, tendo em vista a conveniência da coincidência de mandatos nos vários níveis da Federação, não implica introdução do princípio de que os mandatos não mais são temporários, nem envolve, indiretamente, sua adoção de fato, como sustentam os impetrantes, sob a alegação de que, a admitir-se qualquer prorrogação, ínfima que fosse, estar-se-ia a admitir prorrogação por vinte, trinta ou mais anos. Julga-se à vista do fato concreto, e não de suposição, que, se vier a concretizar-se, merecerá, então, julgamento para aferir-se da existência, ou não, de fraude à proibição constitucional".[43]

40. Idem, ibidem.

41. Cf. transcrição in Magnus Albuquerque, *Aspectos do Instituto da Intervenção Federal no Brasil*, p. 135.

42. Rel. Min. Moreira Alves, *DJU* 27.2.1981, *RTJ* 99(3)/1.040.

43. MS 20.257, Rel. Min. Moreira Alves, *RTJ* 99/1.031.

Alerte-se que o conceito de "República" envolve também a não patrimonialização do Poder e sua não colocação a serviço de grupos ou pessoas.[44]

Quanto ao sistema representativo e democrático, o texto constitucional prevê que "a soberania popular será exercida pelo sufrágio universal e pelo voto direto e secreto, com valor igual para todos, e, nos termos da lei, mediante: I – plebiscito; II – referendo; III – iniciativa popular" (CF, art. 14). As normas sobre elegibilidade e inelegibilidade estão fixadas na Constituição, podendo lei complementar federal estabelecer outros casos de inelegibilidade e os prazos de sua cessação (CF, art. 14, § 9º).

Convém observar que, tendo em vista as claras prescrições constitucionais federais sobre os direitos políticos (art. 14), o número de deputados, o sistema eleitoral, eleição de governador e de vice-governador, inviolabilidade e imunidade, remuneração, perda de mandato, licenças e impedimentos (arts. 27 e 28), dificilmente o Estado-membro terá condições de atentar contra o regime democrático representativo formal mediante ato normativo sem que incorra em flagrante inconstitucionalidade. De mais a mais, a própria legislação eleitoral é de competência privativa da União (art. 22, I).

Assim, é possível que eventual lesão ao regime representativo e democrático, se vier a se verificar, derive de atos concretos.

Questão interessante envolve saber se no conceito de *regime democrático* (CF, art. 34, VII, "a") estariam presentes os princípios relativos à independência e harmonia entre os Poderes e às garantias do Poder Judiciário, constantes dos textos constitucionais anteriores.

Desde logo pode-se afirmar que o regime democrático de que cuida o art. 34, VII, *in fine*, somente poderá ser o regime do Estado Democrático de Direito, tal como enunciado no art. 1º da CF. Nesse contexto, afigura-se igualmente inequívoco que a independência e a harmonia entre os Poderes são inseparáveis da própria ideia de Estado Democrático de Direito. Nesse sentido, anota Canotilho que o princípio do Estado de Direito é informado por duas ideias ordenadoras: "(1) ideia de *ordenação subjectiva*, garantindo um *status* jurídico aos indivíduos essencialmente ancorado nos direitos fundamentais;

44. Cf. José Afonso da Silva, *Curso de Direito Constitucional Positivo*, 39ª ed., São Paulo, Malheiros Editores, 2016, pp. 105-106.

(2) ideia de *ordenação objectiva*, assente no princípio estruturante da divisão de Poderes".[45]

Da mesma forma, o próprio conceito de Estado Democrático de Direito pressupõe, como demonstrado, o respeito aos direitos fundamentais e à independência dos Poderes, assumindo a independência do Poder Judiciário papel central no funcionamento desse sistema. Em verdade, como anota Martin Kriele, um catálogo de direitos fundamentais é perfeitamente compatível com o absolutismo, com a ditadura e com o totalitarismo. A Inglaterra garantiu, porém, os direitos humanos sem necessidade de uma Constituição escrita.[46] É que a independência judicial – conclui ele – é mais importante que o catálogo de direitos fundamentais contidos na Constituição.[47]

Parece inquestionável que também entre nós as garantias do Poder Judiciário integram o próprio conceito de Estado Democrático de Direito e, para os fins de intervenção, o conceito de *regime democrático*.

No texto de 1988 a inclusão dos "direitos da pessoa humana" no elenco dos princípios sensíveis amplia a abertura de tais princípios, na medida em que se exige do Tribunal a identificação não do conteúdo de um dado princípio, mas de todos os possíveis conteúdos dos princípios relacionados com os direitos da pessoa humana.

Ainda que se busque fundamento na própria ordem constitucional para explicitar o conteúdo desse *princípio sensível*, é certo que não se poderá fazer abstração do princípio da dignidade humana, previsto no art. 1º, III, e dos postulados constantes do catálogo de direitos e garantias individuais (CF, art. 5º e §§ 1º e 2º). Evidentemente, o Tribunal terá que desenvolver critério relativo ao significado amplo e à intensidade da lesão, tendo em vista a necessária compatibilização do processo interventivo – marcadamente excepcional – com a autonomia do ente federado.[48]

Daí por que o Tribunal, na IF 114-MT, embora tenha considerado deploráveis os fatos (linchamento de presos arrancados das mãos

45. Cf . J. J. Gomes Canotilho, *Direito Constitucional*, 5ª ed., Coimbra, 1992.

46. Cf. Martin Kriele, *Introducción a la Teoría del Estado*, Buenos Aires, 1980, p. 160.

47. Idem, pp. 159-160.

48. Cf., sobre o tema, decisão proferida na IF 114-MT, rel. Min. Néri da Silveira, *DJU* 27.9.1996.

da Polícia),[49] houve por bem julgar improcedente a representação interventiva formulada pelo Procurador-Geral da República, em razão de a unidade federada haver tomado as providências repressivas reclamadas.

Embora o STF tenha considerado admissível a representação interventiva contra ato concreto ou omissão administrativa do Estado-membro, cuidou de estabelecer que tal ação judicial não há de ser aceita para questionar fatos isolados, episódicos, que não sejam aptos a indicar uma sistemática violação dos direitos da pessoa humana. Enfatizou-se que orientação contrária poderia afetar gravemente o próprio princípio federativo. Nesse sentido, observou o Min. Sepúlveda Pertence ser necessário que "haja uma situação de fato de insegurança global de direitos humanos, desde que imputável não apenas a atos jurídicos estatais, mas à ação material ou à omissão por conivência, por negligência ou por impotência dos Poderes estaduais responsáveis".[50]

Na oportunidade anotou o Min. Pertence que, se se cuidasse de fato isolado, apto a comprometer gravemente a ordem pública no Estado, estar-se-ia em face de outra hipótese de intervenção federal, não dependente da representação do Procurador-Geral, mas da iniciativa privativa do Presidente da República[51] (CF, art. 34, III).

Posteriormente, o Tribunal apreciou a IF 5.179-DF,[52] na qual o Procurador-Geral da República apresentava graves infrações no âmbito do Governo do Distrito Federal, deflagradas pela operação "Caixa de Pandora". No pedido, a Procuradoria reconheceu o caráter excepcional da medida requerida, mas alegou que estariam esgotadas as tentativas de recomposição da ordem governamental. Ainda, questionou a legitimidade das decisões da Câmara Legislativa para apurar as responsabilidades cometidas pelo Governo.

O STF acabou por julgar improcedente a ação, uma vez que, à data do julgamento, haviam sido adotadas providências legais eficientes para debelar a crise institucional. Na ocasião, ficou assente que, "enquanto medida extrema e excepcional, tendente a repor es-

49. Cf. considerações acima desenvolvidas sobre o objeto da representação interventiva.

50. IF 114, rel. Min. Néri da Silveira, *DJU* 27.9.1996; cf. voto do Min. Sepúlveda Pertence, *RTJ* 160/1 (3).

51. Idem, ibidem.

52. IF 5.179-DF, rel. Ministro-Presidente, j. 30.6.2010.

tado de coisas desestruturado por atos atentatórios à ordem definida por princípios constitucionais de extrema relevância, não se decreta intervenção federal quando tal ordem já tenha sido restabelecida por providências eficazes das autoridades competentes".[53]

De qualquer sorte, convém anotar que a simples propositura de ação, neste caso, deu ensejo à instauração dos procedimentos necessários à responsabilização dos envolvidos nos graves casos de corrupção. Assim, pode-se dizer que o pedido serviu de estímulo para que o caso fosse solucionado sem a necessidade de adoção de medida extrema como a intervenção.

Na linha da tradição brasileira (CF de 1946, art. 7º, VII, "e"; CF de 1967/1969, art. 10, VII, "e"), manteve-se a autonomia municipal como princípio sensível (CF de 1988, art. 34, VII, "c"). Observe-se que o texto constitucional de 1988 conferiu ênfase ao Município no sistema constitucional federativo, referindo-se a ele até mesmo como integrante do sistema federativo (art. 1º).

Reconheceu-se aos Municípios competência para legislar sobre assuntos de interesse local, suplementar a legislação federal e estadual no que couber, instituir e arrecadar os tributos de sua competência (taxas, imposto predial e territorial urbano, transmissão *inter vivos*, por ato oneroso, de bens imóveis, serviços de qualquer natureza – arts. 30 e 156), e previu-se a aprovação de uma lei orgânica municipal, com a observância dos princípios estabelecidos na Constituição (eleição de prefeito, vice-prefeito e vereadores, número de vereadores, sistema remuneratório dos agentes políticos, iniciativa popular, inviolabilidade dos vereadores por suas opiniões, palavras e votos no exercício do mandato e na circunscrição do Município, limites de gastos do Poder Legislativo municipal, sistema de prestação de contas e de controle externo – arts. 28 e 29). Em reforço à autonomia municipal, estabelece a Constituição um sistema de transferência de recursos do Estado-membro e da União para os Municípios (arts. 158, IV, e 159, I, "a").

Esses contornos institucionais permitem fornecer alguma densidade para o parâmetro de controle da *autonomia municipal*. Atos normativos ou administrativos ou até mesmo atos concretos que violem essa garantia poderão ser atacados em sede de representação interventiva.

---

53. IF 5.179-DF, rel. Ministro-Presidente, j. 30.6.2010.

A Constituição de 1988 consagra ainda, como *princípio sensível*, a prestação de contas da Administração Pública, direta e indireta (CF, art. 34, VII, "d"). Trata-se da especificação do princípio republicano, que impõe ao administrador o dever de prestar contas relativas à *res publica*.

Ademais, o texto constitucional prevê, enquanto princípio de observância obrigatória por parte do Estado-membro, sob pena de intervenção, a "aplicação do mínimo exigido da receita resultante de impostos estaduais, compreendida a proveniente de transferências, na manutenção e desenvolvimento do ensino e nas ações e serviços públicos de saúde" (CF, art. 34, VII, "e").

Por fim, cumpre acentuar que o Supremo Tribunal Federal, no julgamento da ADI 7.369/MT,[54] compreendeu que a ausência de rol de *princípios sensíveis* na Constituição estadual, consoante preceitua o art. 35, IV, da Constituição Federal, significa a adoção daqueles elencados no art. 34, VII, da CF.

4. Procedimento

Considerações gerais – Os limites constitucionais da representação interventiva mereceram a precisa reflexão de Castro Nunes.

Na Rp 94, enfatizou-se o caráter excepcional desse instrumento:

> "Outro aspecto, e condizente com a atitude mental do intérprete, em se tratando de intervenção – ensinava – é o relativo ao caráter excepcional dessa medida, pressuposta neste regímen a autonomia constituinte, legislativa e administrativa dos Estados-membros, e, portanto, a preservação dessa autonomia ante o risco de ser elidida pelos Poderes da União. Castro Nunes aduzia que a enumeração contida no art. 7º, VII, da Constituição de 1946 'é taxativa, é limitativa, é restritiva e não pode ser ampliada a outros casos pelo Supremo Tribunal Federal'".[55]

A Lei 2.271, de 22.7.1954, determinou que se aplicasse à arguição de inconstitucionalidade o processo do mandado de segurança (art. 4º). A primeira fase continuou a ser processada, porém, na Procuradoria-Geral da República, tal como no período anterior ao

54. ADI 7.369/MT, rel. Min. Cármen Lúcia, j. 13.5.2024, *DJe* 8.8.2024.

55. Rel. Min. Castro Nunes, j. 17.7.1947, *AJ* 85/31.

advento da disciplina legal (art. 2º). "Era o Procurador-Geral" – diz Themístocles Cavalcanti – "quem recebia a representação da parte e, no prazo de 45 dias improrrogáveis, contados da comunicação da respectiva assinatura, ouvia, sobre as razões da impugnação do ato, os órgãos que o tivessem elaborado ou praticado".[56] A Lei 4.337/1964 modificou o procedimento então adotado, determinando que, após a arguição, o relator ouvisse sobre as razões de impugnação do ato, no prazo de 30 dias, os órgãos que o tivessem elaborado ou expedido. Admitia-se, contudo, o julgamento imediato do feito em caso de urgência e relevante interesse de ordem pública, dando-se ciência da supressão do prazo às partes.

Cuidava-se, na Lei 2.271/1954, de rito processual curioso: o Procurador-Geral da República poderia submeter a representação ao exame do STF toda vez que tivesse conhecimento de infração ao art. 7º, VII, da Constituição Federal de 1946. Se se cuidasse, porém, de representação de "parte interessada", deveria o Procurador-Geral submetê-la ao conhecimento do STF no prazo de 90 dias (art. 1º, parágrafo único). Nesse caso, competia ao Procurador-Geral pedir informações aos órgãos responsáveis pela sua elaboração ou expedição, no prazo improrrogável de 45 dias (art. 2º).

Submetido o processo à apreciação do STF, aplicava-se o rito procedimental do mandado de segurança, sendo admissíveis embargos (infringentes) de decisão não unânime (art. 4º).

Procedimento da representação interventiva – Antecedentes – A Lei 4.337/1964 alterou substancialmente o procedimento da representação interventiva, que pode ser assim resumido:

(a) No caso de representação por parte de interessado, disporia o Procurador-Geral da República do prazo de 30 dias para apresentar o pedido ao STF (art. 2º).

(b) O relator designado deveria ouvir os órgãos responsáveis pela elaboração ou expedição do ato no prazo de 30 dias. A fase das informações passava a se realizar no âmbito do próprio Tribunal. Findo o prazo para informações, disporia de prazo idêntico para apresentar o relatório (art. 3º).

---

56. Themístocles Cavalcanti, *Do Controle da Constitucionalidade*, Rio de Janeiro, Forense, 1966, p. 127.

(c) Apresentado o relatório, cujas cópias seriam remetidas a todos os Ministros, competia ao Presidente designar o dia do julgamento pelo Tribunal Pleno, dando ciência aos interessados. Na sessão de julgamento, findo o relatório, podiam usar da palavra, na forma do Regimento Interno do Tribunal, o Procurador-Geral da República, sustentando a arguição, e o Procurador dos órgãos estaduais interessados, defendendo a constitucionalidade do ato impugnado (art. 4º, *caput* e parágrafo único).

(d) Se, ao receber os autos, ou no curso do processo, o Ministro Relator entendesse que a decisão da espécie era urgente, em face de relevante interesse de ordem pública, poderia requerer, com prévia ciência das partes, a imediata convocação do Tribunal, e este, sentindo-se esclarecido, poderia suprimir os prazos do art. 3º e proferir seu pronunciamento, com as cautelas do art. 200 da Constituição Federal (voto da maioria absoluta dos membros do Tribunal) (art. 5º).

(e) Eram admissíveis embargos (infringentes) caso houvesse pelo menos três votos divergentes (art. 6º).

(f) Se a decisão final fosse pela inconstitucionalidade, o Presidente do STF imediatamente a comunicaria aos órgãos estaduais interessados; e, publicado que fosse o acórdão, levá-lo-ia ao conhecimento do Congresso Nacional para os fins dos arts. 8º, parágrafo único ("No caso do n. VII, o ato arguido de inconstitucionalidade será submetido pelo Procurador-Geral ao exame do Supremo Tribunal Federal, e, se este a declarar, será decretada intervenção"), e 13 da Constituição Federal de 1946 ("Nos casos do art. 7º, n. VII, observado o disposto no art. 8º, parágrafo único, o Congresso Nacional se limitará a suspender a execução do ato arguido de inconstitucionalidade se essa medida bastar para o restabelecimento da normalidade no Estado").

(g) Caso não se revelassem suficientes as providências determinadas no art. 7º, e sem prejuízo da iniciativa que pudesse competir ao Poder Legislativo, o Procurador-Geral da República poderia solicitar fosse decretada a intervenção federal nos termos do art. 8º, parágrafo único, da Constituição Federal.

O Regimento Interno do STF (RISTF), que passou a disciplinar a matéria por força do disposto no art. 119, § 3º, da Constituição Federal de 1967/1969, fixou procedimento único para a representação interventiva e para a representação de inconstitucionalidade *in abstracto* (arts. 169-175).

Com a edição da Lei 9.868/1999 as disposições regimentais referidas passaram a ser aplicáveis exclusivamente ao processo da representação interventiva. Após a promulgação da Lei 12.562/2011 as disposições do RISTF passaram a ser aplicáveis apenas subsidiariamente à representação interventiva (Lei 12.562/2011, art. 6º, § 2º).

A ação há de ser proposta pelo Procurador-Geral da República e a petição inicial deverá conter (i) a indicação do princípio constitucional sensível que se considera violado, ou das disposições questionadas, se for o caso de recusa de aplicação de legislação federal; (ii) a indicação do ato normativo, do ato administrativo, do ato concreto ou da omissão questionados; (iii) a prova da violação do princípio constitucional ou da recusa de execução de lei federal; e (iv) o pedido, com as suas especificações (Lei 12.562/2011, arts. 1º e 3º).

Será cabível agravo, no prazo de 5 dias, contra a decisão que indeferir liminarmente a petição inicial (Lei 12.562/2011, art. 4º, parágrafo único).

Compete ao relator designado solicitar informações à autoridade da qual tiver emanado o ato, que deverão ser prestadas no prazo de 10 dias (Lei 12.562/2011, art. 6º).[57]

Decorrido o prazo para a prestação das informações, serão ouvidos, sucessivamente, o Advogado-Geral da União e o Procurador-Geral da República, que deverão manifestar-se, cada qual, no prazo de 10 dias (Lei 12.562/2011, art. 6º, § 1º). O relator também deverá tentar dirimir o conflito que dá causa ao pedido, utilizando-se dos meios que julgar necessários e de acordo com o RISTF (art. 6º, § 2º).

Caso haja pedido de liminar, o relator poderá ouvir os órgãos ou autoridades responsáveis pelo ato questionado, bem como o Advogado-Geral da União e o Procurador-Geral da República, no prazo comum de 5 dias (Lei 12.562/2011, art. 5º, § 1º). Em seguida, o relator deverá submeter o pedido de liminar à apreciação do Plenário, o qual poderá, por decisão da maioria absoluta dos seus membros, deferir o pedido (Lei 12.562/2011, art. 5º).

---

57. Ressalte-se que o Regimento Interno do STF não foi alterado após a edição da Lei 12.562/2011, e a representação interventiva continua a ser de relatoria do Ministro-Presidente da Corte (RISTF, art. 351).

Transcorrido o prazo fixado no art. 6º da Lei 12.562, o relator, se entender necessário, poderá requisitar informações adicionais, designar perito ou comissão de peritos para que elabore laudo sobre a questão ou, ainda, fixar data para declarações, em audiência pública, de pessoas com experiência e autoridade na matéria Lei 12.562/2011, art. 7). Poderão, ainda, ser autorizadas, a critério do relator, a manifestação e a juntada de documentos por parte de interessados no processo (Lei 12.562/2011, art. 7º, parágrafo único). Em seguida, será lançado o relatório, do qual a Secretaria remeterá cópia a todos os Ministros, e solicitado dia para julgamento (Lei 12.562/2011, art. 8º).

Cautelar na representação interventiva – O STF viu-se confrontado com pedido de suspensão provisória de ato normativo no julgamento da Rp 94, de 17.7.1947, atinente às disposições parlamentaristas constantes da Constituição do Estado do Rio Grande do Sul.

Naquela oportunidade deixou assente o Relator, Min. Castro Nunes, *verbis*:

> "Devo informar ao Tribunal que o Exmo. Sr. Procurador encaminhou-me (...) o pedido formulado pelo Governador do Estado para que fosse suspensa provisoriamente a Constituição, até o pronunciamento provocado. Mandei juntar aos autos a petição, sem despachar. O pedido de suspensão provisória não poderia ser deferido por analogia com o que se prescreve no processamento do mandado de segurança. A atribuição ora conferida ao Supremo Tribunal é *sui generis*, não tem por objeto ato governamental ou administrativo, senão ato constituinte ou legislativo; não está regulada em lei, que, aliás, não poderia dispor para estabelecer uma tramitação que entorpecesse a solução, de seu natural expedita, da crise institucional prefigurada. Acresce por sobre tudo isso que o poder de suspender o ato arguido de inconstitucional pertence ao Congresso, nos termos expressos do art. 13, como sanção articulada com a declaração da inconstitucionalidade".[58]

Entendeu-se, então, não ser admissível a cautelar em sede de representação interventiva, dadas as singularidades do processo político em que se encontrava inserida aquela ação.

58. Rp 96, rel. Min. Castro Nunes, *AJ* 85/31 (32).

A Lei 2.271/1954 fixou, no art. 4º, a seguinte regra: "Aplica-se ao Supremo Tribunal Federal o rito do processo do mandado de segurança, de cuja decisão caberão embargos caso não haja unanimidade".

Essa disposição permitiu que o STF, ainda que com alguma resistência, passasse a deferir o pedido de liminar, suspendendo a eficácia do ato normativo impugnado, em consonância com a orientação consagrada na Lei do Mandado de Segurança.[59]

A Lei 4.337/1964 não previu expressamente a concessão de cautelar, estabelecendo, no art. 5º, que, "se, ao receber os autos, ou no curso do processo, o Ministro Relator entender que a decisão da espécie é urgente em face de relevante interesse de ordem pública, poderá requerer, com prévia ciência das partes, a imediata convocação do Tribunal, e este, sentindo-se esclarecido, poderá suprimir os prazos do art. 3º desta Lei [*30 dias para informações e 30 dias para apresentação de relatório*] e proferir seu pronunciamento, com as cautelas do art. 200 da Constituição Federal" [*maioria absoluta*].

A Lei 5.778/1972, que disciplina a representação interventiva no âmbito municipal (CF de 1967/1969, art. 15, § 3º, "d"; CF de 1988, art. 35, IV), estabelece que poderá o relator, a requerimento do Chefe do Ministério Público estadual, mediante despacho fundamentado, suspender liminarmente o ato impugnado.

A Lei 12.562/2011, por seu turno, trata expressamente da concessão de medida liminar em representação interventiva, que somente poderá ser deferida pela maioria absoluta dos membros do STF e poderá consistir na determinação de que se suspenda o andamento de processo ou os efeitos de decisões judiciais ou administrativas ou de qualquer outra medida que apresente relação com a matéria objeto da representação interventiva (Lei 12.562/2011, art. 5º, § 2º).

5. *Decisão*

O julgamento há de efetuar-se com o quórum de oito Ministros, devendo-se declarar a inconstitucionalidade ou constitucionalidade da norma impugnada se num ou noutro sentido se tiverem manifes-

---

59. Rp 466, rel. Min. Ari Franco, *RTJ* 23/1 (8); Rp 467, rel. Min. Victor Nunes, *RTJ* 19/5.

tado seis Ministros (Lei 12.562/2011, arts. 9º e 10). Não alcançada a maioria necessária, estando licenciados ou ausentes Ministros em número que possa influir no julgamento, este será suspenso a fim de aguardar-se o comparecimento de Ministros ausentes (Lei 12.562/2011, art. 10, parágrafo único).

Na representação interventiva, se o Tribunal julgar improcedente a ação, haverá de reconhecer a constitucionalidade da medida questionada em face dos chamados *princípios sensíveis* (CF, art. 34, VII) ou a não configuração de indevida recusa à execução de lei federal (CF, art. 34, VI).

Como ressaltado, a preocupação com uma modalidade de *accertamento giudiziale dell'illecito* nos casos de intervenção federal remonta à Constituinte de 1891, quando João Pinheiro e Júlio de Castilhos formularam propostas com o objetivo de submeter à apreciação do STF as controvérsias relativas à ofensa a princípio cardeal da Constituição pelo Estado-membro.[60] A disciplina da matéria, incorporada ao texto constitucional de 1934, ganhou forma definitiva na Constituição de 1946 (art. 7º, VII, c/c o art. 8º, parágrafo único).

Nos termos do art. 8º, *caput* e parágrafo único, da Constituição Federal de 1946, a intervenção haveria de ser decretada por lei federal, após a declaração de inconstitucionalidade do ato estadual pelo STF, em representação formulada pelo Procurador-Geral da República. A medida interventiva limitar-se-ia a suspender a execução do ato arguido de inconstitucionalidade, se isso bastasse para o restabelecimento da normalidade no Estado (art. 13). Essa mesma orientação foi preservada na Constituição de 1967/1969, atribuindo-se ao Presidente da República a função anteriormente deferida ao Congresso Nacional (art. 10, VII e VI, primeira parte, c/c o art. 11, §§ 1º, "c", e 2º).

Na Constituição Federal de 1988, o art. 36, § 3º, também estabelece que, nos casos do art. 34, VI (recusa à execução de lei federal) e 34, VII (ofensa aos princípios sensíveis), dispensada a apreciação pelo Congresso Nacional, o decreto há de se limitar a suspender a execução do ato impugnado se a medida for suficiente para a superação do estado de anormalidade.

60. Brasil, Assembleia Constituinte (1891), *Annaes*, p. 432.

Não se cuida aqui, obviamente, de aferir a constitucionalidade *in abstracto* da norma estadual, mas de verificar, para fins de intervenção e no contexto de um conflito federativo, se determinado ato, editado pelo ente federado, afronta princípios basilares da ordem federativa, ou se determinada ação ou omissão do Poder Público estadual impede a execução da lei federal.

Não se declara a nulidade ou a ineficácia do ato questionado, limitando-se a afirmar a violação do texto constitucional no âmbito de um procedimento complexo que poderá levar à decretação da intervenção federal.

Nesse sentido ensinava Pontes de Miranda que:

> "(...) a decisão do Supremo Tribunal Federal é para a intervenção federal, a carga preponderável é só declarativa, pois a suspensão pelo Presidente da República é que desconstitui. Se a decisão não é para a finalidade da intervenção federal, não: desconstitui-se o ato estadual, inclusive a lei, *in casu*".[61]

É o que entende o STF, conforme se depreende de voto proferido pelo Min. Moreira Alves:

> "A representação interventiva é instrumento jurídico que se integra num processo político – a intervenção – para legitimá-lo. Embora diga respeito à lei em tese, não se apresenta, propriamente, como instrumento de controle concentrado de constitucionalidade, uma vez que a declaração de inconstitucionalidade nela obtida não opera *erga omnes*, mas apenas possibilita (como elo de uma cadeia em que se conjugam Poderes diversos) ao Presidente da República (ou ao governador, ser for o caso) suspender a execução do ato impugnado".[62]

Vê-se, pois, que o STF se limita, em princípio, a *constatar* ou a *declarar* a ofensa aos princípios sensíveis ou a recusa à execução da lei federal.

A decisão configura, portanto, aquilo que a doutrina constitucional alemã denomina *Feststellungsurteil* (sentença meramente

61. Pontes de Miranda, *Comentários à Constituição de 1967 com a Emenda n. 1 de 1969*, 2ª ed., t. II (arts. 8º-31), São Paulo, Ed. RT, 1970, p. 257.

62. RE 92.169-SP, *RTJ* 103(3)/1.112-1.113.

declaratória).[63] Do ponto de vista estritamente formal, o julgado não elimina do ordenamento jurídico a lei eventualmente declarada inconstitucional e não obriga, *per se*, o ente federado, nem o condena, *expressamente*, a fazer ou deixar de fazer alguma coisa. A decisão insere-se no contexto do processo político de intervenção como um elemento essencial à decisão a ser adotada pelo Presidente da República.

Tal como estabelecido no ordenamento constitucional brasileiro, a decisão do STF constitui *conditio juris* das medidas interventivas, que não poderão ser empreendidas sem a prévia declaração judicial de inconstitucionalidade. Todavia, o julgado não tem o condão de anular ou de retirar a eficácia do ato impugnado. Tanto é assim que os constituintes de 1946, de 1967/1969 e de 1988 referiram-se à *suspensão do ato* (CF de 1946, art. 13; CF de 1967/1969, art. 11, § 2º; CF de 1988, art. 36, § 3º), pressupondo, pois, sua subsistência mesmo após a pronúncia de ilegitimidade.

Esse mecanismo foi incorporado à Constituição de 1988, conforme se pode depreender da leitura do art. 36, § 3º ("Nos casos do art. 34, VI e VII, ou do art. 35, IV, dispensada a apreciação pelo Congresso Nacional, o decreto limitar-se-á a suspender a execução do ato impugnado, se essa medida bastar ao restabelecimento da normalidade"). Portanto, também no atual Texto Magno, limita-se o STF a declarar a inconstitucionalidade da providência ou do ato normativo

63. Christian Pestalozza, *Verfassungsprozessrecht*, 2ª ed., Munique, C. H. Beck, 1982, pp. 65-66; Klaus Schlaich, *Das Bundesverfassungsgericht; Stellung Verfahren, Entscheidungen*, 1ª ed., Munique, C. H. Beck, 1985, pp. 158 e 47-48; Klaus Vogel, "Rechtskraft und Gesetzeskraft der Entscheidungen des Bundesverfassungsgerichts", in Christian Starck (org.), *Bundesverfassungsgericht und Grundgesetz*, 1ª ed., vol. 1, Tübingen, Mohr, 1976, pp. 587-588; Theo Ritterspach, *Legge sul Tribunale Costituzionale della Repubblica Federale di Germania*, Florença, CEDEUR, 1982, pp. 1.615-1.616: "La sentenza riguardante la richiesta del ricorrente stabilisce soltanto che un determinato comportamento (azione od omissione) del convenuto ha violato una specifica disposizione costituzionale (v. in proposito E 20, 120, 44, 127; 45, 3 s.). La sentenza non stabilisce nessuna sanzione per la condotta errata e riserva agli organi costituzionali interessati la facoltà di trarre le conclusioni del caso (eventualmente politiche). L'interpretazione della Costituzione che conduce al dispositivo della sentenza è esposta solo nella motivazione. In un procedimento relativo alla controversia tra organi non può essere nè accertata l'inefficacia di una disposizione, nè dichiarata nulla una legge (E 1, 351[371]; 20, 119, 129). Al contrario è ammesso aggiungere ad una sentenza che respinge l'instanza, un 'capoverso esplicativo' (E 1, 351[352, 371 e s.])".

estadual, sem lhe retirar a eficácia. O ato impugnado somente será retirado do ordenamento jurídico mediante providência do ente federado (revogação), ou através da *suspensão*, nos termos do art. 36, § 3º. Tem-se, aqui, um inequívoco exemplo de que a inconstitucionalidade de uma lei nem sempre implica sua nulidade.

Tal como no chamado *Feststellungsurteil*, que o *Bundesverfassungsgericht* se pronuncia no conflito entre órgãos (*Organstreitigkeiten*) e na controvérsia entre União e Estado (*föderative Streitigkeiten*), a decisão proferida pelo STF na representação interventiva constata a existência ou inexistência de violação à ordem federativa, vinculando as partes representadas na relação processual. Não se tem aqui, propriamente, uma declaração de nulidade ou de ineficácia do ato estadual, mas uma declaração de que determinado ato, provimento ou medida promulgados pelos Poderes Públicos estaduais afrontam princípios fundamentais da Federação ou obstam à execução de lei federal.

Não obstante a aparente sutileza, a distinção assume relevância na sistemática do controle de constitucionalidade.

A declaração de inconstitucionalidade pronunciada *in abstracto* importa, em princípio, o reconhecimento da nulidade da lei. A decisão proferida na representação interventiva, concebida como um *accertamento giudiziale dell'illecito*, para fins interventivos, limita-se a constatar a configuração da ofensa constitucional. A suspensão do ato pelo Presidente da República, com a consequente outorga de eficácia *erga omnes* ao julgado, somente se dará se o Estado-membro não empreender, *motu proprio*, a suspensão ou a revogação do ato declarado incompatível com a ordem federativa.[64]

Se se cuidar de recusa à execução de lei federal, esta poderá decorrer tanto de norma ou ato editado pelo Estado-membro como de conduta administrativa calcada em interpretação que se faz da Constituição e da competência do Estado-membro. Na primeira hipótese (eventual incompatibilidade entre o direito federal e o direito estadual) o Tribunal poderá julgar procedente a representação interventiva e declarar a inconstitucionalidade da norma estadual. Se, porém, o Tribunal entender que a lei estadual não extravasa a competência

---

64. Cláudio Pacheco, *Tratado das Constituições Brasileiras*, vol. III, Rio de Janeiro, Freitas Bastos, 1965, pp. 78-79.

da unidade federada, pode-se estar diante de aplicação da lei federal em desconformidade com a Constituição. Aqui, a lei federal poderá reclamar interpretação conforme ou até mesmo ensejar uma declaração incidental de inconstitucionalidade (julga-se improcedente a representação e se declara, incidentalmente, a inconstitucionalidade da lei federal cuja execução se reclamava).

Finalmente, cumpriria indagar sobre os efeitos da decisão proferida em sede de representação interventiva.

Tal como já ressaltado, a decisão que se profere aqui se limita a constatar a eventual lesão a um *princípio sensível* ou a possível recusa à execução da lei federal. A decisão que constata ou declara a eventual inconstitucionalidade não elimina a lei do ordenamento jurídico; não tem, pois, eficácia *erga omnes*.

Todavia, tal decisão é dotada de efeito vinculante, de modo que, se a decisão final for pela procedência do pedido formulado na representação interventiva, o Presidente do STF levará o acórdão ao conhecimento do Presidente da República para, no prazo improrrogável de quinze dias, dar cumprimento aos §§ 1º e 3º do art. 36 da Constituição Federal (Lei 12.562/2011, art. 11). Não caberá recurso e nem impugnação por ação rescisória da decisão que julgar procedente ou improcedente o pedido de representação interventiva (Lei 12.562/2011, art. 12).

6. À guisa de conclusão

Tal como se percebe, a representação interventiva – cuja positivação no direito constitucional brasileiro se deu, de forma incipiente, em 1934 – ganhou nova conformação com o advento da Constituição de 1946 (a Constituição de 1937 não cuidava da representação interventiva). A atribuição da legitimação ao Procurador-Geral da República para propor a ação gerou uma forte insegurança conceitual. Atuava o Procurador-Geral como representante judicial da União ou como Chefe do Ministério Público nesse peculiar processo? Ainda que essa questão não tenha sido posta com toda a clareza perante o STF, parece que o Tribunal manifestava uma compreensão ambivalente sobre o tema: ora reconhecia que o Procurador-Geral era o representante judicial da União num conflito federativo típico, ora admitia que ele era um autêntico *custos legis*, legitimado a provocar a instauração do controle abstrato de normas.

Não há dúvida de que essa ambiguidade contribuiu para que se avançasse na singular experiência brasileira do controle abstrato de normas. Foi o que se verificou sob a vigência da Constituição de 1946, especialmente após o advento da Emenda Constitucional 16/1965, que introduziu o controle abstrato de normas por iniciativa do Procurador-Geral da República. É verdade também que o novo instituto (representação de inconstitucionalidade abstrata) acabou por absorver a representação interventiva naquilo que ela significava controle de leis ou atos normativos estaduais em face da Constituição Federal. A distinção entre a representação de inconstitucionalidade (controle abstrato) e a representação interventiva praticamente desapareceu, tendo o Regimento Interno do STF estabelecido que, se a lei estadual viesse a ser declarada inconstitucional com base em algum princípio sensível, dar-se-ia a comunicação ao Presidente da República para os fins da suspensão do ato questionado (art. 175, parágrafo único).

Ao conferir nova sistemática ao controle abstrato de constitucionalidade, com ruptura do monopólio da ação por parte do Procurador-Geral da República e ampliação do direito de propositura da ação direta de inconstitucionalidade, a Constituição de 1988 abriu caminho para a revisão do modelo desenvolvido sob a Constituição anterior, dando ensejo a uma clara separação entre os dois sistemas de controle de constitucionalidade.

A adoção de novos parâmetros de controle no âmbito da representação interventiva – como o princípio dos direitos da pessoa humana – indica que essa ação já não mais se ocupará exclusivamente de lei ou ato normativo estadual, abrangendo também os atos administrativos, omissões e até mesmo os atos concretos da Administração, como finalmente reconhecido pela Lei 12.562/2011 (art. 3º, II). A ampliação da legitimação para a proposição de controle abstrato reduz, por outro lado, o significado da representação interventiva como instrumento de controle de constitucionalidade do direito estadual.

O exame de outros atos, que não apenas os atos normativos, confere novas perspectivas à representação interventiva, afastando a possibilidade de sua completa absorção no âmbito da ação direta de inconstitucionalidade.

A outorga ao STF de competência para aferir a legitimidade da recusa à execução de lei federal no âmbito da representação, realizada pela Emenda Constitucional 45/2004, reforça também o instituto como instrumento tipicamente federativo e autônomo em relação à ação direta de inconstitucionalidade. É que, aqui, haverá um controle direto: o da lei estadual, do ato administrativo ou do ato concreto em face do direito federal.

Seria de se cogitar até mesmo de, em eventual reforma da Constituição, outorgar a legitimação não mais ao Procurador-Geral da República, mas sim ao Advogado-Geral da União. Nesse caso, caberia ao Procurador-Geral do Estado – e não ao Procurador-Geral da Justiça – a propositura da representação interventiva no âmbito do Estado-membro em relação aos Municípios.

DÉCIMA PRIMEIRA PARTE
A RECLAMAÇÃO CONSTITUCIONAL NO STF

1. Considerações preliminares. 2. Objeto da reclamação. 3. Decisão em arguição de descumprimento de preceito fundamental e reclamação. 4. Decisão em mandado de injunção e reclamação constitucional. 5. Súmula vinculante e reclamação constitucional. 6. Reclamação e suspensão da execução de lei pelo Senado. 7. Procedimento. 8. Conclusão.

1. Considerações preliminares

A reclamação para preservar a competência do STF ou garantir a autoridade de suas decisões é fruto de criação jurisprudencial. Afirmava-se que ela decorreria da ideia dos *implied powers* deferidos ao Tribunal. O STF passou a adotar essa doutrina para a solução de problemas operacionais diversos. A falta de contornos definidos sobre o instituto da reclamação fez, portanto, com que sua constituição inicial repousasse sobre a teoria dos poderes implícitos.

É o que se deduz da lição do Min. Rocha Lagoa (Relator) na Rcl 141/1952, assim ementada:

> "A competência não expressa dos Tribunais federais pode ser ampliada por construção constitucional. Vão seria o poder outorgado ao STF de julgar em recurso extraordinário as causas decididas por outros Tribunais se lhe não fora possível fazer prevalecer os seus próprios pronunciamentos, acaso desatendidos pelas Justiças locais. A criação de um remédio de direito para vindicar o cumprimento fiel das suas sentenças está na vocação do STF e na amplitude constitucional e natural de seus poderes. Necessária e legítima é assim a admissão do processo de reclamação, como o Supremo Tribunal tem feito. É de ser julgada procedente a reclamação quando a Justiça local deixa de atender a decisão do STF".[1]

---

1. *DJU* 25.1.1952.

Em 1957 aprovou-se a incorporação da reclamação no Regimento Interno do STF.[2]

---

2. A reclamação foi adotada pelo Regimento Interno do STF em 2.10.1957, dentro da competência que lhe dava a CF de 1946, em seu art. 97, II, quando foi aprovada proposta dos Mins. Lafayette de Andrada e Ribeiro da Costa no sentido de incluir o instituto no Regimento Interno, em seu Título II, Capítulo V-A, intitulado "Da Reclamação":

"*Ata da 30ª Sessão do Tribunal Pleno, em 2 de Outubro de 1957* – Presidência do Exmo. Sr. Min. Orozimbo Nonato da Silva – Procurador-Geral da República o Exmo. Sr. Dr. Carlos Medeiros Silva – Secretário, Sr. Hugo Mosca, Diretor de Serviço, na ausência justificada da Sra. Olga Menge S. Wood, Vice-Diretora.

"(...).

"Emenda do Regimento Interno

"O Sr. Min. Ribeiro da Costa propôs pela Comissão do Regimento a seguinte Emenda:

"'Inclua-se no Regimento Interno – no Título III, como Capítulo V-A:

"'Da Reclamação

"'Art. 1º. O Supremo Tribunal Federal poderá admitir reclamação do Procurador-Geral da República, ou de interessado na causa, a fim de preservar a integridade de sua competência ou assegurar a autoridade de seu julgado.

"'Art. 2º. Ao Tribunal competirá, se necessário: I – avocar o reconhecimento de processo em que se verifique manifesta usurpação de sua competência, ou desrespeito de decisão que haja proferido; II – determinar lhe sejam enviados os autos de recurso para ele interposto e cuja remessa esteja sendo indevidamente retardada.

"'Art. 3º. A reclamação, em qualquer dos casos previstos no artigo anterior, deverá ser instruída com prova documental dos requisitos para a sua admissão.

"'§ 1º. O relator, a quem for distribuída a reclamação, requisitará informações da autoridade, que as prestará dentro de 48 (quarenta e oito) horas.

"'§ 2º. Em face de prova convincente, poderá ser ordenada a suspensão do curso do processo, ou a imediata remessa dos autos ao Tribunal.

"'§ 3º. Qualquer dos interessados poderá impugnar por escrito o pedido do reclamante.

"'§ 4º. Salvo quando por ele requerida, o Procurador-Geral da República será ouvido no prazo de 3 (três) dias sobre a reclamação.

"'Art. 4º. A reclamação será incluída na pauta da primeira sessão do Tribunal que se realizar após a devolução dos autos pelo relator à Secretaria.

"'Parágrafo único. O Presidente do Tribunal determinará o imediato cumprimento da decisão, lavrando-se depois o respectivo acórdão.'

"Justificação

"A medida processual de caráter acentuadamente disciplinar e correcional denominada reclamação, embora não prevista, de modo expresso, no art. 101, I a IV, da Constituição Federal, tem sido admitida pelo Supremo Tribunal Federal, em várias oportunidades, exercendo-se, nesses casos, sua função corregedora, a fim de salvaguardar a extensão e os efeitos de seus julgados, em cumprimento dos quais se avocou legítima e oportuna intervenção.

"A medida da reclamação compreende a faculdade cometida aos órgãos do Poder Judiciário para, em processo especial, corrigir excessos, abusos e irregularida-

A Constituição Federal de 1967,[3] que autorizou o STF a estabelecer a disciplina processual dos feitos sob sua competência, conferindo força de lei federal às disposições do Regimento Interno sobre seus processos, acabou por legitimar definitivamente o instituto da reclamação, agora fundamentada em dispositivo constitucional.

Com o advento da Carta de 1988 o instituto adquiriu, finalmente, *status* constitucional (art. 102, I, "l"). A Constituição consignou, ainda, o cabimento da reclamação perante o STJ (art. 105, I, "f"), igualmente destinada à preservação da competência da Corte e à garantia da autoridade das decisões por ela exaradas.

Numa tentativa de sistematizar a evolução do instituto no STF, José da Silva Pacheco, em excelente artigo sobre a reclamação no STF e no STJ, identificou quatro fases distintas da reclamação:

> "(1ª) a primeira vai desde a criação do STF até 1957; (2ª) a segunda começa em 1957, com a inserção da medida no Regimento Interno do STF, até 1967; (3ª) a terceira, a partir do disposto na CF de 1967, art. 115, parágrafo único, 'c', que foi reproduzido na Emenda Constitucional 1/1969, art. 120, parágrafo único, 'c', e, posteriormente, após a Emenda Constitucional 7, de 13.4.1977, com o disposto no art. 119, I, 'o', sobre a avocatória, e no § 3º, 'c', autorizando que o Regimento Interno do STF estabelecesse 'o processo e o julgamento

---

des derivados de atos de autoridades judiciárias, ou de serventuários que lhes sejam subordinados. Visa a manter em sua inteireza e plenitude o prestígio da autoridade, a supremacia da lei, a ordem processual e a força da coisa julgada.

"É, sem dúvida, a reclamação meio idôneo para obviar os efeitos de atos de autoridades, administrativas ou judiciárias, que, pelas circunstâncias excepcionais de que se revestem, exigem a pronta aplicação de corretivo enérgico, imediato e eficaz que impeça a prossecução de violência ou atentado à ordem jurídica.

"Assim, a proposição em apreço entende com a atribuição concedida a este Tribunal pelo art. 97, II, da Carta Magna, e vem suprir omissão contida no seu Regimento Interno.

"Rio, 2 de outubro de 1957 – A. C. Lafayette de Andrada – A. M. Ribeiro da Costa, relator.

"Falaram, apoiando, os Srs. Mins. Ary Franco e Hahnemann Guimarães.

"Foi aprovado em sessão de 2 de outubro de 1957. Inclua-se no Regimento – *Orozimbo Nonato*."

3. V. CF de 1967, art. 115, parágrafo único, "c", e Emenda Constitucional 1/1969, art. 120, parágrafo único, "c". Posteriormente, Emenda Constitucional 7, de 13.4.1977, art. 119, I, "o", sobre a avocatória, e § 3º, "c", do mesmo dispositivo, que autorizou o Regimento Interno do STF a estabelecer "o processo e o julgamento dos feitos de sua competência originária ou recursal e da arguição de relevância da questão federal".

dos feitos de sua competência originária ou recursal e da arguição de relevância da questão federal'; (4º) a quarta, com o advento da CF de 5.10.1988, cujos arts. 102, I, 'l', e 105, I, 'f', preveem, expressamente, a reclamação como da competência originária do STF e do STJ".[4]

Importante discussão reside na natureza da reclamação, tal como se vê no inventário feito por Celso de Mello (Relator) na Rcl 336:

"Reclamação – Natureza jurídica – Alegado desrespeito à autoridade de decisão emanada do STF – Inocorrência – Improcedência. A reclamação, qualquer que seja a qualificação que se lhe dê – ação (Pontes de Miranda, *Comentários ao Código de Processo Civil*, t. V/384, Forense), recurso ou sucedâneo recursal (Moacyr Amaral Santos, *RTJ* 56/546-548; Alcides de Mendonça Lima, *O Poder Judiciário e a Nova Constituição*, p. 80, 1989, Aide), remédio incomum (Orozimbo Nonato, *apud* Cordeiro de Mello, *O Processo no Supremo Tribunal Federal*, vol. 1/280), incidente processual (Moniz de Aragão, *A Correição Parcial*, p. 110, 1969), medida de direito processual constitucional (José Frederico Marques, *Manual de Direito Processual Civil*, vol. 3º, segunda parte, p. 199, item 653, 9ª ed., 1987, Saraiva) ou medida processual de caráter excepcional (Min. Djaci Falcão, *RTJ* 112/518-522) –, configura, modernamente, instrumento de extração constitucional, inobstante a origem pretoriana de sua criação (*RTJ* 112/504), destinado a viabilizar, na concretização de sua dupla função de ordem político-jurídica, a preservação da competência e a garantia da autoridade das decisões do STF (CF, art. 102, I, 'l') e do STJ (CF, art. 105, I, 'f'). Não constitui ato ofensivo à autoridade de decisão emanada do STF o procedimento de magistrado inferior que, motivado pela existência de várias execuções penais ainda em curso, referentes a outras condenações não desconstituídas pelo *writ*, deixa de ordenar a soltura imediata de paciente beneficiado por *habeas corpus* concedido, em caso diverso e específico, por esta Corte".[5]

Como se vê, a definição de sua natureza jurídica não constitui tarefa fácil, por inexistir consenso na doutrina e na jurisprudência. Pacificado está somente o entendimento de se tratar a reclamação de medida jurisdicional, pondo fim a antiga discussão no sentido de que a reclamação constituiria mera medida administrativa. Tal entendimento se deu quando o instituto era identificado com a correição

---

4. José da Silva Pacheco, *O Mandado de Segurança e Outras Ações Constitucionais Típicas*, 4ª ed., São Paulo, Ed. RT, Capítulo Único, pp. 601-635.

5. J. 19.12.1990, *DJU* 15.3.1991.

parcial. Mas – como explicita Marcelo Navarro Dantas – o fato de a jurisprudência do STF reconhecer, na reclamação, seu poder de produzir alterações em decisões tomadas em processo jurisdicional e o fato de a decisão em reclamação produzir coisa julgada confirmam seu caráter jurisdicional.[6]

No tocante à natureza jurídica, a posição dominante parece ser aquela que atribui à reclamação natureza de ação propriamente dita,[7] a despeito de outras vozes autorizadas da doutrina identificarem natureza diversa para o instituto, como já referido, seja como remédio processual,[8] incidente processual[9] ou recurso.[10]

Tal entendimento justifica-se pelo fato de serem possíveis, por meio da reclamação, a provocação da jurisdição e a formulação de pedido de tutela jurisdicional, além de conter em seu bojo uma lide a ser solvida, decorrente do conflito entre aqueles que persistem na invasão de competência ou no desrespeito das decisões do Tribunal e, por outro lado, aqueles que pretendem ver preservadas a competência e a eficácia das decisões exaradas pela Corte.

Anote-se, ainda, que, com o desenvolvimento dos processos de índole objetiva em sede de controle de constitucionalidade nos planos federal e estadual (inicialmente representação de inconstitucionalidade, e posteriormente ação direta de inconstitucionalidade, ação direta de inconstitucionalidade por omissão, ação declaratória de constitucionalidade e arguição de descumprimento de preceito fundamental), a reclamação, enquanto ação especial, acabou por adquirir – como se verá no presente estudo – contornos diferenciados

6. Marcelo Navarro Ribeiro Dantas, *Reclamação Constitucional no Direito Brasileiro*, Porto Alegre, Sérgio Antônio Fabris Editor, 2000, pp. 438-439.

7. Cf. Pontes de Miranda, *Comentários ao Código de Processo Civil*, t. V, Rio de Janeiro, Forense, p. 384.

8. Cf. Cândido Rangel Dinamarco, "A reclamação no processo civil brasileiro", in Nelson Nery Jr. e Teresa Arruda Alvim Wambier, *Aspectos Polêmicos e Atuais dos Recursos e Outros Meios de Impugnação às Decisões Judiciais*, vol. 6, São Paulo, Ed. RT, 2002, pp. 100-101. Cf., ainda, Ada Pellegrini Grinover, Antônio Magalhães Gomes Filho e Antônio Scarance Fernandes, *Recursos no Processo Penal*, 3ª ed., São Paulo, Ed. RT, 2001, p. 423. V. também: voto-vista do Min. Rafael Mayer na Rp 1.092, rel. Min. Djaci Falcão, *DJU* 19.12.1984; Orozimbo Nonato, *apud* Cordeiro de Mello, *O Processo no Supremo Tribunal Federal*, vol. 1, p. 280.

9. Cf. E. D. Moniz de Aragão, *A Correição Parcial*, São Paulo, José Bushatsky Editor, 1969, p. 106.

10. Cf. Moacyr Amaral Santos, in *RTJ* 56/546-548; Alcides de Mendonça Lima, *O Poder Judiciário e a Nova Constituição*, Rio de Janeiro, Aide, 1989, p. 80.

na garantia da autoridade das decisões do STF ou na preservação de sua competência.

A Emenda Constitucional 45/2004 consagrou a súmula vinculante no âmbito da competência do STF e previu que sua observância seria assegurada pela reclamação (art. 103-A, § 3º: "Do ato administrativo ou decisão judicial que contrariar a súmula aplicável ou que indevidamente a aplicar, caberá reclamação ao Supremo Tribunal Federal, que, julgando-a procedente, anulará o ato administrativo ou cassará a decisão judicial reclamada, e determinará que outra seja proferida com ou sem aplicação da súmula, conforme o caso"). O CPC de 2015, em seu art. 988, também disciplinou o cabimento e o processamento da reclamação constitucional. Como será visto, há uma expansão nas hipóteses de cabimento das reclamações constitucionais, o que tem levado o Tribunal a se debruçar, com cada vez mais frequência e profundidade, nos contornos desse instituto e da sua posição frente ao modelo brasileiro de jurisdição constitucional.

2. *Objeto da reclamação*

Tal como observado, a reclamação destina-se (a) a preservar a competência do STF ou (b) a garantir a autoridade de suas decisões.

A competência do STF está hoje fixada claramente no art. 102 da CF, desdobrando-se em *competência originária* e *competência recursal*. E esta, por sua vez, em *ordinária* e *extraordinária*.

A reclamação para preservar a competência do STF – Caso se verifique a usurpação da competência do STF, cabível será a reclamação.

É muito comum a propositura de reclamação com o objetivo de definir a competência do STF para dirimir conflitos entre Estados-membros ou entre estes e a União.

Mencione-se a Rcl 1.061, na qual se afirmou que ação proposta por Estado da Federação contra órgão da Administração indireta de outro Estado caracteriza conflito federativo, que há de ser resolvido pelo STF.[11] Também na Rcl 424 entendeu-se que haveria conflito federativo, uma vez que os autores populares (ação popular), pretendendo agir no interesse de um Estado-membro, postulavam a anula-

11. Rel. Min. Octávio Gallotti, *DJU* 20.2.2004. Cf. também Rcl 199, rel. Min. Célio Borja, *DJU* 8.8.1986.

ção de decreto do Presidente da República – e, pois, de ato imputável à União.[12]

Na Rcl 3.074, da relatoria do Min. Sepúlveda Pertence,[13] o Tribunal julgou procedente a reclamação ajuizada contra ato de Juiz Federal Substituto da 12ª Vara da Seção Judiciária de Minas Gerais para avocar o conhecimento de ação civil pública proposta pelo Estado de Minas Gerais e seu Ministério Público contra o Instituto Brasileiro do Meio Ambiente e dos Recursos Naturais Renováveis/IBAMA. Entendeu-se, nesse caso, configurada a possibilidade de conflito federativo, suficiente a justificar a competência originária do STF (CF, art. 102, I, "f"), consideradas a magnitude do projeto governamental em jogo e as consequências sobre o tempo de sua implementação e sobre sua própria viabilidade.

Na Rcl 2.833[14] também foram discutidos o conflito federativo e a usurpação da competência do STF em processo sobre a demarcação de terras indígenas. O Tribunal julgou procedente o pedido formulado, para reconhecer sua competência para o julgamento de diversos feitos, dentre os quais uma ação popular em trâmite perante a 1ª Vara da Seção Judiciária de Roraima na qual se discutia a validade jurídica da Portaria 820/1998 do Ministério da Justiça que demarcou a área indígena "Raposa Serra do Sol". Entendeu-se, no caso, caracterizada a hipótese de conflito federativo prevista no art. 102, I, "f", da CF.

Da mesma forma, não raro acontecem casos de abertura de inquérito ou de oferecimento de denúncia contra autoridade submetida ao foro especial do STF.

Assim, na Rcl 2.349[15] assentou-se que compete ao STF supervisionar inquérito policial em que senador tenha sido intimado para esclarecer imputação de crime que lhe fez indiciado; ou, ainda, na Rcl 555[16] se afirmou que, no caso de crime eleitoral, compete ao STF a supervisão judicial do inquérito.[17]

12. Rel. Min. Sepúlveda Pertence, *DJU* 6.9.1996.

13. J. 4.8.2005, *DJU* 30.9.2005.

14. Rel. Min. Carlos Britto, j. 14.4.2005, *DJU* 5.8.2005.

15. Red. para o acórdão Min. Cézar Peluso, *DJU* 5.8.2005.

16. Rel. Min. Sepúlveda Pertence, *DJU* 7.6.2002, p. 84.

17. Cf. também Rcl 1.258, red. para o acórdão Min. Marco Aurélio, *DJU* 6.2.2004.

Na Rcl 1.861[18] julgou-se procedente o pedido uma vez que havia sido recebida denúncia contra 32 indiciados, dentre os quais um deputado federal.[19]

Da mesma forma, converteu-se em reclamação *habeas corpus* impetrado em favor de chefe de missão diplomática de caráter permanente, assentando-se que, ainda que o crime imputado tenha sido cometido antes do exercício funcional, a competência para o processo é do STF enquanto durar o referido exercício, não importando a data do início do inquérito ou da ação penal.[20]

Também se acolheu reclamação contra propositura de ação rescisória perante Tribunal de Justiça em relação à matéria que, embora não conhecida em recurso extraordinário, foi apreciada pelo STF.[21]

Igualmente cabível a reclamação contra ato dos Juizados Especiais que nega seguimento a recurso extraordinário quanto à matéria constitucional debatida pelos órgãos recursais.[22]

Suscitou-se, já sob a Constituição de 1988, questão relativa à competência de Tribunal estadual para conhecer de ação direta de inconstitucionalidade formulada contra lei municipal em face de parâmetro constitucional estadual que, na sua essência, reproduzia disposição constitucional federal. Afirmava-se a usurpação da competência do STF para aferir a legitimidade de lei ou ato municipal (ou estadual) em face da Constituição Federal.

Cuidava-se de controvérsia sobre a legitimidade do IPTU instituído por lei municipal de São Paulo, Capital (Lei municipal 11.152, de 30.12.1991). Concedida a liminar pelo TJSP, ajuizou a Prefeitura da Capital daquele Estado reclamação perante o STF sustentando que, embora fundada em inobservância de preceitos constitucionais estaduais, a ação direta acabava por submeter à apreciação do Tribu-

18. Rel. Min. Celso de Mello, *DJU* 21.6.2002.

19. Cf. também: Rcl 511, rel. Min. Celso de Mello, *DJU* 15.9.1995, p. 29.506; Rcl 530, rel. Min. Ilmar Galvão, *DJU* 10.11.1995; Rcl 1.121, rel. Min. Ilmar Galvão, *DJU* 16.6.2000.

20. Rcl 583, rel. Min. Maurício Corrêa, *DJU* 22.1.2001, p. 24.

21. Rcl 377, rel. Min. Ilmar Galvão, *DJU* 30.4.1993, p. 7.563.

22. Cf.: Rcl 634, rel. Min. Sepúlveda Pertence, *DJU* 14.12.2001; Rcl 1.574, Rel. Min. Nelson Jobim, *DJU* 5.12.2002; Rcl 2.132, rel. Min. Celso de Mello, *DJU* 14.2.2003; Rcl 1.025, rel. Min. Celso de Mello, *DJU* 28.2.2003; Rcl 2.514, rel. Min. Gilmar Mendes, *DJU* 4.6.2004.

nal de Justiça do Estado o contraste entre a lei municipal e normas da Constituição Federal.[23]

Anteriormente, julgando a Rcl 370,[24] afirmara o STF que faleceria competência aos Tribunais de Justiça estaduais para conhecer de representação de inconstitucionalidade de lei estadual ou municipal em face de parâmetros formalmente estaduais, mas substancialmente integrantes da ordem constitucional federal. Considerou-se, então, que a reprodução na Constituição estadual de normas constitucionais obrigatórias em todos os níveis da Federação "em termos estritamente jurídicos" seria "ociosa". Asseverou-se que o texto local de reprodução formal ou material, "não obstante a forma de proposição normativa do seu enunciado, vale por simples explicitação da absorção compulsória do preceito federal; essa a norma verdadeira, que extrai força de sua recepção pelo ordenamento local, exclusivamente, da supremacia hierárquica absoluta da Constituição Federal".

A tese concernente à ociosidade da reprodução de normas constitucionais federais obrigatórias no texto constitucional estadual esbarra já nos chamados *princípios sensíveis*, que impõem, inequivocamente, aos Estados-membros a rigorosa observância daqueles estatutos mínimos (CF, art. 34, VII). Nenhuma dúvida subsiste de que a simples omissão da Constituição estadual quanto à inadequada positivação de um desses postulados no Texto Magno estadual já configuraria ofensa suscetível de provocar a instauração da representação interventiva.

Não é menos certo, por outro lado, que o Estado-membro deve observar outras disposições constitucionais estaduais, de modo que, adotada a orientação esposada inicialmente pelo STF, ficaria o direito constitucional estadual – substancial – reduzido, talvez, ao preâmbulo e às cláusulas derrogatórias. Até porque, pelo modelo analítico de Constituição adotado entre nós, nem mesmo o direito tributário estadual pode ser considerado, segundo uma orientação ortodoxa, um direito substancialmente estadual, já que, além dos princípios gerais, aplicáveis à União, aos Estados e Municípios (arts. 145 a 149), e das limitações ao poder de tributar (arts. 150 a 152), contempla o texto constitucional federal, em seções autônomas, os impostos dos Estados e do Distrito Federal (Título VI, Capítulo I, Seção IV, art. 155)

23. Rcl 383, rel. Min. Moreira Alves, j. 11.6.1992, *DJU* 21.5.1993.

24. Rel. Min. Octávio Gallotti, j. 9.4.1992, *DJU* 29.6.2001.

e os impostos municipais (Título VI, Capítulo I, Seção V, art. 156). Como se vê, é por demais estreito o espaço efetivamente vago deixado ao alvedrio do constituinte estadual.

São elucidativas, a propósito, as seguintes passagens do voto do Min. Moreira Alves (Relator) na Rcl 383:[25]

> "É petição de princípio dizer-se que as normas das Constituições estaduais que reproduzem, formal ou materialmente, princípios constitucionais federais obrigatórios para todos os níveis de governo na Federação são inócuas, e, por isso mesmo, não são normas jurídicas estaduais, até por não serem jurídicas, já que jurídicas, e por isso eficazes, são as normas da Constituição Federal reproduzidas, razão por que não se pode julgar com base nelas, no âmbito estadual, ação direta de inconstitucionalidade, inclusive, por identidade de razão, que tenha finalidade interventiva. (...).
>
> "Essas observações todas servem para mostrar, pela inadmissibilidade das consequências da tese que se examina, que não é exato pretender-se que as normas constitucionais estaduais que reproduzem as normas centrais da Constituição Federal (e o mesmo ocorre com as leis federais ou até estaduais que fazem a mesma reprodução) sejam inócuas e, por isso, não possam ser consideradas normas jurídicas. Essas normas são normas jurídicas, e têm eficácia no seu âmbito de atuação, até para permitir a utilização dos meios processuais de tutela desse âmbito (como o recurso especial, no tocante ao art. 6º da Lei de Introdução ao Código Civil, [*atualmente, Lei de Introdução às Normas do Direito Brasileiro – cf. Lei 12.376, de 30.12.2010*] e as ações diretas de inconstitucionalidade em face da Constituição estadual). Elas não são normas secundárias que correm necessariamente a sorte das normas primárias, como sucede com o regulamento, que caduca quando a lei regulamentada é revogada. Em se tratando de norma ordinária de reprodução ou de norma constitucional estadual da mesma natureza, por terem eficácia no seu âmbito de atuação, se a norma constitucional federal reproduzida for revogada, elas, por terem eficácia no seu âmbito de atuação, persistem como normas jurídicas, que nunca deixaram de ser. Os princípios reproduzidos, que, enquanto vigentes, se impunham obrigatoriamente por força apenas da Constituição Federal, quando revogados, permanecem no âmbito de aplicação das leis ordinárias federais ou constitucionais estaduais, graças à eficácia delas resultante."

---

25. J. 11.6.1992, *DJU* 21.5.1993.

A prevalecer a orientação advogada na Rcl 370 restaria completamente esvaziada a cláusula contida no art. 125, § 2º, da CF, uma vez que, antes de qualquer decisão, deveria o Tribunal de Justiça verificar, como questão preliminar, se a norma constitucional estadual não era mera reprodução do direito constitucional federal.

De resto, não estaria afastada a possibilidade de que, em qualquer hipótese, fosse chamado o STF, em reclamação, para dirimir controvérsia sobre o caráter federal ou estadual do parâmetro de controle.

A propósito, anotou, ainda, o Min. Moreira Alves:

> "(...) em nosso sistema jurídico de controle constitucional, a ação direta de inconstitucionalidade tem como *causa petendi* não a inconstitucionalidade em face dos dispositivos invocados na inicial como violados, mas a inconstitucionalidade em face de qualquer dispositivo do parâmetro adotado (a Constituição Federal ou a Constituição estadual). Por isso é que não há necessidade, para a declaração de inconstitucionalidade do ato normativo impugnado, de que se forme maioria absoluta quanto ao dispositivo constitucional que leve cada juiz da Corte a declarar a inconstitucionalidade do ato. Ora, para se concluir, em reclamação, que a inconstitucionalidade arguida em face da Constituição estadual seria uma arguição só admissível em face de princípio de reprodução estadual que, em verdade, seria princípio constitucional federal, mister se faria que se examinasse a arguição formulada perante o Tribunal local não apenas – como o parecer da Procuradoria-Geral da República fez no caso presente, no que foi acompanhado pelo eminente Min. Velloso no voto que proferiu – em face dos preceitos constitucionais indicados na inicial, mas também de todos os da Constituição estadual. E mais, julgada procedente a reclamação, estar-se-ia reconhecendo que a lei municipal ou estadual impugnada não feriria nenhum preceito constitucional estritamente estadual, o que impossibilitaria nova arguição de inconstitucionalidade em face de qualquer desses preceitos se, na conversão feita por meio da reclamação, a ação direta estadual em face da Constituição Federal fosse julgada improcedente, por não violação de qualquer preceito constitucional federal que não apenas os invocados na inicial. E como, com essa transformação, o STF não estaria sujeito ao exame da inconstitucionalidade da lei estadual ou municipal em face dos preceitos constitucionais invocados na inicial perante o Tribunal de Justiça, e tidos, na reclamação, como preceitos verdadeiramente federais, mudar-se-ia a *causa petendi* da ação: de inconstitucionalidade em face da Constituição estadual para

inconstitucionalidade em face da Constituição Federal, sem limitação, evidentemente, aos preceitos invocados na inicial".[26]

A partir da decisão na Rcl 383 assentou-se não configurada a usurpação de competência quando os Tribunais de Justiça analisam, em controle concentrado, a constitucionalidade de leis municipais ante normas constitucionais estaduais que reproduzem regra da Constituição de observância obrigatória.[27]

O STF sempre entendeu ilegítimo, porém, o exercício do controle de constitucionalidade concentrado pelos Tribunais de Justiça estaduais com base em norma constitucional federal.

Na Rcl 595[28] discutia-se ação direta contra direito municipal, com liminar deferida, tendo como parâmetro norma constitucional federal, tal como previsto na Constituição do Estado de Sergipe. O Tribunal julgou procedente a reclamação e declarou, incidentalmente, a inconstitucionalidade da norma constitucional que autorizava o controle de constitucionalidade do direito municipal em face da Constituição Federal, invocando o precedente fixado na ADI 409.[29]

A possibilidade de declaração de inconstitucionalidade incidental em sede de reclamação permite a utilização do instituto nos casos da aplicação de norma pela Administração ou pelo Judiciário em contrariedade à orientação adotada pelo STF, com efeito vinculante.

Em julgamento de 1.7.2005, a Rcl 3.436 (rel. Min. Celso de Mello) foi admitida e concedido o pedido liminar, por ter restado caracterizada a usurpação da competência do STF. Trata-se, no caso, de reclamação que, ajuizada pelo Distrito Federal, sustentava que o Tribunal de Justiça do Distrito Federal e Territórios, ao declarar a inconstitucionalidade da Lei distrital 2.721/2001, teria usurpado a competência do STF, pelo fato de o paradigma de confronto invocado no processo de controle abstrato instaurado perante o Tribunal de Justiça local residir em texto da própria Constituição Federal.

---

26. Rcl 383, rel. Min. Moreira Alves, j. 11.6.1992, *DJU* 21.5.1993.

27. ADI/QO 1.529, rel. Min. Octávio Gallotti, *DJU* 28.2.1997; Rcl 2.976, rel. Min. Ilmar Galvão, *DJU* 8.11.2002; Rcl 4.432, rel. Min. Gilmar Mendes, *DJU* 10.10.2006.

28. Rel. Min. Sydney Sanches, *DJU* 23.5.2003.

29. Rel. Min. Sepúlveda Pertence, *DJU* 26.4.2002.

Vale mencionar, ainda, no tocante à usurpação da competência do STF, as Rcl 2.069[30] e 2.040/QO,[31] que discutiram questões processuais no "caso Glória Trevi".

Na primeira reclamação o STF entendeu serem da sua competência o processo e o julgamento de mandado de segurança impetrado por Glória Trevi perante o Juízo de primeiro grau, vez que questões relacionadas com extradições são da competência do Tribunal independentemente da qualidade da autoridade apontada como coatora, tratando-se tanto de *habeas corpus* como de mandado de segurança. Na discussão da Questão de Ordem na Rcl 2.040 o Tribunal, por maioria, conheceu como reclamação do pedido formulado contra a decisão do Juízo Federal da 10ª Vara da Seção Judiciária do Distrito Federal que autorizara a coleta da placenta de extraditanda[32] grávida, após o parto, para a realização de exame de DNA. Considerou-se que, estando a extraditanda em hospital público sob a autorização do STF e havendo a mesma se manifestado expressamente contra a coleta de qualquer material recolhido de seu parto, a autorização só poderia ser dada pelo STF.

Outra questão relevante para o controle de constitucionalidade diz respeito à ação civil pública ou à ação popular com desiderato exclusivo de obter uma declaração de inconstitucionalidade de lei.

Embora a ação civil pública tenha objeto definido, é certo que a abrangência desse objeto e a eficácia *erga omnes* da decisão que nela se profere (Lei 7.347/1985)[33], suscitam sérias dúvidas sobre sua correta utilização em sede de controle incidental de constitucionalidade.

Na Rcl 434[34] o STF julgou procedente a pretensão formulada pelo Procurador-Geral da República, por entender que o objeto da ação civil era a própria constitucionalidade da lei estadual.

No julgamento das Rcl. 602[35] e 600,[36] em 3.9.1997, o Tribunal firmou orientação no sentido de que na ação civil pública proposta

30. Rel. Min. Carlos Velloso, j. 27.6.2002, *DJU* 1.8.2003.

31. Rel. Min. Néri da Silveira, j. 21.2.2002, *DJU* 27.6.2003.

32. Ext 783, rel. Min. Néri da Silveira, j. 7.12.2000, *DJU* 5.10.2001.

33. RE 1.101.937, Pleno, rel. Min. Alexandre de Moraes, j. 08/04/2021, *DJU* 14/06/2021.

34. Rel. Min. Francisco Rezek, *DJU* 9.12.1994.

35. Rel. Min. Ilmar Galvão, *DJU* 14.2.2003.

36. Rel. Min. Néri da Silveira, *DJU* 5.12.2003.

com o objetivo de proteger direito difuso ou coletivo pode-se verificar, licitamente, a declaração de inconstitucionalidade incidental, não se podendo, por isso, cogitar de usurpação de competência do STF.

Tal entendimento dá ensejo a uma distinção entre a ação civil pública que tenha por objeto, propriamente, a declaração de inconstitucionalidade da lei ou do ato normativo daquela outra na qual a questão constitucional configura simples questão prejudicial da postulação principal.

É o que foi afirmado na Rcl 2.224, da relatoria do Min. Sepúlveda Pertence,[37] na qual se enfatizou: "Ação civil pública em que a declaração de inconstitucionalidade com efeitos *erga omnes* não é posta como causa de pedir, mas, sim, como o próprio objeto do pedido, configurando hipótese reservada à ação direta de inconstitucionalidade".

Não há como negar, porém, como observado,[38] que a amplitude que se confere – e que se há de conferir – à decisão proferida em ação civil pública permite que com uma simples decisão de caráter prejudicial se retire qualquer efeito útil da lei, o que acaba por se constituir, indiretamente, numa absorção de funções que a Constituição quis deferir ao STF.

Confrontado novamente com esse tema no julgamento da Rcl 2.460, o STF enfrentou a questão da existência, ou não, de usurpação de sua competência constitucional (CF, art. 102, I, "a"), em virtude da pendência do julgamento da ADI 2.950 e do deferimento de liminares em diversas ações civis públicas ajuizadas perante juízes federais e estaduais das instâncias ordinárias, sob o fundamento de inconstitucionalidade da mesma norma impugnada em sede direta.[39]

No caso, o Tribunal considerou que, ainda que se preservassem os atos acautelatórios adotados pela Justiça local, seria apropriado determinar a suspensão de todas as ações civis até a decisão definitiva em sede da ação direta. Ressaltou-se, no ponto, que a suspensão

37. *DJU* 10.2.2006.

38. Cf., supra, na Nona Parte ("O Controle Incidental ou Concreto de Normas no Direito Brasileiro"), no item 4 ("Notas Peculiares sobre o Controle Incidental na Constituição de 1988"), "A ação civil pública como instrumento de controle de constitucionalidade".

39. Cf. Decreto 25.723/1999 do Rio de Janeiro, que regulamenta a exploração da atividade de loterias pelo Estado do Rio de Janeiro.

das ações decorria não da sustentada usurpação da competência,[40] mas sim do objetivo de coibir eventual trânsito em julgado nas referidas ações, com o consequente esvaziamento da decisão a ser proferida nos autos da ação direta.[41]

Na Rcl 1.017, julgada em 7.4.2005,[42] proposta contra ação popular cujo pedido e cuja causa de pedir coincidiam com os da ação direta de inconstitucionalidade por omissão, considerou-se usurpada a competência da Corte: "Reclamação – Usurpação da competência do STF (CF, art. 102, I, 'l') – Ação popular que, pela causa de pedir e pelo pedido de provimento mandamental formulado, configura hipótese reservada à ação direta de inconstitucionalidade por omissão de medidas administrativas, de privativa competência originária do Supremo Tribunal – Procedência".

Na mesma linha, o Tribunal, ao apreciar a Rcl 19.662, entendeu haver usurpação de sua competência em razão do ajuizamento de ação civil pública perante juízo de primeiro grau estadual, cujo principal objetivo pleiteado era a declaração de inconstitucionalidade de norma constitucional estadual, que previa o pagamento mensal vitalício a ex-governadores. Além de registrar a existência da ADI 4.601 perante o STF, que questionava o mesmo dispositivo constitucional estadual, o Relator Min. Dias Toffoli pontuou que "A pretensão final deduzida na ACP (...) está dissociada da natureza típica das ações de responsabilização cível, tal como é o caso das ações civis públicas, aproximando-se seus efeitos àqueles típicos do controle concentrado de constitucionalidade."[43]

Tem-se, aqui, pois, nesse último rol de casos, uma amplíssima utilização do instituto da reclamação, não só para assegurar a competência do STF, mas também para assegurar sua competência em sede de controle jurisdicional de constitucionalidade.

---

40. Decisão na Rcl/MC 2.460, rel. Min. Marco Aurélio, em 21.10.2003, *DJU* 28.10.2003.

41. No julgamento da Rcl/MC 2.460, de 10.3.2004, *DJU* 6.8.2004, o Tribunal, por maioria, negou referendo à decisão concessiva de liminar e determinou a suspensão, com eficácia *ex nunc*, das ações civis públicas em curso. Restou mantida a tutela antecipada nelas deferida, tendo em vista a existência de tramitação de ação direta de inconstitucionalidade perante o STF.

42. Rel. Min. Sepúlveda Pertence, *DJU* 3.6.2005.

43. Rcl 19.662, 2a T., rel. Min. Dias Toffoli, j. 06/09/2016, *DJU* 01/08/2017.

A reclamação para assegurar a autoridade das decisões do STF. Considerações gerais – O Tribunal tem-se valido da reclamação para assegurar a eficácia das decisões tomadas em *habeas corpus*[44] ou para garantir a autoridade da decisão em recurso extraordinário – *v.g.*, como verificado na Rcl 1.865,[45] em que se alegava que, "cassados os efeitos da segurança concedida pelo TJPI, formularam os impetrantes um novo pedido de equiparação remuneratória junto à 2ª Vara da Fazenda Pública de Teresina, com a mesma causa de pedir do RE n. 216.647".

Na Rcl 430[46] assentou-se a possibilidade de conversão em reclamação do *habeas corpus* impetrado quando nele se formula protesto contra descumprimento de decisão proferida pelo Tribunal.

Também na Rcl 1.728[47] enfatizou o Tribunal não ser cabível invocar contra aresto transitado em julgado a existência de "óbices intransponíveis de ordem legal", inclusive a não mais existência do cargo reclamado. Deferiu-se o pedido para que a autoridade reclamada (Ministro do Trabalho) procedesse à efetivação dos atos de nomeação dos reclamantes no prazo de 30 dias.

Como já referido, expressiva novidade trouxe a Reforma do Judiciário quanto à reclamação para garantir a autoridade da decisão do STF consagrada em súmula vinculante (Emenda Constitucional 45/2004).

O modelo constitucional adotado consagra, portanto, a admissibilidade de reclamação contra ato da Administração ou contra ato judicial em desconformidade com a súmula dotada de efeito vinculante.

Trata-se, certamente, de grande inovação do sistema, uma vez que a reclamação contra atos judiciais contrários à orientação com força vinculante é largamente praticada.[48] É certo que, excetuados os casos de usurpação de competência do Tribunal e de flagrante descumprimento de decisão por ele proferida, a reclamação estava

44. Rcl 2.190, rel. Min. Sepúlveda Pertence, *DJU* 14.10.2005, p. 107.

45. Rel. Min. Carlos Britto, *DJU* 16.12.2005.

46. Rel. Min. Celso de Mello, *DJU* 20.8.1993.

47. Rel. Min. Néri da Silveira, *DJU* 19.12.2001.

48. Assinale-se que na Rcl/QO 1.507-RJ observou o Min. Sepúlveda Pertence que era "a primeira vez que o Tribunal estava a 'aplicar o efeito vinculante da decisão anterior, em ação direta de inconstitucionalidade, de modo a cassar decisão administrativa de um Governador de Estado'" (rel. Min. Néri da Silveira, *DJU* 1.3.2002).

(quase que) limitada às decisões dotadas de efeito vinculante nos processos objetivos.

No plano infraconstitucional, o art. 988, II, do CPC de 2015 prevê expressamente o cabimento de reclamação para garantir a autoridade das decisões do tribunal.

A reclamação para assegurar o cumprimento de decisão de mérito em ação direta de inconstitucionalidade e ação declaratória de constitucionalidade – O STF considerava, inicialmente, inadmissível a reclamação em sede de controle abstrato de normas.[49]

Em diversas oportunidades o Tribunal manifestou-se no sentido do não cabimento da reclamação, como confirma a decisão da Rcl/AgR 354, da relatoria do Min. Celso de Mello:

> "Agravo regimental – Reclamação que busca garantir a autoridade de decisão tomada em processo de controle concentrado de constitucionalidade – Inadmissibilidade – Recurso improvido. A jurisprudência do STF firmou-se no sentido do não cabimento de reclamação na hipótese de descumprimento de decisão tomada em sede de controle concentrado de constitucionalidade, dada a natureza eminentemente objetiva do processo de ação direta – Precedentes da Corte".[50]

Posteriormente passou o Tribunal a admitir o cabimento da reclamação em sede de ação direta de inconstitucionalidade, desde que ajuizada por legitimado para a propositura da própria ação direta de inconstitucionalidade e que tivesse o mesmo objeto.[51]

Em julgado de 25.11.1992 o Min. Celso de Mello, em importante precedente, expressou a necessidade de que o entendimento jurisprudencial no sentido do não cabimento da reclamação em tal sede fosse revisto, abrindo caminho para a possibilidade de se admitir a reclamação para atacar desobediência às decisões do STF em sede de controle concentrado. Nesse caso, reconheceu o Tribunal que estariam legitimados aqueles entes e órgãos que, apesar de não terem sido partes na ação direta de inconstitucionalidade em cuja decisão

---

49. Cf.: Rcl 136, red. para o acórdão Min. Oscar Corrêa, *DJU* 1.11.1982; Rcl 224, rel. Min. Célio Borja, *DJU* 18.9.1987; MS/QO 20.875, rel. Min. Aldir Passarinho, *DJU* 28.4.1989; Rcl/QO 235, rel. Min. Néri da Silveira, *DJU* 29.11.1991, p. 17.325; Rcl 208, red. para o acórdão Min. Moreira Alves, *DJU* 6.12.1991.

50. *DJU* 28.6.1991.

51. Rcl/QO 385, rel. Min. Celso de Mello, j. 26.3.1992, *DJU* 18.6.1993.

se fundamenta a reclamação, fossem titulares de legitimidade concorrente para requerer ação idêntica.

É o que demonstra a decisão adotada na Rcl 397/QO-MC:

> "Reclamação – Garantia da autoridade de decisão proferida pelo STF em ação direta de inconstitucionalidade – Excepcionalidade do seu cabimento – Ausência de legitimidade ativa – Pedido não conhecido.
>
> "(...).
>
> "A natureza eminentemente objetiva do controle normativo abstrato afasta o cabimento do instituto da reclamação por inobservância de decisão proferida em ação direta (Rcl n. 354, rel. Min. Celso de Mello). Coloca-se, contudo, a questão da conveniência de que se atenue o rigor dessa vedação jurisprudencial, notadamente em face da notória insubmissão de alguns Tribunais judiciários às teses jurídicas consagradas nas decisões proferidas pelo STF em ações diretas de inconstitucionalidade.
>
> "A expressão 'parte interessada', constante da Lei n. 8.038/1990, embora assuma conteúdo amplo no âmbito do processo subjetivo, abrangendo, inclusive, os terceiros juridicamente interessados, deverá, *no processo objetivo de fiscalização normativa abstrata*, limitar-se apenas aos órgãos ativa ou passivamente legitimados à sua instauração (CF, art. 103). (...)."[52]

Também o julgamento da Rcl 399, em 7.10.1993, representou importante avanço no uso da reclamação em sede de controle concentrado de constitucionalidade, ao admiti-la sob determinadas condições. É o que lê na ementa do acórdão, *verbis*:

> "Reclamação – Hipótese de admissibilidade e procedência para salvaguarda da autoridade de decisão cautelar ou definitiva em ação de inconstitucionalidade. A jurisprudência do Supremo Tribunal admite a reclamação, para assegurar a autoridade de suas decisões positivas em ação direta de inconstitucionalidade, quando o mesmo órgão de que emanara a norma declarada inconstitucional persiste na prática de atos concretos que lhe pressuporiam a validade (cf. Rcl ns. 389, 390 e 393) (...)".[53]

---

52. Rel. Min. Celso de Mello, *DJU* 21.5.1993.

53. Rel. Min. Sepúlveda Pertence, *DJU* 24.3.1995.

Reconheceu-se, assim, o cabimento de reclamação quando o próprio órgão responsável pela edição da lei declarada inconstitucional persistisse em prática de atos concretos que pressuporiam a validade da norma declarada inconstitucional.[54]

Com o advento da Emenda Constitucional 3/1993, que introduziu a ação declaratória de constitucionalidade em nosso ordenamento jurídico, admitiu-se expressamente a reclamação para preservar a autoridade da decisão do STF na decisão de mérito na ação declaratória.

Nesse sentido, vale ressaltar passagem da justificativa do deputado Roberto Campos na Proposta de Emenda Constitucional 130/1992, que resultou na Emenda Constitucional 3/1993:

> "Um dos aspectos que mais têm preocupado o País, pelo prisma da nova ordem constitucional, é a valorização dos juizados de primeira instância – *louvável conquista da cidadania* – sem a contrapartida de um instrumento processual de uniformização célere, omissão incompreensível do constituinte na conformação do controle difuso e concentrado de constitucionalidade.
>
> "A força outorgada aos juízes de primeira instância, sem um instrumental adequado de ação para os Tribunais Superiores, subverte a hierarquia necessária e – mais que isto – a tranquilidade para a preservação da ordem jurídica, pois qualquer questão constitucional da maior relevância pode ser decidida de forma satisfativa, desde que o Tribunal imediatamente superior não suspenda a eficácia de decisões que garantam benefícios ou direitos.
>
> "Podendo um juiz de primeira instância, na hipótese aventada, ofertar satisfação definitiva do direito pleiteado e não podendo um ministro de Tribunal Superior agir senão quando, na tramitação procedimental, as questões forem-lhe submetidas, não é desavisado dizer que hoje um juiz de primeira instância, mormente na Justiça Federal, em determinadas circunstâncias, é mais forte que um ministro do STJ ou STF, que só pode julgar os grandes temas, em ações diretas de inconstitucionalidade, ou nos processos em grau de recurso. Por outro lado, a avocatória objeto de emenda do Governo está marcada pelo estigma do regime totalitário e é utilizada para suspender 'decisões jurídicas', à luz de 'argumentos políticos', como os de grave lesão à ordem pública, econômica ou financeira.

---

54. Cf. julgamentos nas Rcl. 399 (rel. Min. Sepúlveda Pertence, j. 7.10.1993, *DJU* 24.3.1995) e 556 (rel. Min. Maurício Corrêa, j. 11.11.1996, *DJU* 3.10.1997).

"Entre as vantagens do presente projeto sobre aquele que pretende reintroduzir a avocatória, militam: (a) a competência do STF será originária e não decorrencial; (b) os motivos para sua proposição serão 'jurídicos' e não meramente 'políticos'; (c) não haverá interferência direta nas decisões de primeira instância suspendendo sua eficácia sem fundamentos jurídicos, mas decisão definitiva sobre a questão suscitada; (d) em questões polêmicas, a uniformização far-se-á com rapidez, ofertando-se ao cidadão e ao Estado uma interpretação definitiva."

O Min. Moreira Alves (Relator), no julgamento da ADC/QO 1, destacou as singularidades do novo instituto nos termos seguintes:

"(...). Para enfrentar esse problema, a ação direta de inconstitucionalidade não é instrumento suficiente em virtude de duas circunstâncias: a de que – como ficou assentado no julgamento da RpInconst n. 1.349 (*RTJ* 129/41 e ss.) – não é ela cabível quando o autor a propõe sustentando a constitucionalidade do ato normativo, e pretendendo, portanto, obter a declaração de sua constitucionalidade pela via indireta da decisão de improcedência dessa ação; e a de que a eficácia da decisão dessa ação, quer de procedência, quer de improcedência, apenas se estende a todos (eficácia *erga omnes*) no sentido de que, em face de todos, sua eficácia se exaure na declaração de que o ato normativo é inconstitucional (e, portanto, nulo desde a origem) ou constitucional (e, consequentemente, válido), o que implica a possibilidade de o Poder Judiciário, por suas instâncias inferiores, poder continuar a julgar em contrário, hipótese em que às partes prejudicadas nos casos concretos só restará, em recurso extraordinário, ver respeitada, pelo STF, sua decisão na ação direta de inconstitucionalidade sobre o ato normativo que dela foi objeto; e mais: essa eficácia *erga omnes* da ação direta de inconstitucionalidade não impede que o Poder ou órgão de que emanou o ato normativo julgado inconstitucional volte a reincidir na inconstitucionalidade, editando novo ato com o mesmo conteúdo do anterior, hipótese em que será necessária a propositura de nova ação direta de inconstitucionalidade, pois a declaração anterior não alcança esse segundo ato.

"O mesmo não ocorre com a ação declaratória de constitucionalidade como foi instituída pela Emenda Constitucional n. 3, de 1993. Com efeito, sendo uma ação que visa diretamente à obtenção da declaração de que o ato normativo seu objeto é constitucional, é ela cabível exatamente para esse fim, embora, se julgada improcedente, essa decisão de improcedência implique a declaração de inconstitucionalidade do ato normativo em causa. Por outro lado, estabelecendo a Emenda Constitucional n. 3, de 1993, que 'as decisões definitivas de mérito, proferidas pelo Supremo Tribunal Federal, nas ações declaratórias de constitucionalidade de lei ou ato normativo federal produzirão eficácia contra todos e efeito vinculante, relativamente aos demais órgãos do Poder Judiciário e ao Poder Executivo', essas decisões, sejam de procedência (constitucionalidade) ou de improcedência (inconstitucionalidade), não apenas terão eficácia *erga omnes* mas também força vinculante relativamente aos demais órgãos do Poder Judiciário e ao Poder Executivo. É um *plus* com relação à ação direta de inconstitucionalidade, graças ao qual se dá ao novo instrumento de controle de constitucionalidade a eficácia necessária para enfrentar o problema – como salientado anteriormente – que deu margem à sua criação. De feito, se a eficácia *erga omnes* que também possuem suas decisões de mérito lhe dá a mesma eficácia que têm as decisões de mérito das ações diretas de inconstitucionalidade (e – note-se – é em virtude dessa eficácia *erga omnes* que esta Corte, por ser alcançada igualmente por ela, não pode voltar atrás na declaração que nela fez anteriormente), do efeito vinculante que lhe é próprio resulta: (a) se os demais órgãos do Poder Judiciário, nos casos concretos sob seu julgamento, não respeitarem a decisão prolatada nessa ação, *a parte prejudicada poderá valer-se do instituto da reclamação para o STF, a fim de que este garanta a autoridade dessa decisão*; *[grifos nossos]* e (b) essa decisão (e isso se restringe ao dispositivo dela, não abrangendo – como sucede na Alemanha – os seus fundamentos determinantes, até porque a Emenda Constitucional n. 3 só atribui efeito vinculante à própria decisão definitiva de mérito) – essa decisão, repito – alcança os atos normativos de igual conteúdo daquele que deu origem a ela mas que não foram seu objeto, para o fim de, independentemente de nova ação, serem tidos como constitucionais ou inconstitucionais, adstrita essa eficácia aos atos normativos emanados dos demais órgãos do Poder Judiciário e do Poder Executivo, uma vez que ela não alcança os atos editados pelo Poder Legislativo".[55]

Assim, se havia dúvida sobre o cabimento da reclamação no processo de controle abstrato de normas,[56] a Emenda Constitucional 3/1993 encarregou-se de espancá-la, pelo menos no que concerne à ação declaratória de constitucionalidade.

Subsistiu, porém, a controvérsia sobre o cabimento de reclamação em sede de ação direta de inconstitucionalidade.

55. *DJU* 27.10.1993.

56. Cf., sobre o assunto, Rcl 397, rel. Min. Celso de Mello, *DJU* 21.5.1993.

Eram minoritárias as vozes que sustentavam – como a do Min. Sepúlveda Pertence – que, "quando cabível em tese a ação declaratória de constitucionalidade, a mesma força vinculante haverá de ser atribuída à decisão definitiva da ação direta de inconstitucionalidade".[57]

A jurisprudência do STF no tocante à utilização do instituto da reclamação em sede de controle concentrado de normas deu sinais de grande evolução no julgamento da Rcl/QO-AgR 1.880, em 23.5.2002,[58] quando no Tribunal restou assente o cabimento da reclamação para todos aqueles que comprovarem prejuízo resultante de decisões contrárias às teses do STF, em reconhecimento à eficácia vinculante *erga omnes* das decisões de mérito proferidas em sede de controle concentrado.

Tal decisão foi assim ementada:

> "Questão de ordem – Ação direta de inconstitucionalidade – Julgamento de mérito – Parágrafo único do art. 28 da Lei n. 9.868/1999: constitucionalidade – Eficácia vinculante da decisão – Reflexos – Reclamação – Legitimidade ativa. (...).
>
> "4. Reclamação – Reconhecimento de legitimidade ativa *ad causam* de todos que comprovem prejuízo oriundo de decisões dos órgãos do Poder Judiciário, bem como da Administração Pública de todos os níveis, contrárias ao julgado do Tribunal – Ampliação do conceito de 'parte interessada' (Lei n. 8.038/1990, art. 13) – Reflexos processuais da eficácia vinculante do acórdão a ser preservado. (...)."

É certo, portanto, que qualquer pessoa afetada ou atingida pelo ato contrário à orientação fixada pelo STF disporá de legitimidade para promover a reclamação.

A controvérsia restou definitivamente superada com o advento da Emenda Constitucional 45/2004, que expressamente estabeleceu que "as decisões definitivas de mérito, proferidas pelo Supremo Tribunal Federal, nas ações diretas de inconstitucionalidade e nas ações declaratórias de constitucionalidade produzirão eficácia contra todos e efeito vinculante, relativamente aos demais órgãos do Poder Judi-

57. Rcl 167, despacho, *RDA* 206/246 (247).

58. Rel. Min. Maurício Corrêa, *DJU* 19.3.2004.

ciário e à Administração Pública direta e indireta, nas esferas federal, estadual e municipal".[59]

Destaque-se que o STF, ao conhecer da Rcl 4.374,[60] admitiu a possibilidade de se revisar, no seu julgamento, a decisão que figura como parâmetro da própria reclamação.

Por fim, conforme já anotado na Sétima Parte deste livro, quando da discussão a respeito da segurança e estabilidade das decisões em controle abstrato de constitucionalidade, merece destaque a questão debatida por ocasião do julgamento da Rcl 3.014, quanto à possibilidade de o Tribunal, mesmo que não se emprestasse à época eficácia transcendente à decisão em controle abstrato de constitucionalidade, analisar em sede de reclamação a constitucionalidade de lei de teor idêntico ou semelhante à lei que foi objeto da fiscalização abstrata de constitucionalidade perante o STF.

Em sessão de julgamento realizada no dia 10.3.2010[61] assentou-se a admissibilidade da reclamação para esse fim, entendimento que segue a tendência da evolução da reclamação como ação constitucional voltada à garantia da autoridade das decisões e da competência do STF.

Trata-se de entendimento que tem se consolidado na prática, admitindo-se a utilização da reclamação para a tutela da *ratio decidendi* de decisões proferidas em controle abstrato de constitucionalidade. Como exemplo, o Tribunal tem julgado diversas reclamações com base na ADPF 324, em que se fixou a seguinte tese: "É lícita a terceirização ou qualquer outra forma de divisão do trabalho entre pessoas jurídicas distintas, independentemente do objeto social das empresas envolvidas, mantida a responsabilidade subsidiária da empresa contratante".[62]

---

59. Redação dada pela Emenda Constitucional 45/2004 ao art. 102, § 2º, da CF de 1988.

60. Rcl 4.374, rel. Min. Gilmar Mendes, *DJe* 3.9.2013.

61. Rcl 3.014, rel. Min. Carlos Britto. Votaram pela improcedência, acompanhando o Relator, os Mins. Sepúlveda Pertence, Cármen Lúcia, Hellen Gracie, Joaquim Barbosa e Marco Aurélio, e pela procedência da reclamação os Mins. Gilmar Mendes, Ricardo Lewandowski, Eros Grau, Cézar Peluso e Celso de Mello.

62. ADPF 324, rel. Min. Luís Roberto Barroso, j. 30/08/2018, *DJU* 06/09/2019. Como exemplos de reclamações sobre o tema, vejam-se Rcl-AgR 42.196, rel. Min. Edson Fachin, j. 31/05/2021 e Rcl 69.465, rel. Min. Cármen Lúcia, j. 26/08/2024.

Cabimento da reclamação para preservar a autoridade de decisão do STF em cautelar concedida em ação declaratória de constitucionalidade e em ação direta de inconstitucionalidade – Consagrando o texto constitucional de 1988 a possibilidade de concessão de cautelar em ação direta de inconstitucionalidade (CF, art. 102, I, "p"), parece que também essa decisão há de ser dotada de eficácia geral. É que se cuida de suspender a vigência de uma norma[63] até o

63. É frequente a indagação sobre a repercussão da cautela em sede de controle abstrato de normas, se ela opera no plano de vigência da norma ou no plano da eficácia. No Direito Alemão, o *Bundesverfassungsgericht* tem-se utilizado da competência para expedir providências cautelares (*einstweilige Anordnung*) (§ 32 da Lei de Organização do Tribunal), suspendendo, provisoriamente, a execução da lei questionada (*BVerfGE* 1, 1 (2); 7, 367 (373); 14, 153, 43, 47 (51)). Sempre se afirmou, porém, que a decisão proferida na medida cautelar não contemplava as razões eventuais que permitiam ao requerente sustentar a nulidade da lei, até porque nesse processo não se poderia proceder a um juízo de validade (*BVerfGE* 3, 34 (37); 6, 1 (4); 43, 198 (200); Ipsen, *Rechtsfolgen der Verfassungswidrigkeit von Norm und Einzelakt*, Baden--Baden, 1980, p. 227). Pareceria correto, portanto, supor que a suspensão liminar se refere, aqui, tão somente à execução ou à aplicação da lei, restando incólume a lei propriamente no plano da validade (Ipsen, *Rechtsfolgen der Verfassungswidrigkeit von Norm und Einzelakt*, p. 227). Não havia dúvida, outrossim, de que o efeito vinculante (*Bindungswirkung* – § 31 (1) da Lei de Organização do Tribunal) das decisões do *Bundesverfassungsgericht* era suficiente para assegurar a não aplicação de uma norma pelos órgãos constitucionais, autoridades administrativas e Tribunais, suspendendo, assim, sua vigência fática ou sua eficácia (Ipsen, *Rechtsfolgen der Verfassungswidrigkeit von Norm und Einzelakt*, p. 229). Entretanto, essa questão ganhou novos desenvolvimentos com a medida liminar deferida pelo *Bundesverfassungsgericht*, em 21.6.1974, nos termos do § 32 da Lei de Organização do Tribunal, para (a) suspender a vigência do § 218a do CP, na sua nova redação; (b) determinar que o disposto nos §§ 218b e 219 do CP, na sua nova versão, se aplicasse, igualmente, aos casos de aborto praticados nas primeiras 12 semanas desde a concepção; (c) estabelecer que o aborto praticado por médico com o assentimento da gestante, nas primeiras 12 semanas, não seria punível se a gestante houvesse sido vítima de crimes previstos nos §§ 176, 177 ou 179, I, e houvesse fortes razões para admitir que a gravidez resultara desse fato (*BVerfGE* 37, 324 (325)).

Posteriormente a Corte Constitucional alemã concedeu medida cautelar para (a) suspender a execução da lei que emprestava nova redação ao estatuto sobre o serviço militar obrigatório (*Wehrpflichtgesetz*), a partir de 16.12.1977 até a pronúncia de decisão definitiva; (b) determinar, a partir de 16.12.1977, a aplicação das leis sobre o serviço militar obrigatório (*Wehrpflichtgesetz*) e sobre o serviço civil (*Zivildienstgesetz*), nas versões vigentes em 31.7.1977, até a publicação da decisão definitiva; (c) reconhecer a subsistência das relações jurídicas do serviço civil (*Zivildienst*) estabelecidas até 15.12.1977 (*BVerfGE* 46, 337 (338)).

Essas decisões suscitaram novas indagações, pois já não se tratava apenas de expedir ordem para que as autoridades administrativas e os juízes se abstivessem de aplicar, temporariamente, determinada norma. Como justificar a autorização, contida expressamente na medida cautelar, para que fosse aplicado o Direito anterior? Essa

pronunciamento definitivo do STF. Como uma consequência direta da natureza objetiva do processo, a decisão concessiva de liminar em sede de ação direta de inconstitucionalidade produz eficácia com relação a todos.

Se não subsiste dúvida relativamente à eficácia *erga omnes* da decisão concessiva proferida em sede de cautelar na ação direta de inconstitucionalidade, é lícito indagar se essa decisão seria, igualmente, dotada de efeito vinculante.

Essa indagação tem relevância especialmente porque, como se viu, da qualidade especial do efeito vinculante decorre, no nosso

---

autorização somente poderia ser aceita se se afigurasse possível admitir que as providências cautelares, previstas no § 32 da Lei do *Bundesverfassungsgericht*, afetam, eventualmente, não só a chamada vigência fática (*faktische Geltung*), mas também a vigência normativa (*normative Geltung*) (Ipsen, *Rechtsfolgen der Verfassungswidrigkeit von Norm und Einzelakt*, p. 230).

Do contrário ter-se-ia de presumir que na primeira hipótese a punibilidade do aborto praticado nas primeiras 12 semanas decorreria não da lei propriamente, tal como exigido pela Constituição (art. 103, II), mas da medida cautelar deferida pelo Tribunal (Ipsen, *Rechtsfolgen der Verfassungswidrigkeit von Norm und Einzelakt*, p. 230). Da mesma forma, o reconhecimento das razões de consciência para prestar o serviço militar não teria fundamento na lei, tal como exigido pelo art. 4º, III, da Lei Fundamental, mas na medida cautelar (Ipsen, *Rechtsfolgen der Verfassungswidrigkeit von Norm und Einzelakt*, pp. 230-231). Ademais, situado o problema apenas no plano da eficácia, surgiria, inevitavelmente, a possibilidade de conflito por demais embaraçoso, no plano estrito da validade, entre o Direito anterior, que passa a ser aplicado temporariamente, por força da medida cautelar, e a norma superveniente, que teve sua eficácia suspensa em decorrência da mesma medida. É que, de uma perspectiva estritamente normativa, subsistiriam, ainda que por lapso de tempo limitado, duas normas válidas regulando a mesma situação fática. Em outros termos, o aborto praticado nas 12 primeiras semanas não constituiria crime, segundo a regra contida no art. 219 do CP alemão.

Aparentemente o dilema somente pode ser solvido se se puder admitir que a medida cautelar suspensiva diz respeito não só à eficácia mas também à validade, afetando a vigência da lei tanto no plano fático quanto no plano normativo. A decisão proferida na medida cautelar mostrar-se-ia, assim, hábil a suspender, temporariamente, a própria validade da norma questionada, dando ensejo, eventualmente, à repristinação do Direito anterior. A questão é delicada no Direito Alemão, tendo em vista que a cautelar, em princípio, tem sustentação exclusivamente legal. Tal como se poderá constatar, entre nós o tema não oferece as mesmas dificuldades verificadas no direito processual constitucional tedesco, especialmente porque desde 1977 o texto constitucional brasileiro (CF de 1967/1969, com a Emenda Constitucional 7/1977, art. 119, I, "p", e CF de 1988, art. 102, I, "p") atribui competência originária ao STF para julgar o pedido de medida cautelar nas representações e nas ações diretas de inconstitucionalidade, respectivamente.

sistema de controle direto, a possibilidade de propositura de reclamação.[64]

Aceita a ideia de que a ação declaratória configura uma "ação direta de inconstitucionalidade *com sinal trocado*", tendo ambas caráter dúplice ou ambivalente, afigura-se difícil admitir que a decisão proferida em sede de ação direta de inconstitucionalidade seria dotada de efeitos ou consequências diversos daqueles reconhecidos para a ação declaratória de constitucionalidade.

Argumenta-se que, ao criar a ação declaratória de constitucionalidade de lei federal, estabeleceu o constituinte que a decisão definitiva de mérito nela proferida – incluída aqui, pois, aquela que, julgando improcedente a ação, proclamar a inconstitucionalidade da norma questionada – produzirá eficácia contra todos e efeito vinculante, relativamente aos demais órgãos do Poder Judiciário e do Poder Executivo (art. 102, § 2º, da CF de 1988).

Nos termos dessa orientação, a decisão proferida em ação direta de inconstitucionalidade contra lei ou ato normativo federal haveria de ser dotada de efeito vinculante, tal como ocorre com aquela proferida na ação declaratória de constitucionalidade.

Daí ter o STF reconhecido, na Rcl/AgR-QO 1.880-SP,[65] como já apontado, a constitucionalidade do art. 28, parágrafo único, da Lei 9.868/1999, que atribui efeito vinculante às decisões de mérito proferidas em ação direta de inconstitucionalidade.

Se entendermos que o efeito vinculante da decisão está intimamente ligado à própria natureza da jurisdição constitucional em um dado Estado Democrático e à função de guardião da Constituição desempenhada pelo Tribunal, temos de admitir, igualmente, que o legislador ordinário e o próprio Tribunal não estão impedidos de reconhecer essa proteção processual especial a outras decisões de controvérsias constitucionais proferidas pela Corte. Assinale-se, nessa mesma linha, que essa Corte não estará exorbitando de suas funções ao reconhecer efeito vinculante a decisões paradigmáticas por ela proferidas na guarda e na defesa da Constituição.

Em verdade, o efeito vinculante decorre do particular papel político-institucional desempenhado pela Corte ou pelo Tribunal

64. Cf. ADC/QO 1, rel. Min. Moreira Alves, *DJU* 27.10.1993.

65. Rel. Min. Maurício Corrêa, sessão de 7.11.2002.

Constitucional, que deve zelar pela observância estrita da Constituição nos processos especiais concebidos para solver determinadas e específicas controvérsias constitucionais.

Assim, independentemente da positivação do instituto no direito ordinário, o argumento decisivo em favor da adoção da cautelar em ação declaratória advinha da própria especificidade do instituto, destinado a solver controvérsias constitucionais de grande magnitude entre os diversos órgãos judiciários, administrativos e políticos. Entendi, então, que da própria competência que se outorga ao STF para decidir, com eficácia *erga omnes* e efeito vinculante, a ação declaratória de constitucionalidade, tendo em vista a necessidade de definição de uma controvérsia constitucional, decorre a atribuição para conceder cautelar que, pelo menos, suspenda o julgamento dos processos ou seus efeitos até a prolação de sua decisão definitiva.[66]

Na ADC 4[67] o STF acabou por adotar, nas suas linhas básicas, a argumentação acima expendida, consagrando o cabimento da medida cautelar em sede de ação declaratória para que os juízes e os Tribunais suspendam o julgamento dos processos que envolvam a aplicação do ato normativo impugnado.

Entendeu-se admissível que o Tribunal passasse a exercer, em sede de ação declaratória de constitucionalidade, o poder cautelar que lhe é inerente, "enfatizando-se que a prática da jurisdição cautelar acha-se essencialmente vocacionada a conferir tutela efetiva e garantia plena ao resultado que deverá emanar da decisão final a ser proferida naquele processo objetivo de controle abstrato".

É que, como bem observado pelo Min. Celso de Mello, o Plenário do STF, ao deferir o pedido de medida cautelar na ADC 4-DF, expressamente atribuiu eficácia vinculante e subordinante à sua decisão, com todas as consequências jurídicas daí decorrentes.

O STF, ao conceder o provimento cautelar requerido na ADC 4-DF, proferiu, por maioria de nove votos a dois, a seguinte decisão:

> "O Tribunal, por votação majoritária, deferiu, em parte, o pedido de medida cautelar, para suspender, com eficácia *ex nunc* e com efeito vinculante, até final julgamento da ação, a prolação de qualquer decisão

---

66. Cf. Gilmar Ferreira Mendes, in *Repertório de Jurisprudência IOB* 20/97, 2ª quinzena de outubro/1997, Caderno I, pp. 501-504.

67. Rel. Min. Sydney Sanches, *DJU* 21.5.1999.

sobre pedido de tutela antecipada, contra a Fazenda Pública, que tenha por pressuposto a constitucionalidade ou a inconstitucionalidade do art. 1º da Lei n. 9.494, de 10.9.1997, sustando, ainda, com a mesma eficácia, os efeitos futuros dessas decisões antecipatórias de tutela já proferidas contra a Fazenda Pública, vencidos, em parte, o Min. Néri da Silveira, que deferia a medida cautelar em menor extensão, e, integralmente, os Mins. Ilmar Galvão e Marco Aurélio, que a indeferiam".[68]

Portanto, considerou o Tribunal que a decisão concessiva da cautelar afetava não apenas os pedidos de tutela antecipada ainda não decididos, mas todo e qualquer efeito futuro da decisão proferida nesse tipo de procedimento. Em outros termos, o Poder Público federal ficava desobrigado de observar as decisões judiciais concessivas de tutela fundadas na eventual inconstitucionalidade da Lei 9.494/1997 a partir da data da decisão concessiva da cautelar em ação declaratória, independentemente de a decisão judicial singular ter sido proferida em período anterior. E, mais, que, em caso de não observância por parte dos órgãos jurisdicionais ordinários, o remédio adequado haveria de ser a reclamação.

Cabimento da reclamação para preservar a autoridade de decisão do STF proferida em recurso extraordinário com repercussão geral – Como antecipado, o novo Código de Processo Civil (Lei nº 13.105/2015) alterou substancialmente o regime da reclamação constitucional. De acordo com o art. 988 do Código, caberá reclamação da parte interessada ou do Ministério Público para: "I – preservar a competência do tribunal; II – garantir a autoridade das decisões do tribunal; III – garantir a observância de enunciado de súmula vinculante e de decisão do Supremo Tribunal Federal em controle concentrado de constitucionalidade; e IV – garantir a observância de acórdão proferido em julgamento de incidente de resolução de demandas repetitivas ou de incidente de assunção de competência".

O § 4º do mesmo artigo prevê que as hipóteses de cabimento da reclamação, previstas nos incisos III e IV, compreendem tanto a aplicação indevida da tese jurídica quanto sua não aplicação aos casos que a ela correspondem.

Verifica-se, ainda, nos termos do § 5º do art. 988 do CPC, que é inadmissível a reclamação proposta para garantir a observância de

68. *DJU* 21.5.1999.

acórdão de recurso extraordinário com repercussão geral reconhecida, exceto quando for comprovado o esgotamento das instâncias ordinárias, com a devida interposição e julgamento do agravo interno, previsto no art. 1.030, § 2º, do CPC, e a demonstração da teratologia da decisão reclamada.

Registre-se que essas disposições atuais superaram parcialmente a jurisprudência do Supremo Tribunal Federal quanto ao não cabimento de reclamação contra decisão de juízos de origem que aplicam a sistemática da repercussão geral.

Com efeito, ao julgar questões de ordem nas Rcls 7.569/SP e 7.547/SP,[69] o STF firmou-se no sentido de não conhecer de reclamação contra decisões que aplicam a sistemática da repercussão geral na origem. Naquela ocasião, a Corte decidiu remeter os feitos aos tribunais de origem e turmas recursais, para que fossem processados como agravos regimentais. Assim, a Corte firmou orientação segundo a qual não cabe reclamação contra decisões que aplicam a sistemática da repercussão geral na origem, ainda que se pretenda corrigir supostos equívocos cometidos por essas decisões.

O escopo dessa tese foi evitar que, a pretexto de correção de equívocos, as questões jurídicas continuassem chegando à Suprema Corte, por meio dessas classes processuais, o que frustraria o instituto da repercussão geral.

Não obstante, a redação originária do art. 988 da Lei n. 13.105/2015 previa o cabimento de reclamação para garantir a observância de acórdão de recurso extraordinário com repercussão geral. Ocorre que essa hipótese de cabimento excessivamente abrangente poderia comprometer o funcionamento do Supremo Tribunal Federal e transformar a crise numérica do recurso extraordinário, a qual veio a ser controlada pela repercussão geral, em uma crise numérica decorrente do elevado número de reclamações.

Nesse contexto, antes mesmo de sua entrada em vigor, o novo diploma processual foi alterado pela Lei n. 13.256/2016, que restringiu o cabimento da reclamação para garantir a observância de acórdão de recurso extraordinário com repercussão geral às hipóteses em que haja prévio esgotamento das instâncias ordinárias.

69. Rcls 7.569 e 7.547, rel. Min. Ellen Gracie, *DJe* de 11.12.2009.

Em síntese, essa nova hipótese de cabimento de reclamação constitucional resultou de construção dialógica conformadora da antiga jurisprudência do Supremo Tribunal Federal com vontade do legislador de resguardar a autoridade das decisões da Corte em casos de abuso, como a má aplicação da tese fixada na repercussão geral.

Conforme a jurisprudência do Tribunal, consolidou-se o entendimento de que o esgotamento das instâncias ordinárias ocorre após o julgamento do agravo interno em face da decisão monocrática que, ao apreciar os requisitos de admissibilidade e em razão da sistemática da repercussão geral, nega seguimento a recurso extraordinário interposto na origem.[70] Entretanto, em casos excepcionais de grave risco de perecimento do direito invocado na origem, a Corte tem admitido o cabimento de reclamações constitucionais, ainda que sem o prévio esgotamento das instâncias ordinárias, considerando-se a dimensão de ação constitucional desse instrumento processual.[71] Como exemplos, destacam-se casos em que, na origem, com base nos direitos fundamentais à vida e à saúde, pleiteavam-se medicamentos de alto custo para crianças com base na decisão em recursos extraordinários que deram origem ao Tema 6 e ao Tema 500 da Repercussão Geral.[72]

Como sinal da expansão do efeito vinculante das decisões proferidas em recurso extraordinário, já sob a sistemática da repercussão geral e sua proteção pelo instrumento da reclamação constitucional, pode-se apontar um dos casos em que se discutiu a possível violação ao mencionado Tema 500 da Repercussão Geral. Nessa reclamação,[73] o Tribunal se debruçou sobre a possibilidade de concessão de medicamento para crianças com doença rara de alto custo (à época, por volta de R$ 17 milhões por dose), ainda não registrado pela Anvisa. Foram concedidas medidas cautelares, posteriormente referendadas pelo Pleno do STF, que disciplinaram os requisitos e hipóteses de fornecimento do medicamento, na prática, com eficácia *erga omnes* – o que reforça a natureza de verdadeira ação constitucional da reclamação e sua vocação para tutela da ordem constitucional.

---

70. Por exemplo, Rcl-ED-AgR 29.968, rel. Min. Rosa Weber, Primeira Turma, *DJe* 1.10.2019, e Rcl-AgR 73.855, rel. Dias Toffoli, Segunda Turma, *DJe* 06.02.2025.

71. Rcl-AgR 57.526, rel. Min. Gilmar Mendes, Segunda Turma, *DJe* 19.5.2023.

72. Rcl-AgR 62.049, rel. Min. Cristiano Zanin, Primeira Turma, *DJe* 03.10.2023 e Rcl-AgR 65.522, rel. Min. Alexandre de Moraes, Primeira Turma, *DJe* 14.8.2024.

73. Rcl 68.709, Pleno, Rel. Min. Gilmar Mendes.

3. *Decisão em arguição de descumprimento de preceito fundamental e reclamação*

Os vários óbices à aceitação do instituto da reclamação em sede de controle concentrado parecem ter sido superados, estando agora o STF em condições de ampliar o uso desse importante e singular instrumento da jurisdição constitucional brasileira.

Com o advento da Lei 9.882/1999, que estendeu o reconhecimento do efeito vinculante aos demais órgãos do Poder Público, a questão assume relevo prático em razão, especialmente, do objeto amplo da arguição de descumprimento de preceito fundamental, que envolve até mesmo o direito municipal.

Não há dúvida de que a decisão de mérito proferida em arguição de descumprimento de preceito fundamental será dotada de efeito vinculante, dando azo, por isso, à reclamação para assegurar a autoridade da decisão do STF.

Não impressiona, igualmente, o fato de o efeito vinculante ter sido estabelecido em lei (e não estar expressamente previsto na Constituição). É que, como observado acima, o efeito vinculante configura apanágio da jurisdição constitucional e não depende, por isso, de regra expressa na Constituição.[74]

Nesse sentido foi também a manifestação do Min. Néri da Silveira (Relator) na ADI/MC 2.231,[75] que questionava a constitucionalidade, dentre outros, do § 3º do art. 10 da Lei 9.882/1999, deixando assente que, "neste juízo de cautelar, nada está, assim, a justificar a suspensão da vigência, no § 3º do art. 10 da Lei n. 9.882/1999, das expressões: 'e efeito vinculante relativamente aos demais órgãos do Poder Público'. Indefiro, assim, a cautelar quanto ao art. 10, *caput*, e § 3º, da Lei n. 9.882/1999".

Na linha desse entendimento, ao julgar o mérito da ação, o STF fixou o entendimento pela constitucionalidade da Lei n. 9.882/1999, constando da ementa do julgado: "A possibilidade de atribuição de efeitos vinculantes e *erga omnes* às decisões proferidas em ADPF decorre da própria natureza do controle objetivo e concentrado de

74. Cf., sobre o assunto, acima, no item 2 ("Objeto da Reclamação"), "A reclamação para assegurar a autoridade das decisões do STF. Considerações gerais".

75. J. 5.12.2001, *DJU* 17.12.2001.

constitucionalidade, não havendo falar em 'reserva de Constituição' para a matéria".[76]

Da mesma forma, cabível a reclamação para assegurar a autoridade da decisão proferida em arguição de descumprimento de preceito fundamental, não há razão para não reconhecer também o efeito vinculante da decisão proferida em cautelar na arguição de descumprimento de preceito fundamental (art. 5º, § 3º, da Lei 9.882/1999), o que importa, igualmente, a admissão da reclamação para garantir o cumprimento de decisão adotada pelo Tribunal em sede de cautelar.

Se não parece haver dúvida quanto à legitimidade do efeito vinculante – e, portanto, sobre o cabimento de reclamação em sede de decisão de mérito em arguição de descumprimento de preceito fundamental –, a fórmula um tanto abrangente utilizada pelo legislador no § 3º do art. 10 da Lei 9.882/1999[77] pode suscitar alguma apreensão.

É que, levada às últimas consequências, ter-se-ia que admitir também uma vinculação do legislador à decisão proferida em arguição de descumprimento de preceito fundamental.

Como se sabe, cuida-se de tema assaz difícil no âmbito da teoria da jurisdição constitucional, tendo em vista o perigo de um "engessamento" da ordem jurídica objetiva. Ademais, caberia indagar se a fórmula adotada pelo legislador no § 3º do art. 10 da Lei 9.882/1999 importaria a possibilidade de abarcar, com efeito vinculante, as leis de teor idêntico àquela declarada inconstitucional.

Em geral tem-se dado resposta negativa a essa pergunta, com base no argumento relativo à não aplicação do efeito vinculante à atividade legislativa.

Assim, lei de teor idêntico àquela declarada inconstitucional somente poderia ser atacada por ação autônoma.

É possível, porém, que essa controvérsia tenha perfil, hoje, acentuadamente acadêmico.

É que, ainda mesmo para aqueles que entendiam não haver *eficácia transcendente* (efeito vinculante dos fundamentos determinan-

76. Rel. Min. Roberto Barroso, j. 22/05/2023, *DJU* 15/06/2023.

77. Lei 9.882/1999, art. 10, § 3º. "A decisão terá eficácia contra todos e efeito vinculante relativamente aos demais órgãos do Poder Público".

tes) à decisão,[78] o Tribunal, em sede de reclamação *contra aplicação de lei idêntica àquela declarada inconstitucional*, já entendia possível declarar, incidentalmente, a inconstitucionalidade da lei ainda não atingida pelo juízo de inconstitucionalidade.[79]

Nesse sentido, refira-se uma vez mais a Rcl 595 (rel. Min. Sydney Sanches), na qual a Corte declarou a inconstitucionalidade de expressão contida na alínea "c" do inciso I do art. 106 da Constituição do Estado de Sergipe, que outorgava competência ao respectivo Tribunal de Justiça para processar e julgar ação direta de inconstitucionalidade de normas municipais em face da Constituição Federal.

Assim, em relação a lei de teor idêntico àquela declarada inconstitucional – ainda que se afirme o não cabimento de reclamação – poder-se-á impugnar sua aplicação por parte da Administração ou do Judiciário, requerendo-se a declaração incidental de inconstitucionalidade.

Essa solução terá um inegável efeito prático, na medida em que dispensará a utilização da via específica do processo objetivo para (re)afirmar a constitucionalidade de norma já apreciada pela Corte.

De fato, não faria muito sentido se o Tribunal tergiversasse, não conhecendo de reclamação por questões meramente formais, e exigisse do interessado a propositura da arguição de descumprimento de preceito fundamental para atestar a constitucionalidade de lei municipal ou estadual de teor idêntico a outra que já teve a legitimidade constitucional reconhecida pela própria Corte.

Nessa perspectiva, parece bastante lógica a possibilidade de que em sede de reclamação o Tribunal analise a constitucionalidade de leis cujo teor é idêntico, ou mesmo semelhante, ao de outras leis que já foram objeto do controle concentrado de constitucionalidade perante o STF.

A reclamação constitucional – sua própria evolução o demonstra – não mais se destina apenas a assegurar a competência e a autoridade de decisões específicas e bem delimitadas do STF, mas também se constitui como ação voltada à proteção da ordem constitucional.

---

78. Cf. Rcl 1.987, rel. Min. Maurício Corrêa, *DJU* 21.5.2004.

79. Cf., supra, na Sétima Parte (item VI, "Segurança e Estabilidade das Decisões em Controle Abstrato de Constitucionalidade"), "A eficácia *erga omnes* da declaração de inconstitucionalidade e a superveniência de lei de teor idêntico".

Tal como já explicitado em relação à ação direta de inconstitucionalidade e à ação declaratória de constitucionalidade,[80] a não observância de decisão concessiva de cautelar em arguição de descumprimento de preceito fundamental poderá dar ensejo também à reclamação, com fundamento no art. 13 da Lei 9.882/1999 e no art. 988, III, do CPC de 2015.

É que a decisão concessiva de liminar na arguição de descumprimento de preceito fundamental será, igualmente, dotada de efeito vinculante.

4. Decisão em mandado de injunção e reclamação constitucional

O instituto da reclamação pode conferir novos contornos às decisões proferidas em mandados de injunção. Interessante ressaltar, nesse sentido, o reconhecimento de possíveis efeitos advindos de decisão em mandado de injunção para além das partes que nele figuram.

O que se evidencia é a possibilidade de as decisões nos mandados de injunção surtirem efeitos não somente em razão do interesse jurídico de seus impetrantes, estendendo também sua eficácia para alcançar os demais casos que guardem similitude. Assim, em regra, a decisão em mandado de injunção, ainda que dotada de caráter subjetivo, comporta uma dimensão objetiva, com eficácia *erga omnes*, que serve para tantos quantos forem os casos que demandem a concretização de uma omissão geral do Poder Público, seja em relação a uma determinada conduta, seja em relação a uma determinada lei.

No julgamento da Medida Liminar da Rcl Constitucional 6.200-0-RN, por exemplo, a Presidência do STF, ao deferir parcialmente o pedido da União Federal, reforçou o entendimento dos efeitos *erga omnes* decorrentes da dimensão objetiva das decisões proferidas nos MI 670-ES, 708-DF e 712-PA (para sua aplicação direta em casos semelhantes em que se discuta o exercício do direito de greve pelos servidores públicos).

---

80. Cf., supra, Sétima Parte, sobre "Ação Direta de Inconstitucionalidade, Ação Declaratória de Constitucionalidade e Ação Direta de Inconstitucionalidade por Omissão".

Por ocasião do julgamento da Rcl Constitucional 6.568[81] o Plenário do STF, de certa forma e à unanimidade, emprestou eficácia objetiva ao quanto decidido nos MI 670-ES, 708-DF e 712-PA.

Tratava-se de reclamação ajuizada pelo Estado de São Paulo com a finalidade de resguardar a autoridade da decisão do STF na ADI/MC 3.395, da relatoria do Min. Cezar Peluso, em que restou assentada a competência da Justiça Comum para a apreciação de todo e qualquer litígio que envolvesse servidores públicos estatutários.[82]

Esse entendimento teria sido afrontado por decisões do Vice-Presidente do TRT-2ª Região e de Desembargador do TJSP que fixaram a competência da Justiça Trabalhista para dirimir conflito relativo a movimento paredista iniciado pelos policiais civis do Estado de São Paulo.

O Tribunal reconheceu a ofensa à decisão na ação direta de inconstitucionalidade supramencionada e julgou procedente a reclamação ao argumento de que as decisões reclamadas afrontaram o entendimento fixado pelo STF nos mandados de injunção acerca do direito de greve dos funcionários públicos, porquanto naquela oportunidade se havia assentado claramente que, se a controvérsia estiver "adstrita a uma unidade da Federação, a competência será do respectivo Tribunal de Justiça (também, por aplicação analógica do art. 6º da Lei n. 7.701/1988)".[83]

Nesse ponto, a ementa do julgado assentou:

> "Amplitude da decisão proferida no julgamento do MI n. 712, art. 142, § 3º, inciso IV, da Constituição do Brasil – Interpretação da Constituição – Afronta ao decidido na ADI n. 3.395 – Incompetência da Justiça do Trabalho para dirimir conflitos entre servidores públicos e entes da Administração aos quais estão vinculados – Reclamação julgada procedente".

Nesse sentido, buscou-se ressaltar que a ordem constitucional necessita de proteção por mecanismos processuais céleres e eficazes. Esse é o mandamento constitucional, que fica bastante claro quando se observa o elenco de ações constitucionais voltadas a esse mister,

---

81. Rel. Min. Eros Grau, *DJU* 25.9.2009.

82. *DJU* 10.11.2006.

83. MI 708, rel. Min. Gilmar Mendes, *DJU* 31.10.2008.

como o *habeas corpus*, o mandado de segurança, a ação popular, o *habeas data*, o mandado de injunção, a ação civil pública, a ação direta de inconstitucionalidade, a ação declaratória de constitucionalidade e a arguição de descumprimento de preceito fundamental.

5. *Súmula vinculante e reclamação constitucional*

Estabelece o art. 103-A, § 3º, da CF de 1988 que, "do ato administrativo ou decisão judicial que contrariar a súmula aplicável ou que indevidamente a aplicar, caberá reclamação ao Supremo Tribunal Federal que, julgando-a procedente, anulará o ato administrativo ou cassará a decisão judicial reclamada, e determinará que outra seja proferida com ou sem a aplicação da súmula, conforme o caso".

A reclamação constitucional vem prevista no art. 102, I, "l", do texto constitucional para preservar a competência e garantir a autoridade das decisões do STF. O modelo constitucional adotado consagra a admissibilidade de reclamação contra ato da Administração em desconformidade com a súmula. E, na certa, essa é a grande inovação do sistema, uma vez que a reclamação contra atos judiciais contrários à orientação com força vinculante já era largamente praticada. É certo que também essa reclamação estava limitada às decisões dotadas de efeito vinculante nos processos objetivos.

De qualquer sorte, tem-se, aqui, a clara convicção de que a Administração Pública contribui, decisivamente, para o incremento das demandas judiciais de caráter homogêneo. Daí situar-se na seara da Administração Pública o grande desafio na implementação da súmula vinculante em toda a sua amplitude.

A adoção da súmula vinculante para a Administração Pública vai exigir a promulgação de normas de organização e procedimento que permitam assegurar a observância, por parte desta, dos ditames contidos na súmula sem que se verifique uma nova e adicional sobrecarga de processos – agora, de reclamações – para o STF.

Daí, provavelmente, a necessidade de que a lei preveja procedimento administrativo adequado de modo a permitir, tanto quanto possível, que as questões eventualmente suscitadas possam ser resolvidas na própria esfera da Administração.[84] Parece abusivo,

84. Cf. Lei 9.784, de 29.1.1999, que regula o processo administrativo no âmbito da Administração Pública federal. No que se refere ao procedimento para

nesse contexto, que se admita a reclamação sem que se envidem esforços para a solução da controvérsia no âmbito administrativo. Aqui reside um dos pontos mais delicados e mais relevantes do sistema inaugurado pela Emenda Constitucional 45/2004. É que não se pode substituir a crise numérica ocasionada pelo recurso extraordinário pela multiplicação de reclamações formuladas diretamente contra a Administração perante o STF.

A súmula vinculante somente será eficaz para reduzir a crise do STF e das instâncias ordinárias se puder ser adotada em tempo social e politicamente adequado. Em outras palavras, não pode haver um espaço muito largo entre o surgimento da controvérsia com ampla repercussão e a tomada de decisão com efeito vinculante. Do contrário a súmula vinculante perderá seu conteúdo pedagógico-institucional, não cumprindo a função de orientação das instâncias ordinárias e da Administração Pública em geral. Nesse caso, sua eficácia ficará restrita aos processos ainda em tramitação.

Por essa razão, a Lei n. 11.417/2006, em seu art. 7º, § 1º, estabeleceu a exigência de esgotamento das vias ordinárias como requisito de admissibilidade da reclamação ajuizada em face de ação ou omissão da Administração Pública. O intuito aqui é justamente obter o equilíbrio entre a celeridade do procedimento da reclamação para aplicação dos entendimentos adotados em Súmulas Vinculantes e a necessidade de se evitar um judicialização excessiva dos atos da Administração Pública.

6. Reclamação e suspensão da execução de lei pelo Senado

O STF examinou a Rcl 4.335, ajuizada pela Defensoria Pública da União contra o Juiz de Direito da Vara de Execuções Penais da Comarca de Rio Branco/AC.

Alegava-se o descumprimento da decisão do STF no HC 82.959, da relatoria do Min. Marco Aurélio, julgado em sessão plenária de 23.2.2006,[85] no qual a Corte declarara a inconstitucionalidade do art. 2º, § 1º, da Lei 8.072/1990 ("Lei dos Crimes Hediondos"), que vedava a progressão de regime em casos de crimes hediondos.

cumprimento de decisões judiciais pela via administrativa no âmbito estadual, cf. a Lei estadual 10.177, de 30.12.1998, do Estado de São Paulo.

85. *DJU* 1.9.2006.

Entendeu o Magistrado de primeira instância que a decisão do STF somente teria eficácia "a partir da expedição, pelo Senado Federal, de resolução suspendendo a eficácia do dispositivo de lei declarado inconstitucional pelo STF, nos termos do art. 52, inciso X, da CF".

O tema merece algumas considerações.

A ampliação do sistema concentrado, com a multiplicação de decisões dotadas de eficácia geral, acabou por modificar radicalmente a concepção que dominava entre nós sobre a divisão de Poderes, tornando comum no sistema a decisão com eficácia geral, que era excepcional sob a Emenda Constitucional 16/1965 e sob a Carta de 1967/1969.

No sistema constitucional de 1967/1969 a ação direta era apenas uma idiossincrasia no contexto de um amplo e dominante modelo difuso. A adoção da ação direta de inconstitucionalidade, posteriormente, conferiu perfil diverso ao nosso sistema de controle de constitucionalidade, que continuou a ser um modelo misto. A ênfase passou a residir, porém, não mais no modelo difuso, mas nas ações diretas. O advento da Lei 9.882/1999 conferiu conformação à arguição de descumprimento de preceito fundamental, admitindo a impugnação ou a discussão direta de decisões judiciais das instâncias ordinárias perante o STF. Tal como estabelecido na referida lei (art. 10, § 3º), a decisão proferida nesse processo há de ser dotada de eficácia *erga omnes* e de efeito vinculante. Ora, resta evidente que a arguição de descumprimento de preceito fundamental estabeleceu uma ponte entre os dois modelos de controle, atribuindo eficácia geral a decisões de perfil incidental.

Vê-se, assim, que a Constituição de 1988 modificou de forma ampla o sistema de controle de constitucionalidade, sendo inevitáveis as reinterpretações ou releituras dos institutos vinculados ao controle incidental de inconstitucionalidade, especialmente da exigência da maioria absoluta para declaração de inconstitucionalidade e da suspensão de execução da lei pelo Senado Federal.

O STF percebeu que não poderia deixar de atribuir significado jurídico à declaração de inconstitucionalidade proferida em sede de controle incidental, ficando o órgão fracionário de outras Cortes exonerado do dever de submeter a declaração de inconstitucionalidade ao Plenário ou ao Órgão Especial, na forma do art. 97 da CF. Não há dúvida de que o Tribunal, nessa hipótese, acabou por reconhecer efeito jurídico transcendente à sua decisão. Embora na fundamentação desse entendimento se fale em quebra da presunção de constitucionalidade, é certo que, em verdade, a orientação do STF acabou por conferir à sua decisão algo assemelhado a um efeito vinculante, independentemente da intervenção do Senado. Esse entendimento está hoje consagrado na própria legislação processual civil (art. 979, parágrafo único, do CPC de 2015).

Essa é a orientação que parece presidir o entendimento que julga dispensável a aplicação do art. 97 da CF por parte dos Tribunais ordinários se o STF já tiver declarado a inconstitucionalidade da lei, ainda que no modelo incidental. Na oportunidade, ressaltou o Redator para o acórdão, Min. Ilmar Galvão, no RE 190.728, que o entendimento estava "em perfeita consonância não apenas com o princípio da economia processual, mas também com o da segurança jurídica, merecendo, por isso, todo encômio, como procedimento que vem ao encontro da tão desejada racionalização orgânica da instituição judiciária brasileira", ressaltando que se cuidava "de norma que não deve ser aplicada com rigor literal, mas, ao revés, tendo-se em mira a finalidade objetivada, o que permite a elasticidade do seu ajustamento às variações da realidade circunstancial".[86] E ela também demonstra que, por razões de ordem pragmática, a jurisprudência e a legislação têm consolidado fórmulas que retiram do instituto da *suspensão da execução da lei pelo Senado Federal* significado substancial ou de especial atribuição de efeitos gerais à decisão proferida no caso concreto.

Como se vê, as decisões proferidas pelo STF em sede de controle incidental acabam por ter eficácia que transcende o âmbito da decisão, o que indica que a própria Corte vem fazendo uma releitura do texto constante do art. 52, X, da CF de 1988, que, como já observado, reproduz disposição estabelecida, inicialmente, na Constituição de 1934 (art. 91, IV) e repetida nos textos de 1946 (art. 64) e de 1967/1969 (art. 42, VIII).

Portanto, é outro o contexto normativo que se coloca para a suspensão da execução pelo Senado Federal no âmbito da Constituição de 1988.

---

86. *DJU* 30.5.1997.

Ao se entender que a eficácia ampliada da decisão está ligada ao papel especial da jurisdição constitucional, e especialmente se considerarmos que o texto constitucional de 1988 alterou substancialmente o papel desta Corte, que passou a ter uma função preeminente na guarda da Constituição a partir do controle direto exercido na ação direta de inconstitucionalidade, na ação declaratória de constitucionalidade e na arguição de descumprimento de preceito fundamental, não há como deixar de reconhecer a necessidade de uma nova compreensão do tema.

A aceitação das ações coletivas como instrumento de controle de constitucionalidade relativiza enormemente a diferença entre os processos de índole objetiva e os processos de caráter estritamente subjetivo. É que a decisão proferida na ação civil pública, no mandado de segurança coletivo e em outras ações de caráter coletivo não mais poderá ser considerada uma decisão *inter partes*.

De qualquer sorte, a natureza idêntica do controle de constitucionalidade quanto às suas finalidades e aos procedimentos comuns dominantes para os modelos difuso e concentrado não mais parece legitimar a distinção quanto aos efeitos das decisões proferidas no controle direto e no controle incidental.

Somente essa nova compreensão parece apta a explicar o fato de o Tribunal ter passado a reconhecer efeitos gerais à decisão proferida em sede de controle incidental independentemente da intervenção do Senado. O mesmo há de se dizer das várias decisões legislativas que reconhecem *efeito transcendente* às decisões do STF tomadas em sede de controle difuso.

É possível, sem qualquer exagero, falar-se, aqui, de uma autêntica *mutação constitucional*, em razão da completa reformulação do sistema jurídico e, por conseguinte, da nova compreensão que se conferiu à regra do art. 52, X, da CF de 1988. Valendo-nos dos subsídios da doutrina constitucional a propósito da mutação constitucional, poder-se-ia cogitar, aqui, de uma autêntica *reforma da Constituição sem expressa modificação do texto*.[87]

87. Georg Jellinek, *Reforma y Mutación de la Constitución*, trad. espanhola de Christian Förster, Madri, Centro de Estudios Constitucionales, 1991, pp. 15-35; Hsü Dau-Lin, *Mutación de la Constitución*, trad. espanhola de Christian Förster e Pablo Lucas Verdú, Bilbao, IVAP, 1998, pp. 68 e ss.; Anna Cândida da Cunha Ferraz, *Processos Informais de Mudança da Constituição*, São Paulo, Max Limonad, 1986, pp. 64 e ss. e 102 e ss.

Em verdade, a aplicação que o STF vem conferindo ao disposto no art. 52, X, da CF indica que o referido instituto mereceu significativa reinterpretação a partir da Constituição de 1988.

É possível que a configuração emprestada ao controle abstrato pela atual Constituição, com ênfase no modelo abstrato, tenha sido decisiva para a mudança verificada, uma vez que as decisões com eficácia *erga omnes* passaram a se generalizar.

A multiplicação de processos idênticos no sistema difuso – notória após 1988 – deve ter contribuído, igualmente, para que a Corte percebesse a necessidade de atualização do aludido instituto. Nesse contexto, assume relevo a decisão que afirmou a dispensabilidade de se submeter a questão constitucional ao Plenário de qualquer Tribunal se o STF já se tiver manifestado pela inconstitucionalidade do diploma. Tal como observado, essa decisão acaba por conferir uma eficácia mais ampla – talvez até mesmo um certo efeito vinculante – à decisão do Plenário do STF no controle incidental. Essa orientação está devidamente incorporada ao direito positivo (art. 949, parágrafo único, do CPC de 2015). No mesmo contexto situa-se a decisão que outorgou ao relator a possibilidade de decidir monocraticamente os recursos extraordinários vinculados às questões já resolvidas pelo Plenário do Tribunal (art. 932, IV, "b", e V, "b", do CPC de 2015).

De fato, é difícil admitir que a decisão proferida em ação direta de inconstitucionalidade ou ação declaratória de constitucionalidade e na arguição de descumprimento de preceito fundamental possa ser dotada de eficácia geral e a decisão proferida no âmbito do controle incidental – esta, muito mais morosa, porque, em geral, tomada após tramitação da questão por todas as instâncias – continue a ter eficácia restrita entre as partes.

Explica-se, assim, o desenvolvimento da nova orientação a propósito da decisão do Senado Federal no processo de controle de constitucionalidade no contexto normativo da Constituição de 1988.

A prática dos últimos anos, especialmente após o advento da Constituição de 1988, parece dar razão – pelo menos agora – a Lúcio Bittencourt, para quem a finalidade da decisão do Senado era, desde sempre, "apenas tornar pública a decisão do Tribunal, levando-a ao conhecimento de todos os cidadãos".[88]

88. Lúcio Bittencourt, *O Controle Jurisdicional de Constitucionalidade das Leis*, p. 145.

Sem adentrar o debate sobre a correção desse entendimento no passado, não parece haver dúvida de que todas as construções que se vêm fazendo em torno do efeito transcendente das decisões pelo STF e pelo Congresso Nacional – com o apoio, em muitos casos, da jurisprudência da Corte[89] – estão a indicar a necessidade de revisão da orientação dominante antes do advento da Constituição de 1988.

Assim, parece legítimo entender que, hodiernamente, a fórmula relativa à suspensão de execução da lei pelo Senado Federal há de ter simples efeito de publicidade. Desta forma, se o STF, em sede de controle incidental, chegar à conclusão, de modo definitivo, de que a lei é inconstitucional, essa decisão terá efeitos gerais, fazendo-se a comunicação ao Senado Federal para que este publique a decisão no *Diário do Congresso*. Tal como assente, não é (mais) a decisão do Senado que confere eficácia geral ao julgamento do STF. A própria decisão da Corte contém essa *força normativa*. Parece evidente ser essa a orientação implícita nas diversas decisões judiciais e legislativas acima referidas. Assim, o Senado não terá a faculdade de publicar, ou não, a decisão, *uma vez que não se cuida de uma decisão substantiva, mas de simples dever de publicação*, tal como reconhecido a outros órgãos políticos em alguns sistemas constitucionais (Constituição austríaca, art. 140, 5 – *publicação a cargo do Chanceler Federal*, e Lei Orgânica da Corte Constitucional alemã, art. 31, (2) – *publicação a cargo do Ministro da Justiça*). Tais decisões proferidas em processo de controle de normas são publicadas no *Diário Oficial* e têm *força de lei* (*Gesetzeskraft*) (Lei do *Bundesverfassungsgericht*, § 31, (2)). Segundo Klaus Vogel, o § 31, II, da Lei Orgânica da Corte Constitucional alemã faz com que a força de lei alcance também as decisões confirmatórias de constitucionalidade. Essa ampliação somente se aplicaria, porém,

89. MS 16.512, rel. Min. Oswaldo Trigueiro, *RTJ* 38(1)/23; RMS 17.976, rel. Min. Amaral Santos, *RDA* 105/111 (113); AI/AgR 168.149, rel. Min. Marco Aurélio, *DJU* 4.8.1995; AI/AgR 167.444, rel. Min. Carlos Velloso, *DJU* 15.9.1995; RE 190.728, rel. Min. Celso de Mello, *DJU* 30.5.1997; RE 191.898, rel. Min. Sepúlveda Pertence, *DJU* 22.8.1997; RE 228.844-SP, rel. Min. Maurício Corrêa, *DJU* 16.6.1999; RE 221.795, rel. Min. Nelson Jobim, *DJU* 16.11.2000; RE 364.160, rela. Min. Ellen Gracie, *DJU* 7.2.2003; RE 345.048, rel. Min. Sepúlveda Pertence, *DJU* 8.4.2003; AI 423.252, rel. Min. Carlos Velloso, *DJU* 15.4.2003; RE 384.521, rel. Min. Celso de Mello, *DJU* 30.5.2003; ADI 1.919, rela. Min. Ellen Gracie, *DJU* 1.8.2003.

ao dever de publicação, porque a lei não pode conferir efeito que a Constituição não prevê.[90]

Portanto, a não publicação pelo Senado Federal de resolução que, nos termos do art. 52, X, da CF, suspenda a execução da lei declarada inconstitucional pelo STF não terá o condão de impedir que a decisão do Supremo assuma sua real eficácia jurídica.

Esta solução resolve de forma superior uma das tormentosas questões da nossa jurisdição constitucional. Superam-se, assim, também as incongruências cada vez mais marcantes entre a jurisprudência do STF e a orientação dominante na legislação processual, de um lado, e, de outro, a visão doutrinária ortodoxa e – permitam-nos dizer – ultrapassada do disposto no art. 52, X, da CF de 1988.

No julgamento da Rcl 4.335 apresentamos voto no sentido da procedência do pedido. Em voto-vista, o Min. Teori Zavascki ressaltou que as decisões da Corte têm se revestido de eficácia expansiva, ainda que tomadas em controvérsias de índole pessoal; demostrou, porém, que é preciso interpretar restritivamente as competências originárias do STF. Acolheu a reclamação por violação à Súmula Vinculante 26, segundo a qual, "para efeito de progressão de regime no cumprimento de pena por crime hediondo, ou equiparado, o juízo da execução observará a inconstitucionalidade do art. 2º da Lei 8.072, de 25 de julho de 1990".

A reclamação foi ajuizada mais de três anos antes da edição dessa Súmula, mas a aprovação do verbete seria fato superveniente, ocorrido no curso do julgamento do processo, que não poderia ter sido desconsiderado pelo Juiz. Esse voto foi seguido por três Ministros (Roberto Barroso, Rosa Weber e Celso de Mello). Os Mins. Sepúlveda Pertence, Joaquim Barbosa, Ricardo Lewandowski e Marco Aurélio não conheceram da reclamação. O julgamento foi concluído em 20.3.2014.

Na Rcl 66.335, colocou-se novamente questão sobre a possibilidade de ajuizamento de reclamação constitucional para suspender os efeitos futuros de decisão judicial em razão de decisão posterior do STF em sede de controle concentrado de constitucionalidade. No

90. Klaus Vogel, "Rechtskraft und Gesetzeskraft der Entscheidungen des Bundesverfassungsgerichts", in Christian Starck (org.), *Bundesverfassungsgericht und Grundgesetz*, 1ª ed., vol. 1, Tübingen, Mohr, 1976, pp. 568-613.

caso, o Tribunal entendeu que, a despeito de a decisão paradigma ser posterior ao ato reclamado, é cabível a reclamação constitucional.[91]

Em período mais recente também, nova decisão do Plenário do STF deu mais um passo na direção desse entendimento defendido por nós. A hipótese versava sobre a questão da eficácia temporal de decisão judicial (em caso de relação jurídica tributária de trato sucessivo), transitada em julgado, proferida com base em fundamento jurídico posteriormente tido por inconstitucional pelo STF. O Tribunal aproximou os efeitos de decisões exaradas em recursos extraordinários submetidos à sistemática da repercussão geral aos das decisões proferidas em controle abstrato de constitucionalidade.[92]

Reclamação, controle de constitucionalidade e possibilidade de revisão de jurisprudência – Toda reclamação tem uma causa de pedir, que pode assumir formas distintas: pode-se alegar afronta a determinada decisão ou súmula vinculante do STF; ou se pode utilizar como fundamento a usurpação da competência do STF.

Quando a causa de pedir é a violação de uma decisão ou de súmula vinculante do STF, é inevitável que a reclamação se convole em típica ação constitucional que visa à proteção da ordem constitucional como um todo. Isso se deve a vários motivos, dentre os quais se podem destacar dois, mais relevantes.

Em primeiro lugar, parece óbvio que o STF, no exercício de sua competência geral de fiscalizar a compatibilidade formal e material de qualquer ato normativo com a Constituição, possa declarar a inconstitucionalidade, incidentalmente, de normas tidas como fundamento da decisão ou do ato que é impugnado na reclamação. Isso decorre, portanto, da própria competência atribuída ao STF para exercer o denominado *controle difuso da constitucionalidade* das leis e dos atos normativos.

Essa hipótese poderá ocorrer, inclusive, quando a reclamação for ajuizada para preservar a competência do STF na hipótese de o ato usurpador da jurisdição constitucional do STF estar fundado em norma inconstitucional. Nesse sentido, recorde-se o julgamento

91. Rcl-AgR-segundo-ED 66.335, rel. Min. Gilmar Mendes, Segunda Turma, *DJU* 8.10.2024.

92. RE 955.227, rel. Min. Roberto Barroso, j. 08/02/203, *DJU* 02/05/2023.

da Rcl 595 (rel. Min. Sydney Sanches), no qual a Corte declarou a inconstitucionalidade de expressão contida na alínea "c" do inciso I do art. 106 da Constituição do Estado de Sergipe, que outorgava competência ao respectivo Tribunal de Justiça para processar e julgar ação direta de inconstitucionalidade de normas municipais em face da Constituição Federal.

Ressalte-se, ainda, que o exercício do controle incidental de constitucionalidade em tais hipóteses decorre de um dever imposto à Corte. A jurisprudência do STF firmou-se no sentido de que, posta uma questão de inconstitucionalidade de lei ou ato normativo da qual dependa o julgamento da causa, a Corte não pode se furtar ao exame dessa questão.[93] Ainda que se declare prejudicado o julgamento da ação, deve o Tribunal se pronunciar sobre a questão de inconstitucionalidade suscitada *incidenter tantum*.

Em segundo lugar, é natural que o Tribunal, ao realizar o exercício – típico do julgamento de qualquer reclamação – de confronto e comparação entre o ato impugnado (o *objeto* da reclamação) e a decisão ou súmula tida por violada (o *parâmetro* da reclamação), sinta a necessidade de reavaliar o próprio parâmetro e redefinir seus contornos fundamentais. A jurisprudência do STF está repleta de casos em que o Tribunal, ao julgar a reclamação, definiu ou redefiniu os lindes de sua própria decisão apontada como o parâmetro da reclamação.

Nesse sentido, após o julgamento da ADI 1.662 (rel. Min. Maurício Corrêa) o Tribunal passou a apreciar uma relevante quantidade e uma diversidade de reclamações que acabaram definindo o real alcance daquela decisão sobre o regime de pagamento de precatórios. Isso ocorreu, por exemplo: na Rcl/AgR 2.009,[94] na qual o Tribunal fixou os contornos das decisões proferidas nas ADI 1.098 e 1.662, atestando que nelas não se tratou sobre o conceito de "precatórios pendentes" para efeito de incidência da norma do art. 78 do ADCT;[95] e Rcl 1.525,[96] na qual o Tribunal delimitou o alcance da decisão proferida na ADI 1.662, especificamente sobre a amplitude do significado de "preterição" de precatórios para fins de sequestro de verbas públicas.

93. MS 20.505-DF, rel. Min. Néri da Silveira, *DJU* 8.11.1991.

94. Rcl/AgR 2.009, rel. Min. Marco Aurélio, *DJU* 10.12.2004.

95. Em sentido semelhante, cf. também o julgamento da Rcl/AgR 3.293, rel. Min. Marco Aurélio, *DJU* 13.4.2007.

96. Rcl 1.525, rel. Min. Marco Aurélio, *DJU* 3.2.2006.

Também sobre o Ato das Disposições Constitucionais Transitórias, o Tribunal discutiu, na Rcl 3.014, proposta pelo Município de Indaiatuba/SP contra decisão proferida pelo TRT-15ª Região. A controvérsia constitucional posta ao crivo do STF, no caso, foi a compatibilidade, ou não, da Lei municipal 4.233/2002 com o art. 87 do ADCT – questão constitucional idêntica à que foi objeto da ADI 2.868-PI.

O Min. Carlos Britto, Relator, votou pelo não conhecimento da ação, por considerar que seu cabimento passa pelo exame da possibilidade de se atribuir efeitos irradiantes aos motivos determinantes da decisão tomada no controle abstrato de normas.

Em voto-vista, considerei que não se está a falar, na hipótese, de aplicação da teoria da *transcendência dos motivos determinantes* da decisão tomada no controle abstrato de constitucionalidade. Trata-se – isto, sim – de um poder ínsito à própria competência do Tribunal de fiscalizar incidentalmente a constitucionalidade das leis e dos atos normativos. E esse poder é realçado quando a Corte se depara com leis de teor idêntico àquelas já submetidas ao seu crivo no âmbito do controle abstrato de constitucionalidade.

Na ADI 2.868-PI (red. para o acórdão o Min. Joaquim Barbosa) o Tribunal fixou o entendimento de que é constitucional a lei da entidade federativa que fixa valores diferenciados daquele estipulado, em caráter transitório, pelo art. 87, II, do ADCT. Entendeu-se, assim, que o art. 100, § 5º, da CF permite que a lei fixe valores distintos como referencial de "pequeno valor" apto a afastar a incidência do sistema de pagamento por meio de precatórios dos débitos da Fazenda Pública.

A teleologia das normas constitucionais é a de assegurar a autonomia das entidades federativas, de forma que Estados e Municípios possam adequar o sistema de pagamento de seus débitos às peculiaridades financeiras locais. O referencial "pequeno valor", para afastamento da aplicação do sistema de precatórios, deverá ser fixado conforme as especificidades orçamentárias de cada ente da Federação.

Parece claro, da mesma forma, que essa autonomia do ente federativo deverá respeitar o princípio da proporcionalidade. É dizer: não poderá o Estado ou o Município estabelecer um valor demasiado, além ou aquém do que seria o razoável para "pequeno valor", conforme suas disponibilidades financeiras. Cada caso é um caso, cujo juízo de proporcionalidade pressupõe a análise dos orçamentos de cada ente federativo.

A lei do Município de Indaiatuba/SP, no entanto, fixou um valor de R$ 3.000,00, que parece bastante razoável, mesmo se comparado com os parâmetros do art. 87 do ADCT. Neste ponto, no julgamento da ADI 2.868-PI o Tribunal considerou razoável valor inferior a esse, no montante à época de cinco salários mínimos.

Ademais, ainda que o Tribunal não tenha se pronunciado expressamente sobre este tópico, a autonomia conferida aos entes federativos pelo art. 100, § 5º, da CF e pelo art. 87 do ADCT abrange, inclusive, a possibilidade de que o referencial "pequeno valor" não seja necessariamente fixado em quantidade de salários-mínimos. O art. 87 do ADCT deixa claro que os valores nele estabelecidos têm vigência "até que se dê a publicação oficial das respectivas leis definidoras pelos entes da Federação". A lei de cada ente da Federação poderá fixar outros valores não vinculados ao salário-mínimo.

Entendi, portanto, que, diante do que já foi decidido pelo Tribunal na ADI 2.868-PI, dever-se-ia conhecer da reclamação para afirmar a constitucionalidade da Lei 4.233/2002 do Município de Indaiatuba/SP, tendo em vista o teor idêntico. A maioria do Tribunal, contudo, assentou entendimento diverso em julgamento plenário ocorrido em 10.3.2010 (*DJe* 21.3.2010).

A decisão cautelar na ADI 3.395[97] deu interpretação ao art. 114, I, da CF, assentando o entendimento no sentido de que a competência da Justiça do Trabalho, nele prevista, não abrange o julgamento das causas instauradas entre o Poder Público e seus servidores que a ele sejam vinculados por relação jurídico-estatutária. Desde então, diversos questionamentos sobre a abrangência dessa decisão chegam ao Tribunal pela via da reclamação. Nesses casos, o STF passou a definir a extensão dessa decisão para as hipóteses de contratos temporários firmados pelo Poder Público e para as hipóteses em que estejam envolvidos cargos em comissão.[98]

---

97. ADI 3.395, rel. Min. Cézar Peluso, *DJU* 10.11.2006.

98. Rcl 4.904, rela. Min. Cármen Lúcia, *DJU* 17.10.2008; Rcl/AgR 4.489, rela. para o acórdão Min. Cármen Lúcia, *DJe* 21.11.2008; Rcl/AgR 4.054, rela. para o acórdão Min. Cármen Lúcia, *DJU* 21.11.2008; Rcl/MC-AgR 4.990, rel. Min. Gilmar Mendes, *DJe* 14.3.2008; Rcl/MC-AgR 4.785, rel. Min. Gilmar Mendes, *DJe*

No julgamento da ADI 3.460 (rel. Min. Carlos Britto, *DJU* 15.6.2007) o Tribunal estabeleceu o conceito de "atividade jurídica" e fixou os requisitos para sua comprovação nos concursos de ingresso na carreira do Ministério Público, novidade trazida pela Emenda Constitucional 45/2004. Não obstante, o efetivo alcance desse conceito e os requisitos para sua comprovação apenas ficaram assentados mediante o julgamento de diversas reclamações, dentre as quais sobressaem a Rcl 4.906 (rel. Min. Joaquim Barbosa, *DJe* 11.4.2008) e a Rcl 4.939 (rel. Min. Joaquim Barbosa, *DJU* 11.4.2008). O alcance da decisão na ADI 3.460 foi também definido, inclusive, em julgamento de mandados de segurança, com especial importância o referente ao MS 26.682 (rel. Min. Cézar Peluso, *DJU* 27.6.2008).

Na Rcl 4.374-PE, relativa ao benefício assistencial previsto na Lei de Organização da Assistência Social/LOAS, colocou-se a possibilidade de o Tribunal reconhecer a inconstitucionalidade de norma anteriormente declarada constitucional. Trata-se da hipótese de revisão da decisão da ADI 1.232.[99] Na oportunidade o STF declarou a constitucionalidade do § 3º do art. 20 da Lei 8.742/1993, que estabelece critérios para a concessão do benefício assistencial previsto no art. 203, V, da CF.

Outros exemplos também se encontram nas reclamações que delimitaram (ainda que por decisão monocrática) o conteúdo da decisão na ADI 3.324 (rel. Min. Marco Aurélio, *DJU* 5.8.2005), a qual tratou da observância da regra da congeneridade das instituições no processo de transferência obrigatória de alunos (servidores militares ou seus dependentes) do ensino superior. Em alguns casos questionava-se sobre a hipótese de transferência obrigatória entre instituições públicas quando o ingresso primário tivesse ocorrido em instituição privada – hipótese, esta, que, em princípio, não teria sido abarcada pela decisão na ADI 3.324.[100]

14.3.2008; Rcl/AgR 7.633, rel. Min. Dias Toffoli, *DJe* 17.9.2010; Rcl/AgR 8.110, rela. para o acórdão Min. Cármen Lúcia, *DJe* 12.2.2010.

99. ADI 1.232-DF, rel. Min. Ilmar Galvão, red. para o acórdão Min. Nelson Jobim, *DJU* 1.6.2001.

100. Rcl 3.665, rel. Min. Gilmar Mendes, *DJU* 19.12.2005; Rcl 3.480, rel. Min. Carlos Velloso, *DJU* 26.8.2005; Rcl 3.664, rel. Min. Sepúlveda Pertence, *DJU* 10.11.2005; Rcl 3.277, rel. Min. Marco Aurélio, *DJU* 2.6.2005; Rcl 3.653, rel. Min. Joaquim Barbosa, *DJU* 18.8.2005; Rcl 3.469, rela. Min. Ellen Gracie, *DJU* 1.8.2005.

Esses casos servem para exemplificar esta atividade que é típica do julgamento da reclamação: a reinterpretação e, portanto, a redefinição do conteúdo e do alcance da decisão apontada como violada (decisão-parâmetro ou decisão-paradigma).

O "balançar de olhos" (expressão cunhada por Karl Engisch) entre a norma e o fato, que permeia o processo hermenêutico em torno do Direito, fornece boa metáfora para a compreensão do raciocínio desenvolvido no julgamento de uma reclamação. Assim como no processo hermenêutico o juízo de comparação e subsunção entre norma e fato leva, invariavelmente, à constante reinterpretação da norma, na reclamação o juízo de confronto e de adequação entre objeto (ato impugnado) e parâmetro (decisão do STF tida por violada) implica a redefinição do conteúdo e do alcance do parâmetro.

É por meio da reclamação, portanto, que as decisões do STF permanecem abertas a esse constante processo hermenêutico de reinterpretação levado a cabo pelo próprio Tribunal. A reclamação, dessa forma, constitui o *locus* de apreciação, pela Corte Suprema, dos processos de *mutação constitucional* e de *inconstitucionalização de normas* (*des Prozess des Verfassungswidrigwerdens*), que muitas vezes podem levar à redefinição do conteúdo e do alcance, e até mesmo à superação, total ou parcial, de uma antiga decisão.

Como é sabido, a evolução interpretativa no âmbito do controle de constitucionalidade pode resultar na declaração de inconstitucionalidade de lei anteriormente declarada constitucional. Analisando especificamente o problema da admissibilidade de nova aferição de constitucionalidade de norma declarada constitucional pelo *Bundesverfassungsgericht*, Hans Brox a considera possível desde que satisfeitos alguns pressupostos. É o que anota na seguinte passagem de seu ensaio sobre o tema:

> "Se se declarou, na parte dispositiva da decisão, a constitucionalidade da norma, então, se admite a instauração de um novo processo para aferição de sua constitucionalidade se o requerente, o tribunal suscitante (controle concreto) ou o recorrente (recurso constitucional = *Verfassungsbeschwerde*) demonstrar que se cuida de uma nova questão. Tem-se tal situação se, após a publicação da decisão, se verificar uma *mudança do conteúdo da Constituição* ou da *norma objeto do controle*, de modo a permitir supor que outra poderá ser a conclusão do processo de subsunção. Uma *mudança substancial das relações*

fáticas ou da *concepção jurídica geral* pode levar a essa alteração"[101] (grifos nossos).

Na mesma linha de entendimento, Bryde assim se manifesta:

"Se se considera que o Direito e a própria Constituição estão sujeitos a mutação e, portanto, que uma lei declarada constitucional pode vir a tornar-se inconstitucional, tem-se de admitir a possibilidade de a questão já decidida poder ser submetida novamente à Corte Constitucional. Se se pretendesse excluir tal possibilidade, ter-se-ia a exclusão dessas situações, sobretudo das leis que tiveram sua constitucionalidade reconhecida pela Corte Constitucional, do processo de desenvolvimento constitucional, ficando elas congeladas no estágio do parâmetro de controle à época da aferição. O objetivo deve ser uma ordem jurídica que corresponda ao respectivo estágio do direito constitucional, e não uma ordem formada por diferentes níveis de desenvolvimento, de acordo com o momento da eventual aferição de legitimidade da norma a parâmetros constitucionais diversos. Embora tais situações não possam ser eliminadas faticamente, é certo que a ordem processual-constitucional deve procurar evitar o surgimento dessas distorções.

"A aferição da constitucionalidade de uma lei que teve a sua legitimidade reconhecida deve ser admitida com base no argumento de que a lei pode ter-se tornado inconstitucional após a decisão da Corte. (...). Embora não se compatibilize com a doutrina geral da coisa julgada, essa orientação sobre os limites da coisa julgada no âmbito das decisões da Corte Constitucional é amplamente reconhecida pela doutrina e pela jurisprudência. Não se controverte, pois, sobre a necessidade de que se considere eventual mudança das 'relações fáticas'. Nossos conhecimentos sobre o processo de mutação constitucional exigem, igualmente, que se admita nova aferição da constitucionalidade da lei no caso de mudança da concepção constitucional."[102]

Em síntese, declarada a constitucionalidade de uma lei, ter-se-á de concluir pela inadmissibilidade de que o Tribunal se ocupe uma vez mais da aferição de sua legitimidade, salvo no caso de significa-

101. Hans Brox, "Zur Zulässigkeit der erneuten Überprüfung einer Norm durch das Bundesverfassungsgericht", in *Festschrift für Willi Geiger*, Tubingen [s. n.], 1974, p. 809 (p. 826).

102. Brun-Otto Bryde, *Verfassungsengsentwicklung, Stabilität und Dynamik im Verfassungsrecht der Bundesrepublik Deutschland*,Baden-Baden, [s. n.], 1982, pp. 412-413.

tiva mudança das circunstâncias fáticas ou de relevante alteração das concepções jurídicas dominantes.[103]

Como ensinado por Liebman, com arrimo em Savigny,[104] as sentenças contêm implicitamente a cláusula *rebus sic stantibus*, de modo que as mudanças posteriores que alterem a realidade normativa bem como eventual modificação da orientação jurídica sobre a matéria podem tornar inconstitucional norma anteriormente considerada legítima (*inconstitucionalidade superveniente*).[105]

Daí parecer plenamente legítimo que se suscite perante o STF a inconstitucionalidade de norma já declarada constitucional. Há muito a jurisprudência constitucional reconhece expressamente a possibilidade de alteração da coisa julgada provocada por mudança nas circunstâncias fáticas.[106]

Assim, tem-se admitido a possibilidade de que o Tribunal, em virtude de evolução hermenêutica, modifique jurisprudência consolidada, podendo censurar preceitos normativos antes considerados hígidos em face da Constituição.

No âmbito do controle incidental ou difuso de constitucionalidade essa hipótese não é incomum, e acaba sendo facilitada pela constante possibilidade de reapreciação do tema nos diversos processos que envolvem controvérsias de índole subjetiva. A jurisprudência do STF é repleta de casos como este.[107]

No controle abstrato de constitucionalidade, por outro lado, a oportunidade de reapreciação ou de superação de jurisprudência fica a depender da propositura de nova ação direta contra o preceito

---

103. *BVerfGE* 33/199 e 39/169; Brun-Otto Bryde, *Verfassungsengsentwicklung, Stabilität und Dynamik im Verfassungsrecht der Bundesrepublik Deutschland*, cit., p. 409; Hans Brox, "Zur Zulässigkeit der erneuten Überprüfung einer Norm durch das Bundesverfassungsgericht", cit., in *Festschrift für Willi Geiger*, p. 809 (p. 818); Stern, *Bonner Kommentar,* 2ª tir., Heildelberg, C. F. Müller Verlag, art. 100, n. 139; Christoph Gusy, *Einführung in da Staatsrecht,* 3ª ed., Heidelberg, [s. n.], 1991 , p. 228.

104. Enrico Tullio Liebman, *Eficácia e Autoridade da Sentença e Outros Escritos sobre a Coisa Julgada*, Rio de Janeiro, Forense, 1984, pp. 25-26.

105. Cf. também, entre outros, Adolf Schönke, *Derecho Procesal Civil*, trad. da 5ª ed. alemã, Barcelona, 1950, pp. 273 e ss.

106. Cf., a propósito, RE 105.012, rel. Min. Néri da Silveira, *DJU* 1.7.1988.

107. Dentre outros, citem-se os seguintes: Inq 687, rel. Min. Sydney Sanches, *DJU* 9.11.2001; CComp 7.204-MG, rel. Min. Carlos Britto, j. 29.6.2005; HC 82.959, rel. Min. Marco Aurélio, *DJU* 1.9.2006; RE 466.343, rel. Min. Cézar Peluso, *DJe* 5.6.2009; RE 349.703, red. para o acórdão Min. Gilmar Mendes, *DJU* 5.6.2009.

anteriormente declarado constitucional. Parece evidente, porém, que essa hipótese de nova ação é de difícil concretização, levando-se em conta o delimitado rol de legitimados (art. 103 da CF) e o improvável ressurgimento da questão constitucional, em searas externas aos processos subjetivos, com força suficiente para ser levada novamente ao crivo do STF no controle abstrato de constitucionalidade.

A oportunidade de reapreciação das decisões tomadas em sede de controle abstrato de normas tende a surgir com mais naturalidade e de forma mais recorrente no âmbito das reclamações. É no juízo hermenêutico típico da reclamação – no "balançar de olhos" entre objeto e parâmetro da reclamação – que surgirá com maior nitidez a oportunidade para a evolução interpretativa no controle de constitucionalidade.

Assim, ajuizada a reclamação com base na alegação de afronta a determinada decisão do STF, o Tribunal poderá reapreciar e redefinir o conteúdo e o alcance de sua própria decisão. E, inclusive, poderá ir além, superando total ou parcialmente a decisão-parâmetro da reclamação, se entender que, em virtude de evolução hermenêutica, tal decisão não se coaduna mais com a interpretação atual da Constituição.

No juízo hermenêutico próprio da reclamação, a possibilidade constante de reinterpretação da Constituição não fica restrita às hipóteses em que nova interpretação leve apenas à delimitação do alcance de uma decisão prévia da própria Corte. A jurisdição constitucional exercida no âmbito da reclamação não é distinta; como qualquer jurisdição de perfil constitucional, ela visa a proteger a ordem jurídica como um todo, de modo que a eventual superação total, pelo STF, de uma decisão sua, específica, será apenas o resultado do pleno exercício de sua incumbência de guardião da Constituição.

Esses entendimentos seguem a tendência da evolução da reclamação como ação constitucional voltada à garantia da autoridade das decisões e da competência do STF. Desde seu advento, fruto de criação jurisprudencial,[108] a reclamação tem-se firmado como importante mecanismo de tutela da ordem constitucional.

108. Cf. Rcl 141, rel. Min. Rocha Lagoa, *DJU* 25.1.1952.

7. *Procedimento*

Linhas gerais – A estrutura procedimental da reclamação é bastante singela e coincide, basicamente, com o procedimento adotado para o mandado de segurança. As regras básicas estão previstas nos arts. 156 a 162 do Regimento Interno do STF e nos arts. 988 a 993 do CPC de 2015. Ressalta-se que a Lei 8.038/1990 foi revogada, neste ponto, pela novel legislação processual.

A reclamação poderá ser proposta pelo Procurador-Geral da República ou por qualquer interessado. Ressalte-se que a expansão do efeito vinculante no controle concentrado (ação direta de inconstitucionalidade, ação declaratória de constitucionalidade, arguição de descumprimento de preceito fundamental) e a adoção da súmula vinculante contribuíram (e ainda hão de contribuir) para ampliar a legitimação para a propositura da reclamação. É que, nos termos do entendimento hoje dominante, especialmente a partir da Rcl/AgR 1.880,[109] toda e qualquer pessoa afetada pela decisão contrária à orientação com efeito vinculante poderá questionar esse ato em reclamação perante o STF.

O pedido deve estar devidamente instruído com prova documental (art. 156 e parágrafo único do Regimento Interno do STF e art. 988, § 2º, do CPC de /2015[110]).

O reconhecimento da reclamação como ação constitucional voltada à proteção da autoridade das decisões do STF não deve dar azo, entretanto, à formulação de pedidos desproporcionais, dado o rito sumário especial da ação.

Na Rcl 5.470[111] pretendeu o autor a desconstituição de cerca de 208 decisões de conteúdos diversos emanadas de diferentes órgãos jurisdicionais. Hipóteses tais tornam impraticável a instrução do processo por meio de múltiplas informações, prejudicam a análise célere da controvérsia pelo Ministério Público e inviabilizam a cognição do pedido pelo órgão julgador.

É certo, por outro lado, que a reunião, em uma única reclamação, de múltiplas decisões pode decorrer, em alguns casos específi-

---

109. Rel. Min. Maurício Corrêa, *DJU* 19.3.2004.

110. Ressalta-se que disposição semelhante encontrava-se prevista no art. 13, parágrafo único, da Lei 8.038/1990, revogada pelo Código de Processo Civil de 2015.

111. Rel. Min. Gilmar Mendes, j. 29.2.2008, *DJU* 10.3.2008.

cos, de um imperativo da própria celeridade e economia processuais, evitando a dispersão do pedido em diversas reclamações individualizadas, o que poderia abrir a possibilidade, de fato, de decisões contraditórias. Nesses casos, porém, é necessário que os atos impugnados tenham origem em uma mesma autoridade coatora, ou pelo menos sejam de conteúdo idêntico, tornando possível sua reunião em uma única ação.

No âmbito do controle abstrato de constitucionalidade o Tribunal já teve a oportunidade de determinar o desmembramento de ação direta proposta contra vinte e uma leis de diferentes Estados. Como o Tribunal não fica vinculado aos fundamentos apresentados na peça inicial, a identidade de causas de pedir não justifica a cumulação dos pedidos em uma única ação.[112] Também na reclamação o entendimento não pode ser diverso. Nesse tipo de ação é possível que, ante o fundamento de violação a determinada decisão, identifique o Tribunal a afronta a outra decisão não especificada na petição inicial, assim como, de outro modo, reconheça usurpação de sua competência; e, além disso, declare a inconstitucionalidade de norma de teor idêntico ao de outra que já foi objeto do crivo do Tribunal no controle abstrato de constitucionalidade.

Assim, se a reclamação constitui, como ressaltado, ação destinada à proteção da ordem constitucional como um todo – e, dessa forma, não fica o Tribunal vinculado ao fundamento delimitado pelo autor –, a identidade de causas de pedir não pode servir de lastro para a formulação de pedido inviável cujo objeto é constituído de centenas de atos de conteúdos variados e emanados de autoridades diversas.

Com efeito, uma única decisão do Tribunal dotada de efeito vinculante ou uma única súmula vinculante poderão servir de parâmetro para a impugnação, com ampla legitimação ativa,[113] de qualquer ato administrativo ou decisão judicial que a elas sejam contrários – ainda que de forma oblíqua[114] –, sejam eles provenientes da Administração direta ou indireta, federal, estadual ou municipal, ou de qualquer outro órgão do Poder Judiciário. Nesse sentido, há precedentes que admitem o cabimento da reclamação constitucional em face de atos administrativos, tendo por paradigma tanto Súmulas Vinculantes

112. ADI/QO 28, rel. Min. Octávio Gallotti, *DJU* 25.10.1991.

113. Rcl/AgR 1.880-SP, rel. Min. Maurício Corrêa, *DJU* 19.3.2004.

114. Rcl 1.987-DF, rel. Min. Maurício Corrêa, *DJU* 21.5.2004.

quanto decisões proferidas em controle concentrado de constitucionalidade.[115]

Para evitar problemas procedimentais, decorrentes principalmente de um pedido cujo objeto abranja uma multiplicidade de atos e decisões que torne impraticável o próprio desenvolvimento regular do processo, o Tribunal deve fixar as balizas para a propositura e o trâmite da reclamação. Por exemplo, a Presidência da Corte adotou a praxe de não aplicar, na hipótese de reclamação por afronta a decisão tomada em processo objetivo de controle de constitucionalidade, o art. 70 do Regimento Interno do STF e a parte final do então vigente parágrafo único do art. 13 da Lei 8.038/1990, que determinam a distribuição da ação ao relator da causa principal.[116] Outro não poderia ser o entendimento. Uma importante decisão em sede de ação direta de inconstitucionalidade ou ação declaratória de constitucionalidade pode abrir ensejo a uma multiplicidade de reclamações contra atos supostamente a elas contrários. Nesse caso, a distribuição de todas as ações ao mesmo relator da ação direta de inconstitucionalidade ou da ação declaratória de constitucionalidade principal tornaria impraticável o desenvolvimento regular dos trabalhos no Tribunal.[117] Por essa razão, a Emenda Regimental n. 34/2009 alterou o Regimento Interno do STF para determinar a livre distribuição da reclamação no caso de decisões com efeito vinculante ou súmula vinculante (art. 70, § 1º).

A autoridade reclamada deverá prestar informações no prazo de 10 dias (art. 989, I, do CPC de 2015). O pedido do reclamante poderá ser impugnado por qualquer interessado (art. 159 do Regimento Interno do STF e art. 990 do CPC de 2015).

Nos termos do Regimento Interno do STF, poderá o relator determinar a suspensão do curso do processo em que se tenha verificado o ato reclamado ou a remessa dos respectivos autos ao Tribunal (art. 158 do Regimento Interno do STF e art. 989, II do CPC de 2015).

Nas reclamações não formuladas pelo Procurador-Geral da República será concedida vista ao Chefe do Ministério Público, após

115. Por exemplo, Rcl/AgR 66.422, redator para o Acórdão, Min. Gilmar Mendes, Segunda Turma, *DJe* 16-10-2024.

116. Rcl 2.091, *DJU* 21.6.2002; Rcl 4.238, *DJU* 14.6.2006.

117. V. decisão na Rcl 5.470, rel. Min. Gilmar Mendes, j. 29.2.2008, *DJU* 10.3.2008.

as informações (art. 160 do Regimento Interno do STF e art. 991 do CPC de 2015).

Das decisões adotadas pelo relator caberá agravo regimental.

Se julgada procedente a reclamação, poderá o Tribunal, ou a Turma, se for o caso (art. 161 do Regimento Interno do STF e art. 992 do CPC de 2015): (a) avocar o conhecimento do processo em que se verifique usurpação de sua competência; (b) ordenar que lhe sejam remetidos, com urgência, os autos do recurso para ele interposto; (c) cassar a decisão exorbitante de seu julgado ou determinar medida adequada à observância de sua jurisdição.

A Emenda Regimental 13/2004 autorizou o relator a decidir monocraticamente em caso de situações repetitivas ou idênticas objeto de jurisprudência consolidada do Tribunal (art. 161, parágrafo único, do Regimento Interno do STF).

8. *Conclusão*

Em linhas gerais, pode-se constatar que a reclamação constitucional perante o STF passou por uma transformação radical especialmente a partir de 1992/1993, com a ampliação da competência do STF em sede de controle concentrado de normas.

Como examinado, o cabimento da reclamação no controle concentrado de normas encontra-se pacificado na Corte, entendendo-se que o efeito vinculante abrange os fundamentos determinantes da decisão.

No que se refere à arguição de descumprimento de preceito fundamental, assentado o efeito vinculante da decisão (art. 10, § 3º), não parece que se possa adotar disciplina diversa daquela vigente para a ação declaratória de constitucionalidade e para a ação direta de inconstitucionalidade.

DÉCIMA SEGUNDA PARTE

O CONTROLE ABSTRATO DE CONSTITUCIONALIDADE DO DIREITO ESTADUAL E DO DIREITO MUNICIPAL

1. Considerações preliminares. 2. Controle do direito estadual e do municipal na Constituição de 1988 e a coexistência de jurisdições constitucionais estaduais e federal. 3. Concorrência de parâmetros de controle. 4. Parâmetro de controle estadual e questão constitucional federal. 5. Ação declaratória de constitucionalidade no âmbito estadual. 6. A arguição de descumprimento de preceito fundamental e o controle de atos municipais em face da Constituição Federal. 7. O controle da omissão legislativa no plano estadual ou distrital. 8. O controle de constitucionalidade no âmbito do Distrito Federal. 9. Reclamação no âmbito estadual. 10. Eficácia "erga omnes" das decisões proferidas em sede de controle abstrato no âmbito estadual.

1. *Considerações preliminares*

O texto constitucional de 1988 contemplou expressamente a questão relativa ao controle abstrato de normas nos âmbitos estadual e municipal em face da respectiva Constituição, consagrando no art. 125, § 2º, que compete "ao Estado a instituição de representação de inconstitucionalidade de leis ou atos normativos estaduais ou municipais em face da Constituição estadual, vedada a atribuição da legitimação para agir a um único órgão".

Todas as Constituições estaduais, sem exceção, disciplinaram o instituto, com maior ou menor legitimação.

Algumas unidades federadas não se limitaram, porém, a consagrar o controle abstrato de normas dos atos normativos estaduais e municipais em face da Constituição estadual, instituindo, igualmente, a ação direta de inconstitucionalidade por omissão.[1]

A ausência de menção expressa ao Distrito Federal no art. 125, § 2º, da CF deu ensejo a certa insegurança jurídica quanto ao controle de constitucionalidade do direito distrital em face da Lei Orgânica – questão que ficou esclarecida com as Leis 9.868/1999 e 11.697/2008.

A instituição da ação declaratória de constitucionalidade no plano federal (Emenda Constitucional 3/1993) introduz a indagação sobre a possibilidade de adoção desse instrumento no âmbito estadual.[2]

Como se sabe, o controle de constitucionalidade da lei municipal, em tese, suscitou amplo debate nos meios acadêmicos e nos Tribunais. A controvérsia assumiu maior realce em face do silêncio da Carta Magna de 1967/1969, que contemplou tão somente a representação do Chefe do Ministério Público local para assegurar a observância dos princípios indicados na Constituição estadual, bem como para prover a execução da lei (CF de 1967/1969, art. 15, § 3º, "d" – *representação interventiva*).

Admitindo a existência de um "campo deixado em branco pela Constituição Federal", houve por bem a Assembleia Legislativa do Estado de São Paulo consagrar, na Constituição de 1967, modalidade genérica de controle abstrato de constitucionalidade, cuja iniciativa ficou a cargo do Procurador-Geral do Estado (art. 51, parágrafo único, da Constituição estadual).[3]

O STF entendeu, porém, que o Estado-membro não poderia instituir representação de inconstitucionalidade para aferir a legitimidade do direito municipal em face da Constituição Estadual.[4]

---

1. Cf., *v.g.*: Constituição do Estado do Acre, art. 104, § 3º; Constituição do Estado do Amazonas, art. 75, § 3º; Constituição do Estado da Bahia, art. 134, § 4º; Constituição do Estado do Rio Grande do Sul, art. 95, XII, "d"; Constituição do Estado do Rio de Janeiro, art. 159, § 2º; Constituição do Estado de Rondônia, art. 88, § 3º; Constituição do Estado de Santa Catarina, art. 84, § 3º; e Constituição do Estado de São Paulo, art. 90, *caput*.

2. O art. 8º, I, o, da Lei 11.697/2008, inclusive, prevê a competência do Tribunal de Justiça do Distrito Federal e dos Territórios para processar e julgar originariamente "a ação declaratória de lei ou ato normativo do Distrito Federal em face de sua Lei Orgânica".

3. RE 92.169-SP, rel. Min. Cunha Peixoto, *RTJ* 103/1.085.

4. *RTJ* 93/460-466; v. também RE 96.169, rel. Min. Cunha Peixoto, *RTJ* 103/1.085.

2. Controle do direito estadual e do municipal na Constituição de 1988 e a coexistência de jurisdições constitucionais estaduais e federal

A Constituição de 1988 pôs termo à discussão, autorizando os Estados a instituir representação de inconstitucionalidade de leis ou atos normativos estaduais ou municipais em face da Constituição estadual. Nos termos do art. 125, § 2º, da CF, "cabe aos Estados a instituição de representação de inconstitucionalidade de leis ou atos normativos estaduais ou municipais em face da Constituição Estadual, vedada a atribuição da legitimação para agir a um único órgão".

Na prática, o referido dispositivo constitucional exige que os ordenamentos jurídicos de cada estado federado prevejam a possibilidade – e disciplinem o procedimento processual – para que entes legitimados possam questionar, perante os Tribunais de Justiça, a compatibilidade entre normas locais (estaduais ou municipais) em face das respectivas Constituições estaduais.

A possibilidade de controle de constitucionalidade de normas municipais em face das respectivas Leis Orgânicas, mesmo que previstas pelas Constituições estaduais, foi considerada inconstitucional pelo Supremo Tribunal Federal ao julgar a ADI 5.548/PE. Ou seja, o Plenário da Corte definiu que, no âmbito infrafederal, uma norma municipal só pode se submeter ao controle abstrato de constitucionalidade se for em face da respectiva Constituição Estadual. Com esse fundamento, por unanimidade, o STF julgou inconstitucional dispositivo da Constituição do Estado de Pernambuco que previa a possibilidade de realização de controle abstrato de normas municipais em face de Leis Orgânicas dos municípios pertencentes àquele estado.[5]

Surgem, agora, outras questões.

Indaga-se, *v.g.*, sobre os efeitos das decisões proferidas pelos Tribunais de Justiça com base em normas constitucionais estaduais cuja reprodução é expressamente exigida ou determinada pelo constituinte federal. Pergunta-se sobre o cabimento do recurso extraordinário contra decisão proferida pelo Tribunal estadual em sede de ação direta. A introdução da ação declaratória no âmbito federal permite que se suscite a possibilidade de criação de ação análoga no âmbito

5. ADI 5.548/PE, rel. Min. Ricardo Lewandowski, *DJe* de 24.8.2021.

estadual. Da mesma forma, afigura-se legítimo averiguar a admissibilidade do controle abstrato no plano do Distrito Federal.

A amplitude da jurisdição constitucional no Estado Federal suscita inúmeras questões. A inexistência de regras de colisão – como é o caso da Alemanha e do Brasil – enseja insegurança, em determinadas situações, quanto à competência da jurisdição estadual ou federal.[6]

Como os atos do Poder estadual estão submetidos às jurisdições constitucionais estaduais e federal, torna-se evidente, em certos casos, a concorrência de competências,[7] afigurando-se possível submeter uma questão tanto à Corte estadual quanto à Corte Constitucional, nos casos de dupla ofensa.

Todavia, como enunciado, os parâmetros para o exercício do controle de constitucionalidade pela Corte Constitucional alemã hão de ser, fundamentalmente, a Constituição e as leis federais.[8] Da mesma forma, o parâmetro para o controle de constitucionalidade exercido por uma Corte constitucional estadual é a Constituição estadual, e não a Lei Fundamental ou as leis federais.[9]

Situação semelhante verifica-se entre nós. O parâmetro de controle do juízo abstrato perante o STF haverá de ser apenas a Constituição Federal. O controle abstrato de normas perante o Tribunal de Justiça estadual ou do Distrito Federal será apenas e tão somente a Constituição estadual, para o caso dos Estados-membros; e a Lei Orgânica distrital, como veremos a seguir, para o Distrito Federal.

Tais afirmações não logram afastar toda a problemática que envolve o tema. Observe-se que a Lei Fundamental outorga uma ampla competência à União (arts. 73, 74, 74, 75, 104, 105 e 107). Algumas disposições contidas na Constituição Federal, como as que

---

6. Christian Pestalozza, *Verfassungsprozessrecht*, 3ª ed., Munique, 1991, pp. 374-375.

7. Idem, ibidem.

8. *BVerfGE* 6/382; *BVerfGE* 11/94; Ernst Friesenhahn, "Zur Zuständigkeitsabgrenzung zwischen Bundesverfassungsgerichtsbarkeit und Landesverfassungsgerichtsbarkeit", in Christian Starck, *Bundesverfassungsgericht und Grundgesetz*, vol. I, Tübingen, 1976, p. 754.

9. Ernst Friesenhahn, "Zur Zuständigkeitsabgrenzung zwischen Bundesverfassungsgerichtsbarkeit und Landesverfassungsgerichtsbarkeit", in Christian Starck, *Bundesverfassungsgericht und Grundgesetz*, vol. I, p. 754.

disciplinam os direitos fundamentais, integram, obrigatoriamente, o direito estadual.[10]

Não obstante a existência de esferas normativas diferenciadas, afigura-se legítima a conclusão de Christian Pestalozza segundo a qual a existência das jurisdições estaduais e federal outorga ao lesado uma dupla proteção, seja quando o ato se afigure incompatível com disposições federais e estaduais materialmente diversas, seja quando malfira preceitos concordantes da Constituição Federal ou da Carta estadual.

Como observado, a coexistência de jurisdições constitucionais federal e estaduais enseja dúplice proteção judicial, independentemente da coincidência ou divergência das disposições contidas na Carta Magna e na Constituição estadual. A ampla autonomia de que gozam os Estados-membros em alguns modelos federativos milita em favor da concorrência de jurisdições constitucionais.

Portanto, uma mesma lei estadual pode ser compatível com a Lei Maior e incompatível com a Carta estadual. Daí se abster a Corte Constitucional alemã de se pronunciar sobre a validade da lei estadual, limitando-se a declarar sua compatibilidade com a Lei Fundamental ou com o direito federal.[11] E as objeções quanto à inexistência de objeto no controle de constitucionalidade em face da Lei Fundamental, no caso de inconstitucionalidade diante da Carta estadual, responde Ernst Friesenhahn, com proficiência: "Tal restrição não leva em conta que, no direito constitucional, há que se distinguir o juízo sobre a validade da competência para apreciar essa validade ou declarar a invalidade".

Não se deve olvidar, outrossim, que pronunciamento genérico de Corte estadual quanto à inconstitucionalidade de lei ou ato normativo estadual ou municipal em face do Texto Magno pareceria totalmente incompatível com o exercício do controle concentrado de constitucionalidade pela Corte Constitucional federal.

Esta questão foi suscitada, entre nós, pelo Min. Moreira Alves, no RE 92.169-SP, nos termos seguintes:

10. Christian Pestalozza, *Verfazzungsprozessrecht*, cit. p. 17.

11. Hartmut Söhn, "Die abstrakte Normenkontrolle", in Christian Starck, *Bundesverfassungsgericht und Grundgesetz*, vol. I, pp. 318-319.

"(...) se fosse possível aos Tribunais de Justiça dos Estados o julgamento de representações dessa natureza, com relação a leis municipais em conflito com a Constituição Federal, poderia ocorrer a seguinte situação esdrúxula. É da índole dessa representação – e isso hoje é matéria pacífica nesta Corte – que ela, transitando em julgado, tem eficácia *erga omnes*, independentemente da participação do Senado Federal, o que só se exige para a declaração *incidenter tantum*. O que implica dizer que, se transitasse em julgado a decisão nela proferida por Tribunal de Justiça, esta Corte Suprema estaria vinculada à declaração de inconstitucionalidade de Tribunal que lhe é inferior; mesmo nos casos concretos futuros que lhe chegassem por via de recurso extraordinário. O absurdo da consequência, que é da índole do instrumento, demonstra o absurdo da premissa".[12]

As considerações então expendidas faziam referência à instituição de mecanismo de controle de constitucionalidade no âmbito da unidade federada, tendo em vista as especificidades do direito constitucional positivo brasileiro. Todavia, parece lícito enfatizar que a possibilidade de coexistência de jurisdições constitucionais federal e estadual pressupõe, em uma estrutura federativa, expressa previsão constitucional e uma definição dos *parâmetros de controle*. Assim, mesmo quando as disposições dos textos constitucionais federal e estadual tiverem idêntico conteúdo, há de se admitir a autonomia dos pronunciamentos jurisdicionais da Corte Federal daqueles de tribunais estaduais.

A Corte Constitucional alemã firmou entendimento no sentido de que a adoção pela Constituição estadual de normas com conteúdo idêntico a preceitos constitucionais federais garante a dúplice garantia jurisdicional, permitindo que os recursos constitucionais e o controle de normas possam ser instaurados perante o Tribunal Constitucional estadual, nos termos da Constituição estadual, ou perante a Corte Constitucional federal, tendo como parâmetro a Lei Fundamental.[13] Em caso de dissídio jurisprudencial específico entre

12. *RTJ* 103(3)/1.115.

13. *BVerfGE* 36/342 (368); cf., também, Christian Pestalozza, *Verfassungsprozessrecht*, 3ª ed., p. 375. Nesse caso não seria de aplicar o princípio *Bundesrecht bricht Landesrecht*, constante do art. 31 da Lei Fundamental, uma vez que, segundo o *Bundesverfassungsgericht*, "direito constitucional federal não quebra direito constitucional estadual de conteúdo idêntico" (*Bundesverfassungsrecht bricht inhaltsgleiches Landesverfassungsrecht nicht – BVerfGE* 36/342 (343)).

a Corte Constitucional alemã e a Corte Constitucional estadual, há de prevalecer a orientação consolidada pelo órgão federal.[14]

Na Alemanha consagra-se, com as exceções previstas no art. 72, III, da Lei Fundamental, o princípio *Bundesrecht bricht Landesrecht* (ou seja, "o direito federal rompe o direito estadual") (Lei Fundamental, art. 31). Considerando a amplitude da competência legislativa conferida no Direito Alemão à União – muito menos analítico que as Constituições brasileiras em geral, especialmente a de 1988 –, o texto da Lei Fundamental deixa ainda significativo espaço para o constituinte estadual, sobretudo no que concerne à organização político-administrativa e à política educacional. Nesse particular, o nível de detalhamento do texto da Constituição de 1988 suscita considerável singularidade no que concerne à definição de competências legislativas expressas, residuais, delegadas, concorrentes e suplementares em relação à União Federal, ao Distrito Federal e aos Estados-membros.

O próprio princípio de homogeneidade (*Homogenitätsgebot*), previsto no art. 28 da Lei Fundamental, é suficientemente impreciso para permitir aos Estados-membros alguma liberdade na concretização dos postulados da República, Democracia e Estado de Direito Social.

Por outro lado, a Corte Constitucional firmou orientação no sentido de que disposições constitucionais estaduais de conteúdo idêntico às do direito constitucional federal não são atingidas pela cláusula do art. 31.[15] Argumenta-se que o princípio do prevalecimento do direito federal sobre o direito estadual (*Bundersrecht bricht Landesrecht*) disciplina a colisão (entre normas contraditórias), não sendo aplicável, por isso, às situações jurídicas análogas ou semelhantes instituídas pelos Estados. Assim, muitos Estados reproduzem ou até mesmo ampliam o catálogo de direitos fundamentais previstos na Lei Fundamental.

Ademais, no tocante aos direitos fundamentais, é de admitir que o princípio constante do art. 131 sofre restrições decorrentes da aplicação do disposto no art. 142, que admite a subsistência do direito constitucional estadual pertinente às garantias individuais.

14. *BVerfGE* 36/342 (368-369). Klaus Stern (*Kommentar zum Grundgesetz (Zweitbearbeitung)*, art. 100, ns. 268-274) anota que, assim como o *Bundesverfassungsgericht* vê-se compelido a aplicar, incidentemente, direito estadual, devem as Cortes estaduais aplicar, muitas vezes, de forma incidental ou *principaliter*, o direito federal.

15. *BVerfGE* 36/366.

Sob o império da Constituição de 1988 suscitou-se, entre nós, questão relativa à competência de Tribunal estadual para conhecer de ação direta de inconstitucionalidade formulada contra lei municipal em face de parâmetro constitucional estadual que, na sua essência, reproduzia disposição constitucional federal. Cuidava-se de controvérsia sobre a legitimidade do IPTU instituído por lei municipal de São Paulo (Lei 11.152, de 30.12.1991). Concedida a liminar pelo Tribunal de Justiça local, a Prefeitura de São Paulo ajuizou reclamação perante o STF, sustentando que, embora fundada em inobservância de preceitos constitucionais estaduais, a ação direta acabava por submeter à apreciação do Tribunal de Justiça do Estado o contraste entre a lei municipal e as normas da Constituição Federal.[16]

Anteriormente, julgando a Rcl 370/MT, afirmara o Supremo Tribunal Federal que faleceria aos Tribunais de Justiça estaduais competência para conhecer de representação de inconstitucionalidade de lei estadual ou municipal em face de parâmetros – formalmente – estaduais, mas substancialmente integrantes da ordem constitucional federal. Considerou-se, então, que a reprodução na Constituição estadual de normas constitucionais obrigatórias em todos os níveis da federação "em termos estritamente jurídicos" seria "ociosa".[17] Asseverou-se que o texto local de reprodução formal ou material, "não obstante a forma de proposição normativa do seu enunciado, vale por simples explicitação da absorção compulsória do preceito federal, essa, a norma verdadeira, que extrai força de sua recepção pelo ordenamento local, exclusivamente, da supremacia hierárquica absoluta da Constituição Federal".

Não se deve olvidar que o chamado *poder constituinte decorrente* do Estado-membro é, por sua natureza, um poder constituinte limitado; ou, como ensina, Anna Cândida da Cunha Ferraz, é um poder que "nasce, vive e atua com fundamento na Constituição Federal que lhe dá supedâneo; é um poder, portanto, sujeito a limites jurídicos, impostos pela Constituição Maior".[18] Essas limitações são de duas ordens: as Constituições estaduais não podem contrariar a Constituição Federal (*limitação negativa*); as Constituições estaduais

16. Rcl 383, rel. Min. Moreira Alves, *RTJ* 147/404 e 451/452.

17. Rcl 370/MT, rel. Min. Octavio Gallotti, *DJ* de 29.6.2001.

18. Anna Cândida da Cunha Ferraz, *Poder Constituinte do Estado-Membro*, São Paulo, Ed. RT, 1979, p. 130.

devem concretizar, no âmbito territorial de sua vigência, os preceitos, o espírito e os fins da Constituição Federal (*limitação positiva*).[19]

A ideia de limitação material (*positiva ou negativa*) do poder constituinte decorrente remonta, no direito constitucional brasileiro, à Constituição de 1891, que, no art. 63, previa que cada Estado seria regido "pela Constituição e pelas leis" que adotasse, "respeitados os princípios constitucionais da União". Embora o texto não explicitasse quais eram esses princípios, havia certo consenso na doutrina sobre o conteúdo dessa cláusula. As controvérsias político-constitucionais instauradas levaram o constituinte derivado, na Reforma de 1926, a elencar expressamente esses princípios.[20] Essa tendência foi preservada pelas Constituições que lhe sucederam.[21]

A doutrina brasileira tem-se esforçado para classificar esses princípios constitucionais federais que integram, obrigatoriamente, o direito constitucional estadual. Na conhecida classificação de José Afonso da Silva, esses postulados podem ser denominados "princípios constitucionais sensíveis" e "estabelecidos". Os "princípios constitucionais sensíveis" são aqueles cuja observância é obrigatória, sob pena de intervenção federal (CF de 1988, art. 34, VII). Os "princípios constitucionais estabelecidos" seriam aqueles que limitam a autonomia organizatória do Estado. Ressalvando o autor:

> "A Constituição vigente, retomando critérios da Constituição de 1946, em prestígio do federalismo, praticamente eliminou os *princípios extensíveis*, aqueles que consubstanciavam regras de organização da União, cuja aplicação, nos termos da Constituição revogada, se esten-

19. Idem, p. 133.

20. Cf. Emenda Constitucional de 1926, art. 6º: "Art. 6º. O Governo Federal não poderá intervir em negócios peculiares aos Estados, salvo: I – para repelir invasão estrangeira, ou de um Estado em outro; II – para assegurar a integridade nacional e o respeito aos seguintes princípios constitucionais: a) forma republicana; b) o regime representativo; c) o governo presidencial; d) a independência e a harmonia dos Poderes; e) a temporariedade das funções eletivas e a responsabilidade dos funcionários; f) a autonomia dos Municípios; g) a capacidade para ser eleitor ou elegível nos termos da Constituição; h) um regime eleitoral que permita a representação das minorias; i) a inamovibilidade e vitaliciedade dos magistrados e a irredutibilidade dos seus vencimentos; j) os direitos políticos e individuais assegurados pela Constituição; k) a não reeleição dos presidentes e governadores; l) a possibilidade de reforma constitucional e a competência do Poder Legislativo para decretá-la".

21. Constituição de 1934 (arts. 7º e 12, V); Constituição de 1937 (arts. 21, I, e 9º, "e"); Constituição de 1946 (arts. 7º, VII, e 18); Constituição de 1967/1969 (arts. 10, VII, e 13); Constituição de 1988 (arts. 25 e 34, VII).

dia aos Estados. Restou apenas a regra segundo a qual os vencimentos dos magistrados (desembargadores) não podem exceder aos dos ministros do STF (art. 93, V), que tem mais a ver com o exercício dos Poderes constituídos do que com limites do poder constituinte decorrente. Vincula especialmente a capacidade de autolegislação, antes que a de auto-organização".[22]

A Constituição de 1988 foi moderada na fixação dos chamados *princípios sensíveis*. Nos termos do art. 34, VII, devem ser observados pelo Estado-membro, sob pena de intervenção: (a) forma republicana, sistema representativo e regime democrático; (b) direitos da pessoa humana; (c) autonomia municipal; (d) prestação de contas da Administração Pública direta e indireta.

O texto constitucional contém, todavia, uma pletora de disposições que afetam a organização da unidade federada, como um todo. Pretender que a reprodução dessas normas federais no texto constitucional estadual implica sua descaracterização como parâmetro de controle estadual revela-se assaz perigoso para a própria segurança jurídica. Até porque haveria imensa dificuldade em se identificar, com precisão, uma norma ontologicamente estadual. Não é preciso dizer que a adoção do critério proposto na Rcl 370 importaria, na sua essência, o completo esvaziamento da jurisdição constitucional estadual.

Portanto, a decisão proferida pelo STF na Rcl 383 veio restabelecer a melhor doutrina,[23] assentando que, posta a questão da constitucionalidade da lei municipal (ou da lei estadual) em face da Constituição estadual, tem-se uma questão constitucional estadual.

Merecem destaque, também, as situações inversas que se colocam sob a apreciação do Poder Judiciário. Com efeito, pode surgir dúvida sobre a competência dos Tribunais de Justiça para exercer controle abstrato de constitucionalidade de leis municipais, utilizando como parâmetro dispositivos da Constituição Federal de 1988 que consistam em normas de reprodução obrigatória nas constituições estaduais.

---

22. José Afonso da Silva, *Curso de Direito Constitucional Positivo*, 39ª ed., São Paulo, Malheiros Editores, 2016, pp. 619 e ss.

23. Cf., sobre o assunto, Gilmar Ferreira Mendes, *Controle de Constitucionalidade: Aspectos Jurídicos e Políticos*, São Paulo, Saraiva, 1990.

Como se viu, as ADIs Estaduais, propostas perante os Tribunais de Justiça, em regra, discutem a constitucionalidade de leis ou atos normativos, estaduais ou municipais, em face das normas das constituições dos estados, de acordo com o art. 125, § 2º, da CF/88. Por tal sorte, é reiterada a jurisprudência do Supremo Tribunal Federal no sentido de que, de maneira geral, "não cabe a tribunais de justiça estaduais exercer o controle de constitucionalidade de leis e demais atos normativos municipais em face da Constituição Federal".[24]

Todavia, entende o STF que a orientação jurisprudencial acima explanada comporta uma exceção. Ao julgar o RE 650.898/RS sob a sistemática da repercussão geral, a Corte fixou a seguinte tese: "Tribunais de Justiça podem exercer controle abstrato de constitucionalidade de leis municipais utilizando como parâmetro normas da Constituição Federal, desde que se trate de normas de reprodução obrigatória pelos estados".[25]

O referido entendimento foi confirmado pelo STF no julgamento da ADI 5.647/AP que, ao dar interpretação conforme à norma da Constituição do Estado do Amapá, consignou que o Tribunal de Justiça somente pode realizar o controle concentrado de constitucionalidade de atos normativos municipais em face da Constituição Federal quando o parâmetro de controle for norma de reprodução obrigatória ou haja, na Carta Estadual, regra de caráter remissivo.[26]

Vê-se que, dados o caráter vinculativo e a índole genérica inerentes ao modelo concentrado de controle de constitucionalidade, a possibilidade de coexistência entre jurisdições constitucionais federal e estadual em uma ordem federativa exige, igualmente, adequada definição de *parâmetros de controle*.[27]

3. *Concorrência de parâmetros de controle*

Convém alertar que a competência concorrente de Tribunais Constitucionais estaduais e federal envolve algumas cautelas.

Evidentemente, a sentença de rejeição de inconstitucionalidade proferida por uma Corte não afeta o outro processo pendente perante

24. ADI 347, rel. Min. Joaquim Barbosa, *DJ* de 20.10.2006.

25. RE 650.898/RS, red. para acórdão Min. Roberto Barroso, *DJe* de 24.8.2017.

26. ADI 5.647/AP, rel. Min. Rosa Weber, *DJe* de 17.11.2021.

27. RE 92.169-SP, rel. Min. Cunha Peixoto, *RTJ* 103(3)/1.115.

outro Tribunal, que há de decidir com fundamento em parâmetro de controle autônomo.[28]

Todavia, declarada a inconstitucionalidade de direito local em face da Constituição estadual, com efeito *erga omnes*, há de se reconhecer a *insubsistência* de qualquer processo eventualmente ajuizado perante o STF que tenha por objeto a mesma disposição.

Assim também a declaração pelo STF de inconstitucionalidade da lei estadual em face da Constituição Federal torna insubsistente (*gegenstandslos*) ou sem objeto eventual arguição, pertinente à mesma norma, requerida perante Corte estadual.[29]

Ao contrário, a suspensão cautelar da eficácia de uma norma no juízo abstrato, perante o Tribunal de Justiça ou perante o STF, não torna inadmissível a instauração de processo de controle abstrato em relação ao mesmo objeto, nem afeta o desenvolvimento válido de processo já instaurado perante outra Corte.[30]

Problemática há de se revelar a questão referente aos processos instaurados simultaneamente perante Tribunal de Justiça estadual e perante o STF no caso de ações diretas contra determinado ato normativo estadual em face de parâmetros estadual e federal de conteúdo idêntico. Se a Corte federal afirmar a constitucionalidade do ato impugnado em face do parâmetro federal, poderá o Tribunal estadual considerá-lo inconstitucional em face de parâmetro estadual de conteúdo idêntico?

Essa questão dificilmente pode ser resolvida com recurso às consequências da coisa julgada e da eficácia *erga omnes*, uma vez que esses institutos, aplicáveis ao juízo abstrato de normas, garantem a eficácia do julgado enquanto tal, isto é, com base no parâmetro constitucional utilizado. A pretensão no sentido de se outorgar eficácia transcendente à decisão equivaleria a atribuir força de interpretação autêntica à decisão do Tribunal federal.

---

28. *BVerfGE* 34/52 (58); Christian Pestalozza, *Verfassungsprozessrecht*, 3ª ed., pp. 376-377; Klaus Stern, *Kommentar zum Grundgesetz (Bonner Kommentar)*, art. 100, n. 49.

29. Cf. Christian Pestalozza, *Verfassungsprozessrecht*, 3ª ed., p. 376; Klaus Stern, *Kommentar zum Grundgesetz (Bonner Kommentar)*, art. 100, n. 149.

30. Parece evidente que, deferida a suspensão cautelar perante uma Corte, inadmissível é a concessão de liminar por outra, uma vez que manifesta a ausência dos pressupostos processuais.

No plano dogmático pode-se reconhecer essa consequência se se admitir que as decisões do STF são dotadas de *efeito vinculante* (*Bindungswirkung*), que não se limita à parte dispositiva, mas se estende aos fundamentos determinantes da decisão.

Assim, pelo menos no que se refere às ações diretas de inconstitucionalidade julgadas pelo STF se poderia cogitar de um efeito transcendente se a questão estadual versasse também sobre a norma de reprodução obrigatória[31] pelo Estado-membro.

No julgamento da ADI 3.659/AM, o STF adotou posição no sentido de que, "[h]avendo declaração de inconstitucionalidade de preceito normativo estadual pelo Tribunal de Justiça com base em norma constitucional estadual que constitua reprodução (obrigatória ou não) de dispositivo da Constituição Federal, subsiste a jurisdição do STF para o controle abstrato tendo por parâmetro de confronto o dispositivo da Constituição Federal reproduzido".[32] A Corte compreendeu que, em tais situações, não seria admissível declarar a prejudicialidade da ADI que tramitava no Supremo Tribunal Federal, sob pena de legitimar que um Tribunal de Justiça tenha a palavra final a respeito da correta interpretação da Constituição Federal, numa inversão da hierarquia do Poder Judiciário e em violação ao dever precípuo da Corte de guarda do texto constitucional.

Observe-se, outrossim, que o Supremo tem entendido que, em caso de propositura de ação direta de inconstitucionalidade perante o STF e perante o Tribunal de Justiça contra dada lei estadual, com base em direito constitucional federal de reprodução obrigatória pelos Estados-membros, há de se suspender o processo no âmbito da Justiça estadual até a deliberação definitiva da Suprema Corte. É o que resulta da orientação manifestada na ADI/MC 1.423-SP,[33] *verbis*:

> "Rejeição das preliminares de litispendência e de continência, porquanto, quando tramitam paralelamente duas ações diretas de inconstitucionalidade, uma no Tribunal de Justiça local e outra no STF, contra a mesma lei estadual impugnada em face de princípios constitucionais estaduais que são reprodução de princípios da Constituição Federal, suspende-se o curso da ação direta proposta perante o Tribunal

---

31. Sobre *norma de reprodução obrigatória* cf. decisão na Rcl 4.432, rel. Min. Gilmar Mendes, *DJU* 10.10.2006.

32. ADI 3.659/AM, rel. Min. Alexandre de Moraes, *DJe* 8.5.2019.

33. Rel. Min. Moreira Alves, *DJU* 22.11.1996.

estadual até o julgamento final da ação direta proposta perante o STF, conforme sustentou o Relator da presente ação direta de inconstitucionalidade em voto que proferiu, em pedido de vista, na Rcl n. 425".

Da aludida Rcl 425-AgR-RJ[34] examine-se parte da ementa, que trata da possibilidade de suspensão do processo:

"(...). Em se tratando, no caso, de lei estadual, esta poderá, também, ser, simultaneamente, impugnada no STF, em ação direta de inconstitucionalidade, com base no art. 102, I, 'a', da Lei Magna federal. Se isso ocorrer, dar-se-á a *suspensão do processo* de representação no Tribunal de Justiça, até a decisão final do STF (...)" (grifos nossos).

Portanto, o STF acabou por consagrar uma causa especial de suspensão do processo no âmbito da Justiça local, nos casos de tramitação paralela de ações diretas perante o Tribunal de Justiça e perante a própria Corte relativamente ao mesmo objeto, e com fundamento em norma constitucional de reprodução obrigatória por parte do Estado-membro.

4. *Parâmetro de controle estadual e questão constitucional federal*

Considerações preliminares – Essas colocações não devem levar à ideia de que o controle de constitucionalidade da lei estadual ou municipal em face da Constituição estadual não se mostra apto a suscitar questão federal que deva, eventualmente, ser dirimida pelo STF.

Pode ocorrer que o Tribunal estadual considere inconstitucional o próprio parâmetro de controle estadual, por ofensivo à Constituição Federal. No sistema concentrado clássico a Corte estadual submeteria a questão, no âmbito do controle concreto de normas, ao Tribunal Constitucional federal.[35]

Nada obsta a que o Tribunal de Justiça competente para conhecer da ação direta de inconstitucionalidade em face da Constituição estadual suscite *ex officio* a questão constitucional – inconstitucionalidade do parâmetro estadual em face da Constituição Federal –, declarando, incidentalmente, a inconstitucionalidade da norma cons-

34. Rel. Min. Néri da Silveira, *DJU* 22.10.1993.

35. Christian Pestalozza, *Verfassungsprozessrecht*, 3ª ed., p. 377.

titucional estadual em face da Constituição Federal e extinguindo, por conseguinte, o processo, ante a impossibilidade jurídica do pedido (declaração de inconstitucionalidade em face de parâmetro constitucional estadual violador da Constituição Federal).

Portanto, da decisão que reconhecesse, ou não, a inconstitucionalidade do parâmetro de controle estadual seria admissível recurso extraordinário para o STF, que tanto poderia reconhecer a legitimidade da decisão, confirmando a declaração de inconstitucionalidade, como revê-la, para admitir a constitucionalidade da norma estadual, o que implicaria a necessidade de o Tribunal de Justiça prosseguir no julgamento da ação direta proposta.

Isso já demonstra que não se pode cogitar de uma separação absoluta entre as jurisdições constitucionais estaduais e federal.

Recurso extraordinário e norma de reprodução obrigatória – Mais séria e complexa revela-se a indagação sobre o cabimento de recurso extraordinário na hipótese de o Tribunal de Justiça, em ação direta de inconstitucionalidade, adotar interpretação de norma estadual de reprodução obrigatória que, por qualquer razão, se revele incompatível com a Constituição Federal.

Ora, se existem princípios de reprodução obrigatória pelo Estado-membro, não só sua positivação no âmbito do ordenamento jurídico estadual como também sua aplicação por parte da Administração ou do Judiciário estadual podem se revelar inadequadas, desajustadas ou incompatíveis com a ordem constitucional federal.

Nesse caso, não há como deixar de reconhecer a possibilidade de que se submeta a controvérsia constitucional estadual ao STF, mediante recurso extraordinário.

Essa questão foi contemplada pelo Min. Moreira Alves (Relator) na Rcl 383:[36]

> "(...) nas ações diretas de inconstitucionalidade estaduais, em que lei municipal ou estadual seja considerada inconstitucional em face de preceito da Constituição estadual que reproduza preceito central da Constituição Federal, nada impede que nessa ação se impugne, como inconstitucional, a interpretação que se dê ao preceito de reprodução existente na Constituição do Estado por ser ela violadora da norma reproduzida, que não pode ser desrespeitada, na Federação, pelos

36. *RTJ* 147/451-452.

diversos níveis de governo. E a questão virá a esta Corte, como, aliás, tem vindo, nos vários recursos extraordinários interpostos em ações diretas de inconstitucionalidade de leis locais em face da Constituição Federal ajuizadas nas Cortes locais, a questão da impossibilidade jurídica dessas arguições (RE ns. 91.740, 93.088 e 92.169, que foram todos conhecidos e providos)".

Não há dúvida, pois, de que será cabível o recurso extraordinário contra decisão do Tribunal de Justiça que, sob pretexto de aplicar o direito constitucional estadual, deixar de aplicar devidamente a norma de reprodução obrigatória por parte do Estado-membro.

É interessante notar que a decisão proferida em sede de recurso extraordinário no STF que implique o reconhecimento da procedência ou improcedência da ação direta proposta no âmbito estadual será igualmente dotada de eficácia *erga omnes*, o que ressalta outra peculiaridade dessa situação de inevitável convivência entre os sistemas difuso e concentrado de controle de constitucionalidade no Direito brasileiro.

E se não houver a interposição do recurso extraordinário? A decisão transitará em julgado para o STF?

Tal como já apontado, duas são as situações possíveis: (a) o Tribunal afirmará a improcedência da arguição de inconstitucionalidade, declarando, com eficácia *erga omnes*, que a lei estadual ou municipal é compatível com a Constituição estadual; (b) o Tribunal afirmará a procedência da arguição, reconhecendo a inconstitucionalidade da lei estadual ou municipal, com eficácia geral.

Na primeira hipótese não há de se cogitar de eficácia da decisão em relação ao STF, podendo vir a conhecer da questão no processo de controle difuso ou direto de constitucionalidade. No caso de declaração de inconstitucionalidade da lei ou ato normativo, estadual ou municipal, com trânsito em julgado, não haverá objeto para a arguição de inconstitucionalidade no âmbito do STF.

É o que também sustenta o Min. Moreira Alves (Relator) na seguinte passagem do voto proferido na Rcl 383:

> "(...) na hipótese de não interposição de recurso extraordinário (ou de não oferecimento de reclamação, como acima observei), se a decisão do Tribunal de Justiça, na ação direta, for pela sua improcedência – o que vale dizer que a lei municipal ou estadual foi tida como

> constitucional –, embora tenha ela também eficácia *erga omnes*, essa eficácia se restringe ao âmbito da Constituição estadual, ou seja, a lei então impugnada, aí, não poderá mais ter sua constitucionalidade discutida em face da Constituição estadual, o que não implicará que não possa ter sua inconstitucionalidade declarada, em controle difuso ou em controle concentrado (perante esta Corte, se se tratar de lei estadual), em face da Constituição Federal, inclusive com base nos mesmos princípios que serviram para a reprodução. E isso se explica não só porque a *causa petendi* (inconstitucionalidade em face da Constituição Federal, e não da Constituição estadual) é outra, como também por ter a decisão desta Corte eficácia *erga omnes* nacional, impondo-se, portanto, aos Estados.
>
> "Se, porém, a decisão do Tribunal de Justiça, na ação direta, for pela procedência – o que implica a declaração de nulidade da norma municipal ou estadual impugnada –, a sua retirada do mundo jurídico, com eficácia retroativa à data do início de sua vigência, se faz no âmbito mesmo em que ela surgiu e atua – o estadual –, o que impede que, por haver a norma deixado de existir na esfera do ordenamento que integrava, seja reavivada, em face da Carta Magna Federal, questão cujo objeto não mais existe."[37]

Essa decisão forneceu as novas bases do sistema de controle direto de constitucionalidade do direito estadual e municipal perante o Tribunal de Justiça, assentando a autonomia dos parâmetros de controle e a possibilidade de que a questão suscitada perante o Tribunal local se converta numa questão constitucional federal, especialmente nos casos de aplicação das chamadas *normas de reprodução obrigatória* por parte do Estado-membro.

Assinale-se uma outra singularidade processual. A decisão que se profere neste peculiar recurso extraordinário será dotada de eficácia *erga omnes* e efeito vinculante, porque prolatada em processo de índole objetiva.[38]

Por fim, cumpre registrar que, no RE 913.517-QO/SP, o Supremo Tribunal Federal passou a entender ser do Plenário a competência, "em quaisquer hipóteses, para processar e julgar agravos interpostos em face de acórdãos proferidos em ações diretas estaduais".[39]

---

37. *RTJ* 147/452.
38. Cf. RE 199.281, rel. Min. Moreira Alves, *DJU* 12.3.1999.
39. RE 913.517-QO/SP, rel. Min. Gilmar Mendes, *DJe* de 20.5.2024.

5. *Ação declaratória de constitucionalidade no âmbito estadual*

Em face do silêncio do texto constitucional na versão da Emenda Constitucional 3/1993, cabe indagar se os Estados-membros poderiam instituir a ação declaratória de constitucionalidade no âmbito da unidade federada, com o objetivo de afirmar a legitimidade de atos normativos estaduais e municipais em face da Constituição estadual.

A imprecisão da fórmula adotada na Emenda Constitucional 16/1965, que introduziu o controle abstrato de normas no Brasil – *representação contra inconstitucionalidade de lei ou ato de natureza normativa, federal ou estadual, encaminhada pelo Procurador-Geral* –, não conseguia esconder o propósito inequívoco do legislador constituinte, que era o de permitir, "desde logo, a definição da controvérsia constitucional sobre leis novas".

E entendida a *representação de inconstitucionalidade* como instituto de *conteúdo dúplice* ou de *caráter ambivalente*, mediante o qual o Procurador-Geral da República poderia tanto postular a declaração de inconstitucionalidade da norma como defender a declaração de sua constitucionalidade.

Assinale-se que no julgamento da Questão de Ordem suscitada na ADC 1 enfatizou-se a natureza idêntica dos processos de ação direta de inconstitucionalidade e de ação declaratória de constitucionalidade, como se pode ler na seguinte passagem do voto proferido pelo Min. Moreira Alves:

> "A Emenda Constitucional n. 3, de 1993, ao instituir a ação declaratória de constitucionalidade, já estabeleceu quais são os legitimados para propô-la e quais são os efeitos de sua decisão definitiva de mérito. Silenciou, porém, quanto aos demais aspectos processuais a serem observados com referência a essa ação. Tendo em vista, porém, que a natureza do processo relativo a essa ação é a mesma da ação direta de inconstitucionalidade, é de adotar-se a disciplina desta nesse particular, exceto no que se diferenciam pelo seu fim imediato, que é oposto – a ação direta de inconstitucionalidade visa diretamente à declaração de inconstitucionalidade do ato normativo, ao passo que a ação declaratória de constitucionalidade visa diretamente à declaração de constitucionalidade do ato normativo – e que acarreta a impossibilidade da aplicação de toda a referida disciplina".

Na oportunidade assentou o STF que a sentença de rejeição de inconstitucionalidade proferida no referido processo tem valor específico, afirmando-se que, no caso de improcedência da ação, terá o Tribunal de declarar a inconstitucionalidade da norma.

Como se sabe, a Emenda Constitucional 3/1993, ao criar a ação declaratória de constitucionalidade de lei federal, estabeleceu que a decisão definitiva de mérito nela proferida – incluída aqui, pois, aquela que, julgando improcedente a ação, proclamar a inconstitucionalidade da norma questionada – "produzirá eficácia contra todos e efeito vinculante, relativamente aos demais órgãos do Poder Judiciário e do Poder Executivo (...)". Por essa razão, eminentes membros do STF, como o Min. Sepúlveda Pertence, sustentaram e têm sustentado que, "quando cabível em tese a ação declaratória de constitucionalidade, a mesma força vinculante haverá de ser atribuída à decisão definitiva da ação direta de inconstitucionalidade".[40]

Todos esses elementos reforçam o caráter *dúplice* ou *ambivalente* que marca também a ação declaratória no plano federal.

Assim, não parece subsistir dúvida de que a ação declaratória de constitucionalidade tem a mesma natureza da ação direta de inconstitucionalidade, podendo-se afirmar, até, que aquela nada mais é que uma ação direta de inconstitucionalidade com sinal trocado.[41]

Ora, tendo a Constituição de 1988 autorizado o constituinte estadual a criar a representação de inconstitucionalidade de lei ou ato normativo estadual ou municipal em face da Carta Magna estadual (art. 125, § 2º) e restando evidente que tanto a representação de inconstitucionalidade, no modelo da Emenda Constitucional 16/1965 e da Constituição de 1967/1969, quanto a ação declaratória de constitucionalidade prevista na Emenda Constitucional 3/1993 têm *caráter dúplice* ou *ambivalente*, parece legítimo concluir que, independentemente de qualquer autorização expressa do legislador constituinte federal, estão os Estados-membros legitimados a instituir a ação declaratória de constitucionalidade.

É que, como afirmado, na autorização para que os Estados instituam a representação de inconstitucionalidade fica implícita a possibilidade de criação da própria ação declaratória de constitucionalidade.

---

40. Rcl 167, despacho, *RDA* 206/246-247.

41. Cf., a propósito, Gilmar Ferreira Mendes, "A ação declaratória de constitucionalidade: a inovação da Emenda Constitucional 3, de 1993", in Ives Gandra da Silva Martins e Gilmar Ferreira Mendes (orgs.), *Ação Declaratória de Constitucionalidade*, São Paulo, 1994, p. 56.

6. A arguição de descumprimento de preceito fundamental e o controle de atos municipais em face da Constituição Federal

Nos termos da Lei 9.882/1999, cabe a arguição de descumprimento de preceito fundamental para evitar ou reparar lesão a preceito fundamental resultante de ato do Poder Público (arts. 1º, *caput*, e 102, § 1º, da CF).

O parágrafo único do art. 1º explicita que caberá também a arguição de descumprimento quando for relevante o fundamento da controvérsia constitucional sobre lei ou ato normativo federal, estadual ou municipal, inclusive anteriores à Constituição (leis pré-constitucionais).

Vê-se, assim, que a arguição de descumprimento poderá ser manejada para solver controvérsias constitucionais sobre a constitucionalidade do direito federal, do direito estadual e também do direito municipal.

Poderá ocorrer, assim, a formulação de pleitos com objetivo de obter a declaração de constitucionalidade ou de inconstitucionalidade toda vez que da controvérsia judicial instaurada possa resultar sério prejuízo à aplicação da norma, com possível lesão a preceito fundamental da Constituição.

De certa forma, a instituição da arguição de descumprimento de preceito fundamental completa o quadro das "ações declaratórias", ao permitir que não apenas o direito federal mas também o direito estadual e o municipal possam ser objeto de pedido de declaração de constitucionalidade.

7. O controle da omissão legislativa no plano estadual ou distrital

Muitas Constituições estaduais consagraram, ao lado do controle abstrato de normas, a ação direta por omissão.[42] Assim sendo, é de se indagar se as unidades federadas estariam autorizadas a instituir o procedimento de controle da omissão, tendo em vista especialmente o disposto no art. 125, § 2º, da CF.

Tal como reconhecido pela própria jurisprudência do STF, configura-se omissão legislativa não apenas quando o órgão legisla-

42. Cf. nota de rodapé 1, supra.

tivo não cumpre seu dever, mas também quando o satisfaz de forma incompleta.

Nesses casos – que configuram, em termos numéricos, a mais significativa categoria de omissão na jurisprudência da Corte Constitucional alemã[43] –, de se admitir tanto um controle principal ou direto como um controle incidental, já que existe, aqui, norma que pode ser objeto de exame judicial.

Embora a omissão do legislador não possa ser, enquanto tal, objeto do controle abstrato de normas,[44] não se deve excluir a possibilidade de que essa omissão venha a ser examinada no controle concreto de normas.

Dado que no caso de omissão parcial há uma conduta positiva, não há como deixar de reconhecer a admissibilidade, em princípio, da aferição da legitimidade do ato defeituoso ou incompleto no processo de controle de normas, ainda que abstrato.[45]

Tem-se, pois, aqui, uma *relativa*, mas inequívoca *fungibilidade* entre a ação direta de inconstitucionalidade e o processo de controle abstrato da omissão, uma vez que os dois processos – o de controle de normas e o de controle da falta de normas – acabam por ter, formal e substancialmente, o mesmo objeto, isto é, a inconstitucionalidade da norma, em razão de sua incompletude.

Essa peculiaridade restou evidenciada na ADI 525/DF, oferecida contra a Medida Provisória 296, de 29.5.1991, que concedia aumento de remuneração a segmento expressivo do funcionalismo público em alegado desrespeito ao disposto no art. 37, X, da CF.[46]

É certo que a declaração de nulidade não configura técnica adequada para a eliminação da situação inconstitucional nesses casos de omissão inconstitucional. Uma cassação aprofundaria o estado de inconstitucionalidade, tal como já admitido pelo *Bundesverfassungsgericht* em algumas decisões, mencionadas páginas atrás.

---

43. *BVerfGE* 15/46 (76); 22/329 (362); 23/1 (10); 25/101 (110); 32/365 (372); 47/1 (33); 52/369 (379).

44. Ernst Friesenhahn, *Die Verfassungsgerichtsbarkeit in der Bundesrepublik Deutschland*, Köln/Berlim/Bonn/Munique, 1963, p. 65.

45. Christoph Gusy, *Parlamentarischer Gesetzgeber und Bundesverfassungsgericht*, Berlim, 1985, p. 152.

46. ADI 525-MC/DF, rel. Min. Sepúlveda Pertence, *DJ* de 2.4.2004.

Portanto, a principal problemática da omissão do legislador situa-se menos na necessidade da instituição de determinados processos para o controle da omissão legislativa que no desenvolvimento de fórmulas que permitam superar, de modo satisfatório, o estado de inconstitucionalidade.

Em outro julgado, também relativo à suposta exclusão de benefício incompatível com o princípio da igualdade, o STF vem de afirmar que não caberia à Corte converter a ação direta de inconstitucionalidade em ação de inconstitucionalidade por omissão. Tratava-se de impugnação na qual se sustentava que o ato da Receita Federal, "ao não reconhecer a não incidência do imposto *[IPMF]* apenas quanto a movimentação bancária ocorrida nas aquisições de papel destinado à impressão de livros, jornais e periódicos promovidas pelas empresas jornalísticas", estaria "impondo a exigência do imposto relativamente às demais operações financeiras de movimentação e transferência praticadas por essas empresas, em operações vinculadas à editoração de jornais, livros e periódicos, tais como pagamentos a fornecedores de outros insumos, pagamentos de mão de obra e serviços necessários à confecção do jornal (...)".[47] "Configurada hipótese de ação de inconstitucionalidade por omissão, em face dos termos do pedido, com base no § 2º do art. 103 da Lei Magna, o que incumbe ao Tribunal" – afirma o Relator, Min. Néri da Silveira – "é negar curso à ação direta de inconstitucionalidade *ut* art. 102, I, 'a', do Estatuto Supremo". Na mesma linha de argumentação, concluiu o Min. Sepúlveda Pertence que "o pedido da ação direta de inconstitucionalidade de norma é de todo diverso do pedido da ação de inconstitucionalidade por omissão, o que tornaria inadmissível a conversão da ação de inconstitucionalidade positiva, que se propôs, em ação de inconstitucionalidade por omissão de normas".[48]

Também na ADI 1.458, da relatoria do Min. Celso de Mello,[49] reiterou o STF essa orientação.

Ao contrário do afirmado nas referidas decisões, o problema, tal como já amplamente enfatizado, não decorre propriamente do pedido, até porque, em um ou em outro caso (impugnação de ato normativo ou de omissão parcial), tem-se sempre um pedido de declaração de inconstitucionalidade de uma dada situação normativa.

47. ADI 986, rel. Min. Néri da Silveira, *DJU* 8.4.1994.

48. Idem, ibidem.

49. *DJU* 20.9.1996.

Em se tratando de omissão, a própria norma incompleta ou defeituosa há de ser suscetível de impugnação na ação direta de inconstitucionalidade, porque é de uma norma alegadamente inconstitucional que se cuida, ainda que a causa da ilegitimidade possa residir na sua incompletude.

Portanto, a questão fundamental reside menos na escolha de um processo especial que na adoção de uma técnica de decisão apropriada para superar as situações inconstitucionais propiciadas pela chamada *omissão legislativa*.

Se se entender que, na verdade, a ação direta por inconstitucionalidade de lei ou ato normativo e a ação direta de inconstitucionalidade por omissão têm, em grande parte, um objeto comum – a omissão parcial –, então, parece correto admitir que a autorização contida na Constituição Federal para a instituição da representação de inconstitucionalidade no plano estadual ou distrital é abrangente tanto da ação direta de inconstitucionalidade em razão de ação como da ação direta por omissão.

Esse entendimento foi confirmado em julgamento do Tribunal de Justiça do Distrito Federal e Territórios, em que se declarou a omissão legislativa e se determinou ao Chefe do Poder Executivo local que, no prazo de dezoito meses, elaborasse e encaminhasse à Câmara Legislativa do Distrito Federal projeto de lei regulamentando a forma de participação popular no processo de escolha dos administradores regionais, bem como a criação e estruturação dos Conselhos de Representantes Comunitários das Regiões Administrativas do DF.[50]

Assim sendo, as Constituições estaduais que optaram por disciplinar diretamente o controle abstrato da omissão acabaram por consagrar fórmula plenamente compatível com a ordem constitucional vigente.

8. O controle de constitucionalidade no âmbito do Distrito Federal

Considerações preliminares – O texto originário da Constituição não contemplou expressamente o direito de propositura da

50. ADI 2013.00.2.016227-6 e ADI 2013.00.2.016865-3, rel. Des. George Lopes Leite, *DJe* de 9.5.2014.

ação direta de inconstitucionalidade pelo Governador do Distrito Federal, nem tampouco pela Câmara Legislativa do Distrito Federal. Somente com a edição da Emenda Constitucional 45/2004 (Reforma do Judiciário) essas aparentes lacunas constitucionais foram explicitamente colmatadas. O atual texto constitucional, contudo, ainda não esclarece sobre a aplicação do art. 125, § 2º, ao âmbito do Distrito Federal.

Embora o *status* do Distrito Federal no texto constitucional de 1988 seja fundamentalmente diverso dos modelos fixados nas Constituições anteriores, não se pode afirmar, de forma apodítica, que sua situação jurídica é equivalente à de um Estado-membro.

Não seria lícito sustentar, porém, que se estaria diante de modelos tão diversos que, no caso, menos que uma omissão, haveria um exemplo de *silêncio eloquente*, que obstaria à extensão do direito de propositura aos órgãos do Distrito Federal em ação direta de inconstitucionalidade, no plano do STF, bem como à adoção do controle abstrato de direito distrital perante o Tribunal de Justiça do Distrito Federal e dos Territórios.

Assinale-se que se afigura decisiva para o desate da questão a disciplina contida no art. 32 da CF, que outorga ao Distrito Federal poder de auto-organização, lhe atribui as competências legislativas dos Estados e Municípios e define regras para a eleição de governador, vice-governador e deputados distritais. Percebe-se que a disciplina constitucional das competências legislativas e executivas do Distrito Federal em nada difere do sistema consagrado para os Estados-membros. O mesmo é de dizer no tocante à intervenção federal – art. 34 –, cujo regime é o mesmo para os Estados e o Distrito Federal.

Dessarte, para os efeitos exclusivos do sistema de controle de constitucionalidade, as posições jurídicas do Governador e da Câmara Legislativa do Distrito Federal em nada diferem das situações jurídicas dos governadores de Estado e das Assembleias Legislativas.

O eventual interesse na preservação da autonomia de suas unidades contra eventual intromissão por parte do legislador federal é em tudo semelhante. Também o interesse genérico na defesa das atribuições específicas dos Poderes Executivo e Legislativo é idêntico.

Portanto, ainda que se possam identificar dessemelhanças significativas entre o Estado-membro e o Distrito Federal e, por isso, também entre seus órgãos executivos e legislativos, é lícito concluir que, para os fins do controle de constitucionalidade abstrato, suas posições jurídicas são, fundamentalmente, idênticas.

Não haveria razão, assim, para deixar de reconhecer o direito de propositura da ação direta de inconstitucionalidade ao Governador do Distrito Federal e à Mesa da Câmara Legislativa, a despeito do silêncio do texto constitucional até a edição da Emenda Constitucional 45/2004.

O direito de propositura do Governador do Distrito Federal foi contemplado expressamente pelo STF na ADI 645, reconhecendo-se sua legitimidade ativa "por via de interpretação compreensiva do texto do art. 103, V, da CF de 1988, c/c o art. 32, § 1º, da mesma Carta".[51]

Assim, não existe razão jurídica para afastar do controle abstrato de constitucionalidade os órgãos superiores do Distrito Federal.

Razões semelhantes militam a favor do controle de constitucionalidade de ato aprovado pelos Poderes distritais no exercício da competência tipicamente estadual.

É que, não obstante as peculiaridades que marcam o Distrito Federal, os atos normativos distritais – leis, decretos etc. – são substancialmente idênticos aos atos normativos estaduais, tal como deflui diretamente do art. 32, § 1º, da CF, na parte em que atribui ao Distrito Federal as competências legislativas reservadas aos Estados.[52]

Assinale-se, porém, que a própria fórmula constante do art. 32, § 1º, da CF está a indicar que o Distrito Federal exerce competências legislativas municipais, editando, por isso, leis e atos normativos materialmente idênticos àqueles editados pelos demais entes comunais.

Nessa hipótese, diante da impossibilidade de se proceder, na via da ação direta, ao exame de constitucionalidade da lei municipal em face da Constituição Federal perante o STF, tem-se de admitir que descabe "ação direta de inconstitucionalidade cujo objeto seja ato normativo editado pelo Distrito Federal, no exercício de competência que a Lei Fundamental reserva aos Municípios", tal como "a disciplina e polícia do parcelamento do solo".[53] Tal afirmação não invalida, entretanto, o reconhecimento do cabimento da arguição de

---

51. Rel. Min. Ilmar Galvão, *DJU* 21.2.1992, p. 1.693. V. também ADI 665, rel. Min. Octávio Gallotti, *DJU* 24.4.1992, p. 5.376.

52. ADI 665, rel. Min. Octávio Gallotti, *DJU* 24.4.1992, p. 5.376.

53. ADI 611, rel. Min. Sepúlveda Pertence, *DJU* 11.12.1992, p. 23.662.

descumprimento de preceito fundamental para a submissão de fiscalização abstrata de inconstitucionalidade com relação a disposição contida na Lei Orgânica do Distrito Federal ou em lei distrital editada em sede de regulamentação tipicamente equiparável ao âmbito normativo constitucionalmente reservado aos Municípios (art. 30 da CF de 1988).

Vê-se, assim, que o STF levou em conta o propósito ampliativo do constituinte, somente posteriormente positivado na redação da Constituição, em relação ao controle de constitucionalidade no âmbito estadual, para reconhecer que também o Distrito Federal deveria ser compreensivamente abrangido pelas normas dos arts. 102 e 103 da CF, a respeito do controle direto de constitucionalidade.

A possibilidade de instituição de ação direta no âmbito do Distrito Federal – Tal como observado, a Constituição dotou o Distrito Federal de autonomia política, outorgando-lhe competências legislativas específicas dos Estados-membros e dos Municípios e atribuindo-lhe poder para votar uma Lei Orgânica. Cumpriria indagar, ainda, se ao Distrito Federal seria lícito, igualmente, definir um modelo de controle de constitucionalidade tal como previsto no art. 125, § 2º, da Carta Magna.

A pergunta poderia ser assim formulada: estamos diante de uma lacuna que pode ser superada por analogia ou, ao revés, diante de inequívoco silêncio eloquente do texto constitucional?

Não subsiste dúvida de que, ao contrário da Constituição de 1967/1969, o texto constitucional de 1988 fez uma opção deliberada em favor de duplo sistema de controle direto do direito estadual e de um sistema de controle direto do direito municipal em face da Constituição estadual (CF, art. 125, § 2º).

Tendo o Distrito Federal personalidade jurídica de direito público e autonomia política, que o resguarda contra intervenção fora das hipóteses do art. 34 da CF e lhe permite não só editar uma Lei Orgânica, a título de Constituição local, mas também legislar, no âmbito de seu território, sobre todas as matérias de competência dos Estados e Municípios, parece estranho que se lhe negue aquilo que se assegura a todos os entes federados.

É bem verdade que se afiguraria complexa uma leitura ampliativa do texto constitucional, no art. 125, § 2º, para admitir que a própria Câmara Legislativa do Distrito Federal possa disciplinar a instituição da ação direta perante o Tribunal de Justiça do Distrito Federal e dos Territórios.

É que, como se sabe, o TJDFT é um órgão federal, competindo à União dispor sobre sua organização e sobre a organização do Poder Judiciário do Distrito Federal (CF, art. 21, XII).

Ainda que haja boas razões para justificar a extensão ao Distrito Federal do tratamento constitucional que, na matéria, se conferiu aos Estados-membros, há de se ter por inquestionável que, se o Tribunal de Justiça não é um órgão integrante do Distrito Federal, não pode ele ter suas competências acrescidas por decisão do órgão legislativo distrital.

Essa observação parece obstar a que a própria Câmara Legislativa do Distrito Federal viesse a instituir a ação direta de inconstitucionalidade.

Todavia, se se entende que, em verdade, o texto constitucional não proíbe – antes, recomenda – a instituição de um modelo duplo de controle direto de constitucionalidade do direito de índole estadual, então, afigura-se legítimo que a própria União pudesse, com fundamento em sua competência para legislar sobre direito processual federal e para dispor sobre organização do Judiciário local, disciplinar a ação direta do direito distrital em face da Lei Orgânica do Distrito Federal.

Poder-se-ia sustentar – reitere-se – que o silêncio do texto constitucional, na espécie, é um silêncio eloquente, não se podendo superar a lacuna verificada senão mediante emenda constitucional.

Embora não se possa negar que eventual emenda constitucional daria solução definitiva à questão,[54] é certo que a sistemática vigente sugeria a possibilidade de disciplina do tema mediante decisão legislativa ordinária, desde que exercida pelos órgãos competentes.

Forte nesse entendimento, a Comissão de Juristas[55] encarregada de formular um anteprojeto de lei sobre o processo e julgamento da

54. Cf. *Relatoria da Revisão Constitucional (Pareceres Produzidos)*, t. 2, Brasília, 1994, pp. 60 e ss.

55. A Comissão foi composta pelos professores Caio Tácito (Presidente), Arnoldo Wald, Ada Pellegrini Grinover, Álvaro Villaça Azevedo, Antônio Janyr Dall'Agnol, Luiz Roberto Barroso, Roberto Rosas, Carlos Alberto Direito, Gilmar Ferreira Mendes (Relator do anteprojeto), Manoel André da Rocha e Ruy Rosado de

ação direta de inconstitucionalidade e da ação declaratória de constitucionalidade apresentou proposta que conferiu disciplina ao tema.[56]

Tal como assente no Relatório que explicita as razões das propostas formuladas, o anteprojeto propôs que se alterasse a legislação ordinária federal (Lei de Organização Judiciária do Distrito Federal, a Lei 8.185/1991) para admitir, expressamente, o controle abstrato de normas e o controle abstrato da omissão no âmbito do Distrito Federal, com o propósito inequívoco de "colmatar significativa lacuna no sistema de controle de normas, uma vez que o texto constitucional não cuidou diretamente do tema".

Essa proposta foi convertida na Lei 9.868, de 10.11.1999.

Como se pode ver, aludida lei adota os lineamentos básicos do controle de constitucionalidade direto aplicáveis no âmbito do STF, determinando que as normas sobre processo e julgamento da ação

---

Aguiar Jr. O anteprojeto referido foi convertido no Projeto de Lei 2.960, encaminhado pelo Executivo ao Congresso Nacional em abril/1997.

56. "Art. 30. Acrescentem-se ao art. 8º da Lei n. 8.185, de 14 de maio de 1991, as seguintes disposições:

"'Art. 8º. (...): (...); n) a ação direta de inconstitucionalidade de lei ou ato normativo do Distrito Federal em face da sua Lei Orgânica; (...).

"'(...).

"'§ 3º. São partes legítimas para propor a ação direta de inconstitucionalidade: a) o Governador do Distrito Federal; b) a Mesa da Câmara Legislativa; c) o Procurador-Geral de Justiça; d) a Ordem dos Advogados do Brasil, Seção do Distrito Federal; e) as entidades sindicais ou de classe, de atuação no Distrito Federal, demonstrando que a pretensão por elas deduzida guarda relação de pertinência direta com os seus objetivos institucionais; f) os partidos políticos com representação na Câmara Legislativa.

"'§ 4º. Aplicam-se ao processo e julgamento da ação direta de inconstitucionalidade perante o Tribunal de Justiça do Distrito Federal e Territórios as seguintes disposições: a) o Procurador-Geral de Justiça será sempre ouvido nas ações diretas de constitucionalidade ou de inconstitucionalidade; b) declarada a inconstitucionalidade por omissão de medida para tornar efetiva norma da Lei Orgânica do Distrito Federal, a decisão será comunicada ao Poder competente para adoção das providências necessárias, e, em se tratando de órgão administrativo, para fazê-lo em 30 (trinta) dias; c) somente pelo voto da maioria absoluta de seus membros ou de seu Órgão Especial poderá o Tribunal de Justiça declarar a inconstitucionalidade de lei ou de ato normativo do Distrito Federal ou suspender a sua vigência em decisão de medida cautelar.

"'§ 5º. Aplicam-se, no que couber, ao processo de julgamento da ação direta de inconstitucionalidade de lei ou ato normativo do Distrito Federal em face da sua Lei Orgânica as normas sobre o processo e o julgamento da ação direta de inconstitucionalidade e da ação declaratória de constitucionalidade perante o Supremo Tribunal Federal'."

direta de inconstitucionalidade e da ação declaratória de constitucionalidade perante o STF são aplicáveis, no que couber, ao processo e julgamento do controle de constitucionalidade no âmbito do Distrito Federal.

Em 2008, a Lei 8.185/1991 foi revogada pela Lei 11.697, que estabeleceu novas regras para a organização judiciária do Distrito Federal e regulamentou o controle abstrato de constitucionalidade no Distrito Federal.

A Lei dispõe que compete ao Tribunal de Justiça processar e julgar ações diretas de inconstitucionalidade e ações declaratórias de constitucionalidade de lei ou ato normativo do Distrito Federal em face de sua Lei Orgânica (art. 8º, I, "n" e "o"). Estabelece, também, o procedimento destas ações, para as quais são aplicáveis, no que couber, as normas sobre o processo e o julgamento da ação direta de inconstitucionalidade perante o STF (art. 8º, § 5º).

Tal solução parece inteiramente compatível com o ordenamento constitucional brasileiro, que reconhece, hoje, o processo abstrato de normas como instrumento regular de controle de constitucionalidade no âmbito das unidades federadas.

9. Reclamação no âmbito estadual

No período anterior à ordem constitucional vigente o STF entendeu ser o instituto da reclamação monopólio do STF, em face da previsão constitucional inserida no art. 119, § 3º, "c", da CF de 1967, que autorizava a Corte a legislar sobre "o processo e julgamento dos feitos de sua competência originária e recursal", única exceção à competência legislativa privativa da União sobre direito processual.

Esse entendimento firmou-se no julgamento da Rp 1.092 (rel. Min. Djaci Falcão), que impugnara normas regimentais do extinto TFR criadoras de instituto idêntico para preservar a competência daquela Corte ou garantir a autoridade das suas decisões, que restou assim sintetizado:

> "Reclamação – Instituto que nasceu de uma construção pretoriana, visando à preservação, de modo eficaz, da competência e da autoridade dos julgados do STF – Sua inclusão, a 2.10.1957, no Regimento Interno do Órgão Maior na hierarquia judicial e que desfruta de singular posição.

"Poder reservado exclusivamente ao STF para legislar sobre 'o processo e o julgamento dos feitos de sua competência originária ou recursal', instituído pela Constituição Federal de 1967 (art. 115, parágrafo único, 'c', hoje art. 119, § 3º, 'c').

"Como quer que se qualifique – recurso, ação ou medida processual de natureza excepcional –, é incontestável a afirmação de que somente ao STF, em face, primacialmente, da previsão inserida no art. 119, § 3º, 'c', da Constituição da República, é dado, no seu Regimento Interno, criar tal instituto, não previsto nas leis processuais.

"O Regimento Interno do TFR, ao criar a reclamação, nos seus arts. 194 a 201, 'para preservar a competência do Tribunal ou garantir a autoridade das suas decisões', vulnerou os preceitos constantes do art. 43 c/c o art. 8º, XVII, 'b', art. 6º e seu parágrafo único e do art. 119, § 3º, 'c', da Lei Magna.

"Representação julgada procedente, por maioria de votos."[57]

Em 23.5.2000 o Governador do Estado do Ceará impugnou dispositivos da Constituição daquele Estado que conferiram competência ao Tribunal de Justiça local para processar e julgar, originariamente, a reclamação para preservar sua competência e garantir a autoridade de suas decisões. Alegava, igualmente, usurpação da competência da União Federal para legislar sobre direito processual.

Na época, o Advogado-Geral da União, Gilmar Mendes, defendeu a constitucionalidade da norma atacada, ao fundamento de que o instituto da reclamação constitui inexorável decorrência da eficácia geral e do efeito vinculante do controle abstrato de normas deferido pela Constituição Federal aos Tribunais de Justiça (CF, art. 125, § 2º). A existência, no âmbito estadual, de mecanismos de defesa da Constituição local constitui pressuposto básico para a existência de uma jurisdição constitucional estadual. Não se mostra suficiente a criação, pelo constituinte federal, de Cortes Constitucionais estaduais sem que se garanta um mecanismo para tornar efetivas suas respectivas decisões proferidas no controle de constitucionalidade das leis e dos atos normativos municipais e estaduais, à luz das Cartas Políticas.

Em decisão de 2.10.2003 a Corte reviu seu entendimento, em decisão do seguinte teor:

---

57. *DJU* 19.12.1984. Vencidos os Mins. Oscar Corrêa, Djaci Falcão e Néri da Silveira.

"Ação direta de inconstitucionalidade – Art. 108, VII, 'i', da Constituição do Estado do Ceará e art. 21, VI, 'j', do Regimento do Tribunal de Justiça local – Previsão, no âmbito estadual, do instituto da reclamação – Instituto de natureza processual constitucional, situado no âmbito do direito de petição previsto no art. 5º, XXXIV, 'a', da CF – Inexistência de ofensa ao art. 22, I, da Carta.

"1. A natureza jurídica da reclamação não é a de um recurso, de uma ação e nem de um incidente processual. Situa-se ela no âmbito do direito constitucional de petição previsto no art. 5º, XXXIV, da CF. Em consequência, a sua adoção pelo Estado-membro, pela via legislativa local, não implica invasão da competência privativa da União para legislar sobre direito processual (art. 22, I, da CF).

"2. A reclamação constitui instrumento que, aplicado no âmbito dos Estados-membros, tem como objetivo evitar, no caso de ofensa à autoridade de um julgado, o caminho tortuoso e demorado dos recursos previstos na legislação processual, inegavelmente inconvenientes quando já tem a parte uma decisão definitiva. Visa, também, à preservação da competência dos Tribunais de Justiça estaduais diante de eventual usurpação por parte de juízo ou outro Tribunal local.

"3. A adoção desse instrumento pelos Estados-membros, além de estar em sintonia com o princípio da simetria, está em consonância com o princípio da efetividade das decisões judiciais.

"4. Ação direta de inconstitucionalidade improcedente."[58]

Assim, deu-se um passo significativo no sentido da consolidação da jurisdição constitucional no âmbito do Estado-membro. Passa o Tribunal de Justiça do Estado a dispor também do importante instrumento da reclamação para assegurar a eficácia de suas decisões.

10. Eficácia "erga omnes" das decisões proferidas em sede de controle abstrato no âmbito estadual

Diversas Constituições estaduais têm estabelecido que, declarada a inconstitucionalidade incidental ou *in abstracto*, o Tribunal de Justiça estadual deverá comunicar a decisão à Assembleia Legislativa ou à Câmara Municipal para a suspensão, no todo ou em parte, da lei ou do ato impugnado.

Trata-se de fórmula que reproduz a vetusta suspensão de execução pelo Senado Federal, introduzida no sistema constitucional

58. ADI 2.212, rela. Min. Ellen Gracie, *DJU* 14.11.2003.

brasileiro pela Constituição de 1934 (art. 91, IV), e que consta hoje do art. 52, X, da CF de 1988, aplicando-se, porém, tão somente às declarações de inconstitucionalidade proferidas *incidenter tantum*.

Ressalte-se que a própria suspensão de execução pelo Senado, tal como compreendida e praticada no âmbito federal, dá sinais evidentes de superação ou obsolescência, como registramos anteriormente.

A amplitude conferida ao controle abstrato de normas e a possibilidade de que se suspenda liminarmente a eficácia de leis ou atos normativos, com eficácia geral, contribuíram, certamente, para que se quebrantasse a crença na própria justificativa desse instituto, que se inspirava diretamente numa concepção estanque da separação de Poderes – hoje, necessária e inevitavelmente ultrapassada. Se o STF pode, em ação direta de inconstitucionalidade, suspender liminarmente a eficácia de uma lei, até mesmo de uma emenda constitucional, por que haveria a declaração de inconstitucionalidade, proferida no controle incidental, de valer tão somente para as partes (eficácia *inter partes*)?

A única resposta plausível indica que o instituto da suspensão pelo Senado de execução da lei declarada inconstitucional pelo STF assenta-se, hoje, em razão de índole exclusivamente histórica.

Deve-se observar, outrossim, que o instituto da suspensão da execução da lei pelo Senado se mostra inadequado para assegurar eficácia geral ou efeito vinculante às decisões do STF que não declaram a inconstitucionalidade de uma lei, limitando-se a fixar a orientação constitucionalmente adequada ou correta. Isso se verifica quando o STF afirma que dada disposição há de ser interpretada desta ou daquela forma, superando, assim, entendimento adotado pelos Tribunais ordinários ou pela própria Administração. A decisão do STF não tem efeito vinculante, valendo nos estritos limites da relação processual subjetiva. Como não se cuida de declaração de inconstitucionalidade de lei, não há de se cogitar, aqui, de qualquer intervenção do Senado, restando o tema aberto para inúmeras controvérsias.

Situação semelhante ocorre quando o STF adota uma interpretação conforme a Constituição, restringindo o significado de dada expressão literal ou colmatando uma lacuna contida no regramento ordinário. Aqui, o STF não afirma propriamente a ilegitimidade da lei, limitando-se a ressaltar que uma dada interpretação é compatível com a Constituição ou, ainda, que, para ser considerada constitucional, determinada norma necessita de um complemento (lacuna aberta) ou restrição (lacuna oculta – redução teleológica). Todos esses casos de decisão com base em uma interpretação conforme a Constituição não podem ter sua eficácia ampliada com o recurso ao instituto da suspensão de execução da lei pelo Senado Federal.

Finalmente, mencionem-se os casos de *declaração de inconstitucionalidade parcial sem redução de texto*, nos quais se explicita que um dado significado normativo é inconstitucional, sem que a expressão literal sofra qualquer alteração.

Também nesses casos a suspensão de execução da lei ou do ato normativo pelo Senado revela-se problemática, porque não se cuida de afastar a incidência de disposições do ato impugnado, mas tão somente de um de seus significados normativos. E significados não são textos.

Todas essas razões demonstram a inadequação – o caráter obsoleto, mesmo – do instituto da suspensão de execução pelo Senado no atual estágio do nosso sistema de controle de constitucionalidade.

Tais processos "sem partes formais" somente têm sentido se as decisões mais relevantes neles proferidas forem dotadas de eficácia contra todos.

Alguns autores chegam a sustentar que a eficácia *erga omnes* constitui apanágio dos processos objetivos.

Esse parece ser também o entendimento do STF, que desde 1977 vem afirmando a eficácia geral da decisão proferida em representação de inconstitucionalidade, como autêntico apanágio do seu caráter objetivo.

Somente nos anos de 1974/1975 começou o STF a definir sua doutrina da eficácia *erga omnes* da declaração de inconstitucionalidade proferida no processo de controle abstrato de normas.[59]

O parecer do Min. Rodrigues de Alckmin foi emitido em consulta formulada pelo Diretor-Geral da Secretaria do STF que manifestava dúvida sobre a execução da sentença proferida na Rp

---

59. Parecer do Min. Rodrigues de Alckmin de 19.6.1975, *DJU* 16.5.1977, p. 3.124; parecer do Min. Moreira Alves de 11.11.1975, *DJU* 16.5.1977, p. 3.123. V. também Oswaldo Aranha Bandeira de Mello, *Teoria das Constituições Rígidas*, 2ª ed., São Paulo, 1980, p. 213.

898, relativa à Lei 7.214, de 13.11.1968, do Estado de Goiás, declarada inconstitucional por infringência de *princípio sensível* (CF de 1967/1969, art. 10, VII,"e").

A orientação adotada, que reconhecia eficácia *erga omnes* à pronúncia de inconstitucionalidade no processo de controle abstrato de normas, foi aprovada pelo Presidente da Comissão de Regimento do STF, Min. Luiz Gallotti (5.8.1974), e posteriormente pelo Presidente do Tribunal, Min. Eloy da Rocha (19.12.1974).[60]

Àquela época já tramitava no STF consulta formulada pelo Senado com vistas a esclarecer o papel que haveria de desempenhar no controle de constitucionalidade, mormente se haveria de suspender todos os atos declarados inconstitucionais ou se a atribuição estava adstrita à suspensão de execução de leis e decretos, tal como expresso no art. 42, VII, da CF.[61]

Submetida a questão à Mesa de Matéria Constitucional do STF, sustentou o Min. Moreira Alves, em parecer datado de 11.11.1975:

> "10. Em conclusão, e circunscrevendo-me apenas ao objeto da consulta (sou dos que entendem que a comunicação ao Senado só se faz em se tratando de declaração de inconstitucionalidade incidente, e não quando decorrente da ação direta, caso em que, se relativa a intervenção federal, a suspensão do ato é da competência do Presidente da República, e, se referente a declaração de inconstitucionalidade em tese, não há que se falar em suspensão, pois, passando em julgado o acórdão desta Corte, tem ele eficácia *erga omnes* e não há que se suspender lei ou ato normativo nulo com relação a todos), em conclusão – repito –, e circunscrevendo-me ao objeto da consulta, sou de parecer de que só se deverá fazer a comunicação, a que alude a parte final do art. 180 do Regimento Interno, quando se tratar de declaração de inconstitucionalidade de lei (que abrange o elenco das figuras compreendidas no art. 46 da Emenda n. 1/1969) ou de decreto, e não de quaisquer outros atos normativos".[62]

60. Cf. Ana Valderez Ayres Neves de Alencar, "A competência do Senado Federal para suspender a execução dos atos declarados inconstitucionais", *Revista de Informação Legislativa* 57/260 (293), 1978.

61. Cf. parecer da Comissão de Constituição e Justiça, rel. senador Accioly Filho, in Ana Valderez Ayres Neves de Alencar, "A competência do Senado Federal para suspender a execução dos atos inconstitucionais", *Revista de Informação Legislativa* 57/297.

62. Parecer do Min. Moreira Alves de 11.11.1975, *DJU* 16.5.1977, p. 3.123. Cf. também Ana Valderez Ayres Neves de Alencar, "A competência do Senado Fe-

A maioria da Mesa de Matéria Constitucional inclinou-se, porém, por considerar que os demais atos normativos declarados inconstitucionais, incidentalmente, pelo STF deveriam ter, igualmente, a suspensão de sua execução declarada pelo Senado Federal. Em 18.6.1977 o Presidente do STF, Min. Thompson Flores, determinou que as comunicações ao Senado Federal, para os fins do art. 42, VII, da CF de 1967/1969, se restringissem às declarações de inconstitucionalidade proferidas *incidenter tantum*.[63]

Reconheceu-se, portanto, que a decisão proferida no processo objetivo do controle abstrato de normas tinha eficácia *erga omnes*, independentemente da intervenção do Senado Federal.

Entendimento idêntico há de ser adotado no que se refere ao controle abstrato de normas no plano estadual. Até porque, como observado, no controle incidental o instituto da suspensão de execução da lei tem por escopo tão somente imprimir eficácia geral a uma decisão com efeitos *inter partes*. Sua extensão ao controle abstrato implica retirar do órgão jurisdicional qualquer capacidade de decisão definitiva sobre a matéria, porque nesse processo não existe nenhum vínculo subjetivo entre as partes. Assim sendo, admitir em processo objetivo – e, portanto, sem partes formais – que a eficácia da decisão sobre a constitucionalidade depende da aprovação de um órgão político é submeter a eficácia da própria decisão judicial proferida nesse processo a uma deliberação tipicamente política.

É fácil perceber, pois, que não se está diante de uma alternativa de política legislativa mais ou menos aceitável, dependendo da perspectiva acadêmica ou dogmática que se adote.

Trata-se de reconhecer que o controle abstrato de normas do direito estadual e do municipal em face da Constituição, tal como autorizado no art. 125, § 2º, da CF e disciplinado em diversas Constituições estaduais, não se compatibiliza com fórmulas limitadoras da eficácia da decisão, como a prevista no art. 52, X, da CF. A decisão proferida em controle abstrato há de ter eficácia *erga omnes*, sob pena de se subverter ou de se descaracterizar por completo o próprio

deral para suspender a execução dos atos inconstitucionais", *Revista de Informação Legislativa* 57/303-304.

63. Cf. Ana Valderez Ayres Neves de Alencar, "A competência do Senado Federal para suspender a execução dos atos inconstitucionais", *Revista de Informação Legislativa* 57/305.

sistema judicial de controle de constitucionalidade, subordinando-se a eficácia do pronunciamento judicial definitivo a uma decisão – reitere-se – tipicamente política de um órgão legislativo.

Não há dúvida, pois, de que as disposições contidas nas diversas Constituições que condicionam a eficácia da decisão proferida em sede de controle abstrato, no âmbito estadual, à decisão de um órgão político estadual ou municipal parecem afrontar a própria Constituição Federal, que autoriza a instituição de um controle de constitucionalidade exercido por órgão jurisdicional, e não por órgão político.

Caminha exatamente nesse sentido a jurisprudência do Supremo Tribunal Federal. Ao julgar o RE 199.293/SP, a Corte afirmou que os Tribunais de Justiça não possuem a obrigação de comunicar as suas decisões às casas legislativas locais ao realizar o controle abstrato de constitucionalidade em nível estadual.

Com o mesmo fundamento, ao julgar a ADI 5.548/PE, em outubro de 2021, o STF declarou a inconstitucionalidade de dispositivo da Constituição do Estado de Pernambuco que exigia que o Tribunal de Justiça daquele estado comunicasse à respectiva Assembleia Legislativa as suas decisões que declarassem a inconstitucionalidade de normas locais. Na oportunidade, o STF consignou que "[n]ão compete ao Poder Legislativo de qualquer das esferas federativas suspender a eficácia de ato normativo declarado inconstitucional em controle concentrado de constitucionalidade".[64]

---

64. ADI 5.548/PE, rel. Min. Ricardo Lewandowski, *DJe* 24.8.2021.

POSFÁCIO

A reedição da clássica obra *Mandado de segurança e ações constitucionais*, de autoria do saudoso jurista HELY LOPES MEIRELLES, é uma forma não só de prestar um tributo ao eminente administrativista no centenário de seu nascimento (1917-2017), mas também de homenagear os ilustres e cultos juristas que vêm conseguindo, com maestria, atualizar e ampliar esse importante legado deixado pelo grande publicista.

HELY LOPES MEIRELLES, homem público notável e de inúmeras capacidades, foi advogado, magistrado, professor universitário e administrador público. Intrépido desbravador, após sua aposentadoria como Juiz do Tribunal de Alçada Civil do Estado de São Paulo (1965), aceitou o convite que recebeu no ano de 1967 para conduzir a Secretaria de Estado do Interior do Estado de São Paulo, o que fez com tanta habilidade que acabou por assumir, na sequência, as Secretarias dos Negócios da Segurança Pública, da Educação e da Justiça.

A partir de 1970, o advogado e professor HELY LOPES MEIRELLES passou a atuar de forma intensa como consultor e parecerista, ministrou aulas e palestras e se dedicou à atualização de suas obras jurídicas:[1] *Direito municipal brasileiro* (1957), *Direito de construir* (1961), *Direito administrativo brasileiro* (1964) e *Mandado de segurança e ação popular* (1967).

O virtuoso autor, a exemplo do Padre Vieira, prezava pelas expressões sutis e logicamente estruturadas, as quais deixavam entrever sua preocupação política e sua defesa dos interesses da sociedade. Era não apenas um jurista, mas um verdadeiro pensador, aplicando suas ideias e reflexões no seu dia a dia, vivenciando-as e disseminando-as por meio de seu esforço e seu labor, bem ao estilo

1. As datas seguintes referem-se aos anos das primeiras edições das obras.

de ser e de agir que Theodore Roosevelt chamava de "doutrina da vida estrênua".

Em 1973, lançou importante obra sobre *Licitação e contrato administrativo*, trabalho baseado não só em sua atuação como advogado e parecerista, mas também em seu profundo conhecimento como administrador público e como magistrado em vara de fazenda pública. Essa experiência propiciou-lhe criar, como Secretário de Estado da Justiça, uma comissão com representantes de entidades e órgãos da administração para elaborar um inovador projeto de lei para regular as licitações e os contratos administrativos no Estado de São Paulo, cujo trabalho resultou na promulgação da Lei estadual 10.395, de 17 de dezembro de 1970, que serviu, posteriormente, de modelo para outras leis, dentre elas, o Decreto-lei 2.300, de 21 de novembro de 1986, que normatizou os processos licitatórios no âmbito federal. Relembro que o então Consultor Geral da República, o saudoso advogado e Ministro SAULO RAMOS, prestou justa homenagem a MEIRELLES ao mencionar, em sua Exposição de Motivos ao Presidente da República, que não poderia concluí-la sem

> "proclamar a decisiva e fundamental importância de que se revestiu, na elaboração deste decreto-lei, a participação do eminente jurista e mestre consumado de Direito Público, Professor Hely Lopes Meirelles, a cuja orientação segura e superior muito deve a Consultoria Geral da República".

HELY LOPES MEIRELLES publicou, entre 1971 e 1991, seus principais pareceres, conferências e artigos jurídicos, os quais formaram um repertório da mais alta qualidade sobre temas de direito constitucional, administrativo e urbanístico. Os onze volumes dos *Estudos e pareceres de direito público* não só criaram inúmeros paradigmas para o desenvolvimento da doutrina do direito administrativo, como também contribuíram para a evolução da jurisprudência do direito público em todos os tribunais do país.

Como lembrou outro administrativista de escol em sua posse na Academia Paulista de Direito,[2] Dr. EURICO DE ANDRADE AZEVEDO (1929-2011), grande amigo do homenageado e que chegou a atualizar, até seu falecimento, o magnífico livro *Direito administrativo*

2. Discurso de posse na Academia Paulista de Direito, publicado na *Revista de Direito Administrativo* 204/121-134, Rio de Janeiro, abr.-jun./1996.

brasileiro, foi nesta obra que tenho a honra de posfaciar que Hely Lopes Meirelles sustentou, de forma contundente e apurada – quando os tribunais e doutrinadores da época ainda divergiam sobre este conceito –, que o "*direito líquido e certo* é o que se apresenta manifesto na sua existência, delimitado na sua extensão e apto a ser exercido no momento da sua impetração". Essa foi, aliás, a definição que acabou prevalecendo.

A obra, que marcou época, foi reeditada sob a revisão do próprio Hely Lopes Meirelles até 1989, pouco antes de seu falecimento (4 de agosto de 1990), quando já contava com 197 páginas, oportunidade em que se incluiu um capítulo específico sobre a ação civil pública. Os temas abordados com grande proficiência por esse jurista foram dignificados com a posterior ampliação e atualização da obra por outros dois grandes jurisconsultos brasileiros, os eminentes professores Dr. Arnoldo Wald e Ministro Gilmar Ferreira Mendes.

Arnoldo Wald, um dos mais admirados advogados do país, professor catedrático de Direito da UERJ, doutor *honoris causa* pela Universidade de Paris e detentor de um merecido e extenso currículo, a partir da 14ª edição (1992), acabou por bem ampliar e atualizar, de forma consistente, a obra, tendo incluído os seguintes temas: mandado de injunção e *habeas data*.

A partir da 22ª edição (2000), com o novo título *Mandado de segurança e as ações constitucionais*, o processo de ampliação e de atualização contou com a participação de um dos maiores constitucionalistas vivos do país, o Ministro Gilmar Ferreira Mendes, que, com erudição, incluiu novas partes no livro, tratando de temas de importância da atualidade: ações de controle concentrado de constitucionalidade, improbidade administrativa, controle incidental de normas, representação interventiva, reclamação constitucional, ação direta de inconstitucionalidade por omissão, ADPF, dentre outros, apontando sempre as principais decisões dos tribunais superiores de nosso país sobre cada um dos temas e os diversos pensamentos doutrinários que pendem sobre as inúmeras questões jurídicas.

Esta 37ª edição, que resgata a memória de Hely Lopes Meirelles, será de grande importância para os estudantes, os professores e os operadores do Direito, na medida em que, além de trazer os principais ensinamentos do grande mestre, está atualizada com o novo Código de Processo Civil (Lei 13.105/2015), com a lei que disciplina o processo e o julgamento dos mandados de injunção individual e coletivo (Lei 13.300/2016) e com a lei que ajustou o NCPC (Lei 13.256/2016).

Embora este livro tenha sido construído a seis mãos, ao percorrê-lo, o leitor percebe que ele tem *cor unum et anima una*, um só coração e uma só alma, tendo seus textos a coesão e a profundidade necessários.

Brasília, 19 de agosto de 2016

José Antonio Dias Toffoli

Ministro do Supremo Tribunal Federal

Índice alfabético-remissivo

D

* * *

EDITORA JusPODIVM | MALHEIROS EDITORES
www.editorajuspodivm.com.br

JMA0138